北京市西城区
文物保护研究所 编
俞冲 著

Mandarin

京腔儿的前世今生
——150年来的北京话
上册

北京燕山出版社

编委会名单

编委会主任
孙劲松

编委会副主任
贾文静　吕　丹

主　编
姚华容　李　帆

著　者
俞　冲

编委会成员
（以姓氏笔画为序）

王　娜　史可非　乔　莹　李　帆
孟　丹　宗　宇　姚华容　盖　英　焦　杨

序

　　俞冲先生的大著《京腔儿的前世今生——150年来的北京话》可能是现有的首部从语言发展史视角展示北京方言的工具书性质的著作。作者采取的做法，是从19世纪中叶至20世纪末的一系列京味儿文学作品中，遴选出一些具代表性的北京话语汇；并以之为素材，通过归纳整理，展现北京话的风采，力图凸显近一个半世纪以来北京话的演进脉络，读后令人耳目一新。

　　本书不同于以往有关北京方言工具书的主要特点表现在以下四个方面：

　　一、该书从"动态"的视角出发来进行编撰，而并非以收录词条多寡为胜。这里所谓"动态"，除了前述的"从语言发展史视角展示北京方言"外，更在于不是孤立地罗列与解释某些京语词汇，而是重视其在句中的作用。书中往往通过同一词汇在不同例句即语境中的不同含义，乃至同一词汇在不同语境中的某些语音变异所体现的语义差别，来"动态"地表现京语。

　　二、本书的另一特点，是对京语的追根溯源。北京地区因中古以来多处于北方少数民族统治下，致使阿尔泰语系对京语的深远影响、产生了所谓"幽燕语"，此类语汇早在七个世纪前的《元曲》中即已出现；而有清一代，满语的强势更是在京语中产生了多量的满汉合璧语汇，乃至在今天的北京话中仍常见其痕迹。另一方面自19世纪后期以来，随着中国与世界的交往增加，英语等西方语言及日语对汉语的影响日益深重；以致我们今天所用的现代汉语中，处处可见中外交流的痕迹。北京作为中外交流的前沿，受外来语的影响更是显而易见的。另外在20世纪50至70年代、尤其是"文革"期间，又产生了大量富含政治性的时代语汇；而自八十年代开始的改革开放，又使一大批经济词汇映入了现代人的眼帘。为此本书在正文之外，又特设了

《满蒙语汇》《元曲语汇》《外来语汇词条》等专项，便于读者查询参考。

三、本书作者在北京话语音方面提出了一些新看法，对北京话语音的构成方式及其原因有着自己的一些独到见解。此类观点作者纯然从一个老北京人的音感出发，不乏参考价值。

四、作者在该书中将19世纪以来的北京话划分为四个阶段的说法，亦是新见。值得语言学界重视。

本书作者并非专业的语言学工作者，但祖辈即居住在北京，是个老北京人。对北京话有着由衷的热爱，多年致力于此，广搜资料，成此巨著，其语料之丰富，解释之准确，令人敬佩。尤其是书中的诸多元曲语汇与今北京话联系起来，多发前人所未发，罗常培先生在给徐嘉瑞先生著的《金元戏曲方言考》写的序中也极力强调此项工作的重要性，俞冲先生的这项成果正是对罗先生呼吁的响应，可喜可贺。

笔者亦是北京人，对北京话有着特殊的感情，今喜见俞先生此书的出版，谨表祝贺，序中的一些不成熟的看法，敬请俞先生和广大读者指正。

冯蒸

2016.10.5

目录

绪论：大音希声，大象无形 001

凡例 001

卷一 十九世纪中叶的北京方言 001
  序言 002
  《儿女英雄传》词条 005
  附录壹 278
  满蒙语汇壹 309

卷二 二十世纪初的北京方言 321
  序言 322
  《小额》词条 326
  《春阿氏》词条 480
  附录贰 533
  满蒙语汇贰 557
  《小额》一书中的外来语词汇 563
  《春阿氏》一书中的外来语词汇 564

卷三 二十世纪中叶的北京方言 567
  序言 568
  前期小说词条 575
  中期小说词条 631

后期小说词条 871

话剧剧本词条 896

附录叁 1018

满蒙语汇叁 1068

《老舍小说全集》、《老舍剧作全集》外来语汇词条 1077

卷四　二十世纪六十至九十年代初的北京方言 1097
　　序言 1098

　　《王朔文集》词条 1105

　　附录肆 1407

　　满蒙语汇肆 1468

附一　元曲语汇 1471

附二　关于京语轻声、变读及儿化音之说明 1505

附三　京语儿化音之分类 1509

附四　北京话的"泛普通话化及网络化"趋势 1513

参考书目 1521

索引 1523

跋·老舍作品与北京话 1597

后记 1599

"大音希声，大象无形"（《道德经·上士闻道章》），是老子（老聃）对"形而上"境界的描述，笔者在这里以此界定北京话，且赞之曰：美哉轮矣，美哉奂矣！这除了因笔者自己是京人，生于斯歌于斯聚族于斯已倏忽七旬，难免对其因偏爱而溢美之外，更因北京话实乃北方语系主流、普通话蓝本、现代汉语基石。以此言之，不为溢美矣。

本书探索了十九世纪中叶迄今北京话的沿革与嬗变。之所以选定这个时间段，是因为这段时间的北京话清晰地表现出了从相对定型到随着政治、经济、文化、社会结构、交流方式，乃至科学技术的发展而剧烈演变的态势。采取的做法，主要是通过选择不同历史时段某部或某人的文学作品（其共同点为均以北京话写成）来统带概括那一时段的语言特点。对相应作品中一些最常见、最基本、最具代表性的北京话语音、词汇、语汇和说法进行整理，标注语音，诠释语义，展现其沿革，探究其本义，从而昭示北京话之发展脉络，帮助读者把握本质，窥其堂奥。进而以此为素材，站在"北京方言发展史"的角度上，分阶段地探究近一个半世纪以来北京话的演化过程，分析其原因、现状与发展趋势。

这样一本书当然远远不能概括北京方言，但按前述宗旨与做法认真实施，对研讨北京话庶可有所裨益。

全书分为四卷，各卷内容如下：

一、十九世纪中叶的北京方言：取材于《儿女英雄传》一书。此卷主要反映那一时期北京中上层社会的语言，采取类似字典的形式，以标注原著词条的音、义为主，适当兼顾语境、背景、语源，并及语义的衍生。

二、二十世纪初的北京方言：取材于《小额》及《春阿氏》二书。此卷主要反映那一时期北京中下层社会的语言，采取类似辞典的形式，除对原著词条的解释外，还收集一些相关的百科知识加以诠释。另外，这一时期外来语汇开始流入汉语，本卷对此也有相应的反映。

绪论：大音希声，大象无形

三、二十世纪前叶至中期的北京方言：取材于老舍《小说全集》与《戏剧全集》。此卷对那一时期的语言有多层次的反映：对传统的北京方言仍采取以辞典形式为主的模式；而对新生的词汇（主要是时代性词汇及外来语词汇）则采取类似百科辞书的模式，目的是厘清此类词条产生的年代、背景、来源及历史作用。

四、二十世纪六十年代（"文革"前后）至九十年代前期的北京话：取材于《王朔文集》。王朔作品使用的是一种新型的北京话，此卷以百科辞书模式为主，显示这种新型北京话在二十世纪七八十年代是如何破茧而出，它的出典、特色、沿革、发展趋势及历史作用。

在二十世纪九十年代中期以后，北京话开始了"泛普通话化网络化"进程，本书中此一阶段的京语暂付阙如，笔者拟另行撰文探讨。

开篇之际，有必要首先明确"北京话"与普通话、北京方言的概念与定义。这三者之间是何关系？这个问题早已有语言学者反复论证。本书基于实用考虑，将其定义为：北京话是一个大系；其子系，一方面是经过官方规范化、为全国所普遍通用的标准语言，即普通话；另一方面是北京地区的原住民所习用的区域性语言，即北京方言（本书中一般称为"京语"）。当然，这个定义仅限于本书范围。

北京话是从哪里来的？它自古以来就是这样的吗？

话是人说的，不同的语言出自不同的人群；而人群之所以不同，首推民族有别。所以为探讨北京话的源流，有必要简单浏览一下北京地区的民族演变史，讨论其在各个历史时段直至今天对语言的影响。

北京作为历史古都，虽自公元前十一世纪即已建都（周初封召公奭于燕，建都于今北京房山区琉璃河镇董家林一带；燕国后来灭邻近的蓟国，遂迁于蓟都，即今北京西南隅），但今天的北京话跟那时可扯不上边儿。

统观中国上古时代，夏商发祥于今之豫西北一带；而周人的文化来源于商，东周又建都于洛阳，所以三代（夏、商、周）时期通用的是豫西汴洛（汴水、洛河）一带的语言。政治地位决定了汴洛话成为古代的"官话"，即标准语。各地可以有方言，但相互交流尤其是官方的交流，必须有公认的标准语；这是对同一语种、多种方言的一种规范，也是社会发展的需要与必然。实际中国古代上起商周，中历秦汉，下迄唐宋，官方的标准语音均以汴洛语为基础（秦汉虽建都于关中，但官话大体上仍延续了汴洛语），时间跨度几近三千载，未发生根本性变化。当然这种标准语是办公或文人社交场合的官话，回家就该各说各话了。

但上述主要是黄河流域的情况（后来也包括长江流域的某些地区），在更靠北的地方，情况就复杂多了。

西汉后期，匈奴产生大分裂，南部匈奴归附汉朝，屯居在朔方、五原、云中一带（今内蒙古自治区乌梁素海与呼和浩特市之间）。汉元帝竟宁元年（公元前33年），汉以王昭君和亲，嫁给南匈奴呼韩邪单于（呼韩邪单于死后，其子复株累若鞮单于沿匈奴旧习续娶之）。这批人内附后，先迁移到西河美稷（今内蒙古准格尔旗西北）；于东汉建安七年（公元202年），再南迁到邺（今河北省临漳县邺镇）。到了四世纪前叶，这批以匈奴人为主，以及鲜卑、羯（亦为匈奴的一支）、氐、羌等北方的少数民族成了气候，于公元304～439年，在长城南北广大地区建立起前赵、后赵、前燕、前秦、后秦、北凉等北方少数民族国家，史称"五胡十六国"。但这不过是择其要者而言之，其实自公元四世纪初起，战乱频仍，一百三十多年间，北方及巴蜀等地区一共成立过78个短命的局部地区型国家。此一时期的民族战争导致中原汉人大量南迁，史称"永嘉之乱，衣冠南渡"。而这些北方游牧民族在北方地区建国后，因其汉化程度日深，逐渐与汉人同化。他们为增加自己统治权的正统性，往往变着法儿想把自己的身世跟汉人的某位先贤扯上关系，遂不复以己为异族矣。由此可见，匈奴内附是一件大事,不仅在于其政治意义,更在于民族意义。反映在语言方面,就是这些少数民族多逐渐放弃本民族语言,转操更为先进的汉语;当然反过来说,其母语也对汉语发生相当影响。这是公元四、五世纪时事。此后直到公元581年隋建立前,今河南省以北广大地区多在胡人统治下,这一带的汉语当然也就不可避免地受到北方胡语(属阿尔泰语系)影响。这样,汉语的另一大流派,即受阿尔泰语影响的北方语系逐渐显露模样,形成了局面。

　　具体到北京地区,到隋唐时代,这里(时称幽州)虽在汉族中央政权统治下,但具体掌权的地方官吏却仍多沿用胡人。"安史之乱"(公元755~762年)使这一地区陷入空前动荡;此后直至唐朝灭亡,北方广大地区更是多由少数民族出身的人执掌地方军政大权,中央政权对其日益失去实际掌控力。而当地掌权者的语言(阿尔泰语系)也就不可避免地继续对当地的汉语施加相当影响。此后进入五代时期(公元907~960年,后梁、后唐、后晋、后汉、后周),此地的统治者们亦多与胡人有千丝万缕的联系,尤其是自公元936年,后唐将领石敬瑭(就是那个被后世称为认贼作父的"儿皇帝",沙陀族人)将包括今京、津、河北大部及晋北等广大地区的幽云十六州(又称"燕云十六州")割让给契丹(公元947年改称辽),北京地区即开始完全置于少数民族统治之下。历经了辽(契丹族)、金(女真族)、元(蒙古族)三朝的统治,中间虽曾在名义上极短暂地归属汉人政权(公元1125年,金与北宋联合灭辽,北宋收复燕云十六州,却旋即于公元1127年复为金所灭),真正由汉族掌权,是430年后的公元1368年明朝建立。汉族在此统治了276年,公元1644年又落到了满族人手里,直至公元1911年中华民国成立,才最终确立了汉族统治权。在公元936~1911年这975年的历史中,北京有695年是在少数民族统治之下,时间占到七成以上。在这种情况下,北京话或推而广之,扩大到以北京话为基础的北方语系,就不可能不受到中国北方少数民族语言(阿尔泰语系)的很大影响。

统观北京作为首都的历史，周代为燕都，辽国为南京（时称"析津府"，是为辽五都之一），金国为中都。因其或为上古、或为异族建立的区域性国家，其官方语言与今天的北京话差异较大或根本不同，不在本书研讨范围之内；元朝统一全国，在此建起马可·波罗笔下美轮美奂的"汗八里"（Cambaluc，意为"王的大城"，即元大都），但官方语言仍以蒙语为主，亦不在本书讨论范围。上述几个少数民族建立的朝代，契丹、女真、蒙古人的数量相对较少，老百姓乃至中下层官吏多为汉人，汉语仍应是当时北京地区的一大通用语种。

历史上汉族虽曾多次被少数民族在军事上征服，但因汉文化高于征服者的本体文化，尤其是语言文字远较彼等成熟完善，所以最终结果都是异族统治者的文化被汉文化所征服。在异族统治漫长的七个世纪，生活于此的人民仍多为汉族，所使用的语言主要也还是汉语；而历代少数民族统治者因为在人数、尤其是文化上的劣势，他们其中的多数人逐渐淡化了本民族语言的学习，转习汉语。契丹、女真、蒙古语均属阿尔泰语系（在语言学上属于黏着语），它们的语音、构词、语法与属汉藏语系的汉语（在语言学上属于孤立语）迥然不同；但虽则如此，这一段历史时期北京地区的汉语在阿尔泰语影响下，其语音、语法结构乃至动词的时态表述方式上仍不可避免地在某种程度上融进了阿尔泰语系的特色。

学术界一般称自公元311年"永嘉之乱，衣冠南渡"后体现了汴洛语音延续的中原语音为"中原雅音"。一些南方政权国家多以今南京一带为中心建国，故亦将此种语音称"南京官话"，可将其理解为"吸收融汇了当地语音、南京化了的洛阳话"，是为这些南方政权国家的标准国音。

而在北方，有理由认为，早在辽金时期，北京话就已发展成为与南京官话并立的另一种新兴的汉语体系，该体系现多被学术界称为

"幽燕语",此乃近代北京话源头之一。这种新兴的、以北京地区为中心的方言,与古典汉语即反映了中原雅音特色的"南京官话"逐渐拉开了距离。

这种受到阿尔泰语影响的北方语系,与传统的古典汉语在语音、语调上有很大不同。阿尔泰语是"无声调语",所以受其影响的北方语系,在语调上较古典汉语大为减少,尤其是操无声调语者最难掌握的入声最终逐渐淡出北京话;另外这种新兴的语系产生了许多适应时代变化的新词汇,包括音译词汇及通过外来语词汇介入演变出的次生词汇,在动词的时态表述方式上更趋多样化,语法结构也吸收了其他语系的长处,使得北方语系更趋完善;尤其是这类新语汇更趋同于北方一般民众口语,较之源于周秦古典汉语、文人化的南京官话更能适应日益复杂的社会现象。上述原因使得这种在日常生活中表述能力更强、相对又简单易学的北方语系后来居上,逐渐演化为中国第一大语系。

元朝学者周德清在泰定元年(公元1324年)写了一本很重要的语言学著作《中原音韵》,论述了14世纪前叶通行于大都(北京)一带、以有所演变的汴洛语音为基础的元曲曲韵系统(将常用作韵脚的5866个字分为19韵),即所谓"北曲、北音"。但从更广的客观意义上说,它反映了当时北方广大地区通行的、大多数人应用于正常生活中的语音,基本上如实地记录了那时口语语音的主流系统。该书显示出当时的大都话(及以其为代表的北方语系)的主要语音特点已趋近于现代汉语普通话,即:(1)声母不再有清、浊之别;(2)平声分为阴阳两部;(3)入声分别归于他声(当然也有学者不这样认为,如南京师范大学李葆嘉、厦门大学叶宝奎等认为《中原音韵》仍有入声)。这些也基本符合幽燕语的语音特色,与今日之北京话语音已较接近,似应认为元大都话亦是近代北京话源头之一。为此本书选录了元曲中与近、现代北京方言的某些特有语汇在音、义上有传承关系者若干，以明示此点。但另一方面，这种传承中又蕴含了发展。元曲中"随文生义"（字义无定，因文而生）的现象比比皆是，一个词汇往往语义宽泛，用字混乱；而这些语汇经明清两代厘定，传承至今，已经演变得语义明确、用字稳定，较其源头规范得多了。

明初，朱元璋定都南京，建元洪武，出兵北伐。元顺帝妥懽帖睦尔于公元1368年退出大都（北京）回归漠北，蒙古、色目人等多随扈之。兵燹之后，北京人口锐减九成以上。明初因北平（明永乐年以前北京称北平）人口严重不足，再加以为了防御蒙元残余势力入侵，所以开始向北平移民。自洪武四年（公元1371年）至永乐三年（公元1405年），仅三十余年间，即从安徽、河南、山西、苏北等地移民十余万户（此后尚有后续者）。可想而知，那时北京的语音可就杂了。

洪武八年（公元1375年），朱元璋敕令乐韶凤等人编修了一部《洪武正韵》。该书之编撰者多为南人，又是在洪武年定都南京时所撰，反映在书中就又出现了十个以南京官话为代表的江淮语音入声韵部（所谓江淮语音，是由靖康南渡的晋人及偏安临安一隅的宋人带到江南的"中原雅音"演化而来）。南人文化水平较高，他们编的这部韵书也就更多地保留了中古以降的读书音（即"中原雅音"），这种语音与今天的北京话差别较大。明初权贵多为南方人（朱元璋的"淮西集团"），而社会语言在相当程度上又会受到统治阶层所用语言的影响；所以虽然在永乐元年（公元1403年）立北京为首都（南京成了事实上的陪都），但反映了南京官话语音的"中原雅音"却早已是官方认可的标准语音。自此乃至整个有明一代，官话以"中原雅音"为基础；而北京民间的语言，则又融合了安徽、山西、淮西、苏北、河南等地移民的语音，以及元大都原有的部分语音。

当某一地区内聚集了操多种方言的人群时，其社会语言发展的趋势与规律，一般会趋同于多数民众的口语；而多数民众的口语也必然会与流行于该地区的其他方言产生某种程度的同化。最终的发展趋势，总会倾向于较简捷、较易掌握的方向，这是在任何一个多种方言语音交汇地区的必然趋势。明初大量聚居于北京的各地移民之语言，经过不断的碰撞融合，当然也会融合产生一种具有明代特色的北京话（这种北京话不在本书讨论范围之内）。这种明代的民间北京话，较之于元代，与今天北京话的差距可能更大。就语言的发展而言，是一种反向过程。

元代的《中原音韵》较明代的《洪武正韵》简捷了些，且当时在北京及其周边地区操"幽燕语"者仍不在少数，所以前者的音韵体系仍会在民间占相当比重。至明朝后期的1606年，北京民间学者徐孝出了一本叫《重订司马温公等韵图经》的书，该书在一定程度上反映了十七世纪初北京的民间语音，其声韵系统趋近于今天的北京音（无入声），约略类于《中原音韵》，反与《洪武正韵》拉开距离，应即上述原因之结果。

笔者以为近代的北京话源于东北地区，是1644年随着满洲人进京、清朝建立而最终定型的。满洲人发祥于白山黑水之间，操满语（属阿尔泰语系，满——通古斯语族）。追溯他们所说的汉语，应源于早在辽、金、元时期，北方少数民族与混居在这里的大量汉人所共同创造的幽燕语；后来又向生活在今辽宁、吉林一带的汉族边民（多为山东、河北移民）所学。这些汉人边民最先归附于满洲，是日后"汉军八旗"的重要组成部分。满洲人得天下后，他们口中的汉语语音自然也就成了官方的汉语口语语音；又加上清人入京后将原住内城的居民驱赶到外城（"前三门"，即正阳门、崇文门、宣武门外），内城只有满洲、蒙古、汉军旗人居住，拱卫皇城（至清中期才开始有少数汉族高官住进内城）。这样一来，京城的汉语整个大变味儿，由明朝原来以"中原雅音"为基础的南京官话（指官方用语，民间语音受其影响，恐怕也有一定程度的南方语音色彩）一变而为东北话的天下。这种语音，现在学术界有称其为"沈阳音"者，这可能是与清入关前曾在沈阳定都、且近代以来沈阳地位日重有关。但实际它与今天所谓"苣荬菜味儿"的沈阳语音有较大的不同，而更接近今吉林、长春一带的语音，即所谓"臭糜子味儿"的正宗东北话。

满洲人文化水平总体较低，早期许多官员根本不会汉语，而只能操"国语"（旗人称满语为国语）；除了一些归附的汉族知识分子外，官员人等更不知什么"中原雅音"。所以办公乃至上朝，若是说汉语，自然也就是那一口东北话了。这样实际上从清初开始，通行了三千余年的汴洛语音（"中原雅音"）就从官场上淡出了。但因汉族文人的提倡、部分上层旗人知识分子艳羡汉文化而附庸风雅，以及读书音的存在（如诗词格律就不能按北京音，有一些经典，如《诗经》等，也要求按中古汉语的读书音即"中原雅音"来读），"中原雅音"也还保有一定市场。后来沿科举一途跻身高位的南方士人大量涌聚北京，某些南方语音对京语也产生了一定影响。但北京话语音（以幽燕语为祖语＋东北话）的正统地位已确立，其主体即内城的旗人汉语语音，似应无疑义。雍正六年（公元1728年），为规范办公用语，朝廷要求各地官员们学习"官话"——即北京内城旗人所说的汉语。为此刊行了《官音汇解》等标准语教材，南方许多地方还设立了"正音书院"，以推广官话，这是中国历史上首次由中央政府在一定范围内推行某种语言政策。笔者以为兹事体大，甚或不亚于清前期的开疆拓土。一个国家若无一种明确的国家标准语，就可能会埋下日后分崩离析的种子。这绝非危言耸听，像欧洲某些拉丁语系国家，他们其实多有人种学意义上的共系祖先。就血缘关系而言，欧洲某些不同国家不同民族之间的血缘关系，要比我们这十几亿的汉族某些人相互之间可能更接近（所谓"汉族"，就本质而言，笔者以为更多的是文化共同体，而非血缘共同体）。但在历史的长河中，他们演变成了多个不同的民族国家。究其原因，根本性的一条，笔者以为就是早年间在地理位置上分隔开来的族群之间的语言差异。因为他们采用了表音文字，其文字（拼音字母）仅为记录语音的符号（不像汉字是所谓的"表意符号"，具有不依附于语音的独立实际意义），所以语音从一开始的小有差异，通过表音文字的强调与明确，逐渐演变为独立的不同语种；在语言差异的基础上进一步自我认同为多个不同民族，从而为多个独立国家的出现奠定了文化基础。以此观之，《官音汇解》这类书的重要性，绝不仅限于在语言学意义上规范语音；推广至文化理念之厘定、民族观念之认同，乃至国体之整合，均具有里程碑式的意义。若自公元1728年推出《官音汇解》算起，经过各届中央政府的坚持不懈，北京话成为国家标准语，迄今垂三百年矣。

这种以内城旗人京语为基础的新北京话，自有其语音学及语言学上的优点。首先是其音调总数较少，因而简单易学。如现代北京话有39个韵母，约400个读音，4个声调，音调总数约1300个；而南方语系音调总数均约在3000以上乃至更多。如粤语有51个韵母，有的字甚至有9声，音调总数据说超过5000。另外北京话日常使用的基本字数较少，但却更易于组构新词；动词及其时态因受阿尔泰语系的影响，表现方式较丰富；语法结构更灵活多变；北京话的口腔发音部位较靠前（多为唇齿部位音），说着省力，轻灵流畅等等（本书正文中有具体展现，此处不赘述）。另一方面此种语言又是大多数京人每日每时在用，且与读书音（"中原雅音"）有较大差别，所以后者日渐式微，终至在北京地区完全退出口语范围，而仅保留在某些公事场合及文人圈内。光绪年间，政府在官方用语中进一步大力推行北京口语语音，"中原雅音"的市场更加缩小了；尤可称道者，是清政府学部于公元1911年8月召开中央教育会议，通过了《统一国语办法案》，开始进行"国语运动"，明确北京话的国语地位。虽然清朝旋即灭亡，但国语运动并未受太大影响，民国时期推行国语甚力。自民初相关机构通过表决确立京语的国语地位，至民国七年（公元1918年）国民政府教育部正式公布了注音字母，使得语音的标示从含混的所谓"切音"进化为科学的注（拼）音，在历史上首次由官方明确提出声母、韵母的概念，确定了由24个声母、15个韵母（民国十一年又增加了一个）构成的国语语音体系；二十世纪二十年代开始推广白话文，文言的市场更为缩小，在客观上为彻底摆脱"中原雅音"的羁绊提供了条件，进一步确立了以北京音为基础的北方语系的国语地位；抗战胜利后，面对因日本在台湾统治50年，实施奴化教育，致使相当部分台湾青壮年已经不会说汉语了的情况，国民政府派出了以魏建功先生为主委的"台湾国语会"，在台湾开始推行以北平话为标准、由齐铁恨先生每天在广播电台主播的国语教育；1955年，中央政府开始大力开展普通话运动，这是继公元1728年清政府出台《官音汇解》以后，再一次对国家标准语音的整合与推广，且范围扩大至全体国民，是中国有史以来首次以国家行为在全民中推行某种语言政策，给历届中央政府227年以来（公元1728～1955年）始终坚持如一的国家标准语政策谱写了充实的乐章；至1958年《汉语拼音方案》正式出台，又在技术层面上给普通话以科学性的保障，为这民族的辉煌乐章画上圆满的休止符。上述之伟大进程对中华民族而言，可谓功德无量，善莫大焉。

　　前已说过，清入关后将内城之原住居民驱至外城；又按"内朝外市"之模式，将商业区集中于外城。各地经商者云集于此，如其中经营钱庄粮行者多为晋人，经营布疋饭庄者多为鲁人，经营笔墨纸砚文具者多为皖人，经营茶叶丝绸织物者多为吴越人；至于小本营生，乃至杂役苦力人等，则多为京城近畿（如京东八县、保定河间等地）之人。故而外城是天南地北、商贾云集、九流三教、鱼龙混杂的地方；其居民多有外来户，并非祖籍京人。这就必然造成外城人南腔北调，不若内城京语（旗人京语）纯正。至清中晚期，违背经济规律的"内朝外市"之分日渐，外城人员多有进入内城居住、经商者，遂逐渐融于京人。他们的方言，也多有融入京语，成为京语的组成部分。另一方面京城的各类文艺活动对近代京语的影响亦不可小觑。清代的文艺演出，主要就是京戏及鼓词、说书等曲艺节目；这些"玩意儿"多集中在外城，而观众却主要在内城，所以这也是外城语音向内城渗透不可或缺的渠道之一。但即或如此，内外城京人所说的话（包括读音、词汇、句法）直至近、现代仍有些许差异。这些差异本书尽量注出，读者可自揣摩之。另有太监这一阶层，其成员多来自京南方向；他们的语言，对宫廷语音也应具有一定影响，而宫廷语音（统治者的语言）也会间接逐渐影响到社会语音的演变趋势。

　　语言绝非僵死之物，它在随时发展变化。自辽代起，北京千年来的帝都地位，使得京语稳定性相对较强。作为近代北京话，十八世纪后期已基本形成，十九世纪前叶定型，直至十九世纪末变化不大。但此后京语发生了四次大变化。

　　首先是十九世纪末至二十世纪初，外来词汇开始被引入汉语。至二十世纪二十年代，外来语词汇尤其是日语词汇伴随着新文化运动的开展，最先在北京的知识阶层铺开，影响了"国语"的基础——北京话。二三十年代以后，日语外来词汇全面涌入汉语，而其中有约800个左右甚至成为今天相应领域内日常出现频率极高的主导词汇，并由此而衍生了更多的次生词汇（总数在几千个）。另外这一时期以马建忠的《马氏文通》（上海商务印书馆1898年初版）为代表的近代汉语语法著作的问世，以及欧美文学译作的普及，使得语法结构、行文方式较以往有了巨大变化，甚至在某些著作中出现了严重欧化的句型。

　　二变是在二十世纪五十至七十年代，时局催生了大量含有政治内容的新语汇（本书中称之为"时代语汇"）。"文革"期间语言更是成了乖戾极端的载体。这段时期有些语汇可能许多人不认同为北京话。但笔者以为，这些富含政治色彩的语汇恰是从作为首都的北京发动、充斥于全国，且逐渐成为了那个时代的主导语汇。全民语言的泛政治化使京语发生极大变化：那种平和优雅、略显慵懒的气度消失了，方言成分淡出了，语汇、语音都日益趋同于广播电台播音员式的普通话。这段时期的"时代语汇"是体现语言嬗变的完美标本，所以应认同其为北京话发展进程中某一阶段不可分割的组成部分。

二十世纪八十年代发生了第三变。随着经济结构剧变，大批外地人员入京，人口成分在短时间内的快速改变淡化了京腔；又因影视传媒的普及，致使所谓"港台腔"等奇怪的说法甚嚣尘上。这一阶段的京语，开始了"泛普通话化"之进程。

进入二十世纪九十年代中期以后，社会大环境的包容性有了很大提高，在此前提下产生了阶层语，在青年学生中尤为流行（如"火星语"），北京话开始分化乃至异化。新世纪带来了计算机的普及，催生了网络化语言，这种语言逐渐成为一种在全国范围普遍流行、脱离了语音约束、又随时在演变的"集团语"。这种"泛普通话化网络语"是为京语的第四变，这种语言随着计算机尤其是智能手机普及的狂潮，现已俨然成为全国青年社会的主流语言，并有日益扩张之势。

京语语音、词汇及句式的不断快速蜕变，使得今天的北京话基本已与普通话全面契合，纯正的京腔京韵、京语京词几成凤毛麟角，近乎绝响矣。

本书即为展现自十九世纪中叶迄今北京话的演变过程而作。其主要特点，是按所选素材的年代，在时间上具体划分为五个不同阶段，每个阶段分别阐述研讨，把各个阶段的特色勾勒出来。在充分尊重每一阶段语言模式的基础上，凸显出相互间的沿袭与演进，使其发展轨迹清晰展现。笔者的用意，是使本书具有"北京方言发展史"的性质，这种性质有别于此前我所见过有关北京方言的著作。有些此类著作，看得出作者花了大力气搜集原始资料，但观后总觉得凌乱无序。究其原因，可能就是因为仅有微观具象，而缺乏宏观概括；具体地说，就是没有按发展阶段先分别研讨，再归纳总结。试想把一个多世纪以前的北京旗人话，拉过来与今天中学生的网络语混在一起罗列出来，怎能看得出其间的关联呢？但这两种语言又都确实先后在北京流行。如果自己先混打一锅粥，就难免使读者看得满脑袋糊涂糨子了。

本书另一特点，就是对词条的语音逐字逐句、不厌其烦地详细标注。一种方言的传承方式，最主要是口口相传。方言往往无固定说法，用文字难以准确表达方言；尤其是因为汉字的特殊性（是为表意文字，不同于现今世界上任何其他的成熟文字——表音文字），语音更加难以准确表达。因为各种原因（本书中有时附带阐述这些原因），二十世纪四十年代以后生的北京人已很少有能掌握纯正京腔京韵者；或换句话说，生于四十年代的北京人可能是纯正京语语音最后的传承人。有鉴于此，笔者这个生于四十年代中期的北京人，在本书中把主要工夫放在了语音的准确标注上。为能较准确地再现京语语音，除了逐字逐句、不厌其烦地按不同时期相应的京腔注音外，甚至不得不自创了一些语音标注的辅助性手段（详见书后所附之《附一 关于京语轻声、变读及儿化音之说明》、《附二 京语儿化音之分类》）。

本丛书所选之京语词条的范围，较此前各种有关北京方言的著作选材更宽泛些。入选者除方言词外，多为口语词，其义项未必与普通话有区别，但"京腔京韵"令其读音有别于普通话。另适当收纳了一些京人惯用句式或说法，如果将这些说法分解为单独的词汇，无论音、义均与普通话无异；但从其使用条件、语境及组合方式等方面来看，有鲜明的京语色彩，确系京人所惯用且通用，所以亦在收罗范围。此前有关北京方言的著作未见有收罗句式者，在这里也算个新门类罢。还有一些京人常说的俗语、熟谚及歇后语等也在酌收之列。有些语汇或说法出自特定的场合、特定的时间段、特定的人群之口，本书特别注意标明这类语言的专用性、时限性、集团性。另有些语汇在更广阔的北方语系范围内多有使用者，不仅限于京语；但为全面展现京语、探讨京语与更广范围的北方语系的关系起见，亦酌予收录。

还适当选入了一些虽不具备北京话特点,却与北京的某些事物紧密相关的语汇或说法,进行阐述与诠释。其他还包含从外来语、满蒙语融入的语汇,以及某些特有的时代性语汇等。具体详见《凡例》所列。

本书主要采取辞典的形式,按汉语拼音音序查检;内容上又不拘泥于辞典模式,可能对某些语汇、句式做引申、阐述,有较详尽的说明,这有点儿小百科全书的意思。对所选词条中出现的某些特殊语汇,如京语中所包含的"满蒙语汇"、"外来语汇"、"元曲语汇"及前所述及之"时代语汇"等,分别列于各相应卷后,以备读者查询。

本书所注词条之音、义,除属京语特有情况外,其他均按《汉语大字典》(四川、湖北辞书出版社 1990 年版)标注为准;外来词词条按《汉语外来词词典》(上海辞书出版社 1984 年版)标注为准,必要时在其后用相关语言的字母或拉丁字母转写;日语外来词汇后面用"和制汉语"(日文的汉字写法)标明,并注明其相应的西语(多为英语,另有少量的法、德、俄、意、希腊等语)词源;满语词汇语音的拉丁字母转写,较多参照了《北京土话中的满语》(爱新觉罗·瀛生著,北京燕山出版社1993年版)之标注。另有极少量其他语种词汇(如阿拉伯语、希伯来语、古希腊语)转引自网络;至于对近年发展起来的网络语之诠释,则不得不更多地依赖网络本身,所以其可信性、准确性相对较低。

书中所有标注的读音,均为该字在某特定语境下的京腔特定读音,在相当多情况下可能与普通话读音有别。读者诸君若仔细揣摩,庶可得京腔真谛矣。

为求尽量精准,本书对字词的变读、变调、轻声、连读、略读、儿化等处尤加关注;在汉语拼音不足以准确表示某音时,可能使用辅助措施(参见书后之附一、附二);在牵涉到语音学问题时,尽量避免使用专业术语,转而采取具体描述口型及发音的形式与变化方式,力求形象、通俗易懂地说明问题。

至于本书的受众，当然首推对北京话有兴趣的大众。您确可从此书中看到老北京方言的来龙去脉：语音的转变、词义的推演、句式的进化，以及文化、政治、经济、技术等诸多方面的综合作用，是如何铸就了今天的北京话。

北京话要发展，但应是进化而非退化。旧时京语有较深刻的文化底蕴，更有深厚的语言学、语音学基础；而现如今北京话在某些方面有向粗俗乃至恶俗化发展的趋势。有的影视节目推出自认为的"京味儿京腔"，其中不乏硬生生自造的所谓"北京话"，使人听了哭笑不得。那不仅不是正统的北京话，而且其句式、说法、词汇、读音之演变，多有违背语言、语音学规律处；甚或有将旧京正经人家根本不能说的不洁语汇赫然登大雅之堂者。笔者也曾浏览过现如今网络流传的某些所谓"北京话教程"，发现那里更有些纯粹是二十世纪六七十年代的地痞流氓之类用语。面对此情此景，谨企读者诸君参阅拙作。虽不敢妄图匡正，然自以为对明示京语正宗小有裨益也。

特此声明：笔者绝非语言学者，本人所说的一切有关语言、语音学的问题，全然没有定论。余自姑妄言之，君且姑妄听之，茶余饭后如厕睡前，当闲书解闷儿可也，千万别当什么"学术著作"，那可没准就上当了您哪。

笔者虽少有学识，却多有时间。几年冷板凳，一点蠢功夫，孜孜矻矻，弄出这点儿东西。顶多也就算是抛砖引玉，为正牌儿的专业语言学者搜集点不同时期的语言素材以供研究罢了。拙作的一些观点，以笔者自己的学力（业余水平）、精力（年逾七旬）恐无法论证了。以后若能有青年学子证实，鄙人很高兴，因为那是我为维系北京文化传统做出了一点儿贡献；若被证伪，在下也很高兴，因为那是我做出了一点儿间接贡献。

粗鄙之作，就正方家；望不吝斧斤，则幸莫大焉。

凡例

1 词条

1.01 本书所收词条，计：卷一1391条，卷二1150条，卷三2657条，卷四1865条，共计7063条。另在某些卷次后附有《附录》，共计459条；附有《满蒙语汇》，共计126条；附有《外来语汇》，共计282条；附有《元曲语汇》计160条。上述条目总计8090条。另在某些条目中可能罗列出同类或衍生语汇。

1.02 所收词条，含以下方面：

a. 京语独有词汇；

b. 词义同普通话，但语音变读或变调；

c. 音、义均同普通话，但因相邻字音之影响而变读或变调；

d. 音、义均同普通话，但在某种语境下会变读或变调；

e. 音同普通话，但在某种特定用法处产生义变；

f. 虽非京语所独有，但确为北京地区所惯用且通用之词汇、句式或说法；

g. 京语某些特有的构句方式中之相应语汇；

h. 蕴含京中某些特有事物或习俗的语汇；

i. 京语中常见的满、蒙语及其他少数民族语词汇之汉化说法；

j. 自十九世纪末开始大量涌入的外来语汇；

k. 二十世纪五十年代开始涌现出的时代性语汇；

l. 二十世纪八九十年代以后开始大量产生的现代词汇；

1.03 对某些词条可能做进一步的说明、引申及阐述，在相应卷后以《附录》的名目列出；对某些满蒙语、外来语可能做进一步阐述，在相应卷后以《满蒙语汇》、《外来语汇》的名目列出。

1.04 同一卷中相同词汇如无必要不重复采集；不同卷中有些词条可能再次录入，是为了显示该词汇的传承有序。

1.05 所有词条均列出其所在例句，起始冠以"例"字。例句之长短，以能理解其语境、体现该词条用法为原则。句子未必完整，句末除引号外一般不加标点。

1.06 同一卷中同样词条原则上只列出一次；该词条在同一卷的不同例句中，音、义若有不同，则分别一一列出。

1.07 为便于查询，原则上每个例句只列出一个词条；在少数情况下，若有需要时一个例句可能列出多个词条。

2 注音

2.01 以《汉语拼音方案》为标准，词条、字序均按汉语拼音音序排列，语调按阴平、阳平、上声、去声、轻声顺序排列，轻声不标调号。

2.02 卷一、卷二、卷三的词条，用汉语拼音按本书中实际读音逐条逐字的标注，但其中有些新生的时代性词汇仅按需要标注汉语拼音；卷四的词条，仅按需要标注汉语拼音。

2.03 变读、变调、儿化、轻声、连读、略读等情形，一概标注京语实际读音，一般还辅以文字说明。

2.04 方言中有些特殊语音，用规范的汉语拼音不能准确标注，可能采用自创的特殊注音法，有时辅以文字说明；极个别语音完全无法用汉语拼音标注，则直接用文字说明发音方法。

2.05 本书中对儿化音的特殊注音法标注如下：

甲　音节末尾是 a o e ê u 时，韵母后直接加 r；

乙　音节末尾是 ai an 时，韵母标为 ar；

丙　音节末尾是 ang iang uang 时，韵母标为 a~r；

丁　音节末尾是 eng ing ueng 时，韵母标为 e~r；

戊　音节末尾是 ong 时，韵母标为 u~r；

己　音节末尾是 iong 时，韵母标为 ü~r；

庚　音节末尾是 ei en in un ü -i（j q x 后）、-i（z c s、zh ch sh 后）时，韵母一律标为 e*r。

2.06 关于语音变读、变调、轻声及儿化音的一些问题，详见书后之《附一　关于京语轻声、变读及儿化音之说明》与《附二　京语儿化音之分类及附表》。

3　释义

3.01 词条一般均有释义，少量词条可能不加释义。

3.02 释义以词条所在例句中之义项为准，起始冠以"注"字；有时可能对相关背景加以说明，起始冠以"按"字；有时可能对该词条加以引申，起始冠以"另"或"又"字。

3.03 本书的第一卷至第四卷中，有些词条可能根据需要脱离本词条之义项进行更广泛的探讨。发生此种情况时，特于相应词条后注明"见《附录××》"（××为编号）。

4　排序与查检

4.01 词条按汉语拼音字母表顺序排列。

4.02 词条以其首字之声母确定其所在声部，同声母则按韵母在字母表中之顺序排列；首字拼音相同时，以阴平、阳平、上声、去声、轻声声调为序；首字音、调均同，则按其第二字之音、调为序，依此类推；各个声调儿化音的词条列于非儿化音词条之后；词条音、调均同，则按其在原著中出现的先后为序。

4.03 词条按其所在声部字母与其出现的顺序，以汉语拼音字母与阿拉伯数字组合成序号，分别为 a01、a02 … an, b01、b02 … bn… z01、z02 … zn；在条目索引中列出各序号之相应词条，每个词条均标明其在本书中之位置，以备查询。如：卷一"a01　阿哥"，即表示"阿哥"一词在 A 部的第1条之位置。

4.04 每个词条所附之例句，则标明了该例句在原著中的所在位置；如"卷一·阿哥　例（15 239 13）"，即指词条"阿哥"在原著中的位置始于第15回239页之第13行。卷二、卷三、卷四以此类推。

4.05 当"一、七、八、不"等字处于词条之首位时，按其实际所应读之音调（可能变调为阳平或去声）来定序；并仍须按二条之规定排序。

4.06 当"上声连读"时，按其实际所应读之音调（可能变调为阳平或"半上声"）来定序；并仍须按4.02条之规定排序。

4.07 为方便查询起见，对某些读音与普通话有差别之条目，可能按普通话读音来排列其序号，但在正文中则按京语实际读音标注。

4.08 个别情况下可能一个例句中出现多个词条，此时按该例句中首个出现的词条或例句中的主要词条读音来定其序号。

4.09 本书某些卷后可能有《附录》、《满蒙语汇》、《外来语汇》及《元曲语汇》等专项。此类专项之具体查询法，见相应卷后各该专项前之"说明"。

4.10 本书遴选之词条所依据的原著版本见各分卷之《序言》。

5 文字

5.01 本书汉字采用《简化字总表》中的规范简化字，非规范简化字一律不取。

5.02 本书中的汉语拼音，一般采用《汉语拼音方案》中的规范书写法；但对某些儿化韵的标注采用了本书特有的写法，具体可参阅《附一》、《附二》。

5.03 本书中摘录的各类古汉语文字，有些可能采用其相应出处的繁体字。

5.04 本书采用的国际音标，大体上接近严式音标；并根据汉语语音特点，采用了《中国通用音标符号集》（GF3007-2006）的一些符号。

5.05 如有需要时，对满、蒙等少数民族词汇用拉丁字母转写。

5.06 如有需要时，对西方语系的词汇用其相应的文字拼写，或用拉丁字母转写。

5.07 如有需要时，对日文用平假名，其中的汉字用"和制汉语"书写。

5.08 另有极少数其他语种词汇系直接转引自网络上的写法。

卷一 十九世纪中叶的北京方言

序言

《儿女英雄传》一书，系十九世纪中叶北京的一个落泊旗人官员文康所撰，其内容向来是毁誉参半。从文学角度而言，前半部分颇具可读性，多见精彩之笔；而后半部分却多陈腐杂冗，令一般读者观之欲眠。但该书的真正价值其实是在其语言，被学术界誉为"北京话教科书"（胡适语）；另在社会学方面也有很高的学术价值（因不在本书研讨范围，不赘述）。本卷即以《儿女英雄传》为素材，从中选取较有代表性的北京方言，通过对其音、义及句式的标注、诠释，希望能使读者一窥彼时京语真面目。

《儿女英雄传》一书认真通读过的人恐怕不多，但"十三妹"的大名，百余年来经过民间戏剧、曲艺的铺陈，却也算得上脍炙人口。一般人多认为这是一部武侠小说，其实绝非如此简单。

官方对《儿女英雄传》之研究早已展开。1983年，中国社会科学院奉中央指示，筹办国家"六五"规划中的哲学社会科学部分，组成各科规划小组。其中语言学科规划小组提出的选题之一，即"《儿女英雄传》虚词研究"。后来在各方的努力下，于1991年完成了40多万字的《儿女英雄传虚词例汇》（龚千炎主编，语文出版社1994年版）。由此可以看出《儿女英雄传》一书在学术上备受重视。

一般读者不易见到《儿女英雄传》善本，有一些早期版本，如蜚英馆石印本、亚东本等，现均已罕见。现较常见者为人民文学出版社1983年本（本书中简称"83版"），弥松颐注。官修的《儿女英雄传虚词例汇》即依据83版，本书亦然。但较好的版本应属齐鲁书社1990年本（本书中简称"齐鲁版"），亦为弥松颐注。因齐鲁版印数较少，故本书未选择其作为蓝本。弥君对后一本书下了很大功夫，做民俗、语言与历史考据，堪称力作。笔者今作此书，自知学识不若弥君多多，亦不必与官修的考据相提并论。之所以狗尾续貂，也不过是觉得术业有专攻，在专家学者煌煌大著之外，做一点儿草根式的拾遗补阙而已。

原著以说书人口吻写成，语言平实，又极传神。所用语言是极漂亮、流畅的北京方言。举凡上自达官显贵，下至贩夫走卒、妓女流氓，举手投足、只言片语均栩栩如生，为我们全面、准确地展现了彼时之众生相；尤为可贵的是，留下了大量完整、翔实的十九世纪中叶北京方言的第一手资料，就只差录下音了。

笔者不自量力，要充当这部"录音机"，冀能较准确地重现那时的一些语音和说法。余生也晚，耳不曾闻彼时之声；学养不足，才未堪当研讨所用。所倚仗的仅是一点儿侥幸的先天条件：盖因我姥姥（京语：外祖母）家是祖居京师的旗人，怹（京语，读 tān，第三人称敬语）老人家生于清末，去文康的时代不远，操得一口标准"大清国语"（此处指京语，并非指满语）。笔者幼时常住姥姥家，耳濡目染，日积月累，京腔京韵，自然刻骨铭心。自姥姥故去迄今四十余载，虽已难再听到那样纯粹的京语，然而早年的记忆能引领我对某些难以确定的音调、特有的说法与词汇做出判断，以确认其京语"血统"的纯正性，而并非经过语言学严谨的研究。这在学术上虽有欠缺，但我也绝非凭空臆造，总算一家之言罢。

本书对不同语汇分别因其具体情况，按《凡例》中所列之准则给予不同侧重面的词义诠释及语音标注。

《儿女英雄传》一书，一向就有"北京话教科书"之誉；老北京操纯正京腔儿一念，准能出彩儿。但笔者以为方言不宜提倡，无论说或写都应坚持使用标准汉语（普通话）。可是方言作为一种文化遗产和民俗现象，又有在一定范围内加以保护及进行学术研究之必要。若研究北京方言，《儿女英雄传》一书虽是必然的首选，但也要看到该书的语言有一定的局限性：书中的主体语言，即安老爷一家所说的话，是旧京上层社会文人家庭所用的语言，与一般老百姓说的有相当差距,读者勿将其视为京语主体。好在书中也有许多其他阶层人士的语言,弥补了其过于文人化的不足之处。另外原著仅在人物对话及某些评论中使用京语,叙述则纯用书面语;这使得京语的展现方式受到了一定的局限。

本书中之例句,以能较完整体现词条之语义内涵为原则,不一定采录完整句子,句尾除引号外一般也不加注标点。读者若想进一步深入了解所注词条的内容,可参阅原著《儿女英雄传》(人民文学出版社1983年版,弥松颐校注)。

另:弥君松颐最新校注的《儿女英雄传》,已由人民文学出版社于2014年11月推出(北京第二版,本书中简称其为"14版")。弥君三十二年间三校此书,今终成正果。该书诠释翔实,校刊确当,装帧素雅精良,并收入光绪十四年上海蜚英馆石印本的插图四十一幅。堪称善本,可传世矣。蒙弥君赐我,无上荣幸焉。

《儿女英雄传》词条

A 部

a

a01　阿哥

例（15　239　13）：原来少爷也跟在这里。你们旗下门儿里都叫"**阿哥**"

注－阿哥（à ge）：旗人称未成家的青少年男性为阿哥，自立门户后自家长辈或亲近长者仍可能沿习称之。清末旗人约占北京人口半数，但民国期间，各种原因迫使旗人多用汉名，以掩饰真实身份。久而久之，京城相当部分旗人群体似乎蒸发了，唯某些旗人惯用语的蛛丝马迹尚有存留。笔者记得，幼时有小朋友仍被家人称作阿哥，想来即是旗人旧家遗风。"阿"字去声，"哥"字轻声。参见《满蒙语汇壹－01》。

a02　阿哥的嬷嬷——库忒累的娘

例（37　745　12）：你就叫你媳妇儿帮帮不好吗，为甚么要累得这么**阿哥的嬷嬷——库忒累的娘**模样儿呢

注－阿哥的嬷嬷——库忒累的娘（à ge de mēi ma——kù tui lèi de niáng）：这是一句满汉合璧的歇后语。全句话意为"别什么都自己干，那样太累了"。详见《附录壹－01》及《满蒙语汇壹－02》。

ai

a03　挨磨

例（12　185　10）：一时抓不着话头儿，又**挨磨**了一会八子，才讪不搭的说了三个字

注－挨磨（ái mo）：有意拖延，磨磨蹭蹭。现少有此说法。

a04　爱人儿

例（09　135　22）：只听说金子是件宝贝……黄澄澄的，怪**爱人儿**

注－爱人儿（ài ré*r）：讨人喜欢，使人情不自禁产生好感。京语还有个类似说法叫"可人儿疼"。前一说法多指物，后一说法多指人。

ao

a05　傲怄儿

例（22 395 09）：原来安太太合他姑嫂两个有个小<u>傲怄儿</u>

注－傲怄儿（ào òur）：轻松善意的小玩笑。今已不闻此说法。

B 部

ba

b01　巴

例（31 597 24）：那一个藏不住，<u>巴</u>了巴头儿，见一院子的人

注－巴（bā）：京俗语，形容探头探脑地张望。

b02　巴巴

例（12 180 08）：只见窄<u>巴巴</u>的三间小屋子

注－巴巴（bā bā）：京语常用之形容词后缀，用以强调所形容状况程度之甚。但有的地方可能不同，如"眼巴巴"就可能是从"巴不得"义转化而来。后一"巴"字也可轻声，儿化。参阅《满蒙语汇壹-03》。

b03　巴棍子

例（14 221 22）：见一个人扛着个被套，腰里掖着根<u>巴棍子</u>劈面走来

注－巴棍子（bā gùn ze）：一种防身用的短棍，长度在一米以下，柞木等硬质木材所制，不同于有弹性的白蜡杆长棍。详见《附录壹-02》。

b04　巴结

例（01 017 13）：所以把这一甲三名留给天下的读书人，大家<u>巴结</u>去

注－巴结（bā jie）：此处意为努力追求，争取获得。

b05　巴结

例（03 041 23）：你老人家别看我这七十来岁的老头子，托我们老爷的福，也还<u>巴结</u>着跑的动

注－巴结（bā jie）：此处意指勉力为之。

b06　巴结

例（11 176 05）：只说我……凭

着这张弹弓，巴结了些些小事

注－巴结（bā jie）：地位低下者为尊长做事，讨好表白所用自谦之词。

b07　巴结

例（33　658　17）：都说："奴才们各秉天良，尽力的<u>巴结</u>。"

注－巴结（bā jie）：此处意为努力工作，争取主人的认可。另："巴结"还有一意，是指疾苦、艰难（如：过的是巴结日子），但此时要读为 bā ji。

b08　巴图鲁

例（03　042　22）：我们这位小爷只管象个女孩儿似的，马上可<u>巴图鲁</u>

注－巴图鲁（bā tu lu）：源自满蒙语，是"英勇、勇士"义，此处引申为"棒、精通"义。可参阅《附录壹－03》《满蒙语汇壹－05》。

b09　巴着

例（04　063　01）：放下那半截蓝布帘儿来，<u>巴着</u>帘缝儿望外又看

注－巴着（bā zhe）：将眼睛贴近（观看）。

b10　罢卜

例（24　425　07）：那么大个儿了，有时候还揽在怀里<u>罢卜</u>着睡

注－罢卜（bá bu）：汉化了的满语，旧京旗人哄婴儿入睡时，母亲口中所发之声。83版作"罢卜"，齐鲁版据抄本作"罢不"（2014年新版亦如此），音更近于满语。"卜（不）"字轻声。参见《满蒙语汇壹－06》。

b11　把稳

例（40　875　20）：觉得这事还不大<u>把稳</u>，又急得哭起来

注－把稳（bá wěn）：牢靠，有十分把握，今多说"把牢"。"把稳"二字均为上声，双上声不便连读，故其中一字须变调，这种语音变化属于"逆行异化"；若为两字以上的上声连读，则更须有不同的变调。具体变法如下（数字为调值。关于普通话的音调调值，见《附录壹－11》）：

① 双上声连读，语音变化为（214+214→35+214），如本例。

② 后上声读轻声时，有（214+轻声→35+轻声）的变化，如等等、想起。

③ 后上声读轻声时，也有（214+轻声→21+轻声）的变化，如嫂子、姐姐。

④ 三上声连读，前两上声之变调视词语内部的语义停顿而定：前两音节语义紧凑，有［(214+214)+214→(35+35)+214］的变化，如展览馆、洗脸水；后两音节语义紧凑，有［214+(214+214)→21+(35+214)］的变化，如纸老虎、有理想。

⑤ 三个以上上声连读罕见，另当别论。总之是要根据词语的语法结构和语义紧密程度来划分语义的停顿处，确定出音节段，再根据上述规律酌情变调。

b 12　抱（把）

例（14 223 08）：坐着个干瘦老者……怀中<u>抱（把）</u>了一个孩子

注－抱（把）(bǎ)：83版为"抱"，齐鲁版根据最早的39回手抄本改为"把"。京语谓双手持孩子大腿从后托起，使其双腿叉开以利便溺为"把"。

b 13　爸

例（17 282 23）：走西口外的，在教的马三<u>爸</u>

注－爸(bǎr)：京中对在教（伊斯兰教）年长男性之尊称，现多写作"把"。"爸"（或"把"）一般读上声，儿化（也有人不儿化），读此声时多用于姓氏及排行之后，如此处之马三爸，另如老舍所著《正红旗下》一书中有一回民称为金四把。如果是直接附在姓氏之后，一般是读为 be*r（写作"巴儿"），亦是对男性长者之敬称，但应是对关系较亲近者之间用，有"某大叔"的意思。据说此词系从阿拉伯语而来，如《天方夜谭》中的阿里巴巴，即是"阿里大叔"之意。

b 14　霸道

例（06 095 05）：你大概也不知道你小大师傅的少林拳有多<u>霸道</u>

注－霸道(bà dou)：常用有四义：①压制他人意见，唯我独尊，不讲道理。

②厉害，使人难以抵敌。
③强势人物的横行。
④（药物、酒类等物性）猛烈。
此处为②义。"道"字读音介于 dou、dao 之间，轻声。

b15　霸道
例（26 475 16）：怎么姐姐给我作媒就那样<u>霸道</u>
注－霸道（bà dou）：参见上条，此处为①义。"道"字变读。

bai

b16　掰文儿
例（35 694 18）：不是姑老爷一说话我就要<u>掰文儿</u>
注－掰文儿（bāi wé*r）：针对他人所言进行无谓的争辩，也作"掰纹儿"。

b17　白
例（01 014 18）：左右是家里<u>白</u>坐着，再走这一荡就是了
注－白（bái）："做无用功"之谓。"白"字为其后的动词之状语，形容该动词之无效。但有例外，如：白吃白喝白住白拿，指不付款而消费。

b18　白
例（02 024 04）：那个人将来不可限量，太太<u>白</u>看着，几天儿就上去了
注－白（bái）："白"字在京语中有多种义项，原著此处意为"且（如何）"，即只需在一边静观，不用做什么。"白"字在口语中有时儿化。此处之"白"字源于满语，参见《满蒙语汇壹－07》。

b19　白
例（02 025 06）：衙门里要不分出个内外来，断乎使不得！老爷<u>白</u>想想
注－白（bái）：此处意与上一条略似，表示"不用想也能知道"。今无此种说法。"白"字也可儿化。

b20　白
例（03 039 18）：早有那<u>些</u>关切些的亲友得了信，遣人前来探听，也有说<u>白</u>来看看的，也有说打听任上一向有无家信的，却都不肯明说
注－白（bái）：此处意指"无目的

性"。今少见此种说法。"白"字也可儿化。

b21　白瞪白瞪

例（25 463 04）：我要……情由，都给你当着人抖搂出来，问你个<u>白瞪白瞪</u>的

注－白瞪白瞪（bái deng bái dēng）：谓被他人质问，或被人当面揭出隐私，翻着白眼儿，无言以对的窘状。前一"瞪"字轻声，后一"瞪"字阴平。参见《元曲语汇001》条。现在多是说"白瞪眼儿"。

b22　白眉赤眼儿

例（27 506 05）：张太太道："不当家花拉的，也有个<u>白眉赤眼儿</u>的就这么开斋的？"

注－白眉赤眼儿（bái m chì yǎr）：此处意指（对某事）无所表示，马虎糊弄过去。"眉"字变读为 m，这是指一种有相应的口型但不发出明显语音、轻轻一带而过的发声法，本书将其称为"对口型的提示"。京语轻灵流畅，这种口型而无实音的读法最是轻灵流畅。这种口型提示表示在某些情况下可能有某些音节发生韵母缺失现象（韵母被省略，如本例，详可参见 y18 条），或声母缺失现象（声母被省略，参见 b27 条）。另："白眉赤眼"又是旧京詈语，盖因娼家所供之神名曰"白眉神"；说谁"白眉赤眼"，实侮之也。

b23　白煮肉

例（16 267 16）：也有厨下打发的整桌鸡鱼菜蔬，合煮的白鸭子<u>白煮肉</u>

注－白煮肉（bái zhǔ ròu）：猪肉带皮切作二斤左右的宽长条状，清水煮之，仅加姜片调味，至软烂取出，切成薄片，蘸以酱油蒜末食之，味鲜美。此为京中旗人吃法，原著作者文康将此安在山东茌平的邓九公家未必合适。至于猪肉与鸭子合煮则绝非京中做法；或为茌平吃法，也未可知。

b24　湃

例（16 268 06）：那老头儿把那

将及二尺长的白胡子放在凉水里湃了又湃，汕了又汕

注－湃(bǎi)：前有考证者认为此"湃"字实为"摆"字之假借。"摆"是山东话，在水中来回拖动之意。另：京语谓以冷水浸泡、使物体降温为"湃"，读bá。余以为读bá也说得通，因胡子湃(bá)后会较硬挺，便于梳理。

b25　把

例(19　326　08)：索性把个姑娘也闹得迷了攒儿了

注－把(bǎi)：京语中"把"字作介词时，多读为bǎi音。

b26　把那

例(24　437　09)：你们把那正房的门开开，再打扫一遍

注－把那(bǎi nèi)：京腔读音。"把"字见上条，"那"字详见n30条。

b27　把那个

例(04　058　09)：把那个文诌诌的雏儿诓上了道儿

注－把那个(bǎi nèi e)：京腔读音。"个"字读e（声母缺失，参见b22条），是口型提示。

b28　把他乐的

例(29　551　15)：画的那三副脸儿……那穿红的竟是给自己脱了个影儿，把他乐的

注－把他乐的(bǎi ta lè de)：京语有一常用句式"×的什么似的"，是对动词或形容词的一种修饰方式，表示动作或形态的程度之甚。本例即"把他乐的什么似的"之略说。"他的"二字轻声。另：句中"脱"字是"拓"的假借字。

b29　摆搭

例(30　567　04)：凡是这些过于华靡不衷的服饰，都是安老爷平日不准穿戴的。这日父亲不在家，便要穿戴起来摆搭摆搭

注－摆搭(bǎi da)：此处意为陈设开来炫耀。京语今作"显派"（或作"显摆、显白、显排"，读作xiǎn pei或xiǎn bei)，"摆搭"一词已不见用。

b30　百吗儿

例（21　363　10）：昨日听见这个信儿，就把我俩乐得<u>百吗儿</u>似的

注－百吗儿（bǎi már）：因情绪激动而不知如何是好，乃至有些失态。此词较土，多为京东南郊区人所说。

b31　百忙里

例（30　571　22）：叶通<u>百忙里</u>无意中倒明白了个典

注－百忙里（bǎi máng lou）：京人惯用说法，谓"在繁忙中"，在其后往往与却、又、倒（如何）等副词连用，表示在某种情况下事态的某种转折。"里"字变读。

另：京南郊有"摆忙"一说，与此音近，是指"不必要的瞎忙乎"（无实效，徒惹人心烦）。

ban

b32　半拉

例（04　061　07）：只见他捂着琵琶直着脖子问道："一个曲儿你听了大<u>半拉</u>咧，不听咧？"

注－半拉（bàn lā）：一半左右。"半"字也可儿化，但此例中因前面有个"大"字，则一般不儿化。京西北郊有读作 bèn lǎ 的，是土音。

b33　半天

例（09　139　17）：十三妹纳了<u>半天</u>的闷儿，忽然明白了

注－半天（bàn tiān）：此读音是指一个相对较长的时间段（≥片刻）；若"天"字读成儿化音，那就是表示一上午或一下午了。

bang

b34　帮箱

例（26　483　14）：此外只怕还有个人儿<u>帮箱</u>

注－帮箱（bāng xiāng）：嫁娶时女方亲友馈赠的妆奁，亦称"添箱"。参见 t31 条。

bao

b35　保管

例（20　341　03）：这天待好晌午歪咧，<u>保管</u>也该饿了

注－保管（báo guǎn）：保证一定（会如何）。现一般说成"管保"。

b36　保得齐

例（14　232　23）：只是我老人家少刻见了老爷，可难<u>保得齐</u>礼貌

周全

注－保得齐（bǎo de qí）：保证（如何）。"难保得齐"这种说法今演变为"保不齐"，意为"可能会（如何）"。本例按现在说法应为"可保不齐礼貌不周全"。

b37 抱

例（39 814 21）：只听他叫道："我的老弟呀！你今儿个可是从天上掉下来了！……"说着，上前合老爷抱了一抱

注－抱（bào）：早期旗俗，见面时为示亲近，二人头颈相错，以胸互撞，一手拢于对方背部，谓之曰抱。初无分男女，后受汉俗影响，渐次仅行于男子之间；又觉不雅，而行此礼者日稀，见面时仅互相拉手（参见104条）。但抱与拉手均系真情体现，非仅关乎礼仪。原著中邓九公虽非旗人，但作为把兄与旗人把弟安老爷"抱了一抱"，也在情理之中。

bei

b38 啵

例（04 064 16）：伺候你老！你老吩咐啵

注－啵（bèi）：语助词，用于句尾时，意近于罢、罢了。此处加重语气读去声是无条件服从的一种表现；如果读轻声就有一种口服心不服的意味。京语的韵味往往体现在此等细微处。"啵"字本音bo，此处变读。

b39 背旮旯子

例（15 238 02）：你们连个大厅也不开，把人家让到那背旮旯子里去

注－背旮旯子（bèi ga lá zi）：角落、偏僻处，"旮"字轻声。现如今一般仅说"旮旯"，"旯"字儿化。

b40 背弓

例（17 282 17）：一会儿又是那个扣儿绕背弓了

注－背弓（bèi gong）：此处意为（绳扣）结反了。另：旧时京语有"打背功儿"一说，原指京剧上的独白，引申为"自言自语"之意。

b41 背静

例（31 597 23）：也别只顾大面

儿上，**背静**地方儿要紧

注－背静（bèi jing）：偏僻、隐蔽、幽暗。

b42　背了气

例（31 593 18）：凡是要使熏香，自己先得备下这桩东西，不然那不自己先把自己熏**背了气**了吗

注－背了气（bèi lou qì）：京语谓昏倒。"了"字变读。

b43　背住扣子

例（26 469 09）：只是他心理的劲儿一时**背住扣子**了，转不过磨盘儿来

注－背住扣子（bèi zhou kòu ze）：思想僵化，想不开，钻牛角尖儿。也说"绕着扣儿呢"。"住"字变读。

b44　悖晦

例（17 283 20）：你老人家可了不得了，可是有点子**真悖晦**了

注－悖晦（bèi hui）：指老年人糊涂昏聩，有点儿阿尔茨海默病（老年痴呆症）的意思。元曲中即有此词，见《元曲语汇002》条。

b45　被窝

例（20 351 19）：我带着一条**被窝**呢，不要铺盖了

注－被窝（bèi huo）：京人习称棉被为"被窝"（也写作"被卧、被货"），"窝"字读音介于 huo、wo 之间，轻声。

ben

b46　本可是的

例（12 181 09）：那安太太听了，果然又是畅快又是纳罕，说："**本可是的**。只是小子你一时那里去张罗得这些银子？"

注－本可是的（běn kě shì de）：京人表示肯定、赞同、附和对方所言时的常用说法，今人少有此说法。"本"字因上声连读变调阳平。

b47　本主儿

例（31 602 23）：邓九公又嚷道："我不姓安！我是寻宿儿的！人家**本主儿**在那边儿呢！……"

注－本主儿（běn zhǔr）：产权所有人或第一当事人，京语常用说法。"本"字因上声连读变调阳平。

b48　本地风光

例（25 456 06）：看他怎的说法，再合他说到<u>本地风光</u>，设法擒题

注－本地风光（běn dì fēng guāng）：此处意指"眼面前的这点儿事儿、现实的情景事物"。旧时京语常用说法，现已罕闻。

b49　本地风光

例（39 821 08）：你这山东至高的莫如泰山，至大的莫如东海，就<u>本地风光</u>上给他取两个乳名，就叫他"山儿"、"海儿"

注－本地风光（běn dì fēng guāng）：此处直用其字面义，与前一条不同。另："山儿、海儿"直读，不可儿化；这是幽燕语的读法（详见《绪论》）。

be*r

b50　坌臭

例（26 473 16）：就在那希脏<u>坌臭</u>的和尚屋子里

注－坌臭（bè*r chòu）：特别臭。"坌"今写作"倍儿"（现也有人读为阴平），从字面也可看出是加倍的意思，系京语常用词汇。用于形容词前，加强该词的程度。"坌"字本音 bèn，"尘土聚集"义；此处为直音字，与原意无关。另：在北方语系的某些方言中，"坌"又有"刨"（páo）义，如称刨地为坌地；大木匠（搭建房架者称大木匠）用的一种斫木工具叫锛子（状类十字镐，但刃部与柄平行），即是从"刨"义而来，形旁从金而声旁仍从 ben。"坌"字在元曲中常用，系"笨"的假借字。见《元曲语汇003》条。

b51　逼清

例（23 412 13）：这番话姑娘在屋里听了个<u>逼清</u>，算省了安老爷的唇舌了

注－逼清（bè*r qīng）：特别清楚。此处之"逼"字同上条"坌"字，都是"倍儿"的直音同义词。方言无定字，音差不多就行啦。

beng

b52　不用

例（24 435 03）：姑娘，<u>不用</u>让了，随着我先到各处瞧瞧

注－不用（béng）：京语"不用"的合音字，现写作"甭"；更土点

儿读 bíng。但因原著中这句话是安老爷说的，不该那么土，所以还是分开读其本音较合适。

b53　不用澄了，连汤儿吃罢

例（26　475　20）：张金凤道："姐姐说话呀！瞪甚么？我怄姐姐一句：'**不用澄了，连汤儿吃罢**！'……"

注－不用澄了，连汤儿吃罢（béng dèng lèi, liān tā~r chī bèi）：这是句俏皮话儿，"澄"字谐音"瞪"。"澄"为"澄沙"之略，系一种食品，将红豆煮烂，捣碎过滤（此过程即称之为"澄"）加糖，用以作甜点馅儿。原著中这句话是张金凤说的，她的话是带点儿外路口音的京语，"不用"二字可能读为 bíng，"了、罢"二字变读谐音，"连"字阴平。这样的口气突出了谐谑意味。

b54　迸脆

例（23　409　14）：少时鸦雀无声，只听得一双响尺，当！当！打得**迸脆**

注－迸脆（bèng cuì）：京人惯用说法，形容声音极其清脆。

bi

b55　逼扣

例（27　497　18）：越说叫你好好儿的合他说，别**逼扣**他……你可尽着招她哭哭咧咧的是作甚么呢

注－逼扣（bī kèn）：催逼他人必须如何，对其施加压力。"扣"字应为"掯"。

bia

b56　吧嗒

例（25　461　03）：至于安公子，空**吧嗒**了几个月的嘴，今日之下把只煮熟的鸭子飞了

注－吧嗒（biā da）：嘴馋时下意识的嘴唇开合相碰声，常引申至对女色之垂涎。"吧"字读 biā，是为方言语音，普通话无此音。现多说"吧唧嘴儿"。

bian

b57　便家

例（13　205　08）：安老爷忙道："多了，多了，这断乎用不了。你虽是个**便家**，况你我还有个通财之谊，只是你在差次，那有许多银子？"

注－便家（biàn jia）：家境富裕，财力雄厚者。这样的人家儿拿得出钱帮别人。

bie

b58 憋宝

例（19 329 14）：把这事情的用不着为难说了个简捷，才把姑娘你的实话**憋宝**啊似的憋出来了

注－憋宝（biē bǎo）：一种迷信行为。谓生子百日不使其见光，则儿目中元神不散，可洞见地下藏宝。南方某些地方尤为流行此说。

b59 别价

例（26 469 22）：你好好儿的合他说，**别价**合他着急掰脸的啊

注－别价（bié jie）：祈愿式的否定词，希望对方不要（如何）。"价"（戏曲中一般写作"介"）字为无实意的后缀。今京语只在句首或独用时说"别价"，句中多说"别"；偶在句中用时，"价"字读音介于 jin、jing 之间，轻读一带而过。见《元曲语汇004》条。

bing

b60 冰镩

例（21 366 14）：有一尺余长，其形就仿佛个大**冰镩**的样子

注－冰镩（bīng cuār）：中国自古以来就有冬季斩冰窖存，储之以备夏季降温用的做法。详见《附录壹－04》。

bo

b61 饽饽

例（29 561 17）：张太太先前还是干啖白**饽饽**

注－饽饽（bō bo）：旧时京中旗人对除面条外的各种面食统称饽饽，包括蒸、烙、烤等各类面食，饺子叫煮饽饽。后一"饽"字轻声。详见《附录壹－05》及《满蒙语汇壹－08》。

b62 饽饽菜

例（34 670 23）：带的**饽饽菜**，你舅母合你丈母娘给你张罗呢

注－饽饽菜（bō b cài）：京人谓便于携带、耐存储、适合就着馒头、烙饼等面食（饽饽）吃的食品为饽饽菜。如：咸菜、酱菜、肉脯、各类腌腊食品、果酱乃至某些干果等。后一"饽"字仅是对口型的提示，含混轻轻带过。

b 63　啵

例（04 065 17）：那家伙真有三百斤开外，怕未必弄得行啊！——这么着<u>啵</u>，你老破多少钱啵

注－啵（bo）：此处与 b38 条之"啵"音、义均有别。b38 条读 bèi，用于肯定句式，而本条读 bo，用于商榷句式。按：此字注音为 bo 是按普通话的读音，实际京语的发音更接近于 be（普通话无 be 音）。

bu

b 64　不瞪儿不瞪儿

例（17 283 14）：所以姑娘起先听着……还不在意，不过睁着两只小眼睛儿，<u>不瞪儿不瞪儿</u>的在一旁听热闹儿

注－不瞪儿不瞪儿（bū dẽ*r bu de*r）：眼睛一眨一眨的样子，此处是指听得不甚在意（否则应是用"不错耳轮儿"一词）。后一"不瞪儿"轻声。

b 65　拨弄

例（15 242 21）：只见带着撬猪也似的一大嘟噜，因用手<u>拨弄</u>着看了一看

注－拨弄（bū leng）：将一堆零散对象翻动谓之拨弄。二字均变读，"弄"字读音介于 leng、nong 之间。按：北京语音中，仍有一些隐藏得很深的南方语音，或说是古汉语的语音（南方语系保留了较多的古汉语语音），譬如此处"弄"字之 n、l 音转即是。

b 66　不

例（14 216 05）：得骑牲口，<u>不</u>就坐二把手车子也行得

注－不（bú）："不然"之略语，是表示选择关系之连接词。"不"字因其后之"就"字为去声字，故变调阳平。这是京语（包括普通话）关于"一、七、八、不"等字的变调规律使然。

b 67　不错耳轮儿

例（36 735 12）：连长姐儿都<u>不错耳轮儿</u>的听老爷怎么个说法

注－不错耳轮儿（bú cuò ěr lúe*r）：全神贯注地倾听。

b68 不错眼珠儿

例（40 851 24）：安太太此时乐得只**不错眼珠儿**的望着他两个

注 – 不错眼珠儿（bú cuò yǎn zhūr）：京俗语，全神贯注地凝视。与上一条均为京语常用词汇。

b69 不当家

例（39 810 08）：奴才说句**不当家**的话，照老爷这么存心，怎么怪得养儿养女望上长，奴才大爷有这段造化呢

注 – 不当家（bú dàng jia）：此处意为冒昧、冒犯、不敢当。是谓自己所言冒犯了对方，所以说之前先道个歉，是京人常用的客套说法。原著此段是老仆华忠在安公子考中探花后的感慨语，全句意为"奴才冒犯地说，因为老爷宅心仁厚，所以难怪子孙蒸蒸日上，奴才（我伺候的）大爷（指安公子）才能有这段造化（指考中探花）"。"家"字在此为尾缀，本身无实意，读音介于 jia、jie 之间，很轻的轻声。

b70 不当家花拉的

例（07 112 13）：阿弥陀佛！说也**不当家花拉的**

注 – 不当家花拉的（bú dàng jie huā lā de）：此处犹言造孽、罪过（所以先颂一声佛号），较上一条的冒昧、冒犯之意更严重。"家花拉的"是尾缀，本身无实意。"家"字的读音较上一条更轻些，所以标注为 jie。

b71 不得

例（01 018 01）：不拿出天良来作，我心里过不去；拿出天良来作，世路上行不去。那一条路儿可断断走**不得**

注 – 不得（bú de）："不得"一词用于及物动词后，表示对该词的否定，是京语常用说法。说得快时可能读为 be de。

b72 不的当

例（32 622 01）：愚兄这学问儿本就有限，万一求人求得**不的当**，他再指东杀西之乎者也的奚落我一阵

注－不的当（bú dé dà~r）：不妥、（事情安排的）有误。现作"不得当"，"当"字多不儿化。

b73　不对眼

例（04 058 13）：好可是好，就是咱们驮着往回里这一走，碰见个**不对眼**的瞧出来呢，那不是活饥荒吗

注－不对眼（bú duì yǎn）：看别人不顺眼，格格不入，有厌恶感。原著此处是指眼光毒，即洞察力强，一眼就能看出问题。

b74　不犯着

例（26 481 23）：假如是桩别的东西，也就**不犯着**再去取了，偏偏是这等一件东西

注－不犯着（bú fàn zhe）：不值得、没必要。为加重语气"着"字可读 zháo。现一般说"犯不着"。

b75　不耐烦

例（24 438 22）：他已经合安老爷逛了个**不耐烦**、喝了个不耐烦了

注－不耐烦（bú nài fár）：此处"烦"字儿化，是表示因长时间做某事，已日久生厌，但还没到很严重的程度；程度更甚则"烦"字不儿化。

b76　不是

例（34 675 01）：一面悄悄的向他笑道："你瞧，团弄上就好了**不是**……"

注－不是（bú r）：这两个字的读音要注意两点：①不要读成 búr，即"不"字的儿化音；②也不要读成 bú ri，即"不日"两个音。"是"字读为很轻的 r，且含混快速一带而过。"不是"二字用于句尾，且这样读时，是京语的一种常用句式，可称之为"反诘式肯定句"，表示确定句中所质询事之既成。

b77　不是

例（03 041 04）：没有银子，保不住官，还有**不是**

注－不是（bú shi）：错误、欠缺。此处引申为被责怪乃至遭惩处。京语谓向人承认错误并致歉为"赔不是"。"是"字轻声。

b78 不是……不是

例(08 131 03):妹子,你听我这话,可是我特来救安公子,<u>不是</u>特来救你的<u>不是</u>

注 – 不是……不是(bú shi…bú r):前一个"不是"是本句中的主要义项,表示对所言之事的否定;后一个"不是"无实意,仅在否定句尾加强语气用。京语常用句型。后一"是"字读音参阅 b76 条。

b79 ……不算外,还带管……

例(33 660 05):麦子一熟,吃新鲜面<u>不算外</u>,<u>还带管</u>不搀假

注 – ……不算外,还带管……(…bú suàn wài, hái dài guǎn …):这也是京语常用句式。"带管"谓主作用之外的附加功能。按:这种说法较啰唆,后来演变为义同而简洁的"外带着"一说,参见《卷三·wq 02》条。

b80 不要

例(29 557 12):安老爷道:"……太太还得走一荡(趟),<u>不要</u>惹人怪。……"

注 – 不要(bú yào 或 bíng yin):以安老爷的身份应读前音,下层京人可能读后音。京语并非铁板一块,不同区域、不同阶层读音有异。详见《附录壹 – 06》。

另:原著(83 版)中此处的量词"趟"做"荡",似不妥;而齐鲁版及最新的 2014 年版均作"荡",是也。盖因"荡"为"蕩"的简化字,简化后的"荡"字不含"趟"义;而繁体的"蕩"字,在《汉语大字典》中注曰"用同趟(tàng)"。

b81 不是价

例(13 212 17):亲家太太道:"<u>不是价</u>。这往后俺两口子的吃的喝的穿的戴的,都仗着你老公们俩合姑爷哩……"

注 – 不是价(bú ie):原著此处是写张太太坚持自己出香火钱,坚决拒绝安太太替她出钱时所说的话。此种拒绝语下层京人会说成 bíng yin(参阅上条);而张太太是京东人,嫁到彰德府(今河南安阳),她的口音也难以确定。由于本书宗旨是对京语注音,不多关注外埠方言,所以此处按京

东南一带的语音标注，而不管张太太究竟该怎么说了。"是价"二字注为 ie，轻声。

b82　不在那个
例（34　678　11）：然后说道："**不在那个**，我明儿有差。"

注 - 不在那个（bú zai nèi e）：不因为那个（原因）。"个"字读 e，轻声。

b83　不差甚么
例（14　227　01）：如今老爷要到他家去，此刻正**不差甚么**是那老头子回来的时候

注 - 不差甚么（bù chā mar）：此处意为将近、差不多。"差"字阴平；"甚么"二字合读，音介于 mar、mer 之间。

b84　不差甚么
例（30　573　15）：只乐得眼花儿缭乱，心花儿怒发，**不差甚么**连他自己出过花儿没出过花儿都乐忘了

注 - 不差甚么（bù chā mar）：此处意为甚至、可能。读音同上条。

b85　不成件事
例（24　430　17）：如果依他这句话，不但一个世族千金使他寄身空门**不成件事**

注 - 不成件事（bù chéng jian shè*r）：京人谓某事不可行之常用说法，意指此事不成体统。京人重礼教，最不能容忍不成体统之事。

b86　不的时候儿
例（13　210　16）：有偺笨活，只管交给我，管作的动；**不的时候儿**，这大米饭老天可不是叫人白吃的

注 - 不的时候儿（bù de shour）：要不然。"时候儿"三字连读。

b87　不防头
例（21　358　06）：只因安老爷生恐这里话没定规，亲家太太来了再闹上一阵**不防头**的怯话儿，给弄糟了

注 - 不防头（bù fáng tou）：冒冒失失，不知个眉高眼低。现已不闻此说，与此类似的意思叫"不

着调（zháo diào）"；又将此类不着调者叫"青格楞（原意是指未成熟的甜瓜，也泛指一般未成熟之瓜果）、愣头青"。

b88 不搁当儿

例（22 396 06）：姑娘听了，心里说道："这句话说的可<u>不搁当儿</u>。"

注－不搁当儿（bù gé dà~r）：不对路、不合适、不妥。京语旧词汇，现少有用者。

b89 不则

例（33 638 15）：大爷没在屋里，你进来坐坐儿<u>不则</u>

注－不则（bù jie）：京人常用说法，用在动词后，表示就该动词之内容与对方商榷。"则"字读音介于jie、jin之间。也作"不咱、不价、不介"（参阅b97条）。

b90 不禁不由

例（16 257 12）：不必等人盘问，他早<u>不禁不由</u>口似悬河的将讲起来

注－不禁不由（bù jīn bu yóur）：不由自主、情不自禁。也作"不因不由"，义同。后一"不"字轻声，"由"字儿化。

b91 不咱

例（09 140 04）：十三妹道："真个的，我也撒一泡<u>不咱</u>"

注－不咱（bù jin）：与b89条义近。对其所附着之动词表示一种商榷口吻，但此处是自问自答，所以在读音上比b89条更轻，从jie音变为jin音。也写作"不则、不价、不介"（参阅b97条）。

b92 不零不搭

例（21 359 09）：却是<u>不零不搭</u>的十三盘

注－不零不搭（bù lié~r bu dā）：正合适、恰好如此。"零"字儿化，后一"不"字轻声。按："不×不×"这样的组词形式，称"并立四字格"，如"不伦不类、不稂不莠、不阴不阳"等等。

b93 不时闲儿

例（36 741 15）：又要伺候老爷太太，又要张罗两位奶奶，已经手脚<u>不</u>（得）<u>时闲儿</u>了

注－不时闲儿（bù shí xiɑr）：83版作"得"，齐鲁版据抄本及初印本作"时"，那才是京语说法。谓忙碌、无空闲。现一般写作"不识闲儿"。

b94　不兴

例（27　506　13）：张太太道："今儿个可<u>不兴</u>吃饭哪！"

注－不兴（bù xīng）：京语中"兴"为时尚、时兴、流行意，"不兴"即其反义；此处为"不可、不要"义，是京语常用说法。京人所说的"饭"，专指米饭，婚嫁当日新人不可吃米饭，系北方某些地区的民俗；盖因饭与犯同音，食之恐不吉也。

b95　不言不语

例（22　386　24）：他母亲依然如在生一般，<u>不言不语</u>

注－不言不语（bù yān bu yu ě*r）："并立四字格"词组（参阅b92条）。"言"字变调阴平，后一"不"字轻声，"语"字儿化。

b96　不言语

例（09　139　19）：这么大人了，要撒尿倒底说呀，怎么憋着<u>不言语</u>呢

注－不言语（bù yán yi）：不说话。"语"字变读，北方语系许多地区（如山东、河北、河南的一些地方）都这样说，不独京语然。

b97　不

例（05　081　17）：<u>不</u>咱们就住下罢

注－不（bù ye）：口语中读成两个音节，是为"要不、不然、否则、若非如此"等意。与b66条之"不"字义同，但因后面字声调不同而读音各异。将否定性词汇用于疑问句中，句子即转化为肯定式了（否定之否定）。京语中常见这种句式，虽有点儿自问自答的意味，但还是倾向于肯定。这时"不"字变读为bù ye，常用于句首；与常用于句中、句尾表示商榷的"不介"（参阅b89、b91条）义近。

b98　不咧

例（34　673　16）：张太太又说："<u>不咧</u>，熬上锅小米子粥，沍上几

呀鸡子儿，那倒也饱了肚子咧。"

注－不咧（bù yen）：要不然。这里是照下层京人的说法注音，未顾及张太太究竟该怎么说。

b99　不是

例（38 780 15）：轻易得不着好陈酒，求老太爷这里找几坛，交给回空的粮船带回去。**不是**也就叫武生买几坛带去了，说那东西的好歹外人摸不着

注－不是（bù yin）：要不然。此为京语的常用说法，"是"字读音介于 yin、ying 之间，轻声。按：b76~b78 条及本条在字面上都是"不是"二字，但在不同场合中，音、义均有别。此为京语细微处。

b100　不怎的

例（37 754 04）：那等热天，他会把碗滚开的姜汤唏嚼下去竟**不怎的**

注－不怎的（bù zǎr dì）：此处意为没显出什么（变化）。京语中此词还有时用来指斥人品差或表示事态发展趋势不好。

b101　不着要

例（25 457 04）：一段话，说了个乱糟糟，驴唇不对马嘴，更来的**不着要**

注－不着要（bù zhāo yào）：不恰当、文不对题，甚至起反作用。此说法今已不闻。

b102　不着要

例（30 571 23）：公子这阵**不着要**，大约也由高兴而起

注－不着要（bù zhāo yào）：与上条义略同，唯此处程度较轻，谓言行过火，不大靠谱。此说法今已不闻，现有一说法叫"不着调（diào）"，与此音、义均近，可能是由此演化而来。

b103　不值的

例（05 084 23）：那厨房院子里有一眼没底儿的干井，那就是你的地方儿！这也**不值的**吓的这个嘴脸，二十年又是这么高的汉子

注－不值的（bù zhí dàng）："的"字变读。现多作"不值当"。

b 104　不值得

例（37　744　01）：舅太太道："我这里还给你留着个顽意儿呢，**不值得**给你送去，你带了去罢。"

注 - 不值得（bù zhí dàng）：音、义均同上条，唯写法相异。

b 105　不周不备

例（13　210　19）：这几日里边有个媳妇，不好叫他在里头**不周不备**，我可就都求了亲家了

注 - 不周不备（bù zhōu bú bèi）：不周全，需要弥补。此即所谓"并立四字格"（参见 b 92 条）。

b 106　不则一声

例（22　390　06）：如今听见姑娘把梦里的话自言自语的自己度量，他索性**不则一声**装睡，在那里静听

注 - 不则一声（bù zī yì shē~r）：一声不吭，毫无声息。参见 z 124、z 125 条。

C 部

cang

c 01　藏猫儿

例（06　099　15）：两个大拇指堵住了耳门，那八个指头捂着眼睛，在那里**藏猫儿**呢

注 - 藏猫儿（cáng mē*r）：儿童游戏，众儿躲藏，一儿寻找。"猫"字变读，儿化。此为京俗语，现在常见有写为"躲猫猫"者，不知为何处方言。

ceng

c 02　噌楞呛啷

例（28　516　13）：只听那满天星金钱**噌楞呛啷**撒得来连声不断

注 - 噌楞呛啷（cēng lēng cāng lāng）：京语特有的象声词，专用于形容铜钱一类小型金属物品相互碰撞摩擦声。"噌"字系京中俗字，《汉语大字典》未录。"呛"字变读。

cha

c 03　插关儿

例（04　064　01）：谁知那门的**插关儿**掉了，门又走扇，才关好了，吱喽喽又开了

注 – 插关儿（chā guar）：京语称门闩为门插管儿。"管"（亦作"筦"）字，本意是为钥匙，"插关儿"是俗写，但更直白。

c04 插

例（06 098 21）：和尚险些儿不曾坐个倒蹲儿，连忙**插**住两脚，挺起腰来往前一挣

注 – 插（chá）：此处为"用力站稳（以止住踉跄后退）"义。"插"字变调。另：二十世纪中叶，尤其是"文革"期间，京城下层人士称寻衅斗殴为"插（chá）架"。可参阅《卷四·c19》及《附录肆–14》条。

c05 插打

例（06 097 18）：那女子冷笑道："这等不禁**插打**，也值的来送死！……"

注 – 插打（chá de）：旧京俗语，此处指蹂躏、作践（zuó jin）。今不闻此说法。"插"字阳平，"打"字变读。

c06 岔儿

例（13 205 01）：乌大爷起身，又走近前来看了看老爷的脸面，说："老师的脸面竟还好。只是怎生碰出这等一个**岔儿**来！"

注 – 岔儿（chár）：按：此处之"岔儿"因是碰出来的，所以写为"碴儿"（陶瓷一类器物上的破损处）更妥。此处喻不顺遂之事，现多写作"碴儿"。另："岔儿"如读为 chàr，则是指意外、节外生枝、始料不及等。如：这事出岔儿了，没法照原计划办。"岔"字在这里本意为歧路。

chan

c07 颤儿哆嗦

例（31 600 06）：上前就去割那绳子，**颤儿哆嗦**的鼓捣了半日，连锯带挑，才得割开

注 – 颤儿哆嗦（chàr duō suō）：颤抖得厉害。京语如单说哆嗦，"嗦"字读音介于 sou、suo 之间，轻声。见《元曲语汇005》条。

chang

c08 场面

例（30 576 20）：头一件得帮助

得你中个举人，会上个进士，点了翰林，先交代了读书这个**场面**

注－场面（cháng mian）：此处为"场面事儿"的简说，意指本分内必须完成的事儿。另也可指不得不应付的事儿。"场"字阳平，"面"字轻声。

c09　场面、走走场、行头

例（16 268 19）：安老爷道："不必讲，这出戏自然是我唱，也得老兄给我作一个好**场面**，还请得上（原著此处似为"得请上"之误）姑爷、姑奶奶**走走场**，并且还得今日趁早备下一件**行头**。"

注－场面（cháng miàn）：戏曲表演的乐器伴奏，此处引申指适当的辅助条件。

走走场（zóu zou chǎr）：走场，指戏剧中的搭配角色（如龙套等）在舞台上的少量表演，也叫走过场。

行头（xíng tou）：戏剧表演所用的服装道具。

chao

c10　吵吵

例（40 851 22）：我合妹妹商量，想着知道是不是呢，就**吵吵**？索性等过些日子再说罢

注－吵吵（chāo chao）：此处意为声张。按：此段83版之句读有误，齐鲁版已订正之。现按齐鲁版之句读及注释。北京大学出版社的《北京话词语》一书对此词之注释系源于83版，故亦随之误矣。

c11　嘈嘈

例（05 081 14）：白脸儿狼一见，生怕**嘈嘈**起来倒误了事

注－嘈嘈（chāo chou）：此处指发生口角。"嘈"字变读。京人口语中有时对两人口角斥为zāng zang，含贬损意。

c12　吵吵

例（01 016 15）：这一番**吵吵**，安老爷也醒了

注－吵吵（chāo chou）：大声喧哗。此处"吵吵"二字是动词演变而来的名词，指"吵吵"这件事儿。后一"吵"字读 chou，轻声。

c13　吵吵

例（27　497　17）：这个当儿，张太太又**吵吵**起来了

注－吵吵（chāo chou）：与上一条音同而义略异，本条"吵吵"是动词。

c14　绰总儿

例（40　856　10）：我**绰总儿**合你们说这么句话罢

注－绰总儿（chāo zǔ~r）：归纳、概括、总而言之。现多作"抄总儿"。

che

c15　车船店脚牙

例（03　047　18）：世上最难缠的无过"**车船店脚牙**"

注－车船店脚牙（chě chuán diàn jiǎo yá）：旧京俗谚："车船店脚牙，无罪都该杀。"是谓此类行当之人多行为不端。脚：脚夫；牙：经纪人。另："牙"一说作"衙"，指衙役。

c16　车豁子儿

例（32　616　20）：我问他："既唱戏，怎的又合那三个小**车豁子儿**坐的到一处呢？"

注－车豁子儿（chē huō ze*r）：83版及齐鲁版均注为："旧时北京有一种专门载乘妇女的小篷驴车，车把式不能跨在前沿上赶车，只能随在车后走，这种人称之为车豁子儿。其地位卑贱，被人看不起，又叫车后喘儿。"按：愚以为此解未明说该词之内涵，这其实是下层京人意含猥亵的下流话，指极猥琐卑贱者。近年有所谓"京味小说"一类的作品，因作者不了解这类话语的来历，将此作为"司机"的同义词来使用，就十分不妥了。今多将"子"字读轻声，不儿化。

c17　澈底澄清

例（19　326　15）：听我**澈底澄清**的告诉明白了你

注－澈底澄清（chè dǐ dèng qīng）：使浑浊液体中之杂质沉淀，液体变得清澈。此处作为形容词使用，表示清楚明白的程度。本句为主谓倒装句，实际应是"你听我澈底澄清的告诉

明白了"。这里将主语"你"放在句尾,是京语常见句式,往往用于语气急促或欲强调语气处。按:将事情说明以避免误会谓之澄(chéng)清,但京人习说为澄(dèng)清。

chen

c18 嗔着

例(33 638 16):老爷那里<u>嗔着</u>大爷总不在跟前儿呢

注-嗔着(chēn zhe):京俗语,(因什么而)生着气。

c19 沉重

例(10 151 09):自己便轻轻的把一个月下老人的<u>沉重</u>耽在身上,要给他二人联成这段良缘

注-沉重(chén zhong):此处指重大责任。京语惯用说法。此处"重"字轻声,也可儿化。

c20 趁

例(25 450 22):我既不能靠着十个指头<u>趁</u>些银钱,换些担柴斗米

注-趁(chèn):京俗语,此处为挣钱之意。

c21 趁

例(32 617 22):那班人还算良心不死,后来三个改过,作了好人,<u>趁</u>个小买卖儿

注-趁(chèn):参阅上条。此处引申为经营之意。按:后来此词词义演变,谓拥有财物为"趁"。

cheng

c22 成裹

例(12 180 09):一眼就看见太太坐在挨窗户那里<u>成裹</u>帽头儿呢

注-成裹(chéng guo):京俗语,谓制作、完成。原著此处义指缝制。

c23 成果

例(14 226 18):便把这东庄儿的房子给了褚一官,又给他立了产业,就<u>成果</u>起这分家来

注-成果(chéng guo):同前一条之"成裹",此处义指创建。按:83版此处作"果",不妥;而齐鲁版此处作"裹",是也。"果(裹)"字轻声。

chi

c24 吃

例(40 875 07):好在他老夫妻

二位的性情都<u>吃</u>这个

注－吃（chī）：京语谓对不同的人须以不同方法使其接受相同事物；这种对号入座的做法，即所谓"吃什么给什么"。

c25　吃儿

例（29　558　12）：这天算都有了<u>吃儿</u>了

注－吃儿（chē*r）：指谓吃的东西、食物。口语中多读轻声。

c26　吃食

例（39　814　07）：那两边树底下还歇着许多赶趁卖<u>吃食</u>的

注－吃食（chi ēr）：食品。"吃"字读轻声，"食"字变读。略同于把上一条的"吃儿"拉长了读；但"吃"要读轻声，而将"儿"字音加重加长。

chong

c27　虫儿

例（02　034　06）：那河台本是河工上的一个<u>虫儿</u>，他有甚么不懂的

注－虫儿（chú~r）：京人称极精于某行业、尤指精于行中私弊者为"是××里的虫儿"。

c28　冲

例（32　609　19）：又见他那阵吹镑槽诈来的过<u>冲</u>，象是有点儿来头

注－冲（chòng）：京语常用词，多用于如下义：①朝向、面对着；②依据、凭借；③猛烈、厉害、不知收敛；④形容好的程度，表示很优异，为他人所不及。此处为③义。另："过冲"之"过"字阴平，参见 g86 条。

chou

c29　稠咕嘟

例（37　747　20）：不想这口<u>稠咕嘟</u>的酽茶咂在嘴里，比黄连汁子还苦

注－稠咕嘟（chóu gu dū）：汁液黏稠状。"咕嘟"据说是形容稠汁中气泡升至表面绽开时所发出之声，不知确否。"咕"字轻声。另：句中"稠咕嘟"是指茶太酽。举凡味道厚、密度浓之液体，均可以"酽"状之。参见《元曲语汇006》条。

c30　丑巴怪

例（12　185　04）：我只愁他到底是个乡间的孩子，万一长的<u>丑巴怪</u>似的，可怎么配我这个好孩子呢

注－丑巴怪（chǒu bá guài）：极丑陋。现多作"丑八怪"。"巴"字阳平。

chu

c31　出点子力

例（28　537　13）：你将来作了大官，南征北讨，给万岁爷家<u>出点子力</u>

注－出点子力（chū diǎn ze lì）：效力。京人口语常用"×点子×"的句式，前一×是及物动词（谓语），后一×是名词（宾语），表示对某事之作为。"点子"并非很少一点儿的意思，而仅是京中口语的一种习惯性说法，也说成"点儿"。

c32　出过花儿没出过花儿都乐忘了

例（30　573　15）：只乐得眼花儿缭乱……不差甚么连他自己<u>出过花儿没出过花儿都乐忘了</u>

注－出过花儿没出过花儿都乐忘了（chū wo huār mei chū wo huār dou lè wàng le）：京语常用说法，意谓乐糊涂了。"花儿"指天花，随着近代天花逐渐灭绝，这句过去常用俗语今亦罕闻了。句中"没、都"二字轻声，"过"字说得快时读 wo，轻声。类似意京俗语还有"不知自己卖多少钱一斤"的说法，谓得意忘形。

c33　出来进去

例（03　042　04）：你更离不得了，你去了，这位小爷<u>出来进去</u>的交给谁呀

注－出来进去（chū lái jìn qù）：这里是指日常生活起居，是京语的一个特殊惯用法。整句义谓随身伺候不能没有人。

c34　出色

例（25　462　20）：总不曾作到他（张金凤）的正传文章，写得他<u>出色</u>

注－出色（chū shǎi）：京人多数情况下将"色"字读为 shǎi 或儿

化为 shǎr。此处之"出色"二字并非指张金凤出色,而是指"写得出色"。原著以说书人口吻叙述,故有此说。

c35 出息

例(25 455 23):越是京城首善之地,越不**出息**人

注－出息(chū xi):此处为使动词,"使人有出息"义,不出息即反义。

c36 出殡

例(21 372 05):听说明日就要**出殡**,倘有用着我们的去处,请姑娘吩咐一句

注－出殡(chú bìn):京腔此处"出"字读阳平。

c37 雏儿

例(04 058 09):把那个文诌诌的**雏儿**班上了道儿

注－雏儿(chúr):雏,幼鸟,《说文》:"雏,鸡子也。"引申指年轻未经历练者。参见《元曲语汇007》条。

c38 怵着

例(36 734 04):亲家公是**怵着**碰你个钉子,不肯说

注－怵着(chù zhè):京俗语,害怕、畏缩、因心里没底而不敢(有所行动)。也作"发怵、怵头、犯怵"。若严格规范用字,此例句中"怵"字应作"憷"。

chuai

c39 踹

例(01 012 10):就在这地里**踹**了一块吉地,作了坟园

注－踹(chuài):原意为蹬踏,此处引申为修建意。此词有时还引申为开创局面之意,如:"前三脚踹开了",意指在新的工作环境中或某件事上开局顺利。

chuan

c40 穿衣戴帽

例(24 441 16):屏门开处,先进来了四个**穿衣戴帽**的家人

注－穿衣戴帽(chuān yī dài mào):京人惯用说法,指服饰整齐。也作"穿靴戴帽"。

chuang

c41 创

例（27 509 20）：褚大娘子道："可完了我们的创咧！"

注－创（chuàng）："拔创"之略说。替人撑腰、争胜出气，乃至帮人出头打架都叫"拔创"。原著本段意为"我们帮（何玉凤）拔完创了"。此词在"文革"中后期时曾盛行一时。因那时极端混乱，不法之徒横行，帮派相互斗殴，谁吃了亏都不甘心，找人拔创之事比比皆是。"拔创"现有人写为"拔戗"（"戗"字本音为qiāng，义谓支撑、承受；此处读为chuàng）。

ci

c42 跐

例（31 598 03）：那贼不知就理，一脚跐空了，咕咚一声，掉下去了

注－跐（cī）：读音有二：读阴平时意为（脚下）滑动；读上声时意为跐脚或用脚踩着（某种略高于地面之物，如门槛；或某种可移动物，如c45条所说之板凳）。但实际俗读为cǎi。

c43 味嚼

例（04 059 13）：只觉得一个冰凉挺硬的东西在嘴唇上味嚼了一下子

注－味嚼(cī liu)：此处作动词用，是"（很凉或很烫的物体）快速在身体某部位划过"之意，"味"字变读cī，"嚼"（现作"溜"）字轻声。另外此词也可以作为象声词用，如："手碰到炉子上，味溜一下烫出个泡。"此时"溜"字读阴平。

c44 辞了一辞

例（33 655 22）：张老起初也世故着辞了一辞

注－辞了一辞（cí le yi cí）："什么了一什么"，系京语常见句型，谓对某事浅尝辄止。

c45 跐

例（39 817 24）：一天，他忽然跐着个板凳子，上柜子去不知拿甚么

注－跐（cǐ）：此处意为踩踏，京人口语中音、义同"踩"（参见c42

条）。另见《元曲语汇008》条。

cu

c46　粗枝大叶

例（29 543 22）：何小姐看了一遍，**粗枝大叶**也还讲得明白

注－粗枝大叶（cū zhī dà yè）：大致上、大概其是"粗枝大叶"一词的本义，不同于今"马虎大意、不细心"之义。

cuan

c47　攒儿

例（19 326 08）：索性把个姑娘也闹得迷了**攒儿**了

注－攒儿（cuár）："攒"字本义为"拼凑、聚拢"，但此词在京语中特有"心思、精神、胆量"等义。此处为"心思"义，"迷了攒儿了"即脑筋糊涂了。另："攒儿"还指不大清醒，睡得迷迷瞪瞪刚被人叫起来的样子。如："快醒醒攒儿，该上班了。"旧时京中手艺人聚集待雇之处也称"攒儿"。"攒"字还有身体发虚或周身僵硬、不灵便之意，如："老不活动，都待攒了。"

c48　攒儿

例（40 842 10）：大似是叫我们老贤侄前回黑风岗能仁寺那桩事把你的**攒儿**吓细了

注－攒儿（cuár）：此处为胆量义。"攒儿吓细了"即吓破胆了。按：此句系由"春点"（江湖术语）而来的说法。春点管害怕叫"攒稀"（"稀"与"细"同音，写哪个都行），下层京人有"吓攒儿了"的说法，亦即吓破胆了。

cui

c49　啐呀

例（27 508 16）：姑娘道："我怎么日前换了衣裳又要换衣裳啊？"舅太太道："**啐呀**！你给我换上罢。"

注－啐呀（cuì ya）："啐"为"啐"的假借字。京人有一惯用说法，即向对方施加压力，进行某种程度的威胁时，说："你找骂（或打等具侮辱性或伤害性的行为）呀。"此处即"你找啐呀"的简说。向人啐唾沫是表示鄙视或愤怒（舅太太是在开玩笑）。同样意思现代京语简化成"呸"，更直

截了当。

cun

c50 蹲

例（04 066 13）：上去向那石头愣子上当的就是一脚……先把腿**蹲**了

注－蹲（cún）：脚落地时不慎，致使踝或膝关节韧带受伤。也说蹲（cún）了筋。但原著这里是说李四踢石头伤了脚，与今义略有异。

cuo

c51 撮

例（39 818 12）：只这一顿，就**撮**了三大碗儿小米子粥，还点补了二十来个鸡子儿

注－撮（cuō）：此动词兼有形容词性质，是指狼吞虎咽地吃，大口大口向嘴里填饭，简直不怎么嚼就吞咽下去。如果"撮"得太没个吃相，京语谓之下作（xià zong），就含贬义了。但与表示人品差的"下作（xià zuo）"字同音、义均不同。京语中表示"足吃、拼命吃"还有"擩（chuāi）、塞（'嘖'的俗写）"等说法，其中"嘖"字常见于元杂剧，见《元曲语汇 009》条。另参见《满蒙语汇壹－09》。

c52 矬

例（40 879 09）：今日这一见，甚至立刻自己就**矬**了一辈子，改了字儿，一口一个嬷嬷奶奶、嬷嬷老老了

注－矬（cuó）：京语谓低矮为矬。此处指在称谓上降低自己辈分以讨众人欢心。

c53 挫骨扬灰

例（03 049 20）：倘然要把老爷的这项银子耽搁了，慢说我，就**挫骨扬灰**也抵不了这罪过

注－挫骨扬灰（cuò gú ráng huī）：京俗语，极言罪过之重。"扬"字变读 ráng。

c54 错敬

例（29 560 15）：亲家老爷没个顶带，不好着石青褂子，虑到众亲友**错敬**了，非待亲戚之道

注－错敬（cuò jìng）：文人味儿的京语，指谓（对某人）失敬、未以其应享之礼遇待之。

D 部

da

d01　搭岔儿

例（15　236　03）：这话叫人怎么<u>搭岔儿</u>呢？你老人家是一家之主，说句话谁敢不听

注－搭岔儿（dā chár）：原著此处是邓九公（长辈）说话不讲理，褚一官（晚辈）无法分辩，无可奈何的回答。说"搭岔儿"在此有自赔不是的意思，意谓"说了也是招您讨厌"。"岔"字现多作"茬"。

d02　答了

例（21　372　19）：结识了安老爷这等一个把弟，又成全了十三妹这等一个门徒，愿是了了，情是<u>答了</u>

注－答了（dā le）：此处意为如愿地还了所欠之情。"情是答了"是"答了情了"的倒装句，即宾语前置句型。这是古汉语句型，在京语中不常见。满语却有异曲同工之妙，是"谓语在后"，客观上也形成了"宾语前置"。这里想来还应是受到了满语的影响，究竟北京话与周秦古汉语快八竿子打不着啦。

d03　答……情

例（02　032　09）：这番调动，老爷可必得象模象样<u>答</u>上头的<u>情</u>，才使得呢

注－答……情（dā…qíng）：报答（××的）恩惠。京语常用说法。"情"字也可儿化。

d04　搭撒

例（17　289　24）：<u>搭撒</u>着两个眼皮儿，那小脸儿绷的比贴紧了的笛膜儿绷得还紧

注－搭撒（dā sa）：源自满语的旧京俗语，形容不抬眼皮、带搭不理的神态。参见《满蒙语汇壹－10》。

d05　答言

例（01　018　08）："……我便课子读书，成就出一个儿子来，也算不虚度此生了！"公子自是不敢<u>答言</u>

注－答言（dā yen）：回应，回话。

"言"字变读，轻声。

d06　打把式

例（39　805　12）：便想在京官同乡道理（里）<u>打个把式</u>

注－打把式（dá bǎ shi）："把式"一词常用有二意：

①某一行业的行家里手，亦是对从业者的一种尊称，如车把式（赶大车的）、花儿把式（花匠）、饽饽把式（面点师傅）等。

②杂技表演叫"耍把式"。

此系汉化蒙语词汇，参见《满蒙语汇壹-05》条。此词也可作贬义用，如不满对方的作为，说"你瞎耍什么把式呢。"原著此处是引申义，指打秋风（也作打抽丰），即依仗权势地位，或关系、面子等向他人索要财物。"打"字变调。按：83版此条中"里"字误作"理"。

d07　打扮

例（37　743　23）：公子一时吃完，擦了脸，重新<u>打扮</u>起来

注－打扮（dá ban）：修饰仪容，也指对物品的修饰。"打"字阳平，"扮"字轻声，也可儿化，是口语腔调。"打"字若读本音则显得庄重。

d08　答报

例（13　213　20）：老爷道："吨，难道救了我一家性命的那个十三妹的这番深恩重义，我们竟不想寻着他<u>答报</u>不成？"

注－答报（dá bao）：报答。现在"报答"的意思在原著中均写作"答报"，这可能是那时此词在京人口语中之原貌。"报"字读轻声。

d09　打点

例（01　016　20）：公子便去<u>打点</u>收拾手本，拜帖职名，以及拜见老师的贽见、门包、封套

注－打点（dá dian）：此处意为收拾整理，安排准备。"打"字阳平。见《元曲语汇010》条。

d10　打点

例（07　109　21）：一扭头道："不说就不说，你打谅我爱说话呢。我留着话还<u>打点</u>阎王爷呢！"

注－打点（dá dian）：此处意指打通关节、托人关照。此词现已成为托人情、行贿的同义词。"打"字阳平。见《元曲语汇011》条。

d11 打扫

例（24 437 09）：你们把那正房的门开开，再<u>打扫</u>一遍

注－打扫（dá sao）：本条及前两条之"打"字均变调，阳平，是双上声变调规律使然（参见b11条）。但这里值得注意的是后面的上声字（点、扫）均已变调为轻声，而前面的上声字（打）却依然读阳平。由此可以看出京语有将仄声（上声）尽量变调为平声的趋势。盖因仄声拗口，而京语特色是流畅，故尔偷工减料，把说着费劲的尽量省点劲儿，仄声改平声了。按："（为了不浪费）尽量吃光剩饭菜"京人说"打扫（dá sou）"，"扫"字变读，轻声。

d12 打岔

例（19 336 15）：褚大娘子道："你老人家先别<u>打岔</u>①，让人家说完了。"邓九公道："还不叫我<u>打岔</u>②！你瞧，今日这桩事，还不难为我老头子在里头<u>打岔</u>③吗？"

注－打岔①、②（dǎ chà）：这两处是用的打岔原意，即以不相关之言行扰乱、混淆对方本意。

打岔③（dá chǎ）：是"打镲"的假借字。镲为一种铜制打击乐器，京语"打镲"意指瞎逗闷子、插科打诨、指东说西、瞎搅和。邓九公此处如是说，虽是自我调侃，亦有表功意。原著对京语把握精微，臻于化境。

d13 打地摊儿

例（04 057 06）：二人就摘下草帽子来，垫着<u>打地摊儿</u>

注－打地摊儿（dǎ dì tār）：此处意指在地上放置铺垫物（为坐卧用）。按：京人谓无固定摊位之游商随街边摆放之售货点为地摊儿。因其无货架等设施，一般是在地下放块布，货品即置其上，叫打（或摆）地摊儿。

d14 打晃儿

例（11 166 16）：但见空落落的

院子静悄无人，只有马棚里撒着四个骡子，饿的在那里**打晃儿**

注－打晃儿（dǎ huà~r）：京俗语，形容极度衰弱，站立不稳状。

d15　打饥荒

例（05 076 12）：莫如趁天气还早，躲了他。等他晚上果然来的时候，我们店里就好合他**打饥荒**了

注－打饥荒（dǎ jī huang）："荒"字读轻声时是指债务、乱子；如读本音则多为本意（饥馑）。此处"打饥荒"引申为强辩、胡搅。

d16　打狼也似价的

例（32 610 15）：讲到买几片子瓦，也不值得**打狼也似价的**去这么一大群

注－打狼也似价的（dǎ láng ri d）：办事无必要的多人一哄而上。京语常用说法，含揶揄甚或贬义。"也似价"变读成 ri，轻声；"的"字基本发不出声，标注的声母 d 仅是对口型的提示。另：此句中"一大群"之"大"字读 dè（说得快时读轻声），含调侃意。

d17　打牙把骨

例（28 531 09）：真要闹到《送亲演礼》，**打起牙把骨**来，可就不成事了

注－打牙把骨（dǎ yá be gǔ）：吃饭的调侃说法。"把"字读 be，"骨"字其实是读半上声（音高为21，不同于上声的214。参见 h 06 条）。"牙巴骨"也作"牙帮骨"，东北方言亦有此类说法。

d18　打游飞

例（13 197 11）：那些散了的长随，还有几个没找着饭主满处里**打游飞**的

注－打游飞（dǎ yóu fēi）：无正当职业，甚或居无定所。亦作"打油飞"。

d19　打坠咕碌儿

例（40 871 02）：公子被舅母这一拉，心里暗想：这要再苦苦的一**打坠咕碌儿**，可就不是话了

注－打坠咕碌儿（dǎ zhuì gu lǔr）：京语常用词汇，多用于形容儿童欲达某目的未果，坐在地上

蹬腿儿，撒泼打滚耍赖，大人拉都拉不起来。按："坠咕碌儿"也作"坠轱辘儿、坠咕噜儿"，系一种较原始的纺织用具，用于捻棉线。京南一带称"碾陀儿"。

d20 打自得儿

例（06 093 17）：一个笑着说道："你是甚么头口，有这么<u>打自得儿</u>的没有？"
注 - 打自得儿（dǎ zi dé*r）："自得儿"义为心情舒畅、悠闲自得（参见d73条），"打自得儿"指因舒畅悠闲而做出的某些举止。此词今未见用。"得"字也有读上声的，儿化。另：句中"头口"一词见t48条。

d21 大敞辕门

例（19 337 17）：再加上邓九公<u>大敞辕门</u>的一说
注 - 大敞辕门（dà chǎng yuán mén）：毫无保留。今多说"大敞遥开"，原为门户不严、不关门讲，引申为毫无保留之意。

d22 大大的

例（25 458 16）：要等亲事说成，当面一送，作么<u>大大的</u>一个好看儿
注 - 大大的（dà dār de）：京腔读音。后一"大"字阴平，儿化。

d23 大发

例（21 373 07）：列位呀！照这话听起来，你我都错了，错<u>大发</u>了
注 - 大发（dà fe）：形容某事程度之甚。"发"字读 fe，有时也说成儿化音 fe*r。按：普通话中 b p f 不与 e 相拼（me 的拼法只限于"么"字），但北京方言与其有别，常有此类读音出现。

d24 大概其

例（22 392 07）：奴才<u>大概其</u>也听见华忠说了
注 - 大概其（dà gài qí）：大致（知道）、约莫（揣度着）是某种情况。也简说为"大概"。

d25 大姑娘

例（20 342 11）：<u>大姑娘</u>，我就

剩了心里过不去了！我实在说不出甚么来了

注－大姑娘（dà gu niang）：京人对别人家未婚女子亲切而庄重的称呼。如相熟稔，婚后仍可沿习称之。此称呼是长辈对晚辈用，"姑娘"二字轻声。还用于称呼别人家的长女，对别人称自家长女也这样说。按：旧京俗语，"姑娘"（gū niang）一词还可指谓虽已与主人同房，但尚未正式立为侧室的婢女。在这个意义上，"大姑娘"一词则是指谓其为第一个这样的人。参阅 g72 条。另：旧京还有"姑娘儿"（读为 gū nia~r）说法，则是对妓女的称谓。

d26　大后日可就是

例（29　557　08）：如今咱们的事情是完了，**大后日可就是**乌老大家的喜事

注－大后日可就是（dà hòur ke jiu r）：京腔读音。"大后日"即后天的后一日。"后日"二字合读为 hòur；"是"字读 r，是口型提示。

d27　大家伙子

例（15　240　12）：愚兄就喝口酒，他们**大家伙子**竟跟着嘈嘈

注－大家伙子（dà jiā huǐ zi）：京腔读音。"伙"字变读。

d28　大剌剌

例（19　323　07）：他转**大剌剌**的说了一句

注－大剌剌（dà liē liē）：大模大样，满不在乎。"剌"字变读。现写作"大咧咧"。

d29　大妈妈

例（33　639　19）：还没见他说这话的时候**大妈妈**似的那个样儿呢

注－大妈妈（dà mā mer）：这应是当时惯用语，语焉不详，可能是形容人装模作样。后一"妈"字变读，轻声。

d30　大马金刀儿

例（05　072　08）：若论安公子，长了这么大，大约除了受父母的教训，还没受过这等**大马金刀儿**的排揎呢

注－大马金刀儿（dà mu jīn dāor）：拿着架子，一派傲然的模样。此说法京城现已罕闻，京郊倒还有这么说的。"马"字读 mu，是因其后"金"字的声母 j 为"舌面前塞擦音"，而"马"字的韵母 a 为"舌中央低位不圆唇元音"，二者口型相差大，不符合"流利顺畅、音节之间快速平滑过渡"这一京语的基本原则；但韵母 u 为"舌后高位圆唇元音"（合口呼），口型极易于向 j 转化，所以产生了这样的变读。京语中有很多这样的"潜规则"，正宗京人于此等处自然而然的就会说出正宗京腔，完全用不着想，更用不着像这样瞎费劲儿做语音学分析。"刀"字儿化。

d31 大门

例（24 429 21）：进了**大门**，顺着一路群房，北面一带粉墙

注－大门（dà mén）：此处指自家院门。京语中对大的物品名称不儿化、不轻声。如：前门（正阳门）qián mén 就绝不能读成 qián mé*r。但自家的院门（如此例）虽较屋门大，但与城门比仍小；

所以既可以说 dà mén（大门），也可以说成 dà mé*r（大门儿）。详见 m37 条。

d32 大面儿上

例（31 597 23）：也别只顾**大面儿上**，背静地方儿要紧

注－大面儿上（dà mi reng）：表面、明显的地方。书中此时情节紧张（抓贼），人说话必然急促，于是京语连读的特点彰显，音节之间界限含混。为使口型接近便于连读，导致"上"字的声母丢失，只留下韵母（读音介于 eng、ang 之间）。京语中许多变读，就是为使前后两字的口型接近而创造条件。最终造成京语虽快速流畅，但有时失之含混模糊的特点。

d33 大清早起

例（24 446 13）：师傅，你这话从何说起？你今日**大清早起**想来不醉

注－大清早起（dà qīng záo qiě*r）："大清"二字形容早的程度，是京语惯用说法；"早起"二字还有读为 zǎo qie*r 的，是郊区口音。

d34　大师傅

例（07　114　11）：谁知**大师傅**那么耐着烦儿俯给他，他还不愿意

注－大师傅（dà shī fu）：此读音是对和尚的敬称。若读 dà shi fu，则是对厨师的称谓了。

d35　大爷

例（15　244　22）：**大爷**请到我们那院里，我张罗他去吧

注－大爷（dà yé）：此词在京语中有三种意思，三种读音：
①即本条，指谓家中长男，又作为场面上对成年男子的尊称（但此时一般简称"爷"，当面称人"×大爷"时，可能暗含揶揄意，所以当面尊称一般说"×爷"，如张爷、李爷等）。
②读为 dè yé，调侃式的称呼，京语中"大"字作定语时，若读 dè 音，可能含揶揄讥讽之意。
③读为 dà ye，系指伯父，或尊称其他父辈男性。

d36　大掖巴鱼鳞缴鞋

例（04　059　14）：只见一个人站在当地，太阳上贴着两块青缎子膏药……脚下包脚面的鱼白布袜子，一双**大掖巴鱼鳞缴鞋**，可是靸拉着

注－大掖巴鱼鳞缴鞋（dà yè be*r yú lín sǎ xiér）：缴（靸）鞋是一种坚固跟脚的布鞋，有时用皮底，或包皮头、皮跟，鞋前部折布起两道梁，沿脚面向后延伸，以麻线密缝，谓之掖巴。"鱼鳞"则是指为了加固而在鞋帮上用细麻线纳的鱼鳞状线条。旧时京中练功夫者多穿靸鞋，但地痞流氓亦常穿，本段所写即是。按：此处"缴"实为"靸"的异体字，在此作为"靸"（sǎ）的假借字（缴鞋实应为靸鞋）；而其后"靸拉"之"靸"字却是"跶（tā）"的假借字，"靸拉"应为"跶拉"。详见 t05、t08、《附录壹－40》诸条。原著问世时的用字尚不规范。

dɑi

d37　待

例（22　385　18）：安太太合张姑娘便也回船。玉凤姑娘合张太太这里也就**待**睡

注－待（dài）：将要。不及物动词，

用于某些及物动词之前，推断事物的发展趋势。此说法是古典汉语的残余，现少有见。

d38　待好

例（33 641 19）：你的书虽说不生，荒了也**待好**一年了

注－待好（dài hǎor）：几乎、将近、差不多。此词今未见用。"好"字儿化。

dan

d39　耽待

例（26 467 17）：这里头万一有一半句不知深浅的话，还得求姐姐原谅妹子个糊涂，**耽待**妹子个小

注－耽待（dān dei）：谅解、包容。"待"字读音介于 dei、dɑi 之间，轻声。

d40　单腿儿安

例（15 243 19）：（二姑娘）扎煞着两只胳膊，直挺挺的就请了一个**单腿儿安**

注－单腿儿安（dān tuě*r ān）：旗人男子向尊长所行之礼，这里是二姑娘错用。请安礼详见《附录壹－35》条。

d41　但

例（19 321 04）：他**但**有个见不到的去处，自然就仗你指引

注－但（dàn）："但凡"之略说。详见下条。

d42　但凡

例（33 649 12）：那位孔夫子**但凡**有个吃饱饭的正经主意，怎的周流列国的时候，半道儿会断了顿儿

注－但凡（dàn fán）：只要能（就如何）、凡是有什么（就如何）。此词有祈使义。

d43　但是

例（01 013 06）：就连安老爷的一应大小家事，**但是**交给他的，他无不尽心竭力

注－但是（dàn shì）：与上条之"但凡"义同，也作"但凡是"。

dang

d44　当饯

例（17 283 23）：你走后我留他也是无用，倒是你此番远行带去，

是件**当戗**的家伙

注－当戗（dǎng qiàng）：中用，好使，能起很大作用。"当"字上声；"戗"字原义为支撑，此处引申意指可依赖。

d45　当家子

例（40 838 14）：他是孔圣人的嫡派子孙，合现在这个衍圣公还算得个近支儿的**当家子**

注－当家子（dàng jiā zi）：同宗（父系）的血亲。

d46　当哑叭卖了

例（07 113 09）：那妇人道："我还说话吗？我只打量你们把我**当哑叭卖了**呢！"

注－当哑叭卖了（dàng yǎ be mài le）：京人常用俗语，埋怨他人不给自己发表意见的机会。"哑叭"今作"哑巴"，"叭"字读音介于 be、ba 之间。

dao

d47　扚

例（19 323 23）：这句话更被那位假尹先生**扚**着线头儿了

注－扚（dáo）：从乱麻之类物品中找到线头，引申指将纷乱的事态理出头绪。原著此处意指抓住话柄。"扚"本音为 dāo，现写作"捯"。有"扚蹬"一词，同于"叨蹬"，意指折腾；又指做小买卖儿，现趸现卖，同于"倒腾"，读 dáo teng。

d48　倒断

例（26 484 06）：只得自己表明心迹，说个**倒断**

注－倒断（dáo duan）：此处意为（干脆利落地）了结、决断，"断"字轻声。今已不闻此说法。但在元曲中即已有此种说法，见《元曲语汇012》条。

d49　拨气儿

例（06 097 17）：打了个落花流水，东倒西歪，一个个都打倒在东墙角跟前，翻着白眼**拨气儿**

注－拨气儿（dáo qiè*r）：京俗语称人之将死、有出气儿没进气儿状为捯气儿。"拨"字在此费解，似应为"捯"。经查，善本亦为"拨"。将鲁鱼亥豕，捯误作拨耶？抑彼时确有此说欤？

d50　倒不过窖

例（37　755　17）：嘴里再偶然有些<u>倒不过窖</u>来的东西

注－倒不过窖（dǎo bú guo jiào）：牛羊反刍谓之"倒窖"。现作"倒嚼"，也有写作"倒噍"者。原著此处是调侃程师爷。"过"字轻声，"窖"字也可儿化。

d51　到不到的

例（22　399　01）：他累了一道儿，精神有个<u>到不到的</u>，怎么得舅太太在那里伴他几天就好了

注－到不到的（dào bú dào de）：疏漏、缺失。是"（所作所为）到与不到（之处）"的简说。

d52　到不去

例（30　575　20）：我合妹妹两个虽<u>到不去</u>美人，且幸不为嫫母

注－到不去（dào bú qù）：到不了、算不上。这是很旧式的说法。土点儿的可能读 dào bo qi。

d53　倒得

例（02　028　23）：这分明看我是个佐杂出身，他自己又是两榜，轻慢我的意思。——<u>倒得</u>先拿他一拿

注－倒得（dào děi）：京俗语常用词汇，"因何而须先如何"义。

d54　到地

例（27　496　07）：不想张金凤他小小一个妇人女子，竟能认定性情，作得这样<u>到地</u>

注－到地（dào die*r）：事情做的合理恰当，不取巧，无疏漏。"地"字也可以不儿化。今演变为"地道"，义同。

d55　道乏

例（29　557　11）：安太太道："……各处看看亲戚，道<u>道乏</u>去。"

注－道乏（dào fá）：京人常用的客套话。此处为"问候"意。

d56　道乏

例（31　585　19）：怎么来的这么巧？等我好好儿的给你<u>道个乏</u>罢

注－道乏（dào fá）：此处意为道谢。

d57　到去倒得

例（05 079 07）：公子心下说："不想这两个骡夫能如此尽心，**到去倒得**赏他一赏。"

注－到去倒得（dào qi dào děi）："到去"无实意，"倒得"意为"因（什么缘故）而须（如何）"。"去"字读 qi，轻声。

d58　倒座

例（30 581 11）：左是这个院子，我两个便退避三舍，搬到那三间**倒座**去同住

注－倒座（dào zuòr）：四合院中指南房，非四合院中则指正房对面之房。

d59　道上

例（32 620 03）：为甚么从前我在**道上**的时候，走一天拉扯他一天

注－道上（dàor ang）：此词特指某些有危险、直接接触犯罪分子的行当（如捕快、保镖等），同时也指这些行当的对方：盗贼、匪徒、黑社会等。大概因为他们走在同一条道上。"上"字声母 sh 在此处口语中流失了。

de

d60　嘚啵

例（25 463 02）：好个小金凤儿！难道连你也要合我**嘚啵**嘚啵不成

注－嘚啵（dē be）：责人所言不合时宜且又喋喋不休为嘚啵。较粗野的说成 dē bī，就是骂人了。按：普通话中无 be 音。

d61　得

例（30 570 24）：何况这话两个人说又比一个人**得**说多了呢

注－得（dé）：京语惯用说法，作状语用，谓"方便、有利于（其后的动词）"。

d62　得辞

例（30 582 07）：想到那里说到那里，不过句句带定张姑娘，说着**得辞**些

注－得辞（dé cí）：因得到某种论据或支持而显得更有理有利，底气十足。

d63 得劲儿

例（10 156 02）：乐的也不知该说那一句话是头一句，转觉得满脸周身的不**得劲儿**，在那里满地转转

注－得劲儿（dé jiè*r）：舒畅通泰。本条用其否定意。"得"字也可读为 děi。

d64 得了

例（17 278 11）："我昨日叫华忠要的东西赶上了不曾？"太太道："**得了**，带了来了。"

注－得了（dé le）：京人习惯对某些事态的完成说"得了"。此处是指为安公子等赶制的孝服已做好。按："带了来了"读 dài l lái liǎo，前一"了"字因与其后之"来"字连读，故其韵母 e 发不出声，而仅将"来"字的声母拉长即可；而后一"了"字重读为 liǎo，以强调事态的完成。

d65 得了

例（26 491 08）：把太太的腰胯抱住，果然一头拾在怀里，叫了声："我那嫡嫡亲亲的娘啊！"**得了**

注－得了（dé lèi）：京人于某事费尽辛苦周折，终至大功告成时的感叹语。此处"了"字读 lèi，注意感叹号在此的作用是表明感叹语气。

d66 得济

例（19 322 05）：从来父母生儿也要**得济**，生女也要得济

注－得济（dé jì）：此词在北方语系各地基本通用，南方也多如此说。

d67 得……且……

例（17 278 13）：老爷道："正是了。我们**得**尽一番心，**且**尽一番心。"

注－得……且……（dé…qiě…）：京语常用句型，表示尽量完成某一事物的心态。"得、且"二字后用同一个动词或动宾词组。

d68 德呼

例（37 764 12）：这还不亏了人家俩媳妇儿呀！还有那**德呼**合人

家赌气呢

注-德哷（dè le）：京俗语，现一般写作"嘚嘞"，指啰唆絮叨、招人厌烦的话，作动词用（但原著此处做宾语用，是为名词）。参阅《满蒙语汇壹-11》。

d69 的个

例（08 126 01）：我看姐姐这等细条条**的个**身子，这等娇娜娜的个模样儿

注-的个（d e）：京语在某些形容词后加"的个"或"的那个"（d nèi e）作后缀，有突出、强调该词之作用。另视句型结构之许可，也有时在形容词前面加"那个（nèi e）"或"那叫一个（nà jiào yí e）"等前缀，以强调该词。注意此处"的个"二字轻读，且"个"字的声母 g 并未读出声，读法是 d 与 e 分别读成两个音节，而不要拼读成 de；但又要语速够快，不可生硬。

dei

d70 得会子

例（37 753 19）：我才打发他们俩到佛堂里撤供焚钱粮去了，**得**会子过来呢

注-得会子（déi huǐ ze）：过一会儿（指稍长的时间，长于"片刻"）。"得"字阳平，"子"字读音介于 ze、zi 之间。

d71 得

例（02 025 03）：我还怕他们不能周到，都**得**我自己调停

注-得（děi）：京语中当"得"字义为"应当如何、必须如何"时，均读为 děi。

d72 得

例（23 403 18）：等回京之后，看了光景，**得**个机会，商量出个道理来

注-得（děi）：此处即"得到"义，也可读本音 dé。读 děi 有强调作用。

d73 得

例（01 019 13）：又有的说："'在京的和尚，出外的官。'这就**得**了！"

注-得（děi）：京语谓有好处、很合算，或舒适、安逸为"得"（děi）。这里引申为有利可图。

按：有清一代，外官贪渎日重一日，这却也有其客观原因：汉官之薪俸低得不合理。旗人之钱粮、汉官之薪俸从根本上就有问题，是为清朝必然衰败的原因之一。

d74　得

例（14 219 06）：每人要了一斤半面的薄饼……还在那里让着老爷，说："你老也<u>得</u>一张罢？好齐整白面哪。"

注－得（děi）：音、义同上条。这里是活用，极言饼好，能吃上就很"得（děi）"。按：这里以京语语义诠释，但原著中这是山东茌平的车夫说的话，山东方言读为 dǎi，即吃的意思。而京语亦有"得苦子（dǎi kǔ zi）"的说法，此处之"得"为遭受、承受义，"得苦子"即吃亏、触霉头之义。

d75　得……不得

例（16 259 03）：老弟，你想，这个过节儿<u>得</u>让那位十三妹姑娘首座**不得**？

注－得……不得（děi……bu děi）：此为反诘式肯定句，即虽以反诘的形式出现，但将反诘置于问句中，形成"否定之否定"的肯定性结论。此为京语常用句式。"不"字轻声。

d76　得亏

例（15 241 06）：邓九公道："是呀，是呀！<u>得亏</u>你提补我。"

注－得亏（děi kuī）：幸亏，但较幸亏更口语化，感情色彩更浓厚，有"很幸运、受益匪浅、太合算了"等意。

d77　得样儿

例（16 267 05）：褚大娘子……说道："大爷，你真把这两件东西带上了？你看，叫你带的那活计一趁，这两件越发<u>得样儿</u>了！"

注－得样儿（děi yà~r）：此处所说的"这两件东西"是二姑娘送给安公子的，可能较粗糙，与安公子原来的服饰放在一起一趁（现作"衬"，烘托之意），就更显得不成样儿了。"得样儿"是反说，京语常有此类说法，是其幽默处。此处含自我调侃义，是褚大娘子自谦之词。

d78　得着方法儿

例（33 641 02）：假如你无论怎么样**得着方法儿**逼他上磨

注－得着方法儿（děi re fǎr）：想方设法。83版作"想"，齐鲁版作"得"。"得"字用在此处有千方百计、挖空心思的含义，是京语生动处。"上磨"一词，出自京俗谚"懒驴上磨屎尿多"。"着"字读 re，"方法儿"三字合读为 fǎr。

deu

d79　顿

例（14 219 20）：早听见门里看家的狗瓮声瓮气如恶豹一般**顿**着那锁链子咬起来

注－顿（dèn）：京俗语，现一般写作"扽"（或"扥"），是为后造字，古通作"顿"。"顿（扽、扥）"有二意。

①用力拉紧（绳索一类柔性物品），本条即是此意。

②突然用力拉扯（某物）。

deng

d80　等着

例（33 660 22）：**等着**咱多早置他两张机，几呀纺车子

注－等着（děng re）："着"字变读，京腔读音（原著中说此话的张老头儿不是京人，但这里也按京腔标音了）。

di

d81　提了

例（04 068 01）：找着那个关眼儿，伸进两个指头去勾住了，往上只一悠，就把那二百多斤的石头碌碡单撒手儿**提了**起来

注－提了（dī lou 或 liu）：此处"提了"二字并非表示动词"提"的完成时态，而是京语表示"提起"的独特词汇，但没有什么一定的写法，如"提溜、提掳、滴溜、嘀溜"等都有。方言无定字，音差不多就成。

d82　提掳

例（31 602 08）：只见众家人把那班贼连**提掳**带拉的拉过来

注－提掳（dī lou 或 liu）：音、义均同上条，写法各异。

d83　滴溜

例（31 606 16）：讲力量，考武举的头号石头，不够他一**滴溜**的

注－滴溜（dī lou 或 liu）：音、义均同上条，唯写法各异。也可用以形容迅速旋转貌，如京人常说的"滴溜（liūr）乱转"。参见《元曲语汇013》条。此词还可引申用以形容担心、惴惴不安，如"心老是滴溜着"。

d84　底下

例（04 063 07）：你就给我拴在这窗根儿<u>底下</u>

注－底下（dǐ ie）：京语将"底下"之"下"字读为 xiè。但当快速连读时，"下"字之声母 x（舌面前擦音）被其前面"底"字之韵母 i（舌前高位不圆唇元音）所涵盖；或直观点说，即 x 尚未发出音，便已被一带而过；只剩"下"字的韵母 ie，读轻声。所以"底下"读成了 dǐ ie。

d85　地步

例（08 123 08）：就便是姐姐施恩不望报，也得给我们这受恩的留些<u>地步</u>才好

注－地步（dì bu）：余地、机会。现在少有人这样说了。

d86　第老的

例（07 113 17）：他们哥儿八个，我们当家儿的是<u>第老的</u>

注－第老的（dì lǎo de）：排行最小的。因是老来得子，故有此说。北方语系多地均有此说法，而南方有些地方称此为"幺"，有"幺叔、幺儿、幺妹"等称谓。详见《附录壹-07》。

d87　地土

例（12 186 16）：别的不打紧，这银子可是你拿性命换来的，好容易到了<u>地土</u>了

注－地土（dì tur）：（某某）地面、地界。此处指目的地。"土"字轻声，儿化。

dian

d88　点补

例（39 818 12）：只这一顿，就撮了三大碗儿小米子粥，还<u>点补</u>了二十来个鸡子儿

注－点补（diǎn be）：正餐前先吃点儿或餐后仍感不足再补充点儿谓之点补（或"找补"）。"点补"一词限用于吃饭。另有"找补"

（zháo be）一词义类似而适用范围更广，凡事后进行某种补充的做法多可用之；但要注意仅适用于事后（注意 be 为北京方言音，普通话无此音）。参阅 z51、z52。

d89　垫箱底儿

例（27 499 04）：我同你大姐姐我们爷儿俩还有点儿臊脸礼儿，给姑娘**垫个箱底儿**

注－垫箱底儿（diàn xiāng diě*r）：此处指"帮箱"（参见 b34 条）。"垫箱底儿"意指礼物少不值一提，系谦辞，京语今仍沿用之。按：女儿出嫁，娘家陪送之细软置于箱底，称"压箱底儿"，与"垫箱底儿"各有所指，义有不同。

diao

d90　倒个过儿

例（40 852 20）：这么着，我合姑太太**倒个过儿**，姑太太在家里招呼媳妇，我跟了外甥去

注－倒个过儿（dǎo e guòr）：互换位置，"倒"字变读，"个"字留韵母 e，仅是对口型的提示。

d91　掉了个过儿

例（05 071 17）：紧接着就把那家住北京改了个方向儿，前往南河**掉了个过儿**，说："我是保定府人，我从家乡来，到河南去……"

注－掉了个过儿（diào l e guòr）："了、个"二字变为不完全音，分别标注为 l e，仅是对口型的提示。

d92　吊猴

例（33 661 10）：这也是在亲家你家，他们底下的伙伴儿们没个**吊猴**的

注－吊猴（diào hóur）：调皮捣蛋，不服调遣。

d93　掉在地下砸个坑儿

例（19 328 18）：你那性儿有个不问人家一个牙白口清还得**掉在地下砸个坑儿**的吗

注－掉在地下砸个坑儿（diào in dì ie zá e kē~r）：谓所言绝对明确无误、毫无含混之处。"在、下、个"三字变读、轻声。

ding

d94　钉

例（18 305 06）：但有走错了的，他不是用棍打，便是用刀背钉

注－钉（dīng）：以物之凸起点击打使人疼痛，京语谓之"钉"。

d95　钉不住

例（25 456 15）：不想安老爷……渐渐的话有些钉不住

注－钉不住（dīng bú zhù）：京俗语。现一般写作"顶（dīng）不住"。

d96　顶

例（40 849 10）：他好好儿的作着个文官儿，怎么又给个辖呢？这不顶发了他了吗

注－顶（dǐng）：相当于、等于。另外京语谓能担当、承担也叫"顶"，如顶用、个顶个。

d97　定规

例（02 026 08）：便向老爷说道："老爷见的自然不错，就这样定规了罢……"

注－定规（dìng guī）：确定下来不再改变。"规"字轻声。

dong

d98　东边这八桌是人家家的

例（27 507 09）：舅太太一一指点着道："你看，东边儿这八桌是人家家的……"

注－东边儿这八桌是人家家的（dōng ber zhèi bā zhuō r rén ie jia de）：此处是按纯正京腔标音。要注意几点：①"桌"字不儿化。在重要场合（如此时之婚礼大典）京人会下意识地取消某些平常说的儿化音（如此时说"桌"而不说"桌儿"）以示庄重。前提你得是正宗京人，且自幼家教传承有绪，谙熟礼仪。

②"是"字消失，转化为过渡音 r（仅是对口型的提示）。

③"人家家"若单独说时读为 rén jiè jia；而此处因受相邻语音的影响，又要遵循京语流利顺畅的原则，在语音学原理的作用下，前一"家"字声母消失，仅留韵母 ie，这样与前面的"人"字连读，口型转换极为顺畅。这里所谓"语音学原理的作用"，指的就是北京人在说话过程中，为求流畅

而下意识地调节某些语音，将其或省略、或连读，以求达到调整简化口腔动作，便于音节连接顺畅之目的。

dou

d99　兜的

例（29 546 09）：何小姐看了这首诗，脸上登时就有个颇颇不然的样子，倒象<u>兜的</u>添了一桩甚么心事一般

注－兜的（dǒu de）：陡然、突然。"兜"字为"陡"的假借字。

d100　抖积伶儿

例（08 121 09）：一<u>抖积伶儿</u>，把作揖也忘了，左右开弓的请了俩安

注－抖积伶儿（dǒu jī lie~r）："积伶"现一般作"机灵"。京语谓在人前故意显示自己好像比别人都机灵为抖机灵；受突然惊吓而一抖，或临死回光返照，也可这样说。原著此处是指讨好、献勤儿（读xiàn qiě*r，京语谓献殷勤）之意。

d101　抖搂

例（25 463 04）：我要把情由，都给你<u>抖搂</u>出来

注－抖搂（dǒu lou）：原意是手抓住柔软对象（如衣物等）用力上下抖动（用以去除灰尘等）；此处为引申义，是指爆内幕、揭老底。

d102　逗

例（23 652 07）：又怕将来作书的燕北闲人写到这里<u>逗</u>不上这个卯筍儿

注－逗（dòu）：此处为"凑集"意，谓将简（现作榫）头插入卯眼中；借喻指作者写的书故事脱节，衔接不上。

du

d103　拖露

例（04 059 19）：右大腿旁<u>拖露</u>着一大堆纯泥的白绉绸汗巾儿

注－拖露（dū lu）：此处作动词用，意为（随意、不经意地）外露、下垂着，现一般作"嘟噜"。参见《满蒙语汇壹-12》。

d104　嘟噜

例（15 242 20）：又望他胸前一看，只见带着撬猪也似的一大嘟

噜

注－嘟噜（dū lu）：此处为动词转化成的量词，与上条音同义近，指下垂着的一团东西跟撧（"刹"的假借字）猪的似的（参见q19条）。

d105　肚子里的蛔虫

例（10　154　13）：他又不是这位姑娘<u>肚子里的蛔虫</u>，如何能体贴得这样到呢

注－肚子里的蛔虫（dù zi lǐ n huí chóng）：京俗语，多在前面加"不是"二字，为否定句式，意谓摸不透对方心思。"的"字读n，为口型提示。

duan

d106　端相

例（04　067　01）：那女子走到跟前，把那块石头<u>端相</u>了端相

注－端相（duān xiang）：仔细查看。现写作"端详"。"相"字轻声。

d107　断了顿儿

例（33　649　12）：那位孔夫子但凡有个吃饱饭的正经主意，怎的周流列国的时候，半道儿会<u>断了</u>

顿儿

注－断了顿儿（duàn le duè*r）：穷困潦倒，吃不上饭了。"顿儿"是量词转化成的名词，即"一顿饭"之意。

d108　断头香

例（22　396　22）：没修积个儿子来罢了，难道连个女儿的命也没有？真个的，我前世烧了<u>断头香</u>了

注－断头香（duàn tóur xiān）：迷信说法，认为给神佛上供不可焚折断之香，否则来世将获灾乃至绝嗣。元代即有此说，见《元曲语汇014》条。

dui

d109　对合子

例（02　033　05）：不过是拿国家库里的钱捣库里的眼，弄得好，巧了还是个<u>对合子</u>的利儿呢

注－对合子（duì hé zi）：对本利息叫合子钱，"合子"即本利相侔之义也。今不闻此说。元曲中即有此说法，见《元曲语汇015》条。另：句中"拿国家库里的钱捣库里的眼"一事，旧京语有一

说法叫"就棍打腿",参见《卷二·jx40》条。又:传说当年明太祖朱元璋敲诈富商沈万三,在某月初一交给沈一文钱,说:"烦汝为我生利,只以一月为期,初二日起至三十日止,每日取一对合。"这样算下来是将近5.4亿文,当时约折合五十万两白银以上。

dun

d110　墩箱(等)

例(29　549　07):只见靠西墙分南北摆两座<u>墩箱</u>……<u>连三抽屉桌</u>、<u>被格</u>……<u>架子床</u>……<u>衣裳格子</u>……<u>方桌</u>……<u>杌子</u>……<u>炉瓶三事</u>

注－墩箱(等)(dūn xiāng 等):诸物均系旧时殷实京人家中之标准摆设。

d111　屯门

例(40　887　13):一交八月,就是<u>屯门</u>的大雪

注－屯门(dùn mé*r):堵门。"屯"应为"坉",意为堵塞。《集韵·混韵》:"坉,塞也。""门"字也可不儿化。

duo

d112　多嫌

例(26　486　01):那何玉凤此时感他、疼他、爱他心里还过不去,那有<u>多嫌</u>他的理

注－多嫌(duō yin):嫌弃、以(什么)为多余。京腔读音,"嫌"字变读。另:元曲中有"多应"一词,是为估量、揣测之语,与此音近而字、义均不同。参见《元曲语汇016》。

d113　多早晚

例(21　364　05):是说是为我姐姐,都是该的,这个白斋可吃到<u>多早晚</u>是个了手呢

注－多早晚(duō ze*r):何时。京语估量时间的惯用说法。更土点儿的将"多"字读阳平;"早晚"二字连读成一个音节,儿化,轻声,读为ze*r或zer。元曲中即有此词,见《元曲语汇017》条。

d114　多着的

例(26　483　08):张金凤道:"话呀,<u>多着的</u>呢!……"

注－多着的(duō zhou de):这是

张金凤的怯口，京腔只说"多着"（duō zhi）。

d115 多大能耐
例（25 462 10）：你小人儿家可有**多大能耐**呢？要作这么大事
注－多大能耐（duó de néng nei）：京语谓能力、本领为能耐。"大、耐"二字变读，"多"字变调。

d116 掇弄
例（19 337 01）：这位姑娘也试累赘咧。这要按俗语说，这可就叫作"难**掇弄**"
注－掇弄（duó nong）：对付、收拾、理顺（某事）。现不闻此说法。

d117 多远儿呀
例（27 511 13）：舅太太笑道："**多远儿呀**，亲家太太还坐了车来了？"
注－多远儿呀（duō yuǎnr e）：此为反诘式否定句，意为没有多远。"多"字变调，"呀"字变读。

d118 跢指儿
例（38 791 09）：不想那人一个躲不及，一倒脚，又正造在老爷脚上那个**跢指儿**的鸡眼上
注－跢指儿（duò zhě*r）：脚型不好又常穿瘦鞋，致脚发生畸变，第二个脚趾长得压上拇趾，京人谓之跢指（趾）儿。

E 部
e

e01 恶歹子
例（25 464 12）：亲家太太那根烟袋实在又辣又臭，**恶歹子**难抽
注－恶歹子（è l dǎi zi）：呛鼻子的怪气味儿。在"恶"字后还要轻带出 l 音，是"恶拉歹子"的简说。此说法今罕闻。参阅《满蒙语汇壹－13》。

e02 恶恶实实
例（26 475 19）：何玉凤听了这话……只抬起眼皮儿来**恶恶实实**的瞪了人家一眼
注－恶恶实实（è e shī shī）：指眼神凶恶，神态极不友善。后一

"恶"字轻声，两"实"字读阴平。

ei

e03 阿阿

例（31 605 14）：安老爷道："<u>阿阿</u>！一位邓九太爷，我好容易劝住了，你又来了……"

注－阿阿（èi èi）：京语特有之语气词，用于提醒、制止他人的话语或行为时所发出之声。此处是安老爷制止下人不当言辞时所言，对尊长不可如此说，那是失礼的。"阿"字变读 èi 音（普通话中无此音）。

er

e04 二头

例（15 243 24）：他又接上话了，说："没有价，就我一个，我叫<u>二头</u>"

注－二头（èr dou）：称呼行二的人叫"二头"，下层京人有此种说法；"头"字读音介于 dou、tou 之间。但原著此处放在淮安人二姑娘身上未必合适（原著作者常将北京土话胡乱安在非京籍者身上）。另见《附录壹－08》。

e05 二屋里

例（33 660 16）：张姑娘听了，悄悄儿合何小姐说道："说的好好儿的，这又说到<u>二屋里</u>去了。"

注－二屋里（èr wu lou）：此处意为话说岔（chǎ）了，偏离了主题。"二"字读音见上条，"屋"字轻声，"里"字变读。

F 部

fa

f01 发生

例（03 050 04）：我想着受主子恩典，又招呼了你这么大，撂下走了，天良何在？那还想<u>发生</u>吗

注－发生（fā sheng）：此处意为兴旺发达。"生"字轻声。

f02 乏

例（25 458 10）：邓九公道："照姑娘你这么说起来，我们爷儿们今日大远的跑了来干甚么来了？"老头儿这句话来得更<u>乏</u>

注－乏（fá）：京俗语，意指质量低劣的（物品），或指力量变得衰弱；也用于形容身体疲倦。此处引申义为不给劲、跟不上趟、抓不住关键，乃至起反作用。

f03　发送

例（03 045 24）：哭着给安公子磕头，求着先放他回去<u>发送</u>他妈

注－发送（fá song）：料理丧事，出（chú）殡。"发"字阳平，京腔读音。元曲中有此说法，见《元曲语汇018》条。

f04　法儿

例（02 025 07）：老爷说："何尝不是呢！我也不是没想到这里。但……可有甚么<u>法儿</u>呢？"

注－法儿（fǎr）：京腔读音，阳平。但京城西北郊（海淀到香山一带的旗人聚居区）多有读上声。现在年青一代也有读为阴平。

fan

f05　翻开

例（28 532 02）：只见一个连二灶上弄着大旺的火，上面坐着这<u>翻开</u>的铁锅

注－翻开（fān kār）：形容液体沸腾状。"开"字儿化。

f06　翻梢

例（30 579 24）：你只看公公正在精神强健的时候，忽然的急流勇退，安知不是一心指望你将来<u>翻梢</u>

注－翻梢（fān shāo）：旧时赌场称钱为梢（或筲），翻梢即输家翻本儿。

f07　翻了

例（25 449 17）：其实按俗说，这也就叫作"<u>翻了</u>"

注－翻了（fǎr le）：京人谓翻脸、闹脾气、生气发怒为 fǎn chi（可写为"翻着、翻叱"），简说为"翻"（也可儿化）；后又衍生出"翻车、翻秧子"等说法。参阅《满蒙语汇壹－14》。

f08　纺车

例（18 308 05）：有的从老远跑来一纵身就过去的，有的打着踢级转着<u>纺车</u>过去的

注－纺车（fǎn chēr）：此处指侧手翻，是民间的说法。"纺"字变读。

f09　饭主

例（13 197 11）：那些散了的长随，还有几个没找着<u>饭主</u>满处里

打游飞的

注-饭主(fàn zhé):京俗语,原意为提供伙食者(生活的基本保障),也有时直指某一顿饭,如说:"天快晌午了,咱们该找饭辙了。"就是在商量上哪儿吃午饭。引申为职业、工作(岗位)。现多写作"饭辙儿"。又演化出"饭落儿"(làor)的说法,即"(吃饭的)着落、门路"之意。

fang

f10 放啊？还留着祭灶呢

例(07 113 04):才回头要向那妇人搭话,只听他自己在那里咕噜道:"**放啊？我们还留着祭灶呢！**"

注-放啊？还留着祭灶呢(fàng? hái liú r jì zào ne):京式俏皮话。腊月廿三谓之过小年,届时给灶王爷上供并燃放爆竹。此处是以放人之"放"来谐音放爆竹之"放",以"留着"表示不放人。"啊"字读若 e,轻声;"着"字读 r,是口型提示。

fei

f11 肥猪拱门

例(05 084 19):如今是你**肥猪拱门**……给你留个囫囵尸首

注-肥猪拱门(féi zhū gǒng mén):自己送上门来的便宜。常用京谚。按:用头钻入曰拱,"拱"字是俗写,正写应为"觥"。后来约定俗成,已就已就啦。参见《元曲语汇019》条。

fen

f12 分大小儿

例(28 537 02):一一的接见亲族,俗叫作"**分大小儿**"

注-分大小儿(fēn dà xiǎor):旧京俗,新婚第二天,新郎引领新娘先至祠堂祖先位前依次参拜,然后会见亲属,认清各人,分出辈分,明确称谓,并各施以应尽之礼,谓之分大小儿。此本为旗俗,汉人后亦多随之。

f13 分斤掰两

例(15 236 07):难道因为舅爷我还说不得句话吗？不是我说句**分斤掰两**的话咧,舅爷有甚么高亲贵友,该请到他华府上去

注-分斤掰两(fēn jīn bāi liǎ~r):过分的计较、小气。"两"字儿化。

f14　分儿

例（28　525　06）：(张金凤)说："……姐姐还吃点儿甚么不吃？"姑娘此时肚子里不差甚么是**分儿**了，便说："不吃了。"

注－分儿（fē*r）：此处指程度、状况。

f15　分儿

例（40　879　03）：一个个都立刻上前跪倒请安。内中便有几个有点**分儿**①不须如此的，不禁不由的也要搭赸着蹲蹲腿儿。大家没见他以前，只说主儿素来待他的那个**分儿**②，今日又是大爷的姨奶奶了，这一见不知他要大到甚么**分儿**③上去呢

注－分儿①（fē*r）：此处指名分、身份、地位（的限度）。

分儿②（fē*r）：此处指情分、情谊，及因之而来的优礼。以上两种用法在元曲中均可见，见《元曲语汇020》条。

分儿③（fē*r）：此处指某种程度、状况。此词今仍常用(尤其在"文革"时期)，除上述义外，此词今尚有能力、本事、水平等义。

fu

f16　咈哧

例（28　517　11）：只觉自己上首有个人**咈哧**咈哧的已经跪下了

注－咈哧（fū chī）：京俗语，谓因紧张、激动或用力而发出沉重喘息声。

f17　伏地扣子

例（18　299　16）：邓九公是昨日合老爷搭就了的**伏地扣子**

注－伏地扣子（fú dì kòu zi）：京语"伏地"一词有当地、本地、很土的、下等的、粗劣的等意。常含贬义，但更多的是谐谑意。常见说法如伏地人家（当地人）、伏地产（本地出产）、伏地槽子糕（谑称窝头）、伏地人参（戏称胡萝卜）、伏地那点事儿（含鄙夷不屑之意）等说法。此词现已很少见用。"扣子"在此为计谋、机关、圈套等意。"伏地扣子"含点儿调侃味儿，意为预先密谋好的圈套。

f18　俯给

例（07　114　11）：谁知大师傅那么耐着烦儿**俯给**他，他还不愿意

注－俯给（fú ji）：屈尊俯就，现鲜有此说。"俯"字变调阳平，"给"字轻声。

G 部

ga

g01　戈什哈

例（40　845　01）：还得照着督府衙门那些**戈什哈**排场儿，称他"大人"，你们自己称是"小的"

注－戈什哈（ga shi hǎ）：清代高级官吏的侍从、武弁的称谓，也简说为"戈什"。"戈"字读音介于 ga、ge 之间，轻声。参阅《满蒙语汇壹－15》。

g02　旮旯子

例（18　314　19）：无奈他又住在这山**旮旯子**里，外间事务一概不知

注－旮旯子（gā lár zi）：此处指偏僻角落。现多说"旮旯儿"（gā lár），指两墙相交形成的角落，转指偏僻处。见《元曲语汇021》条。

g03　噶点儿

例（27　499　24）：师傅先和你**噶**下个**点儿**：师傅这荡来京，叫我出不去那座彰仪门

注－噶点儿（gá diǎr）：赌咒发誓。今少有人用此词。彰仪门即今之广安门。旧时自下路进京（由南向北），进、出城多由广安门。

g04　嘎

例（34　678　13）：我们那个新章京来的**嘎**，你有本事给他搁下，他在上头就把你干下来了

注－嘎（gǎ）：现作"嘎"或"玍"，指性格孤僻，行为乖戾，不合群。有时转为说小孩子调皮，有自己主意；或说人有个性，做事果决，不循常规。也有人读为 gě。

g05　嘎拉

例（26　476　01）：讲到姐姐的八字儿，从姐姐**嘎拉**的一声，我公公、婆婆就知道

注－嘎拉（gǎ lá）：京语特有的象

声词,也有说 gà lǎ 或 zhuà lǎ 的,专用于婴儿落生时的啼哭声。也有时以之代指新生儿,如小噶拉,即是对初生小婴儿的昵称。

g06　噶牛

例(40 868 23):玉格儿那孩子那个<u>噶牛</u>脾气,这几句话还得我先告诉明白了他

注－噶牛(gà niu):此处形容人脾气执拗、好钻牛角尖儿,不合群儿。"噶"字旧时多读阳平,也作"噶扭、噶钮"。参见《满蒙语汇壹－16》。旧京此词还有指人面容姣好或打扮俏式之义,今已无此说法。按:京人又有"轧悠"(gà you)一说,指行动慢慢腾腾乃至故意磨蹭,耗时间,消极应付。

gai

g07　该着

例(19 319 24):如今仇是报了,咱们正该心里痛快痛快,再完了老太太的事,咱们就<u>该着</u>净找乐儿了

注－该着(gāi zhi):读此音时就是"应该"之意;但如读 gāi zháo,则有碰巧、命该如此等意,多用于否定义处,也有时用于感慨某事之进展出乎意料(如:这便宜怎么就该着让他得着了)。

g08　概了

例(15 249 08):这么说罢,老弟,算<u>概</u>了场了

注－概了(gài le):压倒、镇住、超过其他一切人。今作"盖了"。详见《附录壹－09》。

gan

g09　干啖(啿)

例(29 561 17):张太太先前还是<u>干啖(啿)</u>白饽饽

注－干啖(啿)(gān kèn):白嘴儿吃干粮不就菜。83版为"啿",齐鲁版为"啖"。齐鲁版、14版可能是据早期版本改作"啖"。"啖"为"啿"的异体字,音 dàn,即吃的文言说法。在此处实为"啃"的假借字,是"秀才字读半边"的产物,可能是那时流行的写法,去声读 kèn。此为京语惯用说法,即吃之意;但往往指不就菜光吃干粮,此处更是明白说"啖白饽饽"。

g10　干着

例（30 582 20）：从今日起，且<u>干着</u>他，不理他

注－干着（gān zhe）：此处意为故意冷淡怠慢，不理睬。元曲中常见用此词，有空负、徒教、枉然等意。见《元曲语汇022》。

g11　赶

例（24 440 23）：那税局子里磨了我个日平西，<u>赶</u>走到南海淀，就上了灯了

注－赶（gǎn）："赶到"的简说，即"等到"之意。京人惯用说法。可视为介词，引进动作行为（走到）发生的时间（上了灯）。

g12　赶趁

例（39 814 07）：那两边树底下还歇着许多<u>赶趁</u>卖吃食的

注－赶趁（gǎn chèn）：即赶生意。在集市或红白喜事等人群聚集处临时摆摊儿售卖叫"赶趁"。参见《元曲语汇023》条。

g13　赶碌的慌

例（38 773 22）：太太还说自己也乏了，今儿要晚着些儿起来，为的是省了爷奶奶<u>赶碌的慌</u>

注－赶碌的慌（gǎn lou de hong）：形容事到临头却仍有诸多不落实处，手忙脚乱的窘态。"的慌"二字不要理解为（因为什么）而发慌，这其实是前面主词（主要是形容词）的后缀，本身并无实意，仅起强调其前面主词程度的作用。京语常有此类用法，如忙得慌、累得慌、饿得慌、乱得慌、心慌得慌等等。此类词中"的"字现多写作"得"；"的"字也可读dou，"慌"字读音介于hong、heng之间。

g14　敢则

例（26 477 24）：及至我跟了婆婆来，听婆婆说起，<u>敢则</u>咱们旗人家不是那么桩事

注－敢则（gǎn jing）："敢则"现多写作"敢情"，京语有如下几意：

①却原来是如何（表示忽然领悟

了），如本条即是此意。
②当然，用于句中主要义项之前，表示满意，一般用于肯定性义项，如：那敢情好（说得快时"情"字读 ing）。
③表示肯定、完全赞同，可以单独使用，表示附和对方所言，如：甲乙二人对话，甲说："今天真热。"乙说："敢情！""情"字读音介于 jing、qing 之间。按：此词满语读 gɑn ji，意谓"都、总、皆"（如何）。另：在元曲中此说亦时有所见，多用为揣度之词，见《元曲语汇 024》条。此词不管主要是受满语还是蒙语的影响，总归是有阿尔泰语系的影子。

g15　敢是

例（09　138　21）：张老夫妻听了道："这**敢是**好。"

注－敢是（gǎn ing r）："敢"是"敢情"之略说，义见上一条之②项。"情"字虽未写，但说时有很轻的音，读 ing；而"是"字更轻的读 r，仅是口型提示。注意：ing、r 要分隔开读，成两个音节（虽然 r 读得很轻很轻），不要连读成"应"的儿化音。与上一条虽同为"敢情"一词，但读音有别，这是因为受到其后之字音的影响。京语自动调整语音，以使口型的转变更容易，语音更流畅爽利，这是京人口语永恒不变的原则（虽然张老夫妻不是京人，但此处也按京音标注了）。

g16　敢是

例（02　024　19）：太太说："这家子听了去**敢是**不大合式。……"

注－敢是（gǎn ying shì）："敢"是"敢情"之略说，义见 g14 条之①项。但"是"字在此要读本音。这是因为这里要强调的是"是"字，与上一条义有别。

g17　敢是

例（06　090　12）：安公子这才明白："他**敢是**救我来了。……"

注－敢是（gǎn ying shi）：此处为 g14 条①意。"是"字轻读，与上条有别。以上三条"敢是"都是"敢情是"的略说。

g18　干了

例（04 058 04）：若照这么磨一道儿，到了淮安，不用说，骡子也<u>干了</u>，咱们俩也赔了

注－干了（gàn le）：京俗语，谓事情坏了为"干了"。此处指骡子死了。

gang

g19　缸里的酱萝卜——没了缨儿了

例（38 800 22）：无如此时茶碗、背壶、铜旋子是被老爷一统碑文读成了个"<u>缸里的酱萝卜——没了缨儿了</u>"

注－缸里的酱萝卜——没了缨儿了（gāng li de jiàn luó be — méi le yiē~r le）：京中歇后语，谓（某物）踪影全无。因腌制萝卜不能带叶子（京语称为缨儿），故以"缨"字谐音"影"，表示没影儿了。"里的"轻声；"卜"字变读 be，轻声。

g20　岗尖

例（16 267 21）：盛着满满的一碗老米饭，那个又端着一大碗肉……拿筷子拌了<u>岗尖</u>的一碗

注－岗尖（gàng jiār）：京语惯用词汇，形容器皿中所盛物非常满，如小山头儿般冒出尖儿来。"岗"字去声，"尖"字儿化。参阅《满蒙语汇壹－17》。

gao

g21　高挑儿

例（28 534 20）：只见走过一个丫鬟来，长得细条条儿的一个<u>高挑儿</u>身子

注－高挑儿（gāo tiǎor）：此处形容女人的身材瘦高而匀称，凹凸有致，不是那种竹竿型的。

g22　告诉明白了你

例（19 327 01）：我们爷儿们为甚么不<u>告诉明白了你</u>

注－告诉明白了你（gà~r míng bei lou ni）："告诉你，使你明白"的京语惯用说法。京语对话中，句尾处常有将代词置于动词或形容词之后的句式。因对话双方均明了所说之主题，所以不会令听者产生误解，反而能起到更明确所言之内容主体，深化听者印象之作用。如：这就去我、长得真

白呀她、好沉呀这东西。"白了"二字变读、轻声;"你"字轻声。按:京腔口语在说得快时,"告诉"一词连读,读音介于 gà~r、gè~r 之间,旧京俗写为"譁儿"("譁"是"誇"的异体字)。

下这档子事,但是我记住了(留待日后算账)之意。前面小舅爷子的"子"字读 zèi;"着"字读 r,是口型提示;"你就"二字轻声;"了"字读 lèi,是为强调语气而改变读音。

ge

g23 哥哥

例(16 264 22):慌得安老爷也下炕还礼,说:"老<u>哥哥</u>,不必如此……"

注 – 哥哥(gē ge):中下层京人口语中有时为了加重语气读为 gē gèi,但是像安老爷这样的上层旗人一般不用这种语调。按:在元曲中,"哥哥"一词除"兄"义外,尚有指谓父亲、儿子的情况;妓女对嫖客亦有此称,还作为语尾助词用。

g24 搁着你就是了

例(32 627 13):这位娘子……笑容可掬的说道:"小舅爷子,<u>搁着你就是了</u>。"

注 – 搁着你就是了(gē r ni jiu shì lèi):京人常用俗语"搁着你的,放着我的"之略说,是"先搁

g25 搁不住

例(12 184 17):我的孩子,你可<u>搁不住</u>再受委屈了

注 – 搁不住(gé bu zhù):京俗语,谓经受不起、无力承担。"搁"字阳平。《红楼梦》第四十六回有"老太太虽不依,搁不住他愿意"之说,义同此。"搁"字习读阳平。

g26 搁当儿、得样儿、是劲儿

例(40 880 10):把眼前的这点儿差使地陀罗儿似的当了个风雨不透,还带着当的没比那么<u>搁当儿、得样儿、是劲儿</u>

注 – 搁当儿、得样儿、是劲儿(gé dà~r、déi yà~r、shì jiè*r):谓事情办得恰当、漂亮,让人看着舒服。

g27　哥哥

例（16 264 21）：老弟，你果然有这手段，你不是救十三妹，真算你救了这个<u>哥哥</u>了

注－哥哥（gé ge）：前一"哥"字变调。京人（尤其是旗人）有这样说的。类似于此，叔叔说 shú shu。

g28　胳肢、胳肢洼

例（27 505 20）：原来姑娘天不怕地不怕，单怕<u>胳肢</u>他的<u>胳肢洼</u>

注－胳肢（gé zhi）：以手去人腋下或其他敏感处搔痒。"胳肢"今作"咯肢"。"胳肢洼"（gā zhi wo）今作"咯肢窝"，即腋下。详见《满蒙语汇壹－18》。

g29　各人

例（28 519 01）：你两个再一个人给我们抱上两个孙孙，那时候不但你<u>各人</u>①对得住你<u>各人</u>②的父母

注－各人①（gé ren）、各人②（gè rén）：注意京腔读音的声调变化。

g30　各人是各人的

例（22 383 04）：通共为我一个人费了多少心力，并且<u>各人是各人的</u>

注－各人是各人的（gé ren shì gé rén de）：注意"各人"的读音，与上一条有别。

g31　各亲儿各论儿

例（29 557 22）：咱们<u>各亲儿各论儿</u>，你们要这们闹起来，那可就是作践我了

注－各亲儿各论儿（gè qiē*r gé liè*r）：每人的亲戚只按自己的亲属关系来对待，不因他人缘故而受影响。此说法往往在亲戚之间有复杂血缘关系、不好界定称谓时用。后"各"字变调阳平；"论"读 lìn 音，儿化。

g32　各人

例（23 404 07）：这桩事只有……五个人心里明白，却又是<u>各人</u>①明白<u>各人</u>②的

注－各人①（ge ren）、各人②（gè rén）：前"各人"读轻声；后"各

人"因强调私密性,有郑重之意,所以读本音。按:总括此条与g29、g30条"各人"一词的读音,共有四种,分别对应不同语境,读者可自行玩味。

g33 各自

例(27 506 21):你们也不用往下搬运,等我们<u>各自</u>回来把上轿的穿的戴的拿下来,别的不用动

注－各自(gè zè*r):每个人自己。京腔口语说法,"自"字儿化。

g34 个小

例(26 467 17):这里头万一有一半句不知深浅的话,还得求姐姐原谅妹子个糊涂,耽待妹子<u>个小</u>

注－个小(g xiǎor):"小"谓年幼无知;"个"是对小而言,意谓"年幼无知这个(弱点)"。"个"字读g,是口型提示;"小"字儿化。

gei

g35 给我

例(04 063 07):那女子说:"不用,你就<u>给我</u>拴在这窗根儿底下。"

注－给我(guo):说得快时,二字连成一个读音。轻声。此词按实际读音应纳入guo项,但为方便查询起见,按其字面音纳入gei。

gen

g36 跟脚

例(04 056 15):少爷,你老也支给我两吊,我买双鞋,瞧这鞋,不<u>跟脚</u>了

注－跟脚(gēn jiǎo):鞋穿着合适京语说跟脚。"脚"字也可儿化。

g37 跟前

例(25 456 11):这一栽,他觉得比当日在人轮子里栽在海马周三<u>跟前</u>还露着砢碜

注－跟前(gēn qiǎr):旧京俗语,"近、而前"为"在××跟前"。"前"字上声儿化。

g38 根生土长

例(15 237 24):我是淮安府<u>根生土长</u>,他作那里的知县,就是我的父母官

注－根 生 土 长(gēn shēng tú

zhǎng）：今演化为土生土长。"土"字阳平。

g39　跟寻

例（16　259　11）：因此那天酒席一散，我也顾不得歇乏了，便要去<u>跟寻</u>这人

注－跟寻（gēn xin）：京俗语，搜求、打听、寻找。京腔"寻"字多读为 xin。参见《元曲语汇 025》条。

g40　根儿里

例（11　171　23）：不然一个<u>根儿里</u>想不到，一个根儿里不耐烦

注－根儿里（gē*r lou）：从根本上、从来就（如何）。后演变为"压根儿、底（dì）根儿"。"里"字变读，介于 lou、lei 之间，轻声。

geng

g41　梗梗

例（19　322　15）：那姑娘听了这话，果然把小脖颈儿一<u>梗梗</u>，眼珠儿一转

注－梗梗（géng geng）：挺着脖子仰着头。此处形容人倔强，不服气状。参阅《满蒙语汇壹－19》。

g42　梗梗

例（34　665　23）：说着，<u>梗梗</u>着个两把儿头，如飞而去

注－梗梗（géng geng）：此处是形容发髻（两把头，旗人女子发式）高耸状，是前条之义的延伸用法，但深究起来，仍是"梗着脖子"之意。

gong

g43　公中

例（31　592　04）：把天下通行吹灯睡觉的一桩寻常事，一为难，给搁在<u>公中</u>

注－公中（gōng zhong）：旧时多大家庭，弟兄子侄婚后虽分家过，但某些家族祖业不能析分，是为家族公产；公产及由此而产生的收益谓之"公中"，公中之事须各房协议而行。原著此处是写何玉凤与张金凤暗中相互推让与安公子同寝之事，含谐谑意。

g44　共总

例（27　501　23）：瞧不得我在能仁寺给人家当了会子媒人，<u>共总</u>

这女孩儿出嫁是怎么桩事，我还闷沌沌呢

注－共总（gòng zǔ~r）：从根本上、总体的、全部的。

gou

g45 钩杆子

例（31 597 20）：这贼解下腰里的钢鞭才要动手，不防身后一**钩杆子**，早被人胡撸住了

注－钩杆子（gōu gān zi）：在长木杆顶端安装附有倒钩的铁尖头，可作为消防器材用，亦可当兵器。

g46 沟满壕平

例（14 215 20）：见他们一个个蹲在地下吃了个狼飧虎咽，**沟满壕平**

注－沟满壕平（gōu mǎn háo píng）：形容某事物到了极限（多指吃）。今少见此说法。按：本句中"狼飧虎咽"一词今已演变为"狼吞虎咽"。

g47 苟简

例（26 483 20）：一般儿大的人，怎么我的赔送就该那等**苟简**

注－苟简（góu jian）：草率简陋。这是个文言词儿，但出自张金凤这样一个乡间女子之口，不应认为是原著作者无意之笔，而应是彼时上层北京人家话语的真实反映。张金凤此时已嫁到安家一年多，从村姑变为贵妇，谈吐日趋优雅。"苟"字阳平，"简"字轻声。

g48 狗拿耗子

例（34 665 19）：舅太太便合长姐儿道："你这孩子才叫他娘的'**狗拿耗子**'呢……"

注－狗拿耗子（gǒu ná hào zi）：京人常用歇后语"狗拿耗子——多管闲事"。旧时京人习将"捉"谓之"拿"，如抓捕罪犯是说"拿人"。

g49 够瞧的

例（27 499 15）：姑娘，在你真算**够瞧的**了

注－够瞧的（gòu qiáo de）：原著此处是邓九公对十三妹的肯定性赞誉，说十三妹的作为无可挑剔。这是那时的用法，现在此说法已演变为挖苦讽刺意，表示对某事

物的否定。

g50　够瞧的

例（31　604　18）：他便焦躁道："老弟，你不知道，我真不**够瞧的**了么？"

注－够瞧的（gòu qiáo de）：义同上例。但此句加"不"字，为否定句。

gu

g51　咕嘟

例（27　508　18）：姑娘无法，只得**咕嘟**着嘴背过脸去

注－咕嘟（gū du）：此处指因不满而鼓着腮帮子，一副不情不愿的样子。此词源自"骨朵"，是为古代高官出行的仪仗，该物以铁或坚木为之，长柄顶端缀一蒜头形（鼓着腮帮子类此），早期称金瓜。京语中因其形似花蕾，故称花蕾为"花骨朵"（huā gū dur）。元曲中可见此词，见《元曲语汇026》条。

g52　呱咭

例（40　873　01）：俩人只围着他悄悄儿的劝他，**呱咭**说。

注－呱咭（gū ji）：不愿被他人听到而小声说悄悄话。现演化为"叽咕"。

g53　公母俩

例（33　659　19）：等我说给你老**公母俩**听

注－公母俩（gū m liǎ）：夫妻二人。此称谓并无贬义，在京中普遍流行。"公"字读 gū，"母"字仅以 m 作口型提示。

g54　公们俩

例（13　212　18）：往后俺两口子的吃的喝的穿的戴的，都仗着你老**公们俩**合姑爷哩

注－公们俩（gū m liǎ）：音、义均同上条，唯写法相异。

g55　姑奶奶

例（09　139　17）：十三妹纳了半天的闷儿，忽然明白了，说："我的**姑奶奶**！你不是要撒尿哇？"

注－姑奶奶（gū nǎi nèi）：京人口语腔，此处为用于对某女子的行为出人意料、令人吃惊时所说带感叹性的称谓。后一"奶"字

变读。

g56 姑奶奶

例（32 627 06）：我们承姐姐这样亲热，今日也该服侍服侍**姑奶奶**了

注－姑奶奶（gū nǎi nei）："姑奶奶"一词，京人用于以下几处：
①出嫁了的女儿。
②父之姑母（旗人称姑太太）。
③父之姨母，亦称奶奶姨（按说应叫姨奶奶，但这样容易与姨太太的称谓相混淆，故改称之）。
④以前京中有天主教修道院，其修女亦作是称。
⑤京中豪放女子以此自诩，或对他人表示傲视时亦自称姑奶奶。

g57 姑娘儿

例（04 064 18）：想来是将才串店的这几个**姑娘儿**，不入你老的眼

注－姑娘儿（gū nia~r）：旧京对妓女的称呼。"娘"字轻声，儿化。

g58 姑太太

例（19 326 23）："……**小姑太太**，你只想想，你那个性格儿可是一句半句话省的了事的人吗……"

注－姑太太（gū tài tèi）：旗人称祖母为太太，姑太太即按旗人叫法之姑奶奶（父之姑母）。原著此处是褚大娘子称何玉凤为姑太太，是调侃诙谑意，就如大人对令人头疼不已的顽童称为"小祖宗"。详见《附录壹－10》及《满蒙语汇壹－20》。

g59 姑爷

例（24 440 18）：只听安太太向九公道："这样大年纪，又这样远路，还惊动**姑爷**、姑奶奶同来……"

注－姑爷（gū yé）：女婿。京人（尤其是旗人）对他人称自己女婿或在一般情况下说到女婿时，读为 gū ye；但在面对他人称其女婿时，则读姑爷的本音 gū yé，或称"姑爷子"（gū yé zi），以示尊重。这种礼数现在没什么人讲究啦，统称 gū ye。

g60 骨血儿

例（32 627 02）：张太太他也拜了一拜，说道："咱可就都有**骨血儿**管着咧，算一家子咧！"

注－骨血儿（gú xuer）：血统、血亲关系，尤指父系血亲。结拜不等同于血亲。这里是张太太插科打诨的说法，所言不确。

g61 鼓捣

例（31 595 15）：却贴着西边第二扇隔扇蹲着，看他怎的般**鼓捣**

注－鼓捣（gǔ dou）：摆弄、想方设法地干着某事。"捣"字变读dou，轻声。

g62 滑稽、倒流儿

例（30 571 17）：这**滑稽**是件东西，就是洒掣酒的那个掣子，俗名叫作过山龙，又叫**倒流儿**

注－滑稽（gǔ ji）：例句已说明其为何物，系一种利用虹吸原理取出坛中之酒的工具。

倒流儿（dào liur）：因倒流儿（滑稽）能把酒向上引（倒流）过坛口，故京语将其引申，指"倒行逆施，行事说话悖谬，不合常理"。此物今已绝迹。按：滑稽（gǔ ji）一词，今被正音为huá ji，字典释为言辞、举止、姿态引人发笑。这是所谓"约定俗成"的结果。其实正音是 gǔ ji，在这里"滑"字是"扰乱"义，"稽"字是"调查、核对"义；两个字的合义为"不同于常态的样子"，所以可笑。《史记·滑稽列传》一篇，是较早使用此词之处。另：本例中"掣"字是"誌"（现简化为"志"）的假借字，义为标记、记号。"掣子（志子）"为固定长度（尺子）或固定容积（容器）的度量具。在本例句中"掣"字又作动词用，意为用掣（志）子从酒坛中取酒。

g63 古记儿、灯虎儿

例（22 398 15）：你听罢，甚么**古记儿**、笑话儿、**灯虎儿**，他一肚子呢

注－古记儿（gǔ jiè*r）：故事、典故。

灯虎儿（dēng hǔr）：谜语。旧时讲究过灯节（正月十五），悬挂

各种彩灯，将写着谜语的纸条贴在灯上，猜中有奖，谓之灯虎儿，也叫灯谜。

g64 雇来回车

例（02 023 11）：那知老爷早打了个"雇来回车"的主意

注 - 雇来回车（gù lái hué*r ché）：现在叫"买往返票"。原著此处意指对事情抱着无所谓的态度，走一步算一步，不行就算了，不必强求。

g65 估衣

例（34 679 18）：他就提着那条卖**估衣**般的嗓子，高喊一声"搜过"

注 - 估衣（gù yi）：旧时有专门卖旧衣服的店铺，称为估衣铺；所卖旧衣服称为估衣。卖者多在店门口摆摊儿（更有无店面摆地摊儿者），以拉着长声，高调吆喝见长。估衣多源自当铺中趸来的死当。

gua

g66 括搭

例（25 460 08）：把小眼皮儿一搭撒，小脸儿一**括搭**，小腮帮子儿一鼓

注 - 括搭（guā de）："括搭"（现一般写作"呱嗒"）本为象声词，指竹帘子放下声；但此处"搭"字读轻声，则此词转化为动词，是说拉脸这个动作，就像帘子般呱嗒一声落下。另有"放下肉吊窗"之说，也是指耷拉下眼皮不理睬人。元曲中时见此说法，见《元曲语汇027》条。京语还有一形容人拉长脸的说法，叫"驴脸括搭"，含调侃意，甚为形象。

g67 刮刮浆子

例（24 425 02）：不是给烧烧烙铁，便是替**刮刮浆子**

注 - 刮刮浆子（guā guo jiàng zi）：京人把糨糊叫浆子。用糨糊将多层小碎片布（京语称"铺陈"pū cheng）粘接在一起，晒干后称袼褙（gē bei）；而此制作过程称"打袼褙"。用剪成鞋底状的多层袼褙叠置，以麻绳紧密缝制成一整体，谓之"纳底子"，此即为手工所制布鞋之底；再与制好之布鞋面儿（称之为帮儿）缝

联在一起，称之为绱鞋。如今这一套工艺已成表演项目，在北京内联升（京城老字号鞋店）的营业大厅中可见到。按："铺陈"一词，元曲中已见，参阅《元曲语汇028》条。

g68 挂拉枣儿——有限

例（40 843 22）：要讲本事呵，不是我过奖，他可"<u>挂拉枣儿——有限</u>"

注－挂拉枣儿——有限（guà le zǎor—yǒu xiàn）："挂拉枣儿"为京城一种干果，系以大红枣去核，使之成中空筒状，烘干后以线穿成串即成。食之甘酥，其性温补，诚冬令嘉食也，惜今已近乎绝迹。此句为京人常用歇后语，以"线"字谐音"限"。83版作"限"，齐鲁版及14版径作"线"。"拉"字读 le，轻声。

guai

g69 乖的也疼，呆的也疼

例（26 488 20）：这可就是作父母带（待）儿女的心肠，叫作"<u>乖的也疼，呆的也疼</u>"

注－乖的也疼，呆的也疼（guāi de yě téng, dāi de yě téng）：京俗谚，述父母之心。

g70 拐棒子

例（40 868 24）：就是那个丫头，也是他娘的个<u>拐棒子</u>

注－拐棒子（guǎi bàng zi）：旧京俗语，谓不听人言，性情执拗，行为悖谬。详见《满蒙语汇壹-21》。

guan

g71 关

例（39 811 10）：给原思的米，是他应<u>关</u>的奉禄

注－关（guān）：京语谓发放薪俸为关饷。

g72 官称儿

例（40 879 01）：还有等虽不叫他姑姑，却又不敢合他公然叙姐妹，更不敢<u>官称儿</u>叫声大姑娘

注－官称儿（guān chē*r）：普遍通用而不反映私人关系的称谓。按：句中"大姑娘"一词参见 d25 条，此处之"大"字指谓其为第一个这样的人。

g73　关防衙门的内造饽饽

例（36　733　19）：过了两日，又送了八盒儿**关防衙门的内造饽饽**

注－关防衙门的内造饽饽（guān fang yá men de nèi zao bō bo）：关防衙门为清廷内务府下所设"掌关防管理内管领事务处"之简称，"内造饽饽"（糕点）即其所制。详见《附录壹－28》条。原著中这八盒点心是笔帖式贺喜升送来的。笔帖式虽仅为宗人府等机构的下层办事人员，但因其多由宗室觉罗等亲贵子弟充任，且与内务府有千丝万缕的联系，所以能得到真正的内造饽饽，送礼显得很有面子。

g74　管取

例（14　229　23）：老爷假如这等的问我家一官，**管取**他还摸不着头脑呢

注－管取（guǎn qing）：准得、保证、必定（如何）。此词在原著中多处出现，应系当时口语常用词，但现已不闻。"取"字变读、轻声。

g75　管情

例（19　337　17）：再加上邓九公大敞辕门的一说，**管情**费了许多的精神命脉，说《列国》似的说了一天

注－管情（guǎn qing）：音、义均同上条，仅写法不同。

g76　管装管卸

例（23　405　15）：照应他的服食冷暖，料理他的鞋脚梳装……一直**管装管卸**，到姑娘抱了娃娃，他作了姥姥

注－管装管卸（guǎn zhuāng guǎn xiè）：旧时京中脚行术语，谓对所承运之货物全程负责，一包到底。也有时引申至其他行业，其义类推。今仍沿用之。

guang

g77　光梳头净洗脸儿

例（38　773　17）：敢则你都打扮得这么**光梳头净洗脸儿**的了，我们今儿可起晚了

注－光梳头净洗脸儿（guāng shū tóu jìng xí liǎr）：形容梳洗完毕，容光焕发貌。"洗"字阳平。

g78　广梁大门

例（32　611　12）：我那里是个坐北朝南的<u>广梁大门</u>

注－广梁大门（guǎng liang da mén）：也作"广亮大门",是京式四合院的一种院门,须有一定品级的人家方可用,邓九公用此门是僭越了。这在乡下行,在北京不行。

gui

g79　归齐

例（27　499　14）：你才使了我三百金子,这算的个甚么儿？<u>归齐</u>不到一个月,你还转着弯儿到底照市价还了我了

注－归齐（guī qí）：京语常用语汇。"无论（怎么样）,归根结底还是（如何了）"之意。也作"说了归齐"。

g80　归着

例（34　677　04）：<u>归着</u>再讲安公子回到住宅

注－归着（guī zháo）：此处意为回过来再（说）。

g81　归着

例（40　856　16）：这个人得这么个<u>归着</u>,也算我不委屈他

注－归着（guī zhao）：此处意为归宿、结局。

g82　归着

例（02　036　05）：太太也在那衙门住不住了,便连夜的<u>归着</u>行李,拖泥带水的也奔淮安而来

注－归着（guī zhi 或 zhou）：此处意为收拾、整理（物品）,现作"归置"。

g83　归着

例（13　209　06）：那乌大人就把案<u>归着</u>了归着,据情转奏

注－归着（guī zhi 或 zhou）：音、义同上。此处是指整理案件卷宗。此词不仅限用于实际物品,亦适用于抽象性事物,如思绪等。从以上几条可知,京语中"归着"一词在不同场合有不同的音、义。

g84　鬼脸神头

例（27　495　05）：房里只用几个

童颜鹤发的婆儿，<u>鬼脸神头</u>的小婢

注－鬼脸神头（guǐ liǎn shén tóu）：京俗语，谓形状怪异，面容猥琐。也作"神头鬼脸"。"鬼"字变调阳平。

gun

g85 滚了马

例（06 087 19）：这和尚原是个<u>滚了马</u>的大强盗

注－滚了马（gǔn le mǎ）：即"事败落马"。此处指缉拿在逃，另也可指（盗贼）被拿获。

guo

g86 过逾

例（27 493 24）：切莫被那卖甜酱高醋的<u>过逾</u>赚了你的钱去

注－过逾（guō yu）：忒过分。京语在某些词汇中习将"过"字读为阴平，如：过福（不知珍惜幸福，多指不知爱惜东西，奢靡浪费）、过费（谦辞，表示对方为自己做了太多破费，很过意不去）等，均属表示"过分得很"之意。

g87 过过多少过儿了

例（40 856 05）：这件事在我心里也不知<u>过过多少过儿了</u>

注－过过多少过儿了（guò e duó r guòr le）：前一"过"字是动词，在此处意为思考；后一"过"字表示完成时态，是时态助词（也称助动词），读 e，是口型提示；"少"字读 r，是口型提示；"过儿"为量词，也可变读为 huòr，在此表示思考的次数。

g88 过节儿

例（15 239 08）：这咱们"恭敬不如从命"，<u>过节儿</u>错不得，姑爷，你也过来见见你二叔

注－过节儿（guò jier）：此处是指在某种场合所应有的某种礼节、礼数。

g89 过节儿

例（16 259 03）：老弟，你想，这个<u>过节儿</u>得让那位十三妹姑娘首座不得

注－过节儿（guò jier）：此处意指某种特定场合或关键时刻。

g90 过节儿

例（39 827 01）：就只我这么听

着，里头还短一点**过节儿**，你还得给我添上

注-过节儿（guò jier）：此处为情节、内容之意。以上三条，音同而义迥然。但此三条义项今均罕用，现在此词多见于金庸一类作者的新派武侠小说，用于指双方之间的宿怨矛盾。

g91　过了后儿

例（29 563 19）：他看见人斗牌，却也不言语，等**过了后儿**提起来

注-过了后儿（guò r hour）：事后。说得快时"了"字读 r，是口型提示。现在一般简说为"过后儿"，但在原著成书时代（十九世纪中后期），此处之"儿"字可能自成音节。

g92　过了手

例（28 523 04）：邓九公合安老爷在外面早已一坛儿半绍兴酒**过了手了**

注-过了手（guò le shǒu）：京语谓操办某事为"过手"；"过了手"是说事已办完。原著此处为诙谐说法。

g93　过阴天儿

例（24 428 08）：舅太太道："瞧这雨，下得天漆黑的，咱们今日歇天工，弄点甚么吃**过阴天儿**罢。

注-过阴天儿（guò yīn tiār）：京语常用说法，指阴雨天儿时歇工，闲得无聊，自然而然地就想鼓捣点儿吃的，所以这句话又有时成了"弄点儿什么好吃的"之代名词（这时天也不一定阴着）。

H 部

ha

h01　哈喇

例（38 792 21）：又象生麝香味儿，又象松枝儿味儿，一时也辨不出是香是臊，是甜甘是**哈喇**

注-哈喇（hā le）：京人谓油腻食品因久贮变质而发出的特殊气味。"喇"字读音介于 le、la 之间，轻声。参见《满蒙语汇壹-22》。

h02　哈

例（26 482 06）：姐姐不用**哈**我，哈我我也是说

注－哈（hǎ）：斥责，大声恫吓，欲使人畏难而退缩。是"哈唬"（hǎ hu）之略说。参见《满蒙语汇壹－23》。

h03　哈肋巴

例（06 096 09）：他拳头……照左**哈肋巴**打去

注－哈肋巴（hǎ le bā）：肩胛骨，亦指这些部位的兽骨及该部位所附着之肉。另又特指旧时乞丐手中敲打的牛胛骨。参见《满蒙语汇壹－24》。

h04　哈什房

例（35 712 22）：上下各屋里甚至茶房、**哈什房**都找遍了

注－哈什房（hà shi fáng）：仓库、堆房。此系汉化了的满语，参见《满蒙语汇壹－25》。

hai

h05　孩子爪子

例（37 745 15）：我嫌他们**孩子爪子**的累赘，还没我自己干着爽利呢

注－孩子爪子（hái ze zhuǎ ze）：形容孩子累赘，黏在大人身上缠磨。

"子"字读 ze，有强调语气的作用。

h06　海里奔

例（37 751 04）：敢则这是姑老爷天天儿叫得震心的他那位程大哥呀！这还用满到是处找着瞧**海里奔**去吗

注－海里奔（hǎi le bēn）：系满族先民一种想象中的怪物，后引申义指稀罕之物。参见《满蒙语汇壹－26》。"海"字在此处应读半上声。有关语调的问题，详见《附录壹－11》。

han

h07　合

例（12 186 11）：我们太太打发过来，请太太**合**姑娘那边坐

注－合（hàn）：原著中连词"和"一律写为"合"。介词或连词的"合"字约定俗成演化为"和"，是近几十年的事儿。笔者以为这样写其实也没什么道理，倒是"合"字更符合词义。京人有将"和"字读为 hàn 的，更有读为 hài、huì 的，但绝非所有人在任何场合都这样读，当年持此读音者多为下层京人（原著此处说此

话的是安家的下人，所以标注此音）。

h08　合

例（26　469　22）：你好好儿的**合**他说，别价合他着急掰脸的啊

注－合（hàn 或 huì）：此处为介词"和"。原著中这是张老婆儿说的话，此读音符合她的身份。但据原著第40回所述，其实她应是读 huì 音。

h09　汗塌儿

例（07　113　22）：这件衣裳是买了整匹的花儿洋绉现裁的，我这裤子**汗塌儿**都是绸子的

注－汗塌儿:（hàn tar）：一种贴身穿的无袖男装短褂，后也泛指贴身单衣。见《元曲语汇029》条。

h10　汉仗

例（11　176　12）：只是我看那般人的**汉仗**气概，大约本领也不弱

注－汉仗（hàn zhang）：相貌魁梧，器宇轩昂。此系当时常用语，今已不闻。按：清人李绿园在18世纪中后期所著的《歧路灯》一书中用到"汉仗"一词，（第14回："绍闻……早已十六了，面貌韶秀，汉仗明镜。"）该书是河南人用河南话写的，说明此词应是北方语系所共享。

hang

h11　行子

例（03　046　24）：华忠抱怨道："这些小**行子**们，再靠不住！这又不知在那里顽儿住了。"

注－行子（hàng zi）：此处之"行"字读去声，指辈分；"小行子们"犹言"那一帮小东西们"，是对人厌恶的蔑称。京语另对某些下等行业也称行子，含轻蔑义。"行子"（hàng zi）一词也指成排树间之空地、路径。

hao

h12　好歹好歹

例（37　754　11）：长姐儿合梁材家的皱着眉道："梁婶儿，你回来可**好歹好歹**把那个茶碗拿开罢，这可不是件事儿！"

注－好歹好歹（háo dǎi háo dǎi）：无论如何、务必。重复言之是加重语气。两个"好"字变

调阳平，前一"歹"字变调阴平。

h13　好好歹歹
例（15 243 03）：褚大娘子看了，说："我的小妈儿呀！你可坑死我了！怎么<u>好好歹歹</u>的都带出来了？"
注－好好歹歹（háo hao dái dǎi）：此处意指"一拢总儿、归里包堆（的如何）"。另也有时意指"勉勉强强、费劲巴力（的如何）"。注意：此处四个字中三个变调。

h14　豪着
例（12 187 11）：张太太早已<u>豪着</u>屁股上了台阶儿。
注－豪着（háo zhi）：京俗语，谓撅着屁股为"豪着"。注意：除了撅着屁股称为豪着，其他任何物体向上挺起均不用此词。

h15　好好儿的
例（33 660 16）：张姑娘听了，悄悄儿合何小姐说道："说的<u>好好儿的</u>，这又说到二屋里去了。"
注－好好儿的（hǎo hāor de）：京腔读音。更土点儿的读为 háo hāor de。

h16　好看
例（21 369 23）：众人讲得是一笔写不出俩绿林来……<u>好看</u>了海马周三，就如同好看众人一样。
注－好看（hǎo kàn）：此处为使动词，"使之好看，面上增光"之义。

h17　好看
例（31 604 12）：倒在我眼皮子底下把人家房上地下糟蹋了个土平！你们这不是诚心<u>好看</u>我来了吗
注－好看（hǎo kàn）：音、义同上条，但此处是反说，实为"给我难堪"意。京语多有把话反说之例。

h18　好看儿
例（25 458 15）：他此来打算说成了姑娘这桩好事，还有一分阔礼帮箱……作这么大大的一个<u>好看儿</u>
注－好看儿（hǎo kàr）：此处作为宾语用，是名词性词组，指的是"有面子"这件事儿；不同于上两条（是使动词）。

h19　耗

例（02 035 13）：这个当儿，越**耗**雨越不住，雨越不住水越加长

注－耗（hào）：拖沓无为，延宕时日；是京语常用词汇。

he

h20　喝过去了

例（31 601 19）：安老爷看了看那样子，一脑门子酒，大约昨日果真**喝过去了**

注－喝过去了（hē guò qi le）：旧小说中形容人醉酒或酣梦常用"到爪哇国（古代对印度尼西亚一带的称谓）去了"的说法，此处即上述说法之略。京语中某些动词（如睡、昏、晕、死）后加"过去了"表示该动词之完成时态；这种对动词的时态加以明确的修饰与界定的说法，是所谓幽燕语（见《绪论》）在京语中的遗痕，即京语受阿尔泰语系影响的一种表现。但某些有方向性的动词（如走、跑、跳、扔、传递、转移）后加"过去了"就不仅表示完成时态，也标示了动作的方向性；这又可以认为是京语对幽燕语的超越。

h21　河落海干

例（01 015 21）：你们就弄了这些吃的，我乐得吃个**河落海干**睡觉

注－河落海干（hé lao hǎi gān）：此处指吃喝罄尽。此为当时常用语，今少有闻。"落"字轻声。

h22　合漏

例（17 279 02）：他又叫人在外面给那些车马跟人煮的白肉，下得新面过水**合漏**

注－合漏（hé le）：今作"饸饹"。北方一种常见面食，系由模具中挤压出的面条。晋、冀、鲁、豫、陕、甘等地均有。参见《满蒙语汇壹－27》。

h23　合了盖儿

例（06 094 02）：不要是那事儿说**合了盖儿**了，老头子顾不得这个了罢

注－合了盖儿（hé le gàr）：原著

83版之注解的后半段引《游览志余》,谓"夫为盖老妻为底老",甚是。"合了盖儿"乃江湖语,指成就男女之事。此说法在《笑林广记》一类书中常见。

h24 合折儿

例(28 525 19):公子此时是春来天上,喜上眉梢,乐不可支,倒觉满脸周身有些不大**合折儿**

注－合折儿(hé zhér):"折"字应是"辙"的假借字。此处"不合折儿"指局促感,有手足无措之意。另有说"折"指尺寸,引申为规矩,未知确否。

h25 何至于

例(04 066 22):那女子又说道:"弄这块石头**何至于**闹的这等马仰人翻的呀?"

注－何至于(hé zhì yú):"不至于"的反诘式句型。"至于"二字读本音是为强调语气,如只轻描淡写的一说,则读为 hé zhi yu。

h26 盒子

例(29 556 21):我那里给你们烙的滚热的**盒子**……咱们娘儿们一块儿吃

注－盒子(hě zi):现一般写为"合子",一种较小的馅饼。用两小片儿面(或以稍大的一片面中间对折)中间夹馅儿周边捏合而成。不同于正式馅饼的包法。

hei

h27 黑翠儿

例(40 856 21):我只说他那肉皮儿太**黑翠儿**似的,可怎么配得上我那个白小子呢

注－黑翠儿(hēi cuěr):京俗语,形容女人皮肤黝黑,或指谓皮肤黝黑的女人。这是指一种发亮、健康的黑色,不是那种糙黑。此词出典未详。另:京语还有"黑了个脆"的说法,也是形容皮肤极其黝黑,但不限于指女性。

h28 黑母鸡一窝儿,白母鸡一窝儿

例(40 879 14):你姐儿俩还这么贤良呢!也有我大伙儿倒合他**黑母鸡一窝儿,白母鸡一窝儿**

注－黑母鸡一窝儿,白母鸡一窝儿(hēi mǔ jī yì wōr, bái mǔ jī yì

wōr)：谓不同人等搅在一起，鱼龙混杂，良莠不分，语含轻微贬义。原著中这是张太太说长姐儿的话。原著作者文康对长姐儿颇有微词，多用春秋笔法；惜乎原著后十三回失轶，致诸多伏笔落空。

heng

h29　混着

例（24　425　02）：不是给烧烧烙铁，便是替刮刮浆子，<u>混着</u>他都算一桩事

注－混着（héng r）：无论如何反正也就（是那样了）。此处有揶揄意味。"混"字变读；"着"字读r，是口型提示。现多作"横是"。

h30　横竖

例（13　201　15）：<u>横竖</u>我是个局外人，与我无干

注－横竖（héng shu）：此处强调与己无关，不置可否。此词现已罕用，而演变为同样是对应关系的"反正"。《儿女英雄传》一书中无"反正"一词；但40年后的《小额》一书，则已有"反正"一词，与"横竖"同用。由此可推论其交替时间在十九世纪末至二十世纪初。此词念得快时，读成héng r;r为口型提示。另有"左右"一词与此义近，参阅z148、z149条。

h31　横劲

例（21　365　01）："一念吃白斋，九牛拉不转"，他就这么吃下去了，你看他有多大<u>横劲</u>

注－横劲（hèng jin）：此处指恒心、毅力，"横"字是作为形容词用。

h32　横劲

例（33　640　09）：不信我们这个傻哥儿竟有这股子<u>横劲</u>

注－横劲（hèng jin）：此处指为实现目标而全力拼搏。以上两条"劲"字均不儿化，如儿化为"横劲儿"，多是指蛮横不讲道理的样子。又如果读为héng jìn，则是指有某种异乎寻常、出人意料的大力气。

h33　横绝

例（16　274　22）：你切莫把他平日的那番侠烈认作他的得意，他

那条肠子是凉透了，那片心是<u>横绝</u>了。

注－横绝（hèng jué）：不合常理的决绝至极。今未见此用法。

hong

h34 红姑娘儿

例（06 095 07）：你闪开！看我打他个败火的<u>红姑娘儿</u>模样儿

注－红姑娘儿（hóng gu niār）：又名"灯笼草"，是京人对一种草本浆果之称谓，近世多称"赤姑娘儿"（读为 chǐ gu niār）。原著此处是能仁寺中匪僧对十三妹所发之议论，含有"玩弄揉搓"义，语近狎亵。详见《附录壹－12》。另：旧京称妓女为"姑娘儿"（gū nia~r），与"红姑娘儿（赤姑娘儿）"之读音略近，含狎亵之意，亦与其意通（可供揉搓）。

h35 红纸二房

例（40 879 14）：他这望后来也会那<u>红纸二房</u>也似价的咧

注－红纸二房（hóng zhǐ èr fáng）：正式聘娶的妾。红纸指正式的聘帖。原著此处说长姐儿因是丫鬟"收房"，其地位尚不如妾。"纸"字轻声。

hou

h36 猴儿拉稀——坏了肠子

例（25 463 02）：好个小金凤儿！……可算你"<u>猴儿拉稀——小人儿坏了肠子</u>"了

注－猴儿拉稀——坏了肠子（hóur lā xī — huài le cháng zi）："猴儿拉稀"为旧京一种儿童玩具食品，系用饴糖熬至适当黏度，取适量置吹管顶端，边吹边捏，手口并用，制成各种中空的形状，常见有制成猴形者。将其内注入饴浆（俗称糖稀），背部用一小木棒以为把持。小儿手持，连吃带玩儿。因其底部有小孔，糖稀可自此流出，所以叫"猴儿拉稀"。此句为京人常用歇后语，意谓人良心坏了。

h37 后脚儿

例（19 327 21）：难道人家还好<u>后脚儿</u>就跟进你来不成

注－后脚儿（hòu jiǎor）：京俗语，指随后、紧跟着。

h38　后半天

例（01　017　03）：我**后半天**进城不迟，歇歇再收拾罢

注－后半天（hòu m tiɑr）：下午。"半"字变读 m，仅是对口型的提示。语音变化详见 y18 条。

h39　厚实人儿

例（20　353　02）：你家这个姨奶奶虽说没甚么模样儿，可倒是个心口如一的**厚实人儿**

注－厚实人儿（hòu shi ré*r）：京语称衣物、被褥厚重为"厚实"；引申到人品是说为人质朴、诚实且宽容，对人不存芥蒂，对事不生怨尤。现多说"实诚（cheng）人儿"。

h40　后手

例（40　890　09）：便算梦幻无常，请教这部天理人情《儿女英雄传》，**后手**该怎的个归着

注－后手（hòu shou）：此处指谓"以后的事"，"手"字轻读。如果"手"字读本音，则是指对弈（围棋、象棋等）时局面被动，须防御性地应对；另又有时意指"接着"（就如何）。如果"手"字读本音且儿化（hòu shǒur），则指因预见到事态的发展趋势而预留的应对方案，叫作"留后手儿"。

h41　候一候儿

例（17　284　24）：我说你老人家手底下有事，不得功夫。他说那怕他就在树荫儿底下**候一候儿**都使得，一定求见

注－候一候儿（hòu hour）：等候。后一"候"字儿化，轻声。×一×是京语常用句式，这两个×是同一个动词，这样说是表示此动作的延续过程。中间的"一"字在京人口语中往往消失了，后一动词又往往儿化。

hu

h42　拂落

例（04　068　03）：你们两个也别闲着，把这石头上的土给我**拂落**净了

注－拂落（hú lu）：掸、擦拭，指去除浮土，粘接牢固之污物是拂落不掉的。"拂"字读 hú；"落"字读音介于 lu、lou 之间，轻声。

h43　胡掳

例（26　487　01）：我没法儿了，只得用手一阵**胡掳**，不想可可儿的把个"不"字儿胡掳了去了

注 – 胡掳（hū lu）：音、义均同上条，唯写法各异。

h44　胡掳

例（11　170　04）：诸事料理完毕，大家趁此**胡掳**了些细软东西

注 – 胡掳（hú lu）：此处指趁火打劫，在混乱中掳掠财物。"胡掳（拂落）"一词详见《附录壹–13》。

h45　胡掳

例（31　597　20）：这贼解下腰里的钢鞭才要动手，不妨身后一钩杆子，早被人**胡掳**住了，按在那里捆了起来

注 – 胡掳（hú lu）：此处指掀翻在地（制伏住）。

h46　胡掳忙乱

例（03　049　03）：公子才**胡掳忙乱**的吃了一顿饭

注 – 胡掳忙乱（hú lu máng luàn）：此处"胡掳"与"忙乱"组成一个词，专指吃饭匆忙、筷子紧往嘴里拨拢饭，几乎顾不得嚼就咽。可参阅 c51 条。

h47　葫芦提

例（22　388　16）：到了那四句话，又象是签，又象是课，叫人从那里解起？这个**葫芦提**可闷坏了人了

注 – 葫芦提（hú lu tí）："提"字是语尾后缀，也作"闷葫芦"，即参不透的奥秘，令人百思不得其解的事儿。今作"糊涂"，其实就是"葫芦提"的转音。江浙有的地区方言今尚有此说法。参见《元曲语汇030》条。

h48　糊涂蛮缠骚搅

例（40　875　12）：甚么天性啊，竟是他娘的在这儿**糊涂蛮缠骚搅**呢

注 – 糊涂蛮缠骚搅（hú tu mán chán sāo jiǎo）：现简作"胡搅蛮缠"，但不若本句这样形容的生动有力。

h49 虎皮石下剪

例（14 223 05）：只见一带清水瓦房，虎皮石下剪白灰砌墙

注－虎皮石下剪（hǔ pí shí xià jiǎr）：虎皮石是旧时的一种建筑形制，系以花岗岩一类硬质石料，凿成20~40厘米的不规则块形，以之为地基，并上延至墙体，墙体部分砌成之后再以青灰勾缝。褐质黑纹，状似虎皮，故名之为虎皮墙。不唯民间，官府乃至皇宫均有用之者，如颐和园的外墙即是。"下剪"是"下碱"的讹写，以虎皮墙作为白灰砌墙的下半部分，以防地表碱性侵蚀墙体，称为"下碱儿"。口语中此处"剪（碱）"字儿化。

hua

h50 花糕

例（24 429 05）：转眼之间，看看重阳节近，就要吃花糕了

注－花糕（huā gāo）：旧时京城重阳节时所食，分为烤、蒸两大类。虽有诸多花样，但大体也就是面食中间夹上枣、栗等干果，蒸烤制成。今之所谓枣饼者应系其余绪也。

h51 花棵儿

例（37 757 16）：梁才家的早把那个茶碗拿去洗了又洗，扣在后院里儿花棵儿底下

注－花棵儿（huā kēr）：指小型灌木、花草等观赏性植物。

h52 撶拉

例（21 364 01）：只见他把那馒头合芝麻酱推开，直眉瞪眼白着嘴撶拉了三碗饭

注－撶拉（huá le）：与h46条之"胡撸"义近。"拉"字变读。按：原著中"撶"字用的是不规范简化字，不取。

h53 划拉

例（32 610 24）：也不知他给划拉了些甚么，望了望那三个脸上，原来都写着核桃来大小"笨贼"两个字

注－划拉（huá le）：此处意为胡乱涂写。"拉"字变读。

h54 划拉

例（33 658 22）：公公可别笑，这可就是媳妇胡**划拉**的，实在不象个字

注 – 划拉（huá le）：音、义均同上条，此乃十三妹自谦之词。

h55 话白儿

例（30 581 24）：安公子便扭过头来向他道："哦，想来你还有两句**话白儿**？"

注 – 话白儿（huà bár）：本是对戏曲念白的称呼，这里带有轻微的嘲讽、讥笑意味。

h56 话靶

例（18 317 01）：只是我趁兴而去，难道还想败兴而回？岂不画蛇添足，转落一场**话靶**

注 – 话靶（huà bàr）：也作"话柄"，京俗语多作"话把儿"。指自己被别人知晓且常被作为谈笑资料的事情。唐宋之际即有此说，元曲中亦多有见，参见《元曲语汇031》条。

h57 话岔儿

例（25 456 07）：自己倒出乎意外，一时抓不着**话岔儿**

注 – 话岔儿（huà chár）：可以引出相互议论、争辩或各种说法儿的话题。"岔儿"现一般作"茬儿"或"碴儿"。

h58 话拉拉儿

例（22 398 16）：你有本事醒一夜，他可以合你说一夜。那是我们家有名儿的夜游子，**话拉拉儿**

注 – 话拉拉儿（huà lá ler）：谓人喋喋不休，话特别多。注意两个"拉"字的变读、变调。另有一词叫"话痨"，义近而更甚。

h59 话挤话

例（31 588 01）：只因**话挤话**，一时脸上转不开，才赌气摔那杯子

注 – 话挤话（huà jǐ huà）：在辩论过程中双方互不相让，结果导致失控，产生超乎双方所希望达到之目的的场面，称为"话挤话"，也叫"话赶话"。

h60　画了来了

例（29　552　14）：怎么会叫你们把我的模样儿<u>画了来了</u>，一年之久我直到今日才知道啊

注 - 画了来了（huà l lái liǎo）：中间"了来"二字其实只读一个"来"字，但须将其声母 l 拉长（就如这里所注那样，lái 之前多加了一个 l，以此作为口型的提示），京腔就出来了。另外京人习惯，当想要强调某一事态已完成时，所用的表示完成时态的"了"字，要照此处所标注的那样加重读成本音 liǎo，而不轻读为 le。

huai

h61　坏了醋了

例（27　496　01）：列公，你道好端端的《儿女英雄传》，怎的会闹出这许多醋来？岂不连这回书也<u>"坏了醋了"</u>

注 - 坏了醋了（huài l cù le）：京语谓某事不谐，坏了事了。有调侃味儿。前一"了"字读 l，是口型提示。

huan

h62　欢迸乱跳

例（32　610　15）：讲到买几片子瓦，也不值得打狼也似价的去这么一大群，匀出你们<u>欢迸乱跳</u>这俩去买瓦

注 - 欢迸乱跳（huān beng làn tiào）：京俗语，生龙活虎、精力充沛貌。今作"欢蹦乱跳"或"活蹦乱跳"。"迸"字轻声，"乱"字读音介于 làn、luàn 之间。

h63　换季

例（34　672　08）：这几天要换了季还好，再不<u>换季</u>，一只手挎着个筐子，脑袋上可扛着顶纬帽，怪逗笑儿的

注 - 换季（huàn jì）：京语谓季节交替为换季，而当季节交替时随之增减衣物亦称换季。

huang

h64　慌神

例（22　382　04）：玉凤姑娘说："你到底忙的是甚么，这等<u>慌神</u>似的？"

注 - 慌神（huāng shén）：笔者以为在这里是名词，意为"主管慌

乱的神祇"（但不知此神是哪一位）。注意"神"字读本音，不可儿化。这是百余年前的用法，与现今演变成了形容词的"慌神儿"不同。

h65 慌着忙着

例（33 640 11）：等不到天大亮就起来，<u>慌着忙着</u>漱漱口洗洗脸就走

注－慌着忙着（huāng re máng zhe）：京俗语，形容匆忙失措状。前"着"读 re，后"着"读 zhe。

h66 黄净子脸人

例（03 050 13）：他长的是个大身量，<u>黄净子脸儿</u>，两撇小胡子儿

注－黄净子脸儿（huáng jìng zi liǎnr）：黄脸膛儿，旧时京人习惯说法，也有写作"黄镜子脸"的。还另有"白净子脸"一说，即指脸色白净。近代如老舍作品中亦见用此词，但现已罕有用者了。

hui

h67 回来

例（27 506 21）：你们也不用往下搬运，等我们各自<u>回来</u>把上轿的穿的戴的拿下来，别的不用动

注－回来（huí lei）：此处意为回到（这里）。"来"字读 lei，轻声

h68 回来

例（24 425 04）：同他从阳宅的角门出去，走走望望，<u>回来</u>又掉着样儿弄两样可吃的家常菜他吃

注－回来（huí lei）：此处意指回到（这里）。若理解为然后（又如何）也可以，但那要读为 huí lou。

h69 回来

例（07 114 08）：你等<u>回来</u>大师傅来了，你都见的着的

注－回来（huí lou）：此处意为过一会儿、稍待片刻。"来"字变读。

h70 回来

例（22 381 23）：你们瞧着罢，<u>回来</u>到了这里，横竖也逼邋了

注－回来（huí lou）：此处意为"等到（某事结束）"，而不是"回到这里"。

h71 回来

例（24 441 10）：便问安老爷说："伯父，**回来**我到底该怎么样？"

注 – 回来（huí lou）：此处意为然后、接下来。

h72 会

例（40 879 13）：张太太也说："二位姑奶奶罢呀，他这望后来也**会**那红纸二房也似价的咧……"

注 – 会（huì）：这里其实就是"和"（介词或连词的"和"字，原著中一律写作"合"）字的直音字。详见《附录壹 – 14》条。

hun

h73 浑实着的哪

例（07 114 06）：二师傅是个带发儿修行，好本事，**浑实着的哪**

注 – 浑实着的哪（hún shou zhou d en）："浑实"指人体格强壮，浑然有力。"实着"二字变读；"的、哪"读为 d、en，仅是对口型的提示。早先"哪"字只作为语气代词，相当于如今的"啊、呢"之用（如本条所示），"哪"作为疑问代词是二十世纪二三十年代才见诸报纸小说杂志的。像"着的哪"（zhe de ne）这样三字同韵，且 de、ne 二音衔接不畅的情况，不利于快速连读，京语自然而然的就会做出某些取舍变动，使之连续流畅。其变化方式京人不假思索，脱口而出；虽说是约定俗成，但自有其语音学上的合理性。按："着的哪"这类说法，是京语中对时态的一种表现方式，意指"浑实"状态的延续，借助于英语说法，即所谓"现在进行时"。参见《满蒙语汇壹 – 28》。

h74 浑头浑脑

例（40 857 20）：我瞧了瞧那小子，倒也长得**浑头浑脑**的，就只脸上有点子麻子

注 – 浑头浑脑（hún tóu hún nǎo）：此处形容男孩子长得壮实，与上一条之"浑实"义近，是褒义词。但也有时作贬义词用，是指斥人不懂礼数，不通情理，或指愣愣磕磕，理解力差。

h75 混作

例（29 561 22）：只因安老爷家

虽是个世族，大家却守定了那老辈的勤俭家风，不比那小人乍富，枉花那些无味的钱，<u>混作</u>那等不着要的阔

注－混作（hún zuō）：此指暴发户的奢靡作派。"作"字读阴平，据先贤俞敏先生考证，这是源于漕运（沿运河运输线南粮北运）水手的方言音。另：83版本段的句读"安老爷家虽是个世族，大家却守定了那老辈的勤俭家风……"有误，此处按齐鲁版的句读引用。

h76　混抖搂酸

例（39　829　07）：你四位可别……照着素来慪我也似的那么慪他，合他<u>混抖搂酸</u>的

注－混抖搂酸（hùn dǒu lou suān）：卖弄学识、酸文假醋、穷转（zhuǎi）文。按：转（zhuǎi）文一词，是指为了显示有学问，说话时无端的引经据典，惹人生厌。也写作"掉（zhuǎi）文"，此写法是从"掉书袋"这句南方话而来（与京语的"转文"同义）；此处"掉"字京语仍读 zhuǎi，但字面上的含义更明确了。

huo

h77　活

例（06　095　02）：用了个"叶底藏花"的架式，吧，只一个反巴掌，早打在他腕子上，拨了开去。那瘦子一见，说："怎么着，手里有<u>活</u>……"

注－活（huó）：指谓某种技能、本领。今仍有此说法，"活"字不儿化。此处之"活"指技击之术、功夫。京语如说"活儿"则是指工作的对象，也可指工作本身。

h78　活跳跳

例（31　585　08）：方才安公子摔那杯酒的时候，旁边还坐着<u>活跳跳</u>的一个何玉凤、一个张金凤呢

注－活跳跳（huó dēng tē~r）：精力充沛、生动活泼的样子。今不闻此说。注意两个"跳"字不同的音变。

h79　活脱儿

例（15　243　09）：雪白的一个脸皮儿，只是胖些。那脸蛋子一走

一哆嗦，<u>活脱儿</u>一块凉粉儿

注－活脱儿（huó tuōr）：活生生就像（什么）一样，简直就是（什么）。按：凉粉儿是京城常见食品，以淀粉加水熬制，冷却后凝固即成，色白质软，富弹性。

h80　活眼活现

例（32　621　15）：稀不要紧的平常事，到了你们文墨人儿嘴里一说，就<u>活眼活现</u>的

注－活眼活现（huó yǎn huó xiàn）：此说法现已无存，演变为"活灵活现"。

h81　火镰儿

例（40　871　14）：又把作的那个大红毡子抽系儿的小烟荷包儿装上烟，拿小<u>火镰儿</u>打了个火点着了

注－火镰儿（huǒ liár）：旧时取火工具。系一狭长硬质钢片。以其敲击火石，使迸出火星，溅落于易燃物（如沾有硫磺的麻或艾绒等）上，以口吹之，火苗即起。

h82　火势

例（22　392　21）：奴才都遵老爷的话，办的不露<u>火势</u>，也不露小家子气

注－火势（huǒ shi）：与今所常说的火（红火）义近。"露火势"指张扬、显派，是穷人乍富几乎必犯的通病。

J 部
ji

j01　饥荒

例（04　058　13）：碰见个不对眼的瞧出来呢，那不是活<u>饥荒</u>吗

注－饥荒（jī huang）：京语常用有如下义：

①年景不好，歉收而引发的饥馑（此时"荒"字阴平），并由此引申出以下几意。

②用度支绌，入不敷出。

③借债度日称拉饥荒。

④麻烦、祸事、乱子。

⑤纠纷、矛盾。

此处为④意，类似义京语还有一词叫"漏子"（lóu ze）。

j02　积伶

例（31　585　22）：既是个奴才，强煞也不过算在主人眼头里当了个**积伶**差使，不足为奇

注－积伶（jī ling）：现作"机灵"。此处指能了解对方心思，预先就把对方心想的事情给做好了。京语叫"有眼力价儿"，即广东人说的醒目。

j03　鸡皮疙瘩

例（30　574　19）：你这个令收起来罢，把我麻犯的一身**鸡皮疙瘩**了

注－鸡皮疙瘩（jī pí gē de）：京俗语，因外界某种刺激（如寒冷等）致身体表皮起的微小凸起，因状似褪毛后的鸡皮，故名。"瘩"字变读。

j04　鸡子儿

例（34　673　16）：熬上锅小米粥，汪上几呀**鸡子儿**，那倒也饱了肚子咧

注－鸡子儿（jī zě*r）：京语称鸡蛋为鸡子儿，因旧时京人说话忌讳粗口，要将"蛋"字变通为其他说法，如西红柿鸡蛋汤叫卧果汤，摊鸡蛋叫摊黄菜等等。北方语系许多地区也有此类说法，如用山东淄博方言写的《醒世姻缘传》一书第44回："素姐说：'……你明早煮两个鸡子我吃罢。'"与京语同。

j05　几家人家、家家

例（24　434　18）：门里两旁也有**几家人家**，**家家**窗户里都透着灯光

注－几家人家（jǐ jie rén jiār）：前一"家"字是"户"义。轻声变读，是为了便于与后面的字连读；但若单独说的时候则说成"家儿"，是为阴平，儿化。

家家（jiā jiār）："每一家"之意。两个"家"字都可儿化。

j06　几呀

例（33　660　22）：等着咱多早晚置他两张机，**几呀**纺车子

注－几呀（jǐ ye e）：几个。原著中这是张老的怯口，j04条是张太太说的话，其中也有这个怯口

（儿呀鸡子儿）。京人下层中多有此类读音。"呀"字变读为"耶—呃"的连续读音，轻声。

j07　挤住

例（28　517　16）：敢是这桩事<u>挤住</u>了，竟自叫人没法儿

注－挤住（jǐ zhu）：旧京惯用说法。指"因某些原因使然而只能（被动的）如何"。"住"字轻声。

jia

j08　家伙

例（17　283　23）：你走后我留他也是无用，倒是你此番远行带去，是件当饿的<u>家伙</u>

注－家伙（jiā huo）：京语中常见有三义：

①对人的蔑称，如：那家伙不是好东西，说得快时"伙"字读 wo，轻声。

②对武器、家什、工具或其他某些物品之称谓（本例指武器），"伙"字轻声。此说法在元曲中屡见（多写作"家活"或"家火"），另有时为"家产"义。

③用于感叹句，此时前边一般加"好"字，"伙"字轻声，若读阳平可加重语气；说得快时"好家伙"也可能变读为 hǎo（或 háo）jie。

j09　假局子

例（19　327　10）：人家连你的门儿都进不来，就有一肚子话合谁说去？所以才商量着作成那样<u>假局子</u>，我们爷儿三个先来，好把人家引进门儿来

注－假局子（jiǎ jú zi）：骗局，也叫活局子，或简称局子、局。

jian

j10　尖站

例（03　046　17）：我跟着大爷今日只走半站，在<u>尖站</u>上等他

注－尖站（jiān zhan）：旅途中饮食休憩所在处之称谓。途中暂歇并进食叫打尖，不吃饭仅休息一下喝点水为茶尖。"站"字儿化。

j11　拣穷

例（38　789　21）：我们爷儿们今儿也不知是逛庙来了，也不知是<u>拣穷</u>来了

注－拣穷（jiǎn qióng）：京人谓捡拾废旧物资为捡破烂儿或捡

穷，以此为生者叫捡穷的或捡破烂儿的。又谓缝缀破旧衣物为缝穷，管以此为生者叫缝穷的，都是很传神的说法。

j12 剪直

例（29 550 17）：你有甚么好花儿呀、好吃的呀，就**剪直**的给我带、给我吃

注－剪直（jiǎn zhí）：也写作"简直"。此处义为"直接干脆，免去繁文缛节"。另有的地方作"不拐弯、一直走"之义。

j13 见不得

例（07 106 09）：等大师傅回来，你瞧我给你告诉不给你告诉！告诉了，要不了你的小命儿，我**见不得你**

注－见不得（jià m de）：此说一般表示一种嫌弃、讨厌的心态；但原著此处是向别人打保票，说某事一定会如何，不如何我就（去死）不见你了。有点儿赌咒发誓的意味，旧京人常有此类说法。"不"字读 m，原因详见 y18 条。元曲中此种说法亦常见，参

见《元曲语汇 032》条。

j14 见个真章儿

例（26 476 23）：姐姐如果一定要**见个真章儿**，少一时自然看得见

注－见个真章儿（jiàn e zhēn zhā~r）：此处意为"必欲得知事情之本来面目或真相"。另有的地方作"拿出解决某事的切实可行的方法"义。

j15 渐渐儿的

例（40 854 22）：自从今年来，见他的差使**渐渐儿的**多起来了

注－渐渐儿的（jiàn tiār de）：此处之"渐渐的"是书面语，京人口语其实不会按书面语这样说，而是说成"见天儿的"，意谓一天比一天（如何），所以本条按此注音。现在"见天儿的"一词多是指整天从早到晚（如何）；或指经常的、每天都（如何）。

j16 ……见儿的

例（05 084 19）：我看你肥猪拱门的这片孝心怪可怜**见儿的**

注 — ……见儿的（…jiàr de）：也作"价儿的"。语气词无实意，起加强主词语气的作用。但要注意，只用于主词弱势或否定性的含义（如本条之"可怜"），而不用于强势或肯定处。

jiang

j17 将

例（26 479 23）：这位姑娘从五更头进门起，五官并用，片刻不闲，**将**安好位，行过礼，谢了安老夫妻站起身来

注 — 将（jiāng）：此为旧时京人说法，即"刚、才"（如何）；现在"将"字仅限于表示某种事态即将发生（但尚未发生）。详见《附录壹 – 15》。

j18 将然

例（01 016 01）：上房**将然**关了房门，忽听得大门打得山响

注 — 将然（jiāng rán）：（某事）正好刚刚结束。加上"然"字是文人词汇，口语中罕有闻。

j19 蹎蹉

例（36 728 09）：跑得满头是汗，张着张大嘴，一上**蹎蹉**便叫："龙媒！龙媒！"

注 — 蹎蹉（jiāng ca）：台阶两旁用砖石砌成的漫坡，引申为台阶之称谓。旧时北京左安门因其门洞两边甬路顺砌阶砌有斜石，故又有"蹎蹉门"之称。"蹉"字本为阴平，此处变调轻声。

j20 讲究

例（18 311 01）：先生，你这才叫本事！我一向直是瞎闹！没奈何，你须是尽情**讲究**讲究，指点与我

注 — 讲究（jiǎng jiu）：此处为仔细讲解、认真指导之意。

j21 讲究

例（34 682 12）：好兄弟咧，咱们八旗那不是骨肉？没**讲究**

注 — 讲究（jiǎng jiu）：此处为斤斤计较、彼此分明之意。"究"字也可儿化。

j22 讲究

例（38 793 03）：大伙儿都是出来取乐儿，没**讲究**

注－讲究（jiǎng jiu）：此处为规矩、礼数之意。"究"字也可儿化。另：京语谓对事物要求很高，必须达到某种标准为讲究；对过分苛求则斥之为穷讲究。现仅此义常用，前几义少有用之者。另可参阅《卷二·jx20~22》条。

j23 讲究（讲儿）

例（14 217 14）：那算命的不是说过底下四个"辰"字是有**讲究**（**讲儿**）的

注－讲究（讲儿）(jiǎ~r)：此处指事物的某种内在道理、规律、规则。83版作"讲究"，齐鲁版据抄本改作"讲儿"，符合京人口语。

j24 强嘴

例（38 802 08）：华忠不敢**强嘴**，等老爷发作完了，才回道……

注－强嘴（jiàng zuǐ）：京人谓晚辈、下属对长辈、上司不服劝导，强词夺理进行辩白，乃至反唇相讥为"强嘴"。"强"字今多作"犟"，先贤齐如山先生在《北京土话》一书中将此字写作"倞"（本音为

xiáng，意谓不服），系京中俗写。参见《元曲语汇033》条。

jiao

j25 交代

例（06 100 17）：不想这一按，手重了些……"哼"的一声，也**交代**了

注－交代（jiāo dei）：此处指死了，另也有时指物品毁坏了。"代"字读音介于 dei、dɑi 之间。

j26 交代

例（15 242 20）：又望他胸前一看，只见带着撬猪也似的一大嘟噜……都**交代**在那一个二钮儿上

注－交代（jiāo dei）：此处意为拴住。"代"字读音同上条。

j27 娇娜娜

例（08 126 01）：我看姐姐这等细条条的个身子，这等**娇娜娜**的个模样儿

注－娇娜娜（jiāo nēn nē*r）：娇嫩、娇柔、风姿绰约貌。两个"娜"字有不同的变读。"娜"字此处当时可能是作为"嫩"字的

通假字，也可能是其他义。参阅《满蒙语汇壹-29》。

j28 较正

例（32 609 19）：象是有点儿来头，不敢和他**较正**

注－较正（jiáo chi）：京语谓无理强辩，或就某一事没必要的较真儿，喋喋不休的争论惹人生厌为"较正"。写为"嚼哧"可能更好些。参阅《满蒙语汇壹-30》。

j29 浇裹

例（33 661 03）：山上的干树枝子，地下的干草……那不是烧的？不过亲家你们这大户人家没这么作惯，再说也**浇裹**不了这些东西

注－浇裹（jiáo gu）：此处是作为动词使用，意为使用、消费。今多作"嚼谷"。"裹"（或"谷"）字读音介于gu、guo之间。另："裹"（或"谷"）字如儿化，则该词作为名词使用，指生活资费，或单指饮食（其实仍是生活资费，只是范围更窄而已）。如：穷得连嚼谷（gur）都顾不上了（意谓穷的吃不上饭了）。今湖北方言中有"搅活"一说，同于此处京语之"浇裹"。另参见《元曲语汇034》条。

j30 嚼牙

例（33 658 04）：如果里头有个**嚼牙**的，他也不过个人罢咧，我又有甚么见不得他的呢

注－嚼牙（jiáo yá）：今有"磨牙"一说，意谓喋喋不休地说些废话。但"嚼牙"除了废话之意外，还含有散布不满情绪义。今似未见此说。

j31 搅

例（02 028 14）：他还是河员送礼，还是"看坟的打抽丰"来了？这不是**搅**吗

注－搅（jiǎo）：此处为"搅和、搅局"之略。捣乱，找麻烦，成心过去。

j32 搅

例（39 827 16）：安老爷道："老哥哥，你这可是**搅**了……"

注－搅（jiǎo）：此处谓将互不相

关的东西杂糅在一起，不合逻辑的混说。

j33　搅局

例（05 081 09）：那白脸儿狠忙着抢过来说："你别搅局！我们还赶道儿呢。"

注 - 搅局（jiǎo jú）：瞎掺和进与自己不相关之事，或有意介入某事以打乱当事者的原有计划，以致改变事态的进程与结果。今仍常用此说。

j34　缴了几线

例（28 531 17）：却说褚大娘子把姑娘的眉梢鬓角略给他**缴了几线**，修整了修整，妆饰起来

注 - 缴了几线（jiǎo le jǐ xiàn）：指"开脸"。旧时女子成婚要开脸（也叫绞脸），即以几根彩色丝线并在一起，双手押住两头，以线紧贴部横向移动，使线滚转，将面部汗毛绞下，以显面部光洁娇艳。此俗满汉均有，但汉族是出嫁前一两日在娘家绞；而旗人是新婚次日在夫家绞。原著这里十三妹嫁的是旗人家，所以是在婚后绞。

j35　叫短了

例（15 252 16）：我只道你用个一百万八十万的，那可**叫短了**我了

注 - 叫短了（jiào duǎn le）：被他人所提的要求难住，无法应付。"短"字可儿化。京语还有"叫秃噜了"一说，也是此意。

j36　叫了来

例（32 615 21）：跑了倒有五七荡一个儿也没**叫了来**

注 - 叫了来（jiào liǎo lái）："了"字要读音liǎo，此处作为"叫"的完成时态，是为了强调叫的结果。这种说法多用于否定或问诘句处，肯定句则说（叫）来了（lei le）。此种对动词时态复杂表示法的句式，系受阿尔泰语系的影响，为古汉语所无。

j37　叫起儿

例（38 781 24）：及至**叫上起儿**去，圣人见他品格凝重……天颜大悦

注－叫起儿（jiào qiě*r）：有清一代，上朝时皇帝召见臣工议事，由太监宣召，谓之"叫起儿"。

j38 叫人可疼

例（33 640 13）：安老爷只喜得不住点头，因向太太道："这小子果能如此，其实**叫人可疼**"

注－叫人可疼（jiào ren kě téng）：安老爷说话不脱书卷气，别的京人在此处会说"真可人儿疼"。"可人儿疼"一词今仍通用。"人"字轻声。

j39 叫儿

例（06 095 04）：那瘦子一见，说："怎么着，手里有活？这打了我的**叫儿**了……"

注－叫儿（jiàor）：旧京俗语，谓自己特别感兴趣、又特别擅长处。今不闻此说法。

jie

j40 解和

例（16 274 14）：果的如此，此番却得仗老兄你**解和**了

注－解和（jié hú）：这个词用得有点奇怪，虽然也可以勉强解释为调解、调和，可是与后面的情节总觉不搭调。愚意以为此词是麻将牌用语截和（jié húr），即上、下家都能和（hú）牌时，上家因顺位在先而截在下家之前和（hú）牌。原著此处是写安老爷安排邓九公须抢先制止十三妹可能产生的冲动过激行为。安老爷这样的道学先生绝不可能打麻将，但原著作者安排此词出自他口，就说明此词在当时早已不仅限于打牌用，而进入普通语汇的行列了。

j41 结了

例（25 457 23）：凭他万语千言，只买不转我一个"不"就**结了**

注－结了（jié le）：完成、终止、就这样了。系京语常用词汇。

j42 起根发脚

例（25 463 04）：我要不**起根发脚**把你我从能仁寺见面起的情由，都给你当着人抖搂出来

注－起根发脚（jiě ge*r fā jiǎor）：意谓追本溯源，今罕闻此说法。"起"字读音介于jiě、jǐ之间。也有单说"起根"一词的，意谓一

开始（就如何），读为 jì gē*r。

j43 从今日起

例（30 582 20）：**从今日起**，且干着他，不理他

注－从今日起（jiě jiē*r qǐ）：京人口语绝不会读此四个字的本音，那是书面语的写法，此处按口语音标注，"从今日"三个字变读为两个音节。

j44 借光

例（14 221 23）：公子……上前把那个人的袖子扯住，道："**借光**，东庄儿在那边儿？"

注－借光（jiè guāng）：京人向他人问事时之谦词，用之必置句首。近世在这种场合下（向人问路）多用"劳驾"一词，此二词也在他人未注意而妨碍了自己的行动时，用以提请对方注意。现在这类说法在中老年京人口中尚存，而在青年口中几成绝响。

jin

j45 筋节

例（04 065 01）：连忙皱着眉垂着头摇着手说道："你这话都不在**筋节**上。"

注－筋节（jīn jier）：关键、肯綮。今无此说，都改用书面语味儿更浓的"关键"一词了。

j46 今日

例（24 434 04）：只是偏碰在**今日**，那里这么巧事呢

注－今日（jiē*r e）："今"字儿化；"日"字读音介于 e、re 之间，京味儿更浓会说成 zhē*r e。实际京人口语中的"今天"一词，多是说为"今日个"。此说法在元曲中屡见，参阅《元曲语汇157》条。

j47 尽（侭）

例（04 063 04）：那跑堂儿的从外头跑进来，就往西配房**尽（侭）**南头正对着自己住的这间店房里让

注－尽（侭）（jǐn）：最（如何）、终极、优先、极限。83版作"尽"，齐鲁版作"侭"。按：繁体字"盡"（jìn）与"儘"（jǐn）音、义均有别；而简化后均作"尽"。虽然也包含了读 jǐn 的音与义，但字形上

无法区别。这样少了一个字，却增了一个多音字；而且音、义均易混淆，想简化反而更麻烦，做了五马换二羊赔本儿赚吆喝的买卖。齐鲁版想维护原著面目，又要用简化字，不得已使用了不规范的简化字"伢"（《简化字总表》中无此字），也真没辙。

j48 劲儿

例（26 469 08）：要说何玉凤不曾被他打动，绝无此理；只是他心理的**劲儿**一时背住扣子了，转不过磨盘儿来

注－劲儿（jiè*r）：此处指内心的抵触情绪。类此还有"劲儿劲儿的"一词，形容抵触程度更甚，已溢于言表矣。

jing

j49 京报、报房

例（03 039 16）：这个旨意从内阁抄了出来，几天儿工夫就上了**京报**，那**报房**里便挨门送看起来

注－京报（jīng bào）：此处是指在北京出版的半官方性质的期刊，也称"邸报"，是由官方特许经营的报房投递。由于京报只是从政府专设机构中誊抄官方拟向公众传递的信息，只能起到公告板的作用，故不能算作现代意义上真正的报纸。

报房（bào fáng）：此处是指传抄和发行邸报的机构。报房所出的京报的内容，基本上是宫门抄、上谕和章奏等；此外还从事报录、印卖缙绅录、鼎甲单、出版临时编印的时事小本子等活动。报房最终随着清王朝的灭亡而完全被淘汰。

j50 精气命脉神

例（15 252 22）：只是我邓老九的银子是凭**精气命脉神**挣来的

注－精气命脉神（jīng qi mìng mai shé*r）：与中医理论有些渊源的一种说法，原意是指构成人生命的各个方面，也就是生命力，亦指精神状态。此处引申，形容努力劳作、殚精竭虑。现简化为"精气神儿"。"气"、"脉"二字轻声，"神"字儿化。

j51 静静的

例（40 896 05）：如安太太、舅

太太也还懂得眼面前几句满洲话儿，都在那里静静的听着

注－静静的（jìng jiē~r de）：京腔读音，后一"静"字阴平儿化。

jiu

j52 究竟

例（26 483 19）：究竟问起换金子的那一堆银子来，可是和尚的贼赃

注－究竟（jiū jing）：此处为刨根问底、认真追查之意。83版有"问"字，齐鲁版据抄本、初印本删，符合北京口语说法。"竟"字轻声。

j53 就让……也不能

例（03 041 04）：家里又没银子，求亲靠友去呢，就让人家肯罢，谁家也不能存许多现的

注－就让……也不能（jiù ràng … yě bu néng）："让"字在此处为"即或、就算是（如何）"义，现多说"就算是……也不能"，是京语常用句式。像这类先设定后否定的修饰句法在京语中很常见。句中的"不"字在京人口语中多读为be音（普通话中无此音）。

j54 就中

例（24 431 22）：我一共找了三处，就中两处我先有些不中意

注－就中（jiù zhōng）：其中、在……之内。此说法今罕用。

j55 就着

例（27 497 06）：随缘儿媳妇又倒过一碗茶来。他一面就着那媳妇手里喝茶，一面挽着袖子

注－就着（jiù zhe）：此处为顺势（如何）之意。说得快时"着"读r，是口型提示。现多说"就手儿"，与此义近。另：京语谓伴着主食（粮食）吃菜叫"就着"，这是此词现在常见用法。

j56 舅母

例（03 044 17）：把个舅太太慌的，拉着他的手说道："好孩子……有舅母呢！"

注－舅母（jiù me）："母"字读me，轻声。这是京语方言音，普通话中b p m f 一般不与韵母e相

拼（仅有"么、嘞"等少数几个字例外）。

ju

j57 局面

例（24 439 12）：褚一官也衣冠齐楚的跟在后面，因到安老爷这**局面**地方来，也戴上了个金顶儿

注－局面（jú mian）：此处为体面、尊贵、上流、有规矩等意。"面"字轻声。此义现也作局气。但局气还另有"做事有原则、有担待、有分寸，行为大气、出手大方、有里儿有面儿（京俗语，谓讲外场，即善于综合维系所有人的脸面）"等意。

j58 局面

例（32 609 09）：京城地方的**局面**越大，人的眼皮子越薄

注－局面（jú miàn）：此处意为社交的场面、排场。

j59 锯了嘴的葫芦——两片儿瓢

例（19 329 11）：我这**锯了嘴的葫芦**似的，大约说破了嘴，你也只当是**两片儿瓢**

注－锯了嘴的葫芦——两片儿瓢（jù zuě*r hú lu—liǎng piàr piáo）：京中歇后语，此处意为"怎么说都没用"。另也用以指人木讷寡言，不发表意见。口语中此处"了、的"二字一般不发音。

jue

j60 决撒

例（19 325 08）：安老爷生恐他说**决撒**了，连忙向着姑娘道

注－决撒（juè sa）：此处指隐情败露、被识破；也有时指事不谐、决裂。也作"决撒、蹶撒、厥撒"等。"决"字去声，"撒"字轻声。此词元曲时见用之，见《元曲语汇035》条。后来明清小说亦常用。

jun

j61 俊

例（27 499 09）：只你路见不平拔刀相助……那就算你在世街路上留了朋友，**俊**了师傅了

注－俊（jùn）：此处为使动词，而非形容词；是（使之）荣耀、光彩，（为谁）挣了面子之意。而形容词"俊"多指人边式（旧京俗语，谓漂亮）；也引申为技能

好、物品精致等意。

K 部
kai

k01　开门炮儿

例（28 526 01）：公子这几句<u>开门炮儿</u>，自觉来的冠冕堂皇

注－开门炮儿（kāi mén pào er）：此处指开场白。语出中国象棋之着法，第一步往往走开门炮（今称当头炮，棋谱记作炮二平五）。先贤齐如山先生在《北京土话》一书中有注云："凡与人说话头几句或头一段谓之'开门炮'，意思是说的有分量也。"此处"儿"字的读音，详见《附录壹－16》。

kan

k02　看坟的打抽丰

例（02 028 14）：他还是河员送礼，还是"<u>看坟的打抽丰</u>"来了

注－看坟的打抽丰（kān fén de dǎ chóu feng）：京中常用歇后语"看坟的打抽丰——吃鬼"的前半句，指极尖刻含啬，连鬼身上都惦记着揩点儿油。"打抽丰"也作"打秋风"，指谓基于某种关系（多是上下级、或其他某种利害关系）而向他人索取财物。

k03　看

例（20 342 22）：没外人在这里，只管盘上腿坐着，<u>看</u>压麻了脚

注－看（kàn）：京俗语，只用于否定义的句中，意谓小心、留意（别如何）。

k04　看个牌儿

例（33 650 17）：太太无事，也好带上个眼镜儿，叼袋烟儿，<u>看个牌儿</u>，充个老太太儿

注－看个牌儿（kàn e pár）：此说法用于老年人打牌，因老人反应迟缓，拿起张牌且得（gié děi）看半天也出不来，此说法比直说打牌传神。"个"字读 e，是口型提示。

k05　看看

例（01 014 20）：说着<u>看看</u>到了三月初间

注－看看（kàn ken）：此处为估量时间之词，表示将到未到之际，有"转眼、眼看、就要"等义。后"看"字读 ken，轻声，也可儿化。

早在唐宋时期即有此说法。如唐杜牧诗《湖南正初招李郢秀才》："看看白苹花欲吐，雪舟相访胜闲行。"宋柳永词《殢人娇》："别来光景，看看经岁。"等等。

k06　看看

例（31 592 16）：安老爷也就回来，歇息了片刻，便问："邓九太爷回来不曾？"说："**看看**回来了，请进来坐。"

注－看看（kàn ken）：此处意谓"等到"，音同上条。原著中"说"字应系衍文，前后两句实为一句。

k07　看看的

例（05 080 22）：公子向西一望，见那太阳已经衔山，**看看的**要落下去

注－看看的（kàn ke*r d）：眼看就要、即将（如何），是为估量时间之词。"的"字读 d，是口型提示。元曲中亦见此说法，参阅《元曲语汇 036》条。以上三条用法类同，元曲中常见此类用法，但现代汉语中似已罕闻。

k08　看破着

例（32 609 23）：老爷子！你老也得**看破着**些儿

注－看破着（kàn pò zhe）：此处指人情事理明达，看得透，不为已甚。

ke

k09　磕膝盖

例（04 059 17）：套着双青缎子套裤，**磕膝盖**那里都麻了花儿了

注－磕膝盖（kē i gàr）：京人谓膝盖。"膝"字读 i，是口型提示；口语中"盖"字多儿化。

k10　克膝盖儿

例（25 463 19）：挺着腰板儿，双手扶定**克膝盖儿**

注－克膝盖儿（kē i gàr）：与上条音义同而写法异。方言无定字，音差不多就行。"膝盖"京人口语一般是说 gē lin（或 leng）bàr。

k11　砢碜

例（15 251 12）：他因此怀恨，前来报仇。趁着我家有事，要在众人面前**砢碜**我一场

注－砢碜（kē chen 或 chun）：也作"可碜"。谓使人丢脸出丑，没有面子。此处是作为使动词用，意为（因丑事而）没面子。也可作形容词用，意为丑、不雅、难堪。"碜"字读音介于 chen、chun 之间，大体是京人近于前者而东北人近于后者。北方语系的许多地方（如山东等）都有此说法。参阅《元曲语汇 037》条。如今京语对"（因丑事而）没面子"之意多用"寒碜"（hán chen）一词，寒碜还指面容丑陋，并引申至"活儿干得不漂亮"等义。参阅《附录壹－17》。又：食物中夹杂有沙子，京语有"牙碜"一说。牙碜也有时（针对对方不知羞耻）作砢碜的同义语用，如："你说这话也不牙碜。"

k12　砢碜

例（37 751 01）：一个人就**砢碜**，也得磕碜出个样儿来呀

注－砢碜（kē chen）：此处是作为形容词使用，意指不修边幅，形容猥琐；也有时指服饰丑陋不得体。

k13　口划

例（17 294 04）：不是我作老的**口划**，你也是吃人的稀的，拿人的干的，不过一个坐着的奴才罢咧

注－口划（kē chen）：此处作为使动词"砢碜"讲（异写而已），意谓出言不逊、说话难听。"划"字本音 chǎn，"铲"的异体字，此处为直音假借字。

k14　克食

例（21 359 16）：安太太道："大姑娘，这是老太太的**克食**，多少总得领一点儿。"

注－克食（kē shi）：满语天恩、恩赏（祭祀后撤下的供余祭品）的汉化说法。"克"字阴平，"食"字轻声。参见《满蒙语汇壹－31》。

k15　可不可惜

例（30 569 17）：要不……把他激成一个当代人物，**可不可惜**他这副人才？可不辜负公婆这番甘苦？可不枉诘了你我这段因缘

注 - 可不可惜（ké bu kě xī）："可不"为设问词，意谓岂非（如何），京语常用词汇。当然"可不可惜"释为"可惜不可惜"也行，但从京语习惯用法及下文的排比句式来看，还是按"岂非"解释为妥。前一"可"字阳平，"不"字轻声。

k16　可可儿的

例（21 358 09）：赶到青云堡褚家庄，<u>可可儿的</u>大家都进山来了

注 - 可可儿的（ké kěr de）：恰巧、正好赶上（什么）。前一"可"字阳平，后一"可"字儿化。

k17　可了不的了

例（21 363 04）：他这才急了，说："姑娘，<u>可了不的了</u>！你这是僭话……"

注 - 可了不的了（ké liǎo bo die liù）：原著中这是张老婆儿说的惊叹语，所以按某种怯口注音（当然张老婆儿也未必就这样说），京中下层人士常有此类读音。"可"字变调，"不、的、了"三个字变读。

k18　可了不得了

例（23 419 02）：公子道："<u>可了不得了</u>！这个人今日大概是多饮了几杯，有些醉了！"

注 - 可了不得了（ké liǎo m de le，或 ké liǎo bú dì le）：京腔的两种读音，后一种更能加重语气，凸显一种"莫名的惊诧感"。与上一条张老婆儿的怯口相比，可感受正宗京腔与下层京人口语之间的差别。两种读法均有不同的变调与变读，读者可自行揣摩。前一种读法中"不"字变读为 m，原因详见 y18。

k19　可桶儿

例（25 457 07）：饶是那等拦他，他还是把一肚子话<u>可桶儿</u>的都倒出来

注 - 可桶儿（ké tǔ~r）：京俗语，谓"全部无保留的（如何）"。将桶倾倒，内物尽出，以此形容彻底。此词须配以动词"倒"才成句。"可"字阳平。

k20　可不是……来着么

例（36　741　10）：**可不是**大姐姐似的一个公子哥儿**来着么**

注－可不是……来着么（kě bú r…lei zhi m）：此为问诘式肯定句，即在前半句设问而后半句给予肯定的回答，是京语常用句式。"不"字阳平，"来着"二字变读轻声，"是、么"二字读为 r、m，是口型提示。按："来着"这种说法，属于"现在进行时"，是汉语受阿尔泰语系影响的产物，为古典汉语所无。

k21　可怜见儿的

例（31　603　24）：老爷要看小的们**可怜见儿的**，只当这宅里那旮旯子里下了一窝小狗儿

注－可怜见儿的（kě lián jiàr de）：是京人惯用说法，即可怜。"见儿的"为主词的后缀，无实意，仅起加强语气作用。元曲中即有此说法，见《元曲语汇038》条。

k22　可怜不大见儿的

例（32　614　14）：在他，只不过为挣那几两银子，怪**可怜不大见儿的**

注－可怜不大见儿的（kě lián bu d jier de）：义与上条同，只是又多了语缀"不大"二字，亦为加强语气用。"不"字轻声；"大"字读 d，是口型提示；"见"字轻声儿化，读为 jier。

k23　可是说的

例（09　137　20）：张老听了，先说道："姑娘的话也有个不信的？**可是说的**咧……"

注－可是说的（kě shì shuō de）："哪儿能这么说"之意。如单独使用是否定对方所言；但这里与上半句之问话共同组成"反诘式肯定句"，则是赞同、附和对方所言。为京语常用句式。

k24　可是这话

例（40　843　05）：罢了，老爷子！**可是这话**，也有你老人家养活了我半辈子，这会子瞧着你老这么

大年纪了，我倒扔下，跑这么远去自己找官儿作的

注－可是这话（kě shì zhei huà）：此为京语常用句式，是为"话不能这么说，即或如此（也如何）"之意。此后应随之以否定句（直述式或反诘式均可，本例为后者），用以陈述与对方不同之观点。"话"字也儿化。

k25　可惜了的

例（15　244　11）：老爷说："我是不会吃烟。"他便说："一袋烟，**可惜了的**。不姑奶奶抽罢？"

注－可惜了的（kě xī liǎor de）：即可惜，"了的"系后缀无实意，此为京语常用说法。原著此处是二姑娘所言，彼为淮安人，但此处系按京腔注音。"了"字儿化。

ken

k26　掯子

例（27　500　22）：更兼邓九公合他有个通财之谊，**掯子**上送了这等一分厚礼，岂有个大仪全璧的理

注－掯子（kèn zi）：肯綮之处、节骨眼儿上。现多作"掯节儿"。

keng

k27　坑

例（12　183　10）：那安太太不听犹可，听了这话……只叫："我的孩子……你可**坑**死我了！"

注－坑（kēng）：本为坑害之意，此处是安太太痛极之语，意为（你若遭不测就等于是）把我坑害死了。京语在渲染、突出某种感情、情绪或事物状况时，常有将话反说之修辞方式，此处即是一例。

kong

k28　空落落

例（11　166　16）：但见**空落落**的院子静悄无人

注－空落落（kōng lào laor）：空旷无一物。后一"落"字轻声儿化。"落落"二字为后缀，无实意，此后缀仅适用于"空"字之后。

kou

k29　抠搜

例（33　643　10）：咱们家除了过日子之外，还有甚么烦费的地方儿吗？就勉勉强强的**抠搜**些出来，这个局面可就不象样儿了。

注－抠搜（kōu sou）：京语谓人

小气、俭省过分。也作"抠儿、抠门儿、抠唆、抠缩、抠索、抠抠搜搜（kōu kou sōu sōu）"。此处是将形容词（抠搜）作动词用，是指处处俭省，减少开支。抠搜还有"用细长物挖掏（缝隙处）"之义；也有时用于形容办事瞻前顾后，不爽快。"搜"字轻声。

k30　口

例（40　842　18）：你干老儿现在因他家老大出口，有点子不放心

注－口（kǒu）：此处指张家口市，乃京北要冲之地，京人习惯简称为"口"。京语中有些此类称呼，如：口外（张家口以北地区）、口蘑（张家口地区所产之蘑菇，味鲜美）、口碱（旧时常用的一种经过粗加工的天然碱，用以洗涤、去油污。产自西北地区，多以张家口为集散地）等。

k31　扣

例（14　215　12）：当下商量定了，一面收拾行李，一面遣人过黄河去扣车辆

注－扣（kòu）：此处为租下并预付定金之意。现在京语不见有此说法，但河南籍的李绿园所著《歧路灯》（成书于十八世纪后期，用河南方言）一书中也有此说，似可推论此说法十八九世纪在北方语系地区流行较广。

k32　扣儿

例（15　251　16）：咱们喝酒。你我就借着这杯酒，解开这个扣儿

注－扣儿（kòur）：京俗语，此处意为矛盾、纠葛、仇怨。扣儿指线绳结成的疙瘩，所以用"解开"作谓语。

ku

k33　库图扐

例（18　304　22）：所以从前征噶尔旦的时候，曾经调过八旗大员家的库图扐兵

注－库图扐（kù tu lei）：指家丁、家将。此词源自满语。参见《满蒙语汇壹－32》。

kua

k34　刮擦

例（36　723　05）：听得张姑娘才说一句，索性连他嬷嬷爹华忠也刮擦上了

注－刮擦（kuā cha）：京语特有词汇，意指"以硬物刮除物体表面之附着物"。此处是引申义，指连带斥责不相关的人，也有读为 kā chi 的。另有时引申指占别人财物上的便宜。参见《满蒙语汇壹－33》。

k35　侉、怯

例（12　187　09）：听他说话虽带点外路水音儿，却**不侉不怯**

注－侉、怯（kuǎ、qiè）：京人斥京语以外的所有话均为侉或怯。"侉"又特指山东口音，管山东人叫"侉子"；"怯"则泛指其他外路口音，但有时特指京畿一带（尤其是京东南方向）人的口音。可参阅《附录壹－34》。

k36　侉一声爪一声

例（32　616　01）：那个瘦子叫了那小旦一声"梆子头"，他就**侉一声爪一声**地道："吾叫'梆子头'，难道你倒不叫'嚏喷'吗？"

注－侉一声爪一声（kuǎ yì shēng zhuǎ yì shēng）："侉"指山东口音，"爪"指山西口音，意为南腔北调；但实质是指怪声怪气、发嗲。两个"声"字也可儿化。按：彼时小旦多为男妓，时以"闹小旦"（有权势财富者蓄小旦为娈童）为风尚。此处小旦所说的两句，实为非常下流的隐语，解释从略。

kuai

k37　快快的

例（19　319　18）：我叫你姐夫交给人带回我们庄儿上去了。我那里给你"**快快的**"拿去呀

注－快快的（kuài kuār de）：京人口语中催促他人加速（做某事）时所言。后一"快"字阴平，儿化。

kuan

k38　款儿

例（17　294　05）：你可切莫拿出你那外府州县衙门里的吹六房诈三班的**款儿**来

注－款儿（kuǎr）：旧京语汇，指（令人生厌的）架势、派头，含贬义；现今流行语"范儿"与此义有几分近，但不含贬义。

L 部
la

l 01　拉扯

例（32　620　03）：为甚么从前我在道上的时候，走一天拉扯他一天

注－拉扯（lā che）：此处为指引、带领、训导之意，"扯"字轻声；说得快时读成 lā chi。另：此词有时作抚养讲，如："她一个人把孩子拉扯大了不容易。"还有时是纠缠、牵扯，或相互推搡等义，此时可重复说"拉拉扯扯"。

l 02　拉倒

例（15　240　17）：褚一官说："拉倒罢，老爷子！……我可不敢动他……"

注－拉倒（lā dǎo）：京俗语作罢、算了、就此截止、别说了等否定义。另：此句中的"罢、子"二字分别读为 bèi、zèi，原因参见《附录壹－10》。

l 03　拉青屎的根儿

例（19　334　18）：再加自己家里的老底儿人家比自己还知道，索性把小时候拉青屎的根儿都叫人家刨着了

注－拉青屎的根儿（lā qīng shǐ de gē*r）：京语常用说法，谓对某人根底知之甚详。婴儿食乳若消化不良，则大便呈青绿色，京人谓之拉青屎。

l 04　拉手儿

例（22　396　02）：原来这舅太太也是旗装，说道："姑娘，我可不会拜拜呀，咱们拉拉手儿罢。"

注－拉手儿（lā shǒur）：旗人旧俗，见面互抱（参见 b37 条）或拉手。拉手时长者手心向下，幼者手心向上相迎而握；平辈则立掌相握——但不同于今之握手，系双方互以虎口围握对方大拇指，而非以掌心互握。

l 05　拉差（错）

例（13　204　07）：原来是慌的拉差（错）了，把他们官太太的褂子穿出来了

注－拉差（错）(lā chi)：因匆忙而颠倒错乱。83 版作"拉错"，

笔者此处据齐鲁版改作"拉差"。"拉"字也可读阳平;"差"字变读,轻声。

1 06　拉岔

例(38 774 15):只听张姑娘问道:"我这副腿带儿怎么两根两样儿呀?你昨儿晚上困的糊里糊涂的,是怎么给**拉岔**了?"

注－拉岔(lá chi):音、义同上条,唯写法相异。参见《附录壹－18》。

1 07　拉口子要见血

例(19 321 21):这姑娘是天生的半分不认错、一字不饶人、**拉口子要见血**、刨树要搜根儿的脾气

注－拉口子要见血(lá kǒu zi yào jiàn xiě):京俗语,谓做事坚决彻底、态度明确。"拉"字也作"剌",其实都是源于"劙"字,义为"以锋利物划破(物体表面)"。此处"拉"字内城读阳平,海淀至香山一带多读上声。

1 08　落

例(40 844 22):可是我昨日还**落**了嘱咐你们一句要紧的话

注－落(là):京语常见义如下:
① 遗忘,如本条。
② 疏忽,如:"落空"(là kòng),现写作"拉空",以区别于表示"某种企盼未能实现"义的落空。
③ (因疏忽而)遗漏,如:丢三落四(现写作"丢三拉四")。
④ 因速度慢而拉开距离,如:落在后面。

1 09　落下

例(27 512 19):只把不定心头的小鹿儿腾腾的乱跳,又好象是**落下**了许多事一般

注－落下(là xie):此处为遗漏义。"下"字变读 xie,轻声;说得快时变读为 ye。京语在某些动词(如:吃、喝、睡、坐、躺等)之后的"下"字都这样读,是表示该动作的完成时态。而在某些名词后加"下"字,是表示该名词的区域性(如:眼下、舍下)或时限性(如:目下、时下),此等

处"下"字读本音。

lai

l 10　来不及

例（33　638　11）：何小姐这些细针线虽**来不及**，近来也颇动个针线

注－来不及（lái bu jí）：此处意为（因能力不及而）做不成、干不了。京语现已不用这种说法儿了。

l 11　来不来的

例（27　497　01）：这如何比得方才？**也有来不来的**我就大马金刀的先坐下的

注－来不来的（lái m lái de）：轻易的、不加考虑的（就如何），现一般说"动不动的"。"不"字读 m，是口型提示，参见 y 18 条。

l 12　来派

例（25　459　23）：姑娘一看这光景，你一言我一语，是要"齐下虎牢关"的**来派**了

注－来派（lái pai）：来势、来头。"派"字轻声，也可儿化读为 par。

l 13　来乂得

例（07　114　24）：我瞧你这嘴**来乂得**，你劝他，他没个不答应的

注－来乂得（lái i de）：齐鲁版注为"乂，才德过人。来乂得，即了不起之意"。此注似应出于《书·皋陶谟》："俊乂在官。"孔颖达注疏："才德过千人为俊，百人为乂。"详见《附录壹－19》。

lan

l 14　懒驴上磨屎尿多

例（33　641　01）：然虽如此，却也不可小看了这个**懒驴**子。假如你无论怎么样想着方法儿逼他**上磨**，他是一个劲儿的**屎尿多**

注－懒驴上磨屎尿多（lǎn lú shàng mò shǐ niào duō）：京语常用俏皮话儿，调侃他人做事拖拉，乃至找出各种借口用以逃避。此处将此说拆开活用。

l 15　乱葬岗子

例（22　384　08）：他也没个亲人儿，大伙儿就把他埋在那**乱葬岗子**上咧

注－乱葬岗子（làn si gǎng ze）：

成片的无主坟地。此处"乱葬"二字是按京腔口语语音变读标注,"葬"字音介于 si、zi 之间,"子"字读 ze,轻声。

lao

1 16　劳驾

例(32 610 13):索性**劳**你的**驾**,连灰带麻刀,一就手儿给买了来

注－劳驾(láo jià):京人最常用的敬语,在向人问事或请为劳作时的发语词。但如在劳驾二字之间嵌入其他称谓或定语(如:劳你驾、劳您大驾),则在某种场合下可能具调侃意,如本条即是。

1 17　老老实实

例(39 819 22):你正经**老老实实**儿的坐在那儿给孩子吃就完了

注－老老实实(láo l shi shī):前一"老"字按"上声连读变阳平"的规律变调,但后一"老"字却未读上声,这是因京语要求连读顺畅轻快,故只读声母 l,是口型提示。京语为求轻灵流畅,时有将上声变读平声,还尽量给含糊过去的现象。本例中前一"实"字轻声,后一"实"字阴平。

1 18　牢笼

例(16 271 10):任他那上司百般的**牢笼**,这事他绝不吐口应许

注－牢笼(láo long):想方设法维系众人,使之聚结在自己团体内,不生外心。今演变简化为一个"拢"字,意思不变。如:拢不住人,散伙了。

1 19　老满儿

例(27 502 03):我这不出嫁的话,我是合我干娘说了个**老满儿**

注－老满儿(láo mǎr):(将某事物进行)至极限,无回旋余地。此处"老"字相当于副词"很"(表示程度之高),这种用法在京语中很常见。如:老高、老大、老远、老粗、老了去了(指数量之多或程度之甚)等等,这同东北方言一脉相承。但京语用法更趋细化,如京语说老远、老粗、老高,可不说老近、老细、老矮;但东北话却有这类说法。虽则如此,二者在本质上还是一致的。这也可算京语源于东北方言＋幽燕语(参见《绪论》)的一个佐证。

1 20　老塔

例（34　678　05）：只听这个叫那个道："喂！**老塔**呀……"

注 – 老塔（lǎo tǎr）：京人对乡间人或外地人之蔑称，讥人不入时尚亦如是称之；又转为对粗卑、无教养乃至不谙世情者之称谓。此处当面这样称呼则有调侃意。作此解释时"塔"字应作"畲（或呔）"，本音为 tǎi；"老畲"（lǎo tǎr）本是对唐山、滦县一带的人或操类似口音者之蔑称。"畲"或"呔"字生僻，俗写作"塔"（须儿化）。但这也可能是旧京市井称谓"老台"。详见《附录壹 – 20》。

1 21　老不言语

例（25　460　24）：不想姑娘这个当儿拿出那**老不言语**的看家本事来

注 – 老不言语（lǎo be yán yi）："老"字在此是副词，作为时间（句中并未出现）的定语，表示时间的长久。清代以前的白话小说中未见有此用法，此应系满清入主京师后带来的东北方言+幽燕语。参阅119条。"不"字读 be，"语"字读 yi，均轻声。

1 22　老道

例（25　455　18）：无如他的主意拿了个**老道**，转毫不用一丝盛气凌人

注 – 老道（lǎo dao）：谓人阅历丰富，经验深厚；遇事思虑缜密，胸有成竹。"道"字轻声，现写作"到"。

1 23　老的儿

例（22　384　06）：这话有百十年了，我也是听见我那**老的儿**说

注 – 老的儿（lǎo de*r）：京人对长辈之称谓，"的"字虽儿化，但无不敬之意。若说"老的小的"（家中尊长及儿童），则不儿化。参见《元曲语汇039》条。

1 24　老的儿

例（07　113　11）：说这不当着他们俩**老的儿**么，你也不是外人

注 – 老的儿（lǎo diè*r）：读此音是含贬义，意为老东西、老家伙。现无此说法。与上一条字同而音、

义均异。

l 25 老哥哥

例（39 827 16）：安老爷道："**老哥哥**，你这可是搅了。那叫作墓志铭，岂有你一个好端端的人在这里，我给你铭起墓来的理？"

注－老哥哥（lǎo gē gèi）：这种读音多流行于旧京下层社会，并非上流社会所惯用。但安老爷说话也不会一成不变，体会此段话的语境与所蕴含的情感，这样读音正是在此类场合下加强语气用，所以此处按下层社会的语调这样注音。参阅g23条。

l 26 老家儿

例（12 193 19）：倒是我作**老家儿**的不曾荫庇到你，转叫你为我先受了累了。

注－老家儿（lǎo jiār）：京语谓父母，或泛指家中长辈。

l 27 姥姥

例（38 794 11）：那矮胖女人便向那姑子嘈嘈道："你罢呀！你们那庙里那一年不请三五回**姥姥**哇！怎么说呢？"

注－姥姥（lǎo lao）：此处指接生婆，亦称"姥娘婆"。按：京语称外祖母为姥姥（当然不仅限于京语，北方语系多如此）。详见《附录壹－21》。

l 28 老了不打卖馄饨的

例（22 395 15）：**老了么？不打卖馄饨的**

注－老了不打卖馄饨的（lǎo le bù dǎ mài hún tun de）：这应是彼时之流行语，弥松颐先生在《京味儿夜话》及人民文学出版社2014年版《儿女英雄传》二书中对此均有注释（沃果儿），限于篇幅不引。

l 29 老娘娘

例（38 793 09）：我才在**老娘娘**跟前求了一签，是求小人儿们的

注－老娘娘（lǎo niáng niang）：旧时民间对送子观音之称谓。句中"小人儿们"是指小孩儿，即祈求生子。后一"娘"字轻声。

130　老圈地

例（01 012 09）：这地原是安家的**老圈地**

注－老圈地（lǎo quan di）：满清入关后曾在许多地方强占土地（民间俗称"跑马占地"），分配给旗人，称为"圈地"。"老"是说其来历，早年间之意；"圈"字轻声。

131　老人家

例（29 553 14）：那时候更摸不着你**老人家**的主意

注－老人家（lǎo rén jia）：京人对长者的敬语。当面称呼时，"家"字多读为 jie，而较正式场合则读本音 jiā。原著这里是张金凤在调侃何玉凤。

132　老爷

例（39 816 06）：他又拉了他那个孩子过来请安，说："这也是**老爷**呢。"

注－老爷（lǎo ye）：此处指姥爷，京语对外祖父之称谓，广大北方语系地区也多有此称呼。

133　落

例（18 317 01）：只是我趁兴而去，难道还想败兴而归？岂不画蛇添足，转**落**一场话靶

注－落（lào）：此处为"得到"意。京语中"落"字还有"剩下、赚取"等义，如老舍《骆驼祥子》："回到厂中，除了车份，他还落下九毛多钱。"

134　落

例（31 603 08）：小的有个哥哥，叫霍士端，在外头当长随，新近**落**了，逃回来了

注－落（lào）：此处为衰败之意，原指火势衰落，此处为引申义。

135　落场

例（16 257 15）：这场恶斗，斗到后来怎的个**落场**呢

注－落场（lào chang）：终局、收场。系借用戏剧术语。"场"字轻声。此词还另有 là chǎng 的读音，多用于否定性句式（不落场），是"什么都少不了（他）"之意。

136 落程

例（14 218 07）：护了家眷北行，去到茌平那座悦来老店**落程**住下

注－落程（lào cheng）：旅途中停下，饮食住宿。"程"字轻声。

137 落得起嘴

例（22 398 11）：今日可合你们**落得起嘴**了，我也有了儿女咧

注－落得起嘴（lào de qí zuǐ）："落"为"唠"之假借字，即今东北方言之"唠嗑"。"落得起嘴"即有的说、有说的资本了。此亦京语源于东北话之佐证，但京语今无此说；盖因年深日久，两种话分道扬镳，渐行渐远了。

138 落平

例（28 516 14）：也不知过了几道门，轿夫前后招护了一声**落平**，好象不曾进屋子，便把轿子放下了

注－落平（lào píng）：轿子落地时，轿头喊"落平"，其余轿夫响应，同步将轿子平稳落地，以免出现倾侧等意外。

139 落作

例（21 357 14）：连夜的宰牲口、定小菜，连那左邻右舍也跟着腾房子、调桌凳，准备**落作**

注－落作（lào zuō）：旧时饭庄应外活儿，须先到主家儿做准备，称为"落作"。这里是泛指宴前之准备工作。"作"字阴平，参见h75条。

le

140 扐掯

例（24 427 06）：安太太笑道："倒不是送礼，我今日是**扐掯**你娘儿们来了。"

注－扐掯（lē ken）：本为勒索敲诈、强制胁迫义，此处指故意为难、折磨（他人）。原著此处是开玩笑的口吻，烦请代劳之意（安太太请舅太太帮着做衣服）。京人常用这种说法，即当请对方为自己做某事时，使用一些貌似无理之词（如本例之扐掯），表示自己这是不情之请，显得对自己有所指责，客观上起到谦辞的作用；但同时也把对方"码"（"码"字参阅m5条）在那儿，使其不

好推辞。此处之"扐"字也有人读为 lēi。另有"勒揹、累揹、累恳、扐恳、揹勒"等写法。此说法今似不闻。参见《满蒙语汇壹-34》。元曲中亦有此说法，参见《元曲语汇040》条。

lei

l 41　来着

例（07　103　12）：哭了这半日了，方才还象是拌嘴似的**来着**

注－来着（léi zhe）：表示事态的进行过程。但如用在设问句中，则表示质疑主体行为进行与否。如：你喝酒来着？"来"字变读为 léi。详见《附录壹-22》。

l 42　累赘

例（03　048　21）：真要死了，那就**累赘**多了

注－累赘（léi zhui）：此处意指某种大麻烦。"赘"字轻声。

l 43　来

例（23　409　12）：大家歇了没多时，早见随缘儿跑在头里**来**

注－来（lei）：此处是为趋向动词，京腔口语音多读为 lei，轻声。

leng

l 44　愣里愣怔

例（34　684　16）：他揉了揉眼睛道："莫不是我睡得**愣里愣怔**，眼离了？"

注－愣里愣怔（lēng l lēng zhēng）：刚睡起尚未完全清醒。"愣"字阴平；"里"字读 l，是口型提示。

l 45　楞入

例（04　059　20）：左手拿着擦的镜亮二尺多长的一根水烟袋……就把那烟袋往嘴里给**楞入**

注－楞入（lèng rǔ）：强行塞入。"楞"在此处谓突兀、不由分说；此处"入"字现写作"擩"，意为（强制的）塞入。

li

l 46　离见阎王爷就剩了一层纸儿了

例（26　470　12）：他的一条命**离见阎王爷就剩了一层纸儿了**

注－离见阎王爷就剩了一层纸儿了（lí jiàn yán weng yé jiù shèng le yì céng zhě*r le）：京语常用说法，极言危难，命在旦夕。"王"字变

读。

147　礼从何来

例（32　624　24）：望着安老爷便拜了下去。慌的安老爷离座出席……说道："这**礼从何来**？……"

注 - 礼从何来（lǐ cóng hé lái）：京人谦词。当别人对自己施礼，而自己认为受之过重时，言此表示"礼过重了，没有来由"。此语今已成绝响，盖因今人已无礼仪表示。

148　礼到话不到

例（21　358　11）：大意是谢姑娘从前的恩情……**礼到话不到**，说是说不清，横竖算这等一番意思就完了事了

注 - 礼到话不到（lǐ dào huà bú dào）：意谓"虽然话说的不完满，但总算礼数上没什么缺失了"。参见《附录壹 - 23》。

149　里面

例（07　106　14）：只这一拍，听得**里面**哗啷哗啷一阵铃铛响

注 - 里面（lǐ me*r）：京腔口语音，此处"面"字读为 me*r，儿化，轻声。参阅 w03 条。举凡"这、那、里、外、上、下、前、后、左、右、东、西、南、北"等方位词或指示代词，如其后缀以"面"字组成一个表示方位的双音节词时，都这样读。

150　里儿表儿

例（32　614　20）：又上来了那么个水蛇腰的小旦，望着那胖子，也没个**里儿表儿**

注 - 里儿表儿（liě*r biǎor）：指谓应有之规矩、礼数、作派；尤指对不同关系的人应内外有别，区分对待，各施以相应的礼节。现多说"里儿面儿"。京人指斥人分不清远近亲疏、不懂礼数为"没里儿没面儿"，是很鄙视的。

151　力巴

例（06　097　11）：女子见这般人浑头浑脑，都是些**力巴**

注 - 力巴（lì be*r）：外行人，不具有某项技能者。北方多地有此说法，不独京语。"巴"字变读

轻声。

1 52 劣把

例（33 651 22）：从来"入行三日无**劣把**"

注－劣把（lì be*r）：音、义均同上条，唯写法相异。系京人常用俗谚，意谓万事虽开头难，但只要肯学就不难。

1 53 劣把头

例（17 282 19）：难为你还冲行家呢，到底儿**劣把头**么

注－劣把头（lì be*r tóu）：义同于上两条，"头"字无实意。

lia

1 54 俩

例（29 558 14）：我给你留**俩铮铮**

注－俩（liǎ）：京人说"俩"往往并非实指2，而是表示复数（不太多的，一般在10以下），即"若干个"之意。注意"俩"字单独使用，不带量词。

1 55 俩肩膀扛张嘴

例（32 619 07）：讲到我邓老九，一个无名、白出身，**俩肩膀扛张嘴**

注－俩肩膀扛张嘴（liǎ jiān bǎ~r káng zhāng zuǐ）：京俗语，此处谓无任何背景、势力、倚靠。也有时指没家没业，光棍一个。也作"俩肩膀扛个脑袋"。

1 56 俩来的月

例（39 817 12）：谁知他才**俩来的月**就掉了呢，倒叫我空欢喜了一场

注－俩来的月（liǎ lái d yuè）：刚过两个月。"的"字读 d，是口型提示。

lian

1 57 两把儿头

例（34 665 23）：梗梗着个**两把儿头**，如飞而去

注－两把儿头（lián be*r tóu）：旗人女子发式，发分两束，夹于头顶，结成向外展开的发髻；脑后余发挽成一长形髻，复于颈后。因有两个发髻（京语叫"头把儿"tóu be*r），故称两把头。此种发式多为上层旗女所用，一般旗女多梳较简单的高粱头、架子

头等。"俩"字读 lián，"把"字变读，轻声儿化。

158 连推带踹

例（11 166 14）：大家一顿**连推带踹**，把个门插管儿弄折了，门才得开

注－连推带踹（lián tuī dài chuài）："连……带……"为京语常用句式。"连、带"的是有某种内在联系的动词，如：连哭带闹、连蒙带骗等。

liang

159 两地知根儿

例（29 540 21）：再加舅太太这等一个玲珑剔透**两地知根儿**的人做了干娘

注－两地知根儿（liǎng dì zhī gē*r）：京俗语，谓双方都熟稔并相互信任。

160 两天

例（29 559 18）：我要到前三门外头热热闹闹的听**两天**戏

注－两天（liǎng tiān）：此处之"两"相当于154条之"俩"，仅表示"不太多的数量"。二者的区别在于"俩"字不带量词，而"两"字带量词。

161 亮

例（25 460 21）：连那顶八人猩红喜轿早已**亮**在前面正房当院子了

注－亮（liàng）：无遮拦的呈现。此为京中旧俗，有特意向大家炫耀、显派之意。

162 亮钟

例（01 015 24）：看看等到**亮钟**以后无信，大家也觉得是无望了

注－亮钟（liàng zhōng）：旧时五更天将晓时敲钟，谓之亮钟。

liao

163 了了

例（39 811 16）：这话程相公始终不曾**了了**

注－了了（liáo liáo）：源于动词的形容词，"理解、明白、懂得"之义，多在文言中用，表示聪明懂事（如：小时了了，大未必佳）或明白事理（如：了了于心），义同于"了解"之"瞭"字（繁体"瞭"简化为"了解"）。《尔雅序》

"其所易了阙而不论"是其本意。前一"了"字阳平。

164 了手

例（21 364 06）：他向他女儿道："多早晚是<u>了手</u>？我告诉给你……"

注－了手（liáo shou）：结束、停止、放弃（某事）。"了"字阳平，"手"字轻声。

165 了不得了

例（17 283 20）：姑娘道："瞧瞧，你老人家可<u>了不得了</u>，可是有点子真悖晦了……"

注－了不得了（liǎo be de le）：京人惊叹时常用说法，表示对事态之发展意外、感慨或惊叹。若读为 liǎo bú dì le，则更强烈地显出惊愕之意。"不"字读 be，普通话无此读音。

166 了不的了

例（29 561 07）：张太太说声："<u>了不的了</u>！"

注－了不的了（liǎo bō die liù）：此系学说张太太南腔北调的怯口儿。

167 了不了

例（04 056 20）：白脸儿狼说："你老万安！这点事儿<u>了不了</u>，不用说了。"

注－了不了（liǎo bu liǎo）："了结不了"之略说，此系反诘句，意谓"这点事还有什么解决不了的"。"不"字轻声。

168 了成全

例（12 193 20）：如今这项金银……我也正用得着，竟是用了他的，<u>了成全</u>那女子一番义举

注－了成全（liǎo chéng quan）：完整的成全（使之功德圆满，不留缺憾）。现未见这种说法。

169 了得了

例（32 626 18）：他们爷儿们、娘儿们这阵横抢硬夺的，还<u>了得了</u>

注－了得了（liǎo de le）：京人常用口语。"了得"是指解决（某问题）的行为、方式；"了得了"是反诘式否定句，意谓："难道这样

就能解决得了吗？"一般在此前加一"还"字，用以否定前此所述的行为。另：旧小说中常用"了得"（liǎo dé）一词（如：拳脚了得）形容某项技能高超。

1 70　了的了

例（16　261　16）：讲他的心胸本事，莫说杀一个仇人，就万马千军冲锋打仗，也<u>了的了</u>

注－了的了（liǎo de liǎo）：此处意为"解决得了"。前一"了"字意谓"解决（某问题）、完成（某事）"；后一"了"字是表示动词（解决、完成）的完成时态。与上一条义不同。

1 71　了得了

例（16　260　20）：但这桩事也要看个机会，也得<u>了得了</u>事，才好再回此地

注－了得了（liǎo de liǎo）：此处意为"有能力完成（某事）"。与前一条义近而在用法上略有别。

1 72　了断

例（11　173　02）：凡作强盗，敢于拦路劫财，<u>了断</u>不是三个五个

注－了断（liǎo duàn）：一定、断然（如何）。此词今无此用法，现一般是指"（将某事）了结、就此结束"。

1 73　了局

例（24　430　19）：便说跟前有舅太太、亲家太太以及他的乳母丫鬟伴他，日后终究如何是个<u>了局</u>

注－了局（liǎo jú）：结束、终结。此说法今尚用。

1 74　了了

例（21　372　19）：无如邓老头儿……成全了十三妹这等一个门徒，愿是<u>了了</u>

注－了了（liǎo le）：了结了、完成了。前一"了"字是指对事态的处理，后一"了"字是表示前一"了"字的完成时态。中文的特点，决定了它无法像拼音文字那样在动词本身上体现其时态，而只能用"已经、正在、将要、等、了"之类的辅助性词汇来协同表示；京语中有些较复杂的时态表达方式（如：要……来着）源自

幽燕语，吸收了阿尔泰语系的某些模式，表达能力要强于古汉语。

175　了了事了罢咧

例（06 093 24）：那瘦子说："想是<u>了了事了罢咧</u>！"

注－了了事了罢咧（liáo le she*r l bei）："了了"二字义同上条；"了罢咧"是京语常用说法，一般用于句尾，表示对某事态毫无疑义的认同。变读为 l bei（当要强调语气时读为 bēi），"了"字读 l，是口型提示；"咧"字表示一种认同的态度，但基本无声。

lie

176　劣蹶

例（03 042 23）：从小儿就爱马，老爷也常教他骑，就是<u>劣蹶</u>些儿的马也骑得住

注－劣蹶（liè jue）：此处是指牲口性子暴烈，不听使唤。"蹶"指骡马等牲口腾空后踢，俗称尥蹶子。按：此词元曲中屡见，尚有"劣缺"、"劣角"等写法，是为乖戾、狠毒、顽劣等义，见《元曲语汇 041》条。

lin

177　抡

例（32 624 04）：乐得把那大把掌一<u>抡</u>，拍得桌子上的碟儿碗儿山响

注－抡（līn）："抡"字变读，是京腔中较土的读法，多在下层人士中使用。

178　论法

例（16 267 14）：安老爷道："那我们又不敢那样<u>论法</u>了。"

注－论法（lìn far）：原著此处指排辈分。也可泛指排比、排位置、排顺序。"论"字变读，"法"字轻声儿化。

ling

179　零星

例（05 082 15）：北面却又樋断一层，一个小门，似乎是个堆<u>零星</u>的地方

注－零星（líng xing）：琐碎、少量、小件（之物）。此处是从形容词转化来的名词。按：此处的"星"字京腔读轻声，但现在都按普通话读阴平，没多少人会说正宗北京话啦。

180 灵应

例（22 385 01）：那庙里都有个城隍爷，谁又见城隍爷有个什么大**灵应**来着

注－灵应（líng yɑn）：显灵、灵验。"应"字读音介于 yɑn、ying 之间，轻声。

liu

181 留了朋友

例（21 369 22）：只是饶了我那场戴花儿擦胭脂抹粉的羞耻，就算**留了朋友**咧

注－留了朋友（liú le péng you）：留了（脸面）给朋友。这种说法有江湖腔儿，是"春点"（江湖术语）在京语中的反映。

182 溜势的

例（18 310 04）：那件东西只摆脱不开；**溜势的**才拨转身来，那件东西却又随身转过去了

注－溜势的（liù sòur de）：京俗语，谓动作快捷、麻利、不拖泥带水。如不加"的"字，则读 liù sou，今写作"溜扫、利搜、溜索"。

183 六哇

例（39 836 12）：人家到了咱们山东这么几天儿，倒收了**六哇**门生了

注－六哇（liù o）：六个。这是京腔较土的读音，下层京人常用。这类对"几个"的读法如下：一个（yí e）、两个（liǎng e）、三个（sān e）、四个（sì è）、五个（wǔ o）、六个（liù o）、七个（qí e）、八个（bá e）、九个（jiǔ o）、十个（shí e）。由以上可以看出，"个"字均变读为 e 或 o。当数字之韵母为圆唇元音 u、iu（即五、六、九这三个数字）时，为了口型转换便利，则读同为圆唇元音的 o；其余均省略"个"字的声母，变读为 e。

184 碌碡

例（04 64 05）：靠南墙放着碾粮食一个大石头**碌碡**

注－碌碡（liù zhou）：农具，用以平场圃、碾禾麦。亦作"辘轴、六轴、磟轴、磟碡"。参见《元曲语汇 042》条。

lou

185 㧷

例（02 034 03）：都是偷工减料作的……吃是吃饱了，㧷是㧷够了

注－㧷（lōu）："搂"的假借字，将物拢聚在一起谓"搂"（lōu），引申为攫敛钱财、巧取豪夺意。另：京语中"搂"字还有收敛、抑制义，如：见怂（sóng）人搂不住火儿（见对方弱小，就忍不住想欺负人）；又还有"数量堪用"意，但多用于否定句中，如：这点儿东西不搂大伙儿一吃。

186 搂

例（28 532 10）：随有众仆妇给他拉着衣服搂着袖子

注－搂（lōu）：此处意指"帮助提起（袖子）"。

187 漏了兜

例（29 554 01）：只看何小姐这等一个精细人……一个忘神，也就漏了兜

注－漏了兜（lòu le dōu）：失口说出了本不想说的话。"兜"指口袋，

不是衣服兜儿。

188 露着

例（05 084 21）：怎么，露着你的鼻子儿尖、眼睛儿亮，瞧出来了

注－露着（lòu re）：此处为"显示、特意表现、炫耀"之意。"着"字读 re，是口型提示。

189 里

例（03 041 09）：咱们这西山里不是有座宝珠洞吗

注－里（lou）：此处之"里"字并非"里边"之意，而是指某一方位或某种形态。如：关外里那地方冷，这里的"里"字与"关外"并不矛盾，其意为"关外那地方"。更土点儿的京腔读音还可能将这里、那里说成 zhèi hè*r、nèi hè*r。此处之"里"字与149条之"面"字、w03条之"边"字义相似，但应用未若其广。

lu

190 炉食饽饽

例（21 361 24）：甚至有一蒲包子炉食饽饽，十来个鸡蛋

注－炉食饽饽（lú shí bō bo）：一种面食点心，也称"炉食供"。原为宫中内饽饽房（专供皇室早晚膳食和祭祀等法事使用的各种点心）所制，为宫中祭祀、唪经时上供用；后民间仿此制作，也仿着叫斛食饽饽；再后来京城有一种叫缸炉（gāng lou）的廉价糙点心应系其余绪。旧时丧礼，接三放焰口时，要在面然鬼王像前供炉食饽饽（参阅《卷二·yx07》条）。

l 91　路数

例（02 023 21）：我一个人带上几个家人，轻骑减从的先去看看**路数**

注－路数（lù shu）：京俗语，此处指形势、情况。

l 92　路数

例（02 033 01）：就是那二十四厅，也各有各的**路数**，各有各的巧妙

注－路数（lù shu）：京俗语，此处指门路、办法、招数。

lü

l 93　扐

例（18 299 09）：人避他还怕避不及，谁肯无端的**扐**这虎须

注－扐（lǚ）：此处"扐"为"捋"的假借字，意谓"顺着某一方向推抚"。

lun

l 94　抡荤的

例（38 794 15）：当着人家识文断字的人儿呢，别**抡荤的**

注－抡荤的（lūn hūn de）：此处指说粗卑下流话。另：一言不和老拳相向也叫抡荤的，或玩儿荤的、玩儿混的。

l 95　抡圆里

例（25 449 23）：安老爷见这位大媒……就**抡圆里**碰了这等一个大钉子

注－抡圆里（lūn yuán lou）：使足了劲儿、重重的（如何）。引申为做某事未留余地之意。更土点儿读为līn；"里"字实应为"了"，读lou，轻声。

1 96 论儿

例（14 217 15）：还说将来再说个属马的姑爷，就合个甚么**论儿**了，还要作一品夫人呢

注－论儿（luè*r）：此处指事物的某种必然趋势、规律，及因此而得出的相应定论、定评，京语称之为论儿或讲儿（均需儿化）。有"老妈妈论儿（读为 liè*r）"的说法，是指无知妇人的见识，含贬义。本条之"合（某某）论儿"之说，现多说为"在论"，"论"字读本音不儿化。

luo

1 97 撸

例（25 451 09）：姑娘一壁厢说着，一壁厢便把袖子高高的**撸**起

注－撸（luō）：此处意为"以手握住（条状物）向一头滑动"。此义今作"捋"，"撸"字今无此意，且只读 lǔ 音。

1 98 撸汗

例（29 556 12）：没了招儿，**撸**了汗了……造了这一片漫天的谎话

注－撸汗（luō hàn）：大汗淋漓，拿手一抹一把，都能向地下甩水了。京俗语，词语活泼，远较"擦汗"生动。此处"撸"字读 luō，也有人读 lū。

1 99 罗汉椅子

例（28 518 07）：早见公公、婆婆在中堂安了两张**罗汉椅子**，端端正正坐在那里

注－罗汉椅子（luó hàn yǐ zi）：一种中式家具，形制为较宽、深的椅子，背部和两侧有板状的靠背和扶手，可以盘腿打坐，亦称"禅椅"。

1 100 摞

例（18 305 05）：他却搬张桌子，又**摞**张椅子

注－摞（luò）：此处为动词，谓"将物体叠置"。详见《附录壹－24》。

1 101 摞

例（37 745 11）：那只手还掐着一**摞**茶碗茶盘儿进来

注－摞（luò）：将若干物品叠置

称摞（动词），此处转化为量词，指摞在一起的某种物品。郊区有的地方读阳平。

l 102 落后

例（32 615 21）：**落后**从下场门儿里钻出个歪不楞大脑袋小旦来

注 - 落后（luò hòur）：后来、然后。"后"字儿化。此说法今似已无存。

M 部

ma

m 01 抹骨牌、抢状元筹

例（24 426 22）：哄他**抹骨牌、抢状元筹**

注 - 抹骨牌、抢状元筹（mā gǔ pái、qiǎng zhuàng yuán chóu）：这儿样均系旧京常见的博弈类游戏。今除骨牌外，其他不存。

m 02 麻犯

例（30 574 19）：你这个令收起来罢，把我**麻犯**的一身鸡皮疙瘩了

注 - 麻犯（má fen）：使人肉麻、生厌。今无此说法。"犯"字变读。

m 03 麻了花儿了

例（04 059 17）：套着双青缎子套裤，磕膝盖那里都**麻了花儿了**

注 - 麻了花儿了（má le huār le）：京人说布料陈旧，磨损严重，显得很稀疏，甚至有点儿半透明了的样子叫"麻花儿了"；这里说成"麻了花儿了"是将"麻花"一词拆开，中间缀以界定时态的副词"了"字，表示形容词（麻花）状态的延续性。是京语常用的构句方式。这类说法，可能是动词受阿尔泰语影响的体现。

m 04 吗儿……吗儿

例（33 660 07）：人要种个**吗儿**菜，地就会长个**吗儿**菜

注 - 吗儿……吗儿（már…mar）：前后语调有别，是在一种自问自答的语境中产生的细微差别。这是下层京人有点儿怯味儿的语音。

m 05 码

例（30 581 16）：何小姐这段交代，照市井上外话说，这就叫"把

朋友**码**在那儿"了

注－码（mǎ）：京俗语，谓"以行为或语言将对方置于左右为难的境地，迫使其做出抉择"这种做法为"码"。

m06 马子

例（09 139 21）：请问一个和尚庙，可那里给你找**马子**去

注－马子（mǎ ze）：旧时称坐便器为马子或马桶（当然不同于现今之抽水马桶），若雅驯则称恭桶。南方为木制，北方有陶瓷制的。另：此词如今在某些青年中指女朋友，含猥琐之意，系自港澳经粤语地区传来。

mai

m07 买了来

例（32 610 13）：连灰带麻刀，一就手儿给**买了来**

注－买了来（mái liǎo lái）："买"字阳平；此处强调"了"字（"买"的完成时态），所以"了"字要加重读本音。

m08 买卖儿

例（32 617 23）：后来三个改过，作了好人，趁个小**买卖儿**

注－买卖儿（mǎi me*r）：京人谓商业实体为买卖，"卖"字轻声不儿化，但因这里是小买卖（参阅《附一 关于京语轻声、变读及儿化音之说明》），为强调其小，故轻声儿化，读为 me*r。

m09 卖盆的自寻的

例（22 399 15）：按俗语说，便叫作"**卖盆的自寻的**"

注－卖盆的自寻的（mài pér de zì xín de）：无故生事，自找麻烦。此系当时流行俗语，今难以确认其出典。可参阅原著之注释，限于篇幅从略。

m10 慢慢儿的

例（07 106 18）：这个夹道子还带是漆黑，也得一步儿一步儿的**慢慢儿的**上啊

注－慢慢儿的（mài mār de）：京腔读音，前"慢"字变读，后"慢"字阴平儿化。

m11 卖嚷儿

例（10 156 06）：急得个张姑娘

没法儿，只好卖嚷儿了，他便望空说道

注－卖嚷儿（mài rā~r）：到处去说自己的那一套，词含轻微贬义。原著此处是指故意大声说话，以引起他人注意。另有"卖山音儿、念秧儿"二词与此义近。"嚷"字阴平儿化。

man

m12　满道四处

例（01 018 03）：但是这个年纪，还靴桶儿里掖着一把子稿，<u>满道四处</u>去找堂官，也就露着无趣

注－满道四处（mǎn shì jin）：到处、各处。"满道四处"是书面写法，音要按这里所标注的来读。后来写法向读音靠拢，写成满世界、满世间或满市街。京语说得越快就越含糊，所以快说时jin→in，最后会趋向于i，仅是口型提示；但当说得较慢时，则说成 mǎn shì jian。

m13　满到是处

例（37 751 04）：敢则这是姑老爷天天儿叫得震心的他那位程大哥呀！这还用<u>满到是处</u>找着瞧海里奔去吗

注－满倒是处（mǎn shì jin）：音义均同上条，唯写法相异。在原著中，本条与上一条中间隔了36回，作者写到后边忘了前边怎么写的了，以致同词异写。此类情况在原著中比比皆是，这也说明方言无定字。

m14　满服快了

例（24 431 13）：又提到姑娘<u>满服快了</u>，得给他张罗衣饰

注－满服快了（mǎn fú kuài le）：服指服丧，死者家属为哀悼死者而改变服饰、发型，并要遵守相应的礼仪程序。服丧有一定期限，到期即为满服。此句"满服快了"是"快满服了"的补语句式，京语中常有这种句式。参阅《满蒙语汇壹－35》。

m15　满话

例（33 639 16）：安老爷冷笑道："他有多大的学力福命，敢说这等狂妄的<u>满话</u>！"

注－满话（mǎn huà）：不留余地的大话。今仍有此说。

m16　满满的

例（16　267　20）：一个小小子儿给他捧过一个小缸盆大的霁蓝海碗来，盛着<u>满满</u>的一碗老米饭

注－满满的（mǎn mār de）：京腔读音。

m17　满破着

例（03　049　11）：原说<u>满破着</u>不用他们，我一个人也服侍你去了

注－满破着（mǎn pè r）：至不济（也要如何），指在最不利的情况下豁出去了。此词今少见有用者。句中"破"字读为 pè 音，是京语受幽燕语影响的痕迹；"着"字读 r，是口型提示。另：本条中"一个人"读 yì rě*r，"去了"读 qù liǎo（"去"的完成时态，以之强调完成此事的把握性），均为京腔口语读音。

m18　满算着

例（26　478　05）：<u>满算着</u>我教你们装了去了罢，我也是个带气儿的活人

注－满算着（mǎn suàn zhe）："满打满算"之略语，此处意为"就算是、即或如此"。

mang

m19　忙叨叨

例（40　878　06）：我有些东西要给你，现在<u>忙叨叨</u>的，等有了起身的日子再说罢

注－忙叨叨（máng dāo dāo）：忙乱、匆忙。也作"忙忙叨叨"。

mao

m20　猫闹

例（18　299　22）：就让你这时候一刀把他杀了，这件事难道就算明白了不成？<u>猫闹</u>么

注－猫闹（māor nào）：此词可能是从"闹猫"转化而来（京语谓猫在发情期嘶叫求偶为闹猫），是说人倔强执着，坚持荒谬观点；且油盐不进，别人怎么劝说都不行，以致惹人生厌。另：京土语有"猫儿腻"一词，意指"隐私、不愿（不可）告人之事"。有说是出于波斯语 ma'ni（意谓"含义"）或阿拉伯语者，详可参见弥松颐先生所著《京味儿夜话》一书相关条款。"猫"字儿化。

m21　猫闹

例（19　330　12）：好妹子！好姑奶奶！你可不许<u>猫闹</u>了

注－猫闹（māor nào）：谓任性胡闹。这可能是彼时之习用语。北京大学出版社《北京话词语》（增订本）一书引此条时写作"猫儿闹"，释为"耍小脾气、顽皮；胡打乱闹的人"。不知依据的是何版本，又为何将形容词的"猫闹"释为名词。"猫"字儿化。

m22　猫溺

例（38　792　14）：老爷子，你老别计较他，他喝两盅子<u>猫溺</u>就是这么着

注－猫溺（māor niào）：酒的贬称。"猫"字儿化，"溺"通尿。

m23　冒冒的

例（32　619　06）：老弟，你瞧愚兄啊，闰年闰月，<u>冒冒的</u>九十岁的人了

注－冒冒的（máo máor de）："冒"也作"卯"，"接近、差不多"意。前一"冒"字阳平，后一"冒"字上声儿化。按：北京大学出版社的《北京话词语》（增订本）注为"足足的"，恐有误，因按原著内容，邓九公此时是88岁。

m24　卯笋儿

例（33　652　07）：又怕将来作书的燕北闲人写到这里逗不上这个<u>卯笋儿</u>

注－卯笋儿（máo suě*r）：现作"卯榫"，木器结构连接处。此处引申为事情的前因后果，来龙去脉。"卯"字阳平。

m25　毛腰

例（06　088　14）：<u>毛着腰</u>把那铜旋子放在地下，好去搀他师傅

注－毛腰（máo yāor）：京俗语，俯身弯腰，也作"猫腰"。

m26　毛蛋蛋子

例（31　604　11）：就你们这么一起子<u>毛蛋蛋子</u>，不说夹着你娘的脑袋滚的远远儿的

注－毛蛋蛋子（máor dàn d ze）：毛头小子，含粗口，有轻蔑意。后一"蛋"字读 d，是口型提示；

"子"字也可儿化。

mei

m27　嬷嬷爹嬷嬷妈

例（36　723　24）：但是<u>嬷嬷爹嬷嬷妈</u>怎么重也重不过老爷太太去

注－嬷嬷爹嬷嬷妈（mēi m à m mēi m mā）：指乳母之夫及乳母。此处所注的音，是按旧时京籍旗人满汉合璧的口语读音。详见《附录壹－25》。

m28　没把

例（22　394　18）：一个玉格要上淮安，就<u>没把</u>我急坏了

注－没把（méi bǎi）：作为一种修辞方式，京语常有时所言的实际义与字面义相悖，如本条"没把我急坏了"其实是"把我急坏了"之意。此处"把"字为介词，其宾语是后面及物动词"急"的受事者"我"；而"没"字只是对"把"字的一种在京语中约定俗成的渲染方式。这是京语常用表述法。"把"字变读，举凡京语中作为介词的"把"字一般多变读为 bǎi。

m29　没对儿

例（27　509　19）：不想闯了个<u>没对儿</u>的姑娘……唬了个两手冰凉

注－没对儿（méi duè*r）：无与伦比，无人可敌。今少有此说法。参见《满蒙语汇壹－36》。

m30　没落儿

例（28　526　03）：姑娘倒转过脸来合他笑笑。公子一看，这<u>没落儿</u>呀

注－没落儿（méi làor）：没着落、无效；此处还有"落个没趣"意。此句应参阅原著，可进一步领会词义。

m31　没溜儿

例（27　502　24）：要按俗语说，这就叫作"<u>没溜儿</u>"

注－没溜儿（méi liùr）：不靠谱，没正经，不合常规。此词今仍流行。

m32　没事一大堆

例（30　569　22）：说的那会儿好，笑嘻嘻的答应着，过两天，还是

没事一大堆

注－没事一大堆（méi shè*r yí d zuī）：即没事之意，"一大堆"无实意，是词尾后缀，起加强语气的作用。"事"字儿化；"大"字读 d，是口型提示；"堆"字变读。此词今已少有见用。另：京语有"归里包堆"一词（意为总共、总计），读 guī le bāo zuī，"堆"字读音同此条。

m33　没有的话

例（38 801 05）：跑堂儿的一愣，说："看不着？<u>没有的话</u>！这店里有好几位都瞧了回来了……"

注－没有的话（méi yǒu de huà）：否定用语，表示对对方的话不相信，或因意外而质疑。今仍常用此说。

men

m34　闷

例（32 612 09）：我越想越不耐烦，还加着越想越糊涂，没法儿，回来<u>闷</u>了会子，倒头就睡了

注－闷（mēn）：闷闷不乐，百无聊赖。此处"闷"字不可读去声。

m35　闷沌沌

例（27 501 24）：共总这女孩儿出嫁是怎么桩事，我还<u>闷沌沌</u>呢

注－闷沌沌（mēn dūn duē*r）：糊里糊涂，全不知晓。此词今少见用。

m36　扪着

例（24 441 05）：公子这个当儿正在东厢房里<u>扪着</u>呢，听得父亲叫，他连忙上来

注－扪着（mē*r zhe）：原指躲在暗处不露面，引申为沉默不语，或指在不显眼处小憩（如本条即是），乃至抓空睡一小会儿都叫扪着。另：独占某物（尤指吃独食儿）也叫"独扪儿"。上述各种场合中"扪"字均须儿化。

m37　门（等）

例（24 434 17）：姑娘在<u>车里</u>①借着灯光看<u>那座门</u>②时，原来是座极宽大的<u>车门</u>③，那车一直拉<u>进门</u>④去，<u>门里两旁</u>⑤也有<u>几家人家</u>⑥，<u>家家</u>⑦窗户里都透着灯光，却是<u>各各</u>⑧的闭着<u>门户</u>⑨

注:此条因涉多词,故并项注释

①车里(chē li):更土点儿的"里"字儿化读 liě*r。

②那座门(nèi zuò mén):"那"字的读音详见 n30 条。"门"字不儿化。

③车门(chē mén):"门"字不儿化。

④门(mén):"门"字也可儿化。

⑤门里两旁(mén liě*r liǎng be*r):"门"字也可儿化,"里"字儿化,"旁"字变读,儿化。这里是按较土的腔调注音。

⑥几家人家(jǐ i a r rén jiār):前一"家"字在这里变读,声轻而含混(未按汉语拼音正式的拼写法),后一"家"字儿化。京腔口语音。

⑦家家(jiā jiār):后一"家"字儿化。

⑧各各(gè gèr):若更土点儿,前一"各"字读阳平。

⑨门户(mén hu):说得较快时,"户"字变读为 ho。

从上述可归纳出京语中"门"字儿化与否原则如下:

a. 不加儿化:用于正式或较大的门,如城门、宫门等。自家的院门,因较屋门为大,可叫大门(dà mén);但较城门、宫门为小,也不正式,故也可加以儿化,称大门儿(dà mé*r)。同理,即或宫中也有小门儿;甚至北京城原有的十六座城门(内九外七),其中也有两座(东便门、西便门)因其规制较小,且中间有一"便"字,故均儿化,称为东便门儿、西便门儿。这两座城门说时若不儿化,那大概不是北京人;但其他十四座城门你说时若儿化就肯定不是北京人。

b. 加儿化:用于小门、便门。家中的门一般都可以说成"门儿",家具(如柜子)的门一般儿化读"门儿"。关于地名中"门"字的读音问题,详见《附录壹-26》。

m38 门插管儿

例(11 166 14):大家一顿连推带踹,把个门插管儿弄折了,门才得开

注-门插管儿(mén chā guar):门闩。("管"也作"筦",在这里本义是钥匙。)现多写作"门插关

儿"。两个写法都有道理。

m39　门里出身

例（36　726　03）：何况他还是个**门里出身**的真实艺业

注 - 门里出身（mén li chū shēn）：京语惯用说法，指"（掌握某种技艺的）世家出身、有家传的（某种业艺）"。此处"里"字在口语中有人读 lou。

m40　闷葫芦

例（25　461　12）：怎的又合他皮松肉紧的谈了会子道学，又指东说西的打了会子**闷葫芦**呢

注 - 闷葫芦（mèn hú lu）：犹言哑谜，比喻秘密或难解之题。元曲中常见此说法，见《元曲语汇043》条。又指一种存放硬币的储蓄罐，陶制，口小，硬币放入后即无法取出，不打破不能取出内部之钱，也叫"扑满"。参见《满蒙语汇壹-37》。

mi

m41　眯瞝

例（19　320　23）：你也这么帮着劝劝。怎么袖手旁观的又**眯瞝**眯瞝的笑起来了呢

注 - 眯瞝（mī xī）：京俗语，本义为不分明、模糊难辨貌；本例句中是指眼睛眯成一条缝儿的样子。元曲中也有此说法，参见《元曲语汇044》条。

mian

m42　棉袄改被窝——两头苦不过来

例（31　592　02）：正应了句外话，叫作"**棉袄改被窝——两头苦不过来**"了

注 - 棉袄改被窝——两头苦不过来（mián áo gǎi bèi wōr — liǎng toúr shàn bú guò lái）：京人常用歇后语，意谓不能兼顾。"窝、头"二字儿化，"不"字阳平。

m43　面子

例（22　389　12）：就这**面子**上看，我自己且先没得解说的，又焉知他家不是这等想我呢

注 - 面子（miàn zi）：原著此处为表面、外表之意，现多说成"面儿上"；而加重读音的"面子"（miàn ze）是指精神上有优越感，且得到社会承认的状况。国人多

有此癖,不独京人。面子之"子"字不同的音重表示不同的意思。

ming

m44　明镜儿似的

例(23　405　22):这桩套头裹脑的事……大约除了安老爷合燕北闲人两个心里**明镜儿似的**,此外就得让说书的还知道个影子了

注－明镜儿似的(míng jièr shi de):极其明白,了解透彻。多用在"心里"二字之后,为京语常用俗谚。

mo

m45　摸头把儿

例(12　190　05):安太太不会行汉礼,只得手**摸头把儿**,以旗礼答之

注－摸头把儿(mō tóu ber):旗人女子礼节,正式名为抚鬓礼,是同辈间相见时的请安礼。详见《满蒙语汇壹－38》。"把"字变读,儿化轻声。

m46　磨兑

例(39　830　22):公西小端见冉望华把场是非**磨兑**到他身上来了

注－磨兑(mó dui):原意为协商、探讨,多用于指做生意时讨价还价。此处引申义指转移目标,将事态矛盾转向他人。此词今未见有用者。

m47　魔它子

例(27　502　11):等我合他们**魔它子**,磨到那儿是那儿

注－魔它子(mó tuó zi):也有"磨砣、磨佗、摩酡"等写法。此处指纠缠不休、磨磨蹭蹭、拖延时间(此为形容词转化来的动词);这种肉性子的人也被称为魔它子(此为形容词转化来的名词)。笔者记得幼时(六十多年前)常被我姥姥(正宗京籍旗人)斥为"魔它子"。"它"字变读。另见《附录壹－27》、《元曲语汇045》。

m48　磨不开

例(27　504　20):姑娘见了他干娘,脸上却是一阵大大的**磨不开**

注－磨不开(mò bu kāi):也作"抹不开",指事态进展使自己处于窘境,因而感到难为情。也可说"心里磨不开",是指对某事纠

结，想不通。

m49　抹头

例（04　054　24）：那长行骡子是走惯了的，便一<u>抹头</u>一个跟一个的走进店来

注－抹头（mò tóu）：转弯掉向均可称抹头。也作"磨头"。"头"字也可儿化。按：以上两条"磨、抹"二字均应为"陌"，"转、折回"之义。见《释名·释道第六》："鹿兔之道曰亢行，不由正亢陌山谷草野而过也。""抹"（或"磨"）是为俗写。

m50　末尾儿

例（15　249　18）：谁想他单单把我搁在<u>末尾儿</u>一名，叫我坐红椅子

注－末尾儿（mò yě*r）：京中下层人士有此种说法。京语中"尾"字多读为yǐ，且当其处于句末或词尾时（如本例句中）一般都儿化。参阅《满蒙语汇壹－39》。

N部

na

n01　拿

例（02　028　23）：这分明看我是个佐杂出身，他自己又是两榜，轻慢我的意思。——倒得先<u>拿</u>他一拿

注－拿（ná）：此处意指要挟、刁难、整治。

n02　拿手

例（23　404　15）：安老爷看了，倒也暗中放心，觉得这段姻缘象有一两分<u>拿手</u>

注－拿手（ná shou）：此处为名词，成算、把握之意。

n03　拿手

例（35　709　04）：这一套仪注，要算他个<u>拿手</u>

注－拿手（ná shour）：此处为形容词，擅长、娴熟之意。"手"字儿化轻声。

n04　拿糖作醋

例（37　767　08）：太太合公子道：

"我们也干了,也值得你那么**拿糖作醋**的!"

注 - 拿糖作醋(ná táng zuo cu):原意为"用糖来做醋",显系多余悖谬。现演变为简说"拿糖"(多写为"拿搪"),指当有求于人时,被求者装腔作势,故意刁难。"作醋"二字轻声。

n05 那里这么巧事呢

例(24 434 04):家里没个正经人儿,我倒得走一荡。只是偏碰在今日,**那里这么巧事呢**

注 - 那里这么巧事呢(nǎr zhèn m qiǎo shè*r n):"那"字儿化;"里"字不发声;"这"字读 zhèn;"么、呢"二字读 m、n,是口型提示。按:此处之"那里"今作"哪里"。"哪"字作为疑问代词,是二十世纪二十年代才确定的,此前"哪"字与今之语气词"呢"等同。

n06 那儿那么

例(38 786 24):师爷信他们那些谣言,**那儿那么**件事呢

注 - 那儿那么(nǎr nèn m):前一"那"字现作"哪",但原著成

书时代"哪"字尚未作为疑问代词使用;后一"那"字变读;"么"字读 m,是口型提示。

n07 那儿呀(等)

例(38 791 19):只听他嘴里嘈嘈道:"**那儿呀**!①**才刚**②不是我们大伙儿**打**③娘娘殿里出来吗?瞧见你一个人儿仰着个**颏儿**④**尽着瞅**⑤着那碑上头,我只打量那上头有个甚么**希希罕儿**⑥呢,也仰着个颏儿,**一头儿**往上瞧,**一头儿**⑦往前走,谁知脚底下**横不楞子**⑧爬着条**浪狗**⑨,叫我一脚就**造**⑩了他爪子上了。要不亏我躲的**溜扫**⑪,一把抓住你,不是叫他敬我一**乖乖**⑫,准是我自己闹个**嘴吃屎**⑬,**你还说呢**⑭!"

注①⑭ 那儿呀……你还说呢(nǎr e……nǐ ai shuō ne):这是整段话的首尾两句,首句先否定对方,中间部分说明情况、陈述论点,末句(你还说呢)是反过来指责对方,意谓"我还没说什么,你倒指责我了"。这种句式在京人下层尤其是下层妇女中很常

用，常有点儿没理搅三分的意思。"呀"字读 e，"还"字因快读致声母 h 消失，读 ai，轻声。

② 才刚（cái gāng）：见 j17、j18 条。

③ 打（dǎ）：从（何而来）。也说从打、打从，义同。

④ 颏儿（kér）：下巴。也说下巴颏儿。"仰着颏儿"即抬着头。

⑤ 尽着 瞅（jǐn zhe chǒu）："尽着"参阅 j47 条；京人土语谓看为"瞅"。

⑥ 希希罕儿（xīn xin hār）：稀奇少见之物。"希"字变读。

⑦ 一头儿……一头儿（yì tóur……yì tóur）：现多作"一边儿……一边儿"。参阅 y43 条。

⑧ 横不楞子（héng b lēng zi）：横着、横置，"不"字读 b 的本音。"不楞子"为无实意的尾缀，起加强语气的作用，此处隐含了对挡道的不快感。

⑨ 浪狗（làng gǒu）：京人下层粗口常用"浪"字。

⑩ 造（zào）：踩踏。今少有此用法。

⑪ 溜扫（liù sou）：快捷、麻利、利索。参阅 182 条。

⑫ 乖乖（guāi gui）：嘴。但此说法多用于接吻时。此处之"敬一乖乖"谓被狗咬一口，系调侃说法。

⑬ 嘴吃屎（zuǐ chī shǐ）：扑面倒地。现一般说"大马趴"，也叫"狗吃屎"。

n08 纳闷儿

例（09 139 17）：十三妹<u>纳</u>了半天的<u>闷</u>儿，忽然明白了

注 - 纳闷儿（nà me*r）：京俗语。对某事觉得奇怪，心中百思不得其解。

nai

n09 那门子

例（27 506 04）：这还吃的是<u>那门子</u>长斋呢

注 - 那门子（nǎi mén ze）：什么（名目、理由）。但实际上这不是问询句而是否定句。此处之"那"字现作"哪"，但原著中一概作"那"，因那时"哪"字仅是语气词，尚未作疑问代词用。语气较轻时"那"字也可能读为 něi。

n10 奶膀子

例（39 820 03）：俩孩子吃着他还不住手儿的揉**奶膀子**，嚷"怪涨的慌的"呢

注－奶膀子（nǎi pang zi）：谓哺乳期妇女的乳房，非哺乳期则称膀子或膀。"膀"字本应为"胮"（pāng），肥大、肿胀之意。盖因"胮"字古僻，故一般俗写作"膀"。此处"膀"字轻声。另：旧时有吊膀（或吊膀子，此时"膀"字习读为 bàng）一说，谓勾引妇女。

n11 奶奶

例（14 217 24）：这公婆自然就同父母一样，你见谁提起爸爸、**奶奶**来也害羞来着

注－奶奶（nǎi nai）：旗人称母亲为奶奶。参见《满蒙语汇壹－40》。

n12 耐着烦儿

例（07 114 11）：谁知大师傅那么**耐着烦儿**俯给他，他还不愿意

注－耐着烦儿（nài zhe fǎr）：努力忍耐着，是"勉强压着火儿"之意。另有"耐心烦儿"一词，则单纯是指耐心了，与此有别。

n13 耐着烦儿

例（39 822 09）：这够愚兄喝儿年的了。喝完了，要还**耐着烦儿**活着，再合你要去

注－耐着烦儿（nài zhe fǎr）：俗谚云："老而不死是为贼。"但既然还不死就得忍着烦恼（再活下去）。此为邓九公自我调侃语。"烦儿"也有人读阴平儿化。

nan

n14 难道……来着不成

例（25 457 19）：**难道**他从那时候就算计我**来着不成**

注－难道……来着不成（nán dào…lái zhe be chéng）：京语常用设问句。但通常用于描述一种自问自答的心理状态，实际作用最后往往变成了否定句。"不成"二字有强调语气的作用，也可以省掉。"不"字读 be。

nao

n15 闹

例（34 678 06）：我们东口儿外

头新开了个羊肉馆儿,好齐整馅儿饼……<u>闹</u>一壶罢

注－闹(nào):"闹"字在京语中用途广大,如:闹事儿(捣乱滋事)、闹酒(借酒撒疯)、闹心(事情搅得人心烦意乱)、闹觉(小孩子困了哭闹犯浑)、闹兵(战时平民的感受)、闹天儿(雷鸣电闪、雨雪风雹)、闹病(生病)、闹穷(因贫苦而烦恼失态)、闹猫(猫发情求偶日夜嚎叫)等等。"闹"字用以展示、描述、形容、界定乃至调侃其后之名词。本条之"闹一壶"就是喝点儿酒,此时的"闹"字也有人读为 nòu。

n16 闹

例(15 240 16):便向褚一官道:"既这样,不用<u>闹</u>茶了。……"

注－闹:此处可以有两种读音、两种解释:

①读 nào,这是酒徒在揶揄喝茶,可参阅上一条的解释。

②读 nòu,即"弄"之假借字。也可读其本音 nòng,但京人口语多读 nòu。原著此处仍是酒徒揶揄喝茶时的口吻,谓"不用费劲儿去弄什么茶了"(原著列出雨前茶、蔓生壶、御制诗盖碗等高档茶叶、茶具)。

n17 闹得慌

例(15 241 15):邓九公道:"他这里<u>闹得慌</u>,咱们到我那小屋儿里坐去"

注－闹得慌(nào de heng):此处指纷乱不安静。以"得慌"作后缀组词在京语中很常见。如:闷、急、吵、烦、乱等负面意义的形容词或动词均可与"得慌"组词。此种说法一般不用于褒义词。"得慌"二字无实意,只起加强语气之作用。"慌"字读 heng,轻声。

n18 闹闹吵吵

例(06 097 10):只听得外面果然<u>闹闹吵吵</u>的一轰进来一群四五个七长八短的和尚

注－闹闹吵吵(nào nou chāo chāo):后一"闹"字变读,"吵"字阴平。

nei

n19 那天

例(21 364 07):我等他<u>那天</u>有

了婆家，齐家得过了，我才开这斋呢

注－那天（něi tiān）：此处之"那"字现作"哪"，读音介于 něi、nǎi 之间。此二字至二十世纪二十年代才明确分离，分别为疑问代词和指示代词。另：本例中"齐家得过"之"齐家"一词，语出《大学》："欲治其国者先齐其家。"原著中此语为张太太所言，不知彼时《四书》真普及至农妇否？

n20　那一头

例（11　171　23）：你叫他从<u>那一头</u>羞、从那一头劳起

注－那一头（něi i tóur）：此处之"那"字今作"哪"（参阅上条）；"一"字速读时会略过，因其前之"那"字的韵母 ei 之副元音 i 融会入其后的"一"（yi）字，使得"那"（nèi）字的韵母略显得拉长了些，注音的方式也有变通。"那"字读音介于 něi、nǎi 之间；"头"字儿化。

n21　那个

例（03　043　02）：程师爷道："正是，不要过于<u>那个</u>，畅一畅罢。"

注－那个（nèi ge）：对所议之事，当双方心照不宣时，京人常不明指某物，而代之以"那个"。这有时是为简化，有时是避讳，有时是婉词，今仍常有此说法。说得快时"个"的字声母略去，读 e，轻声。

n22　那天

例（05　082　17）：这阵闹，<u>那天</u>就是上灯的时候儿了

注－那天（nèi tiān）：此处"天"指天色，即时间的早晚。作此种用法时，"天"字不应儿化，但也有人读儿化音。

n23　那天

例（05　082　19）：<u>那天</u>正是八月初旬天气，一轮皓月渐渐东升

注－那天：京语中此说法常见两意：① nèi tian，表示"（就在）那一天、（明确确定的）某日"，"天"字轻声。② nèi tiār，表示"那时的气候、气象"，"天"字阴平。

此处为②义。

n24　那一个

例（04　060　22）：<u>那一个</u>梳着一个大歪抓髻

注－那一个（nèi e）：说得快时，"一"字因连读略去，"个"字变读 e。

n25　那

例（32　612　18）：<u>那</u>①戏<u>那</u>②一出是怎么件事，或者还许有些知道的

注－①那（nèi）：指示代词，此处泛指戏剧。
②那（něi）：疑问代词，现作"哪"，此处读音介于 něi、nǎi 之间。按：83版此处误为"那戏儿一出是怎么件事"，此据齐鲁版改。

n26　内款器皿、内造精细糕点

例（32　618　08）：便把他素日爱的家做活计，<u>内款器皿</u>，以及<u>内造精细糕点</u>路菜之类，备办了些

注－内款器皿、内造精细糕点（nèi kuǎn qì min、nèi zào jīng xi gāo diǎn）："内"指内务府。详见《附录壹－28》。

nen

n27　嫩绰绰

例（39　819　15）：老弟，你这又<u>嫩绰绰</u>了，这有甚么的呢

注－嫩绰绰（nèn chao hao）：此处意指面嫩，不成熟。"绰绰"二字轻声，在此是"嫩"字的后缀，无实意。陈刚先生的《北京方言词典》中收有"嫩绰"一词，注为"嫩（不老）"。

n28　那们

例（30　574　08）：我们两个可不能说的象你<u>那们</u>风雅呀，只要押韵就是了

注－那们（nèn men）：即那么。此处"们"字系旧京的口语直音字，是强调语气时的说法。

n29　那么

例（36　735　03）：舅太太道："不是，不用唬，<u>那么</u>个样儿！……"

注－那么（nèn m）："么"字读 m，是口型提示。这是轻描淡写、快速说时的语调。注意与上一条的读音区别。

n30 那么着

例（04 065 02）：跑堂儿的道："我猜的不是，**那么着**，你老说啵。"

注－那么着（nèn m zhi）：这种说法是双方讨论问题，甲向乙提出建议，征询意见时用（土点儿的"那"字读 nàn）。"么"字读 m，是口型提示。

n31 那里

例（24 431 07）：恰好这日舅太太**那里**的活计也作得了

注－那里（nè*r l）：用于明确指谓某处时，"那"字读 nè*r，更土点儿的读 nàr。此处"里"字读 l，仅是对口型的提示。京郊人有时说"那搭儿"（nèi dɑr），义同。本书收录了"那"字的12种读音，详见《附录壹－29》。

ni

n32 你老

例（04 065 02）：跑堂的道："我猜的不是，那么着，**你老**说啵。"

注－你老（ní lǎo）：旧京中勤行（服务性行业）对男性顾客的统称，无关年龄。

n33 你起

例（09 141 06）：这乡村地方儿，可那里去找个真读书种子呢？就有，也不过是个平等乡愚，如何消受得妹子**你起**

注－你起（ní qǐ）：此句之主语为"乡愚"，谓语"如何消受得起"被拆分开来，除"起"字之外被置于宾语（妹子你）之前，而将"起"字置于宾语之后。从语法上看似很不规范，但语义明确，又精灵剔透，生动鲜活；真乃京语精华，却又语无定法。无深厚语言功底者无法掌控，堪赏而难摹也。

n34 你给我

例（27 508 17）：舅太太道："碎呀！**你给我**换上罢。"

注－你给我（ní guo）：京腔口语音，"给我"二字连读为 guo，轻声。

n35 腻抹

例（37 750 21）：脚下那双皂靴儿底上的泥，只管**腻抹**了个漆黑注－腻抹（nì m）："抹"字读 m，是口型提示。在京语中，"腻"字除了字典上已有的语义外，另有"在干净物体上涂抹膏状物（多指不洁之物）"之意，称为腻抹或简称腻。如婴儿遗便在床，且又滚了满身为打屎腻。另：不合时宜、长时间地待在某处也被称之为腻。如：整天腻在床上不起来；又说沉溺于酒为酒腻子；还有"起腻"一说，是指涎皮赖脸的一味纠缠（多指男对女）。

nian

n36　年兄

例（36　717　07）：他便一把拉住公子的手，说道："年兄……"

注－年兄（niá xiōng）：科举时代之称谓。"年"系同年之略，指一届科考应试者；兄为尊称。当然参加科考者多非同年，但为增进亲近感也往往互称同年。原著此处是业师称学生为年兄，则是指人说话，即以自己的子侄辈代言人的身份与对方拉近关系的称呼法。参阅t04及《附录壹-39》。

n37　年时个

例（22　385　07）：今年**年时个**，我们山里可就出了一只碜大的老虎

注－年时个（niár r ge）：年初的时候。京人下层有此类说法。原著这里说的是德州村妇，是否如此说？原著作者文康有个毛病，他把自己心目中的下层人士所说的话，不管山南海北多按京人下层的口音来写。"年"字儿化；"时"字读 r，是口型提示，其实也就是把"年"字的儿化音拉长些。

n38　念信儿

例（37　744　06）：金、玉姊妹两个都不曾赶上见过舅公的，便道："这准还是舅舅个**念信儿**呢。"

注－念信儿（niàn xia~r）：指故人遗物，或远隔天涯、永无相见之日的至亲好友之物品。也作"念想"。"信儿"的读音介于xia~r、xie*r之间，轻声。

niang

n39　娘儿们

例（12 186 05）：叫了声："妈妈儿，安家有客看你**娘儿们**来了。"

注－娘儿们（niár men）：是京人对女人的泛称。但若写为"娘们儿"，则应读为 niá me*r，是对女人很不敬的称谓，男人之间议论女人时，常有用此说法，但一般不会当面这样称呼女人。现在的人分辨不了这些细节，想怎么写就怎么写了。京人说"老娘们儿"含贬斥意（所说之女人未必很老）但若"们"字仅轻声而不儿化，则贬斥意较少，多是仅指此女较老罢；说"小娘们儿"含轻佻意；至于"大娘们儿"一词则指品行差、人尽可夫或是老鸨、暗娼一类的女人了（此词今罕闻，年青一代鲜有人知其义）。另：京人常说"娘儿俩"一词，是长辈女性与一个晚辈两个人的合称，此处"娘"字之读音也是 niár。

n40　娘儿们

例（25 456 19）：是个**娘儿们**，没说一辈子不出嫁的

注－娘儿们（niár men）：音义均同上条。原著此处是邓九公对十三妹所言，长辈对晚辈，更不可读成 niá me*r，那样意思就变了，有轻佻之意。

niao

n41　鸟枪换炮

例（36 723 04）：那个气好比烟袋换吹筒，吹筒换鸟枪，**鸟枪换炮**，越吹越壮了

注－鸟枪换炮（niǎo qiāng huàn pào）：常用京谚，意谓越来越好，蒸蒸日上。原著此处指说顺了嘴，收不住闸，胡吹海嗙了。另：句中"吹筒"一物，系一长管，用一大小恰与管孔相符之干硬泥丸置管内，以口猛吹，泥丸即冲出，有一定力道。京人好（hào）玩鸽子，别人家的鸽子有时落在自家房脊上，如果不局气（参阅 j57 条），就可能以吹筒将其击昏落地，据为己有。

nie

n42　孽障

例（08 123 12）：还真个的照方才那秃**孽障**说的，我是个"女筋头"呢

注 — 孽障（niè zhang）：佛教语，意指由于自己的罪孽所造成的修行障碍；但日常老百姓这么说则是咒骂语。

niu

n43　妞妞

例（28　534　15）：**妞妞**手儿拙，也不会作个好活计

注 — 妞妞（niū niu）：京人对家中女孩儿的昵称。妞妞多指小女孩儿，但长辈对自家大女孩也可能这样叫。参见《附录壹－30》及《满蒙语汇壹－41》。

n44　牛心

例（23　416　14）：太太道："老爷，看不得咱们那个孩子，可有这种**牛心**的地方儿。"

注 — 牛心（niú xin）：性情执拗。现多说"犯牛劲"，因牛性执拗也。京语中多有以牛来代表执拗的词汇，如"牛脖子、牛脾气、牛劲"等。

n45　扭

例（04　056　18）：公子**扭**他不过，只得拿了两吊钱给他

注 — 扭（niù）：此处指意见相反且争执不下。此处"扭"字现作"拗"。

nong

n46　弄上来了

例（24　427　20）：横竖这会子缝个缝儿……我也**弄上来了**

注 — 弄上来了（nòng sheng lái liǎo）：能胜任了、干的成了。"弄"字读音介于 nòng、nèng 之间；"上"字读 sheng，说得快时"上"字读 r，是口型提示。

nu

n47　奴才

例（14　224　20）：**奴才**① 华忠闪下**奴才**② 大爷，误了老爷的事

注 —① 奴才（nú cei）：此为华忠自称。按："奴才"一词，在清代含义较特殊。除一般意义（奴仆）外，这还是旗人内部的一种称谓。旗人是本旗旗主的奴才，而所有旗人均是皇帝的奴才。这甚或是一种荣耀，汉族官员没有资格自称奴才，对皇帝只能自称臣。满族虽早已君临天下，然而政治制度仍未完全脱离宗族范畴，旗主贝勒的贵族特权始终与政治制度

搅在一起，纠缠不清。但原著中华忠这类人是真正的奴仆，他们并非自由民，而是在旗人家中世代为奴者（参阅 w06 条）。

②奴才（nú cei）：此处之"奴才"是"大爷"的定语，即"奴才我（华忠）的大爷"；这是彼时旗人家的下人之定式说法。以上两处"才"字均读为 cei，轻声。其韵母由张大口型的 ai 变为张口度较小的 ei，有利于转换成其后字的预备口型，使得语调轻灵流畅。"轻灵流畅"为京语至高准则。

n48　奴才亲戚混巴高枝儿

例（32　625　17）：我也不怕人笑话我**奴才亲戚混巴高枝儿**，我今日可算认定了干娘咧

注－奴才亲戚混巴高枝儿（nú cei qīn qi hùn be gāo zhē*r）：此为当时俗语，谓地位低下者倚仗亲戚关系夤缘攀附。"才、戚、巴"三字轻声。

nü

n49　女孩儿

例（24　427　14）：你们两亲家，一个疼媳妇儿，一个疼**女孩儿**罢了

注－女孩儿（nǔ her）：此处指谓女儿，系京中习惯称谓。"孩"字变读，儿化轻声。

n50　女生外向

例（33　651　15）：安太太道："老爷理他呢！他自来是这么**女生外向**！"

注－女生外向（nǔ shēng wài xiang）：语出《白虎通》："女生外向，有从夫意。"经典入于日用语，这也仅限于安家这样的书香门第。此处意为拿自己当外人，是安太太与舅太太姑嫂间的"傲怄"。参阅 a05 条。

nuo

n51　搦

例（24　428　20）：手指头肚儿上些微使了点儿劲，就把个大针**搦**两截儿了

注－搦（nuò）：意谓拿住、握住，读 nuò。但其实这里是"捏"的假借字，应读为 niē；为查询方便列于 nuo 部。

O 部

ou

o 01　怄腻

例（37　763　13）：便笑道："你快说罢，不用文诌诌的尽着<u>怄腻</u>人了。"

注－怄腻（òu nie*r）：惹人厌烦（但尚不严重）。"腻"字儿化。今无此说法，与此义近者另有"腻歪"（nì wei）一词。"腻歪"还指人办事不力，拖沓延误；或无所事事，萎靡不振地虚度光阴。

P 部

pa

p 01　怕不带去了

例（09　135　13）：这三千金通共也不过二百来斤，<u>怕不带去了</u>

注－怕不带去了（pà bú dài qi liǎo）：还怕不（能）带去吗？这种以疑问式出现的"双重否定句"是京语常见句式，较之直接肯定更具表现力。"去"字变读、轻声，"了"字重读。

pai

p 02　排大侄儿

例（30　581　19）：被人家<u>排大侄儿</u>似的这等排了一场，一时脸上就有些大大的磨不开

注－排大侄儿（pái dà zhé*r）：意谓"呵斥晚辈"。"排"字见下条之"排揎"，"大侄儿"为京人常用语，泛指小辈儿。

p 03　排揎

例（05　072　08）：还没受过这等大马金刀儿的<u>排揎</u>呢

注－排揎（pái xuan）：原为制鞋用语，以楦子（塞在所制的鞋内使之成型的一种工具）来"排"（撑起、撑大）鞋，使之最终定型。引申为责备、教训、数落等意。今不闻此说。

pan

p 04　盘儿

例（26　467　23）：姑娘这么一听，他这话来的比自己还皮子，只得绷着个<u>盘儿</u>，说道："既如此，请教。"

注－盘儿（pár）：面庞。二十世纪六七十年代京中尚流行此词，

说女人漂亮叫"盘儿亮（靓）"。参阅《满蒙语汇壹－42》。

pang

p05 镑

例（21 372 22）：便是没人来问，因话提话，还要找着<u>镑</u>两句

注－镑（pǎng）："吹嘘、自夸，是"嗙"的假借字。

p06 镑张

例（16 269 10）：邓九公道："老弟，我说句外话，你莫要<u>镑张</u>了罢？"

注－镑张（pǎng zhang）：与上条义同，语气可能稍缓和些。

pao

p07 跑海走黑道儿

例（07 115 02）：除了二师傅，他是在外<u>跑海走黑道儿</u>的

注－跑海走黑道儿（páo hái zǒu hēi dàor）：居无定所，四处流窜，做不确定生意为"跑海"，这类人往往涉足非法；至于"走黑道"则专指盗、劫乃至杀人越货了。注意"跑海走"连续三个上声字连读的变调。

p08 渝

例（16 267 22）：把肉也倒在饭碗里，又<u>渝</u>了半碗白汤

注－渝（pào）："泡"的异体字。

另：京中有一俗谚"汤儿泡饭"，指敷衍、糊弄事；这样的事儿叫汤儿事儿。

pei

p09 陪送

例（25 459 07）：我伶仃一身，寄人篱下，没有寸丝片纸的<u>陪送</u>

注－陪送（péi song）：此处指嫁妆。

pi

p10 皮磕儿

例（26 471 19）：这是孟夫子当日合周霄打了一个"莺莺跳过粉皮墙"的反《西厢》<u>皮磕儿</u>

注－皮磕儿（pí kēr）：风趣之话语。"皮"谓不庄重、诙谐、调侃意；"磕儿"即话语，"磕"字实为"嗑"的假借字，即东北方言所说之唠嗑。原著的时代，京语中尚保留了较多的东北话成分，现已无此说法了。

p11　皮松肉紧

例（25　461　12）：怎的又合他**皮松肉紧**的谈了会子道学，又指东说西的打了会子闷葫芦呢

注－皮松肉紧（pí sōng ròu jǐn）：旧京俗语，用以形容人表里不一，尤多形容人假笑的样子。原著此处谓内心虽焦虑而表面故作镇静，说些无关痛痒的话。此词至近代，在京城下层人士中演化成一句下流隐语。如说别人"皮松肉紧的一笑"，固然是形容表里不一的假笑，但实际也是在骂人（鸡巴）。当然文笔清洁的原著作者无此意，或那时尚未演化出此义。

p12　皮子

例（25　455　24）：才在北京城住了几天儿，不是他从前那"丁是丁卯是卯"的行径，已经学会了**皮子了**

注－皮子（pī ze）：说话油滑狡辩、逞口舌之利。"子"字读 ze，是加重语气。

p13　皮赖歪派

例（26　486　05）：我看你才不过作了一年的新娘子，怎么就学得这样**皮赖歪派**

注－皮赖歪派（pǐ l wāi pāi）：是"痞赖歪怠"的京腔直音字，谓不正经、邪狎、恶劣等意。"赖"字读 l，是口型提示；"派"是"怠"的轻化音。按：《醒世姻缘传》一书第20回有"歪怠"一词，可见此词北方语系多有之，不独京语然。

pian

p14　偏了

例（29　563　01）：只见舅太太吃完了饭……见了张太太，站起来道："**偏了**我们了？……"

注－偏了（piān le）：也说"先偏了"，是已餐或即将进餐者对未与其共餐的来客所言之客套话，表示自己要先进餐了。一般是将第一人称作主语，说"我（我们）先偏了"。此处特意将"我们"二字置于谓语"偏了"之后作宾语，并不符合一般习惯说法，是爱开玩笑的舅太太之诙谐。读者须自

行咂摸个中韵味。

p15 片
例（28 536 03）：那磨刀石便叫作"刀砺"，伺候公婆吃饭磨刀**片**肉用的

注－片（piàn）：从大块肉上切下薄片京语谓之片。此为动词，若作名词用（薄片状物），则加儿化读 piàr。

p16 骗马
例（18 308 04）：拉了一匹划马，着个人拉着，都教那些小厮**骗马**作耍

注－骗马（piàn mǎ）：在马跑动中蹿上跳下，做各种杂耍动作。也作"片马"。《集韵》："骗，跃而乘马也，或书作骗。"此艺与布库（摔跤）、溜冰同为清代宫廷的娱乐欣赏项目之一。

另：骗马一词还有调哄、勾引妇女义，见《元曲语汇 046》条。

pie
p17 蹩䜸
例（26 483 05）：此时姑娘越听张金凤的话有理……却又一时不好改口。无奈何，倒合人家闹了个**蹩䜸**

注－蹩䜸（piē xie）：言不以正，说点子风凉话（京人谓之片儿汤话），乃至胡搅蛮缠。也作"撇斜"。"蹩"字阴平，"䜸"字轻声。很古远的说法，今无。

p18 撇酥
例（05 074 01）：只急得他满头是汗……乜的一声，**撇**了**酥**儿了

注－撇酥（piě sū）：咧嘴哭。连阔如所著《江湖丛谈》一书有云："江湖人管哭哭啼啼叫抛苏。""酥、苏"音同，其义一也。《东北方言词典》作"撇苏"，注为"哭（来自隐语）"。此说法今早已不闻。

pin
p19 贫
例（18 300 06）：邓九公道："喂，先生！你这也来得过逾**贫**了……"

注－贫（pín）：京俗语，意指话多而无价值，也叫耍贫嘴。

ping

p 20　平鼓洼氅

例（37　749　03）：置了一顶鸭蛋青八丝罗胎<u>平鼓洼氅</u>时样纬帽

注－平鼓洼氅（píng gu wà zha）：鼓：凸起；洼：中凹；氅：《玉篇·大部》："氅，下大也。"现演变为"（毛发）竖起"意，写作"乍"。这是形容这"时样纬帽"的陈旧变形。"鼓、氅"二字轻声，"洼"字即"凹"（wā）的异写，京人习读去声。

p 21　评话

例（18　302　10）：说起来，真个抵得一回<u>评话</u>

注－评话（píng huà）：即说书。但是否与现在的评书相同或具某种渊源，本人无考，不妄言。

po

p 22　泼脚

例（15　254　19）：这十三妹早上面一刀削断了周三的钢鞭，下面趁势就是一个<u>泼脚</u>，把周三踢得爬在地下

注－泼脚（pō jiu）：一种技击动作。有若干种腿法均可称为泼脚，总之是以腿脚快速横扫对方下盘使之倒地的动作。"脚"字读音介于 jiu、jiao 之间。"泼"字形容其快，旧小说中常用"泼风"一词形容快捷，乃至引申为锋利。如原著第五回："旋子边上搁着一把一尺来长泼风也似价的牛耳尖刀。"

pu

p 23　铺设贴落

例（32　631　22）：带了一班嬷嬷仆妇使婢，把<u>铺设贴落</u>收拾得都合自己屋里一样

注－铺设贴落（pū shi tiē lou）：室内之铺陈摆设，现已无此说法。"设、落"二字变读。

p 24　蒲包子

例（21　361　24）：甚至有一<u>蒲包子</u>炉食饽饽……也都来供献供献磕个头的

注－蒲包子（pú bāo zi）：也叫"蒲包儿"，系以蒲草（也叫香蒲，多年生草本植物）叶子干后编成之袋状物，旧时常以之作为食品包装袋。另：蒲草还可编成蒲席、铺垫、蒲扇、蒲团（圆形垫，多

为寺庙中用）等多种日用品，今均罕见矣。

Q 部
qi

q01　齐全人

例（28　530　12）：舅太太那时早已起来，急于要进房看干女儿，因等个<u>齐全人</u>踩过门，自己才好过去

注－齐全人（qí quan ré*r）：也叫"全可人儿"（或写作"全乎、全括、全和"，"可"字读音介于ke、huo之间），指公婆丈夫子女俱全之妇女。京俗认为这样的人在嫁娶活动中能带来吉利，非此类人不得于新婚次日首入洞房，否则于新人不利。舅太太寡居无后，不得首入。

q02　齐下虎牢关

例（25　459　23）：姑娘一看这光景，你一言我一语，是要"<u>齐下虎牢关</u>"的来派了

注－齐下虎牢关（qī xià hǔ láo guān）：小说《三国演义》中三英战吕布的故事，比喻多人一起来势汹汹地对某事发难。旧京惯用说法。

q03　起早

例（16　266　08）：就请你母亲合媳妇坐辆车儿……明日照<u>起早</u>上路的时候从店里动身

注－起早（qí zǎor）：此处为"先前、原来"之意，而不是指起得早。此说法现在某些老年京人口中尚有闻。"起"字阳平。

q04　齐整

例（14　219　06）：每人要了一斤半面的薄饼……还在那里让着老爷，说："你老也得一张罢？好<u>齐整</u>白面哪！"

注－齐整（qí zheng）：京俗语，有正经、纯粹、整齐、规范等义。此处是谓白面品质好。

q05　起

例（34　682　06）：<u>起</u>脚底下到北边儿，不差甚么一里多地呢

注－起（qǐ）：意指"从（何时）开始、从（某处）出发"，京人惯用说法。更土点儿也有读为 qiě

或 jiě 的。

q06 起

例（16 273 11）：明日却请你爷儿三位借桩事儿分**起**先去

注－起（qiě*r）：京俗语，批次、项目等均可称为"起儿"（原著虽未写成"起儿"，但读时须儿化）。另：清帝上朝，召臣工奏事曰"叫起儿"。

q07 起来

例（03 038 15）：且喜平日看文章的这些学生里头，颇有几个**起来**的

注－起来（qǐ lei）：此处指成就事业、仕途看好。"来"字读音介于 lei、lɑi 之间。

q08 去

例（24 437 21）：我守着父母的坟住着，我干我的**去**就结了

注－去（qì）：此字在下述情况中京语多变读为 qì：
①用在动宾词组后，表示对该词组所述事之达成，如：踢球去。
②用在动宾词组后，表示人或事物随动作离开说话人所在地，如：朝屋里走去，把东西拿去。
③用在另一动词后，表示动词的结果，如：钱被贼偷去了；但有不能这样读的特例，如：他母亲死去（qù）了，意思很明确；此时若将 qù 读为 qì，则意思全变，成了"他妈正去自杀"。
④用在某动词后，表示该动作将要开始或任凭该动作的延续（如本例）。

另："去"（qù）字在京语中尚有"扮演（某角色）"义，属戏剧行话。现在除了老北京没人这么说了。

q09 去罢

例（07 116 08）：又把那尸首提起来，也向那西墙角一扔，说声："跟了你大师傅**去罢**！"

注－去罢（qì bèi）："去"字此处为上一条中的②项之义。"罢"字加重语气读。

q10 气运

例（12 183 19）：这都是**气运**领的，无端的弄出这样大事来

注－气运（qì yun）：古人迷信，讲"五运六气"。认为从五运六气中可推知流年不利抑或能升官发财。详见《附录壹－31》。

qian

q11 千头百子

例（28 516 04）：两挂**千头百子**旺鞭放得振地价响

注－千头百子（qiān tóu bǒ zǐ）：京人惯用说法，是以数量形式出现的形容词，专用于描述整挂鞭炮。

q12 钱粮

例（01 017 12）：觉得旗人可以吃**钱粮**……宦途比汉人宽些

注－钱粮（qián liang）：旗人从政府定期领取的薪俸谓之钱粮。参见《附录壹－32》及《满蒙语汇壹－43》。

q13 前三门

例（18 306 01）：因此上**前三门**外那些找馆的朋友听说他家相请，便都望影而逃

注－前三门（qián sān mén）：指北京内城南面的三座城门，即正阳门（俗称前门）、崇文门（俗称哈德门）、宣武门（俗称顺治门）。前三门内（以北）为内城，以南为外城。外城为商业区，"那些找馆的朋友"系指自觉科考无望，或虽欲继续科考但囊中羞涩难以为继，欲找个合适人家儿做家庭教师者，他们多住在前三门外的旅店或会馆中（会馆见《卷三·hz73》、《附录叁－51》）。

q14 前儿

例（03 045 21）：我本是**前儿**合张爷告下假来，要回三河去

注－前儿（qiár）：前天。也说"前儿个"（qiár e）。

qiang

q15 腔子

例（11 166 24）：这一个和尚的脑袋好端端的在**腔子**上

注－腔子（qiāng ze）：京人惯用说法，称脖子为腔子。"子"字读ze，轻声。参阅《附录壹－02》。

qiao

q16 敲打

例（16 274 06）：我再如此用话一**敲打**，一定要叫他自己说出这

句报仇的话来才罢

注－敲打（qiāo de）：用话点明某事，警醒对方。此处"打"字读音介于 de、da 之间，轻声。

q17　悄默声儿的

例（36 729 02）：只口中念念有词，低着头**悄默声儿的**演习着背履历

注－悄默声儿的（qiāo m shē~r d）：无声无息，又特指心中盘算而口中不出声。"默、的"二字读 m d，是口型提示。

q18　悄默声儿的

例（39 816 02）：老爷子怎么也不赏个信儿，**悄默声儿的**就来了

注－悄默声儿的（qiáo m shē~r d）：此处引申为"未预先告知"（就如何）义。按：早在雍正八年（1730年），北京出版的满语教材《清文启蒙》一书所罗列的汉语例句中就有"悄默声儿的"一词，此词至今仍沿用之。

q19　撬猪

例（15 242 20）：又望他胸前一看，只见带着**撬猪**也似的一大嘟噜

注－撬猪（qiāo zhū）：阉割公猪。"撬"为"劁"的假借字。按：旧时劁猪的行业标志是在一根木或藤制的小弯把儿上安着一束马尾，长近三寸，径约寸半，有点儿像个细杆儿弯把儿的大毛笔头儿。从业者以此为幌子，边吆喝边走街串巷。

q20　瞧我给你告诉不给你告诉

例（07 106 09）：等大师傅回来，**你瞧我给你告诉不给你告诉**

注－瞧我给你告诉不给你告诉（qiáo wo gěi gào rong bu géi gào rong）：威胁对方，要将其隐私告知他人的固定句式，是京中妇女儿童的常用说法。"我、不"轻声；"给"字变调阳平；说得快时两个"你"字被含糊过去，发不出什么声音了；两个"诉"字变读 rong，轻声。

q21　巧的儿

例（04 057 05）：白脸儿狼道："坐下，听我告诉你个**巧的儿**。"

注－巧的儿（qiǎo die*r）：非常规性的巧妙办法，往往含有投机取巧意。"的"字读为 di 的儿化轻声。

qie

q22 客

例（12 186 05）：安家有**客**看你娘儿们来了

注－客（qiě）：这是旧时京人的说法，现今年轻人没有这么说的。"客"字读 qiě 只限于单用，若以其组词，如说"客人"时，绝不能说成 qiě ren。参见《附录壹－33》。

q23 怯

例（39 816 17）：他们比我还**怯**官

注－怯（qiè）：此处为"怯"的本义，即胆怯、害怕。

q24 怯

例（12 185 02）：至于亲家的**怯**不怯，合那贫富高低，倒不关紧要

注－怯（qiè）：京人自大，谓一切非京城的事物均"怯"，是为"怯"引申义。详见《附录壹－34》。

q25 怯排场

例（13 203 14）：原来外省的**怯排场**，大凡大宪来拜州县，从不下轿

注－怯排场（qiè pái chang）：京人连外府官面排场也斥之为怯。

q26 且

例（29 564 01）：屋里**且**说不动呢

注－且（qiě）：京语中常有将"且"字置于动词之前、并在该动词后缀以"呢"字的说法，表示此动词的延续性。如"且用呢"、"且得说呢"词条，对"且"字在京语中的用法述之甚详，可参阅。旧时京语中还有"早之 hèr 呢"（hèr 有音无字）的说法，与上述"且之的呢"义同"且"字还另有"从（何处而来）义，多为旧京下层人士所说。

qin

q27 亲戚礼道

例（15 236 04）：只因今日来的不是外人，是我大舅儿面上来的，

亲戚礼道的

注－亲戚礼道（qīn qi lǐ dàor）：有亲戚关系，不是外人。京人常用语。现写作亲戚里道。"道"字儿化。

q28　亲香

例（07 113 13）：那穿红的女子说："你站住！别合我论姐儿们！……"那妇人道："**亲香**点儿倒不好？……"

注－亲香（qīn xing）：亲热、近乎。"香"字变读，轻声。

q29　勤行

例（04 065 06）：跑堂儿的是说是**勤行**

注－勤行（qín há~r）：餐饮、旅店等服务行业称勤行。

q30　勤谨

例（02 026 10）：把华忠给玉格留下。那个老头子也**勤谨**，也嘴碎

注－勤谨（qīn jin）：不辞辛苦。"谨"字读音介于 jin、jian 之间，轻声。

qing

q31　青腿牙疳

例（40 887 14）：就我们娘儿三个这一到那儿，怕不冻成**青腿牙疳**吗

注－青腿牙疳（qīng tuǐ yá gān）：这可能是当时俗语，应是形容人受冻后的样子，今不闻此说法儿。"青腿"不确知所云者何（窃以为是指脉管炎导致的下肢溃烂），"牙疳"亦称烂牙疳，中医学病名，即溃疡性牙龈炎。

q32　轻重过节儿

例（02 028 22）：这人既是如此通达谙练，岂有连个送礼的**轻重过节儿**他也不明白的理

注－轻重过节儿（qīng zhòng guò jier）：指对事物关键所在、轻重缓急的理解。

q33　擎现成

例（08 129 04）：我本来的意思，原是得了那骡夫口里一个信息，要**擎**这注**现成**银子

注－擎现成（qíng xiàn ché~r）：坐享其成。"擎"为"赓"的假借

字，意谓接受、承受。参见《元曲语汇047》条。

q34　请单腿儿安

例（15　243　19）：说着，扎煞着两只胳膊，直挺挺的就请了一个<u>单腿儿安</u>

注－请单腿儿安（qǐng dān tuě*r ān）：旗人男子所用之礼，也叫"打千儿"。详见《附录壹－35》。

q35　亲家

例（21　358　06）：<u>亲家</u>太太来了再闹上一阵不防头的怯话儿

注－亲家（qing jie）：北方语系许多地区姻亲双方之互称，不独京语。"家"字读音介于jie、jia之间，轻声。

qiu

q36　囚攮的

例（31　601　08）：只听得二门外一声大叫，说道："好<u>囚攮的</u>！在那儿呢？让我瞧瞧他几颗脑袋！"

注－囚攮的（qiú nǎng de）："囚"字为囚徒、贼人等贬义；"攮"是用攮子（京人称匕首一类的短刀）

刺入之意，此处引申指性交动作。这是严重的詈语，因其牵涉到中国人最关注的血统问题。旧小说如《水浒传》、《红楼梦》、《儒林外史》等均有见。近世下层京人干脆更直白骂曰"贼肏的"。

q37　球球蛋蛋

例（32　614　10）：这俩人，七长八短<u>球球蛋蛋</u>的带了倒有他娘的一大群小旦

注－球球蛋蛋（qiú qiú dàn dàn）：各色猥琐之人。这是粗口。

q38　取

例（26　481　23）：假如是桩别的东西，也就不犯着再去<u>取</u>了

注－取（qiǔ）：这是京东南的口音。此为张金凤所言，其母张太太是京东人，金凤难免有乃母口音；再加上本句中"不犯着"的说法（也是怯口，正宗京人不这样说），更能证明张金凤说不了正宗京片子，总难免带点儿"外路水音儿"，所以此处这样注音。

qu

q39　漆黑

例（24　428　08）：舅太太道："瞧这雨，下得天**漆黑**的……"

注－漆黑（qū hēi）："漆"字在此读 qū，表示程度的尤甚，是"黑"（形容词）的补语；而非表示像漆（指漆树所产，被称为"大漆"者）那样黑。此义之正字应为"黢"，也有写为"趣、焌"的，均读 qū。好在方言无定字，也就不必去分辨正误了。但能与之组词的颜色恐怕也就限于黑、青、紫等几种。《红楼梦》第84回有"趣青"一词，《醒世姻缘传》第25回有"焌青"、50回有"焌紫"、86回有"焌黑"等词。另："漆黑"一词如今在某些情况下也可能是"像漆一样黑"之意，如：红的火红，黑的漆黑。

q40　屈戌

例（06　099　20）：那门上并无锁钥**屈戌**，只钉着两个大铁环子

注－屈戌（qū que*r）：房门或箱柜门上的一种锁闭装置，为成对的小铁环，尾端分别钉于两扇门闭合处，用以挂锁或安插关儿。"戌"字变读。按：元曲中常见"曲律（曲吕）"一词，是形容弯曲、曲折；又重言之，有"乞留曲律、乞留曲吕、乞量曲律"等写法。"屈戌"一词即源于此。参见《元曲语汇048》条。

q41　取灯儿

例（28　536　03）：那火链片儿代"金燧"用，**取灯儿**代"木燧"用

注－取灯儿（qǔ dē~r）：旧时的取灯儿用木签做成，一头涂有硫磺，大约5寸长一指宽，一般放在火灶的旁边，既可以防潮，使用时也比较方便。以火链儿（链或作镰）击打火石，火星迸于火绒（以沾有硫磺的艾绒或麻屑制成），火星把火绒点燃，把取灯儿接近火绒后，用嘴吹火绒，使取灯儿点燃，形成火焰。至清末欧洲火柴引入，被称为洋取灯儿、洋火儿。"取"字读音介于 qǔ、qǐ 之间。参见 h81 条。

quan

q42　全可

例（04　057　13）：好一个小黑

驴儿！墨锭儿似的东西，可是个白耳挟儿，白眼圈儿，白胸脯儿……长了个<u>全可</u>，怪不怪

注 - 全可（quán huor）：齐全、一样不缺。按：83版作"长了个全，可怪不怪"，误；此处按齐鲁版录出。"可"字读音介于 huor、kuor 之间。

q43 圈

例（23 407 21）：安太太便叫媳妇说："在船上也<u>圈</u>了一道儿了……"

注 - 圈（quàn）：关禁、受束于狭小范围。此义时本应读 juān，但京中常有人读 quàn。

R 部

rang

r01 嚷了这半天

例（28 518 12）：方才前前后后里里外外<u>嚷了这半天</u>的，就是他

注 - 嚷了这半天（rā~r r zhèn m ben tian）："嚷"字是"嚷嚷"的简说，故在其后产生了一个 r 音；"了"字读音消失；"这"字是这么的简说，故在其后产生了一个 m

音；"半"字读为 ben；"天"字轻声不儿化（不儿化时，指的是比"一会儿"稍长的时间；若儿化则是实指一上午或一下午）。这是纯京腔读音。

r02 让

例（38 794 17）：老爷受这场热窝，心下里也不<u>让</u>那长姐儿给程师老爷点那袋烟的窝心

注 - 让（ràng）：此处意为逊色、亚于、（比什么）差。侯宝林相声《卖布头》有云："赛过那头场雪，不让二场霜。"此用法今已罕见。

rao

r03 饶是……还是

例（25 457 07）：<u>饶是</u>那等拦他，他<u>还是</u>把一肚子话可桶儿的都倒出来

注 - 饶是……还是（rǎo r … hái r）：京语常用说法，表示曾努力阻止事态向某个方向发展（饶是），但最终（还是）没有成功。两个"是"字均变读为 r，是口型提示。京口语中"是"字作为双音节词的后一字时，若说得

快往往会有这样的音变。

r04 绕手
例(29 541 18)：因此一进安家门，便自己给自己出了一个<u>绕手</u>的大难题目

注－绕手(rào shǒu)：难办、棘手。北方方言多有此说，不独京语然。

re

r05 热热闹闹
例(29 559 18)：我要到前三门外头<u>热热闹闹</u>的听两天戏

注－热热闹闹(rè r nāo nāor)：后一"热"字读 r，是口型提示；"闹"字阳平，后一"闹"字儿化；更土点儿的是后一"热"字轻声，儿化，"闹"字仅读一个儿化音，即将"热热闹闹"读为 rè r nāor。

r06 热厮呼啦
例(40 843 13)：他把个脚步眼界闹高了，<u>热厮呼啦</u>的，一心只想给他家一官大小也闹个前程儿

注－热厮呼啦(rè si hu lā)：本指皮肤灼热感，此处指心中不平静如火灼。此词还可用于形容亲热程度。参见《元曲语汇049》条。

r07 热汤儿面
例(28 533 07)：那一个里面是香喷喷热腾腾的两碗<u>热汤儿面</u>

注－热汤儿面(rè tā~r miàn)：京人冬令食品，最常见者为羊肉氽儿热汤儿面。参见《附录壹-36》。

r08 热窝
例(38 794 17)：老爷受这场<u>热窝</u>，心下里也不让那长姐儿给程师老爷点那袋烟的窝心

注－热窝(rè wō)：京俗语，谓"事不如意，又不便对人言说，自己干生闷气"为窝心。此处"窝"即指窝心，"热窝"形容窝心之甚。京语还有"大窝脖儿"一词，与此义近，是说某种意愿或努力在遭到无情拒绝或重大挫折时含有屈辱意味的失败感。另有"坐蜡"一词，指事态之发展使人尴尬，左右为难(此说含粗口)。另台湾人所说的窝心，却是"感到心中很温暖、很受用"之意。

ren

r09 人家

例(19 327 21):<u>人家</u>①各有个内外,难道<u>人家</u>②还好后脚儿就跟进你来不成

注-①人家(rén jiār):此处指住户、家庭,"家"字儿化。
②人家(rén jie):此处系第三人称,指谓别人、他人。
参见《元曲语汇050》条。

r10 人家儿

例(32 628 13):师傅把你送到这等个<u>人家儿</u>来,师傅没有甚么惦记你的咧

注-人家儿(rén jiār):字面意同上条之①项,实质上是强调这户家庭的门第、家风、品格等内涵。

r11 人家

例(30 570 13):何小姐似嗔似喜的瞅了他一眼,说道:"<u>人家</u>合你说正经话,你又来了!"

注-人家(rén jie):京中女孩自称"人家",有示娇媚意。"家"字读 jie,轻声。见《元曲语汇051》条。

r12 任怎么个儿没怎么个儿

例(39 818 02):把胯骨栽青了巴掌大的一大片,他这胎气竟会**任怎么个儿没怎么个儿**

注-任怎么个儿没怎么个儿(rèn zěn gè*r méi zěn gè*r):谓人或物体在经过某种冲击或突变后毫发无损,含庆幸意。"么"字消失,是因快速连读时,其前面的"怎"字之韵尾 n 与"么"字的声母 m 同为鼻音,口型近似,故尔很自然地将 m 略去了。

ri

r13 吚嘣

例(19 328 22):半夜里一声儿不言语,<u>吚嘣</u>骑上那头一天五百里脚程的驴儿走了

注-吚嘣(rī bēng):京语特有的含有象声成分的形容词,意为"突然、迅速的(离去)"。也写作"仍崩、日崩"(均读 rī bēng),其中"日"字即形容较大物体迅速离去时带起的风声。京语尚有"日了"一词,作动词用,意为"突然快速离去"。有时略含贬义,

指斥人不辞而别等失礼行为。按：《汉语大字典》之《补遗》引此条为例句，将"吶"字注音为 rēng。京人也有读 rēng 音的，但大多数人还是读 rì 音。老舍先生的剧本《龙须沟》及陈刚先生的《北京方言词典》中均直音书作"日崩"。

r14　日平西

例（24　440　22）：谁知昨日过芦沟桥，那税局子里磨了我个<u>日平西</u>

注－日平西（rì píng xī）：日薄西山，傍晚时分。这是京人较土的说法。

r15　日头旸儿、三星儿

例（25　457　01）：师傅比你晒<u>日头旸儿</u>、看<u>三星儿</u>，也多经了七十多年了

注－日头旸儿、三星儿（rì tou yɑr、sān xiē*r）：太阳。"旸"（yáng）字义为日升起。京语转称太阳为"老旸儿"，俗写作"老爷儿"。这是较土的说法儿，多为京郊人用。京人叫睡懒觉者起床时，往往说："老爷儿晒屁股了。"京人调侃乡下佬发愿："俺要是当了皇上，见天儿吃够了窝头蹲栅栏（zhà lɑr）根儿底下晒老爷儿。"

句中"三星儿"指猎户星座中间那三颗排成一列斜线的星，中国民间认为它们代表福、禄、寿，是吉祥的征兆。详见卷三之《附录叁－110》。

rou

r16　肉燎

例（40　865　01）：太太心里该怎么难受！叫咱们这作奴才的旁边也瞅着<u>肉燎</u>不肉燎

注－肉燎（ròu liǎo）：京俗语，形容切肤之痛，如同火燎皮肉一般。参见《元曲语汇154》条。

ru

r17　如在

例（22　386　24）：他母亲依然<u>如在</u>（生）一般，不言不语

注－如在（rú zài）：83版及最新的2014年版作"依然如在生一般"，若此，则这句话就没什么可解释的；但齐鲁版作"如在一般"，若按此理解，则此语出于《论语·八佾》："祭如在祭神如神在。"是原著作者活用典籍。

rua

r18 歘

例（08 124 21）：正遇着他遭了桩不得意事情，几乎把前半世的英名歘尽

注－歘（ruá）：83版作"挶"，此处从齐鲁版。这是极标准的京语，他处均无。"歘"字系京人自造俗字，是谓：

①纸、布一类，因揉搓或使用过度而变软、褶皱，如：这件衣服都洗歘了。

②杀其威风（使之弱）。

③身体羸弱，如：这孩子身子骨儿太歘。

④手艺、技能差，如：他那两下子可够歘的。

⑤某对象（如家具）单薄或结构已松，如：这把椅子太歘了，坐上就晃悠。

⑥形容其他事物的势头减弱，如：炉里火歘了。

此处是作为动词使用，谓因海马周三的蓄意报复作践，几乎将邓九公的一世英名破坏殆尽。

r19 歘

例（15 249 14）：只是我想大丈夫仗本事干功名，一下脚就讲究花钱，歘了锐气了

注－歘（ruá）：此处为上条之②义，字形仍从齐鲁版。按：陈刚先生的《北京方言词典》中尚有"挶、挼、㮃、䄛、弱、捼"等写法，多系假借字或京人自造俗字；独有"捼"字在《汉语大字典》中有注曰："方言，（纸或布）皱，将破。"参见《元曲语汇052》条。

r

r20 也似价

例（05 084 08）：旋子边上搁着一把一尺来长泼风**也似价**的牛耳尖刀

注－也似价（r shi zhe）：像（什么）似的。"也"字变读为单声母r，是口型提示；"价"字变读为zhe，轻声。此词多见于旧小说中，近代在口语中罕闻。

r21 也价

例（05 082 24）：门外化缘的那个老和尚也来帮着穿梭**也价**服侍

公子

注－也价（r zhe）：义同上条，只中间少了一个"似"字，语气更急促些。

S 部

sa

s01　撒大躺线儿

例（22　391　15）：<u>撒</u>这等一个<u>大躺线儿</u>，要作这篇狡狯文章

注－撒大躺线儿（sā dà tǎng xiàr）：京人放风筝用语，谓放长线。此处"躺"实为"趟"之假借字。

s02　撒和

例（27　493　19）：借着出善会，热闹热闹，<u>撒和</u>撒和认作妇德，那就误了大事了

注－撒和（sā he）：弥松颐先生注曰："饭后散步行食叫撒和，转为散步、舒怀的意思。"详见《满蒙语汇壹－44》。

s03　撒合

例（29　559　19）：再看看燕台八景，从盘山一路绕回来，<u>撒合</u>撒合

注－撒合（sā he）：音、义均同上条，唯写法稍异。

s04　撒开了

例（28　524　16）：他万一<u>撒开了</u>一怄我……又叫我合他说甚么

注－撒开了（sā kār lou）：京俗语，谓无所保留、无所顾忌、不受约束、任意的（如何）。"开"字儿化，"了"字变读。

s05　撒鸭子

例（21　358　19）：他爹说："我怕甚么？<u>撒</u>开<u>鸭子</u>就到咧……"

注－撒鸭子（sā yā zi）：京俗语，指快走、跑。"鸭子"现多写作"丫子"，指脚。另：京人常将此词用于说人躲避、逃跑等处，有调侃意。

sai

s06　赛雪期霜

例（23　404　16）：这一提魂儿，又把他那斩钢截铁的心肠、<u>赛雪期霜</u>的面孔给提回来

注－赛雪期霜（sài xuě qī shuāng）：此处指面孔刷（shuà）

白、表情冷漠。"期"为"欺"之假借字。按：以霜雪喻白常见。如侯宝林的相声《卖布头》即有"(白布)赛过那头场雪，不让二场霜"之说。

san

s07 三毛七孔

例（23 402 19）：及至第二日见着十三妹，费尽<u>三毛七孔</u>，万语千言，更不是容易

注 - 三毛七孔（sān máo qī kǒng）：指心思。语出《史记·扁鹊仓公列传》："心重十二两，中有七孔三毛，盛精汁三合（合字读 gě，容量单位，1／10市升），主藏神。"此词恐非市井流行语，而是得像安老爷家这类诗书继世的人家儿才用得上。

s08 三四该着

例（34 678 11）：这个又问说："不是<u>三四该着</u>呢吗？"

注 - 三四该着（sān sì gāi zháo）：何义不详，待考。

s09 三头五百

例（03 041 10）：他手里却有几两银子，向来知道他常放个<u>三头五百</u>的账

注 - 三头五百（sān tóu wú bǎi）：即三五百，此处"头"字无实意。京语常用说法。

sao

s10 扫地出门

例（16 275 24）：从明日起，<u>扫地出门</u>，愚兄一人包办了

注 - 扫地出门（sǎo dì chū mén）：旧时京中承揽土木工程合同用语，指谓工程结束后连清运渣土、打扫卫生的活儿都包含在合同内。此处系引申义，指有始有终，全程负责。

s11 臊脸礼儿

例（27 499 04）：我同你大姐姐我们爷儿俩还有点<u>臊脸礼儿</u>，给姑娘垫个箱底儿

注 - 臊脸礼儿（sào lián liě*r）：送礼时的自谦词，意谓"拿不出手的（令自己脸上臊得发烧）一点儿薄礼"。此处是指嫁妆，也叫陪房；陪房还另有一义，是指嫁女时随同前往夫家的奴婢。"脸"字阳平。参见《元曲语汇053》

sha

s 12　傻冲打

例（07 115 20）：方才我听你刀山咧、剑树咧，死呀活呀的，倒象<u>傻冲打</u>的似的

注－傻冲打（shǎ chòng de）：有点儿缺心眼儿似的一往无前，猛打猛冲。"打"字读音介于 de、da 之间，轻声。

s 13　傻哥儿

例（33 640 09）：不信我们这个<u>傻哥儿</u>竟有这股子横劲

注－傻哥儿（shǎ gēr）：傻小子。此处为带爱怜味儿的昵称。

s 14　偺

例（09 146 15）：张老跳起来道："姑娘，这是<u>偺</u>话！……"

注－偺（shà）：现写作"啥"，"什么"之意。此处读成去声，在京人下层中常见，是为京东南方向的怯口儿。

s 15　煞

例（17 334 02）：自己上去攥着根绳子绾那扣儿，用手<u>煞</u>了又煞

注－煞（shà）：此处是指拉紧（捆绑物品的）绳子。83版作"杀"，此据齐鲁版。也有人读阴平。

s 16　煞上

例（14 218 14）：戴勤说："拢住点儿，他们就叫'<u>煞上</u>'"

注－煞上（shà sheng）：此处是为"捆缚结实"义。不独京语有此说，北方语系多地均有。如河南开封方言小说《歧路灯》第七回有"行李打成包子，棕箱皮包都煞住不动"句。今"煞"字多作"刹"，"上"字读 sheng，轻声。

s 17　煞水

例（05 083 11）：僧人五荤都戒，就只喝口素酒。这个东西冬天挡寒，夏天<u>煞水</u>

注－煞水（shà shuǐ）：祛除湿气。

shan

s 18　山叫

例（27 510 05）：一个手里抱着一只鹅，用红绒扎着腿，捆得他嘎嘎的<u>山叫</u>

注－山叫（shān jiào）：拼命大叫。

此处之"山"字作状语用，形容某几个动词（如说、叫、侃等）的程度之甚。与之同义但使用范围更广的是"海"字，如"海说、海吃、海跑、海玩儿"等等。

s19　山响

例（27 498 01）：原来他头南脚北跪在当院子里碰头呢。只听他咕咚咕咚把脑袋碰的**山响**

注－山响（shān xiǎng）：声音很大。"山"字见上条。另：张太太磕头"头南脚北"不合礼仪，谢神之礼拜应面北。原著作者得（读děi）空就拿张太太开涮（京语谓拿某人开玩笑、当作戏耍对象）。

s20　闪

例（39 805 16）：不想他这等一个小小官儿……又参回去了。把我**闪**得来进退两难

注－闪（shǎn）：所欲依仗之人或事，因故未能起到预期作用，使自己陷入进退两难的尴尬境地，京语谓闪。

s21　闪下

例（14 224 20）：华忠……说："奴才华忠**闪下**奴才大爷，误了老爷的事……"

注－闪下（shǎn xie）：此处指不负责任地离去或撒手不管，致使他人为难。"下"字读 xie，轻声。

s22　讪不搭

例（12 185 10）：又挨磨了一会子，才**讪不搭**的说了三个字，说道："长的好。"

注－讪不搭（shàn m dā）：不好意思、难为情的样子。"不搭"系词尾后缀，无实义，京语某些动词或形容词后常有用之者。"不"字读 m，参见 y18 条。另：京语还有"讪脸"一词，指言行不知节制、蹬鼻子上脸；甚或恬不知耻，以丑为荣来炫耀。

shang

s23　晌午

例（09 135 05）：所以今日**晌午**我在悦来店出去走那一荡，就是为此

注－晌午（shǎng huo）：正午前

后。郊区有的地方读为 sháng wo。

s24　响午歪

例（20 341 03）：这天待好**响午歪**咧,管保也该饿了

注－响午歪（shǎng wai）：午后的一段时间（约13点）。"午歪"二字合音读 wai,轻声。这是京郊较土的说法。

s25　上紧

例（23 413 05）：莫若我们只管在这里住着,姑老爷一面在外头**上紧**的给我们找庙

注－上紧（shàng jǐn）：抓紧、不松懈。此说法今少有闻。

s26　上来了

例（39 836 14）：安老爷看了看台上的楚汉争锋是唱得完**上来了**,厅上的男客女眷也散得净**上来了**,便大家忙着吃过早饭

注－上来了（shàng lái liǎo）：补语"完、净"的后缀,无实意,只起协助补语、强调动词（唱、散）的完成式之作用。京语中以"上来了"作补语后缀的用法,现已很少有人能掌握啦。但如将"上来了"作为动词,就要读作 shàng lai le（如：酒劲儿上来了、一听火就上来了）,则义如其文。

s27　上上

例（31 589 03）：手上拉了个大口子……叫奴才合奶奶讨点儿甚么药**上上**

注－上上（shàng sheng）：前一"上"字是及物动词,涂抹（药）之意；后一"上"字是趋向动词,在此处作为补语用,表示物体随动作而移动的方向。后一"上"字读 sheng。

s28　上上

例（32 621 20）：我往往的见那些好戴高帽的爷们,只要人给他**上上**两句顺他,自己就忘了他自己是谁了

注－上上（shàng sheng）：前一"上"字是指说恭维话,后一"上"字与上例同义。

s29 上顺

例（32 610 06）：这班贼大约也看出老头子是个喜欢上顺的来了

注－上顺（shàng shùn）：京俗语，指吃软不吃硬、吃顺不吃戗，喜欢被人奉承。此说法今似不存。与其义近者有一说法叫"顺毛驴儿"，今常见用。

shao

s30 少停

例（24 431 09）：因叫戴嬷嬷回去致意："说我少停亲自过来道乏。"

注－少停（shāo tiē~r）：很快、过一会儿、片刻（之后）。"少"字阴平；"停"字去声，儿化。

s31 烧焰儿

例（33 661 02）：再要讲到烧焰儿，遍地都是

注－烧焰儿（shāo yar）：柴火，泛指一切可用于烧火（生活用火）的东西。京郊某些地方有此说法。

s32 少少儿的

例（22 395 03）：慢讲模样儿，就这说话儿气度儿，咱们城里头大家子的孩子只怕也少少儿的

注－少少儿的（shǎo shāor de）：前一"少"字为主要义项，读本音；后一"少"字是为强调语气而附加的后缀，变调阴平，儿化。

she

s33 折

例（11 166 14）：大家一顿连推带踹，把个门插管儿弄折了，门才得开

注－折（shé）：折断之"折"字单独用时读 shé，不独京语然，大部分北方语系地区都这样说。

s34 舍不得

例（20 351 06）：听得声都要走，便有些意意思思的舍不得

注－舍不得（shě bu dé）：此处是书面叙述句，较舒缓的读本音能够更好地表现依依不舍之情；但若在口语中，则多会读为 shě be de；当说的较快时甚至变读成 shě m de（参阅 y18 条）。这是京语中随语速变化而自然产生的音变。

shen

s35 深分

例（40 856 14）：你就知道你这位公公拘泥到甚么分儿上，别的话更不用**深分**讲了

注－深分（shēn fēn）：深入细致。此词常闻于口语而罕用于书面。

s36 神道

例（12 182 11）：太太道："这个女孩儿怎的这等的**神道**哇！……"

注－神道（shén dou）：此处指本领高强、神通广大，"道"字读 dou。此词今多用于说反话，有揶揄意。神道还另有精力旺盛或言行举止反常等意，也说"神神道道"（shén shen dāo dāo）。又有"神神叨叨"一词，谓人说话絮叨，不靠谱。

s37 神棍儿

例（33 659 03）：家里再娶上一个北村里的村姑儿、一个南山里的孤女儿做儿子媳妇，认真都这么**神棍儿**似的，倒也是世上一桩怪事

注－神棍儿（shén gue*r）：此处谓为人行事极端精明机警，异乎寻常。"神棍"一词，一般情况下"棍"字不儿化，是对以扶乩、占卜、堪舆、顶香（请神附体）等为业者的贬称；其"棍"字与党棍、恶棍之"棍"字同义。此处说神棍儿有调侃意，另有"神叉子"一词，与"神棍儿"义近，都是玩笑话。

s38 神谋魇道

例（29 546 14）：这位姑娘好容易才安顿了，他心里又**神谋魇道**的想起甚么来了

注－神谋魇道（shén miǎn dàor）：有莫测高深、匪夷所思、难以捉摸等意。多少带点儿贬义，至少是调侃，与神机妙算等褒义词不同。"谋魇"二字合读为 miǎn。此说法今已罕闻。

s39 神煞

例（06 094 12）：这可是邪的！难道那小子有这么大**神煞**不成

注－神煞（shén sha）：变幻莫测

的法力，也作"神沙"。今已无此说。

s40　甚么似的

例（07　114　10）：我们大师傅就要把他们留下，我乐的<u>甚么似的</u>

注 – 甚么似的（shén me shi de）：京语常用的动词或形容词的后缀，表示主词的程度之甚，本身无实意。后三个字轻声。

s41　甚么儿

例（29　561　15）：他两老也谦不出个<u>甚么儿</u>来，公子便让着归了坐

注 – 甚么儿（shén me*r）："什么"的儿化读法。此处指合乎规范的礼仪。

s42　渗

例（40　859　08）：原来他方才正合着桃仁杏花引子服了一丸子乌金丸，躺在他屋里就<u>渗着了</u>

注 – 渗（shèn）：京语中"渗"字有几个特别的用法：
①短时休息，如说"渗会儿"，即稍歇一会儿。
②短时小睡也叫"渗会儿"。
③无作为的延宕、停滞，或留在某处故意不露面称为"渗着"（shèn zhe）。
④京语有"渗人"（现多作"瘆人"）一词，是谓阴森恐怖令人毛骨悚然。"渗人"一词，参见《元曲语汇054》条。
此处之"渗着了"（读为 shèn zháo le），为①义，指小憩时不知不觉就睡着了。京人将"睡着了"简说为"着了"。

sheng

s43　生生的

例（16　264　11）：人家在我跟前尽了那么大情，我一分也没得补报人家，这会子<u>生生</u>的把他送到死道儿上去

注 – 生生的（shēng shē~r de）：硬是（如何）。后一"生"字儿化。现多说"活活的"（huó huōr de），与此义同。

s44　生疼

例（28　529　14）：却说张金凤听得一对新人双双就寝，才觉出两只小脚儿站了个<u>生疼</u>

注－生疼（shēng téng）：以"生"字形容疼的程度之甚。京语常用说法。

s45 圣明

例（15 236 11）：要是我平白的认得这等一个寻常人，我断不肯请他进来。只因他是个主儿。你老人家有甚么不**圣明**的

注－圣明（shèng ming）：京人惯用的客套话，多用于附和对方所言，谓对方睿智明达，有容乃大。有明显的恭维意。

shi

s46 拾

例（26 491 08）：两手双关，把太太的腰胯抱住，果然一头**拾**在怀里

注－拾（shí）：碰撞。原著中仅有此处及此后s53两处用之；《汉语大字典》中所举之例亦仅为此二条，说明"拾"字此义罕用。

s47 实打实

例（27 499 22）：姑娘就是照师傅的话，**实打实**的这么一点头，算你瞧得起这个师傅了

注－实打实（shí dǎ shí）：实实在在。京语惯用说法。

s48 拾掇

例（39 823 06）：我费了这么几天的事，才给你老人家**拾掇**出这个地方儿来

注－拾掇（shí dou）：京语中此词有收拾整理、修理、矫正、整人、（找几个人）打某人一顿等多义。此处是其本义即"收拾整理"。"掇"字变读，轻声。

s49 十分十沿儿

例（40 851 17）：憋着不早告诉我一声儿，直到这时候，憋得**十分十沿儿**了才说出来的

注－十分十沿儿（shí fēn shí yàr）：极限、极致。今多作"可边儿可沿儿"，此处"可"字为到达、充斥意。

s50 十个头儿的不弱……听说着的呢

例（12 188 16）：俺这闺女可**十个头儿的不弱……听说着的呢**

注－十个头儿的不弱……听说

着的呢(shī gē tǒu de bū rao⋯ tíng shuó zhou ne)："十个头儿的"是"不弱"的状语，言程度之甚，本身无实意；"听说"即听话，京人下层有此类说法。此处按张太太的京东怯口注音。

s51 时派

例(23 403 08)：就自己眼底下见过的这班**时派**人里头，不是纨绔少年，便是轻薄少年

注 - 时派(shí pai)：今演化为时髦，"时派"一词不见用矣。

s52 十七的养了十八的、烧火的养了当家的

例(33 651 21)："……咱们俩倒底谁比谁大？真个的，**十七的养了十八的了**！"……舅太太生怕说出"**烧火的养了当家的**"这句下文，可就太不雅驯了

注 - 十七的养了十八的、烧火的养了当家的(shí qī de yǎng le shí bā de、shāo huǒ de yǎng le dāng jiā de)：这可能是当时常见俗语，今未闻。这句俏皮话儿用的是"赋比兴"之"兴"的句法，前段从年龄上表示事态之颠倒荒谬，进而引申出（即所谓"兴"）下半段的不雅驯之言（谓人血统不明，出身有问题）。

s53 拾头撞脑

例(07 112 15)：说了半日，女儿只是**拾头撞脑**要寻死

注 - 拾头撞脑(shí tóu zhuàng nǎo)：（寻死觅活的）撞头。今不闻此说。"拾"字参见s46条。

s54 使唤

例(03 038 24)：就是天，也是给气运**使唤**着，定数所关，天也无从为力

注 - 使唤(shǐ hun)：京语谓命令、指使（人干活）为使唤；对物品的使用也称使唤。仆役人等叫使唤人（此处"使唤"二字实际是供人使唤之意），读为 shǐ hun ren；但若读作 shǐ hun rén，则为动宾词组，是指使、支派人去干活的意思。

s55 始末原由

例(24 429 01)：张金凤闲中又

把这事已向公子说明**始末原由**的话回复了公婆

注－始末原由（shǐ m yuán yóur）：前因后果，来龙去脉。也作"始末因由"。"末"字读 m，是口型提示。

s56　是不是

例（20 347 01）：老家儿说话再没错的，怎么说咱们怎么依就完了。你说**是不是**

注－是不是（shì búr）："不是"二字连读为 búr，此为京腔读音。

s57　事不有余

例（40 860 06）：合太太一见面儿，娘儿俩先哭了个**事不有余**

注－事不有余（shì bu yǒu yú）：十足的、无保留的。也作"势不有余"。

s58　世故

例（33 655 22）：张老起初也**世故**着辞了一辞

注－世故（shì gu）：此处作形容词用。83版作"世故"，齐鲁版及2014年新版据抄本作"事故"。此词现规范为"世故"。

s59　是话不说

例（17 293 15）：不想这位尹先生**是话不说**，单单的轻描淡写的给加上了"寻常女子"这等四个大字

注－是话不说（shì huà bu shuō）："是X不Y"为京语的一种常用句式，其中 X 为名词，Y 为针对 X 的及物动词。句式可表述两种针对范围：

①只针对某一专项，如本条即是。意为"别的都不说（单单只说某一话题）"。

②涵括所有方面。如：他太懒了，是活儿不干。意为"任何活儿都不干"。

s60　事款则圆

例（07 108 15）：即把身子落在这等地方，自然要商量个长法儿。**事款则圆**，你且住啼哭

注－事款则圆（shì kuǎn zé yuán）："款"为缓慢，"圆"即圆满。遇事莫急，慢慢考虑，徐徐图之，方能圆满解决。

s61 是……上的虫儿

例（02 034 06）：那河台本是河工上的一个虫儿，他有甚么不懂的

注 - 是……上的虫儿（shì…shàng de chú~r）：京语惯用说法，谓对某事务极精通圆熟，无所不知；多用于指其利用弊端牟利等事，词含贬义。今多作"是……里的虫儿"。

s62 是说是

例（04 065 04）：那跑堂儿的……说道："……跑堂儿的是说是勤行……人家掌柜的土木相连的东西，我可不敢动……"

注 - 是说是（shì shuō r）：此处意为"虽说我是（理应为您服务），但是（掌柜的东西我无权挪动）"。旧时京人讲究客气，拒绝他人时也要婉转的表达。"是说是（如何）"这种句式先肯定我应帮或想帮你，但因某种原因我无法帮你。京人有多种婉拒他人要求的说法，此其一也。后一"是"字读r，是口型提示。

s63 是说是

例（21 364 05）：是说是为我姐姐，都是该的，这个白斋可吃到多早晚是个了手呢

注 - 是说是（shì shuō shi）：此条与上一条字同而音、义略有别。本条中前一"是"字为代词，指谓"之所以如此的原因"；后一"是"字为联系动词，表示领属关系，（之所以如此是"为我姐姐"）。与上一条相似，本条最后也以否定方式结束。京语中常用"是说是"这个短语，最后都要以否定句或反诘句结尾。"说是"二字轻声。

s64 是虽如此

例（29 558 08）：安老爷道："是虽如此，也得叫他们小孩子们心里过得去。"

注 - 是虽如此（shì suī ru cǐ）："是"字为代词，指谓所言的事态；意为"事虽说是这样"。"如"字轻声。这种说法文言味儿太重，不是老百姓的口语。

s65　是虽说是

例（36　742　03）：太太道："**是虽说是**老爷合我的操心，也亏他的自己立志……"

注－是虽说是（shì suī shuō r）：参阅上一条，此句的句型结构及语义均同上条，但将上条的"如此"二字换为本条的"说是"，就口语化了许多。后一"是"字读 r，是口型提示。

s66　事由儿

例（26　477　08）：原来姑娘被张金凤一席话，把他久已付之度外的一肚子**事由儿**给提起魂儿来

注－事由儿（shì yóur）：此处意指心中的念头、思虑。另：此词在京语中也有时指谓工作、职业。如：别成天在家闲着，赶紧出去找个事由儿。

s67　试着步儿来

例（30　570　05）：咱们可**试着步儿来**；万一有个一时说不对路，倒不要被人听见

注－试着步儿来（shì zhe bùr lái）：京语常用说法，指事先并无成算，走一步看一步。说得快时"着"字读 r，是口型提示。

s68　是这么着

例（29　559　23）：我回家，咱就喝；我出去，我们就逛。**是这么着**，我就住些日子，不我可就不敢从命了

注－是这么着（shì zhèn m zhāo）：如果是这样。"这"字读 zhèn；"么"字读 m，是口型提示；"着"字读 zhāo 或 zhē。

shou

s69　手把灯

例（24　435　05）：前头两个小厮打了一对漆纱风灯，又是两个女人拿着**手把灯**照着

注－手把灯（shóu bar dēng）：一种有防风外罩的小型手持灯具。详见《附录壹－37》。

s70　熟化

例（15 248 06）：那大爷才坐下，瞅着那么怪腼腆的……这会子**熟化**了

注－熟化（shóu huo）：因渐熟稔

而趋亲近。也有时用以说瓜果等食品过熟，接近于烂了。

s71 手里有活
例（06 095 04）：那瘦子一见，说："怎么着，**手里有活**……"
注－手里有活（shóu le yǒu huó）：京语惯用说法，意谓某人掌握某种技能。"手"字阳平；"里"字读音介于 le、lou 之间；"活"字读本音，不可儿化。如果读为 shóu li yǒu huór，则是说某人正在干活，手头有工作（活儿）。

s72 守
例（37 757 14）：里头的女人们便赶紧拿锯末子**守**地
注－守（shǒu）：京俗语，谓用干燥松散、能吸潮的粉末状物（如炉灰、锯末等）撒于潮湿存水处，将水分吸附后再扫除清走为"守"。详见《附录壹-38》。

s73 守着钱粮儿过
例（07 110 06）：你哪儿走哇？"**守着钱粮儿过**"呗

注－守着钱粮儿过（shǒu zhe qián lia~r guò）："钱粮"一词见 q12 条；京人谓寡妇改嫁为往前走，旗人寡妇因有钱粮，所以不必为生计而往前走。故旧京俗语有"别走啦，守着钱粮过罢"之说，是为"不走"的调侃说法。

s74 手巾
例（14 228 14）：早有两个小小子端出一盆洗脸水、**手巾**、胰子
注－手巾（shǒu jin）：现在多说毛巾，但早年间京人不这么说，都叫手巾。改说毛巾至今不超过五十年。

s75 手
例（39 836 03）：碰见这个样儿的**手**，还不值得爬下磕个头拜老师吗
注－手（shǒur）：此处指专擅某事者、行家。"手"字儿化。

s76 受乏、道乏
例（36 732 05）：老弟说那里话，着实**受乏**了！改日我再亲去奉拜，先叫我小子登门**道乏**去

注 – 受乏、道乏（shòu fá、dào fá）：京人客套话。"乏"字意为（为我做某事而致）劳乏，说"受乏"表示对此不安；而"道乏"则是指专门为此致谢。"受乏"一词今演变为"受累"，而"道乏"一词则不闻矣。

s77 受窄

例（17 294 15）：邓九公道："……他这里叫我<u>受着窄</u>呢么！"

注 – 受窄（shòu zhǎi）：被他人施以无形束缚，陷于为难、窘迫之境地。

shu

s78 叔叔

例（40 886 02）：算了吧！我的<u>叔叔</u>，你饶了我罢

注 – 叔叔（shú shu）：京人（尤其是旗人）说此称谓时前"叔"字阳平，后"叔"字轻声。也有人变读为 shóu shu。

shua

s79 耍货

例（19 333 12）：只抓了那庙上买的刀儿、枪儿、弓儿、箭儿这些<u>耍货</u>，握在手底下，乐个不住

注 – 耍货（shuǎ huo）：旧时庙会上卖的儿童玩具，系以轻软木料及马粪纸（再生纸浆所制之粗劣厚纸板）做成，模仿戏台式样的小号刀枪剑戟，外饰彩绘。"货"字轻声。

s80 爽利

例（21 358 21）：那推车的又是老头子……还没我走着<u>爽利</u>咧

注 – 爽利（shuà li）：京俗语，此处意为麻利、利索、敏捷。"爽"字变读，去声。

s81 爽利

例（35 711 12）：那样个敞快<u>爽利</u>人，也就会把那半老秋娘的脸儿臊了个通红

注 – 爽利（shuà li）：京俗语，此处是指人豪爽痛快，干脆利落。与上例字、音同而义有别。以上两义之"爽利"后多写作"刷利、倏利"。

shuan

s82 汕

例（16 268 06）：那老头儿把那将及二尺长的白胡子放在凉水里

涮了又涮，汕了又汕

注－汕（shuàn）：今写作"涮"，京语谓在水中摆动、清洗物品。

s83 汕

例（19 330 07）：这是我们……一团诚意！你可别认成……作成圈套儿来汕你的

注－汕（shuàn）：此处意为骗人、故意使人上当。京语中此词还另有"拿人寻开心"义，是指恶作剧、拿人开玩笑，不具有多大恶意。"汕"今作"涮"。

s84 汕

例（32 610 10）：你先不用合我汕，料着你们也整不上这瓦

注－汕（shuàn）：此处指谓花言巧语、转移话题、搪塞狡辩。"汕"今作"涮"。

shuang

s85 双伴儿

例（39 819 05）：人家养双伴儿的也有，自然是奶了一个再奶一个

注－双伴儿（shuāng bà~r）：京人谓孪生子女为双伴儿，现多写作"双棒儿"。"棒"是直音字，莫若写作"伴"符合词义。

s86 双关儿透

例（19 321 17）：字字打到自己心坎儿里，且是打了一个双关儿透

注－双关儿透（shuāng guā~r tòu）：原意为从两头打洞，在中间会合通透。形容人恍然大悟。这可能是当时俗语，今似不闻。

s87 双身子

例（28 523 03）：因随缘儿媳妇是三个月的双身子

注－双身子（shuāng shen zi）：京语指孕妇。"身"字轻声。

shui

s88 水米无交

例（16 258 04）：我是个远方过路的人，合他水米无交

注－水米无交（shuí mǐ wú jiāo）：旧京俗语，谓毫不相关，尤指无利益关系。"水"字阳平。

s89 水音儿

例（12 187 09）：听他说话虽带

点儿外路水音儿，却不伡不怯

注 – 水音儿（shuǐ yē*r）：嗓音清亮圆润，好听。

s90　税局子

例（24　440　22）：谁知昨日过芦沟桥，那税局子里磨了我个日平西

注 – 税局子（shuì jiú ze）：旧京对税务机关之称谓。按：明清两代，税局对进京人等例行收税。其中多刁难、盘剥之事。成书于十八世纪的《歧路灯》第七回有生动描述："只说是赏酒赏饭，开口要几十两……要不照他数目，把车儿来一辆停一辆……俟到日落时，要十两给他八两，也就行了……一个软字，成了过关的条规。"

shun

s91　顺

例（32　621　20）：那些好戴高帽的爷们，只要人给他上上两句顺他，自己就忘了他自己是谁了

注 – 顺（shùn）：顺情说好话。京语有"吃顺不吃戗"一说，即吃软不吃硬。

s92　顺竿儿爬

例（26　486　08）：姑娘此时好容易……觉得有了个伴儿，不想他也顺着竿儿爬到那头去了

注 – 顺竿儿爬（shùn gār pā）：曲迎人意，随声附和，或谓找台阶下。此处意为前者，京语常用词汇。"竿"字现多作"杆"，尤其在北方更是如此。可能因北方不产竹，故尔竹字头的"竿"字便不如木字旁的"杆"字常用。

s93　顺斋

例（29　558　04）：早上先在佛堂前烧了香……这就算你们给他二位顺了斋了

注 – 顺斋（shùn zhāi）：结束斋戒时所履行的程序。这类词今基本绝迹。

shuo

s94　说话呀小子！

例（31　602　19）：早把邓九公怄上火来了……向那班人道："说话呀小子！别装杂种！"

注 – 说话呀小子（shuō huà yèi xiǎo zèi）："呀"字读 yèi（普通

话中无此音）或 èi，"子"字读为 zèi。这是京人寻衅、找岔儿打架时的声口。

s95　说西山煤是白的，他不肯说是灰色的

例（14　232　14）：合他老人家坐下说入了彀，大概那人<u>说西山煤是白的，他</u>老人家也断<u>不肯说是灰色的</u>

注－说西山煤是白的，他不肯说是灰色的（shuō xī shān méi r bái de，te bù kěn shuō r huī shǎr de）：京语常用说法，形容某人坚定不移地附和他人。西山指京西门头沟地区，该地所产之煤自元代起即供京用。句中两个"是"字读 r，是口型提示；"色"字按京人口语音念 shǎi，儿化读为 shǎr。

s96　说一是一，说二是二

例（21　376　20）：邓九公更是女儿"<u>说一是一，说二是二</u>"的

注－说一是一，说二是二（shuō yī shi yī, shuō er shi èr）：（对某人）言听计从，百依百顺。另有"说一不二"一词，是指专横跋扈，

不容商量。当说得快时句中两个"是"字读 r，是口型提示。

s97　说则

例（24　444　22）：怎么说呢？这里头有个<u>说则</u>

注－说则（shuō ci）：说法儿、讲究，现作"说辞"。"则"音介于 ci、zi 之间，轻声。

si

s98　撕掳

例（26　478　13）：一时事出意外，这半日只顾<u>撕掳</u>这桩事，更顾不及别的闲事

注－撕掳（sī lu）："掳"字读音介于 lu、luo 之间。原义为撕打拉扯，原著此处引申为整治、选择、梳理义。此义现多用"择"（zhái）字。京语还有"择（zhái）毛儿"一词，原指宰杀鸡鸭后去毛，演变为自我辩解找说辞，力图将自己与某事摆脱关系（但实际确有关系）。词含贬义。

s99　撕掳

例（40　841　10）：一时早把他那一肚子书毒合半世的牢骚……

结成一块……**撕掳**不开了

注－撕掳（sī lu）：义大体同上条。此处指排解胸中块垒，整饬内心条序。"掳"字读音介于 lu、luo 之间。

s100　丝丝拉拉

例（32　626　07）：我总觉得你比他合我远一层儿似的，我这心里可就有些**丝丝拉拉**的

注－丝丝拉拉（sī si lā lā）：牵连不断，若隐若现，却又没完没了的（一种轻微的刺痛感）。引申指感情上类似的感觉。

s101　死求白赖

例（16　264　19）：俗语说的："天下无难事。"只怕**死求白赖**

注－死求白赖（sǐ qi bāi liē）：不顾脸面的死磨硬缠。"求"字读音介于 qi、ji 之间，轻声；"白"字阴平；"赖"字变读 liē。现多作"死乞白赖"。

s102　四鬓刀裁

例（26　468　15）：我婆婆去年这时候……是**四鬓刀裁**的……这些日子，左右鬓角儿上竟有十几根白头发了

注－四鬓刀裁（sì bìn dāo cái）：形容妇女发式修饰整洁，容光焕发貌。此处"四"字并非数量值，而是形容词，满、充盈的意思，此处是指头发的润泽光滑貌。此词现似已不闻。京语还有"满道四处、四脖子汗流、四平八稳"等说法，其中的"四"字均为"满"义。

s103　四五六儿

例（36　734　21）：难道我说了这么些句话，你还听不出个**四五六儿**来吗

注－四五六儿（sì wǔ liùr）：门道、头绪。麻将牌中有"四五不靠六儿"之说，意谓牌不顺，无可和（hú）之牌。是否与此有关，吾未知也。

sou

s104　搜根儿

例（19　321　21）：这姑娘是天生的半分不认错、一字不饶人、拉口子要见血、刨树要**搜根儿**的脾气

注－搜根儿（sōu gē*r）：将植物根部的土挖除净尽。另：京语有"搜裆"一词，是指人羸弱，大腿内侧都没肉了。此处"搜"字与"搜根儿"之"搜"义近。

s105　搜寻

例（07　104　05）：不由的一声哭喊，被这位好事的姑娘听见，就寻声救苦的**搜寻**出来

注－搜寻（sōu xin）：搜索寻找。"寻"字京人口语多读 xin 音。当该字处于词首时读阳平（如寻思读为 xín si），在词尾时读轻声（如本例）。

sui

s106　随溜儿

例（12　189　09）：俺姑娘这打扮可不**随溜儿**，不咱也给他放了脚罢

注－随溜儿（suí liùr）：随大趋势，与多数人保持一致。现多说"随大溜儿"。原著这里是说因张金凤是汉人（裹脚），嫁入安家显得与众不同（旗女天足）。张太太想让其女放脚（去除足部缠裹物，使其逐渐向正常脚形恢复，但终不能完全恢复正常）。按：自清末"新政"起开始禁止缠足，至民初已有相当多已缠足妇女放脚。放开之足称为解放脚或改造脚，但其足型终不可能恢复原状，放开后会变得前尖后圆，形如瓦匠所用的抹子，故京人戏称其为抹子脚。五十年前此类女性尚多，今绝迹矣。

s107　随墙门

例（24　430　11）：再出了东首的**随墙门**，便到大门了

注－随墙门（suí qiang mé*r）：院墙上开的便门，系直接在墙上开豁口装门，一般也没有门楼等附属性建筑。因是小门儿，所以"门"字儿化。参见 m37 条。

suo

s108　索性

例（01　018　07）：不然，**索性**归了班，十年后才选得着

注－索性（suǒ xing）：此词在较早的白话小说如《好逑传》中作"率性"；在《儿女英雄传》中作"索性、索兴"；在《小额》中作"爽得"（参见《卷二·sx47》条）；

老舍作品中有"爽性"的说法；而今一般作"索性"。综合上述，似可得出这样的规律：此词之演进轨迹是为：①较早期（清初及更早）为"率性"；②十九世纪中叶为"索性、索兴"；③近代（二十世纪前期）为"爽得、爽性"；④现代又回复为"索性"。上述说法有取材过窄之嫌，有待补充。

s109　索兴

例（03 043 01）：今日回回师傅，<u>索兴</u>别做那文章了罢

注－索兴（suǒ xìng）：与上条之"索性"音、义同，写法相异。

T部

ta

t01　溻

例（11 171 06）：那条裤子湿漉漉的<u>溻</u>在身上，可叫人怎么受呢

注－溻（tā）：因汗水或其他原因所致的湿衣服贴在身上，京语谓之溻。

t02　搨

例（35 709 01）：双手捧着那个帽镜儿，屈着点腿儿，<u>搨</u>着点腰儿，把镜子向后一闪，对准了老爷的脸盘儿

注－搨（tā）：现写作"塌腰"，但实际上"搨"字更合理。《玉篇·手部》："搨，拹搨也。"即收缩、耷拉之意。

t03　他吃

例（24 425 05）：回来又掉着样儿弄两样可吃的家常菜<u>他吃</u>

注－他吃（tā chī）：此为"给他吃、让他吃"的略语。京语中常有这种略去兼语词组（给他吃）中谓语（给）的句子出现，实际这也是京语为求轻灵流畅而付出的代价：为简洁明快有时不惜割舍句子中的应有成分，致使产生语法缺陷。好在京人自己都能听懂，不致发生误解；至于外地人能否听懂，就不管了。但这种说法也可能是满语的语言习惯（动词置于句尾处）在京语中之遗痕。满语中大概没有"兼语词组"这么复杂的语法概念，"给他吃"就是"他吃"。

t04 他二叔

例（16 272 22）：那姨奶奶忍不住自己说道："今儿个他二叔合大爷他爷儿俩不都住下吗"

注－他二叔（tā èr shūr）：京人惯用的称呼法，即所谓"指着孩子叫"。此处之"他"，是指自己的孩子；而这个"××"，则是自己晚辈对对方所应有之称呼。详见《附录壹－39》。

t05 趿拉趿拉、趿拉

例（21 358 19）：你那趿拉趿拉的，趿拉到儜时候才到喂

注－趿拉趿拉（tā lā tā lā）：走路慢吞吞，鞵又不大跟脚，一走一掉与地面相碰所发之声。"趿"为"跶"的假借字，以此形容走路慢，不利落，是专用拟声词。

趿拉（tā la）：此处为动词，指腿脚不利落、或穿着不合脚的鞋走。"趿"为"跶"的假借字。详见t08条。另：京中俗语有"鞋趿拉袜趿拉"一说，是形容人脚下不齐整，鞋袜脏破；但其实是隐指其穷困潦倒。

t06 邋遢

例（22 381 23）：叫他紧跟着走。你们瞧着罢，回来到了这里，横竖也邋遢了

注－邋遢（tā la）：此处指累垮了的狼狈不堪貌。应作"邋遢"，本义谓不整洁（另有"行走貌、鄙猥糊涂"等意，与此处无涉），此说法早在宋代已有之（见宋·释适之《金壶字考》"邋遢不整貌"）；但此处写为"邋遢"，却有些奇怪。若非舛误颠倒，则恐与满语有关，详见《满蒙语汇壹－45》。

t07 靸拉

例（06 091 17）：前仰后合的站不住；又象明杖儿拉着个瞎子，两只脚就地儿靸拉

注－靸拉（tā le）：原著此处指两脚抬不大起来，在地下半拖着走。是形容腿吓软了的样子。"拉"字变读为 le，轻声，不儿化。

t08 靸拉

例（04 059 20）：一双大掖巴鱼

鳞伞鞋,可是靸拉着

注－靸拉（tā le*r）：将鞋后帮踩在脚后跟儿下的穿鞋法京人叫"靸拉"，今之所谓拖鞋旧称"靸拉儿鞋"。但"靸"字今写作"趿"，而"靸"字《汉语规范词典》注为："统读 sǎ。"详见《附录壹－40》。

t09 脱

例（29 551 15）：画的那三副脸儿……那穿红的竟是给自己**脱**了个影儿

注－脱（tà）："拓"（tà）的假借字。是说画的像，如拓的一样。

tan

t10 他

例（24 446 02）：只是你看今日这番光景，你还要称**他**甚么伯父母，竟叫**他**声父母才是

注－他（tān）：此处据原著情节注音为 tān。按：京人对尊长第三人称敬语为怹（tān）。详见《卷二·tx04》条。

t11 弹在痒痒筋儿上

例（39 831 06）：这桩事……可正**弹在安老爷的痒痒筋儿上**

注－弹在痒痒筋儿上（tán zei yǎng ying jiē*r sheng）：道及某人擅长处，令其兴奋莫名。"在、（后一个）痒、上"三字变读，轻声。

tang

t12 荡

例（32 613 08）：及至下了楼，出了门儿**荡**着车辙过去

注－荡（tāng）：此处为"蹚"的假借字。京俗语，意谓"从浅水或无路的荒草地上走过"。这里指从车辙上跨过。83版作"荡"，齐鲁版及14版作"蕩"（即"荡"的繁体字），《汉语大字典》注云："用同'趟（tāng）'。"

t13 挡寒

例（05 083 11）：僧人五荤都戒，就只喝口素酒，这个东西冬天**挡寒**

注－挡寒（táng hán）："挡"字变读 táng，是京腔说法，也可读本音。

t14 搪灾

例（31 607 05）：你九太爷使家

伙可讲究刀无空过，讲不得只好拿你们的兵器搪灾了

注－搪灾（táng zāi）："搪"字本意为抵挡，此处指消弭。京人常用说法。

t15 搪住了

例（09 137 15）：仗我这口刀，多了不能，有个三五百人儿还能<u>搪住了</u>

注－搪住了（táng zhù liǎo）："了"字读本音，是强调前面动词（搪）的完成式，意谓保证能完成某事，不在话下。读音的精密区分，是京语细微处。

t16 荡

例（01 014 09）：就算是不中，再白辛苦这一<u>荡</u>也不要紧

注－荡（tàng）：此处为"趟"的假借字，是为量词，指（某种）行动的次数。83版作"荡"，齐鲁版及14版作"蕩"。与t12条用同一假借字，而音、义相异。

tao

t17 讨人嫌

例（04 057 24）：你瞧跟他的那个姓华的老头子，真来的<u>讨人嫌</u>，甚么事儿他全通精儿

注－讨人嫌（tǎo rén xián）：京语谓招人讨厌的惯用说法。

t18 套头裹脑

例（23 405 22）：列公请想，这桩<u>套头裹脑</u>的事……说书的还知道个影子了

注－套头裹脑（tào tóu guó nǎor）：此处谓多种事由儿搅在一起，纠缠不清。另也可指办事精缜严谨，不漏破绽。后一说法今已不闻。"裹"字阳平，"脑"字儿化。

te

t19 忒楞楞

例（19 338 16）：便是那树上的鸟儿，也<u>忒楞楞</u>展翅高飞

注－忒楞楞（tē*r lēng lēng）：京语特有的拟声词，此处形容鸟儿刚飞起时用力扑动翅膀声。

t20 忒楞楞

例（24 444 02）：忽然从门外一阵风儿吹得那窗棂纸<u>忒楞楞</u>长鸣

注－忒楞楞（tē*r lēng lēng）：京

语特有拟声词，此处形容风吹窗户纸响。该词用途有限，大概也就上述两种。

同时完成90°以上的转身动作，且以手击足作响。"级"字变读。现写作"踢脚"。

t21 忒儿喽

例（28 534 03）：安老爷却就着那五样佳肴，把一碗面**忒儿喽**忒儿喽吃了个干净

注 - 忒儿喽（tē*r lōu）：京语形容吃有汤汁食品时的专用拟声词，多重叠使用。但若读为轻声 tē*r lou，则为动词，指将鼻涕吸回鼻腔中（多指小儿）。

t24 提补

例（15 241 06）：邓九公道："是呀，是呀！得亏你**提补**我。"

注 - 提补（tí be）：提醒、提示。今似不闻此说法。"补"字读 be，轻声。

t25 提补

例（36 723 14）：就是奴才平日不能**提补**着他，也有不是

注 - 提补（tí be）：较上条语气庄重，有调教、督导义。"补"字读 be，轻声。

teng

t22 疼的宝贝儿似的

例（30 582 15）：母亲本就把这两个媳妇儿**疼的宝贝儿似的**

注 - 疼的宝贝儿似的（téng de bǎo bè*r shi de）：京俗语，今尚存。

t26 提起魂儿来

例（26 477 08）：原来姑娘被张金凤一席话，把他久已付之度外的一肚子事由儿给**提起魂儿来**

注 - 提起魂儿来（tí qi hué*r lei）：因某种原因将久已淡忘之思绪重又勾起；或将本已放弃之计划再度准备实施。此说法今罕用。

ti

t23 踢级

例（18 308 05）：有的从老远跑来一纵身就过去的，有的打着**踢级**转着纺车过去的

注 - 踢级（tī jiao）：一种武术动作，两脚在一次腾空中先后踢起，

t27 嚏喷

例（32 616 02）：吾叫"梆子头"，难道你倒不叫"嚏喷"吗

注－嚏喷（tì fen）：京人不说"喷嚏"，而说"嚏喷"，也作"涕喷"。"喷"字读 fen，轻声。参见《元曲语汇 055》条。

tian

t28 天

例（27 497 19）：这天也是时候了，你可尽着招他哭哭咧咧的是作甚么呢

注－天（tiān 或 tiār）：此处指时间。京语习惯，当"天"字指天空时不儿化，如天色、天气、天下雪了、天上来(shàng lei)了(指天空乌云聚集，要下雨了)等；但如用在动词后作为宾语时，则多儿化，如闹天儿（天降雨雪风霜）、变天儿等；而作为"时间"义时（如本条），儿化与否往往是因人因场合而异。

t29 天气

例（24 440 20）：我原想月里头就赶到的，不想道儿上遭了几天天气

注－天气（tiān qi）：此处指风霜雨雪等气候变化。此种说法现较少。

t30 天气

例（32 618 04）：自此邓九公……也就有些倦游，便择定日子要趁着天气回山东去

注－天气（tiān qi）：此处意指好天气。原著中此时为初冬，正好赶路。

t31 添箱

例（26 483 17）：合人家换了一百金子，给我添箱

注－添箱（tiān xiāng）：京俗语，嫁娶时女方亲友馈赠之妆奁，亦称"帮箱"。参见 b34 条。

t32 甜甘

例（39 820 15）：论那个人儿啊，本来可真也说话儿甜甘，待人儿亲香

注－甜甘（tián gan）：此指说的话委婉动听，"甘"字音介于 gan、gen 之间。早在元曲中，即

多有用"甜"字作状语者，多属美好之意；"甜甘"更复言之。另有"甜净"一说，含意较广，扩展至对人的整体形象之评价，如原著第29回何小姐对长姐儿的评价。近世多说"甜净"，"甜甘"一词罕有闻。

t33 填还

例（05 080 04）：拢住那个骡子骂道："不**填还**人的东西！等着今儿晚上宰了你吃肉！"

注－填还（tián huo）：肯为人出力、贴补（其不足）、或牲口特别听使唤，总之是有利于人都可以说"填还人"。原著此处是在骂牲口，这种骂法在实际生活中甚为常见。"还"字读 huo，轻声。另：此词在元杂剧中常见，参阅《元曲语汇 056》条。

t34 填馅

例（06 099 07）：那女子道："委屈你们几个，算**填**了**馅**了；只是饶你不得！"随手一棍一个，也结果了性命

注－填馅（tián xiàn）：京语常用词汇，也说"白填馅"，意谓"白搭、白饶进去（而无任何实效）"。此词据说源于瓦工活儿，砌完墙后用灰浆把砖缝抹严实，谓之"添线"（现叫作"勾缝儿"），后来也不知就怎么变成了现在意义的"填馅"了。

tiao

t35 挑

例（39 817 06）：只是我要**挑**老哥哥，这样一桩喜事，你怎的不早给我个信儿

注－挑（tiāo）："挑礼"（"礼"字也可儿化）之略说。旧时京人在人际关系上特别讲究礼节，若一方之作为有违众所认同之礼数，就可能被别人提出意见乃至指责，此谓之挑礼或挑眼。

t36 调停

例（02 025 03）：平日这几个丫头们服侍、老婆子们伺候，我还怕他们不能周到，都得我自己**调停**

注－调停（tiáo ting）：此处为指导、安排、调派意。调停还另有"为双方说和，消弭矛盾"之义。

t37 跳咯噔儿

例（31 599 02）：大家便先把那贼的左手左脚绑在一起，那贼只剩得一条腿在那里**跳咯噔儿**了

注－跳咯噔儿（tiào gé dè~r）：旧时京中的一种儿童游戏，在地上画出某种格子，单腿在其中跳动，并踢动小石块或沙包至某指定格内。也叫跳间、跳房子。

tie

t38 铁

例（33 655 05）：张太太道："他**铁**是又笑我呢！"

注－铁（tiě）："铁定"之略语，谓肯定、保证、绝对没错之意。另：二人友情甚笃京人亦谓之铁，有铁哥们儿之说。

ting

t39 听头儿

例（15 246 21）：慢讲这大江南北……但是个有点**听头儿**的，提起来大概都知道他个根儿襻儿

注－听头儿（tīng tour）：值得说起让人听的，意谓有点儿名声、名气。

t40 听着摸不着

例（36 734 05）：还说你说的话他**听着摸不着**，叫我瞧着咱儿说咱儿好

注－听着摸不着（tíng zháo māo be zháo）：听不懂对方所言。原著此处是舅太太转述、模仿张太太的话，所以"着、摸"二字按京东怯口注音。另外本句中的"咱儿"其实是"怎么"的怯口直音字，读为 zár，也是在模仿张太太。

tong

t41 通精儿

例（04 057 24）：你瞧跟他的那个姓华的老头子，真来的讨人嫌，甚么事儿他全**通精儿**

注－通精儿（tōng jiē~r）：内行、精明，眼里不揉沙子。

t42 铜旋子

例（38 786 02）：大家便忙着铺马褥子，解碗包，拿**铜旋子**

注－铜旋子（tóng xuàn zi）：此处指铜洗脸盆。此词也泛指其他某些圆形薄壁铜制品。该种物品之

共同点系均以薄铜片（厚度1~2毫米）所制，在旋床（类似今机械加工所用的车床）上配合模具旋压（俗称为"赶"）而成，故名之曰铜旋子。

t43 统

例（38 791 02）：何不转到碑前头读读这**统**碑文

注－统（tǒng）：京俗语，专用于石碑及整根木料的量词。现不闻此说法。

t44 通

例（32 623 20）：待我把老兄的平生事实，作起一篇生传来，索性请老兄看过了，将来镌在那**通**碑上

注－通（tǒng）：音义同上条，是"统"的假借字。

t45 通红

例（28 519 20）：张姑娘倒臊了个小脸**通红**

注－通红（tòng hóng）：京腔读音。"通"字也可读阴平。

tou

t46 投

例（32 612 05）：又要了壶荸荠枣儿酒，说："昨日喝多了，必得**投**一投。"

注－投（tóu）：酒喝过量，第二天还得少喝点儿，否则会很不舒服，以后很长时间都不想再喝酒，此谓之"投"。《增补五方元音》卷二："酘，以酒解醒。"古人这样认为，其实并没有什么科学道理。按："投"字是"酘"（dòu）的音转字，"酘"字原意为"酒再酿"。《集韵·矦韵》："酘酒再酿。"苏轼《酒经》："酒之始萌也甚烈而微苦，盖三投（酘）而后平也。"古人可能是从"酒再酿"联想到的以酒解酒，这是中国人的思维惯性使然。元曲中常见此说，见《元曲语汇057》条。

t47 头把儿

例（37 753 06）：待摸着**头把儿**还他个旗礼，又怕他不懂

注－头把儿（tóu be*r）：旗人女子发式的一种，详见157条。"摸头把儿"参见《附录壹－41》。

t48 头口

例（14 219 02）：这两条腿儿的头口，可比不得四条腿儿的头口

注－头口（tóu kou）：牲口。这里是山东的车夫所言，山东淄博方言小说《醒世姻缘传》第12回也有"叫人往庄上打点一班人骑的头口"的说法。但此说法不仅限于山东，也是北方语系广大地区共有的说法，下层京人中也有这样说的。参见《元曲语汇058》条。

t49 头里

例（14 221 02）：那安公子此时却大非两个月头里的安公子可比了

注－头里（tóu li）：此处意为（在何时）之前。

t50 头里

例（34 673 22）：张亲家老爷叫回老爷、太太，不进来了，合程师爷头里先去了

注－头里（tóu li）：此处意为提前、事先（如何）。

t51 头里

例（14 216 02）：到了那里，打邓家庄儿头里过去，就是青云堡

注－头里（tóu lou）：正面、前面（附近的地方）。此处说的是方位，与前两条（说的是时间）字同而音、义均不同。"里"字变读。参见189条。

t52 头晌午

例（20 341 19）：还等这会子呢？头晌午就来了

注－头晌午（tóu shǎ~r wo）：京人口语说法，谓接近中午时（11点来钟）。"晌"字儿化，"午"字读 wo。

t53 头蹄下水

例（21 359 10）：中间又架着一盘，便是那十二件里片下来的攒盘，连头蹄下水都有

注－头蹄下水（tóu tí xià shui）：京人谓供食用的牲畜内脏为下水。"水"字轻声。

t54 透亮

例（19 329 14）：把你心里的为难想了个**透亮**

注－透亮（tòu liɑng）：此处意为清楚明了。注意：此义时"亮"字轻声但不能儿化，说得快时"亮"字读 ling，轻声；若读成本音儿化透亮儿（tòu lià~r）则是透光的意思；若读成轻声儿化透亮儿（tòu lia~r），则是指无遮挡物，眼面前儿开阔通透。

t55 透鲜

例（11 168 24）：县官道："……这一案敢只算糟透了腔了！你还有个甚么**透鲜**的主意没有？"

注－透鲜（tòu xiār）：极新鲜。此处引申为极高明、稀奇、出人意料义。"鲜"字也可不儿化。

tu

t56 脱落

例（24 428 11）：说着话，手里一带那麻绳子，把个针拉**脱落**下来了

注－脱落（tū lu）：针与线脱离、或捆扎物品之绳松脱，京人说 tū lu。此处"脱落"二字变读，现多写为"秃噜、吐噜、秃鲁"等。按："秃噜"一词，还另有（皮或毛羽）脱落、（编织物的边缘）松散、（衣物）过分长拖曳着、脱口失言、消耗殆尽等多义。

t57 唞噜串儿

例（25 461 01）：请问这一**唞噜串儿**，叫安老爷一家怎生见人

注－唞噜串儿（tū lu chuar）：珠串断开，珠子散落京人说"秃噜了"。此处引申为办事中辍，致局面崩溃无法收拾。"唞"字为自造俗字，今去掉口字旁，"唞噜"写为"秃鲁"。

t58 吐口

例（16 271 10）：任他那上司百般的牢笼，这事他绝不**吐口**应许

注－吐口（tú kǒur）：京人谓起先不肯（或不承认）、后因各种原因最终应承了（某事）为吐口。此词要突出的是从否定到不得不肯定（某事）的过程。"吐"字阳平，"口"字儿化。

t59 兔儿爷

例（32 614 17）：那群小旦前后左右的也上了桌子，摆成这么一个大**兔儿爷**摊子

注－兔儿爷（tùr yé）：旧时京城中秋所祀月中兔神。详见《附录壹－42》。

tuan

t60 团和

例（16 273 17）：他若推托，却请九兄从旁如此如此的一**团和**

注－团和（tuán huo）：调和、斡旋，含有和稀泥的意思。

t61 团弄

例（34 674 23）：何小姐道："别动他，等我给你**团弄**上就好了。"

注－团弄（tuán nong）：此处指用手捏合手镯，调整其圈口大小。但从原著下文看，长姐儿听了这话把脸"羞的小茄包儿似的"，可知此词在当时可能有某种性含义，或至少能激发某种性联想，今不知其详。

tui

t62 忒

例（01 018 09）：安太太听了，说道："老爷也**忒**虑得远。……"

注－忒（tuī）：京语常用词汇，谓某事物程度之深。土点儿的读 tēi。参见《满蒙语汇壹－46》。

t63 忒好咧

例（07 113 20）：要提起人家大师傅来，**忒好咧**

注－忒好咧（tuī hǎo u liu）：这是按旧京下层人士的怯口注的音，有明显的唐山味儿——当然原著中说此话者未必是这样。之所以这样标音，意在表明京语并非铁板一块，它杂糅了京畿周边多处乡音。"好"字后面加上 u，是口型提示，不要完整的发音。

tun

t64 褪

例（13 212 15）：只见他把右手**褪**进袖口去，摸了半日

注－褪（tùn）：本意为将穿着或套着的东西用力脱落或摘除，此处反其道而用之，是手用力从袖中向回缩之意。

tuo

t65 脱岔露空

例（26 478 22）：可惜这等花团锦簇的一回好书，这一段交代，交代的有些**脱岔露空**了

注－脱岔露空（tuō chár là kòng）：指发生纰漏、失误，事儿接不上茬儿了。"岔"字阳平儿化，"露"是"落"（读là，参见108条②项）字的讹写。

W 部

wa

w01 挖单

例（24 441 23）：抬的两座不高的佛像，只是用红绸**挖单**蠓着

注－挖单（wà dān）：包袱皮儿，且多指夹层的包袱皮儿。据说北方一些地区只要是夹（jiá）的，甚至夹袍子都有这样叫的，不知确否。延伸开来，蒙布都可以叫挖单（如变中式古彩戏法儿所用的那块蒙布）。"挖单"也有写为"洼单、瓦单、卧单"者。此词源于满语，详见《满蒙语汇壹－47》。

wai

w02 歪不楞

例（32 615 21）：落后从下场门儿钻出个**歪不楞**的大脑袋小旦来

注－歪不楞（wāi be lēng）：指仪容不整、形象猥琐的样子，倒不一定非得哪儿长歪了。"不"字变读为be（普通话中无此音），轻声；"楞"字阴平。

w03 外边

例（02 025 18）：至于**外边**的事，现在已经安顿妥当了

注－外边（wài be*r）：京语中，"边"字若置于"里、外、这、那、上、下、左、右、前、后、东、西、南、北"等字之后，构成一个表示方位的词时统读be*r。参阅149条。

w04 外厨房里的灶王爷——独坐儿

例（36 739 14）：怎么今儿个他又"**外厨房里的灶王爷**"，闹了个**独坐儿**呢

注－外厨房里的灶王爷——独坐儿（wài chū fáng li de zào wang

yé—dú zuòr）：这是当时的歇后语，现已不闻。旧时京人供奉灶王爷所用的"神码儿"（木版刻印的神像）有两种：一种是灶王爷、灶王奶奶的双人像，供奉于家庭内部的小厨房（只供主人等少数人用），神码儿顶上印有"一家之主"字样；另一种是灶王爷的单人像，用于供奉商店及外厨房（大户人家设于内宅之外，供包括下人的全体人员用）。"厨"字阴平，"王"字轻声。

w05 外话

例（01 011 20）：听见人说句**外话**，他都不懂

注－外话（wài huà）：家庭之外、社会上的市井俚语。旧京有教养的家庭中所用的语言与外话迥然有别，相互间有许多难以沟通处。在下对此深有体会，市井语都是笔者后来学的。

w06 外手里的内造人儿

例（31 586 18）：这随缘儿媳妇正是戴嬷嬷的女儿……算一个**外手里的内造人儿**

注－外手里的内造人儿（wài shǒu lou de nèi zào ré*r）：外手（也叫外怀）是赶大车的用语。赶车人所在一侧位置称里手（也叫里怀），另侧称外手。此处引申为外来者、非亲属关系之意。"内造"是"内务府造"（参阅 n26 条及《附录壹－28》）之略，这里的"内造人儿"是调侃语，指家生儿。满族入主中原前，其社会结构尚保留着奴隶制成分，有一定地位者家中多有蓄奴。奴隶来源为战俘或罪人，他们世代为奴，隶属自己主人；所生子女仍为奴（据说后来规定五代以上可以脱离奴籍），称家生儿。全句话的意思是"虽非亲属，但与主人家渊源甚深"。

w07 外外

例（03 044 17）：把个舅太太慌的，拉着他的手说道："好孩子，好**外外**！你别着急……有舅母呢！"

注－外外（wài wai）：京中旗人称外甥为外外。后一"外"字轻声。

w08　外外姐姐

例（22　394　13）：舅太太一把拉住说："好个**外外姐姐**！……"

注－外外姐姐（wài wei jiě jie）：京中旗人称外甥媳妇为外外姐姐。后一"外"字读得比上一条更轻，所以读音从 wai 降为强度低些的 wei。"姐姐"一词在此也是指着孩子叫（参见 t04、z104 条）。

w09　外务

例（33　636　21）：你看玉格这孩子近来竟慌得有些**外务**了

注－外务（wài wu）：身虽还在此处，但早已魂不守舍，心思都在别处了。指不务正业（原著此处指不专心读书）。明清小说（如《三言二拍》等）也说"务外"，指的更严重些，包括吃喝嫖赌败家了。如《警世通言》第三十一卷"赵春儿重旺曹家庄"："向因你务外，不对你说，如今交付你夫妻之手。"

wan

w10　弯转

例（04　064　19）：你老要有熟人只管说，别管是谁，咱们都**弯转**的了来

注－弯转（wān zhuan）：此处意为费尽心机（也能弄到手）。此词还另有挽回、斡旋等意。

w11　完了

例（22　392　10）：就讲老爷的居心待人，咱们家不是这模样就**完了**的

注－完了（wán liǎo）：此处"了"字读音很重，以示强调。

w12　完了着

例（40　879　11）：要带他到舅太太那边行了礼……舅太太先拦说："使不得，先把你们家这点礼儿**完了着**

注－完了着（wán lou zhe）：汉语向被诟病表现动词时态的能力弱，但京语因与幽燕语有着传承关系，而幽燕语又深受阿尔泰语系的影响，所以很注重动词时态的表现，且在汉语所可能达到的

范围内尽量设法表现之。像这句"完了着",很生动而又精确地描述了动词"完"的状态:"了"字是完成时,而"着"字是现在进行时,合而为一就是现在完成时(表示持续);意谓"事情基本已完成,只差一点点,马上就行了"。在汉语各个语系的方言中,吸收了阿尔泰语元素的京语对动词时态的表现能力,明显超过南方方言。"了"字变读,"着"字轻声。

wang

w13 往回

例(29 559 16):我也难得到京一荡,往回来了,又身上有事,不得自在

注－往回(wǎng hui):京人惯用说法。"回"字在此指次数,往回即"以往那些次"之意。

w14 望

例(13 207 08):说着,送到院门,便不望外再送

注－望(wàng):"往"之假借字,旧小说常读去声,这样写音义相宜。

wei

w15 偎

例(39 830 18):坐中那个冉望华是个退让不遑的人,见他两个争竞起来了,慌得把身子望后偎了一偎

注－偎(wēi):本意为靠着、紧挨着,此处引申为退缩意。

w16 偎

例(22 390 01):把脑袋往被窝里偎了一偎,又(睡)着了

注－偎(wěi):此处意为(裹在被中)往下缩。京人管蜷缩在被窝里(尤其是冬天)不肯起床叫"偎窝子"。"偎"字变调上声。

w17 猥獕

例(33 636 22):难道一个成人的人了,还只管终日猥獕在自己屋里不成

注－猥獕(wěi cui):原义为面目丑陋、言谈庸劣。如《水浒传》第一回:"他既是天师,为何这等猥獕?"原著此处指依偎着,即缠绵之意。这是安老爷认为儿子成天价和媳妇泡在一起,不务

正业（读书），没出息。现在有更直白的"黏糊"一说，形容男女缠绵旖旎状。参见《元曲语汇059》条。后演变成"委蹭"，意为"靠在身上磨来磨去"（多用于指小孩儿缠磨大人）；又有"行动迟缓、没个爽利（读 shuà li）劲儿"之意。京语还有一词叫"委咕"（也有写作"猥鼓、偎咕、委故"），与此义近，但又有摆弄、鼓捣、揉搓等意，还有时指背着别人干点儿不愿为人所知之事。"猥猡、委蹭"二词今不闻，"委咕"尚存。

w18 未从

例（06 087 21）：那怕夜间脑后有人暗算，不必等听出脚步儿来，**未从**那兵器来到跟前，早觉得出个兆头来

注－未从（wèi céng）：还没等到发生某事（即已有反应）。"从"字读音介于 céng、cóng 之间。此词今少有闻，已演变为书面语味儿更浓的"未曾"。

w19 卫顾

例（31 607 12）：我毁坏你们这几件家伙不是奚落你，是**卫顾**你

注－卫顾（wèi gu）：卫护、眷顾。此说法今虽尚存，但已少有人用。

w20 位置

例（13 200 22）：又同安公子计议了一番公事如何清结，家眷怎的**位置**

注－位置（wèi zhi）：此处是作为动词用，意为安排、安置。"位置"一词这种用法今已不存，只留下了名词属性。但考其语源，笔者以为倒是动词为本源，而名词是衍生义。

wen

w21 稳风不动

例（06 093 10）：一声不哼、**稳风不动**的听他怎生个作用

注－稳风不动（wēn fē*r bú dòng）：丝毫不动。也作"纹风不动"，现多作"纹丝不动"。"稳"字阴平，"风"字儿化，"不"字阳平。

w22　温和

例(09 144 18):安公子说:"不怕,水不凉……还<u>温和</u>呢!"

注－温和(wēn hur):温度较人体温略高京语称温和。"和"字读音介于 hur、huor 之间,现写作"温乎"。"和"字儿化。

w23　文墨人儿

例(32 621 15):稀不要紧的平常事,到了你们<u>文墨人儿</u>嘴里一说,就活眼活现的

注－文墨人儿(wén mo re*r):文人。旧京无文化者对文人的称呼。"墨"字读 me,轻声。

w24　问他问

例(04 066 12):这李四……先走到石头边说:"这得先<u>问他问</u>。"

注－问他问(wèn te wen):京中脚行(搬运、起重、运输类行业)用语。此处"问"字谓对沉重对象先通过推动或抬、撬等方法估量一下其重量,再决定怎么挪动,是为动词。句中"问他问"的"他问"二字是宾语,指(预估重量)这件事。"他"字读 te;"他问"轻声。按:李四并非京人,但原著作者常让非京人操京语(张太太、程师爷除外),这样写作较省事,又利于保持全书一致的语言特色。

wo

w25　窝心

例(21 364 14):我何玉凤从十二岁一口单刀创了这几年……可从没输过嘴,<u>窝过心</u>

注－窝心(wō xin):此处意为心里受了委屈却又无从发泄,感到很憋闷。此意今仍常用。

w26　窝心

例(27 500 02):邓九公满脸发烧,两眼含泪的道:"老弟,你不知道愚兄的<u>窝心</u>,我真对不住他么!"

注－窝心(wō xin):此处为"感到内心愧对"之意。此意现少有用者。按:综上两例,义虽不同,但总之都是否定性词汇。真闹不明白台湾人怎么把这个纯粹京词儿变成了台式的"窝心",意谓感

到心中温暖，很受用，岂非咄咄怪事。

w27 窝心脚

例（32 616 04）：我只说这个小蛋蛋子可是要作**窝心脚**

注－窝心脚（wō xīn jiǎo）：当胸用脚踹。京腔读音，"窝"字轻声，强调的是"心"字。另：此句中"作"字阴平，意为自找的；详见 z139 条。

w28 窝着

例（31 598 12）：咱们分开从东西耳房两路绕到后头去，小心背旮旯儿子里**窝着**的

注－窝着（wō zhao）：隐藏着。"着"字读 zhao，是强调语气。

w29 窝里发炮

例（05 079 11）：那骡子忽然**窝里发炮**的一闪，把那白脸儿狼从骡子上掀将下来

注－窝里发炮（wōr le fā pào）：此处意为突兀的、无缘无故的（做出某种举动）。"窝"字多儿化，"里"字读 le，轻声。此说另有时是指自己人相互攻讦，作此意时现在一般是说窝里斗。

w30 我们

例（16 267 11）：这大爷跟前我可怎么好"老大""老大"的叫他呢？**我们**还论我们的

注－我们（ḿ men）：这是京语独有的说法，陈刚先生的《北京方言词典》中写作"呒么"，是第一人称"我、我们"在京口语中的一种独特用法。详见《附录壹－43》。

w31 㳙

例（34 673 16）：熬上锅小米子粥，**㳙**上几呀鸡子儿

注－㳙（wò）：将磕开的鸡蛋下入沸腾的水锅，不可搅动，使之受热凝固成形，京人谓之曰"㳙"。现写作"沃"或"卧"。"㳙"字本音读 hú，意指"模糊"貌，在此是假借字。

wu

w32 屋里

例（07 105 22）：满**屋里**端相一会

注 – 屋里（wū lou）：此处之屋里不是"房屋里面"之意，而是泛指"房屋内各处"。参见189条。

w33　呜呐呜呐

例（37 747 13）：他这才<u>呜呐呜呐</u>的答道："他是个老爷。"

注 – 呜呐呜呐（wū nāng wu nang）：此处是形容说话胆怯，吞吞吐吐，口齿不清，不敢大声。另：京语此词还指大口吃饭，且发出很大声响；或口中一边吃东西一边说话所发之声。"呐"字本音 nà，这里"呐"是"嚢"的假借字。注意："呜呐（嚢）"一般用重复式，后面的"呜呐"二字轻声快读。

w34　无可不可

例（10 155 23）：一时大礼行罢，把个张老喜欢的<u>无可不可</u>

注 – 无可不可（wú kě bù kě）：此处形容（因某事而）由衷感谢、莫名激动的样子。另有"无可无不可"一说，是指无所谓的态度。

w35　无平不颇

例（31 600 24）：这大约总由于这一向因我家事机过顺⋯⋯才有<u>无平不颇</u>的这番警戒

注 – 无平不颇（wú píng bu pō）：全句意为（如果）没有（过分的）顺利，（也就）不会有变故。详见《附录壹 – 44》。

w36　五供儿

例（37 746 05）：见堂屋里佛爷桌儿上换了簇新的黄布桌围，桌儿上的锡镴<u>五供儿</u>擦得镜亮

注 – 五供儿（wǔ gù~r）：香炉、香筒、油灯各一，蜡扦二，称五供儿，是庙中必备之供奉用品。

w37　五哇

例（07 115 01）：我们庙里他们爷儿<u>五哇</u>

注 – 五哇（wǔ o）：京腔口语中"五个"的直音字。参阅183条。

w38　杌凳

例（12 181 17）：安太太顺手就把他拉在挨炕一个<u>杌凳</u>上坐下

注－杌凳（wǔ dèng）:《现代汉语规范词典》注为"矮小的坐凳"，但京人所谓的杌凳，实际是指一种正方形的凳子（不小）。详见《附录壹－45》。

w39　㞍

例（13　212　23）：摸了摸那钱，还是㞍的滚热的

注－㞍（wù）：以高温物体接触低温物体使其升温，京语谓之焐。此处"㞍"是"焐"的假借字。元曲有此词，参见《元曲语汇060》条。另义可参阅w31条，原著作者对假借字用得随便，因那时对字形规范性要求不严。

w40　杌子

例（07　116　19）：他自己却在北面靠桌上首杌子上坐下

注－杌子（wù zi）：即w38条所说的杌凳。同是"杌"字，前例注为上声是某种特例；而本条无此问题，"杌"字读其本音（去声）。

X 部
xi

x01　西北上好些树那里

例（23　408　14）：那东南上一片大房子，便是他家的庄园；西北上好些树那里，便是他家的坟地

注－西北上好些树那里（xī béir háo xiē shù nèi he*r）："上"字读r，是口型提示。按：此句话的读音，是按我姥姥的语调——其实本书注音主要都是依据记忆中您老人家之所言。您老人家是蓝靛厂火器营人，操一口标准的旗人京片子。另：按原著所说的方位，笔者认为安家庄园即应在海淀区蓝靛厂以西一带。参阅《附录壹－46》。

x02　希不要紧

例（32　621　15）：希不要紧的平常事，到了你们文墨人儿嘴里一说，就活眼活现的

注－希不要紧（xī be yào jǐn）："希"字是稀松平常的略语，表示事情微不足道。"不"字读be，轻声。现在说"稀松"一词，多是指人技

能不精到或对工作十分不认真、糊弄事儿。此义还有个更生动的说法，叫稀松二五眼。

x 03　唏嚕

例（37　754　04）：那等热天，他会把碗滚开的姜汤**唏嚕**下去竟不怎的不算外

注－唏嚕（xī liu）：京语惯用说法，指喝很烫的液体只能小口慢喝，因附带吸进空气，所以发出唏唏的声音。象声词"嚕"此处化为动词用，声情并茂。

x 04　唏嚕

例（38　790　17）：怎禁得那位程相公此时……只望着老爷一个劲儿笑嘻嘻的**唏嚕**

注－唏嚕（xī liu）：与上一条音同而义异，此处是形容有求于人时赔着笑脸，口中说着奉承话的样子，京语也叫递嘻和儿。

x 05　锡鑞

例（37　746　06）：桌儿上的**锡鑞**五供儿擦得镜亮

注－锡鑞（xí le）：一种锡铅合金。

其熔点低，铸造工艺性良好。旧时供器及某些生活器皿常以此制之。"锡"字阳平，"鑞"字读音介于 le、la 之间，轻声。旧时北京东城有一条胡同叫锡拉胡同，其中"拉"即是"鑞"的直音字。

x 06　洗洗汕汕

例（02　026　12）：我要带了华忠去，原为他张罗张罗我的**洗洗汕汕**这些零星事情

注－洗洗汕汕（xí xǐ shuàn shuàn）："汕"字现作"涮"，指在水中摆动物件或在器皿中盛水后晃动（使之清洁）。参阅《附录壹－47》。

x 07　洗三

例（28　533　20）：所以如今小儿**洗三**下面，古为之"汤饼会"

注－洗三（xǐ sān）：京中旧俗，生子三日行洗礼，谓之洗三。届时亲友来贺，送添盆钱。浴儿要请原接生婆，洗时口中念念有词，祷祝孩子日后升官发财，大吉大利。洗后用姜片和艾团熏炙，据说可使孩子身体健康，远离灾祸。

x08　席篦儿

例（29　562　09）：你倒是揭起炕毡子来，把那**席篦儿**给我撅一根来罢

注－席篦儿（xì miěr）："篦"是劈成条状的薄竹片儿，也指用苇子或高粱秆儿劈下的条状皮，可用来编制席子等编织物。"席"字去声，"篦"字上声，儿化。也可按读音直书为"细篦儿"。泛指很细很薄的篦片，此处是张老欲以之作牙签儿。另：京人形容人眼睛细小，眯成一道缝的那种样子，说"跟席篦儿拉（割开，也作'刺'。西北郊区的人多读上声）的似的"。

x09　细条条儿

例（28　534　20）：只见走过一个丫鬟来，长得**细条条儿**的一个高挑儿身子

注－细条条儿（xì tiāo tiáor）：形容女孩子身材曼妙、凹凸有致，不是那种竹竿型。前一"条"字阴平，后一"条"字儿化。另可参阅《卷三·xq04》条，此处与那里的"细高挑儿"有别。

x10　细细儿的想想

例（30　581　23）：且沉着心，捺着气，**细细儿的想想**再说话

注－细细儿的想想（xì xiē*r d xiáng xing）：后"细"字阴平儿化；"的"字读 d，是口型提示；前"想"字阳平，后"想"字读 xing，轻声。

x11　细针密缕

例（26　479　03）：这位姑娘虽是**细针密缕**的一个心思，却是海阔天空的一个性气

注－细针密缕（xì zhēn mì luě*r）：京俗语，形容女红活之优良；此处引申指心思缜密、考虑周全。

xia

x12　辖

例（37　744　08）：当了个难的乾清门**辖**

注－辖（xiā）：变调阴平。清代对御前侍卫的称呼。参阅《满蒙语汇壹－48》。

x13　下马面

例（13　197　23）：摆上饭来，又有太太送来几样可吃的菜并"下马面"

注－下马面（xià mǎ miàn）：京谚云："上马饺子下马面。"或曰："送行饺子接风面。"其义不言自明。

x14　下面

例（28　533　20）：所以如今小儿洗三下面，古为之"汤饼会"

注－下面（xià miàn）：京人谓向锅中投放食品为"下"。如下面、下饺子、下白菜等。京语中"下"字还另有多种意思，可在多处使用。如：下家伙（对人暗中使用有害手段）、下个气儿（服软）、下蛆（说坏话诋毁他人）、下嘴（看准机会侵占他人利益）、下死劲儿（拼命竭力）等等，都是京语常用说法。

x15　吓人不喇的

例（38　786　12）：我的老爷，好话咧！大吓人不喇的

注－吓人不喇的（xià rén bū la de）：吓人。"不喇的"是词尾后缀，无实意，仅起加强语气的作用。"不"字在此读阴平是特例，不符合京语"一、七、八、不"变调的一般规律，实际读音介于 bū、bā 之间。

xian

x16　闲来

例（23　405　16）：姑娘闲来还要听个笑话儿、古记儿

注－闲来（xián lou）：此处"来"字是用以界定动词"闲"的时态，表示"持续的闲在"。这是京语受阿尔泰语系影响的表现。"来"字读 lou，轻声。

x17　显怀

例（31　587　06）：况且他那时候正怀着三个来月的胎，渐渐儿的显了怀了

注－显怀（xiǎn huái）：京语谓孕妇腹部显现凸起为显怀。

x18　显应

例（26　472　07）：诚则灵，许我公婆诚求，就许他二位老人家有

个显应

注－显应（xiǎn ying）：指求神拜佛有灵验。"应"字轻声。

x19　献勤儿

例（23　420　14）：不知那个丫头女人们在跟前听见，没的在大奶奶跟前<u>献勤儿</u>了

注－献勤儿（xiàn qiě*r）：献殷勤。此为京腔说法，"勤"字上声儿化。参见《元曲语汇061》条。

xiang

x20　想过滋味儿

例（26　470　07）：倘然日后姐姐<u>想过滋味儿</u>后悔起来

注－想过滋味儿（xiǎng guo zī we*r）：（事后）把事情全面理顺，想清楚了。现多作"琢磨过味儿来"。此说法只用于否定义，是指某事当时处理得不妥，事后细想"琢磨过味儿来"，于是就反悔了。"过"字轻声；"味"字轻声儿化。另：京俗语中有"反手正手"的说法，是指人做事反复无常。

x21　想是……再不……

例（04　067　03）：有个凿通了的关眼儿，<u>想是</u>为拴拴口，<u>再不</u>插根杆儿，晾晾衣裳用的

注－想是……再不……（xiǎng r…zài be…）：京语常用句式，用于判断事物的两种可能性。"是"字读r，是口型提示；"不"字近于be音（这是京语受满语语音影响的痕迹，普通话中b、p、m、f只与o而不与e相拼），轻声。

xiao

x22　消停

例（24　429　08）：这话究竟从何谈起，且请<u>消停</u>，这话非一时三言五语可尽

注－消停（xiāo ting）：此处是模仿说书人口吻，请人少安勿躁。"消"字读音介于xiāo、shāo之间；"停"字也可儿化。此词在元曲中屡见，在不同场合分别有安静、停留、耽搁或休息等义。详见《元曲语汇062》条。

x23　消停消停

例（12　190　09）：安太太又说："你们亲家两个索性等<u>消停消停</u>再说话罢。"

注－消停消停（xiāo ting xiao

ting）：此处意为稍事休息或稍等一会儿，作此意时一般要重复说（如本例）；后三个字均轻声。

x24 消消的
例（27 499 16）：你想，师傅九十岁的人了，我这脸上<u>消消的</u>不消消的
注－消消的（xiāo xiāor de）：" 消 " 字意为消受、承受；" 消的 " 是为前一 " 消 " 字的完成式，" 消消的 " 即消受得起、承受得了之意。整句话意为 " 脸上挂得住吗 "，即没有面子。

x25 小傻子儿
例（27 508 22）：说他有心眼儿，一会价说话真象个<u>小傻子儿</u>
注－小傻子儿（xiáo shǎ zé*r）：" 小 " 字阳平，" 子 " 字读 zé*r。这样的读法透着无限关爱之情，并含些微调侃意。如照常规读为 zi，则灵动之气立消。

x26 小小子
例（14 228 14）：早有两个<u>小小子</u>端出一盆洗脸水、毛巾、胰子

注－小小子（xiáo xiǎo zi）：此处指少年男仆。前一 " 小 " 字阳平。

x27 小小子儿
例（14 226 12）：奴才这妹子死后，丢下一个<u>小小子儿</u>，无人照管
注－小小子儿（xiáo xiǎo ze*r）：此处指年幼的儿子。读音参阅前条。

x28 小小子儿
例（05 084 12）：哟！<u>小小子儿</u>……象你这个样儿的，我也不知宰过多少了
注－小小子儿（xiáo xiǎo ze*r）：原著此处这样称呼是对成年男子（安公子）表示轻蔑之意。读音同前条。

x29 小大姐儿裁裤子——闲时置下忙时用
例（40 876 05）：先打了个 "<u>小大姐儿裁裤子——闲时置下忙时用</u>" 的主意呢
注－小大姐儿裁裤子——闲时置下忙时用（xiǎo d jiěr cái jiè zi —

xián r zhì ie máng r yòng）：旧京对年轻姑娘有"小大姐儿"一称，语含轻佻乃至调戏意；襻子即小儿尿布，"置（预作准备、置办）襻子"更是隐含了私生子的意思。这是一句含义猥亵的歇后语。"大、时、下、时"四字分别读 d、r、ie、r，是口型提示。按：元曲中有"绷藉"一词，指谓襁褓。细分一下，"绷"指小儿衣；而"藉"指小儿卧处承秽之布，即襻子。参见《元曲语汇 063》条。

x30　小蛋蛋子

例（32　616　04）：我只说这个**小蛋蛋子**可是要作窝心脚，那知这群爷们被他这一打这一骂，这才乐了

注－小蛋蛋子（xiǎo dàn d zě*r）：旧时京人对年轻男性的蔑称，贬义，含粗口。后一"蛋"字读 d，是口型提示。

x31　小孩子

例（33　656　12）：但是既承公婆把家里这么一件要紧点儿的事，放心交给媳妇们俩**小孩子**带着他们办

注－小孩子（xiǎo hái zè*r）：旧时京人在长辈前常自称小孩子（哪怕已经二三十岁了），以示恭顺孝敬。"子"字变调，去声，儿化。

x32　小建

例（24　433　09）：这个月**小建**

注－小建（xiǎo jīn）：夏历（1970年后改称农历）历法中，29天的月份称为小建，30天的月份称为大建。"建"字变读为 jīn。

x33　小尽

例（34　672　20）：那年七月又是**小尽**

注－小尽（xiǎo jīn）：音、义均同上条，写法不同。

x34　小帽头儿

例（34　671　13）：赴考的士子倒随便戴个**小帽头儿**去应试，如何使得

注－小帽头儿（xiǎo mào tóur）：旧时京人（尤其是旗人）常戴的一种便帽，也叫帽盔儿。帽呈

半球形，由数块上尖下宽的布料缝合而成；帽顶缀一丝绒盘成的圆疙瘩，称算盘结；帽前沿正中钉一装饰物（为玉、玛瑙、翡翠等贵重材料），称帽正。旗人子弟多有在算盘结上结一缕红丝绒绳，称为红穗子。此种便帽家居宴游时戴，正式场合戴就失礼了。

x35 小人儿

例（25 457 11）：别人犹可，我只恨张金凤这个小人儿，没良心

注 - 小人儿（xiǎo ré*r）：这是对亲近者之指责，虽有不满，但绝非真怀恨。与不读儿化音的"小人"（品行坏）完全不同。

x36 小人儿家

例（25 462 10）：安太太先就说："你小人儿家可有多大能耐呢？……"

注 - 小人儿家（xiǎo ré*r jie）：京人长辈对晚辈昵称。"家"字变读轻声。

x37 小丫头子

例（35 708 20）：只那个长姐儿偶然还许伺候戴一次帽子，此外那班小丫头子……等闲不准上手

注 - 小丫头子（xiǎo yā tou zi）：此读音对幼女而言是昵称，但此处是对年轻女仆而言，则是蔑称了。"头"字轻声。另："头"字如读本音 tóu，会加重语气；在对所述的年轻女性之作为感到惊诧时可能这样说。

x38 小子

例（12 183 19）：小子，在你吃这一场苦，送这银子来，可算你父亲没白养你

注 - 小子（xiǎo zà）：尊长对自己晚辈或熟稔之青少年男性可当面这样称呼。"子"字变读 zà，是突出语气时的变音。这里需要指出的是，变读音 zà 的调值并非 51，而是收尾稍高一些（但不要读成轻声），应在 52 左右（参阅《附录壹 - 11》）。这种语音变化以拼音无法精确表示，谨以文字说明之。

x39 小子

例（31 602 19）：早把邓九公怄

上火来了……向那班人道："说话呀**小子**！别装杂种！"

注－小子（xiǎo zèi）："子"字变读为 zèi，这种变读音是在对被称呼者蔑视、寻衅，甚或找碴儿打架的时候用。

x40　小子

例（12　180　04）：店中单剩下一个晋升带了两个粗笨杂使**小子**支应

注－小子（xiǎo zi）：此处指年轻男仆，年纪应较 x26 条之"小小子"大些。

x41　小子

例（12　181　10）：只是**小子**你一时那里去张罗得这些银子

注－小子（xiǎo zi）：与 x38 条义同，但此处读音平缓，不突出语气。

xie

x42　些些

例（11　176　05）：只说我海马周三……巴结了**些些**小事，不足挂齿

注－些些（xiē xiē）：极少、微末的、不值一提的。多用于谦词。

x43　歇歇儿

例（04　067　05）：李四说："闪开怎么着？让你老先坐下**歇歇儿**？"

注－歇歇儿（xiē xiēr）：前"歇"字是动词，后"歇"字为宾语，系从动词转化而来的名词，指的是"休息（歇）"这件事本身；读本音儿化。

x44　歇歇儿

例（12　194　05）：你略**歇歇儿**就先回去

注－歇歇儿（xiē xier）：此处两个"歇"字都是动词，重叠使用表示此动作（歇）的延续。此种用法在京语中很常见，如：看看、尝尝、聊聊、走走等等。但要注意，多是后一字轻声不儿化；本例轻声儿化是少数例外。京语儿化音是在约定俗成与语音学规律共同作用下产生的，不可随意乱儿化，否则易产生歧义，听着也别扭。

x45　歇一歇儿

例（01 019 24）：闹了这许多天了，实在也乏了，且让我歇一歇儿

注－歇一歇儿（xiē xier）："一"字发不出音来，但前一"歇"字之发音可略有延长。

x46　斜岔儿

例（26 484 08）：心想挑个斜岔儿，把大家逊出去就完了事了

注－斜岔儿（xié chár）：今作"斜碴儿"。是成心找毛病，鸡蛋里挑骨头，甚至有点儿存心寻衅之意。

x47　邪道

例（05 076 04）：据我看，方才这个娘儿们太不对眼，还沾着有点子邪道

注－邪道（xié dou）：来路不正，暗指其恐系匪类。"道"字读音介于 dou、dao 之间，轻声。

x48　鞋脚

例（17 280 23）：一则这里头有我的鞋脚，不好交在他们手里

注－鞋脚（xié jiao）：此处指女人的贴身物品，即亵衣及鞋袜（裹脚布）等隐私用品。详见《附录壹－48》。

x49　斜半签

例（14 215 24）：要上二十八棵红柳树，打这里就岔下去了……斜半签着就奔了二十八棵红柳树了

注－斜半签（xié m qiār）：此处意为斜向。此词在指示行进方向时，大路往往是两条直角边，而"斜半签"（斜边）的往往是小路。"斜半签"也指旧时在尊长面前的坐姿，即不可安然端坐，而是侧坐在椅子的半边，但要正面对着尊长（拧咕着身子，够别扭的）。"半"字读 m，是口型提示（参见 y18 条）；"签"字儿化读 qiār，京南一带也有人读为 chār。

x50　斜签着坐

例（14 229 13）：他才搬了一张杌子，斜签着坐了

注－斜签着坐（xié qiān zhi

zuò）：侧斜着身子。斜签着坐即侧身只坐椅子半边，以示局促不安，是谦恭状；系对同坐的尊长示敬。与上一条所说的坐姿"斜半签"相同。这种礼仪，今成绝响。见《元曲语汇 064》条。

xin

x51　新年下

例（01 013 13）：<u>新年下</u>，安老爷、安太太把家中年事一过，便带了公子进城

注－新年下（xīn nián xie）：过年那几天。"下"字读 xie，轻声；说得快时更会将声母 x 省略，读为 ie，轻声。省略声母是京语常见的变读法之一，这样做可以有效地简化读音，有利于发快速便捷的发音，体现北京话轻灵流畅的特点。但同时也会使语音含混不清，外地人难以明了。

x52　薪水

例（16 259 22）：我除了给他送些<u>薪水</u>之外，凭你送他甚么，一概不收

注－薪水（xīn shui）：此处指柴米等生活必需品。现在所说的薪水（货币工资）一词应就是从这里演变来的，演变的时间大约在二十世纪前叶。

x53　新新儿的

例（28 792 16）：人家<u>新新儿的</u>靴子，给踹了个泥脚印子

注－新新儿的（xīn xiē*r de）：全新、崭新。京语惯用说法。

x54　希希罕儿

例（28 524 11）：倘然这些女眷们……都拉着手要瞧<u>希希罕儿</u>

注－希希罕儿（xīn xin hār）：稀罕少见物。前一"希"字变读 xīn；后一"希"字读音介于 xin、xi 之间，轻声；"罕"字阴平儿化。

x55　新样儿

例（38 775 14）：何小姐道："这都是<u>新样儿</u>的! 你穿得好好儿的衣裳，我怎么会抓了来穿上呢？"

注－新样儿（xīn yin）：京人反驳他人所言的惯用语，意谓"你所说的都是前所未闻的（因而是荒谬的）"。"新样儿"现写作"新鲜、新新"，读 xīn xin，但说得

快时读 xīn yin。此处这个新鲜与食品等无关，而是指斥对方所言荒谬不实，更简捷常用的说法是"多新鲜呢"。与上述相反，此说法也用于进一步肯定某事毫无疑义，如：甲说："今天真热！"乙说："多新鲜呢！"此说法（对新鲜的反诘）是"双重否定式"，即加强的肯定句。

x 56　新色

例（18 309 06）：他又道："这一向闷得紧，还得先生寻个甚么<u>新色</u>解闷的营生才好？"

注－新色（xīn yin sher）：指前所未有的、从未听闻的。京腔口语音。

x 57　寻声救苦

例（07 104 05）：不由的一声哭喊，被这位好事的姑娘听见，就<u>寻声救苦</u>的搜寻出来。

注－寻声救苦（xín shē~r jiù kǔ）：这可能是当时常用词，意为按线索搜寻，救人于危难之中。"寻"变读 xín，"声"字儿化。

x 58　寻思

例（33 648 01）：说了这句，又低着头<u>寻思</u>了半晌。

注－寻思（xín si）：仔细思考。"寻"字读 xín。北方语系多见此说法。

x 59　寻死

例（07 112 15）：说了半日，女儿只是抬头撞脑要<u>寻死</u>。

注－寻死（xín sǐ）：自杀。"寻"字读 xín。

x 60　寻宿儿

例（05 081 07）：一齐向公子说："施主<u>寻宿儿</u>呀？庙里现成的茶饭，干净房子……"

注－寻宿儿（xín xiǔr）：寻找住宿处（旅店）。"寻"字读 xín，"宿"字儿化。

x 61　寻着

例（13 213 20）：难道……这番深恩重义，我们竟不想<u>寻着</u>他答报不成。

注－寻着（xín zhou）：找到。"寻

着"二字变读。

x62 信
例（04 063 09）：把茶留下，别的一概不用，要饭要水，听我的信
注－信（xiè*r）：京俗语，此处意指传唤。"信"字儿化。

x63 行动 xing
例（40 859 13）：不想气随着汗一开化，血随着气一流通，行动了行动，肚子疼倒好了些
注－行动（xíng dong）：此词现为走动、动作、作为等义。原著此处为中医术语，谓气血流通。在元曲中此词多用为催促行走之说，见《元曲语汇065》条。

x64 许 xu
例（39 818 21）：这俩小子将来就许有点出息儿
注－许（xǔ）：此为京语惯用说法，用作估量之词，表示不能十分确定。按：此用法来源甚古，如《后汉书·何敞传》："推财相让者二百许人。"李清照《永遇乐》词："染柳烟浓，吹梅笛怨，春意知几许？"

x65 絮叨叨
例（18 311 04）：顾先生道："你切莫絮叨叨的问这些无足轻重的闲事……"
注－絮叨叨（xù dāo dāo）：啰里啰唆，没完没了地说点子无关紧要之事。也作"絮絮叨叨"或"絮叨"（xù dou）。

x66 叙叙
例（22 382 16）：索性把师傅也请来，大家一处叙叙
注－叙叙（xù xu）：聊天式的讨论问题。后一"叙"字轻声。

x67 宣腾 xuan
例（37 747 19）：见那茶叶泡的岗尖的，待好宣腾到碗外头来了
注－宣腾（xuān teng）：现作"暄腾"，一般作形容词，指物体蓬松鼓胀而有弹性。此处是作为动词用，表示物体的膨胀。

x68　喧阗

例（17　286　18）：只见道旁有两个放羊的孩子……两个打了个热闹喧阗。

注－喧阗（xuān tian）：此处指追打吵闹之声。阗：充盈。喧阗形容吵闹声程度之甚。

xun

x69　逊

例（26　484　08）：心想挑个斜岔儿，把大家逊出去就完了事了

注－逊（xùn）：逊有退让之意，在此是指通过说点儿敲边鼓、含沙射影、指桑骂槐的话（京语将此类话称为片儿汤话，称说这类话为甩咧子），使听者如坐针毡，待不住而自动离去。"逊"字今罕见有此用法。

Y 部

ya

y01　压

例（39　821　06）：老弟索性借你……给他俩起俩名字，替我压一压，好养活

注－压（yā）：旧时迷信，给新生儿起名得找福大命大之人，认为这样才能压得住（镇住邪运恶鬼），孩子好养活。另：民间还相信孩子起贱名（尤其是乳名更要低贱，如猫儿、狗儿等）能避邪祟。

y02　牙白口清

例（09　141　17）：怎当得十三妹定要问他个牙白口清

注－牙白口清（yá bái kǒu qīng）：把事情说得明白，毫不含糊。

y03　哑谜儿

例（23　404　04）：所以他两个才有借弓留砚的那番哑谜儿

注－哑谜儿（yǎ me*r）：京语谓猜谜语为"破谜儿"（读为pò mè*r）；不说话而以行为或肢体语言暗示某种含义即哑谜（"谜"字读 mei，轻声，也可儿化）；猜其含义叫打哑谜。

y04　哑默悄静

例（05　084　18）：你要哑默悄静的过去，我也不耐烦去请你来了

注－哑默悄静（yǎ m qiāo jie~r）：

无声无息。"默"字读 m，是口型提示；"静"字儿化轻声。

yan

y05　盐从那么咸，醋打那么酸

例（26　470　18）："**盐从那么咸，醋打那么酸**"？不有当初，怎得今日

注－盐从那么咸，醋打那么酸（yán jiě něn m xián, cù dá něn m suān）：京人常用俗语，谓"事之本源"。京人一般把当"自……而始"讲的"从"字读 jiě。句中两个"那"字读 něn，两个"么"字读 m，是口型提示。参见 n30 条。

y06　严紧

例（05　082　06）：请到禅堂里歇罢。那里诸事方便，**也严紧**些

注－严紧（yán jǐn）：此处指房子较好，门窗严紧，不撒气漏风。另：如说门户严紧，是指家中不招闲杂人等串门；也指门窗可靠，进不来贼。

y07　言语

例（14　219　23）：只听那人道："开门，得我**言语**一声儿去。"

注－言语（yán yi）：说话。原著此处意指通报。北方语系许多地区（如山东等）都这样说，不独京语。"语"字读 yi，轻声。

y08　眼离

例（34　684　16）：他揉了揉眼睛道："莫不是我睡得愣里愣怔，**眼离**了？"

注－眼离（yǎn lí）：因不完全清醒而产生错觉、幻视。今不闻此说。

y09　眼面前

例（40　896　05）：如安太太、舅太太也还懂得**眼面前**几句满洲话儿

注－眼面前（yǎn m qiár）：常见、常用、经常发生的（某种事物）。"面"字读 m，是口型提示；"前"字儿化。

y10　眼前

例（25　455　03）：你只就史鉴上几个**眼前**的有名女子看去

注－眼前（yǎn m qiár）：音、义均同上条，是"眼面前"的略写。

y 11　眼皮子薄

例（32 609 09）：京城地方的局面越大，人的**眼皮子越薄**

注－眼皮子薄（yǎn pí zi báo）：没见过世面，不开眼。原著此处是引申指见财起意。

y 12　眼头里

例（31 585 22）：既是个奴才，强煞也不过算在主人**眼头里**当了个积伶差使，不足为奇

注－眼头里（yǎn tóu lou）：眼皮子底下、眼跟前。"里"字变读lou，参阅189条。另：本句中"当积伶差事"这类意思，京人另有个说法叫有眼力价儿。

yang

y 13　央及

例（25 463 14）：让媳妇这里求姐姐，磨姐姐，**央及**姐姐

注－央及（yāng ji）：请求、托付，也作"央告、央靠"，或简作"央"。还有"央给"一词，读yān ge，义与"央及"相近。参见《满蒙语汇壹－49》，并见《元曲语汇066》条。京语另有"养济"（也作"养给"，读yǎng ji或qi）一词，意为休养、将息，如：病刚好，得好好养济养济；又引申为"勉强对付、凑合"之意，如：养济着活。

y 14　养活

例（39 821 07）：给他俩起俩名字，替我压一压，好**养活**

注－养活（yǎng huo）：京语说养活并非指（能够）养得活，而仅仅就是养、养着的意思。

y 15　仰爬脚子

例（18 304 03）：照着那先生的腿洼子就是一脚，把先生踢了个大**仰爬脚子**，倒在当地

注－仰爬脚子（yǎng be jiǎo zi）：未来得及做任何反应，便四肢伸开仰面倒地。也说"仰八壳、大仰壳"。"爬"字读be，说得快时读me（原因详见y 18条）。参阅《附录壹－49》、《元曲语汇067》条。

yao

y 16　腰房

例（24 430 02）：过了**腰房**，穿堂一座垂花二门，进去抄手游廊

注－腰房（yāo fang）：指分隔开两进院、带穿堂门（即此处所说的二门）的一排房屋。垂花二门比较讲究，是殷实人家所用。"房"字轻声。

y17　要不

例（29 558 13）：有剩汤剩水的，拣点儿就吃了；**要不**，我给你留俩饽饽

注－要不（yào be）：京腔读音。此处"不"字后面有停顿（表示说此话时有些踌躇），"不"字读be；当说得较快时，"不"字受相邻语音影响，可能会读为 m，详可参阅下一条。

y18　要不的了

例（24 428 13）：你看我这眼可**要不的了**

注－要不的了（yào m de le）：京语常用说法，谓某物之不堪。此处含自责意。此处之"不"字读为 m，轻声，且含混快速的一带而过，其实仅是对口型的提示。按：京语讲究轻灵流畅，其方法五花八门，其中一种是"仅留声母，省略韵母"（参见 b22 条）。这里"不"字就是这样，只剩下了声母 b。b 是双唇不送气轻塞音，发音时双唇闭合，软腭上升堵塞鼻腔通路，声带不颤动，较弱的气流冲破双唇阻碍，爆破成声；而其后"的"字的声母 d 为舌尖中不送气清塞音，发音时舌尖抵上齿龈，软腭上升，堵塞鼻腔通路，声带不颤动，较弱的气流冲破舌尖阻碍，爆破成声。当说的轻灵流畅得太大发儿了时，b 的后半截儿还没来得及爆破成声，就迎来了下一个音 d；这样 b 所蓄之势（双唇闭合阻滞的气流）就尚未能爆发；或换个较通俗的说法，嘴里憋的一口气还没吐出来，就要发下一个音了。下一个音是 d，发此音的口型，如上所已述，舌尖要抵上龈，此种口型所形成的对气流之封闭位置，较发 b 音时更靠后；或换一个说法，就是发 d 音时口腔封闭气流的容积较发 b 音时更小。当此二音连读时，就会发生气流容积缩小的过程。但在此过程中，口腔始终处于封闭状态，那么被缩减的容积

中那部分空气跑到哪里去了呢？是从鼻腔泄出了，这就形成了 m 音。原来 m 为双唇浊鼻音，发音时双唇闭合软腭下降，鼻腔畅通，气流颤动声带，从鼻腔通过形成鼻音。比较 b、d、m 的发音方法，就可看出当 b→d 快速连读时，因有一小部分气流从鼻腔逸出，所以自然而然地变成了 m 音——虽然自己并未曾有意的这样说。但正因为轻灵流畅，又加以只有一小部分气流从鼻腔逸出（大部分气流还留着发后面的 d 音呢），所以要强调这个 m 是轻声，且含混快速的一带而过，其实仅是对口型的提示。本书中类似例子不少，当然也不限于（b→m）——d 这一系列；限于篇幅，其他系统就不一一列举了。京语中的音变（也可推而广之到普遍的语言），或因民俗故，或因语音使然。凡是口语中约定俗成的，必然不会违背语音学规律；凡是违背语音学规律的，在口语中必然不能长存。至于语音规律在京语中如何制约对韵母的省略，好像越扯越远，就此打住，读者诸君可自行揣摩。

ye

y19　爷们

例（14　217　19）：姑娘可淘气呀，最爱装个**爷们**，弄个刀儿枪儿

注－爷们（yé men）：京中女人对男人的称谓。此词有几种读音，各有不同的意思，详见《附录壹－50》。此处为该附录之①义。

y20　爷们

例（32　621　20）：我往往的见那些好戴高帽的**爷们**

注－爷们（yé me*n）：见《附录壹－50》之②义，是长辈对晚辈男子的称谓法。原著此处系邓九公对那些"好戴高帽的爷们"的揶揄。

y21　爷儿

例（16　273　11）：明日却请你**爷儿**三位借桩事儿分起先去

注－爷儿（yér）：京人对在一起而辈分不同的几个男性称"爷儿几个"；同理，对辈分不同的几个女性称"娘儿几个"。

③义同。

y22 爷儿俩

例（24 439 17）：姑娘，咱们**爷儿俩**别了整一年了

注－爷儿俩（yér liǎ）：长、晚辈两个男子。爷儿俩、娘儿俩的称呼，长、晚辈之间可互用。

y23 爷儿们

例（15 236 18）：欺负我老迈无能？这么着，不信咱们**爷儿们**较量较量

注－爷儿们（yér men）：此处是邓九公对褚一官所说，为《附录壹-50》之③义，但此乃邓九公为向女婿挑战而将自己与其拉平，而并非为营造亲切感而自谦。

y24 爷儿们

例（19 326 24）：你方才只晓得说人家为甚么不光明正大的来，我们**爷儿们**为甚么不告诉明白了你

注－爷儿们（yér men）：原著此处为褚大娘子站在长辈的立场上，代表邓九公与安老爷对十三妹说的话，与《附录壹-50》之

y25 也有……才

例（40 851 17）：**也有**这么个大喜的信儿会憋着不早告诉我一声儿，直到这时候，憋得十分十沿儿了**才**说出来的

注－也有……才（yé you … cái）：此为京语所常用的"反诘式肯定句"，意为"怎么这么晚才（如何）"。"也"字阳平，"有"字轻声。

y26 也有……还不

例（38 779 23）：**也有**俩人过来这么二三年了，**还不**给我抱个孙子的

注－也有……还不（yé you … hái bù）：叙述方式与上一条虽小有别，但意思类似，也是京语常用说法。

y27 野岔儿

例（11 167 08）：怎么和尚脑袋上会长出辫子来呢？这不是**野岔儿**吗

注－野岔儿（yě chár）：此处指极

荒谬的差错，万无此理之事。

y28 野鸡溜子

例（35 713 17）：他那双小脚儿，**野鸡溜子**一般飞快跑到楼跟前

注－野鸡溜子（yě jī liù zi）：源于东北方言的京俗谚。东北方言有"野鸡溜儿"之说，是形容小野鸡崽儿连跑带颠儿，一溜烟儿的过去了。这也是北京话与东北方言渊源的佐证。原著成书时代尚有此说，那时东北方言在京语中保留的较多；现已不闻此说，北京城里哪儿找野鸡去？此话消失顺理成章。

y29 夜游子

例（22 398 16）：那是我们家有名的**夜游子**，话拉拉儿

注－夜游子（yè yóu zi）：善熬夜者，也说夜游神。正宗京语中三音节词中间一字多读轻声，而末尾一字多读本音；但"夜游子"不可如此读，因为这实际上是双音节词，末尾之"子"字仅是词尾后缀。

y30 夜里个

例（03 045 21）：因为买了点东西儿，晚了，**夜里个**才走

注－夜里个（yèr ge）：昨天。也写作"夜来、夜来个、夜隔"等。此类说法来源甚早，如宋贺铸《浣溪沙》词"东风寒似夜来些"，即谓东风较昨日更冷；元曲中此说亦常见，见《元曲语汇068》条。现在京东南一带有此说法，原著中说这话的更夫鲍老即京东三河县人，旧京下层多有所谓京东八县之人操此类口音。此词更有 yèr le g（夜来个）、yè g（夜隔）等说法，操此类说法者多为冀鲁豫人。这些都不能列入正宗京语范围。

yi

y31 依傍

例（05 076 24）：且到那里见着褚一官，也有个**依傍**

注－依傍（yī bang）：依赖、依靠。"依"字也可变调上声，"傍"字轻声。

y32　咦嚠哇喇

例（40　871　22）：老爷那儿**咦嚠哇喇**的翻着满洲话合大爷生气

注－咦嚠哇喇（yī liu wā lā）：京语象声词。此处是形容人大声快速、滔滔不绝的说话。"嚠"读 liu，也可读 le，轻声。参见《元曲语汇069》条。

y33　依模照样

例（20　352　15）：忽然来了个知疼着热的世交伯母……一个**依模照样**的义妹

注－依模照样（yī m zhào yà~r）：几乎一模一样。"模"字读 m，是口型提示；"样"字儿化。

y34　依实

例（34　687　17）：安太太见说得有理，便也**依实**

注－依实（yī re）：依从、照办。"实"字读 re，轻声。

y35　衣服

例（28　532　10）：随有众仆妇给他拉着**衣服**搂着袖子

注－衣服（yī reng）："服"字读 reng，轻声。这其实是"裳"字速读变音。

y36　一个月头里

例（16　259　23）：只**一个月头里**，借了我些微财物

注－一个月头里（yī e yuè tóu li）：此处为"最初的那个月里"之意。现无此类说法。"个"字读 e，轻声。

y37　一薨

例（06　097　10）：只听得外面果然闹闹吵吵的**一薨**进来一群四五个七长八短的和尚

注－一薨（yí hòng）：一窝蜂似的（如何）。"薨"字去声。

y38　一就手儿

例（32　610　13）：索性劳你的驾，连灰带麻刀，**一就手儿**给买了来

注－一就手儿（yí jiu shǒur）：顺便捎带着。京语常用词汇，也说"捎带手儿、一带手儿"。"就"字轻声。

y39 一溜

例（24 429 23）：当日这边便不曾盖厅房，只一溜七间腰房

注——溜（yí liù）：一排。因为房是大型对象，所以此处"溜"字不儿化；同样句式，若说的是小型物件则多儿化，如"一溜儿花盆儿"。

y40 疑相

例（05 071 07）：公子见那女子这光景，自己也知道这两吊钱又弄疑相了

注－疑相（yí xing）：因误解而产生的隔阂、猜忌。"相"字变读，轻声。

y41 胰子

例（14 228 14）：早有两个小小子端出一盆洗脸水、手巾、胰子

注－胰子（yí ze）：旧时所用之洗涤品，系以猪的胰脏合碱经熬制加工制成（所以也叫猪胰子），可做肥皂用。该物球形，色灰白，大小若高尔夫球，呈碱性，可去油污。此物现已绝迹多年，笔者早年间曾用之。老年京人今仍习称肥皂为胰子。

y42 一般儿

例（26 483 20）：一般儿大的人，怎么我的赔送就该那等苟简

注－一般儿（yì bār）：同样、同等。京语惯用词汇。现作"一边儿"，读音也介于 bār、biār 之间。

y43 一壁厢……一壁厢

例（25 451 09）：姑娘一壁厢说着，一壁厢便把袖子高高的捞起

注－一壁厢……一壁厢（yì bē*r … yì be*r）："一壁"意为一面、一边；此处该词先后叠用表示两种动作或事态同时进行。"壁厢"（也作"边厢"）也可作为方位词，是"场所、场合"之意。参见《元曲语汇 070》。"一壁厢"现作"一边儿"（似应是在二十世纪前叶改变的），简洁明快多了。"壁厢"二字合读为 bē*r 或 be*r。可参阅 n07 条之⑦项。

y44 一铳子性儿

例（07 109 14）：你可别拿着合

我的那<u>一铳子性儿</u>合人家闹

注－一铳子性儿（yì chǒng ze xiè~r）：火暴性格，任凭冲动为所欲为。"铳"是用火药发射弹丸的旧式火枪，用以形容人脾气暴躁，点火就着。"铳"字变调，上声。

y45　一都的

例（22　398　14）：你要想个甚么吃，他还造的<u>一都的</u>好厨

注－一都的（？？？）：此词为我所不解，音、义未敢妄论。应系当时俗语，从句面猜测，似应是"有一套"之类的意思。

y46　一会儿价

例（14　231　23）：外加着这两年有点子反老还童，<u>一会儿价</u>好闹个小性儿

注－一会儿价（yì huě*r zhe）：时不时的（如何）。"一"字去声；"会"字上声儿化；"价"字读 zhe，轻声。

y47　一亩三分地

例（15　236　01）：姑爷，真个的，你住在这里就是你的<u>一亩三分地</u>

注－一亩三分地（yì mǔ sān fēn diè*r）：京人惯用语。一般用于表示某处或某领域属于某人的势力范围，并暗含有"我的地方我做主，他人不要来干预"的意思在内。详见《附录壹－51》。

y48　一脑门子的困

例（38　775　24）：公子也憋着<u>一脑门子的困</u>，靸着双鞋儿从卧房里出来

注－一脑门子的困（yì nǎo mén zi kùn）：满面倦容，睡眼惺忪状。"一脑门子的（什么）"是京语常用说法，一般用于带有某种否定意义的词汇前（如愁、气、烦、酒、火儿、官司等等），用以形容该事物程度之甚。"困"字是形容词；"的"字一般不读出音。参阅《附录壹－52》。

y49　一脑门子酒

例（31　601　19）：安老爷看了看那样子，<u>一脑门子酒</u>，大约昨日果真喝过去了

注－一脑门子酒（yì nǎo mén zi

jiǔ）：用法同上条。此处"酒"指面上呈现的酒意，是形容词而非名词。

y50　一起子

例（03　051　08）：才来了<u>一起子</u>从张家口贩皮货往南京去的客人

注－一起子（yì qǐ ze）："起子"在此为量词，"一起子"即一批、一帮。

y51　一起起

例（12　189　23）：外边家人将银子行李<u>一起起</u>的搬来

注－一起起（yì qié*r qiě*r）：一批批，分若干次。前一"起"字阳平，两个"起"字均儿化。

y52　一手托两家，担迟不担错

例（17　288　07）：将这两件东西当面交代明白，这叫作"<u>一手托两家，担迟不担错</u>"

注－一手托两家，担迟不担错（yì shǒu tuō liǎng jiā, dān chí bù dān cuò）：常用京谚。对双方负责的中间人遵循的准则，宁可慢点儿，但事儿不能出错。"家"字也可儿化。

y53　一手托两家，当面鼓对面锣

例（26　475　01）：<u>一手托两家，当面鼓对面锣</u>，不问男家要不要，先问女家给不给

注－一手托两家，当面鼓对面锣（yì shǒu tuō liǎng jiā, dāng miàr gǔ duì miàr luó）：常用京谚。指中间人把当事双方聚在一起，将双方的事当面讲清，当场就要个定规。

y54　一顺儿

例（15　244　16）：只听答应了一声，进来了<u>一顺儿</u>十一二岁的四个孩子

注－一顺儿（yì shuě*r）：此处不是说"排成一行（一顺儿）"，而是指同类的人或物。现写作"一水儿"。

y55　一通连

例（31　593　01）：原来一向因那新房是<u>一通连</u>的，戴嬷嬷同花铃儿都在堂屋里后一卷睡

注 — 一通连（yì tōng liǎr）：房间从外部论应是两间房，但内部相通，没有隔断。"连"字变调，阴平，儿化。

y56 一想红，二想黑

例（28 524 20）：所以急于要见见娘，偏又见不着面儿，便觉道<u>一想红</u>，<u>二想黑</u>

注 — 一想红，二想黑（yì xiǎng hóng，èr xiǎng hēi）：这是当时的常用语，现在没见到过。形容一个人左思右想不得主意，一会儿觉得事情很乐观，一会儿又悲观了。描绘的很贴切。

y57 一言抄百总

例（03 044 24）：那知他早打了个九牛拉不转的主意，<u>一言抄百总</u>，任是谁说，算是去定了

注 — 一言抄百总（yì yán chāo bái zǔ~r）：京俗语，谓总而言之，归根结底（就是要如何）。"百"字阳平，"总"字儿化。

y58 一早起

例（27 505 12）：你叫他歇歇儿罢，他整闹了这<u>一早起</u>了

注 — 一早起（yì zǎo ren）："起"字读 ren；更土点儿的"起"字读 yin。

y59 意意思思

例（20 351 06）：听得声都要走，便有些<u>意意思思</u>的舍不得

注 — 意意思思（yì yi sī sī）：因留恋眷顾而伤感，又不愿公然流露。后一"意"字轻声。

y60 已早

例（29 557 04）：那天<u>已早</u>晚饭时候，二人伺候了婆婆晚饭

注 — 已早（yì ze*r）：到（什么）时候了。这不大像纯粹京语，山东有的地方人也这么说。

ying

y61 影响不知

例（25 454 20）：你这片至诚，我却<u>影响不知</u>

注 — 影响不知（yíng xiǎng bu zhī）：毫不知情。"影"指影像，"响"指声音，今已无这种用法。"影"字变调。

y62　硬强强

例（18　305　18）：也不管那车夫肯卖不肯，便唾手一百金，**硬强强**的买来

注 - 硬强强（yìng qiāng qiāng）：不容分说，强制（如何）。"强"字读音介于 qiāng、jiāng 之间。

yong

y63　用开了

例（20　351　24）：两分铺盖里都带着梳洗的这一分东西呢。……连大姐姐你也**用开了**

注 - 用开了（yòng kāi liǎo）：有得用，够使。

y64　用着

例（20　342　24）：更可怜那姑娘幼年丧父，正是**用着**母亲抚养照料的时候，母亲又没了

注 - 用着（yòng zháo）："用得着"的略说。

you

y65　悠着点儿

例（38　794　08）：你**悠着点儿**，老头子！……你叫我那儿养小子去呀

注 - 悠着点儿（yōu zhe diǎr）：京人提请他人注意言行分寸时的惯用说法。有时用以诙谐调侃，也有时用于表示不满。此为后者，语气不客气。

y66　悠着来

例（16　273　24）：说是这等说，二叔，你老也得**悠着来**呀

注 - 悠着来（yōu zhe lái）：有节制不冒进，可控地做某事。此处是劝慰语，语气很客气。

y67　油炸果

例（23　408　21）：长这么大，头一回才尝着甜浆粥、炸糕、**油炸果**

注 - 油炸果（yóu zha guǐ）：也写作"油炸鬼、油炸桧"，简称"油鬼"，即现在京中早餐常见的油条（年轻京人已无此说法）。与炸糕、甜浆粥（今已绝迹）同为京城传统早餐小吃。参阅《附录壹53》。"炸"字轻声，"果"字变读。

y68　油脂模糊

例（04 060 23）：还套着件<u>油脂模糊</u>破破烂烂……的紧身儿

注－油脂模糊（yóu zhi mā huā）：器物不洁，满是油渍污垢。"模糊"读为 mā huā，也可直音写作"油脂麻花"。句中之"紧身儿"指坎肩儿。

y69　有抽有长

例（15 252 05）：不想到这等一个人，竟自能屈能伸，<u>有抽有长</u>

注－有抽有长（yǒu chōu yóu zhǎng）：与"能屈能伸"同义，现似不闻此说。后一"有"字阳平。

y70　有一搭没一搭儿

例（20 355 12）：你们<u>有一搭没一搭儿</u>的把我小时候的营生回老爷作吗

注－有一搭没一搭（yǒu yì dā méi yi dā）：不经意地随便说或做某事。此处含有轻微的指责意。前"一"字去声，后"一"字轻声。

y71　有在里头

例（33 656 19）：只他众人拨弄不开的地方，亲自到一到，再嘴碎一点儿，精神周到一点儿，就<u>有在里头</u>了

注－有在里头（yǒu zài lǐ tou）：京人惯用语，有二义：

① 谓某事虽未躬亲，但因通过某种作为（如遥控操作等）而达成目的。

② 商讨生意时，对佣金等附加利益有时不愿明言，而是将其与主要利益捆绑在一起谈，用"有在里头"暗示之。此处为①意。

y72　有枣一竿子，没枣一竿子

例（40 877 05）：真是人家说的："<u>有枣也得一竿子</u>，<u>没枣也得一竿子</u>。"这话再不错

注－有枣一竿子，没枣一竿子（yóu zǎo yì gān zi, méi zǎo yì gān zi）：京俗谚。其义有二：

① 对某事不管有无成算，都得干下去，且须各方兼顾，面面俱到。

② 对某事采取无所谓的态度，有一搭没一搭的干。此处为①义。

yuan

y73 原故

例（16 260 12）：<u>原故</u>，只因十三妹的这桩事大，须慎密

注－原故（yuán gun）：这是一种自问自答的句式，实际上"原故"二字后略去了表示问诘的"呢"字；但在说的时候仍保留其声母 n，且稍作停顿后（用一逗号表示）才再接着说下文。此句式现在用的少了，过去京语常这样说，意为追溯某事之本源；在说明其来龙去脉前先以此二字做一个引子，然后再开始源源本本叙述之。

y74 原故儿

例（32 621 14）：可不知怎么个<u>原故儿</u>，希不要紧的平常事，到了你们文墨人儿嘴里一说，就活眼活现的

注－原故儿（yuán gur）：与上一条不同，此处仅是"因为什么"之意。"原故"现规范作"缘故"。

y75 圆和

例（26 467 17）：说起来可不能象公公讲的那样<u>圆和</u>宛转

注－圆和（yuán huor）：此处意为思虑周全，面面俱到。"和"字轻声，儿化。

y76 圆和

例（33 640 17）：怕丈夫动气，儿子吃亏。不想两个媳妇这一<u>圆和</u>，老爷又这一夸奖

注－圆和（yuán huor）：音同上条，此处意为打圆场、斡旋。

y77 圆和爽利

例（22 395 21）：只听他那说话的<u>圆和爽利</u>

注－圆和爽利（yuán huor shuài li）：形容说话的嗓音，圆润而又痛快。京人惯用说法。

y78 远远的

例（06 093 14）：只听得<u>远远的</u>两个人说说笑笑、唱唱咧咧的从墙外走来

注－远远的（yuǎn yuār de）：后一"远"字阴平儿化；"的"字轻声。

yue

y79　月光马儿

例（34　688　13）：咱们这供月儿那<u>月光马儿</u>旁边儿，怎么供着对鸡冠子花儿

注－月光马儿（yuè guang mǎr）："月光"指中秋节时所供奉的月神像，上绘太阴星君，下绘月宫及执杵捣药的玉兔；"马儿"是码儿的假借字，意指堆栈、垒起（动词），或堆栈起的垛（名词）；此处指成堆供奉在月神像前的月饼、鸡冠花、西瓜、藕等供品。"光"字轻声。按：马儿（码儿）作此义讲，并不限于京语，甚至也不限于北方语系，许多地方都有这么说的。

y80　月亮爷照着嗓膈眼子呢

例（07　112　19）：那妇人道："<u>月亮爷照着嗓膈眼子呢</u>！……"

注－月亮爷照着嗓膈眼子呢（yuè liang yé zhào r sǎng ge yǎn zi ne）：指着月亮赌咒发誓用语，意谓"月亮爷在上（谁说瞎话不得好死）"。不言而喻，此说法仅限于晚上。"着"字读 r，是口型提示。

yun

y81　匀出

例（29　542　18）：便把两卷打作通连，<u>匀出</u>北面来摆妆奁坐落

注－匀出（yún chu）：以物品给他人或腾出位置作他用，京语谓之匀或匀出。京人说话讲究客气，如某甲有某物品，某乙想得到，会问："您能（把某物）匀给我吗？"此处之"匀"字其实是买卖的意思。但京人在此等场合不说"卖给我"，那样是失礼的。

y82　匀出

例（32　610　16）：<u>匀出</u>你们欢迸乱跳这俩去买瓦

注－匀出（yún chu）：原著此处是"从整体中分出部分挪作他用"之义。

Z 部

za

z01　扎裹

例（24　427　15）：我放着我的女孩儿不会<u>扎裹</u>？我替你们白出的是甚么苦力

注－扎裹（zā guo）：打扮、修饰，

也作"扎括"。

z02 扎筏子

例（28 522 17）：他一眼看见了褚一官，便拿他<u>扎</u>了个<u>筏子</u>

注－扎筏子（zā fá ze）：以他人作为自己出气、立威、挪揄甚或带一点恶意的讥讽之用。京语今仍常用此说。"子"字轻声，读 ze 音。

z03 扎上口袋嘴儿

例（02 032 01）：再要作下去，大家可就都<u>扎上口袋嘴儿</u>了

注－扎上口袋嘴儿（zā r kǒu dei zuěr）：京人常用俗语，谓吃不上饭了。"上"字读为 r，是口型提示；"袋"字轻读若 dei。

z04 咂咂

例（37 755 19）：及至掏出来，放在眼底看看，依然还要放在嘴里<u>咂咂</u>咽下去

注－咂咂（zā ze）：仔细品尝滋味儿（包括了嚼与喢两种动作），也说"咂摸"。83版此处作"嚼嚼"，齐鲁版据抄本改作"咂咂"，是京人常用说法，生动传神了许多。后一"咂"字轻读为 ze。

z05 咂滋味儿

例（40 842 09）：我这半天细<u>咂</u>你这句话的<u>滋味儿</u>

注－咂滋味儿（zā zī wè*r）：本义与上条同，此处引申义为体会对方言中之深意。京人多是说咂摸滋味儿。

z06 咂儿

例（39 819 09）：叫两个孩子分着吃他两个<u>咂儿</u>

注－咂儿（zār）：京人谓乳房为咂儿，也写作"喳儿"。哺乳叫吃咂儿。

z07 咱的了

例（12 189 21）：<u>咱的了</u>？乐糊涂了

注－咱的了（zǎr de l）：怎么、怎么着、怎么回事。也有的说"怎儿着"（zě*r zhe），是京中来自京东南方的下层人士口音。"了"字读 l，是口型提示。

z08　咱儿着，他依了？真的吗？

例（27　497　17）：张太太又吵吵起来了……"咱儿着，他依了？真的吗？"

注-咱儿着，他依了？真的吗？（zě*r zhé, tá yí le？ zhén de me？）：这是模仿张太太（京东人）的怯口儿，绝非京语正宗。句中多字变读变调，"咱儿"是"怎么"的怯口直音字。

zai
z09　再说

例（33　661　03）：山上的干树枝子，地下的干草……那不是烧的？……再说也浇裹不了这些东西

注-再说（zài shuo）：重音放在前面的"再"字上，"说"字轻声。这种读音放在否定句的句首，表示该句所说之事无论如何无法改变；"再说"是"再怎么说（也不能改变）"的略语。

z10　再说

例（33　660　06）：那豆子、高粱、谷子还用说吗？再说菜……人要种个吗儿菜，地就会长个吗儿菜

注-再说（zai shuō）：重音放在后面的"说"字上，"再"字轻声。这种读法表示延续此前之话题，并承上启下，引出后续内容。与上一条的"再说"音、义均异。

zan
z11　咱们

例（39　814　09）：（庄客）见老爷……不象个来作贺的样子，便上前问道："咱们是从那儿来的呀？"

注-咱们（zán men）：京人说话，讲究客气中还要带着亲切。即使是对素不相识者，只要搭得上话儿，就可能将显得生疏的第二人称"你"改用具有认同性的复数第一人称"咱们"，以示亲近。当然原著这里的说话者并非京人，但原著的人物，除个别要突出其语言特点者（如张太太之京东腔、程师爷之浙江味儿）外，其余不论何人均操京腔。这也是一种讨巧儿的法子：既免于兼顾学舌各地方言之麻烦，又突出京味小说

之特点。

z12 咱们两个谁是谁

例（24 428 01）：玉凤姑娘笑道："咱们两个谁是谁，你还合我说这些！"

注－咱们两个谁是谁（zán liǎ shéi r shéi e）：现在一般多是说"咱俩谁和（hàn）谁呀"，京人表示交情深厚，不分彼此的惯用说法。"咱们两个"是书面写法，口语中不会这样说。句中的"是"字读 r，为口型提示；句尾添出一个 e 音，也是口型提示。

z13 趱

例（05 079 03）：公子只得催着牲口趱向前去

注－趱（zǎn）：快走（往前赶路）。近代旧小说中出现的词，现已不闻。

zang

z14 䑛䑛

例（33 654 18）：一脚正踹在狗爪子上，把个狗踹得䑛䑛成一团儿

注－䑛䑛（zāng zeng）："䑛"也作"嗓"，京语特有的象声词，谓狗因受到伤害而发出的痛苦吠声。后一"䑛"字变读、轻声。另："䑛"读去声 zàng 时，意指态度恶劣、语言蛮横，一副找茬儿打架的样子。

z15 嘈嘈

例（15 240 12）：愚兄就喝口酒，他们大家伙子竟跟着嘈嘈，又说这东西怎么犯脾湿

注－嘈嘈（zāng zeng）："䑛"的假借字，义同上条。这是很不客气的指责，京人尊长指斥下属或晚辈偶有这样说的。此语出自邓九公这样年高望重兼又粗豪者之口恰相宜。

zao

z16 嘈嘈

例（25 453 02）：岂有趁人家有事宗庙的这天……就合人家本人儿嘈嘈起提亲来的

注－嘈嘈（zāo zao）：众多人七嘴八舌的一起说。"嘈嘈"二字变读。

z17 糟扰

例（13 210 10）：见了安老爷，

拜了两拜,口里说:"好哇,亲家!俺们在这里可糟扰了!"

注－糟扰(zāo rao):扰乱、添麻烦。来客到主家时常用之谦语。"扰"字轻声。

z18　糟心

例(15 236 07):谁家没个**糟心**的事,难道因为舅爷我还说不得句话吗

注－糟心(zāo xīn):京俗语,指(事情)无法解决,想起来就心烦意乱。

z19　凿四方眼儿

例(09 139 20):要撒尿倒底说呀,怎么憋着不言语呢!还这么**凿四方眼儿**,一定要使个净桶

注－凿四方眼儿(záo sì fāng yǎr):拘泥不化,不知变通。

z20　早晚

例(24 434 07):舅太太……便说:"也罢,我且去,明日**早晚**必赶回来。"

注－早晚(záo wǎn):此词在元曲中往往随文生义,用法颇多。于今较常见的用法,有"随时、迟早(总有一天会如何)、(估量)某时刻、(某种特定的)时刻"等义。以上各义,虽云早晚,但实际多偏重于"晚"字之意。原著此处意谓不论迟早,一定要(如何)。"早"字阳平。若"晚"字儿化,说成早晚儿,则是指早晨和晚上。如:现在是秋天了,早晚儿天凉了。

z21　早起

例(34 678 07):明儿**早起**咱们在那儿闹一壶罢

注－早起(zǎo jin):指上午(9~10点钟);更早(如8点以前)则说一大清早,或简说早儿。此处"起"字读音介于jin、yin之间,轻声。

z22　早上

例(29 558 04):**早上**先在佛堂前烧了香,通个诚,算了了愿

注－早上(zǎo ren):"上"字读ren,轻声,参见x01条。

z23 造

例（38 788 12）：安老爷看见那神像脚下各各造着两个精怪

注 – 造（zào）：踩踏。早年间的京人俗语，今少有闻。另：不爱惜东西、随意糟蹋京语也说造，但那其实是"糟"的假借字。

ze

z24 啧

例（28 535 07）：太太十分欢喜，望着两个媳妇儿……说道："啧，啧，啧，真是一对儿好孩子！"

注 – 啧（zé）：京人赞赏、赞叹时所发之声；另在对某人或某事不满时也发此声。zé 是字典所标之音，但京语实际所发之声并非如此，此音用汉语拼音无法标示。兹将其发音方式述之如下：舌尖抵上齿龈，此时之口型与发 z 声（舌尖前不送气清塞擦音）相仿；但随后与发 z 声时相反，不是让气流从口中冲出，而是舌尖突然快速向下后方收回，使气流自外向内倒流冲入口中。此时所发之声即啧。

zen

z25 怎么好怎么好

例（03 044 05）：都照你说的，**怎么好怎么好**

注 – 怎么好怎么好（zén háo zén hǎo）：此处意为"都照你说的办，怎么样都成，我没意见"。"么"字消失；"怎"字阳平；前"好"字阳平。

z26 怎吗儿

例（03 042 02）：不是我说句**怎吗儿**的话，这个年纪，倘然经不得辛苦……可不误了大事了吗

注 – 怎吗儿（zěn már）：这是旧时京人下层人士的语调。当要说些可能不中听但自认为是逆耳忠言，却又怕出语伤人时，先用此说辞表白一下。"怎吗儿"即预指其所将言之忠言，是一种委婉说法。

z27 怎么好，怎么好

例（26 490 18）：只有听天由命，一跤跌在娘怀里，由娘去，**怎么好，怎么好**

注 – 怎么好，怎么好（zěn me

hǎo, zěn me hǎo）：前一"怎么好"意指娘觉得怎么好；后一"怎么好"意为就听娘的。注意读音与z25条的不同，且中有停顿。

z28　怎么说怎么好

例（33　657　13）：依然是由着庄头<u>怎么说怎么好</u>，不如不查了

注－怎么说怎么好（zěn shuō zén hǎo）：自己不拿主意，全由他人说了算。与z25条义同。现多作"怎么说怎么算"，是京人常用语。

z29　咱儿说咱儿好

例（36　734　04）：亲家母……叫我瞧着<u>咱儿说咱儿好</u>

注－咱儿说咱儿好（zě*r shuō zé*r hǎo）：义同上条。这里是学张太太怯口，句中"咱儿"即"怎么"的京东口音直音字。

zeng

z30　镜亮

例（37　746　06）：桌儿上的锡镴五供儿擦得<u>镜亮</u>

注－镜亮（zèng liàng）：多指金属、瓷器、漆器等物品擦拭或打磨得闪光发亮，毫无污渍锈痕。现作"锃亮"。其实"镜亮"更形象些。

zha

z31　扎耳朵

例（30　572　23）：公子听得这话有些<u>扎耳朵</u>

注－扎耳朵（zhā ěr dou）：对所言不满，觉得刺耳。"朵"字变读，轻声。

z32　扎空枪卖癣疮药的

例（39　836　11）：告诉你们，邓老九的好朋友没有<u>扎空枪卖癣疮药的</u>

注－扎空枪卖癣疮药的（zhā kōng qiāng mài xuǎn chuāng yào de）：旧时摆地摊儿卖野药儿的，往往是先耍一番花拳绣腿，然后吆喝叫卖。此处比喻胸无实才、大言欺人者。

z33　扎煞

例（21　376　06）：褚大娘子……忙的他把两只小脚儿都累<u>扎煞</u>了

注－扎煞（zhā sha）：张开、叉开意，并引申指毛发竖立（此时写作乍）、或猛然吃惊等义，也作

"挓挱"。参阅《附录壹－54》。

z34　扎煞

例（15　243　19）：说着，<u>扎煞</u>着两只胳膊，直挺挺的就请了一个单腿儿安

注－扎煞（zhā sha）：原著此处是写二姑娘不懂旗礼（请安是男子之礼）而闹的笑话，不定是怎么个伸胳膊蹬腿儿的怪样。"扎煞"见上条。

z35　蹅蹅蹅蹅

例（12　189　13）：这一改，两只脚<u>蹅蹅蹅</u>的，倒走不上来

注－蹅蹅蹅蹅（zhā zhe zhǎ zhà）：此字本音 chǎ，意谓在有泥水的地上行走（踩一脚泥）；但京人习惯读为 chuǎ。而在此处读为 zhā 音，是"挓"的假借字，"挓挱"（也作"扎煞"）的略说；是为张开、叉开义，并引申指毛发竖立，或猛然吃惊等意。京人又谓幼儿学行步履蹒跚状为蹅（zhà），似也应从"挓挱"而来，形容幼儿四肢缺乏控制力的伸开状。注意这里四个"蹅"字分成三个读音。

原著这里是说张金凤担心嫁到安家后须改着旗装，包括放脚（即将缠足放开，尽量使其复原），怕那样反而行动不便了，如幼儿学步般，蹅蹅蹅蹅的。

z36　诈关儿

例（09　138　09）：十三妹道："既这样，可<u>诈</u>甚么<u>关儿</u>呢！"

注－诈关儿（zhà guār）：指虚张声势，言过其实地瞎咋呼。现多是说"诈庙"（也作"炸庙"），与此义同。参见《满蒙语汇壹－50》。

zhai

z37　摘不开

例（05　084　17）：老爷家里有一点<u>摘不开</u>的家务，故此不曾出去

注－摘不开（zhái bu kāi）：京俗语，指谓（因某些事物）摆脱不掉，无法脱身。"摘"字现作"择"，"不"字轻声。

zhan

z38　沾眼抹泪

例（02　027　05）：公子只是垂泪，太太也是千叮万嘱<u>沾眼抹泪</u>的说个不了

注－沾眼抹泪（zhán yán mǒ lè*r）："沾"字为"搌"的假借字，意为（用松软物如布等）擦拭或轻按湿处（将液体吸附去）。"眼"字阳平，"泪"字儿化。

z39　站着

例（29 558 10）：舅太太听着说完了，便笑道："你们站着。咱们商量商量：……你们……这天算都有了吃儿了；我呢？"

注－站着（zhàn zhe）：京人在对对方所言不满或需要更正、说明时，会用一句"站着"来提请对方注意自己的不同观点，乃至打断对方的话。这与站立无关，现在多是说"打住"。原著此处是舅太太在开玩笑。

z40　站住

例（07 113 13）：那穿红的女子说："你站住，别合我论姐儿们！……"

注－站住（zhàn zhù）：与上一条基本同义，但语气严厉。"住"字不读轻声，以突出语气的严厉。

zhang

z41　张罗

例（12 181 10）：只是小子你一时那里去张罗得这些银子

注－张罗（zhāng lou）：此处意指筹措。"罗"字读lou，轻声。

z42　张罗

例（02 026 12）：我要带了华忠去，原为他张罗张罗我的洗洗汕汕这些零星事情

注－张罗（zhāng lou）：此处意为布置、安排。"罗"字读音同上。

z43　张罗

例（15 244 22）：大爷请到我们那院里，我张罗他去罢

注－张罗（zhāng lou）：此处意为招待、应酬。"罗"字读音同上。此上三条的"罗"字也可读luo，轻声。按：元曲中"张罗"一词有多义，与现在京语相通者尚有营求、布置、招待等义。详见《元曲语汇071》条。

z44　彰仪门

例（27 500 01）：师傅这荡来京，

叫我出不去那座**彰仪门**

注－**彰仪门**（zhāng yi mén）：旧时北京外城广安门习称彰仪门。按：金代中都即在今北京城的西南隅，其西侧北门称彰义门（当然此门今早已无存）；考其位置坐标，似应在今北京西站迤南，与广安门外大街交汇处一带。彰义门虽早已无存，但其名称却在民间口口相传，保存至近代——只不过是将此名称赠予了在其东侧不远处的广安门。关于北京现在地名中所使用的古地名，见《附录壹－55》。

zhao

z 45　招呼

例（05　082　01）：你告诉当家的一声儿，出来**招呼**客呀

注－**招呼**（zhāo hu）：此处意为接待、服侍。旧京服务性行业，如酒肆、饭庄、旅舍、澡堂等常用此语。"呼"字读音介于 hu、huo 之间，轻声。

z 46　招护

例（12　194　24）：那张太太是提着精神**招护**了一道儿女儿、女婿

注－**招护**（zhāo hu）：此处意为照顾、协助。此词还有"照护、招乎"等写法，现统写作"招呼"。另：京语"招呼"一词尚有呼唤、问候、关照、陪伴、吩咐、斥责、注意等用法；甚或大打出手、乃至性交也可说招呼（如：俩人招呼上了），当然这仅是在日常口语中的引申义罢了。

z 47　着急掰脸

例（26　469　22）：你好好儿的合他说，别价合他**着急掰脸**的啊

注－**着急掰脸**（zhāo jí bái liǎn）：冲动急躁，以致双方在语言上有些不愉快。也作"着急白脸、急扯白脸、急赤白脸"等等，义同。"掰"字阳平。

z 48　招家伙

例（15　253　21）：我将说得声"**招家伙**"，他早把身子一闪，那镖早打了空

注－**招家伙**（zhāo jiā huǒ）：旧时说书常用语，提醒他人注意暗器（如此处之镖）。另有"着家伙"一词，系描述两人对打，甲

使出一招，同时大喊一声"着家伙"意谓乙必中招。与"招家伙"音同而义异。

z49　着哇

例（14 222 23）：跑堂儿说："<u>着哇</u>，就是他。他是镖行里的。"

注－着哇（zhāo we）：对啦、正是呀。旧时京人常有此说，现已罕闻。"哇"字读 we（此系北京方言音，普通话中无此音），轻声。

z50　着着

例（31 597 06）：他腿上<u>着着</u>一枝梅针药箭呢！你叫他怎的个扎挣法

注－着着（zhāo zhe）：前一"着"字为动词，意为中（箭）；后一"着"字为助词，表示此动词之现在时态。

z51　找补

例（09 144 23）：只有十三妹姑娘风卷残云吃了七个馒头，还<u>找补</u>了四碗半饭

注－找补（zháo be）：因不足而补充、饶上。要注意此词在用于饮食方面时与点补的区别之处（参阅 d88 条）。"找"字变调阳平，"补"字读 be（be 为北京方言音，普通话不用此音）。

z52　找补

例（29 560 04）：接着就<u>找补</u>开箱，清结账目，收拾家伙，打扫屋子

注－找补（zháo be）：此处意指完成（开箱结账、收拾打扫等琐碎事）。音同上条。此词在京语中应用广泛，凡补充、修饰、善后等处均可用。

z53　着己

例（02 025 12）：没个<u>着己</u>的人照料，也真不放心

注－着己（zháo jǐ）：知根知底儿，靠得住的自己人。

zhe

z54　跿

例（12 194 22）：这话暂且不暇多谈，<u>跿</u>回来再讲店里

注－跿（zhē）：此字有二解：

①读 chì 音，《集韵·祭韵》：跿，

一足行也。

②读 xué 音,《集韵·薛韵》:踅,旋倒也。此处显为②义。

原著中此字多次出现，均为来回(走)、折回、盘旋等义。但京语不读 xué，而是读为 zhē。显见得这是那个时代的人字读半边念白字儿，后来约定俗成，干脆就这么念了;又觉得老念白字太丢分儿，于是乎就直音写作折字，是为翻转、返回、倾倒液体等意。另:由此想到京中有一俗语“踅摸”，意为翻来覆去、来来回回的寻找，正是用了“踅”字的本音本义。更形象的口语说法是“绕世界踅摸”(ráo shi in xué me)。有写“寻摸、寻觅”者，不确。

z55 嗻

例(33 641 09):听得父亲叫……便连忙恭恭敬敬的答应了一声“嗻”

注－嗻(zhē):旗人应答所用之敬语，即“是”之意，与汉朝时所说的“诺”意思相仿。有清一代成为官场通用语，但主要是满官这样说;至于民间，汉人仍多以“是”作为应诺语。参见《满蒙语汇壹－51》。

z56 瀁

例(35 695 04):便见他一只手高高儿的举了一碗熬得透瀁、得到不冷不热、温凉适中、可口儿的普洱茶来

注－瀁(zhē):此段语句不通，颇为费解。原著应似有讹夺衍倒。详见《附录壹－56》。

z57 嗻儿、喳儿

例(40 844 23):见着少大爷……得跪倒爬起，说话得“嗻儿”、“喳儿”……称他“大人”，你们自已称是“小的”

注－嗻儿、喳儿(zhē*r、zhār):原著此处是邓九公叮嘱其女婿见官时应有的礼节，“嗻儿、喳儿”即“嗻、喳”的儿化变音;实际没这么说的，此处是原著作者诙谐。详见《附录壹－57》。

z58 这早晚

例(09 138 17):那老婆儿道:“……就是这早晚那去买个馍馍

饼子去呢？"

注－这早晚（zhè zer）：此刻、这时候。如果是纯粹京人会读为zhèi ze*r；但原著中此处这个"老婆儿"（即后来的张太太）并非京人，为有所区别，所以"这"字注zhè音。此处早晚合读为zer。可参阅z75条。

z59　这里

例（24　434　05）：娘有事只管去罢，**这里**的事都妥当了

注－这里（zhè*r lou）：京人口语音。参阅z66条。

z60　这是那里呀

例（24　432　19）：只听他干娘问道："姑老爷说的**这是那里呀**？"

注－这是那里呀（zhè*r r nǎr e）：京语的最主要特点，就是轻灵流畅；而相邻音节发音的口型越接近，就越容易做到音节之间快速、平滑的过渡，轻灵流畅就出来了。像本条的五个字都未读本音，就是因为它们相邻之间口型相差太大（"这、那、呀"三个开口呼之间夹着"是、里"两个齐

齿呼），无法平滑过渡，京人唇齿之间不假思索就通过变读、合并等办法把它们处理流畅了。至于书面上该怎么写还得怎么写，但要明白，京人绝对不会说成 zhè shì nǎ lǐ yà。原著的文字看似平常，但以正宗京语一念就出彩儿。任何方言都只能通过听和说才能真正获得，只看文字不能真正得到（所以笔者才在此不厌其烦地注音）。尤其汉字，因是表意文字，对语音表达能力本来就弱于拼音文字；想要通过文字正确表达一种方言，就更显举步维艰了。

z61　这是怎么说呢

例（03　043　23）：见了公子就说道："你瞧，**这是怎么说呢**！"说着，便掏小手巾儿擦眼泪

注－这是怎么说呢（zhè*r zěn shuo n）：京人常用句式，用于当对方遭遇某种变故、不测、意外乃至不幸时，表示震惊、慰藉及同情，也作"这是怎么话儿说呢"（zhèi zěn huar shuo n）。此说法另也用于不同意对方所言，表示些许不满，此时"说"字要读本

音。此处义为前者。"这"字变读儿化,"是、么"不发声,"呢"读 n,是口型提示。

z62　这是怎么说呢

例(04 065 09):我要拿得动那个……我还在这儿跑堂儿吗?

你老这是怎么说呢

注－这是怎么说呢(zhè*r zěn shuo n):义为上条所释之后者,即表示些许不满。

zhei
z63　这不是

例(39 814 13):他一眼望见老爷……说:"这不是二叔来了么!……"

注－这不是(zhèi búr):京语惯用说法,是反诘肯定式,即在问句中使用否定性词汇,形成否定之否定,从而突出对所言事物之肯定。"不是"二字合读为 búr。现在常听见播音员说"这不"一词,读为 zhè bū。笔者以为不妥。公共传媒勿用方言语汇,若用就要准确,不要自造各种奇怪说法,那只能增加语言的乱象。

z64　这个

例(01 013 22):况你我如今有了玉格这个孩子,看去还可以望他成人

注－这个(zhèi e):"个"字读 e,是口型提示。

z65　这个当儿

例(02 035 13):这个当儿,越耗雨越不住,雨越不住水越加长

注－这个当儿(zhèi gé dà~r):恰在此时。"个"字变调阳平。

z66　这里

例(22 381 21):拿起来三四十里地……回来到了这里,横竖也逼迫了

注－这里(zhèi he*r):京人口语音。此处这样读是明确强调"就是(我所在的)这里";与 z59 条读音不同,那里是笼统的指某处。

z67　这会子

例(20 341 19):褚一官道:"还等这会子呢?头晌午就来了!……"

注 – 这会子（zhèi huǐ zi）：京人对"这时候、此刻"加强语气的说法。"会"字上声。

z68 这几日

例（24 427 09）：如今到了家，<u>这几日</u>天也长了，我才打点出来

注 – 这几日（zhèi jier）：京人惯用说法，表示近期这一段时间。"几日"合读为 jier，轻声，儿化。

z69 这节

例（24 431 02）：老爷<u>这节</u>为难，没日没夜的搁在心里

注 – 这节（zhèi jier）：京人惯用说法，多用于描述在面临某种事态时的踌躇犹豫。注意只用于消极性词汇（如此条之"为难"）。与上一条音同而字、义均异。"节"字变调，儿化。

z70 这那里还是

例（24 440 07）：褚大娘子一看，心里先说："<u>这那里还是</u>一年头里跑青云山的十三妹了呢！"

注 – 这那里还是（zhèi nǎr hár）："那里还是"读成两个音节 nǎr hár，是京腔口语的连读。

z71 这起子

例（11 168 08）：据书办的风闻，<u>这起子</u>和尚平日本就不是善男信女

注 – 这起子（zhèi qǐ ze）：这批、这些。"子"字读 ze，轻声。参阅《附录壹 – 02》。

z72 这是作吗呀

例（13 212 16）：安太太笑道："亲家，<u>这是作吗呀</u>？你我难道还分彼此么？"

注 – 这是作吗呀（zhèi zòu már yē）：这应是安太太模仿张太太的京东怯口。北京人会说"这干嘛呀"（zhèi ga 或 gai má ya）。

z73 这样

例（02 026 08）：老爷见的自然不错，就<u>这样</u>定规了罢

注 – 这样（zhèi a~r）："样"字变读为 ang 的儿化音，是因为"这样"二字快速连读所造成。一般情况下，复合元音 ei 的韵尾元音 i 仅表示舌位移动方向（从主元

音 e→i），但移动到什么程度，却各不相同；舌位往往移动不到终点，使尾音听起来很模糊。但此处因"这"（zhèi）字的韵尾恰与其后的"样"字（零声母）之韵头 i 相同，所以此时只要韵尾元音 i 发音完全（舌位移动到终点）且读速较快，它就会取代了"样"字的韵头；换句话说，"样"字韵头与其前面音节的韵尾合二为一，这样就仅剩其后的鼻韵母 ang 了。再一儿化，成了现在的读音 a~r。

z74 这一番

例（01 016 15）：<u>这一番</u>吵吵，安老爷也醒了，连忙披衣起来

注－这一番（zhèi far）："一"字消失了，原因参见上条。二者虽不尽相同，本质却是一样的。"番"字儿化。

z75 这早晚

例（14 224 16）：（华忠）因看了看太阳，说："大约<u>这早晚</u>也就好回来了。……"

注－这早晚（zhèi ze*r）：此刻、这时候。与 z58 条义同而音异。之所以此处注音与那里不同，是因为原著此处系华忠（安家老仆，京人）所言；而彼处是张太太（不是北京人）所说。"这早晚"是书面义，京人口语在此处不按书面音读，而是合读为 ze*r。这是说法习惯问题，并非语音学的规律使之然。

zhen

z76 真

例（26 468 15）：我婆婆去年这时候合姐姐初次见面的时候，姐姐还该记得<u>真</u>

注－真（zhēn）：京人谓"看、说、听、记"得清楚，多说"×得真"。如要强调清楚的程度之甚，会说"真真的"（zhēn zhē*r de）。

z77 真章儿

例（26 476 23）：姐姐如果一定要见个<u>真章儿</u>，少一时自然看得见

注－真章儿（zhēn zhā~r）：事物的真相或深层次的原因。

z78 振地价响

例（28 516 04）：只听得噶啦啦一片声音，两挂千头百子旺鞭放得**振地价响**

注－振地价响（zhèn dì jie xiǎng）：现多作"振天价响"。"价"字为助词，用于状语与动词或形容词之间。此处"价"字读轻声，但如说"振天价响"，就也可能读为去声。京语除轻灵流畅外，还讲究个抑扬顿挫；因为"地"字为仄声，其后之"价"字就用平声（轻声是平声的一种变异）；而"天"字为平声，其后之"价"字就不妨变为仄声。这也是在京人嘴里自然产生的事儿，不用过脑子。

z79 这么

例（33 656 12）：但是既承公婆把家里**这么**一件要紧点儿的事，放心交给媳妇们俩……

注－这么（zhèn m）："这"字读zhèn，"么"字读m，是口型提示。

z80 这么样罢

例（20 351 14）：**这么样罢**……竟是你老人家带了女婿陪了二叔合大爷回去

注－这么样罢（zhèn miàr be）："这"字读zhèn，"么样"二字连读miàr，是京腔的连读；"罢"字读be，轻声。京人建议或认可某事之拟案时习用的说法。

z81 震心

例（37 751 04）：敢则这是姑姥爷天天儿叫得**震心**的他那位程大哥呀

注－震心（zhèn xīn）：借用一句旧小说中的套话，叫作"久闻大名，如雷贯耳"。"震心"这个说法一直延续至近代，老舍作品中尚存，现在没有此说了。

zheng

z82 争竞

例（39 830 18）：见他两个**争竞**起来了，慌得把身子往后偎了一偎

注－争竞（zhēng jing）：事物的比拼。此处指辩论趋于激烈，口

角、吵闹起来。此词早在唐诗中已见，如韩愈《寒食日出游》："迩来又见桃与梨，交开红白如争竞。"元曲中更是屡见不鲜，见《元曲语汇072》条。

z83　整

例（23　408　05）：再**整**何玉凤姑娘同舅太太、张太太在德胜关店内住了一夜

注－整（zhěng）：此处意为叙述、说。在东北方言中，"整"字的用途广泛，简直就是一个万能动词。京语是从东北方言传承而来（参见《绪论》），在很多地方继承了东北话的衣钵。"整"字在京语中也有所体现，但没有东北方言用的那么广泛。像此处的这种用法，今天京语中就已经消失了。原著成书于一个半世纪以前，那时京语中东北方言的成分肯定保留的比现在多。

z84　整颤儿

例（31　599　13）：直等华嬷嬷隔着帐子把张姑娘叫醒了，他听说，只吓得浑身一个**整颤儿**

注－整颤儿（zhěng chàr）：抖作一团。现不闻此说。

z85　真话的

例（08　132　01）：那老婆儿也在一边说："嗳！**真话的**！"

注－真话的（zhěng huàr de）：用于赞同、附和他人所说时的常用语。这其实是"这话说的（对）"之略语，"真"字变读zhěng，"话"字儿化。这是旧京下层人士的腔调，也符合张老婆儿京东人的身份。

z86　整着个脸儿

例（28　526　02）：不想姑娘只**整着个脸儿**，一声儿不言语

注－整着个脸儿（zhěng zhi e liǎr）："整脸"一词，在京语中常见有三义：
①表情严肃，不苟言笑。
②表情淡漠，神态冷峻。
③面现不悦、嗔忿或鄙夷之色。
此处为①义。"个"字读e，是口型提示。

z87　挣

例（06 098 21）：和尚险些儿不曾坐个倒蹲儿，连忙的插住两脚，挺起腰来往前一**挣**

注－挣（zhèng）：此处指将身体重心前移以维持平衡。这个动词往往用于在对抗中处于被动一方的身上。京语中还有"挣巴"（zhèng be）一词，也简说为挣，是说对持中较弱一方想挣脱对方束缚但力不从心的样子。参阅《附录壹－58》。另：京语谓"把（口袋一类的）物品张开"为挣，有时也写作"撑"（chēng）。

z88　真个的

例（02 027 12）：**真个的**，他就一纳头的杜门不出，每日攻书，按期作文起来

注－真个的（zhèng gé de）：此处表示对某事之确认（此类事往往有时令人难以相信）。"真"字读zhèng，"个"字阳平。也作"真格的"，读音同此。

z89　真个的

例（09 140 03）：因向十三妹道："姐姐不方便方便么？"十三妹道："**真个的**，我也撒一泡不咱。"

注－真个的（zhèng gé de）：与上条音同义异，此处是对他人所言表示认可、赞同。

z90　真个的

例（15 236 01）：姑爷，**真个的**，你住在这里就是你的一亩三分地

注－真个的（zhèng gé de）：音同上条，本意也是表示认可；但因是在反诘句中，所以是不认可之意。

z91　真个的

例（40 870 16）：玉格这孩子，**真个的**，怎么这么拧啊

注－真个的（zhèng gé de）：音同上条，此处为感叹句，意为"（为什么）这样啊"。作为发语词，用在感叹句的主体前面。此条感叹的主体是玉格怎么这么拧。"真个的"一词是京人惯用说法，上述四条中音虽同但意义有别，请

自行揣摩之。

z92　正经
例（30 570 14）：人家合你说<u>正经</u>话，你又来了
注 – 正经（zhèng jǐng）："经"字上声，是京腔读音。

zhi
z93　知点疼儿着点热儿
例（22 398 03）：我只要我活着有个知心贴己的人，<u>知点疼儿着点热儿</u>，我死后他掉两个真眼泪
注 – 知点疼儿着点热儿（zhī d té*r zhāo e rèr）：京人常用语，谓真心关怀照顾。现一般简说成"知疼着热"。前后两个"点"字分别读 d、e，是口型提示；这种变音读法是较老式的京语口语音，现在京人也不这么说。需说明一下：后一"点"字注为 e 并不准确，因汉语拼音记音符号（字母）少，这个音无法准确标出，不得已用 e 来近似表示。

z94　支个嘴儿
例（33 650 15）：我老夫妻只替他们出个主意儿，<u>支个嘴儿</u>
注 – 支个嘴儿（zhī e zuě*r）：在旁指点，不实际干。也作"支嘴儿、支招儿"。此词有时用作贬义，是说人光说不练；但此处是中性词。

z95　吱喽喽
例（28 516 12）：<u>吱喽喽</u>两扇大门开放，前面花灯鼓乐一队队进去
注 – 吱喽喽（zhī lōu lōu）：京语特有的象声词，专用于模仿木门开关等类的摩擦声。

z96　指使
例（12 187 17）：原说给太太作些针线，或者作个<u>指使</u>，才不是闲茶闲饭养闲人
注 – 指使（zhī shi）：此处为名词，意为下人、仆妇；此词也可作动词，是指派、使唤（他人）之意。

z97　支着儿
例（33 653 08）：请了一位下高棋的跟着他，在旁边<u>支着儿</u>
注 – 支着儿（zhī zhāo）：别人下棋在旁帮某一方出主意。引申为

帮他人出谋划策也叫支着儿,但多含贬义。现多写作"支招儿"。

z98 值的

例(06 097 18):那女子冷笑道:"这等不禁插打,也值的来送死……"

注-值的(zhí dàng):此为反诘句式,意为不值得(如何),京语常用句式。此处"的"字读 dàng。

z99 直捷痛快

例(06 087 13):和尚倒了,就直捷痛快的说和尚倒了,就完了事了

注-直捷痛快(zhí jiē tòng kuār):"捷"字阴平;"快"字阴平,儿化。

z100 直柳柳

例(24 441 21):捧了香炉,恭恭敬敬直柳柳的跪在那边

注-直柳柳(zhí liū liŭr):现作"直溜溜",京人常用俗语。前"柳"字阴平,后"柳"字儿化。类似义还有个说法叫"笔管条直"(读 bǐ guǎr tiāo zhí)。

z101 直眉瞪眼

例(21 364 01):只见他把那馒头合芝麻酱推开,直眉瞪眼白着嘴搏拉了三碗饭

注-直眉瞪眼(zhí m dèng yǎn):常用有二义:

①形容人两眼直勾勾,多少有点儿缺心眼儿的意思。

②形容人执着于某事,一门心思只琢磨它,显得焦灼不悦的样子。此处为①义的引申,是形容张太太吃相不雅、下作(读 xià zon)。

z102 直头……直脚……

例(39 812 22):我当日是那等的陷你,你今日是这等的救我,这等看起来,你直头是个圣贤,我直脚是个禽兽了

注-直头……直脚……(zhí tóu… zhí jiǎo…):谓天壤之别。今无此说法。

z103 指东杀西

例(32 622 02):万一求人求得不的当,他再指东杀西之乎者也的奚落我一阵

注-指东杀西（zhǐ dōng shā xī）：话里有话，意在言外，含沙射影，指桑骂槐。

z104 指着孩子叫

例（40 879 01）：还有等虽不叫他姑姑、却又不敢含他公然叙姐妹、更不敢官称儿叫声大姑娘、只**指着孩子们也叫**声姑姑的

注-指着孩子叫（zhǐ re hái zi jiào）：这是北方地区，尤其是京城的一种常见称谓方式，详见《附录壹-39》。"着"字读 re，轻声。

zhong

z105 重换重儿

例（26 483 16）：当日承姐姐当着我的面儿，指和尚那堆银子，**重换重儿**，合人家换了一百金子，给我添箱

注-重换重儿（zhòng huan zhòng èr）：等价交换。原著中这是张金凤说的话。因张母是京东人，这种说法是原著作者有意模仿的京东怯口儿。"换"字轻声。注意句中"儿"字独立成音节，不可读为"重"字的儿化音，亦不

幽燕语余绪。

zhou

z106 撒

例（35 699 15）：只听那阵风头过处，把房门上那个门帘……高高的**撒**起

注-撒（zhōu）：83版作"掀"，齐鲁版据抄本作"撒"。"撒"字也作"搊"，其义有二：
①将较长、较宽或较笨重之物体从一端抬或掀起。本例句即为此义。
②将容器中之物品（多指液体）一下子倾倒或注入某处。如说"把这碗酒撒了"，即指一下子喝掉。另：京俗语还将"撒"字读作 chōu，是搀扶、扶起之意；作此义时天津人读去声 chòu。

z107 周规折矩

例（23 414 08）：便有这位安水心先生给他**周规折矩**的办理

注-周规折矩（zhōu guī zhé jù）：此词本从土地丈量而来，规即圆规，矩是直角尺。周规是说规的转折角要正好180°，折矩是指角尺必须是90°对齐。只有这样，

地亩测量才能准确。引申为一丝不苟,按规章制度办事。"规矩、规规矩矩、循规蹈矩、中规中矩"等词均由此而来。

z108　周儿

例(25　454　13):把他四位凑起来二百多**周儿**

注－周儿(zhōur):此处指年龄。旧时都说虚岁,即自出生起就算一岁。但小孩儿说几周儿,则是指自其降生算起,即如今所说的周岁。对成年人无此说法,原著这样说是调侃。

zhu

z109　主意

例(25　455　18):无如他的**主意**是拿了个老道

注－主意(zhú yi):自己独立的主见。"主"字阳平,"意"字轻声。

z110　煮饽饽

例(24　426　22):再加上包**煮饽饽**、作年菜,也不曾得个消闲

注－煮饽饽(zhǔ bō bo):京人尤其是京中旗人称饺子为煮饽饽。

z111　煮熟了的鸭子闹飞了

例(40　874　16):要眼睁睁儿的把只**煮熟了的鸭子闹飞了**,那个怎么好

注－煮熟了的鸭子闹飞了(zhǔ shóu de yā zi nou fēi le):京人常用俗语,现多作"煮熟的鸭子又飞了",意谓功败垂成;与广东俗语"咸鱼翻身"有异曲同工之妙。口语中此处之"了"不发声,"闹"字读 nou,轻声,是京腔口语音。

z112　主儿

例(15　236　11):要是我平白的认得这等一个寻常人,我断不肯请他进来,只因他是个**主儿**

注－主儿(zhǔr):此处意指不平常、有来历的人。另:京语"主儿"有时就直白的是指"这个人"的意思,如:这主儿说来又不来了;买卖双方叫买主儿、卖主儿;还有时特指责任人,如"开车撞完人跑了,现在找不着主儿了。"

z113　主儿

例(22　392　02):便转身磕下头

去，说："奴才张进宝认主儿。"

注－主儿（zhǔr）：此处为"主子"的口语说法。参见《附录壹－59》。

z114 住对月

例（32 631 10）：不两日便是何小姐新满月，因他没个娘家，没处住对月

注－住对月（zhù dui yuèr）：旧京俗，新婚满月后新妇回娘家住，经月始返，称住对月。"对"字轻声，"月"字儿化。

zhua

z115 抓髻

例（04 060 22）：那一个梳着一个大歪抓髻

注－抓髻（zhuā jiur）：女孩儿的发式，头发不编辫子，直接在头上扎成一束或头两侧各扎一束。至于歪抓髻（偏于头的一侧）则不是正常发型。唐代有所谓坠马髻类此，是那时的习俗；但在清代，除幼女可能这么梳外，只有妓女才这样梳。原著此处即是说的妓女。髻本音 jì，意为挽在头顶或脑后的发结。"抓髻"二字实应为"髽鬏"（zhuā jiu），现俗写作"抓鬏"。"鬏"字也可轻声不儿化。按：此词甚古，如《新唐书·南蛮骠传》："男子髽鬏，女人被发。"《新五代史·吴世家》："隆演鹑衣髽鬏为苍鹘。"元曲中亦屡见，参阅《元曲语汇073》。

z116 抓挠

例（09 139 03）：只见安公子也跑来帮着抓挠

注－抓挠（zhuā nou）：此处指帮着干点儿琐事，但含有帮不上忙反倒添乱之意。"抓挠"一词在不同场合还可能有工作挣钱、乱拿物品、冲突打架、努力争取得到（某物）等义。"挠"字读 nou，轻声。另：如读儿化音"抓挠儿"（zhuā nāor），则是指婴儿开始有意识地以手抓取物品；或在大人的指令下（大人说"抓一个挠儿"）小手便一开一合作抓取状；又指大人逗小孩儿玩儿（应在两岁以上，有较明确的意识），口中说着抓挠儿，伸手作搔痒状，小儿便乐得前仰后合。

zhuai

z117 跩落跩落

例（36 728 08）：忽然见一个胖子分开众人，两只手捧着个大肚子，两条腿<u>跩落跩落</u>的跑得满头是汗

注－跩落跩落（zhuǎi le zhuǎi le）：此处之"跩"为"跩"的假借字，京语谓鸭子走路左右摇摆为跩，并借以形容某些人的走路状，也说"跩儿跩儿的"（读 zhuǎr de），义同。此处是形容一身囊揣（京俗语，指谓松软肥肉，参见《元曲语汇158》条）的胖子跑路状。"落"字在此无实意，只是口语音，读为 le。跩落也指腿有毛病，走路一拐一拐的；有时还用以形容身材矮小、小五短儿的人走路的样子。另："跩"字在京语中还指因得意而忘形，如："刚有俩钱儿就跩起来（读 zhuái qi lei）了。"

z118 转文儿

例（03 050 09）：你可不要<u>转文儿</u>，那字儿要深了，怕他不懂

注－转文儿（zhuǎi wé*r）：多余的引经据典、堆砌辞藻，故意显示文采。"转"字变读为 zhuǎi，"文"字现在多读本音，不儿化。

zhuan

z119 转不过磨盘来

例（26 469 09）：只是他心理的劲儿一时背住扣子了，<u>转不过磨盘来</u>

注－转不过磨盘来（zhuàn bu guo mò pár lei）：（在某事上）思维僵化，不能换一种角度考虑问题。"不过"二字轻声，"盘"字儿化。现多是说"倒（dáo）不过磨来"。另有"倒不开磨"一说，系指忙得不可开交，或钱财不敷周转。

z120 转转

例（10 156 03）：转觉得满脸周身的不得劲儿，在那里满地<u>转转</u>

注－转转（zhuàn zhuǎr）：在原地来回走遛（zóu liǔr），形容人不知如何是好的样子。前一"转"字是动词，后一"转"字是名词（须儿化），指圆圈儿。

zhuang

z121 装杂种

例（31 602 19）：早把邓九公怄上火来了……向那班人道："说话呀小子！别**装杂种**！"

注－装杂种（zhuāng zá zong）："种"字读zong，轻声。汉语骂人，99%是围绕着性与血统展开，杂种即詈人血统有问题。京语骂人常以"装"字为前缀，如装杂种、装王八蛋、装丫挺的等。此处的"装"字并非假装之意，而是京语的一种习惯性说法，即指对方就是"××"，××即是所骂之物。京人口角，有时会说"装什么呢装"，其实也是在骂人，只是隐含着，让对方自己体味，对号入座。

z122 壮

例（15 247 02）：这地方要找绍兴坛子大的倭瓜，棒槌**壮**的玉米棒子，只怕还找得出来

注－壮（zhuǎng）："奘"的假借字，粗大、壮硕之意。北方语系中多有此说，不独京语。

z123 壮大黑粗

例（31 594 20）：对面南房上又站着一个**壮大黑粗**的大汉

注－壮大黑粗（zhuǎng de hēi cūr）："壮"字音、义均同上条；"大"字读de，"粗"字也可不儿化。

zi

z124 作声

例（07 104 07）：那人还只道是和尚来了，吓得不敢**作声**

注－作声（zī shē~r）：京俗语，指出声或者说话。北方语系许多地区也这样说，不独京语然。"作"字读zī，"声"字儿化。此词今作"吱声"，音略异而义同。

z125 则声

例（31 596 17）：那贼冷不防着这一箭，只疼得他咬着牙不敢**则声**

注－则声（zī shē~r）：音、义均同上条，唯写法不同。参见《元曲语汇074》条。

z126 只管

例（13 210 18）：他**只管**这么大

了，还得有常人儿招护着

注－只管（zí guǎn）：虽然、尽管。"只"字变读。也有写作"自管"。北方语系多有此说法，不独京语然。

z127　字号人儿

例（31　604　09）：大凡是绿林中的<u>字号人儿</u>，听见我邓九公在那里歇马，就连那方边左右的草茨儿，也未必好意思的动一根

注－字号人儿（zì hao ré*r）：有点儿名气、算个人物、排得上号的。

z128　滞碾

例（12　179　19）：只是他天生的这样的<u>滞碾</u>人，也就无法

注－滞碾（zì nian）：京俗语，指语言行动迟滞，做事拖沓延宕，不爽快。有时引申其义，用以指斥患得患失，又老想左右逢源；结果一事难决，徒惹人生厌。也作渍黏、滞粘。另：近年又有一词"仔扭"（zí niu），与此音似而异义，是说对某事不赞同又不便公然反对，于是就故意的找别扭，

想法儿变相否定。

zen

z129　怎吗

例（33　647　02）：安太太道："不害臊！人家媳妇儿的东西，<u>怎吗</u>用你来这儿献勤儿呀！"

注－怎吗（zǒm huer）：这其实是"怎么个话儿"的简说。"怎么"二字连读为zǒm，是将"怎"字的韵尾鼻音n换为m（即"么"字的声母），这样与下面的h音口型衔接更流畅。虽然普通话无此音，但北京方言里确有；而话儿读huer（若读的很快时，则仅读h，是口型提示）。此说法常用于反驳对方所言，并发出质问，中年以上京人今仍有用之者。

zou

z130　走罢！我的大叔！

例（38　789　11）：华忠拉了他一把，说："<u>走罢！我的大叔！</u>"

注－走罢！我的大叔！（zǒu bèi！wǒ n dè shūr！）：原著此处是写华忠把比自己小一辈的小程相称为大叔，是揶揄、不耐烦、拿他没辙的意思；与京中妇女把扰闹不已的小顽童称为小祖

宗同义。此处"罢"字源自满语，在京人口语中有时读为 bèi，起加强语气的作用；此处"大"字变读为 dè，原因见 d35 条之②；"的"字读 n，是口型提示，这是因为"的、大"二字统读 de 音，相当拗口，故将"的"字变为同样是舌尖中音的 n，作为向"大"字声母 d 过渡的准备。参见《满蒙语汇壹-52》。

z131　走动

例（35 694 15）：没法儿，我憋到出了场才**走动**。

注 - 走动（zǒu dong）：此处为大便的婉词，与更古老的婉词"更衣"的用法类似。今无此说法，现在一般将如厕婉称为"上洗手间"。

z132　走方步

例（01 018 23）：怎奈老爷是个**走方步**的人，凡那些送字样子、送诗篇儿这些门路，都不晓得去作

注 - 走方步（zǒu fāng bùr）：此处指为人品性端方，行不由径，这种人往往受制于不通权变。另也用于形容人虽行事稳重却偏于迟缓。也作"迈方步"。"步"字儿化。

z133　走扇

例（04 064 01）：谁知那门插关儿掉了，门又**走扇**，才关好了，吱喽喽又开了

注 - 走扇（zǒu shan）：门窗因陈旧变形、磨损松动而关闭不严，每每关上后又自动打开。另：木器家具、门窗结构因受潮等原因变形，致使本应平整的表面变得扭曲不平，京语称为"疲楞"或"翘楞"（qiáo leng），也叫走迹（"迹"字读音介于 jin、ying 之间）；而木器榫卯松动，则称为走榫儿。走榫儿一词还指人（因大病等原因）瘦弱憔悴得脱形，但现在已少有这么说的了。

zui

z134　嘴划

例（29 545 05）：昨日姐姐只管在屋里坐着，横竖也听见他那**嘴划**了

注 - 嘴划（zuǐ chǎng）：口无遮

拦，什么都说。词含贬义。"划"是"铲"的异体字，此处假借为"敞"，表示说话无分寸、不知深浅。"嘴"字阳平。

z135 嘴碎

例（33 656 19）：只他众人拨弄不开的地方……再**嘴碎**一点儿……就有在里头了

注－嘴碎（zuǐ suì）：絮絮叨叨，废话多；京语管这样的人叫碎嘴子。此处引申为对每件事都过问，不厌其烦，很负责任。

zun

z136 撙

例（26 468 14）：腰里的带子是我新近缝的，比去年**撙**进一寸多去儿

注－撙（zǔn）：此处意为收紧、退缩。

z137 撙节

例（30 575 24）：你怎生想个方儿，把这几桩事**撙节**得长远些

注－撙节（zǔn jie）：此处意为抑制（费用）、不糜费。详见《附录壹－60》。

z138 撙节

例（32 630 07）：他两口儿却仍照居乡一般辛勤，**撙节**着过度

注－撙节（zǔn jie）：此处意与上条相近，指节省度日，也说"撙着"。

zuo

z139 作

例（32 616 04）：我只说这个小蛋蛋子可是要**作**窝心脚

注－作（zuō）：京语中读阴平的"作"字有多义，此处是"自找"之意。详见《附录壹－61》。

z140 作养

例（25 453 23）：到京里更经了一年**作养**……早把冷森森的一团秋气化成了和霭霭的满面春风

注－作养（zuō yǎng）：此处之"作"字意为"进行某种活动"，作养指休养生息、调节身心。此词今未见用。

z141 作冤

例（37 767 11）：以至小蛮、樊素两个……跟着白香山那么个

老头子，那都算他们<u>作冤</u>呢

注－作冤（zuō yuān）：此处指自找吃亏、不值当、白白付出，也作"嚅冤"。白居易诗有"樱桃樊素口，杨柳小蛮腰"句。

z142 作冤

例（38 787 13）：只有华忠口里不言心里暗想说："我瞧今儿个这荡，八成儿要<u>作冤</u>！"

注－作冤（zuō yuān）：此处意为自找的上当受骗，也作"嚅冤"。京语谓说瞎话骗人为冤；称轻易上当、经常被人骗，甚至糊里糊涂上赶着找亏吃的人为冤大（"大"字读 de，轻声）头。

z143 昨日

例（29 545 05）：<u>昨日</u>姐姐只管在屋里坐着

注－昨日（zuór）：这是书面语，京人口语不说昨日，只说昨儿或昨儿个。

z144 左

例（05 076 08）：那店主人道："我到有个主意，客官你可别想<u>左了……</u>"

注－左（zuǒ）：偏颇、舛错、相反等意。可用于动词后作补语（如本条），也可用于名词之前作定语（如左性子、左主意）。

z145 左

例（30 581 11）：<u>左</u>是这个院子，我两个便退避三舍，搬到那三间南倒座去同住

注－左（zuǒ）：此处为"左不过"之略语。在此"左"字为卑下之义，左不过意谓"再差也不过如此"。

z146 左丢一鼻子，右扯一眼

例（27 495 13）：他不是<u>左丢一鼻子</u>，便是<u>右扯一眼</u>，甚至指桑骂槐，寻端觅衅

注－左丢一鼻子，右扯一眼（zuǒ diū yì bí zi, yòu chě yì yǎn）：处处给他人脸色看。现在一般说"鼻子不是鼻子，脸不是脸"。

z147 左一和右一和

例（37 758 06）：叫小丫头子舀了盆凉水来，先给他<u>左一和右一</u>

__和__的往手上浇

注－左一和右一和（zuǒ yí huò yòu yí huò）："和"字在此是为量词，指用水冲洗一遍；中药煎一遍或油料压榨一遍也叫一和；如果"和"读为阳平（huó）时是为动词，意为在粉状物中加水搅拌使之均匀成黏稠膏状，如和泥、和面等；而读 hú 时是麻将牌术语。另：原著中介词和字均作"合"，所以原著中的"合"字又有京语特有的 hàn、hài、huì 等诸音。

z148　左右

例（01　014　18）：__左右__是家里白坐着，再走这一荡就是了

注－左右（zuǒ yòu）：此处意指怎么着都成，无可无不可。"左右"一词现不见用，演变为"反正"。参阅 h30 条。

z149　左右

例（10　157　17）：即或不够，__左右__有那一项"没主儿的钱"，我甚么时候用，甚么时候取

注－左右（zuǒ yòu）：此处演化为"左不过、至不济（也能如何）"之意。

z150　坐

例（28　532　02）：只见一个连二灶上弄着大旺的火，上面__坐__着这翻开的铁锅

注－坐（zuò）：京语不说烧开水而说坐开水；也不说烧饭、烧菜，而是说做饭、做菜。这是因为饭菜需用技术来做，而开水简单，将壶或锅往炉火上一坐即可。此种细节虽微不足道，但却显现出了京语的优点之一，即动词丰富，表现力强。

z151　坐红椅子

例（15　249　18）：谁想他单单把我搁在末尾儿一名，叫我__坐红椅子__

注－坐红椅子（zuò hóng yǐ ze）：考试第末名。旧时出榜公布考试结果，为避免有人添加，在最后一名的名字后面用红笔写一乙字（状似椅子）；故末一名被戏称为坐红椅子。此说法今已不闻。

z152 作脸

例（21 370 14）：在坐的众位有一个不给周家兄弟**作**这个**脸**同走一荡的，叫他先吃我黑金刚一杵

注－作脸（zuò liǎn）：因某事而脸上增光。此词不孤立使用，须有某种事态为其基础。

z153 坐坡

例（33 641 02）：假如你无论怎么样想着方法儿逼他上磨，他是一个劲儿的屎溺多，**坐着坡**，不上定了磨儿，你又有甚么法儿

注－坐坡（zuò pō）：也称"打坐坡"，原指赶牲口上坡，牲口不愿前行，往后坠着不肯走；引申为形容人坚决不干某事，硬拽他也使劲儿往后退。多用于形容幼儿犯拧（nìng），坐地下乱蹬腿儿乃至撒泼打滚，非要达成某种目的。类似事件更甚者用"打坠咕噜"形容，可参见 d19 条。句中还包含了一条常用京谚：懒驴上磨屎尿多，意谓一到真要干点儿实事时，就以各种缘由想法儿逃避。参阅114条。

z154 坐坐儿

例（33 638 15）：大爷没在屋里，你进来**坐坐儿**不则

注－坐坐儿（zuò zuor）：前一"坐"字是动词；后面的"坐儿"是补语，表示一小会儿，是从受时态限制的动词转化而来的量词。

附录壹

说明：《附录》是对本卷某些词条所做的引申、阐述，甚或是较长篇的论述，有点儿小百科全书的意思；还酌收了一些虽与京语并无直接关系，却与北京某些事物有关的语汇，有时还会对某些词汇产生的社会背景或起因作较详尽的说明。上述这类内容，相应词条中仅作简述，而将详解作为《附录》收于各卷之后。此种情况时，相应词条注明"见《附录-××条》"（××为编号）；而在《附录》中以相应的编号排列，加以详解。本《附录》之编制方式，同样适用于其他卷。

附录壹-01（a02 阿哥的嬷嬷——库忒累的娘）

库忒累（kutule）是满语"马童、仆役、随从"，此等人之母在主人家做奶妈是常事，这里说的就是这种情况；但其中"忒累"二字又是京语"太累了"之意。像这种满汉合璧的俚语，清中后期在民间可能很常见。如有一部以《金瓶梅》为题材的子弟书（在旗人中流传的一种俗曲）《升官图》堪称典型：在总共72句的曲词中，用了约40个满语词汇与汉语谐音谐义，妙趣横生。唯因语涉淫秽，现罕有见。另："嬷"字也有"嬷、嬷、妳、奶、婆、乃、麼"等写法。这些字都是借用，与其本意并无直接必然联系，音也不尽相同（妳、奶：nǎi，嬷、嬷：mā，嬷、婆、乃、麼：mēi），但都曾作为汉化了的满语奶妈的音译用字（奶妈满语读音 meme eniye）。一个半世纪前用字尚不规范，尤其是在方言中，方言无定字；具体到不同作者的京味文学作品中，同一个方言词怎么写的都有。而这些字多为替代字（或称假借字），即是说，不管它原来念什么，是什么意思，与哪个字怎么组合，只要有一定数量的刊物和人员认定其某种读音及组合方式，那么约定俗成，已就已就了。这样容易造成新生词语的无序竞争，最终有碍语言的健康发展。如今现代社会各个方面都在以前所未有的势头突飞猛进，对语言的创新性、多面性、精确性及逻辑性的要求均有极大提高，语言规范化是极必要的（遗憾的是，今天网络语将规范化打得流水落花春去也）。《儿女英雄传》一书，作为一个半世纪以前的作品，用字不规范情有可原，但现在这样不行。奶妈（嬷嬷）一词的读音，京人（尤其是旗人）直至近代仍多按接近于满语的读音，读为 mēi me。在权威的《汉语大字典》中，"嬷"字标音只有 mā，就汉字的本音而言，无疑是正确的；但与满语的读音（me）明显不同。现在多数字典将"嬷"字标注为 mō 音（详见 m 27 条），可能是因为汉语普通话的双唇音（b p m）一般只与韵母 o 而不与 e 结合，又不能将满语读音纳入其中，情急之下硬将该字增添了一个 mo 音。这样难免有"秀才认字读半边"、误导读者之嫌。

附录壹-02（b 03 巴棍子）

　　陈刚先生所著《北京方言词典》中有"八棍儿（巴棍儿）"一词，注为"短棍棒"。有一种短兵器，练家称为鞭杆，即此物也，亦称"吧嗒棍"。其操练套路据说源自山西，笔者年轻时曾习之。在蔡松龄（笔名损公，系卷二所引《小额》一书之作者）所著《姑作婆》一书中有注谓："从先外场打群架，讲究使八道棍儿。"其中"八道棍儿"之称，亦此物也，仅写法稍异。另外乞丐手中的打狗棍也叫巴棍子。吧哒棍又指瞎子手中的探路杖，盖因其在探路时敲击地面，发出吧嗒声。此处棍子之"子"字读 ze，是加强语气。京语中相当一部分单音节名词加后缀"子"字，使之变为双音节词。如房子、裤子、车子等等。此等处"子"字无实义，读轻声 zi，加重语气时读轻声 ze。而当"子"字有实义时，则各有变化。如鱼子（即鱼卵）这个"子"字是有实意的（子是主词，鱼是定语），读其本音 zǐ。此类"子"字为该词之主体部分的词汇，还有如长子、学子等；另应对该词表达敬意或予以重视者（如孔子、夫子、妻子等），"子"字亦读本音。

附录壹-03（b08 巴图鲁）

旧京汉化的满语，原著此处相当于京语"棒"，是指身体结实、或某事物的状态好等肯定性含义。参见《元曲语汇151》条。

附录壹-04（b60 冰镩）

早在周代，官方就设有"凌人"一职，专司取冰储冰。《周礼》有云："凌人掌冰正岁十有二月令斩冰三其凌。"旧时京中冬至后在较大的湖泊取冰（阴历年前还可再取一次，不过冰层较薄）。冰镩即打冰工具，其形为一较粗的铁尖头，侧面有爪，将其安装于长木圆杆顶端，就像个钩镰枪的样子。打冰时用铁尖凿开冰面，将冰切割成大块儿，用侧爪将冰拉至岸边所搭之木质斜架上，装车运至冰窖存储。过去京中多有冰窖，如德胜门外西侧就有一个，其所在地因而得名冰窖口胡同；北海公园东侧墙外甚至还有一座皇家冰窖，就近取太液池之冰，储之以备皇家之用。打冰一事，至二十世纪七十年代初尚可见；后渐为人工制冷取代，遂无存矣。

附录壹-05（b61 饽饽）

旧时京中将满洲糕点，如蜜供、缸炉（读为 gāng lour）、萨其玛（满语 sacima）等称饽饽，称满洲点心铺叫饽饽铺；而南方糕点叫点心，南方人所开的点心店称南果铺。

附录壹-06（b80 不要）

清末民初北京有东富西贵、南贫北贱（也有说"北贫南贱"）之说。富商大贾多住东城，达官显贵多在西城，城北一带多为做小生意的穷人（如德胜门一带就有"穷德胜门、恶果子市、不开眼的绦儿胡同"之说，罗列了德胜门内一带的实况），而南城则是澡堂子、戏园子、妓院等"贱业"的聚集区。这是清后期时的状况。那时西城的京语最正宗，东城次之，而南城（外城）因是主要的商业区，非京籍者较多，故而语言庞杂。但因为娱乐业主要集中在南城（那时也就是京戏、说书、相声、鼓词等），所以南城的语音通过这些"玩意儿"（京人对这些项目的统称）的传播影响渐次加强；另一方面主要商业区也在南城，商业往来也使得南城语音的影响力不断扩大。又加上清中期以后，本来就不符合经济规律的"内朝外市"政策贯彻不下去了，外城的富商大贾多有迁入内城居住者（东城居多，所以形成了"东富"的局面）；人员的混居更使京语日渐趋同。但即或如此，直至近代，内外城京语的语音、词汇、句式及惯用说法等仍有些许差别。现而今经济大潮使社会重新洗牌，北京话不但已无区域之分，本身也已日趋消亡，一概变成夹杂着网络语的普通话啦。

附录壹-07（d86 第老的）

原著此处是骂人"王八"（姓王的排行第八）。"王八"一词有二解：①即是"忘八"的变写，谓忘了"孝悌忠信礼义廉耻"八个字，即无耻之意；②中国古代天文学将天上的星宿分为四个区域（就如古希腊划分88个星座），分别为东宫苍龙、西宫白虎、南宫朱雀、北宫玄武。其中北宫玄武的形象是蛇缠于龟身上，民间便传说这是蛇趁着公龟不在来与母龟私通。龟在北方又称王八，故"王八"一词是骂人话，詈其妻与人私通也。又有骂人"王八蛋"者，系指谓其血统有问题，是私生子。

附录壹-08（e04 二头）

《汉语拼音方案》中，"二"字标注作 èr，这似乎不能准确表达京语读音，京语实际读 àr。按：此问题弥松颐先生1998年曾在全国政协九届一次会议上提交过一份议案，建议对《汉语拼音方案》适当修改。国家语委主任许嘉璐签发的答复中对此问题这样阐述:"'儿'的音值是[ɚ],'二'的音值是[ɐ],但从音位的角度分析,则归为一个音位。这是因为北京话韵母里的元音,往往随四声的不同,而音值略有变化。读第三声和第四声的韵母,元音的开口式相对于第一声和第二声总要略开一点儿,所形成的不同音值视为是一种变体。'儿'和'二'的音值不同,正是受声调的影响而形成的。'二'是第四声,发音时开口度比'儿'要大,舌位也相对靠后。但是,从音位系统来分析,[ɐ]是[ɚ]的音位变体,因此,'儿'、'二'的注音《汉语拼音方案》标记为相同的字母形式。"特列举于此备考。许嘉璐之说法,理论上正确;但不管怎么着,京人说的"二",明明就是读àr音。

附录壹-09（g08 概了）

此词在二十世纪（六十年代至九十年代）曾风行一时,并演化成"盖了帽儿了"的说法。"盖帽"系篮球术语,但众人口中的"盖帽"一词中的"帽"字可跟篮球扯不上边儿,这是典型的地痞流氓语。旧京下层地痞有"老帽儿"一词,贬义（"帽儿"一词指男性阴茎龟头）,意指老而色心不衰,且常有此类不轨行为者。"盖帽"一词隐指"超过老流氓"。此类词源今天绝大多数人未必知晓,只不过是羊群效应,跟着社会说罢。但有一段时期,这类词语在文艺、影视作品中不绝于耳,就过火了。记得二十世纪八九十年代有部电影叫《傻帽经理》,在那里"傻帽儿"作为流行语,可以认为其内涵已有演变;在绝大多数人口中,已不再具原意,而仅是傻的同义词。这也是流行语的共性,一旦产生,便以自己现有的语义在民众中流通,而原意已不再重要。但即或如此,出身龌龊的词还是不说为好。

附录壹-10（g58 姑太太）

这里"太太"变读为tài tèi,再参阅g56之姑奶奶、g23条之哥哥等处的读音，以及其他某些类似称谓的变读，我们可以发现这样一条规律：在句子停顿处、某些称谓词韵母的韵尾有时变读为 ei，这样可以起到加重、突出、乃至改变该称谓内涵、对整句话的语义进行修饰的作用。另外口语中有些名词或形容词（如能耐）、助词（如了、呢），以及作为某些名词后缀的"子"字等等，都可能在某种场合或语境下韵尾变读为 ei，以加强语气。旧时在饭馆儿一类的服务场所，当顾客招呼服务人员（俗称"小二"）时，他就会应道："来了（1èi）您呢（nèi）！"此类读音多见于南城，在中下层人士中尤甚。另：旗人称母亲为奶奶，称祖母为太太，原因详见《满蒙语汇壹－20》。

附录壹－11（h06 海里奔）

二十世纪前叶，语言学大师赵元任先生为直观地标示汉语语调的高低，首创了一种称为"音高五度表示法"的方式。具体形式为：将一竖线等分五格，用以作为发音高低的坐标。其高点为5，低点为1，音高及变化可在音高线相应位置上确定。普通话大致可分为四声，即：阴平（第一声）、阳平（第二声）、上声（第三声）、去声（第四声）；其一至四声的音高（或称"调值"）分别为55，35，214，51（见附图，四声的标记正是从图中音高坐标变化轨迹的形状而来。但本书此处之图在赵元任先生原创的基础上又加了点东西：除左侧纵坐标是先生所创外，横坐标被定义为时间坐标，表示发音时间的长度；又在右侧附加一纵坐标，表示某语调相对应的音乐简谱之音高（见附图。这些纯是在下的狗尾续貂。绝无修订前贤之意，只为在本文中便于叙述）。从图可知，普通话阴平、阳平、去声的发音时间长度基本相同；而上声较长，约为其他三声的1.2~1.5倍（具体长短可能因人因事而有差异）；附加上音乐简谱是为了更直观的展示，一至四声的音高（调值）可以直接唱出来：阴平1̄、阳平5̂、上声3̂26、去声1̂2。

本条之"海"字（半上声）的音高可以记为 21（或 212），简谱记

为 $\overset{\frown}{32}$（或 $\overset{\frown}{326}$）。

附图

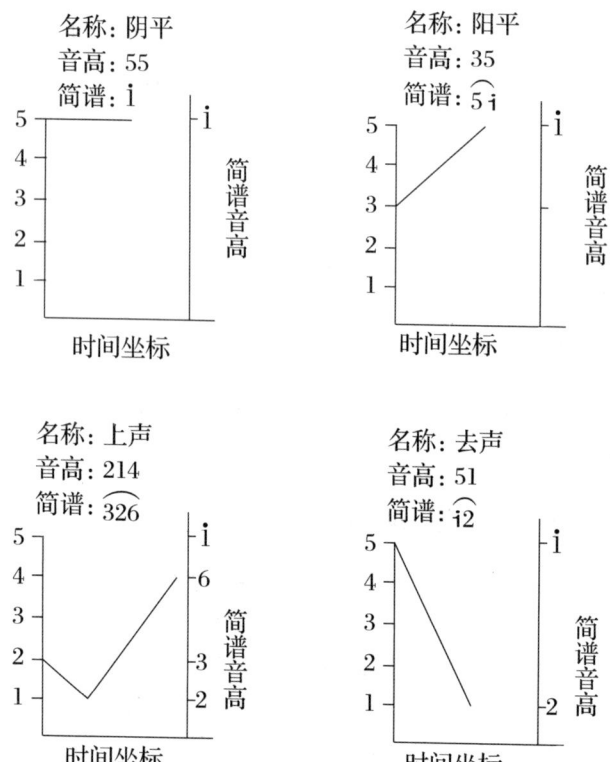

另有所谓轻声者，其实亦是降调，略近于去声，其调值约在53或42的范围之间，但一定注意，其声要短而轻。

附录壹－12（h34 红姑娘儿）

该物京人多称赤姑娘儿（chǐ gu niār），是一种草本植物（灯笼草）的果实。该果实略呈圆形，附有一层灯笼形的外囊；成熟时色黄红，味略酸甜，食之可消食败火，旧时京人常于院中种之。儿童以其为玩物,于手中揉捏。在清末光绪《畿辅通志》、《天禄识余》等书中均有记载,那时甚为常见,笔者幼时亦常见之。但后来随着北京居住条件日益恶化,已无种植此物之余地,该物遂绝迹矣。近年居住条件虽大有改善,怎奈都是高楼,仍无种此物之余地。另有一种呈卵圆形、个体较大的果实,称赤包儿(chǐ bāor),亦为儿童揉搓之玩物。老舍《四世同堂》一书中就有冠晓荷之妻被称为"大赤包",形神毕现,不愧大家手笔。

附录壹-13(h44 胡捋)

"胡捋"一词在京语中尚有"将(衣服、纸张等柔软的)物品抚展使之平整、抚摸(疼痛处)使之舒适"等义。后一义还有一个京味儿更足的说法,叫"摩挲",也写作"摩娑、撵抄"(还有一些其他更冷僻的写法)等等,均读 mā sou。可见方言无定字,音差不多就得合(dé hé,也是句京语,意谓可以、行了),甚或有些是自造的俗字。唯老舍在《骆驼祥子》中写作"潎洌",语出《说文解字》:"潎洌,饰灭貌,从水,䇒声。"引经据典,而非自己率性胡写,的是大家。"胡捋"还有凑集、处理等引申用法,限于篇幅,不赘述。

附录壹-14(h72 会)

原著此处将"和"字写成"会",透露出两个重要信息:a. 证实了起码是在十九世纪中叶(原著成书可能是在十九世纪六十年代)京语就有将和(合)读为 huì(可能还有 hàn、hài 等)音者;b. 原著此处为张太太说的话,她是京东人,属京人下层,而持此读音者多为下层京人;统观原著全书,仅此一处将和(合)字直音写为"会",说明原著作者是有意这样写,以此渲染张太太的口音。这也从侧面印证了"和"字的此类俗读读音(huì、hàn、hài 等)多系旧时下层京人之口语音。但现在台湾国语也将"和"字读为 hàn,据说是根据1937年商务印书馆版的《国语辞典》所注的语音（ㄏㄢˋ）、及台湾推行国语运动的先驱齐铁恨先贤的读音。这其实是将北京下层方言读音当成了标准音，实无必要，属画蛇添足了。方言不宜纳入标准语，无论普通话抑或国语。京人将"和"字读 hàn 还有一个用法，即充作介词"在"。但适用范围狭窄，仅限于"处所"一义，如：你和（hàn）哪儿呢？另：较《儿女英雄传》一书晚近半个世纪的《小额》一书，全书未见有一处用介词或连词和（或合）字的地方，相应处用的全是"跟"字。这可能是因为"跟"字更口语化，而《小额》一书100%口语化了。但即或这样，口语中一个"和"字都不说也是个奇怪现象；这究竟是作者个人口语习惯，抑或是那时北京下层旗人的语言现象，又或是别的什么原因，余也孤陋，暂付阙疑。

附录壹-15（j17 将）

在《儿女英雄传》一书中，作为副词的"刚"笔者仅发现有一处使用（83版第12回185页第24行），"才刚"发现有两处（第9回144页第18行、第38回791页第20行），另有第7回103页第12行处用了"方才"一词；而"刚才"一词全书未发现，所有相应处均用"将"字。此前的旧小说亦只用"将"字而不用"刚"。约四十年后的《小额》一书中，"刚、刚才"的说法已多有应用，但"将"字作为同义词也在用，两者混搭；又三十年后老舍的作品中"刚"字占了大多数，但"将"字仍偶有应用。此后"将、刚"二字分道扬镳，使用在了不同场合。按：现代汉语对此二字的定义划分很明确，即作为副词，用来界定不同的时间段时，"将"表示将来时（事情或动作将要发生），而"刚"字则表示完成时（就在此前不久事情或动作已发生）。本例之"将"字等于如今表示完成时的"刚"字，与如今之表示将来时的"将"字不同。
另："刚"字表示完成时并非始于近代，而是古已有之，如宋代苏轼诗《花影》"刚被太阳收拾去，却教明月送将来"即是（也有学者根据元曲中的一些写法，定此处"刚"字为"虽然"义）；但作为反映普通百姓口语的白话小说，却对此迟迟没有反映。这可能说明表示动作完成时的"刚"字在早期仅是文人词汇，而普通民众对语义的认知敏感性尚未达到此水平；直至十九世纪后期才融入民间，成为大众词汇。这是汉语动词体系不发达、对时态表达力较弱的表现。北京至今仍有些耄耋老人把刚（副词）读为 jiāng，是其余绪也；以致《现代汉语规范词典》特意申明："'刚'字统读 gāng，不读 jiāng。"当然这里还有一个不送气清塞音 g 与送气清塞音 j 的音转问题，笔者并非语言学家，对这些问题也说不清楚，兹不赘述矣。

另：在元曲、元杂剧中，"刚"字尚有虽然、只、偏偏、恰好、硬是等义；"刚刚"有痛快淋漓或缓慢等义。此类语义现代汉语中已不见用。

附录壹–16（k01 开门炮儿）

笔者以为此处的"炮儿"一词，"儿"字应是自成音节，而并非"炮"字的儿化。关于这个问题，可参看本书之《附一》的说明："北京的儿化音还另有一点应注意，就是儿化音与单独成音节的'儿'字之区别。含有'儿'字、且'儿'字单独自成音节的说法，在'幽燕语'中古已有之，而至今河北省的许多地方都仍有例如'板凳–儿、钉锦–儿、水坑–儿'之类的说法。其中的'儿'字都是单独自成音节，而不同于北京话（将'儿'字与之前的字连读为儿化音），似可认为犹是'幽燕语'之遗韵也。"

附录壹–17（k11 砢碜）

砢碜是典型的东北话，同时也是正宗的北京方言。京语与东北话有相当程度的雷同，盖因现代京语源于东北，东北话结合幽燕语，即为现代京语之本源（详见本书《绪论》之相关阐述）。东北话对声、韵母的差异分辨不甚清晰，而是代之以一种"味儿"，很大程度上是以此分辨语义。所谓味儿，实际上是一种语调，不是正宗东北人还真拿不准这个味儿。据说可按地域分为三大块儿：

①臭糜子味儿，这是长春、吉林（市）一带的语调，黑龙江大体也算是。此为东北方言主体，最具代表性，也是满洲人带入北京的汉语语音，与现代京语语音最接近。

②苣荬菜味儿，是沈阳及其周边一带的语调。近代（清末民初）以来因沈阳政治地位的提高，这种语音的影响也在扩大。

③老呔（tǎr）味儿，这是靠近长城北侧地区，带有昌黎、乐亭、滦县等地口音的语调。

至于"海蛎子味儿"（胶辽官话）、"地瓜味儿"（闯关东的山东人带去的语音）等是后起的分支，并不能算正宗的东北话。

附录壹-18（1 06 拉岔）

原著中此段实际是借安公子的二位夫人相互穿错服装，且安公子"带着一脑门子的困"，暗指三人同寝这样一个易趋于色情描写的情节。但作者文康素以"文笔清洁健康"著称，所以写得隐晦，不细读看不出来。

附录壹-19（1 13 来乂得）

原著此处费解。笔者以为"乂"字恐系衍文。若系衍文，这段话就很通畅，没什么可解释的了。若非衍文，就也有可能是当时口语发音方式在文字上的反映。按："乂"字读音有二：①读 yì。若按此分析，乂字前边的"来"字之韵母 ái 的副元音 i 会与乂音重迭，实际起到的是拖长"来"字韵母发音的作用，这可以加强语气。但不能分开读成 lái yi，那有悖于京语的轻快流畅原则，所以本书在这里用了一个不规范的注音法，即仅注了一个 i，以此来表示这里仅是对口型的提示，其作用是将前面"来"字的韵母尾音拉长。②乂若读 ài，则会发现"来、乂"二字音的重叠率更高，分析下去会得到与①本质相同的结论，即：将"来"字的韵母拉长。这种腔调在京城下层中颇为流行，且往往配之以摇头晃脑的肢体语言。总之笔者以为"乂"字或系衍文（多半就是），或系原著作者有意为突出、强调京腔而采取的一种表音方法。

附录壹-20（1 20 老塔）

京人骄傲，对非京籍者多冠以蔑称。如此处之老塔（呔），另有如怯当儿当儿（qiè diā~r diɑ~r）、怯八邑（多指京畿附近乡间之人）、白帽子（东北人）、侉子（山东人）、糟豆腐（南方人）、骚鞑子（蒙古族人）、贼回子（回族人）、南蛮子等说法，不一而足。五六十年前这些词汇尚普遍，今鲜有闻，此为社会之进步。按：旧京市井语，有称人为"大台"的说法。此处的"大"字应是满语 da 的汉化说法，本义为首领、头目，一般写作"达"；也常转义指"大小"之意的"大"；"台"字是"大"的尾缀，大台即指大的（某人），义同于大哥；另也有"老台"之称，意谓小老弟（"老"指老来所得之子，即最小的）。照此理解，老塔一词也可能应读 lǎo tɑi，即"小老弟"之意。另：旧时京语中，有"坏事达"（读为 huài shè*r dā）一词，指挑头出坏主意、干坏事者（坏事首领），是为满汉合璧的说法。

附录壹-21（1 27 姥姥）

京人在对他人表示极端否定或藐视时，会以"姥姥"为发语词或结语词，作为否定句的主体词汇。如甲要做某事，乙强烈反对，说："姥姥！门儿也没有！"或说："想叫我干？姥姥！"此处要读成 lǎo lɑo 或 lǎo lōu。后一种读音的语气更强烈些。此义时的"姥姥"，据说出自满语"胡乱说"（longlong）的汉化说法。

附录壹-22（141 来着）

对动词时态的表现能力弱，是古汉语的缺陷之一；如此处"来着"的说法，即为古汉语之所无。而满语动词的完成进行时态有 bihe、bihebi 等说法，表示动作和状态曾经进行并及于现在。京语中"来着"一词应即脱胎于满语的动词表达模式，似为汉语向阿尔泰语系学习、克服自身"动词时态表达能力弱"之缺陷的体现。

附录壹-23（148 礼到话不到）

京语尚有"话到礼不到"一说，也是谦辞，用于在向他人感谢时，表示自己是在空口说白话；觉得理当给对方一些实质性的赠予而未给，故表示歉意，希望对方体谅。还有"话到礼到"一说，词面意为"把该说的话说到，就算礼数到了"。其用场一般是以委婉方式劝阻他人，请其不必去做某事。如某甲生病住院，作为一般朋友的某乙礼节性地表示要去探望；某甲的家属也会礼节性地表示感谢，并说："话到礼到，就不劳费心了。"这都是客套，虽然有点儿虚，但总算是有礼貌。现在的人无此种礼数，当然也就不会如是说了。

附录壹-24（1100 擤）

83版、齐鲁版及最新的14版此字均如此写，但日本汉学家太田辰夫教授所著《汉语史通考》一书中所引民国十四年亚东图书馆版之《儿女英雄传》，此字作"硌"。《汉语大字典》注"硌"字："用同'擤'。"并援引本条为例，所据应即亚东版。按：亚东版之《儿女英雄传》，系汪原放标点校注。作为将旧小说加以新式标点推出的第一人，汪氏在文学史上自有一席之地；但身为安徽绩溪人，对北京方言不甚了解而标注京语小说，却也有点儿费力不讨好，以致亚东版多处出现误断。

附录壹-25（m27 嬤嬤爹嬤嬤妈）

嬤嬤爹是京人称呼奶妈之夫（满语称父亲为阿玛 ama），别看这里写的是爹，京籍旗人可没那么叫的。奶妈满语为 meme eniye(meme 意指乳房，eniye 是母亲之意），或简称为 memema，满汉合璧的京味儿口语说成 mēi m mā，也写作嫫妈。按：嬤（亦作嫫）其实就是"妈"的异体字。《字汇·女部》："嬤，俗呼母为嬤嬤。"至于"奶妈（嬤嬤）"一词的读音，京人（尤其是旗人）直至近代仍多按接近于满语的读音读为 mēi me。现在多数字典将"嬤"字标注为 mō 音，可能是按"秀才认字读半边"的定律；再加上汉语普通话的双唇音（b p m f）一般只与韵母 o 而不与 e 相拼，所以字典们硬将该字擅自增添了一个 mo 音。但作为"中华人民共和国常备书目"的《汉语大字典》，注音为 mā，没有 mō 音，无疑是正确的。"约定俗成"虽也是语言学规律，但字典应维护文化正统，不可媚俗。就如这个"嬤"字，在某词典中注音为 mó，释为："①某些地区对年老妇女的称呼；②某些地区称奶妈；③对天主教或东正教修女的称呼。"并且还自行规定"统读 mó，不读 mā"。这些注解就值得商榷。因为：①不知何处有称老年妇女为"嬤嬤"（mó mó）的，即或有也是极个别现象，各地一般都称呼老妈妈。过去北京地区将中年以上妇女称为 má ma，见诸文字写为嬤嬤；但须连在其夫家姓氏之后，如张嬤嬤、李嬤嬤等（《红楼梦》一书中屡见）；或放在其他定语的后面，如乡下嬤嬤。②北方地区旧时有"麼（或嫫）妈"的说法，也读为 mēi mā。这个"麼"字其实是民间的一种随意写法（把"嬤"字女旁取代"幺"字下部之"幺"，为的是图省事），但"麼"字倒真是读 mó（《集韵·戈韵》眉波切："麼，女美称"）。是否有好事者据此而读其正音 mó 了，也未可知。奶妈在南方吴语地区叫 mǔ ḿ，但那一般写作"姆"字。旧京官府人家管奶妈叫嫫儿（mór），也叫嫫嫫（mó mo），俗写也有作"嬤嬤"的，但一般老百姓不这么叫，字典更不应据此就将"嬷"字标为 mó 音，因为那只是民间随便的俗写；而"嬷"字就传承有序而言，根本就没有 mo 音。③修女从来都是被称为姆姆（mǔ mu），而非 mō mō。不知始作俑者何人，不嫌麻烦，非得写成笔画多两倍的嬷嬷，引着大家伙儿字读半边儿，字典们也跟着哄。但本条目中的读音自当别论，不可强按字典标音来读；因为这里写的虽是汉字，说的却是满语语音。

附录壹-26（m37 门）

"门"字的儿化与否，非京籍人士常不能掌握尺度；现在即或是土生的京籍年轻人也往往说不大对。曾听见年轻的售票员喊什么前门儿（正阳门）、北宫门儿（颐和园北门），则大谬矣。真正的老北京对城门名称读音有一定之规，兹列之如下：前门（qián mén）、崇文门（chóng wen mén）、宣武门（xuān wo mén）、朝阳门（cháo yan mén）。朝阳门之"朝"字其实应读为 zhāo，众人习读为 cháo，以讹传讹，已就已就了。据说该名称源于晋潘安仁《籍田赋》："若湛露之晞朝阳，似群星之拱北辰。"）、东直门（dōng zhe mén）、阜成门（fù cheng mén）、西直门（xī r mén）、安定门（ān di mén）、德胜门（dé reng mén），以上为内城诸门；永定门（yǒng di mén）、左安门（zuǒ en mén）、右安门（yòu an mén）、广渠门（guǎng ju mén）、广安门（guǎng an mén）、东便门（dōng bin mé *r）、西便门（xī bin mé *r），以上为外城诸门。另：有的城门还有别名，如：崇文门——哈德门（hǎ de mén），宣武门——顺治门（shùn zhi mén），朝阳门——齐化门（qi huo mén），阜成门——平则门（píng zi mén），左安门——蹉蹂门（jiāng ca mén）等。从以上可以看出，京人对北京城门（也包括宫门）名称的读法儿，是首字要读成清晰（甚至加重）的本音；中间一字轻读，还可能因约定俗成或语音学的原因（与具体的前、后字相配合时，口型易产生某种变化）而发生变读；而"门"字读本音（说得快时可能读轻声），但东、西两个"便门"的门字儿化。各个城门名称之音变，原因请自行揣摩，节省篇幅，不一一说明了。

上述虽就是几个城门的读音，但这是历经长期磨合，约定俗成所铸就的。此中轻声也好，变读也好，都不是想怎么说就怎么说。近年来有的影视作品可能是要体现"京味儿"，特意亮出了一些北京方言。有的还差不离儿，有些却纯属生造。语言一物，本就是活的，随时都在发展变化。自钻点儿新潮京味儿也没嘛儿不成，但前提是要造得好，有表现力上的优势和语音学上的依据。遗憾的是，新造的"京味儿"多背道而驰，甚至腔调上也脱离了北京话的主流（即"内城语音"，参阅本书之《总序》），这实际上是对北京方言的散乱性改造，是对标准语（普通话）的一种退化。与其这样，还是坚持普通话的方向为好。笔者以为，方言本来就不宜提倡，除实际使用族群外，由专业人员对这种历史文化遗产进行学术性研究就行了，大家不必一窝蜂上，弄出点儿非驴非马的东西来。

附录壹-27（m47 魔它子）

有一部白话长篇小说《醒世姻缘传》，于十八世纪前期问世，系以山东淄博方言所写，"西周生辑著"（据胡适考证认为是蒲松龄的作品）；该书第十九回中有一句"你们休只管魔驼"，正与本条用法完全相同。"魔它子"一词有说出于满语"迟缓"（modo）的音译。京中多有从满语转化而来的词汇（有清一代，旗人是北京人口的主体），这很正常；但我觉得这个词儿可能产生的时期更早，有可能是广泛流传于北方广大地区的幽燕语（见《绪论》）。淄博地区虽不在幽云十六州范围内，但相去不远，受点儿影响，也未可知。此词更早见于元曲，可参阅《元曲语汇045》条。

附录壹-28（n26 内款器皿、内造精细糕点）

清廷的内务府，是一个包括七司三院及多个附属机构的庞大组织。初只掌内廷，至雍正初年权力扩张，与军机处同为清廷两大组织中枢，分掌内外。当时内务府下设营造司，内款器皿即出自该司监制。今所见清代瓷器底圈内有"大清某某年制"款者即是（当然赝品除外），现称为官窑。内务府下又设有"掌关防管理内管领事务处"，内造糕点即其所制。后来一些达官显贵家中也照方仿制，乃至京中一些大的点心铺也仿制，"内造"几乎成了细点心的代名词了。

附录壹-29（n31 那里）

综合此前所述"那"字的音、义，大致总结如下：

① 京人口语中作为代词的"那"字基本不读本音 nà。

② 原著中疑问代词"哪"一律作"那"。"哪"字作为疑问代词是二十世纪二十年代以后的事儿，此前之"哪"字仅作今之助词"呢"用。

③ 读 nǎr 时（n05~n07 条）为疑问代词（偶有读 ně*r），今写作哪儿。

④ 读 nǎi 时（n09、n19 条）也是疑问代词，今作"哪"。

⑤ 读 něi 时（n19、n20、n25 条）亦为疑问代词，今作"哪"，实际与前项用法相同，只是在不同人群中的发音习惯略有别而已。但大体上读 něi 音者下层人士居多。从此上三项可见，做疑问代词时均读上声。

⑥ 读 nèn 时（n06、n28~n30 条）在连词"那么"中使用（偶有读 nàn 者）。

⑦ 读 nèi 时（n21~n25 条）为指示代词，更土点儿的读 nài，是④、⑤项的对应词。

⑧ 读 nè*r 时（n31条）为指示代词，是③项的对应词，土一点儿的读 nàr，写作"那里"。

此外"哪么（怎么）"有说成 něn me 的；"那个"有说成 nè ge 的（是京东三河县一带的口音，可写作"偌个"），也属"那"字之变读音。

以上一共列举了"那"字的12种读音及其应用实例，有点儿纷繁复杂，在具体语境中其实也不太难区分。什么东西只要写在纸上就啰唆，让人捋不出个头儿来。

附录壹–30（n43 妞妞）

"妞妞"是满语音译，指小儿可爱状。本不一定专指女孩儿，但后来就演变成专指女孩儿了，且主要指十来岁以下的小女孩儿。另有妞儿、小妞儿都是对年幼女孩儿乃至年轻女子的昵称；但如果并非关系极亲近者，这样说别人家青年女子则多少有些语含轻佻之意。

附录壹–31（q10 气运）

"五运六气"的简说，是中国道家的一套宇宙逻辑体系，具体如下：甲己土运、乙庚金运、丙辛水运、丁壬木运、戊癸火运，此系五行配以天干，是为"五运"；子午少阴君火、丑未太阴湿土、寅申少阳相火、卯酉阳明燥金、辰戌太阳寒水、巳亥厥阴风木，此系带附加条件的阴阳配以地支，是为"六气"。这类东西，笔者以为基本上是非主流文化，除专门研究者外，一般人最好不要涉猎。否则白白浪费时间，甚或流于迷信，害人害己。

附录壹–32（q12 钱粮）

有清一代（直至戊戌变法），旗人按身份地位的高低，可领取多寡不同的钱粮；即或死后其孤寡仍可按一定比率领取。这保证了旗人的基本生活，是清统治者对本民族的保护政策，还隐含了将旗人塑造为永久性武士集团的初衷；但从另一方面看，又相应地规定旗人不得从事任何能够产生物质财富的工作（农工商），而只能吃那点儿钱粮。这是一种极其短视的政策，随着承平日久，旗人丁口繁盛，在各级国家机构中有正式职位、能够领取全额钱粮者仅十有一二；而作为统治阶层，奢靡之风日长。这样不但使旗人在二百多年间从强悍的武士集团沦为身无长技的没落群体，且随着人口增长、人均收入急剧下降，旗人沦为经济弱势群体。通货膨胀、吏治腐败更使其高度贫穷化，贫穷化又反过来造成旗人官僚集团进一步贪渎，钱粮问题成了大清无可挽回的衰败原因之一。这是一个极复杂的政治经济学大课题，不在本书研讨范围，就此打住。

附录壹-33（q22 客）

京人为何将"客"字读为 qiě，笔者莫名其妙。有人说跟满语有关，吾不通满语，不妄论；兹按汉语近似语音罗列两条线索如下：

①《集韵·卷之八·去声下·祃第四十》：屙客小儿惊病或作客。其反切音为丘驾切，近似于 qià 音。

②张元济撰《节本康熙字典》第八十六页："客又叶苦各切音恪。《诗·小雅·白驹》：所谓伊人，于焉嘉客。叶上夕、藿，音削。"其反切音近于 kue（入声）。

第一条眼见得跟"客人"无关了；第二条好像有那么一点儿关系，列之备考。另：姓氏中有客姓，《续通志·氏族略八》："客，见《姓苑》。明熹宗乳媪奉圣夫人客氏。"这个女人不寻常，她勾结权阉魏忠贤把持朝政七年，奠定了明朝必然灭亡的基础。《汉语大字典》中客姓注为 kè，但不知为何民间读为 qiě。北京东城区八面槽北路西，对着灯市西口原有"奶子府"地名，据说原为明季奉圣夫人客（qiě）氏府邸所在，后因嫌其地名不雅驯，谐音改称乃兹府，1965 年并入灯市口西街。今皆荡然无存，平地起高楼啦。

附录壹-34（q24 怯）
京人自大，谓一切非京城的事物均"怯"。首指说话腔调，只要不是北京话都怯；推而广之，举止行动、坐卧起居、风俗习惯、做事为人……一言以蔽之，曰：无不怯。另：旧时京人对外地人的蔑称颇多，兹罗列一二如下：怯铛铛（diè diāng dia~r，外乡人）、科朗码（乡下人。此为"春点"，即江湖语）、老干（láo gǎn，落后于时尚者）、侉子（山东人）、老西儿（山西人）、糟豆腐（南方人）、山药蛋（关外人）、怯杓、怯八邑（或义）、八邑（怯八邑的简说）等等。旧时京人常说"八邑"一词，可理解为"都城周边的地方"，用以指斥外乡人；有时转为指斥他人什么都不懂，也有京人以此相互调侃。如说到某事时，某甲有所不知，某乙调侃道："瞧你这怯劲儿，八邑了吧？"意谓不在行，是个乡下佬。

附录壹-35（q34 请单腿儿安）
此礼之程序如下：先左后右地掸袖，放下挖杭（满语wahan，意谓袖头，即旗装箭衣所缀之马蹄袖口），随之左脚前移半步，左手手心向下垂在左膝盖上；右足后引屈膝，至地不及寸许，同时右手下垂，上身稍前俯，口中同时念诵"请某某安"，稍后左脚撤后与右脚齐，站起立正礼毕。此即是所谓请单腿儿安，简称请安，也叫打千儿。这是旗人较重的礼节，另有更正式的礼节称为跪安礼，可参见《卷二·dx 14》、《附录贰-03》条。

附录壹-36（r07 热汤儿面）
此物制法如下：嫩羊肉切薄片，调以酱油、醋、香油及葱姜丝，搁置一段时间，谓之曰"喂（或味）"；面条煮至滚开将喂好的羊肉片倾入搅匀，猛火烧开即成，**此谓之"氽儿"**；合称之曰"喂氽儿"。吃时撒以香菜末、胡椒粉，一碗香喷喷热腾腾的羊肉喂氽儿热汤儿面即成。

附录壹-37（s69 手把灯）

此灯俗称"气死风"，其外罩由特殊工艺加工的羊角制成（其工艺现已失传），轻薄如纸，透明如玻璃。另有大型的羊角灯，径可盈尺，据说现仅在故宫中尚存一对。北京西城区有一羊角灯胡同，位于什刹海历史文化保护区内。据说早年间此处为羊角灯制作作坊聚集处，故名。另有说所谓羊角灯即是将羊角削成薄片，镶嵌于灯笼表面者。二者不知孰是？

附录壹-38（s72 守）

陈刚先生所编《北京方言词典》中此字记为"莤"。按：莤有二音，其一为 yǒu，是一种水草，见《尔雅·释草》；其二为 sù，是祭神时将酒浇灌在茅束上的仪式，见《说文·酉部》、《周礼·天官·甸师》。又泛指滤酒去渣，见《春秋》："尔贡，包茅不入，王祭不共，无以莤酒，寡人是征。"而同一记录，在《左传·僖公四年》作"缩酒"。据段玉裁注释，"缩"字是古文中的假借字，而"莤"是小篆新造字。此处"莤"读为 shǒu，用以表示"以干粉状物吸湿（后再予以清除）"。但"莤"字古僻，莫若直音作"守"，记音就得了，勿论其义。"守"也可连用作守守，义同，读作 shóu shou。

附录壹-39（t04 他二叔）

京人重礼，又要显出热情，所以在称谓上有一定之规；尤其是与对方相识但关系又不是特别熟稔，此时最有讲究。当对方年龄够做自己长辈时好办，男称叔、大爷，女称姑、姨儿就是了；若是对方辈分与自己相当，此时习以"他××"来称呼。此处之他，是指自己的孩子；而这个××，则是自己晚辈对对方所应有之称呼。换一说法，即从自己晚辈的角度来称呼对方，而在此称谓前加一个"他"字，来指谓自己之晚辈。这叫"指着孩子叫"（参见 z104 条）。京人觉得这样可以表达对对方的尊重。本例中说此话者为邓九公的妾，此处之他指褚大娘子（邓九公之女），二叔指邓九公的结拜兄弟安老爷。当对方虽属自己晚辈，但年龄较大、已成家立业时，也用此种称呼法，叫"他大哥（姐）"。此种说法多为女人所用，男人一般不这么拐着弯儿叫，而是直接该咋叫就咋叫。但在某些场合男人对女人亦不好直呼其名，所以也可能用"他大姨（姑）儿"这类词来称呼与自己年龄相近的女性。另有"年兄"一词，也是一种指着孩子叫的说法，参见 n36 条。

附录壹 – 40（t08 鞳拉）

"鞳"字《说文·革部》注为："鞳，小儿履也，从革，及声，读若沓。"京语读之为 tā，似于《说文》有据也。另：句中之繖鞋现写作鞳鞋，而"伞"字其实是"繖"的异体字，假借为"鞳"。原著中有许多假借字，且常常同一字前后不一，盖因彼时文字尚不规范。"拉"字变读 le*r，与 t07 条字同而义迥异。

附录壹 – 41（t47 头把儿）

摸头把儿为旗女礼仪之一种，正式名为抚鬓礼，是同辈相见相互请安问好之礼。其仪为先立正，后以右手五指并拢，从额至鬓抚三下（也有糊弄事儿，偷工减料摸一下的，那是失礼），目视对方，口中请安问好。旗女另有请安礼称为蹲安（仪制从略），较抚鬓礼更郑重些，是对尊长所施之礼。但如穿着寸子鞋（俗称花盆儿鞋），屈腿下蹲不便，此时也可摸头把儿。

附录壹-42（t59 兔儿爷）

该物以泥塑成兔形，外饰彩绘，衣冠而踞。其实人们也没真把它当回事，也就是一种时令玩具罢了。但此处用兔儿爷比人则是骂人话，系指旧时所谓之兔子，即男妓。之所以称其为兔子，可能是源自房中书（中国古代对性交指导手册之称谓）《玄女经》所叙的"兔吮毫"一式，这是一种背入式的性交法。《玄女经》在中国早已失传，仅见于公元984年日本医师丹波康赖所著之《医心方》一书中之所引；我国近代学者叶德辉在1914年付梓的《双梅景暗丛书》中曾引用。兔子这种男妓并非广东人所谓之鸭（供女人花钱召用，台湾称牛郎），而是供同性恋者所用（同性恋者近年有一个时髦词令叫"同志"）。兔子在性活动中专门充任女性角色，供人肛交。彼时小旦（均为年轻俊秀的男演员）多兼营此业。旧京有一句骂人话"兔崽子"，即詈其父为兔子，系旧时标准京骂，常用且极恶毒。

附录壹-43（w30 我们）

京语第一人称"我、我们"在口语中有一种独特用法，陈刚先生的《北京方言词典》中写作"呒么"。它除了一般性的作为第一人称使用之外，有时还是带某种感情色彩的一种应用方式。如作为复数第一人称，往往是代表自己所在群体对本群体之外的人用，有显示本群体的群体性强，团结一致的效果（如：呒么大伙儿都不同意你说的）；而作单数第一人称时，可能表示一种轻微的不满（如：你们都走啦，这儿就剩呒么一人儿啦）；京城的女孩子又常以这种自称示人以娇嗔（如：呒么不跟你好啦）。"呒么"的发音用汉语拼音无法正确标示，因为现代汉语普通话中 m 韵母已不存在。在此它是以鼻音 m 单独所发之声（口腔中的发音部位完全封闭，软腭下降，打开鼻腔通路，气流振动声带，从鼻腔通过发音）；还要注意须发成半上声，调值为212

（参阅 h06 条）。在这里"呒"字系假借字（源于吴语），与原字音近而义无关（呒，音ḿ，意为无、没有，不论、无论、不要、不；又音fǔ，惊愕之义）。此说法三四十年前在北京青少年中还常见，今则少有闻矣，内涵这么丰富的词儿如果消失了实在遗憾。按：此处标音为呒么，但并非一定要这样读。之所以这样标注，实乃为介绍京语的这样一种说法。

附录壹-44（w35 无平不颇）

"颇"字实为"陂"（读为 pō）之讹写，语出《周易·泰》："九三，无平不陂，无往不复。"此处之"陂"字不单用，与"陀"（或"陁"）组成"陂陀（陂陁）"一词，意谓险阻、倾斜不平。《广雅·释诂二》："陂陀袤（同'邪'）也。"《楚辞·招魂》："文异豹饰侍陂陁些。"此说有些晦涩，所以就未能如其下半句（无往不复）那样作为成语仍生存在现代汉语中。原著此处"平"字引申为顺利、顺畅义；"颇（陂）"字引申为挫折、变故义。此句甚简洁，四个字两转其义，以否定之否定来认定一事。虽说出于经典，但太绕得慌，是只有安老爷这类人说得出、有高度思辨能力才绕得出弯儿的文人语言。这种话今天只能消亡了。

附录壹-45（w38 杌凳）

黄侃所著《蕲春语》有云："今语谓断木为四足，上平无倚者，皆曰杌凳。""杌"字本音为去声，两个去声连读发音不畅。对此种情况，先贤俞敏先生1982年在其《北京口语音位的出现频率》一文中曾提出了"两个去声连着说，头一个变阳平"的看法，这也是京语中普遍存在的规律。但凡事皆有例外，此处的"杌凳"一词（双去声），京人习将"杌"字读成上声。

附录壹-46（x01 西北上好些树那里）

照原著所述方位（见原著第24、33、35回），安家庄园（双凤村）即应在蓝靛厂西北方不远之处。当然双凤村的地名是杜撰的，且原著所描绘的地形地貌与实际多有不符，这是小说，不能当真；但却又有部分描述与实际相当契合，总之是在半真半假之间。按：我姥姥家祖居京西蓝靛厂火器营（火器营是八旗官兵合操、演武之地，并专司制造炮弹、枪药和各种战斗所需的火器之处所）。蓝靛厂及其西北侧的镶白旗、镶蓝旗、火器营、正黄旗等，向西一直延续到香山是京西的主要旗人聚居区（原西山健锐营）之一。笔者之所以啰里啰唆说这些，是想证明这样标音并非我信口胡云，而是按当地实际语音来标的。另：本例中东南上、西北上之"上"字均变读为 reng，轻声。这是一种特殊用法，意为某方向；但仅限于东南、西南、东北、西北四个斜向；另外此音还用于晚上（wǎn reng）；而早上又有其独特的念法（zǎo ren，参见 z22 条）。至于东、南、西、北四个正方向也有独特念法，即在方向后加上"倍儿喇"，读如东倍儿喇（dōng be*r lǎ）、西倍儿喇（xī be*r lǎ）等。此处之"喇"字也有人读阴平 lā。

附录壹-47（x06 洗洗汕汕）

京城名吃涮羊肉一词，用"涮"字很形象地说出了其烹饪特点：用筷子夹住少量几片肉，在滚开的火锅（京人称锅子。其实涮羊肉老北京人就直呼为"涮锅子"，涮羊肉是现在的新式称谓）中涮（摆动），涮几下就出锅（约十几秒钟），蘸以调料食之。

附录壹-48（x48 鞋脚）

中国旧时的性观念，认为女人的脚（指缠过之足）是全身最隐秘、也是最具性味处，甚至超过阴部。有《金莲经》等专著，是对缠足的鉴赏及其性用途的教科书，完全病态，匪夷所思。关于"缠足"详见《附录壹–54》条。

附录壹–49（y15 仰爬脚子）

仰面很放松地躺着，手脚呈大字摊开的样子也叫仰巴（或写为八、爬）脚儿躺着，此处之"巴"字读 me。这种躺姿也说四仰八叉的，此处之四、八均非实数，而是表示充分之甚。四仰八叉还是旧京木匠用的一个词儿，形容某些中式家具（如被称为面条柜者）的一种形制，其特征为四条腿均不垂直于地面，而是上部稍向内敛，从四面看该件均呈上略窄而下稍宽的梯形。这样有利于增加稳定性，而且柜门能够自动关闭。

附录壹–50（y19 爷们）

此词在不同场合、不同人口中有不同的说法，详见下：

①读 yé men，泛指成年男性。女人如说到爷们一词时，一般用此读音。如称自己丈夫为我爷们或我家爷们，对其他女性言及其夫时说你们爷们，对其他男人可说"你们爷们（如何如何）"。"们"字轻声。

②读 yé me*r，系长辈对晚辈男性的称呼，多为男性长辈所说，女性长辈也偶有这样称呼晚辈男子的，往往含调侃意。此时应写为"爷们儿"，收于轻声儿化音。如读成 yé mè*r，往往是大老远打招呼时使用（此时需大声叫，而轻声本身就大不了，所以用去声、儿化）。

③读 yér men，系对同辈男子的称谓，此时应写为"爷儿们"。意类"哥们儿"，但这并非同辈男子间的相互称呼，而是一种"集群称谓"；即：不作为专指代词称呼某人，而是对众人或第三者叙事时用（此时在其前面往往加一个咱字）。如：某个男性群体为显示其群体

共性表态，说："这事包在咱爷儿们身上，赇好（qíng hǎor）罢您哪。"或几个人表示相互关系良好，说："咱爷儿们没的说。"也有时作为第一人称代词（我）使用，如："怎么着？敢小瞧咱爷儿们（我）？"当几个女人说到男性群体时，也可能会说"他们老爷儿们（如何如何）"；另外要注意，长辈对晚辈在某些情况下可能会说"咱们爷儿们（如何如何）"，是一种为营造亲切感而自谦，将自己降辈儿的说法。

北京大学出版社2001年版的《北京话词语》、商务印书馆2010年版的《新编北京方言词典》两书中对"爷们"一词的注释均与本书有较大差异，读者如有兴趣可参阅；最好能向耄耋之年的京籍旗人求证之。现在外省人占了北京人口近一半，他们有时想模仿京腔，但像本条中这种细微之处绝非短期所可学得；笔者曾见外地卖菜的小伙子，为营造亲近感而强操他自以为的北京话，称我这七旬之人为爷们（yé me*r），无形中降了我两辈儿。在现实中，因为眼下京中近半数人皆非京籍，更何况眼下即或根生土长的年轻京人，能操正宗地道京语者亦寥若晨星，所以反而是"降我两辈儿"者的说法日渐占上风。这倒也是语言演变的正常趋势：向大众化和普世化靠拢。旧式京语更细腻，是两百多年间，在相对封闭，且又唯我独尊的社会环境中逐渐磨砺出来的，它无法适应今天这个快速膨胀的社会；所以正宗京语逐渐淡出乃是历史的必然。虽则如此，正宗京人仍会感到几许惆怅。

附录壹-51（y47 一亩三分地）

此语据说源自皇帝祈年，行"藉耕、观耕"之礼。盖因中国是纯粹的农业国，农耕乃头等大事，即或尊为一国之君也须亲力亲为。演耕之田一说在先农坛内垣墙之南（今尚存观耕台，即举行观耕典礼之所），一说在中南海的丰泽园内，不知二说孰是。据说该田面积约为一亩三分。此处为疑问句，"地"字儿化；若非疑问句，则一般不儿化。另：旧时京语还有塌塌儿（也写作他坦儿、塌坦儿，读为tā tɑr）一词，与此义近，系源自满语 tatan，本义为满洲先民们在山林行猎时所搭建的窝棚，京语转为居所、处所、休息处等义，即是自己的那"一亩三分地"。京剧《四郎探母·回令》一折中，杨延辉听得太后要杀他，吓得休克，国舅爷的台词"驸马爷醒醒儿罢，塌塌儿在这边哪"中用到此词，是嘲笑他连存身之处都不认得了。京人在繁忙了一天、下班回家后如释重负的说一句"可该踏踏儿（读为 tā tār）的歇会儿了"；此中"踏踏儿的"虽按汉语可解释为"踏踏实实的"，但实质是在满语框架上注入汉语语义，可理解为满汉合璧的说法。

附录壹–52（y48 一脑门子的困）

原著此处暗写安公子昨夜与两位夫人三人同床，作者文康文笔干净，不写什么翻云覆雨，仅用两位夫人互相穿错了衣裳和安公子"憋着一脑门子的困"轻描淡写，一带而过。

附录壹–53（y67 油炸果）

此处"果"字变读为 guǐ，据说系因杭人厌恶秦桧，欲将其下油锅烹之而得名，"果"（或"鬼"）乃"桧"字之音变，其实这也不过是以讹传讹罢了。另：先贤俞敏先生在《李汝珍〈音鉴〉里的入声字》一文中述及油炸的"炸"正字应为"煤"，指出"现在通行写'炸'是图少写几笔，已经习惯了，怕改不过来了"。

附录壹–54（z33 扎煞）

原著此处为调侃写法（某女累得小脚都叉开了），但流于恶俗。盖因小脚（旧时妇女缠过之足）是中国旧时性观念认为的全身最隐秘处。按：据说是从南朝（420~589年）末年，中国女人开始缠足，以迎合中国男人的病态性趣。女孩子从五六岁开始，在骨质还未硬化前即开始裹脚（缠足）。将除拇趾外的其他四趾向内（脚心方向）硬拗过去，以坚韧布条缠裹，使之固定。日复一日，致脚骨畸变。跖骨被折为两截：上半部分被挤至脚踝部，下半部分与折向脚心的四个脚趾紧挤在一起，成一锥形，即所谓三寸金莲（长度一般在10～15厘米之间）。旧时还有《金莲经》等赏玩这种病态脚型的指导类性教科书。裹脚的真正目的有二：一是使女子行动不便，大门不出二门不迈，这样有利于夫权的维系；二是因小脚行走不便，很是吃力，这样客观上起到了锻炼腰、腿、臀部力量的作用，致使缝匠肌、肛门括约肌、股四头肌、阴道括约肌等处力量加强，性交时阴道紧缩，有利于提高性交品质（此说法源于荷兰学者高罗佩《密戏图考》一书）。

附录壹-55（z44 彰仪门）

现如今北京的地名，源于金代的有会城门（原金中都北侧西门，位于军事博物馆东南一里许）、丽泽桥（西南三环上的立交桥，位于原金中都西侧南门丽泽门所在地之西）及彰仪门等；而元代的地名亦有痕迹可循，如民间习称阜成门为平则门、朝阳门为齐化门，还另有光熙门、安贞里（在元大都的安贞门旧址）等，就都是元大都时彼处之名称。这些地名中，有些是在民间流传有序，也有些是近年随着北京市的扩展，参照了当地曾经的历史名称而重新命名的。

附录壹-56（z56 灢）

笔者不揣孤陋，强为之解。查得《集韵·荡韵》："乃朗切，灢，水流貌。"可能与此段挨得上点儿边儿。若按此意解，则此处之灢（nǎng）字即今之折（zhē）字，是"以两个杯子相互反复倾倒所盛液体使之速凉"之意。若按此认定，则句读恐不妥，所以笔者怀疑原著此处有衍误。今见到弥松颐先生《儿女英雄传》2014年最新版本，此处句读断为"……熬得透、灢（zhē，即'折'）得到不冷不热、温凉适中、可口儿的普洱茶来"。如此甚妥，语句勉强算是通顺，意思大致明了了;但笔者仍怀疑今所能见到的一切版本(包括善本)此处有衍误。另:据闻广东地区有一种"拉茶",即用两杯互折(zhē),令茶速凉。不知与此有关否? 又:广西人民出版社1980年版的《侠女奇缘》(即《儿女英雄传》)此处"瀌"字作"滚",不知所据者何。该书舛误甚多,恐不足为凭。

附录壹-57(z57 嘚儿、喳儿)

有清一代,满八旗之人应诺说"嘚",这是满语应诺声 je 的汉化说法;而蒙八旗之人(满族的军政盟友)应诺声更接近于"喳",是蒙语应诺声 ja 的汉化说法。满语与蒙古语同属阿尔泰语系,满文最初又是参照蒙文字母而创制的(所谓的"老满文",即"无圈点满文"),所以二者之间有着千丝万缕的联系,许多词汇音、义相近或相通也就不足为怪了。旧京有句俗语叫"喳嘚是"(zhà zhe shì),意为唯唯诺诺,恰包含了旧京三大主体民族(蒙满汉)的应诺声,活脱儿的一副唯唯诺诺的模样儿。

附录壹-58(z87 挣)

此段中"倒蹲儿"一词也作"豆蹲儿"(《小额》一书中即如是),甚或由此而演化成窦尔敦(公案小说《施公案》、京剧《盗御马·连环套》中的人物,读为 dòur dūn),是京人幽默处。

附录壹-59(z113 主儿)

旗人家中,主子、奴才的称谓极其明确;因为满洲人入关前仍保留有一定程度的奴隶制。原著中张进宝是"历代陈人",即世代在安家为奴者,子孙亦为奴。

附录壹-60（z137 撙节）

此词甚古雅，语出《礼记·曲礼上》："君子恭敬撙节退让以明礼。"又见《正字通·手部》："撙，裁抑也。"《管子·五辅》："节饮食撙衣服则财用足。"

附录壹-61（z139 作）

《现代汉语规范词典》对读阴平的"作"字只有"作坊"一个用法；而《汉语大字典》则将其释为"从事或进行某种活动。如：作揖，作孽，作弄，作死，自作自受（限用于上列复音词和词组）"。笔者窃以为前者失之过窄，以致将许多必须读阴平的"作"字归入了去声；而后者似又释义范围稍嫌宽，像"作揖、作死"二词中的"作"字恐非同义也。京语中"作"字还在某些处读阳平，如：作料（烹饪调味品）、作践（不爱惜、糟蹋，读 zuó jin）。按：北京方言中，读阴平的"作"字据说是沿漕运运输线传入的水手方言音，本为入声字。漕运业长期为青帮所控制，早期的青帮成员之主体来自安庆地区，所以可以推断，他们的语音受皖西南语音的影响；皖西南语音中的某些本来的入声字（如此例中的"作"字）在传入北京后，逐渐被本地语音所同化，分别归于其他几声。

满蒙语汇壹

说明：旧京的民族主体，是满、汉、蒙三族；通用语言为汉语，但此汉语中夹杂着相当数量由满蒙语（主要是满语）转化而来的说法。故此特将某些词条中所含汉化了的满蒙语汇单独汇集，并用拉丁语转写，一如前此在《附录》项目中之方式，在相应词条中仅作简述，而将详解作为《满蒙语汇》收于各卷之后。相应词条注明"见《满蒙语汇 ×-？？》"（× 为其卷数，用大写的壹、贰、叁、肆表示；而？？为其编号）；在《满蒙语汇》中以相应的编号排列，加以详解。本《语汇》之编制方式，同样适用于其他卷。

满蒙语汇壹 -01（a01 阿哥）

"阿哥"一词源于满语 age，蒙语 akan（意为兄长）音、义略近，据说还可上溯至鲜卑语。

满蒙语汇壹 -02（a02 阿哥的嬷嬷——库忒累的娘）：嬷嬷是京人对奶妈（旧京旗人也称哥儿妈，满语称 meme eniye）的称呼；"库忒累"一般写作"库图扐"，是满语 kutule 的汉语音译（参阅 k33 条），系满语对随从、马童一类人的称谓。

满蒙语汇壹 -03（b02 巴巴）

"巴不得"系源自满语 ba ha ci tuttu，意指盼望着、恨不得能（如何）才好（满语 ba ha：得、得到）。但此说法在元曲中已见，如马致远的《黄粱梦》第一折中，有吕洞宾云："我巴不的选场中去哩。"这可能是受蒙语影响的幽燕语，而后来的满语又是由此而来。总之北京方言受阿尔泰语系的影响深远，以致经常是来回折腾一番，最后又跟鬼打墙似的折腾回原点啦。这种情况可参见以下两条。另：旧时京中谓粪便为 bǎ be，尤其是跟幼儿说话时常这样说。

满蒙语汇壹 -04（见《附录壹 -03》）

有学者（如常瀛生先贤）进一步深入研究，认为"把式"一词源自幽燕语，早在辽金时代就融于女真语，读为 [fʻA-ɬi]，满语又延续了此说法。所以归根结底，这是汉语→幽燕语→女真语→满语→汉语的循环体现。笔者才疏学浅，也闹不清其来龙去脉，谨列此备读者诸君一览。

满蒙语汇壹 -05（b08 巴图鲁）

满语 baturu，意谓英勇、勇士；蒙语 bagatur（口语 baatur），亦为此义，唯读音稍异。另：蒙语有巴克什（bagši, bagš）一词，原意指掌握某种技能者，义近于老师。京语中汉化为把式（也作"把势"），与蒙语音、义相近。京中称有某种专门技艺者为"某把势"，如鹰把式（训鹰者）、花儿把式（花匠）、饽饽把式（面点师）、车把式（赶大车的）等等。又：旧京称靠招摇撞骗生活为"吃把势饭"；称借故向人索要财物为"打把势"，此说法也指小儿睡觉不安稳、胳膊腿乱动。也有说"把式"一词，系汉语"博士"被蒙语借用，义指老师；再由蒙语回流，出入之间，就成了"把式"。笔者学力不逮，不知孰是；同列于此，以飨读者。

满蒙语汇壹 -06（b10 罢卜）

满语（bebu）汉化而来的京语，母亲哄婴儿入眠时口中所发之声。满语为祈使式或命令式（要求其如何），用于哄孩子睡觉，要求其赶快入睡。笔者记得儿时曾听我姥姥这样哄我的弟妹（幼婴）入睡，倏忽六十余载矣。"罢"字变调阳平。按：东北方言中也有此说，但"罢"字读去声；又有"巴孩儿"一说，是哄孩子别哭了之意。

满蒙语汇壹-07（b18 白）

满语 baibi 的汉化说法，"白白的、平常的、不过、只是"等义。b18~b20 条之"白"字均系汉化了的满语。此义的"白"字在口语中有时儿化，读为 bár。

满蒙语汇壹-08（b61 饽饽）

有一种常见的满洲饽饽，名萨其玛（满语 sacima），意为"狗奶子糖缠"，是早期在满洲以一种叫作狗奶子的野生浆果加糖制成的点心；后来京中饽饽铺参考其制法做成点心，亦称萨其玛。

满蒙语汇壹-09（c51 撮）

京语还有一个形容狼吞虎咽的说法，叫狼虎（láng ho），更简捷地勾画出进食如虎狼之状。此说法源自满语 lang lang（seme），本为象声词，意指大口大口地猛吃。京人巧妙地以"狼虎"二字音义兼顾地将这个满语词汇汉化，引入京语。

满蒙语汇壹-10（d04 搭撒）

满语眼睛读为 yasa，看见读为 sabumbi；京语谓"不正眼看、瞟一眼"的神态为一眄（sǎ），"搭撒"一词系从上述两个满语词汇音变转化而来，并包含了汉语语义，是个满汉合璧的词汇。

满蒙语汇壹-11（d68 德呼）

"德呼"一词源于满语 leolembi，义为"谈论、讲说"；汉化为京语嘟嘟，与汉语原有的"叨唠"一词，杂糅成现状。是为满汉合璧的词汇，指谓令人生厌的无聊冗谈。

满蒙语汇壹-12（d103 拖露）

此词可能与满语有关。满语有 duksurembi 之说法，义谓板着面孔、拉着脸；京语谓满脸不悦为嘟噜着脸，即源于满语。是否可由此而引申至一切下垂之物？

满蒙语汇壹-13（e01 恶歹子）

这也可能是由满语转化而来的词汇。旧京语有恶勒犄子（è le gě zi）一说，是强加于人，强迫、压派（别人如何）之意；源自满语词汇 ergelembi，与京语义略同。但凡此类事，均非好事，故以"歹"字置换，是满汉合璧的说法（此说系笔者想当然，待考证）。

满蒙语汇壹-14（f07 翻了）

此词源自满语词汇 fancambi，与汉语义略同。

满蒙语汇壹-15（g01 戈什哈）

侍从、武弁，满语 gocika 的汉化说法。另：京语还有一词"嘎拉哈"，有时也写作"戈什哈"，是满语 gocuha 的汉化说法，汉语称"拐"，是指猪、羊小腿下端的一块小骨头，旧京儿童用以玩儿一种叫作"抓拐"的游戏（"抓"字读 chuá）。

满蒙语汇壹-16（g06 嘎牛）

源自满语 ga nio，义谓怪异、奇特。

满蒙语汇壹-17（g20 岗尖）

旧京俗语形容堆积物冒尖、出尖。另还有"梢楞"一说，读为 shāo leng，是满语 šolong go（尖、顶、山尖）的汉化说法。

满蒙语汇壹-18（g28 膈肢、膈肢洼）

此词源自满语词汇 gejihešembi，义为搔人腋下（使其发痒）；北京话取其词干 geji，说成 gé zhi。老满文中无 zh 音，故此词满语读音中 ji 即是京语中的 zhi。

满蒙语汇壹-19（g41 梗梗）

此词是从脖颈之"颈"字的读音衍生而来，京人将脖颈之"颈"字读为 gěng，致普通话亦随之这样说。其实 gěng 这个读音源自满语 gen，即是脖颈之意。

满蒙语汇壹-20（g58 姑太太）

满语 ma ma 一词，常见于 fodo ma ma，即相当于汉人所说的送子娘娘。其中的 ma ma，即满语的祖母之意，曾有写为玛玛；但因读音近于妈妈，所以若满、汉语混说（如清前期）易发生混淆。至清中期，京中旗人的口语基本已完全汉化，此时约定俗成的将母亲称为奶奶（nǎi nei，应系自满语 eniye 的音转而来）；而将祖母称为太太。这样庶几可免满、汉称谓之淆。

满蒙语汇壹-21（g70 拐棒子）

此词与满语 ga nio（怪异、奇特）可能有内在关联。京语谓人脾气古怪、不合群为 gà niu，"拐棒子"应系从其演化而来，是个满汉合璧的词汇。"棒子"一词系东北方言，是对某类人不敬的称呼，意谓不通情理者。早期京语中保留了较多的东北方言。

满蒙语汇壹-22（h01 哈喇）

此词源自满语 har，意谓辣气钻鼻。另：参见《元曲语汇152》条。

满蒙语汇壹-23（h02 哈）

此词源自满语 ha hurša mbi，意指怒叱。另：京语中另有读阴平的"哈"字一词，义为（对某人）谄媚、拍马屁。如说"哈着领导"。此"哈"字源自满语 ha lda ba。

满蒙语汇壹-24（h03 哈扒巴）

满语 halba 转化而来的京语，即肩胛骨。

满蒙语汇壹-25（h04 哈什房）

满汉合璧的京语词，"哈什"为满语 haša（库房、杂品堆房）的汉化说法。

满蒙语汇壹-26（h06 海里奔）

据说是从满语"海拉伯勒扎喀"演化而来，系满洲先民想象中的一种怪物。

满蒙语汇壹-27（h22 合漏）

此词今写作"饸饹"，源自满语词汇 halu，义为细粉。据说金代此词已由女真语传入幽燕语，延续至今。元曲中亦常见此词，参见《元曲语汇153》条。

满蒙语汇壹-28（h73 浑实着的哪）

"浑实"也作"虎式、虎势"，源自满语词汇 hūsun，意为"力量、力气"。

满蒙语汇壹-29（j27 娇娜娜）

一说"娜娜"（也写作"嫩嫩"、"讷讷"）一词是满语 non（妹妹）的汉化说法。

满蒙语汇壹-30（j29 较正）

京语另有源自满语的 becen 一词，是为争论、争辩、打嘴架等意，汉化说法写为"掰扯"（读 bó chi），与此意近；后按字面索性就读为 bāi chi 了。

满蒙语汇壹-31（k14 克食）

满语 kesi 的汉化说法，意为天恩、恩赏（祭祀后撤下的供余祭品），但与食品并无直接关系（只是祭祀后撤下的供余祭品中食品类居多），也写作"克什"。旧时京人尤其是旗人说话，常缀入这种汉化的满语。

满蒙语汇壹-32（k33 库图扐）

满语 kutule 的音译，也写作"苦独力"，即是随从、跟役。汉语多称家丁、家将。

满蒙语汇壹-33（k34 刮擦）

此词源自满语 kūwacarambi，义为"刳去里面"。

满蒙语汇壹-34（l40 扐揹）

满语中有 akabumbi 一词，意谓折磨、恶待（某人）。

满蒙语汇壹-35（m14 满服快了）

原著此句若从另一方面来理解，快了（"快要如何了"的简说）是谓语，而将谓语置于语尾是满语的构句方式；所以此条显现出了满语句式的遗痕。

满蒙语汇壹-36（m29 没对儿）

"对儿"早先作"对子"，如《红楼梦》第十九回："你一般也遇见对子了。"此词源于满语 bakcin，意谓堪相匹敌；"没对儿"自然就是无与伦比之意了。

满蒙语汇壹-37（m40 闷葫芦）

"闷葫芦"也叫"扑满儿"，此名称源自满语 putung，是为重物掉落声。

满蒙语汇壹-38（m45 摸头把儿）

其仪为先立正，右手五指并拢，以手指从额头眉上至鬓角连抚三下，目视对方，点头，口中请安问好。

满蒙语汇壹-39（m50 末尾儿）

京味儿更浓郁的说法是"末末拉拉"或"末末拉了儿"。这是个满汉合璧的说法，"末末"即末尾，是为汉语；而"拉拉"源自满语 lala，亦是末尾之意。

满蒙语汇壹-40（n11 奶奶）

旗人称母亲为奶奶，可能是满语 eniye 的音转。另："爸爸"一词亦源于旗人京语，是从阿玛（ama）音变而来（双唇音 m → b）。

满蒙语汇壹–41（n43 妞妞）

是从满语 nionio 音译而来，意指小儿可爱状。按：先贤顾学颉在《元曲释词》一书中，认为"妞"之一词系鲁人"转妮为妞"（如《老残游记》中的黑妞白妞），遂将小妮子变为小妞儿。此说并列于此，以飨读者。

满蒙语汇壹–42（p04 盘儿）

京语有"盘儿亮"一词，系源自满语的口语词汇 kuwariynag，义为美丽、漂亮；只是将满语的 kuar 转音为"盘儿"。

满蒙语汇壹–43（q12 钱粮）

这是满语 qiyanliyang 的汉化说法。此词很可能是从早期的幽燕语转移至满语的说法，经过了一个汉（幽燕语）→女真（满语）→北京话（汉语）的过程。

满蒙语汇壹–44（s02 撒和）

"撒和"一词，似应出于蒙语。元杨瑀《山居新语》："凡人有远行者，至巳午时，以草料饲驴马，谓之撒和，欲其致远不乏也。"黎锦熙先生谓："撒和：息马也；今河北尚谓使倦马游息为撒欢儿。"此词有时引申指人散步舒怀，即如本例句所示。笔者也记得多年前曾听我的一位姨姥姥（正宗京师蒙古旗人）说过 sahe sa he，当时那意思好像就是指遛弯儿（京语谓散步为遛弯儿）。另：记得幼时曾听过我姥姥（正宗京师满洲旗人）说 sū he su he（不知该怎么写），那意思好像是指舒畅通泰。一个多甲子后的今天，经查获知，可能是汉化的满语词汇 suhe，原义为"（从烦琐中）解脱出来"；另外脱衣服的"脱"也这样说。在京语中汉化演变为"舒服舒服、享受安逸"等意。另可参阅

《元曲语汇155》条。

满蒙语汇壹-45（t06 邋遢）

京语有"勒赋邋遢"（lē te lā tā）一说，是谓衣冠不整、衣服破烂、不修边幅，也简说为"勒赋"（大人有时指责小孩子弄得一身脏为勒赋臭）。此说系源自满语 lekde（蓬头垢面）lakda（垂挂的）。但如前正文所述，"邋遢"一词汉语中早已有之，则"勒赋邋遢"似可认为是在满语语音构架基础上部分融入汉语语义，即所谓满汉合璧的词汇。笔者以为在这种"合璧"的过程中，可能并非一下子就合到了位，总得有一个摸索过程，于是就可能产生"勒赋、赋邋、邋邋、邋遢"等多种说法，但意思是一样的。在本例句中之所以写为"邋遢"，笔者以为可能就是一个半世纪前对此词摸索过程的客观体现。

满蒙语汇壹-46（t62 忒）

此说应是源自满语 ten，意谓很、极、非常（如何），是突出语气的强调说法。

满蒙语汇壹-47（w01 挖单）

也作"卧单"。此词为满语 wadan 的汉化说法，义为包袱皮、被单。按："挖单"一词，怎么看也不像汉语，笔者以为恐源自蒙语。满蒙语本就相通，许多词汇趋同。参见《元曲语汇156》条。

满蒙语汇壹-48（x12 辖）

也有时写作"虾"，满语 hiya（侍卫）的汉化说法。"辖"字在此读阴平。

满蒙语汇壹–49（y13 央及）

满语词汇有 yangdumbi 一说，为"请求、乞求、求情、恳请、缠磨"等意；近代京语中所说"央及"一词似源于此。

满蒙语汇壹–50（z36 诈关儿）

京语另有"咋呼"（zhā hu）一词，指缺乏教养者大呼小叫，不文明无礼貌的表现。源于满语 cahū，义为泼妇。

满蒙语汇壹–51（z55 嗻）

此为满语应诺声 je 的汉化说法；而蒙语同义词读若 ja，更接近于汉语喳的读音，所以有时也写为"喳"。

满蒙语汇壹–52（z130 走罢！我的大叔！）

此处之"走罢"，系源自满语词汇 joobai，意谓"算了吧、别说啦"。京语中另有"罢了"的说法，如"他神气什么，也就是有俩臭钱儿罢了"；此中"罢了"一词，则系源自另一满语词汇 babal，意谓"只是、仅仅、不过……而已"。

卷二 二十世纪初的北京方言

序言

二十世纪初的中国动荡不安，大清已病入膏肓。三百年间，旗人早已从励精图治、积极奋进的武士集团蜕变成提笼架鸟、游手好闲的浪荡公子。清政府虽还在做最后的挣扎，锐意改革，实行新政，但一脚已经迈进坟墓。旗人有识之士企望中兴，他们在自己不同的社会位置上用各自不同的方式努力着，企图挽狂澜于既倒。北京有些旗籍文人，意图通过开学堂、办报纸开启民蒙，以启蒙运动拯救大清，蔡松龄即是其中一员。

蔡松龄，号友梅，1907年北京《进化报》报社成立，蔡任社长。该报系旗人报纸，编辑多为旗人，主要关注点多在旗人生计等社会问题上。其读者群体大概多系中下层旗人，文化程度不高。这也决定了该报的风格，促使其推出浅显易懂、贴近旗人现实生活的白话连载小说，以招徕读者。蔡松龄在当时给许多报纸撰稿，几年间登出近百种短篇白话小说，可谓高产作家（曾用笔名损公、损、老梅、亦我、退化等）。其创作宗旨，应不外乎"引人心之趋向，启教育之萌芽，破迷信之根株，跻进化之方域"。而这些作品中影响较大者，应属连载于蔡松龄自己的《进化报》上，后编撰成书，由和记排印书局于光绪三十四年（1908年）印刷发行的中篇小说《小额》一书。蔡在发行此书时用了"松友梅"的笔名。

平心而论，此书的文学性不值一提，这只是一篇无重点、无故事、更无文采的流水账。可是它与《儿女英雄传》一样，有不容小觑的社会学与语言学价值。该书翔实地描绘了当时北京中下层旗人的生活状况，社会的痼疾，指出"北京城的现象，除了黑暗，就是顽固，除了腐败，就是野蛮"。但就在这种浅层次的描绘中，蔡松龄自己可能都没有意识到，此书在一定程度上客观地反映了清政权在国家经济结构设计上的根本性缺陷，昭示了其必然灭亡命运的深层次原因。至于在语言学方面，《儿女英雄传》与《小额》虽同为旗人作品，但前者是文人小说，所用的语言是上层社会用语；而后者之语言更大众化，其读者群是低文化层人士。可是低也有低的好处，正因其低，所以口语、土语多，旧京之人实际所言者多，京腔更浓，京味更醇。但原著的缺陷也正在此：它通篇全是旧京下层社会用语，且其中颇多流氓阶层语言，易使读者产生误解，以为这就是北京话的全部。所以《小额》应与《儿女英雄传》相互参照着看，庶可较全面地反映出京语全貌。《儿女英雄传》叙事多用书面语，只在人物对话时用京语，且因其主人公为上层旗人，故文言多而京味儿口语少；而《小额》一书不论叙事对话纯用京语，所以虽然它的篇幅只有《儿女英雄传》的不到二成，而本书在其中撷取的京语词条却多达《儿女英雄传》的约六成。

《小额》一书的语言还有一个特点，就是旗人用语特别多。这其实也是二十世纪初北京话的真实写照，当时旗人占京城人口半数以上，而满族又是统治民族；统治者的语言是强势语言，它势必诱使或迫使被统治者自觉地或被动地接受。所以京中说的虽是汉语，但那是经过旗人改造、按旗人的语言习惯所说的汉语（参见《总序》）。统治者的语言，被统治者必然要趋向之。而旗人为显示其高贵，在特别重大、庄严的场合仍要操"国语"即满洲话。他们仿佛觉得对汉人说汉语只是旗人对汉人的一种恩赐："你们不配懂我们那高贵的语言。"

到清末这全成了"汤儿事儿"。旗人疏于学习，连自己本民族的语言也早已不能掌握；而多数下层旗人的汉语水平，也仅限于一般日常生活用语。蔡松龄一类旗人知识分子想以小说启蒙下层旗人心智，也就只能是极浅显的白话小说如《小额》一类。该书客观地复述了那时下层旗人的口语，所用的语汇完全是当时旗人社会的实际说法，绝无文人的雕凿堆砌，是极其真实弥足珍贵的语言资料。但缺点是因故事围绕着旗人流氓展开，导致语言有"流氓化"趋势。

笔者早年曾混迹于社会最底层，却"塞翁失马，焉知非福"，无意中扩展了自己的语言基础,令我在掌握下层民众口语方面受益匪浅,对诸般下层市井语乃至某些"春点"(江湖语)也略有知晓;所以对《小额》一书的某些语汇,可谓有着相当的理解,这使我在注释此书的语言时可能具有某种优势。关乎生杂子三青子之类的事儿、拽咧子扎筏子的片儿汤话知之甚详。

另有《春阿氏》一书,著者冷佛,可能即本名王绮(又名王咏湘)者。清末在北京《公益报》做编辑,民国初期转为《爱国白话报》编辑。除《春阿氏》外,尚有《井里尸》、《姑做婆》等较著名作品。该人系内务府旗籍,其所使用的语言亦是极为顺畅流利的北京方言。但该书仅在对话中使用京语而叙事不用,这造成了此书可供入选的词条也不甚多。《春阿氏》是写实小说,书中所描述的是光绪三十二年(1906年)北京某旗籍家庭实际发生的一桩杀人案件及审理过程(书中的人物多有真人实名)。当时正值清末"十年新政"(1901~1911年)时期,舆论开放,言论相当自由;所以各报连篇累牍地对此案跟进报道,并随时对审案过程提出各种批评建议。该案之进展在社会上引起极大反响,清廷最高统治者西太后曾亲自过问,据说甚至引起过国际关注,见诸国外报端,日后被称为"清末四大奇案"(杨乃武小白菜、张汶祥刺马、春阿氏、锔碗丁)之一。书中所使用的语言,是很典型的标准北京话,即所谓"内城旗人语"。书中的主人公虽亦为旗人的中下层,但较之《小额》一书中那些旗人流氓地痞终是大不相同,是更正经的旗人北京话。这种语言,笔者确确实实亲耳聆听过。在《卷一·序言》中,笔者曾述及我姥姥,偲(读 tān,旧京第三人称敬语)老人家生于清末,是正宗的京籍旗人家庭出身。身份虽较《小额》、《春阿氏》一书中那些旗人高,但家中也早已潦倒;所接触者,很有点子书中描述的各类人物之味道。他们的语言,与《春阿氏》一书中的某些人相差无几;所以该书的语言令我有一种"久违了"的亲切感,觉得那么的熟悉。当然,这也是因其年代较近之故,原著问世仅百余年,而在下年已七旬。

《小额》及《春阿氏》均成书于清末"十年新政"时期,这一时期涌现了大量的新型词汇。除了西方语汇外,更有众多的日语词汇流入。这些日语词汇其实也多源于西语,涉及政治、经济、军事、法律、科技、文艺等诸多领域。因日文的特殊性(许多专用词汇使用"和制汉语",且词义与汉语相同或相近),所以这些外来词汇得以毫无滞碍地直接进入汉语,水乳交融,沿用至今,且使我们完全不觉得这是外来语。本书特将此类词汇单独列出,以飨读者,有兴趣者可从中一窥其在近代的演化轨迹(这类词汇在本书《卷三》中大量出现)。另有些词汇,虽是古已有之(如要领、舆论、研究等),但在"十年新政"期间已被赋予了全新的内涵,所以也酌加遴选,且在释义时特将此类词义的沿革加以说明,有时还特别注明此乃"古词新用"。还有一些词汇,是此期间根据时代发展的需要而特创出来的,属于前所未有(如价值、时代、记者、调查等),且在其后沿用下来,流传至今,已经成为现代汉语不可或缺的部分。了解此类情况,对探讨北京话乃至汉语整体之发展轨迹,会有所裨益。

对不同语汇分别因其具体情况,按《凡例》中所列之准则给予不同侧重面的词义诠释及语音标。

本书所据原著《小额》系世界图书出版公司2011年版,该版源自和记排印书局光绪三十四年(1908年)之影印版,刘一之标点注释;原著《春阿氏》系吉林文史出版社1987年版,该版以两叶书社民国十二年(1923年)版为底本,并参照他本,标点分段,弥松颐校释。

《小额》词条

A 部

a

ax 01　阿玛

例（11　10）：伊老者的二少爷善全。……问伊老者说："<u>阿玛</u>，您还不走吗？……"

注－阿玛（à ma）：旗人对父亲的称谓。说得快时"玛"字读 me，轻声。参见《满蒙语汇贰－01》。

an

ax 02　安顿

例（14　06）：姑娘说："告诉太太说，今儿个我们很<u>安顿</u>。"

注－安顿（ān dun）：调理顺遂，各安所居，使之安静、顺从。此处指小孩儿听话，很乖。"顿"字轻声。按：元曲中即有类似说法，参见《元曲语汇 075》条。

ax 03　暗昧

例（69　24）：本处有一个某绅士，家中出了点儿<u>暗昧</u>的事情说这家人的女儿未婚先孕。举凡丑陋、龌龊、不可告人之事均可用此说法。此为旧京说法，现已无存。"昧"字轻声。

注－暗昧（àn mei）：原著此处是

B 部

ba

bx 01　八倍儿五

例（94　02）：人称金针刘，世传八倍儿专门的外科（比<u>八倍儿五</u>没根基强的多）

注－八倍儿五（bá bè*r wǔ）：此条之"八"字并非实际意义的数字8，而是京语的一种习惯性说法，表示多的意思。此处"倍"字是"辈"的假借字，八辈儿五即祖祖辈辈、世世代代之意，是诙谐说法。京语中"×××五"或"×××半"的说法很多，如本书中即有"八瓣儿五（意为破碎、碎片）、一口袋半、三家儿半"等，均含调侃、揶揄意。

bx 02　剥一层皮

例（05　08）：一到他们手里，是

又剥一层皮

注－剥一层皮（bā céng pí）：指过手之人盘剥克扣。口语中"剥"字读 bā；"一"字不发音。现直写作"扒层皮"。

bx03　拔莆子

例（32 03）：一瞧掌柜的叫横，立刻大伙儿就**拔莆子**

注－拔莆子（bá pú ze）：夸张地挺起胸膛，显强横状。"莆子"即胸脯。这类词儿多用在地痞流氓身上。"子"字读 ze，是加重语气。

bai

bx04　掰开揉碎

例（103 11）：后来小额对着自己的妻子，**掰开揉碎**这们一说，额大奶奶倒很以为然

注－掰开揉碎（bāi kāi róu suì）：（对某事）仔细分析，不厌其烦地反复说明。京语常用词汇。

bx05　白花蛇

例（63 03）：额大奶奶婆媳一听这套**白花蛇**，赶紧都给赵华臣这们一请安

注－白花蛇（bái huā shé）：也作"白话舌、瞎白话"，是对"白话"一词的修饰性说法。此处"白话"意谓花言巧语。"花"（话）字读音介于 huo、hu 之间，轻声。此词元曲中已有，见《元曲语汇076》条。

bx06　白条子

例（77 18）：毛春子喝了个马是得，弄了把**白条子**，堵着门口儿

注－白条子（bái tiáo zi）：江湖语，谓刀为白条子，是旧京下层人士乃至流氓痞棍所习用词汇。

bx07　白净子儿

例（87 05）：要说岁数儿，有五十上下，**白净子儿**，大眼睛

注－白净子儿（bái jing ze*r）：面白无须，这是旧京通用说法。如《儿女英雄传》中说褚一官是"黄净子脸儿"，即面黄无须。

bx08　摆斜

例（09 07）：可巧他们那一把子碎催，甚么**摆斜**荣啦、花鞋德子啦、小脑袋儿春子啦、假宗室小富啦，听听这把子的外号儿，那

一个不欠二年半的徒罪

注－摆斜（bǎi xié）：不通情理、不循规矩地吵闹不休、寻衅滋事。此词现已罕有用者。按：原著系旗人社会小说，写旗人之事，书中人物也多为旗人。此处是写一帮旗人流氓的绰号、姓氏，其中的"荣、德、春、富"等系当时旗人较常见的"指名姓"。关于指名姓，详见《附录贰－35》。

ban

bx 09　搬指儿

例（32　07）：摇着一把潮州扇儿，翡翠的**搬指儿**……打着把旱伞

注－搬指儿（bān zhe*r）：现作"扳指儿"。赏玩之物，指环状，可套于拇指上，多以玉石、翡翠、象牙等贵重材料制成；系从射箭护具演变而来。

bao

bx 10　宝局

例（43　12）：是位老宗室……从先开**宝局**

注－宝局（bǎo jú）：有一种赌博方式称为"押宝"，故赌场亦称"宝局"。

bx 11　报子

例（33　18）：那个老者又说："今天的玩艺儿也不错，您瞧见**报子**啦没有？"

注－报子（bào zi）：旧时戏园子门口所张贴的演出海报，上写演员名号、演出剧目及时间等。

ben

bx 12　奔

例（16　05）：善金善大爷每步加三分，一直的**奔**家

注－奔（bèn）：径直地（往何处去），蕴含着匆忙、快速之意。

beng

bx 13　绷不住

例（81　26）：这一唱不要紧，连小文子儿的媳妇儿都**绷不住**啦，又不敢乐出来

注－绷不住（bēng be zhù）：京俗语，谓强忍着（笑）又实在坚持不下去了的样子。"不"字读 be，轻声。

bx 14　不用

例（58　12）：胎里坏一听，那分儿乐，就**不用**提啦

注－不用（béng）：书面写为"不用"，京中土语往往读为 béng，更土点儿的读为 bíng，俗写作"甮"。在不同意对方意见，当面予以否定时，往往说"甮价"（读 béng jie 或 bíng jie）。

bi

bx 15　鼻烟儿

例（04 07）：闻点儿**鼻烟儿**

注－鼻烟儿（bí yār）：烟草制为粉末状，加入某些名贵中药材（如麝香等），并以蜡丸密封陈化数年制成。置于微型小瓶（鼻烟壶）中，用时取出少许，以手指捻入鼻中吸之。因是直接将烟粉吸入，故尼古丁摄入量远高于吸烟。关于烟草何时传入中国的问题，详见《附录贰‐01》。

bx 16　闭了眼

例（50 02）：我跟他**闭了眼**啦。他有能为，把我发啦。我有能耐，砍完了他，我给他抵偿。

注－闭了眼（bì le yǎn）：此处指结下死仇，不留缓解余地，要玩儿命。

bian

bx 17　变着法子

例（04 09）：到了旗、营关钱粮，**变着法子**跟人家要骨头

注－变着法子（biàn zhi fá zi）：想尽办法。现多说"变着法儿"。"着"字读 zhi；"法"字在"法子"中读阳平；若儿化说成"法儿"，则读阴平，儿化。

bie

bx 18　别加

例（85 02）：额大奶奶一听，立刻慌啦，说："**别加**呀。……"

注－别加（bié jie）：京人口语常用说法，表示否定、别、不要。现作"别价、别介"。"加"字一般写为"价"或"介"，读为 jie，轻声。参见《卷一·b59》条。另："别"字作为否定语"勿、莫、不要"之义，在元曲中常用。可参见《元曲语汇 077》条。

bx 19　别拘

例（76 09）：当时王先生告辞。小额说："我可不送啦。"王先生说："**别拘**，别拘。请坐，请坐。"

注－别拘（bié jū）：同于上条之

"别加",写法相异。另:此句也可理解成"拘"字为拘礼的简说,这是京人常用的客套话。

bx20 别提啦

例(85 16):额大奶奶说:"收下啦?"老张说:"您**别提啦**,我费了好些个话,他才接过去……"

注－别提啦(bi tí le):京人口语常用说法,在表示所议之事不顺利、颇费周折时,往往用作发语词。"啦"字读音介于 le、la 之间。另:原著中表示动词完成时态的"了"字绝大多数情况下写作"啦",是口语直音字。

bo

bx21 饽饽

例(86 23):这个给买一包**饽饽**,那个又给买了些个果子

注－饽饽(bō bo):京人(尤其是旗人)对除面条外的各种面食可以统称饽饽,连饺子也叫煮饽饽。满洲点心均称饽饽,满洲点心店称饽饽铺,有别于南方人所开的点心店(称南果铺)。

bx22 驳回

例(64 05):临走要借五两银子,小额没敢**驳回**

注－驳回(bó huí):官场常用语,指上司对下属呈文的否定性批复。此处为诙谐语,即拒绝之意。

bou

bx23 啵

例(81 22):您积德修好,救一救我**啵**,我真疼得要死喽

注－啵(bou):语气助词,用于祈使或商榷句尾。本音为 bo,京俗语读 bou。

bu

bx24 不碍的

例(17 13):王妈说:"您走吧,**不碍的**。"

注－不碍的(bú ài de):没事儿、没关系。京语常用说法。"不"字在去声前读阳平,是京语及普通话的共同规律。自此条起至 bx31 条均如此。

bx25 不大很

例(53 21):赵华臣说:"北衙门我**不大很**熟,让他们转求别

人。……"

注－不大很（bú de hèn）：京腔口语音。"大"字读de，轻声；"很"字去声，是加强语气。

bx26　不够喝凉水的

例（06　06）：关这个豆儿大的钱粮，简直的**不够喝凉水的**。

注－不够喝凉水的（bú gòu hē liáng shuǐ de）：京俗谚，形容钱数之少，微不足道。"不"字阳平。

bx27　不论

例（64　15）：六老太爷一听，说："甚么？赵大老爷？刘大老爷我也**不论**。"

注－不论（bú lìn）：这是京人耍光棍时的常用说辞，表示自己天不怕地不怕，敢于不计后果地蛮干。还有类似说法叫"不论秧子"。"论"字读lìn。

bx28　不论

例（19　14）：你**不论**怎么着，给我弄熟了几个就得啦

注－不论（bú lìn）：不管用什么方法。此处含有将就、凑合意。

bx29　不是

例（08　05）：青皮连说："**不是**。您听见他这一套啦没有？……"

注－不是（bú r）："是"字读r，是口型提示。参见《卷一·b76》条。

bx30　不送

例（76　09）：小额说："我可**不送**啦。"

注－不送（bú sòng）：京人送客时的客套话。此处是主人说"不送啦"，意为"请恕仅送至此"；客人则回说"不送"，意为"请您留步，不要再送啦"。

bx31　不是岔儿

例（12　11）：少奶奶一瞧，知道**不是岔儿**

注－不是岔儿（búr chár）："不是"二字连读为búr，阳平；此处"岔儿"指所言之事态。"岔"字现多作"茬"。

bx32　不差甚么的

例（55　13）：**不差甚么的**，胆子

小的人不用说敢管，他要敢上府上来，我算信服他

注－不差甚么的（bù chā me*r de）：此处意为"一般情况下的、平常的"。"差"字阴平；"甚么"二字连读为me*r。此说法今仍流行，但写为"不差吗儿"。

bx33　不答应去

例（11 18）：楞祥子说："明儿个，那俩小子要不带他给您磕头去，我是找他**不答应去**。"

注－不答应去（bù dā yīng qi）：京人习用说法，意指（某事）不能就这么了结，得闹出点结果来。句中"去"字表示"不答应"的进行时态，是京语对动词细化、表现时态的方式。"答"字阴平，"应"字轻声，"去"字读qi，轻声。

bx34　不得劲儿

例（72 05）：您还是有点儿不舒服吧？您要是**不得劲儿**，要不咱们走吧

注－不得劲儿（bù děi jie*r）："得"字读děi，是京中下层人士说法的口语语音，其实多数京人还是读其本音dé。

bx35　不敢劳动

例（16 02）：善金说："三大爷，您这们大岁数儿，**不敢劳动**哪……"

注－不敢劳动（bù gǎn láo dong）：旧时京人常用的客套话，用于婉拒别人的帮助——但这往往并非真的谢绝，而是在接受人家帮助时程序性必说的客气话。旧京礼数太多，有点儿虚伪；但总比全无礼数、野调无腔强多了。

bx36　不开眼

例（02 04）：又有些个**不开眼**的人这们一捧臭脚

注－不开眼（bù kāi yǎn）：没见过世面。京人自负，觉得除了北京之外所有地方的人都不开眼，贬之曰"怯"，冠之以"怯八邑、怯铛铛、侉子、糟豆腐、白帽子、老畚儿"等蔑称。详见《附录壹－34》。

bx37　不拉车

例（54　02）：小额这些家儿亲友，有事的有事，<u>不拉车</u>的不拉车

注 - 不拉车（bù lā chē）：京俗语，谓虚与委蛇，不干实事。

bx38　不摸底

例（02　09）：要是<u>不摸底</u>的，真疑惑他是卸了任的府道

注 - 不摸底（bù māo dǐ）："摸底"一词今指"很了解内情"或"对情况进行了解"；但此词旧时京语大约只用于否定式（即如此处之"不摸底"），至于肯定式则说"知根知底儿"，生动点儿地说"知道一个底儿掉"。

bx39　不死也得脱一层皮

例（88　08）：虽然<u>不死</u>，应了俗话啦，<u>也得脱一层皮</u>

注 - 不死也得脱一层皮（bù sǐ yé děi tuō céng pí）：京人常用说法。此处指病症之重，另也常引申用于形容某种事态严重，对当事人造成很大损伤。口语中"一"字无声，"也"字阳平。

C 部

ca

cx01　搽黑儿

例（54　05）：一直等了个<u>搽黑儿</u>，冯大嗓儿才回来

注 - 搽黑儿（cā hē*r）："搽"为"擦"的假借字。京语擦黑儿指太阳落山到完全黑下来之间的一段时间。

cai

cx02　才出萌儿

例（10　01）：这个兄弟的话呀，是<u>才出萌儿</u>……简直他全不懂的

注 - 才出萌儿（cái chū mé*r）：此处指刚出来到社会上混，不懂规矩。"萌儿"指植物刚出土的芽儿，此词现颇流行，不过意义已有所不同。

cx03　财主

例（01　12）：要说他的<u>财主</u>，每月的钱粮包儿，真进个一千包儿、两千包儿的

注 - 财主（cái zhǔr）："主"字要儿化。此处之财主（儿）指提供

经济来源者，不同于今所说之财主（有钱人）。

cha

cx 04　插圈儿弄套儿

例（44 04）：素来不安本分，**插圈儿弄套儿**、抢人、打群架，无所不为

注 - 插圈儿弄套儿（chá quār nèng tàor）：设局行骗，坑害他人。"插"字阳平，"弄"字读 nèng。

cx 05　岔儿

例（11 05）：这当儿……一阵乱烘，这个**岔儿**也就揭过去啦

注 - 岔儿（chár）：此处指（某个）事由儿。"岔"字阳平，儿化。现写作"茬儿"。

cx 06　岔

例（08 03）：大家伙儿一瞧，这个事要**岔**，赶紧直劝

注 - 岔（chǎ）：京语常用说法。此处是为动词，指矛盾激化。"岔"字上声。

chang

cx 07　常会儿

例（25 22）：大车王是最听女人的话，为这个**常会儿**得罪街房

注 - 常会儿（cháng hue*r）：经常（如何），这是下层京人的说法。现在有说"常会子"（cháng huǐ ze）的，但少有说"常会儿"的了。

cx 08　唱吧了会子

例（86 06）：**唱吧了会子**，说是小额的这个疙瘩，是点儿冤孽

注 - 唱吧了会子（chàng be le huǐ ze）：唱了一会儿。"×吧了会子"是京语常用的一种说法，"×"为动词；"吧"字无实意，可作为某些动词的后缀，如说、唱、嚼、啃、弄、争等。但不是任何动词都适合加此后缀，哪些能加哪些不能加，是约定俗成的。"吧、子"二字读为 be、ze，轻声。

chao

cx 09　抄了去

例（54 08）：前三抢儿已经让人家给**抄了去**啦

注 - 抄了去（chāo liǎo qù）："抄"是抄没、查抄的简说，原著此处为抢夺意。"抄了去"即抄去了之意。之所以将"了"字前置，是

为了强调"抄（抢夺）"这个动词的完成时态；"了、去"二字读音都加重，也是为了加重语气。这些都是京语常用的修辞方式。按："抄没"一词，元曲中已见。参阅《元曲语汇078》条。

cx 10　炒肝儿

例（06　02）：又有几个卖烧饼、油炸果的，有一个卖**炒肝儿**的
注－炒肝儿（chǎo gār）：北京风味小吃。系以猪小肠切成小段，辅以少量猪肝片，加入调料，煮烂勾芡，呈黏稠糊状，食之味美。

cx 11　吵啦

例（37　10）：可巧遇见包封票拿小额，玩艺儿也**吵啦**
注－吵啦（chǎo le）：京俗语，指（因受到搅乱）被迫停止或取消（某项活动）。"啦"字读 le，其实就是"了"字。原著中"了"字仅限于在句子中间表示动词的完成时态（如 cx09 条），而不用于词尾（词尾一律用"啦"字，如此条）。其原因待分析。

cx 12　吵子

例（02　02）：小额当了三年的库兵，算是好，没出多大的**吵子**
注－吵子（chǎo zi）：（因舛误或利益矛盾而致的）纠纷、麻烦、冲突。

chen

cx 13　陈人儿

例（15　11）：这位王三，有六十多岁，是本旗的一个老**陈人儿**
注－陈人儿（chén ré*r）：此处指（在某处供事的）资深人员。此词在《儿女英雄传》中亦曾见，但与此处不同，那里指的是"家生儿"，即世代为奴者，是清代奴隶制的残余。

cheng

cx 14　城根儿

例（01　10）：西直门**城根儿**住着一个姓额的，人都管他叫小额
注－城根儿（chéng gē*r）：京语谓紧靠墙处为墙根儿，城根儿指近城墙处。关于北京城内各旗的驻地，详见《附录贰－02》。

chi

cx 15　吃

例（01　10）：从先他爸爸放阎王账，专<u>吃</u>旗下

注 – 吃（chī）：此处意为"以……为生"。旗下指各旗之人。因旗人有固定收入（钱粮），所以放阎王账（高利贷）者愿向旗人放贷。

cx 16　吃

例（66　02）：他专说《永庆升平》……一档子山东马三吃白德……他真能够<u>吃</u>他两个月

注 – 吃(chī)：此处意略同于上条，亦为"以……为生"，但隐含了对说书人的褒贬（把有限的内容变着法儿的拖长，以图多混两天饭辙儿）。

cx 17　吃

例（57　08）：因为<u>吃</u>人家表，在广德楼门口儿，挨了一顿臭打

注 – 吃（chī）：此处指偷，是旧京下层社会的说法。

cx 18　吃彆子

例（96　15）：娘儿两个不偏不向，都<u>吃</u>了一顿<u>彆子</u>

注 – 吃彆子（chī biě zi）："彆"字本义为执拗、不顺；吃彆子谓被人当场否定、大失颜面。但因此处"彆"字习读为上声（本音应为去声），所以现在说成了嘬瘪子（"瘪"其实是"彆"的直音字）；"嘬"字是因"瘪"而想到的（瘪是因为用嘴嘬产生负压）。"文革"期间在青年学生中又产生了"嘬一大瘪嗑"（此处"嗑"字义为闭合，变调阳平）的说法，流行约有十余年之久。

cx 19　吃生米的

例（26　19）：黑老婆出来叫横，这个街房也真亡道，一死儿的要打黑老婆儿（遇见<u>吃生米的</u>啦）

注 – 吃生米的（chī shēng miě*r de）：京俗谚，谓浑横不讲理之人；也有时指不管不顾，硬出头管闲事的人。"米"字须儿化。

cx 20　吃事

例（01　11）：认得几个<u>吃事</u>的宗室

注 – 吃事（chī shi）：专门借助某

事而对求助者敲诈勒索。原著此处是说几个凭借自己宗室身份（努尔哈赤之父清显祖塔克世的直系后裔）兜揽官司、卖官鬻爵、沟通钻营、从中渔利的败类，其实也就是高级流氓。

cx21　吃事

例（65 22）：大奶奶这才明白，希四跟孙先生全是<u>吃事</u>

注－吃事（chī shi）：义与上条略同。但此二人并无身份地位，纯是靠坑蒙拐骗弄钱的无赖。旧京此种人还有个名称叫"吃非的"。

另：还有"吃事儿"（chī she*r）一词，是指人一无所长，什么也干不了。

cx22　吃小哥儿

例（44 06）：他有一个专门的能耐，就会拿秧子、<u>吃小哥儿</u>

注－吃小哥儿（chī xiǎo gēr）：小哥儿指涉世未深的纨绔子弟；吃小哥儿是说这类纨绔子弟周围聚着的一帮无赖，以声色犬马对其诱惑，而他们自己则"跟嫖看赌白吃猴"（参见本卷之gx24条）。

chou

cx23　抽冷子

例（27 09）：<u>抽冷子</u>大车王要跟人殴气，他倒连拦带劝的

注－抽冷子（chōu lěng zi）：有偶然、突然二意。此处意为偶然。还另有"冷不丁儿"一词与此义近，但更偏重于突然、出乎意料。本条中的"殴气"现规范作"怄气"。

chu

cx24　出花儿

例（84 22）：粤海刘宅四少爷的<u>出花儿</u>，都瞧着半截儿没好呢

注－出花儿（chū huār）：出天花。

cx25　出了口

例（69 14）：所以在天津没站住脚儿，老先生就<u>出了口</u>啦

注－出了口（chū le kǒu）：旧时京人简称张家口市为"口"。如口蘑指张家口地区所产的蘑菇，口碱是张家口地区所产的一种天然碱，口外指张家口西北方向一带。此处之"出了口"，指跑到口外荒僻之处。

cx 26　出马

例（78　10）：人家这当儿是堂官的乌布啦,大概也不<u>出马</u>啦

注 - 出马（chū mǎ）：医生出诊当时习称出马,现无此说。另：此句中"乌布"一词参见《满蒙语汇贰 - 02》。

cx 27　出虚恭

例（97　24）：可又觉着舒服点儿,紧跟着<u>出</u>了几个<u>虚恭</u>

注 - 出虚恭（chū xū gōng）：放屁的雅称；更文点儿的可说"下气通"。

cx 28　怵岔儿

例（68　11）：这群碎催一见善大爷,个个儿紧毛,全都有点儿<u>怵岔儿</u>

注 - 怵岔儿（chù chár）：紧张、发怵。

chuan

cx 29　穿章儿打扮儿

例（74　13）：要说王先生的骨格尊容,跟他的<u>穿章儿打扮儿</u>

注 - 穿章儿打扮儿（chuān zhā~r dá bar）：衣着装饰,京语习用说法。"打"字阳平,"扮"字儿化,轻声。

chui

cx 30　吹出风来

例（50　01）：后来<u>吹出风来</u>,跟钱锈要拼命。钱锈又悚啦

注 - 吹出风来（chuī chū fē~r lei）：放出话,有意让对方听闻。"风"字儿化,"来"字读 lei,轻声。

cx 31　吹台

例（48　19）：官司一个不完,这些个帐多一半儿得<u>吹台</u>

注 - 吹台（chuī tái）：京俗语,指某事业已开始、甚或已取得相当进展,却因故中辍废止。也说"吹了"。

cong

cx 32　从来

例（74　06）：<u>从来</u>胎里坏一在额家管账,有病都是胎里坏包治

注 - 从来（cóng lái）：此处"从来"一词,意谓"从开始到现在",用法与今有别,现在一般是说"自从"。

cx33　从先

例（66　01）：您知道<u>从先</u>街面儿上，有一个说评书的吴辅亭呀

注－从先（cóng xiān）：从前。早年间多说"从先"，现今京中长者仍有此说法，但年轻人都说"从前"了。

cuan

cx34　攒

例（26　11）：过完了这堂，黑不提白不提，就把大车王给<u>攒</u>起来了

注－攒（cuán）：京语中"攒"有多义，择要如下：

①拼凑、纠合（如攒钱，指大家一起凑份子钱）。

②组装（如攒车，即自己用零件组装成整车）。

③揉搓（如把纸攒成一团）。

④身体不适，十分虚弱（如老不活动，都待攒了）。

⑤胆量，此为江湖用语〔如说胆儿小怕事叫"攒儿细（或稀）"〕。

⑥多人整治、收拾（包括殴打）一人，（如哥儿几个把那小子攒了一顿）。

本例意近于上述第③条，指不经过审讯就把大车王给收监羁押，当然也就包括在监中遭受非刑了。按：本例中后三项是"攒"字的演变义；而前三项近于"攒"字之本义，即指马在疾奔时腾空，四蹄收拢在一起的样子。元曲中即有此说法，参见《元曲语汇079》条。

cx35　攒人

例（18　16）：临完了，还要<u>攒人</u>打人家爷们

注－攒人（cuán rén）：召集、纠合人。如上一条的①义。

cui

cx36　催把儿

例（31　20）：所以方才那一群<u>催把儿</u>，同着小额的儿子到伊府上陪不是来

注－催把儿（cuī be*r）：给人跑腿儿当差，干点儿杂事儿的人，语含贬义。北方语系许多地区都有此说，不独京语然。"把"字变读，儿化，轻声。

cx37　催水

例（58　05）：咱们的法子算是应验了。你赶紧的**催水**要紧

注－催水（cuī shuǐ）：催着要钱。此处"水"指钱。古文中"泉"与"钱"字相通，泉中有水，故水亦有钱义。此为江湖语，并非正宗北京话。

cuo

cx38　错翻了眼皮

例（18　07）：你们**错翻了眼皮**啦，硬打软熟和是怎么着

注－错翻了眼皮（cuò fān le yǎn pí）：京俗语，是很不客气的说法，表示坚决拒绝对方的要求，叫对方打消幻想。

D 部

da

dx01　搭背

例（72　22）：这可怕是个**搭背**

注－搭背（dā bei）：背部所生之痈。无抗菌素时代很难治愈，甚或可致命。

dx02　答岔儿

例（21　19）：少奶奶在厨房**答了岔儿**啦

注－答岔儿（dā chár）：回应并非直接针对自己的话。现写作"搭茬儿"。

dx03　搭窝

例（57　05）：两个人打算**搭窝**，要吃小额一嘴

注－搭窝（dā wōr）：此处意为合伙设圈套（害人）。"窝"字儿化。

dx04　搭窝憋坏

例（83　10）：你们俩好**搭窝憋坏**

注－搭窝憋坏（dā wōr biē huài）：与上条同义，语气更强烈、直白。

dx05　搭着

例（07　14）：又**搭着**年长几岁，说话耿直，一块儿当差使的人，没有不佩服他的

注－搭着（dā zhe）：加之以（如何）。对所述之事补充理由时常用的说法。

dx 06　打点

例（12　17）：您给哄哄孩子，我给**打点**饭去

注－打点（dá dian）：此处意为（为某事）做准备。这是京语常用词，此词还可用于整理、收拾、处置、沟通（关系），乃至走后门儿、行贿等诸多方面。"打"字阳平；"点"字说得快时读 din，轻声。

dx 07　打哈哈

例（40　17）：春子听见一愣，说："别**打哈哈**啦。"

注－打哈哈（dǎ hā he*r）：逗闷子、开玩笑。后一"哈"字变读，轻声，儿化。

dx 08　打横儿

例（82　23）：来到屋里，张先生跟额大奶奶**打**了个**横儿**

注－打横儿（dǎ hé~r）：旧时一种较简的礼节，直立瞩目，略侧身颔首。

dx 09　打快勺子

例（73　22）：霍乱季儿，**打**了一阵子**快勺子**。……一闹冬瘟，老先生就抓啦，很给人治错了几回

注－打快勺子（dǎ kuài sháo zi）：京俗语，意为瞅准机会在短时间内捞一笔钱。原著此处是说庸医赶上流行病的时机，也乘机捞着点儿钱。也说"打快马勺"。今无此说法。

dx 10　打四的、打头的

例（53　01）：四百银把**打四的**拿了拟正啦，**打头的**倒闹了个拟陪

注－打四的、打头的（dǎ sì de、dǎ tóu de）：此处之"打"是排行（第几）之意。现今京语除排首位仍称打头的，其他排位都不再用"打几"的说法了。

dx 11　打他

例（13　03）：善全又问伊老者说："您喝酒哇？我给您打去。"老者说："那们你**打他**二百钱的去……"

注－打他（dǎ te）：此处之"他"字读 te，轻声。在此处仅是动词后缀，无实意。京人多有在及物动词后加上"他"字的惯用说法，

如"玩他一场、睡他一觉、打他一架、吃他一顿"等。

dx 12　打头
例（18 01）：他那儿动的了身呢？**打头**有您孙子孙女儿们
注－打头（dǎ tóu）：京人习用说法，此处意谓"头一件事"（就是什么）。

dx 13　打头
例（56 01）：姐姐，您别着急呀。**打头**又是病身子，急坏啦也是麻烦
注－打头（dǎ tóu）：与上一条基本同义，此处意谓"首先要（顾及）"。

dx 14　大安
例（15 17）：善金一见王三，赶紧请了个**大安**
注－大安（dà ān）：旗人男子礼仪的一种，正式名为跪安礼，是幼者对尊长、下属对上司、奴才对主子所行之礼。详见《附录贰－03》；另可参阅《卷一·q34》条。

dx 15　大疮
例（50 05）：撒开了这们一荒唐，后来闹了一身**大疮**
注－大疮（dà chuāng）：梅毒，民间俗称杨梅大疮。

dx 16　大大
例（05 11）：年轻的说："二**大大**，您不知道吗？您侄儿上南苑啦……"
注－大大（dà da）：有些京人称伯父为大大；旗人又有将女性尊长用男性称谓的习惯，以示尊崇，原著此处即是，二大大即二大妈（伯母）。

dx 17　大发
例（84 11）：今天也搭着困**大发**啦，吃完了药，也不怎么就睡着啦
注－大发（dà fa）：京人常用俗语，谓到达极限。"发"字读音介于 fa、fe 之间，轻声。

dx 18　大概齐
例（28 11）：**大概齐**这回事您也

知道啦
注－大概齐（dà gài qí）：京人习用说法，现一般写作"大概其"。

dx 19　大姑娘
例（12　15）：<u>大姑娘</u>正在南屋里做活
注－大姑娘（dà gu niang）："姑娘"二字轻声，这是以叙述语气泛指某女子。如果读 dà gū niang，则是指年轻未婚女子。可参阅《卷一·d25》条。

dx 20　大骂陈友谅
例（77　18）：堵着门口儿，这们一<u>大骂陈友谅</u>
注－大骂陈友谅（dà mà chén yǒu liàng）：其实就是骂的意思，与陈友谅毫不相关。清末京师盛行京戏，几近人人痴迷，所以此时许多流行语往往与京戏剧情有关。如本条之"大骂陈友谅"，即出于京剧《战太平》。

dx 21　大妹妹
例（18　05）：楞祥子说："您坐着吧，<u>大妹妹</u>。"
注－大妹妹（dà mèi mei）：旧京旗人对熟悉的年轻同辈女子之称谓。

dx 22　大奶奶
例（05　10）：上岁数儿的问那个年轻的，说："<u>大奶奶</u>，怎么你关钱粮来啦？"
注－大奶奶（dà nǎi nei）：京人对已婚女性称"×奶奶"，这里的×是其丈夫的排行，"大奶奶"即家中长子之妻；但若家中独子或不知某女之夫行儿，也可统称大奶奶。但不单称奶奶，那是旗人对母亲的称呼。

d 23　大气
例（61　20）：举止倒很<u>大气</u>……给赵华臣深深的请了一个蹲儿安
注－大气（dà qi）：此处之"大气"是说举止行动合乎礼仪。

dx 24　大外
例（76　18）：并且里热太盛，两三天没见<u>大外</u>
注－大外（dà wài）：大便。京人说话讲究，对外人不说大便，更不会说拉屎；而代之以"出恭、走动、大外"等。

dx 25　大握大盖，连拍带咬
例（29　10）：小脑袋儿春子这一套**大握大盖，连拍带咬**，把一位老实角儿的善大爷气的目瞪口呆
注－大握大盖，连拍带咬（dà wò dà gài，lián pāi dài yǎo）：这是概括旧京流氓的语言特点。参阅《附录贰－04》。

dx 26　大爷
例（15　17）：善金一见王三，赶紧请了个大安，说："三**大爷**①，您上那里去？"王三说："**大爷**②，你上那儿去？……"
注－大爷①（dà ye）：京人多将伯父称大爷，且将此称谓延伸至无亲属关系的长辈男性，变成了一种通用称呼。此处之"三大爷"即是对王三这个异姓长辈男子（排行老三）的称谓。"爷"字轻声。
大爷②（dà yé）：此为京人对邻家长子（或独子）的称谓。"爷"字重读。

dx 27　×大爷
例（17　12）：太太，有人来啦。祥**大爷**来啦
注－×大爷（× dà yé）：姓氏后加上"大爷"二字，是京人对非亲戚关系成年男子的统称。此时可忽略该人的实际排行。此词详见《卷一·d 35》条。

dai
dx 28　得苦子
例（09　09）：一瞧青皮连要**得苦子**，喝，七言八语的全来啦
注－得苦子（dǎi kǔ zi）：旧京俚语，谓吃亏、吃苦头。"得"字读dǎi。

dan
dx 29　淡话
例（51　03）：于是乎两个人，一边儿抽，一边儿聊。先说了几句**淡话**
注－淡话（dàn huà）：此处指开场白式的闲扯。现在演变成了更低俗点儿的说法"扯淡"，甚或是"扯蛋"，就指有点儿不正经的话了。

dx30　淡话

例（69 04）：这把子碎催又捧了会子小额……说了些个<u>淡话</u>

注 – 淡话（dàn huà）：此处指吹捧、拍马。与上条因语境的不同而义有别。

dang

dx31　当差使的

例（31 05）：阔府里<u>当差使的</u>，没有不爱他的，可是没有不怕他的

注 – 当差使的（dāng chāi shi de）：旧时"差使"一词，时或用于公务之意，公务人员称当差使的、当差的或差人。

dx32　当刀架子

例（35 07）：哥哥上库的时候儿，我还跨过车沿呢（<u>当过刀架子</u>）

注 – 当刀架子（dāng dāo jià ze）：刀架子之出处及确义不详，大约也是给人当碎催之类的意思。

dx33　当头人

例（42 13）：小文子儿的媳妇听见自己<u>当头人</u>也进了衙门啦

注 – 当头人（dāng tóu ren）：此处指丈夫。今不闻此说法。"人"字轻声。

dao

dx34　倒倒子脚

例（74 17）：两支<u>倒倒子脚</u>，外带着挺大

注 – 倒倒子脚（dòu dou ze jiǎo）：脚尖向内（内八字脚）旧时俗称倒倒子脚，也作"斗斗脚儿"，今已不闻此说。可参阅《附录贰 – 05》。"倒"字变读 dòu。

dx35　倒

例（02 03）：家里的钱是挣足啦。把小押儿也<u>倒</u>出去啦

注 – 倒（dǎo）：将商铺转手或将货物整趸给他人，京人谓之曰"倒"。如曾盛行一时的词汇"倒爷、倒买倒卖"等等。此处是说将当铺（小押儿）转手他人。

dx36　盗洞

例（42 18）：事情已竟已竟啦，想法子<u>盗洞</u>去，这们一点儿事都架不住，那还成啦

注－盗洞（dào dòng）：出了麻烦后找门路托关系，各处钻营想法了结。此说法今似不闻。

dx 37　到乏

例（58 17）：您这份受累，等到您大哥出来，再给您**到乏**

注－到乏（dào fá）：对在某事上曾给予帮助者事后拜访致谢，京语谓之道乏。此处"到乏"是原著不规范的写法。

dx 38　到家

例（21 21）：善全……说："……没骨头都**到家**啦。"

注－到家（dào jiā）：京俗语，谓某事到了极限、极致。

dx 39　到了儿

例（30 10）：让这些个东西们把我也气糊涂啦，**到了儿**这封信我也没瞧

注－到了儿（dào liǎor）：京俗语，谓终结时、到最后。元曲中有此词，见《元曲语汇 080》条。

dx 40　倒是怎么着

例（29 03）：我请问您哪，善哥，**倒是怎么着**？老大爷倒是在家没在家

注－倒是怎么着（dào r zěn m zhe）："是、么"读为 r、m，是口型提示。

dx 41　道字号

例（40 22）：因为争坐儿，少大爷给了人家一个耳瓜子。打完了，他还**直道字号**

注－道字号（dào zì hao）：报说自己的名字。这是旧京流氓的典型作风。但这种作风现在变啦。参阅《附录贰－06》。

de

dx 42　得儿

例（08 02）：听我告诉你，爱过不过！碍**得儿**不着我

注－得儿（dē*r）：京俚语，谓阴茎。在此处无实意，仅是习惯性用语。一些下层京人往往"鸡巴"二字不离口，一句话中多次出现，好像是作为连词使用。但旗人终究好一些，像原著中所述虽为下

层旗人,但真正口吐秽语者尚不多(全书仅此一处)。原著此处是一绰号"青皮连"的流氓所言。"得"字变读、儿化;此词陈刚先生所著《北京方言词典》中写为"嘚儿",用以表示口语音似更妥帖。

dx 43　得活

例(15　13):有甚么了不了、挠头的事情,王三一出来,<u>就**得活**</u>

注－得活(dé hé):京俗语,表示事情得以终极性的了结,带有感叹的意味,是说"可终于完啦"。"活"字读 hé。此说法参见《满蒙语汇贰－03》。

dx 44　得了美

例(25　20):竟为孩子跟人捣乱,街房都没那们大功夫理他。他可<u>就**得了美**啦</u>

注－得了美(dé le měi):旧京俗语,谓因得了好处而高兴,语含轻微贬义。此处之"得"字也有人读 děi。一般是说"得了意"(yǐ),见下条。

dx 45　得了意

例(46　22):额大奶奶撒开了这们一求他,哈哈,胎里坏是更<u>**得了意**啦</u>

注－得了意(dé le yǐ):旧京俗语,谓因如愿而得意,多含贬义,今仍常用。"意"字上声。

dx 46　得啦

例(09　15):摆斜荣说:"<u>**得啦**</u>,祥哥,您都瞧我啦。……"

注－得啦(dé lèi):京人给争执双方劝和时的常用语调,"啦"字读 lèi;如读 la 或 le,则是一种不耐烦的腔调。

dx 47　得了

例(98　15):小额一听,咬着牙说道:"<u>**得了**</u>,受一通儿罪,比零碎受罪强。"

注－得了(dé lèi):京人在对某事权衡后,下决心做出决定时的发语词。"了"字读为 lèi,是强调语气;但也可以读本音 le,语气就不那么明确了。

dx 48　得人

例（08　13）：你说伊老者素常**得人**，为甚么青皮连跟他打架，旁边儿的人会不管劝劝呢

注－得人（dé rén）：有人缘儿，孚众望。

dx 49　德胜门外关里头

例（50　07）：在**德胜门外关里头**开了一个烟馆

注－德胜门外关里头（dē reng mén wài guān lǐ dou）："关"指关厢，即各城门外大街两旁临街地带；而"关里头"即指关厢一带的地方。"胜"字读 reng；"头"字变读 dou，均轻声。

dx 50　德行

例（01　05）：庚子以前，北京城的现象……称得起甚么**德行**都有

注－德行（dé xing）：京人贬斥语，指丑恶之仪态、言行，多用于口语。现多作"德性"。"行"字轻声。

dx 51　德行

例（92　05）：要说配药这档子**德行**，我也给人家配过

注－德行（dé xing）：音、义同上条，这是暗含着指斥医药行业之暴利黑幕，构句用词灵活生动。

dei

dx 52　得亏

例（56　29）：**得亏**你是死心眼儿。要是活心眼儿，可就了不得啦

注－得亏（děi kuī）：京人口语，幸亏说"得亏"。"得"字读 děi。

dx 53　得着

例（36　24）：今天通河轩有随缘乐，小额一定听玩艺儿去，去了准**得着**

注－得着（děi zhao）：原著可能是"逮着"之直音字。京人"逮"字读 děi 或 děi，更土点儿的说 dǎi。

deng

dx 54　登登

例（88　13）：鼻子嘴里，往外一喷这个紫血块子……就**登登**啦

注－登登（dēng de~r）：死了。

应为"蹬蹬",因人死多蹬腿儿。此为谐谑语。后一"登"字儿化、轻声。

dx 55　等等儿

例(17　03):伊太太说:"那们你先等等儿。……"

注－等等儿(déng de~r):稍等片刻。"双上声连读,前一字变调阳平",是京语及普通话的变读规律,此处后一"等"字(上声)虽已变为儿化轻声,但前一"等"字仍保持变调阳平。

dx 56　等一等儿

例(07　17):您将就着等一等儿吧。没过平呢

注－等一等儿(déng de~r):与上一条音、义均同。"等一等儿"是书面写法,口语中此处"一"字不发音。

dx 57　登时

例(40　03):老婆子们登时忙啦,这个按着胳膊,那个按着腿

注－登时(dèng shí):此处意为马上、立刻。现仍有人这样说。

"登"字去声。此说法在元曲中屡见,参阅《元曲语汇081》条。

dx 58　登时

例(91　03):这件事情,在下登时也没很理会

注－登时(deng shi):此处意为当时。"登"是直音字,有的京人会将"当时"这样轻读。

di

dx 59　提溜

例(02　07):提溜一根仙鹤腿的水烟袋

注－提溜(dī liu):提起、提着。也有"滴溜(此写法时也指迅速旋转貌)、提挎、提了"等写法。"提"字读 dī,"溜"字轻声;更土点儿的说 dī lou。

dx 60　低咕低咕

例(72　02):在二爷善全耳朵上低咕低咕

注－低咕低咕(dí gu dí gū):小声说悄悄话,"低"字应为"嘀"。现一般说"嘀嘀咕咕"(读为 dí di gū gū),注意变调。

dx61　底下人

例（54 03）：这些个<u>底下人</u>回家，把各家儿的情形回禀他们大奶奶

注－底下人（dì ie rén）：仆人。"下"字读ie，轻声。

dx62　地宫里

例（46 21）：一听说小额遭啦官司，<u>地宫里</u>就没安着好心

注－地宫里（dì gē*r l）：一开始、根本上。"宫"字读gē*r，"里"字读l，是口型提示。有"蒂根儿、地根儿、底根儿"等写法。方言无定字。参见《元曲语汇082》条。

dx63　第老的

例（09 10）：一闹这个鸡屎派，甚么……<u>第老的</u>年轻啦

注－第老的（dì lǎo de*r）：称弟兄中最小的一个，"老"是指其为父母最晚所生。"的"字变读，轻声，儿化。

dx64　递嘻和儿

例（61 01）：赶紧跟人家一<u>递嘻和儿</u>，跟着这们一打听

注－递嘻和儿（dì xī her）：（因有求于人）跟人家赔着笑脸谦恭地搭拉话儿。"和"字轻声，儿化。

dian

dx65　颠儿核桃

例（48 20）：干他一头子，给他一个<u>颠儿核桃</u>，就是这个主意

注－颠儿核桃（diā~r hé tou）：旧京俗语，谓跑了（多用于为躲避某人或某事的场合），有诙谐意。今不闻此说，只有"颠儿了"一词；虽语意近似，但少了几许风趣。

dx66　点景

例（17 05）：善全跟姑娘吃了几个儿，也就是<u>点景</u>而已

注－点景（dián jiě~r）：应付应付，走走形式做点样子。

dx67　点子

例（68 08）：这把子碎催，又约了<u>点子</u>鸡头鱼刺

注－点子（diǎn ze）：此处为量词，一些、若干之意，表示不多的数量。词义中性，但用于人时则含

贬义。

diao

dx 68　刁

例（08　11）：伊老者还要揪他的脖领儿，让小连刁住了腕子，往后一推

注－刁（diǎo）：应为"叼"，技击动作名称，以某种形式抓住对方的手。

dx 69　掉楚

例（49　09）：同着朋友吃饭、听戏，永辈子没掉过楚（掉楚是句江湖坎儿，就是花钱）

注－掉楚（diào chǔ）：原著已将此词义说明了。"掉"为损失、付出意；"楚"即钱。详见《附录贰－07》。

ding

dx 70　顶

例（01　07）：顶可恶的三样儿，就是仓、库、局

注－顶（dǐng）：达于极致。京人口语多不说最（如何），而说顶（如何）。

dx 71　顶香

例（78　17）：堂客顶香，必是顶老仙爷

注－顶香（dǐng xiāng）：旧京之人迷信，对各路神仙各有信奉不同，信哪个就对哪个顶礼膜拜，焚香致敬，名为"顶香"，也叫"看香"。

dx 72　定规

例（46　18）：额大奶奶一听，心里还稍微的定规点儿

注－定规（dìng gui）：谓心态平稳、精神安定。是《卷一·d97》条之"定规"的引申义。

dong

dx 73　懂里懂面儿

例（42　10）：这位王亲家太太是个大外场，虽然厉害，可是懂里懂面儿

注－懂里懂面儿（dóng lié*r dǒng miàr）：京人常用语，在京人的理念中，事情虽有是非曲直，但人更分远近亲疏。只有这样，才合乎礼数。"懂里"二字阳平，"里"字儿化。详见《附录

贰-08》。

dx 74　懂的

例（10 02）：简直他全不**懂的**。祥哥也别生气啦

注－懂的（dǒng dei）：京人口语中，此说法多用于否定式（不懂得），若是懂得，一般仅单说懂。此处之"的"字现在一般写作"得"，读音介于 dei、dɑi 之间，轻声。

dx 75　动不了窝儿

例（39 04）：今天听见来升回来这们一说，已然吓的**动不了窝儿**啦

注－动不了窝儿（dòng bu liǎo wōr）：京人习用说法，谓（因某事而）不能动了，不限于吓的。另："窝儿"一词参见《元曲语汇 083》条。

dx 76　动真章儿

例（38 21）：平常贴靴捧场，就是那个事。**动了真章儿**啦，谁管谁呀

注－动真章儿（dòng zhēn zhā~r）：指需要对重大事做出决断，全力投入。

dou

dx 77　都瞧我

例（09 10）：一闹这个鸡屎派，甚么……老哥儿们**都瞧我**啦

注－都瞧我（dōu qiáo wǒ）：这是京人（尤其是下层京人）为争执双方说和时的常用语，意谓"请双方都看在我的面子上（停止纷争）"。

dx 78　豆蹲儿

例（08 12）：往后一推，伊老者可就闹了一个**豆蹲儿**

注－豆蹲儿（dòu duē*r）：身倒而臀部着地，现在说"屁股敦儿"。也有说成"豆儿蹲"，谐音"窦尔敦"（dòur dūn）。盖因京城百年前京戏极为盛行，所以京剧人物窦尔敦也被幽了一把默。元曲中有"敦坐"一词，与此义同。参见《元曲语汇 084》条。

duan

dx 79　短

例（74 09）：老爷事情完了倒好，我可**短**请安

注－短（duǎn）：缺欠。此处含自责意。京语中时有以"短"代缺欠、缺失意处，含轻微指责意。

dun

dx 80　蹲儿安

例（62　01）：给赵华臣深深的请了一个<u>蹲儿安</u>

注－蹲儿安（duē*r ān）：旗人女子之礼。详见《附录贰－09》。

duo

dx 81　多累

例（14　03）：老王说："大奶奶，您<u>多累</u>啦。"

注－多累（duō lei）：这是仆人（老王）对主家媳妇（大奶奶）含恭维性的客气话，意谓"有劳您啦"。是京人常用的说法儿。

dx 82　多早晚儿

例（05　06）：上回说过平，就闹了一个晌午歪。瞧这方向，又不定<u>多早晚儿</u>呢

注－多早晚儿（duō ze*r）：什么时候。也作"多咱"。"早晚儿"合读为 ze*r。

dx 83　多儿钱

例（70　13）：怎么蒙了<u>多儿钱</u>，一五一十的细说了一遍

注－多儿钱（duór qián）："多少钱"的京腔口语读音。读音的演变详见《附录贰－10》。

E 部

e

ex 01　额啦大

例（68　14）：倒是明五爷说了几句大实话，说："得了，<u>额啦大</u>呀……"

注－额啦大（é le dà）："额老大"的直音写法，"某老大"是旧时京人对晚辈男性的习用称谓（该男子并不一定是长子）。"啦"字读 le，轻声。

ex 02　俄罗斯打官司，一点儿照应没有

例（26　07）：到了北衙门，一进门儿就是开锅儿烂（就是挨打），打完了一收，<u>俄罗斯打官司，一点照应没有</u>

注－俄罗斯打官司，一点照应

没有（é le sù dǎ guān si, yì diǎr zhào yin méi yǒu）：旧京歇后语，意谓无人关照。是说俄人在华打官司，因在衙门中无人可托，故无照应。"罗"字读 le，轻声；"斯"字在此读 sù，是旧时京人说"俄罗斯"一词时的专用语音；"应"字读音介于 yin、ying 之间，轻声。

ex 03　饿

例（06 08）：他们老爷们也太**饿**啦，耗一个月，关这点儿银子，还不痛痛快快儿的给你

注－饿（è）：此处指（克扣饷银）贪得无厌。"饿"也作"恶"，现仍有此说。

ex 04　恶恶实实

例（52 04）：打开广膏的烟缸子，**恶恶实实**的，了啦一下子

注－恶恶实实（è e shī shī）：原著此处是描述旧京下层人士那种"有便宜不占王八蛋"的心态。

ex 05　饿膈

例（48 23）：姓冯，叫冯大嗓儿（听这个外号儿，其饿也可知），又叫**饿膈**冯

注－饿膈（è gé）：消渴（糖尿病）一类常使人感到饥饿的病，也有时指食道癌一类虽饥饿却无法进食的病。此处引申指人的贪婪、索求无厌。京人有时形容人吃东西狼吞虎咽、不斯文的样子为"饿膈似的"。

er

ex 06　耳瓜子

例（40 22）：因为争坐儿，少大爷给了人家一个**耳瓜子**

注－耳瓜子（ěr guā zi）：现作"耳刮子"。京语谓耳光为"耳瓜子"。

ex 07　二反

例（79 11）：**二反**回来，又等了会子，徐吉春才回来

注－二反（èr fǎn）：旧京口语，习将又、再一次的（如何）说成二反，有"二反头堂"之说。按："二"字的汉语拼音标注法，学术界有争议。详见《附录壹－08》条。

ex 08　二人凳

例（17　17）：这当儿王妈跟善全早把二人凳机凳儿都搬出来啦

注 - 二人凳（èr rén dèng）：一种中式家具，可坐两个人的长凳，长度约1米，宽约0.25米。

F 部
fa

fx 01　发

例（50　02）：他有能为，把我发啦。我有能耐，砍完了他，我给他抵偿

注 - 发（fā）："发"字可能是发落、发放之意。下层京人口角，常会说"有能耐你丫把我发了"（此句中的"丫"字详见《附录贰 - 11》）。元曲中有"发放"的用法，意谓处置。见《元曲语汇 085》条。

fx 02　发头卖项

例（04　07）：说话发头卖项，凭他一张嘴，就欠扛俩月枷

注 - 发头卖项（fā tóu mài xiàng）：指在说话时摇头晃脑，且伴有各种比比画画的动作，这是旧京下层流氓的常见肢体语言，是无家教的表现。

fx 03　发现

例（67　08）：明五爷这一发现，小额的官司，可就有信完啦

注 - 发现（fā xiàn）：此处义同出现。今无此用法。

fx 04　乏

例（31　16）：以为打一个乏拨什户算甚么的

注 - 乏（fá）：此处指没有权势后台，又羸弱无力，任人欺凌。另：本句中"拨什户"一词，见《满蒙语汇贰 - 04》。

fx 05　发小儿

例（24　04）：咱们是本旗本固山，你阿玛我们都是发小儿

注 - 发小儿（fà xiǎor）：京俗语，指童年时期（就在一起）。京人还有个更生动的说法，叫"一块儿撒尿磕泥饽饽儿"。这类话多用于表示交情深厚。"发"字去声，指头发。这里显出简化字"义项

不清"的不足,繁体字"髮小"就不用费这样一番解释的周折了。

fan

fx 06 翻饼

例(40 01):就听呕的一声就抽起来了……满炕上这们一**翻饼**
注-翻饼(fān bǐng):京语谓"不住地来回翻身"为翻饼。另:京语形容急剧旋转有"急留骨碌"一说,参见《元曲语汇086》条。

fx 07 翻滚不落架儿

例(64 03):他老人家可讹住了,愣说小额打他啦,**翻滚不落架儿**
注-翻滚不落架儿(fān gǔn bú lào jiàr):京俗语,形容泼皮无赖讹诈人时咬住不放、不达目的决不松口的嘴脸。"不"字阳平。

fx 08 反

例(09 04):大伙儿劝着你,你还不答应,你要**反**哪是怎么着
注-反(fǎn):"造反"的略说,此处指破坏规矩。

fx 09 反叛儿

例(25 19):跟前三四个孩子,一个个的都跟小**反叛儿**似的
注-反叛儿(fǎn par):京人管太不听话、闹得厉害的孩子叫"反叛儿",是一种诙谐语气;若读为反叛(fǎn pan),则少了诙谐语气,指责的成分增加;若读为反叛(fǎn pàn),就是指叛乱了。

fx 10 反正

例(04 02):要说放账……**反正**没有杀孩子的心,不用干这个
注-反正(fǎn zheng):表示在任何情况下结果相同,往往用于强调理由的充分性。"反正"一词,详见《附录贰-12》。

fx 11 犯不体面

例(24 12):明知道是又**犯不体面**,给个三千两吊,一准的完事
注-犯不体面(fàn bu tǐ mian):京俗语,指干不要脸的事儿。此处指讹人钱。"不"字轻声。"体面"一词,参见《元曲语汇087》条。

fx 12 犯讲究

例(76 25):您看他这个疙瘩,

犯点儿讲究吧

注－犯讲究（fàn jiǎn jiu）：此处之讲究指凶险的病症，犯讲究谓病情凶险。

fx 13　犯酒糟儿

例（07　01）：老者这们一**犯酒糟儿**，招了一大圈子人，点头咂嘴儿的，很表同情。

注－犯酒糟儿（fàn jiǔ zāor）：酒后的胡言乱语，但又有酒后吐真言之意。

fx 14　饭局

例（53　17）：一问他家里，说是元兴堂有**饭局**。

注－饭局（fàn jú）：事先约好的聚会吃饭，此等场合也常用于议事。

fx 15　犯拧儿

例（62　06）：娘儿俩很**犯**了点儿**拧儿**。

注－犯拧儿（fàn niě~r）：因想法不同而闹别扭。

fx 16　犯牛脖子

例（29　16）：你哥哥就是这种脾气。人家来赔不是就得啦，他老是**犯**这道**牛脖子**。

注－犯牛脖子（fàn niú bó ze）：牛性执拗，强颈不屈；借以指固执倔强。以上几条的"犯"字，参见《元曲语汇088》条。

fx 17　犯想

例（12　12）：今天瞧见公公不喜欢，心里**犯想**说。

注－犯想（fàn xiang）：揣度、琢磨。"想"字轻声。此为旧京说法，今少有人这样说。

fang

fx 18　方向

例（05　06）：上回说过平，就闹了一个晌午歪。瞧这**方向**，又不定多早晚儿呢。

注－方向（fāng xia~r）：此处意为样子、意思、趋势，今无此说法。"向"字轻声，儿化。

fx 19　放光

例（18　18）：小额还对着大会儿

放光说:"别管他是谁,盖尔不论……"

注－放光(fàng guā~r):在公开场合故意放出大话。今无此说。"光"字儿化。本条中的"大会儿"是"大伙儿"的讹写。

fei

fx 20　飞签子

例(34　06):左边儿另<u>飞</u>了一个<u>签子</u>

注－飞签子(fēi qiān zi):签子是指写有某种情况说明的小纸条,此处之"飞"指仅在签子的上部抹一点儿糨子粘住,而不全部粘牢。

fx 21　肥猪拱门

例(46　25):好容易遇见这当子俏事啦,真是<u>肥猪拱门</u>

注－肥猪拱门(féi zhū gǒng mén):京谚,谓自己送上门儿来的便宜。参阅《卷一·f11》条。

fen

fx 22　分心

例(10　09):摆斜荣……说:"老哥儿们多<u>分心</u>啦,我们走啦,一半天见。"

注－分心(fēn xīn):京人习用"费心"一词,对给予自己帮助者致谢。此处"分心"一词是早年间的说法,后多说"费心";现在只有谢谢一说啦。

fx 23　分子

例(66　20):虽然亲戚没断,也就是过一个<u>分子</u>跟拜年就是啦

注－分子(fēn zi):现作"份子",即集体送礼时每个人分摊的钱。此处指年节或红白事时敷衍了事的薄礼。

fx 24　分儿

例(99　22):人家已然治的到这个<u>分儿</u>上啦

注－分儿(fē*r):此处指事态的现状、程度。此词另尚有身份、地位、能力、水平、本事等多种含义,详见《卷一·f14、f15》条。

fu

fx 25　夫人儿

例(25　16):他的<u>夫人儿</u>是个著名的泼妇,外号儿叫黑老婆儿

注－夫人儿(fū ré*r):清末民初的京语白话小说多将夫人写作

"夫人儿",这似乎反映了那时的某种读音。但余孤陋寡闻,闹不清此处究竟是否应照着幽燕语的说法读作 fū rén er。

fx 26 伏地儿

例(45 05):因为他又会瞧病,又会算卦……把小额家里上上下下全给朦背啦,大家敬的他真如同圣人一般(伏地儿的)。

注 - 伏地儿(fú diè*r):京俗语,谓本地、当地、土气的、质次的,总是之贬义;多用于含揶揄讽刺意处。详见《卷一·f17》条。"地"字也可不儿化。

fx 27 浮摘

例(48 04):我当时很着急……从相好的那块儿,浮摘了四百两,先交给人家了事去啦。

注 - 浮摘(fú zhāi):(因事急而)临时借用(以应急)。现少有此说。

fx 28 府上

例(10 06):明儿个我们哥儿几个必带他到您府上给您请安去

注 - 府上(fǔ shang):"您家里"的敬语说法。旧时京人说话常用敬语。

G 部

gai

gx 01 盖尔不论

例(18 18):别管他是谁,盖尔不论

注 - 盖尔不论(gǎr bú lìn):这是旧京下层社会乃至流氓阶层的腔调口吻,要光棍时常用的说法儿,即一概不管之意;潜台词是"我是流氓我怕谁"。"盖尔"两字连读为 gǎr;"不"字阳平;"论"字读 lìn。详见《附录贰-13》。

gan

gx 02 肝疯

例(39 21):素常又有个肝疯的毛病儿,一经着急生气就犯

注 - 肝疯(gān fēng):也作"肝风",癫痫一类疾病的俗称。

gx 03 赶大车的

例(25 16):北城某胡同儿住着一个赶大车的

注 - 赶大车的(gǎn dà chē de):

京语谓赶马车的人为赶大车。"大"字读 d，是口型提示。参见《附录贰－14》。

gx 04　赶罗

例（26　02）：黑老婆儿这么一调唆，甚么成心**赶罗**咱们啦吧，又甚么总得斗斗他们啦吧

注－赶罗（gǎn lou）：京语"赶罗"（或写作"赶落、赶碌"）一般是催迫、匆忙、（因紧迫而）来不及等意；此处是引申为欺负之意。今无此说法。

gx 05　赶明儿个

例（14　13）：恒爷说："这个秃小子……**赶明儿个**必有点儿福气。……"

注－赶明儿个（gǎn miár ge）：此处意谓将来，并非一定指明天（但在不同场合下也可能就是指第二天）。"赶"字是等到之意，更土的读 gǎi；"个"字说得快时读 e，轻声。

gx 06　敢情

例（27　25）：原来不是府里头车接来啦，**敢情**来了一群土匪

注－敢情（gǎn qing）：却原来（如何），京人常用语。"情"字读音介于 qing、jing 之间，口语中说得快时会读为 ing 音。可参阅《卷一·g 15》条。

gx 07　干

例（35　17）：大栓子……气喘吁吁的说："大舅，要**干**。"

注－干（gàn）：谓情况可能要不好。如说"干了"，就表示恶讯已成现实。常用京俗语，今仍流行。

gx 08　干

例（48　19）：心里一想，**干**他一头子，给他一个颠儿核桃（北京土话，当走啦、跑啦讲）

注－干（gàn）：原著此处指骗钱。

gx 09　干

例（65　06）：进去的那天，一个人就**干**了一百嘴吧（可倒好，开锅儿烂）

注－干（gàn）：此处指打（嘴巴）。

此处之"了"字指偷。

gx 10　干

例（98　07）：药水儿等等一共是十七两银子，连马钱算上，二十多两又<u>干</u>了走啦

注－干（gàn）：此处指钱被花出。从以上几条可看出京语中"干"字是一个适用性很强的代指动词（即本身并无很强的特定含义，适用于多种情况与场合的动词），它还可代指工作、吵嘴、打架、吃喝、占用、消灭、性交、死等。

gx 11　干甚吗

例（08　03）：<u>干甚吗</u>这们横啊

注－干甚吗（gài má）：京人土语腔，变读为两个音节。现写为"干什么"，也很少有人再说那么土的腔调，一般说为 gà má。

gao

gx 12　高

例（52　02）：心里说，这两天正没烟哪，了他点儿，<u>高</u>不高

注－高（gāo）：此处是高明的略说。原著这里是描写偷完人家的鸦片烟后还自鸣得意（高不高意为真高明）的痞子无赖嘴脸。另、

gx 13　高庄儿

例（97　06）：原来是一个硬木<u>高庄儿</u>的匣子

注－高庄儿（gāo zhuā~r）：高度大于长宽，京语谓之"高庄儿"。如"高庄儿柿子"，是指那种直径不大、轴向却较高的柿子。

gx 14　告

例（30　17）：你<u>告</u>他，早晨来的信，我已然知道啦

注－告（gà~r）：此处为"告诉"之简说。京腔口语在说得快时，将"告诉"读"诤儿"；"诤"本是"誇"的异体字，在此处为旧京俗写，是"告诉"的儿化合音字，读音介于 gà~r、gè~r 之间。

gx 15　告帮

例（24　06）：一来不是寻钱，二来也不是<u>告帮</u>

注－告帮（gào bāng）：旧京俗语，谓寻求资助。现已少有此说。这本是江湖语，原为丐帮所用，后转为社会用语，但多在下层人士

中流行。

gx 16　告饶儿

例（19 04）：只要是<u>告了饶儿</u>，明儿个有人带他来赔个不是，就跟得啦

注－告饶儿（gào ráor）：京人口语，谓求饶。按：此段中"就跟得啦"之"跟"字系原著衍字。

ge

gx 17　哥哥

例（54 12）：胎里坏哈哈大笑说："<u>哥哥</u>，我要不服信你，我是个小狗子。"

注－哥哥（gē gèi）：京人口语，为加强语气这样说。参阅《卷一·g 23》条。

gx 18　搁下

例（103 28）：他那个把弟希四……神机营也<u>搁下</u>啦

注－搁下（gē ye）：此处指丢掉差事。说得快时"下"字读 ye，轻声。

gx 19　搁着他们的，放着我的

例（70 15）：这当子事情，我算任了命啦。<u>搁着他们的</u>，<u>放着我的</u>。后会有期就是啦

注－搁着他们的，放着我的（gē re tā m de，fàng re wǒ de）：京谚有云"搁着你的，放着我的"，是走着瞧之意，此处是其变通用法。因并非向当事人当面说，而是向他人表述，故用第三人称。两个"着"字均 re，轻声；"们"字读 m，是口型提示。

gx 20　哥儿

例（17 01）：伊太太说："大<u>哥儿</u>呀，你跟二<u>哥儿</u>、跟你妹妹，你们先吃吧。"

注－哥儿（gēr）："阿哥"的略说，加儿化是昵称。这是旧京旗人家居时，长辈对晚辈男性常用的称谓。

gx 21　哥儿们

例（28 24）：咱们哥儿俩在一个弓房儿拉弓，您忘啦？称得起是<u>自家哥儿们</u>

注－哥儿们（gēr men）：旧京相互熟稔男子间之称谓。"哥儿"的读音介于 gēr、gē*r 之间；"们

字轻声。此词今读为 gē me*r,
则应写作"哥们儿"。

gei

gx 22　给一个知县都不换

例（32　10）：那一份的足劲，真是<u>给一个知县都不换</u>

注 – 给一个知县都不换（gěi e zhī xiàn dōu bú huàn）：京俗谚，谓对现状极满足。"一个"两字合读为 e，轻声；"不"字阳平。

gx 23　给……作了饭

例（58　03）：这们一来不要紧，可<u>给</u>胎里坏跟希四<u>作了饭</u>啦

注 – 给……作了饭（gěi … zuò le fàn）：京俗谚，谓所做之努力都白白便宜了别人。

gen

gx 24　跟嫖看赌白吃猴

例（41　11）：大凡这类的小人，都讲究捧臭脚、抱粗腿……狐假虎威、狗仗人事，无非是<u>跟嫖看赌白吃猴</u>

注 – 跟嫖看赌白吃猴（gēn piáo kàn dǔ bái chī hóur）：这是旧京的习用说法，准确地勾勒出恶少周围一帮狗腿子的丑恶嘴脸。"白吃猴"形容这帮人吃着喝着主人背地里还嘲骂主人。"猴"字儿化。又有一句京谚"吃孙喝孙不谢孙"也是此类意思（"孙"是孙子的略说，京人最常用的蔑称）。

gx 25　跟前

例（07　10）：这位上岁数儿的领催原来姓伊……<u>跟前</u>三个儿子

注 – 跟前（gēn qiǎr）：此处意为"有、现有"。此说法一般仅指人而不指物。"前"字上声，儿化，是京人口语腔。

gx 26　跟人

例（97　05）：劳大爷的驾，把我<u>跟人</u>提溜的那个匣子，您给拿进来

注 – 跟人（gēn ren）：主人外出时随侍左右的奴仆。后来变称为"跟班、跟包"。"人"字轻声。

gx 27　跟他说跟他的

例（10　14）：大家伙儿说："您这是何必呀？<u>跟他说跟他的</u>，犯不上不当差呀？"

注 – 跟他说跟他的（gēn tā shuō

gēn tā de）：京人习用说法。某甲因对某乙不满而欲采取某种行动，而这种行动无助于解决问题，且对其自身并不有利时，周围人常会这样劝说某甲放弃这种无谓的冲动之举。

gong

gx 28　恭本

例（61　15）：虽然是仓花户的女儿、库兵的儿媳妇，打扮的倒还**恭本**

注－恭本（gōng ben）：旧京词汇，原义为本分、老实；此处指合乎规矩，不张扬。

gx 29　恭本

例（103　19）：他……说："是，阿玛自管放心，从此我**恭本**当差就是了。"

注－恭本（gōng ben）：此处意为老老实实、尽职尽责。"恭本"一词近五六十年似乎无人再用了。

gou

gx 30　勾兵

例（41　03）：打完了，人家**勾兵**去啦，我们傻瓜是的，还坐的那儿听呢

注－勾兵（gōu bīng）：指找帮手打架，并非真指士兵。也说"勾人儿"。参见《元曲语汇089》条。

gx 31　狗党羊群

例（65　11）：那一类**狗党羊群**……应当来瞧瞧他才是哪

注－狗党羊群（góu dǎng yáng qún）：此说今已无存，演变为"狐朋狗党"。

gx 32　狗腿子

例（31　01）：怎么竟欺负人，手下的**狗腿子**怎么打伊老者，一五一十的合盘托出

注－狗腿子（góu tuǐ ze）：恶奴。"狗"字阳平，"子"字读 ze，突出语气。

gx 33　够奔

例（36　10）：就瞧起外头又进来一个人，一直的**够奔**小额的桌上

注－够奔（gòu bèn）：旧京常用语，谓直接向（何处去）。现少此说。此处之"够"字是"够得着、够不着"之够。

gx34 够……的

例（59 10）：他准知道小额这场儿官司厉害，一时半会儿**够**出来**的**

注－够……的（gòu…de）：京语常用句式，作为状语用，表示"够"字所修饰的动词恐难以达成。

gu

gx35 故故典儿

例（100 26）：要说大夫挂匾这档子德行，里头的**故故典儿**可多啦

注－故故典儿（gù gu diǎr）：此处意为值得一说的往事；另也可指谓花招、阴谋，或意外枝节、岔子。系旧京习用语，现已不闻。

gx36 固山

例（24 04）：咱们是本旗本**固山**，你阿玛我们都是发小儿

注－固山（gù sai）：汉化的满语，此处指旗的最高军政长官（称"固山昂邦"）。这句是拉关系时说的话，强调不单是同属一旗，也是在同一行政长官（任期之内）领导下，还是自幼以来的小伙伴（发小儿）。"山"字读音介于sai、sa之间。参见《附录贰－15》及《附录叁－134》。

gx37 故事儿

例（01 08）：如今说一个**故事儿**，就是库界的事情，这可是真事

注－故事儿（gù shè*r）：指过去的实事，不同于"讲故事"的"故事"（gù shi）。现已无此说法了。另："事儿"的"儿"字也可自成音节，是幽燕语遗韵。

guan

gx38 关

例（04 12）：就瞧门口儿等着**关**钱粮的人，真有好几百口子

注－关（guān）：领取薪（俸）。四十多年前还能听见"关饷"（发工资）的说法儿，现今好像没有啦。可参见《元曲语汇090》条。

gx39 官人

例（37 28）：我刚才瞧见**官人**一锁他，不用提我心里头够多们痛快啦

注－官人（guān ren）：此处指谓衙门差役，也称差人（chāi ren）。

香港老年人今仍有称警察为差人,北京早没啦。另:句中"多们"的"们"字,系"么"字的直音字;这正是旧京的实际口语音。

guang
gx 40　光棍

例(41　11):大凡这类的小人,都讲究捧臭脚、抱粗腿、敬<u>光棍</u>、怕财主

注－光棍(guāng gùn):下等的地痞流氓。此处之"棍"字早年间不儿化,自十九世纪末,京语的儿化音普遍化了;此词也就读为"光棍儿"。这些光棍一无所有,用他们自己的话说,叫"光棍儿一根儿tǎi"(言此表示"我是流氓我怕谁"。tǎi 为下层京人俗语,指谓阴茎,有音无字),即除了一根儿tǎi 什么都没有,所以也就只配当个打手什么的。他们为毫末之利就玩儿命,良善民众避之唯恐不及;"敬光棍"者只有小人。另:无妻儿老小者也称光棍儿,但与上义不同。

gui
gx 41　归齐

例(20　21):您说带我听戏,<u>归齐</u>那天挑缺,说去又没去

注－归齐(guī qí):到了儿、归根结底。京语常用词。参阅《卷一·g 79》条。

gun
gx 42　滚车辙

例(25　19):跟前三四个孩子,一个个的都跟小反叛儿似的,整天的<u>滚车辙</u>

注－滚车辙(gǔn chē zhé):此处是说孩子没家教、没规矩,满街乱滚着浑闹。但此词要搁在地痞流氓身上就另有一说,就是躺在要衢中间(车辙)不起,对往来车辆口称"从身上压过去",非得给了钱才起身放行。

guo
gx 43　过

例(66　20):虽然亲戚没断,也就是<u>过</u>一个分子跟拜年就是啦

注－过(guò):京人习用说法,此处之"过"字与其后的名词(宾语)组成动宾词组,用于反映所叙双方在精神(如过话儿、不过话儿)或物质(如过财、不过财)方面的交流状况。此处仅仅是说"过分子"(份子钱),实际上就

是指情感交流很淡漠。

gx 44　过哈哈

例（49　05）：无论谁，没有不跟他<u>过哈哈</u>的

注－过哈哈（guò hā he*r）："过"字义见上条，"哈哈"指玩笑，也说"过玩笑"。原著此处是说此人不尊重他人，更不懂自重。后一"哈"字读 he*r，轻声。

gx 45　过钱

例（56　27）：您多咱听见东家有信出来啦，再<u>过钱</u>不迟

注－过钱（guò qián）：生意场上，相关程序办妥后再交钱，称为过钱。此处"过"字指付款，与上两条之意不同。

H 部

ha

hx 01　哈哈

例（57　02）：您猜……编的是甚么套子，告诉您<u>哈哈</u>大啦

注－哈哈（hā he*r）：京俗语，可笑之处、乐子。后"哈"字读 he*r，轻声。

hai

hx 02　还许

例（40　19）：回头碰巧啦<u>还许</u>抄家呢

注－还许（hái xǔ）：京人推测事态发展趋势可能性时的常用说法。

hx 03　害不着

例（31　13）：专治小额，<u>害不着</u>别人的事情

注－害不着（hài be zhóo）：不妨碍、与……无关。京人习用语。"不"字读 be，轻声。这其实是"妨碍不着"的略说，应为"碍不着"；但京语往往将此处之"碍"字读为"害"（京语也将碍事说成害事），所以也就直音写作"害"了。

han

hx 04　寒

例（52　13）：今天往各家儿这们一送信，真能够把谁<u>寒</u>死

注－寒（hán）：寒心的略说。

hx 05　憨蠢

例（69　04）：甚么这场儿官司难

为您啦吧，又甚么这不算**憨蠢**啦吧

注－憨蠢（hán chen）：京语常用的否定性形容词，在北方语系许多地方也有应用，适用于诸多方面。如长得憨蠢（丑）、憨蠢事儿（丢人）、脸上憨蠢（有怒容）、天色憨蠢（阴天）、吃相憨蠢（又叫下作，读为 xià zong）等等，也有"寒碜、寒伧、寒瞋、含碜"等写法。此词亦可作动词用，如"憨蠢人"（指羞辱人）。"蠢"字读 chen，轻声。与"磕碜"一词意近，参见《卷一·k11~k13》条。

hao

hx 06　好些个

例（99　06）：这个脓塞子真出来啦，又流了**好些个**脓

注－好些个（háo xiē e）：京人表示多、很多时，用"好些"一词；"好"字表示程度之甚，"些"字谓数量之众。而在口语中又习在"好些"之后加上"个"字，说"好些个"。"好"字变读阳平是强调语气，多在惊诧或兴奋时用。"个"字读为 e，是口型提示。

hx 07　好孩子核儿

例（54　22）：有四十来岁，白净子儿、小颧骨儿、尖鼻子儿、新留的几根黄狗蝇胡子、两只小三角儿眼睛（**好孩子核儿**）

注－好孩子核儿（hǎo hái zi húr）：京人称果核为 húr。"好孩子核儿"表面意为"好孩子里的好孩子"，但其实这是反话，意谓坏透了。京语常说反话，是风趣幽默的一面。"核"字作此义时有一专用俗字"槲"，未见有字典收录，可能是旧京流行的俗字。

hx 08　好劲！

例（59　09）：**好劲！**这样儿的多来几个，额家就快啦

注－好劲！（hǎo jie！）：即感叹词"好家伙"，"劲"是"家伙"快说时的连读直音字，读音介于 jie、jin 之间；加感叹号是为突出其惊叹的语义。另："好家伙"一般读 hǎo jia huo；但当加重感叹语气时可读为 hǎo jiā huó。

he

hx09 好容易
例（91 14）：某先生就给送药去啦。说了一大套生意话，甚么所没工夫啦，**好容易**才配得啦

注 - 好容易（hǎo róng yi）：不容易。京语中有些话习惯于反着说，如本条即是。这是一种修辞法，能起到加强语气的作用。

hx10 好鞋不沾臭狗屎
例（19 03）：伊太太说："大哥儿呀，咱们他合不着，**好鞋不沾臭狗屎**。……"

注 - 好鞋不沾臭狗屎（hǎo xié bù zhān chòu góu shǐ）：京俗谚，谓不屑与无赖计较；其实往往是因无奈自我安慰。原著中"咱们"两字后脱"跟"字。

hx11 耗
例（06 08）：**耗**一个月，关这点儿银子，还不痛痛快快儿的给你

注 - 耗（hào）：拖延、拖沓、故意的不办事儿。

hx12 合不着
例（19 03）：伊太太说："大哥儿呀，咱们他**合不着**，好鞋不沾臭狗屎。……"

注 - 合不着（hé bu zháo）：现作"犯不上"。"合不着"的说法今已少用。

hx13 合了盖儿
例（11 02）：因为兵丁跪堂官，倒是瞎事，碰巧啦，月事说**合了盖儿**啦

注 - 合了盖儿（hé le gàr）：此说法参阅《卷一·h23》条，此处与那里义同。

hx14 盒子菜
例（13 04）：老者说："……给我带点儿**盒子菜**来。"

注 - 盒子菜（hé z cài）：熟肉铺将各类熟肉（原仅为猪肉，后来有的加入一些南味熏腊），按类装入分格的漆食盒内出售，称盒子菜。旧京旗人饮食考究，冬天吃涮锅子（今说涮羊肉），夏天吃盒子菜。原著中此时是初夏（阴

历四月初五），正是吃盒子菜的时候。"子"字读国际音标的 [ɿ] 音，但音很轻，是口型提示。

hx 15　喝了蜜

例（92　12）：只要他去一荡，轿夫人等就得要百十多吊钱饭钱。……这把子轿夫更算<u>喝了蜜</u>啦

注－喝了蜜（hě*r le mì）：因得利而心满意足，也简说"喝蜜"（hě*r mì）。另有"狠儿蜜、狠儿迷"等写法。"喝"字上声，儿化。此说法今罕闻。

hx 16　喝

例（01　11）：外带着开小押儿……<u>喝</u>，那字号就大啦

注－喝（hè）：京人表示感慨、惊诧时常用的感叹词，读为去声；但如读阳平，则多是表示不满的语气。

hei

hx 17　黑不提白不提

例（26　11）：过完了这堂，<u>黑不提白不提</u>，就把大车王给攒起来了

注－黑不提白不提（hēi be tí bái be tí）：不说明情况，不清不楚地（处理某事）。句中两个"不"字均读 be，轻声。

hx 18　黑发

例（39　19）：衙门里头的人，有敢使一个钱的，要是查出来，立刻的交刑部<u>黑发</u>

注－黑发（hēi fā）：不解何意，暂付阙如。

hx 19　黑了

例（37　25）：我昨天是带着三儿，逛了一天万寿寺，<u>黑了</u>才回来

注－黑了（hēi lou）：天黑了。京语往往能减字时就减字，以求简捷流畅。

hx 20　黑早

例（58　07）：听见那个信，第二天一<u>黑早</u>，赶紧的进城

注－黑早（hēi zǎor）：黎明日出前。"早"字要儿化。

heng

hx 21　横

例（06　09）：这<u>横</u>又是月事没说

好

注－横（héng r）：京语谓可能、大概为"横是"，有揣测意。此处"横"字即为"横是"的简说，读 héng r，r 是口型提示。

hx 22　横竖

例（13　01）：善全说："他不是见天四下儿钟下馆吗？<u>横竖</u>也快啦。……"

注－横竖（héng shu）：此处意指"在任何情况下结果都一样"。此义现多说为"反正"。《小额》一书中"横竖、反正"两词均见用。参见 fx 10 条及《卷一·h 30、z 148、z 149》条。本词说得快时读 héng r，r 是口型提示。

hx 23　横

例（08　03）：干甚吗这们<u>横</u>啊？倚老卖老是怎么着

注－横（hèng）：京人谓言辞无理、态度恶劣为"横"，读去声。

hong

hx 24　红黄带子

例（29　06）：别说这点儿事……<u>红黄带子</u>，霹雷闪的事情，这个弟兄都了过

注－红黄带子（hóng huáng dài zi）：清皇族所系腰带，色分红黄，以示身份。清显祖塔克世（努尔哈赤之父）的直系子孙后裔称"宗室"，束黄色腰带；塔克世的伯、叔、兄、弟之后裔称"觉罗"，束红色腰带。黄带子地位高于红带子。

hou

hx 25　后半天儿

例（31　09）：让他给善大爷写信，说<u>后半天儿</u>请客，请善大爷作陪

注－后半天儿（hòu m tiār）：京人谓下午。"半"字读 m，是口型提示。详见《卷一·y 18》条。那里虽与此具体略有别，但在音变原理上是完全一样的。

hx 26　后手

例（02　02）：<u>后手</u>啦，老头子死啦

注－后手（hòu shou）：后来。今日京中耄耋老者尚有此说法。

hu

hx 27　胡、混

例（02　05）：<u>胡</u>这们一穿，<u>混</u>这

们一架弄

注－胡、混（hú、hún）：此处指不合规矩的穿着打扮。暴发户嘴脸跃然纸上。

hx28　胡吃海塞

例（17 06）：伊太太说："这就吃饭啦，老是**胡吃海塞**的……"

注－胡吃海塞（hú chi hǎi sāi）：不按顿好好吃饭。"胡"指无序，"海"是多量。"塞"是"嚷"的俗写，谓无节制地吃。参见《元曲语汇091》条。

hx29　胡同

例（36 26）：出的是一溜儿**胡同**，够奔帽儿胡同

注－胡同（hú tòng）：京人称小巷为"胡同"，也作"衚衕"，相当于吴语的"里弄"（lǐ lòng）。见《满蒙语汇贰-07》。

hx30　忽伯拉

例（06 04）：有一个老者……左手架着个**忽伯拉**

注－忽伯拉（hǔ bo lǎ）：即伯劳。一种小型猛禽，以小鸟、小型哺乳动物及各种昆虫为食。参见《附录贰-16》。"忽"字上声（也有读去声的），"伯"字轻声，"拉"字上声。

hx31　护犊子

例（25 20）：黑老婆儿是专一的**护犊子**，竟为孩子跟人捣乱

注－护犊子（hù dú ze）：不分青红皂白一味袒护自家孩子。"犊"字原意为初生的小牛，此处引申指自家孩子，语含贬义。"子"字读 ze，是加重语气。

hx32　护身皮儿

例（43 03）：随然是匪类出身，可还有三家儿半上样的亲友……有个**护身皮儿**

注－护身皮儿（hù shēn pié*r）：现在叫保护伞。

hua

hx33　花说柳说

例（59 22）：见了额大奶奶，这们一路**花说柳说**

注－花说柳说（huā shuō liǔ shuō）：以欺骗为目的花言巧语，拣好听的说。

hx 34 话匣子

例（46 19）：王亲家太太听说，喝，又开了**话匣子**啦

注 - 话匣子（huà xiá zi）：形容人多话。百余年前从欧洲进口了手摇式留声机，催生了"话匣子"一词；至二十世纪二三十年代因进口了收音机，此词则又兼指收音机。

huan

hx 35 换换

例（33 08）：这档儿童儿拿出茶叶来……小额……又到各棹儿上让了让，甚么"您喝这个吧"，又甚么"**换换**吧"

注 - 换换（huàn hun）：旧京旗人讲究个虚礼儿，连喝个茶也要拿着自己的茶叶虚让一圈儿。这不是小说的夸张，真确如此；老舍先生的剧本《茶馆》中亦可看到此类场景。后一"换"字读音介于 hun、huan 之间，轻声；也有读为儿化音 huar 者。

hx 36 换帖

例（38 13）：这把子碎催都跟小文子儿是**换帖**

注 - 换帖（huàn tiě）：拜把兄弟时相互交换写着姓名籍贯、生辰八字儿的帖子，引申为把兄弟之意。

huang

hx 37 黄啦

例（60 17）：赵华臣这注子财，算是**黄啦**

注 - 黄啦（huáng le）：打麻将若直到将可抓之牌抓光也没凑成一副和（hú）牌，京人谓之黄啦（"黄"字也有读阴平的）。引申至其他事物，指不能实现或中途失败。

hx 38 黄雀儿的母子，很算不了麻儿

例（29 09）：就说这件事，跟您说句外话，**黄雀儿的母子，很算不了麻儿**

注 - 黄雀儿的母子，很算不了麻儿（huáng qiǎor de mǔ ze, hěn suàn be liǎo már）：这是旧京歇后语，但多少带点儿流氓腔，好人家儿的大人不会让孩子学说这类"外话"（外边儿街面儿上野调无

腔的话）。黄雀儿是京人常玩养的一种鸣禽，雄鸟鸣叫（京人谓之曰"哨"），雌鸟不鸣；所以雄鸟值钱而雌鸟不值钱。此句中的"母子"（不是母与子之意）即指雌性黄雀儿；因为不值钱，所以"算不了麻儿"。"麻儿"是"吗儿"（什么）的变写。"子"字读 ze，突出语气。

hx 39　谎皮流儿

例（23 04）：外带着是<u>谎皮流儿</u>，连他爹都教他冤的大头蚊子似的

注－谎皮流儿（huǎng pí liùr）：说谎成性（的人）。"流"字也作"溜、遛"，京语常用词汇，指某动作因形成习惯而非常流畅。

hui

hx 40　回事

例（27 23）：就听门口直嚷，说："<u>回事</u>呀，<u>回事</u>呀。"

注－回事（huí shì）：旧京敬语，地位低下者晋见上司、或仆役有事要禀告主人时先说的话。但要回事没有这么在门口大喊大叫的，原著此处是写痞棍无赖之辈的故意作派；又要"占理"，又要

让你浑身不自在的难受。

hx 41　回头

例（08 04）：你先溜达溜达去，<u>回头</u>再来

注－回头（huí tou）：稍过一会儿。这是京人口语的惯用说法。"头"字轻声。

hx 42　会子

例（07 03）：青皮连瞧了<u>会子</u>，知道是还没放呢

注－会子（huǐ zi）：京俗语。一小会儿，片刻。"会"字上声，"子"字轻声。

hun

hx 43　混

例（19 06）：明儿个咱们这溜儿就不用<u>混</u>啦。通旗的人谁不知道这回事

注－混（hùn）：除一般字典上常见义，京语"混"字还有多种用法，但基本上都是负面含义。如混饭吃（工作）、混日子（生活）、混事儿（职业）、混吃等死（不求上进）等。原著此处是说若在此事示弱，全旗的人都瞧不起，就

没脸在此混下去了。

hx 44　混混

例（57　07）：随后改行当小绺，竟在前三门一带**混混**

注－混混（hùn hun）：此处指当小绺（小偷）混日子。混混即"混（日子）"加强语气的说法。后一"混"字不可儿化，若加儿化（读hùn hue*r）则变为名词，指下层地痞流氓（如小混混儿）。

huo

hx 45　活局子

例（85　01）：老张说："我留了他半天，他一死儿的要走（碰巧啦，还是你们俩编的**活局子**呢）。"

注－活局子（huó jú zi）：圈套、骗局。也说"局子"，加一活字语气更重。"子"字轻声。"局子"一词，参见《元曲语汇092》条。

hx 46　活腻了

例（74　03）：可是单有一拨儿爱找他瞧的（大半都是**活腻了**的）

注－活腻了（huó nì le）：京人嘲讽人身处险境而不自知，或轻易以身蹈险的惯用语。

hx 47　火纸捻儿比号筒——你差的粗呢

例（51　14）：别瞧你也在六扇门儿里头待过，要说办这些个事的话，**火纸捻儿比号筒——你差的粗呢**

注－火纸捻儿比号筒——你差的粗呢（huó zhi niár bǐ hào tǒng—nǐ chà de cū ne）：这是旧京歇后语，随着火纸（使用"起灯儿"时的引火用品）的灰飞烟灭，此说也消失了。句中"差的粗"即差得远之意。因"火纸捻比"四个字本音皆为上声，所以须按所标注的变调读。

hx 48　活儿

例（81　12）：（王香头）老声老气拉着长声儿就唱起**活儿**来了

注－活儿（huór）：原著此处是写王香头（巫婆）装神弄鬼儿、胡说八道。"活儿"是京人对各种工作的笼统称谓，在此指巫婆的胡乱瞎唱，是揶揄语。

J 部

ji

jx01 几几乎没把

例（50 05）：撒开了这们一荒唐，后来闹了一身大疮，<u>几几乎没把</u>老先生烂死

注－几几乎没把（jī jī hū méi bǎi）：京人习惯，描述某事接近其转化临界点时，往往加一个"没"字；但从语意上分析，这样恰与所欲表达之意相反。不过大家都习惯了这么说，谁也不会误解。"把"字读 bǎi。

jx02 鸡屎派

例（09 10）：七言八语的全来啦，一闹这个<u>鸡屎派</u>

注－鸡屎派（jī shǐ pài）：此处鸡屎是怯懦、无能之意；鸡屎派意谓无原则的和稀泥，或指此类和稀泥的人。这是旧时俗谚，现已不闻。

jx03 鸡头鱼刺

例（68 08）：这把子碎催，又约了点子<u>鸡头鱼刺</u>

注－鸡头鱼刺（jī tóu yú cì）：旧时京谚，指无足轻重的人或物。此处指街面上的小混混儿（低等流氓）。

jx04 鸡一嘴鸭一嘴

例（28 26）：就瞧这把子碎催<u>鸡一嘴鸭一嘴</u>，乱乱哄哄这们一路山跳动

注－鸡一嘴鸭一嘴（jī yi zuǐ yā yi zuǐ）：七嘴八舌地乱说。两个"一"字轻声。此京谚今尚沿用之。

jx05 几口子

例（50 13）：那一份特别的味气，真能熏死<u>几口子</u>

注－几口子（jí kǒu ze）：京语泛指若干个人的常用说法。"几"字阳平。

jx06 挤对

例（92 14）：他的轿夫头儿因为要饭钱，嫌少，一死儿的不答应，把某旗的一位夸兰达<u>挤对</u>的咧着嘴直哭

注－挤对（jǐ dui）：逼迫、难为人。现作"挤兑"。"挤兑"一词若读

其本音 jǐ duì 时，是"争相到银行兑现"之意，系指爆发货币信用危机或通货膨胀严重时，银行储户争相提款的现象。

jx07　几儿

例（48　19）：要到了下月初**几儿**官司一个不完，这些个帐多一半儿得吹台

注－几儿（jiě*r）：此种说法是指农历每月的初一到初九。一般情况下表示阴历每个月份前十天的日子时不加儿化（如："今天是初几？"），这种不加儿化的句子，我们且称之为"实景问询句"；而在某些情况下可以加儿化（如："他几儿才能来？"），这样的句子且称之为"虚拟问询句"，本例"几儿"即是。说"初几儿"是可以肯定（某事）一定是初十之前，但具体哪一天尚无法确定。此为京语细微处。

jia

jx08　家伙

例（96　04）：里头是面子药等等跟治外科的**家伙**

注－家伙（jiā huo）：此处指外科用的器械。京语中"家伙"一词应用颇广，多指代工具、武器等。另外对某人蔑称说"那家伙"（nèi jia huo）、使坏说"下家伙"（xia jiā huo）、感叹说"好家伙"（加重语气可说 hǎo jiā huó）。参见《元曲语汇093》条。

jx09　夹脚

例（51　10）：哥哥这两个月，也有点儿事体**夹脚**

注－夹脚（ji jiǎo）：处境窘迫（多指经济状况）。现不闻此说，偶有说"挤脚"的，与此义同；曾听西安人说"挤手"一词，亦为此义。

jx10　假棵子

例（94　07）：假装着急心疼，咳声叹气，闹了会子假客气（俗话是**假棵子**）

注－假棵子（jiǎ kē zi）：做出某种姿态，虚情假意地表示自己对某事的态度，也说"假客礼"（亦作"假科李"，先贤齐如山先生在其《北京土话》一书中有录），现已不闻。

jx11　假招子

例（06　09）：这横又是月事没说好……弄这个<u>假招子</u>冤谁呢

注－假招子（jiǎ zhāo zi）：旧时京人（尤其是旗人）喜摔跤（旧称掼跤、摺跤），"假招子"一词可能即源于此，指摺跤时的假动作。引申开来，凡不真实乃至故意诱人上当之做法均可称为假招子。另有一说，谓招子是指旧时店铺所悬挂的幌子，即写有店名、经营项目及宣传用语的竖挂狭长布条；假招子谓其名实不符。

jx12　假着子

例（83　06）：刚才老仙爷说甚么来着（别闹<u>假着子</u>啦。……）

注－假着子（jiǎ zhāo ze）：原著此处是写跳大神儿的装神弄鬼。"假着子"与上一条之"假招子"同，仅写法相异。

jx13　架弄

例（02　05）：胡这们一穿，混这们一<u>架弄</u>

注－架弄（jià nong）：原著此处是写暴发户有俩臭钱儿就忘其所以，处处摆谱，穿用昂贵花哨的服饰，自以为就有身份了（活脱儿今天所谓的土豪）。词含贬义。

jian

jx14　简直的

例（55　03）：我一听见这个信儿，昨天<u>简直</u>的一夜没睡

注－简直的（jiǎn zhí de）：此处意为直接、干脆（如何）。此词还另有"不拐弯一直走"义，但多写为"剪直"。

jx15　见天

例（02　06）：<u>见天</u>也上甚么通河轩啦、福禄轩啦听听书去

注－见天（jiàn tiār）：京人口语习将每天说为见天儿。"天"字儿化。

jx16　见小

例（104　01）：额大奶奶记念前仇，打算一文不给。倒是额少峰说："不可，不可，人家到这步光景，那咱们不是<u>见小</u>啦吗？"

注－见小（jiàn xiǎo）：锱铢必较，不局气（"局气"一词参见《卷

一·j57》条）。

jiāng

jx17 将

例（27 22）：善大爷拿起信来，<u>将</u>要拆

注－将（jiāng）：百余年前"刚（要如何）"的说法在京人口语中尚未通用，那时通用的是与刚同义的"将"字。详见《卷一·j17》条。

jx18 僵棒儿

例（71 14）：善大爷原是个<u>僵棒儿</u>

注－僵棒儿（jiāng bà~r）：不懂得人情世故者。此为旧京谚，今无此说法。

jx19 江湖坎儿

例（49 10）：掉楚是句<u>江湖坎儿</u>，就是花钱

注－江湖坎儿（jiāng hú kǎr）：指江湖黑话，旧称"春点"。据说有四五万句。

jx20 讲究

例（15 18）：善金说："甚么事呀？"王三说："我……听见人<u>讲究</u>。"就把……事情说了一遍

注－讲究（jiǎng jiu）：此处意为议论、传言。"究"字轻声。此用法今少见，参见《元曲语汇094》条。

jx21 讲究

例（73 05）：常听存先生<u>讲究</u>，甚么浮沉迟数啦，甚么这个汤头啦，那个药性啦

注－讲究（jiǎng jiu）：此处意为讲述、研讨。此词这种用法今已少见。

jx22 讲究

例（76 17）：要说小额这个疙瘩，可实在的上<u>讲究</u>

注－讲究（jiǎng jiu）："讲究"一词用在病症方面（说"上讲究、有讲究"），则表示这是疑难重症。此词这种用法今已少见。详见《卷一·j20~j23》条。

jiao

j23 交过我

例（15 02）：姓额的这小子，您<u>交过我</u>啦。我有法子治他

注－交过我（jiāo guo o）：即交

给我。"过"字是"给我"的连读直音字（合并成一个音节 guo），其后的 o 是口型提示，表示 guo 的韵母尾音拉长一些。

jx24　叫横

例（09 05）：小连还要**叫横**

注 - 叫横（jiào hè~r）：谓向对方挑衅，有点儿故意激火儿。"横"字去声，儿化。

jie

jx25　接不住

例（26 13）：这一下儿，黑老婆儿可**接不住**啦……连哭带喊，求人说合

注 - 接不住（jiē be zhù）：谓势蹇技穷，无法应对。"不"字读 be，轻声。

jx26　街房

例（25 20）：竟跟那一溜儿**街房**家孩子打架

注 - 街房（jiē feng）：现写作"街坊"，即邻居。京人口语，谓邻居为街坊。

jx27　揭过去啦

例（11 05）：你出来我进去，一阵乱烘，这个岔儿也就**揭过去啦**

注 - 揭过去啦（jiē guo qi le）：事儿过去不再提了，但含有不了了之的意思，并不等于事情得以根本解决。"过"字轻声，"去啦"读 qi le，轻声。

jx28　街面儿上

例（66 01）：您知道从先**街面儿上**儿有一个说评书的吴辅亭呀，他专说《永庆升平》

注 - 街面儿上（jiē miàr sheng）：京人常用说法，谓"（在这一带）社会公开场合上"。"上"字读音介于 sheng、shang 之间，轻声；说得很快时读 r，是口型提示。吴辅亭其人，参见《附录贰 - 17》。

jx29　接着

例（19 01）：不服自管告我去！营城司坊、南北衙门，我全**接着**

注 - 接着（jiē zhe）：京城流氓痞棍标榜"我是流氓我怕谁"时的

惯常说法。"文革"期间盛行"放份儿"一说，就又较其更进一步啦：不仅不怕谁，还要对人挑衅，恨不得满街筒子喊："我是流氓，谁敢不怕我！"

jx30　结啦

例（06　05）：咱们旗人是<u>结啦</u>，关这个豆儿大的钱粮，简直的不够喝凉水的

注 - 结啦（jié le）：京俗语，谓事情了结。此处意指穷途末路。"啦"字读 le。

jx31　且

例（90　03）：您听吧，不是刚<u>且</u>王中堂那里来，就是还上李尚书那里去呢

注 - 且（jiě）：此处"且"字，是从（何处）来，或从（何时）起之意。

jx32　且这儿

例（27　06）：<u>且这儿</u>，他一说这些个事情，我就打他

注 - 且这儿（jiě zhè*r）：此处是指某一时间阶段的开始。"这

儿"一词的读音，参见《附录贰 - 18》。

jx33　隔壁儿

例（40　08）：可巧<u>隔壁儿</u>有一个街房

注 - 隔壁儿（jiè biě*r）：京俗语，即隔壁。"隔"字变读为 jiè，"壁"字上声儿化。"街房"现写作"街坊"，京人对邻居之称。

jin

jx34　今儿个

例（14　05）：伊太太说："回来啦……我的秃小子<u>今儿个</u>没闹哇？"

注 - 今儿个（jiē*r ge）：今天。京人口语音，说得快时读 jiē*r e；真正的旧京旗人多说成 zhē*r e。

jx35　紧毛

例（68　11）：这群碎催一见善大爷，个个儿<u>紧毛</u>，全都有点儿怵岔儿

注 - 紧毛（jǐn máo）：形容因紧张而毛发悚然。今不见此说法。

jx36　进点儿贡，潲点儿水

例（52　10）：素日跟额家走的亲热……贪图他**进点儿贡，潲点儿水**

注－进点儿贡，潲点儿水（jìn diǎr gòng　shào diár shuǐ）：指能给点儿好处。进贡之说今颇盛行，意指"为了办成某事而给办事人员好处"。注意前后两个"点"字均儿化，音调不同。

jx37　竟指着一棵树

例（55　08）：这件事情，本来的麻烦，**竟指着一棵树**也不行

注－竟指着一棵树（jìng zhǐ r yī ke shu）：京谚"一棵树上吊死"的变通说法，意指死心眼儿，寄全部希望于某处。"竟"字现作"净"；"着"字读 r，是口型提示；"一"字去声；"棵树"二字轻声。

jiu

jx38　就是这么着了

例（28　22）：这不是荣大兄弟已经交代啦吗？**就是这么着了**

注－就是这么着了（jiù r zhèn m zhāo le）：京人在拍板决定某事时的惯用说法，多少含点儿不容再分辨的意思。"是、么"二字读 r、m，是口型提示。

jx39　就有向灯的，就有向火的

例（37　05）：你一言我一语，**就有向灯的，就有向火的**

注－就有向灯的，就有向火的（jiù yǒu xiàng dēng de, jiù yǒu xiàng huǒ de）：京俗谚，谓人心不一，各有偏向。

jx40　就棍打腿

例（62　11）：李顺**就棍打腿**，说他有个相好的在南城当衙役，花俩钱儿可以先买个舒服，还朦了十五两银子去

注－就棍打腿（jiù gùn dá tuǐ）：也作"借棍打腿"。先贤齐如山先生在《北京土话》一书中对此释为："'借棍打腿'之原义，乃是借甲之棍打甲之腿。比如借甲之钱做买卖，仍赚甲之钱者是也。后则用得广泛，借甲之钱赚乙之钱者，亦曰借棍打腿。如藉着甲的势力，以欺乙者，亦如此说法。"今已无此说。原著中"朦"字现

作"蒙"。

jue

jx41 觉乎着

例（72 17）：额大奶奶……问小额说："你心里头<u>觉乎着</u>怎么样？"

注－觉乎着（jué ho zhe）：京俗语，觉得。早年间"觉"字多读jiǎo，为幽燕语余韵，至今仍有耄耋之人如此读；"乎"字读音介于ho、hu之间，轻声。

K 部

kai

kx01 开锅儿烂

例（47 13）：单说小额进了门儿，就闹了一个<u>开锅儿烂</u>。

注－开锅儿烂（kāi guōr làn）：本指肉类较嫩，不用长时间炖煮即酥烂；此处指进了衙门就被打得皮开肉绽。

kx02 开了腿

例（44 17）：皆因搂了一笔官司钱，知县要拿他，老先生就<u>开了腿</u>啦。

注－开了腿（kāi le tuǐ）：迈开腿，意指逃跑。此说法现已不闻。京语还有"挠鸭子"之说，义近；另有"撒丫子"一说，指"快速走跑"。

kx03 开下去

例（53 15）：因为地亩的事情，大概是假地契，还有好些个勾七套八的事情，老先生<u>开下去</u>了。

注－开下去（kāi xie qi）：义同上条，也是逃跑之意。现在说"开溜"。"下去"二字读 xie qi，轻声。

kan

kx04 看家

例（14 04）：大姑娘……见了伊太太说："奶奶，您回来啦。"伊太太说："回来啦。你们<u>看家</u>啦。……"

注－看家（kān jiā）：这是母亲对女儿在说客气话，意谓"麻烦你们在家照看了"。"看"字阴平。

按：旧京旗人（尤其是上层旗人）规矩大，言行举止坐卧均有讲究，何种场合说什么、怎么说、谁对谁说，都错不得，由此条也可窥豹一斑。但另一方面，旗人种种恶习也最多，真是自相矛盾。

kx 05　尲儿

例（37　03）：瞧这方向儿，准是得罪人家啦。人家那头儿**尲儿**准不小

注－尲儿（kār）：此处意指来头、关系、根底。

kx 06　坎肩儿

例（32　06）：小额穿的是汤绸大衫儿，夹纱**坎肩儿**

注－坎肩儿（kǎn jiār）：京人称一种无袖短衣为坎肩儿，也叫背心儿。按：旗人常用的坎肩儿有对襟、大襟、琵琶襟等形式；还有一种钉有十三排纽儿的巴图鲁坎肩儿，也叫"十三太保"。参见《元曲语汇095》条。

kx 07　砍头疮

例（78　19）：去年某公爷长**砍头疮**，十几个大夫都没瞧好

注－砍头疮（kǎn tóu chuāng）：颈后之痈。过去在没有抗菌素的时代，此病能致命。

kang

kx 08　扛起来

例（90　13）：自然就要求他配（药）啦，赶到您一求他配，他又该**扛起来**了

注－扛起来（káng qi lei）：此处意谓（因人有所求而故意）拿架子。"起"字轻声，"来"字读 lei，轻声。

ke

kx 09　克扣

例（25　02）：这才知道钱粮短了二钱多。……可不是说大哥**克扣**啦

注－克扣（ké kou）：将按规定应发给别人的钱财物品截流，私归己有。"克"字阳平，"扣"字轻声。参阅《附录贰－19》。

kx 10　颏拉嗉

例（31　17）：他手下有一个管账的先生……大**颏拉嗉**……那一肚子坏就不用提啦

注－颏拉嗉（ké le su）：京语谓男性喉结。"拉嗉"二字轻声。

kx 11　可了儿

例（54　10）：冯先生说："**可了儿**你唉。你还要吃这个呢……"

注－可了儿（ké liǎor）：京人谓可惜为"可惜了儿"，此为略说。"可"字阳平。

kx 12　可巧

例（38　11）：闹的额大奶奶很不得主意。**可巧**胎里坏孙先生又没在家

注－可巧（ké qiǎor）：凑巧、正赶上（什么事）。"可"字阳平，"巧"字须儿化。

kx 13　可以的

例（34　14）：你连我都不认得啦，哈哈，你们老爷们可真**可以的**

注－可以的（ké yǐ de）：京人对某人或事表示不满时的惯用语。"可"字阳平。

kx 14　可不是吗

例（38　01）：伊太太说："……这不是赶尽杀绝吗？"托爷说："**可不是吗**。"

注－可不是吗（kě bú shì ma）：此为京人赞同、附和对方所言时的惯用说法。"不"字阳平，"吗"字轻声。所注的音，是诚心赞同对方所言时的读音，音调较重，节奏较缓慢。若随声附和敷衍对方，则说 kě bú r，或 kě bú r me，"是"字读 r，是口型提示；"吗"字读 me，轻声。按：原著标点注释本中此句用问号不妥，应为句号或感叹号。

kx 15　可着

例（48　24）：平常他这份儿德行，就不用提啦，**可着**衙门里头，没有不骂他的

注－可着（kě zhe）：在某一范围内全部的、尽量的（如何）。京语习用词。参阅《附录肆－89》。若说得快时，"着"字读 re；再快时读 r，是口型提示。按："可"字在元曲中屡见，约有近20种用法，唯独无此语义见用。

kx 16　克

例（27　24）：大爷说："不用，我去瞧瞧**克**得啦。"

注－克（ke）：旧京旗人俗语，谓去为克，也写作"喀"，实际口语音因人而小有异，介于 ke、ku 之间。这样读的原因笔者不甚明了，兹转述薛凤生教授（美籍理论语言学者）在《北京音系解析》一书中所云，这是因为"这个音节在某个时期丢掉了韵头中的腭化与唇化"。此说姑列于此，以备有兴趣的读者查询。

keng

kx 17　坑崩拐骗

例（23　01）：这个票子联，向来是个无赖之徒，**坑崩拐骗**，无所不为

注－坑崩拐骗（kēng bēng guǎi piàn）：京俗谚。"坑"意为设计害人，"崩"意为利用别人的信任而有意借债不还（此义不见于词典，而是此种说法的约定俗成），"拐"意为将他人（多为妇孺）或他人财物恶意携至他处而占有，"骗"意为以谎言欺骗而取得他人财物。也说"坑蒙拐骗"，或"坑蒙拐骗崩"，"蒙"亦为骗意。

kong

kx 18　空口说白话

例（55　11）：您要说**空口说白话**，那可不行。打官司打的就是钱

注－空口说白话（kōng kǒu shuo bái huà）：京俗谚，谓想办成某事而又不舍得花钱；另也可指谓向人家作无保障的廉价许诺。"说"字轻声，"话"字也可儿化。

kou

kx 19　口直心快

例（66　13）：明五爷为人极其的公正，**口直心快**，慷慨好施

注－口直心快（kǒu zhí xīn kuài）：现一般是说"心直口快"。

kx 20　口子

例（04　12）：就瞧门口儿等着关钱粮的人，真有好几百**口子**

注－口子（kǒu ze）：京人口语中，人数的量词（几口人的"口"）在叙述句中多说"口子"，"子"字加重语气读 ze；而在问诘句中"口"字多儿化，如："你们家有几口儿人？"

kx 21　口儿

例（68　09）：在伊老者住家的<u>口儿</u>外头，有一个同福堂饭庄子

注－口儿（kǒur）：此处指胡同口儿，即胡同两端与街道横向连接处。

kx 22　扣子

例（66　07）：小额这档子官司，倒是个引子，热闹<u>扣子</u>

注－扣子（kòu zi）：此处意为关键所在、肯綮之处。现似无此用法。

ku

kx 23　苦情

例（67　05）：大栓子一说怎么他大舅母竟哭……说了个挺<u>苦情</u>

注－苦情（kǔ qié~r）：情景悲惨，引人同情。此词今偶见用。为加强语气时，"情"字阳平，儿化，简单叙述时轻声儿化。

kx 24　库兵

例（02　01）：后来给他儿子办了一份<u>库兵</u>，花了五千五百多两银子

注－库兵（kù bīng）：又称库丁，清代国家银库的差役。详见《附录贰－20》。

kua

kx 25　跨车沿

例（35　07）：哥哥上库的时候儿，我还<u>跨</u>过<u>车沿</u>呢

注－跨车沿（kuà chē yàr）：坐在车沿上的是赶车人，此句话的意思是"我还给您赶过车（做仆役）呢"。这是当时的习惯用语，与"跟包跑腿儿"同义。"沿"字去声，儿化。

kuai

kx 26　快当

例（13　03）：少奶奶说："包得了的煮饽饽，<u>快当</u>。"

注－快当（kuài da~r）：快捷、方便。"当"字轻声，儿化。此词今仍常用。

kx 27　快啦

例（59　09）：好劲！这样儿的多来几个，额家就<u>快啦</u>

注－快啦（kuài là）：多用于指谓某种负面情况势必要出现。此时用的语气较重，说成快啦（là）；

而当一般而言地说某事临近时，多说成快了（le）。

kui

kx 28　奎第老的

例（48　11）：你求求魏第老的去（不是**奎第老的**呀），给想个法子好不好啊

注－奎第老的（kuí dì lǎo de*r）：这是一句原著编者插科打诨的话。原著中的夹批（用括号括出）多有诙谐幽默处。按："奎第老的"指清末民初的莲花落（lào）艺人奎星垣。该人因在其盟兄弟中排行最小，故名。北方语系，多将同辈中最幼者称第老的（或简称老的）。"的"字变读，轻声，儿化。

L 部

la

lx 01　拉翅儿

例（61　17）：疏着大两把儿头（那时候还没兴**拉翅儿**呢）

注－拉翅儿（lā chě*r）：清晚期盛行的一种旗女发式，系由两把头发展而来。先将前面头发分成两绺，在顶上梳一横向发髻，插饰一种叫扁方（起到簪子作用）的头饰，后面余发绾成燕尾状扁髻；在顶髻后方戴一上为板状、下部类似帽盔儿之物，上缀以珠宝饰物，即谓之曰拉翅儿。该物摘戴方便，美观大气，为旗人上层社会妇女所配戴。清亡，旗装亦随之泯灭，唯旗袍、大褂是其余韵；今仅旗袍硕果仅存矣。

lx 02　拉胳膊扯腿的

例（43　10）：新帘子胡同的阿三老爷……是一门**拉胳膊扯腿的**老姑舅亲

注－拉胳膊扯腿的（lā gē bo chě tuě*r de）：此处指关系很远的亲戚。此说现似不闻，而说拐着八道弯儿（或八竿子打不着）的亲戚。"膊"字读 be 轻声（普通话中无此音），"扯"字阳平，"腿"字儿化。

lx 03　拉官纤

例（44　05）：前门外施家胡同的赵华臣……专**拉官纤**

注－拉官纤（lā guān qiàn）：为买卖官爵者拉纤说合，从中收取

佣金。自康熙朝起，卖官鬻爵之风不绝（仅雍正朝较好），至晚清不堪矣。

lx 04　拉官司纤

例（44 01）：酒醋局希四爷……素来以**拉官司纤**为生
注－拉官司纤（lā guān si qiàn）：为打官司的人托关系找门路，从中收取佣金。这是中国历代积弊，传承有绪。

lx 05　拉了走啦

例（10 08）：这当儿假宗室小富、花鞋德子两个人早把青皮连给**拉了走啦**
注－拉了走啦（lā liáo zǒu la）：京语的一大特点就是啰唆（从侯宝林相声《戏剧与方言》中对北京话的描述可见），百年前比现在更啰唆。那时旗人（京人主体）无事可干不着急，一点儿事用好几百字说。本例"拉了走啦"就是先说"拉"的完成式"拉了"；又说"走"的完成式"走啦"。叠床架屋，不嫌麻烦。现代人忙碌，此种说法自然就少。"了"字阳平，

"啦"字轻声。

lx 06　拉荡儿

例（89 25）：要说当大夫里头……讲究**拉荡儿**，应该五荡好，总想着多拉人两荡
注－拉荡儿（lā tà~r）：此处指医生为多收病家钱故意拖长疗程，"荡"现作"趟"。详见《卷一·t 16》条。

lx 07　啦

例（02 02）：后手**啦**①，老头子死**啦**②
注－啦①（la）：此处为叹词，无实意，原著中常见"啦"字这种用法。

啦②（le）：此处为助词，其实就是"了"字。原著中表示动词完成式的"了"字绝大多数写为"啦"（句尾处全部作"啦"），这是否说明那时表示动作完成时的"了"字尚未普遍使用；抑或仅是《小额》一书作者习惯如此？吾未曾广览晚清小说，不敢妄言。

lai

lx 08　来岔儿

例（61　01）：赵华臣一听，心里一动说："这件事**来岔儿**呀"

注－来岔儿（lái chár）：此处意为"来机会了"。

lx 09　来的邪

例（21　14）：就听门口儿一阵叫门的声音，**来的很邪**

注－来的邪（lái de xié）：京人常用语，指某人或某事之降临恐有恶意。现多说"来的不善"或"来头儿不善"。

lx 10　来劲儿

例（26　17）：待了没有一个月，哈哈，故态复作，又**来了劲儿**啦

注－来劲儿（lái jiè*r）：京俗语，意谓对某事格外关注，并投入大量精力去做。此词多用于负面含义处。"劲"字也可不儿化。

lx 11　来派

例（75　08）：王先生一听，说："嗳呀呀，您这个病，**来派**可不善哪。……"

注－来派（lái per）：来势、来头。"派"字读 per，也可读 pai，轻声。

lan

lx 12　烂响

例（17　08）：就听门口儿门环子拍拍拍拍的**烂响**

注－烂响（làn xiǎng）：无节奏、无规律、声音很大且又延续一定时间的噪音。现作"乱响"，但老年京人仍多说"烂"，而年轻人则说"乱"了。其实烂字更传神，传统京语的表现力更强。

lang

lx 13　狼狈

例（49　15）：这个饿膈冯，就是钱锈的一个**狼狈**

注－狼狈（láng bèi）：狈是一种传说中的动物，其前腿短，走路时必须将前爪搭在狼身上；但其较狼更狡猾，狼受其指挥。比喻做坏事之同伙，故有狼狈为奸之说。

lx 14　狼吃狼，冷不防

例（52　02）：胎里坏……打开广膏的烟缸子，恶恶实实的，了啦一下子（这块骨头，称得起是**狼**

吃狼，冷不防）

注－狼吃狼，冷不防（láng chī láng, lěng bu fáng）：京俗谚，喻坏人间的盟友关系，他们为一己之利随时可能对同伙下手。"吃、不"二字轻声。

lao

lx 15　捞稠的

例（54　08）：前三抢儿已经让人家给抄了去啦。咱们**捞稠的**吧

注－捞稠的（láo chóu de）：京俗谚，以盛粥喻争利要早下手，晚了就只剩米汤了。

lx 16　劳动您哪

例（75　01）：额大奶奶也给他还了个安，说道："这又**劳动您哪**。"

注－劳动您哪（láo dong nin na）：旧时京人请人帮忙常说的客套话，意谓劳驾请您（有所）行动，意即帮忙，用作感谢他人为己出力、劳碌之词。"动"字轻声；"哪"字现作"呢"，在此处读 na，是较郑重的读音；而在更随便的场合，尤其是下层京人之间往往读 nei。如：来了您呢（nei）。元曲中即有"劳动"一词，参见《元曲语汇 096》条。

lx 17　劳驾

例（97　04）：于是向着小文子儿说道："**劳**大爷的**驾**，把我跟人提溜的那个匣子，您给拿进来。"

注－劳驾（láo jià）：这是京人最常用的客套话。举凡请人帮忙做事时，开口第一句就是劳驾，劳驾简直就是个发语词了。也可能说"劳您驾、劳您大驾、劳××的驾"。另外在有人挡碍了自己的行动，请对方稍微让开点时，往往说"劳驾借光"。

lx 18　老满儿

例（59　10）：他准知道小额这场官司厉害，一时半会儿够出来的。可是在额大奶奶头啦，应了个**老满儿**

注－老满儿（láo mǎr）：到达极限，无回旋余地。详见《卷一·119》条。

lx 19　老祖儿

例（63　12）：原来这位六老太爷，是小额出五服的这们一个**老祖儿**

注 – 老祖儿（láo zǔr）：京人对曾祖辈长者的称谓。无分男女都可称老祖儿。"老"字阳平。

lx 20　老

例（11 10）：因为天不早啦，伊老者<u>老</u>没回家，不放心，所以来接来啦

注 – 老（lǎo）：表示时间长。此种用法在清代以前的北方语系白话小说中未见，是满清入关时从东北带入的。东北话中此字用途极广，举凡表示程度之甚的地方，几乎均可用"老"字。详见《卷一·119》条。

lx 21　老老不疼、舅舅不爱

例（23 06）：他这个孩子，叫群儿，长的<u>老老不疼</u>、<u>舅舅不爱</u>，整天的竟讨人嫌

注 – 老老不疼、舅舅不爱（lǎo lou bù téng、jiù jiu bú ài）：旧京俗谚。此处之"老老"即姥姥，京人对外祖母之称谓。此处形容孩童之顽劣，姥姥最疼孩子，连姥姥都不疼爱的孩子，其顽劣可知。后一"老"字读 lou，轻声。

lx 22　老太太

例（17 18）：伊太太说："早回来啦，你们<u>老太太</u>也家克啦吧？"

注 – 老太太（lǎo tài tei）：此处老太太一词，系对外人言及其母或其他女性长辈时所用的敬语，意为"长辈的（某）太太"。按：京郊之人有将曾祖母叫太太的，京中回民有将曾祖母叫老太太的，早年京人也习称陌生老妇为老太太（本为敬语，近世随着传统道德淡出，就变成了非敬语乃至蔑称）。后一"太"字读 tei，轻声。参见 tx 03 条。

lx 23　老西儿

例（77 11）：摆斜荣荐了一个<u>老西儿</u>来，姓张，叫转心张

注 – 老西儿（lǎo xiē*r）：京人习称山西人为老西儿。

lx 24　老仙爷

例（78 16）：我有一个干妹妹，姓王，是个香头，顶的是<u>老仙爷</u>

注 – 老仙爷（lǎo xiān ye）：修炼成仙的黄鼠狼精（也有说是狐

狸精）。句中香头指巫觋，俗称跳大神儿的；"顶"即顶礼膜拜、请神附体的简说。详见《附录贰-21》。

lx 25　老爷儿俩

例（16　09）：恒爷说："**老爷儿俩**请回吧。过两天见。"
注-老爷儿俩（lǎo yér liǎ）：爷儿俩或娘儿俩是对不同辈分二人的合称（以长辈性别为准决定称呼）；若晚辈已成年，则可加称老字。

lx 26　老斋

例（24　11）：这不是这包儿钱粮……一少比人家少二钱多，瞧我们爷儿们**老斋**是怎么着
注-老斋（lǎo zhāi）：呆傻之人，不通世事者。此说法至少已消失六十年。

lx 27　落子

例（102　01）：编小说的还要请他，因为一没**落子**，大栓子就出了世啦
注-落子（lào zi）：此处指可说

的话。应是从东北方言"唠、唠嗑儿"转化而来。

lx 28　落子

例（102　12）：你这个病，要是个任**落子**没有的穷人害，哈哈，十吊大钱，我管保他好
注-落子（lào zi）：此处指财物。"任落子没有"即一无所有，与上条音同而义异。今演变为"任嘛儿没有"。

le

lx 29　乐得

例（09　12）：大家伙儿一瞧伊老者不言语啦，**乐得**的多一事不如少一事
注-乐得（lè dé）：巴不得、唯愿（如何）。京语习用说法。

lx 30　乐他一觉

例（52　06）：忽然一阵的困倦，心里说，我先**乐他一觉**
注-乐他一觉（lè tei jiàor）：此处之"乐"字是"乐得睡"之略说，京语遣词造句的纵横捭阖、潇洒倜傥可窥一斑；"他一"二字连读如 tei 音，又彰显京语语音结

构的挥洒自如。"觉"字儿化。

lei

lx 31　累恳

例（13　17）：恒爷说："大奶奶，这又**累恳**你。"

注－累恳（lēi ken）：此处意为添麻烦，是旧时京人常用词汇，今未见有用者。此词源自满语akabumbi，原意是折磨、恶待（某人）。详见《卷一·140》条。

leng

lx 32　楞

例（23　10）：回来跟票子联一说，**楞**说这月的钱粮关少啦

注－楞（lèng）：此处意谓"不管事实真相如何而硬是（胡说）"。"楞"字在京语中还有"不计后果的（硬做某事）"、"想不到某事竟能（有出人意料之结果）"等意。如："这么危险的事他楞是敢干"、"那么重的病他楞是扛过来了"。按：此义的"楞"字现规范为"愣"。

lx 33　楞

例（83　22）：可巧这个猫在窗户台儿上趴着呢。我就过去，**楞**下剪子，差一点没把我手抓啦

注－楞（lèng）：此处意为鲁莽、冒失，不计后果地（做某事）。

li

lx 34　理会

例（91　03）：这件事情，在下登时也没很**理会**

注－理会（lǐ huì）：理解、领会、注意到、顾及。此词仅用于否定处，如说没理会、不理会等。

lx 35　里头

例（31　10）：明天进**里头**，告诉提督祥大人一声儿，让他给办得啦

注－里头（lǐ tou）：此处指宫中。这是晚清京中官场高官的习用说法。

lx 36　力巴儿杓子

例（77　01）：王先生这们一路胡稿，好在额家都是**力巴儿杓子**，听他这话，就深信不疑

注－力巴儿杓子（lì bèr sháo ze）：京语谓生手、外行为力巴儿（或力巴儿头）。又有"抢勺子"一说，指谓应对某事之拙劣失当；

勺子是粪勺子之意，所以又称屎着儿。力巴儿再加上抢粪勺子的屎着，极言其任嘛儿不懂。

lian

lx 37　两把儿头

例（61　17）：疏着大**两把儿头**（那时候还没兴拉翅儿呢）

注 - 两把儿头（lián be*r tóu）：旗女发式之一种，详见《卷一·157》条。"两把"二字变读。另外此句中的"拉翅儿"亦为旗女发饰之一种，参见 lx01 条。

lx 38　连拍带咬

例（29　10）：小脑袋儿春子这一套大握大盖，**连拍带咬**，把一位老实角儿的善大爷气的目瞪口呆

注 - 连拍带咬（lián pāi dài yǎo）：京语有"拍唬"（pāi huo）一词，谓以大言相威胁；又有"咬斥"（yǎo chì）一词，指抓住对方弱点进行攻击。连拍带咬即上两说之略。

lx 39　敛吧敛吧

例（69　09）：他一瞧小额遭官司……**敛吧敛吧**……老先生就

开下去了

注 - 敛吧敛吧（liǎn be liǎn ba）：此处谓将物品收拾归置、聚拢在一起。此后之"开"字为逃走意。注意前后两个"吧"字读音有别，此为京语细微处。

liang

lx 40　两、俩个

例（24　19）：长的……**两**只母狗眼儿，**俩个**扇风耳朵

注 - 两（liǎng）：京人说具体、确切的 2 个物件时用"两"字。

俩个（liǎ e）：京语中的俩（liǎ），一般是指复数（但不太多，一般是个位数的），而不局限于 2，且其后不缀以量词，即"若干个"之意。此处"俩"字后面缀以量词"个"，很不常见，可能是原著作者坚持以口语语音写作的体现。"俩个"读 liǎ e（e 要读得很轻），这是下层京人的口音特点。

lx 41　两便

例（71　16）：后来还是善大爷说："彼此都**两便**了吧。"这才彼此的坐下

注 - 两便（liǎng biàn）：京人有

许多虚礼儿，比如在外边消费碰见熟人，双方一定得互相争执着要付账（其实都是虚的）；此处即此等场景。这种事通常以两便（各结各账）告终。

lx 42　两头儿麻

例（45　19）：这档子官司……一说儿就出来，可真不容易（这叫**两头儿麻**）

注 - 两头儿麻（liǎng tóur má）：原著此处是写拉官司纤，即充当案件当事人与法官之间的媒介，商定行贿数额，以求搞定官司。"两头儿麻"指在当事人面前大言恐吓，尽量让多出钱；而在法院那里哭穷，尽可能的压缩点儿行贿款额，这样拉官司纤的就能从中赚取差价。此类手段称"骑驴"。

lx 43　两造

例（29　04）：我们哥儿几个既然来啦，是为你们**两造**里好

注 - 两造（liǎng zào）：此处指矛盾双方。此词用于指谓诉讼、买卖、合同、争执、契约、协商等

事端的双方。今已罕闻。按：此处之"造"字通"曹"，指谓诉讼的双方，其实应读为 cáo；但因写为"造"，大家念白字惯了，久而久之约定俗成，就读成 zào 了。

lx 44　两只眼睛离鸡似的

例（35　15）：就瞧起外头进来一个人，**两只眼睛离鸡似的**

注 - 两只眼睛离鸡似的（liá yǎning lí jī r de）："离鸡"是俗写，正写应为"鹞鸡"，指一种通体黑色、身短尾长、性情凶猛的斗鸡。此说是指人的目光、面色不善，甚或心怀叵测。早在《红楼梦》中已有此种说法。"两只"二字合读为 liá；"睛"字读 ing，读得轻而快；"似"字读 r，是口型提示。这句话照这样标注来读，有些过分京腔，很多外地人可能就听不懂了。

liao

lx 45　了

例（23　09）：狗头群儿闹了个眼光着儿，**了**起一小块儿银子来，有二钱多

注 - 了（liǎo）：原著此处是指在

别人不知道时顺手拿走人家的物品。"了"走的物品一般不太值钱，事后失主一般也懒得追究。此处之"了"字，实应为略，本义为掠夺；京腔俗语习读为 liǎo 音。先贤齐铁恨先生曾举例说："我拿着挺长一箍鲁儿白薯，让他给略（liǎo）了一大截子去。""略"字另外也作"程度轻微"义，作此义时，海淀、蓝靛厂至香山一带的旗人习读为 liǎo，将"略微"说成 liǎo wēi。

lx 46　了

例（69　19）：饿膈冯说："……我这儿有一把刀，是你砍我，是我砍你，随你挑吧。"胎里坏不<u>了</u>啦

注 - 了（liǎo）：此处指处理、了结事态，是京语常见用法。此处之处理事态的方式则是典型的流氓法则，而说"不了"，是扛不住，承认"栽了"。

lx 47　了不了

例（15　13）：各部里是挺熟，有甚么<u>了不了</u>、挠头的事情，王

三一出来，就得活

注 - 了不了（liǎo be liǎo）：前一"了"字义同上条（了结事态），后一"了"字表示前一"了"字的完成时态；"不"字读 be，轻声。此系京语常用说法。

lx 48　了进去

例（41　05）：大盖连德子带小富，是全<u>了进去</u>啦

注 - 了进去（liǎo jin qi）：原著此处指被抓进（衙门）去。"进"字轻声；"去"字读 qi，轻声。此系京语常用说法。原著句中的"盖"字应为"概"。

lx 49　了啦

例（99　27）：我皆因给人家<u>了啦</u>一档子事，惦记着瞧你来，所以没得功夫儿

注 - 了啦（liǎo le）：现写作"了了"，后一"了"字表示前一"了"字（了结）的完成时态。

lx 50　了事

例（48　04）：从相好的那块儿，浮摘了四百两，先交给人家<u>了事</u>

去啦

注-了事（liǎo shè*r）：此处之"了"字义同 lx 46 条，指解决问题。

lx 51　料其

例（32　01）：小额说："咳，<u>料其</u>他们飞不了多高儿，迸不了多远儿。你们放心吧。味儿事。"

注-料其（liǎo qi）：料定、断定。现已不见此说法。

lin

lx 52　临完了

例（102　01）：因为一没落子，大栓子就出了世啦。<u>临完了</u>，不请请儿他不得去吗

注-临完了（lín wán le）：京人谓"某事接近尾声"。若为加重语气，"了"字可读为 liǎo。也作"临了"，读 lín liǎo。见《元曲语汇 097》条。

liu

lx 53　溜边儿

例（41　04）：我瞧见事情不好，尿遁里我就溜啦。……这就叫<u>溜了边儿</u>啦

注-溜边儿（liū biār）：不惹人瞩目的靠边儿。京语常用词汇。此处指悄悄地逃走了。

lx 54　溜达

例（08　03）：大家伙儿……说："得啦，小连，你先<u>溜达</u>溜达去，回头再来。……"

注-溜达（liū de）：京人谓悠闲散步。"达"字读 de，轻声。常重叠使用，本例即是。也说"遛弯儿"（此时为动宾词组，不能像动词"溜达"那样叠用）。

lx 55　溜肩膀儿，不吃劲儿

例（31　22）：小额说："不要紧，这件事情<u>溜肩膀儿，不吃劲儿</u>。"

注-溜肩膀儿，不吃劲儿（liū jiān bǎ~r, bù chi jie*r）：京中歇后语，意谓"没什么了不得的"。"吃劲儿"轻声。

lx 56　溜溜达达

例（100　02）：到了月底二十七八，管保你<u>溜溜达达</u>的能上荡护国寺

注-溜溜达达（liū liu dā dā）：不紧不慢地闲走、散步。与 lx 54 条义同。京人常用语。后一"溜"

字轻声,"达"字阴平。

lx 57　溜溜儿的

例（76　20）：疙瘩也一阵比一阵疼，溜溜儿的折腾了一夜

注 - 溜溜的(liū liūr de)：京俗语，此处义为从始至终。此词似应从"液体盛满容器的状态"引申而来，在京语中可以灵活用于表示饱满、充盈、始终、极限、尽头等处。

lx 58　六扔多远

例（43　12）：是位老宗室……是小额六扔多远的一个舅丈

注 - 六扔多远(liù re~r duó yuǎn)：扔指投掷，字面意为"扔六次那么远"。这可能是当时形容亲戚关系甚远的一句俏皮话儿，义类今所说的八竿子打不着。"扔"字儿化，轻声；"多"字阳平。

lx 59　六扇门儿

例（51　13）：饿膗冯说："……哥哥今儿个不是拍你。别瞧你也在六扇门儿里头待过……"

注 - 六扇门儿（liù shàn mé*r）：指官府衙门。官府多是三座门（一正两侧），因门较大，所以都是两扇对开，这样三座门一共有六扇，俗称六扇门儿。

long

lx 60　龙睛鱼

例（61　19）：头二十年兴过一阵子龙睛鱼的花样

注 - 龙睛鱼（lóng jīng yú）：十九世纪末京人培育出的一种观赏鱼。大头短身，长尾飘然，眼泡大而突出眶外，形颇怪异。清末旗人的沉湎酒色是其堕落殒国原因之一；但同时确也在声色犬马、吃喝玩乐方面多有建树。大者如京戏，小到龙睛鱼，皆其余绪也。此处"睛"字上声。

lx 61　笼共

例（63　09）：赵华臣说："咳，忙甚么呀，笼共四百银子的事情，我还垫不了是怎么着。"

注 - 笼共（lǒng gòng）：一共，现写作"拢共"。京人口语说"拢共"，不说"一共"。

lou

lx 62　搂

例（44 16）：后来在宛平县当代书，皆因**搂**了一笔官司钱，知县要拿他

注－搂（lōu）：原义为把物品向自己面前聚拢，此处引申指"聚敛不义之财"。是京语常用词汇，至今亦然。

lx 63　搂览

例（47 01）：王大狗子一听见这个信，赶紧告诉他老婆子到额家**搂览**这回事

注－搂览（lōu lan）："览"应作"揽"，包揽、承揽之意；搂览指通过积极活动（将某事物）弄到手。"览"字轻声。

lx 64　搂搂

例（52 02）：胎里坏**搂搂**（土话管瞧瞧叫搂搂）

注－搂搂（lōu lou）："搂"现作"瞜"。原著的夹批（括号中语）已说明了这是北京土话。此说法始见于十九世纪末，据说可能是从英语 look（看）而来。另：原著"土"字误作"士"。

lx 65　楼子

例（41 12）：平常没事的时候儿……无非是跟嫖、看赌、白吃猴……赶到**楼子**一出来……全不露面儿啦

注－楼子（lóu ze）：京俗语，乱子、麻烦、祸事、难以收场之事。现作"娄子"。年青一代京人已少有说这个词儿的了。"子"字读 ze，是加重语气。参见《满蒙语汇贰－09》。

lu

lx 66　炉食饽饽

例（80 11）：是一份钱粮，一股高香，三碟儿**炉食饽饽**

注－炉食饽饽（lú shi bō bo）：旧时唪经、放焰口等宗教或迷信活动时常用的一种供品（原著此处即请神时所用）。参见 yx 07 条及《卷一·189》条。

lx 67　乱烘

例（11 05）：这当儿关钱粮的，你出来我进去，一阵**乱烘**

注－乱烘（luàn huo）：人声嘈杂，

头绪繁多。"烘"字读 huo，也可儿化，轻声。

lx 68　乱了营

例（77　09）：王先生一推，额家可<u>乱了营</u>啦

注－乱了营（luàn le yíng）：京俗谚，谓形势纷乱，乃至陷入恐慌。旧京下层人士据此有一下流歇后语，姑从略。

M 部

ma

mx 01　㧕娑

例（40　03）：老婆子们登时忙啦，这个按着胳膊，那个按着腿……那个给<u>㧕娑</u>心口

注－㧕娑（mā sou）：本意为对某种柔软物品（如褶皱的衣物）抚之使平展；此处引申意为轻抚使之舒适，这是对人而言。此为京语特有的词汇，也有"摩挲、摩娑、摩撒、㧕抄"等多种写法（均读 mā sou）。这都是按差不多的音随意而写的（方言无定字）；唯老舍先生写作"濊泧"；语出《说文·水部》："濊泧拭减皃。"音义俱当，不愧大家。"㧕"字读 mā，京中俗字，《汉语大字典》未录；"娑"字读 sa，京中旗人多读为 sou。详见《卷三·mz 02》及《附录叁－63》条。

mx 02　马是得

例（77　18）：毛春子喝了个<u>马是得</u>，弄了把白条子，堵着门口儿

注－马是得（mǎ shi dé）：喝多了，酩酊大醉。参见《满蒙语汇贰－10》。

mai

mx 03　慢慢儿的

例（01　08）：如今说一个故事儿……听我<u>慢慢儿的</u>道来

注－慢慢儿的（mài mār de）：京腔口语音。前"慢"字读 mài；后"慢"字阴平，儿化。

mx 04　卖缺

例（43　10）：新帘子胡同的阿三老爷，从先是本旗的印务，现任左翼某旗副都统，专能<u>卖缺</u>

注－卖缺（mài quē）："缺"即"出缺"，指官位名额空出待补，卖缺即卖官鬻爵。"缺"字也可儿化。

参见《附录贰-22》。

man

mx 05　馒头、饽饽

例(98　01)：有新熬得的粥，盛了一碗，还有<u>馒头</u>、<u>饽饽</u>等等

注-馒头、饽饽(mán tou、bō bo)：京人（尤其是旗人）统称除面条外的面食为饽饽；但此处饽饽与馒头并列写出，饽饽实际是指满族点心，如萨琪玛、黏饽饽、蜜供、缸炉等。

mx 06　满盘子满碗

例(48　21)：刚才虽然在额大奶奶跟前说了个天花乱坠，搂了个<u>满盘子满碗</u>的

注-满盘子满碗(mǎn pán zi mán wǎn)：形容说满话不留余地。后一"满"字阳平。

mx 07　满世界

例(26　14)：<u>满世界</u>求爷爷告奶奶，请安磕头

注-满世界(mǎn shì jin)：各处、到处。也说"绕(ráo)世界"。"界"字读音介于 jin、jie 之间，轻声，说得快时读 in，轻声一带而过。

mao

mx 08　毛

例(94　20)：小额这一闹不要紧，额大奶奶可真<u>毛</u>啦

注-毛(máo)：心虚害怕，慌了神儿。北方多有此说，不独京语然。

mx 09　毛毛腾腾

例(36　05)：说完了，<u>毛毛腾腾</u>的站起来就走啦

注-毛毛腾腾(máo mao tēng tēng)：（因性情急躁而显得）举止粗放毛糙。后一"毛"字轻声，"腾"字阴平。

mei

mx 10　没得

例(16　05)：道儿上遇见几个熟人，也都<u>没得</u>很周旋

注-没得(méi dé)：没顾上、未能够。京人口语说法。

mx 11　没的事情

例(21　21)：就瞧二爷善全气哼哼的起外头进来，说："这都<u>没的事情</u>，真得儿可恶。……"

注-没的事情(méi de shì qing)：

毫无道理的、无中生有之事。

mx 12　没男代女

例（81　18）：招得外头屋的底下人，<u>没男代女</u>全乐啦

注－没男代女（méi nán dài nǚ）：不论男女（都如何）。今作"连男带女"。

mx 13　没男没女

例（81　02）：都要瞧瞧这个热闹儿，<u>没男没女</u>的，外间屋子里全都站满啦

注－没男没女（méi nán méi nǚ）：男女混杂。旧时认为这是不合规矩、没有教养的表现。

mx 14　没那们大功夫理他

例（25　20）：黑老婆儿是专一的护犊子，竟为孩子跟人捣乱，街坊都<u>没那们大功夫理他</u>

注－没那们大功夫理他（méi nèm dà gōng fe*r lǐ te）：京人表示对某人不屑一顾时的习用语。"那们"今作"那么"，连读为 nèm；"夫"字变读，轻声，儿化；"他"字轻读为 te。

mx 15　没上没下

例（81　01）：额家的这些个底下人，向来都是<u>没上没下</u>的

注－没上没下（méi shàng méi xià）：京人重礼仪规矩，讲究长幼尊卑秩序分明。说人"没上没下"，是很严重的指责。

mx 16　没有那们着的

例（89　19）：徐吉春要是不说，额家真把这手儿活忘啦。额大奶奶一听，说："<u>没有那们着的</u>……"

注－没有那们着的（méi nèm zhāo de）：这是京人常用的一句客气话，是否定对方的方案，而自己主动提出对对方更有利的办法，以此显示自己多么慷慨大方、多么够意思（京人常用语，"够朋友"之意）。这是京人的虚荣。原著此处是写徐吉春向额家替车夫再要一份儿钱；而额大奶奶讲"外场"，虽不情愿也得打肿脸充胖子。可参阅 nx 05 条。"没有那们"四字连读为 méi nèm 两个音节。参阅 nx 05 条。

men

mx 17　门脉

例（74　04）：因为他<u>门脉</u>是六百钱，比别人贱点儿

注－门脉（mēn mài）："门"是"扪"的假借字，扪脉即中医的切脉，现习说号脉。此处代指行医看病。

mx 18　门脸儿

例（13　12）：我给他们送殡，送到德胜<u>门脸儿</u>

注－门脸儿（mén liǎr）：此处指城门外周边邻近一带。本应说"德胜门门脸儿"，但京语讲究流畅（是语音流畅，却不怕语句啰唆），两个"门"字连说拗口，所以合二为一了。此词并非只限用于城门，家院的街门附近也称门脸儿；店铺的门面房（临街的营业室）称门脸儿房；近世又将此词之使用范围扩展至人的头、面部（含诙谐意），管理发刮脸叫"修门脸儿"。

mx 19　闷的荒

例（37　09）：托爷生了两天的气，今儿个心里<u>闷的荒</u>

注－闷的荒（mèn dou hong）：此处意指（因心情不好）心中憋闷、不痛快。"的荒"二字现作"得慌"，无实意，仅作形容词（另有少量动词）的后缀，有强调主词词义作用。参见《卷一·g 13》条。"的"字读 dou，"慌"字读音介于 hong、heng 之间，均轻声。

mx 20　们

例（07　01）：老者这<u>们</u>一犯酒糟儿，招了一大圈子人

注－们（men）：原著那个时代，这么、那么、多么的"么"字，均写作"们"，读音介于 men、me 之间，但更近于前者。

meng

mx 21　朦

例（44　17）：在保定府开了一个小药铺儿，外带着行医，<u>朦</u>的倒挺圆全

注－朦（méng）：京语谓骗人为朦。现规范写作"蒙"。

mx22　朦背啦

例（45　05）：因为他又会瞧病，又会算卦……又能谄媚又能拍，所以把小额家里上上下下全给**朦背啦**

注－朦背啦（mēng bèi le）：被人家花言巧语、云山雾罩的给说晕了，全盘相信其鬼话。

mx23　猛孤丁

例（16　11）：恐怕大家伙儿告诉他这回事，**猛孤丁**的一听见，怕他生气

注－猛孤丁（měng gu dīng）：猛然、突然。此处"孤丁"二字无实意，系主词（形容词"猛"）的后缀语，起强调主词的作用。"孤"字轻声，亦有写作"咕叮、古丁"的。类似义的说法还有"冷不丁儿"。一些说法是约定俗成，不要随便更改。如说"冷孤丁"，虽然意思也一样，但听着让人觉得别扭。

mi

mx24　秘密

例（48　24）：可着衙门里头，没有不骂他的。就有一位老爷，跟他是**秘密**

注－秘密（mì mi）：此处不同于今所说的秘密（秘而不宣、不为众所知），而是说两人的关系密切。今无此说法。

ming

mx25　明儿个

例（19　04）：赶**明儿个**，让你阿玛把差使辞啦，就得了

注－明儿个（miár ge）：京人口语谓明天。"明"字读miár；"个"字轻声，若说得快时读e。另：京人口语中，"等、等到"往往说成"赶、赶到"。

mo

mx26　蘑菇

例（10　16）：小李起外头跑进来说："放吧，不过啦，出了**蘑菇**啦。"

注－蘑菇（mó gu）：此处指谓麻烦事。还另有拖沓、纠缠、灾祸等意，现多写作"磨咕"；亦指不合群、经常扰乱平静秩序者。旧时京语还将供人食用的牛、羊胃也称为"蘑菇"。

mx 27　抹子脚

例（80　02）：是个汉装，两只<u>抹子脚</u>，横着量有四寸

注 - 抹子脚（mǒ zi jiǎo）：此指女人缠过足，后又把脚放开所形成的一种足部畸形。缠过之足因已受到根本性损伤（蹠骨折断），足趾被挤成锥形，所以虽放开也已不能复原，而只是足后部向宽度方向发展，趾部仍呈锥形，状如前尖后宽的抹子（瓦工工具）。旗人女子不裹脚，所以这里强调是个汉装。"缠足"详见《附录壹 - 54》。

mx 28　磨烦

例（66　05）：论道我们这档子社会小说……要发挥好些个事情呢，所以不能不<u>磨烦</u>点儿

注 - 磨烦（mò fen）：此处意为麻烦、啰唆。"烦"字变读。

mx 29　磨烦

例（86　27）：小额又要叫小文子儿拿车接去，正在<u>磨烦</u>的时候儿

注 - 磨烦（mò fen）：此处指几个人在一起议而不决；此词另外也指做事慢，磨磨蹭蹭，没点儿爽利（shuà li）劲儿。"烦"字变读。参见《满蒙语汇贰 - 11》。

N 部

na

nx 01　拿

例（98　25）：金针刘这一说到那儿应到那儿，可真把额家给<u>拿</u>上啦。他这一来到，真如同敬天神一个样

注 - 拿（ná）：此处指（因技艺如神）令人心悦诚服。

nx 02　拿捏

例（89　25）：要说当大夫……是一见好，就讲<u>拿捏</u>，总要耗到晌午歪，才肯出马

注 - 拿捏（ná nie）：此处意指在人有求于己时故意推托刁难，拿捏也可能严重到欺负人的地步。现多说"拿"或"拿搪"。另也可用以形容人因矜持或拘谨而放不开。

nx 03　拿秧子

例（44　06）：他有一个专门的能耐，就会**拿秧子**，吃小哥儿

注 - 拿秧子（ná yāng zi）：秧子指涉世未深、大把花钱的纨绔子弟。"拿秧子"与"吃小哥"义同，参见 cx 22 条。这类人称为篾片，在《三侠五义》一书第 33 回中对篾片有精彩描写（锦毛鼠白玉堂装扮篾片的那段）。

nx 04　那里、那儿

例（15　17）：善全一见王三，赶紧请了个大安，说："三大爷，您上**那里**去？"王三说："大爷，你上**那儿**去？……"

注 - 那里（nǎr le）：此处之"那"（疑问代词）今作"哪"，是二十世纪二三十年代才开始兴起的用法；而原著 1907 年问世，彼时"哪"字只作为语气词用，相当于今天的"啊"。"那"字上声，儿化，"里"字读 le，是口型提示。这是较迟缓的语调。

那儿（nǎr）：意同上，但此处语气较前急促，是有事急于相告时

的腔调。通过原著此处用字的区别，可看出旧京语之细微处。

nx 05　那里有这们着的呢

例（76　10）：小文子儿……递过一个红纸包儿……王先生说："这样儿交情，**那里有这们着的呢**？"随说着可把纸包儿接过去啦

注 - 那里有这们着的呢（nár l you zhèm zhāo de ne）："那里"读法参见上条，但此处因语速较快，"里"字读 l，是口型提示；"有"字轻声；"这们"连读为 zhèm（此处"们"字今作"么"）；"着"字读 zhāo，也有人读 zhē；"的、呢"轻声。这也是京人的假客气说法儿，与 mx 16 条有异曲同工之妙。

nx 06　那有准儿

例（05　04）：这就是瞎猫碰死耗子，**那有准儿**的事呀

注 - 那有准儿（nár yóu zhuě*r）：京语表示没把握时的习用说法。"那"字今作"哪"，阳平，儿化；"有"字阳平。

nx 07　那是呀

例（45　18）：胎里坏说："**那是呀**。还告诉您一样儿，这档子官司……"

注－那是呀（nà shi e）：京人附和他人所言时的惯用语。"那"字要拉长声，约为正常语音的1.5倍；"是"字轻声；"呀"字读e，是口型提示。

nai

nx 08　奶奶

例（12　17）：姑娘说："你瞧，偏巧今儿个**奶奶**带老王跟三爷出门儿啦"

注－奶奶（nǎi nai）：旧时京语中奶奶有如下义：

①旗人称母亲为奶奶，如此处即是。

②客人或大家庭中的婢女仆役对主人家儿媳的称呼，行儿就称"几奶奶"。

nang

nx 09　攮

例（73　08）：可巧那年霍乱盛行，老先生就这们一大扎其扎，真**攮**也好了几个

注－攮（nǎng）："攘"的异体字，"（用刀等利器）戳刺、扎入"意。原著此处是讥讽庸医的针灸术。句中"也"字应系原著衍文。

nao

nx 10　挠头

例（15　13）：有甚么了不了、**挠头**的事情，王三一出来，就得活

注－挠头（náo tóu）：形容因事难办而踟蹰、抓着脑袋一筹莫展状。此为京人常用语，至今亦然。

nx 11　闹

例（47　13）：单说小额进了门儿，就**闹**了一个开锅儿烂

注－闹（nào）：此处意为遭遇、受到。"开锅儿烂"一词见 kx 01 条。

nx 12　闹

例（81　23）：真在炕上冲着王香头，**闹**了三个头

注－闹（nào）：此处意为做某动作。

nx 13　闹

例（98　19）：又开了一个汤药方

子，告辞去了。又闹了二十多两银子去

注－闹（nào）：此处意为赚走。

nx 14　闹

例（100　15）：爷儿几个坐着车，闹了一荡护国寺

注－闹（nào）：此处意为成就了（某事）。

nx 15　闹

例（02　05）：胡这们一穿……冬天也闹一顶染貂皮帽子带带

注－闹（nào）：这里有嘲讽小人暴富意（帽子不是真貂皮的）。从以上几条可看出，京语中"闹"字可替代多个不同类型动词；而这种替代往往会产生某种感情色彩（如上述几条多含揶揄意）。可参阅《卷一·n15、n16》条。

nx 16　闹吵子

例（77　16）：偏巧有一个该账的姓春，叫毛春子，素日最不说理，从先就闹过好几次吵子

注－闹吵子（nào chǎo zi）：找茬儿吵架。

nx 17　闹的慌

例（94　18）：老先生就吃不住劲啦，疙瘩也疼，心里也闹的慌

注－闹的慌（nào dou hong）：此处指因身体不适所致的情绪不稳定。"的慌"一词参见 mx 19 条及《卷一·g 13》条。"慌"字读音介于 hong、heng 之间。

nx 18　闹丧

例（63　16）：因为送信儿送晚啦，接三的那天，大这们一闹丧

注－闹丧（nào sāng）：举丧期间，死者亲戚因某种原因（多是因与死者生前有某种难言的纠葛），此时以"挑礼"（即认为丧家慢待了自己，或程序不合礼数）的方式而搅闹，阻碍丧事正常进行。这是中国人的普遍陋习，不独京人。

nx 19　闹手

例（77　08）：大鼓锣架一瞧这个方向，知道症候有点儿闹手

注－闹手（nào shǒu）：难办、棘手。也作"绕手"。现罕闻此说。

nx20 闹头

例（60 13）：要是这档子事成啦，有个万儿八千的<u>闹头</u>

注－闹头（nào tour）：京俗语，此处指谓"值得一干（有利可图）"。"头"字轻声，儿化。

nx21 闹瞎事

例（75 12）：王先生虽然能奈有限，作派的倒不错。把眉毛一绉，把脑袋一歪……<u>闹</u>了半天的<u>瞎事</u>

注－闹瞎事（nào xiā shè*r）：毫无实际意义，专做出来为让别人看的事儿。"事"字儿化。

nx22 脑油

例（05 03）：这个说："练甚么吧，<u>脑油</u>。咱们这样儿的，还得的了哇。"

注－脑油（nào you）：京语有"闹油"一词，此处即其异写。陈钢先生所著《北京方言词典》收有"闹油儿"一词，释曰：①犹豫不定；②闹脾气。恐未确也。闹油是下层京人常说的一个词儿，"油"系指精液，闹油指因精液充盈、无处发泄而致行为失准；有时用作相互调侃语。原著此处是某乙嘲讽某甲要练射箭，意谓："你是闹油吧？干这不着调的事儿。"下层京人对类似意还有一个更直白的说法，叫"色（俗读shè）憋的"。

nei

nx23 那会儿

例（17 04）：你给他煮出来搁着，回头<u>那会儿</u>饿啦，炸着吃得啦

注－那会儿（néi huě*r）：什么时候。此处之"那"字今作"哪"，其演变沿革参见nx04条。"会"字上声，儿化。

nx24 那葫芦里的药

例（12 01）：单说善全听见刚才这套话，不知道是<u>那葫芦里的药</u>

注－那葫芦里的药（něi hú lu li de yào）：指谓（因不了解前因后果而）摸不着头脑，闹不清对方的真实意思。此处之"那"字今作"哪"，其演变沿革参见nx04条。"药"字也可儿化。

nx25　那当儿

例（14　15）：恒爷掏了一把钱（可不是铜子儿，<u>那当儿</u>还没兴呢）

注－那当儿（nèi dà~r）：那时候。"当"字去声，儿化。

nx26　那个事

例（38　21）：平常贴靴捧场，就是<u>那个事</u>。动了真章儿啦，谁管谁呀

注－那个事（nèi e shè*r）：也说"那么回事儿"。指不过是应个景儿，不能认真对待。"个"字读 e，是口型提示；"事"字儿化。

nx27　那在

例（69　22）：他有一个远亲，在山东德州开店，老先生就奔<u>那在</u>去了

注－那在（nèi ze*r）：那里、那个所在。"在"字读 ze*r，轻声。

nen

nx28　那们

例（09　03）：伊爷<u>那们</u>大的岁数儿，你打了人家俩嘴吧

注－那们（nèn me）：百年以前的京语白话小说中，"那么"一词多写作"那们"。"那"字读 nèn，"们"字系直音字；由此可知当时读音。此处"那们"一词系虚指代词，指谓某一不甚明确的（但也并非完全不确定的）事物。

nx29　那们我

例（15　03）：恒爷说："<u>那们我</u>走啦。"

注－那们我（nèm ḿ en）：此处意为"（若无其他事）那我就（如何）"，是京人常用语。"那"字读 nèn，"们"字今作"么"，此处读 m，是口型提示；当说得快即如此处所标示，连读为 nèm。此处因"们"字（读 m，是为双唇音）后是"我"字（读 wo，w 是圆唇元音），二者发音初始口型极为接近；京腔为求轻灵流畅，在此处又产生了一次连读。所以"那们我"实际会说成"那们呒么"，读为 nèm ḿ en（"呒么"一词参见《卷一·w30》条）。

neng

nx30　能为、能耐

例（50　02）：他有<u>能为</u>，把我发

啦。我有**能耐**，砍完了他，我给他抵偿

注－能 为、能 耐（néng wei、néng nei）：原著这一段是写旧京流氓"叫横儿"（大言挑衅）时的做派。"耐"字读 nei，轻声。详见《附录贰－23》。

ni

nx 31 你我他三

例（24 03）：你别这们**你我他三**的。……你阿玛我们都是发小儿

注－你我他三（ní wǒ tā sā）：旧京常用俗谚。京人讲礼数，对长辈一定要用尊称，即第二人称的"您"和第三人称的"怹"；三个人称代词（你我他）在长辈面前不可混同使用。原著此处是长辈指责晚辈出言无状、不辨长幼尊卑时所说。"你"字阳平；"三"字在此应为"仨"，"三个"之意，读 sā。

nx 32 腻

例（51 21）：胎里坏一瞧饿膈冯又回来了，心里这个**腻**，就不用提啦

注－腻（nì）：此处指厌烦。另：此词在京语中还特有如下之义：
①久滞而令人生厌。如：酒腻子（指谓弄上二两酒一盘煮花生在酒馆儿里一坐好几个钟头者）。
②对人黏糊得近于纠缠，也说起腻（常指男对女）。
③以膏状物涂抹，尤多指以污物涂抹。如婴儿拉了一炕屎外带打滚又弄了一身，谓之打屎腻。

nx 33 逆事

例（40 14）：正这儿说着呢，没想到又出了一件**逆事**

注－逆事（nì she*r）：不顺之事、倒霉事。严重而言，尚另有谋反、弑亲等义，现不闻此说。参见本卷之 nc 09 条。此处"事"字轻声，儿化，但若是谋逆弑亲一类，则不儿化。

nian

nx 34 捻子

例（49 18）：借着一件公事，使了个**捻子**，把冯先生就给革啦

注－捻子（niǎn zi）：在上司面前说人坏话，以达到败坏其名声乃至使其遭贬黜之目的。近年多说为"下捻儿、捻儿炮"，义同。

niao

nx35 尿遁

例（41 04）：我瞧见事情不好，**尿遁**里我就溜啦

注 - 尿遁（niào dùn）：中国民间原始宗教（如道教的某些派别）认为，有修炼者可借助于五行（金木水火土）而从此处消失，"遁"至彼处，谓之曰"×（金、木、水、火、土）遁"。最著名者如《封神演义》中之土行孙即善土遁，他只要一挨到地（土），便可消失（遁）得无影无踪。此处之尿遁是诙谐说法，指借着上厕所溜掉。

nie

nx36 捏着鼻子

例（82 14）：小文子儿满心不愿意，没有法子，**捏着鼻子**磕了三个头

注 - 捏着鼻子（niē re bí zi）：京俗语，谓不情不愿的、不得不（如何）。"着"字读 re，轻声。

nin

nx37 您请您的

例（11 07）：楞祥子说："老大爷，我送您家去罢。"伊老者说："不用，不用，**您几位请您的**吧。"

注 - 您请您的（nín qǐng nín de）：请自便。这是京人常用的客套话，用于谢绝他人的帮助。

nx38 您孙子孙女儿们

例（17 19）：伊太太说："你们大奶奶怎么没跟克呀？"楞祥子说："他那儿动的了身呢？打头有**您孙子孙女儿们**。"

注 - 您孙子孙女儿们（nín sūn zi sún nüe*r men）：原著中这是晚辈儿（楞祥子）对长辈（伊太太）所说的话，"孙子孙女"是祥子指自己的孩子。他与伊太太本来无血缘关系，这叫"指着孩子说"。之所以这样说是源于京人"拉近乎"的习惯，即愿拉近自己与交谈对象间的关系，显得亲近。

ning

n39 拧

例（31 04）：这位文管家可**拧**啦，多一步儿也不走，奉公守法，谨慎小心

注 - 拧（nìng）：京人习用说法，此处意为"正相反"。

nx 40　拧

例（27 24）：赶紧来到门口儿，这们一瞧，哈哈，**拧**啦，原来不是府里头车接来啦

注－拧（nǐng）：京人习用说法，此处意为"错了"，与前条意思差不多，总之都是否定之义。

niu

nx 41　钮儿

例（32 06）：小额穿的是汤绸大衫儿，夹纱坎肩儿，二**钮儿**上挂着伽蓝香的十八子儿

注－钮儿（niǔr）：中式衣服不用扣子，而是用纽襻儿，也叫钮儿。句中"二钮儿"即从上面数的第二个纽襻儿。

nu

nx 42　努

例（75 16）：心里发堵，嘴里发苦，脑袋发晕，眼睛发**努**

注－努（nǔ）：眼睛向外胀的感觉，是眼压升高的表现。要注意，此条之"堵、晕、努"三个动词都作形容词用。

O 部

ou

ox 01　怄气

例（13 05）：少奶奶就问，说："二爷，老爷子是跟谁**怄气**啦？"

注－怄气（òu qì）："殴"字现作"怄"，谓跟人闹别扭或自己生闷气。参见《元曲语汇 098》条。

P 部

pa

px 01　怕怕儿的

例（23 03）：那一溜儿街房都让他偷的**怕怕儿的**

注－怕怕儿的（pà pār de）：重复言之，突出怕的程度。后一"怕"字阳平，儿化。

px 02　怕是

例（72 19）：正在脊背当中，起了一个疙瘩……额大奶奶也毛啦，说："这个可**怕是**个搭背？"

注－怕是（pà r）：可能是、大概是（什么情况）。这是京人习用说法。"是"字读 r，是口型提示。

pai

px03 拍

例(05 09):又有一个山东儿,叼着个大烟袋锅子,直拍一个穷人

注 - 拍(pāi):大言恐吓。现多说"拍唬"(读音介于 hu、huo 之间),义同。

px04 拍花的

例(22 14):大奶奶说:"你别闹啦,你听门口儿拍花的要小孩子哪。"

注 - 拍花的(pāi huā de):拐小孩子的人。据说这种人有一种迷魂药,置于掌中在孤行的幼儿头上一拍,该儿即神志迷乱,随其行走。

px05 排老腔儿

例(24 01):善大爷本来就一脑门子气,又听他一排老腔儿,气更邪啦

注 - 排老腔儿(pāi lǎo qiā~r):也作"拍老腔儿",指对人用长辈的口吻说话,此词多少含点儿贬义。"排"字阴平。

px06 拍闷啦

例(29 01):小脑袋儿春子一瞧善大爷不言语啦,以为是让他们给拍闷啦呢

注 - 拍闷啦(pāi mēn le):"拍"字意谓大言恐吓;"啦"字在此处即"了"字,表示动词的完成时;是"已经被拍闷了",即吓唬住了之意。此词今仍常用。

px07 拍网子

例(58 12):胎里坏一听,那分儿乐,就不用提啦。心里说:"这个拍网子算打上了。"

注 - 拍网子(pāi wǎng zi):词义待考。

peng

px08 捧臭脚

例(02 04):又有些个不开眼的人这们一捧臭脚,小额可就自己疑惑的了不得啦

注 - 捧臭脚(pěng chòu jiǎo):指溜须拍马、阿谀逢迎。京语常用词汇。

pi

px09 霹雷立闪

例（29 06）：别说这点儿事，不怕您过意的话，三头六臂，红黄带子，<u>霹雷立闪</u>的事情，这个兄弟都了过

注－霹雷立闪（pī léi lì shǎn）：形容事情之严重可怖、惊心动魄。霹雷立闪是指击中地面目标，造成人畜伤亡、建筑物损坏的"落地雷"。这套话是地痞流氓在拍唬人时所惯用的说辞。

pian

px10 偏

例（14 12）：恒爷说："大奶奶，<u>偏</u>您饭啦。"

注－偏（piān）：京人客套话，先于他人吃饭时这样说。见《卷一·p14》条。

ping

px11 平

例（07 16）：一听青皮连要钱粮……说："老二，您将就着等一等儿吧。没过<u>平</u>呢。"

注－平（píng）：此处指银衡器天平，是称银两的专用衡器。如《儒林外史》一书第22回有"他这银子……又是市平，比钱平小一钱三分半"之说。

pu

px12 铺垫

例（46 01）：头一样儿，里头得<u>铺垫</u>好啦，先买个舒服是真的

注－铺垫（pū dian）：本意为铺床时将被褥放置妥帖，引申为预先做好准备。原著此处是说先花钱买通狱方，让小额在狱中少受点儿罪。"垫"字轻声。

Q 部

qi

qx01 起打

例（97 28）：小额<u>起打</u>一病，好几天没正经吃东西

注－起打（qī dǎ）：京人谓"自从（何时起）"为起打。此处"起"字阳平。

qx02 起

例（39 11）：就听底下人说："栓大爷来啦。"就瞧大栓子<u>起</u>外头跑进来

注－起（qǐ）：京人谓"从（何而来）"为起（何而来）。综合以上

两条可知，百年前京人口语中的介词"从"，无论是作为引进动作行为的时间起点，抑或是处所范围的变化的起点，一般都说成"起"（更土点的读 qiě 或 jiě）。

qx 03　起病

例（100　16）：亲友知道小额病好啦，大家都要给小额<u>起病</u>

注－起病（qǐ bìng）：祝贺久病初愈，亲朋好友在一起聚一聚，吃顿饭。

qx 04　起了黑票

例（45　02）：他自己起了贼尾子啦，收拾了收拾，半夜里就<u>起了黑票</u>啦

注－起了黑票（qǐ le hēi piào）："起"字在此处意为领取，"票"指火车票，而"黑票"指夜车票。起了黑票是调侃语，并非真指坐夜车，实指乘夜逃走。按：原著成书于1907年，那时北京已通火车数年。

qx 05　起腻

例（49　07）：前门西啦一带，不认识他的真少少儿的。整天的在那里<u>起腻</u>

注－起腻（qǐ nì）："腻"字义见 nx 32 条之②，此处专指男人对女人涎皮赖脸、纠缠不休式的调情。

另：句中所说"前门西啦"是指前门外以西，即所谓的"八大胡同"（石头胡同、陕西巷、韩家潭等）。那里是旧京红灯区，妓院林立，实乃铄金销魂处。

qx 06　气死抬杠的，不让车豁子

例（49　05）：专会玩笑。……玩上笑下贱极啦……<u>气死抬杠的，不让车豁子</u>

注－气死抬杠的，不让车豁子：（qì sǐ tái gàng de, bú ràng chē huō zi）：形容满口污言秽语，极其下流。原著此处"玩上笑下贱极啦"有误，应为"玩笑上下贱极啦"。按：旧京谚：车船店脚牙，无罪都该杀。是说这些行当的人品行多有不端。至于"抬杠的（殡葬业者）"，其语言也多涉下流。若污浊超过这些人，其不堪可想而知。"车豁子"一词见《卷一·c16》条。

qx 07　气儿啦

例（09 02）：青皮连把老者推到，他还直不依不饶。这个时候儿，大家伙儿把老者搀起来，可全都**气儿啦**

注 - 气儿啦（qiè*r la）：京人习用说法"生气了"。"啦"字读音介于 la、le 之间，轻声。

qian

qx 08　签子

例（34 06）：左边儿另飞了一个**签子**，是"外定双子"

注 - 签子（qiān zi）：此处指演出海报边儿上所附之写有补充性说明的纸条，这是当时的习惯说法。"签子"一词也指各种类似作用的小纸条。

qx 09　钱粮

例（06 05）：咱们旗人是结啦，关这个豆儿大的**钱粮**，简直的不够喝凉水的

注 - 钱粮（qián liang）：清代旗人从政府领取的粮饷。详见《卷一·q12》条。

qx 10　钱粮

例（80 10）：原来这档子仪注……是一份**钱粮**，一股高香，三碟儿炉食饽饽

注 - 钱粮（lián liang）：原著此处指请神仪式中所烧的纸钱（黄表纸所制，亦称黄钱）。"钱粮"一词在此已演变为"钱"的代名词，而非原意了。

qx 11　钱粮包儿

例（01 12）：要说他的财主，每月的**钱粮包儿**，真进个一千包儿、两千包儿的

注 - 钱粮包儿（qián ling bāor）：发钱粮（银两）时，按各人所应分的份额分好份儿，装在写好名字的小包儿内，此种包称为"钱粮包儿"。此处"粮"字读为 ling，轻声。

qx 12　钱粮头儿上

例（03 03）：每月**钱粮头儿上**，喝，手下的碎催可忙啦

注 - 钱粮头儿上（qián ling tóur reng）：发钱粮的日子。"××

头儿上"是京语习用说法,意谓"(××的)关键时刻"。此处"粮"字读 ling,轻声;"上"字读 reng,轻声。

qx 13　前三门

例(57 07):随后改行当小绺,竟在<u>前三门</u>一带混混

注 - 前三门(qián sān mén):指北京内城南面的三座城门,即正阳门(俗称前门)、崇文门(哈德门)及宣武门(顺治门)。详见《卷一·q 13》条。

qx 14　前三抢儿

例(54 08):<u>前三抢儿</u>已经让人家给抄了去啦

注 - 前三抢儿(qián sān qiǎ~r):眼面前儿需要立即处理的事儿;此处为引申义,指先下手之所得。此词另指刚到一个地方,为了给别人留下好印象而努力工作,争取一个好的开端;对此现多说成"前三脚踹开"。

qiao

qx 15　瞧

例(74 03):可是单有一拨儿爱找他<u>瞧</u>的……因为他门脉钱是六百钱,比别人贱点儿

注 - 瞧(qiáo):京人习称"看"为"瞧"。原著此处之"瞧"指看病。

qx 16　巧当儿

例(65 13):后来出了这档子上吊的事情,算是得了个<u>巧当儿</u>,把他们放出来啦

注 - 巧当儿(qiǎo diè*r):京俗语,原意为"非常规的巧妙办法",此处引申义为"(某事)正好赶上、恰逢其时"。"当儿"读 diè*r,也有说"巧宗儿"的。《儿女英雄传》中作"巧的儿"(见《卷一·q 21》条),音、义均同而写法稍异。此类说法今似已不闻。

qx 17　俏事

例(46 24):素日瞧着额家有钱,总想法子要吃一口,好容易遇见这当子<u>俏事</u>啦,真是肥猪拱门

注 - 俏事(qiào shè*r):此处指有便宜的事情。京语中的"俏"字有很广泛的用途,举凡褒义处多可以其代之。

qie

qx 18　伽南香

例（96　01）：二钮儿上带着<u>伽南香</u>的十八子儿，左手大拇指上带着伽南香的搬指儿

注－伽南香（qié nán xiāng）：即沉香。系一种常绿乔木在某种特殊条件下，经多年沉积而形成的一种复合体。其质地坚硬，有香气，是贵重的熏香料。也叫"奇南香"。

qx 19　且

例（17　05）：三爷善合带着秃儿，<u>且</u>外头买了一大捧樱桃来

注－且（qiě）：义同 qx 02 条之"起"。旧时京人较土的口语不说从何而来，而说"且"或"起"何而来；还有读为 jiě 音的。今已少有这样说的了。

qing

qx 20　青皮、耍青皮

例（04　05）：他手下有个跑账的小连，外号叫<u>青皮</u>连，没事竟<u>耍青皮</u>

注－青皮（qīng pí）：陈刚先生所著《北京方言词典》一书中注为：①无赖汉；②泼悍，不说理。但愚窃以为有时程度应较此更甚，指穷凶极恶、随时敢玩儿命的痞态无赖之辈。

耍青皮（shuǎ qīng pí）：指青皮在施展他那一套伎俩。

qx 21　青字儿

例（26　04）：登时抓了把<u>青字儿</u>（就是刀），跑到人家门口儿一骂

注－青字儿（qīng zè*r）：原著的夹注（括号中字）已说明"就是刀"。也叫"青子"（qīng zi）。这是"春点"（江湖隐语），下层人士也有这样说的。

qx 22　请安

例（10　06）：明儿个我们哥儿几个必带他到您府上给您<u>请安</u>去

注－请安（qǐng ān）：旗礼。详见《附录贰－03》及《卷一·q34》条。

qx 23　请了一路安

例（11　11）：善全给那大叔、凤大爷、祥大哥、文三哥等等<u>请了</u>

一路安

注－请了一路安（qǐng le yí lù ān）：顺序分别给各人请安。这样一丝不苟的尽礼数是家教好的表现。

qx24　请罗圈儿安

例（10 09）：摆斜荣跟小脑袋儿春子又给大家伙儿请了个**罗圈儿安**

注－请罗圈儿安（qǐng luó quār ān）：打千儿时（见《卷一·q34》条），仅在向前俯身阶段以头和肩部向左右虚扭晃两下，便算给大家都请过安了。这是礼数不周、没有教养的表现，也是那时下层旗人群体中的常见情况。比较此条与上条，可以清晰地看出不同阶层旗人的不同风貌。

qx25　请请儿

例（102 01）：编小说的还要请他……**不请请儿**他下得去吗

注－请请儿（qíng qie~r）：原著此处是说请吃饭。此词不仅限于请吃饭，一方出钱让别人享用都可以这么说。前一"请"字阳平，后一"请"字儿化，轻声。

qx26　请着

例（30 03）：诸位**请着**，有甚么事，我姓文的接着

注－请着（qǐng zhe）：请（回去、各忙各的去）。这是京人口语习用说法。

qiong

qx27　穷汉子吃药，富汉子还钱

例（102 14）：**穷汉子吃药，富汉子还钱**，我挣你这几个钱，我可没都肥己……我竟等着遇见买不起药的主儿，白送给他呢

注－穷汉子吃药，富汉子还钱（qiǒng hàn zi chī yào, fù hàn zi huán qián）：此系当时医家谚，也说不好是医者仁心，还是奸商遮臊（zhě sào，京俗语，谓美化自己的不端行为）。

qiu

qx28　求爷爷告奶奶

例（26 13）：黑老婆儿可接不住啦，满世界**求爷爷告奶奶**，请安磕头

注－求爷爷告奶奶（qiú yé ye gào nǎi nei）：谓哀求状。北方语

系地区多有此说。后一"爷"字轻声；后一"奶"字读音介于 nei、nɑi 之间，轻声。

qu

qx29　屈心

例（45　16）：胎里坏说："是，是，我今天一听见，到如今心里还堵的荒哪（<u>屈心</u>、胡说，他）。"

注 - 屈心（qū xīn）：京人口语习将"亏心"说成"屈心"。括号中语系原著夹批。

qx30　去

例（62　11）：李顺就棍打腿……还朦了十五两银子<u>去</u>

注 - 去（qi）：京语将用在动宾词组之后（如本例句中"朦了十五两银子"），表示该行为的目的或结果的"去"字变读为 qi，轻声。

que

qx31　缺底

例（50　04）：饿膈冯<u>缺底</u>也倒出去啦

注 - 缺底（quē dǐ）：音义均不详。音暂按其本音标注；"缺"字可能是补缺的略说，"缺底"即在职时所积累的家底儿（财产）。今无此说法。

R 部

rɑn

rx01　然也没然

例（30　05）：大家伙儿说完了，连善大爷<u>然也没然</u>，摇头晃脑的得意洋洋的去了

注 - 然也没然（rán ye méi rán）："然"是"然茬儿"之略说，意为"应答对方之所言"；此词多用于否定句中。原著此处意指"理也不理"。"也"字轻声。按：然，叹词，表示应答。清郝懿行《尔雅义疏·释言》："然者声近唉，今顺天人谓然为唉。"则据此看来，此处"然"字读音近于 ai。此读音我没听见过，不知确否。

rɑng

rx02　让我

例（71　15）：小额说："回头都<u>让我</u>吧。"明五爷说："那不行。今天都得让我。"

注 - 让我（ràng wǒ）：原著此处是写刚打完官司的双方在戏园子不期而遇，还要争着给对方付钱。这是京人尤其是旗人的虚礼。不

管多腻歪,还要摆这个虚礼儿,否则就觉得没面子。

ren

rx03 人家

例(20 21):**人家**好容易放学啦。上回放学,您说带我听戏……说去又没去

注 – 人家(rén jie):此处即是第一人称我,京中女孩子多如此说,有示人娇媚意。小男孩这么说,也有点儿撒娇的意思。原著中此语为善合所言,其年龄应在15岁以下,又是老儿子(排行最小的),所以说话撒娇。可参阅《卷一·r11》条。"家"字读jie,轻声。

rx04 人家

例(54 08):前三抢儿已经让**人家**给抄了去啦

注 – 人家(rén jie):此处指"别人",与上一条字、音同而义异。可参阅《卷一·r09》之②条。

rx05 人家给了去

例(48 02):算是稿明白了一千三百两银子,**人家给了去**

注 – 人家给了去(rén jie géi liǎo qù):系"给人家去了"之宾语前置句型。宾语前置是古汉语、尤其是先秦语的常见句型结构,粤语中尚有较多保留,京语中罕见。此处之所以这样说,是为了强调句中的意思(钱都给了人家,我没有从中克扣)。"人家"一词音、义同上条;"给"字阳平;"了、去"读本音,不可轻声。

rx06 忍

例(23 05):光棍子爷儿俩时在烟馆里**忍**着哪

注 – 忍(rěn):此处忍字意为(临时凑合着)居住。

rx07 忍一忍儿

例(79 22):老爷整闹了一夜,刚睡着。太太也是刚**忍一忍儿**

注 – 忍一忍儿(rén re*r):此处忍字意为睡(谓语,动词);"一忍儿"意谓(短时间睡的)一小觉儿,是为宾语(名词)。此词在京腔口语中"一"字不发音,前一"忍"字阳平(其实是半上声,参阅《附录壹–11》条),后一"忍"字轻声,儿化。

rx08　任落子没有

例（102　12）：少峰，你这个病，要是个**任落子没有**的穷人害，哈哈，十吊大钱，我管保他好

注－任落子没有（rèn lào zi méi yǒu）：一无所有，此为京人常用说法。"落子"的语源不详。

rx09　任甚么也没还出来

例（68　18）：善大爷……听了小额这一套，**任甚么也没还出来**

注－任甚么也没还出来（rèn már yě méi huán chū lái）：原著这里是说善大爷一派文人气，遇见小额这种流氓的外场口白儿，干生气说不出话来。"任甚么（如何）"是京人常用说法，口语读音如以上所标注；"还"字指还嘴、回答。

rx10　任话没说

例（39　17）：打的顺嘴流血……**任话没说**，就收了四间啦

注－任话没说（rèn huà méi shuō）：此处之"任"字，旧小说中多作"恁"（nèn），是为代词，用以对其所指代的名词（此处为"话"）加以强调。

ruan

rx11　软白子

例（10　07）：伊老者让这块料这们一**软白子**，简直更说不出甚么来啦

注－软白子（ruǎn bái zi）：此处之白子（江湖语，也叫白条子）指刀。软白子即软刀子，是指软中有硬、绵里藏针的话。原著中是写流氓打了伊老者之后又来向伊老者假赔礼道歉；但所说的话又句句都是流氓腔，呿喀（京中俗语，意为讥讽、嘲弄、数落，读 qié ke）老实人，所以说像软刀子。

S 部

sa

sx01　撒开了

例（46　22）：额大奶奶**撒开了**这们一求他，哈哈，胎里坏是更得了意啦

注－撒开了（sā kār lou）：也说"敞开了"，此处意谓无限度的（如何）。"开"字儿化，"了"字读 lou。

sx 02　撒开往饱了

例（51　25）：冯先生去后，胎里坏得着便宜烟了，<u>撒开往饱了</u>这们一抽

注－撒开往饱了（sā kār wáng bǎo lou）：与上一条义同而程度尤甚。"开"字儿化，"往"字阳平，"了"字读 lou。

sx 03　撒了

例（67　13）：额家母子是千恩万谢，请安磕头，<u>撒了</u>这们一栽培

注－撒了（sā lē*r）：旧京俗语，此处意为敞开了、无保留的。另外此词还有抓紧、不磨蹭之意，东北话中也有此说法。又：原著此处也可能是脱一"开"字，亦即"撒开了"；则其义同前两条。

sx 04　洒熏香

例（57　18）：小红儿在监里头一<u>洒</u>这个<u>熏香</u>，楞说："听见信啦。小额这个官司有信要完。"

注－洒熏香（sǎ xùn xiang）：熏香也叫迷香。旧时有盗贼在夜入民宅偷盗前先燃放一种含麻醉剂药物的香，即所谓熏香（迷香），使被盗者吸入后很长时间昏迷不醒。此处指散布假消息。

san

sx 05　三家儿半、三节两寿

例（43　04）：虽然是匪类出身，可还有<u>三家儿半</u>上样的亲友……<u>三节两寿</u>，也真追往

注－三家儿半（sān jiār bàn）：若干家。说"半"含揶揄意，参阅 bx 01 条。

三节两寿（sān jié liǎng shòu）：具体所指众说纷纭，总之是指节日寿诞罢。

sx 06　三青子

例（08　05）：青皮连说："……姓连的没受过这个。"紧接着，又说了些个<u>三青子</u>的话

注－三青子（sān qīng ze）：与"青皮"义同，参见 qx 20 条。

sx 07　散

例（86　10）：你们要是愿意，就这们办，不愿意就<u>散</u>

注－散（sàn）：作罢。现一般写作"算了"，但京语仍读为 sàn

le。

sha

sx 08 傻啦

例(91 16)：老先生一听,**傻啦**(必以为是人家知道了)

注 - 傻啦(shǎ le)：京人习用说法,谓人听到出乎意料的负面消息时的愕然神态。"啦"字读 le。

shan

sx 09 山东儿

例(05 09)：又有一个**山东儿**,刁着个大烟袋锅子,直拍一个穷人

注 - 山东儿(shān dū~r)：旧时京人称山东人为山东儿,亦说老山东儿,更称其为侉子。详见《附录贰 - 24》。

sx 10 山跳动

例(28 26)：就瞧这把子碎催鸡一嘴鸭一嘴,乱乱哄哄这们一路**山跳动**

注 - 山跳动(shān tiào dong)：京语形容某事物程度之甚,常用"山"字。如山响、山叫、山哨(京人谓所养鸣禽之鸣声为"哨",并用以讥讽人所说的不实之言、无稽之谈;"山哨"义近今之所谓"砍大山")等。"山跳动"即指"这把子碎催"煽风点火、上蹿下跳的丑态。

shang

sx 11 晌午歪

例(05 06)：上回说过平,就闹了一个**晌午歪**。瞧这方向,又不定多早晚儿呢

注 - 晌午歪(shǎng wei)：指午后(13点左右)。"午歪"二字合读 wei,轻声。

sx 12 上赶着

例(43 04)：虽然是匪类出身,可还有三家儿半上样的亲友,可都是他**上赶着**跟人家走的

注 - 上赶着(shàng gǎn zhe)：巴结逢迎状。"着"字轻声。此词今仍流行。

sx 13 上岗儿

例(80 03)：额大奶奶让他上坐,香头王也不谦让,居然的**上岗儿**一坐

注 - 上岗儿(shàng gǎ~r)：这可能是当时俗语,即"上座"的意

思。今未闻。"岗"字也可能是"坎"字的音转或讹写,"上坎儿"(指上峰方面)的说法,至今在北京西北郊区一带仍存。

sx 14　上交

例(39　15):这案又是王爷的<u>上交</u>。简直的说,花钱买个舒服儿都不行

注 - 上交(shàng jiāor):此处不可按字面理解为"上面交代下来的"之意,其实这是下层京人常用的说法,就是"上面、上司"之意,"交"字儿化。"××的上交"就是"××是(主抓此事的)上司"之意。参见《附录贰 - 25》。

sx 15　上上

例(97　22):自打<u>上上</u>药,可也真做脸,居然疼的就好点儿

注 - 上上(shàng sheng):前一"上"字为及物动词,是涂抹(药)之意;后"上"字为趋向动词,此处作补语用,表示物体随动作移动的方向。后"上"字变读为sheng,轻声;说得快时读r,是口型提示。参阅《卷一·s27》条。

京语常用此种"×上"(×为及物动词)的说法,其中"上"字或为趋向动词(如本条);或表示其前面及物动词之时态(一般为现在进行时,如:吃上了)。

sx 16　上样

例(43　04):虽然是匪类出身,可还有三家儿半<u>上样</u>的亲友

注 - 上样(shàng yà~r):够点儿档次,像个样儿的。

shao

sx 17　少大爷

例(62　23):<u>少大爷</u>这回事情,真麻烦。都老爷是一死儿的咬牙

注 - 少大爷(shào da yé):旧时京中对别人家已成年儿子的常用称呼法。"大"字读音介于 da、de 之间,轻声;"爷"字读本音,不可变调、儿化。

shei

sx 18　谁跟谁

例(09　12):乐得的多一事不如少一事,<u>谁跟谁</u>关心哪

注 - 谁跟谁(shéi gen shéi):这样的读音,是有感慨意,表示谁也不真的关心谁;但若读为 shéi gēn

shei，则是言者对朋友当面标榜二人友谊牢不可破。常闻"咱哥们儿谁跟谁（shéi gēn shei）呀"之说。

sx 19　谁还敢……是怎么着

例（38　14）：您自管放心，没事。**谁还敢**动我们爷儿们**是怎么着**

注－谁还敢……是怎么着（shéi hái gǎn…shì zěn m zhāo）：用反诘句表示"谅谁也不敢（如何）"，京人常用的自夸语。"么"字读m，是口型提示；"着"字读zhāo，以彰显自得满满状；若读轻了，便觉底气不足。

shen

sx 20　甚么

例（01　05）：庚子以前，北京城的现象……称得起**甚么**德行都有

注－甚么（shén me）：今作"什么"，这是在二十世纪二三十年代才开始改变的。其实按字义而言，"甚么"比"什么"更合理、贴切；但可能是因为什字好写，最后约定俗成，舍甚而取什焉。

sx 21　神偷一枝梅

例（23　03）：他这位少爷比他还亡道，真是**神偷一枝梅**，那一溜儿街房都让他偷的怕怕儿的

注－神偷一枝梅（shén tōu yì zhi méi）：这是《二刻拍案惊奇》卷三十九中的人物，此处仅是说这位少爷品质之坏，与原故事无关。但"神偷一枝梅"的故事家喻户晓，所以成了一个专有名词，在京语中作为惯偷的代称。"偷"字也可儿化，"枝"字轻声。

sx 22　神像儿

例（11　14）：善全一瞧这个**神像儿**，知道是有甚么事

注－神像儿（shén xia~r）：表情神态。现在京中年轻人已无此说法。"像"字轻声，儿化。

shi

sx 23　师老爷

例（30　14）：今天老爷请客，说是请**师老爷**作陪

注－师老爷（shī lǎo ye）：官宦人家对所请教师的尊称。

sx24 失照

例（35 03）：实在的没瞧见兄弟，**失照**，失照

注－失照（shī zhào）：此处"照"字其实是江湖语招子（眼睛）的转说，失照即没看见。这是旧京下层人士的客气话，含点儿道歉的意味；上层社会不用这类说法。

sx25 十八子儿

例（96 01）：二钮儿上戴着伽南香的**十八子儿**

注－十八子儿（shí bā zhě*r）：用十八颗珠子串的佛珠。见《附录贰－26》。

sx26 时气儿

例（78 01）：别惹事啦。咱们爷儿这个**时气儿**，忍着点儿吧

注－时气儿（shí qiè*r）：时运。详见《卷一·q10》条。

sx27 使唤

例（12 04）：原来伊老者家中一共是八口人……**使唤**着一个老婆子

注－使唤（shǐ huan）：役使。旧京将女性家政服务人员称老妈子，当面按该人之姓氏叫"×妈"；男性则视其年龄大小称为老×或小×（×为该人之姓氏）。这里说"老婆子"是因其年龄较大。参见《卷一·s54》条。

sx28 是

例（60 11）：要说他那一份虚假，真比**是**人都大

注－是（shì）：此处意指"所有的"，是其后名词的定语。此为京人口语惯用说法。另外还有一种用法，是在判断句中。如：不论好坏，是酒就喝。此时意为"只要是（就如何）"；此类句式中，"是"字后面有判断语（肯定或否定）。

sx29 是……的

例（67 01）：小额先头啦那个夫人儿，还**是**明五爷**的**媒人哪

注－是……的（shì…de）：京人习用说法，此处之"的"字，是"做的、主持的"之省略说法。类似句子在京人口语中常见，至今

亦然。

sx30　事缓则圆

例（42　22）：反正**事缓则圆**，哭会子当不了甚么

注－事缓则圆（shì huǎn zé yuán）：遇事莫急，仔细考虑好，一步步按部就班地去办，才能圆满解决。也作"事款则圆"。参阅《卷一·s60》条。

sx31　是了就是了

例（67　16）：后来伊老者说："**是了就是了**，何必跟小人一死儿结仇呢。"

注－是了就是了（shì liǎo jiù shi liǎo）：能解决就得了。有见好就收，不要继续纠缠之意。此处"了"字意谓解决，读 liǎo；"是"字轻声。

sx32　事由儿

例（55　12）：再说，哥哥素日的**事由儿**，谁不知道

注－事由儿（shì yóur）：此处意指行径、作为。此词更常用的意思是原因、事情，也有时引申为工作之意（如：找个事由儿干）。参阅《卷一·s66》条。

sx33　是真的

例（46　01）：头一样儿，里头得铺垫好啦，先买个舒服**是真的**

注－是真的（shì zhēn de）：京语常用说法，指谓（某事）是首要的、有实际意义的、应优先进行的。

shou

sx34　手彩儿

例（70　19）：至于王亲家跟赵华臣使的那点儿**手彩儿**，小额也明白啦

注－手彩儿（shóu cǎr）：原意是指变戏法所用的手法，此处为引申义，指骗人的那点儿把戏。

sx35　熟脸儿

例（36　16）：就瞧过来几个人，都是翼里当差使的，还有两个**熟脸儿**

注－熟脸儿（shóu liǎr）：京人谓虽算不上是朋友，但因常见面相互知道为熟脸儿。熟脸儿不能认为就是熟人（较熟人疏远），关

系再远点儿叫半熟脸儿。

sx36 受累
例（58 17）：您这份受累，等到您大哥出来，再给您道乏
注－受累（shòu lèi）：这是京人使用频率最高的客套话之一，意谓"您辛苦啦、劳动您（如何）啦"。

shu

sx37 属狗的，打胜不打败
例（41 12）：平常没事的时候儿……狗仗人事……赶到楼子一出来，您瞧吧，属狗的，打胜不打败……全不露面儿啦
注－属狗的，打胜不打败（shú gǒu de, dǎ shèng bu dǎ bài）：京俗谚。原著此处是讽刺小额手下那帮流氓像群狗一样，占上风时都汪汪的挺欢；一有娄子（见lx65条），就作鸟兽散啦。

sx38 秫秸库儿
例（82 27）：七个秫秸库儿啦
注－秫秸库（shú jie kùr）：秫秸即秫秫，去穗的高粱秆儿；秫秸库（也作秫秸空儿）即将秫秸秆儿柔软的心部去除后之空管状的

外皮。旧京小儿将秫秸秆儿称"甜秆儿"（"秆"读阴平儿化），盖因其柔软心部味甜，小儿取之咀嚼。参见《附录贰－27》。

sx39 数数落落
例（42 13）：小文子儿的媳妇……心里一难受，回到自己的屋子里，数数落落的就哭起来了
注－数数落落（shú shu lāo lāo）：女人一哭就要数说事由儿，古今中外概莫能外。前"数"字阳平，后"数"字轻声；"落"字阴平。

sx40 数凤凰的，无宝不落
例（46 24）：再说这位王亲家，也是数凤凰的，无宝不落
注－数凤凰的，无宝不落（shǔ fèng huang de, wú bǎo bú lào）：旧京俗谚，义同"无利不起早"。"凰的"二字轻声；"不"字阳平；"落"字读 lào。

sx41 数落
例（22 09）：就瞧二爷善全直哭，大爷那儿直数落他

注－数落（shǔ lou）：指斥、责备。"落"字读音介于 lou、luo 之间，轻声。

sx42　恕我眼拙

例（35 08）：兄弟，你可真得**恕我的眼拙**

注－恕我眼拙（shù wó yǎn zhuó）：京人常用的客套话，当一时认不出对方是谁时这样说。"我"字阳平。

shua

sx43　刷

例（70 01）：某绅士家在州里，把他老兄就**刷**下来了。登时拿到当堂

注－刷（shuā）：京语谓某种资质被取消为"刷"。此处指告下来，被拿办了。

sx44　耍骨头

例（04 09）：到了旗、营关钱粮，变着法子跟人家**耍骨头**

注－耍骨头（shuǎ gú tou）：京俗语，原著此处指耍无赖。另也有时指在女人面前心存歹念的调笑、或指耍奸猾，也用于说小儿向大人撒赖；旧时在他人红白喜事、买卖开张时，敲打着哈拐巴（见《卷一·h03》条）、唱数来宝讨钱的乞丐也被称为耍骨头。

shuai

sx45　率料子

例（18 08）：硬打软熟和是怎么着？……**率料子**活，我简直的伺候不着

注－率料子（shuāi liē zi）：语焉不详，现京语中与此音近者列之如下：

①甩脸子，（有意让人看出的）显露不满、鄙夷乃至怒容。

②甩咧子（也作"摔咧子"），说点子冷嘲热讽、指桑骂槐的话（京语也叫"片儿汤话"），让对方听了干生气但又不好发作。

原著这里"率料子"或指"硬打软熟和"，即软硬兼施？请读者自揣摩之。此处按"摔咧子"注音。

sx46　摔私跤

例（09 05）：有一位帮办领催姓祥，是个**摔私跤**出身

注－摔私跤（shuāi sī jiāo）：旗人重摔跤，将其作为军人的重要技

能之一。其正式名称为相扑（此称唐宋之际甚至更早即已有之，日本之"大相扑"名称亦源于此），有清一代，官方办有"善扑营"，即国家摔跤队，皇上常亲临视察，观看比赛。营分东西二部，布库（满语：摔跤者）有一、二、三等。这里所谓摔私跤，即并非善扑营的布库，而只是自己练习。如果水平够高，也可能到善扑营候补。参见《满蒙语汇贰-12》。

shuang

sx 47　爽得

例（51 07）：咱们哥儿俩，<u>爽得</u>亮盒子摇

注－爽得（shuǎng de）：现在说"索性"。详见《卷一·s108》条。

shui

sx 48　水臌、噎膈

例（80 05）：王香头大开演说……某处的<u>水臌</u>是他给人治好了的，某处的<u>噎膈</u>也是他治好了的

注－水臌（shuí gǔ）：指腹积水一类的疾病。"水"字阳平。
噎膈（yē gé）：指食道癌一类无法进食的疾病。

shun

sx 49　顺

例（77 12）：竟往腰柜里<u>顺</u>钱，让人家给辞出来啦

注－顺（shùn）：顺手牵羊、偷拿之意。京语惯用说法儿。

shuo

sx 50　说岔了

例（77 17）：从先就闹过好几次吵子，这天跟小文子儿又<u>说岔了</u>

注－说岔了（shuō chǎ le）：说的不对付，争执起来了。"岔"字上声。

sx 51　说的这块儿

例（08 08）：伊老者说："依着我，要管教管教你"。<u>说的这块儿</u>，伊老者可就站起来啦

注－说的这块儿（shuō de zhèi kuar）：京口语中，当"到"字在动词后、方位词或名词前时，多读为 de，是为"着、到、在"等义。原著此处即直音写作"的"，是谓"到（何处、何时）"。此说法由来已久，如宋王安石《饮酒》诗："黄昏独倚春风立，看却飞花触地愁。"触地意谓触到、触着。

参见《元曲语汇099》条。

sx 52　说话的这功夫

例（19 09）：**说话的这功夫**，天已经是黑啦

注－说话的这功夫（shuǒ huà rei gong fe*r）：京人常用口语，"就在此时"之意。"的这"二字合读 rei，"功"字轻声，"夫"字读 fe*r，轻声。

si

sx 53　四间

例（39 17）：任话没说，就收了**四间**啦

注－四间（sì jiān）：这可能是当时某一监狱的编号或简称。当时可能京中人人皆知，而今不详矣。

sx 54　似披虱袄，如坐针毡

例（71 05）：小额一瞧，登时**似披虱袄，如坐针毡**⋯⋯那一份子难受

注－似披虱袄，如坐针毡（sì pī shī ǎo，rú zuò zhēn zhān）：这是当时说书用的词儿。"似披虱袄"一词较"如坐针毡"生动多了，这么精彩的京俗语现在没人用了，怪可惜了儿的。

sx 55　四围

例（97 11）：您这疙瘩⋯⋯用这个膏子药和面子药上在**四围**

注－四围（sì wéi）：旧时京人口语中多将周围说成四围。

song

sx 56　㞞

例（50 01）：后来吹出风来，跟钱锈要拼命。钱锈又**㞞**啦

注－㞞（sóng）：此处意为怯懦、退缩。"㞞"其实是"尿"或"㩝"字。详见《附录贰－28》。

sx 57　㞞疙瘩

例（99 24）：这个**㞞疙瘩**老不收口儿，我真有点儿着急

注－㞞疙瘩（sóng gē de）："㞞"字音义同上条，此处引申为"可厌、可憎"之意。"瘩"字读 de，轻声。

sx 58　㞞女人

例（27 04）：我皆因听这个**㞞女人**的话，这场儿官司把我小子给惩治苦啦

注－愯女人（sóng nǔ ren）：此处之"愯"字实应为"倯"，庸贱、懒惰之意。《輏轩使者绝代语释别国方言》卷三："庸谓之倯。"郭璞注："今陇右人名㜝为倯。"戴震疏证："㜝即古嬾字。"

sx59 送佛归殿

例（29 08）：给我们一句干脆的话。了的了，我们了，了不了，**送佛归殿**，有你们的事在，好善哥的话

注－送佛归殿（sòng fo guī diàn）：京俗语，意谓"各到自己应在的位置（干该干的事）"。另有"是神的归庙，是鬼的归坟"一说亦为此义，但更生动些。按：原著这段话恐有衍倒讹夺，语义不明确。大致是一种威胁语气，是说："如果你们不接受说合（即'了不了'），那咱们走着瞧。"这一段注释本与影印本的句读不同，此处按影印本录之，以尽量保持原貌。

su

sx60 俗啦

例（66 16）：皆因性情耿直，永远不懂得应酬钻干，所以一个护军参领，就老了隐啦。不然副都统早当**俗啦**

注－俗啦（sú le）：此处意指"不新鲜、足够了"。"啦"字读 le。此说法今仍存。

sx61 素常

例（08 13）：你说伊老者**素常**得人，为甚么青皮连跟他打架，旁边儿的人会不管劝劝呢

注－素常（sù cháng）：日常、平常，旧时京人口语多说为素常。

suan

sx62 算算

例（84 02）：您**算算**，羊粪……在火上这们一焙，喝，这种气味

注－算算（suàn sun）：旧时京人口语中，想想多说成算算。后一"算"字轻声，读音介于 sun、suan 之间。

sui

sx63 碎催

例（03 03）：每月钱粮头儿上，喝，手下的**碎催**可忙啦

注－碎催（suì cuī）：干勤杂活儿的下等用人，贬义。此词今仍见

用。

sun

sx 64　损

例（25　08）：自己爷们儿，你怎么<u>损</u>起我来啦

注－损（sǔn）：京人谓挖苦、讥讽为损。

suo

sx 65　所

例（39　21）：大栓子说完了，额大奶奶<u>所</u>傻啦

注－所（suó）：旧京俗语。"所"字的此类用法，至少有五十年以上未见了。常见语义有四：
① 绝然、完全、彻底的（如何）。
② 必然、一定的（会如何）。
③ 索性、干脆（就如何）。
④ 越来越（如何）。
此处为③义，"所"字此处读为阳平（上声连读）。

sx 66　所

例（20　12）：皆因是心里有事，前半夜<u>所</u>没睡

注－所（suǒ）：此处为s65条之①义。

sx 67　所

例（80　01）：要是如今，走在街上，巡警<u>所</u>得干涉

注－所（suǒ）：此处为s65条之②义。

sx 68　所

例（78　07）：额大奶奶一看小额的病加紧，<u>所</u>不得主意，不知道请谁瞧好啦

注－所（suǒ）：此处为s65条之③义。

sx 69　所

例（103　28）：让堂官给奏参革职啦……混的<u>所</u>不成啦

注－所（suǎ）：此处为s65条之④义。

T 部

ta

tx 01　他老先生

例（39　06）：今天听见老爷遭了事啦，又瞧见太太干害怕没主意，<u>他老先生</u>就开了演说啦

注－他老先生（tā lǎo xian

reng）：原著多处用此词，均为揶揄之意。"先"字轻声；"生"字读 reng，轻声。另：句中"演说"一词，系二十世纪初从日语而来的外来词词汇。

tai

tx02 抬杠

例（28 11）：我们连大兄弟跟您家里的老爷子，他们老爷儿俩**抬**了两句**杠**

注 - 抬杠（tái gàng）：本意指出殡时抬棺材，演变为拌嘴、争辩义；又进一步演化为"做无意义、不合逻辑的无聊争辩"之意；乃至将老爱抬杠的人称为"杠头"（出殡时指挥抬杠者）。系京语常用词汇。

tx03 太太

例（14 04）：秃儿听见**太太**回来啦，一死儿非过上屋来不行

注 - 太太（tài tei）：旧时京语中"太太"一词有如下义：
①旗人称祖母为太太。
②对某人之妻敬称"某太太"。
③对某人之长辈女性称"老太太"。
④对妾称"二太太"（若有多妾则顺序向下排）。
⑤有些大家庭中的婢女仆役称主人家的儿媳，行儿就称"几太太"；但这恐非京人，京人一般会称"几奶奶"。后一"太"字变读为 tei，轻声。

tan

tx04 他

例（12 16）：一脑门子的气。秃儿叫**他**（音贪，北京称尊长之声），也没理

注 - 他（tān）：京人对尊长第三人称的敬语为怹（tān）。"怹"这个字产生较晚，约在二十世纪二十年代才出现在一些京味小说中；但 tān 这个读音的出现应较本例更早，只是我未见确切证据，不像原著这里那样直接标出音来，提供了确凿证明。"怹"如第二人称敬语"您"一样，是京人所惯用。但"怹"字是第三人称，是被称呼者不在场时所用；这就要有一种不论人前人后，该用的敬语一定要用的习惯才行。现在的人没有这种礼仪修养，这个称谓今近乎失传，二十世纪五十年

代以后生人鲜有知者。

tang

tx05 堂客

例（05 10）：又有老少两位<u>堂客</u>，都挽着鬏儿，在那里闲谈

注－堂客（táng ke）：泛指已婚女子。这是个适用范围极广的方言，好像哪儿都有这么说的。另：句中"鬏"是"鬆"的直音字，指盘在头上的发髻。

tx06 荡

例（20 18）：你带他逛一<u>荡</u>万寿寺去，好不好

注－荡（tàng）：量词，今作"趟"；京语专用于"某种行动(的次数)"之处。详见《卷一·t16》条。

tao

tx07 讨虎脸

例（30 01）：人家既不让管，你们诸位也不用<u>讨虎脸</u>啦

注－讨虎脸（táo hú liǎn）：自找让人家给脸色看。今已不闻此说。"讨虎"二字阳平；"脸"字也可以儿化，那样能降低语气的严厉性。

tx08 讨人嫌

例（23 06）：长的姥姥不疼、舅舅不爱，整天的竟<u>讨人嫌</u>

注－讨人嫌（tǎo rén xián）：京俗语谓招人讨厌，类似意还有"招人不待见（jin）"一说。

te

tx09 他打听打听，我们爷儿们是干甚么的

例（18 10）：这回事，谁出来也不行。<u>他打听打听，我们爷儿们是干甚么的</u>

注－他打听打听，我们爷儿们是干甚么的（te dǎ tin dǎ ting, ḿ men yér men r gàn shen m de）：这是京人在炫耀自己不好惹、有来头时的惯用说法，颇具典型性。"他"字读 te；前一"听"字读 tin；"我们"二字变读，详见《卷一·w30》条；"爷儿们"的读音见《附录壹－50》条；"是"字说得快时读为 r，是口型提示；"干"字要加重读本音，声音拉长，这样显得更具威胁性；"么"字读 m，是口型提示；注意句中读音多为轻声。

ti

tx 10 嚏吩

例（81 10）：拿绢子一捂鼻子，阿嚏阿嚏立刻打了俩嚏吩

注 - 嚏吩（tì fen）：京人谓喷嚏为嚏喷，"喷"读 fen，"吩"是为直音字，轻声。参阅《卷一·t27》条。元曲中亦有此词。

tian

tx 11 天

例（40 04）：这功夫儿天就掌灯啦

注 - 天（tiān）：此处指时间。详见《卷一·t28》条。

tiao

tx 12 挑眼

例（82 12）：额大奶奶是怕老仙爷知道请大夫挑眼

注 - 挑眼（tiāo yǎn）：认为对方之作为不合礼数，有悖于社会共识或有其他不当时，京人会"挑眼"，即以某种方式表示不满和谴责，乃至进行搅闹。

tie

tx 13 贴靴并粘子

例（41 11）：大凡这类的小人，都讲究捧臭脚、抱粗腿、敬光棍、怕财主、贴靴并粘子、拜把兄弟、认干亲

注 - 贴靴并粘子（tiē xuē bìng nián zi）：这是"春点"（江湖术语）。"贴靴"指（以某种方式）捧场，义近今所说的托儿，"粘子"指观众。这是说卖艺者通过找人捧场等方式聚拢观众，此中不乏合伙行骗、欺诈等。弥松颐先生的《京味儿夜话》一书中，根据《车王府曲本》写作"避粘子"，释为"避开观众眼目，暗做手脚"，是具体化了的解释。原著此处为引申意，指流氓聚拢党徒，为其主子站脚助威。"粘"字参见《附录贰-29》。

tx 14 铁准

例（55 15）：定了案，铁准是永远监禁，不用打算出来啦

注 - 铁准（tié zhǔn）：京语谓某事确定无疑，常用"铁"来形容。"铁"字阳平。

ting

tx 15 听不过眼去

例（93 02）：后来越嚷嚷的越邪行啦，连他都听不过眼去啦

注－听不过眼去（tīng be guò yǎn qi）：现在没有这么说的，只说"看不过眼去"。"不"字读为be，京腔有时将双唇音（b p m）与韵母 e 相拼（普通话中除了口语中"什么"的"么"字外，不用这种音），这可能是阿尔泰语系语音通过满语汉化在京语中的残余影响。当说得较快时，"不"字读m（参见《卷一·y18》条）；"去"字读 qi，轻声。

tx 16　听见说

例（18 10）：早晨的事，我全**听见说**啦

注－听见说（tīng jin shuō）：过去京人往往这样说，现简化为"听说"。"见"字读 jin，轻声。

tx 17　听戏

例（71 09）：小额……说："五叔，您**听戏**来啦。"

注－听戏（tīng xì）：观看京戏。清末民初是京剧之巅峰时期，彼时京人中戏迷十占八七。行家讲究听，所以旧时戏园子（剧场）中观众有多一半儿是闭着眼，或手或足随着锣鼓点儿拍打，陶陶然矣。京人没有说看戏的，都说听戏；谁要是说看戏，那可就算露怯了您哪。

tx 18　听信

例（56 24）：官司完，是准算是完啦……没个万儿八千的不成。……您**听信**就得啦

注－听信（tīng xiè*r）：京人习用说法，谓听消息、等结果。"信"字儿化。

tx 19　挺

例（74 15）：一嘴的黄牙板子，外带着**挺**臭

注－挺（tǐng）：京语谓程度之甚曰"挺"。见《满蒙语汇贰－13》。

tong

tx 20　痛痛快快儿的

例（06 08）：关这点儿银子，还不**痛痛快快儿的**给你

注－痛痛快快儿的（tòng tong kuāi kuār de）：后"痛"字轻声；前"快"字阴平，后"快"字阴平，儿化。如说得快时会读为 tòng kuār de。

tou

tx21 头啦

例(33 19)：走到台**头啦**一瞧，两边柱子上都挂着一个牌子，上头贴着黄纸的报子

注－头啦(tóu le)：京人习用说法，指谓某特定处所（如此处即是指舞台附近）。"啦"字读音介于 le、la 之间。

tx22 头里

例(11 13)：老者说："晚啦怎么着？提溜着匣子，**头里**走吧。"

注－头里(tóu li)：此处意为提前、先（如何）。"里"字轻声。如果是在前面走，则说"头啦走吧"，可参阅上一条。

tx23 头啦

例(59 10)：他准知道小额这场儿官司厉害，一时半会儿够出来的。可是在额大奶奶**头啦**，应了个老满儿

注－头啦(tóu lou)：（在某人或物）面前。"啦"字读 lou，轻声。与 tx21 条之"头啦"音、义皆有区别。

tx24 透啦

例(26 14)：那一溜儿都叫他给得罪**透啦**，谁也不管

注－透啦(tòu le)：全盘的、彻头彻尾的、毫无余地的。是京语常用说法。"啦"字轻声。

tx25 透像儿

例(91 25)：因为这位先生一听知柏地黄丸很**透像儿**，也照了影子啦

注－透像儿(tòu xià~r)：因心里有鬼，在触及某话题时，便会露出心虚的样子，是谓"透像儿"。旧京俗语，今仍有用者。

tx26 透着

例(34 09)：细瞧这个人，有四十来岁，黑胖子……瞧着很**透着**眼生

注－透着(tòu re)：很明显地显得（如何）。"着"字读 re，轻声；说得快时读 r，是口型提示，基本不发出音来。

tu

tx 27 图贱买老牛

例（74 04）：因为他门脉是六百钱，比别人贱点儿（**图贱买老牛**）

注 - 图贱买老牛（tú jiàn mái lǎo niú）：京俗谚，谓便宜没好货。"买"字阳平。

W 部

wai

wx 01 外场

例（23 14）：善全善二爷，本来心里嘴里全没有，**外场**又一点儿不通

注 - 外场（wài cheng）：指善于交际。在社会上混，要诸事处置得体。既要有手腕儿，基本利益不容人侵犯；又要显得落落大方，让人服气；是谓外场。"场"字变读，轻声。

wx 02 外带着

例（92 23）：他非要五百吊钱票儿不行，还得老票儿，现钱条子**外带着**不成

注 - 外带着（wài dài zhe）："还（如何）"之意，强调主词（不行）的程度之甚。这是旧时说法，现无此说。"着"字说得快时读 r，是口型提示。

wx 03 外话

例（29 09）：就说这件事，跟您说句**外话**，黄雀儿的母子，很算不了麻儿

注 - 外话（wài huà）：社会上流行的市井俚语。参见《卷一·w 05》条，那里是说安公子因出身上流社会而不懂外话；这里是说流氓们与出身相对高一些的善大爷说话时，故意的炫耀"外话"，意在表明"我是流氓我怕谁"。这也是旧京流氓痞棍们的惯常做法。

wan

wx 04 完了

例（26 15）：好容易出来几个善人给说合。**完了**，大车王出来，来人儿带着，给人家登门磕头

注 - 完了（wán liǎo）：京人口语常用说法，表示"（事情）完结之后"。"了"字要加重读成 liǎo，含有"真不容易，可算完结了"的感叹意思。

wx 05　玩艺儿

例（17　19）：我扎二婶儿再三的直留,晚上在那儿听**玩艺儿**

注－玩艺儿（wán yiè*r）：此处专指戏曲、说唱等文艺节目。但此词并不限于此,京人将可供人消遣娱乐的东西统称为玩艺儿。

wx 06　玩艺儿

例（14　13）：恒爷说:"这个秃小子,够多们有**玩艺儿**……"

注－玩艺儿（wán yiè*r）：此处之"玩艺儿"与上一条音同而义异,这里是指幼儿在他那个年龄所能耍出的把戏。旧时京人称赞别人家小孩儿聪明伶俐时,常说"有玩艺儿"。

wx 07　完儿鹞鹰

例（69　09）：您猜青皮连那儿**完儿鹞鹰**去啦

注－完儿鹞鹰（wár yào ying）：京俗谚,贬义说法儿,泛指非正当之事。原著中"完"是"玩"字之误。

wang

wx 08　亡道

例（19　02）：够多们**亡道**！简直他这不是要反吗

注－亡道（wáng dou）：厉害、不讲理、仗势或以力欺人。后多写为"王道"。京语另有一词"霸道"与此义近,可参阅《卷一·b14》条。"道"字读 dou,轻声。

wei

wx 09　味儿事

例（32　01）：料其他们飞不了多高儿,迸不了多远儿。你们放心吧。**味儿事**

注－味儿事（wè*r shè*r）：此处意为"小事一桩、没什么了不起的"。"事"字儿化。也作"味儿拉事儿",此词还另有虚张声势义。

wo

wx 10　我弥陀佛

例（83　08）：王香头说:"**我弥陀佛**,他管给治就得。"

注－我弥陀佛（wō mī tuō fó）：即阿弥陀佛,此处之"我"字现多写作"阿",字典多标 e 音。这里写为"我"是直音字,北方语系许多地区（尤其是华北地区）的僧人这样读。参见《附录贰－30》。

wx 11　窝心

例（16　20）：又怕儿子受气，又怕老头子**窝心**，心里好一阵难过

注－窝心（wō xīn）：此处意指受了气无法发泄。参见《卷一·w25》条。

wx 12　窝作

例（20　15）：又瞧老头子，起昨儿回来透着没神儿，又怕**窝作**出病来

注－窝作（wō zuo）：窝心撮火。

wx 13　我要……我把×字儿倒过来

例（13　15）：**我要**跟他有完，**我把伊字儿倒过来**

注－我要……我把×字儿倒过来（wǒ yao…wó be × ze*r dào guo lei）：发誓赌咒时所说。×为自己姓氏，把自己姓氏倒过来写是大耻辱，以此来渲染自己绝不会如何。后"我"字阳平；"把"字读 be，轻声；"过"字轻声；"来"字变读 lei，轻声。

wx 14　我要不……我是个

例（54　12）：胎里坏哈哈大笑说："哥哥，**我要不**信服你，**我是个**小狗子。"

注－我要不……我是个（wǒ yao bù…wǒ r e）：这句话的句型与上句相似，都是前半句话提出某种假设，而后半句加以否定。这都是京语常见说法，至今尚存。"要"字轻声；"是个"二字读为 r、e，但要注意别连读成 re，中间要有间隔，是口型提示。

wu

wx 15　乌秃

例（59　18）：多咱听见官司有信啦，他立刻就出头，算是他的力量。你要是老没信，跟你这么**乌秃着**

注－乌秃（wū tu）：也有"兀秃、温吞"等写法。应为"温暾"，指不冷不热的物体，（尤多指液体和饮食）。此处引申指不明不白、不冷不热地耗着，与本卷之 wc 08 条音义均同，仅写法相异。元曲中有此说，见《元曲语汇 100》

wx 16　无非是

例（41　13）：狐假虎威、狗仗人事，<u>无非是</u>跟嫖、看赌、白吃猴

注－无非是（wú fěi r）：不外乎就是（如何）。"是"字读 r，仅是口型提示，并不实际发声。俗语带点文言味儿。

wx 17　无可儿无不可儿

例（101　18）：又开了个八两的果席票……徐吉春倒是<u>无可儿无不可儿</u>的，笑嘻嘻的收下啦

注－无可儿无不可儿（wú kěr wū bu kěr）：无所谓、处之淡然。此处"可"字一般不儿化。也说"无可不可"，义同。参阅《卷一·w34》条。

wx 18　杌（杌）凳儿

例（17　17）：这当儿王妈跟善全早把二人凳<u>杌（杌）凳儿</u>都搬出来啦

注－杌（杌）凳儿（wǔ dèng er）：原著将"杌"字误排为"杌"字。杌凳系京人对一种方凳的称呼，详见《卷一·w38、w40》条。此处"杌凳儿"不读儿化音，"儿"字轻声自成音节，是古老的幽燕语遗痕。此类说法在二十世纪初的京语中尚多有残留。

wx 19　捂了辫顶儿

例（65　09）：要说小文子儿平常交的朋友也很不少……皆因外头嚷嚷，小额要抄家。……所以<u>全捂了辫顶儿</u>啦

注－捂了辫顶儿（wǔ le biàn diě~r）：意谓害怕。"辫顶儿"指脑袋（因清人留辫），捂脑袋是夸张形容怕杀头的意思。此应系当时俗语，随着清亡，留辫习俗的消失，此说法自然消亡了。

wx 20　乌拉盖儿鞋

例（34　10）：身穿着洋绉大衫儿，青洋绉套裤，两支青绸子<u>乌拉盖儿的鞋</u>

注－乌拉盖儿鞋（wù le gàr xie）："乌拉"也作"靰鞡"，旧时东北地区乡间常穿的一种鞋。牛皮所制，鞋脸儿带褶，并有四个耳圈用以穿绑鞋带儿，内絮乌拉草

以保暖。此处所述之鞋形,应系参照靰鞡的原型,但在鞋前脸儿上加附一块材料,用以遮挡鞋带儿的部分,使外表显得较为美观。京人直至近年仍将类似形状之鞋(前脸儿长、无鞋带)称为盖儿鞋。"乌拉"一词详见《附录贰-31》。

X 部

xi

xx 01　西啦

例(44 06):他有一个专门的能耐,就会……久站前门<u>西啦</u>

注-西啦(xī lou):京腔口语音,西边。当时前门外以西至琉璃厂以东一带是红灯区,著名的"八大胡同"就在这里。"啦"字读音介于 lou、le 之间,更土点儿的把西边说成西倍儿喇(xī be*r lǎ),此处"啦"字实系"倍儿喇"之简说。参见《附录壹-46》条。

xx 02　席头儿盖上,都有一个了

例(29 05):常言说的好,<u>席头儿盖上,都有一个了</u>

注-席头儿盖上,都有一个了(xí tóur gài sheng, dōu yǒu yí e liǎo):京俗谚,意谓人终免不了一死。而人死了拿席一盖就算完,又暗含了死者一无所有之意。俗话说光脚的不怕穿鞋的,此处因系自流氓口中说出,故更有威胁意,这也是旧京流氓痞棍们的常用说法。"上"字读 sheng,说得快时读为 reng;"个"字读 e,是口型提示。

xia

xx 03　瞎事

例(04 11):可巧那天是堂官过平(<u>瞎事</u>)

注-瞎事(xiā shè*r):有徒劳无益、糊弄事儿、装装样子等意。原著此处是说发钱粮时,主管官员要负责当面监督过平(平:此处指专门称银两的衡器),而"瞎事"则是原著夹批,直斥这是装模作样。京语另有"瞎掰"一词与此义近,多用于指斥对方胡说、徒劳无益、所做不合规矩等。

xx 04　下宝是报的

例(99 19):我瞎打听打听(别打听啦,<u>下宝是报的</u>),你别生气

呀

注－下宝是报的（xià bǎo shi bào de）：下宝指赌博时摇动宝盒，赌客猜骰子的点数。赌的就是点数，所以庄家当然不可能先告诉你。"下宝是报的"是疑问句，意为"（难道会预先）告诉你点数"。原著这里是写医德医风之坏，当病家向医家了解病情进展时，医家立即以停诊相要挟，吓得病家赶紧赔不是。

xian

xx05 仙鹤腿

例（02 07）：提溜一根**仙鹤腿**的水烟袋

注－仙鹤腿（xiān háo tuě*r）：此处系指水烟袋上的细长弯脖吸烟管。此词也有时戏谑形容人腿细长无肉。"鹤"字京人习读为háo。

xx06 先头里

例（53 05）：**先头里**也说过，这位泰都老爷，斗大的字认得一口袋半

注－先头里（xiān tóu lou）：此说法在这里是"此刻之前"意。

xx07 先头啦

例（52 09）：小额这几家儿得意的亲友，**先头啦**也说过，没有一家儿够程度的

注－先头啦（xiān tóu lou）：与上条音义均同，仅写法稍异。

xiang

xx08 相好的

例（36 09）：我是回家好呢，是找个**相好的**地方儿躲躲儿好呢

注－相好的（xiāng hǎo de）：关系好的朋友。百年前此词的使用可能不分性别，但近代以来演变成多指男女之间的关系。

xx09 香头

例（78 16）：我有一个干妹妹，姓王，是个**香头**，顶的是老仙爷

注－香头（xiāng tóur）：请神附体的巫觋，也叫跳大神儿的。详见《附录贰－32》。

xiao

xx10 消停

例（93 10）：后来又瞎聊吧了会子，账房外头的声音也**消停**啦

注－消停（xiāo ting）：此处指安

稳、平静。此词还可以引申为稍候、暂停某事（以等待时机）、放下（某种负担）、（因无负担而）轻松、安心等意。

xx 11　小捯

例（57　06）：从先是个架铜仙鹤的出身（就是卖水烟的），随后改行当**小捯**

注－小捯（xiǎo li）：旧京称扒手为小捯，"小"字变调阳平，"捯"字读音介于 li、lü 之间，轻声。又有"蓠捯"一说，在元曲中屡见，意指剪断系物之绦带以窃取财物。另：旧时窃贼更江湖化的称呼是"老荣"，偷东西叫"荣"。

xx 12　小押儿

例（01　10）：从先他爸爸放阎王账，专吃旗下，外带着开**小押儿**

注－小押儿（xiǎo yār）：旧时京中专收低档便宜物件儿（如旧衣裳、家具、日用品等）的小当铺。

xie

xx 13　歇歇儿

例（12　10）：少奶奶说："秃儿呀，别跟爷爷闹哇，让爷爷**歇歇儿**呀。"

注－歇歇儿（xiē xier）：此处意为休息一会儿。两个"歇"字都是动词，重叠使用表示动作的延续。后"歇"字儿化轻声。但如读成 xiē xiēr，则后一"歇"字转化为宾语，变成了名词。详见《卷一·x43、x44》条。

xx 14　邪行

例（16　19）：伊太太一瞧善金问的**邪行**，并且脸上也不是颜色儿，就知道这回事必是他知道啦

注－邪行（xié xing）：此处意为蹊跷、奇怪、突兀。"行"字轻声。

xx 15　邪行

例（93　02）：后来越嚷嚷的越**邪行**啦，连他都听不过眼儿去啦

注－邪行（xié xing）：此处意为太过火儿、不成体统。"行"字轻声。

xx 16　邪行

例（96　09）：金针刘淡淡如水的答应了两声，就说那个架子简直的大得**邪行**

注-邪行(xié xing)：此处意为超乎寻常(指架子大的程度)。综上三条所述，可看出京语中"邪行"一词是作为补语，对句中的动词或形容词进行修饰。"行"字轻声；说得快时"行"字读 ing，轻声。

xx17　谢步

例(93　20)：这当儿赵华臣来到。……说："我给少峰<u>谢步</u>来啦……"

注-谢步(xiè bù)：旧时京人重礼数，人家来拜访过你，你事后一定要回访人家，称之为谢步。

xin

xx18　心工儿

例(43　04)：虽然是匪类出身，可还有三家儿半上样的亲友……好有个护身皮儿。这是小额的<u>心工儿</u>。

注-心工儿(xīn gū~r)(所用的)心机。现无此说法。

xx19　辛苦您哪

例(07　06)：青皮连说："<u>辛苦您哪</u>，怎么还不放啊？"

注-辛苦您哪(xīn ku nin nei)："您哪"是京人(尤其是下层京人)在与人打招呼时对您字的变称，主语"您哪"放在谓语(动词或形容词)之后。此处之"辛苦(形容词)您哪"，即是"您辛苦了"，后三字均轻声。"哪"(现多写作"呢")字读音介于 ne、na 之间；但勤行儿(饭馆儿、澡堂子等服务行业)的服务人员会发 nei 音。这种句式，旧时上层京人一般不采用；尤其不会说成"您哪(nei)"。小孩儿要在外头学了这类语调回家一说，要被大人责骂为"油腔滑调"。原著说此话者系一下层社会的地痞，他在耍青皮前还先说点客气话；如今流氓们也江河日下，只会说污言秽语了。

xx20　心里堵的荒

例(45　16)：我今天一听见，到如今<u>心里还堵的荒</u>哪

注-心里堵的荒(xīn lou dǔ dou hong)：京人谓心中郁闷不快、难释情怀为堵心，形容其程度之甚叫堵的荒。"的荒"二字现写作

"得慌",参见 mx 19 条。"里"字读 lou,"的"字读 dou,"荒"字读音介于 hong、heng 之间,均轻声。

xx 21　心里说

例(52　02):<u>心里说</u>,这两天正没烟哪,了他点儿

注－心里说(xīn lou shuo):京语谓"想"为心里说。"里"字读 lou,轻声;"说"字轻声。按:京人口语中,当"里"字用于名词或某些单音节形容词后;以及作为这、那、哪等代词的后缀(表示处所)时,多读 lou 音。

xx 22　新政

例(33　17):要让反对<u>新政</u>、伤风败俗还数的着他呢

注－新政(xīn zhèng):此指"庚子国变"后清廷所进行的修宪及诸多领域中的改革、改良运动。关于新政问题,详见《附录贰－33》。

xx 23　寻钱、告帮

例(24　06):今儿个找到你们府上来,一来不是<u>寻钱</u>,二来也不是<u>告帮</u>

注－寻钱、告帮(xín qián、gào bāng):"寻钱"一词,暗含有要的意思,意味着将来多半儿不会还了,这是江湖味很浓的说法儿。"告帮"义略同,均系旧京常用语。"寻"字读 xín。

xing

xx 24　兴

例(14　15):恒爷掏了一把钱(可不是铜子儿,那当儿还没<u>兴</u>呢)

注－兴(xīng):"时兴"的略说,指流行。现仍在普通话中广泛使用。

xx 25　行好行到了儿

例(85　03):这是怎么说?千万可别走,您要<u>行好行到了儿</u>

注－行好行到了(xíng hǎor xíng dào liǎor):京俗语,谓好事要做就得做到底。"好"字儿化,读半上声(参见《卷一·h 06》条)。

xx 26　姓 × 的没受过这个

例(08　05):青皮连说:"不是。您听见他这一套啦没有?拍上我

啦。**姓连的没受过这个**

注 - 姓 × 的没受过这个（xìng × de méi shòu o zhei gē）：旧京流氓痞棍惯用语，意谓"甭跟我来这个，老子不吃这一套"。"过"字读 o，轻声；"这"字轻声；"个"字阴平，是为强调语气。

xu

xx27 许是

例（03 03）：手下的碎催可忙啦，一人一个小绿布口袋儿（**许是**作帽子剩下的布）

注 - 许是（xǔ shi）：京人口语，"许"字是"也许"的简说，即"可能是"。

xue

xx28 学舌

例（25 23）：孩子回来一**学舌**，黑老婆儿立刻就要找人家不答应去

注 - 学舌（xué shé）：述说某事之状况或复述别人之所言，京语谓学舌，多用于指谓小孩子之所说。此处"学"字旧时京语读为 xiáo，犹是幽燕语之遗韵也。

xun

xx29 薰

例（22 19）：从先年轻的时候儿，专一竟使假票子，后来闹的也**薰**啦

注 - 薰（xùn）：此处读去声，现作"熏"，指受到某种气体的侵袭与毒害（如中了煤气就叫"熏着了"）；此处为引申义，是说使假票子的人臭了街了。"薰"字的本义是某些古书上所说的一种香草（如《说文·草部》："薰，香草也。"）；引申为熏袭、熏染义（如《易·艮卦》："列其夤，厉薰心。"《本草注》："古人被除以此草薰之故谓之薰。"）。

Y 部

ya

yx01 亚赛

例（55 18）：平常是呼兄唤弟，蜜里调油，**亚赛**一个妈妈养的

注 - 亚赛（yà sài）：几乎、差不多（如何）、就像（什么）一样。旧京俗语，但透着点儿文言味儿。记得好像侯宝林相声《卖布头》有云："怎么那么黑……亚赛过

煤铺的二掌柜的呗。"

yan

yx 02　颜色儿

例（16　19）：伊太太一瞧善金问的邪行，并且脸上也不是<u>颜色儿</u>。

注 - 颜色儿（yán shar）："色"字在京人口语音中多读 shai 音。此处儿化轻声，读音介于 shar、she*r 之间，泛指物体颜色；读"颜色"（yán shai）时又特指作画用的颜料。另：京人对"色"字的不同读法，各有不同含义。"脸色"一词，当指人的面色所反映出的健康状况时，读 liǎn shǎr；当指人面部表情所显现出来的情绪时，则读 liǎn se。"好色（女色）"一词，在下层京人中多读 hào shǎi，"色鬼"读 shè guǐ。京语有这样一个特点：某些字的读书音声母为 z c s 者，口语中有时读为 zh ch sh，以上几例即有所体现。

yx 03　言语

例（12　07）：小秃儿瞧见爷爷回来啦……说："爷爷，您回来啦？"伊老者也没<u>言语</u>。

注 - 言语（yán yi）：说话，尤专指回应对方所言（即如此处）。"言"字更土点儿的读 yuán；"语"字读 yi，轻声。这种说法北方语系地区多如此，不独京语然。

yx 04　言语一声儿

例（28　25）：老爷子要是在家的话，您给<u>言语一声儿</u>得啦。

注 - 言 语 一 声 儿（yán yi i she~r）：说句话，告知一下。"言"字也可读 yuán；"语"字读 yi，轻声；"一"字因与其前之"语"字（已变读为 yi）连读，此处实际也就是"语"字（读 yi）拉长，所以写为 yi i；"声"字儿化，轻声。

yx 05　眼光着儿

例（23　09）：狗头群儿闹了个<u>眼光着儿</u>，了起一小块儿银子来

注 - 眼 光 着 儿（yǎn guang zhāor）：也作"眼光罩儿"，蒙蔽他人眼光的招法；此处指乘人不备做点儿暗昧之事。"光"字轻声。

yx 06　眼时

例（22　19）：专一竟使假票子，后来闹的也薰啦，<u>眼时</u>在西直门

外头开了一个小烟馆儿

注－眼时（yǎn shí）：此刻、目下。此说法如今在城里听不到了，郊区偶闻。

yx07 焰口

例（33 21）：上头贴着黄纸的报子……风流焰口

注－焰口（yàn kou）："放焰口"的简说。放焰口为旧京丧葬常用之仪，一般在接三（停灵的第三日）时进行。要请僧道来主持，谓之"祈建吉祥道场"。此时僧众（也有用道士者，是另一种派别）念诵《救拔焰口饿鬼陀罗尼经》，并以斛食饽饽及净水供奉于面然鬼王像前。而此处"风流焰口"说的是清末时人心不古、世风日下，甚至将宗教礼仪之祝祷改编成了黄色小曲儿来演唱；此等事多是八旗子弟所为，大清焉得不亡乎！

yang

yx08 秧

例（50 01）：钱锈又悚啦，倒托出人来一说合。饿臊冯倒秧啦，说："我跟他闭了眼啦……"

注－秧（yāng）：来劲、变本加厉。"秧"也作"央"。此说法现已近乎绝迹。

yx09 央告

例（19 08）：明儿个一早晨，他们是一准苦央告来

注－央告（yāng ge）：京语谓恳求、哀求为央告。"告"字读 ge，轻声。此词亦见于满语，是为求情、乞求等义。详见《满蒙语汇壹-49》条。

yx10 羊肉包子打狗，永不回头

例（59 06）：胎里坏这一去，应了一句俗语儿啦，真是羊肉包子打狗，从此就永不回头了

注－羊肉包子打狗，永不回头（yán ròu bāo zi dá gǒu, yǒng bu huí tóu）：京人常用俗语，现多说"肉包子打狗，有去无回"。此处意谓一去不回头了。"打"字阳平，"不"字轻声。

yx11 洋绉

例（54 24）：身穿月白洋绉大衫儿

注－洋绉（yáng zhòu）：绉指一种织出特殊皱纹的丝织品，洋绉指当时的进口高档纺织品，此词后来演变成那时京人对高档纺织品之统称。

yx 12 洋绉眼

例（02 09）：到了茶馆、饭馆儿，都称呼他额老爷（**洋绉眼**），他自己也以额老爷自居

注－洋绉眼（yáng zhòu yǎn）：旧京俗语，谓势利眼，尤指以衣着取人。讽刺的是那种暴发户心态。

yx 13 养活

例（23 12）：下流社会的人把孩子**养活**坏了，都是犯这一个毛病

注－养活（yǎng huo）：京人口语，"养"（供家人生活）说养活。"活"字轻声。

yx 14 养济

例（94 11）：赵华臣说："就是那么着啦。你好好儿**养济**着吧。我一半天还来瞧你来哪。"

注－养济（yǎng ji）：意为休养、将息，如：病刚好，得好好养济；又引申为"勉强对付、凑合"之意，如：养济着活。另有一词"秧腔"（或作"央戗、秧擎"），与此音近，读为 yāng qi（或 ji），意为勉强支撑，引申指"费力地抚养孩子"（多用于孤儿寡母）。

yao

yx 15 邀

例（50 14）：有一个掌戥儿的小崔在那里**邀**烟呢

注－邀（yāo）：京语谓称重为"约"（读 yāo）。此处"邀"是"约"的假借字。

yx 16 腰柜

例（77 11）：从前在某王府轿屋子里宝局上管账，竟往**腰柜**里顺钱，让人家给辞出来啦

注－腰柜（yāo guì）：腰包（钱包）的诙谐说法儿。

yx 17 咬牙

例（62 23）：都老爷是一死儿的**咬牙**，我为这回事，真着大了急啦

注－咬牙（yǎo yá）：此处指较着

劲儿地不松口、不通融、不给面子。

yx 18　要漏啦

例（59 02）：胎里坏一听这套话，心里说："干啦，我又<u>要漏啦</u>。"

注－要漏啦（yào lóu le）：此处"漏"是"漏子"的略语，指纰漏、破绽。原著此处是写胎里坏开口要五千两银子，但听到人家备了六千两时（自己开口要少了）的懊恼心态。

yx 19　要让

例（33　17）：<u>要让</u>反对新政、伤风败俗还数的着他呢

注－要让（yào ràng）：意谓"要是说到、论起来"（某事物）。此为旧京说法，现已不闻此说。

ye

yx 20　爷们

例（18　15）：楞给人家堂客一个耳瓜子，临完了，还要攒人打人<u>家爷们</u>

注－爷们（yé men）：此处指丈夫。"爷们"一词，详见《卷一·y19~y24》条。

yx 21　也不是吃饱啦没有

例（15　05）：伊太太跟少奶奶一齐说道："您<u>也不是吃饱啦没有</u>？"

注－也不是吃饱啦没有（yě búr chī　bǎo l meii）：这是旧时客人吃完饭后，主家（尤其是主妇）必说的一句客套话（所以这里是婆媳一起说）。"不是"二字连读为búr；"啦"字读l，是口型提示；"没有"二字连读为meii，是表示mei的韵尾i要拉长一些读，这样既带出了"有"字（声母y）的语音，又体现了京语的流畅轻灵。

yx 22　也不是那一个

例（18　15）：他手下的<u>也不是那一个</u>狗腿子，楞给人家堂客一个耳瓜子

注－也不是那一个（yě búr něii e）：也不是（怎么、如何）是京语常用的疑问句说法，"不"是"不知道"的略说。"不是"二字连读为búr，"那"字读něi；"那一"二字合读为něii，与上一条"没有"二字合读音变的原理相

同;"个"字读 e,轻声。

yi

yx23　咿嘟嘟唔嘟嘟

例(52　11):平常吹了个咿嘟嘟唔嘟嘟的,有甚么事都有我呢

注－咿嘟嘟唔嘟嘟(yī du du wū du du):京语形容喇叭声时的专用拟声词,此处借以用于讽刺人只说大话,干不了实事。"嘟"字轻声。按:京语有些拟声词,因只用于某种特定声音,故名"专用拟声词"。如本条,及《卷一·c02、t05、t19~t21》等条均是。

yx24　一半天

例(56　02):我也不坐着啦。一半天我还来哪

注－一半天(yí ben tiān):京语表示"最近几天"的习用说法。"一"字阳平;"半"字读 ben,轻声。但如果说得较快时,"天"字往往儿化,读为 yí m tiār,参见《卷一·y18》条。

yx25　一半天见

例(10　09):摆斜荣……说:"老哥儿们多分心啦,我们走啦,一半天见。"

注－一半天见(yí ben tiān jiàn):京人分手时的道别语。这不止是泛泛的道别,还肯定"近日之内还要再见面"。读音参见上条。

yx26　一大啰车

例(68　05):小额唯唯的答应,(好话)……说了一大啰车

注－一大啰车(yí d le chē):形容数量之多。"啰车"系从蒙语的勒勒车转化而来,参见《满蒙语汇贰－15》。"一"字阳平;"大"字读 d;"啰"字读音介于 le、luo 之间,轻声。

yx27　一个

例(48　19):要到了下月初儿儿,官司一个不完,这些个账多一半儿得吹台

注－一个(yí e):"一"字阳平;"个"字读 e,是口型提示。此处"一个"是"一旦、如果"之意,京语特有说法。

yx28 疑惑

例（02 04）：又有些个不开眼的人这们一捧臭脚，小额可就自己<u>疑惑</u>的了不得啦

注－疑惑（yí huo）：此处意指忘其所以，有揶揄之意。现不见有此用法。"惑"字轻声。

yx29 一溜儿

例（73 09）：那<u>一溜儿</u>街房，送了他两块匾

注－一溜儿（yí liùr）：京语一溜儿指排列成一行的（人或物），散乱放置者不称一溜儿。街房（现作街坊）称"一溜儿"，是因为街道、胡同成列。

yx30 一溜儿胡同

例（36 26）：出的是<u>一溜儿胡同</u>，够奔帽儿胡同

注－一溜儿胡同（yí liùr hú tong）：此处指义留胡同。该胡同东口对着的帽儿胡同，即北衙门（步军统领衙门）所在地。按：该胡同早年间确称"一溜儿胡同"，后规范街巷名称，谐音为"义留"。"一"字阳平；"同"字轻声。胡同系蒙语转化而来的京语，详见《满蒙语汇贰－07》条。

yx31 一面儿官司

例（39 19）：有敢使一个钱的，要是查出来，立刻的交刑部黑发。您瞧这不是<u>一面儿官司</u>吗

注－一面儿官司（yí mià~r guān si）：指官司的一方得到权势者庇护，另一方则无论如何也赢不了。"司"字轻声。

yx32 已竟已竟

例（42 18）：事情<u>已竟已竟</u>啦，想法子盗洞去

注－已竟已竟（yǐ jīng yǐ jīng）：京语习用说法，意谓"事已至此（也就只能在此基础上如何）"。也说"已就已就"。前一"竟"字（或"就"字）阴平。

yx33 已然

例（40 11）：天<u>已然</u>二更多啦

注－已然（yǐ rán）：已经。旧时京人多说"已然"，现在多说"已经"。

yx34 以资

例（80 10）：原来这档子仪注，老张是<u>以资</u>熟手

注－以资（？ ？）：音义均不详，待考。

yx35 一把子

例（09 07）：就在这当儿，可巧他们那<u>一把子</u>碎催，甚么摆斜荣啦

注－一把子（yì bǎ ze）：一群、一帮（人）的贬义说法。"一"字去声；"子"字读 ze，是加重语气。

yx36 一边儿……一边儿

例（06 04）：右手拿着个大砸壶儿，<u>一边儿</u>喝<u>一边儿</u>说

注－一边儿……一边儿（yì be*r … yì bè*r）：表示两个动作同时进行，参见《卷一·y43》条。那里写作"一壁厢"，是较原始的形态。"一"字去声；前一"边儿"轻声；后一"边儿"去声。

yx37 一脑门子的气

例（12 16）：（伊老者）<u>一脑门子的气</u>。秃儿叫他，也没理

注－一脑门子的气（yì nǎo mén zi qì）：面露怒意。"一脑门子的（什么）"系京语常用说法，但只用于负面含义的句中。参见《卷一·y48，y49》条。"一"字去声；"的"字说得快时会消失。

yx38 一盆火儿似的

例（33 01）：大家一瞧小额进来啦，真是<u>一盆火儿似的</u>

注－一盆火儿似的（yi pén huǒr shi de）：京语形容对人热情的常用说法儿。此处是写一帮人上赶着巴结的样子。"一"字去声；"似的"二字轻声。

yx39 一死儿

例（14 04）：秃儿听见太太回来啦，<u>一死儿</u>非过上屋来不行

注－一死儿（yì sě*r）：京俗语，此处作为动词用，谓"一个劲儿的、非得要（如何）"。"一"字去声

yx40 一天一现在

例（26 11）：他家里是<u>一天一现</u>

在，车一闲着，就没饭吃

注－一天一现在（yì tiān yí xiàn zei）：京人习用说法，指家无隔宿之粮，每天得现挣现买现做。这类人的生活方式，在老舍的《骆驼祥子》一书中有极深刻的描述。清末京中的百本张坊本，曾以琴腔形式辑有俚语集锦，有一篇名为《死店活人开》，内中即有"……吃饱了食困，饿了发呆，官盐不当私盐卖；紧收庄稼，磨蹭买卖，一天一个现在……"之说。"在"字轻读为zei。

yx 41 一早晨、一准

例（19 08）：明儿个<u>一早晨</u>，他们是<u>一准</u>苦央告来

注－一早晨（yì zǎo ren）：京语在早晨前面加上"一"字，有加强语气的作用。"一"字去声；"晨"字读ren，轻声。

一准（yì zhuǎ*r）：肯定、没错儿。"一"字去声；"准"字儿化。

yin

yx 42 阴透啦

例（91 12）：您猜我这封信怎么样？敢情<u>阴透啦</u>

注－阴透啦（yīn tòu le）：京人强调某些否定性形容词（如坏、奸、阴、损、滑等）的程度之甚时，常用"（××）透啦"的说法。"啦"字读le。

yx 43 阴阳瓦

例（82 27）：这些个药味，让拿<u>阴阳瓦</u>焙啦，香油挑上

注－阴阳瓦（yīn yáng wǎ）：中式建筑所用之瓦呈半弧形，在屋顶挂瓦时，一行瓦弧形向上，相邻一行的弧形向下，且两边都搭在上仰之瓦的圆弧形之内，这样就不会漏雨。此种瓦都得一仰一扣着放，方向相反，故名"阴阳瓦"（南方地区称"蝴蝶瓦"）。中药的某些药味需要焙干，一般就用这种瓦作加工工具。另：本句中的"挑上"之"挑"字是"调和"之"调"的假借字。

ying

yx 44 影影响响

例（57 19）：可又说了个<u>影影响响</u>，似真非真的

注－影影响响（yíng yíng xiáng xiǎng）：影，影像；响，声音。影

影响响是说某事让人觉得若有若无、阴晴不定。"影"字及前"响"字读阳平。可参阅《卷一·y61》条,那里的"影响"一词与此处义同,均不同于现在所说的"影响"(对人或事发生某种作用)之意。现在的"影响"一词产生于二十世纪二十年代,系从日语外来词而衍生出的新词汇。

yx45　硬打软熟和

例(18 08):**硬打软熟和**是怎么着?……我简直的伺候不着

注 - 硬打软熟和(yìng dá ruǎn shóu hor):今多说为"打一下,揉三揉"。"打"字阳平;"和"字读 hor,轻声(普通话语音中无 hor 音,此系京语俗音)。

yong

yx46　永辈子

例(49 09):同着朋友吃饭、听戏,**永辈子**没掉过楚

注 - 永辈子(yǒng bèi ze):京俗语,永远、从来就(如何),用于否定句中的时候居多。"子"字读 ze,是强调语气。另:句中"没掉过楚"即没花过钱。参见《附录贰 -07》条。

yx47　用的当啦

例(14 12):恒爷说:"大奶奶,偏您饭啦。"少奶奶说:"您**用的当啦?**"

注 - 用的当啦(yòng de dàng là):京人惯用的客套话。客人在主人家吃完饭,谢主人的招待,对主人说"偏您饭啦";主人如此这般答客;客再对饭菜溢美一番,主再谦逊一番……京式客套极啰唆。"啦"字去声,是询问口气。

you

yx48　由根儿

例(85 07):当时,算是把王香头又留下啦(**由根儿**就没打算真走)

注 - 由根儿(yóu gē*r):今作"压根儿";近郊多有说"地根儿"的。参见 dx62 条。

yx49　油纸

例(03 03):手下的碎催可忙啦,一人一个小绿布口袋儿,一个**油纸**摺子

注 - 油纸(yóu zhǐ):旧时的防水

纸，用桐油浸绵纸制成，作用类同今天的塑料薄膜。那时广泛用于各种防潮场合（但不能用于食品包装，因为有桐油味儿）。

yx50　油炸果

例（06 02）：又有几个卖烧饼、**油炸果**的

注 - 油炸果（yóu zha guǐ）："果"字读为 guǐ，即今所说的油条，京中最常见的早餐食品。六十年前称作油炸鬼、油鬼，因鬼字不雅驯，多写为果（仍读为鬼）。现在大概得70岁以上者方知此称谓。详见《卷一·y67》条。

yx51　有公的治公，有事的治事

例（30 02）：众位**有公的治公，有事的治事**。……诸位请着

注 - 有公的治公，有事的治事（yǒu gōng de zhì gōng, yǒu shì de zhì shì）："公"指公事，"事"指私事；意谓各忙各的去吧。此应系当时流行用语，现无此说法。

yx52　有人心

例（97 03）：药钱多少的话，您自管说。只要我好啦的话，加倍的**必有人心**

注 - 有人心（yǒu rén xīn）：旧京常用的客套话，此处"人心"谓良心、感激之心；"有人心"实际是暗指多给钱作为酬谢报偿。

yx53　有些个

例（02 04）：又**有些个**不开眼的人这们一捧臭脚

注 - 有些个（yǒu xie e）：京语习将"有些"说成"有些个"。"些"字轻声；"个"字读 e，轻声。这样读音，其含义是笼统指有（某事）；而若读 yóu xiě ge，则多是具体指某人或某事，但又不便直指其名或其事，故尔含混一说。这些细微处在对话中不需要想，是习惯性与语境使之然。

yx54　有……在头里

例（97 13）：这点儿膏子药跟面子药，**有**华臣**在头里**，按说提不着钱

注 - 有……在头里（yǒu…zài tóu lou）：京语常用说法，意指某事因为是经某人介绍、或因有某人的

关系（而应予以某种关照）；与《卷一·y71》条之"有在里头"那两条均不同。

yuan

yx 55　冤

例（06　09）：这横又是月事没说好，弄这个假招子<u>冤</u>谁呢

注－冤（yuān）：京人口语，谓欺瞒诳骗为"冤"。

yx 56　冤的大头蚊子似的

例（23　04）：外带着是谎皮流儿，连他爹都教他<u>冤的大头蚊子似的</u>

注－冤的大头蚊子似的（yuān de dà tóu wén zi shi de）：旧京俗谚，谓被人骗得不知东西南北。"大头蚊子"是说蚊子没头没脑的乱飞乱撞。注意轻声。

yx 57　圆全

例（44　17）：在保定府开了一个小药铺儿，外带着行医，朦的倒挺<u>圆全</u>

注－圆全（yuán qun）：齐全、齐备、周全。"全"字变 qun，轻声。

yx 58　原因结果

例（102　25）：单说小额……没念过多少书……才酿成这种恶习，所以他遭的这些个事情，实在是<u>原因结果</u>

注－原因结果（yuán yin jié guǒ）：此处意指因果报应。现无此种说法。"因"字轻声。

yx 59　远限

例（38　19）：掌柜的都让人家抓进去啦，我们这样儿的还有多大<u>远限</u>是怎么着

注－远限（yuǎn xian）：限指限度；远限是说范围宽阔。此说法多用于否定句式中，如本条，意谓"混到头儿啦，没几天蹦头啦"。

yue

yx 60　月白

例（54　24）：身穿<u>月白</u>洋绉大衫儿

注－月白（yuè bái）：旧时京人春秋季常穿的服色，是一种极淡、接近于白的蓝灰色；还另有一种常见服色，称为竹布色（shǎr），比月白显得蓝色略重，但不太显

灰。旧京春秋季服装主要也就这两色了。

yx61 月里头

例（35 01）：**月里头**你同着希四爷坐着车出前门

注－月里头（yuèr lǐ tou）：京语对"日前"（不止三五天，又不足一个月）的一种说法。"月"字儿化，"头"字轻声。京郊有"月里儿个"（yuè liě*r ge）的说法，与此义同。

yx62 月事

例（06 09）：这横又是**月事**没说好（月事是句行话，就是每月给堂官的钱，照例由兵饷里头克扣）

注－月事（yuè shi）：原著的夹注（括号中）已说明词义。但此词实则暗含讥讽，因妇女月经称月事，国人认为经血不洁，故以不洁之名揶揄此等黑钱。原著夹注不好明说此义。

yx63 月事说合了盖儿啦

例（11 02）：因为兵丁跪堂官，倒是瞎事，碰巧啦，**月事说合了盖儿啦**

注－月事说合了盖儿啦（yuè shi shuō hé le gàr la）：本条整句的意思是说下属向上司跪诉委屈，一般情况下也不会有什么结果；这次有了结果是"碰巧啦"。按：这是旧时一句下流隐语，谓妓女接客时正赶上来了月经。

Z 部

za

zx01 砸壶儿

例（06 04）：右手拿着个大**砸壶儿**，一边儿喝一边儿说

注－砸壶儿（zā húr）："砸"为"唼"之假借字。这是一种只限个人使用的小茶壶，不用茶杯，对嘴儿直接喝。现在没见有这种壶。

zx02 杂碎掏出来，狗都不吃

例（45 07）：要问他那份儿坏……**杂碎掏出来，狗都不吃**

注－杂碎掏出来，狗都不吃（zá sui tāo chu lei, gǒu dou be chi）：京人谓供食用的动物内脏为杂碎；有时也引申至其他范围，借指其不正规、不齐整、质量低劣

等等。此处为旧时京语说某人坏的常见说法，现在类似义多说"猪不吃狗不啃"。"来"字读 lei，"不"字读 be；除"杂、掏、狗"三字外，余皆轻声。

zx 03　砸铜卖铁

例（56 04）：只要您哥哥出来，不怕倾家破产，<u>砸铜卖铁</u>都不要紧的

注－砸铜卖铁（zá tóng mài tiě）：京俗语，指不惜一切（而做某事）。现作"砸锅卖铁"。另：句中"倾家破产"一词现作"倾家荡产"。

zai

zx 04　栽培

例（67 13）：额家母子是千恩万谢，请安磕头，撒了这们一<u>栽培</u>

注－栽培（zāi pei）：此处意为称颂、奉承。"培"字轻声。现无此种说法。

zx 05　在

例（43 06）：<u>在</u>这些家儿亲友呢，是另有一份用意啦

注－在（zài）：此处意为"对于……而言"，是京语中动词"在"常见的特有用法。

zx 06　再再的

例（90 25）：后来<u>再再的</u>这们一求他配，他又拿捏了半天，这才管配

注－再再的（zài zār de）：一而再再而三的。后"再"字阴平，儿化。现无此说。

zao

zx 07　糟心

例（40 21）：春子说："咳，简直的这事情是<u>糟心</u>……"

注－糟心（zāo xīn）：（因事情残弊窳陋而）令人心情沮丧。京语常用说法。

zx 08　早晚儿见

例（11 19）：大家出了衙门，彼此的分手，说："<u>早晚儿见</u>，早晚儿见。"

注－早晚儿见（záo wǎr jiàn）：即分手时说的再见。"早晚儿"无实意，是当时的习惯说法，实际是指明天见。"早"字阳平。至二十世纪二三十年代，北京人相

互道别是说"回见";如过一会儿还要见面,说"回头见";上班的人下班分手时说"明儿见";若预知数日后见,则多说"一半天儿见"或"改天儿见"。

zx09 早班儿

例(58 07):正赶上李顺出来,说:"孙先生,真<u>早班儿</u>呀,太太正让我找你哪。"

注－早班儿(zǎo bār):京人习用说法,指人起得早。后来也指企业的轮作制(如三班倒或两班倒),早班多为6点至14点。

zx10 早半天儿

例(78 14):小额的疙瘩,<u>早半天儿</u>还好点儿

注－早半天儿(zǎo m tiār):上午。"半"字读 m,参见《卷一·y18》条。

zx11 早著得呢

例(07 04):你来啦。<u>早著得呢</u>

注－早著得呢(zǎo zhou na):京人表示"时间尚早、(某事)尚未开始"的习用说法。"著(着)得"

二字连读为 zhou,轻声。另:京味儿更浓的说法是"早着何儿呢"("何"是直音字,读为 hèr,无实义),但近五十年没听人这么说过了。

zei

zx12 贼星发旺

例(02 02):小额当了三年的库兵,算是好,没出多大的吵子(<u>贼星发旺</u>)

注－贼星发旺(zéi xīng fā wàng):旧京俗语,指坏人有好运,贼运亨通。

zx13 贼尾子

例(45 02):本家儿倒没不答应,他自己起了<u>贼尾子</u>啦

注－贼尾子(zéi yǐ zi):旧京俗语,意谓做贼心虚。"尾"字京语俗读 yǐ。

zen

zx14 怎么、甚么

例(11 12):您还不走吗?今儿个<u>怎么</u>这早晚儿呀?……善全一瞧这个神像儿,知道是有<u>甚么</u>事

注－怎么(zěn ma):原著之"么"字仅作为疑问代词的后缀用,读

音较今略重（今读为 me）；而指示代词（如这么、那么）及副词（如多么）的后缀一律用"们"字（这其实是近似直音字，读作 me）。这反映了那时的语音习惯，即：疑问句式的语气较重（后缀读为 ma），而叙述句式的语气较轻（后缀读为 me）。现在这种区分不太明显，写法也一致作"么"了。

甚么（shén ma）：原著那时及更早时期，疑问代词"什么"一律写作"甚么"。其实从语义而言，"甚么"远较"什么"合理。现代人可能是为了书写方便，放弃了语义，都改这样写了。

zha

zx 15　炸

例（64　13）：李顺一带出话去……立刻就**炸**啦

注－炸（zhà）：京语谓暴跳如雷、大发脾气。

zhai

zx 16　择干净儿

例（42　01）：一瞧见大伞要落，立到就**择干净儿**

注－择干净儿（zhái gān jiè~r）：此处意指否认与某人或某事的关系。"择"字表示一种有选择的摘除。京人称从禽类身上拔毛叫择毛儿，清理蔬菜、去除烂叶叫择菜。引申到推卸与某些人或事（多为坏事）的关系，也说择毛儿，词含贬义。参阅《元曲语汇 101》条。

zhan

zx 17　站的

例（22　16）：拉着孩子**站的**门洞儿里头往外偷着瞧

注－站的（zhàn de）：站到。"的"字是"到"的直音字，京语读音轻灵流畅，故往往将发音重浊迟钝的"到"字变换成轻灵流畅之"的"字，轻声。从另一方面而言，这又是京语的一种特殊用法：将"的"字在某些动词（如看、站、说等）后作为"到、着、在"之替代语。详见本卷之 sx 51 条。

zhang

zx 18　张不长李不短

例（46　19）：王亲家太太听说，喝，又开了话匣子啦，**张不长李不短**又说了一大套

注－张不长李不短（zhāng be

cháng lǐ be duǎn）：指说闲话，嚼老婆舌头。现作"张家长李家短"。两个"不"字读 be。

zx 19　章程

例（16　01）：我这两天没有功夫，一半天我必有一个<u>章程</u>

注－章程（zháng cheng）：此处指（成套的）方案、办法。此用法今虽尚存，但已鲜有用者，"章程"一词已另有他意（指谓规章、办法）。"程"字轻声。

zx 20　章程

例（57　02）：本来胎里坏是一点儿<u>章程</u>没有，就指着饿膈冯

注－章程（zhāng cheng）：此处主要指门路。

zx 21　张罗

例（08　16）：那些位领催老爷们竟顾啦自己<u>张罗</u>自己的银匣子啦

注－张罗（zhāng lou）：此处意为看管，"罗"字读音介于 lou、luo 之间，轻声。

zx 22　张罗

例（14　11）：就听东屋里伊老者说："老王啊，倒漱口水来。"少奶奶赶紧过去<u>张罗</u>

注－张罗（zhāng lou）：此处意指干某种具体活儿。音同上条。

zx 23　张罗

例（101　11）：赵华臣那天在棚里，是足<u>张罗</u>一气

注－张罗（zhāng lou）：此处意为指挥、提调。音同上条。"张罗"一词另可参阅《卷一·z41～z43》条。

zhao

zx 24　招的着谁

例（38　02）：本来您大哥平常的老实，您是知道的，您说他<u>招的着谁</u>

注－招的着谁（zhāo d zháo shéi）：京语常用说法，谓为人老实，不招惹是非，谁也不会得罪。"招"是"招惹"的简说。"的"字读 d，是口型提示。

zx 25　招呼

例（36 15）：小额这当儿赶紧把茶座儿钱给啦……也顾不得<u>招呼</u>旁人啦

注－招呼（zhāo hu）：此处意指与他人话别，也说打招呼。"呼"字读音介于 hu、huo 之间。此词在京语中有照料、呼唤、问候、关照、陪伴、召集、斥责、吵嘴、打架等多种含义，视不同场合而定。可参阅《卷一·z45、z46》条。

zx 26　招说

例（06 01）：您瞧快晌午啦，说过平又不来，这不是<u>招说</u>吗

注－招说（zhāo shuō）：京俗语，意为自找的被人家埋怨、不满。此处"说"字意为（别人的）指责、抱怨。

zx 27　找××不答应去

例（25 23）：孩子回来一学舌，黑老婆儿立刻就要<u>找</u>人家<u>不答应去</u>

注－找××不答应去（zhǎo ×× bù dā ying qi）：京俗语，意谓找对方当事人××去当面问罪。不是要去解决问题，而是去搅闹、打架。旧京下层社会妇女常如此，尤以处理两家小孩儿打架时为甚，俗话叫护犊子。"应"字轻声；"去"字读 qi，轻声。

zx 28　照不销

例（38 22）：趁早儿别往里扑，反正没好儿。我先给他个<u>照不销</u>

注－照不销（zhào bu xiāo）：京俗语，意谓"走"。按：此词应写作繁体字的"趙不肖"，是所谓拆字谜。趙字不要右边的肖字，就是走。"不"字轻声。

zx 29　照方儿抓

例（26 13）：人家吹出风来，他要是敢去，人家是<u>照方儿抓</u>

注－照方儿抓（zhào fā~r zhuā）："照方儿抓药"的简说，即按原来方法做。但此处因所说之事是"抓进衙门下狱"，正好是个"抓"字，所以去掉"药"字，是诙谐说法。

zx30　照影子

例（91　24）：后来我们这位亲戚，因为这位先生一听知柏地黄丸很透像儿，**也照了影子**啦，把我找了去，直追问这回事

注－照影子（zhào yǐng zi）：京俗语。因别人所言触动了自己隐私，所以起了疑心，觉得人家是在说自己，有点儿自动对号入座的意思。

zhe

zx31　咶

例（16　08）：恒爷说："……大爷，你才回来呀？"善金说："**咶**。"

注－咶（zhē）：旗人应答用语，现写作"嚓"。参见《附录贰－34》、《卷一·z55》条。

zx32　折腾

例（99　25）：你忘啦吃徐吉春的药，满炕上**折腾**的时候儿啦

注－折腾（zhē teng）：此处指因痛苦而在炕上翻来覆去乱滚。京语常用词，多指在某事上反复，致此前的努力白搭，需从头开始。

"腾"字轻声。

zx33　这是咱们俩人说

例（41　04）：**这是咱们俩人说**，我瞧见事情不好，尿遁里我就溜啦

注－这是咱们俩人说（zhè r zám liǎ r shuo）：京人套交情时的惯用说法，意谓"这话我只对你说（不对别人说）"，欲以此来拉近与对方的关系。"是"字读 r，是口型提示；"咱们"二字合读为 zám（即将韵母 an 的鼻辅音韵尾 n 换为 m。这里是为较精确地表达方言语音而采取的非规范拼写法，现代汉语普通话早已不用 m 韵母）；"人"字读 r，是口型提示；"说"字轻声。

zx34　这是怎么说

例（85　02）：额大奶奶一听，立刻慌啦，说："别加呀。……**这是怎么说**？千万可别走……"

注－这是怎么说（zhè r zěm shuo）：京人习用语，在事情变出意外、或委婉地表示不同意见时往往这么说，读音之变化与上条

相类似。也说"这是怎么（连读为 zhèi zěn）话儿说呢"。

zx35　这儿来

例（13　07）：善全走啦吗？<u>这儿来</u>，我跟你有话

注－这儿来（zhèr lei）：京人口语不说"到这里来"，而说"上这儿来"或略说为"这儿来"。"来"字读 lei，轻声。

zhei

zx36　这把子

例（07　15）：这位伊老头儿，最嫌的是放账的，更嫌<u>这把子</u>跑账的

注－这把子（zhèi bǎ ze）：这一帮、这一群。"把"字本是旧时拉骆驼人对骆驼数的一种计量单位，指一个人在前面拉着的一串骆驼；此处作为量词用于人群时，表示贬义。"子"字读 ze，是突出语气。

zx37　这当儿

例（09　07）：就在<u>这当儿</u>，可巧他们那一把子碎催

注－这当儿（zhèi dà~r）：（就在）这时候、此刻。参见《满蒙语汇贰－16》。

zx38　这档儿

例（08　09）：<u>这档儿</u>有一个姓保的，保领催，一揪青皮连，没揪住

注－这档儿（zhèi dà~r）：音、义均同上条，仅写法异。方言无定字。

zx39　这点儿起色

例（92　27）：竟跟几位章京瞎聊别的……没话儿他这们找话儿（<u>这点儿起色</u>）

注－这点儿起色（zhèi diár qi si）：京语谓人行为下作、不知廉耻的常用说法儿。"点"字阳平，儿化；"色"字读 si（也有念成 ze 的），轻声。

zx40　这个岔儿就揭过去啦

例（99　20）：当时说了些个别的，<u>这个岔儿就揭过去啦</u>

注－这个岔儿就揭过去啦（zhèi e chár jiu jiē o qi le）：双方的矛盾虽未彻底解决，但均同意搁置起来，不再提起，京人谓之曰"揭

过这个岔儿去"。"岔儿"现多作"茬儿"或"碴儿";"个、过"二字读 e、o,是口型提示;"去了"二字读 qi le,轻声。"啦"字在此处即"了"字,表示动词的完成式。

zx41　这块

例(101 18):又开了个八两的果席票……徐吉春倒是无可儿无不可儿的,笑嘻嘻的收下啦(<u>这块</u>)

注-这块(zhèi kuai):原著此处是写庸医徐吉春不拘多少,是钱就要的丑态;括号中是原著夹批。"这块"是"这块料"(参阅 zx43 条,也说"这块骨头")的略说,京人说起某人表示鄙夷不屑时的常用说法。"块"字轻声。

zx42　这块儿

例(08 08):说的<u>这块儿</u>,伊老者可就站起来啦

注-这块儿(zhèi kuar):方位代词"这里、此处";也可作为时间代词"这时候、此刻"。

zx43　这块料

例(10 07):伊老者让<u>这块料</u>这们一软白子,简直更说不出甚么来啦

注-这块料(zhèi kuai liao):轻蔑语:这家伙、这小子。参阅 zx41 条。

zx44　这溜儿

例(19 06):都这们完得啦,明儿个咱们<u>这溜儿</u>就不用混啦

注-这溜儿(zhèi liùr):这块地方、此处。这里其实是"(在)此处"之意,京语有时会省略谓语,如本例中即略去了谓语"在"字。

zx45　这手活儿

例(89 19):徐吉春要是不说,额家真把<u>这手活儿</u>忘啦

注-这手活儿(zhèi shǒu huór):京语习用说法,此处"活儿"指本事、能耐(徐吉春变着法儿骗钱的本事),"手"字在此是量词,即(这)个、(这)件,读其本音不儿化;但如说"他还真有一手儿",则"手"字是为名词,意为

本事、能力，"手"字儿化。另："有一手儿"的说法有时用以指男女私情（但更多的是说"有一腿"）。

zx46　这项好

例（54 26）：希四爷给额大奶奶深深的请了一个安，说："姐姐，**这项好**。"

注-这项好（zhèi xià~r hǎo）：旧时京人有一段时间未见面，再见到面时的习用问候语。"项"是"一向"的简说直音字，意为"在这一段时间内"。

zx47　这早晚儿

例（11 12）：您还不走吗？今儿个怎么**这早晚儿**呀

注-这早晚儿（zhèi ze*r）：（到、在）这个时候。"早晚儿"合读为ze*r，轻声；少数人也有合读为zaor的。参阅《卷一·z58、z75》条。

zhen

zx48　真

例（36 08）：忽然想到这话也许**不真**

注-真（zhēn）：此处意谓真实、确切。另可参阅《卷一·z76》条。

zx49　真得儿

例（22 01）：这都没的事情，**真得儿**可恶。简直的太不讲理啦

注-真得儿（zhēn dé*r）：过分的、实在是太（如何）。"得儿"无实意，仅是"真"的后缀，起加强语气、表示程度之甚的作用。五十年前在京人的口语中能听到此话，现似已罕闻。

zx50　真能够把谁……死

例（52 12）：所以小额平常真拿这几家儿亲友当作护身佛一个样。今天往各家儿这们一送信，**真能够把谁寒死**

注-真能够把谁……死（zhēn néng o bǎi shéi…si）：京语习用说法，谓某事（即省略号所代表负面意义之事）程度之甚。"够"字读o。是口型提示；"把"字读为bǎi；"死"字轻声。

zx51　真有你们的

例（35 01）：我这个叫你劲儿的，

装听不见。**真有你们的**

注－真有你们的（zhēn yóu nim de）：对对方的作为不满时的指责语。"有"字阳平；"你们"连读为 nim，轻声。

zx52　**这们**

例（02 04）：又有些个不开眼的人**这们**一捧臭脚

注－这们（zhèn me）：现作"这么"。原著中指示代词及副词之后缀"么"一律作"们"，可参见 dc22 条。

zheng

zx53　**惩治**

例（27 04）：这场儿官司把我小子给**惩治**苦啦

注－惩治（zhěng zhi）：惩戒、折磨、吃苦头。现直音写作"整治"。"惩"字变读 zhěng；"治"字轻声。

zx54　**真个的**

例（10 03）：**真个的**，您还恕不过他去吗

注－真个的（zhèng gé de）：京语常用说法，常见有如下几意：
①正经的、正式的、严肃认真的。

②真实的、确切不移的。
③常用于句首，相当于副词"难道"。
④京人口语有时作为无实义的发语词，用于句首。

此处是为③义。"真"字读 zhèng；"个"字阳平。

zhi

zx55　**知道××呢**

例（55 08）：这件事情，本来的麻烦……**知道**人家人情重在那一面**呢**

注－知道××呢（zhī dou×× na）：京语惯用的问诘句式，由"谓语+宾语（可能是复杂结构的词组）+问诘语气词（呢、吗、呀等）"所构成。"道"字读 dou，轻声；"呢"字读 na，轻声。

zx56　**支应**

例（91 26）：含含糊糊的，算是把我这位亲戚给**支应**过去啦

注－支应（zhī ying）：此处意为应付、应对。"应"字轻声。

zx57　**值不得**

例（24 09）：事儿可不大，按说

值不得

注 – 值不得（zhí bú dàng）：京人口语读音，现多直音写作"值不当"。"不"字阳平；"得"字读 dàng。

zx58 直点儿

例（06 02）：又有几个卖烧饼、油炸果的……乱乱哄哄，**直点儿**的吆喝

注 – 直点儿（zhī diǎr）：京俗语，频繁的、不间断的（如何）。也说"直个点儿、直个劲儿"。

zx59 直彷佛

例（84 14）：一瞧小额吃下药去，**直彷佛**有点儿效验似的

注 – 直彷佛（zhí fǎng fe）：还真像是（如何）。旧京说法，现已不闻。1988年《现代汉语通用字表》确认"彷"（彷徨）读 páng 时为规范字，读 fǎng 时作为"仿"的异体字处理，予以淘汰；京人口语中仿佛的"佛"字读若 fe，轻声。

zx60 指名为姓

例（07 10）：这位上岁数儿的领催原来姓伊……大儿子姓善（旗人**指名为姓**），名叫善金

注 – 指名为姓（zhǐ míng wéi xìng）：旗人独有的一种命名方式。先辈按一定规律为后代拟定出某些固定的字，子孙后辈则根据这些给定的字来起名。从这些名字中，可以看出某人所在氏族及其辈分。详见《附录贰 – 35》。

zx61 指着

例（07 12）：家里很够过的。当着这个承办领催的差使，为的是操练身子，人家原不**指着**这个

注 – 指着（zhǐ zhe）：依靠、依赖于（某事物）。说得快时"着"字读 r。

zhong

zx62 钟

例（80 13）：这档儿天有一下儿多**钟**

注 – 钟（zhōng）：此处指"钟表所示的时间"，"一下多钟"即下午一点多。百余年前西式钟表已

开始进入北京的中上层人家。这里所说的"一下"指的是自鸣钟（能打点报时）所打的点数，这是当时的流行说法。

zhu

zx63 竹布

例（32 09）：小童儿有十六七岁，新**竹布**衫儿，抓地虎儿青布靴子

注－竹布（zhú bù）：一种较细的棉布，略呈淡蓝微灰色。参阅yx60条。

zx64 主意

例（21 02）：您放心……我自有**主意**就是啦

注－主意（zhú yi）：京语谓办法、主张。此处"主"字阳平。

zx65 煮饽饽

例（11 15）：伊老者又问善全说："家里吃饭啦吗？"善全说："吃**煮饽饽**。……"

注－煮饽饽（zhǔ bō bo）：旧时京人（尤其是旗人）管饺子叫煮饽饽。详见《卷一·b61》条。

zhua

zx66 抓

例（73 23）：过了霍乱季儿，一闹冬瘟，老先生就**抓**啦，很给人治错了几回

注－抓（zhua）："抓瞎"之略说，指没有办法、毫无成算，临事惊慌失措。

zhuai

zx67 转文

例（41 15）：在这几个碎催，**转**句**文**说吧，无非是其小焉者

注－转文（zhuǎi wén）：无必要的堆砌辞藻、引经据典，故意显示自己有文采。也作"掉文"（亦读zhuǎi wén），系从南方人"掉书袋"一说而来，义同。参见《元曲语汇102》条。

zhuan

zx68 转想

例（60 02）：额大奶奶心里可就有点儿疑惑，又一**转想**说

注－转想（zhuán xiang）：转念一想。这可能是旧时的说法，现似无此说。"转"字阳平，"想"字轻声。

zi

zx69 只当

例（10 05）：得啦，老大爷……只当是小孩子跟您撒个娇儿完啦

注－只当（zí dàng）：只当作（是什么），"只"字读 zí。此读音在北方语系很多地方都有，不独京语然。

zx70 自管

例（18 18）：姓额的放的就是阎王账，不服自管告我去

注－自管（zí guǎn）：尽管、只管。"自"字阳平。此处的"自"字其实就是"只"字变读的直音字。

zx71 自好

例（67 17）：善大爷自好谨遵父命吧

注－自好（zí hǎo）：只好。"自"字阳平；"好"字读半上声（参见《卷一·h06》条）。此处的"自"字其实就是"只"字变读的直音字。

zx72 字号

例（01 12）：那字号可就大啦

注－字号（zì hao）：京人对较大且有一定知名度的商家称"字号"，有敬语的意思在内。但原著此处是调侃小人暴富后的丑恶嘴脸。"号"字轻声。

zx73 字号朋友

例（22 12）：我倒瞧瞧这个姓连的是怎么个字号朋友

注－字号朋友（zì hao péng you）：此处之字号指"万儿"，即在江湖上的名号；字号朋友指头大、字号响亮的江湖人物。"号、友"二字轻声。

zx74 自且

例（70 17）：自且小额一出来，接连着好几天，不是这个来瞧，就是那个来看

注－自且（zì jiě）：自从。"且"字读 jiě，是"从"的变读直音字。京人口语中，从（何而来）、从（何时始）的"从"字多读为 jiě。

zx75 自由

例（51 19）：好容易自由够啦，他老先生才动身

注–自由（zì nian）：一般写作"滞碾"，也作"滞粘、渍黏、积粘"（均读 zì nian），本意为不爽快、不干脆；此处引申为磨蹭、拖沓之意。"自由"二字是很随意的方言直音字写法，与什么"民主自由"等毫不相关。另：近几十年有一与此读音相近的词"仔扭"（zí niu），指心中反对某事，但又不明说，存心闹别扭，处处表示出不合作的态度。

zx76 自在腔儿

例（80 13）：瞧那个样子，<u>自在腔儿</u>大极啦

注–自在腔儿（zì zei qiā~r）：摆谱、目空一切的样子。今无此说。"在"字读音介于 zei、zai 之间，轻声。

zong

zx77 宗室

例（01 11）：认得几个吃事的<u>宗室</u>

注–宗室（zōng shì）：清显祖塔克世（清太祖努尔哈赤之父）之后裔为"宗室"（指近支皇族）。因按规定系黄色腰带，故俗称

"黄带子"。另参见《满蒙语汇贰–17》。

zou

zx78 走外场

例（71 12）：究竟小额是个久<u>走外场</u>的人

注–走外场（zǒu wài chang）：指在社会上经常走动，与各色人等多有联系。"外场"一词参见 wx01 条，"场"字读音介于 chang、cheng 之间，轻声。

zx79 走着

例（30 04）：大家伙儿说："第老的说得有理，老弟兄们<u>走着</u>，老弟兄们<u>走着</u>。"

注–走着（zǒu zha）：原著此处是描写一帮地痞流氓以赔不是为名，到被打的伊老者家又搅闹拍唬一番之后起着哄离去。"走着"这类词汇为旧京下层人士所常用，"着"字读 zha，是加强语气，好让伊老者一家更生气。参阅《附录贰–36》。

zx80 走字儿

例（41 02）：说句迷信话，额家

是走字儿哪

注－走字儿（zǒu zè*r）：此处为"走背字儿"的略说，指倒霉背兴事儿一起找上门儿来。有时还会找补上一句：喝凉水都塞牙。

zu

zx81　足的受不得

例（18　14）：小额这二年也足的受不得

注－足的受不得（zú de shòu m de）：京人习用语，谓人得意过头了。说得快时"不"字读 m，是语音提示（参见《卷一·y18》条）。

zui

zx82　嘴里

例（23　14）：善全善二爷，本来心里嘴里全没有，外场又一点儿不通

注－嘴里（zuí li）：此处指口才，"里"字轻声。另如"手里"一词，可指某种技能；"身上"一词也可指某种功夫或技巧，皆为京俗语常用说法。

zuo

zx83　作那门子仇

例（37　26）：我说这是作甚么，跟小人作那门子仇

注－作那门子仇（zuō něi mén zi chóu）：主动自找，结不必要的冤仇。"作"字参见《卷一·z139》条。

zx84　坐的

例（41　03）：我们傻瓜是的，还坐的那儿听呢

注－坐的（zuò de）：坐在（某处）。"的"字读音介于 de、dou 之间，轻声。详见本卷之 sx51 条。

zx85　作脸

例（75　22）：于是乎拿起笔来……并且还开了几句脉案。好在作脸，还没有白字

注－作脸（zuò liǎn）：京俗语，争气、露脸、争得（某种）荣誉。

zx86　作派

例（75　12）：王先生虽然能奈有限，作派的倒不错

注－作派（zuò pɑi）：现写为"做派"，本指戏剧演员的基本技能"唱、念、做、打"之一的"做功"（演员动作的规范与韵味），原著

此处是调侃揶揄庸医王先生装腔作势的举动。另:"作派"一词现指派头、架势,与上述的"做派"不同。

zx87　坐着

例(16 07):善金给恒爷请安,说:"大叔,您坐着。"恒爷说:"我不坐着啦。……"

注－坐着(zuò zhe):原著中恒爷此时已出屋门,正要走了;善金说"坐着"是一种客套话,意谓"不忙着走,再坐一会儿吧"。这是当客人要走时,京人常用的挽留语,其实就是一种应景儿套话。说得快时"着"字读为r,是口型提示。

《春阿氏》词条

A 部

ai

ac 01　挨说

例（177　05）：**挨说**的事小……若把我奶奶气坏了，谁管我们呢

注－挨说（āi shuō）：京语谓被尊长责斥为挨说。另见《满蒙语汇贰－18》。

ac 02　爱亲儿做亲儿

例（162　07）：俗语说："**爱亲儿做亲儿**"，何必闹这宗无味的话呢

注－爱亲儿做亲儿（ài qiē*r zuò qiē*r）：谓亲上加亲。京俗谚"两好并一好，爱亲儿才做亲儿"之简说。

ac 03　碍着谁筋疼

例（248　06）：咱们既不沾亲，又不带故，屈枉不屈枉的，**碍着谁筋疼**呢

注－碍着谁筋疼（āi zhe shéi jīn teng）：京人习用说法，指"碍不着谁的事儿"；更粗俗点儿有"碍着谁蛋疼"之说。"着、疼"二字轻声。

an

ac 04　按葫芦掏子儿——犯死凿儿

例（107　06）：独有你我**按葫芦掏子儿**，偏偏的**犯死凿儿**

注－按葫芦掏子儿——犯死凿儿（èn hú lu tāo zěr — fàn sǐ záor）：旧京歇后语，用"把葫芦中的籽儿掏出来（而不知倒出来）"作比喻，形容人做事过分的死板、认真，有轻微调侃意。

B 部

ba

bc 01　把……卖了还……

例（24　24）：要象这样孩子，**把**这婆婆**卖了还**不知那儿下车呢

注－把……卖了还……（bǎi māi lou hái…）：京人习用的固定说法，意谓糊里糊涂，懵然无知。现在进化为说"让人家卖了还帮着点钱呢"，更进一步强调了被

蒙在鼓里。"把"字读 bǎi。

ban

bc 02　半疯儿

例（173 09）：你不用尽着哭，你姐姐**半疯儿**，没事惯流蒿子

注 – 半疯儿（bàn fē~r）：京俗语，形容人做事违背常规、不靠谱。

bc 03　半天晌午

例（180 11）：**半天晌午**，你怎的这么闲在

注 – 半天晌午（bàn tiān sháng wo）：指谓不十分确定的时间，一般是指上午某时。"晌"字也有人读为上声，"午"字读 wo，轻声。

bc 04　半语子话

例（287 26）：你说些**半语子话**，我真难过

注 – 半语子话（bàn yǔ zi huà）：没说完的半截儿话，也指有所保留之话。旧京习用说法，现不闻此说。按：京语称因某种原因说话含混不清为"半语子"，医学术语称为构音障碍，即某些音素发音不正确，造成与该音素相关的

一系列字读音不准。

bao

bc 05　包涵

例（150 22）：告诉姐姐说，我管的闲事，没有**包涵**

注 – 包涵（bāo han）：此处意指"不实之词、有所隐瞒"。此词现无此义。

bc 06　保饭锅

例（107 08）：丢面子事小，**保饭锅**实大

注 – 保饭锅（bǎo fàn guō）：现在都是说"保饭碗"。

bie

bc 07　别计

例（07 17）：范氏哼了一声道："……你躺一会儿，酒也就过去啦。"托氏道："那可**别计**……还不如活动活动呢。"

注 – 别计（bié jie）：现一般写作"别介"。《小额》一书中有"别加"的写法（见 bx18 条），另还有写作"别价、别计"的。参阅《附录贰–37》。

bing

bc 08　冰桶

例(129 13):三人围着<u>冰桶</u>

注－冰桶(bīng tǒng):桶形约二尺见方,顶部有盖,内衬铁壁,底有圆孔以漏冰水,中置木屉以存冰块,冰块周围放置食品,谓之曰"冰镇"。这是原始版的冰箱。中国自周代起就有冬季储冰,以备夏季使用的传统(参阅《附录壹－04》条;清代,京中由政府按官位高低定量发放夏季用冰。

bc 09　冰碗

例(132 24):先要了几样<u>冰碗</u>,预备下酒

注－冰碗(bīng wǎr):冰碗是旧京夏季传统消暑甜品,甜凉爽口,果香浓郁,曾是什刹海荷花市场特有的应时消夏鲜品。详见《附录贰－38》。

bu

bc 10　不看

例(154 26):天儿太热,<u>不看</u>闷在心里,憋出病来

注－不看(bú kàn):此处意为"小心不要(如何)"。此系旧京习用说法,现已不存。

bc 11　不看

例(300 04):<u>不看</u>大忒晚了,赶来不及

注－不看(bú kàn):此处意为"不然就(如何)"。此系旧京习用说法,现已不存。

bc 12　不看一个也当看一个

例(162 10):依我说,二姐夫是已经死了,你<u>不看一个也当看一个</u>

注－不看一个也当看一个(bú kàn yí ge yě dāng kàn yí ge):旧京习用说法,是为劝慰语,用于劝慰对某甲有意见的某乙,希望他能看在某丙的面上而隐忍,委曲求全地去做自己本不愿做的某事。原著此处是托氏劝说德氏(某乙),虽然对额氏(某甲)不满,但看在死者(某丙)的面上也要出去应酬一下。说得快时"个"字读 e,是口型提示。

bc 13　不敢必

例（129 24）：普云的品行我虽尽知，然是否是普云的凶原，我可**不敢必**

注－不敢必（bù gǎn bì）：不敢保证（如何）。此系旧京说法，今已不闻。

bc 14　不哼不哈

例（161 27）：谁想他**不哼不哈**，不言语，不理我

注－不哼不哈（bù hēng bù hār）：京人习用说法，指对人轻慢应付，一副带搭不理的样子。"哈"字也可不儿化。

C 部

cai

cc 01　踩访

例（146 04）：巡警厅并各处探访局所行文，烦请侦探名家悉心**踩访**

注－踩访（cái fang）：指衙役捕快对案件进行调查了解。此处之"踩"字，是"踩道"之踩，"踩道"一词本指犯罪分子作案前对准备作案处之情势地形摸底；旧时巡捕也使用此词，指为侦破案件而做的勘察。"访"字轻声。

cc 02　采访

例（118 01）：一面与市隐……等日夜研究，一面督饬探兵秘为**采访**

注－采访（cái fǎng）：相比上条，此处"采"字写为"踩"；原著这样写寓意深远。这不同的写法，淡化了侦案色彩。当时正是清末"十年新政"（1901~1911年）期间，公众舆论相当自由，报纸、记者的声势如日中天。"踩访→采访"一词的演化，显示了当时文人的灵机，将工作性质与侦探有几分相似的记者到社会上搜集调查新闻的行为，冠以"采访"之名。一个新词汇诞生了。

cc 03　菜货

例（23 24）：若不是你们愿意，断不能娶这**菜货**

注－菜货（cài huò）：旧京俗语，下等货。此处引申指下贱之人。

cang

cc 04　仓库两面儿

例（90　11）：近来**仓库两面儿**，也都结了完了，他跟着文光就算从良啦

注－仓库两面儿（cāng kù liǎng miàr）：旧京俗谚，"仓"指米仓，如禄米仓、北新仓等等；"库"指银库，是为有清一代国帑重地。此二者内中贪渎肆虐，黑幕重重，是为晚清经济机构中两大毒瘤，内中问题无法厘清。"仓库两面儿"即是由当时这种情况而产生的俗谚，指谓各种说不清的问题、难决之事，而并非实指米仓、银库。此处说"仓库两面儿，也都结了完了"，即弥松颐先生在原著中所注："指里里外外全部了结清楚了。"

cha

cc 05　查寻

例（22　12）：处处般般，就会**查寻**我

注－查寻（chá xin）：处处留意盯着，有存心找茬儿的意思。"寻"字读 xin。

cheng

cc 06　成了词

例（109　25）：错非是亲上作亲，娶他那一天也就**成了词**啦

注－成了词（chéng le cí）：（因）有了说法、有了说头、有事可说。多用于否定方面的事态。

chi

cc 07　吃不了兜着走

例（03　26）：若是文爷一起疑心……恐怕你**吃不了兜着走**

注－吃不了兜着走（chī be liǎo dōu zhe zǒu）：京俗谚，谓责任重大，恐承担不起。"不"字读 be；说得快时"着"字读 r，是口型提示。

chuan

cc 08　穿房过屋的交情

例（123　17）：我常到他家里去；**穿房过屋的交情**，不分彼此

注－穿房过屋的交情（chuān fáng guò wū de jiāo qing）：旧京习用说法，谓交情深厚，来往过从甚密，家眷互不避讳。

chui

cc 09　吹下子牛下子

例（67　09）：咱们的眼力如何？

你佩服不佩服？也不是<u>吹下子牛下子</u>

注－吹下子牛下子（chuī xie zi niú xie zi）：吹牛的调侃说法，但也有强调作用。两个"下"字读 xie，轻声。

ci

cc 10 疵诋

例（23 06）：<u>疵诋</u>我时，我还装哑巴呢

注－疵诋（cī de）：京俗语，意谓"斥责"。一般多写为"呲嘚"，也有"呲噔、呲嗒、刺打、斥打"等写法，方言无定字。

cuan

cc 11 攒馅儿包子——晚出屉

例（60 20）：不是二哥拍你，<u>攒馅儿包子——你有点儿晚出屉</u>

注－攒馅儿包子——晚出屉（cuán xiàr bāo zi——wǎn chū tì）：京人歇后语，踩乎（京俗语，贬低之意）别人是晚辈，与自己差着道行（heng）。"攒馅儿包子"是各种剩余杂菜做成的劣质包子，最后才蒸制出售，故云"晚出屉"。"屉"字也可儿化。

cuo

cc 12 错非

例（155 22）：<u>错非</u>与之先相好，我今天万不能来

注－错非（cuò fēi）："错非是"的简说，参见下条。这是旧京说法，现罕有闻。

cc 13 错非是

例（109 25）：<u>错非是</u>亲上作亲，娶他那一天也就成了词啦

注－错非是（cuò fēi shi）：如果不是（如何）。这是旧京说法，现罕有闻。

D 部

da

dc 01 答言

例（175 01）：三蝶儿只去擦泪，并不<u>答言</u>

注－答言（dā yan）：回应对方的话。

dc 02 答言儿

例（57 03）：喊了半天，春英也没<u>答言儿</u>

注－答言儿（dā yer）：回应对方

的话。"言"字变读，轻声，儿化。

dc03　打吵子

例（53　08）：所以他们夫妇总是**打吵子**，我在暗地里也时常劝解

注－打吵子（dá chǎo zi）：争吵、吵架。现无此种说法。此处"吵子"为名词，指吵架（这件事）。"打"字阳平。

dc04　打鼓担儿

例（182　02）：便令梁妈出去叫个**打鼓担儿**来，先卖无用的器皿，后卖顶箱竖柜

注－打鼓担儿（dá gǔ dàn er）：旧时京中走街串巷收购旧货者，彼等手持一小型皮鼓（径约5厘米）不断敲击，招徕生意。"鼓"字也可读轻声；百年前"担儿"一词之"儿"字单独自成音节，不读儿化音，是幽燕语的余绪；六十年前多简称为"打鼓儿的"，"鼓"字改读儿化音了。

dc05　打鼓挑子

例（192　03）：我们成年论月竟同**打鼓挑子**捣麻烦呢

注－打鼓挑子（dá gǔ tiāo zi）：与上条义同而称异。

dc06　打枪

例（11　01）：现在这维新的年头儿，挑分破护军都得**打枪**

注－打枪（dǎ qiāng）：此处之"枪"谓枪手，指冒名代考者；原著此处引申指托人情走关系。

dc07　大妈

例（183　22）：**大妈**说话真是可笑

注－大妈（dà mā）：京人谓伯母为大妈，另也泛称长辈女性。原著此处是后者。

dc08　大馒头堵嘴

例（23　25）：如今也睁眼瞧瞧，管保**大馒头**也**堵**上**嘴**啦

注－大馒头堵嘴（dà mán tou dǔ zuǐ）：京俗谚，指所选择的行为方式或支持的人选使自己陷入窘境，结果是自作自受。

dc09　大台

例（41　13）：官兵又喝道："嘿，**大台**，你听见没有？……"

注－大台（dà tái）：旧京市井语，"台"字是"大"的尾缀，大台即"大的（某人）、大哥"之意，此说法早已无存。《儿女英雄传》一书有"老台"一词，是小老弟之意（"老"指老来所得之子，即最小的）。"台"字一般读轻声，此处读阳平，是因为原著这里这是大声的"喝道"。

dc10　大忒晚

例（300　04）：只催土人等赶着装殓："不看**大忒晚**了，赶来不及。"

注－大忒晚（da tuī wǎn）："大、忒"二字都用以界定"晚"，以此来强调语气。"大"字轻声。

dai

dc11　待待儿

例（22　17）：打算查寻我？你先**待待儿**

注－待待儿（dāi de*r）：京人习用说法，有让对方"少安勿躁"之意；此处是训斥对方，意谓"还轮不到你（来管我）"。前"待"字阴平；后"待"字变读儿化，读音介于 de*r、dar 之间。

dao

dc12　捣荡

例（07　14）：那样儿**捣荡**人！那么一来，我们更担不起啦

注－捣荡（dao deng）：折腾、找麻烦。"荡"字读 deng，轻声。

dei

dc13　得得乱颤

例（227　08）：此时越想越怕，越想越后悔，身上**得得乱颤**

注－得得乱颤（dēi dēi làn chàn）：颤抖不止。"乱"字读 làn；此处"得得"二字阴平，是为形容词；但若说"打得得"，则"得得"二字是为名词，意谓哆嗦，后一"得"字须读轻声。参见《满蒙语汇贰-19》。

dian

dc14　颠倒儿颠

例（97　06）：如今这年月，**颠倒儿颠**啦

注－颠倒儿颠（diān dǎor diān）：极言事物之悖谬。

dc15　点手

例（226　22）：**点手**又唤常斌，悄悄嘱咐一番

注－点手（dián shǒur）：招手儿

（向某人示意，以手唤人）。旧京有"点手儿唤罗成"之说，语出京戏《锁五龙》。旧京之人酷爱京戏，俗语多有出自剧情戏词者。

dc 16　掂着

例（175 27）：因<u>掂着</u>送殡以前事情很多，家里也应当安置，外面也应当张罗

注－掂着（diàn zhe）：此处应为"惦着"，是"惦记着"（读为 diàn in zhe）之简说，京人习用说法，"记挂、放心不下"之意。

diao

dc 17　调查、各界人士

例（117 16）：求各机关帮助<u>调查</u>，以期水落石出。……别叫<u>各界人士</u>指出错谬来

注－调查、各界人士（diào chá、gè jie rén shi）：这是清末"十年新政"（1901~1911年）时期开始在报纸杂志上出现的新式词汇。"界"字轻声。

dc 18　吊儿

例（99 21）：你把炉子里添一点儿炭，再坐一<u>吊儿</u>水去

注－吊儿（diào er）：正字应作"铫"，也称为"佘儿"，小型的烧开水用具。白铁所制，直筒状，径5~6厘米，顶端有长柄。用时将其置于炉口中（京中一般都使用煤球炉子），柄部在外。因其受热面积较大，几分钟即可烧开一铫水。关于"吊儿"的读音，参见《附录贰－39》。

duan

dc 19　短礼

例（192 02）：蕙儿亦红脸道："哥哥<u>短礼</u>，我也没衣裳，出不得门。……"

注－短礼（duán lǐ）：京人习用说法，谓于礼数上有亏欠。"短"字阳平。按：此处是蕙儿对向方表示自己"短礼"，而不是相反。百年以前京语的说法习惯上与现在不尽相同。

dui

dc 20　对不过

例（11 07）：要让他知道，怪<u>对不过</u>他的

注－对不过（duì bú guò）：对不起、对不住。这是旧时的说法，现已绝迹。

duo

dc 21　多累

例（43　25）：市隐亦笑道："是的，是的，您就**多累**吧。我们要回去啦。"

注－多累（duō lei）：旧京常用客套语，此处为在离开某工作现场时对仍留下工作者所说，在勉励中似包含轻微的歉意。现多说"有劳"。

dc 22　多们

例（92　27）：看看人家有**多们**乐呀

注－多们（dó me）：即"多么"，这是一百多年前的写法。详见《附录贰－40》。

dc 23　跺子蹄儿

例（67　20）：他是**跺子蹄儿**的朋友

注－跺子蹄儿（duǒ zi tié*r）：一般多写作"朵子提儿"，系京中回民的说法，意为朋友。旧京的汉民有时用来指回民，如此处即是。按：此词据说源于波斯语"朋友"，读若 dost。

E 部

er

ec 01　二半破子

例（04　14）：到了这**二半破子**的人家儿，就算完啦

注－二半破子（èr bàn po zi）：也说"二半破"，意指高不成低不就。"破子"二字轻声。

ec 02　二两五挑护军——假不指着

例（08　14）：我看这孩子的神气，满是**二两五挑护军——假不指着**的劲儿

注－二两五挑护军——假不指着（èr liáng wǔ tiāo hù jūn—jiǎ be zhǐ zhe）：旧京歇后语，即"真着急假不指着"之意。清末经济极度衰退，旗兵护军的钱粮只有月俸二两五。这样微薄的钱粮，旗人也得争着当；说不指着是面子话，所以是假不指着。"不"字读 be，轻声。

F 部
fa

fc 01　法人资格

例（145　25）：我素以<u>法人资格</u>，谁肯徇私呢

注 - 法人资格（fǎ rén zī ge）："法人"一词，系出自日语（源自意译英语 juridical person），于二十世纪初传入中国，本义是指"根据法律参加民事活动的机关、团体、企业"。但原著此处并非此意，而是描述某刑部官员标榜自己秉公执法，绝不徇私舞弊；所以此处"法人"一词实为"执法之人、护法之人"义。这是此词从日本传入未久，其内涵概念尚未成为全社会共识，以致产生的望文生义。

fan

fc 02　翻了

例（101　08）：横竖他悖悖谬谬的闹了几句，把老太太惹<u>翻了</u>

注 - 翻了（fān le）：此处意指因发怒、生气而翻脸，详见《卷一·f07》及《满蒙语汇壹 - 14》条。

fc 03　反正

例（125　27）：<u>反正</u>这件事不能怨你

注 - 反正（fǎn zheng）：表示在任何情况下结果均相同，或论证强调某事理由的充分性。"正"字轻声。详见《附录贰 - 41》。

fc 04　犯死凿儿

例（286　07）：你把所说那人先说给瑞珊听听，省得回到店里又<u>犯死凿儿</u>

注 - 犯死凿儿（fàn sǐ záor）：京俗语，谓人执拗，不听人劝，固执己见。

fc 05　犯心

例（68　07）：咱们是同事访案，<u>犯</u>的什么<u>心</u>

注 - 犯心（fàn xīn）：因闹意见心存芥蒂，行动上互不配合。

fang

fc 06　方才

例（193　17）：<u>方才</u>那个光景，我已经明白了

注 - 方才（fāng cái）：现在都说

"刚才"。此词的沿革，详见《附录壹-15》条。

fc 07　访员

例（62　04）：如今这洋报的**访员**可来得厉害

注－访员（fǎng yuán）：百多年前对记者的称谓。

fc 08　放风筝

例（228　10）：我这位亲家阿妈看人家**放过风筝**

注－放风筝（fàng fēng zheng）：旧京俗语，指狎妓。另：此词旧时也指人力车（如排子车、洋车）因重心后移而至车子向后仰倒，俗称也叫"打天秤"。

fei

fc 09　费心

例（98　23）：钰福与邻家众人道了"**费心**"

注－费心（fèi xīn）：京人习用客套话，别人帮自己做了点事、或拜托别人为自己做点什么事时都可以这样说。

fen

fc 10　分解

例（283　17）：把内中苦绪幽情跟种种可疑之点，详细的**分解**一回

注－分解（fēn jiě）：此词源自日本和制汉语（日本汉字）"分解"，但拓展了其使用范围（日语该词用于物理、化学等科技方面）。

G 部

gɑn

gc 01　甘甜

例（128　09）：嘴儿又**甘甜**，脸上又透媚气

注－甘甜（gān tian）：京人习用说法。"甜"字轻声。但更早时期多是说"甜甘"，参见《卷一·t32》条。

gc 02　赶

例（300　04）：不看大忒晚了，**赶**来不及

注－赶（gǎn）：此处意为"到那时（恐怕就）如何"。今仍有此说法。

gang

gc 03　刚然

例（159 16）：虽说是小孩子家……然父亲**刚然**咽气……亦不禁放声哭了

注 - 刚然（gāng rán）：副词"刚"的文言化说法，现极少有这样说的。关于"刚、刚才、将、方才"等表示"此前不久"的副词之演进过程，详见《附录壹 - 15》条。

gong

gc 04　公理

例（103 10）：若以**公理**而论，春英……既被阿氏一刀砍在脖子上……亦没有腾起来骂完了才死的理

注 - 公理（gōng lǐ）：原著此处指"一般性的道理"。参阅《附录贰 - 42》。

gou

gc 05　苟事

例（95 24）：因此涎皮淡脸的，常在文家**苟事**，买买东西呀，扫扫院子呀

注 - 苟事（gǒu shi）：巴结差事。也作"狗事"，贬义，指厚颜无耻。"事"字轻声。

gu

gc 06　咕咕咙咙

例（290 13）：**咕咕咙咙**，成团论码的，俱是虮子臭虫

注 - 咕咕咙咙（gū gu rōng rōng）：形容多量虫蚁蠕动状。后一"咕"字轻声；"咙"字读 rōng，阴平。也可单独说"咕咙"，则"咙"字轻声。

gc 07　公母俩

例（40 12）：不是老**公母俩**吵嘴，就是小公母俩嚷嚷

注 - 公母俩（gu m liǎ）：京俗语，夫妻二人。此称谓并无贬义，"公"字读 gu，轻声；"母"字读 m，是口型提示。

gc 08　姑娘、姑奶奶

例（64 21）：德氏擦着眼泪，把"**姑娘**""**姑奶奶**"五字叫不绝声

注 - 姑娘、姑奶奶（gū niang、gū nǎi nèi）："姑娘"是对未出嫁女子之称谓，"姑奶奶"是对已婚女子之称谓。"娘"字轻声；后一"奶"字读 nèi，是央求时的语调。

gua

gc 09　寡妇失倚

例（224 01）：不瞒老太太说，我<u>寡妇失倚</u>的，养他这么大，真不容易

注－寡妇失倚（guǎ fu shī yè）：京俗语，"倚"字习读 yè，词义从字面即可知。

guang

gc 10　光景

例（193 17）：方才那个<u>光景</u>，我已经明白了

注－光景（guāng jing）：此处意为"情形、状况"。此说法今仍见用。

gc 11　光景

例（155 05）：我眼疼，<u>光景</u>是要长针眼

注－光景（guāng jing）：此处为揣度语，与上一条音同义异，此意今罕用。

gui

gc 12　归期

例（258 04）：问到<u>归期</u>，始终也不得头绪

注－归期（guī qí）：此处为"归齐"的讹写，意谓到底、最后。京俗语有"闹了归齐（意谓原来如此）、说了归齐（意谓到最后也还是如何）"等说法。

gun

gc 13　滚了马的强盗

例（114 23）：慢说你这刁妇不肯承认，就是<u>滚了马的强盗</u>，也得招供

注－滚了马的强盗（gǔn le mǎ de qiáng dao）：被拿获的强盗。

guo

gc 14　过于

例（08 14）：普二悄声道："你<u>过于</u>糊涂……只要他开了窍儿，咱们的闲话口舌，也自然就没啦。"

注－过于（guō yu）：也作"过愈"，谓"过分"，此系京人习用说法。京语在某些词汇中习将"过"字读为阴平，如：过福（不知珍惜幸福，多指不知爱惜东西，奢靡浪费）、过费（谦辞，表示对方为自己做了太多破费，很过意不去）等，均属表示"过分"之意。

gc 15　国会

例（134 03）：慧甫道："<u>国会</u>未

开,他把议事细则先就规定了"

注－国会(guó huì):这是清末"十年新政"(1901~1911年)时期开始在报纸杂志上出现的新式词汇,可能源自日语外来词汇。

gc 16　国家费用

例(167 19):对于<u>国家费用</u>还落个冒领名义

注－国家费用(guó jiā fèi yong):这是清末"十年新政"(1901~1911年)时期开始在报纸杂志上出现的新式词汇。

gc 17　国家社会

例(167 22):你若不吃,旗下也照旧支领,不但<u>国家社会</u>不知你的情,倒给领催老爷留下饭了

注－国家社会(guó jiā shè hui):这是清末"十年新政"(1901~1911年)时期开始在报纸杂志上出现的新式词汇。其中"社会"一词系来自日语外来词"社會",源自意译英语 society。

另:古汉语中也有"社会"一词(见《东京梦华录·秋社》),但与今义迥异。

gc 18　过日

例(269 19):你不用抬死杠,<u>过日</u>你细去看看

注－过日(guò ri):也说"过后儿",指的是过不多几天(如三五天)之后。今无此种说法。"日"字轻声。

H部
hai

hc 01　害

例(191 24):三蝶儿……道:"我的眼睛一定要<u>害</u>起来。"

注－害(hài):京人习将针眼及各种眼睛红肿炎症称之为害眼。

hao

hc 02　好吗

例(69 03):说罢,又赞道:"嘿,<u>好吗</u>!"

注－好吗(háo me):京腔感慨性的赞好。注意两个字的变调、变读。

hc 03　好……话

例(222 26):(德大舅妈)向托氏道:"……孩子岁数小……还

得求亲家太太多疼他，我姐姐就放心了。"托氏道："**好**亲家太**太话**，姑娘的脾气性格，样样都好……"

注 – 好……话（hǎo…huà）：旧京客套语，用于回复对方提出的某种要求时，表示"一切都好说，不在话下"。

hc 04　好家伙

例（69 02）：嚯，**好家伙**！比都察院的御史还透着霸道呢

注 – 好家伙（hǎo jie）：京腔感叹语。注意其变读，三个字只发两个音节。

hc 05　号

例（156 03）：先把药味开好，然后又**号**上分量

注 – 号（hào）：旧时京人称在物品上标明门类或号码、数量为"号"，是为动词。另：中医把脉也称为号。

he

hc 06　合

例（283 13）：你只知道你自己……那么市隐**合**我又算作什么许的呢

注 – 合（hé）：今作"和"。此处轻声。京人可能将"和"（hé）字读作 hàn、huì、hài 等音，详见《卷一·h 07、h 08、h 72》等条目。

hc 07　合该

例（21 26）：我他妈着了凉，算是**合该**

注 – 合该（hé gāi）：意谓理应如此，"合"字轻声。现演变为"活该"，也就相应的读为 huó gāi。但"合该"是其本义、本字。

hc 08　嗬

例（07 21）：普二连声答应，一手拿了扇子，掀起竹帘来嚷道："**嗬**，好凉快。"

注 – 嗬（he）：京语专有的表示惊奇的感叹词，此处读为轻声；若读本音阴平，则虽也是表示惊奇感叹，但多用在对事态发展或某人之作为有所不满时。

heng

hc 09　横

例（61 21）：家里的话，**横**也是乱七八糟

注－横（héng）：京人习用说法，系揣度语，意谓"（某事）大概、多半儿、没准儿（是怎样）"。

hc 10　横打鼻梁

例（26 27）：你不用**横打鼻梁**，自充好老婆尖儿

注－横打鼻梁（hén dǎ bí liá~r）：旧京习俗，对别人当面打保票，保证负责承当某事时，以右手食指横抹鼻梁，同时口中说着承诺语，这就叫"横打鼻梁"（也有说"横抹鼻梁"）；这个动作有可能是从指着自己鼻尖儿表示"交给我办准没错"演变而来的。此说除了在李伯祥说的传统相声中还见到听到过以外，至少五十年以上没见有人做这种动作、说此话了。

hou

hc 11　后成

例（274 26）：若遇个蠢笨愚顽丑陋不堪的男子，婆家再没个**后成**……请问这女子心里如何禁受得住

注－后成（hòu cheng）：此处为"日后有成"的简说；指"虽然现在不如意，但（因某种缘故）日后终有一图"。这可能是当时流行的一种简略说法。

hu

hc 12　糊里巴涂

例（109 07）：世上的事，左右是那么着，**糊里巴涂**也就算完了

注－糊里巴涂（hú le bā tū）：京俗语，意谓糊涂。详见《满蒙语汇贰－20》。

hun

hc 13　混混儿

例（60 21）：东城的男女**混混儿**，瞒不下哥哥我

注－混混儿（hùn huè*r）：前贤齐如山先生在《北京土话》一书中曾有注云："混，读去声，乃'不清'及'掺杂'、'搅扰'之义。凡人在各团体中胡混及搅扰者，人皆以此呼之。"不过在实际生活中，"混混儿"基本上就是土流氓的同义词。

huo

hc 14　火车、汽笛

例（245 08）：当日登上**火车**，只听**汽笛**呜呜乱响

注－火车、汽笛（huǒ chē、qì dié*r）：1906年4月1日，全长

1214.5公里的京汉铁路全线通车,自此火车、汽笛、铁轨、枕木、车站、车票、月台、扬旗等一系列与铁路交通有关的名词开始进入国人语汇。

J 部

ji

jc01　唧咕

例(11　04):作老家儿的……尽着碎唧咕,他们小心眼儿里也是不愿意

注－唧咕(jī gu):此处指絮叨、啰唆。亦作"叽咕"。也另指小声说悄悄话。

jc02　机械

例(181　14):又想玉吉人品最为浑厚,断不是满腹机械的可比

注－机械(jī xie):原系十九世纪末引进的日语外来词"机械",源于意译英语 machine,即构成机器的部件。原著此处可能是当时的用法,指人心思机巧、运转快,城府深。"械"字轻声。

jc03　挤巧

例(13　23):再说大热的天,挤巧就得燥雨

注－挤巧(jí qiǎo):没准儿、凑巧、可能。是估量之词,但偏重于肯定面。"挤"字读音介于 jí、qí 之间,"巧"字也可儿化。

jia

jc04　价值

例(129　18):须要根究明白,才有研究的价值

注－价值(jià zhi):这是清末"十年新政"(1901~1911年)时期开始在报纸杂志上出现的新式词汇。"值"字轻声。

jiao

jc05　交派

例(142　27):上头有交派,阿氏家里人不准进来

注－交派(jiāo pai):交代、调派。现罕闻此说法。"派"字读音介于 pai、pei 之间,轻声。

jc06　脚打脑勺子

例(11　11):象咱们这二半破的人家,终天际脚打脑勺子

注－脚打脑勺子（jiáo dá nǎo sháo zi）：京俗谚，谓忙得不可开交。"脚打"二字阳平。

jc07　矫情

例（10 26）：托氏道："二兄弟真会矫情。"

注－矫情（jiáo qing）：京俗语，谓辩论中所持论据偏颇，立场执拗；若是再严重点就叫作胡搅蛮缠了。"矫"字阳平，"情"字轻声。

jc08　叫起儿

例（144 04）：昨日叫起儿，上头曾问此事

注－叫起儿（jiào qiě*r）：有清一代，上朝时皇帝召见臣工议事，由太监宣召，谓之"叫起儿"。

jie

jc09　结啦

例（61 08）：打头他功夫不勤……那就算结啦完啦

注－结啦（jié le）：京人习用说法，此处谓（某事）已注定（如何）。此词现多用于在某事完成后，以之作结论式的评语，谓大功告成了。"啦"字读 le，轻声。

jc10　解和

例（133 20）：秋水面上越发难过起来。增元解和道："猜拳，猜拳。"

注－解和（jiě he）：调解、抹稀泥。"和"字轻声。另可参见《卷一·j40》条。

jc11　借光

例（97 20）：遂用手分开众人，一面道着"借光"

注－借光（jiè guāng）：京人常用语，在他人未加注意而妨碍了自己的行动，提请对方注意时说。另义可参见《卷一·j44》条。

jc12　际

例（179 12）：终日际忙忙乱乱，皆为迁移的事情

注－际（jie）：无实义的词尾后缀。句中"终日"是书面语的写法，口语中会说成整天际或成天际。"际"字读 jie，轻声。也有"介、价"等写法。

jiu

jc 13 ……就不是你了

例（03 07）：沾一点儿酒**就不是你了**

注 -……就不是你了（…jiù búr nǐ le）：斥责人沉湎于某事，谓只要一涉足其事，就与平时判若两人，一切行为准则都抛之脑后了。此说法多如本条所言，用以指责人溺于酒；但也可用于其他方面。

ju

jc 14 据

例（107 07）：要**据**我说，咱也得搂着来

注 - 据（jù）：这是旧式的说法，意谓"依据（某人）主导（某事）"；现在此等处多用"照、按、依"等字。

K 部

kai

kc 01 开唪

例（185 13）：说的津津有味，犹如非洲土人游过一荡巴黎，回家**开唪**似的

注 - 开唪（kāi pǎng）：先贤齐如山先生在《北京土话》一书中有注云："唪，大言欺人也。与'吹'字略同。北京有《老妈开唪》小曲。……按《广韵》：唪，喝声；《集韵》：叱也。与俗义亦有相似之点。"

kc 02 开言吐语

例（161 26）：就便我们结亲，也该当放定纳礼，**开言吐语**的说明了

注 - 开言吐语（kā yán tú yǔ）：把话说开了。此系旧京习用说法。现已不闻。"吐"字阳平。

kan

kc 03 看过眼去

例（184 12）：若叫我**看过眼去**，我何尝爱这们劳神

注 - 看过眼去（kàn guò yǎn qi）：京俗语，现更多是说"看得过眼去"。

ken

kc 04 肯切

例（258 20）：想我心里事……你如何知道的这样**肯切**

注 - 肯切（kěn qie）：应为"肯綮"，筋骨结合处，引申指问题的关键要害所在。"切"字读音介于 qie、

qi 之间。现似无此说法了。

kou

kc 05　口敞、耍嘴皮子

例（24　07）：你跟普二第不但<u>口敞</u>，而且又好<u>耍嘴皮子</u>

注－口敞、耍嘴皮子（kóu chǎng、shuá zuǐ pí zi）：指口无遮拦、以逗口舌之利为能事。

kc 06　口舌

例（02　11）：时常的挑三窝四，闹些<u>口舌</u>

注－口舌（kǒu she）：指争执、纠纷（一类的事）。"舌"字轻声。

ku

kc 07　苦子、乐子

例（93　05）：<u>苦子</u>，<u>乐子</u>，本是两件事，如何说是一样呢

注－苦子、乐子（kǔ zi、lè zi）：此处是泛指"苦、乐"；而现在说法简化，"苦子"直说为苦，"乐子"仅用于指某一具体事，不用于泛指。

kua

kc 08　夸兰达

例（48　07）：（阿德氏）道："<u>夸兰达</u>恩典！替我们母女报仇！"

注－夸兰达（kua lān da）：旧京旗人语，意谓长官。详见《满蒙语汇贰-21》。

L 部

la

lc 01　拉扯

例（98　13）：我们的亲戚跟他娘家<u>拉扯</u>着是亲戚

注－拉扯（lā che）：此处意谓牵扯、勾联，是指很远的远亲。说得快时读为 lā chi。另：此词亦作抚养讲，如："一个人把孩子拉扯大了不容易"；还有时是指引、带领，或纠缠、肢体冲突（推搡）等意。参见《卷一·101》条。

lc 02　落场

例（228　17）：行事是样样儿不<u>落场</u>

注－落场（là chǎng）：事事不落后、样样少不了。同样写法另有 lào chang 的读音，是"终局、收场"之意，系借用戏剧术语，见《卷一·135》条。

lao

lc 03　老八板儿

例（07　01）：人家规规矩矩，一死儿的**老八板儿**

注 – 老八板儿（lǎo bā bǎr）：京俗语。兹恭录弥松颐先生之原注如下："老八板儿，原出自皮黄戏中每个唱段第一句'过门'，都是八板，程序固定不变。在口语中予以儿化，指拘谨、守旧，也指拘谨守旧或不苟言笑、极为规矩礼行之人。"

lc 04　老家儿

例（07　04）：你是他们的**老家儿**，怕他们作什么

注 – 老家儿（lǎo jiār）：京语谓父母，或泛指家中长辈。

lc 05　老妈妈例儿

例（13　05）：按着**老妈妈例儿**说，平白无故你要叹一口气，那水缸的水都得下去三分

注 – 老妈妈例儿（lǎo mā me liě*r）：泛指日常生活中的各种无依据的、迷信的忌讳及言论。因这类言论多在下层的老年无知妇女中流行，故名。"例儿"变读，也作"论儿"，读音同。

lc 06　老头儿

例（61　04）：听我们**老头儿**说……两样儿东西，光景是五两多哪

注 – 老头儿（lǎo tóur）：此处意指自己父亲，对他人也可说"你们老头儿"。这是京人习用说法，无不敬之意。

lei

lc 07　累恳

例（07　11）：我们家的事，都**累恳**您啦

注 – 累恳（lē ken）：此处指添麻烦、烦请（如何），一般写作"扐掯"。详见《卷一·140》条。

li

lc 08　理论

例（181　19）：先时还背着母亲暗去劝解，后来成天论月常常如此，也都不**理论**了

注 – 理论（lǐ lùn）：此词古已有之，如《北史·崔光韶传》："光韶博学强辩尤好理论，至于人伦名教，得失之间榷而论之，不以

一毫假物。"而现代意义上的"理论"一词,是十九世纪末传入中国的日语外来词汇(日语:理論,源自意译英语theory)。但原著此处与前述两种均不同,这是一种民间的、较任意的用法,有"过问、搭理、解劝、申辩、辩驳"等多意。此种说法今尚有闻。

liang

lc 09 两造

例(223 05):德大舅妈不放心,恐怕**两造**里要闹口舌

注 - 两造(liǎng cáo):此处指诉讼的双方,实际应为"两曹","造"字是"曹"的通假字。清朱骏声《说文通训定声·孚部》:"造假借为曹。"

liao

lc 10 瞭然

例(273 02):不过这场事情,若与普通一般人说,他们未**必瞭然**

注 - 瞭然(liǎo rán):1986年的《简化字总表》中规定应作"了然"。

lie

lc 11 列席、研究

例(134 06):市隐道:"……不然,本兄弟决不**列席**。"砺寰道:"……既为着阿氏一案彼此**研究**,务必要不失原题……"

注 - 列席、研究(liè xí、yán jiu):这是清末"十年新政"(1901~1911年)时期在报纸杂志上出现的新词汇。

ling

lc 12 领催

例(50 15):文光道:"家中出此横祸,**领催**不敢撒谎。……"

注 - 领催(lǐng cuī):八旗里掌记录、发放等琐碎事物的小芝麻官儿,也就相当于今天的街道居委会主任一类。满语称为"拨什库"(bošokū)。参阅《满蒙语汇贰-04》条。

liu

lc 13 溜蒿子

例(13 07):象你这每日**溜蒿子**,就得妨家

注 - 溜蒿子(liū hāo zi):旧京习用说法,也作"抹蒿子、流蒿子",指流眼泪。原著此处是斥责性的贬损说法,但有时也可用于打趣调侃。

lou

lc 14　搂着

例（107　07）：要据我说，咱也得**搂着来**

注－搂着（lōu zhe）：京人习用说法，意谓"有所收敛的、适度的（如何）"。

lü

lc 15　驴脸子瓜搭

例（97　13）：我今儿喝点豆汁儿，他就**驴脸子瓜搭**，立刻就给我个样儿

注－驴脸子瓜搭（lú liǎn zi guā dā）：拉长脸示人以不悦状。"瓜搭"也作"括搭"，象声词，是帘子放下的声音；形容人的脸像帘子那样一下子拉下来。可参阅《卷一·g 66》条。

M 部

ma

mc 01　妈妈

例（157　06）：德氏……怒嚷道："……你**妈妈**病了，也不知问一问？"

注－妈妈（mā me）：旗人称母亲为奶奶，而原著此处德氏（旗人）自称妈妈，说明百余年前旗人语言受汉化影响已深。后一"妈"字读 me，轻声。

mc 02　妈妈

例（159　10）：额氏……望见德氏走后，指给三蝶儿看道："你看你**妈妈**……"

注－妈妈（mā me）：音、义均同上条。但上条为自称，此条是额氏（亦为旗人）所说，似说明这种不同的满汉称谓可能随场合而变。

mc 03　麻

例（67　22）：你不用**麻**我

注－麻（má）：旧京俗语，此处意为大言恫吓。此词另有感到可怕或使人感到可怕意。

mc 04　马甲

例（49　22）：文光道："小儿春英是**马甲**钱粮"

注－马甲（mǎ jiǎ）：马甲是旗兵的一种等级名称；马甲钱粮是指这一等级旗兵的薪俸。

mc 05　马力

例(10　10)：趁着太阳，还不马力洗去

注 - 马力(má liē*r)：现写作"麻利"。京俗语，意谓快、敏捷、不拖沓。"马"字阳平，"力"字阴平儿化。参见《满蒙语汇贰-22》。

mc 06　马力脆

例(09　20)：这么大人，作什么没有马力脆

注 - 马力脆(má li cuì)：义同上条。"力"字轻声。

mc 07　马家堡

例(251　03)：车到马家堡小站，转眼就是前门车站了

注 - 马家堡(mǎ jie pù)：1896年，清政府修建卢汉铁路（卢沟桥至汉口），1897年由丰台延至马家堡（在永定门外西南方，距永定门约3公里）。该车站由英国人监造，气势恢宏，当时是北京的铁路总站。"家"字读 jie，轻声；"堡"字此处读 pù。详见《附录贰-43》。

mc 08　马钱

例(156　06)：额氏把马钱送过，医生满脸堆笑，不肯收受

注 - 马钱(mǎ qian)：旧京谓付给医生的出诊费为"马钱"。

man

mc 09　瞒怨

例(208　06)：将来有口舌，你也得落瞒怨

注 - 瞒怨(mán yuàn)：现写作"埋怨"。

mc 10　满身箭眼

例(03　20)：平白无故的，弄得我满身箭眼

注 - 满身箭眼(mǎn shēn jiàn yǎn)：旧京俗语，现不闻此说。形容受创之甚，意指痛遭众人诟病。

mc 11　满是……的劲儿

例(08　14)：我看这孩子的神气，满是二两五挑护军——假不指着的劲儿

注 - 满是……的劲儿(mǎn shi…de jiè*r)：京人习用说法，从

人的外在表现判断其主观意向时常常用此说法。

mang

mc 12　忙和

例（108　04）：钰福称谢道："爷们儿，什么事这样忙和？"

注－忙和（máng huo）：京人习用说法。"和"字是某些动词或形容词的后缀，并无实义，轻声；但有时用在否定性句子中，以表示轻微贬义，如搅和、乱和等。

mao

mc 13　猫儿溺

例（103　04）：横竖这案里总有猫儿溺，不然也不能吵嚷

注－猫儿溺（māor ni）：还有"猫儿腻、吗儿逆"等写法，京俗语。本为京中回民词汇，据说源自阿拉伯语，是为"阴谋、隐私"等意；一说源自波斯语，意谓"含义"。弥松颐先生在《京味儿夜话》一书中释为："'猫儿腻'即指不可告人之事。"按：电视台播音员多将此词读为 māo niè*r，则大谬矣。方言不宜宣于广众，尤其是自己臆造的所谓"方言"。

mei

mc 14　没黑间带白日

例（14　11）：你这脸上怎么这样丧气？没黑间带白日，你总是抹眼儿

注－没黑间带白日（mé hēi in dài bái ri）：京俗语，谓"无时无刻的（总如何）"。"间"字读为 in，是口型提示；"日"字读音介于 ri、ren 之间。

mc 15　没起色

例（194　03）：象他那老八板儿的兄弟，据我看，没什么起色

注－没起色（méi qǐ se）：京人习用说法，此处指"将来也不会有什么前途"；现多用于指没出息、贪小，更有时专指（某人）见女人就走不动道儿。"色"字读音介于 se、ze 之间，轻声；为加强语气有时读为 zē，阴平。

men

mc 16　闷葫芦

例（263　03）：何不以真实姓名示我，叫我打闷葫芦呢

注－闷葫芦（mèn hú lu）：见《卷一·m40》条；"打闷葫芦"指瞎

猜测。

mian

mc 17　勉强勉掖

例（11 08）：给的时候，就是**勉强勉掖**给的

注－勉强勉掖（miǎn qiáng miǎn ye）：旧京习用说法，是对"勉强"的强调，现不闻此说。

miu

mc 18　谬

例（176 16）：听屋里常禄嚷道："你怎的这么**谬**啊？"

注－谬（nìng）：是为"拧"（去声）的假借字，本应归于 N 部，为便于查询，按其字面音姑列于此。京语谓倔强执拗、不听劝导为"拧"。

mo

mc 19　磨烦

例（12 08）：这算什么大事，也值得这样**磨烦**

注－磨烦（mò fen）：此处指"话语纠缠"，京人口语读音中的 mò fen 还有"拖沓、磨蹭"之意。"烦"字读音介于 fen、fan 之间，轻声。

mu

mc 20　木头眼镜儿——瞧不透你

例（68 02）：你这"神眼"的外号儿，我是**木头眼镜儿——有点儿瞧不透你**

注－木头眼镜儿——瞧不透你（mù tou yǎn jiè~r — qiáo be tòu ni）：京中歇后语，谓"看不出你（还能如何）"，是不相信、看不起之意。这是产生于百余年前的歇后语，彼时眼镜刚开始在民间流行（但早在雍乾时期，西洋人已将眼镜献于朝廷）。"不"字读 be，"头、你"二字轻声。

N 部

na

nc 01　那儿说那儿了

例（62 03）：真许是盖九城给害的。咱们**是那儿说那儿了**

注－那儿说那儿了（nǎr shuō nár liǎo）：京人习用说法，一般多用于两个人说悄悄话、传播点儿小道消息之后嘱咐对方。这样做的目的，除了告知消息，并暗示对消息的真实性不负责任之外，还

往往多有弦外之音:"此事只告诉你一人"(咱俩交情非同一般)。后一个"那儿"读阳平。

nc 02　纳闷

例(209 07):本说多住几天,今忽来接,三蝶儿很是**纳闷**

注－纳闷(nà mè*r):京俗语。不明就里,心存疑惑。"闷"字去声,儿化。

nai

nc 03　奶奶

例(06 06):二正遂高声嚷道:"**奶奶**,我二叔来啦。"

注－奶奶(nǎi nai):京中旗人称母亲为奶奶。后一"奶"字说得快时读为 nei,轻声。详见《满蒙语汇贰-23》。

nc 04　乃一时、乃时

例(214 10):你**乃一时**想了,你就**乃时**去接

注－乃一时、乃时(nǎi shi、něi shi ou):"乃一"须连读,是疑问代词"哪"的拆音字,读为 nǎi;后面"乃时"之"乃"字,是指示代词"那"的直音字,意谓"就是

那(一个)",读为 něi 或 nài;注意:京腔口语中此句最后必有 ou 音,是口型提示。这其实是"时候"的"候"字略去了声母。

nao

nc 05　恼撞

例(199 18):若这么早说人家儿,恐怕他犯**恼撞**

注－恼撞(nǎo zhuang):(因别人所言而)极其恼怒。"撞"字轻声。

nc 06　闹口舌

例(223 05):德大舅妈不放心,恐怕两造里要**闹口舌**

注－闹口舌(nào kǒu she):起争执、闹纠纷。"舌"字轻声。

nc 07　闹生分

例(177 10):你奶奶**闹生分**,犹有可恕

注－闹生分(nào shēng fen):京俗语,谓"罔顾亲情,自外于家人"。

nc 08　闹闲排儿

例(99 19):象这宗事情,能压

的下去吗？饶这么着，还闹些闲排儿呢

注－闹闲排儿（nào xián pár）：闲排儿也作"闲白儿"，指是是非非的流言；闹闲排（白）儿是指因是非引起的争执。"排"字读音介于pár、bár之间。

ni

nc09　逆事

例（50　27）：我想你那儿媳妇安安静静的，也不致出此逆事

注－逆事（nì shī）：此处指弑亲、谋反一类大逆不道之事。此处"事"字读本音，不可儿化；若读轻声儿化，则指不顺遂之事，参见本卷之nx33条。

niang

nc10　娘儿们

例（227　27）：笑着嘱咐道："见了那个娘儿们，您不用多闲话……"

注－娘儿们（niá me*r）：读此音时含贬义，应写作"娘们儿"。对正常女人的统称读（niár men），写作"娘儿们"。详见《卷一·n39、n40》条。

nin

nc11　您猜怎么着

例（02　16）：您猜怎么着？我这位旗下朋友……如今把绿头巾一戴，还自认没有法子

注－您猜怎么着（nín cāi zěn me zhe）：京人习用说法，为所言之事稍微加点悬念、加重语气用，并非真让对方猜。

nc12　您哪

例（43　24）：说着，又哈哈笑道："这话对不对您哪？"

注－您哪（nín na）：旧式京语，两人对话时常将"您哪"置于句尾，作为一种类似于语气助词来使用。可参见《卷三·nz51》条，那里的"哪"字注为nei音，是服务行业人员常用的声调。

ning

nc13　拧了杓子

例（67　10）：要专信你的话，全拧了杓子啦

注－拧了杓子（nǐng le sháo ze）：全然相反、背谬。同义还有"拧了葱"等说法，今皆罕闻，只简说为"拧了"。

P 部

pai

pc 01　排训

例（175　12）：那是你管不着！你要**排训**我，就是不行

注 – 排训（pái xuan）：应作"排揎"，责备、责骂、教训、数落等意。详见《卷一·p02、p03》条。

ping

pc 02　平等

例（118　20）：作官他辱骂堂官，待下人他要讲**平等**

注 – 平等（píng děng）：这是清末"十年新政"（1901~1911年）时期开始在报纸杂志上常出现的新式词汇。

po

pc 03　破闷

例（182　01）：日间无事，只靠着读书**破闷**

注 – 破闷（pò mèn）：旧京俗语，解闷儿。今无此说法。

Q 部

qi

qc 01　欺负我

例（125　02）：竟敢粉饰撒谎。**欺负我**不敢打你

注 – 欺负我（qī fuo）：此处乃"以我为软弱可欺"之义。此种用法京语中今尚存但罕见。"负我"二字合读为 fuo。

qc 02　起色

例（95　25）：常在文家苟事，买买东西呀，扫扫院子呀，简断截说吧，没什么**起色**

注 – 起色（qǐ se）：出息、前途、进展。说得快时"色"字读音更近于 si；但当说"没起色"时，"色"字读音介于 se、ze 之间，轻声；加强语气时则读为 zē，阴平。参见此前之 mc 15 条。

qiao

qc 03　瞧我了

例（99　04）：德树堂道："太太，你**瞧我了**。"

注 – 瞧我了（qiáo wǒ le）：京人习用说法，第三者劝阻双方争执

时专用语，意为"看在我的薄面上（请停止争吵吧）"。

R 部

rang

rc 01　让

例（273　20）：若论起祸的根由，就**让**阿氏的母亲

注 – 让（ràng）：此处意为"与同类相较，尤为凸显"。这是旧京说法，现已不闻。

ren

rc 02　人道

例（277　14）：只要法部里尊重**人道**，不忍再追原凶

注 – 人道（rén dào）：二十世纪初清末"十年新政"时期（1901~1911年）常见诸报纸杂志，被赋予现代意义的"古词今义"。

rc 03　人道主义

例（277　21）：若对聂玉吉尊重**人道主义**……莫非春英之死就算是该死了吗

注 – 人道主义（rén dào zhǔ yì）：此词系从拉丁文 humanistas（人道精神）引申而来。详见《附录贰 – 44》。

rc 04　人家儿

例（182　19）：我想他们当初既有成议，怎么又另找**人家儿**呢

注 – 人家儿（rén jiār）：此处指谓婆家，是京人习用说法。

rc 05　人性

例（05　15）：我们弟兄虽说是初次见面，我一见您的**人性**，也不是那样人

注 – 人性（rén xing）：京俗语，是指"（从一个人日常行为所体现出的）其为人的品行与处世原则"，而并非是现在一般所说的人性（人所具有的正常情感和理性）。"性"字轻声。

ru

rc 06　如其

例（05　24）：二位**如其**有事，可以多坐一会儿

注 – 如其（rú qi）：假如、如果。这是旧京说法。

ruan

rc 07　软须子

例（90　13）：此人有二十多岁，挑眉立目，很象个<u>软须子</u>

注－软须子（ruǎn xū zi）：此处指"吃软饭者"（傍有钱女人的男子）。另亦可用于指跟在有钱恶少后面狐假虎威、"跟嫖看赌白吃猴"的帮闲无赖，古有"篾片"一词，意类此。

S 部

sa

sc 01　撒开了

例（109　20）：遂将德阿氏带上，<u>撒开了</u>一收拾

注－撒开了（sā kār lou）：京俗语，此处谓"无所保留、无所顾忌、不受约束、任意的(如何）"。"开"字儿化，"了"字读 lou，轻声。

san

sc 02　散闷

例（148　13）：每当夕阳西下，德氏姊妹常带着子女们站在门前<u>散闷</u>

注－散闷（sàn me*r）：排遣烦闷、散心。这是旧式京语的说法，现在说"解闷儿"。"闷"字儿化。参阅《附录贰－45》。

shang

sc 03　上头

例（142　27）：（女牢头）梁张氏道："<u>上头</u>有交派，阿氏家里人不准进来。"

注－上头（shàng tou）：京人习用说法，指上司。"头"字轻声。

sc 04　上头

例（144　03）：葛公（清末的刑部尚书葛宝华）道："……昨日叫起儿，<u>上头</u>曾问此事……"

注－上头（shàng tou）：高官口中所言的"上头"是指皇上，原著此处是指当时实际掌权的慈禧太后。参阅《附录贰－46》。

sc 05　尚武的精神

例（26　01）：<u>尚武的精神</u>，是满洲固山的本等

注－尚武的精神（shàng wǔ de jīng shen）：清末"十年新政"（1901~1911年）时期开始在报纸杂志上出现的新式词组。"神"字轻声。

she

sc 06　舌头底下压死人

例（03　09）：这是那儿来的事，你这<u>舌头底下</u>真要<u>压死人</u>

注－舌头底下压死人（shé tou dǐ xie yā si rén）：京俗谚，谓人言可畏也。"头、死"二字轻声；"下"字读 xie，轻声。

sc 07　舍哥儿

例（06　11）：我这两条腿也是肉长的，你们……别拿人当<u>舍哥儿</u>

注－舍哥儿（shě ger）：京俗语，指被送到庙里去当小和尚的孩子。另有时也这样称呼家中不被人重视、没人待见（喜爱、珍视）的孩子。原著此处引申指遭人轻视，无人怜惜者。

shei

sc 08　谁说不是呢

例（57　06）：听我们二媳妇说，春英已死，我到西屋一瞧，<u>谁说不是呢</u>

注－谁说不是呢（shéi shuō bú shì ne）：京人口语习用说法，用双重否定句式表示加重对对方所言的肯定。

shen

sc 09　身里切近

例（126　13）：这件事实在没有，<u>身里切近</u>，我也摸不清

注－身里切近（shē*r li qiè jìn）：旧京俗语，指事情的实质内情。"身"字儿化，"里"字轻声，"切"字去声。

sc 10　身临切近

例（128　10）：我知道<u>身临切近</u>，所以极力劝他，趁早儿远避嫌疑

注－身临切近（shē*r li qiè jìn）：旧京俗语，此处意谓因与某种事态或某些人关系太近，故难免有瓜田李下之嫌。与上条音同而义异。此两种说法今均不闻。

sc 11　深儿福头

例（67　14）：<u>深儿福头</u>的话，还不定怎么一葫芦醋呢

注－深儿福头（shē*r fú tou）：旧京俗语。义同上条，说法不同。也作"身儿福头"或"身儿里头"。"头"字轻声。

sc 12　深儿里

例（102　15）：我与文家是本胡同街坊……**深儿里**的事还能瞒我吗

注－深儿里（shē*r le）：旧京俗语，指深层次的、内里的（事态），"里"字轻声。此词更土点儿读为 shēn liě*r。

sheng

sc 13　眚榜

例（162　17）：阴阳生在外间屋里开写**眚榜**

注－眚榜（shēng bǎng）：旧时阴阳家开具死者年寿及回煞等事的文件，亦称殃榜。"眚"字本为上声，因"上声连读"，变调阳平。

shi

sc 14　时代

例（133　14）：而生在这一犬吠影百犬吠声，没有真是非的**时代**

注－时代（shí dɑi）：这是清末"十年新政"（1901~1911年）时期开始在报纸杂志上出现的新式词汇。"代"字读音介于 dɑi、dei 之间，轻声。

sc 15　拾掇

例（21　23）：阿氏忙的走入，**拾掇**一切

注－拾掇（shí dou）：京语中此词有收拾整理、修理、矫正、整人、打某人一顿等多意。此处是"收拾整理"的本意。"掇"字变读，轻声。

sc 16　是……的劲儿

例（08　14）：我看这孩子的神气，满**是**二两五挑护军——假不指**着的劲儿**

注－是……的劲儿（shì…de jiè*r）：京人习用说法，是判断语，从某人之言行表现推断其目的取向。

sc 17　事故

例（04　21）：若把盖九城弄到家去，可实在不稳当。轻者改变家俗，重一重便出**事故**

注－事故（shì gu）：此处意指事端、纠纷，不同于此词现在的意义（意外的变故或灾祸）。"故"字轻声，也有人读儿化音。

sc 18　世界

例（131　25）：<u>世界</u>交朋友，有这么热心的吗

注－世界（shì jie）：意指各处、各种场合，不同于今义（全球各国）。"界"字读音介于 jie、jin 之间，轻声。

sc 19　是了也就是了

例（184　21）：象你我做姑娘时候，要同现在比较，岂不是枉然吗！<u>是了也就是了</u>

注－是了也就是了（shì le yě jiu shì le）：京俗语，意谓"已然这样，也就只能如此了"；有点儿心不甘但无奈何之意。"就"字轻声，若为强调语气，则后一"了"字读 liǎo。另有一说"已就已就了"，与此义同。

shou

sc 20　手镯

例（46　19）：有两个穿号衣的官人带着阿氏进来，手腕上戴着<u>手镯</u>，脖项上锁着铁链儿

注－手镯（shǒu zhuó）：手铐的旧称，指的是那种旧式的镣铐，用两个铁箍箍着手腕，中间以一根粗重的铁链相连。因其粗重，阻碍行动，犯人走动时常得将铁链捧在手中，故又名"手捧子"。"镯"字也可儿化。

sc 21　受等

例（127　10）：乌公道："好热，好热，二位<u>受等</u>了！"

注－受等（shòu děng）：旧时主人对等待接见的来访者的客气话，意谓"让您久等了"。

shu

sc 22　叔公

例（07　02）：那来的野<u>叔公</u>，这么样儿撒野呀

注－叔公（shú gong）：丈夫的叔叔。京人口语音，"叔"字读音介于 shú、shóu 之间；"公"字轻声。另：本句中"这么样儿"一说，"儿"字自成音节，这是幽燕语的余韵；今天京人早不这样说了，而是读为"样儿"，即"样"字的儿化音。

shun

sc 23　顺治门

例（297　10）：在<u>顺治门</u>西边儿的

义地里

注 - 顺治门（shùn zhi men）：元代大都西南门称顺承门，明永乐十七年，南拓北京南城墙时，沿用元代顺承门之名。正统元年重建此门时，改称宣武门。但民间沿袭了顺承门的旧称，且讹传为"顺治门"。"门"字读音介于 zhi、zhe 之间，轻声。

shuo

sc 24　说出油漆来

例（53 09）：横竖心里头别有所属，说出油漆来也不肯从

注 - 说出油漆来（shuō chu yóu qī lei）：旧京俗语。此处"油漆"一词，实际是"有七"的谐音，指一颗骰子掷出七个点儿来（骰子一面最多只有六个点），所以油漆（有七）是指不可能实现之事、奇迹。也简作漆。现有"说出大天来（也不如何）"一说，与此义类似。"出"字轻声；"来"字变读为 lei，轻声。

sc 25　说句怎么的话

例（100 14）：说句怎么的话罢……有时要外撇枝儿……你尽管吐沫唾我

注 - 说句怎么的话（shuō ju zěn már de huà）："怎么"一词指有可能使对方不悦的话。此系京人习用客套说法，此语有"先（向对方）致歉（再说使对方不悦的话）"之意。"句"字轻声；"么"字是"嘛"的假借字，阳平，儿化。另：此处"唾"字京人口语中读为 cuì。

su

sc 26　素长素往

例（113 05）：素长素往他们就鬼鬼祟祟，不干好事

注 - 素长素往（sù cháng sù wǎng）：京俗语，经常的（如何），是为副词。"长"字应为"常"，原著那时用字不规范。

sui

sc 27　碎烦

例（184 11）：一来就说我碎烦，若叫我看过眼儿去，我何尝爱这们劳神

注 - 碎烦（suì fe）：碎嘴唠叨，没完没了，招人厌烦。"烦"字读 fe，轻声。现无此种说法。

sc 28　碎发

例（10　13）：大嫂子，别**碎发**啦。挺好的姑娘，叫您这个嘴，就得委曲死

注－碎发（suì fe）：音义同上，仅写法不同。

sc 29　碎嘴子

例（204　09）：姐姐，你擦一点儿罢，不看老太太又**碎嘴子**

注－碎嘴子（suì zuǐ zi）：絮叨、啰唆，一点儿事没完没了地说个不停。

suo

sc 30　缩子老米——差着廒哪

例（67　12）：到底是小两岁……"**缩子老米——他差着廒哪**"

注－缩子老米——差着廒哪（suō zi láo mǐ—chā zhe áo ne）：旧京歇后语。"缩子"是指一种粗米；而老米是旧京旗人谓储于禄米仓等皇家粮库，作为供给旗人的"钱粮"用的陈米。此种米因储存有年，颜色略呈棕红，食之有一种特殊味道。但旗人因世代食之，习惯于此，反以此为美味。以"缩子"比对"老米"，意谓"不如、差得远"。廒即仓廒，储存米谷之所，不同的米要分放在不同的仓廒内。"老"字阳平。

sc 31　所

例（101　07）：成日际闲话到晚，把我们那一位**所**给闹急了

注－所（suó）：见本卷之 sx 65 条，此处为其①项义。按：《小额》一书中，多处使用了"所（如何）"这种说法，而《春阿氏》全书仅发现了此一处，这可能是个人语言习惯的问题（此二书基本同时）。但在老舍作品中，仅在 1930 年《小坡的生日》一书中见到一处；这说明"所"字的这种用法可能早在七八十年前就已经淡出京语了。笔者作为年届七旬的土生京人就不记得听过此说法。

T 部

ta

tc 01　他

例（98　13）：我们的亲戚跟**他**娘家拉扯着是亲戚

注－他（tā）：此处之"他"（女

性第三人称）现作"她"。作为表示女性第三人称的她字，二十世纪二十年代才开始流行。原著为1923年版，那时虽已有"她"字，但尚未普及，书中女性第三人称往往"她、他"混用不分。此处之"他"字读本音是起强调作用；说得快时读为 te，轻声。

tc 02　坦坦实实

例（27　10）：人家出分子，**坦坦实实**的；我们在家里吵闹，您说有多么冤枉

注 – 坦坦实实（tā te shī shi）：现作"踏踏实实"。注意此四字的变读、变调。参见《满蒙语汇贰 – 24》。

tai

tc 03　抬亦不抬

例（141　21）：阿氏低着粉颈，眼皮**抬亦不抬**

注 – 抬亦不抬（tái ye be tái）：写法上近于文言而读口语音。"不"字读为 be，是京语受满语语音的影响。

tian

tc 04　天牌压地牌

例（68　04）：你不用**天牌压地牌**。咱们调查的话，也是有据有对

注 – 天牌压地牌（tiān pái yā dì pái）：推牌九用语，谓"大天"能压"地杠"。引申指以势压人。

tc 05　填箱

例（216　11）：每日催促三蝶儿做些鞋袜衣服，预备**填箱**陪送

注 – 填箱（tián xiān）：也作"添箱"。女子出嫁，亲友的馈送。参见《卷一·b34、t31》条。元曲中亦有此类说法，可参见《元曲语汇 103》条。另：旧京旗人家庭特别重视女儿出阁时娘家的陪送，举凡一切陈设，大如桌椅板凳，小至炕席毡条，均须由娘家陪送；不似汉人仅限于桌面上的摆设，负担较旗人为轻。

tiao

tc 06　挑三窝四

例（02　11）：自从这位如夫人入门以来，时常的**挑三窝四**

注 – 挑三窝四（tiāo sān wō sì）：现演变为"挑三拣四"。

tie

tc 07　贴靴

例（269 12）：到底官场人偏向着官场说话，他真给法部<u>贴靴</u>

注－贴靴（tiē xuē）：这是"春点"（江湖术语），义近今所说的"托儿"，此处引申指说好话，含有阿谀逢迎、帮衬讨好之意。

tui

tc 08　忒

例（51 03）：小儿死的<u>忒</u>冤，要求大人做主

注－忒（tuī）：京俗语，表示"很、甚、非常、极其"等意，义同于"太"。读音介于 tuī、tēi 之间；另亦可读为 tè（读此音时现一般写作直音字"特"）。见《满蒙语汇贰－25》。

tuo

tc 09　托人弄枪

例（110 21）：少不得日夜研究，<u>托人弄枪</u>

注－托人弄枪（tuō rén nong qiāng）：此处"枪"字本指枪手，即冒名替人代考者。现作"托人弄戗"，意谓为某事而找门子、托关系。"戗"字本义为支撑、顶住。两者虽然内涵不甚相同，但终极含义总归是大同小异。

W 部

wan

wc 01　顽固

例（148 03）：额氏为人也是拘谨庄重，向与德氏投缘，<u>顽固</u>气息，实相伯仲

注－顽固（wán gu）：此词虽古已有之，但此处属于赋予新含义的"古词新用"，是清末"十年新政"（1901~1911年）时期开始在报纸杂志上出现的新式词汇。"固"字轻声。

wei

wc 02　为什么许的

例（283 12）：我这么南奔北跑，费力伤财，算是<u>为什么许的</u>呢

注－为什么许的（wèi shén me xǔ de）：京人习用说法，用于对他人抱怨自己的努力付出得不到回报，甚至为他人所误解。现多说"图什么许的"。

wc 03　味儿事

例（100 09）：钰福道："咳，<u>味儿</u>

事，咱们哥儿们的话，当差也吃饭，不当差也吃饭……"
注－味儿事（wè*r shè*r）：京俗语，此处意谓"不算什么、没什么了不起的"。另也可指(对某事)将就凑合，只做表面文章。

wen

wc04 抆泪

例（64 26）：托氏亦<u>抆泪</u>劝道："你先起来……"

注－抆泪（wěn lèi）：擦拭眼泪。
按：原著注释者弥松颐先生对此字之注甚当，兹录之如下："抆泪与拭泪意本相同，然世俗间报丧用讣于亲属，亲者用'抆'，疏者用'拭'。此处不用'拭泪'，而是用'抆泪'，以示轻重有别。俗本改作'拭'，则非。"原著中此处之托氏，是为死者之母。

wo

wc05 我说什么……不是

例（190 17）：丽格抱怨三蝶儿道："<u>我说什么</u>，果然遇见了<u>不是</u>？"

注－我说什么……不是（wǒ shuō shén me…… bú ri）：京人习用说法。当某甲就某事态的发展趋势告之某乙，某乙不听其告诫，后该事果真如某甲所言，且令当事者陷于窘境，此时某甲往往以此语抱怨之。也有说"我说什么来着"或直接说"我说什么不是"，义同。

wc06 卧底

例（60 12）：我上那儿去一荡，倒可以卧<u>卧底</u>

注－卧底（wò dǐ）：江湖切语，指（到敌方阵营）预伏以为内应。此词今仍在用。

wc07 握手

例（212 14）：按次接见新亲，从着满洲旧风，皆以<u>握手</u>为礼

注－握手（wò shǒu）：旗人有旧俗，称为"拉手儿"，但与今之握手的方式不同（详见《卷一·104》条）百余年前西风东渐之时，握手之礼始传入。

wu

wc08 污涂

例（297 13）：你们的官司是愿意早完哪，还愿意永远<u>污涂</u>着

注－污涂（wū tu）：原意为不

够热的物体,(尤多指液体和饮食)。此处为引申义,指不明不白、没完没了地耗着。与本卷之wx15音义均同,写法相异。

wc09　无二鬼

例(128　06):普云为人,是个小<u>无二鬼</u>

注－无二鬼(wū er guǐ):旧京俗语,谓好说谎话,行事不靠谱之无赖汉。"无"字阴平;"二"字轻声。

X部

xia

xc01　瞎摸海

例(12　15):你真是<u>瞎摸海</u>,从北新桥直到四牌楼,整整齐齐绕了个四方圈儿

注－瞎摸海(xiā me hǎi):鲁莽冲撞,却漫无目的、于事无补的举动。"摸"字读me,轻声。

xc02　瞎情

例(228　08):虽不至于怎么<u>瞎情</u>,也是女混混儿出身

注－瞎情(xiā qing):指暗地里进行的不可告人之事。"情"字轻声。

xc03　下混水

例(239　19):因为他婆婆不正,劝着儿媳妇随着<u>下混水</u>

注－下混水(xià hún shuě*r):现一般是说"蹚浑水",意指涉足于某种非法或至少是阴暗面之事。原著此处指有秽情的婆婆要拉着儿媳一起做玷污门户之事。

xc04　下三滥

例(03　13):怎么你胡疑惑起我来呢?难道你看着兄弟就那们<u>下三滥</u>吗

注－下三滥(xià sān làn):先贤齐如山先生在《北京土话》一书中对此词注之甚详,兹恭录如下:"此语来自磨房。因磨麦子面须磨五六次面质方能出净,一次名曰'一烂'。盖第一次麦子粒也就刚破开,以后一次比一次较烂,故名几烂。但是前几次的面较白,后两三次麸子亦烂混入面中,则面较差矣。故人之下等者,亦名曰下三烂。"

xian

xc05　嫌疑人犯

例（297　20）：再说这监禁待质之法，本不算阿氏犯罪；即便而今死了，也总算是<u>嫌疑人犯</u>

注－嫌疑人犯（xián yi rén fan）："疑"、"犯"二字轻声。按：光绪三十二年（1906年），在没有任何证据的情况下，春阿氏被认为有重大嫌疑而被捕入狱。经过步军统领衙门、刑部和大理院的多重审理后，仍不能定谳。大理院遂比附"强盗"罪下例文，将春阿氏判为"监禁待质"。宣统元年（1909年）闰二月初十，在被关押了32个月之后，春阿氏于法部监所病故。春阿氏一案的审理过程，详见《附录贰－47》。

xc06　现花

例（191　05）：姐姐也梳上头啦，呦，更透着<u>现花</u>了

注－现花（xiān huo）：京俗语，谓人漂亮、活力充沛、精神焕发状。"花"字读huo，轻声。现一般写作"鲜活"。

xc07　闲在

例（01　24）：今日苏老兄怎的这般<u>闲在</u>

注－闲在（xián zei）：闲散，无事可为。"在"字读音介于zei、zai之间，轻声。

xc08　显鼻子显眼

例（162　11）：现在各家亲友皆已来到，唯独你不过去，未免太<u>显鼻子显眼</u>了

注－显鼻子显眼（xiǎn bí zi xián yǎn）：京俗谚，谓过分突出（以致易招人嫉恨）。后一"显"字阳平。

xiang

xc09　镶黄满

例（02　24）：市隐……问道："贵旗是那一旗？"普二道："敝旗<u>镶黄满</u>"

注－镶黄满（xiāng huáng mǎn）：满洲镶黄旗。这是当时北京旗人介绍自己所在旗号时的口语实际说法，他们不会说成"我是满洲镶黄旗的"。

xc 10　香尺

例（162　19）：又听门口外几声<u>香尺</u>响，转运的寿材已经来到门前

注－香尺（xián chǐ）：应作响尺，但此处"响"字因"上声连读"而变调阳平，故直音写作同为平声的"香"字。这也可能是当时通用的习惯写法。响尺是杠头（殡葬人员的头目）发号施令的工具，硬木制成，长约二尺，宽寸许；另以一根尺许长的檀木棍敲击之，其声高亢清越。全体杠夫及执事前引等起落走步，均以尺响为号，不可擅动。

xiao

xc 11　消消停停

例（141　21）：阿氏低着粉颈，眼皮抬亦不抬，<u>消消停停</u>的走过

注－消消停停（xiāo xiao ting tiē~r）："消停"的加强版，此处意为沉静、安稳。注意读音:后"消"字及前"停"字轻声；后"停"字阴平，儿化。

xc 12　小性

例（132　03）：第一以知心为尚，象你这个<u>小性</u>，我实不敢谬赞

注－小性（xiǎo xiè~r）：性格局促狭隘，遇事偏颇固执，颐指气使，怨天尤人，是小性的诸般表现。"性"字儿化。

xiong

xc 13　雄黄年间、有井那年

例（10　23）：您别比您那时候，那是<u>雄黄年间</u>，如今是什么时候?……别拿着<u>有井那年</u>的事来比如今

注－雄黄年间、有井那年（xióng huang nian jian、yóu jǐng nei nian）：旧京俗语，意指年代久远，隐含着"时过境迁"意。现不闻此说法。"黄年间"三字轻声；"有"字阳平；"那年"二字轻声。

xu

xc 14　许

例（68　19）：八成儿那盖九城的话，<u>许</u>同你有一腿

注－许（xǔ）："许是"的简说。京人口语习惯，多不说可能，而说许是，或间说"许"。参见本卷之 xx 27 条。

xuan

xc15 喧传

例（143 20）：又没有真实凭证，只不过报纸喧传

注－喧传（xuān chuan）：二十世纪初，源自意译英语 propaganda 的和制汉语（日本汉字）宣伝（中文"宣传"）一词传入中国，开始见诸报端。当时写为"喧传"，隐含着对报纸一类的新生事物抱有某种抵触情绪（喧：大声嘈杂，贬义）。"传"字轻声。

xc16 悬揣

例（04 18）：其实文大哥家里我并不常去，据这们悬揣着，都是盖九城闹的

注－悬揣（xuán chuai）：揣度、测想。"揣"字轻声。

xue

xc17 学说

例（211 01）：德氏站在地上，一面学说，一面流泪

注－学说（xué shuo）：京俗语，谓"叙述所发生之事、或复述他人之言"。"说"字轻声。按：此处"学"字按现在读音标注，但旧读 xiáo，此系古老的幽燕语语音，河北省有些地方今仍如是说，京人久已不如此说了。参见《元曲语汇104》条。

xun

xc18 熏鱼儿

例（97 12）：什么熏鱼儿咧，灌肠咧，成天际乱填塞

注－熏鱼儿（xūn yué*r）：旧京俗语，称猪头肉为熏鱼儿。

Y部

ya

yc01 压力

例（274 21）：只得以使性子，动压力，心里存一个反对的念头

注－压力（yā li）：这是清末"十年新政"（1901~1911年）时期开始在报纸杂志上出现的新式词汇。"力"字轻声。

yan

yc02 研究

例（134 09）：既为着春阿氏一案彼此研究，务必要不失原题

注－研究（yán jiu）：这是清末"十年新政"（1901~1911年）时期开始在报纸杂志上出现的新式词

汇。"究"字轻声。

yc03　眼力见儿
例（06 23）：托氏道："一点儿**眼力见儿**没有，你把二叔的包袱倒是接过来呀。"

注－眼力见儿（yǎn li jiàr）：京人习用说法，意如粤语所说的"醒目"，指人很精明，与他人协作、尤其是在为尊长做事时很能揣摩对方的意图，恰如其分地做好当做之事。今作"眼力价儿"。"力"字轻声。

yang

yc04　样儿
例（07 02）：那来的野叔公，这么**样儿**撒野呀

注－样儿（yàng èr）：样子。按：这是古老的幽燕语语音的遗韵。在十九世纪末，自成音节的"儿"字就逐渐从京语中淡出，多演变为儿化韵了。

yao

yc05　要领
例（144 07）：但能有个**要领**，虽一时不能定案，也好变个方法具折请旨啊

注－要领（yào lǐng）：此为古已有之的词汇，"要"字古通"腰"，"领"即脖子，"要领"引申指生命。如《礼记·檀弓下》："是全要领以从先大夫于九京也。"后逐步扩展其适用范围，进一步引申，指要害（之所在），如《北史·李远传》："时河东初复，人情未安，周文以河东为国之要领，乃授河东郡守。"古代此词一般都是用在较重大的事务上，此处系二十世纪初清末"十年新政"时期（1901~1911年）常见诸报纸杂志被赋予现代意义的"古词今义"，泛指"事情之重点所在"。

ye

yc06　爷们儿
例（108 04）：钰福称谢道："**爷们儿**，什么事这样忙和？"

注－爷们儿（yé me*r）：京人尊长对晚辈或关系较亲近下属的称谓。详见《卷一·y19 ~ y24》诸条，此处即符合y19条之②项。

yc07　野调
例（53 03）：风言风语，说这丫头**野调**

注－野调（yě diao）：京俗语，多用以形容女人无教养、不守规矩、言行举止粗放。"调"字轻声。

yi

yc08 一辈子没有不见秃子的

例（25 12）：搁着他的，放着我的，横竖一辈子没有不见秃子的

注－一辈子没有不见秃子的（yí bèi zi méi you be jian tū zi de）：秃子指办丧事时做法事的和尚。此为旧京俗语，意谓"人总是会死的（到死就一切都结了）"，意指事情总有解决的一天。"不"字读 be，"有不见"三字轻声。

yc09 一道号

例（150 07）：额氏道："你不用护着他，你们姐妹们都是一道号……"

注－一道号（yí dao hàor）：京俗语，谓"都是一样的"。词含轻微贬义，但还没有贬到一路货色、一丘之貉的地步。"道"字读音介于 dao、dou 之间，轻声。

yc10 义地

例（297 10）：在顺治门外西边儿的义地里

注－义地（yì dì）：由某人或某部门资助的公共茔地。

yc11 一葫芦醋

例（67 14）：净瞧了外面皮儿啦，深儿福头的话，还不定怎么一葫芦醋呢

注－一葫芦醋（yì hú lu cù）：此处意指内里实情不怎么样。这可能并非定型了的通用说法，应是某人情急之下脱口而出之语。

yc12 一死儿的

例（07 01）：人家规规矩矩，一死儿的老八板儿

注－一死儿的（yì sě*r de）：此处是为形容词。京俗语，谓"执拗顽固，不知变通"。"一"字去声。

yin

yc13 因话题话

例（199 17）：这事也不是忙的，等着因话题话，我同你妹妹商量商量

注－因话题话（yīn huà tí huà）：旧京俗语，谓等待时机，当对方说到某事时，趁机顺势表达自己

观点。是在不敢或不便直说自己观点时的做法。今无此说法。此处"题"字现作"提",后一"话"字也可儿化。

yc 14　印刷

例(161　08):又忙着**印刷**讣告,知会亲友

注 - 印刷(yìn shuā):印刷术中国虽古已有之,但印刷一词直至十九世纪末才在日语的影响下出现,前此只用"印"字指代。

ying

yc 15　硬掐鹅脖

例(248　16):我与店主人**硬掐鹅脖**,你乐意去,也得随我去;不乐意去,亦不能由你

注 - 硬掐鹅脖(yìng qiā é bór):京俗语,也写作"硬掐额脖",强制、逼迫他人(如何)之意。

yong

yc 16　用话差过去

例(11　14):文光听了此话,恐怕老太太有气……遂**用话差过去**

注 - 用话差过去(yòng huà chà guo qi):京人习用说法,为避免出现不妥话题,故意顾左右而言他。"差"字也可读上声;"过"字轻声;"去"字读 qi 轻声。

you

yc 17　有事么——不搭棚

例(149　20):蕙儿冷笑道:"**有事么——不搭棚**……"

注 - 有事么——不搭棚(yǒu shè*r me — bu da péng):旧京俏皮话,多用于反驳对方的推托之词(说"有事"而拒绝某项邀请)。"事"字儿化,"不搭"二字轻声。"事"指红白喜庆寿诞之类,旧京习俗,此类事要搭建席棚。现在说不搭棚,就是没事之意。

yc 18　有一腿

例(68　19):八成儿那盖九城的话,许同你**有一腿**罢

注 - 有一腿(yǒu yi tui):京俗语,谓有某种隐秘、暧昧关系,多指男女之事。

yu

yc 19　舆论

例(144　03):现在**舆论**是这样攻击,若不见水落石出,本部的名誉自此扫地

注－舆论（yú lùn）：此词是古已有之的词汇，如:《三国志·魏志·王朗传》："设其傲狠殊无入志瞿彼舆论之未畅者并怀伊邑。"但此处系二十世纪初清末"十年新政"时期（1901~1911年）常见诸报纸杂志被赋予现代意义的古词今义，指的是"在一定社会范围内，消除个人意见差异，反映社会知觉和集合意识的、多数人的共同意见"。

yuan

yc20　圆合

例（140　17）：我已眼见其人，身量不甚高，**圆合**脸儿，大眼睛

注－圆合（yuán huo）：京俗语，谓饱满、浑圆之形（不仅指脸型）。也可作动词用，如说："赶紧把这事给圆合上"，是指"将某事妥善处理好，别留下麻烦"。"合"字变读为 huo，轻声。

yc21　圆上脸

例（167　03）：出殡之后，咱们把一切事情全都**圆上脸**

注－圆上脸（yuán sheng liǎn）：把前所缺欠的情面弥补上，谓之"圆脸"。"上"字读 sheng，轻声。

yc22　怨得

例（12　10）：连点眼力见儿全都不长，**怨得**你们俩人永远是吵翻呢

注－怨得（yuàn de）：京语将"怪不得"（明白了原因）说为"怨不得"，又简说为"怨得"。"得"字轻声。

yue

yc23　越劝越央

例（101　11）：我想着背地教妻，劝劝就完了；谁想到**越劝越央**

注－越劝越央（yuè quàn yuè yāng）：旧京俗语，"央"也作"秧"。此处意谓变本加厉、更来劲了。现极少有闻此说法。参见本卷之 yx08 条。

Z 部

za

zc01　杂合面

例（184　05）：你说这个年头，可怎么好！一斤**杂合面**全都要四五百钱

注－杂合面（zá huo miàr）：此词的涵盖面较广，一般而言，这

是指玉米面，或以玉米面为主的杂粮混合磨制的面粉；原著此处即指玉米面。另如北平在日伪时期所供应极其粗劣的所谓"混合面"，老百姓也有人仍沿习惯称为杂合面。

zao

zc 02 糙践

例（61 07）：听说塔爷的那个黑儿，昨儿个也<u>糙践</u>啦

注－糙践（zāo jin）：也作"糟践、糟贱"，本指对物的不爱惜，此处引申指死了。注意两个字的变读。另：京中旧俗，小孩子死了忌讳直说，一般是说成"糟害了"（"害"字轻声）。

zc 03 燥雨

例（13 23）：再说大热的天，挤巧就得<u>燥雨</u>

注－燥雨（zào yǔ）：旧京习用说法，指夏日燥热之后往往继之以雨。

ze

zc 04 责任

例（277 01）：你们有<u>责任</u>的人

注－责任（zé ren）：此词系二十世纪初清末"十年新政"时期（1901~1911年）常见诸报纸杂志被赋予现代意义的"古词今义"。其滥觞于古籍，如《新唐书·列传第二十三·王薛马韦传赞》："王者用人非难尽其才之为难观太宗之责任也谋斯从言斯听才斯奋洞然不疑。""任"字轻声。

zen

zc 05 怎么的话

例（107 16）：钰福道："今天得什么时候走？<u>怎么的话</u>，我得治饿去。"

注－怎么的话（zén már de hua）：京人习用说法，意指"某种事态若不出现，就要（如何）"。"么"字变读，儿化，"话"字轻声。

zc 06 怎么

例（184 06）：我长<u>怎么</u>大真没经过

注－怎么（zèn me）：此处之"怎么"即"这么"的口语直音字（"这"字读 zèn）。

zhang

zc07 张心

例（10 20）：处处般般，没有我不**张心**的

注－张心（zhāng xīn）：京人习用说法，谓竭精殚虑，分心劳神。

zhao

zc08 找了去

例（248 27）：等我把经手事情办完，我随后就**找了去**

注－找了去（zháo liǎo qù）："找"字阳平；"了去"二字为了强调语气，重读本音。参见本卷之cx09条。

zc09 找找

例（269 26）：没叫他们别处**找找**去吗

注－找找（zháo zhou）：前一"找"字阳平；后一"找"字读音介于zhou、zhao之间，轻声。

zc10 找寻

例（22 01）：大清早起，你别**找寻**我

注－找寻（zhǎo xin）：京俗语，谓找茬儿，故意寻衅。"寻"字读xin，轻声。

zhen

zc11 真

例（193 01）：三蝶儿背过脸去，皆未听**真**

注－真（zhēn）：此处意为（听）清楚。可参阅《卷一·z76》条。

zc12 侦探

例（59 12）：我们翼里选派精明**侦探**，也四出探访

注－侦探（zhēn tàn）：这是清末"十年新政"（1901~1911年）时期产生的新式词汇。

zc13 这们

例（01 25）：**这们**热天，不在家中养静，要往那里去呀

注－这们（zhèn me）："这么"一词百余年前的写法。"这"字读zhèn，亦可读zèn，均为京人口语读音；"么"字作为某些代词或副词的后缀，是二十世纪二十年代后才确定下来的，早期白话文多使用"们"字，即如本例所示（另如"怎们、多们"等等）。这样写也反映了那时的实际口语音。

zc 14　振心

例（11　22）：普二谦恭和气，把"少奶奶"三个字叫得**振心**

注－振心（zhèn xīn）：也作"震心"，参见《卷一·z81》条。

zheng

zc 15　整

例（66　07）：又见范氏过来，**整**着脸色道

注－整（zhěng）：很严肃，没有一点儿笑容，也说"整脸子"。

zhi

zc 16　直点儿央给

例（101　13）：说句丢人的话罢，我**直点儿央给**他

注－直点儿央给（zhí diǎr yāng gei）："央给"也有写作"央及"。系京人习用说法，谓"不停地求人，说好话"。"给"字读音介于gei、ji之间，是口型提示。

zc 17　直是

例（182　13）：贾婆摇着头，**直是**不肯

注－直是（zhí shi）：就是。现不闻此说法。

zc 18　治饿

例（107　16）：钰福道："今天得什么时候走？怎么的话，我得**治饿**去。"

注－治饿（zhì è）："吃饭"的调侃说法。此即所谓"外话"，参见《卷一·w05》条。吃饭还有"喂脑袋、喂肚子、祭五道庙"等说法。

zhong

zc 19　终天际

例（11　11）：象咱们这二半破的人家，**终天际**脚打脑勺子

注－终天际（zhěng tiān jie）："终"字读为zhěng或chěng；"际"字读jie，轻声。

zhua

zc 20　抓尖儿卖快

例（228　18）：事事要露露头角。简断截说，就是有点**抓尖儿卖快**

注－抓尖儿卖快（zhuā jiār mài kuài）：京俗语，谓人处处拔尖儿，爱在人前显派。这类人固然不失精明强干，然终究是讨人嫌，招大家不待见。

zhuan

zc 21　转磨

例（182 05）：每日为早晚两餐急得满屋**转磨**

注－转磨（zhuàn mò）：此处是形容急得团团乱转。

zi

zc 22　则声

例（12 09）：阿氏低着脑袋，不敢**则声**

注－则声（zī shēr）：出声。详见《卷一·z124、z125》条。

zc 23　自要

例（68 27）：这张报可了不得，**自要**是登出来，这家儿就了不了

注－自要（zí yao）：只要（是如何）。京人口语说法。

zc 24　自己爷儿们

例（06 20）：（春阿氏）见了普二回顾，深深的请了个安。普二忙的回礼，笑着道："那儿来的话呢，**自己爷儿们**，这都是应该的。"

注－自己爷儿们（zì jǐ yé*r men）：原著此处是说作为长辈的普二为老不尊，对晚辈女子（春阿氏）故意使用拉平辈分的称呼法（自己爷儿们）以示亲近，实隐含调戏之意。"爷儿们"一词详见《卷一·y19~y24》条。

zui

zc 25　嘴不跟腿

例（81 13）：你这颠三倒四**嘴不跟腿**的，不要胡说乱点头

注－嘴不跟腿（zuǐ be gēn tuǐ）：说话不跟趟儿，词不达意。"不"字读若 be。

zuo

zc 26　作情

例（140 11）：你们这鬼鬼祟祟，我实在不**作情**

注－作情（zuō qing）：信服、钦佩。"不作情"意谓不敢苟同。"作"字阴平，"情"字轻声。

zc 27　作罪

例（228 01）：已就是这样亲戚，还有什么可说呢。一来给我妹妹**作罪**……图什么闹些生分

注－作罪（zuō zuì）：此处意为"自我的"。详见《卷一·z139》条。

zc28　左右

例（109 07）：世上的事，<u>左右</u>是那么着，糊里巴涂也就算完了

注－左右（zuǒ yòu）：现已不说此词，都是说"反正"（如何）。详见《卷一·h30及z148、z149》条。

zc29　坐水

例（99 21）：你把炉子里添一点儿炭，再<u>坐</u>一吊儿<u>水</u>去

注－坐水（zuò shuǐ）：京语谓烧开水为"坐水"。

附录贰

说明：附录是对本卷某些词条所做的引申、阐述，甚或是较长篇的论述，有点儿小百科全书的意思；还酌收了一些虽与京语并无直接关系却与北京某些事物有关的词汇，有时还会对某些词汇产生的社会背景作较详尽的说明。上述这类内容，相应词条中仅作简述，而将详解作为附录收于各卷之后。此种情况时，相应词条注明"见《附录－××条》"（××为编号）；而在附录中以相应的编号排列，加以详解。

附录贰－01（bx15　鼻烟儿）

烟草原产于美洲，一般认为是在哥伦布发现新大陆后，十六世纪开始传入欧洲。后由西班牙人带至菲律宾，再由菲传至日本、朝鲜，而后西传至东北满洲地区，明末清初由满洲人带入关内的。当时是鼻烟，后来才发展为烟袋、水烟等。但愚以为按逻辑推论，烟草从美洲西北部经阿拉斯加，跨过白令海峡（最窄处仅约40公里，冬季结冰时更窄，在小冰河期甚至可能连通起来）西传至亚洲并非全无可能。从杰日尼奥夫角，经鄂霍茨克（明末时在北山女真部辖内，清初时在大清版图，后被俄国所侵占至今）可一路南下，深入满洲。照此思路来想，烟草传入中国也可能与哥伦布无关，而是满族人从他们居住在阿拉斯加的近宗爱斯基摩人（在人种学上与满族很接近，同为通古斯族裔）那里直接得来的；在时间上也可能远早于十六七世纪。当然这只是臆测，未经考证。

附录贰－02（cx14　城根儿）

清入主北京时，将京城原住民尽数驱至外城（前三门即正阳门、崇文门、宣武门外）；内城划出地界，按旗分配居住。具体配置为：

北部：安定门内镶黄旗，德胜门内正黄旗；
东部：东直门内正白旗，朝阳门内镶白旗；
西部：西直门内正红旗，阜成门内镶红旗；
南部：崇文门内正蓝旗，宣武门内镶蓝旗。

从上述可知，原著的主角小额应是正红旗人。正红旗是"下五旗"之首，地位低于"上三旗"（镶黄、正黄、正白）。著名作家老舍也是正红旗人，二十世纪六十年代写有自传体小说《正红旗下》（因各种原因未能完成）。上三旗（镶黄、正黄、正白）的旗主是皇上，下五旗（正红、镶白、镶红、正蓝、镶蓝）的旗主起初是几位王公，但后来随着皇权的加强，统统归了皇上。正黄、正红等旗的"正"字读上声，因为它在这里是"整"字的习惯性简写，其实是"整个儿"的意思。盖因初始满洲仅四旗，旗色为白、红、黄、蓝；后因日渐发展壮大，生齿日繁，遂扩充为八旗。新的旗色是在原来四种旗帜的外沿镶上了不同颜色的边框，称为"镶黄、镶白、镶红、镶蓝"，而原来没有镶边的就称为"整黄、整白、整红、整蓝"。至于有写为"正黄、厢黄"等的，乃是错误的推论导致的讹写，即将正房、厢房的概念介入了旗的名称；乃至简单误认为"正×旗"的地位高于"厢×旗"，其实不是那么回子事儿。从京城内各旗驻扎位置的配置，可以清楚地看出一个人口仅约为汉族人口1%的少数民族，在一旦君临天下时的惶惑不安心态。因为照五行学说，东、西、南、北、中五方各有一种颜色，并相应的代表一种物质，即：东方（青色）甲乙木、南方（红色）丙丁火、中央（黄色）戊己土、西方（白色）庚辛金、北方（黑色）壬癸水；且有"相生相克"之说，即：金（白色）克木（青色）、水（黑色）克火（红色）、火（红色）克金（白色）、土（黄色）克水（黑色）。而清人对四种旗色位置的配置，是赋予五行学说意义的，即：白旗代表金，置于东城，用以制约东方之木；蓝旗代表水（本应是黑色，因无黑旗，蓝色近似用以代之），置于南城，用以制约南方之火；红旗代表火,置于西城,用以制约西方之金;黄旗代表土,置于北城,用以制约北方之水。这种配置法的初衷,就是因为觉得周围全是敌人,所以得处处防范克制,这也真是迫不得已的权宜之计。换一个假设场景,如果八旗是汉人的制度,就绝不会在首都按这样与天下为敌(五行相克)的方案配置旗色;而要按与此截然相反,即"五行相生"(金生水、水生木、木生火、火生土、土生金)的方案配置,这样才能体现出君父与子民的关系。

附录贰–03(dx14 大安)

旗籍男子"大安"之礼,正式名为"跪安礼",是幼者对尊长、下属对上司、奴才对主子所行之礼。其仪如下:施礼人面向受礼人俯首疾行两步,至受礼人身前,双手扶膝,跪右腿;随之左膝略一点地即起,右腿随后亦起,双脚收齐,腰挺直而躯干略前倾,双手下垂而略后拢,且于施礼同时口称"××给××请安"。这是隆重正式的礼节,较这轻的礼节是"请单腿儿安",也叫"打千儿",可参阅《卷一·q34》条。

附录贰–04(dx25 大握大盖,连拍带咬)

细读原著此段描述,会发现旧京流氓语言水平相当高:既威胁又拉拢,给你定了道儿还留有余地,无赖中却似有几分情谊,明明是一派混账话又好像句句占理儿。这并非某个流氓的特质,而是因为旧京流氓是一个很成熟的阶层;它们有应付各种事态的套话,在不同场合,资深流氓都能纵横捭阖,应付裕如。所以"老实角儿"只能"气的目瞪口呆"。如果不看原著的描述,"大握大盖,连拍带咬"八个字就不能很好地理解。

附录贰 –05（dx34 倒倒子脚）

此处之"倒"字在京人口语中实读 dòu 音。例句中"支"字应为"隻"（今简化为"只"），为写着省事常将"隻"简作"支"，这也就是简化字的先声。但笔者以为，若将"隻"字简化为"支"，无论是从字音、字义而言，都比简化为"只"更妥帖。

附录贰 –06（dx41 道字号）

旧京流氓做事讲究"局气"，敢为非作歹，也敢承担。讲究先"道字号"（也叫"报字号"），其潜台词实际是受《水浒》的影响："洒家行不更名、坐不改姓，×××的便是。"此种作风一直延续到二十世纪中期。但后来连流氓档次也江河日下，采用"以多打少，打完就跑"的战术；不但不报字号，有时还往别人头上栽赃，挑动人家打烂仗。这种做法要搁以前是被同道瞧不起的，太不局气啦。从此"不局气"成了中国流氓阶层的共性，不独京城然。

附录贰 –07（dx69 掉楚）

"楚"为"楮"的假借字，即钱。"楮"为宋、金、元时所发行的纸币，因多用楮皮纸（楮树之皮所制，质坚韧耐折，不易损坏）制作，故名。后世纸币虽不见得再用楮皮纸，但名称沿用下来。

附录贰 –08（dx73 懂里懂面儿）

也说"有礼有面儿"或"有里儿有面儿"。京人认为，事情虽有是非曲直，但人更分远近亲疏。只有这样，才合乎礼数（不独京人，国人大率如此）。这看起来好像是双重道德标准，但其实完全符合儒家的准则。《论语·子路第十三》："其父攘羊……父为子隐子为父隐直在其中矣。"当然这种理论在强调法治的今天可能已不适用了。

附录贰–09（dx80 蹲儿安）

旗籍女子礼数，其仪如下：上身挺直双腿并拢，然后右足略后引，双腿前屈呈半蹲姿；同时双手相叠（左下右上）搭至两膝间，动作要缓且深，稍持半刻（1~2秒），礼成。尔后起身恭立，礼毕。

附录贰–10（dx83 多儿钱）

这是"多少钱"的京腔口语读音。此处之"多"字下层京人读阳平儿化；"少"字消失了，这是因为"多儿"的儿化韵母 r 与"少"字的声母 sh 同为舌尖后擦音，发音情况相近（sh 为清音，r 为浊音）；而京语轻灵流畅的特点，使得它尽量地"合并同类项"，即将相邻的近似音合而为一，这样说起来更顺畅也更简洁。所以在这里 sh 消失了，与其前面"多"字的儿化韵母 r 融为一体。

附录贰–11（fx01 丫）

所举例中的"丫"字（或"丫的"），是京人最常见的口头语，是"丫挺的"之略说；"丫挺的"是"丫头养的"之音变。"丫头养的"可以理解为出身下贱（主人与"使唤丫头"所生），也可理解为未婚先孕的私生子，总之都不是什么好事儿。

附录贰–12（fx10 反正）

较早的《儿女英雄传》中只有"横竖"一词，二十世纪初的《小额》中"反正"与"横竖"两词交替使用，说明"反正"一词在当时可能刚出现。今仅用"反正"一词，不再有人说"横竖（如何）"了。另有类似语义的"左右"一词，见于更早期的白话小说如《水浒传》中，早已无人用。

附录贰 –13（gx01 盖尔不论）

这个词京人按正常说法是"概不论"（gài be lìn），这虽也有点大言虚张，但终与流氓腔（说 gǎr be lìn）有别。按："盖尔"二字其实是"杆儿"的变写，杆儿指阴茎。旧京流氓另有常用的一句威胁语是说"光棍儿一根儿 tǎi"（tǎi 有音无字，指阴茎）。总之这都是流氓无产者的说法，表示自己"除了鸡巴之外身无长物，光脚的不怕穿鞋的，我是流氓我怕谁"之意。

附录贰 –14（gx03 赶大车的）

过去京城赶车的驾驭骡马，口中不断吆喝"de*r　da wo he"，这种吆喝法源自满语，参见《满蒙语汇贰 –05》。

附录贰 –15（gx36 固山）

义为旗帜，即清代军政组织单位"旗"的汉语音译。旗的最高军政长官初称固山额真，雍正元年（1723年）改称固山昂邦，汉名都统。本条所说的"本旗本固山"的"固山"即固山昂邦的简称，也就是都统；每固山（旗）下设五甲喇，其长官初名甲喇额真，后改称甲喇章京，汉名参领；每甲喇下设五牛录，这最基层的旗人族群组织，原意为"箭"，其长官初名牛录额真，1634年改称牛录章京，汉名佐领。关于旗人及八旗的组织形式，详见《满蒙语汇贰 –06》及《附录叁 –134》、《满蒙语汇叁 –36》等。

附录贰 –16（hx30 忽伯拉）

常说旗人"提笼架鸟"，其所提之笼中是黄雀之类的鸣禽，而所架（横端着左前臂，鸟站于臂上）之鸟则是鹰类的猛禽。满族祖上为渔猎民族，故世代不忘架鹰。笔者曾有幸间接识得京城末代鹰王"窝侯爷"（常荣启，蒙古旗人），惜乎不稔，未曾讨教也。关于驯养使用猎鹰可参看王世襄所著《锦灰堆·贰卷·大鹰篇》。忽伯拉，也有"虎伯劳、虎不拉、胡伯剌、户巴腊"等多种写法。这是穷旗人玩儿的鹰，是鹰类中最不值钱的小鹰。

附录贰–17（jx28 街面儿上）

吴辅亭其人未详，疑为吴福庆之讹。吴福庆，艺名群福庆，本名吴光甫（？～1932年），在北平评书界走红三十余年；不过他擅说的是《施公案》、《于公案》，其师叔海文泉擅《永庆升平》。

附录贰–18（jx32 且这儿）

"这儿"一词儿化音的标注，如按《汉语拼音方案》的规定写成zhèr，那只是一种"虚设定"，即：该设定的前提是假设你已经知道这个音该怎么读，只是在这里明确或提示一下罢了；但你如果真照着书面上标示的发音法实际来读，就会发现很多情况下与其所要表示的语音差别很大，念出来完全不是京语实际读音。实际上韵尾为 ei en in ing 等字的儿化音，都是无法照《汉语拼音方案》所标注来读。这也就是笔者为何要在此书中另行寻求能够较准确标注儿化音方法的初衷（参见本书《绪论》及《凡例》、《附一》、《附二》）。

附录贰–19（kx09 克扣）

按原著所述，要以三吊钱来补偿这二钱多银子，推算此时每两银子约相当于十二三吊钱。可参阅《卷三·bz02》条。若欲详知不同时期银两与制钱间的比率关系，须具相关金融史专业知识，此为余智识所不及也。

附录贰-20（kx 24 库兵）

有清一代，库、仓弊端百出，库兵盗银可谓首恶。一个库兵每年盗银达数千两甚至更多。盗银之法，就是肛肠携带。这是一门功夫，有专门的传授，教你用某种方法锻炼肛门括约肌，使其伸缩自如。这样每次大约可盗银（从肛门塞入夹带）数十两，功夫强者可带更多（有能带多至二百两者）。那时也没有X光机，不能直观检测。为防止夹带，库兵上班时，要先脱光所有的衣服，换上全套的上班制服。下班时脱掉制服，全裸着从一条板凳上跳过；跳时要横劈开腿，同时双手猛击掌，口中大喊一声"嗨"，在这种状态下，肛门括约肌可能会突然松弛一下，银子的比重又很大，就可能从肛门掉下来，俗称"下蛋"（笔者早年闻耄耋之年的旗人如是说）。一旦掉出，那可就是流徙绞斩，命运难测了。要运动一份库兵的差事，可不是有钱就行。库兵多由下层旗人中的痞棍无赖者充任，其后台多为贝勒、都统什么的。这些高官将自己的人设法塞入国家银库，就等于给自己建立了一条输银管道，库兵要将自己盗库所得的大部分交给自己主子。当时这是世人皆知的秘密，见怪不怪矣。至于仓储，亦为一大弊端，个中诸般贪墨，难以尽述。清末曾朴所著《孽海花》一书中第21回中写道："（库兵若能升至秤长）这才大权在握，一出一入操纵自如。"也就是说，能够更大规模地盗窃国帑了。按：清初为了维护军队战斗力，使军人专于作战心无旁骛，所以规定旗人（那时是全民皆兵）只能吃钱粮（详见《卷一·q12》条），而不能另辟财源（生产、经商都不许）。清中期以后，通货膨胀严重，旗人生口日繁而生计日蹇，生活方式却日趋奢靡，捉襟见肘、入不敷出、寅吃卯粮、借债度日儿成旗人家常便饭（就富了小额这种匪类）。在这种情况下，旗籍大小官僚，尤其是直接能接触到钱财者，贪墨成了常态；而朝廷也因无法根本解决社会财富合理分配问题，只好采取鸵鸟政策，对此容忍默许，任由下面自行调济解决。这样可以安抚稳定官僚阶层，受益者当属旗人官僚，受害者当然就是广大百姓了。

附录贰-21（lx 24 老仙爷）

旧时人迷信，时见有人进入一种恍惚迷乱、精神失控状态，此类人多为无文化的中老年妇女，此事京语称"撞客"。当有人撞客时，就会根据各人的迷信方式不同，邀请不同的迷信工作者（原著此处是请跳大神儿的）来驱赶邪祟。这些驱邪者们各有各的崇拜偶像，如此例中的"老仙爷"（黄鼠狼精，港台人称"黄大仙"）。他们通过"请神附体"来对抗、驱赶邪魔。所谓的"民间信仰"就是这样一派怪力乱神。参见《满蒙语汇贰-08》。

附录贰-22（mx 04 卖缺）

句中"左翼"指东城，含镶黄、正白、镶白、正蓝诸旗。以原著所述，小额应为正红旗人（属于"右翼"）；而这位阿三老爷"从先是本旗的印务"（"印务"是为"印务参领"的略称，参领为正三品，满语称"甲喇章京"），即正红旗的印务。清早期时，都统（满语称"固山额真"）是为本旗之人；后来因各种原因（主要是为减少裙带关系的弊端）多以异旗之人充任。都统为从一品，副都统为正二品。

附录贰-23（nx 30 能为、能耐）

原著此处所写的做法，其实还不够真流氓的"份儿"，因为这是托中间人给传的狠话，叫作"隔山打牛"，离真干还差着一截子呢。真"够份儿"的流氓，讲究的是自己一个人提着把刀去找对方，不慌不忙地把刀递到对方手上，说："你丫（'丫挺的'之略说）有能耐把我剁了。"而潜台词是"你不敢剁我我可剁你"。此时对方就面临抉择了：剁，还是被剁？剁，要承担后果；不剁，就有可能被剁（但其实这种儿率很小,多半是你不敢玩儿真的就算"栽了",人家"叫横儿"的会扬长而去,而你在众人面前抬不起头),或至少是"跌份"(在流氓界声望降低)了。而"叫横儿"者即或真被剁一刀,只要不死,就也从此声名鹊起。当然这说的是京派老式流氓,多少还有点儿堂堂正正、出王者之师的味道,讲究的是斗狠,但"岂在多杀伤";而在"文革"中成长起来的一代新式流氓,则以消灭敌人有生力量为目的,讲究出偏师,重实效,虽为老式流氓所瞧不起,却是老式流氓所惹不起。另:京语还有"能个儿"一说,多用于扶助婴儿试立时,大人鼓励:"能个儿一个!"立起时称赞:"真能个儿!"有时揶揄对方:"瞧把你能个儿的!"

附录贰-24(sx 09 山东儿)

清末山东人大批进京谋生,因其吃苦耐劳又经营有方,所以很有一批人发达起来。二十世纪前叶,京城大饭庄十九为山东人所开,致京城餐饮业鲁菜独大,如著名的"八大楼"(东兴楼等);绸布店等也多有经营,如著名的"八大祥"(瑞蚨祥等)。这些山东人的产业有相当部分是从专事吃喝嫖赌的旗人手中赚取而来。所以这里所说的"一个山东儿直拍('拍唬'之略说,即恐吓之意)一个穷人",那个穷人肯定是旗人。原著作者为旗人,看到这些社会现象,痛心之余,却无能为力。只能写点儿小说,一抒胸中郁结之气。

附录贰-25(sx 14 上交)

旧时常见称上司为"上交",而与此对应,管下属叫"下交"也很自然(可能有这么说的,但笔者未闻),这可能是源自中医上、中、下三焦的说法(但可没有"中交"一说)。京郊海淀西北一带将管着自己的(上司)称"上坎儿",被管着的(下属)称"底坎儿"。另:京人亦将车轮(包括大车、手推车乃至后来的洋车、三轮车、自行车等)

称"下交儿",而将车轮以上部分称为"上交儿"。

附录贰-26（sx25 十八子儿）

佛珠的质料不一,大多用贵重材料制成（如原著这里所说,是用贵重香料伽南香制成）；珠子数量为9的倍数,如18颗、27颗、54颗、108颗为一串者,为诵经念咒时计数之用。"十八子儿"因形制较小,可以佩戴在身上做饰物。现今所谓的"手串"者,多为12~14颗；这虽不符合佛珠的制式,但因尺寸较小,更适宜戴在手腕上,时时把玩,遂广为流行。其性质也早已从宗教用品演变为文玩,甚或牟利之物。

附录贰-27（sx38 秋稽库儿）

此处"稽"字通"阶",为"秸"的假借字。《管子·侈靡》："今用法断指满稽。"郭沫若等集校："余谓稽当假为阶。"原著那时文字不规范,秋秸写作"秋阶"乃至"秋稽"都可能出现的。"库"字须儿化。

附录贰-28（sx56 悚）

京语对所厌恶、鄙弃之物往往以"悚"字来形容,其实这里的"悚"字应是"屄"或"㞞"的替代字,指精液。下层京人口中多不干净,时爆粗口,100%都围绕着性事。当然"屄"这个词不限于京人使用,北方语系许多地区都盛行。常见书报杂志未将其写为"熊",乃至某号称规范的词典也这样写,标注 xióng 音。词典之所以这样标注,可能是因为编者们看了五六十年代的一些国产影片,那里的正面人物口中往往会吐出这个词儿来。听见那儿这么说,依样儿画葫芦也就这么标了。释义为无能、怯懦,且列出熊包、熊脾气等词汇。其实老百姓根本没有这么说的。词典们可能不愿意正面人物口吐秽语,所以不惜臆造出莫须有的音、义。但余窃以为最好的办法是如实反映这类词汇的本来面目,教育、引导读者使用文明语言,杜绝此类说法；而不是将其改头换面，再任其谬种流传，流毒社会。这类词汇不管你怎么变换花样，其自身出处也是龌龊。又由此想到还是在同样的词典中，居然还有"垂手可得"这样的词，其原因不外乎某大人物这样写过，于是就将自己上初中时语文老师就特意谆谆告诫过的"不是垂手可得，是唾手可得"的教诲撇在身后，转而亦步亦趋了。其实某大人物不过是一时笔误，文人们这样紧跟，反而张扬其误了。按："垂手可得"之说，除某大人物笔误外，仅见于《水浒传》第五十八回。笔者以为那也不过是该书舛误，孤例不足以为证；而"唾手可得"是传承有序的成语，如《后汉书·公孙瓒传》李贤注引《九州春秋》曰："始天下兵起我谓唾掌而决。"《新唐书·褚遂良传》："但遣一二将付锐兵十万翔会雪翢唾手可取。"

附录贰–29粘（tx 13 贴靴并粘子）

"粘"（此处读为 nián）字按 1985 年的《普通话异读词审音表》审定读 zhān；1988 年《现代汉语通用字表》确认黏（nián）为规范字，排除了"粘"字的 nián 音。但原著那个时代用字不规范，"粘"字在不同场合分别会读 nián 或 zhān。

附录贰–30（wx 10 我弥陀佛）

又称无量光佛，西方极乐世界之最大佛，梵文 Amitābha Buddha 之音译。是净土宗（又称莲宗）的主要信仰对象，该宗派信奉死后往生阿弥陀净土（西方极乐世界）之说，故名。净土宗是中国佛教的一大宗派（可能是信众人数最多的），因其修持简易（只需口诵"南无阿弥陀佛"），故得到多数无文化下层人士之推崇。原著此处之王香头即一旧京下层女神棍，她口诵"我弥陀佛"也正能说明净土宗在下层社会之普及（其实她也并非佛教徒，充其量也就是个口中念佛的骗子而已）。

附录贰 –31（wx 20 乌拉盖儿鞋）

"乌拉"一词在满、蒙语中均见。满语"乌拉"本意为部落，后扩展开来，指谓更大的行政范围，如满语称吉林省为"吉林乌拉"；蒙语与满语意近，但蒙语的发音更近似于此条（乌拉盖儿）。而此词用在鞋上，则恐源于鄂伦春语"乌鞲"，意指兽皮所制的寝被。至于"靰鞡"二字，则应是所谓"形声字"，显系后造；而絮之用以保暖的"乌拉草"，也就说不好是以产地命名，还是以用途命名了。参见《满蒙语汇贰 –14》。

附录贰 –32（xx 09 香头）

在较严格的意义上讲，请神附体有多种途径和形式，"跳大神儿"只是其中的一种，是满族人所信奉的原始宗教——萨满教的一种请神方式。它必须要"跳"，其跳法与前些年北京街头夏日晚上常能见到的一帮子老太太（或不太老的）跳的秧歌儿有相似处（这几年与时俱进，改跳街舞啦，不过扰民更甚）。笔者以为（但缺乏考据，不敢确认）这种秧歌儿不同于陕北的那种秧歌（代表者如所谓的"安塞腰鼓"），陕北秧歌是从汉族的祭神仪式，即所谓"傩舞"演变而来，其步法是所谓"禹步"；而北京秧歌儿是从"萨满太太"（即跳大神儿的巫婆。"萨满太太"是旗人的说法，指萨满教的巫婆。）那儿来的，是旗人萨满教的遗风，所用的器乐、锣鼓点儿、步法均与跳大神儿雷同。笔者不是民俗学家，姑妄言之罢了。

附录贰 –33（xx 22 新政）

"百日维新"（戊戌维新仅进行了103天，故亦称"百日维新"）后，顽固守旧派权贵上台，他们全力打压维新势力，逆世界潮流而动，妄想着闭关锁国与世隔绝，关上国门做天朝梦。这些人属于"后党"（以慈禧为首的帮派），为了自己一派的既得利益，他们希望废掉光绪，彻底铲除"帝党"（以光绪为首的帮派）。但因各国公使对此反应不佳，后党心存疑虑，只得放缓废立的进度分步走。首先一反自康熙朝以来"以遗诏立太子"的成例，在1899年立溥儁为太子（大阿哥），为废立打下事实上的基础。继而进一步打压帝党，但却发现帝党的基础远比表面看上去的深厚，各地封疆大吏骨子里多是维新派，即或朝堂之上，帝党的实力也依然强大。大阿哥溥儁之父端亲王载漪望子成龙心切，急欲行废立，又深恨洋人掣肘，遂产生了"尽除洋人"之想。这种荒唐的念头如同"集体无意识"（collective unconscious.古斯塔夫·荣格语）般在顽固守旧派权贵中得到共鸣；又与北方下层民众中长期以来存在的非理性排外思潮一拍即合，于是导演出了一场奇怪的悲剧：1900年的"庚子之变"。之所以说它奇怪，是因为古今中外没有哪个政府能愚蠢到通过打烂自己的国家机器来反对政敌。暗杀、政变，乃至内战都属正常程序，唯企图借煽动暴民之力不行。《天方夜谭》中那个从所罗门禁锢之瓶中被放出的魔鬼你可以花言巧语再把他骗回去，暴民你可哄不回去，比魔鬼厉害多啦；尤其是饱受压迫侵凌之苦的中国人民，一旦爆发，便不可收拾，义和团的兴起便是明证。

1900年上半年，清廷派出高官（大学士刚毅、刑部尚书赵舒翘等），赴涿州考察、联络拳民（义和团原称义和拳）。彼等给出"拳民忠勇可用"的考语，遂导拳民入京，旬日至数万。所立坛场遍城内外，王公贵官争崇拜之。渐出入宫禁，莫敢究诘；甚至传说慈禧曾召见大师兄，慰劳有加。此后称"义和团"，表示这已是为官方所承认的"团练"性质的组织了。在清廷的一手扶持下，义和团得以茁壮成长，甚至在"准皇帝"大阿哥溥儁的家里（端王府，在今北京西城官园地区）设下了义和团的"天下第一坛"。此时满族文化的落后性起到了推波助澜之效，高层决策集团的"原教旨型儒教"（以刚毅、倭仁等满蒙权贵为代表)与北亚细亚的萨满教泛神论潜意识思维相结合,使他们脱离了现实的逻辑。加以趋炎谄媚之徒的进言,庙堂之上都说的是什么"洪钧老祖已命五龙守大沽,夷船当尽没……""得关壮缪(关羽)帛书,言夷当自灭……"等等一派胡言;据说更有义和团大师兄设坛作法,焚香烧符,诵咒降神,而后宣布"又咒死一名洋人"云云,由内监将这喜讯传入宫中,老佛爷(慈禧)闻之龙颜大悦。等等等等,如此这般,朝廷几成魍魉世界。义和团打出"扶清灭洋"的大旗,又在保守派权贵的默许甚至是纵容下,喊出了"要杀一龙(光绪)二虎(李鸿章、奕劻)百羊头(在京洋人)"的口号。北京陷入极其动荡的局面,各种群众组织风起云涌,其成员多为流民与痞棍,甚或娼妓之辈也参加进来。洋人还没杀,这些人先在良民中肆虐:以"二毛子"的罪名滥杀无辜、大肆抢劫后将北京自明朝起五百余年商业的精华所在(前门外西河沿,今大栅栏一带)一把火烧为白地;尤有甚者,将一切带有"洋"字的东西坚决摧毁,花费国帑无数建成的工厂、铁路、电报线等均遭毒手……往后的事就是众所周知的"攻打东交民巷、西什库——八国联军攻占北京——两宫北狩——签订《辛丑条约》"。

庚子之后,国人痛定思痛,摒弃了义和团那一套巫术,被迫进行了最起码的理性逻辑思维,一致认定改革维新乃势所必行,就此揭开了清末十年新政的序幕。这次是在清廷最高统治者慈禧直接主持下的维新运动,远较几年前的戊戌维新要广泛、深入,甚至更激进得多。它涉及当时几乎所有的重大问题。

附录贰 -34(zx31 啫)

此处之"啫"字是俗字,原著将其作为"嗻"的通假字用。但这个字实际是近代广东俗字,用于啫喱(zé li,但一般误读为 zhě li)一词,系从广东传入的英语外来词汇。"啫喱"也作"车利",是英文

jelly 的音译，指的是一种由蔗糖、颜料、调味剂及某种胶质合成的制果冻用的食用胶；推而广之，将多种凝胶状物也称啫喱（如现在常见的护发用品等）。

附录贰 -35（zx60 指名为姓）

这是旗人独有的一种命名方式，虽然很多人都知道有此一说，但详情恐知之者甚少。笔者不揣孤陋，试为释之。

旗人（这里指的是满洲旗人）祖先是女真人，系南通古斯部族的一支；所用语言属阿尔泰语系。社会形态及语言文化的不同，决定了其姓名构成方式与汉人有本质的区别。举其皇族爱新觉罗氏为例，"爱新觉罗"四字只是南通古斯语的译音用字，而与汉语字面的语义无关；或换个说法，即无汉语语义。同样的，开国之君清太祖的名字——努尔哈赤，也仅是译音用字而无关汉语语义。但随着旗人对中央政权争夺的进展，与汉人接触的增加（包括战场上的厮杀与文化上的交流），低文化层次的满洲人在意识形态上日渐向高文化层次的汉族靠拢（与战场上的情况正好相反）。这反映在旗人姓名上，就有了微妙的变化。

先说说清太宗的名字——皇太极，这虽然还是译音，可是在汉字的选用上肯定已有所考虑（当然我们无法得知努尔哈赤为其第八子起此名时的真实想法）。有说"皇太极"与汉语"皇太子"谐音；又说与蒙语汗位继承人"台吉"（即汉语的"太子"）谐音，故以此名之。另有学者认为这个读音其实是古老的幽燕语在满、蒙语中的反映，又以满蒙语的形式回流到汉语。我们姑且将"皇太极"一称视为满语译音，其满语本意如何在此无关紧要（尤其笔者不懂满语，不敢妄断），重要的是这三个汉字的含义。这应是旗人开始用汉字办公、记事、著录典籍后所采用的写法，此写法不是纯粹的音译，而是已经将汉语语义考虑在内，显得高贵与玄奥并存了（要不然为什么不写成慌太急或黄大鸡呢）。可是稍懂点儿汉文化的人都能看出，这是个"杂八凑"的名字。然而不管怎么踩乎（京俗语，贬低之意），这终究也是向汉文化靠拢的一个标志。自清世祖顺治帝（汉化名为福临）起，首将皇族的汉化名钦定为两个字，且这些汉语名字具有完全之汉语语义。不仅如此，在稍后的时期，皇族还开始在汉化名字中仿效汉人的方式，在名字中体现辈分。自清圣祖康熙帝（汉化名玄烨）起，诸皇子之命名，在几经更改后（这反映了满汉文化嬗变交替初期，旗人难以取舍、无所适从的心态），最终定下以"胤"字排辈分、以"示"字旁（部首偏旁）命名的方案。即：以"胤"字作为名字的首字，以"示"字为部首的字作为名字的第二个字。如：皇长子胤禔（zhī）、（废）皇太子胤礽（réng）、皇四子胤禛（即雍正帝）等等。有清一代，经乾隆、道光、咸丰三帝共钦定12个辈分用字，即：永、绵、奕、载、溥、毓、恒、启、焘（读dào）、闿、增、祺，再加上此前之胤（雍正：胤禛）、弘（乾隆：弘历）二字，共计14个辈分字。这14个字，只有近支宗室可用。且进一步规定，皇帝的本支子孙要使用钦定的偏旁命名，具体为：康熙皇子用"示"旁（雍正名胤禛）、雍正皇子用"日"旁（乾隆名弘曆）、乾隆皇子用"玉"旁（嘉庆名顒琰）、嘉庆皇子用"心"旁（道光名旻宁）、道光皇子用"言"旁（咸丰名奕詝）、咸丰皇子用"水"旁（同治名载淳）、末代皇帝用了"人"旁（宣统名溥仪）等等，不得擅自更变；而其他较远支的宗室不可用这些辈分字和钦定偏旁。有清一代，皇室极重视此事。这一方面是为维护宗室内部精细森严的等级制度，确保最高统治者及其家族的权力与利益；另一方面也是在效仿明朝诸帝的命名方式（也是每一辈分的人名字的前一字相同、后一字用共同的部首），以此来暗示清是继承了明的道统。至于名中所用的汉字，多为吉祥福瑞之意，字面雅驯，一改此前渔猎民族之放纵恣睢（如"努尔哈赤"满文原意是野猪皮、"多尔衮"是獾、"岳讬"是呆傻小子，等等）。

满族的文化远较汉族文化低,日久对汉文化产生艳羡之心,这也是文化落后民族之必然。哪怕他是统治者,而高文化民族是被统治者。早在乾、嘉年间,旗人因久居汉地,生活日益汉化,满语也被日渐放弃而改操汉语。因满、汉语迥然有别,满语名字如直接用汉语音译就会显得非常庞冗拗口(如传说中的满洲始祖名叫爱新觉罗·布库里雍顺);皇族将汉化的名字定为两个字无疑是适宜的。但这也产生了一个问题:满族人的姓氏一般为多音节,根本无法容纳在两三个字中。如上所述,皇族钦定了近支宗室的命名法(用两个汉字),这没有问题,因为谁都知道他们是爱新觉罗氏,不会与他人混淆或发生误解;但一般的满洲人,尤其是并非出身于名门望族者,采取这种命名法就难免有混同之虞了。这个问题确实存在,但却也无关大碍。这是因为旗人(满、蒙、汉各八旗,此处仅指满洲旗人)源于白山黑水之间,最初仅是由很少的氏族部落(主要的也就约几十个)组成;大家就如左邻右舍(放大了范围的),谁都知道谁。就如同我们说起街坊张家二小子、李家三丫头,他们叫什么并不重要;名字只是一个符号,重要的是我们知道"他是谁"。即或入主中原得天下两个半世纪之后,至清末时旗人至多也不过四五百万人[此说见国家清史编纂委员会编译丛刊:《满与汉:清末民初的族群关系与政治权力(1861~1928)》(美)路康乐著];而在清初"从龙入关"者不过区区数万人。这些人分别隶属于若干旗,每个旗都是一个相当独立的群体,那时旗人的生活面很狭窄,生老病死,一生都不出本旗。每一旗由有限的若干氏族所组成,同旗之人相互之间虽不可能都认识,但对其所属的氏族却一般都会知道。在皇族的榜样下,普通旗人也掀起了"名字汉化"的热潮(仿照皇族的命名方式,用两个汉字);而因为上述的基本情况,旗人的重名率不会很高(生活面狭窄,同旗之人相互了解,能自动地避免重名)。

以上介绍了旗人名字汉化的基本情况,现在来具体说说"指名为姓"。所谓"指名为姓",是说旗人的汉化名字中不包括其姓氏,而是用另外的方式来标示自己的姓氏。如上所述皇族用两个汉字的命名法,是旗人学习汉人在取名上采取的"以字排辈"的办法。这样的好处是可将某特定之族人框定在预定的坐标位置上,从某人之名即可断定其支派、辈分。这是体现宗族关系、维系宗法制度的很好方式,所以皇族率先实施,民间也不甘落后,群起仿效。至嘉、道年间,旗人用汉化名者日增。首在旗籍文人中兴起,渐推衍至全族。具体的命名法亦仿照皇族,即:前一字是辈分标识,某一氏族内的同辈人用同一字(不同氏族用不同的字);而后一字用相同的偏旁部首,表示你是某氏族中的某一支(不同支系用不同的部首)。这些辈分用字和支系用部首都是先辈族长所约定,后辈子孙只要执行就是了。因为不同氏族会用不同的首字(即或是辈分相同);或换句话说,旗人汉化名的首字就说明你属于哪一氏族(姓什么)哪一辈人,此即"指名姓"之原委。

原著此处说伊老者姓伊,叫伊拉罕;而他的三个儿子姓善,分别叫善金、善全、善合。"善"字即为其"指名姓",代表着他是哪一氏族(姓)的哪一辈人;而"金、全、合"具有共同的部首(均为人字),则能标示出他们是这一氏族的哪一支系。用一个比喻的说法:前字如经,后字如纬。至于"伊拉罕"其名,显为满语音译,应是伊老者的名字(其氏族原著中未说;但因与正红旗的小额同篇,故亦应为正红旗人。参见cx14条)。这本不应说是姓伊,但清末时"指名为姓"一说已流行多年,人们说顺了嘴,也就不大较真儿,对满语译音名也就这么说了,这大概是当时的实情。另一方面,用汉化名的旗人多有一定文化,善姓三兄弟均读书,老大善金还是个文举人;而乃父伊拉罕是个比芝麻还小的官儿——领催[满语为"拨什户"(bošokū),掌记录、发放的小官,大概也就今天的居委会主任那么大点儿],应是个粗人,大概也没有什么汉化名(旗人绝非都有汉化名,无文化者多无汉化名）。旗人的汉化名所用汉字很集中，多为吉祥福禄寿康安泰山海一类的字眼。易出现同名，故有时不得不以变换组合方式来区别，此时上述的辨识法便不适用了。至清末更有旗人诙谐者，起名全然不按规矩，随心所欲乃至自我调侃（据说有个旗人自己起名叫"赵二王八"），就完全无从分辨了。

除指名姓外，旗人又有"老姓"一说，即指其所在的氏族名，如皇族可说姓爱新觉罗。至民国以来，因各种原因，旗人多将自己的老姓加以汉化处理。如：爱新觉罗氏化为金、赵、艾等，叶赫那拉氏化为那、叶等，瓜尔佳氏化为关、果等，贺舍里氏化为赫、索等；而以变化了的老姓为姓，父子相承。除了某些姓氏尚有满族的痕迹外，旗人的姓名已经完全汉化了。

附录贰 -36（zx79 走着）

旧京以"走"字为主词的说法还有一句，是说"嗨！走——！"（"走"字要拉长声的喊出）或"嗨！走你——！"这本来是旧京跤场（进行中国式摔跤练习、比赛、卖艺的场所）中，撂跤者发力使出某个动作（比如"披"，即俗称的"大背挎"，柔道叫"背负投"一类以力量型为主的动作）断定对方必倒时所喊的话。撂跤发力时往往喊"嗨"，这一方面是因为发力要配合呼气，另一方面更是为了显得场面火爆，用以招揽观众。后来这种喊法拓展了用途，举凡需使一把猛力才能使某物移动的场合（如搬运大件物品）多会这么喊。

附录贰 -37（bc07 别计）

"介"（计）字似源于宋元杂剧剧本，是指示动作、情态和表示效果的术语；究其本源，恐能和幽燕语扯上那么点关系（请有学识者去证实抑或证伪）。南方诸方言未见此说，而北京方言与幽燕语有极紧密的关系，所以继承其某些说法不足为奇。详见《卷一·b59》条。

附录贰 –38（bc09 冰碗）

把果藕(白花藕)切片、去芯鲜莲蓬子、鲜菱角、鲜鸡头米(芡实)四样儿掺在一起，谓之"河鲜儿"。遇有买主，即以鲜荷叶将其包成菱形包，在小碗底垫上天然冰的小碎块，上边放上"河鲜儿"，撒上白糖，就称之为"冰碗"。全冰碗还得加上去皮的鲜核桃仁、鲜杏仁、甜瓜、蜜桃等。笔者幼时曾唉该物而大快朵颐，今此等美味早已绝迹啦。

附录贰 –39（dc18 吊儿）

此条中之"吊"字不儿化，"儿"字要单独自成音节，此为幽燕语之遗韵也。京中至二十世纪四五十年代，此类读法已近乎绝迹。笔者记得幼时曾听我姥姥（京籍旗人）所说童谣，是说一个妈有四个孩子，分别名曰"门插关、钉锦、笤帚疙瘩（京语谓扫炕的小笤帚）、水筲（西城习称水桶，东城习称水筲）"。老妈回家，唤四子为其开门时说："门插关儿（guār），钉锦儿（èr），笤帚疙疸儿（dē*r），水筲儿（èr），给妈开门来吧。"四件物品皆以"儿"字收尾，但两两不同，分别为儿化音和"儿"字自成音节；尤其是"瘩"字不惜音变，也要儿化，反映了那时（二十世纪四五十年代）的语言现象：儿化音蔚然成风，而自成音节的"儿"字虽已消失殆尽，但仍尚有残存（如在这首儿歌中）。

附录贰 –40（dc22 多们）

"么"字作为某些代词或副词的后缀（如这么、怎么、什么、多么），是随着1917年由胡适揭开序幕的"白话文运动"的开展而出现并最终确定下来的。在文言文中，本无此等说法；口语这样说，但用哪个字来表示此音却颇费斟酌。兼之"方言无定字"，所以这个口语音究竟怎么写，经过了一个探索的过程。"多们→多么"的转化，清晰地展现出了这一点。另一方面，这个"们"字清楚地表明了京人对这个词汇的读音（读为 men）；日后即或改写作"么"（读为 me，可以认为是 men 的一种轻读），但也保留了"们"字的韵腹（e），有别于普通话双唇音不与 e 相拼的规律，展示出幽燕语的发音特点。

附录贰-41（fc03 反正）

"反正"一词，与"横竖、左右"用法相同，但出现的年代不同。可参阅 fx 10 条及《卷一·h 30、z 148》条。

附录贰-42（gc04 公理）

汉语的"公理"一词，始见于明末利玛窦、徐光启译的《几何原本》一书，即欧几里德几何学的教科书。那里给出了5个公理、5个公设及23个定义（按：该书中所用的"公理"一词，是指思维的一些基本逻辑模式，如"等于同量的量彼此相等、整体大于局部"等等；而其"公设"一词，则是指现在我们几何课本中所说的公理），在《几何原本》一书中，"公理"被认为是"世人所公认，无须证明，亦无法证明的某些客观规律"。但在百余年前，此词更多的是指谓"客观存在且彰显正确性及正义性的道理"。如清廷为在"庚子之乱"中被杀的德国公使克林德立牌坊，上有"为国捐躯，令名美誉"字样；而第一次世界大战后，中国作为战胜国，将其改为"公理战胜"字样。

附录贰-43（mc07 马家堡）

1897年，英国人在永定门外马家堡始建马家堡火车站，气势恢宏，当时是北京的铁路总站。1900年的"庚子国变"中，于6月12日被义和团焚毁；1901年，车站经英国人简单修复，在此举行了盛大的欢迎慈禧回銮仪式；1902年5月，马家堡站定名为永定门站，但一段时期内老百姓仍习称"马家堡站"（站址较原来向北略移，现扩建为北京南站）；1906年铁路延伸至正阳门，在瓮城的东侧修建了"京奉铁路正阳门东车站"（还曾用过前门站、北京站、北平站、北平东站等名称），取代了马家堡站的总站地位，所以此处说"马家堡小站"。按：现在"马家堡"地名犹存（马家堡路），但铁路早已改线，不通过此处了。而马家堡火车站的旧址，据有人考证即在今马家堡路80号院一带。另：现在南三环与马家堡路交接处东侧有桥名"洋桥"，系当年为方便城里人去马家堡站乘火车所建；该桥南北向斜跨凉水河，水泥结构，原系英人1898年作为马家堡火车站的附属设施所建。因建造者为洋人，故名"洋桥"。

附录贰-44（rc03 人道主义）

"人道主义"一词，最早见于古罗马思想家M.T.西塞罗那里，是指一种能够促使个人才能得到最大限度之发展，具有人道精神的教育制度。到了十五世纪新兴资产阶级思想家那里，该词是指文艺复兴的精神，即要求通过学习和发扬古希腊和古罗马文化，使人的才能得到充分发展。这是新兴资产阶级提出的一种包含有深刻内容的追求和理想，在资产阶级革命过程中，人道主义坚持反对封建教会专制，要求充分发展人的个性。人道主义始终是资产阶级重要的思想武器。中国古来的词汇，虽无"人道主义"一词，但诸多古籍（如《周易》、《礼记》、《中庸》等，引述从略）中早已出现"人道"二字，且其内涵与西方概念的"人道主义"颇多契合之处。可见古今中外虽时不尽同，民族各别，然求仁之心，则人同此心，心同此理也。

附录贰-45（sc02 散闷）

"散闷"的说法，在更早的一些白话小说中有见，如《警世通言·金令史美婢酬秀童》："那秀童要取壶酒与阿爹散闷，是一团孝顺之心。"《红楼梦》第六十回："正值柳家的带进他女儿来散闷。"另：

女人站在门口看街景,京人谓之"站街",被认为是极没有教养的行为;原著此处就写的是这样没有教养的一家子。

附录贰-46(sc04 上头)

爱新觉罗氏的人,哪怕与皇上亲缘关系再远,在说起皇上时也爱用"上头"一词,好像这样就能拉近自己与皇上关系似的(笔者幼时就曾听我姥姥这样说过。您虽是爱新觉罗氏,其实与皇上九杆子打不着边儿)。

附录贰-47(xc05 嫌疑人犯)

当时大理院承审官对此案的记述中写道:"再,此案因未定拟罪名,照章毋庸法部会衔。"这时法部是专掌司法行政和复核的机构,并且掌握着检察厅的人事权和领导权,大理院由原来的复核机构转变成为掌握审判的机构。该案开始时,"当将人犯解部审讯",这个"部"是指原来负责审判的刑部;而后"法部恐案情不实,未及讯结,移交到院",这个"院"指大理院。因为春阿氏案发生于光绪三十二年(1906年)五月二十七日,在审理过程中,清廷进行了司法改革,刑部改为法部,专任司法;大理寺改为大理院,专掌审判。根据这一改革,光绪三十三年(1907年)三月初一,大理院与法部进行案件的移交工作,春阿氏案由大理院承办。对春阿氏的判决是"监禁待质",而没有定下任何具体的罪名,作为检察厅的官员并没有提出抗诉。在程序上,就避免了交由法部复核的可能。另外,参加审理的人员均来自法部,由于法部人员的监审,检察厅并没有发挥其应有的抗诉职能,于是大理院由此无法定下其具体罪名。这一系列错综复杂的程序变迁,反映了清末"十年新政"时期清廷虽锐意改革,但旧体制的桎梏尚难以立即摆脱。虽则如此,这也总比在没有充分证据的情况下匆忙定人死罪草营人命强多了。

满蒙语汇贰

说明：本卷与《卷一》模式相同，亦将满蒙语汇单独汇集注示。本卷口语化程度较深，故所选词汇也是口语说法居多。

满蒙语汇贰-01（ax01 阿玛）

旗人对父亲的称谓。满语 ama 的汉化说法。其实"爸爸"一词，也是从阿玛音转而来。

满蒙语汇贰-02（cx26 出马）

此条中"乌布"一词，系满语 ubu 的汉化读音，是指各部郎中以下实际负责执掌具体事物的下级工作人员。

满蒙语汇贰-03（dx43 得活）

此词出于中式摔跤的术语"得合落"（简称"得合"，即跪腿摔），该词源于蒙语，本是蒙古式摔跤的招式。此招若使成，则对手会重重地后仰倒地，己方完胜。

满蒙语汇贰-04（fx04 乏）

例句中有"拨什户"一词（也可写作"伯什户、拨什库"），源自满语 bošokū，是负责文书记录及发放俸禄的下级官吏，汉语名为"领催"。

满蒙语汇贰-05（附录贰-14）

这种吆喝声流行于东北、华北及京畿地区，其中的 wo he 来自满语 wehe，义为"石头"，即提醒牲口注意地上的石头；后来在北方许多地区沿用下来，转为指挥牲口的口令。

满蒙语汇贰-06（附录贰-15）

附录贰-15条中有关满语语音的拉丁文转写如下：固山（gūsa）、固山额真（gūsai ejen）、固山昂邦（gūsai amban）、甲喇（jalan）、甲喇额真（jalan i ejen）、甲喇章京（jalan i janggin）、牛录（niru）、牛录额真（niru i ejen）、牛录章京（niru i janggin）。

满蒙语汇贰-07（hx29 胡同）

"胡同"一词，据说是蒙语gudum的汉化读音，意为"有水井处"。呼和浩特市之"浩特"二字，据说亦为此意，仅写法不同；也有说是蒙语xota的汉化读音，意为寨子、居民点。吾不通蒙语，无所适从；并列于此，聊以备考。

满蒙语汇贰-08（附录贰-21）

京人谓人进入一种恍惚迷乱、精神失控状态为"撞客"。此词出自满语jangkūlambi，义为"遇见邪魔、鬼祟缠身"，此词义原封不动地移植入京语，读音亦源自满语。"撞客"时，多是请迷信工作者来"跳大神"，驱赶邪祟。但严格意义上讲，民间的迷信工作者都不能算"跳大神"，真正"跳神"的是清宫廷宗教祭祀活动中的主持祭祀程序者。汉语称为司祝，满语称为萨满（saman）。"萨满"一词，源自通古斯语Jdam man，意指兴奋的人、激动的人或壮烈的人，是萨满教巫师即跳神之人的专称，该人被视为萨满之神的代理人和化身。萨满教（Shamanism）是一种较原始的泛神论宗教，流行于阿尔泰语系各民族；包括通古斯语族的满、鄂温克、鄂伦春、赫哲、锡伯，及蒙古语族的蒙古、达斡尔等族裔。其巫师称为萨满（男巫）或萨满太太（女巫）。祭祀活动中的主要参与程序者均为萨满及萨满太太。萨满教的主要宗教仪式即"跳神"。跳神时，萨满边跳边唱念着某种神秘的咒语，逐渐进入一种昏沉恍惚、痴迷癫狂的状态，此时便会被认为有某种神灵附体，从而与神相通。具体方式是萨满按照某种设定的程序，持一定的法器（抓鼓、腰铃等），踏着一定的步法（大抵是模仿野兽或雄鹰），口中念诵祷文，敬神娱神，并引领各类神灵附体。这种人神沟通、交流的形式，在汉文化中统称为"傩"。

满蒙语汇贰–09（lx65 楼子）

旧时京语还有一说，谓之 tā shɑn（有音无字，笔者据其义强拟"阘闪"二字），意指"过错、差错、失误"；此系源自满语词汇 tašan，原义为"虚假、虚伪"。

满蒙语汇贰–10（mx02 马是得）

此词源自满语 masilambi（意谓"尽量得到"，lambi 是动词语尾），此处意指喝多了，酩酊大醉。

满蒙语汇贰–11（mx29 磨烦）

京语中与此词义近的还有"磨蹭（mó cuo）、磨蹬（mò duo）"二词，系源自满语 moco（意为"拙钝"）、modo（意为"迟钝"）二词，均指"蠢笨、拖拉、迟钝、不利索"等意。

满蒙语汇贰–12（sx46 摔私跤）

旧时称撂跤，又称掼跤。满语"布库"（buku），也写作"扑护、扑户"，即摔跤、摔跤者之意；蒙语称"孛阔"（böke），意为勇士、力士，摔跤家。

满蒙语汇贰－13（tx19 挺）

此词源自满语词汇 ten，意谓"极致、尽头、非常、极其（如何）"。

满蒙语汇贰－14（附录贰－31）：此条中之相关满蒙语如下。满语：乌拉（ula）；蒙语：乌拉（ulaga）；鄂伦春语：乌鞡（ulao）。蒙语的发音 ulaga 更近似于此条（乌拉盖儿）。

满蒙语汇贰－15（yx26 一大啰车）

"啰车"系从蒙语的"勒勒车"转化而来。这种车是蒙人游牧时所用的主要辎重运输设备。蒙人逐水草而迁居，用此车装载拆卸开的蒙古包等一切辎重。"勒勒"其实就是吆喝牲口声（写作"啰啰"似更妥）。旧京有很多蒙语转化的词汇，旗人（尤其是蒙八旗的旗人）口中尤多。

满蒙语汇贰－16（zx37 这当儿）

旧时京语谓"正好就在这时，凑巧（如何）"，有"纳勒金德"（有写作"拿了捡得"的，是要表现诙谐幽默）一说，系源自满语 neleginde，与京语义同。

满蒙语汇贰－17（zx77 宗室）

除宗室外，皇亲尚有所谓"红带子"。清显祖塔克世的伯叔兄弟之后裔称为"觉罗"（gioro，指远支皇族）。因按规定系红色腰带，故俗称为红带子。

满蒙语汇贰－18（ac01 挨说）

京语，多用于晚辈谓遭到尊长对自己督促、苛责、催逼。另有一说法"呵斥"，系源自满语 hacihiyambi，有"勉强、催逼、强求、紧促"等义。

满蒙语汇贰-19（dc13 得得乱颤）
京语有"打得得"一词，系源自满语 darseme，意为（冷得、吓得或病得）浑身颤抖、哆嗦。

满蒙语汇贰-20（hc12 糊里巴涂）
旧时京语有"腌臢巴涂"一词，是"愚昧无知、顽冥不灵"之意；系源自满语 albatu，意谓村俗窳陋、粗鄙不文。此说法后逐渐演变成"糊里巴涂"，是对满语读音稍加改动，将汉语的"糊涂"二字不知不觉地糅了进去，满汉合璧，含义的指向也更明确了。

满蒙语汇贰-21（kc08 夸兰达）
此词源自满语 kūwaran i da，意为"兵营之长"。其中满语 da（义为头目、首领、长官）在进入北京话后，主要用于贬义。如对出坏主意、带头干坏事者，京语叫作"坏事 dā"。

满蒙语汇贰-22（mc05 马力）
此词现多写为"麻利"，系源自满语 lali，义为"（办事）爽快、利索"。早年京语谓"爽快、迅捷"为 lá li，后来音变为 má li。京人口语中，在催促别人"尽快（如何）"时，可单独说"má liē*r 的"，其意也略有转化，转指动作敏捷、行事利落读、手疾眼快等。

满蒙语汇贰-23（nc03 奶奶）
奶奶为满语"母亲"的汉化说法，系从满语 eniye（母亲）音转而来，早期也有写作"讷讷"的。

满蒙语汇贰-24（tc02 坦坦实实）

京人谓"心安理得，受之泰然"，或"一帆风顺、毫无忧患"为"坦坦的"（tán tǎn de）。与此条的"坦坦实实"一样，均出自满语 tatan，原义是指猎人在山林中搭建的临时休憩小屋（窝棚），转义为"处所"；京语说成 tā tɑr，指谓小屋、（某种）场所、住处等；有"塌塌儿、塌坦儿、他坦儿、摊摊儿"等写法。详可参阅《卷一·附录壹-59》。

满蒙语汇贰-25（tc08 忒）

此词亦源于满语 ten，义谓很、甚、极、非常（如何），同于"挺"（如何），仅写法不同。参见此前之《满蒙语汇贰-13》条。

《小额》一书中的外来语词汇

说明：以下所引词条说明的括号中之数字，前者为页数，后者为行数。

01 出版（104 13）。日语：出版；源自意译英语 publication。

02 关系（104 10）。日语：関係；源自意译英语 relation, connection。

03 教科书（50 13）。日语：教科書；源自意译英语 textbook。

04 教育（102 26）。此词应是从日语"教育学"拆解而来，源自意译英语 pedagogy。

05 科学（04 02）。日语：科学；源自意译英语 science。

06 社会（55 18）。日语：社會；源自意译英语 society。

07 现象（01 05）。日语：現象；源自意译英语 phenomenon。

08 演说（39 07）。日语：演説；源自意译英语 pudlic speech; address。

09 遗传性（23 03）。日语"遺伝"的衍生词汇；源自意译英语 heredity。

《春阿氏》一书中的外来语词汇

01 辩护（147 09）。源自意译英语 lawyer，attorney；是日语"弁護士"的次生词汇。

02 报纸（76 20）。当清末刚出现近代意义上的报纸时，因其性质与原来的所谓"京报"（参见《卷一·j49》条）有些相似，但又不仅限于北京才有，故发明了"报纸"一词以称之。民国前期将其称为"新闻纸"。按：日文中将报纸称为"新聞紙"，明治八年（1875年），日本公布了"新聞紙条例"，可译为"报纸管理条例"。至于民国初期将报纸称为"新闻纸"，也许与当时大量的留日学生有关，那时许多日语词汇被带回中国。如将公共汽车站称为"停留所"等，但有些词汇因不符合汉语习惯，很快就消失了。汉语的"新闻纸"一说，也可认为是对英语 newspaper 的字面直译。

03 表决（134 02）。日语：表決；源自意译英语 decide，pass a vote。

04 电话（77 11）。日语：電話；源自意译英语 telephone。

05 发明（60 02）。日语：発明；源自意译英语 invention。按：此词在古汉语中虽曾出现过，但与今义无涉，例姑从略。

06 法律（93 18）。日语：法律；源自意译英语 law。此词古汉语已有之（见《管子·七臣七主》、《淮南子·主术训》等），义与今近。

07 法人（145 25）。源自意译英语 juridical person。指"根据法律参加民事活动的机关、团体、企业"。但原著此处并非此意，详见 fc01 条。

08 分解（283 18）。日语：分解；源自意译英语 analysis，decomposition。

09 分析（124 26）。日语：分析；源自意译英语 analysis。按：此词在古汉语中有见（如《后汉书·徐防传》），义与今略似。

10 机关（146 10）。日语：機関；源自意译英语 organ。

11 交际（280 19）。日语：交際；源自意译英语 association; social intercourse。按：中国古文中早已有此词，如《孟子·万章下》："万章曰，敢门交际何心也，孟子曰，恭也。"朱熹集注："际，接也，交际，谓人以礼仪币帛相交接也。"此词在日语中被赋予现代的涵义，于十九世纪末回流到中国。

12 警察（38 13）。日语：警察；源自意译英语 police。日本在明治维新早期还曾将警察称为"捕吏"，既是英文的直接译音，又符合汉字的语义。

13 警官67 01）。日语：警官；源自意译英语 police officer。

14 人力车（39 17）。即北京人所谓的洋车；而上海一带称黄包车（当时此物在上海多漆为黄色），早期更准确地称为东洋车，盖因其源自日本也。"人力车"是日语叫法。此物1874年由法国人米拉从日本引入上海，作为一种大众交通工具曾盛极一时；至二十世纪三十年代后好景不再，逐渐被有轨电车和三轮车所取代。

15 审判（85 24）。日语：審判；源自意译英语 judge, adjudge。

16 司法机关（117 07）。是日语"機関"的衍生词汇。

17 思想（279 10）。日语：思想；源自意译英语 thought, ideology。

18 刑法（142 05）。日语:刑法;源自意译英语 criminal law。按：此词汉语古已有之（见《左传·昭公 二十六年》："帅群不吊之人……侵欲无厌规求无度贯渎鬼神慢弃刑法……"），义与今近；在日语中被赋予现代的涵义，于十九世纪末回流于中国。

19 义务（128 08）。日语：義務；源自意译英语 duty, obligation。

20 运动(145 24)。日语:運動;源自意译英语 sports; athletics; games。日文中此词仅指体育活动;而汉语拓展了用法,此处指找人走后门托关系行贿。

21 哲理(93 19)。是日语"哲学"的衍生词汇;源自意译希腊语 philosophia。

22 知识(273 02)。日语:知識、智識;源自意译英语 knowledge。按:此词古汉语中虽曾出现,但与今义无涉,例姑从略。

卷三 二十世纪中叶的北京方言

序言

动荡的二十世纪前叶是中国现代文学的黄金期。诗穷而后工，苦难的日子却孕育了巴金、包天笑、冰心、郭沫若、林语堂、刘半农、鲁迅、茅盾、徐志摩、张爱玲、张恨水等一批大家，群星辉映。但作为北京人，笔者偏爱京籍的老舍先生。

老舍，姓舒，名庆春，字舍予。祖隶满洲正红旗。1899年生人。老舍是笔名。其作品乃二十世纪之京语典范，是一窥京语堂奥的不二之选。

先生文约词微，志洁行廉；文行龙蛇，笔巨如椽；其称文小，亦庄亦禅；其指极大，以圣以贤。1966年8月23日被造反派揪斗，痛殴凌辱，横加荼毒，先生遂以杀身明志，翌日自沉于太平湖。1900年8月15日，庚子之变，八国联军攻城，京师沦陷，先生之父为捍卫大清国土捐躯；六十六年零九天之后，革文化命，妖魔鬼怪横行，人伦殒丧，先生为维系文人风骨捐躯。国土不辱，道循屈子；大星陨兮，文脉衰矣。人杰父子，鬼雄魂魄，允武允文，壮哉赫赫。皎然泥而不滓者，与日月争光可也。

以京语而写京事，现代京语文学作家无出先生右者。这不仅指其文学价值，亦包括语言学内涵。先生之作，贵在中庸，通俗而不恶俗；日常语中韫深层学理，此非先生不能为也。与老舍先生同时代的作家所使用的语言，其口语化程度均未达到先生的水平；而现代汉语的一个重要标志，就是书面语趋同于口语。以此意义而言，先生堪称文学界的现代汉语奠基者之一。

然则先生之作卷帙浩繁，作为研讨北京方言的素材，以笔者个人之力，似无必要、也不可能全部入选。一个作者的写作风格及语言是相对固定的，从中选择代表性作品，即能基本概括全局；故本书只从部分作品中遴选相应的京语纳入词条，加以注音释义。

自二十世纪初开始的百年间，北京话展现了从近代模式向现代模式快速演变的过程（详见《绪论》中关于"四变"的阐述）。这些变化厘定了今天的北京话，广而言之，甚或是界定了现代汉语的畛域及模式。

先生文学创作始于二十世纪二十年代中期（1925年在伦敦写成其第一部小说《老张的哲学》），至六十年代中期（1962年开始写的《正红旗下》未能完成）戛然而止，其间近四十年。这一阶段正是北京话发生"四变"中前两变的时期，这种变化在先生作品中有清晰的体现。

为结合这种变化，深入探究不同时段老舍先生的语言特点，笔者将先生作品分为三期，以利读者诸君对比与分析。前期为二十世纪二十年代至三十年代初（值京语"一变"时期），此时之语言尚有探索、整合的痕迹，是为上升期。中期为三四十年代，这20年是先生创作全盛期，其京语特色也得到了淋漓尽致的发挥；其中尤以三十年代中期的《骆驼祥子》及四十年代中后期的巨著《四世同堂》达到巅峰，为中国文学史增添绚烂一笔，同时也在中国文学界确立了"京语作品"这一科目。五六十年代是为后期（值京语"二变"时期），虽因不可避免的种种原因，此时之作品在文学性上难免空泛苍白（也偶有力作，如话剧剧本《茶馆》）；但这一时期先生对新语汇、新文风所进行的深度探索，在京语乃至整个现代汉语发展史上有其特殊的重要性。

先生最重要的小说之一《四世同堂》其实已经是您京语小说的袅袅余音了，自五十年代先生再无京语小说问世。照先生原来的构想，其自传体小说《正红旗下》本可成为一部京语的煌煌巨著，但仅写了七八万字便因故于1962年中辍。而另一方面，先生五十年代的报告文学《无名高地有了名》、话剧剧本《一家代表》、《女店员》、《红大院》等则开了大量使用去世俗化时代语汇的先河，表现出在两个不同时代、不同语言模式之间的一种过渡形态。此类作品不管其文学价值如何，在北京方言发展史上都有特殊的重要意义。愚以为，就语言学意义而言，先生五六十年代的著作，一方面操炉火纯青的京语，堪称近代北京方言的典范；另一方面也在探索时代语汇的应用模式，是表现从近代北京方言向现代普通话通用语过渡这一特定历史时期无可替代的经典之作。

本卷词条首先取材于小说《四世同堂》。该书以应用范围最广的、现代普适性的北京话写成，创作时间是1944～1948年，所述为抗日战争期间北平之众生相，内涵丰富，远非本书前两卷所选之《儿女英雄传》、《小额》、《春阿氏》等可比。其语言更是完成了对前者的跨越：《儿女英雄传》的语言多旧式文人京语，呈书卷气，彰显文人化；而《小额》的语言则是近代下层市井京语，忒市侩气，甚或流氓化，二者各代表不同极端。而先生的语言公允适中、绵密精缜，是极漂亮流畅的现代北京话。小说《骆驼祥子》是先生另一重要作品，也是本卷所收词条之重要来源。该书写于二十世纪三十年代中期，其京语化程度在先生小说作品中可谓首屈一指，作品忠实地反映了那个时代北京下层人民的生活状况及语言特点。但这种京语偏重于下层社会，未若《四世同堂》那样具有普适性，应用广泛。其他几部小说《赵子曰》、《二马》、《小坡的生日》、《离婚》、《牛天赐传》、《无名高地有了名》（此篇为报告文学）、《正红旗下》等等，表现了先生不同时期语言风格的某些变化。为便于读者自行揣摩其不同阶段的语言特点，本书按其问世年代的先后分阶段列出，计选取早期小说作品三篇，中期四篇（《牛天赐传》与《天书代存》合计算一篇，统称《牛天赐传》），晚期两篇。

老舍另著有话剧、京剧、曲剧、歌剧等不同剧种剧本多部。以现存的24部话剧剧本来看，1939～1943年即抗日战争期间有9部，其中6部是抗战题材；五十年代以后有15部，其中11部是直接配合当时政治需要之作；其他剧种亦类此。由此可看出，剧本是老舍紧跟时政、宣传民众的有力武器。但从文学艺术角度而言，部分剧本则难免有浅近直白之感。唯《茶馆》乃个中翘楚，具世界性影响，本卷将其作为首选之剧本素材；《龙须沟》是另一部具广泛影响的剧作，本卷亦对其词汇进行了广泛的采集；另有《方珍珠》一篇，是写于五十年代初的作品，虽无太大名气，但因其中高频的使用传统京语，故亦作为重要素材入选。与小说同样，剧本也按成书年代分别归属于不同时期。唯其五十年代以前的剧本现已鲜有人知，故仅取后期作品计七篇。

自清末以来，有相当多的外语词汇尤其是日语词汇进入汉语。至二十世纪二三十年代，随着各个方面近代化的进程及白话文的推行，这些外来词汇更是融入了包括政治、经济、科技、军事、法律、哲学宗教、文教新闻出版、工农商建交通、音乐美术体育、医药卫生等各个方面，有数千个之多，是现代汉语不可或缺的组成成分，在有些领域内甚至成了主导词汇。这其中的日语外来词，有些是日语从古汉语中所继承，但被赋予了现代含义，又反馈回中国（如"革命"一词）；而更多的是从西方语言（主要是英语）意译而来，以汉字表述。因为日文使用了相当数量的汉字（和制汉语），且这些汉字的字形、字义、词义多与中文基本乃至完全相同，所以这些用汉字书写的日语外来词，在那时纷纷涌入的各种外来词汇中具有得天独厚的条件，在二十世纪二三十年代已与汉语合而为一，水乳交融般浑然一体了。比较一下老舍早期作品（如《赵子曰》）与《小额》一类的京语小说，虽然其间仅隔不到二十年，但二者所用词汇明显有别，且句法迥异。究其原因，一是引进了大量的外来语词汇，二是句法上吸收了欧式的语法理念。这些外来词汇切近现代生活，在其各相应领域内，这类词汇的表述能力远较传统汉语丰富且准确，深化了汉语白话文的叙述层面。在大大拓宽了领域、丰富了内涵的现代生活中，起到了传统汉语无法替代的作用。先生作品突出地显示了这点，本卷特将先生作品中引进的外来语词汇（包括部分从外来语演变而来的次生词汇）词条单独列出，以备查询。

先生二十世纪五十年代以后的作品中，出现了大量强调政治性内涵而呈现"去世俗化"特征的时代语汇。那时不但报纸杂志上连篇累牍充斥着这些，更通过日复一日、年复一年的政治学习，使得普通老百姓也熟悉了它们，并且在日常生活中高频率地加以应用。此后这些语汇（主要是政治词汇）日渐发达，"文革"时期在林彪手中臻于化境。这类语汇在很长一段时期内成了汉语常用语，对现代北京话（乃至现代汉语的整体）产生了难以估量的深远影响，是现代汉语色彩鲜明、不可或缺、且曾在一代人的时期内占据语言主导地位的组成部分。正因如此，所以本书将先生后期的作品《无名高地有了名》、《一家代表》、《红大院》、《女店员》、《全家福》等选入。这类作品所用的语言代表了那个时代正在逐渐形成的语言主流，是京语时代行将结束、北京话日趋泛普通话化及泛政治化的表征，是京语酝酿着全面变身时期不可多得的样本。不管你喜不喜欢这种变化，它是一种客观实在。这类语汇现在虽与我们老百姓的生活渐行渐远，但因为它们对现代汉语有相对长久的影响，是现代汉语重要组成部分，所以必须入选。本卷将具有那个时代特征的语汇以"时代语汇"的名目单独列出，并加以诠释，以备查询。这样做是对那个时期语言特征客观存在的强调与尊重。

先生作品对语言的使用也不尽相同。如中期作品《骆驼祥子》京味极浓，而同为中期作品的《猫城记》则基本不用京语；早期之作《赵子曰》中使用了不少当时新流入的日语外来词汇，而《二马》一篇中的伦敦人却各顶个儿都操一口纯粹的京片子。这都是先生根据作品内容实际需要做出的调整。本书专为探究北京语言而作，所以自然首选京语资源充沛的作品，故《猫城记》一类不在选取范围内；另外有的作品中文原稿佚失无存，系从英语转译而来（如《鼓书艺人》）；

因已是"二手货",恐未能准确体现先生语言特点,亦不予入选。

现将本卷选取作为京语素材之书目及成书年代列之如下:

前期作品《赵子曰》(1926年,小说)、《二马》(1929年,小说)、《小坡的生日》(1930年,小说)。

中期作品《离婚》(1933年,小说)、《牛天赐传》(含《天书代存》,1934年,小说)、《骆驼祥子》(1936年,小说)、《四世同堂》(1944~1948年,小说)。

后期作品《方珍珠》(1950年,剧本)、《龙须沟》(1951年,剧本)、《一家代表》(1951年,剧本)、《无名高地有了名》(1954年,报告文学)、《茶馆》(1957年,剧本)、《红大院》(1958年,剧本)、《女店员》(1959年,剧本)、《全家福》(1959年,剧本)、《正红旗下》(1962年,小说,未完成)。

本卷词条之选取原则如下:

①小说以《四世同堂》、《骆驼祥子》为主导,剧本以《茶馆》、《方珍珠》、《龙须沟》为主导,其余为辅。

②凡主导作品中已入选之词条,若无另义,其他篇目中同样词条则不再入选。

③同样词条若无另义原则上不重复入选。

④小说与剧本分别注释、阐述(报告文学《无名高地有了名》归类于小说)。

⑤小说按原著出版年代分前、中、后三个时期,每个时期独立成单元,分别注释、阐述;但为方便查询起见,在词条目录中则将三期混编,仅根据音序排列。

⑥如小说与剧本有同样词条可供入选,以小说为主;若有必要则分别列出,以期较全面地体现先生在不同文学形式上对同一词汇的把握。

本卷对不同语汇分别因其具体情况,按《凡例》中所列之如下:

准则给予不同侧重面的词义诠释及语音标注。

小说《四世同堂》所据原著版本,为人民文学出版社1998年版;其余各篇小说所据版本,为长江文艺出版社《老舍小说全集》2004年版;话剧剧本所据原著版本为中国戏剧出版社《老舍剧作全集》1982年版。

说明:本卷将老舍先生的小说按创作年代划分为三个时期,所采用词条分别隶属于各个时期的著作。为方便查询,本索引将三个不同时期著作之词条混编列出,每个词条按其所在篇目的不同时期,分别在各个音序字母后面缀以q(前期作品)、z(中期作品)、h(后期作品)以示之。

所列词条相对应的原著篇目简称及其所属时期如下:

小说类

前期作品

  《赵子曰》   赵(q)

  《二马》   二(q)

  《小坡的生日》   小(q)

中期作品

  《离婚》   离(z)

  《牛天赐传》(含《天书代存》) 牛(z)

  《骆驼祥子》   骆(z)

  《四世同堂》   四(z)

后期作品

  《无名高地有了名》   无(h)

  《正红旗下》   正(h)

前期小说词条

小说前期作品包括:《赵子曰》(著于1926年,词条中简称"赵")、《二马》(1929年,简称"二")、《小坡的生日》(1930年,简称"小")。

B 部

ba

bq 01　把口

例(二99　13):看见了皇后门街<u>把口</u>的一个酒馆。

注－把口(bá kǒur):京人称某条胡同与另一条街道的交汇处为该胡同之"把口"。"把"字阳平;"口"字儿化。

bai

bq 02　白吃猴

例(赵366　07):赵子曰知道那个专吃别人不还席的是谁,心中比自己是<u>白吃猴</u>还难过

注－白吃猴(bái chī hóur):京俗语,谓骗吃骗喝者。参见《卷二·gx24》条。"猴"字儿化。

bq 03　白瞪眼

例(赵371　05):等别人把稠的捞了去,你可是<u>白瞪眼</u>

注－白瞪眼(bái dèng yǎr):京俗语,谓干着急生气却没办法。参见《卷一·b21》条,此处与那里的"白瞪"意不尽相同。"眼"字儿化。

bq 04　白费蜡

例(赵370　18):你打算利用魏丫头,叫作<u>白费蜡</u>

注－白费蜡(bái fei là):京俗谚"瞎子点灯白费蜡"的略说。"费"字轻声

bq 05　白饶

例(二43　07):越想越糊涂!于是以前所想的全算<u>白饶</u>

注－白饶(bái ráo):无意义、无回报的努力、付出。

bq 06　摆饭

例(二66　26):英国人<u>摆饭</u>的时间比吃饭的时间长

注－摆饭(bǎi fàn)：也称"摆台"，详见本卷之 bz 22 条。

ban

bq 07 拌嘴

例（二 250 12）：马威不赞成这个计划，爷儿俩也没短<u>拌嘴</u>

注－拌嘴(bàn zuǐ)：争辩、争吵，但还未到吵架的地步。旧京俗语，今天京中年轻人少有这样说的。

bao

bq 08 薄儿脆

例（赵 364 08）：继而一想谁有工夫和半死的老"<u>薄儿脆</u>"斗气呢

注－薄儿脆(bāo er cuì)：京中早点常吃的一种食品，系一种极薄的面饼，油炸至酥脆。但京人口语中此处"薄"字读阴平，不儿化。原著此处这样写，并非直指该食品，而是以之形容行将就木者之脆弱状。京语形容这种人还有一说，叫"老棺材瓢子"。

bq 09 宝贝似的

例（二 94 19）：有些个老头儿老太太都把他爱成<u>宝贝似的</u>

注－宝贝似的（bǎo bè*r shi de）：京俗语。"贝"字儿化；"似的"二字轻声；若说得快时"似"字读 r，是口型提示。详可参见《满蒙语汇叁－01》。

bei

bq 10 呗

例（小 300 16）：开学就开学<u>呗</u>

注－呗（bei）：语气助词。京人口语中一般读轻声，但此处读音较轻声略重，有些接近于去声（轻声本就类似于去声轻化）。在儿童口语中有时读 beī，是一种满不在乎的腔调。

bq 11 吧咧

例（二 09 16）：常有的事，父子拌嘴<u>吧咧</u>

注－吧咧（bei）：用于句尾的叹词，常含有"不过如此、没什么大不了的"之意。京人口语中，此二字读为 bei，轻声；与上一条音同义近。

bi

bq 12 笔管条直

例（赵 321 06）：叫洋人管的<u>笔管条直</u>

注－笔管条直（bǐ guǎr tiáo zhí）：京人俗语，谓老老实实，服服帖帖、不敢乱说乱动。口语读音，"笔"字去声，"管"字儿化。

biao

bq 13　鳔胶

例（二03　16）：像块化透了的**鳔胶**，把他的心整个儿糊满了

注－鳔胶（biào jiāo）：制作木器家具的粘接剂，系以猪皮熬制而成（高档硬木家具用鱼鳔），用时隔水炀化。

bq 14　摽着

例（赵371　03）：还有李瘦猴儿天天**摽着**她，一步不肯放松

注－摽着（biào zhi）：此处指频繁接触、过分亲近。说得快时"着"字读r，是口型提示。

bq 15　饽饽铺

例（二45　08）：到底四牌楼南边有个**饽饽铺**没有

注－饽饽铺（bō be pù）：旧京满洲点心铺称饽饽铺。详见《卷一·b61》。

bu

bq 16　不……才怪

例（赵267　05）：**不**叫你们的脑袋一齐掉下来**才怪**

注－不……才怪（bú…cái guài）：京人习惯说法，用双重否定法来肯定某事，是高度的强调语气。"不"字阳平。

bq 17　不伺候

例（二137　04）：猛孤仃的给咱个辞活**不伺候**

注－不伺候（bú cì hóur）："候"字儿化，是谐音"猴儿"，有揶揄意。

bq 18　不犯上

例（二138　12）：管他李子荣，张子荣呢！**不犯上**跟他生气

注－不犯上（bú fàn sheng）：此为旧京说法，现一般说"犯不上"。"上"字读音介于sheng、shang之间，轻声。

bq 19　不是

例（二202　02）：是不是，还是中国人懂得怎么喝茶**不是**？

注－不是（bú shi）：用"反诘否定式"来表示肯定，是京人习惯说法。说得快时"是"字读r，是

口型提示。

bq 20　不是玩儿的

例（二134 02）：上月赔了十五磅，**不是玩儿的**，省着点儿吧

注－不是玩儿的（bú r wár de）：京人习用说法，表示事态的严重性。"是"字读 r，仅是口型提示。

bq 21　不差什么的

例（赵347 20）：到中央公园绕个圈子。绕的**不差什么的**

注－不差什么的（bù chā mar d）：京人习用说法，表示某事已进行到相当程度，基本差不多了。"差"字阴平；"什么"二字合读为 mar，轻声；"的"字读 d，是口型提示。句中之中央公园即今北京中山公园。

bq 22　不答应他

例（小325 10）：设若有人说，小坡是个逃学鬼儿，我便替小坡**不答应他**

注－不答应他（bù dā ying te）：京人习用说法，当替别人"拔创"（见《卷一·c41》条）时常有此说；是比较缓和的语气，实际上多是说说也就算了。"答"字阴平。

bq 23　不得劲儿

例（二215 04）：听见伊牧师这样说，心里倒有点**不得劲儿**了

注－不得劲儿（bù dé jiè*r）：京俗语，谓精神上或身体上轻度的不适。更土点儿"得"字读 děi。

bq 24　不识闲儿

例（小317 23）：(小坡)一边走，一边手脚**"不识闲儿"**

注－不识闲儿（bù shí xiār）：京俗语，忙碌，不得空闲；此处是形容儿童（小坡）一刻也不停息地乱动。"闲"字儿化。

bq 25　不真

例（二254 14）：写中国人的英文，永远是这样狗屁不通；不然，人们以为描写的**不真**

注－不真（bù zhēn）："不真"一词，四五十年前常有这样说的；现在除了老年人，少有此说法，原来简捷的"真"字现在换成了书面语味儿浓厚的"真实"。另有

"看不清楚"一词,旧时多说"瞧不真楚('楚'字读为 zhou)",此说现亦罕闻。

C 部

cha

cq 01　叉烧肉

例(二44 17):中国饭馆,去吃顿**叉烧肉**

注－叉烧肉(chá shāo ròu):可能是源于岭南地区的一种肉食制品,系以猪肉先行卤制,后穿于铁叉上烧烤而成,故名叉烧肉。"叉"字阳平。

chai

cq 02　拆白

例(赵308 13):用手枪逼着我去**拆白**

注－拆白(chāi bái):此词源于旧时上海,后流行全国;系指流氓痞棍人等采取设局诱骗手段(多以女色为饵)诈夺人钱财。对此等流氓团伙,民间习称"拆白党"。

chao

cq 03　朝天杵

例(小284 17):头发都朝上梳着,在脑瓜顶上梳成**朝天杵**的小髻儿

注－朝天杵(cháo tiān chǔ):旧京幼女常见的发式,也叫"朝天撅"。

chi

cq 04　痴抹糊

例(赵294 14):眼角上镶着两小团干黄**痴抹糊**"

注－痴抹糊(chī me hū):眼屎。现一般写作"眵目糊"。"抹"字读 me。

chou

cq 05　抽达

例(二207 19):玛力一边**抽达**,一边用小手绢擦眼睛

注－抽达(chōu de):京俗语,啜泣。"达"字读 de,轻声。现一般写作"抽搭"。

cq 06　臭骂

例(二40 17):叫伊牧师用一半中国话,一半英国话**臭骂**他一顿

注－臭骂(chòu mà):狠毒、凶恶的咒骂。京语还有"臭揍、臭捲('捲'字在此处意为恶狠狠的、不留情面的斥骂)、臭聊、臭吃臭喝"等词汇,"臭"字分别为凶狠、

不留情面、招人厌烦、没完没了等意，均为贬义。

chu

cq 07　出色

例（二 146　25）：坐着汽车叫街坊四邻看着，多么<u>出色</u>！

注 - 出色（chū shǎi）：此处意指露脸，令人羡慕。京腔口语说法儿。

cq 08　出窝儿老

例（二 44　04）：民族要是老了，人人生下来就是"<u>出窝儿老</u>"

注 - 出窝儿老（chū wōr lǎo）：京俗语，指谓小孩儿死眉呆眼，没有一点儿活泼劲儿。

chuai

cq 09　揣着一肚子坏

例（赵 322　18）：脸上越镇静，越教人们看出他<u>揣着一肚子坏</u>

注 - 揣着一肚子坏（chuāi r yí dù zi huài）：京俗语，心怀鬼胎，一心想着坑害别人。"着"字读 r，是口型提示；"一"字阳平。

ci

cq 10　刺刺着

例（二 210　01）：头发<u>刺刺着</u>

注 - 刺刺着（cī ci zhe）：（头发）乱蓬蓬的竖立状。京腔口语读音，前"刺"字阴平；后"刺"字轻声。也有人读 zī zi。

cq 11　辞活

例（二 137　04）：猛孤仃的给咱个<u>辞活</u>不伺候

注 - 辞活（cí huó）：辞职不干了。"活"字此处读本音，不可儿化。

cq 12　刺闹

例（二 198　08）：但是，她，她老在我心里<u>刺闹</u>着

注 - 刺闹（cì nou）：此处指因某事总在心中搅扰致心神不宁；也可用于说因某物总刺激身体而致的烦躁不安。"闹"字读 nou，轻声。

cong

cq 13　聪明鬼道

例（小 405　12）：他居然显出很<u>聪明鬼道</u>的样儿来

注 - 聪明鬼道（cōng ming guǐ dou）：京俗语，指显小聪明、抖小机灵的样子。"道"字变读。

cq 14 错过

例（二 220 04）：我们有什么<u>错过</u>

注 - 错过（cuò guo）："过"字轻声，在口语中可儿化。这是近一个世纪前的说法，现演变为"过错"。

D 部

da

dq 01 搭茬儿

例（二 51 26）：我跟我自己说呢，少<u>搭茬儿</u>

注 - 搭茬儿（dā chár）：此处意指回应并非直接针对本人的话。

dq 02 答得上茬儿

例（二 145 19）：书可多了。念儿本就行！够咱们能<u>答得上茬儿</u>的就行

注 - 答得上茬儿（dā de shàng chár）：此处意指回答得了对方的问题。"得"字轻声。

dq 03 打把式

例（小 377 21）：因为猴王张秃子睡觉好<u>打</u>"<u>把式</u>"

注 - 打把式（dá bǎ shi）：睡觉打把式，是指睡觉不老实，老爱抡胳膊蹬腿儿的。因上声连读，"打"字阳平。"把式"一词详见《满蒙语汇壹 - 05》，并参见《元曲语汇 105》条。

dq 04 打鼓

例（赵 344 11）：这群新朋友除吃喝赵老板以外，还没有一位给赵老板打主意谋事的。赵子曰心中有些<u>打鼓</u>

注 - 打鼓（dá gǔ）：京俗语，心中惴惴不安。因上声连读，"打"字阳平。

dq 05 打嘀溜转

例（小 315 14）：小英立起来，两腿似乎要<u>打嘀溜转</u>

注 - 打嘀溜转（dǎ dī liu zhuàr）：大人用长布条兜在孩子胸前，绕至背后以手提着教幼儿走路；若将孩子提至双脚离地，则孩子可在空中转圈，称"打嘀溜转"。

dq 06 打哈哈

例（二 04 22）：说俏皮话，<u>打哈</u>

哈，不为别的，只为招大家一笑
注－打哈哈（dǎ hā he*r）：京腔口语音，后一"哈"字变读，儿化，轻声。

dq 07　打着鸭子上树
例（赵 357　20）："这真是<u>打着鸭子上树</u>呀！"赵子曰摇着头说
注－打着鸭子上树（dǎ r yā zi shāng shù）：京俗语，谓强人所难。"着"字读若 r，是口型提示；"树"字轻声。现多说为"赶鸭子上架"。

dq 08　大嘟噜小挂的
例（二 170　12）：市场的东西好像是白舍，<u>大嘟噜小挂的</u>背着抱着
注－大嘟噜小挂的（dà dū l xiǎo guà de）：京俗语，多用于形容拿着各种东西。"嘟噜"一词参见《满蒙语汇壹－12》条。"噜"字读若 l，是口型提示。

dq 09　大好
例（二 147　01）：嘿喽！马先生！……您<u>大好</u>了？
注－大好（dà hǎo）：这本是京人对大病初愈者的问候语，但原著此处并非如此，而仅是一般性的问好，所以是一种错误的说法。老舍先生故意将其按在一个能讲中文的英国传教士（伊牧师）身上，是一种调侃。句中的"嘿喽"即英语 hello。

dq 10　大拇脚趾头
例（二 41　15）：也不是月下老人把他和她的<u>大拇脚趾头</u>……栓上了根无形的细红线
注－大拇脚趾头（dà m jiǎo zhí tou）：旧京说法。如今北京的生活节奏加快，说话也加快，早就把中间的"拇"取消了（京人说"大拇指"是单指手指）。"拇"字读 m，是口型提示；"趾"字阳平；"头"字轻声。

dq 11　大早晨的
例（二 228　05）："丧气！<u>大早晨的</u>遇见老娘们，还带着条母狗！"
注－大早晨的（dà zǎo r d）：京人习用说法。"晨的"读 r d，是口型提示。

dq 12　大睁白眼

例（赵374　19）：不但不理赵子曰，而且有时候**大睁白眼**的硬顶他

注－大睁白眼（dà zheng bái yǎn）：此处意指一种不客气、甚或不礼貌的神态。"睁"字轻声；"眼"字不儿化，是加重语气。还有一种更甚的恶劣态度，京语形容叫作"睖睖眼儿"，是挑衅性的瞪人，近乎找岔儿打架了。

dai

dq 13　带手儿

例（小302　11）：但是父亲不但不允所请，还**带手儿**说：南星的父亲是糊涂虫

注－带手儿（dài shǒur）：京俗语，顺便、捎带着。

dao

dq 14　叨哩叨唠

例（赵277　09）：拉车的把车拉起来，嘴里**叨哩叨唠**的向巷外走去

注－叨哩叨唠（dāo l dāo lāo）：京腔口语读音。"哩"字轻读为1，是口型提示；此词现多说为"唠哩唠叨"。

de

dq 15　得

例（二210　18）：遇到街上有打架的，躲远着点！**得**，现在居然在伦敦打洋鬼子

注－得（dé）：此处系京人习用说法，对出现的不希望发生之事做评论时的发语词；亦可单说此词，作为对此种事态之叹惋语。

dq 16　德漠克拉西、布耳扎维克

例（赵319　19）：相亲相爱才是"**德漠克拉西**"的精神，不然我可要叫你"**布耳扎维克**"了

注－德漠克拉西、布耳扎维克（dé mo kè lā xī、bù ěr sha wēi ke）：这是二十世纪二三十年代在北京文化阶层中很流行的词汇。德漠克拉西是英语 democracy 的音译，即当时所谓的"德先生"，意为民主；而布耳扎维克则是俄语 большевик 的音译（现作布尔什维克），意为"多数派"。此处"扎"字读为 sha，更接近俄语读音。这是对1903年俄国社会民主工党第二次代表大会召开期间，在投票选举党中央机关时，获得

多数选票的列宁一派的称谓,后遂成共产党人的代称。

dq17 ……的货

例(二57 01):中国人向来是哈着腰挨打<u>的货</u>

注 – ……的货(…de huò):贬义词,用于蔑称孱弱者(如此处),或指斥诅咒强横暴虐者(如说"那个天杀的货")。

deng

dq18 登时

例(小341 14):有的抢着一个花生,<u>登时</u>坐下就吃

注 – 登时(dèng shí):现罕有此说法,都说"立刻、马上"。近年又出现了"立马"(lì mǎr)一说,似是将"立刻、马上"留头去尾后杂交的产物。这种构词方式在元曲中多见(元曲中有"随文生义"之说),明清两朝早已将这一类的说法雅化规范了。现在再新产生这类语法结构的语汇,笔者以为是一种学术上的倒退。

di

dq19 地道火车

例(二51 14):"坐<u>地 道 火 车</u>呢?"马威问

注 – 地道火车(dì dào huǒ chē):即今所说的地下铁道(简称地铁)。世界第一条地铁线路1863年诞生于英国伦敦,原著这里所说的即此。1965年,中国为战备开始修建首条地铁:北京地铁一号线。该线施工采用明挖填埋法,全长计23.6公里。于1969年10月1日建成通车。

dq20 帝国主义

例(二21 18):英国海关上的小官儿们……对外国人……把<u>帝国主义</u>十足的露出来

注 – 帝国主义(dì guó zhǔ yi):英语 imperialism 之义译,此类外来语政治词汇二十世纪二三十年代开始流行于北京、上海知识界。当时此类词汇的使用尚欠规范,如此处即是将"帝国主义"(名词)当形容词用(原著此处是指对外国人摆出一副帝国主义者的傲慢嘴脸)。

dian

dq21 点头哈嘴

例(二04 16):<u>点头哈嘴</u>的嘟囔

着:"对了!""可不是!"

注－点头咂嘴(diǎn tóur zā zuě*r):京俗语,描绘人们交头接耳、议论纷纷时的形态。"头、嘴"二字均儿化。

dq 22　垫补

例(赵395 12):外国人给市政局几十万块钱,局子里就可以<u>垫补</u>着放些个月的薪水

注－垫补(dián be):补充。此处意谓虽不能解决根本问题,也总算是小有裨益了。"点"字在口语中阳平,"补"字读be,轻声。参阅《卷一·d88》条,那里的"点补"与此音义均近。

ding

dq 23　顶牛儿

例(二77 10):早并着腿跪在地毯上和它<u>顶</u>起<u>牛儿</u>来

注－顶牛儿(dǐng niúr):幼儿游戏,以头互顶。"牛"字儿化。

dong

dq 24　东胡搂西抓弄

例(二69 01):于是我<u>东胡搂西抓弄</u>,弄了几个钱上英国来了

注－东胡搂西抓弄(dōng hú lou xī zhuā nou):京人习用说法,意谓东拼西凑。"搂"字轻声;"弄"字读音介于nou、nao之间,轻声。

du

dq 25　嘟噜

例(二180 15):花叶上挂着一<u>嘟噜</u>五彩纸条儿

注－嘟噜(dū lu):"嘟噜"一词参见《卷一·d103、d104》条及《满蒙语汇壹－12》条。

dq 26　赌气子

例(二100 15):乔治<u>赌气子</u>不唱了

注－赌气子(dǔ qì zi):京语现无此说法,直接说"赌气"。

dq 27　杜撰儿

例(小392 08):还有两个马来小姑娘也很有"<u>杜撰儿</u>"

注－杜撰儿(dù zhuar):此处指新奇想法、花招儿,是文言入于俗语。

duan

dq 28　短

例(二95 20):只有念书能救国;中国不但<u>短</u>大炮飞艇,也短各样

的人材

注－短（duǎn）：缺少。旧京口语常用说法，现这样说者日见稀少。

E 部
er

eq 01　二荤铺、大碗居

例（二66　24）：心里回想北京的二荤铺，大碗居的那些长条桌子上的黑泥

注－二荤铺、大碗居（èr hūn pù、dà wǎr jū）：旧京有一种餐饮店称二荤铺，该类店既是茶馆又卖简单的酒饭，且可代客加工其自带原料（叫作"炒来菜儿"）。老舍先生话剧《茶馆》中的那个茶馆就符合二荤铺的条件。大碗居是旧京的一家低档餐馆，近年北京开了一家"大碗居"，可算中档，不知与旧京原来的那家有渊源否？

F 部
fa

fq 01　发达

例（二199　26）：伦敦的几个中国饭馆要属状元楼的生意最发达

注－发达（fā da）：此词今义指谓经济发展的程度高，而原著此处是指生意的兴隆。此意今人多说为"红火"，或简称"火"。"达"字轻声。

fq 02　发明

例（二202　11）：这种机器是范掌柜的发明

注－发明（fā ming）：此处发明一词作名词用，"明"字轻声；如为动词时则读本音。按：此词是近代传入中国的日语外来词（発明，源自意译英语 invention），日语中只做名词用。

fan

fq 03　翻过来掉过去

例（二41　25）：马威翻过来掉过去的想

注－翻过来掉过去（fān guo lái diào o qù）：京俗语，谓反复多次（地研究某事物）。前"过"字轻声；后"过"字读 o，是口型提示。

fq 04　翻过来掉后去

例（二59　23）：翻过来掉后去的

看，看了外面，又探着头，半闭着眼睛看戒指里面刻着的字

注－翻过来掉后去（fān guo lái diào o qù）：音义同上条，写法有别。

fq 05　翻天捣洞

例（小 301　01）：小坡和妹妹<u>翻天捣洞</u>的寻觅

注－翻天捣洞（fān tiān dáo dòng）：谓穷尽搜索。京语另有"翻个底儿掉"一词与此义近。"捣"字阳平。

fq 06　犯心

例（赵 276　07）：我们的交情要紧，不便为一个女人<u>犯心</u>

注－犯心（fàn xīn）：也说分心，指心存芥蒂，甚或离心离德。今无此说法。

fq 07　饭座儿

例（二 146　14）：要了壶茶，慢慢滋润着直到<u>饭座儿</u>全走了才会账往外溜达

注－饭座儿（fàn zuòr）：饭馆的顾客。今不闻此说。

fei

fq 08　非……坏了不可

例（二 226　08）：她<u>非</u>喜欢<u>坏了不可</u>

注－非……坏了不可（fēi…huài le bu kě）：京人习用说法，用于修饰某些动词或形容词，仅表示其程度之甚，而并不关乎事情的好坏成败（如也可与此例句相反，说"非气坏了不可"）。

fen

fq 09　沸吓沸吓的

例（赵 276　25）：那个车夫满头是汗，口中<u>沸吓沸吓的</u>冒着白气

注－沸吓沸吓的（fē*r fe*r de）：象声词，因剧烈活动而导致的喘息声。"沸吓沸吓的冒着白气"一说可谓声情并茂。"沸吓"二字合读为 fē*r，阴平，儿化；后一"沸吓"轻声。

feng

fq 10　疯着心

例（二 173　07）：好在小孩子们没跟他捣乱，因为他们都<u>疯着心</u>过节

注－疯着心（fēng r xīn）：京人习用说法，谓一门心思、精神亢

奋地专注于某事，对别的事已是视而不见、听而不闻了。"着"字读 r，是口型提示。

G 部

gai

gq 01　改天见

例（二 187　15）：谢谢你，老马！**改天见**吧

注 - 改天见（gǎi tiār jiàn）：京人习用说法。旧时京人说话用词精致：分手时最常说的是"回见"，这大致相当于今天我们所说的"再见"一词，是一种广义的、无明确时限的道别语；若预知在本日内还要见面，是说"回头见"或"一会儿见、待会儿见"；预知次日见则说"明儿见"；预知隔日见则说"后儿见"；若预知最近一两天内肯定还要见面说"一半天儿见"；而像此处说"改天儿见"，则是虽知道还能再见面，却不能明确是何时。"天"字儿化。

gei

gq 02　给个冷肩膀扛着

例（赵 374　15）：武端本想**给**欧阳天风**个冷肩膀扛着**

注 - 给个冷肩膀扛着（gěi e lěng jiān bǎ~r káng zhi）：京俗语，谓故意冷淡人，成心让人下不来台。"个"字读 e，是口型提示。

gen

gq 03　跟不上劲

例（二 18　26）：托人找洋事，英文又**跟不上劲**

注 - 跟不上劲（gēn be rang jìn）：京俗语，谓到关键时刻无法应付。"不上"二字读 be rang，轻声。

geng

gq 04　梗梗

例（二 24　11）：马威把腰板挺得像棺材板一样的直，脖子**梗梗**着

注 - 梗梗（géng geng）：京俗语，头部挺直貌。详见《卷一·g41、g42》条。

gong

gq 05　共和国体

例（赵 272　08）：我管保同学们像**共和国体**下的国民又见着真龙天子一样的欢迎你

注 - 共和国体（gòng hé guo ti）：注意这里是"共和"、"国体"两个词，意为"共和制度的国家体制"，此二词均为日语外来词。

若将"共和国"视为一个词,其后缀以"体"字,是解释不通的。口语中此处"国体"二字轻声。

gu

gq 06 唔嘟

例(二39 05):然后把嘴唔嘟着说

注 - 唔嘟(gū du):也作"咕嘟",京语说法,此处意指噘着(嘴)。参见《元曲语汇 106》。

gq 07 骨朵儿

例(二227 15):一两个小野水仙从土缝儿里顶出一团小白骨朵儿

注 - 骨朵儿(gū dur):京人习称花蕾为"花骨朵儿"。"朵"字读 dur,轻声。按:此词本指古代的一种兵器,系顶端缀一蒜形或蒺藜形头的长棒,以铁或坚木制成。唐代用为刑杖,宋以后并用为仪仗,俗称金瓜(参见《元曲语汇 026》条)。后世因花蕾形类于此,故以名之。

gq 08 故典儿

例(小312 01):张秃子一看小坡拉着小英的手,早明白了其中的

故典儿

注 - 故典儿(gù diar):京俗语,可指谓隐情、缘故、秘密、往事等各种不为众人所周知之事。现似不闻有此说。"典"字轻声儿化。

guai

gq 09 怪爱人儿的

例(二66 10):桌面擦得晶光,**怪爱人儿的**

注 - 怪爱人儿的(guài ài ré*r de):京俗语,可爱。"怪"字为"爱人儿"的状语;"爱人儿"一词参见《卷一·a04》条。

guang

gq 10 光出溜的

例(二52 15):老太太的脸上好像没长着什么玩艺儿,光是"**光出溜的**"一个软肉球

注 - 光出溜的(guāng chu liū de):京俗语,一般是形容身上没穿衣服的样子,也有时引申指某物无遮蔽;此处是老舍的诙谐说法。

gq 11 光眼子

例(小278 08):你们梦见过许多好看的小"**光眼子**"不是

注 – 光眼子（guāng yǎn zi）：京俗语，形容全裸或裸下身。"眼子"指谓前后阴。

gui

gq 12 鬼道

例（小 342 11）：遮眼的更<u>鬼道</u>，忽然一回身，把后面的小猴，一下捏在地上

注 – 鬼道（guǐ dou）：京俗语，谓出乎常规的招数；用于儿童是形容其顽皮狡黠，并无贬义。"道"字读 dou，轻声。

gq 13 鬼头魔儿眼

例（小 341 06）：全<u>鬼头魔儿眼</u>的，又淘气，又可爱

注 – 鬼头魔儿眼（guǐ tou mó yar）：京俗语，一般用于形容儿童快乐游戏时面部生动的表情。"头"字轻声；"眼"字轻声，儿化。

guo

gq 14 国家观念

例（二 95 04）：他连一丁点<u>国家观念</u>也没有

注 – 国家观念（guó jiā guān nin）：日语外来词"观念"的次生词汇。说得快时"念"字读若 nin，轻声。

gq 15 国家主义

例（二 95 06）：只有<u>国家主义</u>能救中国

注 – 国家主义（guó jiā zhǔ yi）：日语外来词"主义"的次生词汇。按：国家主义（Statism）是一个模糊不清的政治概念，从民粹派到纳粹党都有各自不同的阐述。因与本书主旨无关不赘述。

gq 16 过儿

例（赵 402 09）：把生前一切的事要想一个<u>过儿</u>

注 – 过儿（guòr）：量词，意近于"遍"，但此处更含有"全过程"之意。参阅《卷一·g 87》条。

H 部

ha

hq 01 哈欠

例（小 380 11）：狼侦探打了个<u>哈欠</u>

注 – 哈欠（hā chi）：京语读音。

hao

hq 02 好

例（二138 12）：不犯上跟他生气！气着，**好**，是玩儿的呢

注 – 好（hǎo）：感叹词"好吗"之略说，表示感慨、惊叹意。"好"字语气要加重。句中"玩儿的"一词是"闹着玩儿的"之略说，表示的意思却是"这可不是闹着玩儿的"。另：句中的"不犯上"现一般说"犯不上"。

hq 03 号

例（二65 03）：看看壶盖里面**号**着价码没有

注 – 号（hào）：动词，意为"标注"。旧时商家习用语。

hei

hq 04 黑咕咙

注（小411 24）：**黑咕咙**的大海

注 – 黑咕咙（hēi gu lōng）：是"黑咕咙咚"的略说。"咕咙咚"（现一般写作"咕隆咚"）三字无实意，仅是形容词"黑"的后缀（也仅作此形容词的后缀），表示其主词程度之甚。

hq 05 黑间半夜

例（赵381 26）："我说先生，**黑间半夜**还出来？"春二问

注 – 黑间半夜（hēi jin bàn yè）：京俗语，深夜。"间"字读 jin，轻声；说得快时读 in，是口型提示。

heng

hq 06 横反

例（赵310 21）：一方面讲救民，一方面看着军阀**横反**

注 – 横反（héng fǎn）：京人习用说法，谓肆无忌惮的胡作非为。按：此处之"横"字本应读去声，但京人习读阳平，盖因去声拗口也。

hong

hq 07 红花碗

例（赵312 20）：因为他一吃打卤面总是五六大**红花碗**

注 – 红花碗（hóng huǎr wǎn）：旧时常用的一种饭碗，属中低档瓷器，径约15厘米，敞口收足，白瓷，外饰以红花数朵，故名。另有所谓"蓝边儿碗"者，器形、尺寸同上，唯仅在碗口外沿处饰以窄细蓝边两圈，价较红花碗略低。

此二者为旧时京中最常用器皿，倏忽数十载不见矣。

hu

hq 08　忽悠忽悠

例（二10 02）：只有几支小划子挂着白帆，在大船中间<u>忽悠忽悠</u>的摇动

注－忽悠忽悠（hū yōu hu you）：船或其他物体在水中漂浮的样子。注意后"忽悠"轻声。

hq 09　忽悠

例（二10 08）：最远的那只小帆船慢慢的<u>忽悠</u>着走

注－忽悠（hū you）：此处指随波摇摆的样子。"悠"字轻声。近年从娱乐界传播开来的"忽悠"一说，意谓"大言以诱人"，可能源自元曲中的"鬼胡由"一词。见《元曲语汇107》条。

hq 10　湖广会馆

例（赵327 22）：心意不同而目的一样的到了<u>湖广会馆</u>

注－湖广会馆（hú guǎng huì guǎn）：参阅《附录叁－51》条。

hq 11　胡同

例（二12 26）：进了戈登<u>胡同</u>

注－胡同（hú tòng）：京人称小巷。详见《卷二·hx 29》条及《满蒙语汇贰－07》。

hua

hq 12　花哨

例（小320 26）：他还骂街，骂得很<u>花哨</u>

注－花哨（huā shao）：花样翻新、匪夷所思。此为含贬义的形容词，多用于形容某物体或某人的穿着色彩斑斓而俗艳。此处是形容不良的言行（骂得花哨）；若说某人花哨，是指其多绯闻。"哨"字读音介于 shao、shou 之间，轻声。

huang

hq 13　慌着忙着

例（小340 08）：大家<u>慌着忙着</u>全去预备

注－慌着忙着（huāng r máng r）：两个"着"字均读 r，是口型提示。

hui

hq 14　灰咕嘟嘟

例（二35 18）：树干儿……又润，又亮，可是<u>灰咕嘟嘟</u>的

注－灰咕噜嘟（huī gu lū dū）：京俗语，是形容一种在很粗糙质地上的灰色。"咕噜嘟"三字无实意，仅是其前面形容词"灰"的后缀。"噜"是京中俗字。参见《元曲语汇108》条。

hq 15　回来

例（二179　09）：想点好的：<u>回来</u>也不知吃什么？大概是火鸡，没个吃头

注－回来（huí lou）：此处意为"过一会儿、接下来"，而非"返回"之意。参见《卷一·h67~h71》条。

hq 16　回头见

例（二249　16）："<u>回头见</u>，马威！"亚历山大说着，一座小山似的挪动出去

注－回头见（huí tóu jiàn）：京人道别用语，详见 gq01 条。

hun

hq 17　混

例（二233　05）：咱们全完，全完！谁也不用<u>混</u>啦！我在教会不能再做事，你在银行也处不下去啦

注－混(hùn)：此处意指"做事"。详见《卷二·hx43》条。

huo

hq 18　活儿

例（二41　04）：教员罢教，学生也罢了学……全闹起<u>活儿</u>来

注－活儿（huór）：指做某件事，此处指罢教罢学，是诙谐说法。

hq 19　活儿

例（二100　09）：乔治又灌了一气酒……又唱起<u>活儿</u>来；还是歌和琴不发生关系

注－活儿（huór）：此处指唱歌。"活儿"一词详见《卷一·h77》条。

J 部

ji

jq 01　机灵

例（二09　19）：李子荣一<u>机灵</u>睁开了眼

注－机灵（jī ling）：此处形容突然一惊的样子，现一般写作"激灵"。注意此处"灵"字读阴平；若读为轻声，则是因某种原因（如

受到惊吓、或男子冷天小便结束时）而打寒噤。至于"机灵"一词，现为聪明伶俐、灵活机智等义。

jq02　脊梁背儿

例（二32　08）：**脊梁背儿**正和椅子垫成直角

注－脊梁背儿（jǐ niang bè*r）：京人称后背，也说"后脊梁"（hòu jí niang）。京腔读音，"脊"字阳平；"梁"字读 niang，说得快时可能读为 ning，轻声。这是北京音受到南方语系影响，将声母 l 读为 n 不多的几个例子之一。

jq03　脊梁盖儿

例（二139　20）：看着老头儿的**脊梁盖儿**

注－脊梁盖儿（jǐ niang gàr）：读音参阅上条。今似不闻此说法。

jq04　挤兑

例（二59　08）：这个李小子有点成心**挤兑**我

注－挤兑（jǐ dui）：京俗语，逼迫。"兑"字轻声。

jq05　挤咕

例（小371　24）：大家都**挤咕**着眼儿一声不出

注－挤咕（jǐ gu）：京俗语，眼睛不停地眨动。另有一义，是用指尖挤某物，促使其中的液体或浆状物从小口流出。"咕"字轻声。

jq06　挤箍

例（二173　18）：两眼**挤箍**着

例－挤箍（jǐ gu）：音、义同上条，写法不同。"箍"字轻声。今不见此写法。

jq07　挤热羊

例（二04　20）：把脑瓜儿**挤热羊**似的凑在一块儿

注－挤热羊（jǐ rè yáng）：绵羊群有个怪现象：天越热越往一块儿挤。京俗语"挤热羊"，是指几个人往一块儿凑，调侃人怎么也跟羊似的。

jiao

jq08　嚼争

例（二04　21）：低着声儿彼此**嚼争**理儿

注－嚼争（jiáo chi）：京俗语，指为一点儿小事儿没完没了的争竞、辩论。"争"字读 chi，轻声。可参见《满蒙语汇叁－02》条。

jq09　脚鸭儿朝天

例（二 172　15）：温都太太正忙得<u>小脚鸭儿朝了天</u>

注－脚鸭儿朝天（jiǎo yār cháo tiān）：京人习用说法，谓忙得不可开交，也说"四脚朝天"。"鸭"字现作"丫"。

jq10　叫横

例（二 204　24）：茅先生不敢<u>叫横</u>，又不愿意表示软的说

注－叫横（jiào hè*r）：以过分强硬、蛮横的态度回应对方，有成心找岔儿打架的意思。"横"字儿化，去声。

jq11　叫劲

例（二 236　22）：伊牧师也<u>叫了劲</u>

注－叫劲（jiào jìn）：现一般作"较劲"，指无必要、非理性的针锋相对。

jq12　叫真儿

例（小 383　16）：你要一<u>叫真儿</u>，他们便不去打仗

注－叫真儿（jiào zhē*r）：现一般作"较真儿"，指认死理儿，非得把事情弄得一清二楚，分出谁是谁非。

jie

jq13　结了

例（二 60　06）：你拿着就<u>结了</u>

注－结了（jié le）：此处意为（某事）就此了结，就这样、不再改动了。

jq14　解剖

例（赵 335　11）：细心的从他的主义与行事的全体上来<u>解剖</u>

注－解剖（jiě pāo）："剖"字京人习读 pāo。此为日语外来词。

jq15　从心根儿上

例（二 206　12）：一听见"公平的打"，<u>从心根儿上</u>赞同

注－从心根儿上（jiě xīn gē*r r）：此处按京人口语读音，"从"字注为 jiě；"上"字读 r，是口型提示。

今多说为"打心眼儿里（如何）"。

jq 16　借光

例（赵 279　17）："借光！这是六十号吗？黑影里看不真！"

注 - 借光（jiè guāng）：京人最常说的客套话之一，在向人打听事时，放在句首作为客气的招呼语用，但后来更多的是说"劳驾"；而在别人妨碍了自己，请别人让一让时说"借光"。

jq 17　芥末蹲儿

例（小 334　14）：小坡摔了个"芥末蹲"儿

注 - 芥末蹲儿（jiè me duē*r）：摔屁股蹲儿的诙谐说法。"芥末蹲儿"现作"芥末墩儿"，是一种京味凉菜；此处借用该菜的造型来形容人跌坐在地的形态。"末"字读为 me，轻声。

jin

jq 18　今儿个就是今儿个了

例（二 229　14）：今儿个就是今儿个了，成败在此一举啦

注 - 今儿个就是今儿个了（jiē*r e jiùr jie*r gè le）：老舍先生作品有个特点，就是时常借书中人物之口来解释非京籍者可能看不懂的京俗语，此处即是这种情况，指谓生死之搏。"今儿"更土点儿的读 zhē*r；前一"个"字读 e，是口型提示；"就是"连读为 jiùr；后一"个"字为加重语气不可轻读。

jing

jq 19　京油子

例（赵 312　15）：崔掌柜的是个无学而有术的老"京油子"

注 - 京油子（jīng yóu zi）：京人嘴上甜，却油滑圆通，在北方被贬称"京油子"。旧谚有云"京油子，卫嘴子，保定府的狗腿子"，把京、津、直（有清一代，保定为直隶总督衙门所在地）三地都骂到了。

jq 20　净业湖

例（赵 345　20）：从净业湖而后海而什刹海而北海而南海

注 - 净业湖（jìng yè hú）：现称积水潭，亦称西海。此处对这几个"海"的叙述顺序，是由西而东而南。详见《附录叁 - 01》。

ju

jq21 锯

例（赵357 24）：可是头一见面就砸了锅，是不容易再锯起来呀

注 - 锯（jū）："锯"字应作"镼"，一种修复损坏的铁锅或陶瓷制品的工艺，系用镼子（金属制连接件）将断裂处连接。生于二十世纪五十年代以后者恐少有见过"镼锅镼碗儿"的了。

jue

jq22 绝对真理

例（二238 23）：科学在精神方面是求绝对的真理

注 - 绝对真理（jué duì zhēn lǐ）：日语"绝对"的次生词汇。另外句中的"科学、精神"二词亦为日语外来词。可参见本卷《外来语词条》中相应的条目。

K 部

ke

kq01 可不是

例（二34 08）："……真是给我的吗？马先生！""可不是真的！"马先生撇着小胡子说

注 - 可不是（kě búr）：用否定式加感叹调来强调肯定性，是京语的一种修饰法。"不是"二字连读为 búr，阳平。

ku

kq02 哭得红眼妈似的

例（小319 11）：人们全哭得红眼妈似的，看着怪难过

注 - 哭得红眼妈似的（kū de hóng yǎr mā shi de）：京语习用说法，并无实指，仅是表示哭得眼睛都红了。"眼"字儿化；"似的"轻声。

L 部

la

lq01 拉着何仙姑叫舅母

例（赵363 11）：咱们不是还有别的路径哪吗！不必非拉着何仙姑叫舅母啊

注 - 拉着何仙姑叫舅母（lā r hé xiān gūr jiào jiù me）：京俗谚，谓没话儿搭拉话儿，硬拉关系。"着"字读为 r，是口腔提示；"姑"字儿化；"母"字读 me，轻声。

lao

lq02 老娘们

例（二228 05）："丧气！大早晨

的遇见**老娘们**,还带着条母狗!"

注－老娘们(lǎo niá me*r):"娘"字读 niá;"们"字轻声,儿化。此处是对女人贬义的称谓:"们"字若轻声不儿化,则淡化了贬义。

lq 03　老娘儿们

例(二46 12):所不同的,是西洋妇女的鼻子比中国**老娘儿们**的高一点儿罢了

注－老娘儿们(lǎo niá~r men):与上条音、义有别,是对女人一般性的称谓。从本条及上一条中对女人的不同称谓,可看出老舍先生用词的严谨性;似也证明笔者对"娘们"一词音、义的辨析不谬(详见《卷一·n39》条)。

lq 04　老实八焦

例(赵314 14):咱们平常日子看着莫先生**老实八焦**的

注－老实八焦(lǎo shi bā jiāo):现作"老实巴交"。京俗语,本分忠厚。

lq 05　老太太

例(小325 18):"在哪儿住哇,**老太太**?"

注－老太太(lǎo tài lei):见《卷二·lx22》条,并参阅《卷二·tx03》条。

lq 06　老天爷饿不死瞎家雀

例(二146 02):**老天爷饿不死瞎家雀**,一点不错

注－老天爷饿不死瞎家雀(lǎo tiān yé è be sǐ xiā jiā qiǎor):京俗谚,意近"车到山前必有路"。"不"字读 be,轻声;"雀"字读 qiǎor,上声,儿化。家雀是京人对麻雀的称谓。

lq 07　老头儿

例(二07 26):"怎么啦,老马?又和**老头儿**拌了嘴?"李子荣问

注－老头儿(lǎo tóu):京人对老年男性的统称,相熟悉的朋友间可以此称呼对方之父。此称谓早年间并无不敬之意,近年似有向贬称演变的趋势。

lq 08　老英国

例(二25 01):然后夸奖英国的有秩序:"到底是**老英国**

呀！……"

注－老英国（lǎo yīng guó）：这是那时京人的习用说法，在国名前加一"老"字，表示对该国的重视乃至崇敬。原著此处是伊牧师（英国人）在自卖自夸，这是作者的调侃写法。

lq 09　落着

例（小 335　11）：蚊帐上<u>落着</u>个大花蛾子

注－落着(lào r)：京腔口语读音，说得快时"着"字读 r，是口型提示；当说得特别快时，也可能读为 làor，即"落"（lào）的和化音。

leng

lq 10　愣眼瓜哒

例（赵 343　15）：赵子曰<u>愣眼瓜哒</u>的坐起来说

注－愣眼瓜哒（léng yen guā dā）："愣眼"是指刚睡醒时睡眼惺忪的样子；"瓜哒"为词尾后缀，有强调主词的作用，无实意。"愣"字阳平，"眼"字读 yen，轻声。

li

lq 11　礼拜

例（二 03　23）："啊，今天是<u>礼拜</u>。"他自己低声儿说

注－礼拜（lǐ bài）：礼拜天（星期日）的简说。礼拜天是基督教说法，教徒们在这天要去礼拜堂做礼拜。旧京之人习于此说，无分教徒与否。

lia

lq 12　两眼溜球着

例（二 120　02）：小狗……<u>两眼溜球着</u>又上后院去了

注－两眼溜球着（liá yen liū qiu zhi）：京俗语，谓不正视，转着眼珠窥觑。此处"两"字读 liá；"眼"字读 yen，轻声；"球"字轻声；"着"字说得快时读 r，是口型提示。

lian

lq 13　连哈带喘

例（二 80　24）：找了些小木条和麻绳儿，<u>连哈带喘</u>的又跑回来

注－连哈带喘（liān hā dài chuǎn）：气喘吁吁状。"连"字阴平。

lq 14　连片子嘴

例（二 100　19）：亚历山大是<u>连片子嘴</u>一直往下说

注－连片子嘴（lián piàn zhi zuǐ）：京俗语，谓不停地说话，使别人没有插嘴的余地。"连"字阴平。

lq 15　脸像小帘子似的撂下来

例（二37　26）：她没说什么，可是<u>脸像小帘子似的撂下来</u>了

注－脸像小帘子似的撂下来（liǎn xiàng xiǎo lián zi shi de liào xie lei）：京人习用说法，可参阅《卷一·g 66》条。"下来"读为 xie lei，轻声。

liang

lq 16　凉渗渗

例（二07　11）：虽然是四月底的天气，可是夜间还是<u>凉渗渗</u>的

注－凉渗渗（liáng shē*r shē*r）：指较冷的状态（原著此处是说伦敦四月底的气温，夜间应在40°F左右，合4.5°C）。"渗"字读 shē*r，阴平，儿化。

lq 17　两不找

例（二215　20）：咱要是能帮助伊牧师，不是正好<u>两不找</u>，谁也不欠谁的吗

注－两不找（liǎng be zhǎo）：买卖用语，谓两种货物价格相当，以货易货，互不找钱。"不"字读 be，轻声。

lie

lq 18　裂了锅

例（赵221　25）：敢情小翠和张圣人<u>裂了锅</u>啦

注－裂了锅（liě le guō）：京俗语，谓掰交情，交恶分手。

liu

lq 19　柳泉居、莲花白

例（赵347　23）：叫李顺去到<u>柳泉居</u>打真正<u>莲花白</u>

注－柳泉居、莲花白（liǔ quán jū、lián huā bái）：柳泉居为京城著名的老字号饭庄，位于今之新街口南大街路西（对着群力胡同），与老舍出生地（小羊圈胡同，现名小杨家胡同）很近。莲花白是原产于北京海淀地区的一种药酒，曾为清室宫廷用酒。

lq 20　溜嗓子

例（赵336　08）：口也不漱到城外护城河岸去<u>溜嗓子</u>

注－溜嗓子（liù sǎng zi）：戏曲

界用语，谓晨起到空旷处（首选是河边，能借水音儿）做戏曲的发声练习。

lq21 利嗖

例（二232 17）：街上的汽车看着花哨多了，在日光里跑得那么**利嗖**

注－利嗖（liù sou）：京俗语，在不同场合、对不同事物有多种意义，如：不拖泥带水、痛快、麻利、简捷、快速、（做事）干脆等，总之都是积极意义的。也写作"溜嗖、利索、溜嗖"等，均读为 liù sou。但在对人进行面对面的催促时，"嗖"字可能读本音（阴平）。如说："快点儿！liù sōu 的！"

lou

lq22 露精细

例（二77 08）：她没事儿去听些臭议论，回家来跟咱们**露精细**

注－露精细（lòu jīng xi）：京俗语，谓故意显派（京语，炫耀之意）自己的精明，以踩乎（cǎi huo，京语，藐视、贬低他人）别人。"细"字轻声。

lü

lq23 吕宋烟

例（二190 26）：嘴里叼着根大**吕宋烟**

注－吕宋烟（lǚ sòng yān）：雪茄烟的旧称。详见《附录叁－02》。

lun

lq24 抡圆了

例（二43 10）：温都太太专等着马先生起来问她要早饭，她好**抡圆了**给他个钉子碰

注－抡圆了（lūn yuán lou）：用足力气、不留余地的（如何）。"抡"字更土点儿的读 līn。

M部

ma

mq01 （某）妈

例（小339 23）：还得给陈**妈**留两条呢

注－（某）妈（mā）：（某）妈的说法，是旧京对年纪较长女仆之当面称谓。"某"字是该人（或其夫家）的姓氏。

mai

mq02 卖什么吆喝什么

例（赵356 26）：重开张，另打

鼓，**卖什么吆喝什么**

注－卖什么吆喝什么（mài shén me yāo huo shén me）：京俗语，谓脚踏实地干好分内工作。"喝"字读 huo，轻声。

man

mq 03　满世界

例（二 204 06）：我最不喜欢看年轻轻的小孩子带着妓女**满世界**串

注－满世界（mǎn shi jin）：京俗语，谓各处、到处。"世"字轻声；说得快时"界"字读 yin。详见《卷一·m12、m13》条。

mao

mq 04　毛朝下

例（小 407 11）：整个的"**毛朝下**"由墙头掉下去了

注－毛朝下（máor cháo xià）：此处之毛指头发，毛朝下即头朝下。这是调侃说法。现一般说"脑瓜儿朝下"。"毛"字儿化。

mq 05　毛儿跟头

例（二 17 21）：刚一出舱门，船往外手里一歪，摔了个**毛儿跟头**

注－毛儿跟头（máor gēn tou）：京语称跌跤为摔跟头，"毛儿跟头"也没什么特别的含义，习惯性说法罢了。"头"字轻声。

mei

mq 06　没结没完

例（二 04 07）：救世军……**没结没完**的唱圣诗

注－没结没完（méi jié méi wán）：京俗语，形容某事拖沓、冗长。也说"没完没了"。

mq 07　没有的事

例（二 138 02）：面子已经弄破了，还在一块儿做事，**没有的事**！

注－没有的事（méi yǒu de shì）：京人习用说法，谓绝不能够（如何）。"事"字读本音，能加重语气；若儿化语气就缓和些。

mq 08　没脏没玷儿

例（二 221 10）：咱是多么文雅！**没脏没玷儿**，地道好人

注－没脏没玷儿（méi zāng méi zhǎr）：京俗语，说物是指物品完好无损；说人是指无前科、声誉好。"脏"字也可儿化；"玷"字本音 diàn，义为玉上的瑕斑，引

申指污损、缺点等意。此处是京人习惯的读、写法，字义用的没错，字音却是误读白字儿。这大概是因为"玷"字的右边有个"占"字，然后就"秀才认字念半边"了。详见《附录叁-03》。

men

mq 09　闷过去

例（二 236　07）：伊太太一炮把老牧师打**闷过去**

注-闷过去（mēn o qi）：此处指一时瞠目结舌、无言以对状。京语说得快时，"过去"二字读若 o qi。

mi

mq 10　迷离迷糊

例（赵 365　22）：弄得赵子曰心中**迷离迷糊**的只是难过

注-迷离迷糊（mí le mī hū）：京俗语，形容人沉迷在某一状态中，精神迷惘状。后一"迷"字阴平。另有"迷迷瞪瞪"一词，与此义同，参见《元曲语汇 109》条。

mian

mq 11　面子

例（二 136　04）：有办法，只要别伤了**面子**

注-面子（miàn zi）：没什么都不要紧，就是不能没面子。面子是京人乃至全中国人最重要的东西，为面子活着简直就是中国文化的痼疾。但现在年轻人变啦，对他们来说钱比面子重要。

ming

mq 12　明天见

例（二 245　17）：明天咱们得说说！……**明天见**！

注-明天见（míng tiān jiàn）：京人多说"明儿见"，原著此处这样说，是对话双方在不愉快气氛中分手，含有"明天咱们得好好把事情分清责任"之意，是加强语气的说法。明天与"明儿"的区别，在于后者的儿化音；儿化音是轻松、亲近的语调。

mq 13　冥衣铺

例（二 40　25）：纵然脸上真美，到底叫他不能不联想到**冥衣铺**糊的纸人儿

注-冥衣铺（míng yi pù）：旧称冥衣铺，现叫寿衣店。

mo

mq 14　麻麻糊糊

例（二109 06）：马老先生还<u>麻麻糊糊</u>的记得

注－麻麻糊糊（mó me hū hū）：现作"模模糊糊"。后一"麻"字读 me，轻声。

mq 15　摩托自行车

例（二217 26）：骑<u>摩托自行车</u>的那小子，早晚出险

注－摩托自行车（mó tuo zì ying chēr）：摩托自行车是对英语 motorcycle 的直译，是 motor（摩托，即内燃机）与 cycle（自行车）的合成词，现直称摩托车。"行"字读 ying，轻声。参见《附录叁－04》。

mq 16　抹腻

例（二05 02）：个个干净<u>抹腻</u>，脸上永远是笑着

注－抹腻（mǒ ni）：京俗语，本意为细致，此处指整齐。"腻"字轻声。另：京人谓二人交情特别好亦称 mǒ ni，是"莫逆"二字之调侃的变读音。

mu

mq 17　木梳

例（二212 22）：玛力用小<u>木梳</u>轻轻的刮头

注－木梳（mù shu）：过去的梳子多用木制，故称木梳。"梳"字轻声。参见《附录叁－05》。

N 部

na

nq 01　拿

例（二133 22）：吃完早饭便到后院去浇花，<u>拿</u>腻虫

注－拿（ná）：捉拿。现一般用书面语意味更重的"捉"字。

nq 02　拿大顶

例（小352 22）：就是有意<u>拿</u>个"<u>大顶</u>"，要个"猴儿啃桃"什么的

注－拿大顶（ná dà dǐng）：京语谓手倒立为拿大顶。

nq 03　拿腿

例（二254 05）：有一个跑了，其余的也没说什么，也开始<u>拿腿</u>

注－拿腿（ná tuǐ）："逃跑"的诙

谐调侃说法。京语中的"拿"字在不同场合有可能替代不同的动词,这时往往有调侃意。

nq 04　哪有的事

例（小401　20）：开火车不往前看着！**哪有的事**

注 – 哪 有 的 事（nár yǒu de shè*r）：京语习用说法,此处意指"不可以的事";另也有时用于否认他人的指责,表示"我与该事无关"。"事"字儿化。

nq 05　哪有这么办的、这是怎会说的,真是

例（赵282　04）："**哪有这么办的,先生！**"李顺说着把钱接过来,……"谢谢先生！给先生拜年了,**这是怎会说的,真是！**"

注 – 哪有这么办的、这是怎会说的,真是（nár you zhèm bàn d、zhèi zěn huàr shuo de、chèn r d）："哪"字阳平儿化（详见《附录壹 – 29》条）,"有"字轻声,"这么"连读为 zhèm;"的"字读 d,是口型提示;"会"字其实是"话

儿"的直音字,去声,儿化;"说的"二字轻声;"真是"二字读为 chèn r d（r、d 为口型提示,详见本卷 cz40、41 条）。这是旧时京人接受人家好处时说的套话,是纯正京腔口语音读法。

nq 06　那是

例（二28　19）："**那是！**在莫斯科买皮子一定便宜……"温都姑娘撒着娇儿说

注 – 那是（nà — shi）："那"字拉长声,"是"字轻声。这是京人在交谈中,因对方认可了自己的某些说法,感到得意而自我炫耀的声口。

nai

nq 07　奶妈子

例（二05　12）：**奶妈子**们戴着小白凤帽,唠里唠叨的跟着这些小神仙们跑

注 – 奶妈子（nai mā zi）："奶、子"二字轻声,突出的是"妈"字。

nei

nq 08　那把子东西

例 吗（二192　22）：况且和东伦

敦的**那把子东西**一块挤，失身分

注－那把子东西（nèi bǎ zi dōng xi）：对某一群体之人极端蔑视的称谓。"那"字的读音变化，详见《附录壹－29》条。"西"字轻声。

ni

nq 09　你姥姥

例（赵276　19）："先生，你要骂人，妈的我可打你！""你敢，**你姥姥**——"

注－你姥姥（ní lǎo lao）：京人常用粗口，即"㑆你姥姥"之简说，较之"你妈"程度更甚些。"姥姥"一词之音、义及用法详见《卷一·127》条。

nian

nq 10　鲇出溜

例（赵311　17）：给周少濂写了个明信片辞行，**鲇出溜**的往北京跑

注－鲇出溜（niān chū liū）：京俗语，指悄无声息地溜走。用鲇鱼来形容油滑且悄无声息。

nq 11　捻捻转儿

例（小268　25）：在马路当中打开**捻捻转儿**，叫四面的车全撞在一块儿

注－捻捻转儿（niān nien zhuàr）：一种儿童玩具名称，就是木制的陀螺。后一"捻"字读为 nien，轻声。另见《附录叁－06》。

niang

nq 12　娘们

例（二179　06）：外国妇人是比中国**娘们**强

注－娘们（niár men）：此词之音、义详见《卷一·n39、n40》条。

ning

nq 13　拧葱

例（二203　05）：两个人越说越**拧葱**，越说声音越高

注－拧葱（nǐng cōng）：原义指"（某事）弄颠倒了"，此处意指分歧严重。

nü

nq 14　女界

例（赵327　24）：用纸花结成的四个大字："**女界**万岁"

注－女界（nǚ jiè）："妇女界"的略说。二十世纪二三十年代，北京、上海等大城市妇女运动在知识界兴起，成为一大时髦亮点。

nq 15　女权会

例（赵 327　09）：一身臭汗气在**女权会**里挤来挤去

注－女权会（nǚ quán huì）：二十世纪二三十年代，京沪等大城市的妇女运动组织。参见前条"女界"。

O 部

ou

oq 01　欧战

例（二 235　15）：这点……是**欧战**以后的新发现

注－欧战（ōu zhàn）：二十世纪二三十年代对第一次世界大战的称谓。因其主战场在欧洲，故称欧战。

oq 02　藕荷色

例（赵 317　19）：墙根下散落的开着几条浅**藕荷色**的三月蓝

注－藕荷色（ǒu he shǎr）：一种淡蓝紫色，京人习称其为藕荷色。"色"字的读音，可参见《附录叁－07》。

P 部

pao

pq 01　跑堂儿的

例（二 200　08）：不大受女**跑堂儿的**欢迎

注－跑堂儿的（pǎo tá~r de）：旧京称餐厅服务员为跑堂的。此处所说"女跑堂的"是在英国伦敦，中国那时饭馆儿基本没有女服务员。

pin

pq 02　贫

例（小 335　21）：回回画小兔，未免太**贫**了

注－贫（pín）：京语称无新意而重复说为贫。此处指重复做（某事），也是贫。

ping

pq 03　平地掘饼

例（二 186　01）：她不爱你，何必**平地掘饼**呢

注－平地掘饼（píng di juē bǐng）：京俗谚，也说"平地抠饼"。徐世荣先生的《北京土语词典》注云："比喻在一无所有的情况下，硬要起发出物质财富。"

pq04　平则门

例（赵283 18）：<u>平则门</u>外的黄沙土路上

注－平则门（píng zi mén）：阜成门的民间旧称，"则"字变读、轻声。关于北京各个城门的名称，详见《附录壹－26》条。

po

pq05　破

例（二17 16）：他妈的！为两个<u>破</u>中国人

注－破（pò）：京俗语，指谓某物之不堪，偶用于形容人。

Q部

qi

qq01　齐不齐，一把泥

例（二169 10）：瓦匠讲话，<u>齐不齐，一把泥</u>。就是他呀

注－齐不齐，一把泥（qí bu qí, yì ba ní）：京俗语，瓦匠的说法，表示工作敷衍，只求表面上过得去。"不、把"二字轻声；"一"字去声。

qian

qq02　千十来

例（二71 09）：咱们打算用<u>千十来</u>镑钱跟他们竞争，不是白饶吗

注－千十来（qiān r lái）：京人习用说法，"十"字在此无实义，仅表示某种约略性。其具体数量级取决于前面的数量，具体有"百十来、千十来、万十来"三种说法。此处即是谓"一千左右"（的数量）。"十"字读r，是口型提示。

qq03　前脸

例（二66 01）：隔着窗子把教堂的<u>前脸</u>和外边的石像看得真真的

注－前脸（qián liǎr）：京俗语，此处指建筑物的正面。"脸"字儿化。

qq04　前者

例（赵404 04）：我<u>前者</u>是你们府上的教师

注－前者（qián zhě）：原来、曾经（如何）。此词现罕有这种用法。

qiao

qq 05　俏皮

例（赵318　19）："别**俏皮**我，老赵！你几时回来的？"莫大年问

注－俏皮（qiào pi）：此处意为"（以某事）寻开心"。现无此说法。"皮"字轻声。

qiong

qq 06　穷忙一锅粥

例（二222　19）："我？**穷忙一锅粥**！"他说着把帽子摘下来

注－穷忙一锅粥（qióng máng yì guō zhōu）：京俗语，谓生活紧张忙乱而无经济效益。"一锅粥"在京语中常用以形容混乱不堪的局面，如：乱打一锅粥。

qq 07　穷酸

例（二55　07）：不是做官，便是弄盅酒充**穷酸**

注－穷酸（qióng suān）：京人谓镚子儿没有，都快断顿儿了还拿着点儿架子，又念过点儿书的腐儒为穷酸。

qu

qq 08　屈心

例（赵282　11）：真正十三陵大山里红，不**屈心**

注－屈心（qū xīn）：此处指所言不实。此词详见 qz 36 条。

qq 09　漆抹乌黑

例（赵280　14）：眼前**漆抹乌黑**

注－漆抹乌黑（qu m wu hēi）：详见《卷一·q39》条。"漆、乌"二字轻声，"抹"字读 m，是口型提示。

R 部

ren

rq 01　忍着

例（二184　14）：到十二点还在被窝里**忍着**

注－忍着（rěn zhe）：睡醒了但懒得起床，在被窝里赖着谓之曰"忍着"。京语另有"偎窝子"之说，意类同，但多系别人指责赖床不起者所言。

rou

rq 02　揉搓熟了

例（小284　05）：慢慢的把花儿全**揉搓熟了**

注－揉搓熟了（róu cuò shóu le）：京人习用说法，谓鲜灵的东

西（多指瓜果鲜花一类的）因保管不善、揉搓挤压而受损，变得暗淡乃至破损了。

S 部

sha

sq 01　傻拉光鸡

例（小 405　10）：说话行事有些"**傻拉光鸡**"的

注－傻拉光鸡（shǎ le guǎng jī）：就是"傻"义，"拉光鸡"无实意，仅是形容词"傻"的后缀，现多作"傻拉光唧、傻拉咕唧"。"拉"字读 le，轻声。

shan

sq 02　山响

例（二 29　17）：女儿走起道儿来是咚咚的**山响**

注－山响（shān xiǎng）：声音很大。此处"山"字义详见《卷一·s18、s19》条。

shao

sq 03　烧鸭子

例（二 67　03）：在脏地方吃熏鸡**烧鸭子**的倒越吃越瘦

注－烧鸭子（shāo yā zi）：即所谓"北京烤鸭"。旧时习称烧鸭子。

sq 04　捎着撩着

例（二 258　02）：故意**捎着撩着**骂中国使馆的抗议

注－捎着撩着（shao zhe liǎo zhe）：（带着点恶意的）顺便说某事。

she

sq 05　折脖子

例（二 48　26）：还追不上，可是他到底不肯**折脖子**，拼命和伊牧师赛了半天的跑

注－折脖子（shé bó zi）：京俗语，指低头服软儿。"折"字此处读 shé。

sq 06　社会主义家

例（二 201　20）：吃完饭，社会党的人们管他叫真正**社会主义家**，因为他肯牺牲自己的钱请他们吃饭

注－社会主义家（shè hui zhǔ yi jiā）：此词系日语外来词"社会主义"的次生词汇，现无此种说法。"会、义"二字轻声。

shen

sq 07　深了不是，浅了不是

例（二 215　08）：你看我只有马威这么一个，<u>深了不是，浅了不是</u>

注 - 深了不是，浅了不是（shēn le bú shì, qiǎn le bú shì）：京人习用说法，谓对某人或事应如何处理感到左右为难。两个"不"字阳平。

sq 08　什么的

例（二 227　10）：圣诞和新年的应节舞剧，马戏，<u>什么的</u>，都次第收场了

注 - 什么的（shén m de）：京人习用说法，对某一类事物的总结用语。"么"字读 m，是口型提示。

sq 09　什么的

例（小 284　09）：咱们把南星，三多，<u>什么的</u>都找来，好不好

注 - 什么的（shén m de）：音、义同上条，此处指同类之人。

sq 10　神魔鬼道儿

例（二 43　1 6）：怪不得伊牧师说：中国人有些<u>神魔鬼道儿</u>的

注 - 神魔鬼道儿（shén me guǐ dàor）：京俗语。诡谲，神秘莫测。也作"神眉鬼道"。"魔"（或"眉"）字读 me，轻声。

sheng

sq 11　生活程度

例（二 69　02）：我准知道英国<u>生活程度</u>比法国高

注 - 生活程度（shēng huó chéng dù）：今谓生活水平，指生活水准及费用。

shi

sq 12　十二头儿

例（二 137　01）：洋鬼子念满文"<u>十二头儿</u>？"怎么着

注 - 十二头儿（shí èr tour）：此处"儿"字单独成音，轻声。满族是女真人之后，原多用女真语；万历二十七年（1599年），努尔哈赤命人以蒙古字母为基础，草创了满文；皇太极又在天聪六年（1632年），命人对其加以改进完善，颁布了新满文十二字头。本词条中的"十二头儿"即指此。详见《满蒙语汇叁 - 03》。

sq 13　时兴

例（二 240 08）：中国东西现在**时兴**

注 – 时兴（shí xīng）：流行（某种形式）、以（某事）为时尚。也作"时行"。

sq 14　是把手

例（二 70 23）：你的伯父真**是把手**，真能干

注 – 是把手（shì bá shǒur）：意谓有能力又肯实干的人。"手"字儿化，参见 sz 53 条及《卷一·s 75》条。

sq 15　是……闹的

例（二 04 01）：连昨儿晚上没睡好觉，也**是**资本家**闹的**

注 – 是……闹的（shì…nào de）：京人习用说法，"是（某某）闹的"即将一事之负面结局归咎于某某。

shou

sq 16　收拾家伙

例（二 122 07）：有心**收拾家伙**，又懒得站起来

注 – 收拾家伙（shōu r jiā huo）："家伙"一词见《卷一·j 08》条。"拾"字读 r，是口型提示；说得快时"伙"字读 uo，轻声。

sq 17　受听

例（二 41 07）：马威是向来能说会道，长得体面，说话又甜又**受听**

注 – 受听（shòu tīng）：京语谓会说话儿，说的委婉动听，对方易于接受。

shua

sq 18　爽利

例（二 14 21）：小客厅里收拾得真叫干净**爽利**

注 – 爽利（shuà li）："爽"字读 shuà，"利"字轻声。见《卷一·s 80、s 81》条。另：本例中"真叫××"的句式系京人习用说法，是其后形容词××的状语，起强调主词之用，无实义。类似还有"那叫××、那叫一个××"之说。

shuang

sq 19　爽得

例（赵 382 12）：先还哼儿哈儿的

支应春二，后来**爽得**哼也不哼，哈也不哈了

注 – 爽得（shuǎng de）：索性（如何）。详见《卷一·s108、s109》条

shuo

sq20 说道

例（赵341 13）：都**说道**谁？喝谁的彩

注 – 说道（shuō dou）：数说、议论。也作"说叨"。"道"字读 dou，轻声。

sq21 说合

例（二259 01）：二来求范老板给设法向东伦敦的工人**说合**一下

注 – 说合（shuō he）：居中调停，从中斡旋。"合"字轻声。

sq22 说着玩儿的呢

例（二178 22）：别再去溜冰！好，一下儿掉在冰窟窿里，**说着玩儿的呢**

注 – 说着玩儿的呢（shuō r wár de ne）：京人习用说法。告诫他人，谓（某事）不可轻易涉及。此处表示对危险事物的警戒与恐惧。

si

sq23 死呆呆

例（二05 20）：黑白眼珠像冥衣铺糊的纸人儿那样**死呆呆**的黑白分明

注 – 死呆呆（sǐ dāi dei）：京人口语音，后一"呆"字读 dei，它比 dāi 的开口度小，这样向下一个音"的（de）"字过渡时相对更流畅些，轻灵流畅永远是京人口语的原则。根生土长京人的嘴能自动调节这类语音，不用想、更甭做什么语音学的研究分析。

sui

sq24 碎嘴子

例（二115 20）：伊牧师明知道自己有点**碎嘴子**

注 – 碎嘴子（suì zuǐ zi）：京俗语，谓好絮叨，不停地说。也叫"碎叨"。

suo

sq25 缩脖坛子

例（二29 24）：周身上下整像个扣着盖儿的小圆**缩脖坛子**

注 – 缩脖坛子（suō bór tán zi）：京人称一种肚大口小无颈的陶罐

为缩脖坛子，另也将身材矮胖、圆头圆脑的人戏称此名。"脖"字儿化。

sq 26　所以的

例（赵382 02）：作买卖……**所以的**，哈，不进铜子！没法子

注－所以的（suó yǐ de）：京人习用说法，用在句中，是对此前论点的归纳总结用语。"所"字阳平。

sq 27　所

例（小267 04）：不用操心做事，只在门前坐着看热闹，**所**闲得不了啦

注－所（suǒ）：旧京俗语。此类"所"字的用法，见《卷二·sx65~sx69》条；本条与《卷二·sx66》条义同。参阅《附录叁-08》条。

T 部

tai

tq 01　胎里坏

例（二154 21）：不知道年头儿变了，小孩子们都是**胎里坏**吗

注－胎里坏（tāi le huài）：京俗语，谓从根坏起。"里"字读 le，轻声。

tq 02　抬杠

例（二77 07）：帮助我跟她**抬杠**

注－抬杠（tái gàng）：京俗语，指无谓的争辩。

tq 03　泰山不下土

例（二19 09）：吃了个"**泰山不下土**"

注－泰山不下土（tài shān bú xià tǔ）：语出《史记·李斯列传》："是以泰山不让土壤，故能成其大。"曹操《短歌行》中之"山不厌高，海不厌深"句，义亦出于此。但这里是诙谐说法，谓一点儿没剩（形容吃光喝光）。按：此说太雅，应不是老百姓口中俗语（至少是我没听谁说过），倒恐怕是老舍先生自纂出来的。另有个说法叫"爪儿干毛儿净"，也多用于形容吃光喝光，这倒真是老百姓的话。

tang

tq 04　搪

例（二206 15）：他**搪**住马威的右手，一拳照着马威的左肋打了去

注-搪(táng):京俗语,格挡、招架。

tian

tq 05　天然律

例(二208 07):人类是逃不出**天然律**的

注-天然律(tiān rān lù):这是当时受外来语影响产生的新词汇,现在说"自然规律"。

ting

tq 06　听差

例(赵318 12):幸而他的衣服华美了一点,不然赵子曰真要疑心到莫大年是在银行当**听差**

注-听差(tīng chāi):旧时称机关或公司中做庶务工作的下层工作人员为听差,谓"听候差遣"之意也。

tou

tq 07　透底的

例(二215 04):老马本来编了一车的好话儿,预备**透底的**赔不是

注-透底的(tòu dǐ de):彻底的、毫无保留的。现罕闻此说法。

tq 08　透亮杯儿

例(赵356 08):好像把天涯地角的一切藏着秘密的小黑窟窿全照得**透亮杯儿**似的

注-透亮杯儿(tòu liàng bē*r):一般作"透亮碑儿"。京俗谚,意谓某物因通透而可看到其对面,引申指人精明干练。详见《附录叁-09》。

tq 09　头

例(二179 10):大概是火鸡,没个吃**头**

注-头(tour):京语及北方语系某些地区习用的后缀词。用于某些动词之后,如此处,另如"看头、想头、嚼头"等,表示此动词所体现、达到的某种状况、程度、意境;或可使某些动词转化为名词,如"念头、赚头"等(上述情况"头"字轻声,儿化);用于某些名词之后,则纯属后缀,无实义,如"木头、眉头、心头、骨头、里头、外头"等(此时"头"字轻声,不儿化)。

tu

tq 10　秃眉红眼

例(小342 15):有的老猴儿,……**秃眉红眼**的

注 – 秃眉红眼（tū me huà yǐng）：现一般作"秃眉画影"，指面部毛发稀疏。参见tz40条。

tq11　土平

例（赵249　17）：校长室捣成<u>土平</u>，仪器室砸个粉碎

注 – 土平（tǔ píng）：京俗语，谓与地面齐平。此词使用范围较窄，也就是用来形容建筑物被拆毁的状况。现罕闻此说。

W部

wai

wq01　歪愣

例（二76　12）：<u>歪愣</u>着脑袋噗哧一笑

注 – 歪愣（wāi leng）：就是歪。"愣"字是"歪"的后缀，无实义。

wq02　外带着

例（小409　04）：三下两下把我拴在木桩上了；<u>外带着</u>栓得真结实

注 – 外带着（wài dài zhe）：另外饶上的。京人常用说法，在叙述一件事某方面时，中间停顿一下；然后以"外带着"作为发语词，引出后续语。但此处用法特殊，仅是为了强调"栓得真结实"。按：参见《卷一·b79》条，此说法与该条"……不算外，还带管……"的说法是传承关系。

wq03　外钱儿

例（二191　12）：老马，给你找俩<u>外钱儿</u>，你干不干

注 – 外钱儿（wài qiár）：指非常规进项的钱财，有时指来路不明的钱。

wq04　外手

例（二17　22）：船往<u>外手</u>里一歪

注 – 外手（wài shou）：见《卷一·w06》条。

wan

wq05　玩艺儿

例（二240　01）：凡是敢实行新思想的，一定心里有点<u>玩艺儿</u>

注 – 玩艺儿（wán yiè*r）：此处指真知灼见。参阅《卷二·wx05、wx06》条。

wq06　玩艺儿

例（小332　08）：轮船有多么大

呀……长的大三层楼似的**玩艺儿**

注－玩艺儿（wán yiè*r）：此处泛指物体。详见《附录叁－10》条。

wq 07　晚上见

例（二220　21）：好啦，父亲，我上铺子啦，**晚上见**

注－晚上见（wǎn r jiàn）：详见本卷 gq 01 条。"上"字读 r，是口型提示。

wang

wq 08　忘死了

例（二27　18）：把回家那回事简直**忘死了**

注－忘死了（wàng sǐ le）：京人习用说法，比说"彻底忘了"生动许多。

wei

wq 09　维新

例（二226　20）："你是顽固老儿，老李！""你，**维新**鬼！老马！"

注－维新（wéi xīn）：自1898年的戊戌维新至清末的十年新政（参阅《附录贰－33》），"维新"

一词可谓深入人心，乃至在老百姓的口中，甚么风马牛不相及的事由儿也能往这块儿扯。此词出处参见《附录叁－11》条。

wo

wq 10　窝窝头

例（二240　13）：**连窝窝头**还吃不上，还买古玩，笑话

注－窝窝头（wō wo tóu）：旧京下层人民的主要食粮，棒子面儿（玉米粉）蒸制而成。呈圆锥状，底部有凹孔（便于蒸熟）。

wq 11　我的

例（二135　22）：嘿！**我的**马先生，我嫌工钱少！真，我真没法叫你明白我

注－我的（wǒ nei）：京人惯用语，作为发语词用在对某人的称呼之前，是对该人表示感慨之意。"的"字读音介于 nei、dei 之间。

wu

wq 12　无事忙

例（小330　05）：还有些小摩托船嘟嘟的东来西往，好像些"**无事忙**"

注－无事忙（wú shi máng）：京

俗语,对那些看似忙,过后回头一看其实什么也没做成者之称谓。"事"字轻声。

wq 13　无着无靠

例(二35　23):心里觉得**无着无靠**的

注-无着无靠(wú zhāo wú kào):"靠"字也可用儿化音。现多是说"没着没落"(méi zhāo mēi làor)。

wq 14　物质文明

例(赵265　16):虽然他的哲学思想有时候是反对**物质文明**的

注-物质文明(wù zhi wén míng):此词系日语外来词"物质、文明"两个词组成的次生词汇。"质"字轻声。

X 部

xi

xq 01　歇里歇松

例(赵321　05):赵子曰心中有些不高兴,**歇里歇松**的往外走

注-歇里歇松(xī le xī sōng):无精打采、松松垮垮、毫无主动性(的样子)。此处作为形容词使用。"歇"字读 xī,阴平;"里"字读 le,轻声。

xq 02　歇松

例(二187　12):事情已经有希望,何必在一**歇松**弄坏了呢

注-歇松(xī sōng):义与上条相近,但此处是作为动词用。

xq 03　歇歇松松

例(二12　17):两只大眼睛,**歇歇松松**的安着一对小黄眼珠儿

注-歇歇松松(xī xi sōng sōng):此处作为形容词使用,是老舍先生对"眼大无神"的幽默说法儿。

xq 04　细高挑儿

例(二35　17):屋外刚吐绿叶的**细高挑儿**杨树

注-细高挑儿(xì gāo tiǎor):京俗语,此处是形容物(杨树),现多用于形容人身形的单薄瘦高。参阅《卷一·x09》条,那里是"细条条儿",与此义有所不同。

xia

xq 05　下巴颏儿

例(二31　21):她挺着脖梗儿,

只是"下巴颏儿"和眉毛往下垂了一垂

注－下巴颏儿（xià be kér）：下巴。这是京人习用说法，"颏儿"即下颔。

xian

xq 06　先出犄角后出头

例（小 280 02）：这种大蜗牛也是"**先出犄角，后出头**"的

注－先出犄角后出头（xiān chū jī jiu hòu chū tóur）：旧京一首最著名的儿歌："水牛（即蜗牛，牛读 niūr），水牛，先出犄角后出头哦欸……"中的句子。详见《附录叁－77》条。按：原著此处写的是在南洋，所以有大蜗牛；京中只有小蜗牛。

xq 07　鲜红的粉冻儿、面包糨子

例（二 181 04）：温都太太……给他们每个人一小匙子**鲜红的粉冻儿**，和一匙儿**面包糨子**

注－鲜红的粉冻儿、面包糨子（xiān hóng de fěn dù~r、miàn bāo jiàng zi）："鲜红的粉冻儿、面包糨子"指果酱和黄油，是老舍先生的幽默说法。

xq 08　先后脚儿

例（二 101 01）：喝来喝去，四个老头全**先后脚儿**两腿拧着麻花扭出去了

注－先后脚儿（xiān hòu jiǎor）：京人习用说法，指时间间隔很近、一个接一个地（做同一事）。

xiang

xq 09　响晴

例（赵 387 10）：心里要是不痛快，**响晴**的天气也看成是黑暗的

注－响晴（xiǎng qíng）：京俗语，此处谓天气极晴朗。老舍先生著作中多处多次使用此词，分别用以形容天色之蓝、太阳之亮、天空之晴朗，总之是活用于形容好天气。旧时京语另有"响饱"一词，意为极饱；"响干"意为极干；"响亮"一词，与今义（声音洪亮）不同，是指光照极为充足。由此可看出，此等处之"响"字具有显示其后某些形容词程度之甚的作用。此类说法今已绝迹。

xq 10　像匣子

例（二 254 11）：新闻记者一群一

群的拿着<u>像匣子</u>来和马威问询

注－像匣子（xiàng xiá zi）：旧时称照相机为像匣子。之所以如此称呼，是因为早期的照相机确是状如匣子（盒子）。笔者曾见一柯达相机（二十世纪初期产品），就是一个长方形（尺寸约15×10×8厘米）匣子，前面中部有一镜头。

xiao

xq 11　小小子、小妞儿

例（赵337　12）：老太太也唱，<u>小小子</u>也唱，大姑娘也唱，<u>小妞儿</u>也唱

注－小小子、小妞儿（xiáo xiǎo zē*r、xiǎo niū er）：京人称男女幼童。前一"小"字阳平，"子"字儿化，阴平。"妞儿"一词今多读儿化音 niūr，但老舍先生此篇作品写于九十年前，那时此词还是将"儿"字自成音节（这是幽燕语的余韵）。参见《附录叁-12》。

xq 12　小嘴儿叭哒叭哒小梆子似的

例（赵376　26）：算你会说！<u>小嘴儿叭哒叭哒小梆子似的</u>

注－小嘴儿叭哒叭哒小梆子似的（xiáo zuě*r bā dē*r ba de*r xiāo bāng ze*r shi de）：京人习用说法，形容人能言善辩，多少含点儿贬义，暗指强词夺理。"哒"字变读儿化；"子"字儿化；句中多处变调，不一一列举。

xq 13　小车子不拉，推好了

例（赵342　17）：我正要说那一出要是帽子上有了电灯可就"<u>小车子不拉，推好了</u>！"

注－小车子不拉，推好了（xiǎo chē zi bù lā, tuī hǎo le）：京式歇后语，谓对某事甚为满意。"推"字谐音"忒"（tuī），谓程度达于极限。

xq 14　小东西子

例（二27　10）："叫她去她的！黄头发的<u>小东西子</u>！"温都太太含着泪对小狗儿说

注－小东西子（xiǎo dōng xi zi）：京人常有时"正话反说"，此处即是。本来"小东西子"应是蔑称，原著此处温都太太虽对她（自己女儿）有所不满，但仍是昵称。

女人常有此类说法。"西子"轻声。

xie

xq 15　蝎子爬

例（小352 24）：或是用手走几步"蝎子爬"

注－蝎子爬（xiē zi pá）：倒立用手行走。因双足并拢、倒悬于前，颇似蝎子的倒钩，故名。

xq 16　斜愣

例（二195 15）：傻鹅们斜愣着眼彼此看了看

注－斜愣（xié leng）：即斜，"愣"字是"斜"的后缀，无实义。参见 wq 01 条。

xq 17　血丝糊拉

例（赵377 19）：除了竹板包锡的小刀小枪，和血丝糊拉的鬼脸儿

注－血丝糊拉（xiě si hu lā）：京俗语，谓血迹斑驳。此处是对彩绘得很丑陋的红色脸谱的夸张说法。"丝糊"二字轻声。元曲中有"血糊淋剌、血忽淋剌"等说法，与此义同。参见《元曲语汇110》条。

xin

xq 18　心里明镜似的

例（赵400 22）：我心里明镜似的知道你是好人

注－心里明镜似的（xīn lou míng jiè~r shi de）：京人习用说法，谓极清楚明白地知道（某事之就里）。"里"字读 lou，轻声；"镜"字儿化。

xq 19　心气

例（二245 14）：他把他们剩下的酒全喝了，心气更壮了

注－心气（xīn qiè*r）：指欲望与胆气。京语有所谓"酒壮尿人胆"一说。

xu

xq 20　吁吁带喘

例（小325 15）：提着一筐子东西……吁吁带喘

注－吁吁带喘（xū xū dài chuǎn）：京人口语说法，即气喘吁吁。

xun

xq 21　巡警

例（二214 09）：有心要进去打电话，把巡警叫来

注-巡警（xún jǐng）：日语外来词"警察"的次生词汇，指谓"巡逻中的警察"。此词在1949年后停止使用，因为那是旧社会的叫法，新社会要叫人民警察，简称民警。至近年又开始称警察，也有了巡警之说。

Y 部

yan

yq 01　言语

例（二190 09）：老马先生没言语

注-言语（yán yi）：说话。此处为动词，"言"字读音介于 yán、yuán 之间；"语"字读 yi，轻声。不独京语，北方语系许多地区（如山东等）也这样说。

yq 02　言语

例（二190 17）：两个人好像可以完全彼此了解，用不着言语传达他们的心意

注-言语（yán yu）：指所说的话。此为名词，"语"字轻声，与上条有别。

yang

yq 03　洋焦三仙

例（赵256 18）：两个人要了……洋焦三仙（咖啡）

注-洋焦三仙（yáng jiāo sān xiān）：老舍先生对咖啡的调侃说法。

yao

yq 04　摇动

例（二234 03）：欧洲大战的结果，不但是摇动各国人民的经济基础

注-摇动（yáo dong）：二十世纪初的新生词汇，此词现演变为"动摇"。

yq 05　耍（要）个嘴儿

例（二27 11）：还在狗的小尖耳朵上耍（要）个嘴儿

注-耍（要）个嘴儿（yào e zuě*r）：原著此处可能是排版有误，将"要"字误为"耍"字，所以仍按 yào 来标注音；"个"字读为 e，是口型提示，轻声。下层京人有将跟女人亲吻称"要个嘴儿"的说法。参见本卷之剧 y06 条。

ye

yq06　爷儿两个

例（二16　24）：成全成全他们<u>爷儿两个</u>

注－爷儿两个（yér liǎ e）：长、晚辈两个男子。参见《卷一·y22》条。"个"字读 e，是口型提示。

yi

yq07　一溜歪斜

例（二211　04）：他<u>一溜歪斜</u>的跟着她出去

注－一溜歪斜（yī lou wai xié）：脚步踉跄状。此处"一溜"形容（某种事物的）连续状态。"溜"字变读，轻声；"歪"字轻声。

yq08　一档子事

例（二43　08）：便是这么<u>一档子事</u>

注－一档子事（yí dàng zi shè*r）：对某事加以强调时的说法。"一"字自此条至 yq11 条均读阳平，"事"字儿化。

yq09　一概不论

例（赵270　21）：哪怕姓张的是三头六臂九条尾巴，我<u>一概不论</u>

注－一概不论（yí gài bú lìn）："论"字读 lìn，更土的说成 gǎr bú lìn，暗含粗口（参见《卷二·gx01》条）。

yq10　一溜跟头

例（二39　12）：女英雄也能把你打<u>一溜跟头</u>

注－一溜跟头（yí liù gēn tou）：京人习用说法，此处形容（某物）不停地滚动状。也说"一溜滚儿"。

yq11　一半天见

例（二98　20）：然后向马先生："<u>一半天见</u>，还有事跟你商议呢！"

注－一半天见（yí m tiār jiàn）：见 gq01。"半"字读 m，参见《卷一·y18》条。

yq12　胰子

例（二36　25）：刮脸的时候，满脸抹着<u>胰子</u>，就和人家打起来

注－胰子（yí ze）：旧时所用之洗涤品，系以猪的胰脏合碱经加工制成（所以也叫猪胰子），可做肥皂用。详见《附录叁-13》。

yq 13　一丁点

例（小390 26）：要变成一丁点的一个小蚊子

注 - 一丁点（yì dīng diǎr）：京俗语，极言其小，也作"一钉点"。"点"字儿化。另有"一星星"的说法，义同。

yq 14　一会儿比一会儿

例（二06 08）：听讲的人也一会儿比一会儿稀少了

注 - 一会儿比一会儿（yì huě*r pi yì huěr）：愈来愈（如何）。京腔读音，"比"字读 pi，轻声，更土点的读 pīng。

yq 15　一声不言语

例（二23 04）：卖报的，卖花的，卖烟卷儿的，都一声不言语推着小车各处出溜

注 - 一声不言语（yì shē~r bù yán yi）：缄默不语。京人口语说法。"声"字儿化；"语"字读 yi，轻声。

yq 16　义务

例（二82 13）：后院种上花之后，马老先生又得了个义务差事

注 - 义务（yì wu）：此处指道德上应尽的责任。"务"字轻声。此系清末自日本传入的外来词汇（日语：義務）。

yq 17　义务

例（二242 02）：法律上有保护玛力的义务

注 - 义务（yì wu）：此处指公民或法人按法律规定应尽的责任。"务"字轻声。源自日语外来词汇"義務"。

yq 18　一星星

例（二78 06）：直到把脸上的粉匀得一星星缺点没有了

注 - 一星星（yì xīng xiē~r）：与前述之"一丁点"义同。后一"星"字儿化。参见《元曲语汇111》条。

yq 19　一眨巴眼儿

例（小283 10）：可惜新年也和别的日子一样，一眨巴眼儿就过去了

注 - 一眨巴眼儿（yì zhǎ m yǎr）：转瞬之间。"巴"字读 m，见《卷

一·y18》条。

ying

yq20 影影抄抄

例(赵381 15):几家离着路灯近的,**影影抄抄**的看得见

注 – 影影抄抄(yíng ying chāo chāo):现规范作"影影绰绰"。前"影"阳平,后"影"轻声;此处"绰"字京人习读为chāo,故直音写作"抄"。

yq21 硬掐额脖

例(小409 11):他**硬掐额脖**的灌咱们迷魂药儿,怎么好呢

注 – 硬掐额脖(yìng qiā é bór):京俗语,也作"硬掐鹅脖",强制、逼迫(他人)之意。

you

yq22 有起色

例(二85 15):无论怎样,这孩子也不会**有起色**

注 – 有起色(yóu qǐ si):"有"字阳平;"色"字读音介于si、zi之间,轻声。

yq23 有鼻子

例(二137 03):咱姓马的待你不错?猛孤仃的给咱个辞活不伺候,真**有鼻子**就结啦

注 – 有鼻子(yǒu bí zi):此处意为"(就好意思)拉得下脸来"。现罕闻此说法。

yuan

yq24 圆全

例(二257 11):他明知道,说不**圆全**,工人也许先打他一顿

注 – 圆全(yuán quan):详细周到,能够自圆其说。"全"字轻声。

yun

yq25 匀着空

例(二110 04):哼哼了一阵,**匀着空**想到"死"的问题

注 – 匀着空(yún zhe kòng):现一般说"抽空儿"。

Z 部

zao

zq01 糟心

例(二94 12):姐姐,你看这不**糟心**吗!只要人家一说中国人好,他非请人家吃饭不可

注 – 糟心(zāo xīn):京俗语,谓眼看事态恶化而干着急没辙,或因事情进展不利致心情沮丧。这

时还有一句京俗语,叫"熬咷(tao)恶心烦"。此中"熬咷"二字实为"鏖糟"之俗写变读("鏖糟"是南方人的说法,犹如北人所言之"腌臜"),本义为污秽不洁,此处引申义指心绪烦乱。

zen
zq 02　怎说怎好

例(二93 16):好在英国小孩子不懂得中国事,他<u>怎说怎好</u>

注－怎说怎好(zě*r shuō zé*r hāo):此处意指"说什么信什么"。前"怎"字儿化;后"怎"字阳平,儿化。

zha
zq 03　炸三角儿

例(二21 04):总绕到前门桥头都一处去喝几碗黄酒,吃一顿<u>炸三角儿</u>

注－炸三角儿(zhá sān jiǎor):旧京的一种传统小食品,以面皮裹馅儿捏成三角形,油炸而成。馅儿分荤素两种,素馅多为回民所做。

zq 04　炸了窝

例(二256 19):听见这件事,伦敦的中国学生都<u>炸了窝</u>

注－炸了窝(zhà le wō):京俗语,形容群情鼎沸状。

zhang
zq 05　张罗

例(二19 24):亲戚朋友们都<u>张罗</u>着给他再说个家室

注－张罗(zhāng lou):京人习用语,见《卷一·z41~z43》条。"罗"字读lou,轻声。

zq 06　长行市

例(赵319 14):小胖子!刚入了银行几天就<u>长行市</u>

注－长行市(zhǎng háng shi):京俗语,指谓(因身份地位的改变)态度日益傲慢。词含贬义。

zhao
zq 07　招呼

例(二38 13):温都太太……刚要端茶碗,温都姑娘忙着拉了她一把:"<u>招呼</u>毒药!"

注－招呼(zhāo hu):此处意为留心、提防,是此词较少用的引申使用法。"呼"字轻声。参见《卷一·z45、z46》条。

zq 08　招呼

例（二57　02）：虽然他的腿弯着一点，可是走起路来，一点不含糊，真咯噔咯噔地**招呼**

注－招呼（zhāo hu）：此处意指"进行（某事）"，是此词较少见的引申使用法。京语中此词尚有"呼唤、问候、关照、陪伴、打架、交媾"等多种用法。

zq 09　找补

例（二223　14）："认识几个！"李子荣**找补**了一句

注－找补（zháo bo）：凡补充、修饰、善后等处均可此词。参见《卷一·z51、z52》条。

zq 10　找……不答应

例（小376　04）：他叫老虎把钩钩背去，好再去**找**老虎**不答应**

注－找……不答应（zhǎo…bù dā ying）：意谓上门问罪。参见《卷二·zx27》条。

zq 11　找揍的货

例（二39　11）：不光是英国男子能打你们这群**找揍的货**，女英雄也能把你打一溜跟头

注－找揍的货（zhāo zòu de huò）：京俗语，也说"欠揍的货"，贬低侮辱他人乃至寻衅打架时的常用语——当然多半是虚言恫吓，旧时正派京人不爱打架。

zhe

zq 12　折跟头

例（小342　23）：看那个没有尾巴的，**折跟头**玩呢

注－折跟头（zhē gēn tou）：京语称翻筋斗为折跟头。

zhei

zq 13　这路

例（二12 10）：至于"对不起""没留神"**这路**的话，起码总说百八十个的

注－这路（zhèi lu）："路"字轻声。现一般说书面语味儿更浓的"这类"。

zq 14　这是怎话说的

例（二45　09）：哎呀，北京的饽饽也吃不着了，**这是怎话说的**

注－这是怎话说的（zhèi zěn huàr shuo de）："这是"二字合读为 zhèi；"话"字儿化；"说的"二字轻声。

zhen

zq 15　真叫

例（二 14　21）：小客厅里收拾得<u>真叫</u>干净爽利

注－真叫（zhēn jiào）：京语习用说法，"叫"字是副词"真"的后缀，起强调语气的作用。现在有"那叫一个（如何如何）"的说法，更加强了语气。

zheng

zq 16　整个儿是

例（二 52　16）：身上要是把胳臂腿儿去了，<u>整个儿是</u>个小圆辘轴

注－整个儿是（zhěng gè*r shi）：京语习用说法，"整个儿"用于关联动词"是"之前，表示前后事物的高度契合性。注意此处的"个"字的儿化音，按京人口语说法不读 gèr 而读 gè*r。另：此句中的"辘轴"即"碌碡"的异写。

zq 17　整跟……一样

例（小 341　07）：顶可爱的是母猴儿抱着一点点的小猴子，<u>整跟</u>老太太抱小孩儿<u>一样</u>

注－整跟……一样（zhěng gēn……yí yàng）：京语习用说法，此处之"整"字即前条"整个儿"之简说。"一"字阳平。

zq 18　整着脸

例（二 15　18）："中国人？"温都寡妇<u>整着脸</u>说

注－整着脸（zhěng r liǎn）：板着脸，有面露不悦之色意。"着"字读 r，是口型提示。

zhi

zq 19　支

例（二 10　02）：只有几<u>支</u>小划子挂着白帆

注－支（zhī）：现作"只"，即繁体"隻"字的简写。现"隻"字简化"只"，实属败笔，不若简化为"支"。

zq 20　直不棱

例（小 285　06）：两眼<u>直不棱</u>的东瞧瞧西看看

注－直不棱（zhí be lēng）："不棱"无实意，仅是"直"字的后缀。"不"字变读，轻声；"棱"字阴平。

zq 21　直溜溜

例（二 05　01）：裤子的中缝像里

面撑着一条铁棍儿似的那么<u>直溜溜</u>的立着

注－直溜溜（zhí liū liūr）："溜溜"无实意，仅是"直"字的后缀。后一"溜"字需儿化。

zq22 指着脸子

例（二246 20）：你……敢<u>指着脸子</u>教训我

注－指着脸子（zhǐ r liǎn ze）：谓不客气的当面训斥。"着"字读 r，是口型提示；"子"字加重语气读 ze，轻声。

zhong

zq23 中央公园

例（赵317 18）：东面<u>中央公园</u>的红墙

注－中央公园（zhōng yāng gōng yuár）：现称中山公园。在天安门西侧，明清时为社稷坛，皇家祭祀社神（土地之神）、祈祷国泰民安处所。

zhu

zq24 煮饽饽

例（赵277 20）：邻近的人家，呱哒呱哒的切<u>煮饽饽</u>馅子

注－煮饽饽（zhǔ bō bo）：京语饺子。参阅《卷一·b61》条及《卷二·bx21、zx65》条。后"饽"字轻声。

zhuan

zq25 专是

例（二195 24）：不<u>专是</u>夺了人家的地方，灭了人家的国家，也真的把人家的东西都拿来，加一番研究

注－专是（zhuān shi）：此处意为"仅仅只是"。现罕闻此说。"是"字轻声。

zq26 转磨绕圈作文章

例（二58 26）：又明知道英国人是直说直办，除了办外交，没有<u>转磨绕圈作文章</u>的

注－转磨绕圈作文章（zhuàn mò rào quār zuò wén zhang）：指办事说话不直率，拐弯抹角、话里有话，乃至含沙射影、指桑骂槐等。此处是借褒扬英国人来贬斥国人此类恶习。"圈"字儿化；"章"字轻声。

zhun

zq27 准保

例（二179 01）：大家全歇工，街上<u>准保</u>买不到鲜花

注－准保（zhún bǎo）：肯定。京

人习用说法。"准"字阳平。

zi

zq 28　滋润

例（二 146　14）：要了壶茶，慢慢**滋润**着直到饭座儿全走了才会账往外溜达

注－滋润（zī run）：京人习用说法，指在不慌不忙、怡然自得的心态下悠闲地享受某种乐趣。"润"字轻声。

zq 29　紫不溜儿的

例（二 06　06）：一片一片的红云彩把绿绒似的草地照成**紫不溜儿的**

注－紫不溜儿的（zǐ be liūr de）：紫色。"不溜儿的"是"紫"（色）的后缀，本身无实意。"不"字读 be。

zuo

zq 30　做水

例（二 108　09）：没地方去**做水**呀

注－做水（zuò shuǐ）：京语谓烧开水为"坐水"。详见《附录叁－14》。

中期小说词条

中期小说包括：《离婚》（1933年，简称"离"）、《牛天赐传》（含《天书代存》，1934~1936年，合并简称"牛"）、《骆驼祥子》（1936年，简称"骆"）、《四世同堂》（1944~1948年，简称"四"）。

A 部

ai

az 01　碍事

例（离241 12）：叫太太想可以在这儿住一两天也不**碍事**

注－碍事（ài shì）：此处为叙述句，"事"字读本音；但在口语中多儿化。

az 02　爱信不信

例（四64 16）：今年要是鸦雀无声的过去，他老人家非病一场不可！你**爱信不信**

注－爱信不信（ài xìn bú xìn）：京人在保证自己所言属实时的常用说法，带点儿赌咒发誓意味。"不"字阳平。

an

az 03　暗门子

例（四826 19）：怪不的到处都是**暗门子**呢，敢情有人包办

注－暗门子（àn mén ze）：暗娼。"子"字读 ze，是加重语气。

ao

az 04　抏

例（骆321 26）：祭灶的糖瓜摆满了街，走到哪里也可以听到"**抏**糖来，抏糖"的声音

注－抏（ào）：旧京俗语，谓称量重量为"约"（yāo）。至于"抏"字，亦为称量义。这是个很古老的说法，早在宋代的《集韵》一书中就可见到。《集韵·号韵》："抏，量也。"早年间小商贩们可能是这样吆喝，但余生也晚，自小又生活在一个管教较严、相对封闭的家庭中（即所谓"不闻外话"），所以不记得听过此说。

B 部
ba

bz 01　巴结

例（骆 267　25）：可是祥子并没敢往上**巴结**

注－巴结（bā jie）：此词有多义，详见《卷一·b04~b07》诸条。

bz 02　八十吊

例（四 89　21）：在护国寺街口上，棺材上了杠。一把纸钱像大白蝴蝶似的飞到空中，李四爷的尖锐清脆的声音喊出："本家儿赏钱**八十吊**啊！"

注－八十吊（bā shi diào）：京中旧俗，出殡起杠（杠夫抬起棺材），杠头（此处指领杠者，读 gàng tour；此词若读为 gàng tou，则指谓"凡事皆强为争辩者"）照例要喊"加钱儿"；而丧家则需在正式杠价之外，再给杠夫一定的赏钱。杠房为了讨好丧家，要大声喊出"某某赏钱××吊"；此时所喊出的钱数，是实际的十倍。故所谓"八十吊"实应为八吊。另：当时的币值详见《附录叁－15》。

bz 03　八宗事

例（骆 444　22）：善有善报，恶有恶报，并没有这么**八宗事**

注－八宗事（bā zong shè*r）：京语中常见以"八"字表示多数，并非就 =8。原著此处"八宗事"指上述之事（善恶有报）。

bz 04　拔创

例（骆 313　01）：他们会给他出主意，会替他**拔创**卖力气

注－拔创（bá chuàng）：也有"拔怆、拔闯"等写法。详见《卷一·c41》条。

bz 05　八大胡同

例（骆 227　13）：所说的万寿山，雍和宫，"**八大胡同**"，他们都晓得

注－八大胡同（bá de hu tòng）：八大胡同是老北京花街柳巷的代称，位于前门外西珠市口大街以北、铁树斜街以南一带。详见《附录叁－16》。

bz 06　把式

例（四 203　08）：<u>把式</u>，今天多受屈啦！改天我请喝酒

注－把式（bǎ shi）：京语对掌握某种技能者之尊称。系源自蒙语"巴克什"（bagši、bagš），详见《满蒙语汇壹－05》。

bz 07　把儿

例（骆 243　20）：不管是拉起来一个，还是全"<u>把儿</u>"

注－把儿（bǎr）：旧时拉骆驼人对骆驼数的一种计量单位，指一个人在前面拉着的一串骆驼。根据不同路线及所运不同货物、乃至不同拉骆驼人各自习惯，"一把儿"骆驼可能是3~9匹。

bz 08　爸爸

例（四 213　09）：晓荷知道北平的武士道的规矩，他"叫"了："<u>爸爸</u>！别打！"金三爷没了办法。"叫"了，就不能再打

注－爸爸（bà bèi）：后一"爸"字读 bèi，是强调某种情绪时的变读音。见《满蒙语汇叁－05》。

bz 09　霸道

例（四 552　21）：假若她真去找他吵架，她未必干得过他。反之，就这么把女儿给了他，焉知他日后不更嚣张，更<u>霸道</u>了呢

注－霸道（bà dou）：此处意为强横不讲道理。详见《卷一·b 14》条，并参阅《满蒙语汇叁－06》。"道"字读 dou，轻声。

bai

bz 10　掰开揉碎

例（四 586　22）：她（小妞子）没敢<u>掰开揉碎</u>的细问，而只用小眼睛瞄着妈妈

注－掰开揉碎（bāi kāi róu suì）：京俗语，此处指仔仔细细地问。

bz 11　掰开揉碎

例（四 819　25）：我们<u>掰开揉碎</u>的劝他，差不多要给他跪下了，他不听

注－掰开揉碎（bāi kāi róu suì）：京俗语，此处指推心置腹、苦口婆心地给人讲述（某种道理或事物）。

bz 12　白俄

例（离244　11）：因为不会说英语，被<u>白俄</u>看不起

注－白俄（bái è）：指俄国十月革命后逃亡在外的旧沙俄贵族或保皇党徒，这些人有一部分流亡在中国。参阅《附录叁－17》。"俄"字京人习读去声。

bz 13　白房子

例（骆277　16）：像他那个岁数的小伙子们，即使有人管着，哪个不偷偷的跑"<u>白房子</u>"

注－白房子（bái fáng zi）：旧京最下等的妓院所在地。参见《附录叁－18》。二十世纪五十年代初，取缔妓院，妓女们参加劳动，成为自食其力的劳动者。五十余年前，笔者曾识得几位白房子的从良妓女。

bz 14　白毛汗

例（牛136　15）：原来炕是热的!……待了一会儿，他出了<u>白毛汗</u>

注－白毛汗（bái máor hàn）：京俗语，指身上出的一层密密麻麻的汗珠，似绒毛状，故名。"毛"字儿化。

bz 15　白饶一面儿

例（四176　26）：有人叫咱们滚，咱们还不忙着收拾收拾就走吗？等着叫人家踢出去，不是<u>白饶一面儿</u>吗

注－白饶一面儿（bái ráo yí miàr）：京俗谚，谓多余、多此一举。

bz 16　白薯

例（四818　08）：而后女孩子用衣襟兜着好几大块，刚刚洗净的红皮子的<u>白薯</u>

注－白薯（bái shǔ）：京人称甘薯为白薯。此处所说的"红皮子的白薯"熟后瓤儿色亦红，直呼为"红瓤儿白薯"，京人绝无"红薯"之称谓。

bz 17　白招子

例（四599　16）：他们俩都赤着背，只穿着一条裤子，头后插着大<u>白招子</u>。他们俩是要被砍头

注－白招子（bái zhāo zi）：京中管店铺门口悬挂的、上面写有商品广告的竖幅布条叫招子。旧时死刑犯处决前，五花大绑着游街，背后插一白色长木牌，上写该人名字，并以朱笔圈之，谓之白招子。

bz18　把馒头往外推

例（四72　26）：祁老人心里很不满意长孙这个把馒头往外推的办法

注－把馒头往外推（bǎi mán tou wǎng wài tuī）：京俗语，意指不接受应得的利益。京人口语多将作为介词的"把"字读 bǎi。

bz19　摆弄熟了

例（离238　20）：就着现成的材料，把两个孩子几乎摆弄熟了，还是不像样

注－摆弄熟了（bài nong shóu le）：此处"摆弄"指翻来覆去地修饰，"熟了"是说"摆弄"的程度之甚。京语还有"折腾熟了、揉搓熟了、挫咕熟了、糟践熟了"等说法。"弄"字轻声。口语中有时将"弄"字读为 long，参阅《附录叁－115》条。

bz20　把人×得胡说八道的

例（牛212　08）：不像中国字能把人繁得胡说八道的

注－把人×得胡说八道的（bǎi rén × de hú shuo bá dào de）：京俗语，因某事的紧迫性使当事人手忙脚乱应接不暇，且有点儿精神失控状。"×"字一般多为"忙、急、逼、愁、烦、气"等在某种前提下具否定性的词汇。"把"字读 bǎi；"说"字轻声；"八"字阳平。

bz21　把谁的××咬下来

例（骆305　26）：怕他干吗？他还能无因白故的把谁的××咬下来

注－把谁的××咬下来（bǎi shéi de ×× yǎo xie lei）：旧京下层人士常用语，以××代指"鸡巴"。意谓不怕某人或事，怎么着（zhāo）不了。对这种心态，京人称"耍三青子"。

bz 22　摆台

例（四 16 13）：在东交民巷的"英国府"作**摆台**的

注－摆台（bǎi tái）：西餐重礼仪，而英人尤古板守旧。比较上层的家庭或较重要的宴会上，餐前食具的摆放很有讲究，此道程序称"摆台"。

bz 23　把这一页揭过去

例（四 258 12）：小文没有摇头，也没有点头。他干脆的**把这一页揭过去**，而另提出问题

注－把这一页揭过去（bǎi zhèi yèr jiēo qi）：京语常用说法，谓将某问题搁置，不再提起。"把"字读 bǎi；"一页"两字合读为 yèr；"过"字说得快时，读 o，是口型提示；"去"字读 qi，轻声。

ban

bz 24　搬了走

例（四 43 25）：咱们没法子把北平的一百万人都**搬了走**，总得有留下的

注－搬了走（bān liáo zǒu）：此处"了"字重读（变调阳平是因为双

上声）。

bz 25　板

例（四 176 09）："怎样？"老二紧催了一**板**

注－板（bǎn）：是指京戏中所谓的"板"。催一板是借用京戏术语，即催促意。旧时京语中往往用京戏术语。

bz 26　板子车

例（四 15 13）：自从有了**板子车**以后，这行的人就渐渐的把"窝"变成了"拉"

注－板子车（pǎi zi chē）：旧京所常用的一种载货人力车，车型窄长，长丈余，一人驾辕，一二人协助推拉。按：此处之"板"字读 pǎi，也写作"排子车"；按其读音应归于 p 部，为便于查询权列于此。

bz 27　办事

例（四 807 12）：不哭喽！得商量商量怎么**办事**哟

注－办事（bàn shè*r）：此处之"事"字专指红白喜事儿，今尚有

此说。

bz 28 拌蒜
例（四 645 01）：孙七像醉鬼似的，两脚拌着蒜，跟着李四爷走
注－拌蒜（bàn suàn）：京俗语，形容人因某种原因脚步踉跄、摇摇摆摆。

bz 29 拌嘴闹口舌
例（四 381 11）：瑞宣顶怕一家人没事儿拌嘴闹口舌
注－拌嘴闹口舌（bàn zuǐ nào kǒu she）：为一点儿鸡毛蒜皮的小事争执不休。"拌嘴"一词今尚常用，"闹口舌"一说好像是听不见了。

bang
bz 30 棒
例（四 38 02）：这年月，打仗不能专凭胆子大，身子棒啦
注－棒（bàng）：此为京语特有的词汇，此处指身体结实，也可泛指多种正面评价。详见《附录叁－19》。

bao
bz 31 爆羊肉
例（骆 234 11）：如热烧饼夹爆羊肉之类的东西
注－爆羊肉（bāo yáng ròu）：京味菜肴。"爆"字阴平。此菜之烹饪法见《附录叁－20》。

bz 32 报丧
例（四 171 06）：难道不报丧吗？……老太太和少奶奶的娘家反正非赶紧去告诉一声不可呀
注－报丧（bào sāng）：旧京礼俗，女人死后须即刻向娘家通报其去世的噩耗。"丧"字阴平。

be
bz 33 不唧儿
例（四 488 18）：平日他一说话，眼里不是老那么泪汪汪的，笑不唧儿的吗
注－不唧儿（be jiē*r）："不唧儿"作为某些动词或形容词的后缀用，是表示感情色彩的成分，"不"字读 be，轻声，是为京人口语说法；也可重叠说"不唧唧儿"（be jiē*r jiē*r）。按：陈刚先生的《北京方言词典》一书中有"不

唧"（或"不唧唧"）一词，谓"有厌恶意味"，列举了"傻不唧、咸不唧、凉不唧"等例。但彼处之"唧"字不儿化，而本条之"唧"字儿化，则不用于否定性词汇。常见者如"笑不唧儿、乐不唧儿、美不唧儿"等。一音之分，遂隔喜恶之别矣。

bei

bz34 背拉

例（骆404 03）：自己拉，每天好歹一<u>背拉</u>总有五大毛钱的进项

注－背拉（bēi le）：京俗语，意谓衰多益寡平均核算。"拉"字变读为 le，轻声。

bz35 闭过气去

例（四635 11）：小崔太太已经筋疲力尽，一翻白眼，又<u>闭过气去</u>

注－闭过气去（bèi guo qì qi）：京人习称昏倒为"闭过气去"。"闭"字读 bèi，旧时京人避免说 bi 音，原因见本卷之 yz78 条。"去"字读 qi，轻声。

ben

bz36 本地风光

例（离349 17）：它更足以使人舒服，因为多看见些<u>本地风光</u>

注－本地风光（běn di fēng guang）：参见《卷一·b48、b49》条。"地、光"二字轻声。

bz37 奔

例（四202 03）：四大妈……几乎被门坎绊了一跤。……瑞宣<u>奔</u>过她去

注－奔（bèn）：此处意为朝、向，但含有"急速"意。京人口语习用说法。

bz38 奔

例（骆266 24）：不这么<u>奔</u>，几儿能买上车呢

注－奔（bèn）：京俗语，为成就某事而竭尽全力，奋斗不息。

bz39 奔驰

例（四928 03）：你就多偏劳吧！你去跑跑，就省得我<u>奔驰</u>了

注－奔驰（bèn chi）：京俗语，意指"为某事奔走操劳"。"奔"字去声，"驰"字轻声。

bz40　笨狗、哈巴狗、板凳狗

例（四568　21）：北平人不喜欢**笨狗**与**哈巴狗**串秧儿的"**板凳狗**"——一种既不像笨狗那么壮实，又不像哈巴狗那么灵巧的……矮狗

注－笨狗、哈巴狗、板凳狗（bèn gǒu、hǎ be gǒu、bǎn dè~r gǒu）："笨狗"泛指京畿地区所养的土种中型犬，"哈巴狗"是旧京人家常养的一种小型犬；而"板凳狗"即如例句中所述。参见《满蒙语汇叁-07》。

beng

bz41　绷着

例（骆417　15）：急于打发了这些东西，所以没心思去多找几个人来慢慢的**绷着**价儿

注－绷着（bēng zhe）：此处意指有耐心地慢慢侃价儿。"绷着"一词用途不限于此，举凡以隐忍之心坚持着某事，准备持久相持者均可谓绷着。

bz42　甭

例（四802　20）：你就**甭**去了吧

注－甭（béng）：京畿俗语，"不用"二字的合音合写字。更土点儿的读 bíng。如表示断然拒绝某事，一般可单独说"甭价"，读 béng（或 bíng）jie。

bz43　甭提多么……

例（四460　15）：她告诉老人："我也梦见了老三，他**甭提多么**喜欢啦……"

注－甭提多么……（béng ti duó men…）：京人常用说法，作状语用，表示所修饰的动词或形容词（即此处省略号的内容）程度的尤甚。"提"字轻声；"多"字阳平，"么"字读 men，轻声。

bz44　不用、有您在头里、冲着、二忽

例（牛209　03）：**不用**说**有您在头里**，就是没您，**冲着**谁，我们也不敢**二忽**了

注－不用（béng in）："不用"的合读音。更土点的读 bíng in。可合写作"甭"。

有您在头里（yǒu nín zei tóu lou）：京人习用说法，意为"有您的面子

(为基础)"。"在"字读音介于 zei、zai 之间,轻声;"里"字读 lou,轻声。

冲着(chòng r):因(某人或某事物)而如何。"着"字读 r,是口型提示。

二忽(èr hu):京俗语,是谓掉以轻心,敷衍塞责,不当回事。"忽"字轻声。

bz 45　蹦打蹦打

例(四165　10):像个惊慌失措的小家兔儿似的,蹦打蹦打的。
注 – 蹦打蹦打(bèng de bèng de):京人说一些小动物或小孩子不停顿而又无目的的跳跃、窜动。现写作"蹦跶"。

bz 46　蹦儿

例(四06　10):八国都不行,单是几个日本小鬼还能有什么蹦儿。
注 – 蹦儿(bè~r):京俗语,指某人在某事上所能做到的程度,一般用于否定意义处,即指"做不成什么"。

bi

bz 47　避猫鼠

例(四752　07):日本没打下长沙,而把北平人收拾得像避猫鼠。
注 – 避猫鼠(bì māo shǔr):京俗语。老鼠(京中称耗子)天性怕猫,此说形容被彻底降服了,老老实实的。

bian

bz 48　便宜坊、挂炉烤鸭

例(四18　02):一来客,他总是派人到便宜坊去叫挂炉烤鸭。
注 – 便宜坊(biàn yi fár):京城一家著名的烤鸭店。"宜"字轻声,"坊"字儿化;也有人读为 fáng。
挂炉烤鸭(guà lú kǎo yā):烤鸭的一种做法,将鸭子挂于炉中,以明火烤制。关于烤鸭,详见《附录叁 – 21》。

bz 49　便衣

例(四326　01):我得躲躲!穿便衣的也许是特务。
注 – 便衣(biàn yiē*r):京人称着常服执行任务的警察为便衣儿。"衣"字儿化。

bie

bz 50　憋得慌

例（四 553　04）：大赤包深深的吸了一口气……她的心中<u>憋得慌</u>

注 – 憋得慌（biē dou hen）："得慌"二字无实意，为动词后缀，表示主词程度的尤甚。卷一、卷二中已有注释。

bz 51　别提啦

例（离 194　01）：可不是；<u>别提啦</u>，二妹妹，这年头养女儿才麻烦呢

注 – 别提啦（bié tí le）：京人习用说法，用于否定性句子的句首；先为以下要说的事情定下基调，表示此事不堪的程度之甚。

bz 52　别这么着了

例（四 571　17）：干吗糟蹋钱呢？下次<u>别这么着了</u>

注 – 别这么着了（bié zhèn me zhi le）：注意多处变读。"么"字可读为 men，是较早的旧京读音，现在没人这么说。若为加重语气，"着"字可读 zhāo。

bz 53　瘪子

例（骆 406　18）：她才不能吃这个<u>瘪子</u>

注 – 瘪子（biě zi）：京俗语，谓吃亏、遭受损失，尤指被别人当面"撅了"（京俗语，谓不给面子，使下不来台）。

bz 54　别扭

例（骆 236　01）：他与它之间没有一点隔膜<u>别扭</u>的地方

注 – 别扭（biè niu）：京俗语，谓（因何事而感到）心理上不能接受（此事）。此处指人与物（祥子与洋车）间的关系，谓得心应手、相互协调。此种用法较少见。

bing

bz 55　冰核

例（骆 393　14）：便去连买带拾，凑些<u>冰核</u>去卖

注 – 冰核（bīng húr）：此处之"核"字原指果类的内核，此处是指碎冰。按：旧京有冰窖，冬日储冰夏季出售。"核"字读 húr，儿化，也写作"橱"，系旧时京中不规范的俗字。

bz 56　冰碗儿、八宝荷叶粥

例（四505 13）：虽然没有天棚与冰箱，没有<u>冰碗儿</u>与<u>八宝荷叶粥</u>，大家可也能感到夏天的可爱

注－冰碗儿、八宝荷叶粥（bīng wǎr、bā bǎor hé ye zhōu）：旧京夏季消暑食品。详见《附录叁－22》。

bz 57　冰箱

例（牛36 14）：在<u>冰箱</u>旁边的磁墩上规规矩矩的坐着

注－冰箱（bīng xiāng）：旧时冰箱并非现在的电冰箱，而是一种木制柜子，其内上部为一铁板制成的盒子，放置冰块（冬储天然冰）；铁盒下部置食品以保鲜。

bz 58　冰盏

例（离349 23）：卖酸梅汤的<u>冰盏</u>敲得轻脆而紧张

注－冰盏（bīng zhǎr）：旧京夏天卖冷饮、冬季卖干果及糖葫芦的专用响器。详见《附录叁－23》。

bz 59　病病歪歪

例（四04 01）：而儿媳的身体又老那么<u>病病歪歪</u>的

注－病病歪歪（bìng bing wāi wāi）：京俗语，后一"病"字轻声。

bo

bz 60　饽饽

例（四882 18）：把咱们的酒饭换上粗<u>饽饽</u>辣饼子

注－饽饽（bō bo）：京人尤其是旗人将除面条外的几乎一切面食都称为饽饽。详见《卷一·b61》条。

bz 61　驳回

例（骆237 25）：干脆就给一块四毛钱！不用<u>驳回</u>，兵荒马乱的

注－驳回（bó nuí）：此处是车夫与乘客讨价还价时说的，意为"不还价"。参阅《附录叁－24》。

bu

bz 62　卜哒卜哒

例（四312 23）：小妞子……（藏在）石榴盆后面，两个小眼<u>卜哒卜哒</u>的从盆沿上往外偷看

注－卜哒卜哒（bū dē~r bu de~r）：京俗语，形容眼睛一眨一眨的样子。"卜"字变调，"哒"字变读，儿化；后一"卜哒"轻声。也写作"不瞪儿不瞪儿"，参见《卷一·b64》条。

bz63 拨落

例（骆257 15）：祥子的大脚东插一步，西跨一步，两手左右的**拨落**

注－拨落（bū leng）：京俗语，此处指以手（也可是使用长形器物）左右横向拨动物品，使之位移。"拨"字变读为 bū，"落"字变读为 leng，也有读为 la 的，轻声。也写作"拨捯、拎拉、拎捯、布拉、不剌、拎浪"等。用在某些地方则指摆动，如来回多次摇头或鱼摆尾等，重言之则曰 bī le bū lēng，至于怎么写，反正方言无定字，诸君瞧着办。另可参阅《元曲语汇112》条。

bz64 不碍

例（骆316 15）：行，行，**不碍**！我是又冷又饿，一阵儿发晕！不要紧！

注－不碍（bú ài）：没关系、没有问题，京人习用说法。也说"不碍事、不碍的"（连读为 bài d）。现多说"没事儿"。

bz65 不错眼珠

例（四309 11）：他**不错眼珠**的看着钱先生，看了足有两三分钟

注－不错眼珠（bú cuò yǎn zhūr）：京俗语，谓看得专注。

bz66 不大吃劲

例（离195 03）：我一天到晚提心吊胆，有时候真觉着活着和死了都**不大吃劲**

注－不大吃劲（bú de chī jìn）："吃劲"一词在此处指重要性，"不大吃劲"即不重要。"不"字阳平；"大"字读 de，轻声。

bz67 不过是这么一说

例（四330 27）：**不过是这么一说**，你的事当然由你作主

注－不过是这么一说（bú guo r zhe m yi shuō）：京人常用说法，表示自己所说仅供参考，不必认

真。"不"字阳平;"过、这、一"三字轻声;"是、么"二字读为 r、m,是口型提示。

bz68 不……还不行吗

例(四 894 03):瑞丰非常的不高兴。……说:"好,好,我<u>不去了还不行吗</u>……"

注 – 不……还不行吗(bú…hái bù xíng me):京人在很不情愿的情况下被迫放弃某事时的常用说法。"吗"字读 me。

bz69 不论秧子

例(骆 304 19):你上哪儿我也找得着!我还是<u>不论秧子</u>

注 – 不论秧子(bú lìn yāng zi):京俗语,谓不畏惧或不顾忌任何人。当说自己"不论秧子"时,就有点耍光棍儿的意思了。

bz70 不是

例(牛 15 03):牛老者常因为忘了买煤,而省下许多钱;想起来<u>不是</u>,煤忽然落了价钱

注 – 不是(búr):此处作为虚指代词使用,指的是此前所述之事(忘了买煤),此系京语常见用法。"不是"二字连读为 búr,阳平,儿化。

bz71 不是味儿

例(四 479 07):由东城往回走,瑞宣一路上心中<u>不是味儿</u>

注 – 不是味儿(bú shi wè*r):谓心中酸楚、愁绪满怀。

bz72 不是呀

例(四 54 18):小崔听到这两句好话,气平了一点:"<u>不是呀</u>,二太太!你听我说!"

注 – 不是呀(bú r e):京人在与他人温和辩驳,力图阐明自己观点时用的发语词。"是呀"二字读为 r、e,读音很轻。"不"(bú)要与其后的"是"(r)分开读,勿说成 búr;"呀"字读 e,轻声。

bz73 不受听

例(骆 259 15):教他们只敢胡猜,而不敢在祥子面前说什么<u>不受听</u>的

注 – 不受听(bú shòu tīng):京人习用说法,谓令人听了不舒服的

话。

bz 74　不送

例（四267 15）：忙向刘师傅的屋门推了两下子，"不送！不送！"

注－不送（bú sòng）：京人客套话。主人送客时，客人辞让时口中所言。

bz 75　不吃这一套

例（四719 15）：别人也许好说话儿，爷爷可不吃这一套

注－不吃这一套（bù chī zhēi tào）：京俗语，意谓"你的那些办法（在我这里）全没有用"。"这一"两字连读为 zhēi，阴平。句中之"爷爷"，系大言自称。

bz 76　不答应

例（牛73 24）："得，得了！太太可就上前院来，叫她听见又不答应！"四虎子劝着

注－不答应（bù dā ying）：此处意指（因不满而进行）干预。"答"字阴平；"应"字轻声。参见《卷二·bx33》条。

bz 77　不得哥儿们

例（骆263 17）：对于发邪财的人，不管这家伙是怎样的"不得哥儿们"，大家照例是要敬重的

注－不得哥儿们（bù dé gē*r men）：京人习用说法，"不得哥儿们欢心"之简说。"哥儿"读音介于 gē*r、gēr 之间；"们"字轻声，不可儿化。这是那时的读音，现在都说"哥们儿"（gē me*r）了。

bz 78　不得劲

例（四157 27）：无论个性怎样强的人，当他作错事的时候，心中也至少有点不得劲，而希望别人说他并没作错

注－不得劲（bù děi jiè*r）：京俗语，此处谓心里发虚，不踏实。"得"字读 děi；"劲"字儿化。当此词用于说身体不舒服时，"得"字读本音 dé，"劲"字儿化。

bz 79　不短

例（牛186 06）：他上了天津，也不短到上海

注－不短（bù duǎn）：旧时京语

习用说法，此处为"时不时的（如何）"之义。

bz 80　布尔乔亚、普罗

例（离349 15）：是国产**布尔乔亚**，有些地方……还是**普罗**的

注－布尔乔亚、普罗（bù ěr qiáo yà、pǔ luó）：布尔乔亚，源自法语 bourgeois，指资产阶级（分子）；普罗，源自英语 proletariat，原是指罗马无产者，即古罗马自由民中的最下层，也泛指无产阶级、劳动阶层。二十世纪二三十年代，此类西语音译在北平、上海等大城市知识阶层中颇为流行。

bz 81　不开眼

例（四21 22）："大概拿铜当作了金子，**不开眼**的东西！"小顺儿的妈挂了点气说

注－不开眼（bù kāi yǎn）：京人指斥别人太土、什么都没见识过时所用语。

bz 82　不离

例（骆259 04）：老头子看了车一眼，点了点头："**不离**！"

注－不离（bù lié*r）：京俗语，"差不多、还行、挺好"之类的意思。"不"字读音介于 bu、be 之间，轻声；"离"字儿化。

bz 83　不傻装傻

例（骆259 17）：他决不会……马上就**不傻装傻**的去欺侮人

注－不傻装傻（bù shǎ zhuāng shǎ）：京俗语，也说"装傻充愣"，意指通过假装什么都不懂而谋求从中得利。

bz 84　不听老人言，祸事在眼前

例（四558 13）：什么话呢，**不听老人言，祸事在眼前**，一点也不错

注－不听老人言，祸事在眼前（bù tīng lǎo rén yán, huò shi zài yǎn qián）：京俗谚。现今多将"祸事"作"吃亏"。

bz 85　不言不语

例（牛34　13）：别看他**不言不语**的

注－不言不语（bù yān bù yǔr）："言"字阴平，"语"字变读，儿化。

bz 86　不招灾不惹祸

例（四356　27）：天佑作掌柜，瑞宣当教师，在他看，已经是增光耀祖的事，而且也是**不招灾不惹祸**的事

注－不招灾不惹祸（bù zhāo zāi bù rě huò）：京俗谚，"灾"字也可儿化。参阅《附录叁－25》。

C 部

ca

cz 01　擦把脸

例（四811　14）：随便的用冷水**擦**了一把脸

注－擦把脸（cā bǎ liǎn）：京人习用说法，指快速、简单地洗一下脸，甚或仅是用湿毛巾抹一把。

cz 02　扯烂污

例（四865　10）：小崔太太打算**扯**咱们的**烂污**，那不行

注－扯烂污（cā làn wu）：这不是北京话，而是江浙一带的话，意为拆台（搞糟某事）、故意捣乱（致使对方没面子）。也作"拆烂污"。原意是"拉稀"（拆：排泄，烂污：稀屎）。老舍先生之所以这样写，一是书中说此话者（高亦陀）籍贯不明（但肯定不是北京人）；二是写此篇时仍身在重庆，为使更多非京籍者能看得懂，所以使用的语言往往并非纯粹京语，这种情况在那一时期的著作中时见。此处"扯"字按南音读法标为 cā。

cz 03　擦山

例（离349　22）：特别是夕阳**擦山**的前后，姑娘们穿出夏日最得意的花衫

注－擦山（cā shār）：此处说的是夕阳西下，残日挂在西山顶上时的样子，是对这一时刻很生动的描绘。详见《附录叁－26》。

cai

cz 04　才怪

例（四948　24）："我知道**才**

怪！"老人急扯白脸的说

注－才怪（cái guài）：用"才怪"置于某动词后作为补语，以此来否定该动词，是京语的常见修辞法。

cz 05　彩牌坊

例（四 747　03）：街上已又搭好**彩牌坊**，等着往上贴字

注－彩牌坊（cǎi pái fang）：京中旧俗，重大喜庆事，要搭建牌楼。牌楼内以木材搭筑骨架，外面裹饰以彩纸，并在上面贴上大字，表明所庆者何。也叫彩牌楼。"坊"字轻声。

cz 06　彩子

例（骆 346　24）：正门旁门一律挂**彩子**

注－彩子（cǎi zi）：在上条所说的彩牌楼门洞处挂的彩纸饰条。

cang

cz 07　藏闷儿

例（牛 58　09）：在柜里**藏闷儿**

注－藏闷儿（cáng mē*r）：捉迷藏。现字典内一般都写为"藏猫儿"，"藏闷儿"是京人说法。"闷儿"阴平，儿化。

cz 08　藏起去

例（骆 383　03）：把财产都变成现钱，偷偷的**藏起去**

注－藏起去（cáng qiǔ qi）：下层京人的说法。"起去"二字读为 qiǔ qi。

cao

cz 09　操持

例（四 04　07）：那么一家十口的衣食茶水……便差不多都由长孙媳妇一手**操持**了

注－操持（cāo zhi）：负责、主持进行。"持"字读 zhi，轻声。

cha

cz 10　茶房

例（牛 121　23）：**茶房**！开饭，开到这儿来

注－茶房（chá fang）：旧时对服务生一类的仆役之统称，并非一定在茶馆。

cz 11　岔糊

例（离 316　09）：得和她套近乎，我越在中间**岔糊**着，他们越是俩打一个儿

注－岔糊（chǎ hu）：京俗语，在二者中分隔。"岔"字上声；"糊"字也作"乎"，轻声。

cz 12　岔批儿

例（牛71　22）：老师来了！四虎子报告的时候，声音都有点<u>岔批儿</u>

注－岔批儿（chà piē*r）：京俗语，因大声喊叫致嗓子嘶哑，而原著此处是指情绪激动紧张。此词另可指竹木顺纹理开裂、或毛笔笔尖出了分叉；还有"事情生出意外枝节"等义。

cz 13　差一事

例（离208　22）：老李究竟是乡下人，这便又<u>差一事</u>了

注－差一事（chà yi shi）：京人习用说法，谓差点儿火候、略逊一筹；也可简说为"差事"。是对"不合格"较委婉的说法。"一事"二字轻声。

　　　　　chan

cz 14　搀合

例（骆278　06）：他和这样人<u>搀合</u>着，他自己又是什么东西呢

注－搀合（chān hu）："合"字现一般作"和"，读音介于 hu、huo 之间，轻声。

cz 15　缠磨

例（四145　11）：小顺儿和妞子……不再<u>缠磨</u>常二爷了

注－缠磨（chán me）：多指小孩子和大人纠缠不休，"磨"字读音介于 me、mo 之间，轻声；也简称"磨"（此时读本音）。

cz 16　颤悠颤悠的

例（骆235　20）：他自己的车，弓子软得<u>颤悠颤悠的</u>

注－颤悠颤悠的（chàn yōur chàn your de）：此处用以形容某种物件富于弹性。也有时用以形容老弱者行走不稳的样子。两"悠"字均儿化，后一"悠"字轻声。

　　　　　chang

cz 17　敞开儿

例（离196　10）：<u>敞开儿</u>是糊涂话，他说，非毕业后不定婚

注－敞开儿（chǎng kār）：原意为不限量（供给）、随意（取用）；此处是引申义，意指"从根本上

就是（什么）、百分之百就是（什么）"。见《满蒙语汇叁-08》。

chao

cz 18　抄

例（骆 289 19）：他曾毫不客气的"**抄**"买卖，被大家嘲骂

注 - 抄（chāo）：此处意指抢夺别人已经到手的买卖。

cz 19　吵吵

例（四 635 24）：大家先别乱**吵吵**，得想主意办事

注 - 吵吵（chāo chou）：你一言我一语，无序的乱说。后一"吵"字读 chou，轻声。

cz 20　抄着根儿

例（四 381 17）：她不问婆婆为什么生气，而**抄着根儿**说："老太太，又忘了自己的身子吧！怎么又动气呢？"

注 - 抄着根儿（chāo r gē*r）：直指根本。"着"字读 r，是口型提示。

cz 21　超人

例（四 937 02）：他几乎是个**超人**，弄得日本人没了办法

注 - 超人（chāo rén）：超人（Superman）一词，是德国哲学家尼采（Friedrich Wilhelm Nietzsche）所创。二十世纪二三十年代尼采的著作传入中国后，此词在知识界流行开来。

cz 22　吵嚷

例（四 104 05）：大家现在都**吵嚷**这件事，万一闹到日本人耳朵里去，不是要有灭门的罪过吗

注 - 吵嚷（chāo ren）：此处意指广为传说。"嚷"字读 ren，轻声。

cz 23　炒菜面

例（骆 356 14）：早知道这样，就应该预备"**炒菜面**"！三个海碗的席吃着，就出一毛钱的人情

注 - 炒菜面（chǎo cài miàn）：旧时一种低等的宴席吃法，大锅炒一个很咸的菜当作浇卤，配上面条即是。

che

cz 24　车份儿

例（骆 226 05）：希望能从清晨转到午后三四点钟，拉出"**车份儿**"

和自己的嚼谷

注－车份儿（chē fè*r）：车夫向车行赁车，每天所缴租金称车份儿。

cz 25　车口

例（骆 225　15）：拉出车来，在固定的"**车口**"或宅门一放

注－车口（ché kǒur）：在交通要衢的路口交汇处，因雇车的人较多，所以往往形成了固定的停车处，京人称车口。"口"字儿化。

cz 26　扯

例（四 962　21）："慢点哟！慢着！别把我**扯**倒了哟！"老人一边走一边说

注－扯（ché）：拉扯。今天说拉，旧时说扯（或拽）。此处因双上声变调阳平。

cz 27　扯谎

例（四 415　11）：很难过的，钱先生**扯谎**："这么办……"

注－扯谎（ché huǎng）：旧时京人称撒谎为扯谎。"扯"字因双上声变调阳平。

cz 28　扯淡

例（四 896　21）：这些朋友，有的根本拒绝见他，有的只对他**扯**几句**淡**

注－扯淡（chě dàn）：胡说八道点子无关紧要的话。京人有时说"扯蛋"（与"扯淡"同音），就是粗口儿了。

cz 29　扯臊

例（牛 96　24）：我才不管什么毕业不毕业！上海在哪儿喽，瞎**扯臊**

注－扯臊（chě sào）：这是一句稍加掩饰的粗口，意为"扯蛋"。

cz 30　扯天扯地

例（四 1070　12）：迎面来了个青年，穿着件**扯天扯地**的长棉袍

注－扯天扯地（chě tiān chě di）：此处形容（棉袍）极长。也作"通天扯地"，参见 th 02 条。现今没人穿棉袍了，当然也就无此说法了。

cz31　扯天扯地

例（四496 12）：他作了个<u>扯天扯地</u>的大揖

注 – 扯天扯地（chě tiān chě dì）：此处是说作揖的郑重，幅度很大，双手高举合拳，一揖到地。随着作揖的消失，这个用法当然也就不存在了。

cz32　扯天柱地

例（四797 23）：四条<u>扯天柱地</u>的红腿向他走来

注 – 扯天柱地（chě tiān chǔ dì）：京俗语，谓极其高大；书面语作"顶天立地"。此处"柱"字京语习读为 chǔ，其实就是"拄拐杖"的"拄"字。现不闻此说。

cz33　扯着脸

例（四690 13）：而他<u>扯着脸</u>对男同事们说："家里有太太，顶好别多看花瓶儿们！弄出事来就够麻烦的！"

注 – 扯着脸（chě r liǎn）：今说"腆着脸"。指某种本质很坏的人，却满口仁义道德、恬不知耻地教训别人。"脸"字读 r，是口型提示。

cz34　扯闲话儿

例（四545 14）：他一字不提事情的正面，而只诚恳的<u>扯闲话儿</u>

注 – 扯闲话儿（chě xián huàr）：说一些与主题无关的话。此处"话"字须儿化；若不儿化说成"闲话"，就是背后散布小道消息、攻讦他人之意了。

cz35　扯闲盘儿

例（四219 17）：金三爷……不想<u>扯</u>什么<u>闲盘儿</u>，而愿直截了当的作些事

注 – 扯闲盘儿（chě xián pár）：与上一条之"扯闲话儿"同义。

cz36　扯闲篇儿

例（四822 10）：他<u>扯</u>了些<u>闲篇儿</u>。他问马老太太近来可硬朗？他们的生活怎样

注 – 扯闲篇儿（chě xián piār）：与上两条同义。是京俗语相互近似的说法。

cz 37　撤差

例（骆226　20）：被<u>撤差</u>的巡警或校役

注 – 撤差（chè chāi）：此处指被辞退、失业。现无此说法儿。

cz 38　扯嘴巴子

例（四925　08）：高第真想<u>扯</u>他们一顿<u>嘴巴子</u>

注 – 扯嘴巴子（chè zuǐ bà zi）：京语管打耳光叫扯嘴巴子。"巴"字去声。也说"扯嘴巴（be）"或"扯耳刮子"。"扯"字均读去声。

chen

cz 39　陈人

例（离389　14）：这一吵吵使新任的教育局长将已免职的<u>陈人</u>又叫回来几个

注 – 陈人（chén ré*r）：此处指原机构中的工作人员。"人"字儿化。又：《儿女英雄传》第三回："还有个老家人……原是累代陈人。"则是指所谓"家生儿"，即在贵族家中无自由之身、世代为奴者，是清代残余奴隶制的体现。

cz 40　真！

例（四61　06）：我要是一个人跑得过来，决不劳动你们小姐们！<u>真</u>！

注 – 真！（chèn r d！）：京俗语，用在句尾或句中停顿处，是"真是的"之略写，表示对某人或事的感慨；对对方言行不满时也这样说，意谓"为什么要这样呢"。此说法今已罕闻。"真"字强调时读去声，平和时读轻声；其后之 r、d 均为口型提示。舌位在 r 时要有停顿感，随即转为 d 音的口型，即以少量的气流向前推进舌尖，直至突破舌尖阻碍而溢出。注意这两个动作所发出的声音极微弱或干脆一点儿声也没有，这仅是口型提示，不要照真正发塞音那样把口型做足。之所以加上一个感叹号，是因为此说法仅限于感叹句，其后只能用感叹号。此说法二十世纪初开始流行，老舍早、中期作品中时见，五六十年前民间尚普及；今则罕闻，非老北京不能道也。

cz 41　真是的

例（骆 297 19）："你看，**真是的**，祥子！这么大个子了……"

注－真是的（chen r d）：音、义均见上条。唯上条是表示不满，此条表示感慨；语气较前平和，故"真"字读轻声。此条为全写，上条为略写。

cheng

cz 42　城根

例（四 827 20）：长顺儿……慢慢的他走向北**城根**去

注－城根（chéng gē*r）：京人称城墙内侧靠近城墙脚下的地方为"城根儿"，城外的城墙脚下其实也可以这么叫，但习惯上还是指城内侧。"根"字儿化。

cz 43　成群打伙

例（四 512 25）：**成群打伙**的去到各处公园

注－成群打伙（chéng qún dā huǒ）："打"字阴平，现直写作"成群搭伙"。

cz 44　成三破二

例（四 224 08）：有他在中间，卖房子的与买房子的便会把房契换了手，而他得到**成三破二**的报酬

注－成三破二（chéng sān pò èr）：旧时房产中介的行规，向买方收取房价的 3％、卖方收 2％的中介费，称"成三破二"。

cz 45　成天际

例（骆 391 19）：我**成天际**去给人家当牲口

注－成天际（chéng tiān jin）：京俗语，整天、每天、经常等意。"际"字读音介于 jin、ji 之间，轻声；说得快时读为 ie，含混一带而过。"际"字也有写为"介、价"的。

cz 46　诚心找骂

例（四 282 20）：去年，给委员长打旗子游街的是他们；今天，给日本人打旗子游街的又是他们！什么学生，简直是**诚心找骂**

注－诚心找骂（chéng xīn zhǎo mà）：京人指责对方办事不地道

时的常用说法，意谓"简直就是专为挨骂（而做某事）"。

cz 47　惩治

例（四 536　02）：只是李空山那小子可恶！她须设法**惩治**李空山

注－惩治（chěng zhi）："惩"字读音介于 chěng、zhěng 之间。

chi

cz 48　吃得开

例（四 628　05）：作大事的人都得八面玲珑……才能在任何地方，任何时候，都**吃得开**

注－吃得开（chī de kāi）：京人常用语，谓因人脉广泛、事务处置得当，而显得如鱼得水、应付裕如。

cz 49　吃货

例（四 554　21）：我的操心受累全是为了你们这一群没有用的**吃货**

注－吃货（chī huo）：京俗语，指责人除吃饭外一无所能。另见《附录叁－27》。

cz 50　吃口得味的

例（离 183　07）：男子**吃口得味的**，女人穿件好衣裳

注－吃口得味的（chī kǒur děi wè*r de）：京语习用说法，谓"吃点儿可口儿的（东西）"。"口"字儿化；"得"字读 děi，上声；"味"字儿化。

cz 51　吃了横人肉

例（牛 82　11）：可是老头儿今天似乎**吃了横人肉**

注－吃了横人肉（chī le hèng rén ròu）：京俗谚，谓无来由地对人态度强横。

cz 52　吃了不会由脊梁骨下去

例（骆 283　15）：现在既有现成的菜饭，而且**吃了不会由脊梁骨下去**

注－吃了不会由脊梁骨下去（chī le bú huì yóu jí niang gu xià qi）：京人习用说法，谓不做亏心事，吃的是心安理得的饭。此处"梁"字读 niang，轻声；据先贤俞敏先生考证，此读法是旧时漕帮传入

的安庆口音。

cz 53　吃里爬外

例（四 863 07）：你个<u>吃里爬外</u>的小妖精！在这儿有你说话的份儿

注－吃里爬外（chī lǐ pá wài）：京俗语，现作"吃里扒外"。谓不为自己人尽力，反而或明或暗地向着外人。

cz 54　眵目糊

例（骆 413 14）：眼角堆着一团黄白的<u>眵目糊</u>

注－眵目糊（chī me hū）：京语俗称眼屎为眵目糊。"目"字读为me，轻声。

cz 55　吃生米的

例（四 738 08）：现在，他碰到了个<u>吃生米的</u>

注－吃生米的（chī shēng miě*r de）：京俗谚，谓浑横不讲理之人；另也指不计后果、硬出头做事者。"米"字儿化。

cz 56　吃食

例（牛 53 15）：虽然四虎子不能像爸那样给买<u>吃食</u>

注－吃食（chi ēr）：食品。读音详见《卷一·c26》条。

cz 57　吃香

例（牛 198 04）：这年头儿，越是丑八怪，在社会上越<u>吃香</u>

注－吃香（chī xiāng）：京俗语，谓合乎潮流，为众所欢迎，吃得开。

cz 58　吃心

例（骆 290 17）：为这点事不必那么<u>吃心</u>

注－吃心（chī xīn）：京俗语，（为某事而）耿耿于心，不能释怀。

cz 59　吃洋教

例（四 1059 20）：他和别的<u>吃洋教</u>的人一样

注－吃洋教（chī yáng jiào）：洋教指基督教。旧时中国入教者中不乏衣食无着、为混饭吃而找条活路的下层贫民。这其中难免良莠不齐，痞棍之流间或有之；又加以基督文化与中国儒教文化难以共存，且有些传教士们也可能行为不端,所以当时(乃至以后很长的一段时期)民众普遍对教会与教民持否定态度。"吃洋教"一词既点出了某些教民的性质,又表现了国民的心态。参见《附录叁-28》。

cz 60　吃累

例(四414　16):家中多添两口人还不至于教他**吃累**

注-吃累(chí lei):负担、(使人)不便。也写作"迟累"。"吃"字阳平,"累"字轻声。

cz 61　赤包儿

例(四18　12):**赤包儿**是一种小瓜,红了以后,北平的儿童拿着它玩

注-赤包儿(ch bāor):原著已说明此物。详见《卷一·h34》条。

cz 62　翅儿

例(四89　09):我刚才看见七架咱们的轰炸机,好大个儿!**翅儿**上画着青天白日

注-翅儿(chè*r):京人多将翅膀称为"翅儿"。如说"翅膀"则"膀"字要儿化;京西北一带又有读为 cì bang 的。

chou

cz 63　抽抽疤疤

例(四1067　20):儿子,哼,不那么**抽抽疤疤**的难看了

注-抽抽疤疤(chōu chou bā bā):褶皱、不舒展的样子。后一"抽"字轻声。

cz 64　抽答

例(牛37　19):天赐还**抽答**呢

注-抽答(chōu de):"答"字读 de,轻声。现一般写作"抽搭",指啜泣状。

cz 65　抽冷子

例(四1103　02):他总怕**抽冷子**会碰上个日本人

注-抽冷子(chōu lěng zi):突然的、冷不防的;也指偶然的、不常出现的。

cz 66　抽纵

例(四634　01):长顺的鼻子一劲儿**抽纵**,大的泪珠一串串的往下流

注－抽纵（chōu zou）：指一种下意识的耸动。"纵"字读音介于 zou、zong 之间。

cz 67　愁成个大疙疸

例（牛54　10）：纪妈心里<u>愁成个大疙疸</u>

注－愁成个大疙疸（chóu chéng e dà gē de）：京人习用说法。"个"字因说得快，读 e 轻声；"疸"字轻声，土点儿的读 dei。

cz 68　愁眉苦眼

例（四422　19）：她们……一点也不像妈妈那么<u>愁眉苦眼</u>的

注－愁眉苦眼（chóu mu kú yǎn）：现一般作"愁眉苦脸"。"眉"字读音介于 mu、mei 之间，轻声；"苦"字阳平（因双上声连读）。

cz 69　丑八怪

例（牛197　26）：孩子虽不怎么好看，却也不算太<u>丑八怪</u>

注－丑八怪（chǒu be guài）："八"（也作"巴"）字口语中说得快时读为 be，参见《卷一·c30》条。

cz 70　臭

例（四61　13）："……都是<u>臭</u>日本鬼子闹的！"招弟撅着小嘴说

注－臭（chòu）：京中幼童习用"臭"字否定自己不喜之物，此处是招弟扮嫩。

cz 71　臭油

例（四139　15）：他们的"地"……便是石子垫成，铺着<u>臭油</u>的马路

注－臭油（chòu yóu）：旧时称铺马路用的沥青为臭油，又称柏（bǎi）油。

chu

cz 72　出彩

例（离257　05）：老李连连点头，觉得这一出不至于当众<u>出彩</u>了

注－出彩（chū cǎi）：原意为精彩、显露精彩之处；此处是反语，意指当众出丑。此处"彩"字因是在叙述句中，可读本音不用儿化；若在口语中则往往儿化。

cz 73　出份资

例（离307　03）：这群人们的送礼<u>出份资</u>是人情的最高点

注－出份资（chū fēn zi）："份资"现作"份子"，指婚丧嫁娶喜庆聚会时按人头份儿出的钱。"资"字轻声。

cz74　出号

例（骆229　14）：露出那对"<u>出号</u>"的大脚

注－出号（chū hào）：京人习用说法，意为"超过正常尺码的"，多指脚。

cz75　出来进去

例（四833　23）：在院中看着孟家<u>出来进去</u>的搬东西

注－出来进去（chū lei jin qù）：京人常用说法，形容人们来回忙着（做某事）。"来"字读 lei，轻声；"进"字轻声。按：此处"去"字读本音，是虚指（来回忙着如何）；但若实指进入某处，"去"字读为 qi，轻声。

cz76　出溜

例（四413　21）：他猛的由床沿上<u>出溜</u>下来，跪在了地上

注－出溜（chū liu）：京语谓顺势滑动为出溜，"溜"字轻声，不儿化，是为动词。但若作为名词用（如打出溜儿），则说 chū liur，"溜"字轻声，儿化；若作为形容词用（如滑巴出溜儿的），则读为 chū liūr，"溜"字阴平，儿化。

cz77　出溜

例（骆307　13）：祥子连头也没回，像有鬼跟着似的，几<u>出溜</u>便到了团城

注－出溜（chū liur）：此处"出溜"作名词用，指"悄无声息地行走"，"溜"字轻声，儿化。

cz78　出息得……似的

例（牛62　05）：在八九岁的时候整像个瘦兔，可是到了十六岁就<u>出息得黄天霸似的</u>

注－出息得……似的（chū xi de …shi de）：京人习用说法，多用以褒扬孩子发育成熟时的健壮、漂亮。省略号里是众所公认的俊男美女（此处黄天霸是京戏《连环套》中的大武生）。句中除"出"字外多读轻声。

cz 79　初一

例（四 448　16）：在<u>初一</u>作所长的时节，她的确觉得高兴

注－初一（chū yi）：指一开始的时候，与日期无关。"一"字轻声。

cz 80　雏儿

例（四 244　26）：他以为冠先生是见过世面的"人物"，而他自己还是口黄未退的"<u>雏儿</u>"

注－雏儿（chúr）：原指幼鸟，此处引申指缺乏历练者。参见《卷一·c37》条。

cz 81　出殡

例（四 89　17）：今天，他应下一档儿活来，不是搬家，而是<u>出殡</u>

注－出殡（chú bìn）："出"字读阳平，没什么理由，约定俗成耳。同义的"出丧"之"出"字，就要读阴平。

cz 82　杵

例（四 870　13）：钱先生用手<u>杵</u>了他一下子

注－杵（chǔ）：用长形物之顶端戳击，这是含着粗暴意味的动作。

cz 83　戳打

例（四 759　02）：我活了七十岁了，不能教老街旧邻在背后用手指头<u>戳打</u>我

注－戳打（chǔ de）：此处意为"不当着面，背后指点议论别人的是非"。"戳"字读 chǔ，上声；"打"字读 de，轻声。

cz 84　处窝子

例（牛 57　15）：家里的女人在后面戳脖梗子："说话呀！<u>处窝子</u>！"

注－处窝子（chǔ wō zi）：对外怯懦，或指怯懦的人（此处为后者）。"处"字现一般作"憷"，读为上声。

chuai

cz 85　揣着明白说糊涂

例（骆 357　18）："不用<u>揣着明白</u>的，<u>说糊涂</u>的！"老头子立了起来。"要他没我，要我没他……"

注－揣着明白说糊涂（chuāi zhe míng bei shuō hú tu）：京人习用说法，谓故意装傻充愣。

chuan

cz 86　穿不出好来

例（离218 07）：反正孩子们也<u>穿不出好来</u>

注－穿不出好来（chuān bu chu hǎor lei）：京人习用说法，多指小孩儿穿衣服费，不知道爱惜。"不出"二字轻声；"好"字儿化；"来"字读 lei，轻声。

cz 87　穿张

例（牛113 16）：他看了看牛老太太的<u>穿张</u>

注－穿张（chuān zhā~r）："穿章儿打扮儿"的简说，"张"字也作"章"，参见《卷二·cx29》条。在口语中"章"字一般儿化。

cz 88　串门子

例（四436 15）：他开始去<u>串门子</u>。他知道不应当到冠家去

注－串门子（chuàn mén zi）：到朋友、邻居家闲聊。一般更多的是说"串门儿"。"串门子"这个说法有时暗含贬义，隐指张家长李家短的搬弄是非。

cz 89　串秧儿

例（四568 21）：北平人不喜欢笨狗与哈巴狗<u>串秧儿</u>的"板凳狗"

注－串秧儿（chuàn yā~r）：杂交的品种。原本是对植物而言，后扩展至动物，乃至于指混血儿——不过那就是怀有恶意的说法了。

chuang

cz 90　闯练

例（四1069 11）：老三是明白人，而且在外面<u>闯练</u>了这么几年

注－闯练（chuǎng lian）：闯荡历练。今少有此说。"练"字轻声。

chui

cz 91　吙喝

例（四186 10）：她一直追着棺材，哭到胡同口，才被四大爷<u>吙喝</u>回来

注－吙喝（chuī huo）：（严厉地）斥责、训斥。也写作"吙呼、吹呼"，"吙"字读 chuī；"呼"字读音介于 huo、hu 之间，轻声。还有"呲儿"（读为 cē*r）一词，口语中更常用，与此义同。另有"哈斥"一说，源自满文，见《满蒙语

汇叁-09》。

cz 92　吹了
例（骆232 12）：不定是三两个月，还是十天八天，**吹了**；他得另去找事

注-吹了（chuī le）：此处意谓事情（因客观原因而被动）中辍。后多指搞对象不成为"吹了"。

cz 93　吹了
例（牛140 04）："干脆**吹了**吧，没媳妇就没有，认命！"虎爷又软了

注-吹了（chuī lou）：此处意谓（主动）废止某事。"了"字读 lou，轻声。注意此条与上条虽均指废止某事，却有主动被动之分；写法同而音有别。

cz 94　捶巴
例（四430 05）：你这么大的年纪啦，招他**捶巴**一顿，受不了

注-捶巴（chuí be）："捶"字意为"以拳击打"；"巴"字无实意，可作为某些动词的后缀，用以加强该动词。这是京人常用的口语说法。"巴"字读 be，轻声。

ci

cz 95　磁墩
例（牛36 14）：在冰箱旁边的**磁墩**上规规矩矩的坐着

注-磁墩（cī dūn）：一种为夏天坐的凉凳，瓷制，近似圆柱形，但中部粗些凸起（这样倾倒时不易摔碎），空心。也叫绣墩，是旧时较讲究的家具。

cz 96　磁实
例（四948 13）：他马上便想到白薯是怎样的**不磁实**：吃少了，一会儿就饿；吃多了，胃中就冒酸水

注-磁实（cí shi）：结实、扎实、坚固。此处是引申指白薯不宜作为主食。现多写作"瓷实"，"实"字轻声。

cz 97　此处不留爷，自有留爷处
例（离221 05）：**此处不留爷，自有留爷处**；衙门不止一个

注-此处不留爷，自有留爷处（cǐ chù bu liú yé, zì yǒu liú yé chù）：旧京俗谚，意谓有的是活路，不

会一棵树吊死。多为混不下去、不得不挪窝时说的话，大有"吃不着的葡萄是酸的"之意。"不"字轻声。

cz 98　伺候不着

例（骆290　20）：你有你的臭钱，我泥人也有个土性儿；老太太有个**伺候不着**

注－伺候不着（cì hou bù zháo）：此说法用于拒绝为对方服务时，含有不满、激愤情绪。当面拒绝时有说"不伺候"（读为"不次猴儿"）的，含揶揄意。

cz 99　刺闹得慌

例（骆305　02）：浑身有些发痒痒，头皮上特别的**刺闹得慌**

注－刺闹得慌（cì nou de hen）：刺痒难耐的感觉。"得慌"是语尾缀字，无实义。"闹"字读 non，轻声；"慌"字读音介于 hen、hong 之间，轻声。

cz 100　刺儿头

例（骆431　03）：在巡警眼中，祥子是头等的"**刺儿头**"

注－刺儿头（cè*r tóu）：爱挑刺儿、找岔儿、刁难、不合群、不服管教者。

cu

cz 101　粗枝大叶

例（离218　07）：戴上镜子，**粗枝大叶**的我还能缝几针呢

注－粗枝大叶（cū zhī dà yè）：此处与《卷一·c46》条义同，是为"大致、大概其"之意，而有别于现今"马虎大意、不细心"义。

cun

cz 102　村话

例（四769　26）：和他们在一起，她几乎可以忘了她是个女人，而谁也不脸红的把**村话**说出来

注－村话（cūn huà）：语涉下流。

cuo

cz 103　挫

例（牛175　23）：他只好马上把木器们**挫**出去，能卖多少钱卖多少

注－挫（cuō）：京俗语，现写为"撮"，谓将物品归堆（以备一并做某种处理）。此处指论堆儿贱卖。"挫"字阴平。

D 部
da

dz 01　搭班儿

例（四 256　19）：她宁愿意作拿黑杵的票友，而不敢去<u>搭班儿</u>。

注－搭班儿（dā bār）：此处是指票友（有相当水平且常参加演出的业余戏剧爱好者）下海（投身戏剧专业表演），加入某个专业戏剧团体。

dz 02　答碴儿

例（骆 238　11）：车口上的几辆车没有人<u>答碴儿</u>。

注－答碴儿（dā chár）：此处意指回答。现多写为"搭茬儿"。要注意，此意一般多用于否定句中，即（无人）答碴儿；若仅说"答碴儿"（也叫"搭下茬儿"），则多是指回应并非直接针对本人的问题，有"不懂规矩、乱出头"的贬义。

dz 03　褡裢火烧

例（四 315　03）：在他初到北平的时期，他以为到东安市场吃天津包子或<u>褡裢火烧</u>，喝小米粥，便是享受。

注－褡裢火烧（dā lian huǒ shou）：京味大众食品。详见《附录叁－29》。"裢"字轻声；"烧"字读 shou，轻声。

dz 04　搭讪

例（四 486　25）：最后，瑞宣<u>搭讪</u>着说了声："妈，你躺会儿吧！……"

注－搭讪（dā shen）：此处指不情不愿地答话，另也可用于指没话找话儿说。"讪"字读音介于 shen、shan 之间。

dz 05　打扮

例（离 175　21）：张大哥的服装<u>打扮</u>是叫车马行人一看便放慢脚步

注－打扮（dá bar）：此处指穿着服饰，是为名词。"打"字阳平；"扮"字轻声，儿化。

dz 06　打底儿

例（四 442　05）：瑞宣的话有时候很不容易懂……那又有什么关系呢，反正有"中国不亡"<u>打底</u>

儿就行了

注 – 打底儿（dá diě*r）：做基础。京腔口语说法。

dz 07　打鼓儿的

例（四 38　22）：挑选一下，把该烧的卖给"**打鼓儿的**"好了

注 – 打鼓儿的（dá gǔr de）：旧京走街串巷收购旧货者，彼等手持一小型皮鼓（径约5厘米）不断敲击，招徕生意。

dz 08　打里打外

例（四 532　14）：你的岁数已经不小了，别老教妈妈悬着心哪！妈妈一个人**打里打外**，还不够我操心的

注 – 打里打外（dá lí dǎ wài）：里里外外都是一个人操持。前一"打"字阳平；"里"字读半上声（音高记为21，简谱记为③2）。详见《附录壹 –11》条）。

dz 09　打卤面

例（牛 43　10）：天赐的生日有两项重大的典礼，一项是大家吃**打卤面**

注 – 打卤面（dá lu miàn）：京味食品。"卤"字轻声。详见《附录叁 –30》。

dz 10　打马虎眼

例（骆 262　09）：他把钱拿起来："三十？别**打马虎眼**！"

注 – 打马虎眼（dá mǎ hu yǎn）：京俗语，指交接时有意混淆财物、账目，以图不当得利；用以指责对方欲图蒙混过关。"打"字阳平，"虎"字轻声。

dz 11　打眼

例（四 801　03）：小文和刘太太都不敢问死的是谁，而只往四处**打眼**

注 – 打眼（dā yǎn）：（各处）张望。也作"搭眼"，今不闻此说法。又："打眼"一词另义，是指鉴定某物有误，或错看了某人。

dz 12　鞑子

例（四 815　20）：他们看见了土城——那在**鞑子**统辖中国时代的……北平

注 – 鞑子（dá zi）：此说源于"鞑

鞑",是中国古代北方有多重含义的民族泛称。旧时此词多用以指元代的蒙古人,也泛指北方民族。明末特用于指女真人(后金、清);清末孙中山指向满族,谓之"鞑虏"("虏"字为蔑称)。

dz 13　鞑子拔烟袋,不傻假充傻

例(骆 303　03):我早就知道你不是玩艺,别看傻大黑粗的,**鞑子拔烟袋,不傻假充傻**

注－鞑子拔烟袋,不傻假充傻(dá zi bá yān dài, bù shá jiǎ chōng shǎ):京俗谚,指装傻充愣。语源待考。

dz 14　打冰出溜

例(骆 371　19):大孩子拾煤核回来拿这当作冰场,嚷闹着**打冰出溜玩**

注－打冰出溜(dǎ bīng chū liu):京俗语。跑几步后双脚前后保持平衡,在冰面上滑行一段距离,谓之"打冰出溜"。"溜"字轻声。参见 cz 76 条。

dz 15　打开鼻子说亮话

例(四 757　04):在社会上做事,理应**打开鼻子说亮话**

注－打开鼻子说亮话(dǎ kai bí zi shuō liàng huà):此处鼻子是指自己。"打开鼻子说亮话"意为"开诚布公地谈一谈"。参见《附录叁－31》。

dz 16　打坑

例(四 809　06):瑞宣,你明天一早儿到坟地去**打坑**

注－打坑(dǎ kēng):此说法似专用于刨坟坑。

dz 17　打快勺子

例(牛 146　13):而且大家都**打快勺子**,弄个万儿八千,三万二万便收锅不干了

注－打快勺子(dǎ kuài sháo zi):参见《卷二·dx 09》条。

dz 18　打了对面

例(四 296　09):教学生们和日本人**打了对面**

注－打了对面(dǎ le duì miàr):迎

面碰见。今说"打照面儿"。"面"字儿化。

dz 19　打了水漂儿

例（四 557 19）：那些爱的投资会居然**打了水漂儿**

注－打了水漂儿（dǎ le shuǐ piāor）：京俗语，谓所投入的一切都白费了。

dz 20　打连连

例（牛 145 23）：跟老黑家的孩子**打连连**，没有好儿

注－打连连（dǎ liān lin）：拉关系，与之为伍，且代指情感上的紧密联系。前"连"字阴平，后"连"字读 lin，轻声。

dz 21　打联联

例（离 272 02）：你可少和吴先生在一块**打联联**

注－打联联（dǎ liān lin）：音、义均同上条，仅写法相异。

dz 22　打拉拢

例（牛 165 24）：儿子不和他们**打拉拢**，很好

注－打拉拢（dǎ lā lon）：与"打连连（联联）"意同，说法有别。

dz 23　打明白了你们

例（四 469 06）：中国的抗战就是要**打明白了你们**，教你们明白你们并不是主人的民族

注－打明白了你们（dǎ míng bei l nǐ men）："白"字读 bei，轻声；"了"字读 l，是口型提示；"们"字轻声。

dz 24　打一巴掌揉三揉

例（四 994 23）：**打一巴掌揉三揉**，缺他妈的德

注－打一巴掌揉三揉（dǎ yi bā zheng róu sān róu）：京人对胡萝卜加大棒政策的形象解说。"掌"字读 zheng，轻声。

dz 25　打印子

例（骆 262 05）：跟车铺**打印子**，还不如给我一分利呢

注－打印子（dǎ yìn zi）："印子"指印子钱，一种利上滚利的高利贷。打印子即借此种高利贷。

dz 26　打油飞

例（骆 291　04）：安安顿顿的在这儿混些日子，总比满天**打油飞**去强

注－打油飞（dǎ yóu fēi）：无正当固定职业，甚或居无定所。也作"打游飞"，参见《卷一·d18》条。

dz 27　打转儿

例（四 373　07）：老人整天的一语未发，也不张罗吃东西。四大妈急得直**打转儿**

注－打转儿（dǎ zhuàr）：此处谓因负面情绪的影响而手足无措、原地乱转。也说"转磨"（mò）、"转磨磨"（mō me）。

dz 28　打坐坡

例（牛 36　09）：娃娃偏成心**打坐坡**，不知好歹

注－打坐坡（dǎ zuò pō）：也简作"坐坡"。见《卷一·z153》条。

dz 29　大

例（四 153　08）：**大**八月十五的，车厂子硬不放份儿，照旧交车钱

注－大（dà）：此处之"大"字，应视为一种敬语。用于日子，表示该日之重要性，一般多用于指某节日。

dz 30　大大的

例（四 1104　16）：把眼睛睁得**大大的**，仔细瞧着点就行了

注－大大的（dà dār de）：后一"大"字阴平，儿化；"的"字轻声。

dz 31　大发

例（离 187　01）：下了半斤石膏，横是下**大发**了

注－大发（dà fe）：京俗语，谓过量。"发"字读 fe，也可儿化读为 fer，轻声。

dz 32　大节下的

例（四 152　10）：他叨唠："这是怎么啦？**大节下的**怎么不开张呢……"

注－大节下的（dà jié ie n de）：这种说法只限于该节日当天。"大"字义见 dz29 条。"下的"读

为 ie n de，中间的 n 作为其前之 e 与其后之 d 间的过渡，是口型提示。

dz 33　大酒缸
例（四 128　04）："<u>大酒缸</u>"门外，雪白的葱白正拌炒着肥嫩的羊肉
注－大酒缸（dà jiu gāng）：旧京的一种大众酒馆，在大型的酒缸上覆厚重的木质缸盖代桌，以为招揽，并供应荤素凉热酒菜及简单饭食，习称其为大酒缸。最著者如西四北之柳泉居、阜成门外之虾米居等。"酒"字轻声。

dz 34　大门不出，二门不迈
例（四 77　17）：为什么像祁瑞宣那样的人们会一声不响，<u>大门不出，二门不迈</u>的呢
注－大门不出，二门不迈（dà mén b chū, èr mén bú mài）：这句俗语虽说在北方语系的广大地区都有，但恐怕还是产生在北京："大门，二门"是京人四合院里的说法儿。前"不"字读 b，是口型提示；后"不"字阳平。两个"门"字也可读儿化音。

dz 35　大娘们
例（四 866　13）：她，那个<u>大娘们</u>……才是你们的仇人
注－大娘们（dà niá me*r）：京人对女子之恶称，多用以指老鸨子、暗娼，或人品很坏、年纪又较大（四五十岁）的女人。"娘"字变读 niá，"们"字轻声，儿化。"娘们"一词详见《卷一·n39》条。

dz 36　大妞儿
例（离 249　16）：这么大，这么魁梧，而又<u>大妞儿</u>似的儿子
注－大妞儿（dà niū er）：此处"大妞儿"是形容小伙子腼腆。京人称女郎、年轻姑娘为妞儿。此词本"思无邪"，后演变得有些轻佻了。"大"字在此为敬语，是对"妞儿"的褒扬。原著此篇写于 1933 年，那时京语中尚残留少许词汇后"儿"字自成音节的现象（是为幽燕语之遗痕）；二十世纪五十年代后，基本上就都读成儿化音了。

dz 37　大撒巴掌

例（四 595　06）：那是你的亲哥哥……你就**大撒巴掌**不管？你还是人不是

注－大撒巴掌（dà sā bā zheng）：放弃（应管之事）、听之任之。

dz 38　大撒手

例（四 443　01）：她绝对不能**大撒手**任着长顺的意儿爱干什么就干什么

注－大撒手（dà sā shǒu）：义同上条。

dz 39　大栅栏

例（骆 270　04）：好像**大栅栏**在散戏时那样乱

注－大栅栏（dà shi làr）：大栅栏地区在北京正阳门外西河沿以南，廊房头、二、三条一带，是北京主要商业区之一。旧时该处有几家戏园子。"栅"字读 shi；"栏"字去声，儿化。

dz 40　大爷

例（四 171　27）：孙七忙接过话来："四**大爷**①，你先回家吃饭，我在这儿守着点门！祁**大爷**②，你也请吧！"……李四爷同瑞宣走出来

注：大爷①读 dà ye，京人对伯父或父辈男性的称呼；大爷②读 dà yé，京人对别人家长子的称呼。原著此处李四爷即"四大爷"，瑞宣即"祁大爷"。"大爷"一词详见《卷一·d35》条。

dz 41　大睁白眼

例（四 281　14）：他不能去**大睁白眼**的看着男女学生在国庆日向日本旗与日本人鞠躬

注－大睁白眼（dà zhēng bái yǎr）：此处意为冷眼旁观某事，一副事不关己、麻木不仁的态度。

dz 42　大哥

例（四 1070　14）："哈，不期而遇！瑞**大哥**！"

注－大哥（d ge）：京人口语音，"大哥"二字轻声。此处"大"字要读声母 d 的本音（国际音标 [t]）。

dai

dz 43　歹人

例（四 987 02）：好人也罢，**歹人**也罢，不久都得死

注－歹人（dǎi ren）：旧时对坏人的称谓，现少有这么说的了。

dang

dz 44　当差的

例（四 604 17）：门房里的一位**当差的**很客气，教他等一等

注－当差的（dāng chāi de）：旧时谓官方人员，尤指衙役、警察等；后来有时也泛指一般工作人员（也可能包括非官方者）。参阅《卷二·dx31》条。

dz 45　当王八的吃俩炒肉

例（骆 283 01）："**当王八的吃俩炒肉**"！他不能忍受，可是到了时候还许非此不可

注－当王八的吃俩炒肉（dāng wáng be de chī liá chǎo ròu）：旧京俗语，谓自己在家心安理得地享用较好的生活条件，而并不在乎这是其妻在外与别的男人有染所取得的报酬。"八"字读 be，轻声；"俩"字阳平。

dz 46　当是

例（骆 267 02）：**当是**你是铁作的哪

注－当是（dǎng r）：京人习用说法，现多说"以为是"。"当"字上声；"是"字读 r，是口型提示。

dao

dz 47　刀

例（牛 109 16）：课不上了，标语写了两**刀**多纸

注－刀（dāo）：纸的计量单位，一刀通常为 100 张。

dz 48　叨唠

例（四 724 27）：老人的**叨唠**就等于年轻人的歌唱，都是快意的事体

注－叨唠（dāo lou）：没完没了地反复说（一些毫无意义的事），惹人生厌。"唠"字变读为 lou，轻声；也作"唠叨"，此时则"叨"字变读为 dou；由此可见京语有将句尾语音发音口型缩小的选择趋势，这里即是由 ao → ou。关于此处语音的转化，详见《附录叁－32》。

dz 49　倒动

例（牛168 13）：纪妈和虎爷主张给爸穿寿衣，以免死后**倒动**

注－倒动（dáo deng）：京俗语，也作"倒腾"，意谓"来回来去的搬动、挪腾"。"动"字读音介于deng、teng之间。参见《满蒙语汇叁－10》。

dz 50　倒了血霉

例（四993 24）：一急，他骂了出来："他妈的，我孙七要跟这小子死在一块儿才**倒了血霉**！"

注－倒了血霉（dǎo le xiě méi）：京俗语，谓倒了大霉。参见《附录叁－33》。

dz 51　倒打一瓦

例（骆289 01）：先生并没说什么呀，你别先**倒打一瓦**

注－倒打一瓦（dào dá yì wǎ）：现不见有此说法，都是说"倒打一耙"。

dz 52　倒好儿

例（四836 20）：也准备拼命给若霞喊**倒好儿**，作为抵抗

注－倒好儿（dào hǎor）：旧京戏园子里喊倒好儿之事常有，这往往并非针对演技本身，而是帮派之争。喊倒好儿者会在台下起哄，拉着长声喊道："好——！喔！"（háo——！wò！），或是大喊"嗵！嗵"。

dz 53　稻香村

例（四352 21）：她手中提着个由**稻香村**买来的，好看而不一定好吃的，礼物篮子

注－稻香村（dào xiāng cūn）：光绪二十一年（1895），金陵人郭玉生在北京前门观音寺开的一家食品店（后移至东安市场内），名为"稻香村南货店"。参阅《附录叁－34》。

de

dz 54　得便

例（四169 18）：你老人家**得便**替我们说一声吧

注－得便（dé biàn）：如果方便。京人常用的客气说法。

dz 55　× 得过儿

例（牛44　08）：一个人有面吃，而且随便可以加卤，也就活**得过儿**了

注－×**得过儿**（×de guòr）：京人习用说法，作为补语用于某些动词之后，表示对该动词的肯定。"得"字轻声。

dz 56　得 × 就 ×

例（骆337　26）：他们不敢得罪左先生，而**得**吓吓**就**吓吓曹先生

注－**得 × 就 ×**（dē × jiu ×）：句中两个"×"为同一动词，"得 × 就 ×"意为抓紧一切时间和机会来进行某事。

dz 57　得了意

例（四631　01）：他不愿拒人于千里之外。这样，大赤包和冠晓荷可就**得了意**

注－**得了意**（dé le yǐ）：如了愿。多用于贬义处，指"可以随心所欲地乱来了"。"意"字变读为上声。

dz 58　得、得了

例（骆375　10）：高个子笑了："**得**，我再奔一趟！按说可没有这么办的！**得了**，回头好多带回几个饼子去……"

注－**得、得了**（dé、dé lèi）：此处"得"字是对眼前事态的认可（别的车夫好心，将已到手的活儿让给了家庭负担重的高个子车夫），但更包含了感激之情；"得了"看似自言自语，其实也是向众人表述一下自己不得已的苦衷，含有一种歉意。"了"字读 lèi，去声，加重语气时的口语读音。

dz 59　德胜门关厢

例（四425　23）：**德胜门关厢**的监狱不是被我们的游击队给砸开了么

注－**德胜门关厢**（dé r mén guān xiā~r）：各城门外的大街及其周边地带称关厢，即所谓"在城曰坊，近城曰厢"。德胜门关厢是京城西北方向上主要的关厢。"胜"字读 r，是口型提示。"关厢"一词，参见《元曲语汇 113》

条。另：此次事件，详见《附录叁-35》。

dz 60　得意

例（离 224　14）：今年就盼着来场大雪，去去瘟毒；麦子<u>也得意</u>

注－得意（dé yǐ）：京俗语"得意"（"意"字读上声，指"正好合适、非有心求取而意外得到"），不同于"得意"（"意"字读去声，指"称心如意、扬扬自得"）。

dei

dz 61　得样的

例（离 303　18）：再看那些太太们……有一个<u>得样的</u>没有

注－得样的（děi yà~r de）：京俗语，谓像样的。"得"字读děi，"样"字儿化。

deng

dz 62　登梯爬高

例（四 265　03）：只有<u>登梯爬高</u>惯了的棚匠，才能练狮子

注－登梯爬高（dēng tī pá gāor）：京人习用说法。"高"字儿化。

di

dz 63　提溜

例（四 774　01）：我反正不能随便从"箱"里<u>提溜</u>出一件就披在身上

注－提溜（dī liu）：京语谓"提起某件东西"为提溜；也可将其范围扩大至其他事务。"提"字读dī；"溜"字读音介于liu、lou之间。参见《卷一·d81》条。

dz 64　提着

例（四 157　12）：瑞丰手里<u>提着</u>个小蒲包，里面装的大概是月饼

注－提着（dī r）：京语谓提着（不太大也不太小的）某种物件，口语不读"提着"的本音，"提"字读dī；"着"字读r，是口型提示。

dz 65　递包袱

例（四 377　03）：表面上严禁暗娼，事实上是教暗门子来"<u>递包袱</u>"

注－递包袱（dì bāo fu）：旧京俗语，谓暗中使钱打通关节。"袱"字轻声。

dz 66　地道

例（四 131　17）：玩艺作的真<u>地道</u>

注－地道（dì dou）：此处意指

某种物品制作精良；此词还可用以指人品好；另也可指人说话办事得体。"道"字读音介于 dou、dɑo 之间，轻声。

dz 67　递个和气

例（四 175 02）：大哥，你想开着点，少帮钱家的忙，多跟冠家**递个和气**

注－递个和气（dì e hé qi）：京俗语，谓向人主动示好（多少含点儿讨好的意思在内）。"个"字读 e，是口型提示；"气"字轻声。也说"递嘻和"。

dz 68　地土

例（四 203 15）：这样的至亲，他会偷油儿不送到**地土**上

注－地土（dì tu）：目的地。参见《卷一·d87》条。"土"字轻声。

dz 69　递嘻和

例（牛 105 07）：别人，哼，对我**递嘻和**，我也不管理

注－递嘻和（d xī her）：参见《卷二·dx64》条。"和"字轻声。

dian

dz 70　点儿低

例（四 864 11）：别以为这是件小事！要是赶上"**点儿低**"，咱们还许把脑袋耍掉了呢

注－点儿低（diǎr dī）：京俗语，也说"点儿背"，意指时运背晦。又有一说叫"走背字儿"；还有更生动的说法："人要倒霉，喝凉水都塞牙。"

dz 71　电棒儿

例（四 161 10）：大赤包的十个小**电棒儿**又洗好了牌

注－电棒儿（diàn bà~r）：旧称手电筒为电棒儿，此处指大赤包手指粗蠢。

dz 72　垫一垫

例（四 154 19）：我这儿还有两盘倭瓜馅的饺子呢，好歹的你先**垫一垫**

注－垫一垫（diàn i din）：此处指少量吃点儿东西，也说"点补"（dián bo）。详见《卷一·d88》条。"一"字读 i，是口型提示；后一"垫"字读 din，轻声。

dz 73　靛颔、自自黑

例（四 956　20）：这样的天光，必使北平的老人们，在梳洗之后，提着装有"**靛颔**"或"**自自黑**"的鸟笼，到城外去

注－靛颔、自自黑（dià kér、zì zi hē*r）：京人经常赏玩的两种鸣禽。详见《附录叁－36》条。

dz 74　垫戏

例（四 773　20）：不管有什么角色，都让一步儿！我的女儿不能给别人**垫戏**

例－垫戏（diàn xì）：京剧演出时，在当场主要的剧目上演之前先演一些次要的小段子，谓之"垫戏"。

dz 75　垫腰

例（四 274　26）：蓝东阳的成功，就是因为有像瑞丰这样的人甘心给他**垫腰**

注－垫腰（diàn yāo）：这可能是那时的京俗谚，今已不闻。义类"垫脚石"。

diao

dz 76　吊儿啷当

例（四 969　23）：见到日本人他就过度的恭顺，不怕出丑，而见到中国人便信意的**吊儿啷当**

注－吊儿啷当（diǎor lāng dāng）：作风态度不认真，敷衍率意，松垮慵懒。参见《附录叁－37》。

dz 77　吊

例（离 343　21）：**吊**姨太太，你会；玩女学生，你也会了

注－吊（diào）：此处之"吊"字是"吊膀"之吊。"吊膀"一词义见下条。

dz 78　吊棒

例（骆 405　21）：小福子是——按照虎妞的想法——"来**吊棒**！好不要脸！"

注－吊棒（diào bàng）："棒"字应作"膀"，本为江浙一带的土语，指女人乳房；"吊膀"是说男人勾引女人。后来传到各地，含义扩展了，男女相互勾引均可称为"吊膀"。详见《卷一·n 10》条。

dz 79　调嗓子

例（四 90　07）：小文夫妇今天居然到院中来**调嗓子**

注－调嗓子（diào sǎng zi）：此处之"调"字今作"吊"。戏曲演员每天进行的嗓音练习，称为"吊嗓子"。

ding

dz 80　钉

例（四 489　19）：像唯恐瑞宣再往下**钉**他似的，他赶紧的接着说

注－钉（dīng）：京俗语，抓住某一问题不放松，刨根儿问底儿地往下追查。

dz 81　钉着坑儿使

例（骆 267　08）：多么结实的东西也架不住**钉着坑儿使**

注－钉着坑儿使（dīng r kē*r shǐ）：京俗语，不间断高强度地使用（某物）。

dz 82　顶

例（骆 410　16）：教祥子到德胜门外去请陈二奶奶——**顶**着一位蛤蟆大仙

注－顶（dǐng）：旧京迷信用语，"顶"字是顶礼膜拜之意，"顶某仙"即请某位神灵（来附体）。

dong

dz 83　东单西四鼓楼前

例（四 205　03）：就凭咱们九城八条大街，**东单西四鼓楼前**，有这么多人

注－东单西四鼓楼前（dōng dān xī sì gǔ lóu qián）：此处是泛指一些地名，以此说明人员之众；但这也是旧京的一种习用说法，"东单西四鼓楼前"为当时北平主要商业区，最是繁华。

dz 84　咚咚嚓

例（骆 353　12）："哼，你怎么不能呢，眼看着就**咚咚嚓**啦！"

注－咚咚嚓（dōng dōng cā）：拟锣鼓声，原著此处描写人和车厂的车夫对祥子起哄，指其快与虎妞结婚了。旧有以"咚咚嚓"指代结婚的说法。

dz 85　东西两庙

例（四 1127　11）：他只能到天桥和**东西两庙**去摆地，挣几个铜子

儿

注－东西两庙（dōng xī liǎng miào）：指东城的隆福寺和西城的护国寺。这两处的庙会盛大，是旧京最主要的庙会。庙会上除商业买卖外，还有众多的杂耍儿、曲艺表演；有的表演无固定演出场所，圈出一块地方就开练，称为撂地儿。

dz 86　东西

例（四 264　21）：这不是田径赛或搏击那些西洋玩艺，而是地道的中国<u>东西</u>

注－东西（dōng xi）：原著此处指某些民间技艺。现在对物品泛称"东西"，但实际此词产生的年代较晚，应是在十九世纪末。本书前两卷所选的《儿女英雄传》、《小额》、《春阿氏》等书中均未见。"西"字轻声，说得快时声母 x 消失，只留韵母 i，是口型提示。

dz 87　东西

例（牛 81　13）：他知道这个<u>东西</u>一定比妈妈厉害

注－东西（dōng xi）：此处指人，是对人的贬称。

dz 88　冬夏常青

例（牛 20　15）：眉头子拧着，<u>冬夏常青</u>的脑门上出着汗

注－冬夏常青（dōng xià cháng qīng）：京俗语，意指常年不变的（维持某种状态）。

dz 89　东一把西一把

例（四 817　25）：她<u>东一把西一把</u>的扫除障碍物，给客人们找座位

注－东一把西一把（dōng yi bǎ xī yi bǎ）：形容很快地、急匆匆地（多少有点儿手忙脚乱）做某事。两个"一"字轻声。

dz 90　懂行

例（离 181　24）：仆人不怕，而且有时候欢迎，瞎炸烟而实际不<u>懂行</u>的主人

注－懂行（dǒng háng）：京俗语，意谓真正通晓某种事物。

dou

dz 91　都看我吧、瞧我啦

例（四 189　21）：得了！<u>都看我吧</u>！冠太太！……二太太！<u>瞧我</u>

啦

注－都看我吧、瞧我啦（dōu kàn wǒ bèi, qiáo wǒ lèi）：京人劝解说合时之常用语，可参阅《卷二·dx77》条。"吧、啦"两字变读。

dz92　抖起来

例（四58　03）：每打一次仗，小偷儿，私运烟土的，和嘎杂子们，就都<u>抖起来</u>一回

注－抖起来（dóu qi lei）：京俗语。此处"抖"字意谓因有较优越的条件（如权势、财富、学问、技能、本领）而借其炫耀，故意张扬、显威风；也有时指因外界形势的某种有利转变而致使当事者跨踏满志甚或得意忘形。此说法往往用于调侃、揶揄，常有一定程度的贬义。"抖"字阳平；"起"字轻声；"来"字读 lei，轻声。"文革"时期"抖"演化为"抖份"，意略同。

dz93　抖

例（四710　02）：我打算正正经经的学几出戏……学会了几出，拍，一登台，多<u>抖</u>啊

注－抖（dǒu）：义同上条，是简化说法。

dz94　抖搂

例（四1117　07）：他只好把心事<u>抖搂</u>出来，让瑞宣给拿个主意

注－抖搂（dǒu lou）：本意指抖动衣物一类柔软物品（为去掉上面的尘土），此处引申为（将心事）全部说出。

dz95　豆汁

例（四349　10）：他们这一群都是在北平住过几年，知道京戏好而不会听，知道北平有酸<u>豆汁</u>与烤羊肉而不敢去吃喝的，而自居为"北平通"的人

注－豆汁（dòu zhē*r）：京城传统小吃，系以绿豆制粉丝所余渣滓发酵而成。有一种特殊的酸臭气味。初食之欲呕，继而得味，终至上瘾，几天不喝就想。喝豆汁儿时，要配以炸焦圈儿及咸菜丝儿。"汁"字须儿化。

dz96　豆汁儿摊子

例（四130　18）：找了个<u>豆汁儿摊</u>

子，他借坐了一会，心中才舒服了一些

注－豆汁儿摊子（dòu zhé*r tān zi）：旧京的一种下等小食摊，卖豆汁一类的简单小食品。但在这里却有"豆汁面前人人平等"的怪现象：达官显贵与贩夫走卒共坐一桌进食。盖因共同的豆汁瘾所致也。

du

dz 97　独自个儿

例（骆448　12）：后来她有了名，大伙儿也就让她**独自个儿**在屋里

注－独自个儿（dú jì gě*r）：独自一人。这不是北京本地的话，应是京南一带至保定地区的说法儿，"自"字按彼处语音注为jì。

dz 98　堵得慌

例（四369　04）：他只觉得心中**堵得慌**。他所引以自傲的四世同堂的生活眼看就快破碎了

注－堵得慌（dǔ de hong）：此处指心中憋闷，另也可指喘不上来气。"得慌"二字无实意，为主词后缀，示其程度之甚。"慌"字读音介于hong、heng之间，详见《卷一·g 13》条。

dz 99　堵个倒仰

例（牛50　26）：有时候很能把大人**堵个倒仰**

注－堵个倒仰（dǔ e dào yǎng）：京人习用说法，意指说的话不受听，使听者心中极不舒畅。"个"字读 e，轻声。

dz 100　堵窝掏

例（骆294　10）：打听明白他们放饷的日子，**堵窝掏**；不还钱，新新！

注－堵窝掏（dǔ wōr tāo）：京俗语，此处为引申意，指办事前先把情况摸清，以求一击而中。

duan

dz 101　短一个我赔你俩

例（骆281　15）：丢不了，**短一个我赔你俩**

注－短一个我赔你俩（duǎn yí e wǒ　péi ní liǎ）：京人习用说法。"个"字读 e，轻声；"一、你"二字阳平。

dun

dz 102　盹

例（四 672　08）：慢慢的，窗纸发了青。他忍了一个小**盹**

注－盹（duě*r）：名词，指一种假寐状态；不可单独使用，须置于动词（谓语）后作宾语使用。前面与其配用的动词有打、忍、冲（去声）等。

duo

dz 103　多去了

例（牛 19　21）：事**多去了**，拿叫厨子这一项说，就够写一本书的

注－多去了（duō qù le）：京人习用说法，夸张性的形容其多。也说"多了去了"。

dz 104　多饶一面

例（四 933　09）：咱们的命都在人家手里攥着呢，干吗再**多饶一面**，说假话呢

注－多饶一面（duō ráo yí miàr）：京俗谚，谓多余、多此一举。也作"白饶一面儿"。参阅 bz 15 条。"面"字须儿化。

dz 105　多咱

例（四 55　05）：**多咱**你的小婆子跟拉车的跑了，你大概也不敢出一声

注－多咱（duō ze*r）：什么时候。北方语系许多地区均有此说法。"咱"字变读，轻声，儿化。

dz 106　多喒

例（四 517　18）：酒量，我可长多了！不信，**多喒**有功夫，咱们哥儿俩喝一回

注－多喒（duō ze*r）：音、义同上条，仅写法异。

dz 107　多么

例（四 132　01）：您看，活儿作得有**多么**细致

注－多么（duó me）：京腔口语音，"多"字在疑问句中用时（探讨量的大小），常变调阳平，"么"字轻声；更早时还有人读为 duó men。而现在京语简说为多 duó（如何）。

dz 108　多少

例（四 648　15）：归了包堆该给你**多少**钱，回头咱们清账

注 - 多少（duó rou）："多"字阳平，"少"字读 rou，轻声；如果说得很快，则读为 r，是口型提示。

E 部

er

ez 01　二把刀

例（四 341　27）：我的拳脚不过是**二把刀**，可是我愿意去和日本小鬼子碰一碰

注 - 二把刀（èr be dāo）：京俗语，出自厨行，谓砧板技术二流；引申至一切方面，都能用此词形容。"把"字读 be，轻声。

ez 02　二的

例（四 177　05）：小三儿还没有消息，怎能再把**二的**赶出去呢

注 - 二的（èr de）：此处指家中的老二，读其本音；另见下条。

ez 03　二的

例（牛 133　25）：眼睛找了纪二娘去："**二的**，你去烧水呀。"

注 - 二的（èr dou）："的"字读 dou，参见《卷一·e 04》条。

ez 04　二毛子

例（四 178　27）：他很想问明白，钱家是不是"**二毛子**"，信洋教

注 - 二毛子（èr máo zi）：清末，尤其是在闹义和拳（团）时期，将外国人（主要是欧美人）称为"毛子"或"洋毛子"，而将入了洋教——基督教（包括罗马天主教、新教及东正教）的中国人称为"二毛子"。

ez 05　二五眼

例（牛 92　12）：等大家实习完了，学生们也明白先生们才**二五眼**呢

注 - 二五眼（èr u yǎn）：京俗语，指见地、学识、技能等不强。详见《附录叁 - 38》。"五"字读为 u，是口型提示。

F 部

fa

fz 01　发长

例（骆 235　17）：因为他已经是这么高大，而觉得还正在<u>发长</u>

注 – 发长（fā zhǎng）：发育成长。现不闻此说法。

fz 02　发整

例（离 213　09）：李太太不难看。脸上挺干净，有点<u>发整</u>。眉眼也端正

注 – 发整（fā zhěng）：略显呆板。

fz 03　乏

例（离 318　17）：现在他非常的安静，像个跑<u>乏</u>了的马

注 – 乏（fá）：京人谓疲倦为乏。此说现日见其少。参见《卷一·f02》条。

fz 04　发送

例（四 204　15）：我已经<u>发送</u>了一个姑爷，还得再给亲家母打幡儿吗

注 – 发送（fá song）：京俗语，谓办理丧事。"发"字阳平；"送"字轻声。

fan

fz 05　翻波打滚

例（牛 42　21）："看这孩子，看这孩子！"牛老太太叨唠着："不跟我，<u>翻波打滚</u>！……"

注 – 翻波打滚（fān be dá gǔn）：此处形容小孩儿坚决不服从大人管教，按都按不住，尥着蹶儿的横反。"波"字读 be，轻声。参见《满蒙语汇叁 – 11》。

fz 06　翻了狗脸

例（离 315　25）：他病那么一场，多花了许多钱，别叫他<u>翻了狗脸</u>说我花张了

注 – 翻了狗脸（fān le góu liǎn）：京俗语，对翻脸者的蔑称。"狗"字阳平。另：原著中"张"字似为"涨"字之误。

fz 07　翻了

例（骆 304　18）：说<u>翻了</u>的话，我会堵着你的宅门骂三天三夜

注 – 翻了（fān le）：京俗语谓（因发怒生气）翻脸、大发雷霆为 fān

zhe；此处是其简说，"翻"字儿化。

fz 08　烦

例（四 90　27）：在给人家唱完半打或一打片子之后，人家还特<u>烦</u>他大声的唱几句

注－烦（fán）：此处为旧时京语"请"的客气说法，是"麻烦您，请您（如何）"之意。现不闻此说法。

fz 09　反劲儿

例（牛 65　20）：太太决定叫天赐上学；这个<u>反劲儿</u>，谁受得了

注－反劲儿（fǎn jiè*r）：京人指斥顽童调皮跟有多动症似的不识闲儿。

fz 10　反正

例（四 171　07）：老太太和少奶奶的娘家<u>反正</u>非赶紧去告诉一声不可呀

注－反正（fǎn zheng）：表示在任何情况下结果均相同，或强调某事的理由充分。按："反正"一词，与"横竖、左右"义同，但出现的年代不同。详见《卷一·h30、z148》条。

fz 11　犯不着

例（四 1113　14）：她闹不清他们谁是谁，<u>也犯不着</u>去闹清楚

注－犯不着（fàn be zháo）：无必要、不值得。也作"犯不上"。口语音"不"字读 be，说得快时读 m，是口型提示。

fz 12　饭局

例（骆 232　01）：遇上交际多，<u>饭局</u>多的主儿

注－饭局（fàn jú）：见《卷二·fx14》条。

fz 13　犯牛脖子

例（四 826　02）：你要<u>犯牛脖子</u>不服气呢……你知道冠所长有多么厉害

注－犯牛脖子（fàn niú bó ze）：京俗谚。牛性执拗，以之形容人强颈不屈。"子"字读 ze，是强调语气时的读音。

fz 14　饭主子

例（四 295　27）：这顿饭是冠先生给他的，他就该完全同意**饭主子**所说的

注－饭主子（fàn zhǔ zi）：提供饮食者，简说为"饭主"，又由此演变为"饭辙"。见《卷一·f09》条。

fang

fz 15　方砖墁地

例（四 17　14）：三号是整整齐齐的四合房，院子里**方砖墁地**

注－方砖墁地（fāng zhuān màn dì）："墁"为动词，"以（某种材料）铺砌地面"之意。旧京百姓院中能以方砖墁地者就算殷实人家了。

fz 16　仿上仿下

例（四 17　20）：冠先生已经五十多岁，和祁天佑的年纪**仿上仿下**

注－仿上仿下（fǎng shàng fǎng xià）：差不多、相仿佛。此词用于可做量化比较之处，如身高、年龄等；而不能用于非量化状态者，如长相。此说法今鲜有闻。

fz 17　放份儿

例（四 153　08）：大八月十五的，车厂子硬不**放份儿**，照旧交车钱

注－放份儿（fàng fè*r）：此处之"份儿"指"车份儿"，即赁车者向车厂子所交的租赁费。"放份儿"是行规，即在某些重要节假日车厂老板不收租金。另见《附录叁－39》。

fz 18　放开桄儿

例（四 64　22）：老人家**放开桄儿**（尽量的）活，还能再活几年

注－放开桄儿（fàng kāi guà~r）：京俗语，原著此处括号中已注明词义。现少有人这么说了。"桄"是一种绕线的工具，也作量词用，如一桄线。

fz 19　放鹰

例（骆 293　18）：这需要眼光，手段，小心，泼辣，好不至于都**放了鹰**

注－放鹰（fàng yīng）：此处指放贷者因借方无力偿还本息而致的损失。

fz 20　放炮

例（骆232 20）：皮轮子上了碎铜烂磁片，<u>放了炮</u>；只好收车

注－放炮（fàng pào）：京俗语，谓充气轮胎爆胎。

fz 21　放屁崩坑儿

例（骆355 10）：刘四自幼便是<u>放屁崩坑儿</u>的人

注－放屁崩坑儿（fàng pì bēng kē~r）：京俗语，形容人说一不二、有杀伐决断之能。

fz 22　放青

例（骆251 15）：把它们送到口外去<u>放青</u>

注－放青（fàng qīng）：牲畜吃青草。原著此处是说夏天在口外（张家口以北）放牧骆驼。"青"字也可儿化。

fz 23　放秃尾巴鹰

例（四824 07）：我可也不能给冠所长丢了钱，<u>放了秃尾巴鹰</u>啊

注－放秃尾巴鹰（fàng tū yǐ be yīng）：旧京俗语，也简说"放鹰"。见fz19条。"尾"字读yǐ；"巴"字读be，轻声。

fz 24　放饷

例（骆294 10）：打听明白他们<u>放饷</u>的日子

注－放饷（fàng xiǎng）：也说"关饷"，今谓发工资。

fz 25　放着他的，搁着我的

例（四642 17）：甭忙。<u>放着他的，搁着我的</u>，多咱他走单了，我会给他个厉害

注－放着他的，搁着我的（fàng r tā de, gē r wǒ de）：京俗语，"走着瞧，秋后算账"意，严重者可能至"君子报仇十年不晚"的地步。也作"搁着你的，放着我的"，参阅《卷一·g24》条。不同人称决定于对话者的身份。两个"着"字读r，是口型提示。

fei

fz 26　非……不可

例（四171 06）：钱家有本家没有，我不晓得；老太太和少奶奶的娘家反正<u>非</u>赶紧去告诉一声<u>不可</u>呀

注－非……不可(fēi…bù kě)：京语常用的双重否定句式，以"否定之否定"的修辞加重肯定的语气。

fz 27　飞熟

例(四843 06)：他把四书背得<u>飞熟</u>

注－飞熟(fēi shóu)：京俗语，谓极其娴熟。"熟"字也可儿化。

fz 28　飞眼

例(四82 15)：她须向任何人都微笑，都<u>飞眼</u>，为是赚两顿饭吃

注－飞眼(fēi yǎr)：抛媚眼。"眼"字一般读儿化音。

fz 29　肥猪拱门

例(四546 11)：招弟姑娘……而今居然<u>肥猪拱门</u>落在你手里

注－肥猪拱门(féi zhū gǒng mén)：常用京谚，谓自己送上门来的便宜。参见《卷一·f11》条。

fen

fz 30　分点心

例(四142 15)：二叔你就多<u>分点心</u>吧，谁教咱们是父一辈子一辈

的交情呢

注－分点心(fēn diǎr xīn)：求人帮忙办事时常说的客气话。"点"字儿化。

fz 31　分三别两

例(牛150 15)：更使他惭愧的是他<u>分三别两</u>，谁的是谁的

注－分三别两(fēn sān bié liǎng)：在钱上认真，锱铢必较。

fz 32　粉戏

例(四349 13)：最使他们失败的是点少了"<u>粉戏</u>"。日本上司希望看淫荡的东西

注－粉戏(fěn xì)：色情戏剧。常见者如《马寡妇开店》、《游龙戏凤》、《纺棉花》等。

fz 33　份儿

例(骆265 18)：去和他们争座儿，还能有他们的<u>份儿</u>

注－份儿(fè*r)：此处意指"(在竞争中)所可能得到的部分"。

feng

fz 34　蜂糕

例(四461 26)：可是由沿街吆喝

的卖**蜂糕**的带卖

注－蜂糕（fēng gāo）：京中的一种面点。详见《附录叁－40》。

fz 35　缝穷

例（骆285 23）：男的拉车，女的**缝穷**，孩子们捡煤核

注－缝穷（féng qióng）：旧京俗语，指为人缝补衣物挣点儿微薄工钱。

fu

fz 36　附逆

例（四562 23）：那些人有的已经逃出北平，有的虽然仍在北平，可是隐姓埋名的闭户读书，不肯**附逆**

注－附逆（fù nì）：抗日战争时期的专有名词，指那些甘心在敌伪政权中做事且又身居一定地位者。这些人多在抗战后受到了应有的清算和审判。

fz 37　富泰

例（四87 26）：瑞丰太太，往好里说，是长得很**富泰**；往坏里说呢，干脆是一块肉

注－富泰（fù tei）：京人说人胖时的恭维性说法。现多写作"富态"，不妥；因为"富泰"意指"（显示出）富裕安泰"，是隐蔽的动宾结构之宾语；而"富态"意为"有钱的样子"，富是形容词，态是名词。何况胖和有钱也没什么直接必然联系。

fz 38　父一辈子一辈

例（四142 15）：谁教咱们是**父一辈子一辈**的交情呢

注－父一辈子一辈（fù yi bèi zǐ yi bèi）：京人常用说法，谓莫逆世交。两个"一"字轻声。

G 部

ga

gz 01　夹肢窝

例（四983 04）：走几步便伸开胳臂，使凉风吹吹他的**夹肢窝**

注－夹肢窝（gā zhi wō）：腋窝。一般写作"胳肢窝"。"夹"字读gā，"肢"字轻声。详见《满蒙语汇叁－12》。

gz 02　嘎噔价钱

例（四215 20）：现在，他不便因

为**嘎噔价钱**而再多耽误工夫，治病要紧

注－嘎噔价钱（gá deng jià qin）：京俗语，谓讨价还价。"噔、钱"二字轻声；"钱"字读音介于 qin、qian 之间。

gz 03　嘎七马八

例（骆389 19）：在这么想到儿子的时候，他就**嘎七马八**的买回一大堆食物

注－嘎七马八（gǎ qī mǎ bār）：形形色色，各式各样（但多含贬义，指谓没什么好东西）。"马"字也作"码"；"八"字儿化。

gz 04　嘎杂子

例（四58 03）：每打一次仗，小偷儿，私运烟土的，和**嘎杂子**们，就都抖起来一回

注－嘎杂子（gǎ zá ze）：京俗语，谓人品坏、心地奸诈的刁民。"子"字读 ze，是强调语气。

gz 05　干吗

例（四55 14）：你雇车**干吗**

注－干吗（gà má）：京语习用问询句。"干"字读 gà，更土点儿的读 gài（比 gà 轻灵流畅）；"吗"字是"什么"的简说。

gai

gz 06　改组脚

例（离200　01）：生命是个两截的，正像他妻子那双**改组脚**

注－改组脚（gái zú jiǎo）：缠过足又放开了的脚，亦称改造脚，二十世纪五十年代称解放脚；又被戏称为"抹子脚"，盖因其型（后圆前尖）像瓦匠的抹子。此种足型二十世纪二三十年代比比皆是。"改组"二字均阳平，此种读法属"三上连读"，参见《卷一·b11》条。

gz 07　改良

例（骆351 12）：他看出自己这场事不但办得热闹，而且"**改良**"

注－改良（gǎi liáng）：此词自十九世纪末至二十世纪初颇为盛行，但此处用的满不着调，其实是调侃说此话的刘四爷没有文化（所以加了引号）。

gz 08　改天

例（骆440 16）：**改天**你把她带来

注－改天（gái tiān）：与对方就某事约定时间时的常用说法，表示是在不确定、但不远的将来。"天"字也可儿化。

gz 09　改造脚

例（离213 11）：一双前后顶着棉花的**改造脚**

注－改造脚（gǎi zào jiǎo）：缠过足又放开了的脚。详见此前gz 06条。

gan

gz 10　干铲儿

例（离196 07）：及至天真回来和爸爸说了三言五语，这回事又**干铲儿**不提啦

注－干铲儿（gān chǎr）：京俗语，谓空等、白白耗过去。此词原指骑无鞍之马，"铲"字应作"骣"。

gz 11　干脆嘹亮

例（四631 25）：我喜欢你这么**干脆嘹亮**，西洋派儿

注－干脆嘹亮（gān cui liáo liang）：此处指直截了当、有什么说什么，不拐弯儿抹角儿。"脆、亮"二字轻声。

gz 12　干干儿着

例（牛197 24）：你愿意抚养他成人也吧，你愿意他老这么**干干儿着**，也由你

注－干干儿着（gān gar zhi）：京俗语，谓将人撂在一边不过问，任其自生自灭。后一"干"字轻声，儿化。如用"干干的"说某物件不潮湿、很干燥，此时后一"干"字要读gār，阳平，儿化。

gz 13　干撂

例（四360 10）：我不忍把祖父，父母都**干撂**在这里不管

注－干撂（gān liào）：京俗语，谓将自己分内之事弃之不顾。

gz 14　敢保

例（离183 05）：今儿个这点羊肉，你吃吧，**敢保**说好

注－敢保（gán bǎo）：保证（是怎样、能如何）。"敢"字阳平。现多说"管保"。

gz 15　敢……才怪

例（四 773　27）：不服？找日本人说去呀！<u>敢去才怪</u>

注－敢……才怪（gǎn…cái guài）：京语常用句式，是对某动词（如本例是"去"字）的否定性修饰。

gz 16　赶到

例（四 669　20）：<u>赶到</u>两个特使死在了北平，日本人开始有了点"觉悟"

注－赶到（gǎn dou）：此处意为等到（某个时候）。旧时京人口语多将"等到"说为"赶到"，现在老年人尚多此说。"到"字读音介于 dou、dɑo 之间，轻声。

gz 17　赶到点儿上

例（骆 236　20）：即使不幸<u>赶到</u>"<u>点儿</u>"上，他必定有办法，

注－赶到点儿上（gǎn diǎr reng）：京腔口语音，五个字连成三个音节；也可简说为"赶点儿"。意谓机缘凑巧，正好赶在某特定时机上（正、反面意均可用，但实际上多用于否定意义方面）。

"上"字读 reng，轻声。

gz 18　敢情

例（四 21　06）：听到老人的判断——不出三天，事情便会平定——她笑了一下："那<u>敢情</u>好！"

注－敢情（gǎn jing）：此词用法见《卷一·g 14》条。"情"字读音，介于 jing、qing 之间；但当说得快时，则可能读为 ing 音。

gz 19　赶情

例（牛 220　20）：一旦缺了这种音乐<u>赶情</u>和吃惯安眠药片一样，不吃还不行呢

注－赶情（gǎn jing）：音、义均同上条，仅写法相异。

gz 20　赶粥厂

例（骆 285　23）：夏天在土堆上拾西瓜皮啃，冬天去<u>赶粥厂</u>

注－赶粥厂（gǎn zhōu chǎng）：旧时冬季常有政府或民间富户自办的粥厂，舍粥赈济。穷人要喝碗粥，得早早去排队，称为"赶粥厂"。

gz21　干什么去

例（四42　20）：他要<u>干什么去</u>呢

注－干什么去（gà má qi）：句中写的是书面语，京人口语不会这样说，所以此处按京腔口语标音。若要京味儿更浓，说 gài má qi；而当加重语气，表示没必要去时，则说 gà má qù。

gang

gz22　刚才

例（四89　09）：我<u>刚才</u>看见七架咱们的轰炸机

注－刚才（gāng cái）：此词的演变详见《附录壹－15》条。

gz23　缸炉

例（四480　14）：应时的点心只有五毒饼，因为它卖不出去还可以揉碎了作"<u>缸炉</u>"——一种最易消化的，给产妇吃的点心

注－缸炉（gāng lour）：京中一种廉价糕点（京人称"糙点心"），原著已说明其制作与受众。《正红旗下》一书中写了老舍先生降生时，其舅妈给老舍母亲送"缸炉"一事。"缸炉"一物之来源，可参阅《卷一·189》条。"炉"字读 lour，轻声，儿化。

gz24　杠箱官儿

例（四264　10）：所谓各会者，就是……狮子，五虎棍，耍花坛，<u>杠箱官儿</u>，秧歌等等单位

注－杠箱官儿（gàng xiang guār）：此处所述均系旧京的民间游艺形式，每一种都有单独的"会"，会众定期操练，年节或其他重要日子时出演。"箱"字轻声。参见《附录叁－41》。

gao

gz25　高

例（离247　17）：就得连香菜老醋都买顶鲜顶<u>高</u>的

注－高（gāo）：京人习称质量较好的醋为"高醋"。

gz26　高丽棒子

例（四300　10）：<u>高丽棒子</u>不是干过吗——在背静地方把拉车的一刀扎死

注－高丽棒子（gāo li bàng zi）：此说本为东北方言，是对朝鲜人

的蔑称。"高丽"（koryǒ）为朝鲜古代国名，公元918年王建所建，1392年被大将李成桂所取代，遂亡。"棒子"一词是东北方言，是对某地方、或从事某行业之人的蔑称，意谓"不懂礼数、不通情理的人"。

gz 27　高末儿

例（牛134 02）：上小铺买两包<u>高末儿</u>去

注－高末儿（gāo mòr）：茶叶基本卖完时，茶叶桶底剩下的细碎茶叶末子。这种茶虽很细碎，又往往混有尘土，但有香气，且又价格低廉，此为下层京人所能喝得起的上限了。

gz 28　高摊、地摊、果店

例（四127 13）：街上的<u>高摊</u>与<u>地摊</u>，和<u>果店</u>里，都陈列出只有北平人才能一一叫出名字来的水果

注－高摊、地摊、果店（gāo tar、dì tar、guǒ diàn）：旧京在晚秋水果大量上市时的三种售货形式。果店是正式的店铺，有固定营业场所，常年经营；另两种是水果旺季时的临时摊贩，高摊正式一些，是卖水果的小商贩摆起台子售货；而地摊更随意，多为果农自己在地下铺块席头摆上水果就卖。"摊"字轻声，儿化。

gz 29　告帮

例（四637 12）：家中很窘……<u>告个帮</u>

注－告帮（gào bāng）：京俗语，参见《卷二·gx 15》条。

gz 30　告饶

例（四301 01）：他<u>告了饶</u>，我把他当个屁似的放了

注－告饶（gào ráor）：京语习将"求饶"说做"告饶"。"饶"字儿化。

gz 31　告诉明白了她

例（四172 08）：很简单而扼要的<u>把事情告诉明白了她</u>

注－告诉明白了她（gào song míng bei lou te）："告诉她，使她明白"的京语习用说法。"诉"字读song，轻声；当说得快时，"告诉"一词连读为gà~r，写作"譯

儿"("譯"为旧京俗字)。"白了她"三字变读。参见《卷一·g22》条。

gz 32　告诉你一声

例（四141 16）：大哥！我来<u>告诉你一声</u>，城外头近来可很不安静

注 - 告诉你一声（gào song ni yì she~r）：在谓语"告诉"一词所涉及的宾语（多为代词）后面加上"一声"二字，是京人习惯说法。"诉"读 song；"你"字轻声；"声"字儿化。另：注意此句中"告诉"一词不宜连读，因为这是两个人面对面谈话，连读不是敬语语气，那样说显得失敬。而 gz 31 条是叙述句，不存在敬语声调问题；至于下一条本来就是找茬儿打架的说法，更不用什么敬语了。

gz 33　告诉你

例（骆305 05）：跟我犯牛脖子，没你的好儿，<u>告诉你</u>！

注 - 告诉你（gà~r ni）：这是京人寻衅的语调，发音较重。"告诉"一词连读为 gà~r，可写作"譐儿"（"譐"系京中俗字，常用字典不录）。"你"字轻声。

gz 34　告诉我

例（四24 02）：不准说客气话，你有粮食没有。没有，<u>告诉我一声</u>

注 - 告诉我（gà~r wo）：京腔口语音。与上一条相似，但发音较轻。因为是第一人称，不存在敬语声调的问题，所以"告诉"一词可以连读。

ge

gz 35　搁车

例（离390 16）：市长与局长们的妥协究竟是暂时的，知道哪时就<u>搁车</u>

注 - 搁车（gē chē）：京俗语，谓"将某事搁置或辍止"。原著此处意指辍止。作"搁置"意时，往往有故意刁难的意思在内。另：此句中"知道"一词，系表示疑问之意（不知道、谁知道），是为旧京习用说法，今少有用者。

gz 36　搁着你的，放着我的

例（牛114 23）：要不是你糊涂，就是你爸爸糊涂。<u>搁着你的，放</u>

着我的

注－搁着你的，放着我的（gē r nǐ de, fàng r wǒ de）：京俗语，意谓"先搁下这档子事，记在心里啦（日后算账）"。参见《卷一g24》条。两个"着"字读r，是口型提示。

gz 37　搁着这个碴儿

例（骆416 17）：快走到街门了，他喊了声："祥子！<u>搁着这个碴儿</u>，咱们外头见！"

注－搁着这个碴儿（gē r zhèi e chár）：与上一条意同而说法不同。"着"字读r，是口型提示；"这个"读为 zhèi e。

gz 38　哥儿们

例（四327 02）：老人……满脸堆笑的说："是！是！你<u>哥儿们</u>多辛苦啦！……"

注－哥儿们（gēr men）：这是关系不错的同辈男性间的称呼，老人对年轻人这样说，或是真亲近、或是为谄媚而故作亲近状。原著此处是后者。

gei

gz 39　给

例（骆315 01）：快着点吧……别<u>给</u>① 点热气儿都<u>给</u>② 放了

注－给①（géi）：前一"给"字是京语习惯用法，相当于表示处置、致使（如何）的介词"把"。

给②（gěi）：后一"给"字是助词，用在动词前，加强处置的语气。

gz 40　给你告诉去

例（牛85 06）：小的等大的走远才喊："<u>给你告诉去</u>！"

注－给你告诉去（géi nī gào r qi）：京中儿童惯用说法，用以威胁其他小孩儿，表示要"把你的作为告诉大人"。"给"字阳平；"你"字阴平；"诉"字读为r，是口型提示，注意与"告"字有间隔，不要连读成 gàor；"去"字读 qi，轻声。

gz 41　给了他两句

例（四892 10）：大家都没理会晓荷，除了丁约翰<u>给了他两句</u>

注－给了他两句（gěi l te liǎng ju）：京语习用说法，谓不客气地说某人；但还未到训斥的程度，而是冷言冷语敲边鼓。"了"字读1，是口型提示；"他"字读 te，轻声；"句"字轻声。

gen

gz 42　跟钱有仇似的

例（四 821　12）：而后张罗着给亲友们买好烟好茶好酒，好像他<u>跟钱有仇似的</u>

注 - 跟钱有仇似的（gēn qián yǒu chóur shi de）：京人常用说法，意指毫无节制"乱"花钱，不知心疼。另也指人把钱财看得太淡，能合理得到的钱财也不争取，比 bz 18 条的"把馒头往外推"意思更甚。"仇"字儿化；"似的"二字轻声。

gz 43　跟前有

例（离 234　14）："您<u>跟前有</u>——（几个孩子？）"

注 - 跟前有（gēn qiǎr yóu）：这是京人向陌生人打听有几个子女时的习用说法。括号中的（几个孩子？）并不说出，意在不言中。"前"字上声儿化，"有"字阳平，并要拉长声（在等对方的回答）。

gz 44　哏哏的

例（四 144　16）：小妞子笑得<u>哏哏的</u>

注 - 哏哏的（gē*r ge*r de）：京语特有象声词，用以形容笑声。前"哏"阴平，后"哏"轻声，均儿化。

gong

gz 45　公事房

例（四 662　15）：这是星期六。下午两点他就可以离开<u>公事房</u>

注 - 公事房（gōng shi fá~r）：办公室的旧称，二十世纪五十年代始叫"办公室"。"事"字轻声；"房"字儿化。

gz 46　公议儿

例（骆 419　23）：原先他不懂得行人情，现在他也出上四十铜子的份子，或随个"<u>公议儿</u>"

注 - 公议儿（gōng yiè*r）：大家议定好数目、为婚丧嫁娶等事凑的礼钱。此说法也有时是指"起会"，即若干人议定好顺序，众人按月出钱，分别先后用款。是民间的一种互助型组合。

gz 47　工友

例（四 732　20）：在日本人眼前，他不是处长，而是<u>工友</u>

注－工友（gōng your）：在机关、学校等处充任杂役者；工厂则泛称一起工作的工人。此称谓二十世纪五十年代起渐消失。"友"字儿化，轻声。

gou

gz 48　勾

例（骆 394　09）：她出去弄点杂合面来，<u>勾</u>一锅粥给大家吃

注－勾（gōu）：京俗语，用粉末状的粮食（如杂合面之类）熬煮粥。

gz 49　钩儿套圈

例（牛 31　18）：牛宅又闹了这么些<u>钩儿套圈</u>

注－钩儿套圈（gōur tào quār）：京俗语，意谓烂七八糟、纠缠不清、套头夹脑的乱事。"钩、圈"儿化。

gz 50　狗碰头

例（四 639　22）：要单是买一口<u>狗碰头</u>，雇四个人抬抬，这点就够了

注－狗碰头（gǒu pèng tóu）：旧京俗语，指廉价的薄皮棺材。参见《附录叁－42》。

gz 51　狗事

例（骆 259　23）：大家以为他是向刘四爷献殷勤，<u>狗事</u>巴结人

注－狗事（gǒu shi）：京俗语，指巴结、谄媚，溜须拍马的贱气。也作"狗气"，或简作"狗"。"狗"字也有时用来指某人的脾气坏，暴躁易怒；如说"他又犯狗呢"，意谓某人在犯狗脾气。

gz 52　苟事

例（牛 92　15）：李先生说张先生<u>苟事</u>

注－苟事（gǒu shi）：音义均同上。老舍先生作品的方言字常有不同用法。

gz 53　苟着

例（四 559　11）：你<u>苟着</u>日本人……早晚都得遭报应

注－苟着（gǒu zhe）：与前两条

的"狗、苟"同义。"着"字表示其进行时态。

gz 54　狗着

例（离266 23）：我不是得想法收拾他，就得<u>狗着</u>他点

注－狗着（gǒu zhe）：音、义均同上，写法相异。

gz 55　够多么好

例（四1018 21）：要是有碗稠糊糊的小米粥喝，<u>够多么好</u>呢

注－够多么好（gòu duó me hǎo）：这是表示期盼好事降临时的京语习惯说法。"多"字阳平；"么"字读音介于 me、men 之间。

gz 56　够瞧的

例（四860 16）：这回可把我管教得<u>够瞧的</u>

注－够瞧的（gòu qiáo de）：此处谓（某事）程度之甚。参见《卷一·g 49》条。

gz 57　够味儿

例（四157 19）：大赤包一劲儿的说"不在乎"，可是心中究竟不大<u>够味儿</u>

注－够味儿（gòu wè*r）：京人常用语，谓某种事物的程度之甚。此处说"不大够味儿"，当然就是不怎么样了。另：此句中"不大"二字读 bú de。

gu

gz 58　孤哀子

例（四568 24）：他们也感到每个日本人都像个"<u>孤哀子</u>"

注－孤哀子（gū āi zǐ）：《幼学琼林》有云："自谦父死曰孤子，母死曰哀子。"朱熹《家礼·卷四》："母丧称哀子，俱亡即称孤哀子。"旧时丧事办完后，死者的子女致吊唁者的谢帖（表示丧家的谢意）中，即以"孤哀子"自称。"子"字不轻读，因为这是在庄重场合使用的词汇。

gz 59　咕唧

例（离273 19）：而是时时向丈夫<u>咕唧</u>着要钱

注－咕唧（gū ji）：啰唆絮叨、没完没了、惹人厌烦地说着某事。

gz 60　姑奶奶

例（牛20 10）：她不能闲着。她得捧**姑奶奶**一场

注－姑奶奶（gū nǎi nei）：此处指出嫁了的女儿。此词另还指父亲的姑母；天主教的修女；或父亲的姨母（也叫"奶奶姨"，但不叫"姨奶奶"，那可能会跟姨太太——小老婆闹混淆）。

gz 61　骨力

例（离202 13）：他心中似乎有了些**骨力**

注－骨力（gú li）：原意是指人身子骨结实，此处引申指心中有成算。"骨"字阳平，"力"字轻声。参见《满蒙语汇叁－13》。

gz 62　骨力硬棒

例（四927 21）：这所房子……砖瓦木料全**骨力硬棒**

注－骨力硬棒（gú li yìng beng）：京俗语，"骨力"多用以说人结实，筋骨强劲；"硬棒"义亦近。此处引申指房子建筑材料质量好。"棒"字读 beng，轻声。

gz 63　瞽儿词

例（离273 04）：她来自乡间，说些庄稼事儿，城里的太太觉得是听**瞽儿词**

注－瞽儿词（gǔr cí）：大鼓书是北方广大地区流行的一种曲艺形式，其说唱内容称为鼓词。旧时因多有盲人唱大鼓书，故亦称"瞽词"。原著此处不知为何写为瞽儿词，可能那时就是这么说的？

gz 64　鼓逗

例（四652 03）：瑞宣用手**鼓逗**着盖碗的盖儿

注－鼓逗（gǔ dou）：此处意为摆弄，这应是此词在京语中的本意；现写作"鼓捣"，含义相应扩展，包含了整治、修理等意；又进一步引申出挑拨、怂恿等意。

gz 65　故典

例（牛25 06）：她问老伴儿看出什么**故典**来没有

注－故典（gù din）：此处指事物的奥妙。"典"字读音介于 din、

dian 之间，轻声。

gz 66　故典
例(牛124 04)：他又想起早半天的事来。他不明白其中的**故典**

注 – 故典(gù din)：此处指某事情的原由，与上条音同义近。

gz 67　顾过命来
例(骆403 25)：刚**顾过命来**，他就问虎妞："车呢？"

注 – 顾过命来(gù wo miè~r lei)：京俗语，指从某种危难的事态中解脱出来；若尚未解脱则说"顾不过命来"。"过"字读 wo，轻声；"命"字儿化；"来"字读 lei，轻声。

gua

gz 68　瓜皮帽头儿、马褂
例(四339 13)：瑞宣最不喜欢在新年的时候，看到有些孩子戴起**瓜皮帽头儿**，穿上小**马褂**。他管他们叫做"无花果秧儿"

注 – 瓜皮帽头儿、马褂(guā pí mào tóur、mǎ guàr)：此为旗人服饰。瓜皮帽头儿也叫小帽头儿，马褂满语称"鄂多赫"，"褂"字

须儿化。详见《卷一·x34》条及《附录叁-43》条。

gz 69　寡寡落落
例(四625 05)：瑞宣的头还有点疼，心中**寡寡落落**的

注 – 寡寡落落(guá guo lāo laor)：形容心里发虚，空空荡荡若有所失。注意四个字的读音，每一个都有变化，不读本音。

gz 70　挂了气
例(四984 22)：假若瑞丰是为被责骂而**挂了气**，也像小三儿似的跑出北平去

注 – 挂了气(guà le qì)：(因某事而)置气，衔怨在心。"气"字也可儿化。今不闻此说。

gz 71　罣误官司
例(四595 02)："救他？连我还差点吃了**罣误官司**！"瑞丰理直气壮的说

注 – 罣误官司(guà wu guān si)："罣误"现作"诖误"，指因受牵连而遭受到的(损失或处罚等不公正待遇)。"误、司"二字轻

声。近五六十年演变成了"吃诖落"（读 chī guā làor，也作"吃瓜落儿"）一说，意同"诖误"。

gz72　挂误官司
例（骆327　13）：咱们卖力气吃饭，跟他们打哪门子<u>挂误官司</u>
注－挂误官司（guà wu guàn si）：音、义均同上条，仅写法相异。

guai

gz73　乖乖的
例（四81　14）：走，天还早呢，你给我<u>乖乖的</u>再跑一趟去
注－乖乖的（guāi guār de）：京人习用说法。一般是长辈对晚辈的说法。后一"乖"字儿化。

gz74　怪
例（四499　05）：两桌牌抽的头儿，管保够大家吃饭喝酒的。……不是<u>怪</u>好的办法吗
注－怪（guài）："怪"字在此处为副词，京人口语中用以修饰其后的形容词，表示其程度之甚，意同"很、相当的"，一般用于肯定意义的形容词之前。

guan

gz75　棺材本儿
例（四587　14）：她必须先去救长子瑞宣。……她不能太自私的还不肯动用"<u>棺材本儿</u>"
注－棺材本儿（guān cei bě*r）：京俗语，谓最后、最根本的一点儿财产。但原著此处是实指买棺材的钱。

gz76　关钉儿
例（离258　03）：老李连半点要白兰地的意思也没有，可是已被邱先生给<u>关了钉儿</u>
注－关钉儿（guān diē~r）：原义指入殓后将棺材钉死，此处为引申义，指某种既成事实使你不能不顺着人家指的路走下去。

gz77　关门子誓
例（四219　08）：四爷见金三爷起了<u>关门子誓</u>，不便再说什么
注－关门子誓（guān mén ze shì）：谓说绝了、使人不容辩驳的话。详见《附录叁－44》。

gz 78　官派

例（牛87 22）：孩子为念书而多花几个钱是该当的，这是**官派**

注－官派（guān pei）：指被社会公认、有别于小市民阶层的行为方式及言行举止。"派"字读音介于 pei、pai 之间，轻声；口语中多会儿化，读 par。

gz 79　官样

例（四461 24）：这种粽子也并不怎么好吃，可是它洁白、娇小，摆在彩色美丽的盘子里显着非常的**官样**

注－官样（guān ya~r）：旧京俗语，说某物品样式好。"官"字在此意指"毫无疑义、无可更改的一定之规"。此说法今罕闻。"样"字轻声，儿化。元曲中有"官样"之说，详见《元曲语汇 114》条。

gz 80　管保

例（牛71 04）：这个高身量大眼睛的先生，要是打人，还**管保**不轻

注－管保（guán bǎo）：京俗语，保证、一定（会如何）。另有"敢保、准保、准定"等词意近。"管"字阳平。

guang

gz 81　光出溜的

例（牛48 18）：头不像头，球不像球，就那么**光出溜的**不起美感

注－光出溜的（guāng chu liū de）：京俗语，形容人毛发稀疏状。"出溜"一词参见 cz 76 条。"出"字轻声。

gz 82　光脚的还怕穿鞋的

例（四57 13）：咱们走着瞧，**光脚的还怕穿鞋的**吗

注－光脚的还怕穿鞋的（guāng jiǎo de hái pà chuān xié de）：下层京人常用语，此为反诘句式；肯定句式为"光脚的不怕穿鞋的"。有浓厚的流氓无产者味儿。

gz 83　光着袜底儿

例（四844 02）：只是她一个人，**光着袜底儿**……一瘸一拐的走进了三号

注－光着袜底儿（guāng zhe wà diě*r）：此说法突出表现"只穿着

袜子而没穿鞋走路"这一奇怪景象。只穿着袜子但没走路不用此说法。

gui

gz 84　规矩

例（牛 22　09）：打算叫自家威风凛凛，得设法使狗们叫，这才合<u>规矩</u>

注－规矩（gu ju）：旧时京人尤其是旗人最讲规矩，笔者对此深有体会。我姥姥家是旗人，我幼时又常在姥姥家住，记得各种规矩，连晚上上床，鞋的摆放方向位置都有一定要求。而京人尤其是旗人之所以瞧不起外地人，至少部分原因是觉得外地人没规矩。不过现在京人也没这种优越感啦，因为大家都没规矩了。

gz 85　归了包堆

例（四 215　15）：药费也说定了好不好？<u>归了包堆</u>，今天这一趟你一共要多少钱

注－归了包堆（guī le bāo zuī）：京俗谚，谓"拢共、一总、满打满算"等意。"堆"字读 zuī。

gz 86　归了我去

例（四 415　02）：连你，带我的女儿，都<u>归了我去</u>！我养活得起你们

注－归了我去（gu liáo wǒ qi）："了"字在此读本音（但因双上声而变调阳平）是为加重语气，一般情况下读发音较轻的 lou；"去"字读 qi，轻声。

gz 87　归齐

例（离 283　08）：闹吧，很闹了一场。<u>归齐</u>，是我算底

注－归齐（guī qí）：是"说了归齐"的简化说法。意谓归根结底、最终结果（如何）。

gz 88　诡病

例（四 845　25）：桐芳有<u>诡病</u>，无疑的

注－诡病（guǐ bing）：隐情、疑点、不可告人的内幕。"病"字轻声。

gz 89　鬼病

例（骆 261　17）：他怕祥子的话有

鬼病

注－鬼病（guǐ bìng）：音义同上，写法各别。

gz 90　跪铁索

例（骆 257　25）：打过群架，抢过良家妇女，<u>跪过铁索</u>

注－跪铁索（guì tiě suǒ）：令犯人跪在有锋利棱角的铁链上，使其痛苦异常，迫其招供。"铁"字阳平。

guo

gz 91　锅子

例（离 180　24）：咱们回头吃羊肉<u>锅子</u>，我去切肉

注－锅子（guō zi）：京中名吃涮羊肉所用的炊具，铜制，下部燃以木炭，上部有水斗，中间为烟囱。详见《附录叁－45》。

gz 92　国货、国术、国医、国语

例（牛 93　16）：提倡<u>国货</u>，提倡<u>国术</u>，提倡<u>国医</u>，提倡<u>国语</u>

注－国货、国术、国医、国语（guó huò、guó shù、guó yī、guó yǔ）：民国时期经常掀起这类爱国主义运动。国术指中国武术。国医指中医，国语（见 gz95 条）是清末至民国时期对官方标准语音的称谓，今称普通话。

gz 93　国联

例（离 272　25）：她是弱小国家，她们是<u>国联</u>行政院的常务委员

注－国联（guó lián）：国际联盟（league of nations）的简称。详见《附录叁－46》。

gz 94　国文

例（牛 96　10）：天赐有点看不起爸了："爸的<u>国文</u>没得过分数！"

注－国文（guó wén）：民国时期对语文的称谓。"文"字在口语中有时儿化。

gz 95　国语

例（四 65　01）：他很自傲生在北平，能说全国尊为<u>国语</u>的话

注－国语（guó yǔ）：此处指北京话。见《附录叁－47》。

gz 96　裹乱

例（四 691　26）：你二叔写字，不准去<u>裹乱</u>

注－裹乱（guǒ luàn）：京语谓捣乱、添乱为"裹乱"。

gz 97　果局子

例（牛 179 18）：他想象着有果摊就能变成个<u>果局子</u>

注－果局子（guǒ jú zi）：旧时称水果店为果局子。

gz 98　过不着

例（四 525 05）：咱们还<u>过不着</u>那五块钱吗

注－过不着（guò bu zháo）：京语习用说法，意谓没有那份交情；但此处是反诘式否定句，因此是有交情。

gz 99　过得多

例（四 135 17）：咱们<u>过得多</u>呀！钱太太

注－过得多（guò de duō）：京语习用说法，意指交情深厚。今说"过得着"。

gz 100　过话

例（四 364 11）：在平日，他们俩只点点头，不大<u>过话</u>

注－过话（guò huà）：京语习用说法，指交谈。但此词多用于否定义项，即"不过话"。"话"字在口语中多儿化。

gz 101　过节

例（四 1073 27）：老三是真杀真砍的人，他没工夫顾到那些婆婆妈妈的小<u>过节</u>呀

注－过节（guò jier）：京语中此词多义，详见《卷一·g 88~g 90》条。此处为礼数、礼节意。"节"字儿化，轻声。

gz 102　过去了

例（四 801 22）：快到祁家去！天佑掌柜<u>过去了</u>

注－过去了（guò qi le）：此处指死了，京人讳言直说死。"去"字读 qi，轻声。

H 部

ha

hz 01　哈德门

例（牛 83 02）：牛老者没有道歉的意思，吸着<u>哈德门</u>一劲儿说

注－哈德门（hǎ de mén）：旧时一种香烟牌子，质量数中档偏上。此品牌今似尚存。哈德门即崇文门的民间俗称。"哈"字上声；"德"字读音介于 de、dei 之间，轻声。

hai

hz 02　海里摸锅

例（骆 294　12）：放出去，**海里摸锅**，那还行吗

注－海里摸锅（hǎi le mō guō）：京俗谚，意谓无处寻觅。"里"字读 le，轻声。

hz 03　还是

例（离 298　16）："李先生，**还是**旧式的夫人！……"

注－还是（hái r）：此处"还是"一词为"还是（什么样）的好"之略说，表示一种肯定意向。京腔口语音，此处"是"字读 r，为口型提示。

hz 04　还用

例（离 234　10）："**还用**嘱咐，近邻比亲！……"

注－还用（hái rong）：此处为"反诘式肯定句"。"用"字读音介于 rong、yong 之间。

hz 05　害点怕

例（四 360　25）：自己正在找事的时候找到了事，而且是足以使蓝东阳都得**害点怕**的事

注－害点怕（hài diǎr pà）：在谓、宾语之间缀以"点"字（如吃点儿饭、问点儿事儿），是京人口语习用说法。此处的"点"字是作为口语中的连缀词使用，与其后宾语的数量大小并无必然联系。"点"字儿化。

han

hz 06　寒伧

例（四 28　02）：他的几句二簧，与八圈麻将，也都不甚**寒伧**

注－寒伧（hán chen）：京俗语，有丑陋、丑化、羞辱、不光彩、没面子、面色不善乃至吃相不好等义；还有"寒碜、憨蠢、寒蠢、寒尘、寒瞋"等不同写法，均读 hán chen。另有"砢碜"（参见《卷一·k 11》条）一词，与此词义有某些重合处。

hz 07　含忽

例（骆 231　22）：若是漆工与铜活**含忽**一点呢，一百元便可以打住

注－含忽（hán hu）：此处意指马虎草率，质量差。"忽"字轻声。现写作"含糊"。

hz 08　汗毛眼

例（四 301　18）：听小崔这么一问，他浑身的**汗毛眼**都忽然的一刺

注－汗毛眼（há mou yǎr）：毛孔。"毛"字读音介于 mou、mao 之间，"眼"字儿化。

hz 09　喊高儿

例（骆 346　21）：棚匠**喊高儿**上了房，支起棚架子

注－喊高儿（hǎn gāor）：旧时棚匠开工前的一种习俗，细节待考。

hang

hz 10　行市

例（骆 315　26）：到头发惨白了的时候，谁也有一个跟头摔死的**行市**

注－行市（háng shi）："行情"的俗说。此处是引申义，意指"那种情况"。

hao

hz 11　好歹的

例（四 154　19）：我这儿还有两盘倭瓜馅的饺子呢，**好歹的**你先垫一垫

注－好歹的（háo dǎi de）：京俗语，谓聊胜于无。"好"字阳平。

hz 12　豪横

例（四 481　07）：可是他**豪横**了一生，难道，就真把以前的光荣一笔抹去，而甘心向敌人低头吗

注－豪横（háo heng）：京俗语，谓粗豪恣肆、倜傥不羁。"横"字轻声。

hz 13　好吗

例（四 05　12）："**好吗**，她一天忙到晚，你们还忍心教她去运煤吗？"

注－好吗（háo me）："好"字阳平。此读法仅用于反诘式疑问句之首，表示对该句所述内容之诧异。用语音变化来突出构句方式，明确全句的否定性。

hz 14　嚎丧

例（四 163 04）：这两个臭娘们！大节下的嚎什么丧呢

注－嚎丧（háo sāng）：京俗语，专指丧事时号哭。旧时办丧事，常有专业的帮衬者，主家雇来嚎丧，计时收费。

hz 15　好死不如癞活

例（四 236 09）：时间会巧妙的使自杀的决心改为"好死不如癞活"

注－好死不如癞活（háo sǐ bu rú lai huó）：常用俗语。"好"字阳平；"不、癞"二字轻声。"癞"字现作"赖"。

hz 16　好喴

例（四 315 21）：他极严肃的说："好喴！好喴！的确的好喴！"

注－好喴（háo we）：这其实是听戏时喝倒好的语调。详见《附录叁－48》。

hz 17　好吧歹吧

例（四 382 25）：你看怎办好，就怎办！好吧歹吧，咱们得在一块儿忍着

注－好吧歹吧（hǎo be dǎi be）：京俗语，意谓"不管怎样、无论如何"。两个"吧"字都读 be，轻声。

hz 18　好大半天

例（四 823 07）：亦陀非常的惊异，眨巴了好大半天的眼

注－好大半天（hǎo de m tiān）：京语习用说法，形容较长的时间。参见《卷一·b33》条。"半"字读 m，参见《卷一·y18》条。

hz 19　好家伙

例（四 749 05）："好家伙，老打光棍儿可受不了！"他毫不害羞的说

注－好家伙（hǎo jie）：表示惊叹、感慨等情绪时带有夸张性的说法。此处"家伙"二字连读为 jie，轻声；若加重强调语气，读为 hǎo jiā huó。

hz 20　好气儿

例（骆 227 01）：就是在同行的当中也得不到好气儿

注－好气儿（hǎo qiè*r）：好的外界环境所带来的好心情、态度。

hz 21　好说好散

例（四720 22）：气愤是没有什么用处的。和平，<u>好说好散</u>，才能解决问题

注－好说好散（hǎo shuō hǎo sàn）：旧时京人尊奉中庸、平和的生活准则，即或散伙也要保持一团和气。

hz 22　好鞋不踩臭狗屎

例（四213 25）：他为什么不抵抗，不是胆小，而是<u>好鞋不踩臭狗屎</u>

注－好鞋不踩臭狗屎（hǎo xié bù cǎi chòu góu shǐ）：京俗谚，表示不屑与宵小之徒置气。原著此处是写冠晓荷挨了金三爷的揍后折溜子找辙。（"折溜子"系旧京俗语，也作"摭溜子、摭㳠子"，均读作 zhě liū zi，谓找话掩饰自己窘境，也即"找辙"。）

hz 23　耗着

例（四435 14）：别院里都有了响动，咱们也不能老<u>耗着</u>呀

注－耗着（hào zhe）：京人谓无所作为地延宕时间为耗着。说得快时"着"字读为 r，是口型提示。

he

hz 24　喝

例（四07 19）：我是好意这么跟他说，好教他消消气；<u>喝</u>，哪知道他跟我瞪了眼

注－喝（hē）：京语特有的感叹词，一般在句首作发语词用。此处"喝"字读阴平，是表示不满的语调；若读去声时是感到意外、惊诧。

hz 25　喝

例（牛74 13）：人之初，狗咬猪，人一出来，一瞧，<u>喝</u>，狗咬着一个大母猪

注－喝（hè）：发语词，参见上条。此处"喝"字读去声，是表示惊诧的语调。

hz 26　合辙

例（骆292 12）：过了些日子，生活又<u>合了辙</u>

注－合辙（hé zhé）：此处意为纳

入常规。京人习用说法。

hei

hz 27　黑杵

例（四16 15）：东屋住着小文夫妇，都会唱戏，表面上是玩票，而暗中拿"<u>黑杵</u>"

注－黑杵（hēi chǔ）：此为"春点"（江湖隐语），"黑"指不公开；"杵"为"楮"的假借字，即钱，详见《附录贰－07》。"黑杵"谓暗中拿的钱。

hz 28　黑灯下火

例（牛16 02）：在哪儿呀？这么<u>黑灯下火</u>的

注－黑灯下火（hēi dēng xia huǒ）：京俗语，形容照明不好。"下"字轻声。

hz 29　黑人儿

例（骆369 23）：咱们要是老在这儿忍着，就老是一对<u>黑人儿</u>

注－黑人儿（hēi ré*r）：京人习用说法，有多种含义，可以指逃亡者、身份不明者、无正当职业者、无合法身份者、因某种原因而隐姓埋名、身份不为社会所认可者等。原著此处是虎妞对祥子所说。

hz 30　黑糖

例（牛22 04）：按照规矩说，应当送小米鸡蛋糕与<u>黑糖</u>

注－黑糖（hēi táng）：黑糖是旧式说法，后多称为红糖，是未经提纯的粗制糖，颜色自浅黑至黄褐不等。民间认为小米、鸡蛋糕、黑糖是产妇的最佳营养品。旧时普遍贫穷，吃不起好的，小米"鸡蛋糕"黑糖也确实就是能吃得上的最佳食品了。

hz 31　黑天白日

例（骆374 20）：一成家，<u>黑天白日</u>全不闲着

注－黑天白日（hēi yin bái in）："天"字读 yin，轻声；"日"字读 in，是口型提示。

hz 32　黑早

例（四1016 05）：每逢去领粮，她<u>黑早</u>的便起床

注－黑早（hēi zǎor）：京俗语，谓早上日出以前。"早"字须儿化。

heng

hz 33　哼唧

例（四 284　19）：十之八九他是<u>哼唧</u>着军号的简单的嗒嘀嗒

注－哼唧（hēng ji）：哼唧有多种用法，此处谓自己一人小声哼着歌（只发出曲调声），原著此处是踩乎（京俗语，谓贬低）唱歌者（祁瑞丰）。

hz 34　哼儿哈儿的

例（四 336　26）：她对丈夫只<u>哼儿哈儿的</u>带理不理

注－哼儿哈儿的（hē~r hār de）：京俗语，形容对人带搭不理的随便应付敷衍，或不负责任的顺口搭音儿。

hz 35　横草不动，竖草不拿

例（四 538　08）：你坐在家里<u>横草不动，竖草不拿</u>！你长着心肺没有

注－横草不动，竖草不拿（héng cǎo bú dòng, shù cǎo bù ná）：京俗谚，形容人在家里极其懒惰不负责任，什么事都不管；此词另有一义见下条。与其义近者还有一说："油瓶倒了都不扶。"

hz 36　横草不动，竖草不拿

例（四 43　01）：我（钱默吟）——一个<u>横草不动，竖草不拿</u>的人——会有这样的一个儿子，我还怕什么

注－横草不动，竖草不拿（héng cǎo bú dòng, shù cǎo bù ná）：此处意指与世无争，安分守己；是从上一条"什么事都不管"义延伸而来。

hz 37　横打鼻梁

例（四 111　02）：瑞宣把来意简单的告诉了老人。老人<u>横打鼻梁</u>，愿意帮忙

注－横打鼻梁（héng dǎ bí liá~r）：对别人当面打保票，保证负责承当某事。此说详见《卷二·hc 10》条。

hz 38　横是

例（四 191　14）：你<u>横是</u>不敢说桐芳闹得不像话

注－横是（héng shi）：京语常用判断词，推断某事大概、多半、

肯定会（或不会）如何，置于所判断事项之前。说得快时"是"字读r，是口型提示。

hz 39　横虎子

例（四421 19）：老那么<u>横虎子</u>似的，说话就瞪眼

注 – 横虎子（hèng hǔ ze）：京俗语，谓说话态度恶劣，蛮横不说理。

hou

hz 40　后半天

例（四90 23）：教他到<u>后半天</u>出去转一转街

注 – 后半天（hòu m tiar）：中午以后。"半"字读m，是口型提示，参见《卷一·y18》条。"天"字轻声。

hz 41　后脑海

例（离247 03）：他只买冰鞋而不敢去滑冰，怕摔了<u>后脑海</u>

注 – 后脑海（hòu nao hǎi）：京俗语，也说"后脑勺儿"，"脑"字轻声。郊区有说"后脑瓢儿"的。

hu

hz 42　呼吓

例（牛128 07）：没人再张罗他吃喝，甚至没有人再<u>呼吓</u>他

注 – 呼吓（hū he）：谓并非和颜悦色，而是带有斥责口吻的招呼。

hz 43　呼吸气儿

例（四322 17）：也不顾得去试试东阳还有<u>呼吸气儿</u>与否

注 – 呼吸气儿（hū xī qiè*r）：北京话集啰唆之大成，过去更甚，从这个词儿就能看出。现在简化了许多，直接说"气"就得了。

hz 44　胡吹乱嗙

例（四445 10）：可是一遇到病人，他还没忘了卖草药时候的<u>胡吹乱嗙</u>

注 – 胡吹乱嗙（hú chuī luàn pǎng）：京俗语，谓胡说八道、乱吹牛。

hz 45　胡反

例（四863 10）：对，把我气死，气死，你们好<u>胡反</u>

注 – 胡反（hú fǎn）：完全无限制、

无规矩的任意胡为。京人习用说法。

hz 46　胡逛八扯

例（离 309 22）：其实没儿子都怨我吗？他年轻的时候，**胡逛八扯**

注－胡逛八扯（hú guang ba che）：原著此处是吴太太说吴先生年轻时逛妓院，以致现在生不出孩子。"胡、八"二字无实意，仅是动词"逛、扯"（意谓产生某种非正常的关系）的状语，形容主词的程度之甚。"逛八扯"三字轻声。

hz 47　划搂

例（四 569 23）：回到家中，他才觉出点疲乏，赶紧**划搂**三大碗饭

注－划搂（hú lu）：京俗语，形容吃饭的动作很快。"划搂"二字变读。详见《卷一·h46、h52》条。

hz 48　胡闹八光

例（四 553 16）：她不能再激怒了高第，使高第也去**胡闹八光**

注－胡闹八光（hú nou ba guāng）：即胡闹。"八光"一词无实义，仅是"胡闹"的后缀。"闹"字读 non，轻声；"八"字轻声。

hz 49　胡塞

例（骆 376 17）：你不回来吃，绕世界**胡塞**去舒服

注－胡塞（hú sāi）：不规则、不加节制的暴饮暴食，也说"胡吃海塞"。另有京味更浓的说法叫作"揣巴"，元曲中已有此说。参见《元曲语汇 009》条。

hz 50　唬得一愣一愣的

例（四 314 27）：因此，以冠晓荷的肤浅无聊，会居然把蓝东阳"**唬**"得一愣一愣的

注－唬得一愣一愣的（hǔ de yí lèng yí lèng de）：京语常用说法，谓说大话把对方给镇唬住了。

hz 51　虎拉车

例（四 503 22）：红李，玉李，花红和**虎拉车**，相继而来

注－虎拉车（hǔ la chē）：是京北昌平一带产的一种低档水果，状似苹果而较小，但嗅之有香气，果肉较粗糙，也叫香果。此物久

已不见矣。"虎"字读音介于 hǔ、huǒ 之间;"拉"字读音介于 la、le 之间,轻声。

hz 52　护犊子

例(四 510 11):在平日,她不是<u>护犊子</u>的妇人

注－护犊子(hù dú zi):谓大人不问是非曲直,一味袒护自家的孩子;也有时引申开来,指袒护自己集团内部的人。详见《附录叁－49》。

hua

hz 53　花糕

例(骆 461 26):点心铺中过了九月九还可以买到<u>花糕</u>

注－花糕(huā gāo):一种节令京味面食。详见《卷一·h 50》条。

hz 54　花瓜

例(骆 269 24):冲口而出的把他骂了个<u>花瓜</u>

注－花瓜(huā guā):京俗语,字面义是:"(被揉搓损伤)瘢痕累累的瓜";此处是形容打、骂对某人所造成伤害程度。此词另常用以形容服饰面容脏烂不堪貌。

hz 55　花棵

例(四 120 04):到下午,厂子的门洞便已堆满了不带盆子的<u>花棵</u>,预备在明日开庙出售

注－花棵(huā kēr):旧京说法,栽在地里的观赏性草本植物叫花棵;入了花盆儿就叫"花儿"(必须儿化)。此处因"待出售",不带花盆儿,所以还叫花棵。

hz 56　哗啦

例(骆 296 21):起会,在这个穷年月,常有<u>哗啦</u>了的时候

注－哗啦(huā le):京俗语,借用房倒屋塌的声音(哗啦)表示某事物的土崩瓦解。"啦"字变读为 le,轻声。

hz 57　花狸狐哨

例(四 904 12):大赤包不是无论在什么时节都打扮得<u>花狸狐哨</u>的吗

注－花狸狐哨(huā le hǔ shào):"狸"字读 le,"狐"字上声。现多作"花里胡哨"。

hz 58　花牛、招子

例（牛106 20）：什么树上有长犄角的"**花牛**"，什么样的蜻蜓是最好的"**招子**"

注 – 花牛、招子（huā niūr、zhāo zi）：京人将天牛（一种硬壳甲虫）叫作花牛，"牛"字儿化。此处"招子"是指京中儿童逮老琉璃（京人对某种蜻蜓的称谓）时，先将一只活蜻蜓用长约一米的细线拴住，线的另一头连在一根棍子上，挥舞此棍，线上的蜻蜓就随之来回飞舞，把别的蜻蜓招过来，此时伺机以手中的蚂螂网（长杆前端附以网袋）将要逮的蜻蜓扣下。

hz 59　话匣子

例（四435 22）：家家有收音机……谁还听我的**话匣子**

注 – 话匣子（huà xiá ze）：二十世纪初谓手摇式留声机为话匣子；至四五十年代前后收音机逐渐普及，这个称谓就逐渐转移到收音机上了。

huai

hz 60　怀

例（四310 10）：因为她的衣裳肥大，大家都没看出她有"身子"。在最近，她的"**怀**"开始显露出来

注 – 怀（huái）：京人谓怀孕后腹部凸起为"显怀"。本句中的"有'身子'"即指怀孕。

hz 61　坏嘎嘎

例（骆354 25）：**坏嘎嘎**是好人削成的

注 – 坏嘎嘎（huài gá ge*r）：嘎嘎儿是京人对地陀螺的称谓。此物略呈椭圆形，较尖的一端顶部镶入一颗圆钢珠，置于平地上，以鞭抽击促其旋转，名曰抽嘎嘎；抗战时期更名为"抽汉奸"。"坏嘎嘎"指坏人，可能是因其经常挨抽。参阅《附录叁 – 50》。

hnan

hz 62　欢炽

例（骆422 20）：很像在街上买来的活鱼，乍放在水中**欢炽**一会儿

注 – 欢炽（huān shi）：京俗语，指动物因某种原因而显得格外有

活力。也有时用以说人，尤其是说小孩儿。"炽"字读音介于 shi、chi 之间，轻声。

huang

hz 63　慌速

例（牛 15　16）：是找一个奶妈呢，还是找一对儿呢？出来的<u>慌速</u>，忘了问太太

注－慌速（huāng sù）：应为"慌速"。意谓匆忙、慌张，如《水浒传》第四十一回"宋江智取无为军，张顺活捉黄文炳"："黄文炳谢了知府，随即出来，带了从人，慌速下船，摇开江面……""慌"字阴平。

hz 64　黄净子脸

例（四 1065　26）：她的白发披散开，<u>黄净子脸</u>上红起来一两块

注－黄净子脸（huáng jìng zi liǎn）：黄脸膛。参见《卷一·h66》条。

hui

hz 65　灰不噜

例（四 1032　02）：一手高举着车票，一手握着那条<u>灰不噜</u>的毛巾

注－灰不噜（hu be lū）：形容布类又脏又油腻哄哄的样子。"不噜"是词尾后缀，无实意，有强调主词程度之甚的作用（但多用于否定性意义句中）。"不"字读 be。参见《元曲语汇 115》条。

hz 66　回……的话

例（牛 16　17）："<u>回</u>太太<u>的话</u>，她吃了我好几天了……"

注－回……的话（huí… de huà）：旧时下属在回答尊长问话时所用的敬语，省略号即其所面对之尊长。

hz 67　回话儿

例（四 825　27）：好啦，你回去告诉她，再给我个<u>回话儿</u>

注－回话儿（huí huàr）：京语谓对某问题的答复。"话"字须儿化。不儿化的说法见上条。

hz 68　回见

例（骆 375　21）："<u>回见</u>！"那两个年轻的一齐说

注－回见（huí jiàn）：旧时京人不说再见，而说回见。

hz 69 回事
例（牛166 10）：有人来找我，你站在屏风门外喊**回事**
注－回事（huí shì）：旧时下属要进屋向上司禀报某事之前，需先在门外喊"回事"，就像军人先要喊"报告"一样，等候传见。参见《卷二·hx40》条。

hz 70 回头
例（四967 14）：那古怪的面粉……既不能包饺子，又不能蒸包子，烙<u>回头</u>
注－回头（huí tou）：京味回民小吃，系一种肉馅面食，状如弯成环形的褡裢火烧；也有不带馅儿的，是较薄的面片，油煎制而成，多在古尔邦节（开斋节）食用。"头"字轻声。

hz 71 会子
例（四459 03）：他没法不低声的骂了："白亡了**会子**国，他妈的连个官儿也作不上，邪！"
注－会子（huǐ ze）：京俗语，作"一段时间"讲。"会"字上声。此处引申，可视为量词，意为"一回"。

hz 72 会子
例（牛133 23）："爹，你吃点心吧，少爷给你买了**会子**！"
注－会子（huǐ ze）：此处作为名词用，是强调"买了点心"这件事；与上一条音同而义异。

hz 73 会馆
例（四567 11）：前三门外的各省**会馆**向来是住满了人
注－会馆（huì guǎn）：一种以所属地域来划分的会所。详见《附录叁－51》。

hun

hz 74 昏头打脑
例（骆302 10）：祥子几乎没有力量迈出大门坎去。**昏头打脑**的
注－昏头打脑（hūn tóu dǎ nǎor）：京俗语，昏昏沉沉、四肢无力的样子。"打"字阴平，"脑"字儿化。

huo

hz 75 活动着
例（四594 12）：你是坐你的车走

啊？那你就该**活动着**了

注 - 活动着（huó dong zhe）：京人口语说法，表示"（是时候该）如何了。""动"字轻声。

hz 76　活计

例（四 800 19）：把韵梅手中的**活计**硬抢了去，抽着工夫把它们作好

注 - 活计（huó ji）：京人将所制物品称活计，此处指针线活。"计"字轻声。

hz 77　活王八

例（四 55 05）：多咱你的小婆子跟拉车的跑了，你大概也不敢出一声，你个**活王八**

注 - 活王八（huó wáng be）：此处"活"字系诅咒语，是该死之意。"王八"一词见《附录壹-07》条。"八"字读 be（普通话中无此音），轻声。

hz 78　祸害星

例（四 923 09）：她红不起来，咱们就减少了一个**祸害星**

注 - 祸害星（huò hei xīng）：京语

谓能带来某种气运的人为"××星"。如福星、灾星等。"害"字读 hei，轻声。

J 部
ji

jz 01　激

例（骆 401 23）：最大的损失是被雨水**激病**

注 - 激（jī）：身上有热汗，突然拿冷水一浇，京语说"激着了"，容易致病。

jz 02　戟刺

例（四 951 01）：假若孙七与钱先生都不能**戟刺**起人们的反抗的勇气

注 - 戟刺（jī ci）：现作"刺激"。按："刺激"一词系二十世纪初自日本传入中国的日语外来词。民国时期有些人（并不止老舍一人）可能是为了区别于日语，也可能是更注重汉语的本意，而写作"激刺"或"戟刺"。

jz 03　唧咕

例（牛 89 20）：他一笑，招得大

家唧咕起来

注－唧咕（jī gu）：小声议论。

jz04　饥荒

例（四116 01）：在城亡国危之际，家庭里还闹什么<u>饥荒</u>呢

注－饥荒（jī huang）：此处意为纠纷、矛盾。详见《卷一·j01》条。

jz05　鸡头

例（四504 21）：就是那吃不起冰碗的人们，不是还可以买些菱角与<u>鸡头</u>来，尝一尝"鲜"吗

注－鸡头（jī tóu）："鸡头米"的简称，即芡实。芡草为水生草本植物，开紫色花，花托状似鸡头，故亦称鸡头；果实称芡实。

jz06　鸡一嘴，鸭一嘴

例（牛82 22）：有你什么事？<u>鸡一嘴，鸭一嘴</u>的！

注－鸡一嘴，鸭一嘴（jī yi zuǐ，yā yi zuǐ）：形容众人在一起七嘴八舌的议论，语带贬义。两个"一"字均轻声。

jz07　鸡子

例（牛131 10）：虽然已在家中吃了两个<u>鸡子</u>

注－鸡子（jī zě*r）：京人称鸡蛋为鸡子（因蛋字不雅驯）。"子"字须儿化。

jz08　鸡子儿

例（骆455 18）：<u>鸡子儿</u>正便宜，炸蛋角焦黄稀嫩的惹人咽着唾液

注－鸡子儿（jī zě*r）：音、义均同上条。

jz09　急扯白脸

例（四330 20）："还留着？不赶紧烧了？那是祸根！"老二<u>急扯白脸</u>的说

注－急扯白脸（jī chi bái liǎn）：京俗语，谓面色焦急而不悦。也作"急扯掰脸、急赤白脸"。"扯"字读音介于 chi、che 之间。

jz10　挤

例（离327 04）：事实<u>挤</u>成了这么一步棋

注－挤（jǐ）：（始料不及）事态发

展使当事各方不得不沿着某一方向走,哪怕这是谁都不愿见到的。

jz 11　几儿

例(牛70 24):"老师**几儿**来?"

注－几儿(jiě*r):京俗语,广义是指"某种时刻",具体的是问"(日期)几号"。此处为后者。

jz 12　几儿个

例(牛184 12):明天再歇工;不卖今天卖**几儿个**

注－几儿个(jiě*r ge):京俗语,此处是"哪一天"之意。这是很土的口语句式,意谓"今天不卖哪一天卖"。说得快时"个"字读为 e。

jz 13　就根儿

例(四460 16):他一定在外边混得很好!他**就根儿**就是有本事的小伙子呀

注－就根儿(jì gē*r):京俗语,谓"从一开始就(如何)"。"就"字读 jì。也有说"递(dì)根儿"的。

jz 14　记性有多好

例(四144 05):他忽然的想起来:"哟!明天是大哥的生日!你看我的**记性有多好**!"

注－记性有多好(jìing duó hǎo):京人有时为突出某事,用感叹语气反着说此事。此处即是感叹自己记性坏。"性"字读 ing,是口型提示;"有"字消失;"多"字阳平。

jiɑ

jz 15　夹

例(四528 09):他(蓝东阳)才猛孤丁的**夹**一大箸子菜

注－夹(jiā):用筷子撷取,京人要说 jiān,写为"搛";说 jiā 显得没教养,让人笑话。这里用"夹"字且是"猛孤丁"的夹"一大箸子菜",彰显蓝东阳的下作(读 xià zong,京俗语,谓吃相不雅)。此等细处,可一窥老舍先生之笔力、京语之精微。

jz 16　家伙

例(牛119 25):西屋里还有两份大烟**家伙**

注－家伙（jiā huo）：此处意指用具。参见《卷一·j08》条。

jz17　家伙铺

例（骆347 16）：紧跟着<u>家伙铺</u>来卸家伙

注－家伙铺（jiā huo pù）：此种店铺专营出租喜庆婚丧家具，此处"家伙"指家具。"伙"字轻声。

jz18　家雀

例（四569 25）：登时鼾声像拉风箱似的，震动得屋檐中的<u>家雀</u>都患了失眠

注－家雀（jiā qiǎor）：京人对麻雀的称呼，"雀"字读qiǎor，上声，儿化。另：京语称夜盲症为"雀（qiǎo）蒙眼"。

jz19　家去

例（四574 22）：默吟先生笑了一下。他笑得很美。"<u>家去</u>吧，咱们有缘就再见吧！"

注－家去（jiā qi）：京人口语不说回家而说"家去"，"去"字变读为qi，轻声。参见《附录叁－52》。

jz20　夹缠

例（四588 11）：男人能办的就交给男人，妇女不要不知分寸的跟着<u>夹缠</u>

注－夹缠（jiā chan）：京俗语，夹杂裹缠、添乱。"缠"字轻声。京语还有一词"裹乱"，与此义近。

jz21　架不住

例（四152 25）：日本人厉害呀，<u>架不住</u>咱们能忍啊

注－架不住（jià bu zhù）：京语习用说法，用以弘扬、彰显其后的主词（是为动词或形容词）。"不"字轻声。

jian

jz22　肩膀齐为兄弟

例（四447 06）：到他和他们的地位或金钱可以<u>肩膀齐为兄弟</u>的时候

注－肩膀齐为兄弟（jiān bǎ~r qí wéi xiōng di）：京俗谚，意指关系平等。"膀"字儿化，"弟"字轻声。也作"肩膀齐为弟兄"。

jz 23　肩膀一边齐

例（四 457　12）：只要你肯送礼……只要他不摇头……便和你我站得<u>肩膀一边齐</u>了

注－肩膀一边齐（jiān bǎ~r yì bār qí）：京俗谚，与上一条义同；原著此处为引申义，谓只要受了贿，受贿者与行贿者就拉平了。"边"字读 bār。

jz 24　捡煤核儿

例（四 333　19）：小顺儿代替爸爸发了言："妈，没煤，顺儿去<u>捡煤核儿</u>！"

注－捡煤核儿（jiǎn méi húr）：旧京冬季采暖多是烧煤球，该物系以煤末掺和黄土及少量石灰混合制成。将未烧透者敲去外边炉灰，即所谓"煤核儿"。穷人家孩子冬季捡煤核儿，供自家烧或出售。按：煤核儿之"核"字为俗写，应作"棚"。《集韵·没韵》："棚果中实或作核。"黄侃《蕲春语》："然棚字《说文》所无，即核字之音转，后出字耳。作核者，亦核之借。"可知果实之核应为"棚"字。

jz 25　见过阵式

例（骆 391　12）：可是在她眼中是个享过福，<u>见过阵式</u>的

注－见过阵式（jiàn o zhèn shi）：见过大世面，不土。"过"字读 o，轻声。

jiang

jz 26　将

例（牛 130　17）：<u>将</u>出太阳，他和纪妈出了城门

注－将（jiāng）：此处意为刚刚（如何）。详见《附录壹－15》。

jz 27　僵不吃

例（骆 304　08）：他<u>僵不吃</u>的立起来

注－僵不吃（jiāng be chī）：指身心俱疲、僵化麻木的状态。"不"字读 be，轻声。

jz 28　将将

例（四 138　26）：这块地<u>将将</u>的够三亩

注－将将（jiāng jiāng）：刚好、刚刚。后一"将"字也可儿化。

"将、刚"两字的关系,详见《附录壹-15》。

jz29 将一比十
例(骆294 11):<u>将一比十</u>,放给谁,咱都得有个老底

注-将一比十(jiāng yī bǐ shí):由此及彼,以此类推。现不闻此说。

jz30 讲究
例(四611 27):杀人是他们的一种艺术,正像他们吃茶与插瓶花那么有<u>讲究</u>

注-讲究(jiǎng jiu):此处意为用心研究,严谨操作。

jz31 讲究
例(四621 24):他回来了,真是祖上的阴功,就别跟他<u>讲究</u>老二了

注-讲究(jiǎng jiu):此处意为论说、褒贬。按:"讲究"一词,京语中语义颇丰,用法灵活。可参阅《卷一·j20~j23》及《卷二·jx20~j22》条。

jz32 掌子
例(四109 21):他手上的<u>掌子</u>

注-掌子(jiǎng ze):手脚等处的皮肤因长期反复摩擦而生成的硬皮。正字应为"茧子"或"趼子"。"掌"字读jiǎng,"子"字读若ze,轻声。

jiao

jz33 交差
例(四757 23):管他造什么呢,反正咱们得<u>交差</u>

注-交差(jiāo chāi):京俗语,完成任务后向上司作交代。此词现仍常用。

jz34 胶皮团
例(骆228 13):假若他的环境好一些……他一定不会落在"<u>胶皮团</u>"里

注-胶皮团(jiāo pi tuán):拉洋车的这一行。按:旧京将人力车行当叫"胶皮圈",此处写为"胶皮团"无据,应是在将原繁体字旧版本转换成现在的简体版时,录入员分不清繁体字"團"和"圈"字的区别致误。

jz35 嚼谷

例(骆226 05):希望能从清晨转到午后三四点钟,拉出"车份儿"和自己的**嚼谷**

注-嚼谷(jiáo gur):见《卷一·j29》条(那里写为"浇裹")及《元曲语汇031》条。"谷"字儿化。

jz36 嚼嚼吃了

例(离228 22):没有他,北平能把她和儿女全**嚼嚼吃了**

注-嚼嚼吃了(jiáo jiou chī lou):京俗语,形容穷凶极恶。后一"嚼"字读jiou,轻声;"了"字读lou,轻声。

jz37 脚行

例(四913 22):看着车站上来往的人,以及**脚行**,巡警,车站上的职员

注-脚行(jiǎo háng):指货运行业,包括大件货物的起重运输。

jz38 觉悟

例(牛127 12):双方都**觉悟**出来,打破了谁的脑袋也疼

注-觉悟(jiáo we):此处意为"觉察领悟到了、想明白了";不同于现在所说的"觉悟"(如:阶级觉悟)之意。"觉"字读为jiáo,是幽燕语之遗韵;"悟"字读音介于we、huo之间,轻声。

jz39 教

例(四505 20):老有溜溜的小风,可以**教**老人避暑

注-教(jiào):《四世同堂》一书中,用于被动句、引进动作行为的施事者,相当于"被、让"意义的介词"叫",一律写为"教";而老舍其他篇著作中,"叫、教"写法不一,大抵是在晚期作品中才都改"教"为"叫"的。

jz40 轿车

例(四813 23):他知道坐**轿车**的罪孽有多么大。……怎样把他的头碰出多少棱角与疙疸来

注-轿车(jiào che):此处指载客厢式马车。详见《附录叁-53》。

jz 41　叫条子

例（四 445　21）：在这种时候要行医，顶好是说中西兼用，旧药新方，正如同中菜西吃，外加**叫条子**与高声猜拳那样

注－叫条子（jiào tiáo zi）：旧时所谓"喝花酒"一类的场合，客人写出欲召某妓女的条子，委托承办方去给找来，谓之"叫条子"。

jz 42　叫字号

例（四 551　02）：假若她低了头，她就不用再在北平**叫字号**充光棍了

注－叫字号（jiào zì hao）：流氓团伙成了势力，在某一地区戳得住了，此时就会打出自己的一个帮派名称，就是所谓"叫字号"。"号"字轻声。按："戳得住"是京城流氓语，即是指某流氓在某地区能称王称霸，群氓宾服。"宾服"一词是从东北方言转化过来的京语，指能得到众人真心的敬畏、服从。

jz 43　叫字号

例（骆 284　04）：虽然厉害，可是讲面子，**叫字号**，决不一面儿黑

注－叫字号（jiào zì hao）：叫出字号的人绝不简单，得有领袖风范，对下需张弛有度、恩威并施，即所谓"决不一面儿黑"。

jie

jz 44　街房

例（离 286　26）：二十来岁的小媳妇，没事儿上**街房**屋里去找男人

注－街房（jié feng）：现作"街坊"，更普通话化则是说"邻居"。参阅《卷二·jx 26》条。"房"字读 feng，轻声。

jz 45　接骨眼儿

例（骆 238　08）：正在这个**接骨眼儿**

注－接骨眼儿（jiē gu yǎr）：关键时刻。现作"节骨眼儿"。"骨"字轻声。

jz 46　结了

例（离 194　16）：谁叫咱们是女人呢；女人天生的倒霉就**结了**

注－结了（jié le）：此处意为认命了、也就只好这样了。京人习用说法，谓就此了结，就这样、不再改动了。

jz47 隔壁

例（牛204 18）：从窗外望了望我左<u>隔壁</u>的房

注－隔壁（jiè biě*r）：京腔口语音，"隔"字读jiè；"壁"字上声，儿化。

jin

jz48 金刚

例（四507 03）：还可以在树根和墙角搜索槐虫变的"<u>金刚</u>"

注－金刚（jīn gāng）：京人谓某些虫蛹（如槐虫蛹）为金刚。见《附录叁－54》。

jz49 今天就是今天了

例（离287 21）：<u>今天就是今天了</u>……作个也还敢自由一下的人

注－今天就是今天了（jiē*r e jiur jiē*r le）：京人口语，意谓"豁出去了"。但口语语音绝不会照书面所写的那样说。本条注的音是按京人口语说法，两个"今"字儿化；前一"天"字读e，轻声；后一"天"字消失；"就是"二字合读为jiur，轻声，儿化。

jz50 今个

例（牛86 23）：<u>今个</u>都好，就是脖儿拐没有去年的响

注－今个（jiē*r ge）：京人口语谓今天。"今"字儿化；说得快时"个"字读e，轻声。更土点儿的说成zhē*r e。

jz51 紧

例（牛73 23）：眼泪往小马褂<u>紧</u>滴

注－紧（jǐn）：京人习用说法，谓不停地、不间断地、加速（如何）。

jz52 紧自

例（四175 02）：少帮钱家的忙，多跟冠家递个和气，不必<u>紧自</u>往死牛犄角里钻

注－紧自（jǐn zhi）：加紧、不停顿地、一门心思（如何）。也说"一死儿的"。"自"字变读为zhi，轻声。

jz53 进来喝口茶

例（四327 02）：他……满脸堆笑的说："是！是！你哥儿们多辛苦啦！不进来喝口茶吗？"

注－进来喝口茶（jìn lei hē kou chá）：这是典型的京式客气说法，不管心中有多么怨恨，依然脸上赔笑，口中说好话。"来"字读 lei，"口"字轻声。

jz54 进去

例（四41 14）："进去说，老三！"钱先生一边关门，一边说

注－进去（jìn qi）：在以下两种情况时，京腔口语音"去"读 qi，轻声。

① "去"字用在另一动词后，表示人或事物随动作离开说话人所在地。

② 或用在另一动词后，表示去的目的。

jz55 进身

例（四1055 25）：屋进身太小

注－进身（jìn shen）：房间或院子的纵向尺寸。现作"进深"。"身"字轻声。

jz56 劲儿

例（四74 03）："我喜欢大哥你还有这么点劲儿！"瑞全很兴奋的说

注－劲儿（jiè*r）：原著此处指精神、理想、斗志等抽象正面意义的表现。

jz57 劲儿

例（四46 18）：瞧你这个劲儿！进来吧，咱们凑儿圈小牌，好不好

注－劲儿（jiè*r）：原著此处意指对方一种不合作、不妥协的态度。

jz58 劲儿味儿的

例（四926 27）：赶早儿别跟我这么劲儿味儿的

注－劲儿味儿的（jiè*r wè*r de）：京语常用说法，指摆架子、拿腔作调，故意表现出不合作态度。也说"劲儿劲儿的"，义同。

jing

jz59 净

例（离320 21）：大学毕业生净是

些二十八九的丑八怪，可是自居女圣人

注－净（jìng）：京人习用说法，意谓"几乎全（是）、差不多都（如何）"。另可参阅《附录叁－55》。

jz60　净街

例（四69　11）："什么空袭？**净街**？……给日本老爷净街！"

注－净街（jìng jiē）：高官出行，军警布置警戒，禁止百姓通行，旧时叫净街，现称交通管制。按：原著句中前一个"净街"后的问号应为感叹号，此处可能是排版有误。

jiu

jz61　究根儿

例（骆306　09）：老头子由哪儿**究根儿**去

注－究根儿（jiū gē*r）：京俗语，谓寻找根源，探索事务之究竟。

jz62　揪心

例（四479　21）：可是这到底是一点合理的行动，至少也比老愁眉不展的，招老人们**揪心**强一点

注－揪心（jiū xīn）：京俗语，谓心中深深忧虑，如被无形之手揪着般。

jz63　揪心扒肝

例（四794　19）：他看见了空旷，自由，无忧无虑，比这么**揪心扒肝**的活着要好的多

注－揪心扒肝（jiū xin ba gar）：与上一条义同，但程度更甚。后三字轻声，"肝"字儿化。

jz64　酒是酒，菜是菜

例（四556　06）：这回你可非露一手儿不行呀！**酒是酒，菜是菜**，一点也不能含糊

注－酒是酒，菜是菜（jiǔ r jiǔ cài r cài）："x是x，y是y"系京语习用说法，是对某些物品（x、y）的质量表示肯定与赞扬。一般要列说出两种有关联的物品（x与y）。

jz65　就棍打腿

例（离187　21）：二妹妹的心放宽了……**就棍打腿**的下了台阶

注－就棍打腿（jiù gun dá tuǐ）：参见《卷二·jx40》条。但此处

义与那里不同，而与另一句京俗谚"就坡下驴"等同，意为"就势（如何）"。"棍"字轻声，"打"字阳平。

jz66 就热打铁

例（离191 24）：一见老李没言语，张大哥**就热打铁**，赶紧出了办法

注－就热打铁（jiù rèr dá tiě）：意谓不失时机的（如何）。现作"趁热打铁"。"热"字儿化，"打"字阳平。

jz67 就是了

例（四648 17）："**就是了**，四大爷！我沏好了茶等着你！"掌柜的转身回去

注－就是了（jiù shi lèi）：应答语，"是"字轻声，"了"字读 lèi。这种语气腔调是旧京下层人士，尤其是服务性行业及小商铺的从业人员所习用。

jz68 就势儿

例（骆335 07）：把铺盖放在地上，**就势儿**坐在上面

注－就势儿（jiù shè*r）：此处意指一个动作完成后，顺势做下一个动作。另也作顺便、捎带之意。

jz69 就手儿

例（四361 06）：他只好走出去，**就手儿**也表示出哥哥有哥哥的心思，弟弟有弟弟的办法

注－就手儿（jiù shǒur）：京俗语，意谓顺带、就便，也说"顺手儿"。

ju

jz70 锯磨人

例（四70 03）：真要他妈的老这么**锯磨人**，我可要当兵去啦

注－锯磨人（jù me rén）：京俗语，形容像钝刀割肉，谓折磨人。"磨"字读 me，轻声。

juan

jz71 捐

例（牛146 25）：他得上房**捐**铺捐营业捐赈灾捐自治捐

注－捐（juān）：主要正式税收之外的某种杂项税收。

jz72 卷

例（离281 17）：小不要脸的！撞什么丧，别叫我说不好听的胡**卷**

你们

注－卷（juǎn）：京俗语，当面臭骂；"胡卷"就更加了点儿彩。此处读阳平（因与其后的"你"字上声连读）。

jue

jz 73　撅了

例（骆374　16）：差不离的还真得教你给<u>撅了</u>

注－撅了（juē le）：京俗谚，（将其）挫败、比下去了。

jz 74　觉乎着

例（四1101　23）：相形之下，日本娘们反而<u>觉乎着</u>她们不那么下作

注－觉乎着（jué hu zhe）：觉得。"乎着"轻声。按："觉"字读jué是读书音，过去京人口语音多读为jiǎo。旧时京人"觉得"说jiǎo zhe。

jz 75　绝户主意

例（四283　03）：他不知道是谁……出的这样的<u>绝户主意</u>，教学生们在国庆日到天安门去向敌人磕头

注－绝户主意（jué hu zhú yi）：谓极坏的主张，诅咒出这样主意的人要断子绝孙。

K 部

ka

kz 01　刮搽

例（骆341　25）：他把腰弯得很低，用力去<u>刮搽</u>

注－刮搽（kā chi）：这是典型的北京俗语，谓"以硬物用力将物体表面的附着物刮下"。"刮"字读音介于kā、kuā之间，阴平；"搽"字读chi，轻声。参见《满蒙语汇叁－14》。

kai

kz 02　开

例（骆286　13）：越跑越快，前面有一辆，他"<u>开</u>"一辆

注－开（kāi）：京俗语，此处指"超过"。不一定非得是超车，引申至其他某些方面也可以这样说，如学习成绩超过（某人）也可说"成绩开过他去了"。

kz 03　开开

例（四269　01）：瑞丰的心<u>开开</u>一

朵很大的花

注 – 开开（kāi kei）：前一动词"开"，是指花开了；后一动词"开"是表示前一"开"字的起始并延续，是京语受阿尔泰语系影响而产生的一种表示动词时态（现在进行时）的形式。后一"开"字京语读 kei，轻声（普通话中无此音之字）。

kan

kz 04　看不真

例（四 811　20）：天还不很亮，星星可是已都**看不真**了

注 – 看不真（kàn bu zhēn）：此处"真"字义为清楚，这是二十世纪五六十年代以前的说法，现少有这么说的，都将"真"字变为"清"了。

kz 05　看哈哈笑

例（四 610　14）：我当是老街旧邻们都揣着手在一旁**看祁家的哈哈笑**呢

注 – 看哈哈笑（kàn hā hē*r xiào）：京俗语，谓怀着幸灾乐祸的心情看别人的逆境。后一"哈"字读 hē*r，阴平，儿化。也说"看（或瞧）哈哈"，则后一"哈"字读为 he*r，轻声，儿化。

kz 06　看香

例（牛 43　07）：太太的医术简直比**看香**的张三姑还高明

注 – 看香的（kàn xiāng）：也作"顶香"，指请神弄鬼的巫婆。参见《卷二·dx 71》条。

kz 07　看在我面上

例（四 754　13）：**看在我**，和一群老邻居的**面上**，你老人家多受点累吧

注 – 看在我面上（kàn zei wǒ miàr reng）：旧时京人尤其下层京人在为他人劝解时的常用说法。参见《卷二·dx 77》条。"在"读 zei，"上"读 reng，轻声。

kao

kz 08　靠常

例（骆 259　21）：厂子里**靠常**总住着二十来个车夫

注 – 靠常（kào cháng）：往常、日常、平时。现不闻此说法。

ke

kz 09　磕报丧头

例（四 168　12）：她忽然的跪下了，给大家磕了<u>报丧</u>的<u>头</u>

注 – 磕报丧头（kē bào sāng tóu）：旧俗，人死要告知亲友，晚辈或女子要为其长辈或丈夫向被告知者磕头，称"磕报丧头"。

kz 10　磕泥饽饽

例（四 421　11）：这本是可以买几个模子，<u>磕泥饽饽</u>的好时候

注 – 磕泥饽饽（kē ní bō bor）：旧京小儿最常玩的游戏，用模子磕出各形的泥塑。后一"饽"字轻声，儿化。

kz 11　磕膝

例（四 144　12）：叩罢了头，他立起来，用手掸了掸<u>磕膝</u>上的尘土

注 – 磕膝（kē xi）：京人称膝盖为磕膝盖儿，简称"磕膝"，"膝"字轻声；更纯的京语说 gē līng bàr。

kz 12　磕膝盖

例（四 211　17）：肯向敌人屈膝的，<u>磕膝盖</u>必定没有什么骨头

注 – 磕膝盖（kē xi gài）：参阅上条。"盖"字也可儿化。

kz 13　可以的

例（四 862　26）：你敢跟我瞪眼哪，<u>可以的</u>

注 – 可以的（ké yǐ de）：京语常用说法，对对方不计后果、冒犯性的做法表示惊异与愤慨。"可"字阳平。

kz 14　可不是

例（牛 23　24）：他想不起说什么好……便随便的说一句："<u>可不是</u>"

注 – 可不是（kě búr）：京人常用的敷衍语。此处"不是"二字合读为 búr，阳平。

kz 15　可不是

例（离 189　18）：<u>可不是</u>，张大哥吸着烟，眨巴着右眼，专等他说话呢

注 – 可不是（kě bur）：与上一条不同，此词是在这里起承上启下作用。"不是"二字合读为 bur，轻声。

kz 16　可气

例（牛88　07）：呆呆的看着人家玩耍，越看越**可气**

注－可气（kě qì）：京人习用说法，谓令人快之事。

kz 17　可着

例（骆346　22）：讲好的是**可着**院子的暖棚

注－可着（kě re）：此词有"限定于某个目标不增减"或"力求达到最大限度"之义。参见《附录肆－89》。说得快时"着"字读 re 甚或 r，是口型提示。

ken

kz 18　啃

例（四597　04）：那里也许有很好的茶点——先**啃**它一顿儿再说

注－啃（kèn）：吃。京俗语，变调去声。此说法多用于有某种感情色彩之处，如此处就表现了"见便宜不占王八蛋"的思维模式。

kong

kz 19　空手抓饼

例（四778　12）：他想不到去计算，或探听，丁约翰**空手抓饼**，不跑一步路，不动一个手指，干赚多少钱

注－空手抓饼（kōng shǒu zhuā bǐng）：原文已说明该词之词义。旧京俗语另有一说法义近，叫"平地抠饼"，意指不投本仅靠出力而挣钱，多用于说艺人卖艺。

kz 20　空心酒

例（四718　07）：瑞丰在"大酒缸"上喝了二两**空心酒**

注－空心酒（kòng xiē*r jiǔ）：不就酒菜，白嘴喝酒。"空"字去声，"心"字儿化。

kou

kz 21　抠钱

例（四712　05）：要在这块死地上**抠**几个**钱**，只有买房子，因为日本人来要住房

注－抠钱（kōu qián）："抠"字的本义，是将狭窄缝隙处的小件物品用手或细小工具掏出。此处用抠字形容挣钱之难，是京语活用动词。"钱"字也可儿化。

kz 22　抠搜

例（骆 404 04）：也就将够两个人用的，还得处处**抠搜**

注－抠搜（kōu sou）：小气、不大方。此处意省吃俭用。抠搜还另有用细小物挖掏，及不爽快、磨磨蹭蹭等意。"搜"字轻声。

kz 23　口蘑

例（离 280 13）：**口蘑**怎那么贵呀

注－口蘑（kǒu mo）："口"指张家口。详见《卷一·k30》条。口蘑系张家口地区特产，味美质优。

kz 24　口外

例（骆 251 15）：把它们送到**口外**去放青

注－口外（kǒu mo）："口"指张家口。详见《卷一·k30》条。口外指张家口以北地区。

ku

kz 25　哭天喊地

例（离 197 04）：入了高中了，**哭天喊地**非搬到学校去住不可

注－哭天喊地（kū tiān hǎn dì）：京俗语，此处意指（为某事而）没完没了、纠缠不休（不达目的不算完）。

kz 26　哭主

例（四 643 14）：小崔太太是**哭主**，当然得去认尸

注－哭主（kú zhǔr）：此处指丧家。一般多作"苦主"。参见《元曲语汇 116》条。

kz 27　苦水井

例（离 185 21）：**苦水井**姓张的，闹白喉，叫他给治

注－苦水井（kú shuí jiě~r）：京中地名，今谐音称作"福绥境"，在北京市西城区。"苦水"二字阳平，"井"字儿化。

kz 28　苦腻

例（骆 258 10）：交不上账而和他**苦腻**的，他扣下铺盖，把人当个破水壶似的扔出门外

注－苦腻（kǔ ni）：不能达到对方要求，而又软磨硬泡，企图蒙混对付过去。

kz 29　苦子

例（牛51　01）：话不甜甘敢情是叫自己吃<u>苦子</u>

注－苦子（kǔ zi）：现在说"苦头"。旧京有"得（读 dǎi）苦子"一说，是指吃了苦头，但往往含有自作自受之意。

kz 30　库兵

例（骆257　22）：年轻的时候他当过<u>库兵</u>

注－库兵（kù bīng）：见《卷二·kx 24》及《附录贰－20》条。

kua

kz 31　胯骨上的远亲

例（四844　23）：小文的一个<u>胯骨上的远亲</u>，把文家的东西都搬了走

注－胯骨上的远亲（kuà gu sheng de yuǎn qin）：京俗语，谓关系很远的亲戚，类似还有"八竿子打不着的亲戚"。"骨、亲"轻声，"上"字读 sheng，轻声。

kuai

kz 32　快着

例（四826　24）：没主意也得想！想！想！<u>快着</u>！

注－快着（kuài zhou）：催促人时命令式的说法。"着"字读 zhou，轻声。

kuan

kz 33　款式

例（四71　12）：他的衣服都作得顶<u>款式</u>，鲜明

注－款式（kuǎn shi）：旧京俗语，此处意指服装时兴、漂亮。

kz 34　款式

例（四356　03）：那里离教育局近，房子又<u>款式</u>

注－款式（kuǎn shi）：旧京俗语，此处指房屋气派、宽敞。

kz 35　款式

例（牛118　23）：越看越不像妈了，她没了规矩，没了<u>款式</u>，就是那么一架瘦东西

注－款式（kuǎn shi）：原著此处意指严谨精练的形象。综上几条可知京俗语"款式"为褒义词，可泛指多种事物的正面形象或意义。

kz 34　款式

例（四 149 10）：打了个肥大**款式**的哈欠；大红嘴张开，像个小火山口似的

注－款式（kuǎn shi）：款式用于褒义，但此处是揶揄性的说法，并不关乎"款式"一词的本意。

L 部

la

lz 01　拉不断扯不断

例（四 465 09）：不能再向对家庭最负责的长子**拉不断扯不断**的发牢骚

注－拉不断扯不断（lā be duàn chě be duàn）：此处意为没完没了的，另也有时用以表示（感情）难以割舍、（因事情复杂而）难以清除的区分界限等义。两个"不"字均读 be，轻声。

lz 02　拉扯

例（四 521 05）：她把我**拉扯**这么大，这该是我报恩的时候了

注－拉扯（lā che）：此处为抚养之意。参见《卷一·101》条。

lz 03　拉倒

例（四 511 02）：他们要不是日本孩子，我还许笑一笑就**拉倒**了呢

注－拉倒（lā dǎo）：停止、中辍（某事），北方语系常见俗语。此处意指"算了、不予追究"。京中下层人士在对某事赌气时常说粗口"拉鸡巴倒"。

lz 04　拉骆驼的

例（骆 244 14）：能使人相信他是个**拉骆驼的**吗

注－拉骆驼的（lā luò tou de）：旧京称以骆驼为运输工具，与西北进行商贸往来的商人（及其雇工）为"拉骆驼的"。"驼"字读 tou，轻声。

lz 05　拉舌头扯簸箕

例（四 698 05）：大嫂的嘴虽然很严密，向来不爱**拉舌头扯簸箕**

注－拉舌头扯簸箕（lā shé tou chě bò qi）：京俗谚，指女人爱传闲话，拉老婆舌头。"箕"字京人习读为 qi，轻声。

lz 06　拉晚儿

例(骆225 24)：所以无论冬天夏天总是"**拉晚儿**"

注－拉晚儿(lā wǎr)：原著此处是指拉夜班车。此词还可以指"延长了工作时间"，此种情况也说"拉点晚儿"。

lz 07　拉拉

例(骆373 26)：脚儿乎是**拉拉**在地上，加紧的往前扭

注－拉拉(lá le)：京俗语，下垂拖曳貌。前"拉"字阳平；后"拉"字读 le，轻声。

lz 08　落不下

例(四837 05)：朋友们没好气的说："放心，**落不下**你！早得很呢……"

注－落不下(là bu xià)：详见《卷一·108、109》条。此处"落"字读 là，"不"字轻声。

lz 09　辣蒿蒿

例(骆374 21)：还是别跑紧了，一咬牙就咳嗽，心口窝**辣蒿蒿**的

注－辣蒿蒿(là hāo hāo)：此词原义是指高脂肪的食品因久置而氧化变质，吃起来有一种麻而辣的感觉；而原著此处是说人累大发儿了，胸中的胀痛感。此词旧京俗写作"辣嚣嚣"。

lz 10　落后

例(离312 08)：平生一句得罪人的话没说过，一个场面没**落后**过

注－落后(là hòu)：此处谓退缩、不积极响应。"落"字读 là，"后"字也可儿化。

lai

lz 11　来的

例(骆296 09)：起上一只会……你使头一会；这不是马上就有四十**来的**块

注－来的(lái de)：京人习用说法，意指约略(在某数左右)。

lz 12　来派

例(离222 24)：可是那个笑在眼角上挂着，大有一时半会儿不能消灭的**来派**

注－来派(lái pai)：来势、来头。见《卷一·112》条。"派"字轻声，

也可儿化。

lan

lz 13　懒不唧的

例（四 546　27）：空山<u>懒不唧的</u>，又相当得意的，点了点头

注 – 懒不唧的（lǎn be jīe*r de）：懒洋洋的（样子）。"不唧"二字无实意，仅为其前面形容词的后缀，"不"字读 be，轻声；"唧"字儿化。也可重叠说"不唧唧的"。

lz 14　烂死岗子

例（四 82　11）：她深知道华美的衣服，悦耳的言笑，丰腴的酒席，都是使她把身心腐烂掉，而被扔弃在<u>烂死岗子</u>的毒药

注 – 烂死岗子（làn si gǎng ze）：无名死尸的埋葬地，也写作"乱死岗子、乱葬岗子、乱尸岗子"，均照此处读。参阅《卷一·1 15》条。"死"字轻声。

lang

lz 15　啷当

例（四 641　24）：他妈的，你们一个个的皮鞋呢帽<u>啷当</u>的，孙子，你们是孙子

注 – 啷当（lāng dāng）：下垂、摆动貌，在某些名词后，用以补充、修饰前面名词。本条之用法较特殊，是作为形容词表示"皮鞋呢帽"的齐整，即衣冠楚楚的样子。此词也可用于"几十"（年龄）后面，表示略有余（如四十啷当岁儿）。京人口语常用说法，但多用于三四十岁者。

lz 16　浪漫

例（离 256　01）：风大概对自己觉得很骄傲，<u>浪漫</u>

注 – 浪漫（làng man）：也作"罗曼蒂克"，英语 romantic 的音译，意为"富有诗意，充满幻想"；或"行为放荡，不拘小节"。"漫"字轻声。

lz 17　浪漫史

例（离 288　25）：他以为这是<u>浪漫史</u>的开始；她告诉他的是平凡而没有任何色彩的话

注 – 浪漫史（làng man shǐ）：也作"罗曼斯"，见 lz 107 条注。"漫"字轻声。

lao

lz 18　痨病腔子

例（四141 26）：和那几间东倒西歪**痨病腔子**的草房

注－痨病腔子（láo bing qiāng zi）：中医将结核病（TB）及某些症状类似的病统称为痨病；而痨病腔子是京人对结核病患者的贬称。此处以"痨病腔子"来形容那几间东倒西歪的草房。

lz 19　劳动

例（四61 06）：我要是一个人跑得过来，决不**劳动**你们小姐们

注－劳动（láo dong）：京人请人帮忙、感谢他人为自己劳碌出力之词。此处"劳动"一词意谓"劳您启动大驾"，（"劳驾"一词参见下条）不是一般指谓干活的意思。参见《元曲语汇117》条。

lz 20　劳驾

例（四467 21）：大嫂！茶怎样了？**劳驾**给端到爷爷屋来吧

注－劳驾（láo jià）：京人最常用的客气话。详见《卷二·lx 17》条。

lz 21　老老实实的

例（四166 27）：孟石，还穿着平时的一身旧夹裤褂，**老老实实的**躺在床上

注－老老实实的（láo l shi shī d）：前"老"字阳平；后"老"字读 l，是口型提示；前"实"字轻声；后"实"字阴平；"的"字读 d，是口型提示。

lz 22　老米嘴、梆儿头

例（牛95 12）：他的同学谁没有几个蟋蟀罐儿，谁稀罕自己提来的"**老米嘴**"与"**梆儿头**"

注－老米嘴、梆儿头（láo mī zuǐ、bē*r l tóu）：老米嘴是指一种不善斗的蟋蟀（京人习称蛐蛐儿）。梆儿头也叫梆子头，体形较小，头部宽阔呈三角形，向前突出，状似棺木之前端，也叫"棺材板"。"老"字阳平，"米"字阴平；"梆儿"变读，为口型提示。

lz 23　劳心淘神

例（四861 17）：我一心秉正，起早睡晚，**劳心淘神**，都是为了你

们

注－劳心淘神（láo xīn tāo shen）：京俗语，谓竭精殚智，不遗余力。"心、神"二字轻声。

lz 24　老者

例（骆251 02）："**老者**，水现成吧？喝碗！"

注－老者（láo zhě）：旧时京人对老年男性的敬称。"老"字阳平。

lz 25　老八板儿

例（四800 25）：他知道祁家的人多数是**老八板儿**

注－老八板儿（lǎo bā bǎr）：旧京俗语，谓保守刻板一类的人。

lz 26　老叉杆

例（骆448 15）：赶到**老叉杆**跟她去收账的时候

注－老叉杆（lǎo chā gǎr）：又称"扛叉的"，原著此处指兼为妓院做保镖的地痞。详见《附录叁－56》。

lz 27　老大爷

例（四430 09）：**老大爷**！论年纪，你和我父亲差不多

注－老大爷（lǎo dà ye）：北方语系许多地区对老年男性的统称。"爷"字轻声。

lz 28　老颠蒜

例（牛33 08）：老这么**老颠蒜**似的

注－老颠蒜（lǎo diān suàn）：京俗语。谓老而癫狂，举止失当。

lz 29　老豆腐

例（骆256 26）：他到桥头吃了碗**老豆腐**

注－老豆腐（lǎo dòu fe）：一种京味小吃，类似于豆腐脑，但较豆腐脑略稠些；吃时浇以韭菜花、酱豆腐汤、蒜汁等调料。"腐"字读 fe，轻声。

lz 30　老多

例（牛138 01）：**老多**日子也没找"蜜蜂"去

注－老多（lào duō）："老"字表示程度之甚。参见《卷一·119》条。

lz 31　老儿子

例（四 371　12）：只有我们打胜，"小三儿"——她的"<u>老儿子</u>"——才能回来

注 – 老儿子（lǎo ér zi）：最小的那个儿子，即老来所得之子，北方语系许多地区都这样说。

lz 32　姥姥

例（骆 416　08）：揍我？你<u>姥姥</u>！你也得配！

注 – 姥姥（lǎo lou）：京语称外祖母为姥姥。但此处为轻蔑语，详见《附录壹 – 21》条。

lz 33　姥姥不疼舅舅不爱

例（四 568　23）：撅嘴，罗圈腿，<u>姥姥不疼舅舅不爱</u>的矮狗

注 – 姥姥不疼舅舅不爱（lǎo lou bù téng jiù jiu bú ài）：谓人见人厌，招人不待见。详见《卷二·121》条。

lz 34　老了老了的

例（四 371　17）：受一辈子苦倒不算什么，<u>老了老了的</u>教日本人收拾死

注 – 老了老了的（lǎo le lǎo le de）：京俗语，表示"到最后还得如何"，用于否定意义句中。"了、的"二字轻声。

lz 35　老妈妈论

例（四 1011　04）：老人改脾气，按照着"<u>老妈妈论</u>"来说，是要快死的预兆

注 – 老妈妈论（lǎo mā me liè*r）：京俗语，类似老生常谈的意思，但贬义更甚。"老生常谈"的内容是公认的大道理，只不过多说使人生厌；而"老妈妈论"是无知老妇聚在一起所言，多为无知妄说。后一"妈"字读 me，轻声；"论"字读 liè*r，须儿化。

lz 36　老妈子

例（四 533　22）：我愿意刷家伙洗碗的作你的<u>老妈子</u>

注 – 老妈子（lǎo mā ze）：旧时称年长女仆为老妈子。此处"子"字读 ze，是加重语气；一般读 zi。

lz 37　老山东儿

例（牛66 16）：只有"<u>老山东儿</u>"会教馆

注－老山东儿（lào shān dū~r）：京人对山东人的统称。按：旧时京人对外埠人均冠以不同蔑称，唯独对山东人贬义较轻。

lz 38　老太太

例（四381 18）：<u>老太太</u>，又忘了自己的身子吧！怎么又动气呢

注－老太太（lǎo tài tèi）：原著此处是写韵梅劝自己的婆婆别生气，用的是一种调侃语调（后一"太"字读tèi）。京俗，若双方关系融洽，晚辈用调侃语气跟长辈说话不为失礼。"太太"一词详见《卷二·tx03》条。

lz 39　老太爷

例（四964 23）：他是全家的<u>老太爷</u>，必给大家作个好榜样

注－老太爷（lǎo tài yé）：京人一般称父辈为老爷子，祖父辈为老太爷。这不是当面称呼用语，当面还是要用正式称呼。但有时在调侃语气中这样说，原因参见上一条。

lz 40　落了

例（四801 02）：瑞丰给两位邻居磕了一个头。他们马上明白了祁家是<u>落了</u>白事

注－落了（lào le）：京俗语，此处"落"字意为遭受。

lz 41　落下

例（四692 06）：作了一任科长没<u>落下</u>别的，只落下点酒瘾

注－落下（lào xie）：此处意为得到。参见《卷一·l33》条。

lz 42　落座儿

例（骆348 04）：明天二十六，才<u>落座儿</u>，忙什么呀

注－落座儿（lào zuō）：一般写作"落作"。旧时饭庄子应外活，应下活后要先到办事人家做准备工作（起炉灶、置备原料等），叫落作，"作"字阴平，一般不儿化；原著此处不知为何加了儿化音。

lz 43　落座

例（四 635　24）：四爷看大家都坐下，自己才**落座**

注－落座（lào zuòr）：坐下，此为下层京人的说法儿。此处是叙述句，"座"字儿化与否均可；如在口语中一般多儿化。下层人士在一起往往亲密无间、不拘礼数，给客人让座，有时会调侃说"找个枝儿落下（lào xie）"。而高层者拘于礼节，不随随便便，连说话也要读正音 luò zuò。

le

lz 44　老大

例（四 08　11）："怎样？**老大**！"祁老太爷用手指轻轻的抓着白胡子，就手儿看了看儿子的黑胡子

注－老大（le dà）：旧时京人长辈对成年男性晚辈的称谓，对独子也可这样称呼，并不意味着被称呼者一定就是长子。"老"字读音介于 le、la 之间，轻声；参阅《卷二·ex 01》条。近几十年听不到这样说的啦。

lz 45　乐得

例（骆 392　04）：祥子白天既不会回来，虎妞**乐得**的帮忙朋友

注－乐得（lè dé）：谓事态发展如所愿，正好顺势而为。

lz 46　乐子

例（四 29　04）：他想报复："哼！只要我一得手，姓钱的，准保有你个**乐子**！"

注－乐子（lè zi）：本意为快乐之事，此处是反话，是小人在心中咂摸一旦得志时的快意。京语中说反话的例子颇多。

leng

lz 47　棱刺

例（四 365　18）：虽然明知老刘有武艺而仍愿意多说两句带**棱刺**的话

注－棱刺（léng ci）：话中有刺痛对方处。"刺"字轻声。也说"刺棱"（cì leng）。

lz 48　棱缝

例（骆 238　03）：有一天，拉到了西城，他看出点**棱缝**来

注－棱缝（léng feng）：京俗语，破绽、端倪、问题之所在。"缝"字轻声。

lz 49　棱棱

例（骆302 16）：眉<u>棱棱</u>着，在一脸的怪粉上显出妖媚而霸道

注－棱棱（léng leng）：此处指眉毛立着，是凶恶之相。后一"棱"字轻声。

lz 50　棱棱眼

例（骆266 23）：可是因为事不顺心……稍微<u>棱棱着点眼</u>

注－棱棱眼（léng leng yǎn）：眼睛大瞪圆睁着，一副横眉立目的样子。后一"棱"字轻声；"眼"字也可儿化。

lz 51　楞葱

例（骆407 24）：他不敢再像原先那么<u>楞葱</u>似的，什么也不在乎了

注－楞葱（lèng cōng）：京俗语，指楞头楞脑的人。

lz 52　楞磕磕

例（四229 12）：有两位是<u>楞磕磕</u>的吸着烟

注－楞磕磕（lèng kē kē）：京俗语，发楞的样子。"磕磕"是"楞"字的后缀，无实意。也作"楞楞磕磕"。

lz 53　楞头磕脑

例（四481 19）：他<u>楞头磕脑</u>的，不管好歹的，开口就是一句

注－楞头磕脑（lèng to kē nǎo）：形容人不会瞧个脸色，不知好歹进退，贸然地就做出不妥之事或说出不合时宜之言。"头"字轻声，"脑"字也可儿化。

lz 54　楞眼巴睁

例（四673 24）：他似乎没把话都听明白，<u>楞眼巴睁</u>的走出来

注－楞眼巴睁（lèng yan bā zhēng）：刚睡醒，眼睛还没有完全睁开的样子。"眼"字读音介于 yan、yin 之间，轻声。

lz 55　楞着

例（四66 01）：我自己不敢作主，东家们又未必肯出钱，我只好<u>楞着</u>

注－楞着（lèng zhe）：此处意指

无所事事，白白耗时间。

按：1988年《现代汉语通用字表》将l 51~l 55条之"楞"字规范为"愣"。

li

lz 56　离离光光

例（四586 01）：韵梅两只大眼睛**离离光光**的，不知道看什么好

注－离离光光（lī li guāng guāng）：京俗语，此处指视线转动不定。另还有稀奇古怪、匪夷所思等意。京郊有人将此词之"离离"读为lǖ lǖ。

lz 57　里三层外三层

例（四284 10）：一群群的红男绿女，必定沿着四面的红墙，**里三层外三层**的呼喊，拥挤，来回的乱动

注－里三层外三层（lǐ sān céng wài sān céng）：京语常用说法，形容人群的拥挤、围堵状。

lz 58　里儿、面儿

例（四320 05）：他虽浮浅无聊，但究竟是北平人，懂得什么是"**里儿**"，哪叫"**面儿**"

注－里儿、面儿（liě*r、miàr）：待人接物的不同尺度。详见《卷一·l 50》条。

lz 59　力笨

例（牛63 17）：他似乎很会用心，而且作得一点不**力笨**

注－力笨（lì be*r）：现一般写作"力巴"，是对某事物全然无知、或技术拙劣者的称谓。旧时店铺中的学徒也被讥称为力巴或小力巴。"笨"（或"巴"）字读 be*r，轻声。

lz 60　利飕

例（骆236 02）：微微轻响的皮轮像阵**利飕**的小风似的催着他跑

注－利飕（lì sōu）：形容热天时的小风清爽宜人。

lia

lz 61　俩

例（四689 15）：不给科里任何人以赚**俩**回扣的机会

注－俩（liǎ）：京人说"俩"并非仅仅指2，而是表示复数（不太多的，一般是个位数），即"若干个"之意。此处意为"任何一点

点儿"。

lian

lz 62　连嚼带糊

例（四 436　20）：他自己虽然也不过只能<u>连嚼带糊</u>的念戏本儿

注－连嚼带糊（lián jiáo dài hǔ）：即"连蒙带唬"，此词具体的演变沿革不详。

lz 63　莲蓬篓儿

例（骆 315　04）：<u>莲蓬篓儿</u>似的棉袄，襟上肘上已都露了棉花

注－莲蓬篓儿（lián peng lǒur）：京人称莲房为莲蓬，莲蓬篓儿是指莲子取出后之空莲房。该物呈褴褛破败状，京语常用以形容破棉袄。

lz 64　练家子

例（离 269　06）：虎背熊腰，似乎也是个<u>练家子</u>

注－练家子（liàn jia zi）：练功之人，武术家。"家"字轻声。

liang

lz 65　凉棚

例（四 17　15）：院中必由六号的刘师傅给搭起新席子<u>的凉棚</u>

注－凉棚（liáng péng）：旧京殷实之家夏天要在院中用杉篙、席子搭起遮阳棚，谓之凉棚或天棚。参阅《附录叁－57》。

lz 66　两个

例（四 67　01）："门口没有，没有卖糖的，还不教人家吃<u>两个</u>枣儿？"小顺儿怪委屈的说

注－两个（liǎng e）：参见此前之lz 61条，此处之"两个"与那条的"俩"字义同，是少量之意（京语中"俩"字后不带量词，不能说"俩个"）。注意观察就会发现，京中幼儿多尚未学会说"俩"，而说"两个"，但他们已经明白这实际绝非指2个。

lz 67　两天

例（四 526　15）：他们也愿极快的结束战争，好及早的享受<u>两天</u>由胜利得来的幸福

注－两天（liǎng tiān）：此处之"两"不同于lz 61条之"俩"（仅表示"很少量"），而是虚指"一段时间"（范围可宽可窄）。

liao

lz 68 晾凉了

例（四73 08）：有<u>晾凉了</u>的绿豆汤

注－晾凉了（liàng lián le）："晾"字作"把热东西放置一会儿，使其温度降低"义讲时，按《现代汉语规范词典》所注，"晾"要写为"凉"；这样的话此处就会变成"凉凉了"，颇为费解，不知何意了，还是写作"晾"字为好。

lz 69 亮飕

例（四183 03）：他须把钱花到<u>亮飕</u>的地方

注－亮飕（liàng sou）：京俗语，敞亮、通透；此处意指"花钱要花到明处"。"飕"字轻声。

lz 70 亮儿

例（离218 08）：砖头瓦块的别绊倒，拿个<u>亮儿</u>

注－亮儿（lià~r）：京人口语，要求别人点起灯火时，称灯火为"亮儿"。

lz 71 撩

例（四509 11）：哪怕是遇见一条狗，他们也必定马上停止说话，而用眼角<u>撩</u>那么一下

注－撩（liāo）：京俗语，谓用眼角的余光很快地一瞥，也有时指偷偷摸摸看。一般写作"瞭"。参见《满蒙语汇叁－15》。

lz 72 瞭

例（骆307 12）：她<u>瞭</u>了白塔一眼

注－瞭（liāo）：音、义同上，写法相异。

lz 73 了

例（四188 26）：他们那件事是我给<u>了</u>的

注－了（liǎo）：此处为"了结"的略说。这种说法在帮助对立双方调解斡旋、解决矛盾之后用。

lz 74 了不得啦

例（四593 15）："<u>了不得啦</u>！"瑞丰故作惊人之笔的说，说完，他一下子坐在了沙发上

注－了不得啦（liǎo bú dì là）：

因为说这句话时是"故作惊人之笔",所以都读本音,且将"得"字强化为 dì 音;若说得快,京人口语说成 liǎo m de le,原因详见《卷一·y18》条。

lz 75　撂地摊

例(四 842　16):他总是在天桥,东安市场,隆福寺或护国寺去<u>撂地摊</u>。他很少有参加堂会的机会

注 - 撂地摊(liào dì tār):旧京相声、曲艺、评书、杂耍儿等类的演员,水平高者被请到场子、堂会去演出;活儿差点儿的就只能"撂地摊"("摊"字儿化),也叫"撂明地、撂地"("地"字儿化),即在某些集中卖艺的场所(如例句中所说的天桥等地),找块空场就开练。观众围观,演一段一收钱。

lz 76　尥蹶子

例(骆 377　12):她颇得用点心思才能拢得住这个急了也会<u>尥蹶子</u>的大人

注 - 尥蹶子(liào juě zi):骡马等跳起来用后腿向后踢。借指人脾气爆发。

lz 77　撂下

例(四 182　06):他的工夫虽然已经<u>撂下</u>了,可是身体还像一头黄牛那么结实

注 - 撂下(liào xie):放下。按京人说话习惯,此词可指将实物放下,也可如本例这样,用于指某种技能荒废了。"下"字读 xie,轻声。

lin

lz 78　临完

例(离 312　09):<u>临完</u>,儿子是共产党

注 - 临完(lín wán):京人习用说法,指最后时刻、最终结果。

lz 79　论

例(四 17　13):<u>论</u>门楼,三号的是清水脊,而祁家的是花墙子

注 - 论(lìn):作为谓语,当"研讨、评价"讲的"论"字,京语变读为 lìn。

lz 80　论堆儿

例(骆 454　12):青杏已<u>论堆儿</u>叫

卖

注－论堆儿（lìn zuē*r）：京中卖果菜的常用做法，将果菜不称重量分成堆，一堆若干钱。"堆"字读zuī，阴平，儿化。另有"归里包堆"一词中的"堆"字亦读为zuī，但不儿化。

ling

lz 81　零吃

例（牛 136　26）：村口的小铺是唯一的买卖，可是也不卖<u>零吃</u>

注－零吃（líng chē*r）：小食品、零食。"吃"字儿化。

lz 82　零削

例（四 43　08）：你们的大队人马来，我们会一个个的<u>零削</u>你们

注－零削（líng xiāo）：京俗语，谓零打碎敲，分而灭之。

lz 83　灵应

例（四 156　23）：她并不一定十分迷信月亮爷，不过是想万一它有一点点<u>灵应</u>呢

注－灵应（líng ying）：因朝拜过某神佛，该神佛在关键时刻保佑你作为回报，谓之"灵应"。"应"字轻声。

lz 84　领杠

例（四 370　04）：无论是<u>领杠</u>还是搬家，他常常在城门上遭受检查

注－领杠（lǐng gàng）：旧京称殡葬行业者为"抬杠的"，盖因彼时出殡，棺材都是用杠子抬着走。其负责指挥的领头者称"领杠"。

lz 85　另起炉灶

例（离 221　04）：这里免职，而去<u>另起炉灶</u>干点新的有意义的事

注－另起炉灶（lìng qǐ lú zào）：此意现多说"另起一摊儿"。

liu

lz 86　溜冰

例（四 715　11）：他们都是曾经在皇帝眼前<u>溜</u>过<u>冰</u>的人

注－溜冰（liū bīng）：现在说"滑冰"，但五六十年前还都是说溜冰。另见《附录叁－58》。

lz 87　溜溜

例（四 495　23）：我<u>溜溜</u>的想了一夜，想起这么主意：我决定走

注－溜溜（liū liūr）：京俗语，足

足的、自始至终的（如何）。后一"溜"字儿化。另：此词尚有"最远处"义。

lz 88　溜溜

例（四 505　20）：那里的殿宇很高很深，老有<u>溜溜</u>的小风，可以教老人避暑

注－溜溜（liū liūr）：此处意为（小风）嗖嗖的，与上一条字、音同而义迥异。

lz 89　琉璃球儿

例（四 58　06）：来的是日本人，还有不包庇坏蛋<u>琉璃球儿</u>的

注－琉璃球儿（liú li qiúr）：此处指油滑、邪佞之人，多说"生杂子琉璃球儿"。也可用以说聪明伶俐、一点就透的人。另：此词也指旧京小儿的一种玩具，也叫琉璃泡儿，系一球状玻璃容器，内中有水，水中有几个蛤蟆骨朵（京人称蝌蚪为 há me gū du）。

lz 90　留神

例（四 114　03）："老三！"瑞宣握住弟弟的手。"到处<u>留神</u>哪！"

注－留神（liú shén）：京俗语，意谓小心谨慎、处处留意。也作"留点儿神"。

lz 91　留声机、唱片子

例（四 90　23）：结果是给他买了一架旧<u>留声机</u>和一两打旧<u>唱片子</u>

注－留声机、唱片子（liú sheng jī、chàng piān zi）：此处指手摇留声机、黑胶木唱片。"声"字轻声。详见《附录叁－59》。

lz 92　溜

例（牛 70　04）：看你还用砖头<u>溜</u>我的窗户不

注－溜（liù）：京俗语，投掷（砖石等物）用以击打（某处）。京语此意也说"砍"，但"砍"字具有公开性，而"溜"就有点儿偷偷摸摸的了。

lz 93　溜

例（骆 231　05）：两三个星期的功夫，他把腿<u>溜</u>出来了

注－溜（liù）：京俗语，此处指对身体（某个部位的）锻炼或训练。原著此处是说祥子刚学拉车时练

腿力的过程。另如唱戏的每天早起要练习嗓音，称为吊嗓子，也说溜嗓子。

lz 94 瞄

例（四486 18）：我天天扒着玻璃瞄着你

注－瞄（liù）：京俗语，现写作"溜"，指用眼睛很快地扫描一下。按：此系北京民间俗字，《汉语大字典》无此字。参见《元曲语汇118》条。

lz 95 瞄

例（四586 22）：她没敢掰开揉碎的细问，而只用小眼睛瞄着妈妈

注－瞄（liù）：京语，与上一条意近，只是多了一点儿"偷窥"之意。

lz 96 遛弯儿

例（四1108 27）：不论在街上遛弯儿，还是在茶馆里坐着，他总留着神寻觅

注－遛弯儿（liù wār）：京人称散步为遛弯儿，更土点儿也有人说"拿弯儿"。

lou

lz 97 搂钱

例（四76 19）：他们的作官与搂钱的欲望……变为马上可以如愿以偿

注－搂钱（lōu qián）：以不正当手段聚敛财富。贬义词汇。

lz 98 搂住便宜就好

例（四116 17）：你总以为搂住便宜就好，牺牲一点就坏

注－搂住便宜就好（lōu rou pián yi jiù hǎo）：京人口语说法，"住"字读 rou，"宜"字轻声。

lz 99 楼子

例（骆375 17）：这就是楼子！成天啃窝窝头，两气夹攻，多么棒的小伙子也得趴下

注－楼子（lóu zi）：京俗语，祸事、乱子。现一般写作"娄子"，也有"篓子、漏子、刽子"等写法。

lz 100 露怯

例（离372 16）：她总以为菜园子才种瓜呢，可是不便露怯，没言

语

注－露怯（lòu qiè）：京俗语，谓显露出自己不懂行、缺教养、无能力等弱点。"怯"字详见《卷一·q23、q24》条。

lu

lz 101　卤虾油

例（离 183 06）：连**卤虾油**都是北平能买得到的最好的

注－卤虾油（lǔ xiā yóu）：用一种很细小的海虾整体磨碎后，加多量盐，腌制发酵，沉淀后上层浮出的液体为卤虾油，下层的沉淀物为卤虾酱。是吃涮锅子（涮羊肉）时必用的调料之一。卤虾油以天津北仓所产为好。

lz 102　路线

例（四 563 10）：这些人们一天到晚谈的是"**路线**"，关系，与应酬

注－路线（lù xiàn）：此处"路线"一词，是指在日伪政府中做事的附逆人员（参见 fz36 条）所说的"曲线救国"一类的谬论。参阅《附录叁－60》。

lz 103　路子

例（四 501 25）：要这么说，我们可就别怪他了！他有他的**路子**！

注－路子（lù ze）：原著此处指某种特定的方法，现指有关系、门路，及建立在此类基础上之各种非法获利的歪门邪道。

lü

lz 104　驴脸瓜搭

例（离 178 04）：长长的脸，并不**驴脸瓜搭**

注－驴脸瓜搭（lǘ liǎn guā dā）：京俗语，多用于形容人生气拉脸的样子，"瓜搭"义见《卷一·g66》条。原著此处仅是形容人脸之长类驴，但并不是那种生气拉长脸的样子，所以也并不惹人生厌。

luan

lz 105　乱打一锅粥

例（四 295 11）：就怕一个地方一个天子，到处是天子，**乱打一锅粥**

注－乱打一锅粥（luàn dǎ yì guō zhōu）：京俗谚，谓形势混乱，毫无头绪。"乱"字读音介于 luàn、làn 之间。

lz 106　乱了营

例（四 842　07）：小羊圈里**乱了营**，每个人的眼都发了光，每个人的心都开了花，每个人的脸上都带着笑

注 - 乱了营（luàn le yíng）：形容在群体中发生某种骚动的样子。参见《附录叁 - 61》。

lz 107　罗曼司

例（四 62　16）：高第，因为他的模样的可爱，却认为这是一件**罗曼司**的开始

注 - 罗曼司（luó màn si）：又作"罗曼斯、浪漫史"，英语 romance 的音译。详见《附录叁 - 62》。

lz 108　落花生

例（四 360　13）：实在没办法，教我去卖**落花生**，我也甘心

注 - 落花生（lè huɑ shēng）：指带壳的花生。如今没见有谁还说落花生，但五六十年前多说"落花生"。"落"字读 lè（为方便查询，未列于 le 部），"花"字轻声。

lz 109　落儿

例（骆 459　13）：手中拿出一**落儿**钞票

注 - 落儿（luòr）：叠在一起的较薄的东西（如一落儿纸）；或叠置在一起的器皿（如一落儿碗）。现作"摞儿"。

M 部

ma

mz 01　妈的狗日的

例（四 826　19）：我还没想到冠家会这么坏，**妈的狗日的**

注 - 妈的狗日的（mā de gǒu ri de）：下层京人表示仇恨且蔑视意的口头语。"的、日"二字轻声。

mz 02　瀎泧

例（骆 377　05）：能刚能柔才是本事，她得**瀎泧**他一把儿

注 - 瀎泧（mā sou）：本意为对某种物品（如褶皱的衣物）抚之使平展；也指对身体感到疼痛的地方轻轻抚摸。详见《附录叁 - 63》。元曲中亦有此词，见《元曲语汇 119》条。

mz 03　麻力

例（牛 204　14）：让他<u>麻力</u>点干活儿，他倒反没影儿啦

注－麻力（má li）：现作"麻利"，京俗语，意谓快、敏捷。"力"字轻声，口语中有时儿化。详见《满蒙语汇叁－16》。

mz 04　麻利，脆！

例（四 708　01）：我虽是个老娘们，办事可喜欢<u>麻利，脆！</u>

注－麻利，脆！（má liẽ*r, cuì！）：京腔口语音。"利"字读 liẽ*r，阴平，儿化。

mz 05　马桶

例（四 744　17）：无耻的人大概是不会动感情的，哪怕只是个<u>马桶</u>呢，自己坐上去总是差足自慰的

注－马桶（má tǒng）：坐便器称马桶，亦称马子，雅驯称恭桶。参见《卷一·m 06》条。元曲中有"马子"一词，见《元曲语汇 120》条。

mz 06　马蜂儿子

例（离 248　18）：到底是儿子，只要不是<u>马蜂儿子</u>

注－马蜂儿子（mǎ feng ér zi）：也说"马蜂犊子"，旧京俗语，谓不肖子孙。"蜂"字轻声。

mz 07　马褂

例（四 92　19）：他往往把旧西服上身套在大衫上当作<u>马褂</u>——当然是洋马褂

注－马褂（mǎ guàr）：满族的民族服装。"褂"字儿化。详见《满蒙语汇叁－17》。

mz 08　马虎

例（牛 31　16）：他一点没觉得难过，可也没觉得好过，就那么不凉不热的<u>马虎</u>过去

注－马虎（mǎ hu）：原著此处意指泰然处之、不当回事；现在一般指不细心、大意。另见《满蒙语汇叁－18》。

mz 09　骂档子

例（四 553　13）：今天，她理当从

高第与桐芳之中选择出一个作为"骂档子"

注－骂档子（mà dang zi）：京俗语，挨骂、泄愤的对象。"档"字儿化。

mz 10 骂街

例（四642 24）：就别骂街了吧，你们俩

注－骂街（mà jiē）：旧京恶俗之一。原著此处场景并非真是在骂街，只是两个男人在背后议论人情浅薄，忿忿不平在背后骂几句罢了。"骂街"详见《附录叁－64》。

mai

mz 11 买好儿

例（四33 11）：他是凭本事吃饭，无须故意买好儿

注－买好儿（mái hǎor）：在人前献勤儿（xiàn qiě*r，谓献殷勤）、邀宠。

mz 12 买金的遇见了卖金的

例（四293 05）：得啦，这总算买金的遇见了卖金的

注－买金的遇见了卖金的（mǎi jīn de yù jin l mài jīn de）：京俗语，谓机会难得，形容发生某事的几率很低，庆幸机缘巧合。"见"字读jin，轻声；"了"字读l，是口型提示。

mz 13 买卖地上的话

例（牛128 24）：因为爸说的都是买卖地上的话

注－买卖地上的话（mǎi mei diè*r sheng de huàr）：京腔读音，"卖"字读mei，轻声；"地"字儿化；"上"字读sheng，轻声；"话"字儿化。

mz 14 卖吧卖吧

例（牛172 22）：咱们把东西卖吧卖吧，租个小房，再想办法

注－卖吧卖吧（mài be mài be）：京语句式，"×吧×吧"中的×系相同的动词，×吧×吧表示该动词的进行状态。是京语对动词时态灵活的表述方式。

mz 15 卖面子

例（四756 23）：晓荷见李四爷来势不善，又听见巡长的卖面子的

话

注－卖面子（mài miàn zi）：有威信者凭自己的面子在冲突双方间斡旋，以求化解矛盾，此做法谓之"卖面子"。

mz 16　卖嚷嚷

例（四 299　20）：他觉得不该立在胡同里**卖嚷嚷**

注－卖嚷嚷（mài rān r）：京俗语，谓大声说以引人重视。后一"嚷"字读 r，是口型提示。参见《卷一·m 11》条。

mz 17　卖像儿

例（四 445　11）：他永远在出门的时候穿起过分漂亮的衣服鞋袜，为是十足的卖弄"**卖像儿**"

注－卖像儿（mài xie*r）：原义指所售货物的外表成色，此处指服饰打扮。

man

mz 18　满脸花

例（四 122　20）：他劈面给了孟石一个**满脸花**。孟石倒在地上

注－满脸花（mán liǎn huā）：京俗语，此处指被打或撞击得满脸是血。另也有时指某种污秽物粘的满脸都是。"满"字阳平。

mz 19　满汉饽饽、进贡细点

例（四 479　24）：这是一家老铺子，门外还悬着"**满汉饽饽**"，"**进贡细点**"等等的金字红牌子

注－满汉饽饽、进贡细点（mǎn hàn bō bo、jin gong xì diǎn）：这是旧京饽饽铺（点心店）门前常见的招牌。"满汉饽饽"一说参见《附录壹－05》条。后一"饽"字及"进贡"二字轻声。

mz 20　满汉饽饽铺

例（四 461　22）：真正北平的正统的粽子是（一）北平旧式**满汉饽饽铺**卖的

注－满汉饽饽铺（mǎn hàn bō bo pù）：参见《附录壹－05》条。后一"饽"字轻声。

mz 21　慢慢的

例（四 279　16）：大家只是那么默默的，丧胆游魂的，**慢慢的走**

注－慢慢的（màn mār de）：后"慢"字阴平儿化；更土点儿的前

"慢"字读 mài。

mao

mz 22　摸不着
例（骆375　12）：混它妈的一辈子，连个媳妇都<u>摸不着</u>
注－摸不着（māo be zháo）：极言得不到。"摸"字读 māo，京腔口语音。

mz 23　毛
例（牛113　16）：警察<u>毛</u>了，他看了看牛老太太的穿张，开始收兵
注－毛（máo）：此处意指心虚；此词另有害怕、急躁、生气、发火等意。

mz 24　茅房
例（离218　08）：上<u>茅房</u>留点神
注－茅房（máo fáng）：厕所。北方语系多数地区有此说法，不独京语。

mz 25　毛咕
例（四300　08）：我就进了胡同，心里直发<u>毛咕</u>，胡同里直彷佛连条狗也没有
注－毛咕（máo gu）："（因）发毛（而）犯嘀咕"的简说，意指害怕。

mz 26　毛咕
例（骆261　20）：祥子的叙述只有这么个缝子，可是祥子一点没发<u>毛咕</u>的解释开，老头子放了心
注－毛咕（máo gu）：此处指心虚。

mz 27　冒而咕咚
例（四758　02）：咱们不能<u>冒而咕咚</u>去跟大家要铁
注－冒而咕咚（mào er gū dong）：京俗语，谓冒冒失失的、无准备的。

mz 28　冒坏
例（牛62　09）：可是他自己会从心里<u>冒坏</u>
注－冒坏（mào huài）：京俗语，发自内心的坏主意。

mei

mz 29　没法办
例（四834　15）：这年月，什么都<u>没法办</u>
注－没法办（méi fǎr bàn）：京腔口语音，"法"字阴平，儿化。

京城西北郊有人将"法"读上声。这说的是至少四十年前，现在人群混居，怎么说的都有啦。

mz 30　煤黑子、摇煤球

例（四 332 07）：叫来一两大车煤末子，再卸两小车子黄土，而后从街上喊两位"煤黑子"来摇煤球

注－煤黑子、摇煤球（méi hēi zi、yáo méi qiúr）：旧京冬季采暖十有八九的人家儿是烧煤球。煤球是由被称为"煤黑子"的工人用"摇"这种工艺制成的。详见《附录叁－65》。

mz 31　没落过后

例（四 859 23）：该送礼的，我没落过后

注－没落过后（méi là o hòu）：京腔口语读音，"过"字读 o，是口型提示；"后"字也可儿化。

mz 32　没起色

例（骆 296 06）：一个月才挣那俩钱，没个外钱，没个自由；一留胡子还是就吹，简直的没一点起色

注－没起色（měi qǐ se）：此处意指无发展前途、没有指望，"色"字轻声。另外有的地方还指没出息，尤其是指男人好色，见女人就走不动道儿。作没出息讲时，有人读为 ze。

mz 33　没事一大堆

例（离 174 15）：细细加以分析……便能一天云雾散，没事一大堆，家庭免于离散

注－没事一大堆（méi shè*r yí de zuī）：京俗语，意谓"都是小问题、没有大事"。"事"字儿化；"大"字读 de，轻声；"堆"字变读 zuī，阴平。

mz 34　没说的

例（四 1106 18）：没说的，坐吧，凳子都空着呢

注－没说的（méi shuō de）：按京人口语习惯应为"没的说"，此处是英译本的写法，详见《附录叁－66》。

mz 35　没心没肺

例（四 329 12）：我活了小三十岁

了，就没见过这么<u>没心没肺</u>的人

注－没心没肺（méi xīn méi fèi）：京俗语。原著此处是指斥全然不为别人着想、甚或是全无良心。此词也可用于形容胸无城府、做事全不动脑筋。

mz36　没影儿

例（牛204 14）：让他麻力点干活儿，他倒反<u>没影儿</u>啦

注－没影儿（méi yě~r）：无影无踪。"影"字有人读阴平，儿化。

mz37　没有好人走的路

例（四58 09）：那么从今以后就<u>没有</u>咱们<u>好人走的路</u>儿了

注－没有好人走的路（méi yóu hǎo rén zǒu de lùr）：京俗谚，谓世道坏。"有"字阳平；"路"字儿化。

mz38　妹妹的

例（四826 19）：怪不的到处都是暗门子呢，敢情有人包办！<u>妹妹的</u>！

注－妹妹的（mèi me*r de）：京人常用的骂人话，用法类似于"他妈的"。后一"妹"字轻声，儿化。近年京语还流行一句"大爷的"，与此义同，仅男女有别罢。详见tz01条。

men

mz39　闷弓

例（四691 01）：他不便拦头一杠子把弟弟打个<u>闷弓</u>

注－闷弓（mēn gong）：一般作"闷宫"，本是中国象棋术语，指一方被将军，"老将"没地方跑时的一种棋型。京俗语形容彻底击垮、完败的意思。另：此词元曲中亦见，参见《元曲语汇121》条。

mz40　闷在罐儿里

例（四499 21）：幸而我今天到铺子里看看父亲，要不然我还<u>闷在罐儿里</u>呢

注－闷在罐儿里（mēn zei guàr lei）：京语常用说法，形容某事众人皆晓，唯己不知。"在、里"二字变读，轻声。

mz41　闷得慌

例（四46 18）：进来吧，咱们凑

儿圈小牌，好不好？多闷得慌啊

注－闷得慌（mèn dou hong）："得慌"二字作为形容词后缀，起加强主词的作用，是京语常用说法。读 dou hong。详见《卷一·g13》条、《卷二·nx17》等条。

meng

mz42　蒙着锅儿来

例（四982 23）：<u>蒙着锅儿来</u>吧！到时候再说

注－蒙着锅儿来（mēng zhe guōr lái）：不了解情况，走一步算一步。说得快时"着"字读 r，是口型提示。

mz43　猛孤丁

例（四45 04）：忽然的，槐树尖上一亮……他<u>猛孤丁</u>的看见了许多房脊

注－猛孤丁（měng gu dīng）：毫无先兆的、猛然的（如何）。也作"猛咕叮"。详见《卷二·mx23》条。"孤"字轻声。

mi

mz44　咪嘻咪嘻

例（四270 15）：北平人……都只会<u>咪嘻咪嘻</u>的假笑，而不会落真的眼泪

注－咪嘻咪嘻（mī xī mī xī）：眼睛眯成一条缝的样子。也作"眯瞜眯瞜"。参见《卷一·m41》条。

mz45　迷头

例（四725 02）：他是独力成家的人，见事向来不<u>迷头</u>

注－迷头（mí dou）：京俗语，意指遇事迷惘，不知所措。"头"字读音介于 dou、deng 之间。

mie

mz46　篾片儿

例（四446 18）：他的相貌，风度，姿态，动作，都像……"<u>篾片儿</u>"

注－篾片儿（miè piàr）：篾片本意是劈成窄薄长条的竹皮（也包含从芦苇秆、高粱秆上劈下来的薄皮），可用以编制筐、篮等生活用品。后取其"柔顺、怎么编排都行"之意，将这类专门跟在富家子弟身后"拿秧子，跟嫖看赌白吃猴"（参见《卷二·nx03、gx24》条）的无耻之徒叫作"篾片儿"。参阅《附录叁－67》。

min

mz 47　抿

例（四 256　27）：胡同里的青年们的头上都多加了些生发油——买不起油的也多抿上一点水

注－抿（mǐn）：用少量液体抹于发上使之柔顺，再予抚平定型谓之抿。

mz 48　抿耳受死

例（四 763　25）：不致完全抿耳受死的听大赤包摆布

注－抿耳受死（mín ěr shòu sǐ）：逆来顺受，毫无反抗。说书的常用语。

ming

mz 49　明儿个

例（四 678　03）：今天拿人，明儿个放枪，都是怎么回事呢

注－明儿个（miár ge）：明天。京人口语说法。"明"字儿化；"个"字说得快时读 e，是口型提示。

mz 50　明儿个见

例（骆 307　10）："明儿个见了！"他忽然转身往回走

注－明儿个见（miár e jiàn）：京人习用说法，读音参见上条。

mz 51　明儿见

例（牛 219　23）：就躺下了，连"大成，明儿见"照例的话都没说

注－明儿见（miár jiàn）：京人习用说法，是上一条的简化版。

mo

mz 52　摸摸脑袋算一个

例（四 76　21）：日本军是要详加选择，而并不摸摸脑袋就算一个人

注－摸摸脑袋算一个（mō mo nǎo dei suàn yi ge）：不认真对待、敷衍。后一"摸"字轻声，"袋"字读 dei 轻声，"一个"二字轻声

mz 53　摸屁股嘬手指头

例（四 865　25）：她不能不给他钱，她不是摸摸屁股，嘬嘬手指头的人

注－摸屁股嘬手指头（mō pì huo zuo shǒu zhí tou）：京俗谚，意谓极吝啬，什么都不舍得丢。这是京中下层人群的粗口（抠屄嘬手指头），老舍先生不便于那

样写，故稍加润色。"股"字读huo，轻声；"咂"字读zuo，轻声；"指"字阳平；"头"字轻声。

mz 54　摩登

例（四71　20）：假若不是他由恋爱而娶了那位<u>摩登</u>太太

注－摩登（mó dēng）：时髦，合乎最新的流行样式，英语modern的音译。参见《附录叁－68》。

mz 55　蘑菇

例（四115　21）：赶明儿一调查户口，我们有人在外边抗战，还不是<u>蘑菇</u>

注－蘑菇（mó gu）：此处指麻烦、祸事，现作"磨咕"。详见《卷二·mx 26》条。

mz 56　蘑菇

例（骆314　04）：你当他妈的拉包月的就不<u>蘑菇</u>哪

注－蘑菇（mó　gu）：此处指不如意，也作"磨咕"。详见《卷二·mx 26》条。按：这句是很复杂的"双重否定反诘句"。负面意义的"蘑菇"先加上"不"字化

为正面；又因其置身于反诘句中，最终又回到初始的负面性。这么复杂的语法结构并非文学大家老舍先生凭空杜撰，而是确实存在于京人口中。笔者也真不知是应褒扬京人语法水平高超，还是该贬斥说话太啰唆。

mz 57　磨不开

例（骆290　03）：祥子是<u>磨不开</u>；本来吗，把先生摔得这个样

注－磨不开（mò bu kāi）："磨（也作'抹'）不开脸"的简说，见下条。

mz 58　抹不开脸

例（四741　16）：我自己还不把它放在心里，大哥你就更无须<u>抹不开脸</u>啦

注－抹不开脸（mò bu kāi liǎn）：京俗语，（为某事）觉得不好意思，面子上过不去。"不"字轻声。

mz 59　磨蹭

例（四953　11）：不能走远了，我在近处<u>磨蹭</u>

注－磨蹭（mò ceng）：此处指（在

不大的范围内）来回走、转悠。"磨"字轻声。另：做事不爽利，拖沓，延误时间，亦用此词，也说"磨磨蹭蹭"（此时"磨"字阳平，"蹭"字去声）。参见《满蒙语汇叁-19》。

mz 60 磨豆腐

例（四 220 14）：你<u>磨</u>什么<u>豆腐</u>呢？不快快的治病

注-磨豆腐（mò dòu fe）：絮烦、啰唆。"腐"字读 fe，轻声。另：旧时京人将两个女同性恋者的某种性交动作称为"磨豆腐"。

mz 61 磨烦

例（四 741 15）：他除了<u>磨烦</u>大嫂，给他买烟打酒之外

注-磨烦（mò fen）：没完没了地要别人满足自己的某种要求，是指弱势一方对强势一方之频繁索取，常用于说儿童。但若强者这样说弱者，就是不耐烦地斥责了。"烦"字读 fen，轻声。

mz 62 抹回头来

例（离 321 22）：老李<u>抹回头来</u>又上了街

注-抹回头来（mò huí tóu lei）：转身。京人口语说法。"抹"字现一般多写"磨"；"来"字读 lei，轻声。

mz 63 磨头

例（牛 185 17）：在窗外只说了："王老师请吃饭。"<u>磨头</u>就往回跑

注-磨头（mò tóu）：与上一条义同。按：以上两条，"抹、磨"二字均为"陌"字的直音转写，乃"转、折回"之义。见《释名·释道第六》："鹿兔之道曰亢，行不由正亢陌山谷草野而过也。""抹"（或"磨"）是为俗写。

N 部

na

nz 01 拿

例（四 455 11）：有日本人租他的房，他便<u>拿</u>住了白巡长

注-拿（ná）：此处为辖制、约束、操纵、掌握等意。

nz 02 拿

例（骆 251 20）：欢蹦乱跳的牲

口，一夏天在这儿，准叫苍蝇蚊子给**拿**个半死

注－拿（ná）："拿"字有"辖制"义，此处引申为折磨、摧残意。

nz 03　拿不出手

例（四 141　03）：他从怀里掏出五个大红皮油鸡蛋来，很抱歉的说："……真**拿不出手**去，哼！"

注－拿不出手（ná bu chū shǒu）：京人送礼时常用的自谦辞。

nz 04　拿了走

例（四 129　05）：教每一位客人都吃饱，并且检出他所不大喜欢的瓜果或点心给儿童们**拿了走**

注－拿了走（ná liǎo zǒu）：此处"了"字用在拿、走之间，是表示前一个动词（拿）已经完成，而后一个动词（走）也已在同时开始进行。"了"字须读其重音 liǎo（此句中因"双上声连读"变调阳平），以此强调上述动态。这是现代京语在动词时态表述方式上对古汉语的超越，动力应是来自阿尔泰语系。

nz 05　拿捏

例（四 550　12）：亦陀晓得女光棍是真着了急，而故意的要"**拿捏**"她一下

注－拿捏（ná nie）：此处指指节上故意拿搪（拿搪：京俗语，谓以假意推脱来故意刁难）。"拿捏"还另有"欺侮"或"故作拘谨状"等意。

nz 06　拿着时候

例（骆 345　24）："我说是不是？"虎姑娘**拿着时候**进来了

注－拿着时候（ná r shí hou）：选择适当时刻（来进行某事）。"着"字读 r，是口型提示；"候"字轻声。

nz 07　拿人

例（四 678　03）：今天**拿人**，明儿个放枪，都是怎么回事呢

注－拿人（ná rén）：旧京说法，现改说抓人。

nz 08　拿约会

例（四 55　14）：你雇车干吗？难

道这时候还跟什么臭女人**拿约会**吗

注－拿约会（ná yuē hui）：此处"拿"字为进行之意。今直接说"约会"。"会"字轻声。

nz 09　拿住

例（骆255 21）：以自己的身量力气而被这小小的一点病**拿住**，笑话

注－拿住（ná zhu）：京俗语，谓辖制、制服。"住"字轻声。

nz 10　哪摸准儿去

例（牛129 17）："爸你挣多少钱？""我**哪摸准儿去**；作买卖有赔有赚！"

注－哪摸准儿去（nǎr māo zhuě*r qi）：京俗语，谓某事并无成算。"哪"字儿化；"摸"字读māo，阴平；"去"字读qi，轻声。

nz 11　那没错

例（四140 19）：她的言语坦率而切于实际，"**那没错**！……"

注－那没错（nà méi cuòr）：京人在附和对方要求时所用语。此说法及腔调表明被要求一方非常愿意满足对方请求。"错"字须儿化。

nz 12　纳闷

例（四21 14）："干吗单看上了芦沟桥呢？"小顺儿的妈**纳闷**

注－纳闷（nà mè*r）：京俗语，谓对某事百思不得其解。"闷"字儿化。

nz 13　那是!

例（牛101 25）：于是兄弟五人都"吹"了……"吹？**那是!** 彼此谁再理谁是孙子！"

注－那是!（nà shi!）：京语习用说法，感叹号表示对对方所言强烈认可。重音在"那"字上，"是"字轻声。

nz 14　纳着气

例（四252 14）：她晓得丈夫在平日很会**纳着气**敷衍大家

注－纳着气（nà zhe qiè*r）：压抑着胸中的怨气。现似无此说法。说得快时"着"字读r，是口型提示；"气"字儿化。

nai

nz 15　耐心法儿

例（骆271 07）：他对猴子们特别的拿出**耐心法儿**

注－耐心法儿（nài xīn fár）：京俗语，即耐性。现写作"耐心烦儿"。

nang

nz 16　囔鼻

例（四90 19）：说话有点**囔鼻**，像患着长期伤风似的

注－囔鼻（nāng bié*r）：原文中已阐明词义。"鼻"字儿化。

nao

nz 17　闹

例（四413 04）：金三爷对他的至亲好友是不**闹**客气的

注－闹（nào）：京语习用说法，此处"闹"字意为"不必要的表现、显示"。

nz 18　闹

例（四500 24）：要不是因为**闹**小日本儿，咱们不是还许得不到好事哪吗

注－闹（nào）：此处意为"因×而乱"。

nz 19　闹刺儿

例（四547 17）：她要是敢**闹刺儿**，你把她的所长干掉就是了

注－闹刺儿（nào cè*r）：此处"刺"儿是"刺儿头"（桀骜不驯者）之简说；闹刺儿是说不服管教，与上司对着干。

nz 20　闹得慌

例（四04 04）：一点也不像二孙媳妇那样……看着心里就**闹得慌**

注－闹得慌（nǎ de hong）："×得慌"是京语常用说法，见《卷一·g13》、《卷二·mx19、nx17》条及本卷mz41等条。

nz 21　闹个

例（离246 10）：大学……毕业，而后**闹个**科员，名利兼收

注－闹个（nào e）：此处意指"谋得"（职位）。"个"字读e，是口型提示。

nz 22　闹哄

例（四316 11）：他们夫妇都喜欢

热闹，只要有好酒好饭的闹哄着
注－闹哄（nào hong）：此处为动词，指吃吃喝喝；而重叠的说法"闹闹哄哄"，则常作为形容词用。"哄"字轻声。

nz 23　闹哄

例（骆308　21）：不依着她的道儿走，她真会老跟着他闹哄
注－闹哄（nào hong）：此处指搅扰、纠缠不休。"哄"字轻声。

nz 24　闹慌

例（骆256　02）：他定了半天神，天旋地转的闹慌了会儿
注－闹慌（nào hong）：此处指眩晕状态。"慌"字读 hong，轻声。

nz 25　闹了归齐

例（离330　10）：老李，闹了归齐，还是张大哥的一流人物
注－闹了归齐（nào le guī qí）：京俗语，意谓最终结果还是（如何）。也作"说了归齐"。

nz 26　闹丧

例（牛125　25）：有两个办法可以避免闹丧：爸多给他们钱。或是爸坚持到底
注－闹丧（nào sāng）：国人丑陋恶习之一。死者的各路亲属，以各种不着调的缘故，用各种穷奇丑怪的嘴脸，拿各种冠冕堂皇的理由，提各种匪夷所思的要求，在丧礼上进行搅扰。究其目的，除有些人是要发泄某种不满外，基本上就是惦记着通过闹丧，向本家儿施压，以图沾点儿什么便宜。

nz 27　闹狗油

例（离318　08）：知道他的肚子里是闹什么狗油呢
注－闹狗油（nào gǒu yóu）："闹油"一词，见《卷二·nx 22》条。此处说闹狗油，则语气更刻薄。

nz 28　闹油

例（牛187　19）：八字还没有一撇，先别闹油
注－闹油（nào yóu）：见《卷二·nx 22》。按："闹"字在京语中用法甚多，参见《卷一·n15》及《卷二·nx 11~nx 22》等条。

从以上诸条似可发现,卷二所引的《小额》一书对"闹"字的用法最为恣睢倜傥,挥洒自如。

nei

nz 29　哪门子

例(离 273　14):三十多岁梳<u>哪门子</u>小辫

注－哪门子(něi měn zi):京人习用说法,对所议之事持否定、指责意。关于"哪"字,参见《附录叁－69》。

nz 30　那拨子

例(离 177　07):老李是光绪末年<u>那拨子</u>姥姥不疼舅舅不爱的孩子们中的一位

注－那拨子(nèi bō zi):那一批。"拨"字也可轻声,此处读本音是强调语气。

nz 31　那个

例(四 501　13):"说真的,"瑞丰感叹着说:"我们老大太<u>那个</u>……"

注－那个(nèi ge):京人习惯说法,在遇到一些不便说、不愿说,或说起来太麻烦而双方又都了解的事时,往往用"那个"来替代。

nz 32　那溜儿

例(四 586　20):她必须嘱咐小妞子不要到大门<u>那溜儿</u>去

注－那溜儿(nèi liùr):(某特定区域)附近的地方。

nz 33　那溜儿

例(骆 315　22):他在老车夫的脖子<u>那溜儿</u>听了听

注－那溜儿(nèi liùr):此词也可用于这么具体而微的小地方。

nz 34　那什么

例(四 378　23):<u>那什么</u>,你们学校的校长辞职——这消息别人可还不知道,请先守秘密

注－那什么(nèi shén me):京人常用的发语词。其实也不是什么发语词,只不过是在一时没有想出说什么时以此来延缓一下,以便想往下接着说什么。而原著此处是写说此话者故弄玄虚,在吊听者的胃口。

nen

nz35 那回事

例（牛91 18）：还有位主任对大家训话说，什么都是<u>那回事</u>，瞎混吧

注－那回事（nèm huí shè*r）："那么回事"的简说，指不必认真、或无法认真对待之事。类似意京语还有个说法叫"汤儿事"。"那"字标音为 nèm，是"那么"两字的合音。

nz36 那么回事

例（骆462 19）：什么事都随着他的希望变成了"<u>那么回事</u>"

注－那么回事（nèm huí shè*r）：音、义均同上条。"那"字用法，可参见《卷一·n31》及《卷二·nx04》等条。

neng

nz37 脓包

例（四510 23）：你没长着手吗？不会打他们吗？你个<u>脓包</u>

注－脓包（néng bāo）：意指凡事怯懦退缩，只知忍让，不会反抗者。另外还有"傈（sóng）蛋包"一词，较脓包贬义更甚，且带粗口。京语读"脓"为 néng。

nz38 能事

例（离194 03）：您这还不是造化，有儿有女，大哥又这么<u>能事</u>

注－能事（néng shi）：有本事、能干。今不见此说法。"事"字轻声。

ni

nz39 你老

例（四1055 10）："贵姓呀？<u>你老</u>！"瑞全慢慢的凑过来，满脸赔笑的说

注－你老（ní lǎo）：旧时京人对不熟识者的第二人称敬语，与对方实际年龄关系不大（除非对方确属未成年者）。"你"字阳平。

nz40 泥人也有个土性儿

例（骆290 20）：你有你的臭钱，<u>我泥人也有个土性儿</u>

注－泥人也有个土性儿（ní ren yé yǒu e tǔ xiè~r）：京俗谚，意谓"不要欺人太甚"。"人"字轻声；"也"字阳平；"个"字读 e，是口型提示。

nz 41　你的

例（离 207 01）：大家合伙买二斤茶叶，瞧她一眼，还弄老李一顿饭吃；**你的**司令

注－你的（nǐ de）：京语习用说法，意谓"由你来承当（某种职务）"。同义说法，也可推至第一人称（我的）或第三人称（他的）。

nian

nz 42　鮎溜

例（牛 188 12）：虎爷也怕王老师**鮎溜**了

注－鮎溜（niān liū）：京俗语，意指悄无声息地偷偷溜走。鮎鱼体表无鳞有黏液，不易抓住，以此来形容人不辞而别。

nz 43　年下

例（骆 300 14）：街上慢慢有些**年下**的气象了

注－年下（niá ie）：过（旧历）年的那几天。"下"字读 ie，之所以不标为 ye，是表示这个音要读得很短而轻，但又不同于发不出音的所谓口型提示。

nz 44　撵了走

例（四 832 17）：他便会把邻居**撵了走**，而由自己的儿孙完全占满了全院的房屋

注－撵了走（nián liáo zǒu）：当说"x 了 y"（x、y 均为动词）时，"了"字也可放在 y 之后；这里将"了"字位置提前，是为了明确强调 x 的完成式。注意"撵了"二字均读阳平。

nz 45　粘赘

例（骆 340 12）：咱哥儿们，久吃宅门的，手儿**粘赘**还行吗

注－粘赘（nián zhui）：京俗语，顺手偷摸，也简说为"粘"。"赘"字轻声。按："粘"字现在规范读 zhān（除了在姓氏中有姓"粘"的，读 nián）；而将表示"使二物附着不分离之特性"用"黏"字。原著那时尚未规范。

niang

nz 46　娘们

例（骆 448 09）：因为我同着两三个**娘们**正在门口坐着呢

注－娘们（niá mè*r）：这是对女

人很不敬的称谓,一般女人之间不会这样相互称呼;原著说此话者是妓女,所以才这样说。"娘"字变读为 niá,轻声;"们"字儿化。此词之音、义及用法,详见《卷一·n39》条。

niao

nz 47　尿窝儿

例（牛 131　02）：（驴）一会儿低下脖子嗅嗅<u>尿窝儿</u>

注－尿窝儿（niào wōr）：地面便溺处。京语有俗谚"尿窝挪尿窝",是谓改换门庭搬来挪去,哪儿也没比哪儿强。

nin

nz 48　您

例（牛 199　05）："**您**"字就是新学到的一个字

注－您（nín）：京人第二人称敬语。详见《附录叁－70》及《元曲语汇 122》条。

nz 49　您的

例（离 185　18）："**您的**二兄弟呀,"抽了一口气,"叫巡警给拿去了……"

注－您的（nín de）：京式称呼法

的一大特点:爱拉近乎。明明是萍水之交,非得兄弟相称,还要不嫌肉麻地说是"您的"。

nz 50　您还没歇着哪

例（离 262　03）："……<u>您还没歇着哪</u>,老太太?"

注－您还没歇着哪（nín hái méi xiē r ne）：天黑时京人的问候语。"着"字读为 r,是口型提示。参见《满蒙语汇叁－20》。

nz 51　您哪

例（四 1106　11）：一进门,跑堂的就过来挡驾。"对不起<u>您哪</u>……"

注－您哪（nín nei）：旧式京语,两人对话时常将"您哪"置于句尾,作为一种类似于语气助词来使用。旧京服务行业的从业人员,在招呼客人或被伺候的人时,则往往用"您哪"作为结语词。此时"哪"（或"呢"）字读音介于 nei、ne 之间,轻声;但有时在客人初到、大声打招呼时(说:"来了您哪!"),自然就会读成去声了。此种助词的变读音可参见

《附录壹-10》。

nz 52　您坐着
例（四 259　26）：到临走的时候，他们都会说一声"再见"或"<u>您坐着</u>"

注－您坐着（nín zuò zhe）：旧京客气话，离去时对送行者说"您留步"，而对尊长说"您坐着"。说得快时"着"字读为 r。

ning
nz 53　拧股
例（牛 21　15）：理想与事实常这么<u>拧股</u>着

注－拧股（nǐng gu）：作为动词，指两种（或两种以上）物体交叉、扭转；也可作为形容词，是描述物体交叉、扭转的状态。此处也说不好到底是动词还是形容词，以《马氏文通》为基础的汉语语法有很多如此这般难以自圆其说处。"股"字轻声。

nz 54　拧咕
例（四 528　04）：像一条毛虫似的，把自己<u>拧咕</u>到首座

注－拧咕（nǐng gu）：与上一条音同而字、义有别。此处为动词，是说歪歪扭扭地挪动身体；有时也可作形容词，是说歪歪扭扭的样子。"咕"字轻声。

niu
nz 55　牛脖子
例（四 594　03）：我告诉他，别跟日本人犯别扭，他偏要<u>牛脖子</u>

注－牛脖子（niú bó zi）：牛性执拗，遇事则强颈相抵，故以"牛脖子"一词来形容人的执拗不知权变。可参见《卷一·n44》条。

nz 56　牛蜂
例（四 826　09）：长顺儿的大头里像有一对<u>大牛蜂</u>似的嗡嗡的乱响

注－牛蜂（niú fēng）：华北地区常见的一种昆虫（学名不详），长约3厘米，形体粗壮，飞行时翅膀高速振动，产生很大的嗡嗡声。京人称其为"牛蜂"，以别于体型相对细小的马蜂（胡蜂）。近年因大量施农药，此物绝迹矣。

nz 57　扭咕
例（四 352　05）：晓荷笑着，身子一<u>扭</u>咕，甜蜜的叫

注－扭咕（niǔ gu）：与前面nz54条之"拧咕"基本同义。

nü

nz58 女光棍

例（四535 27）：而她向来是一步一个脚印儿的<u>女光棍</u>

注－女光棍（nǔ guāng gùn）："光棍"指地痞流氓，不同于"光棍儿"（单身汉）。但近五六十年来这两种读音逐渐混淆，统读为儿化音了。"女光棍"即女地痞，原著此处是指大赤包。

P 部

pa

pz01 扒搂

例（四338 04）：而端起碗来，不管有菜没菜，便<u>扒搂</u>干净

注－扒搂（pá le）：此处形容吃饭的动作很快，用筷子不停地向嘴里拨，不怎么嚼似的就吃下去了。"搂"字读音介于 le、lou 之间，轻声。

pai

pz02 派儿

例（四501 21）：他是英国<u>派儿</u>，所以才能进了英国府

注－派儿（pàr）：此处指作风、作派、（××的）样子。

pan

pz03 判儿

例（四463 09）：冠家门口都贴上<u>判儿</u>啦

注－判儿（pàr）：旧时民间在某些节令期间于大门外所贴的钟馗、神荼郁垒（shēn shū yù lǜ）、秦叔宝、尉迟敬德（děi）等镇邪驱鬼的神像；另外戏剧中这一类角色民间也习称为"判儿"。此词与上一条字不同、音同、义异。

pao

pz04 跑外

例（四663 27）：那个圆眼胖脸的年青人是后门外德文斋纸店<u>跑外</u>的小山东儿

注－跑外（pǎo wài）：旧时对企业、店铺专门负责采购、供应、销售等涉外事务者的称谓，此名称直至二十世纪七八十年代尚存。

pz05 泡乏了

例（四527 19）：他的脸绿得和<u>泡乏了</u>的茶叶似的

注－泡乏了（pào fá le）：冲泡过

几遍已经没有茶味儿、褪了色的茶叶，京语说泡乏了。动词"乏"字在此处作为形容词，显得很生动。

pen

pz06　盆儿朝天碗儿朝地

例（四883 06）：眼前，又恰好是一片<u>盆儿朝天碗儿朝地</u>的景象

注－盆儿朝天碗儿朝地（pé*r cháo tiān　wǎr cháo dì）：京俗语，形容家中凌乱不堪状。

peng

pz07　捧戏子

例（四452 21）：他们吸鸦片，喝药酒，<u>捧戏子</u>，玩女人

注－捧戏子（pěng xì zi）：旧京有钱且有闲阶层热衷于此，类似如今所说的"宣传包装演员"。唯因技术条件所限，没有现在声势浩大，那么便捷。

pz08　碰在痒痒筋上

例（牛16 20）：太太的办法正<u>碰在痒痒筋上</u>

注－碰在痒痒筋上（pèng zei yǎng yin jiē*r sheng）：也说"弹在痒痒筋儿上"，指"正投其所好、对胃口"。参见《卷一·t11》条。注意此句中多处变读音。

pi

pz09　劈面

例（四517 19）：（划）拳也大有进步……我连赢了……七个<u>劈面</u>

注－劈面（pī mian）：原著此处指划拳时摸透了对方的路数，首次出手就赢拳。"面"字轻声。此词原义为正对面、迎面，元曲中即有此说法。见《元曲语汇123》条。

pz10　皮

例（骆435 24）：他买了十个煎包儿……外边又"<u>皮</u>"又牙碜

注－皮（pí）：京人将某些食品那种又硬又韧、嚼不动的不好口感称为"皮"。

pz11　皮

例（牛90 05）：这种学校生活叫他越来越"<u>皮</u>"

注－皮（pí）：做事疲疲沓沓得过且过，做人苟且敷衍不顾脸面，京语谓"皮"。

pian

pz 12 偏
例（牛64 09）:"偏叫你进来！""偏不去！"
注－偏（piān）：双方较劲时的说法，有"越不叫干什么我越干什么"之意。

pz 13 偏劳
例（四928 02）：晓荷拿出老太爷的劲儿来："好啦，瑞丰，你就多偏劳吧……"
注－偏劳（piān láo）：京人的客套话，请人代己做某事时常见此说。

piao

pz 14 飘轻飘轻的
例（四180 09）：他就老那么飘轻飘轻的，好像一片飞在空中的鸡毛那样被人视为无足轻重
注－飘轻飘轻的（piāo qie*r piao qie*r de）：形容轻的程度之甚，有时引申指谓人的品行轻薄，贬义。两个"轻"字均儿化，后四个字都读轻声。

pz 15 瓢把子
例（四699 06）：他以为不久他就会成为跺跺脚便山摇地动的大瓢把子的
注－瓢把子（piáo bà zi）：此系"春点"（江湖语），意为（江湖帮会组织的）首领、头头。

pie

pz 16 撇闲盘儿
例（骆353 22）：他们确是有心"咬"他，撇些闲盘儿，可是并没预备打架
注－撇闲盘儿（piě xián pár）：说风凉话，讽刺挖苦。京俗语有"片儿汤话"一词，与此意近。

pin

pz 17 贫嘴恶舌
例（骆230 07）：他天生来的不愿多说话，所以也不愿学着城里人的贫嘴恶舌
注－贫嘴恶舌（pín zuǐ è shé）：搬弄是非且语言恶毒，又称无口德。

ping

pz 18 比
例（四21 09）：大家伙平平安安的过日子，不比拿刀动杖的强
注－比（pǐng）："比"字读pǐ，是避免bi音（旧时京语尽量避免屄音，此处即是；又如影壁读yǐng

bei 亦是）。土点的读 pǐng，是下层京人口语音。

po

pz 19　坡脚

例（牛 85　10）：而后童子军过来维持秩序，拉过一个来给个<u>坡脚</u>

注－坡脚（pō jiu）：一般作"泼脚"，参见《卷一·p22》条。"脚"字读音介于 jiu、jiao 之间。

pz 20　婆婆慢慢

例（离 265　07）：老李对公事很熟习，<u>婆婆慢慢</u>的开始动笔

注－婆婆慢慢（pó po mā mān）：慢吞吞的，现不闻此说。后一"婆"字轻声；"慢"字阴平。按：前一"慢"字标音为 mā，之所以这样标注，是因受到后面字语音的影响，较快连读，客观上就会出现这样的语音。现有"婆婆妈妈"一说，是形容人做事啰里啰唆、不干脆，可能是婆婆慢慢的直音字。

pz 21　破出

例（骆 299　17）：为几个铜子得<u>破出</u>一条命

注－破出（pò chu）：京俗语。豁出去，置之度外。"出"字轻声。

pz 22　破货

例（骆 278　03）：刘四晓得不晓得他女儿是个<u>破货</u>呢

注－破货（pò huò）：旧时贬称未婚而已破身的女子。

pz 23　破衣拉撒

例（四 973　01）：看他俩<u>破衣拉撒</u>的样子

注－破衣拉撒（pò yī lā sā）：京人口语说法，谓衣衫褴褛。也作"破衣拉飒"。详见《满蒙语汇叁－21》。

pz 24　破种地的乡下脑壳

例（四 141　07）："一个<u>破种地的乡下脑壳</u>，有什么可看的！"她撇着胖嘴说

注－破种地的乡下脑壳（pò zhòng dì de xiāng xie nǎo ké）："破"字在京语中常用于贬斥几乎一切不是京城的东西。京人称头为"脑壳"。"下"字读 xie，轻声。

pu

pz 25　扑郎
例（牛 208　23）：花郎花郎，息呼息呼，是两手扑郎着水上脸上搓
注 - 扑郎（pū leng）：京俗语，此处谓以手捧水洗脸。"郎"字读 leng，轻声。

pz 26　蒲包
例（四 157　12）：瑞丰手里提着个小蒲包，里面装的大概是月饼
注 - 蒲包（pú bāor）：旧时包装用品，详见《卷一·p24》条。"包"字儿化。

pz 27　蒲篓
例（四 503　08）：青杏子连核儿还没长硬，便用拳头大的小蒲篓儿装起
注 - 蒲篓（pú lǒur）：旧时包装用品，详见《卷一·p24》条。"篓"字儿化。

pz 28　扑满
例（骆 308　07）：有钱便有办法，他很相信这个扑满会替他解决一切

注 - 扑满（pú mǎr）：一种陶制储蓄罐，中空，上部有小口，仅容一枚硬币塞入；要取出内中钱币须将其击碎。"满"字儿化。参见《满蒙语汇壹 - 37》条。

pz 29　普罗
例（离 349　16）：像烙饼摊子与大碗芝麻酱面等——还是普罗的
注 - 普罗（pǔ luó）："普罗列达里亚"的简称，源自英语 proletariat 的音译。原是指古罗马自由民中的最下层，即罗马无产者；后引申指普遍的劳动人民、无产者。此词二十世纪二十至四十年代曾广泛流行于知识阶层中。

pz 30　谱儿
例（骆 245　01）：大概也够个"煤黑子"的谱儿了
注 - 谱儿（pǔr）：此处指"某种样子"。此词在京语中常见，如说"摆谱儿"，即摆架子之意。

pz 31　铺户
例（牛 131　16）：没有铺户，没有车马，四外都是黄灰的地

注－铺户（pù hu）：京俗语，泛指各种商业店铺。"户"字轻声。

Q 部
qi

qz 01 欺

例（四 488 15）：很瘦！那可也许是头发**欺**的。……头发一长，脸不是就显着小了吗

注－欺（qī）：此词原义为超过、胜于，原著此处很好地解释了本例句中"欺"字含意。老舍著作有一特点，即于无形之中，将一些外地人不易理解的京语，借作品中人之口解释清楚。此词亦见于元曲，见《元曲语汇 124》条。

qz 02 企扈

例（骆 447 23）："白面口袋"明白了祥子的意思，也就不再往前**企扈**

注－企扈（qī hu）：京俗语，指向跟前凑、偎依；或因踢促不安等原因困守某处不愿挪动；也有时引申指某物体将其他物体遮挡住，如说"头发太长，把眼睛都企扈住了"。也有写作"栖乎、偎护"的。"扈"（或"乎、护"）字也可儿化，轻声。另：眼睛不好（如近视等）的人，看细小物件须将眼睛眯起来看，京语称"瞭盱"；读为 qī hur。此为京中俗字，《汉语大字典》不收。

qz 03 七姑姑八老姨

例（四 71 21）：他是那么会买东西，会交际，会那么婆婆妈妈的和**七姑姑八老姨**都说得来

注－七姑姑八老姨（qī gū gu bā lao yiér）：京俗语，用于说那些关系较远的女眷。此词微有贬义，言下有厌烦感。后一"姑"字轻声，"老"字轻声，"姨"字儿化。也说"七大姑八大姨"，则"姑、姨"二字均儿化。

qz 04 七开八得

例（骆 291 08）：颠算了**七开八得**，他觉得高妈的话有理

注－七开八得（qī kāi bā dé）：翻来覆去地（算计）。今不闻此说。

qz 05　七盘八碗

例（四 315　09）：冠先生并没有<u>七盘八碗</u>的预备整桌的酒席

注－七盘八碗（qī pár bā wǎr）：此处七、八均非实指，只是"较多"之意而已。"盘、碗"二字儿化。

qz 06　起猛了

例（四 1016　06）：有时候<u>起猛了</u>，天上还满是星星

注－起猛了（qí měng le）：此处是说（因没太注意，以致）起得太早了。"起猛了"还另有一意，是指因从坐（或卧）姿突然起立时，因"重力性休克"，导致脑部暂时缺血，可能眼前发黑几秒钟。"起"字阳平。

qz 07　齐全

例（四 63　11）：哪一个故事也没能写得<u>齐全</u>

注－齐全（qí quan）：完整。此词今少有京人说，多是说书面语意味更浓的"完全"或"完整"。"全"字轻声。

qz 08　起会、请会

例（骆 296　09）：<u>起</u>上一只<u>会</u>，十来个人……一月每人两块钱，你使头一会……你真要<u>请会</u>的话，我来一只

注－起会、请会（qǐ huì、qǐng huì）："起会"（也叫"请会"）是一种群众自发的经济互助形式，其运作方式原著中已说明，不赘述。

qz 09　起色

例（四 149　23）：跟他们学，你才能有<u>起色</u>

注－起色（qǐ se）：京腔口语，此处"色"字读音介于 se、si 之间，轻声。

qz 10　气横横的

例（四 391　11）：说什么南京丢了，<u>气横横的</u>不张罗吃，也不张罗喝

注－气横横的（qì hēng he~r de）：京腔读音。现一般作"气哼哼的"。后一"横"字轻声，儿化与否均可。

qz 11 气儿长
例（骆 227 09）：可是他们还不如东交民巷的车夫的<u>气儿长</u>
注－气儿长（qiè*r cháng）：此处之"气儿"指耐久力。

qian

qz 12 迁都
例（离 349 13）：自<u>迁都</u>后，西单牌楼渐渐成了繁闹的所在
注－迁都（qiān dū）：1928年6月3日，南方军阀的"二次北伐"成功，奉系军阀张作霖弃京津而回东北。而在1927年9月，通过"宁汉合流"，南京国民政府也已正式成立。所以自此时起，北京的首都地位即失去，此即所谓"迁都"，后来连名字也改成了"北平特别市"。

qz 13 钱穿在肋条骨上
例（四 529 24）：我的<u>钱</u>并没都<u>穿在我自己的肋条骨上</u>
注－钱穿在肋条骨上（qián chuān zei lèi tiao gǔ sheng）：京俗语。老舍先生并非简单地搬用俗语，而是将其拆开，分散用于全句之中。这样活用，句子更生鲜灵动。"在"字读 zei，轻声；"条"字轻声；"上"字读 sheng，轻声。

qz 14 钱狠子
例（四 317 04）：蓝东阳本是个"<u>钱狠子</u>"
注－钱狠子（qián hěn zi）：京俗语，谓对钱财锱铢必较，认钱不认人者。

qz 15 前后脚
例（四 227 06）：三个人<u>前后脚</u>跑进里屋
注－前后脚（qián hòu jiǎor）：京俗语，要注意此词主要不是说人之间的距离近，而是表示时间间隔短。此处"脚"字在口语中一般都儿化。

qz 16 欠打
例（四 347 23）：一道歉，他就失去了往日在学校的威风，而被大家看穿他的蛮不讲理原来因为<u>欠打</u>
注－欠打（qiàn dǎ）：京人对强横无礼、痞恶无赖者的评价。原

著此处是揭露汉奸蓝东阳的内心怯懦。

qiang

qz 17　呛着

例（四 1034　03）：瑞全知道日本人的话多半是临时编制的，所以他不应当完全顺着日本人的话往下爬，也不该完全<u>呛着</u>说

注－呛着（qiāng zhe）：逆反着，现写作"戗着"。"呛"为"戗"的假借字，"戗"字本义即逆反，较之写为"呛着"顺理成章。

qz 18　戗着

例（四 805　10）：也发觉了李四爷用手在后面<u>戗着</u>他呢

注－戗着（qiàng zhe）：此处"戗"读去声，义为支撑。

qiao

qz 19　敲打

例（四 1104　15）：谁要是敢夺您的口袋，妈，我就拿棍子<u>敲打</u>他

注－敲打（qiāo de）：京语中敲打一词常用义是"以语言或行动警示告诫某人（使其行为有所收敛）"。而此处就是打，并无他意。"打"字读 de，轻声。

qz 20　敲人

例（骆 231　01）：不敢想这个傻大个子是会<u>敲人</u>的

注－敲人（qiāo rén）：此处"敲"字意为敲诈。

qz 21　敲着撩着

例（骆 370　18）："受累的命吗！"她<u>敲着撩着</u>的说

注－敲着撩着（qiāo zhe liǎo zhe）：京俗语，要说的话不正面说出，而是旁敲侧击，指东说西。京俗语另有"敲边鼓"一说，与此意近。

qz 22　俏

例（四 941　02）：有眼睛的，能买到"<u>俏</u>"——也许用烂纸的价钱买到善本的图书，或用破铜的价钱买到个古铜器

注－俏（qiào）：京人习用说法，此处专指在古董文玩方面淘换着便宜了。

qz 23　俏皮

例（四 709　26）：我的银杯，再由

你得回来，自家便宜了自家，这才**俏皮**

注－俏皮（qiào pi）：漂亮而风趣。此处是形容这手活儿干得漂亮。此词现无此种用法。

qz 24　俏式

例（四 163　10）：冠先生点上枝香烟，很**俏式**的由鼻中冒出两条小龙来

注－俏式（qiào shi）：京俗语，谓模样漂亮，招人喜欢，另一京语词汇"款式"（参阅 kz33~kz36 条）与此义近。

qie

qz 25　切糕

例（四 603　20）：下了车，他买了两块滚热的**切糕**

注－切糕（qié gao）：一种京味小吃。由糯米或黄米面和以红枣、豆沙制成，刀切零售，故此得名。夏天吃凉的，冬季吃热的。原著此处情节是冬天，所以说是滚热的切糕。"切"字阳平，"糕"字轻声。

qz 26　怯货

例（离 262　22）：老觉得自己是个新人物……却原来是地道的**怯货**

注－怯货（qiè huò）：京俗语，干什么什么不成，没用的废物。"怯"字详见《附录壹－34》条。

qz 27　客（怯）木匠——一锯（句）

例（骆 437　17）：你真成，永远是"**客（怯）木匠——一锯（句）**"！

注－客（怯）木匠——一锯（句）（qiè mù jing— yí jù）：常用歇后语，是说"怯木匠"（技术差的木匠）只有一把锯（因其"手艺潮"，除了锯别的家伙都不会使）。"客"字发 qiè 音（见《卷一·q22》条），用以谐音"怯"；"锯"字谐音"句"，意指（某人）说话很少。

qz 28　怯头怯脑

例（四 356　04）：还有这里的祖父与父母都**怯头怯脑**的，不够作科长的长辈的资格

注－怯头怯脑（qiè tou qiè nǎo）：

京人骄傲，对一切非北京城里的东西均斥之为"怯"。详见《卷一·q23~q25》条。"头"字轻声。

qin

qz29 勤俭

例（四833 20）：而且他们全家都老实**勤俭**，连一个不三不四的朋友也没有

注－勤俭（qín jin）：此处"俭"字读jin，京腔口语音。

qz30 勤紧

例（骆367 15）：他平日非常的**勤紧**

注－勤紧（qín jin）："勤俭"的直音字，音、义同上条。

qing

qz31 青筋蹦跳

例（骆281 12）：祥子**青筋蹦跳**的坐下。"我那点钱呢？"

注－青筋蹦跳（qīng jīn bèng tiào）：京俗语，形容人因焦躁、紧张、激愤、暴怒而血脉贲张的样子。

qz32 青年会

例（牛213 04）：据说每年在**青年会**举行的乒乓球赛总由我们得到锦标

注－青年会（qīng nián huì）：全称为"中国基督教青年会"，是基督教（新教）教会在中国所创办的群众组织。详见《附录叁－71》。

qiong

qz33 穷嚼

例（四915 14）：遇到丁约翰回来，他能跟他**穷嚼**几个钟头

注－穷嚼（qióng jiáo）：此处"嚼"字含贬义，义为絮叨，甚或无凭据的随口乱说；穷嚼就程度更甚了。

qiu

qz34 求爷爷告奶奶

例（四78 09）：何必天天**求爷爷告奶奶**的谋事去呢

注－求爷爷告奶奶（qiú yé ye gào nǎi nei）：常用俗语，谓低声下气的求人。后一"爷"字轻声；后一"奶"字读nei，轻声。

qu

qz35 漆黑

例（骆248 09）：四外由一致的**漆黑**，渐渐能分出深浅，虽然还辨不出颜色

注－漆黑（qū hēi）："漆"字音、

义详见《卷一·q39》条。

qz36　屈心
例（骆389　22）：我不<u>屈心</u>，我吃饱吃不饱不算一回事，得先让孩子吃足

注－屈心（qū xīn）：此词源出《楚辞·离骚》："屈心而抑志兮忍尤而攘诟，伏清白以死直兮固前圣之所厚。"本义谓"（不得不）压抑自己的心志"；而在京俗语中演变为"昧着良心"之意。早期京俗语中又有"欺心"一说，意谓负心、欺瞒，与屈心音、义均近，可能是有渊源关系。

quan
qz37　圈弄
例（四131　18）：祁老人觉得自己是被瘦子<u>圈弄</u>住了

注－圈弄（quān neng）：用计谋圈套（使人落入了陷阱）。"弄"字读 neng，轻声。

qz38　全须全尾
例（四832　20）：为什么不乘着<u>全须全尾</u>的时候死去，而必等着自己的屋子招租别人呢

注－全须全尾（quán xiē*r quán yiě*r）：这是从斗蛐蛐儿（蟋蟀）而来的词汇，意谓完整、毫发无损。"须"字读 xi，儿化；"尾"字读 yi，上声，儿化。关于斗蛐蛐儿，详见《附录叁－72》。

R 部
rang
rz01　攮
例（骆321　18）：至少也不能把罐儿里的那点积蓄瞎<u>攮</u>了

注－攮（ráng）：京俗语，现作"扬"，意为"向上抛洒（某种轻、细之物），此意时京人口语读为 ráng；此处引申为随便花销、浪费之意。"攮"字在此是京人口语"扬"的直音字。另可参见《满蒙语汇叁－22》。

rao
rz02　绕世界
例（骆376　17）：你不回来吃，<u>绕世界</u>胡塞去舒服

注－绕世界（ráo shì in）：京俗语，谓各处游走。多用于含有某种否定意义的句中（对所做之事不以为然。）。"绕"字阳平，"界"字

读 in，是口型提示。

rz 03　饶着
例（骆 456 26）：可是这一回，枪毙之外，还<u>饶着</u>一段游街
注－饶着（ráo r）：京俗语，谓"除主体外，还额外多加入（某种成分）"。"着"字变为"饶"的儿化音。

rz 04　饶这么样
例（骆 313 18）：天极冷，小茶馆里的门窗都关得严严的……<u>饶这么样</u>，窗上还冻着一层冰花
注－饶这么样（ráo zhèn miɑ~r）：即便如此。此处之"饶"字是"饶着"的略说。"这"字读 zhèn；"么样"二字合读为 miɑ~r，儿化，轻声。

rz 05　绕不过花儿来
例（离 286 04）：越想越<u>绕不过花儿来</u>，一夜没有睡好
注－绕不过花儿来（rào bu guò huār lei）：此词用于"想"后，意指想不开。现一般作"绕不过弯儿来"。"不"字轻声。

rz 06　绕搭
例（骆 353 13）：祥子没<u>绕搭</u>过来，"咚咚嚓"是什么意思
注－绕搭（rào de）：京俗语，本义是缠绕（线）；此处为引申义，谓"用绕弯子的话纠缠迷惑人"。

rz 07　绕在里边
例（四 428 19）：常二爷被自己的话<u>绕在里边</u>了
注－绕在里边（rào zei li be*r）：京俗语，此处谓无意中说出了作茧自缚的话，结果使自己不得不承担本不想负的责任。"在"字读 zei，"里"字轻声，"边"字读 be*r，儿化，轻声。

re

rz 08　热度
例（离 292 11）：假若要病，一定便厉害——<u>热度</u>假如到四十八，或一百零五
注－热度（rè du）：此处指体温。参见《附录叁－73》。

rz 09　热手巾把
例（四 707 04）：随从打过<u>热手巾</u>

把来，李空山用它紧捂着脸

注 - 热手巾把（rè shǒu jin bǎr）：旧京戏园子里专有人伺候着递热手巾把儿，是为一大特色。详见《附录叁 - 74》。"巾"字轻声；"把"字儿化，也写为"板"。

ren

rz 10　人

例（骆 389　01）：小福子的"<u>人</u>"是个军官

注 - 人（rén）：指小福子的男人。此种说法用于指谓姘居关系的男女，"人"字也可儿化。

rz 11　人影壁

例（牛 98　10）：孩子被前边的<u>人影壁</u>挡住，什么也看不见了

注 - 人影壁（rén yǐng bei）：从儿童的角度形容前面的人遮挡视线。"壁"字读 bei，轻声。按："壁"字避免读 bi 音，原因参见 pz 18 条。

rz 12　人家

例（四 07　03）：一时一刻也离不开，真也不怕<u>人家</u>笑话

注 - 人家（rén jie）：此处意指"别人"。"家"字读 jie，轻声。

rz 13　人家

例（四 67　01）："门口没有，没有卖糖的，还不教<u>人家</u>吃两个枣儿？"小顺儿怪委屈的说

注 - 人家（rén jie）：此处系小儿自称。京中女孩子也往往如此自称，以示娇嗔。"家"字读 jie，轻声。

rz 14　人家 × 家

例（四 463　09）：<u>人家</u>冠<u>家</u>买了多少多少肉，还有鱼呢

注 - 人家 × 家（rén jie × jiè）：京语习用句式，在议论到某一具体人家时用这样的称谓。两个"家"字均读 jie 音，前轻声，后去声。按："人家"一词，系京人常用词汇，详参见《卷一·r 09~r 11》条。

rz 15　仁义

例（骆 448　22）：树林里到晚上一点事儿也没有，她不出来唬吓人，多么<u>仁义</u>

注 - 仁义（rén yi）：京人习用说法，泛指好品性。原著此处所说

"她不出来吓唬人"是指小福子的鬼魂不显现。

rz16　人阵
例（牛85　19）：有个很小的（孩子）……摔了一交，哭成**人阵**
注－人阵（rén zhen）：此说待考。

rz17　忍盹儿
例（四538　10）：高亦陀在屋中抽了几口烟，**忍**了一个**盹儿**
注－忍盹儿（rén duě*r）：睡一小觉。此处"忍"字意为"小睡"，动词；"盹"字意为"（睡）一小觉"，名词。"忍"字阳平。

rz18　忍
例（四322　23）：扶住门垛子，他低头闭上了眼……这么**忍**了极小的一会儿
注－忍（rěn）：此处意为稍微休息、小憩。参见《卷二·rx06、rx07》条。

rz19　认头
例（骆378　11）：不但丢了脸，而且就得**认头**作个车夫的老婆了

注－认头（rèn tóu）：京俗语，意谓（不得不）认同（某种事态）。

rou
rz20　肉包子打狗，一去不回头
例（骆302　21）："你可倒好！**肉包子打狗，一去不回头**啊！"她的嗓门很高
注－肉包子打狗，一去不回头（ròu báo zi dá gǒu, yí qù bù hui tóu）：京俗谚，指一走了之。"打、一"两字阳平；"回"字轻声。

ru
rz21　入了辙
例（骆432　03）：祥子完全**入了辙**，他不比别的车夫好，也不比他们坏
注－入了辙（rù le zhé）：京俗语，完全融入于（某种事物）。

S 部
sa
sz01　仨瓜俩枣
例（四1108　12）：小事儿甭麻烦我。金三爷不能为了**仨瓜俩枣**的事儿跑腿
注－仨瓜俩枣（sā guā liá zǎor）：京俗语，指不值一提的些微事物、

蝇头小利。"俩"字轻声,"枣"字儿化。

sz02 撒欢

例(骆394 02):小孩有的躺在院中便睡去,有的到街上去<u>撒欢</u>
注－撒欢(sā huār):京人习惯说法,形容人(多指儿童)或动物突然得到机会释放时欢腾跳跃状。"欢"字儿化。

sz03 撒无赖

例(骆451 11):借了还是不想还;逼急了他可以<u>撒无赖</u>
注－撒无赖(sā wú lài):现多是说"耍无赖"。

sz04 撒土攘烟儿

例(四783 18):你老大不少的了,怎么才学会了<u>撒土攘烟儿</u>呀
注－撒土攘烟儿(sá tǔ ráng yār):京俗语,指斥他人弄得尘土飞扬;多指小孩儿,所以此处说"你老大不小了"。"撒"字阳平。另有"爆土攘烟"一词,与此义近,但反映的是客观事实;而此处是指主动造成了爆土攘烟的情况。

sz05 三哥

san

例(四508 07):嘱咐他转告倒水的"<u>三哥</u>"
注－三哥(sān gē):旧京吃水靠井,井皆为私产,井主人靠卖井水挣钱,雇人负责给用户送水。该行业多被山东人把持,对山东人旧时习称"三哥"。参阅《附录叁－75》。

sz06 三家村

例(四1026 10):乱山中连茶叶都没见过的<u>三家村</u>
注－三家村(sān jie cuē*r):京俗语,谓极偏僻贫瘠之地(仅有三户人家),后亦指这种地方之人。"家"字读jie,轻声;"村"字儿化,也说"三家店"。参见《元曲语汇125》条。另见《附录叁－76》。

sz07 三头五块的

例(骆232 03):加上他每月再省出块儿八角的,也许是<u>三头五块的</u>

注－三头五块的（sān tou wǔ kuài de）：京俗语，谓少量钱。"头"字轻声。

sz 08　三爷
例（四 21　25）："哟！"大嫂吓了一跳。"三爷呀！干吗？"
注－三爷（sān ye）：旧时京人称长辈或平辈的男子为爷（也有时这样戏称晚辈男孩），行儿就称几爷。对长辈时爷字要读本音，说得快或对平辈时多读轻声（即如本例）。

sz 09　散了
例（骆 378　22）：散了，她不想到刘家去了
注－散了（sàn le）：现写作"算了"，指中辍、搁置（某事）；此处"算"字京人习读为 sàn。本条中之"散"字其实是"算"的直音字。

sang
sz 10　嗓
例（四 256　17）：她能唱青衣，但是拿手的是花旦；她的嗓不很大
注－嗓（sǎ~r）：京剧术语，指嗓子在能够保证唱腔要求的前提下所能达到的音量。"嗓"字要儿化。

sz 11　丧胆游魂
例（四 69　01）：丧胆游魂的，他走到小羊圈的口上
注－丧胆游魂（sàng den you hún）：此处意指心事重重、失魂落魄。"胆"字读 den，轻声；"游"字轻声。

sao
sz 12　扫搭
例（骆 271　19）：她拿出一毛钱来："拿去，别拿眼紧扫搭着我！"
注－扫搭（sǎo de）：京俗语，指快速的扫视。参见《满蒙语汇叁－23》。

sz 13　扫亮子
例（四 145　24）：怕大门不锁好，万一再有"扫亮子"的小贼
注－扫亮子（sǎo liàng zi）：旧京俗语，指专门在天快亮时溜门入户盗窃者。

sz 14　扫听

例（牛24　12）：各桌上低声的谈话，她<u>扫听</u>着，似乎大不利于天赐

注－扫听（sǎo tīng）：不动声色地支起耳朵听；不同于打听、探听。

se

sz 15　啬刻鬼

例（四88　18）：看这一家子，老少男女都是<u>啬刻鬼</u>

注－啬刻鬼（sé ke guǐ）：京俗语，形容人特别吝啬、抠门儿（小气）。还有单说"啬刻"的，也要读为 sé ke，注意"啬刻"二字在此处的变调；也有说"啬刻子"的，义同此，但要读为 sè ké zi。另参见《满蒙语汇叁－24》。

sha

sz 16　杀腰

例（骆229　11）：他计划着怎样<u>杀</u>进他的<u>腰</u>去，好更显出他的铁扇面似的胸

注－杀腰（shà yāo）：以腰带将腰勒紧。此处"杀"字现一般写作"煞"，是"（以绳索等）勒紧"之意。"杀"字去声；"腰"字也可儿化。

shai

sz 17　色

例（牛96　06）：一管带卡子的铁杆铅笔，一转就出铅，一盒十二<u>色</u>

注－色（shǎi）：颜色的"色"字京人习读为 shǎi。按：京语的齿音字（声母为 zh ch sh z c s 者），口语中多用 zh ch sh，而读书音多用 z c s。原著此处"色"字的口语音为 shǎi；而读书音多读为 sè，如：色（sè）勃如也。

shan

sz 18　山东二哥

例（四974　12）：倒水的<u>山东二哥</u>只尽量的供给他们，而不管别家有没有水吃

注－山东二哥（shān dong èr gē）：不知为何此处将鲁籍挑水夫称为二哥，有的地方（sz 05 条）却称为三哥。

sz 19　讪脸

例（四07　27）：顺儿！不准和爷爷<u>讪脸</u>！再胡说，我就打你去

注－讪脸（shàn liǎn）："讪"字本意为讥嘲。"讪脸"一词是说涎皮赖脸、没大没小地和人纠缠。一般用于指斥晚辈对长辈不尊重。

shang

sz20 晌午

例（四553 23）：<u>快晌午</u>了，她不能再不起来

注－晌午（shǎng huo）：午时。上午为头晌、前半晌，下午为后半晌，晚上为晚晌。午饭曰晌饭，午休曰歇晌。不独京语然，广大北方语系地区都有此类说法。郊区有的地方读 sháng wo。参见《元曲语汇 126》条。另：京语尚有"一晌"之说，意谓片刻、一小会儿。此说法来源甚早，如李煜《浪淘沙》词："梦里不知身是客，一晌贪欢。"

sz21 上

例（牛208 24）：是两手扑郎着水<u>上</u>脸<u>上</u>搓

注－上（shàng）："上"字在此约略同于往、向，作介词用，是京语独有用法。如说"别上地下弄水"，是指不要将水洒在地上。但本条之"上"有方向性（仅限于向上），略有别于前述。

sz22 上板子

例（四69 03）：铺户都忙着<u>上板子</u>

注－上板子（shàng bǎn zi）：旧时铺户打烊时，一般用木板将窗户遮蔽，谓之上板子。

sz23 上赶着

例（四970 05）：他是个学者，并没<u>上赶着</u>日本人去谋求地位

注－上赶着（shàng gǎn zhe）：京俗语，意指对人巴结。此处"着"字读 zhe，是加重语气。

shao

sz24 烧开水

例（四884 05）：我把火升上，<u>烧点开水</u>

注－烧开水（shāo kāi shuǐ）：这不是北京话，京人都说"坐开水"而不说"烧开水"。原著之所以这样写，可能是因为《四世同堂》一书主要部分是当时在重庆所写，老舍先生有意识地减少了一些北京土话成分，便于更多读者看懂。

sz25　杓杓颠颠

例（牛31 09）：少上纪妈屋里去，老了老了的，还这么<u>杓杓颠颠</u>的

注－杓杓颠颠（sháo shou dāo dāo）：谓行事不靠谱、失当，乃至有失检点。后一"杓"字轻声；"颠"字读dāo，阴平；也可单说"杓颠"，此处"颠"字轻声。又作"哨叨"，方言无定字。参见《满蒙语汇叁－25》。

she

sz26　舍本儿

例（四778 07）：他不肯冒险去借钱作生意，万一<u>舍</u>了<u>本儿</u>，他怎么办呢

注－舍本儿（shé bě*r）：赔本儿。"舍"字阳平，在此处是"折"（shé）的直音字，是为断开、折断之义。

sz27　舍脸

例（骆272 23）：他是低声下气的维持事情，<u>舍着脸</u>为是买上车

注－舍脸（shé liǎn）：（为达某目的而）屈尊（求人）。此处"舍"字因上声连读而变调阳平。

shei

sz28　谁……谁是孙子

例（牛101 26）：彼此<u>谁</u>再理<u>谁是孙子</u>

注－谁……谁是孙子（shéi…shéi r sūn zi）：京人习用说法，用诅咒的方式来否定某事。"孙子"在此意谓"我就是你的孙子"；而自认小辈儿对京人是莫大耻辱。"是"字读r，是口型提示。

shen

sz29　身子落在井里，耳朵还能挂得住

例（牛166 08）：隆福都烧了，<u>身子落在井里，耳朵还能挂得住</u>

注－身子落在井里，耳朵还能挂得住（shēn zi lào zei jíng li, ěr dou hái néng guà de zhù）：京俗谚，谓大处都已经不保，小处就更无所补益，总之事情是没救了，多少有点儿要破罐破摔的意思。此意京语还有一简单说法："已就已就了"；若附庸风雅，则非《诗经·邶·匏有苦叶》中那句"深则历浅则揭"莫属。"在"字读zei，轻声；"井"字阳平；"里"字轻声；"朵"字读dou，轻声。

sz30 什么屎都拉，就是不拉人屎

例（四835 08）："对！对！冠家**什么屎都拉，就是不拉人屎！**"祁老人叹着气说

注－什么屎都拉，就是不拉人屎（xhén me shǐ dou lā, jiù r bù lā rén shǐ）：京俗谚，用于指责某人所行狗彘不如，即"不是人"之意。"都"字轻声，"是"字读r，是口型提示。

sz31 什么似的

例（四356 24）：祁老人和天佑太太听说瑞丰得了科长，喜欢得**什么似的**

注－什么似的（shén me shi de）：京人习惯说法，表示其所附着的主词（形容词或动词）程度之甚。"么似的"三字均轻声。

sz32 什么玩艺

例（四994 14）：饿成了屄样，你还他妈的念叨日本人，你是**什么玩艺**呢

注－什么玩艺（shén me wán

yiè*r）：京人对某人极端蔑视时的常用语。"艺"字儿化，现一般写作"玩意儿"。

sz33 神头鬼脸

例（骆255 02）：可是要马上恢复他的干净利落，他不肯就这么**神头鬼脸**的进城去

注－神头鬼脸（shén tóu guǐ liǎn）：也作"神头鬼脑"，指形象丑陋。"鬼"字阳平。

sheng

sz34 升火

例（四670 13）：只要他一在屋中咳嗽，韵梅便赶快起床去**升火**

注－升火（shēng huǒ）：现一般作"生火"。旧京多用煤球炉，须每天生火。但京人口语中更多的是说"爖（lóng）火"，"爖"字也写作"拢、笼、隆"等。

shi

sz35 失闪

例（四89 19）：他既会稳当的捆扎与挪移箱匣桌椅，当然也能没有**失闪**的调动棺材

注－失闪（shī shan）："闪"字轻声。现一般说"闪失"。

sz 36　实诚

例（四 1099　19）：知道四爷是个**实诚**人，都赶来磕了三个头

注－实诚（shí cheng）：坦荡诚挚，毫无虚妄。京语常用说法。"诚"字轻声。

sz 37　什刹海

例（四 197　09）：**什刹海**周围几乎没有什么行人

注－什刹海（shí jie hǎi）：位于北京内城、北海公园北侧的一个湖泊名称。"刹"字读音介于 jie、qie 之间（因人而异），轻声。若说得快时读为 ie，是口型提示而发音不明显。

sz 38　十头八块

例（骆 338　02）：不过既然看见了祥子……何必不先拾个**十头八块**的呢

注－十头八块（shí tou bá kuài）：与 sz 07 条之"三头五块"等义，指少量钱。"头"字轻声。

sz 39　时行

例（四 27　05）：他穿着在三十年前最**时行**……的团龙蓝纱大衫

注－时行（shí xīng）：流行（某种形式）、以（某事）为时尚。"行"字阴平，现作"时兴"，于词义上似更贴切。

sz 40　时样

例（四 17　24）：即使料子不顶好，也要做得最**时样**最合适

注－时样（shí yang）：样式时兴、时髦。"样"字轻声。现不闻此说法。

sz 41　是不是

例（离 288　10）："**是不是**！"她还板着脸，"设若你为这个和她吵架，我就不说了！"

注－是不是（shì búr）：原著此处是对所言之事的强调，这种用法今已少见。"不是"二字合读为 búr。

sz 42　是了味

例（骆 304　22）：你**是了味**啦，教

我一个人背黑锅
注 - 是了味（shì le wè*r）：京俗语，此处谓占了便宜。"味"字儿化。

sz 43　是了
例（骆280 05）："**是了**，先生！"
注 - 是了（shì lèi）："了"字读lèi，这是旧时京中下人应对主人话时的语调。参阅《附录壹 - 10》条。

sz 44　是……里的虫儿
例（四550 06）：他的确**是**北平的文化**里的一个虫儿**
注 - 是……里的虫儿（shì…lǐ de chú~r）：京俗语。谓对某领域的事物极熟悉。详见《卷一·s61》条。

sz 45　是什么揍的
例（四386 03）：你说我们老三抗日，我也会说你是共产党呀！你**是什么揍的**
注 - 是什么揍的（shì shén me zòu de）：此处是骂人粗口，京人在此处有意地加以音变，避免直接说出 cào 音来。这也算是京人在骂人时的一种收敛，但如果是双方激烈对骂就不顾了。

sz 46　x 是 x，y 是 y
例（离217 14）：在公寓里，只须叫一声茶房，茶**是**茶，水**是**水
注 - z 是 z, y 是 y（x shì x, y shì y）：此处表示有求必应，另也用于表示 x、y 所代表之物质量优良。

sz 47　事体
例（四438 05）：他已经不愿再为像过年这路的**事体**多费什么心思
注 - 事体（shì ti）：（某一类）事情。这并非京人口语，但原著中时有此类略带文言痕迹的口语词汇；现如今这类词汇即使在书面语中也较少用了。

sz 48　世兄
例（四24 06）：我请教瑞宣**世兄**
注 - 世兄（shì xiōng）：有二义：①有世交的同辈之间的互称。②对世交晚辈的尊称（详见《卷一·n36》条）。原著此处是后者。

sz49　什样杂耍

例（牛201　14）：我原有的那身**什样杂耍**本还能将就

注 - 什样杂耍（shì ya~r zá shuǎr）：一种民间的曲艺项目，表演者一人操控多种乐器，连带演唱；此处引申指既不合身，又不合时宜的衣物。"什"字去声，"样"字轻声，儿化。

sz50　试着步儿

例（四154　17）：马老太太轻轻的走出屋门来，**试着步儿**往前走

注 - 试着步儿（shì zhe bùr）：京语常用说法，谓试探着前行；也可引申开来，指试探着去做某事。"着"字说得快时读 r，是口型提示。

shou

sz51　收锅

例（牛146　13）：而且大家都打快勺子，弄个万儿八千，三万二万便**收锅**不干了

注 - 收锅（shōu guōr）：京俗语，谓主动结束（某事）。"锅"字须儿化。

sz52　手脚不识闲

例（离194　12）：这一家子的事全是我的！从早到晚**手脚不识闲**

注 - 手脚不识闲（shóu jiǎo bu shi xiár）：指不停的干活。参阅《卷一·b93》条。"不"字轻声。

sz53　手儿

例（牛16　07）：知道遇上个能非常的慈善，同时眼里又不藏沙子的**手儿**

注 - 手儿（shǒur）：行家里手。参阅《卷一·s75》条。

shu

sz54　秫秸棍

例（四391　16）：他的脚腕就像一根折了的**秫秸棍**似的那么一软

注 - 秫秸棍（shú jie guè*r）：也说"秫秸、秫秸秆儿"。指去了穗儿的高粱秆儿。"秸"字轻声，"棍"字儿化。

sz55　数唠

例（四701　17）：老人又**数唠**了一大阵，才勉强的回到屋中去

注 - 数唠（shǔ lou）：啰啰唆唆地

数说、唠叨。"唠"字读音参见dz48条。

shua

sz56　刷家伙洗碗

例（四533 22）：我愿意<u>刷家伙洗碗</u>的作你的老妈子

注－刷家伙洗碗（shuā jiā wo xí wǎn）：京俗语，泛指一般家务事，不限于刷碗。"伙"字读wo；"洗"字阳平。

sz57　耍手艺

例（四152 18）：难道<u>耍</u>了这么多年的<u>手艺</u>，真教我下街去和刚出师的乡下孩子们争生意吗

注－耍手艺（shuá shǒu yi）：凭借技能挣钱吃饭。"艺"字轻声。

sz58　耍叉

例（牛204 14）：小三儿就该<u>耍叉</u>啦，你让他往东，他偏往西

注－耍叉（shuǎ chā）：京俗语，意谓捣乱，也说"耍骨头"。

sz59　耍刺儿

例（骆431 05）：苦人的<u>耍刺儿</u>含着一些公理

注－耍刺儿（shuǎ cè*r）："刺儿"指爱挑剔，易激怒乃至无端寻衅；这样的人被称为"刺儿头"；"耍刺儿"则是指经常来这一套，滋衅生事。

sz60　耍骨头

例（骆258 05）：车夫们没有敢跟他<u>耍骨头</u>的

注－耍骨头（shuǎ gú tou）：京俗语，本指无赖行径，故意捣乱；原著此处指车夫拖欠车厂主份子钱赖着不交。

sz61　耍骨头

例（四149 25）：要是偷偷的独自去和她们<u>耍骨头</u>，我砸烂了你的腿

注－耍骨头（shuǎ gú tou）：京俗语，原著此处指轻浮男人在女人面前起腻。"骨"字阳平，"头"字轻声。

sz62　耍飘儿

例（骆428 24）：有时候也把半截烟放在耳朵上夹着，不为那个地方便，而专为<u>耍个飘儿</u>

sz63　耍飘儿

注－耍飘儿（shuǎ piāor）：京俗谚，指卖弄身手潇洒，尤指故意涉险卖弄。

sz63　耍俏

例（骆231 03）：他就又像装傻，又像**耍俏**的那么一笑

注－耍俏（shuǎ qiào）：此处指卖弄聪明。另还指男女调情时的举止神态。

sz64　耍玩艺儿

例（四480 27）：我只好应了个卯，可没**耍玩艺儿**

注－耍玩艺儿（shuǎ wán yiè*r）：京语"玩艺儿"泛指一切娱乐性的技艺或物品，参见《卷二·wx05》条；"耍玩艺儿"指演示这些技艺。

shuai

sz65　摔私跤

例（四182 05）：他踢过梅花桩，**摔**过**私跤**，扔过石锁，练过形意拳

注－摔私跤（shuāi sī jiāo）：参见《卷二·sx46》条。另：踢梅花桩、扔石锁均为习练武功者常用的辅助训练方法，形意拳为内家拳法中的一种。

shuang

sz66　爽性

例（四330 07）：作不到，**爽性**就一字也不说了

注－爽性（shuǎng xìng）：现一般说"索性"。此词之沿革见《卷一·s108》条。

shui

sz67　水牛

例（离371 19）：英唱开了"**水牛**，水牛，先出犄角后出头"

注－水牛（shuǐ niūr）：京人称一种最常见的小型蜗牛为水牛。"牛"字读niūr，阴平，儿化。参阅《附录叁－77》。

sz68　水音儿

例（四51 17）：也听到自己的声音是清亮而带着**水音儿**

注－水音儿（shuǐ yiē*r）：形容声音好听，清亮而圆润。

shun

sz69　顺口答音

例（四61 05）：要**顺口答音**的探听有什么路子可走

tz 02　塌拉塌拉

例（四 391 03）：他听到四大妈的大棉鞋**塌拉塌拉**的响

注－塌拉塌拉（tā lā ta la）：拟声词，后一"塌拉"轻声。现一般写作"趿拉趿拉"。参阅《卷一·t 05、t 07、t 08》条。

tz 03　塔灰

例（离 252 08）：妈妈的笑声震下棚顶的一缕**塔灰**

注－塔灰（tǎ huī）：京俗语。因静电吸附缘故，空气中的尘土成串坠连悬挂在顶棚及墙角处，称为塔灰。因佛塔少有打扫，此物甚多，故得此名。

tai

tz 04　抬埋

例（四 803 15）：日本人不许死尸进城，而且抬来抬去也太麻烦，不如就在庙里办事，而后**抬埋**

注－抬埋（tái mai）：京俗语，对殡葬的一种直观说法。"埋"字轻声。

tz 05　太狮少狮

例（四 265 01）：耍**太狮少狮**是棚匠们的业余的技艺

注－太狮少狮（tài shī shào shī）：年节期间耍狮子，是中国南北方都很盛行的一种民间娱乐活动。双人合扮的狮子叫太狮，单人扮的叫少狮。

tang

tz 06　搪

例（离 308 06）：他三言两语给**搪**出去了

注－搪（táng）：此处为对某事物招架应付之意。参阅《卷一·t 15》条。

tz 07　搪布、线披儿

例（骆 255 15）：近似**搪布**的一身本色粗布裤褂一元……**线披儿**织成的袜子一毛五

注－搪布、线披儿（tán bù、xiàn piē*r）：搪布是用线头连缀织成，糟软稀疏，比豆包布结实点儿有限的窄幅劣质布；线披儿指各种不合规格的短线头儿。

系说过去，也就算了

注－随手儿（suí shoǔr）：顺便、捎带着（如何）。

sz 96　碎催

例（骆 350　10）：任劳任怨的当**碎催**

注－碎催（suì cuī）：干勤杂活儿的下等用人，也有时引申指权势者身边狐假虎威的人。此词今仍常用。

sz 97　岁数了

例（骆 374　17）：**岁数了**，不是说着玩的

注－岁数了（suì shu le）：口语中对年纪大了的感叹说法。"数"字轻声。

sun

sz 98　孙子、孙泥

例（四 641　24）：他妈的，你们一个个的皮鞋呢帽啷当的，**孙子①**，你们是**孙子②**！听明白没有？你们是**孙子②**，**孙泥**！

注－孙子①（sūn zèi）："孙子"是京人常用詈语，此种读音是寻衅打架时专用的腔调。参见《卷一·x39》条。

孙子②（sūn zi）：此款是叙述语调，读本音。

孙泥（sūn ní）：京俗语，意谓"孙子的孙子的孙……"，又有一说叫"搭拉孙儿"（dā le sue*r），与此义同。

sz 99　损

例（骆 281　16）：你个乡下脑颏，别让我**损**你啦

注－损（sún）：嘲讽、挖苦。此处因上声连读变调阳平。

T 部

ta

tz 01　他妈的

例（四 372　27）：她以为"亡国奴"至多也不过像"**他妈的**"那样不受听而已

注－他妈的（tē ma de）：源自京语的国骂，是"肏他妈的屄"之简说。但今早已被更花哨不堪的詈语取代。参见《元曲语汇 127》。

sou

sz 89　飕

例（骆 298　15）：凉风飕进他的袖口，使他全身像洗凉水澡似的一哆嗦

注－飕（sōu）：此处为从象声词转化而来的动词，意谓"冷风吹（在身上）"。

suɑn

sz 90　酸梅汤

例（四 506　22）：而只在极渴的时候，享受一碗冰镇的酸梅汤

注－酸梅汤（suān mei tāng）：京城夏季特有的清凉饮料，用乌梅加冰糖煮水，再加进玫瑰、木樨、桂花等辅料，冰镇饮之，爽沁心脾。"梅"字轻声。

sz 91　蒜大的孩子

例（牛 97　01）："别长习气，蒜大的孩子！"

注－蒜大的孩子（suàn da de hái zi）：旧京俗语，现无此说。"大的"轻声。

sz 92　算底

例（离 283　08）：闹吧，很闹了一场。归齐，是我算底

注－算底（suàn dǐ）：这可能是失败、居下风的意思，笔者未曾闻此说，现在也没有这么说的了。

sz 93　算啦

例（四 53　15）："算啦！算啦！"冠先生挂了气。"不拉就说不拉，甭绕弯子……"

注－算啦（suàn le）：京人习用语，表示不再延续某话题或欲即刻结束某事；重复言之（如本处）是不耐烦的意思。"算"字读音介于 suàn、sàn 之间。

sz 94　算哪道玩艺儿

例（四 126　04）：要吃，又怕烫，你算哪道玩艺儿呢

注－算哪道玩艺儿（suàn něi dào wán yiè*r）：京人极不客气贬低他人时用语。"哪"字读 něi，参见《附录壹－29》条。现在多说"算什么玩意儿"。

sui

sz 95　随手儿

例（骆 225　11）：我们就先说祥子，随手儿把骆驼与祥子那点关

此处"死啃"一词（"啃"字读去声），并非真的是指啃吃什么东西，而是形容依傍于某人或某部门之下，尽其所能的从那里攫取最大利益。

sz 83　死啃
例（骆 267 07）：若是人人都像祥子这样<u>死啃</u>，一辆车至少也得早坏半年

注－死啃（sǐ kèn）：此处是指对物品过度地使用。

sz 84　死了的骆驼比驴大
例（四 894 12）：虽然他目下的时运不太好，可是冠晓荷到底是冠晓荷，<u>死了的骆驼总比驴大</u>

注－死了的骆驼比驴大（sǐ le de luò tou bǐ lú dà）：京俗谚，意谓有身家根底者，即或落魄也较一般人更强些。现多说"瘦死的骆驼比马大"。此处"驼"字读 tou，轻声。

sz 85　死腻
例（四 698 15）：他会没皮没脸的<u>死腻</u>，对他们的讥诮与难听的话，

他都作为没听见

注－死腻（sǐ nì）：此处之"腻"字指纠缠不休，"死腻"则更甚之。"腻"字还另有他意，可参阅《卷一·n35》条。

sz 86　死气白赖
例（四 450 21）：假若有不知趣的客人，<u>死气白赖</u>的请求什么

注－死气白赖（sǐ qi bāi lēi）：京俗语，谓不顾脸面的死磨硬缠。详见《卷一·s101》条。

sz 87　四牌楼
例（四 422 08）：我连<u>四牌楼</u>，都认识

注－四牌楼（sì pái lou）：原著此处指西四牌楼。详见《附录叁－78》。

song
sz 88　松头日脑
例（四 100 10）：你这个<u>松头日脑</u>的家伙

注－松头日脑（sóng tóu rì nǎo）：京人常用的骂人话，谓对方猥琐、无胆气。"松"字实应为"㞞"字。
按：此词是粗口，暗含阳痿之意

sz 76　说瞎话

例（四 421　27）：小顺儿告诉妹妹："爷爷准是爱**说瞎话**！"

注－说瞎话（shuō xiā huà）：京人谓说谎为说瞎话。

sz 77　说闲话儿

例（四 42　27）："没事！我和祁家的老三**说闲话儿**呢！"钱先生向窗外说

注－说闲话儿（shuō xián huàr）：与此前的"说话儿"有别。前者是一般意义的聊天，而此处的"说闲话儿"有不想对他人多解释的意思。

sz 78　说章

例（牛 45　26）：抓花棒，有什么**说章**呢

注－说章（shuō zheng）：说法、讲究。今不闻此说。"章"字读 zheng，轻声。

si

sz 79　死扯活掖

例（四 778　22）：把东西**死扯活掖**的弄到家中

注－死扯活掖（sǐ chi huó yè）：京俗语，谓费劲巴力地挪动（笨重物品）。"扯"字读 chi 轻声。按：此处之"掖"字多见于文言，义为"搀扶着人的胳膊"。京语中有许多像这样"以文言入于俗语"处，体现出京语的文化底蕴。

sz 80　撕捯

例（四 898　11）：凭她的口才……三言两语她就会把事情**撕捯**清楚

注－撕捯（sī luo）：此处是排解纠纷、料理（事物）使之清晰义；此词还另有纠缠、玩笑、拉扯推揉等义。现一般写为"撕掳"。"捯"字读 luo，轻声。

sz 81　撕拉

例（离 262　06）：张大哥似乎有把这一案交给马老太太**撕拉**的意思

注－撕拉（sī luo）：音、义均同上条（排解纠纷），仅写法相异。

sz 82　死啃

例（四 968　21）：以便找个肥的，**死啃**一口

注－死啃（sǐ kèn）：京人习用语。

注－顺口答音（shùn kou da yiē*r）：京俗语，谓随着对方的意思应答其所言。"口答"二字轻声，"音"字儿化。

sz70　顺序

例（四847 18）：看我有点不<u>顺序</u>的事，马上就要躲着我吗

注－顺序（shùn xi）：顺心、顺利。现不闻此说法。"序"字读音介于 xi、xu 之间，轻声。

shuo

sz71　说到家了

例（四430 09）：论年纪，你和我父亲差不多！这总算是<u>说到家了</u>吧

注－说到家了（shuō dào jiā le）：京语常用说法，谓自己已向对方交了底，无可再说了。这是苦口婆心劝慰对方时的常用语，是善意表达。

sz72　说道

例（四219 15）：他的习惯是地道北平人的……在任何急迫中先要<u>说道</u>些闲话儿

注－说道（shuō dou）：即"说"，但多指所言无足轻重。"道"字读 dou，轻声。

sz73　说叨

例（四830 16）：时时想念他，<u>说叨他</u>

注－说叨（shuō dou）：说起、数说。与上一条音同而字、义有异。参见 dz48条。"叨"字变读为 dou，轻声。

sz74　说话答礼儿的

例（四368 27）：天佑在胡同口上遇见了李四爷。两个人<u>说话答礼儿的</u>怪亲热

注－说话答礼儿的（shuō hua dā liě*r de）：这个说法一般多用于两人见面寒暄。旧京之人礼数重，即或是寒暄也要合乎礼数。"话答"二字轻声，"答"字阴平。

sz75　说话儿

例（四381 26）：好教丈夫和老人们安安静静的<u>说话儿</u>

注－说话儿（shuō huàr）：京语称闲聊、聊天儿为说话儿。

京腔儿的前世今生
——150年来的北京话

下册

Mandarin

北京市西城区
文物保护研究所 编
俞冲 著

北京燕山出版社

图书在版编目（CIP）数据

京腔儿的前世今生：150年来的北京话/北京市西城区文物保护研究所编；俞冲著.——北京：北京燕山出版社，2016.12
 ISBN 978-7-5402-4248-0

Ⅰ.①京… Ⅱ.①北…②俞… Ⅲ.①北京话—研究 Ⅳ.①H172.1

中国版本图书馆CIP数据核字（2016）第319751号

京腔儿的前世今生——150年来的北京话

封面题字：弥松颐
责任编辑：俞 伽　刘朝霞　程 丹
封面设计：翁 涌
出版发行：北京燕山出版社有限公司
社　　址：北京市西城区陶然亭路53号
邮　　编：100054
电话传真：（010）63587071
印　　刷：三河市华东印刷有限公司
开　　本：880mm×1230mm　1/32
字　　数：1267千字
印　　张：51
版　　次：2016年12月北京第1版
印　　次：2016年12月北京第1次印刷
ISBN 978-7-5402-4248-0
定　　价：148.00元

版权所有，侵权必究

tz 08　糖豆酸枣儿

例（四334 08）：而且多少多少**糖豆酸枣儿**的事都完全由太太决定，他连问也不问

注－糖豆酸枣儿（táng d suān zǎor）：指微末之事。"豆"字读 d，是口型提示。

tz 09　糖稀

例（四503 08）：青杏子……和"**糖稀**"一同卖给小姐与儿童们

注－糖稀（táng xī）：即较稀的饴糖浆，京人称糖稀。

tz 10　膛音儿

例（四256 17）：她能唱青衣，但是拿手的是花旦；她的嗓不很大，可是甜蜜，带着**膛音儿**

注－膛音儿（táng yiē*r）：发自胸腔深处之声。唱中国戏曲讲究"气发丹田"（"丹田"指脐下三寸处），就是追求唱出膛音儿。

tao

tz 11　掏坏

例（骆358 24）：我往外**掏坏**的时候还没有你呢

注－掏坏（tōo huài）：京俗语，指主动的、发自自己内心的、基于原有恶劣本质的，不但出坏主意，且将此坏主意一招一式地付诸实施。比 mz28 条之"冒坏"程度更甚。

tz 12　讨换

例（四436 22）：他去看丁约翰……他想**讨换**几个英国字，好能读留声机片上的洋字

注－讨换（táo hun）：京俗语，指从他人处通过各种办法，费劲得到某些物品。现多用于某种物品（多为古玩等）收藏者之间。"讨"字读阳平（现一般写作"淘"，意思更贴切），"换"字读 hun，轻声。

tz 13　讨交情

例（四554 18）：跟老虎**讨交情**的，早晚喂了老虎

注－讨交情（tào jiāo qing）：京俗语，指本来没什么交情，为了某种需要而特意地和人家拉近乎。"讨"字现直音写作"套"。

ti

tz 14　体己

例（骆281 05）：我手里也有俩**体己**，咱俩也能弄上两三辆车

注－体己（tī ji）：私房钱。"体"字阴平，"己"字轻声。

tz 15　蹄髈

例（四88 04）：她的心至好也不过是一块像**蹄髈**一类的东西

注－蹄髈（tí pang）：猪大腿部位。详见《附录叁－79》。

tz 16　剃头挑子

例（四988 26）：他也不肯挑起**剃头挑子**，沿街响着唤头，去兜生意

注－剃头挑子（tì tóu tiāo zi）：旧时走街串巷的理发匠所挑着的担子。详见《附录叁－80》。

tian

tz 17　天好

例（离210 02）：姑娘就别过二十五！过了二十五，**天好**，没人要

注－天好（tiān hǎo）：顶好、最好。天最大，所以有此说。

tz 18　添火

例（离234 02）："老太太，您**添火**哪？"

注－添火（tiān huǒ）：给炉子加煤。京人习用说法。

tz 19　天津三不管

例（四434 26）：我方六也到广播电台去露了脸……连**天津三不管**，都听得见

注－天津三不管（tiān jin sān bu guǎn）：旧时天津地名。详见《附录叁－81》。

tz 20　天塌砸众人

例（四66 07）：**天塌砸众人**哪，又有什么法儿呢

注－天塌砸众人（tiān tā zá zhòng ren）：旧京俗语，祸事来临时的自我安慰。旧时京人性多将就苟且，随遇而安，逆来顺受、不尚争竞是为第一要务。

tz 21　甜甘

例（牛50 25）：他的话不是永远**甜甘**

注－甜甘（tián gan）：此处指说的话和婉动听。参见《卷一·t32》条。

tiao

tz 22 挑眼

例（四146 26）：他也不敢完全藏到自己的屋中去，深恐父亲**挑了眼**

注－挑眼（tiāo yǎn）：京人常用说法，也简说"挑"。详见《卷一·t35》条。

tz 23 笤帚疙疸

例（四311 24）：小顺儿们还会向太爷爷请救，而教妈妈的巴掌或**笤帚疙疸**落了空

注－笤帚疙疸（tiáo chu gē de）：京人谓扫炕笤帚的手持部分为笤帚疙疸，盖因此处在捆扎时被勒出一道一道的棱子，京语谓之"疙疸"。此物的另一常见用途，是用以打顽童的屁股。"帚"字读音介于 chu、zhu 之间；"疸"字读 de，轻声，现写作"瘩"。

tz 24 挑幌子

例（四65 12）：铺户差不多都开了门，咱们可**挑**出了**幌子**去

注－挑幌子（tiáo huǎng zi）：幌子是旧时店铺门前所悬挂的竖条幅，上面写有商品广告一类的字句。京语的重要特征，是对动词的使用特别讲究。一个"挑"字准确地表现出了竖立条幅的悬挂方式（单点悬挂，不同于横幅的两点悬挂）。此处"挑"字阳平。

tz 25 跳着脚儿

例（四799 15）：老人**跳着脚儿**质问老天爷

注－跳着脚儿（tiào zhe jiǎor）：京语常用说法，是为人极暴躁愤怒状。

tie

tz 26 铁

例（四38 04）：北平城是丢**铁**了

注－铁（tiě）：京俗语，谓某种事态的确定性，不可变更。

tz 27 铁蚕豆

例（四424 20）：他抓一把专为过年预备的**铁蚕豆**，把它们嚼得嘣嘣的响

注－铁蚕豆（tiě cán dòu）：旧京

小食品，系干炒的蚕豆，极硬，故名。

ting

tz 28　停匀

例（骆 463　01）：他更永远不看前后的距离**停匀**不停匀

注－停匀（tíng yun）：距离均等。现不闻此说法。

tong

tz 29　通天扯地

例（四 140　13）：常二爷把粮袋放下，作了个**通天扯地**的大揖

注－通天扯地（tōng tiān chě dì）：指作揖的幅度大。详见 cz 31 条。

tz 30　铜活

例（骆 231　20）：像他赁的那辆——弓子软，**铜活**地道

注－铜活（tóng huó）：大件物品（此处指洋车，也可指箱、柜等大件家具）上所镶配的铜制零件。"活"字也可儿化。

tz 31　同喜

例（四 353　23）："大家**同喜**！"晓荷很柔媚的说

注－同喜（tóng xǐ）：旧京常用的客套话，别人向自己祝贺某事时这样回答。

tz 32　童子军

例（四 284　16）：他喜欢看那耀武扬威的体操教员与那满身是绳子棒子的**童子军**

注－童子军（tóng zǐ jūn）：使儿童接受军事化训练的一种组织。详见《附录叁－82》。

tz 33　痛快的

例（离 237　25）：老李带领全家上东安市场，决定**痛快的**玩一天

注－痛快的（tòng kuār de）：京腔口语音。

tz 34　痛痛快快的

例（四 377　20）：咱们**痛痛快快的**在北平多快活两天儿吧

注－痛痛快快的（tòng tong kuāi kuār de）：京腔读音，后"痛"字轻声；前"快"字阴平，后"快"字阴平，儿化。

tou

tz 35　偷油儿

例（四 203　15）：姓陈的那小子简

直不是玩艺儿！这样的至亲，他会<u>偷油儿</u>不送到地土上
注－偷油儿（tōu yóur）：京俗语，指偷奸耍滑、逃避应承担的责任。

tz 36　头顶头的
例（骆405 03）：谁不知道祥子是<u>头顶头的</u>棒小伙子
注－头顶头的（tóu dǐng tóu de）：头号的、绝对第一的、没人能比的。

tz 37　头路角儿
例（四842 22）：你要时常广播，你就会也到大茶楼和大书场去作生意，你就成了<u>头路角儿</u>
注－头路角儿（tóu lu juér）：京语中"角儿"一词，用于称呼成名的戏曲演员；头路角儿指顶尖儿的演员。

tz 38　透亮
例（牛213 16）：这么一想，我心中就<u>透亮</u>了些
注－透亮（tòu ling）：此处意为明白、清晰、透彻。另外还可指谓物品纯净、洁白，或晶莹清澈

等意。总之都是褒义。"亮"字读 ling，轻声。

tu

tz 39　秃碴碴
例（骆287 18）：崭新黑漆的车，把头折了一段，<u>秃碴碴</u>的露着两块白木碴儿
注－秃碴碴（tū chā chā）：也说"秃不拉差"，形容器物外表有缺欠状。

tz 40　秃眉烂眼
例（四997 02）：榆叶儿乎已都被虫子吃光，<u>秃眉烂眼</u>的非常难看
注－秃眉烂眼（tū me làn yǎn）：京俗语，形容人面部丑陋，此处用于物体，是说其残破不堪。另：京语还有个说法儿"秃眉画影"（tū me huà yǐng），是说人头发、眉毛都稀疏，净显着脸了。

tz 41　土城
例（四426 14）：看着<u>土城</u>，他点了点头
注－土城（tǔ ché~r）：指元大都城垣北部之遗存城墙。详见《附录叁－83》。"城"字须儿化。

tz 42　土猴

例（牛94　01）：学校外的会，除了跑酸了腿与跑成<u>土猴</u>，别无作用

注－土猴（tǔ hóur）：京俗语，形容人灰头土脸的样子。"猴"字须儿化。

tz 43　土混混

例（骆258　03）：<u>土混混</u>出身，他晓得怎样对付穷人

注－土混混（tǔ hù hue*r）：一般指底层的地痞流氓。后一"混"字轻声，儿化。

tz 44　兔子

例（离257　07）：不给咱们房间，不揍死贼<u>兔子</u>们

注－兔子（tù ze）：旧时标准京骂。详见《附录壹－42》条。"子"字读 ze。

tz 45　兔崽子

例（四381　08）：嘴中不由的骂出："好个小<u>兔崽子</u>……"

注－兔崽子（tù zǎi ze）：旧时标准京骂，比"兔子"更甚。"子"字读 ze。

tz 46　兔子养的

例（四863　22）：我要再教你进这个门，我是<u>兔子养的</u>

注－兔子养的（tù zi yǎng de）：义同"兔崽子"，换个说法儿。

tz 47　兔蛋

例（四771　27）：女儿一气而嫁个不三不四的，长相漂亮而家里没有一斗白米的<u>兔蛋</u>

注－兔蛋（tùr dàn）义同"兔崽子"，只是换个说法儿。"兔"字儿化。

tz 48　兔儿爷

例（四128　08）：还有多少个<u>兔儿爷</u>摊子

注－兔儿爷（tùr yé）：旧京节令玩具。详见《附录壹－42》条。

tuo

tz 49　脱落

例（四257　22）：墙上的银花纸已有好几张<u>脱落</u>下来的

注－脱落（tuō lou）：京腔读音，

"落"字读音介于 lou、lu 之间，轻声。

tz 50　托腔
例（四 256　21）：他的胡琴没有一个花招儿，而**托腔**托得极严
注－托腔（tuō qiā~r）：京戏术语，谓琴师根据演员的临场具体唱腔变化发挥做出细微的调整，有"托、裹、衬、垫、迎、让、送"等要诀，以使唱伴双方协调默契，心气一致，达到珠联璧合的效果。"腔"字儿化。

tz 51　托戏
例（四 256　25）：而且经常的有人来找他给**托戏**
注－托戏（tuō xì）：京戏术语，唱戏者请琴师时往往这样说。有客气话的成分，意谓"我唱的不好，全仗您的琴给我托着呢"。此说法多在票友间用。

W 部

wa

wz 01　瓦片
例（四 224　05）：他的北平，只是一个很大的**瓦片**厂
注－瓦片（wǎ piàr）：京人称靠收房租生活者为吃瓦片儿的。原著此处的金三爷就是吃瓦片儿的，所以他看北平就是一个很大的瓦片厂。"片"字儿化。

wai

wz 02　歪脖横狼
例（四 69　14）：在大槐树底下，小崔的车**歪脖横狼**的放着
注－歪脖横狼（wāi be hēng lēng）：京俗语，谓物品摆放的（或人所在的）不是地方、不合规矩、碍事儿。"歪脖横狼"四字与狼脖子不相关，仅是近似的表音字，也作"歪不横楞"。"脖横狼"（或"不横楞"）是形容词"歪"的后缀，须按本条所标之音读。

wz 03　歪脖子胡
例（四 159　08）：于是爽性决定不立在太太背后看**歪脖子胡**
注－歪脖子胡（wāi bó zi hú）：京俗语，谓站在打麻将人身后看牌，因歪着头看，所以叫"歪脖子胡"（也说"歪脖儿胡"）；并暗含有在背后支招的意思。

wz 04　歪毛淘气儿

例（四 690　17）：他结识了不少**歪毛淘气儿**。这些家伙之中有的真是特务，有的自居为特务

注 – 歪毛淘气儿（wāi máo táo qiè*r）：京俗语，一般多指小顽童，但此处是指地痞流氓之辈。

wz 05　外场光棍

例（骆 351　20）：他原想在寿日来的人不过是……**外场光棍**

注 – 外场光棍（wài cheng guāng guè*r）："外场"一词参见《卷二·wx01》条，"光棍"一词参见《卷二·gx40》条。这两个词连在一起，指谓"耍光棍儿出身、又讲外场的人"。流氓出身者必须具备这两点（能耍光棍儿，既敢于玩儿命，又要懂得外场，能拢得住人）才能混出点儿眉目，做一个成功的流氓。"场"字读 cheng，轻声。

wz 06　外场劲儿

例（四 169　03）：桐芳把**外场劲儿**拿出来："七爷，你也在这儿帮忙哪？有什么我可以作的事没有？"

注 – 外场劲儿（wài cheng jiè*r）："外场"一词参见《卷二·wx01》条。外场劲儿指江湖气十足，言辞作派能够适应社会各个方面。"场"字读 cheng，轻声。

wz 07　外场人

例（四 495　06）：你知道，我们**外场人**都最讲脸面

注 – 外场人（wài cheng rén）：指经常出头露面，在社会上混的人。这种称谓是江湖腔。"场"字读 cheng，轻声。

wz 08　外婆

例（四 90　18）：外孙程长顺在八岁的时候父母双亡，就跟着**外婆**

注 – 外婆（wài pó）：外祖母。此非京语（京人称外祖母为姥姥），而是南方话。原著此处写于1944年，那时老舍先生还在重庆，为适应更多读者，所使用的词语有点儿入乡随俗的感觉。

wan

wz 09　豌豆黄、爱窝窝

例（四 421　25）：这时候不是正卖**豌豆黄**，**爱窝窝**

注－豌豆黄、爱窝窝（wān dòu huá~r、ài wō wo）：传统京味小吃。详见《附录叁－84》。

wz 10　完事

例（四 369　26）：而他的按部就班的老实的计划与期望便全都**完事**

注－完事（wán shì）：此处指（事物）彻底垮台。"事"字不儿化，显得郑重。

wz 11　玩艺

例（四 131　17）：一个骑黑虎的，一个骑黄虎的，就很不错！**玩艺**作的真地道

注－玩艺（wán yiè*r）：此处指玩具一类的物品。"艺"字须儿化。

wz 12　玩艺

例（四 157　02）：你还弄那些个**玩艺**

注－玩艺（wán yiè*r）：此处虽同是指物品，却语含贬义。"艺"字须儿化。

wz 13　玩艺

例（牛 37　26）：身上的**玩艺**越多，生活的趣味越复杂

注－玩艺（wán yiè*r）：此处指婴幼儿耍的把戏。"艺"字须儿化。

wz 14　玩艺儿

例（四 284　03）：**玩艺儿**既献不上去，他想他至少须教日本人看看他自己

注－玩艺儿（wán yiè*r）：京人将一切娱乐休闲的技艺、技能均称玩艺儿。

wz 15　玩艺儿

例（四 292　03）："什么**玩艺儿**！"他一边嚼着糖，一边低声的骂

注－玩艺儿（wán yiè*r）：原著此处是在骂人。将人比作物，是对人的贬斥。

wz 16　玩艺儿

例（四 445　20）：中国人是喜欢保留古方而又不肯轻易拒绝新**玩艺**

儿的

注－玩艺儿（wán yiè*r）：此处系泛指各种事物。

wz 17　玩艺儿

例（四116 05）：好吗，这**玩艺儿**，老三闯出祸来，把咱老二的头要下去

注－玩艺儿（wár）：此处因心情急迫说得快，"玩艺儿"三字合为一个音wár。

以上从wz 11至此条，"玩艺、玩艺儿"现均作"玩意儿"。

wz 18　玩票

例（四16 15）：东屋住着小文夫妇，都会唱戏，表面上是**玩票**，而暗中拿"黑杵"

注－玩票（wár piào）：京人称有相当水平且时有登台演出的京戏爱好者为票友，他们的演出叫"玩票"。票友一般不拿报酬，或顶多取一点车马费。此处是说小文夫妇并非真是票友，而是以此挣钱为生。

wz 19　玩完

例（骆374 20）：一成家，黑天白日全不闲着，**玩完**！

注－玩完（wár wán）：京俗语，谓以负面效果结束（某事物）。"玩"字儿化。

wz 20　晚半天

例（四760 21）：他准备着**晚半天**再去找李四爷

注－晚半天（wǎn m tiɑr）：京俗语，意指晚间，即晚饭之后，但又不太晚，指大概是六七点钟的样子（夏天）。更多是说"晚半晌"（wǎn m shǎ~r）。"半"字读m，是口型提示，"天"字轻声，儿化。按："半"字读m，参见《卷一·y18》条。

wz 21　万牲园

例（骆446 13）：再往北看，可以望到**万牲园**外的一些水地

注－万牲园（wàn shēng yuán）：即今之北京动物园。前身为勋臣傅恒三子福康安贝子的私人园邸，光绪三十二年（1906年）由

商部奏准,归内务府奉宸苑管辖建设。民国初年由农工商部接收,改为农事试验场。俗称三贝子花园,又名万牲园。

wang

wz 22　王八大缩头

例(四 551　16):女儿,都叫人家给霸占了,你还<u>王八大缩头</u>呢

注 – 王八大缩头(wáng be da suo tóur):京俗语,骂人太尿(此字见《卷二·sx 56》条),遇事畏葸不前。较之同义的"缩头乌龟"一词精彩生动得多。"八"字读 be;"大缩"二字轻声;"头"字儿化。

wei

wz 23　威权

例(牛 87　25):差不多和妈妈有同样的<u>威权</u>

注 – 威权(wēi quan):日语外来词"权威"初传入中国时有人这样反过来说,后来还是按日文说成"权威"了。这种类型的词汇还有,如刺激(刺戟)→戟刺亦是。

wz 24　卫生衣

例(离 241　14):李太太要小孩的饭巾,要男人的<u>卫生衣</u>

注 – 卫生衣(wèi sheng yī):现一般称为秋衣或棉毛衫。为春秋季贴身穿的棉编织衣物。卫生衣是旧时称呼,日语外来词"衛生"的衍生词汇。

wen

wz 25　榅桲

例(四 874　23):到干果店里买了两罐儿<u>榅桲</u>

注 – 榅桲(wēn po):也作"温樸",落叶灌木或小乔木,所结的果实亦称榅桲,味酸甜,有香气。参见《满蒙语汇叁 – 26》。

wz 26　纹溜

例(四 04　19):眼角腮旁全皱出永远含笑的<u>纹溜</u>

注 – 纹溜(wén liur):指脸上的皱纹。"溜"字轻声,儿化。

wo

wz 27　窝脖儿的

例(四 15　07):他的职业的标志是在他的脖子上的一个很大的肉

包。……人们管这一行的人叫作"**窝脖儿的**"

注－窝脖儿的（wō bór de）：这是对那时"搬家公司"工作人员的称谓，他们因长期窝着脖子用一种特殊姿势扛东西，致使脖子后面长出了一个大肉包，故称。

wz 28　窝窝头脑袋

例（骆281　10）："地道**窝窝头脑袋**……"她说完，笑了笑，露出一对虎牙

注－窝窝头脑袋（wō wo tóu nǎo dei）：踩乎（京俗语，谓攻击、诋毁、中伤）别人太土不开眼，天生受苦的命。后一"窝"字轻声；"袋"字读 dei，轻声。

wz 29　窝心

例（骆364　25）：他**窝心**……他觉得浑身都粘着些不洁净的，使人恶心的什么东西

注－窝心（wō xīn）：心中憋闷、压抑、不爽。详见《卷一·w25、w26》条。

wz 30　我的请

例（骆316 21）：**我的请**，您喝吧

注－我的请（wǒ de qǐng）：我请客之意。参见《满蒙语汇叁－27》。

wz 31　我说什么来着

例（牛172 19）：**我说什么来着**？别的少说，咱们找房吧

注－我说什么来着（wǒ shuō shén me lei zhe）：某人事先对某事表达了一种看法，而事情的发展恰如其所预见，该人便不无得意地如是说。系京人习用说法。"来"字读 lei，轻声；说得快时"着"字读 r，是口型提示。

wz 32　我要不……才怪呢

例（牛85 04）："**我要不**给你告诉去**才怪呢**！"老在他们的嘴上

注－我要不……才怪呢（wǒ yáo be…céi guài ne）：京人常用说法，意谓"一定要（如何）"。"要"字阳平；"不"字读 be，轻声；"才"字读 céi，轻声。

wz33　我要不……我不姓×

例（四1034　26）：<u>我要不</u>收拾你，汉奸，<u>我不姓</u>祁

注－我要不……我不姓×（wǒ yáo bù… wǒ bú xìng×）：京人常用说法，对他人口头威胁时用。"我要不"三个字后面是威胁的内容。参见《卷二·wx14》条，意谓"一定要（如何）"。此句中去声连读有两处，所以"要不、不姓"的首字均变调阳平。

wz34　我要是……我是小狗子

例（牛134　25）：少爷你收着……<u>我要是</u>接你的，<u>我是小狗子</u>

注－我要是……我是小狗子（wǒ yào r…wǒ r xiáo gǒu zi）：京人常用说法，谓"一定不（如何）"。此处因说得快，两个"是"字均读 r，是口型提示；"小"字阳平。参见《卷二·wx13》条。

wz35　我要……我不算是我妈妈养的

例（牛114　14）：<u>我要</u>叫你安安顿顿的作主任，<u>我不算是我妈妈养的</u>

注－我要……我不算是我妈妈养的（wǒ yáo…wǒ bú suàn r wǒ mā me yǎng de）：京人常用说法，赌咒发誓表示"一定不如何"。"要、不"二字阳平；"是"字读 r，是口型提示；后一"妈"字读 me，轻声。

wz36　我一个人的大叔

例（骆315　01）：快着点吧，<u>我一个人的大叔</u>！别给点热气儿都给放了

注－我一个人的大叔（wǒ yí rě*r d dè shūr）：这是旧京勤行（服务行业）的切口（qiè kou，此处指某些行业的习用说法）。为讨好某位顾客故意把自己降辈分儿，但同时又将自己与其他顾客切割开来，表示"你们都是爷，就我是孙子"。"个"字不发音；"人"字上声，儿化；"的"字读为 d，是口型提示；"大"字读 dè（有调侃意）；"叔"字儿化。

wz 37　我说

例（牛17 26）："**我说**，你打那里找来的奶妈呀？"

注－我说（wo ro）：京人习用说法，作句首发语词用，无实意。"我"字轻声；"说"字读 ro，轻声。

wu

wz 38　武把子

例（四257 23）：墙角上放着两三根藤子棍。这末一项东西说明了屋中为什么这样简单——便于练**武把子**

注－武把子（wú bǎ zi）：京戏术语，指武戏中的开打动作。"武"字阳平。

wz 39　五脊子六兽

例（四689 05）：对于上司，他过分的巴结……使被恭维的**五脊子六兽**的难过

注－五脊子六兽（wú ji z liù shòu）：（因某种原因致）心中不舒服，浑身较劲。"五"字阳平；"脊"字轻声；"子"字读 z，是口型提示。现一般作"五脊六兽"。

wz 40　五鸡子六兽

例（牛72 22）：王宝斋没的可说，**五鸡子六兽**的受了礼，头上出了汗

注－五鸡子六兽（wú ji z liù shòu）：与上条音、义均同而写法略有别，因写作年代不同。《牛天赐传》写于1934年，而《四世同堂》写于十几年以后；那时"五脊六兽"的写法似已定型。

wz 41　无赖子

例（四831 19）：瑞丰一天到晚还照旧和一群**无赖子**去鬼混

注－无赖子（wú lài zi）：现简化说"无赖"；但早年间北京有"无赖尤"的说法，是古汉语"无赖之尤"的近代版，读为 wú le yōu。

wz 42　五色

例（牛87 17）：**五色**的手工纸

注－五色（wú shǎi）：京人习用说法，谓彩色的。"五"字是虚指，表示多种（颜色），而并非实指5（京俗语中的数字多为虚指）；此处"色"字京人读 shǎi。

wz 43　无所不可

例（四 438　03）：若光是她自己，不过年本是<u>无所不可</u>的

注－无所不可（wú suǒ bu kě）：也作"无可不可"。现多说"无所谓"。"不"字轻声。

wz 44　无因白故

例（骆 305　26）：他还能<u>无因白故</u>的把谁的××咬下来

注－无因白故（wú yin bái gùr）：现不闻此说法，都说"平白无故、无缘无故"。"因"字轻声；"故"字儿化。句中的××代"鸡巴"二字。

wz 45　五牌楼

例（四 599　16）：他们俩是要被砍头，而后将人头号令在前门外<u>五牌楼</u>上

注－五牌楼（wǔ pái lou）：北京前门大街的北端、正阳门之南的一座牌楼。详见《附录叁－85》。

wz 46　五众儿

例（四 171　03）：恐怕还得请几位——至少是<u>五众儿</u>——和尚

注－五众儿（wǔ zhòng er）：这是旧时做各种法事时对所请僧道数的一种习用说法。此处的"儿"字自成音节。

wz 47　握热

例（四 351　01）：把已<u>握热</u>的二毛钱扔在地上

注－握热（wù rè）："握"字现作"焐"，谓"以高温物体接触低温物体使之升温"。

X 部

xi

xz 01　西单

例（牛 200　26）："<u>西单</u>"老是那么乱，气味声音颜色使人要浮起来

注－西单（xī dān）：北京西城区地名。详见《附录叁－78》条。

xz 02　西单牌楼

例（牛 200　25）：不大爱<u>西单牌楼</u>，书少

注－西单牌楼（xī dān pái lou）：西单的旧称，详见《附录叁－78》

条。

xz 03　锡茶壶

例（牛120 04）：祭幛，挽联……红焖肉，烟卷筒，**大锡茶壶**……组成最复杂的玩耍

注－锡茶壶（xī chá hú）：旧时有用锡制成的茶、餐、炊具，算是比较讲究的家什。参阅《附录叁－86》。

xz 04　西啷哗啷

例（四812 16）：只有笨重的，破旧的，由乡下人赶着的大敞车，走得不快，而**西啷哗啷**的乱响

注－西啷哗啷（xī leng huā lēng）：现多作"稀里哗啦"。京语特有的象声词，用以形容不坚固的物件遭损坏或翻动、晃动时的声音；并可由此而引申、界定该物之破旧。参见《元曲语汇128》条。

xia

xz 05　瞎掰

例（离194 05）：看你大哥那么精明，其实全是……**瞎掰**

注－瞎掰（xiā bāi）：此处意指（所作所为）全是毫无意义的。此词还可用于指斥人胡说八道、瞎扯。另见《附录叁－87》。

xz 06　瞎扯

例（四520 24）：白巡长来巡逻，站在门口，和外婆**瞎扯**

注－瞎扯（xiā chě）：此处意为闲聊天儿。此词另外还用于指谓人所言不可信。另见《满蒙语汇叁－28》。

xz 07　瞎混

例（四415 01）：他不能教亲家离开北平，也不能允许他租一间小屋子去独自**瞎混**

注－瞎混（xiā hùn）："瞎混"一词，多指介入某些不太好的事情；另也往往用于当别人问起自己近况时一种自谦的回答；但原著此处是指自暴自弃、不爱惜自己。这是金三爷对自己亲家钱先生的误解。见《满蒙语汇叁－29》。

xz 08　瞎虎事

例（四1032 20）：可是，这点**瞎虎事**并没发生作用

注－瞎虎事（xiā huo shè*r）：京俗语，谓弄的一点儿鬼花活，糊弄人的小伎俩。含贬义。"虎"字读 huo，轻声；"事"字儿化。

xz 09　瞎搅和

例（四 1085　27）：要是她来**瞎搅和**，岂不是自个儿惹一身臊

注－瞎搅和（xiā jiǎo huo）：京俗语，指胡乱介入自己不该介入之事（以致把事情搞糟）。按：此处并非老舍先生原著本文，而是转译自英文节译本。译本中有的词用得有些别扭，换了老舍先生也可能有别样写法。

xz 10　瞎摸合眼

例（四 70　18）：你看我这**瞎摸合眼**的

注－瞎摸合眼（xiā me ho yǎn）：原著此处是说眼力不好；此词也用以形容盲目摸索，或引申指茫然无知。"摸合"二字读为 me ho，轻声。

xz 11　瞎嘈嘈

例（离 321　01）：要不是家里成天**瞎嘈嘈**，我也不能到如今还是个科员

注－瞎嘈嘈（xiā zàng zeng）："嘈"字同"齉"，原意是指犬吠声，引申为说人絮絮叨叨，惹别人心烦。词含贬义。注意两个"嘈"字的不同音变。

xz 12　瞎炸烟

例（离 181　24）：仆人不怕，而且有时候欢迎，**瞎炸烟**而实际不懂行的主人

注－瞎炸烟（xiā zhà yār）：不懂而又好瞎指挥，什么事都要显能。比单说炸烟程度更甚。与《卷一·z36》条的"诈关儿"义近。

xz 13　下

例（四 236　23）：爷爷，大概是饿了吧？我去**下**点挂面好不好

注－下（xià）：将面食投入开水锅中烹煮谓之"下"。北方语系多有此说，不独京语然。

xz 14　下板子

例（四 64　21）：只要街上的铺子一**下板子**，就什么事也没有了

注 – 下板子（xià bǎn zi）：指商家开门儿营业。旧时店铺晚间打烊都要用木板将窗户遮蔽起来，称为"上板子"；开门儿营业自然就得"下板子"了。

xz 15　下得去

例（牛17　03）：可是这与奶没关系，故尔**下得去**

注 – 下得去（xià de qù）：差强人意、说得过去。现无此说法。原著此处是说奶妈只要奶好，什么长相没关系。

xz 16　下溜子货

例（牛36　12）：现在，天赐又是个**下溜子货**

注 – 下溜子货（xià liū zi huò）：天生不长进的人，不可雕之朽木。

xz 17　下人

例（骆283　11）：曹宅的饭食不苦，而且决不给**下人**臭东西吃

注 – 下人（xià ren）：旧称家中仆役为下人。"人"字轻声。

xz 18　下市

例（四503　13）：挂着红色的半青半红的"土"杏儿**下了市**

注 – 下市（xià shì）：此处是指某种货物开始供应市场，现在正好相反，是说"上市"；至少有五十年以上不闻"下市"的说法了。

xz 19　下坛

例（离297　12）：吕祖**下坛**，在沙盘上龙飞凤舞的写了四个大字

注 – 下坛（xià tán）：此处说的是扶乩，是一种占卜方式。详见《附录叁 – 88》。

xz 20　下作

例（四1101　23）：相形之下，日本娘们反而觉乎着她们不那么**下作**——她们只是抢东西，不毁东西

注 – 下作（xià zuo）：人品坏，行为恶劣。"作"字轻声。参阅《卷一·c51》条。

xian

xz 21　鲜伶伶

例（四424　09）：直像刚挖出来的

一个红萝卜，虽然带着泥土，而**鲜伶伶**的可爱

注－鲜伶伶（xiān ling liē*r）：现写作"鲜灵灵"。前"伶"字轻声，后"伶"字阴平，儿化。京腔读音。

xz 22　闲盘儿

例（骆268 02）：他顾不得留神这些<u>闲盘儿</u>

注－闲盘儿（xián pár）：此处指不相干的闲事。另有时指（所传的）闲话。

xz 23　闲篇儿

例（四547 20）：这可都是<u>闲篇儿</u>，科长你可别以为我要顶大赤包

注－闲篇儿（xián piār）：京俗语，谓随便说说、不要认真的话，也有时指（所传的）闲话，也作"扯闲篇儿"。京人狡黠，往往在传了一大堆闲话之后，轻描淡写地说一句"我这都是扯闲篇儿呢，你可别认真"。

xz 24　显排

例（四1128 04）：他说这话，为的是<u>显排</u>他也懂得国际上的事

注－显排（xiǎn pei）：京俗语，自我炫耀义。也作"显白、显摆、显派、显披"。"排"字读音介于pei、pɑi之间。

xz 25　现而今

例（四678 03）：<u>现而今</u>连这里也不怎么都变了样儿

注－现而今（xiàn ér jīn）：现在、如今。此系旧式京人口语说法，现而今这样说的人不多了。

xiang

xz 26　乡下老儿

例（骆231 02）：也只能怀疑他是新到城里来的<u>乡下老儿</u>，大概不认识路

注－乡下老儿（xiāng xie lǎor）：现一般写作"乡下佬"。"下"字读xie，轻声；读为xiang xie lǎo er。

xz 27　乡下脑壳

例（四1032 18）：北平是常来常往的地方，别拿我当作<u>乡下脑壳</u>

注－乡下脑壳（xiāng xie nǎo ké）：京人常用说法，对乡下人的蔑称。"下"字读 xie，说得快时读 ie。

xz28　乡下脑颏

例（骆281 16）：你个<u>乡下脑颏</u>！别让我损你啦

注－乡下脑颏（xiāng xie nǎo ké）：与上一条音、义均同，写法有别。

xz29　响尺

例（四89 22）：李四爷，穿着孝袍，精神百倍的，手里打着<u>响尺</u>

注－响尺（xiáng chǐ）：旧时出殡，领殡者手中拿着一根长约二尺的硬木条，另以一根檀木短棍敲击之，作为起落运转的指挥信号。此物称为响尺，也称香尺，参见《卷二·xc10》条。

xz30　饷

例（四119 15）：他低声的说："这月的<u>饷</u>还没信儿呢……"

注－饷（xiǎng）：原意是指军粮或军队俸给，后演变为薪金、工资义，但多对公职人员而言。另见《满蒙语汇叁－30》。

xz31　响器

例（骆462 06）：出殡用的……二十四个<u>响器</u>

注－响器（xiǎng qí）：这24种有引磬、铛子、大锣、大铙、海笛、镲锅、唢呐等，是旧时接三必备之物。

xz32　响晴白日

例（骆399 06）：南边的半个天<u>响晴白日</u>，北边的半个天乌云如墨

注－响晴白日（xiǎng qing bó rì）：京俗语，谓天空晴朗清澈，太阳白亮耀眼。"响晴"一词参见 xq09 条，"晴"字轻声；"白"字读 bó，是为读书音（旧京俗语中多有读书音），于二十世纪五十年代初被官方取消。

xz33　巷子

例（四914 27）：她是走入了一条<u>死巷子</u>

注－巷子（xiàng zi）：此非京语，京语只说"胡同"。原著之所以

这么写，原因参见《附录叁-79》条。

xiao

xz34 消停

例（四54 20）：等过两天，外面消停了，你还得拉我出去玩呢

注-消停（xiāo ting）：此处意指恢复秩序，局势安靖。"停"字轻声。

xz35 消停

例（四71 03）：只要有人负责，诸事就都有了办法。一有了办法，日本人和咱们的心里就都消停了

注-消停（xiāo ting）：此处意指心中坦然，无纠结。

xz36 消停

例（四425 11）：假若夜里睡不消停，白天他心里也不踏实

注-消停（xiāo ting）：此处意为安稳、踏实。

xz37 消消停停

例（四03 12）：他是个安分守己的公民，只求消消停停的过……日子

注-消消停停（xiāo xiou ting tīe~r）：安稳、平静。此处所注为京人口语音。

xz38 小老妈

例（四18 01）：家里用着……一个老穿缎子鞋的小老妈

注-小老妈（xiáo lǎo mār）：京俗语，指"年轻的老妈子"。这不是个好词儿，里面隐藏着性含义。旧京有一句俗话，叫"小老妈儿带上炕"，很说明了实际问题。"小"字读阳平，"妈"字须儿化。

xz39 小绺

例（离178 13）：于是钱包，图章盒……金表，全有了安放的地方，而且不易被小绺给扒了去

注-小绺（xiáo li）：旧京称扒手为小绺。"小"字阳平，"绺"字读音介于 li、liu 之间。详见《卷二·xx11》条。

xz40 小买卖

例（四953 11）：我作小买卖去

注-小买卖（xiáo mǎi me*r）：京语谓生意为买卖。此处所注为京

人口语音。

xz 41　小米子
例（四 1018　18）：刘太太忽然回来了，拿来有一斤来的**小米子**

注 – 小米子（xiáo mǐ zi）：谷米。今说"小米儿"（xiáo miě*r）。

xz 42　小菜碟
例（四 193　08）：这么好的人——在家里**小菜碟**似的受欺负

注 – 小菜碟（xiǎo cài diér）：京俗语，指人在某团体中无地位，任人欺凌。"碟"字儿化。

xz 43　小金鱼儿
例（四 506　25）：回到家中好要求太爷爷给他买两条**小金鱼儿**

注 – 小金鱼儿（xiǎo jīn yué*r）：旧时京人好养金鱼以资观赏，其名贵者价亦不菲；小孩儿也凑热闹，养几条便宜的小金鱼儿玩。参见《附录叁 – 89》。

xz 44　小娘们
例（四 367　23）：一国的大事难道就是为你这个**小娘们**预备着的吗

注 – 小娘们（xiǎo niá~r men）：详见《卷一·n39、n40》条。

xz 45　小人儿
例（四 571　07）：这可就为难了别人，别人不便也喊这个**小人儿**孙子或儿子

注 – 小人儿（xiǎo ré*r）：京人有时这样称呼孩子，尤其是长辈之间相互谈到孩子时，即或孩子已近成年也可能这样说。早先"儿"字单独成音节，后来演变为"人"字的儿化音。

xz 46　小市
例（四 646　13）：尊严的坛园可以变为稀脏乌乱的**小市**

注 – 小市（xiǎo shè*r）：旧京称那种非正式的、自发形成的、专卖各种不甚值钱的小物件儿、甚或是赃物的小型市场为"小市儿"。注意"市"字要儿化。另有一种"晓市"（也被戏称为"鬼市"）是天还没亮（大约凌晨三四点钟）就营业，天一大亮就收摊儿了。这之中买卖赃物的就更多

了。

xz 47　小丫头片子
例（离237 08）：菱，<u>小丫头片子</u>，可爱

注－小丫头片子（xiǎo yā tou piàn zi）：先贤齐如山先生在《北京土话》一书中有云："与小姑娘开玩笑，恒曰'丫头片子'。此因从前缠足时代，小姑娘之足必须圆而尖，若成片脚，便不好看，故以此骂之。"此处作昵称用，是说小女孩的可爱；但一般多用于指斥，是贬义词。

xz 48　小妖精
例（四81 08）：不能专仗着脸子白，装他妈的<u>小妖精</u>

注－小妖精（xiǎo yāo jing）：指专能勾引男人的女人，也说"狐狸精"。此类说法不仅京语有，全中国大概都这么说。"精"字轻声。

xz 49　小子
例（四1034 26）：心里说："<u>小子</u>，再见！我要不收拾你，汉奸

我不姓祁！"

注－小子（xiǎo zèi）：此腔调用于蔑视寻衅、甚或找茬儿打架时。此词在不同读音时有不同含义，详见《卷一·x38~x41》条。

xz 50　笑不唧的
例（牛11 07）：老那么<u>笑不唧的</u>，似乎认识你，又似乎不大认识

注－笑不唧的（xiào be jiē*r de）：京人习用说法，指一种浅淡的笑。补语"不唧的"（也有重叠说成"不唧唧的"）无实意，仅表示其前面动词或形容词的一种相对恰当的程度。"不"字读 be，轻声；"唧"字儿化。

xie

xz 51　歇着吧
例（四85 27）："你呀？<u>歇着吧</u>！打惯了球的手，会包饺子？……"

注－歇着吧（xiē zhe be）：京人习惯说法，并非让对方去休息，而是表示让他停止做某事（意指该人无此能力），含有轻微的揶揄意。"歇"字若说得快时读为 r，是口型提示；"吧"字读 be，若读

为 bei 则调侃揶揄之意更浓厚些。

xz 52　鞋脚

例（骆 442　10）：给她买件棉袍，齐理齐理**鞋脚**

注－鞋脚（xié jiao）：指女人的贴身衣物。"脚"字轻声。详见《卷一·x48》条。

xz 53　邪门

例（四 598　27）："莫非这小子真辞活不干了？嘿，真他妈的**邪门**……"

注－邪门（xié mé*r）：京俗语，常于对某事表示诧异时说。"门"字儿化。

xz 54　邪行

例（四 299　13）：小崔的开场白便有戏剧性："你就说，事情有多么**邪行**！"

注－邪行（xié xing）：京俗语，与前之"邪门"意基本一致，程度可能有过之。"行"字也可写作"性"，轻声。

xin

xz 55　心程

例（四 133　27）：好友生死不明，而他自己还有**心程**给重孙子买兔儿爷

注－心程（xīn cheng）：京人习用说法，意谓（在某种情势下的）某种心态。"程"字轻声。此处指闲暇安逸之心。现一般说"心思"或简说成"心"。

xz 56　心程

例（骆 309　26）：就是对那些花生似乎也没**心程**去动

注－心程（xīn cheng）：此处指愿望。与上一条音同义近。

xz 57　心揪成一团儿

例（四 820　15）：我们的**心就揪成了一团儿**，怕日本人来屠村子

注－心揪成一团儿（xīn jiū cheng yì tuár）：京俗语，谓极度紧张。

xz 58　心里没病不怕冷年糕

例（四 187　26）："**心里没病不怕冷年糕**！"大赤包把声音提得更高一点

注－心里没病不怕冷年糕（xīn l méi bìng bú pà lěng nian gāo）：京人认为凉年糕不好消化，若肠胃不好（以心里有病喻之），吃了会搋（读 zhuāi，京俗语）在心里。此为京人争吵时的常用说法，指自己胸怀坦荡，无不可见人之事；并暗含着指摘对方必有暧昧之情。"里"字读 l，是口型提示；"年"字轻声。按：京人只说凉年糕，绝不会说冷年糕。看来大赤包不是纯粹京人。

xz 59　心里说

例（四 353 06）：他**心里说**："早晚我把你小子圈在牢里去……"

注－心里说（xīn lou shuo）：即"心想"。此处所注为京人口语读音。"里"字读音介于 lou、le 之间。

xz 60　心路

例（骆 292 19）：觉得这个女人比一般的男子还有**心路**与能力

注－心路（xīn lu）：京俗语，指城府、心思与谋略。

xz 61　新新

例（四 54 12）：走？**新新**！凭什么打人呢

注－新新（xīn xin）：京俗语，现一般写作"新鲜"，此处意指不合常理。详见《卷一·x55》条。后一"新"字轻声。本例句中，此词处于断句的位置（其后有感叹号），所以清晰地读出本音；若在句中，说得快时读为 xīn yin。

xz 62　新异

例（骆 274 10）：祥子好似看见一个非常**新异**的东西

注－新异（xīn yin）：此处指前所未见，与上一条音同义近。"新异"是"新鲜"的直音字，参见上条。

xz 63　心在嗓子眼里堵着呢

例（离 186 14）："我吃不下去，大哥！我的**心在嗓子眼里堵着呢**，还吃？"

注－心在嗓子眼里堵着呢（xīn zei sǎng zi yár li dǔ zhe ne）：京人习用说法，表示因某事而心情郁闷。"在"字读 zei,"眼"字阳平,儿化;"里、着呢"三字轻声。

xz 64　信意

例（四 1006　21）：教战争的鬼影**信意**的捉弄着他们的感情与思想,使他们沉默,苦痛

注－信意（xìn yi）：任意的、随心所欲的。此说法今罕闻。"意"字轻声。

xz 65　信着意儿

例（四 813　19）：他既知道瑞宣……吐过血……所以不能**信着**自己的**意儿**就这么走下去

注－信着意儿（xìn zhi yiè*r）：义同前条之信意,口语化的说法儿。

xue

xz 66　寻觅

例（四 1109　01）：他总留着神**寻觅**,找他极敬慕的这位亲家

注－寻觅（xué me）：从文言而来的京俗语。所标音为京腔口语读音。

xz 67　学说

例（四 1018　04）：回到家中,她没敢向大家**学说**那件事

注－学说（xué shuo）：京俗语,有叙述（某事之过程）、复述（他人之所言）、描述（某物之形态）等用法。"学"字旧读 xiáo 音,"说"字读音介于 shuo、she 之间,轻声。京语另有一词"学舌",与此义近,但限于复述他人之所言。

Y 部

ya

yz 01　压

例（四 66　18）：他抓到了人们的心情的根底——教谁**压**管着也得吃饭

注－压（yā）：这句话从表面上看,似可将"压管"作为一个词来理解,即"威压、管制"之意,但其实这是京人的一句常用粗口。此处之"压"字是"丫挺的（丫头养的）"之略说,"压"字是老舍先生按京人口语实际读音的直音字。"丫头养的"一说可参阅下条。此处"压"字读音介于 yā、yān 之间。

yz02　丫头养的

例（骆416　16）：放着你们这群<u>丫头养的</u>！招翻了太爷，妈的弄刀全宰了你们

注－丫头养的（yā ting de）：京人最常用的粗口之一，有说是指未婚先孕所生的私生子，也有说是指丫鬟（即丫头）所生的庶出子女。总之都是指责人的血统有问题，这在国人观念中是头等大事。"丫头养"的连读为 yā ting de，说得快时会说成"丫的"（读为 yān de），中间的声母 n 仅是口型提示。此词在下层京人中经常配合第二、第三人称代词用，说"你丫挺的、他丫挺的"。这样说不一定是骂人，而是下层人士在和自己同一阶层人说话时不自觉的口头语，有时甚至用在第一人称，说出"我丫的"这样令人哭笑不得的话。

yz03　牙碜

例（骆435　24）：他买了十个煎包儿，里边全是白菜帮子，外边又"皮"又<u>牙碜</u>

注－牙碜（yá chèn）：食物中有沙子，吃时夹在牙中咯吱咯吱的感觉。此词也有时用以虚拟形容某种其他负面意义的感受。

yz04　压根儿

例（四1106　12）：今儿我们什么也没有，<u>压根儿</u>没升火。没生意

注－压根儿（yà gē*r）：京俗语，谓"根本就、从一开始就（如何）"。

yz05　压路的汽辗子

例（四53　19）：她像座<u>压路的汽辗子</u>似的走进来

注－压路的汽辗子（yà lù de qì niǎn zi）：现称为"压路机"。旧京俗称"汽辗子"，因该机以自身的蒸汽锅炉为动力源，工作过程中不断有蒸汽喷出，故名。

yz06　压轴

例（四773　19）：招弟必须唱<u>压轴</u>！不管有什么角色，都得让一步儿

注－压轴（yā zhòur）：京人习用说法，语本出于梨园行，其义拓

展开来，统指某种事务中的重要部分。详见《附录叁-90》。

yan

yz 07　烟不进火不出

例（四 999　09）：孙七太太是个……永远**烟不进火不出**的，不惹人注意的妇人

注－烟不进火不出（yān bú jìn huǒ be chū）：京俗谚，形容人与外界少有交往、老实且窝囊。后一"不"字读 be。

yz 08　严紧

例（四 568　03）：无论你把大门关得怎样**严紧**，他们也会闯进来的

注－严紧（yán jin）：京俗语，指门户关闭的程度；也可引申到其他方面，如嘴严紧（不多说少道）、手严禁（不乱花钱）等等。"紧"字轻声。

yz 09　眼里不揉沙子

例（四 713　05）：大赤包是**眼里不揉沙子**的人，向来不肯把金钱打了"水漂儿"玩

注－眼里不揉沙子（yán li bù róu shā zi）：京俗谚，形容人精明、

蒙骗不得；又可引申指人不宽容，睚眦必较。

yz 10　言语一声

例（牛 185　14）：天赐你家去**言语一声**

注－言语一声（yán yii sheng）：京人习用说法，谓告知（某事）。中间二字合读为 yii，即将 yi 的韵母拉长一些读。

yz 11　眼皮子杂

例（离 314　12）：小赵没有别的好处，就是**眼皮子杂**点儿

注－眼皮子杂（yǎn pí zi zá）：此处指与三教九流都有交往。

yz 12　眼前欢

例（骆 384　24）：再有自己的那点钱垫补着自己零花，且先顾**眼前欢**吧

注－眼前欢（yǎn qiár huān）：京俗语，谓及时行乐。"前"字儿化。

yz 13　眼晕

例（离 218　04）：连我都**眼晕**，不用说孩子们

注－眼晕（yǎn yùn）：京俗语，指因物体在眼前快速移动导致目眩。

yang

yz 14　央告

例（四 354　09）：二舅直央告她

注－央告（yāng ge）：京语谓恳求、哀求为央告。"告"字读 ge，轻声。源自满语，参见《满蒙语汇叁 -31》。

yz 15　秧歌

例（四 264　11）：就是民众团体的……狮子，五虎棍，耍花坛，杠箱官儿，秧歌等等单位

注－秧歌（yāng gè*r）：此条所述均为旧京民众中盛行的群众性娱乐活动。"秧歌"参见《附录贰 -32》条。"歌"字变读 gè*r，去声，儿化。

yz 16　央求

例（四 584　10）：在老人的心里，他的确要央求那两个人

注－央求（yāng qiu）：与 yz 14 条之"央告"基本同义。另有央及一词（见《卷一·y 13》条），亦与此义略同。

yz 17　洋车

例（骆 228　15）：不幸，他必须拉洋车

注－洋车（yáng chē）：一种载人双轮人力车。详见《附录叁 -91》。

yz 18　羊灯

例（离 257　02）：和小赵嘀咕了两句，小赵羊灯似的点了点头

注－羊灯（yáng dēng）：旧京过大年期间（至正月十五）讲究玩儿灯。有一种外表呈羊形的灯笼，羊头部位能上下摆动，谓之羊灯。

yz 19　洋沟

例（离 283　20）：可是醉卧在洋沟里，也比回家强

注－洋沟（yáng gōu）：可能系"阳沟"（露在地表的排水沟）之讹？抑或彼时就这么写？

yz 20　洋鬼子

例（四 821　09）：因为瑞宣既主持家务，又是洋鬼子脾气，不懂得

争体面

注－洋鬼子（yáng guǐ ze）：此称谓自十九世纪后期就开始在京中盛行。"子"字读ze，是加强语气。

yz21　洋火

例（离275 24）：摸到了<u>洋火</u>，点上灯

注－洋火（yáng huǒ）：后称火柴。因系从西洋传来（瑞典人的发明），早期称洋火。

yz22　洋蜡

例（牛144 15）：而且把没点完的<u>洋蜡</u>放在地上喂老鼠

注－洋蜡（yáng là）：由国外传来，用石蜡所制成的蜡烛，称为洋蜡。中国以前的蜡烛多以羊油等动物性脂肪制成，味儿大烟浓。按：老鼠只吃羊油做的中国蜡，说洋蜡只是习惯性称谓（旧时就这样称蜡烛，笔者至今仍习惯这样说），实际上还是中国蜡。

yz23　洋炉子

例（离208 17）：况且堂屋里还得安<u>洋炉子</u>

注－洋炉子（yáng lú zi）：一种西洋式样的采暖炉。详见《附录叁－92》。

yz24　洋气儿

例（四179 01）：而且这一家子无论在什么地方都丝毫不带<u>洋气儿</u>

注－洋气儿（yáng qiè*r）：外国的（尤其是指西方的）风格、气派，这种说法是中性的，不含褒贬义；现如今都说成不儿化的"洋气"，成了褒义词，这从一个侧面在某种程度上反映了今天很多人媚外的心态（京语语音规律：述说小软轻薄物体时用儿化音，说庄正重大者则读本音）。

yz25　羊肉热汤儿面

例（四371 04）：她建议留四爷爷吃<u>羊肉热汤儿面</u>

注－羊肉热汤儿面（yáng rou re tā~r miàn）：京人冬令食品，详见《附录壹－36》条。"肉热"二字轻声。

yz26　痒痒肉

例（四158 09）：像小儿的胖手指

碰到痒痒肉上那么又痒痒又好受

注－痒痒肉（yǎng yeng ròur）：京人谓人体敏感怕痒处为痒痒肉。后一"痒"字读音介于yeng、yang之间，轻声；"肉"字儿化。

yz 27　痒痒肉

例（离192 23）：张大哥晓得痒痒肉在哪儿

注－痒痒肉（yǎng yeng ròur）：原著此处是引申指"问题之关键所在"，与上一条音同而义异。

yao

yz 28　窑姐儿、暗门子

例（四559 08）：你往家里招窑姐儿，你教人家作暗门子，你的女儿也就会偷人

注－窑姐儿、暗门子（yáo jiěr、àn mén zi）：旧京称妓女为窑姐儿，称暗娼为暗门子。

yz 29　窑子

例（四703 17）：因为大赤包口口声声要把她送进窑子去

注－窑子（yáo ze）：妓院之俗称，北方地区普遍这样说。"子"字读ze。

yz 30　窑子窝儿

例（四1129 15）：（落马湖）那是天津最下等的窑子窝儿

注－窑子窝儿（yáo zi wōr）：妓院麇集处。京语"窝儿"一词有住所、（较隐蔽的）聚集地、处所、（某种）环境舒适处等含义。

yz 31　咬牙

例（四941 09）：卖东西的越急于用钱，打鼓儿的便越咬牙出价

注－咬牙（yǎo yá）：见《卷二·yx 17》条。

yz 32　要不……你把咱

例（四58 07）：赶明儿大街上要不公然的吆喝烟土，你把咱的眼珠子挖了去

注－要不……你把咱（yào be … ní bǎi zán）：京语常用说法，有赌咒发誓意味。"要不"之后是赌的事情，而"你把咱（或我）如何如何"则是赌注。"不"字读be，轻声，说得快时读m，是口型提示；"你"字阳平；"把"字读bǎi。

yz 33　要搁着我

例（四21　16）：这件事<u>要搁着我</u>办，我就把那些狮子送给他们

注－要搁着我（yào gē re wǒ）：京语常用说法，"（某事）若由我决定（如何处理）"之意。"搁"字也有人读阳平，"着"字读 re 轻声。

yz 34　要好看

例（四203　26）：这才要咱们的<u>好看</u>呢

注－要好看（yào hǎo kàr）：京俗语，指陷入窘困境地。"看"字也可不儿化。

yz 35　要劲儿

例（骆373　20）：后面夸了他句："怎么着，<u>要劲儿</u>吗？还真不离！"

注－要劲儿（yào jiè*r）：京人习用说法，当双方要赌赛某项活动时，向对方言此，有相互较劲、邀战等意。此句中的"离"字须儿化。

ye

yz 36　也别说

例（离195　16）："<u>也别说</u>，读书识字的小人们也确是难管……"

注－也别说（yě bié shuō）：京人习用说法，当接着对方的某个话题说时，先用一句"也别说"作发语词，含糊地附和对方某种论点，继而委婉隐晦地表示自己的不同观点；并以此承上启下，继续就此问题进行阐述。

yz 37　也不是

例（牛87　05）：老师说话，我不懂，八棱脑袋<u>也不是</u>懂不懂；横是他懂

注－也不是（yě bú r）：京语习用说法，说得快时"不是"二字合读为 búr。此为选择问句，"是"字为动词。此处读音问题，详见《附录叁－93》。

yz 38　也不怎么

例（四607　18）：虽然他要无动于衷，可是琴声里<u>也不怎么</u>显着轻快激壮

注－也不怎么（yě búr zěn me）：

京语习用说法。此处"不"字为"不知道为什么"之意。"不"字阳平，儿化。

yz39　野调无腔

例（四206　20）：这温柔恳切的声音，出自他这个<u>野调无腔</u>的人的口中，有一种分外的悲惨

注－野调无腔（yě diào wú qiāng）：京俗语，谓人言辞粗陋，难登大雅；也可用以形容所唱的村俚俗曲不成腔调。"调"字轻声。

yz40　野孩子

例（牛66　10）：不能上学校去和<u>野孩子</u>们学坏

注－野孩子（yě hāi zi）：此处京人口中的野字不是粗野之意，而是指野种，是很恶毒的骂人话。

yz41　野娘们

例（四721　14）：她不能随着老二去向一个<u>野娘们</u>说好话，递降表

注－野娘们（yě niá me*r）：京俗语。"娘们"一词读 niá me*r 时，即为贬义（详见《卷一·n39》

条），再加上一个"野"字就更不是什么好话，是指妓女一类的女人。

yz42　野丫头

例（四774　27）：我又不是他妈的<u>野丫头</u>，贱骨头，随便白陪着他们玩

注－野丫头（yě yā tou）：此条之"野"字与此前 yz40 条之"野"字义同。

yz43　叶子

例（四140　17）：常二爷……对她说："泡点好<u>叶子</u>哟！"

注－叶子（yè zi）：此处指茶叶，旧时京人常用说法。

yi

yz44　依了实

例（骆373　17）：大家都让一个四十多岁的高个子在前头走。高个子笑了笑，<u>依了实</u>

注－依了实（yī le shí）：照别人所说的去办了。参见此后 yz46 条之"依实"，此处是动词"依实"的现在完成时用法；不说"依实了"而说"依了实"，表现了老舍

先生对语言高度的驾驭能力。此说法适用于京谚所说"听人劝吃饱饭"的那种情况，是欣然从命。

yz 45　衣裳

例（离 183　07）：男子吃口得味的，女人穿件好<u>衣裳</u>

注－衣裳（yī reng）：京腔口语音。"裳"字读 reng，轻声。

yz 46　依实

例（四 525　06）：好，我就<u>依实</u>啦！谢谢吧

注－依实（yī shi）：京俗语，意谓"照你说的办"。此句用于口语中，而此前 yz 44 条的"依了实"用于叙述句中。"实"字轻声。

yz 47　一半个

例（四 564　03）：他们需要<u>一半个</u>像野求这样的人

注－一半个（yí ban gè）：京语习用说法，指很少数、偶然出现的。"一"字阳平；"半"字读音介于 ban、ben 之间，轻声。

yz 48　一大

例（离 262　04）：我又不放心了，直提心吊胆的<u>一大</u>晚上

注－一大（yí de）：用于某些名词之前，表示相对长的时间（如一大早上、一大半天）或相对多的数量（如一大半儿、一大堆）。"大"字读 de，轻声。

yz 49　一道味儿

例（四 379　08）：他无力去诛惩卖国贼，可也不愿有与卖国贼<u>一道味儿</u>的弟弟

注－一道味（yí dou wè*r）：谓一路货色，此说法仅用于贬义处。"一"字阳平；"道"字读 dou，轻声。

yz 50　一个劲儿

例（四 892　11）：日本人翻脸不认人，英国人老是<u>一个劲儿</u>

注－一个劲儿（yí e jiè*r）：此处意指始终如一，不朝秦暮楚。"一"字阳平；"个"字读 e，轻声。

yz 51　以好换好

例（四 99　09）：他永远称呼她太

太，为是表明**以好换好**。

注－以 好 换 好（yí hǎor huàn hǎor）：京俗语，也说"人心换人心"。"以"字阳平，两个"好"字皆儿化。

yz 52　一路货

例（四 521　25）：瑞宣惨笑了一下。"咱们都是**一路货**！"

注－一路货（yí lu huò）：京俗语，表示在贬义评价上的共性。"一"字阳平，"路"字轻声。

yz 53　一面儿黑

例（骆 284　04）：（刘四爷）虽然厉害，可是讲面子，叫字号，决不**一面儿黑**。

注－一面儿黑（yí miàr hēi）：一面儿黑是说只知施威；而有手腕儿的流氓如刘四爷者，行事恩威并施，有张有弛，既镇唬得住人，又能笼住人心。

yz 54　一面生，两面熟

例（四 631　22）：**一面生，两面熟**，以后咱们就可以成为朋友了

注－一面生，两面熟（yí me*r shēng, liǎng me*r shóu）：京俗语。京人好（hào）交际、讲"外场"，此为初次见面者常说的套话，意谓"以后就是朋友了"。"一"字阳平；"面"字变读，轻声，儿化。现在多是说"一回生，二回熟"。

yz 55　一气

例（牛 183　21）：稍微有点空儿，便对着壶嘴灌**一气**水

注－一气（yí qì）：意为一口气（如何）。此处的"气"字是为量词。当然"一气"并非真的就是指"一口气"，而仅是形容不间断地进行某事罢了。"气"字也可儿化。

yz 56　一上手

例（四 765　02）：大家**一上手**总是因自家献铁，好教敌人多造些枪炮，来屠杀自家的人，而表示愤怒

注－一上手（yí shàng shǒur）：此处意指一开始、初始阶段。现罕闻此说法。"一"字阳平，"手"字儿化。

yz 57　一市八街的

例（牛 183　19）：手和腕上**一市八**

街的全是黑桑葚的紫汁

注－一市八街的（yí shi bā jiē de）：京俗语，谓各处（均如何）。"一、八"非实指，仅表示多数。

yz 58　一顺儿

例（离195 23）：外国洋妞脸上也不能一顺儿白

注－一顺儿（yí shuè*r）：此处意为完全一致的。另外也有的地方指同侧，如：两只鞋买成一顺儿的了。

yz 59　一趟八趟

例（骆408 18）：便派小福子一趟八趟的去买东西

注－一趟八趟（yí tàng bá tàng）：京俗语，"一"和"八"非实指，此处是表示反复多次的（如何）。

yz 60　胰皂

例（牛14 17）：有时候太太告诉他去买胰皂，他把手纸买了来

注－胰皂（yí zi）：也叫胰子，参见《卷一·y41》条。

yz 61　一边儿

例（四531 25）：在杀戮无辜的人的时候，他的胆子几乎与动手摸女人是一边儿大的

注－一边儿（yì bār）：京人习惯说法，一边其实是"一般"的习惯性写法，意谓"同样的"。"一"字去声；"边儿"读为 bār。

yz 62　一边儿

例（四1065 23）：她的地位将要和祁老人一边儿高，也有了重孙

注－一边儿（yì bār）：音、义均同上。此处再次列出是为了表示此词之通用性。

yz 63　一把儿

例（骆377 05）：能刚能柔才是本事，她得溲泼他一把儿

注－一把儿（yì bǎr）："把"字在此是作为量词使用，也可不儿化。

yz 64　一把死拿

例（四467 14）：你别老一把死拿，老板着脸做事；这年月，那行不通

注－一把死拿（yī bá sǐ ná）：京俗语，谓做事古板，不通权变。"一"字读去声，"把"字阳平。

yz 65　一边去

例（牛97　03）：去，<u>一边去</u>，不用理我

注－一边去（yì biār qi）：京人口语中，"边"字读音介于biār、bār之间；"去"字读qi，轻声。说得快时"一"字消失，读为bār qi。

yz 66　一边去

例（四1136　22）：祁老人有点发急，带着恳求的口吻说："<u>一边去</u>，一边去。"

注－一边去（yì biār qi）：原著这部分（88~100段）并非老舍先生中文原著（中文原稿散佚无存），而是由马小弥译自英语，此处行文不甚妥帖，不大像京味儿。详请参阅原著。

yz 67　一程子

例（骆280　06）：我不是到上海去了<u>一程子</u>吗

注－一程子（yì chéng zi）：一段时间。

yz 68　义地

例（骆306　08）：他无亲无故的，已经埋在了东直门外<u>义地</u>里

注－义地（yì dì）：慈善机构所捐置，专为贫穷无力丧葬、或无亲属认领之无名尸殡葬之处。

yz 69　一股拢总

例（四440　15）：他把日本人在教育上的，经济上的，思想上的侵略，<u>一股拢总</u>都看成为对他这样不能奔赴国难的人的惩罚

注－一股拢总（yì gu lōng zōng）：京俗语，意谓"笼统的、不加区别分类的、一股脑儿的"。四个字都不读本音，是为京人口语语音。

yz 70　一脑门子官司

例（四53　17）：大赤包儿这两天既没人来打牌，又不能出去游逛，<u>一脑门子都是官司</u>

注－一脑门子官司（yī nao mén ze guan si）：京俗谚，形容满心烦

躁，溢于言表。参阅《卷一·y48、y49》条。"一"字去声；"脑"字读音介于 nɑo、nou 之间；"官"字轻声。

yz71　一扑纳心

例（四82　09）：即使她不读书，而能堂堂正正的嫁人……她必能<u>一扑纳心</u>的作个好主妇

注－一扑纳心（yì pū ne xīn）：形容一门心思、死心踏地、一路直行不带回头地（做某事），隐含着有点儿愚忠的意思。现罕闻此说。"一"字去声；"纳"字读 ne，轻声。

yz72　一生日

例（牛40　05）：比天赐大着两个月，应当是<u>一生日</u>了

注－一生日（yì shēng r）：京俗语，谓已过了一次生日，即一周岁（虚岁是两岁）了。"日"字读 r，是口型提示。

yin

yz73　荫凉

例（四505　25）：晚饭就在西墙儿的<u>荫凉</u>里吃

注－荫凉（yīn liá~r）：京人习用说法，在夏天指谓阳光晒不到之处。有些京人口语中可能将此处之"凉"字读为阴平，儿化。

yz74　饮场

例（四774　11）：在她上台的时候，他还可以弄个小茶壶伺候女儿<u>饮场</u>

注－饮场（yìn chǎng）：旧京习俗，唱戏的演员在场中休息时，甚或是在一段唱腔唱完、暂无表演动作时，往往要喝一两口水润润嗓子，称之为"饮场"。此时伺候饮场的人可以直接走上舞台递茶，观众不以为怪。

ying

yz75　应当应分

例（离194　09）：我好像是大家的总打杂儿的，而且是<u>应当应分</u>

注－应当应分（yīng dāng yīng fèn）：京俗语，谓天经地义，理所当然。

yz76　应下一档儿活来

例（四89　17）：今天，他<u>应下一档儿活来</u>，不是搬家，而是出殡

注－应下一档儿活来（yīng ie yí dàng huó lei）：旧时京人口语音。此处"活"字不儿化，是旧京下层劳动人民敬业精神的一种体现；他们对自己的工作，尤其是"出殡"这样的活儿，即使是在口头也要用郑重的语气说其本音，而不用相对轻浮的儿化音，这是旧时京人说话对语音的讲究。今人不再讲究，在年青一代京人的口中，这些细节荡然无存啦。说得快时"下"字读 ie，是口型提示；"一"字阳平；"来"字读 lei，轻声。

yz77 迎时当令

例（四271 07）：正像革命军在武汉胜利的时候，北平人……便**迎时当令**的把发辫卷藏在帽子里那样

注－迎时当令（yíng shí dàng lìng）：本意为（所作所为）合乎节令；此处为引申义，指会见风使舵，做人乖巧变通。语气含贬义。

yz78 影壁

例（四17 10）：三号门外，在老槐树下有一座**影壁**

注－影壁（yǐng bei）：也作照壁。旧时建筑格局，在院门内（大宅门的府邸也有在院门外的）作为屏蔽的一堵墙，作用是遮断外人向院内窥探的视线，增加私密性。此类建筑早在春秋时期即有，如《论语·八佾》："邦君树塞门，管仲亦树塞门。"朱熹注谓："屏谓之树。塞，犹蔽也。设屏于门，以避内外也。"朱注中的"树"即后世所谓之影壁。"壁"字读 bei，轻声。按：此处"壁"字读音之所以由 bi → bei，是因京语中有所谓"婉言"，即：当某字读音可能涉及不雅事物时，既以相近而又有别的音替代。先贤俞敏先生在《李汝珍〈音鉴〉里的入声字》一文中认为："牝字按《广韵》'扶履切'，正好折合成 bì，这在《金瓶梅》一类小说里是忌讳的话。它本身现在念 pìn。北京音'避雨'说 bèi yǔ，'胳臂'说 gē bei，'影壁'叫 yǐng bei，'僻静'

说 bèi jing，'闭过气去了'说 bèi guo qì。这些都是婉言。"笔者简捷直说罢，就是避免 bi（屄）的读音。"影壁"一词，参见《元曲语汇 129》条。

yz 79　硬棒

例（四 650 19）：而颇像练过武功的人的面孔，瘦而<u>硬棒</u>

注－硬棒（yìng beng）：此处指那种瘦硬而坚毅的脸型及神色。"棒"字读音介于 beng、bang 之间，轻声。

yz 80　应卯

例（四 480 27）：我要不去，就得惹点是非！你说我怎么办？我只好<u>应了个卯</u>

注－应卯（yìng mǎo）：旧时军中卯时（晨五时）点名报道，称为点卯。此处是应付差事、糊弄事儿之意。

yz 81　硬面饽饽

例（四 218 23）：金三爷在门口儿买了几个又干又硬的<u>硬面饽饽</u>

注－硬面饽饽（yìng miàr bō bo）：旧京一种常见的食品，是由半发面做成的面饼，径二寸许，厚近一寸，很硬，吃起来颇费咬劲儿。

yz 82　硬正

例（四 647 27）：<u>硬正</u>点，我知道你是有骨头的人！

注－硬正（yìng zheng）：刚毅坚强而又有正气。也作"硬挣"。

you

yz 83　悠停着来

例（骆 267 02）：买车也得<u>悠停着来</u>，当是你是铁做的哪

注－悠停着来（yōu tin r lái）：有所控制，不把劲儿使努着（京俗语，谓因过力而受到损伤），现一般作"悠着来"。"停"字读音介于 tin、ting 之间；"着"字读 r，是口型提示。

yz 84　游游磨磨

例（四 719 04）：这么大的小伙子，一天到晚<u>游游磨磨</u>的没点事作

注－游游磨磨（yōu you mō mō）：整天游手好闲、无所事事。

此说法今罕闻，演变为"磨磨悠悠"，读为 mò mo yōu you。两种说法中同样字有不同读音。

yz 85　邮差

例（四 09　12）：人们若不留心细找，或向<u>邮差</u>打听，便很容易忽略过去

注 - 邮差（yóu chāi）：旧时对邮递员的称谓。过去称政府机构的工作人员为差人，邮局系政府机构，故其工作人员称邮差。"邮"字也有人读为阴平。

yz 86　游街

例（四 282　20）：去年，给委员长打旗子<u>游街</u>的是他们；今天，给日本人打旗子游街的又是他们

注 - 游街（yóu jiē）：此处指一种有较多群众参与的政治性公开活动。二十世纪五十年代初尚称游街，后改称游行。此词源于古代的一种喜庆形式：当某家有何重大喜庆之事时，有关人等往往于要衢处组织喜庆队伍游街，以示夸耀。旧小说中常见某某中了状元，"夸官三日"的情节即是。

yz 87　油汤挂水的

例（离 387　25）：李太太把饺子端来，两大盘，<u>油汤挂水的</u>冒着热气

注 - 油汤挂水的（yóu tā~r guà shuě*r de）：京人专用以描述某些食品（如此处之饺子）的形容词，含褒义。"汤、水"二字儿化。

yz 88　有些个

例（离 287　11）：<u>有些个</u>并不买东西，仿佛专为来喝风受冻吃土看大姑娘

注 - 有些个（yóu xiě e）：京腔口语音。

yz 89　由着性儿作践

例（四 1101　21）：他们不单是抢，还<u>由着性儿作践</u>

注 - 由着性儿作践（yóu re xie~r zuó jin）：京语习用说法，"任意糟蹋"之意。所注为京腔口语音。

yz 90　有……才怪

例（四 826　23）："我要<u>有</u>主意<u>才怪</u>！"孙七很着急，很气愤，但

是没有主意

注 - 有……才怪（yǒu…céi guài）：京人习惯说法，把"没有"变个样儿说，显得语言生动，还有点儿赌咒发誓的意思。"才"字读音介于 céi、cái 之间。

yz 91　有……兜着

例（四 763 11）：反正咱们办的事，后面都**有**日本人**兜着**，还怕什么呢

注 - 有……兜着（yǒu … dōu zhi）：京俗语，谓后台有强力支撑。

yz 92　有盼望

例（骆 346 05）：讨老头子的喜欢！咱们的事**有盼望**

注 - 有盼望（yǒu pàr）：京人口语说法，"盼望"二字合读，儿化。

yz 93　有什么蹦儿

例（牛 114 13）：你，就凭你，还**有什么蹦儿**

注 - 有什么蹦儿（yǒu shén me bè~r）：京人习用说法，表示对对方的藐视，意谓对方在对持中没有任何胜算。

yz 94　有一搭无一搭

例（四 676 02）：天佑太太与祁老人和孩子们**有一搭无一搭**的说话儿

注 - 有一搭无一搭（yǒu yi dā wú yi dā）：京俗语，谓（所说或作之事）无关紧要。两个"一"字轻声。

yz 95　有这么一说

例（四 926 07）：痛痛快快的喝两杯，庆贺她的成功！**有这么一说**没有

注 - 有这么一说（yǒu zhèm yi shuōr）：京人习用说法，意指有先例、有道理，此处是给喝酒找说词。当说得较快时"这么"二字合读为一个音节 zhèm，普通话无此音（普通话已无 m 韵母）。

yz 96　有这么一想

例（四 865 03）："伴君如伴虎啊！人家一翻脸，功臣也保不住脑袋！""嗯！**有你这么一想**！"

注 - 有这么一想（yǒu zhèn me yi

xiǎ~r）：旧式京语，表示赞同对方所言时的一种说法，现无此说。"这么"二字参见上条，"想"字儿化。

yz 97　又

例（骆 327 23）：你是明白人，明白人不吃眼前亏。对得起人喽，**又**！

注－又（yòu）：句中"又"字意谓"又还顾得什么对得起人对不起人"，全句话义为"只要不吃眼前亏，才不管是否对得起人"。京人口语中，常会在一句话已说完，觉得意思表达的还不够清晰时，后找补上一两个字作为补充，此类词一般多为副词，如此处即是。另一方面，这也可能是京语受满语"谓语后置"的影响所形成的句式。"又"字虽是副词，但它确是用于修饰谓语（对得起）的，所以也应视为谓语的组成部分。

yz 98　幼工

例（四 437 01）：念英国字，那得有**幼工**

注－幼工（yòu gōng）：现一般写作"幼功"，也说"童子功"，指自幼年时起就打下某种技艺的坚实基础。"工"（或"功"）字也可儿化。

yu

yz 99　淤磨

例（四 178 18）：只要他一出主意，她马上点头，不给他半点麻烦和**淤磨**

注－淤磨（yū mo）：迟滞、拖沓、滞碾（京俗语，读 zì nian）。

yuan

yz 100　冤

例（骆 364 07）：要不这么**冤**你一下，你怎会死心塌地的点头呢

注－冤（yuān）：京俗语称"诓骗、欺瞒"为冤。

yz 101　原汤化原食

例（四 141 10）：是他把四大碗面条⋯⋯吃完，他要了一大碗面汤⋯⋯说了声："**原汤化原食！**"

注－原汤化原食（yuán tāng huà yuán shí）：京俗，吃完面条、饺子一类食物后要喝一碗"原汤"（煮面条或饺子的汤），认为这样有利于消化"原食"。

yz 102　远了去啦

例（四971　15）：这小子的势力大**远了去啦**

注－远了去啦（yuǎn le qù le）：京人习用说法，用于形容词后，渲染该形容词的程度之甚。"啦"字读 le，轻声。

yue

yz 103　约

例（四773　21）：他知道招弟没有唱压轴的资格，但是也知道日本人喜欢**约**出新人物来

注－约（yuē）：此处之"约"字意指发掘、擢拔，也可读 yāo。现未见此用法。

yz 104　约摸着

例（四573　18）：我**约摸着**金三爷就寝了，才敢在门外站一会儿

注－约摸着（yuē me zhi）：京俗语，揣摩、估计之意。"摸"字读 me，轻声；"着"字轻声。

yz 105　月亮爷

例（四156　23）：她并不一定十分迷信**月亮爷**

注－月亮爷（yuè lieng yé）：京俗语，可以是指月神（太阴星君）；也可理解为仅是对月亮的敬称（京人对成年男性敬称"爷"）。"亮"字读音介于 lieng、liang 之间，轻声。

yz 106　月令中的一点小磕绊

例（四898　15）：这不过是**月令中的一点小磕绊**，算不了什么

注－月令中的一点小磕绊（yuè ling zhōng de yì diár xiǎo kē be*r）：月令原指农历某个月份中的气候和物候，此处意指"这一段时期内"；"磕绊"本义是指读书时因不熟悉而产生的停顿，此处意指小小不言的挫折背晦。"令"字轻声；"一"字去声；"点"字阳平，儿化；"绊"字读 be*r，轻声。

Z 部

za

zz 01　咂摸

例（四270　25）：假若日本人也有点幽默感，他们必会**咂摸**出一点讽刺的味道

注－咂摸（zā me）：京俗语，有揣摩、体会、回想、品味等意。"摸"字读 me，轻声。

zz 02 咂摸滋味

例（四 306 20）：而是在听了友人的话以后，他自己去**咂摸滋味**

注－咂摸滋味（zā me zī we*r）：与上一条基本同义。"摸"字读 me，轻声；"味"字轻声儿化。

zz 03 杂拌儿

例（四 422 11）：连一斤**杂拌儿**也没给他们俩买来

注－杂拌儿（zá bàr）：此处是指北京的一种小食品果脯。该物系由桃、杏、蜜枣、青梅、冬瓜等，切块糖渍晾干制成。此词也有时引申其义，借指某事物的不纯粹性。

zz 04 砸巴

例（骆 457 17）：他们有时也抓出个泥块似的孩子**砸巴**两拳

注－砸巴（zá be）：此处意指打几下。"巴"字读 be，轻声。"巴"字作为动词的后缀，仅用于少数几个较激烈的动词（如砸、咂、敛、揣、搔、踹等）。

zz 05 砸了饭锅

例（四 761 07）：地方一乱，他首先要受到影响，说不定马上就**砸了饭锅**

注－砸了饭锅（zá le fàn guō）：喻失业。现在都说"砸了饭碗"。

zz 06 杂宗

例（牛 53 21）：还有"**杂宗**"，"狗蛋"……这些字眼都不需要什么详细说明

注－杂宗（zá zong）：京人口语中，骂人杂种的"种"字读为 zong。此处的"杂宗"即为"杂种"的直音字。

zai

zz 07 在党

例（四 669 15）：成千论万的人，不管是**在党**的，还是与政党毫无关系的，几乎一致的恨恶日本人

注－在党（zài dǎng）：此处"在党"一词，是原著那个时代的说法，指加入了国民党；共产党时代说"在组织"。

zz 08　再分

例（骆311 23）：<u>再分</u>能在北平，还是在北平

注－再分（zài fēn）：京人习用说法，意谓"不管怎么着，有多少不利因素，只要还能（如何就如何）"。

zz 09　再好没有啦

例（四296 11）：无论如何，你给我把他请到！什么？明天晚饭，<u>再好没有啦</u>

注－再好没有啦（zài hǎo méi yǒu la）：京人习惯说法，表示"好到头了"。

zan

zz 10　咱们爷儿们过的多

例（四203 10）：车夫……连钱看也没有看就塞在身里。"四大爷，<u>咱们爷儿们过的多</u>！那么，我走啦？"

注－咱们爷儿们过的多（zám yér men guò d duō）：旧习用说法，在表示关系亲近密切时常说；现在是说"咱们爷儿们过得着（zháo）"。此处按京人口语音标注，"咱们"二字合读为 zám（参见 yz 95 条中，"这么"一词合读为 zhèm）；"过"字读 d，是口型提示。

zang

zz 11　脏病

例（骆462 16）：<u>脏病</u>使他迈不开步

注－脏病（zān bìng）：旧时称性病为脏病或花柳病。

zao

zz 12　糟蛋

例（四438 23）：同时也改变了在北平的都是些<u>糟蛋</u>的意见

注－糟蛋（zāo dàn）：京俗语，指低能而又怯懦者，今不闻此说。

zz 13　糟糕一马司

例（四116 06）：老三闯出祸来，把咱老二的头耍下去，才<u>糟糕一马司</u>

注－糟糕一马司（zāo gāo yí mǎ si）："一马司"一词，系日语中常用的"敬语助动词"，日文为 ます。此词直至二十世纪五六十年代在京语中尚存，不过已与原义无关，只是一种诙谐、调侃的说

法，随意用于某些动词或形容词之后（如：糟糕一马司、开路一马司），本身已无实意。

zz 14　糟践

例（四 1143　05）：我想抱着妞子去找日本人，我错了，不能这么<u>糟践</u>孩子。

注－糟践（zāo jin）：京俗语，糟蹋、不爱惜。"践"字读 jin，轻声。京俗语还有一个近似义的说法"作"（读阴平），形容肆意挥霍财物程度之甚。

zz 15　糟蹋

例（四 833　19）：孟先生……立刻保证他必不许孩子们<u>糟蹋</u>院子

注－糟蹋（zāo te）：此词常用义为不珍惜、损毁、破坏；此处意指不讲卫生、弄糟院内环境。"蹋"字读音介于 te、ten 之间，轻声。

zz 16　糟心

例（离 292　12）：夫妻之间就要<u>糟心</u>

注－糟心（zāo xīn）：此处意指离心离德。

zz 17　早半天

例（四 295　18）：在今天<u>早半天</u>……假若有人对他说两句真话

注－早半天（zǎo m tiār）：京俗语，指上午。"半"字读 m，见《卷一·y 18》条。

zz 18　早早的

例（骆 226　04）：又不敢"拉晚儿"，所以只能<u>早早的</u>出车

注－早早的（zǎo zāor de）：京腔读音。后一"早"字阴平，儿化。

zei

zz 19　贼鬼溜滑

例（离 321　12）：中年，结了婚，作了事，变成个<u>贼鬼溜滑</u>的皮驴

注－贼鬼溜滑（zéi gu liu huá）：京俗语，谓人世故油滑。"鬼"字读 gu，轻声；"溜"字轻声。

zz 20　贼滑

例（离 218　05）：刚入冬，天气<u>贼滑</u>的呢，忽冷忽热

注－贼滑（zéi huá）：一般指谓人狡诈难测，此处借指天气多变。

zen

zz 21　怎办怎好

例（四66　11）：他低声的说："你看着办吧，怎办怎好！"

注 - 怎办怎好（zěn ben zén hǎo）：无所谓，无可无不可。"办"字读ben，轻声；后一"怎"字阳平。较土点儿的两个"怎"字分别读为zǎr、zár。

zz 22　怎个碴儿

例（骆287　26）：你是怎个碴儿呀！一声不出，藏在这儿

注 - 怎个碴儿（zěn e chár）：京人习用说法，问怎回事。"个"字读e，是口型提示。

zz 23　怎回事

例（四891　16）：瑞宣不放心，披着大衣赶了出来。"怎回事？怎回事？"

注 - 怎回事（zěn huar）：京人口语音。"回事"二字连读为huar，轻声。

zz 24　怎么来怎么走

例（四844　21）：没别的办法，事情只好怎么来怎么走吧

注 - 怎么来怎么走（zěm lái zém zǒu）：京人习惯说法，谓顺其自然，不去强求改变。"怎么"二字连读为zem音（参见yz95条中，"这么"一词的合读），后一"怎么"变调阳平。

zz 25　怎么札

例（骆271　23）："怎么札？"太太说完这个，又看了祥子一眼，不言语了

注 - 怎么札（zěn me zhā）：此处"札"字是"怎么着"的"着"字之直音写法，读为zhā，是找茬儿打架的口气。老舍先生作品中多有以直音字替代本字之例，用以表达京腔读音，使得人物特征跃然纸上。

zeng

zz 26　锃亮

例（四1102　26）：一双旧皮鞋，也用破布擦得锃亮

注 - 锃亮（zèng liàng）：北方语系许多地区均有此说，不独京语。早期京语作"镜亮"，见《卷一·z30》条。

zha

zz 27　扎花

例（四 806 27）：事情不能办得太寒伧，也不能太**扎花**。

注－扎花（zhā huo）：指谓行为显眼夸张、有意引人注目。现演变为"咋呼"，多读 zhà hu。

zz 28　扎空枪

例（骆 429 08）：他到底比别人的完全**扎空枪**更有希望。

注－扎空枪（zhā kōng qiāng）：此处意为"从零开始，完全的白手起家"，与《卷一·z32》条之"扎空枪卖癣疮药"义不同。

zz 29　譇奵

例（骆 362 04）：虎姑娘……**譇奵**着嗓子哭起来。

注－譇奵（zhā lo）：《老舍小说全集》（长江文艺出版社版）此处注曰："譇奵，念ㄓㄚ ㄌㄛ，尖声。"这是以直音象声的方式表现的形容词。参阅《附录叁-94》。

zz 30　扎在尿窝子里死啦

例（四 84 01）：也就是我的心路宽，脸皮厚；要不然，我早就**扎在尿窝子里死啦**。

注－扎在尿窝子里死啦（zhā zei niào wō zi lí sǐ le）：京人习用说法，此处整句话是表示自己已一忍再忍。此词也另有别的用法，要结合上下文的意思，才能正确理解。"在"字读 zei，轻声；"里"字阳平。

zz 31　炸酱

例（四 1052 17）：瑞全看明白，瘦鬼是安心要炸他的**酱**。

注－炸酱（zhá jiàng）：此处为旧京俗语，是"吞没他人财物"之意。

zz 32　炸酱面

例（四 140 26）：赶紧去作，作四大碗**炸酱面**。

注－炸酱面（zhá jing miàn）：京人常吃的一种面食。此处"炸"字阳平，"酱"字口语音读 jing 轻声。

zz33　眨巴

例（四413 20）：金三爷**眨巴**着眼

注－眨巴（zhǎ be）：此处"巴"字读be，轻声。京语中，"巴"字读轻声时可用于主词的后面，与主词共同构成一个双音节名词，如结巴、哑巴；也有时作为动词的后缀，如本例所示，表示动作在延续。要注意此时"巴"字都读be音，轻声。另外也可重叠置于形容词之后，如狼巴巴、皱巴巴，此时"巴"读bā，阴平。

zhai

zz34　宅门

例（骆225 15）：拉出车来，在固定的"车口"或**宅门**一放

注－宅门（zhái mé*r）：此处指大户人家（的门口）。"门"字儿化。

zz35　窄憋

例（四265 23）：他的屋子确是很**窄憋**，不好招待贵客

注－窄憋（zhǎi bie）：京俗语。此处指谓房间小，地方狭窄。"憋"字轻声。

zz36　窄别

例（四192 21）：我的小南屋闲着没用，只要你不嫌**窄别**，搬来就是了

注－窄别（zhǎi bie）：音义同上条，写法相异。方言无定字。参见《元曲语汇130》条。

zhan

zz37　沾补

例（骆329 02）：这点钱也不能我一个人独吞了，伙计们都得**沾补**点儿

注－沾补（zhān be）：旧京俗语，谓人人有份，利益均沾。"补"字读be，轻声。

zz38　搌

例（四1017 20）：她抽出他的领带，轻轻的**搌**一**搌**眼角

注－搌（zhǎn）：用布一类的松软物轻轻按压（不是"擦"）湿处，以吸干其液体。此处体现了京语动词的丰富与精确。另有抹布一物，京人称搌布；但那是用来擦，而不是去"搌"。

zz 39　玷儿

例（离336 18）：只要熟，有点玷儿也没关系

注－玷儿（zhǎr）：此处指水果上磕碰损伤形成的斑点。"玷"字本音 diàn，意为白玉上的瑕疵，或损毁、沾污（某物）。此处读为"展"的儿化音，其实是京人白字俗读，"秀才字念半边"的产物；或换个角度说，是不规范俗字。按：此词还有"沾儿、渣儿、皱儿、皶儿"等不同写法，其中以"皱（皶）"的写法为正。"皱（皶）"字本意是指酒糟鼻、粉刺等脸部皮肤病，以此形容果品表面的损伤甚为形象。京语另有"钑儿"一词，本义是指（陶瓷物品）残缺损伤的痕迹。《玉篇·缶部》："钑，缺也。"

zz 40　占住嘴

例（四506 09）：她必把瓜子儿晒在窗台上，等到雨天买不到糖儿豆儿的，好给孩子们炒一些，占住他们的嘴

注－占住嘴（zhàn r zǔi）：京俗语，此处是指糊弄儿童永无休止的食欲；此词也有时引申指用某种小的、浅近的好处暂时应付对方更大的欲求。"住"字读成两个音 r zhe，是京腔口语音。

zhang

zz 41　张道

例（骆288 03）：有人嫌她太张道，主意多，时常有些神眉鬼道儿的

注－张道（zhāng dou）：张狂、锋芒毕露。"道"字变读 dou。今罕闻此说。

zz 42　张罗

例（四361 16）：小顺儿的妈本想过来张罗茶水

注－张罗（zhāng lou）：此处意指操持、制作。京语中"张罗"一词有多种语义，详见《卷一·z41～z43》条。"罗"字读 lou，轻声。

zz 43　张罗

例（四373 07）：老人整天的一语未发，也不张罗吃东西

注－张罗（zhāng lou）：此处意指要、要求（如何）。

zz 44 张心

例（牛 100 13）：现在是大学生了，不要再叫先生<u>张心</u>

注 – 张心（zhāng xīn）：费心、操心。这是旧时说法，今已罕闻。

zz 45 张嘴就横着来

例（四 699 01）：在说话与举动上，他也学会了<u>张嘴就横着来</u>

注 – 张嘴就横着来（zhāng zuǐ jiu héng re lái）：京人常用说法，谓说话态度蛮横，甚或是有成心找茬儿的意思。"就"字读音介于 jiu、you 之间，轻声；"着"字读 re，轻声。

zhao

zz 46 招呼

例（四 414 26）：只在用着他的时候才<u>招呼</u>他

注 – 招呼（zhāo hu）：原著此处意谓搭理、理睬。"呼"字轻声。

zz 47 招呼

例（四 484 18）：老人<u>招呼</u>不了两个淘气精

注 – 招呼（zhāo hu）：此处意谓看管、照顾。"呼"字轻声。

zz 48 招呼

例（骆 238 03）：在护国寺街西口和新街口没有一个<u>招呼</u>"西苑哪？清华呀？"的

注 – 招呼（zhāo hu）：此处意为吆喝。"呼"字轻声。此词在京语中有多种语义，详见《卷一·z45、z46》条。

zz 49 招骂

例（四 756 01）：敢情里长是干这些<u>招骂</u>的事情啊

注 – 招骂（zhāo mà）：京俗语，谓（所做之事）不得人心，遭众人唾弃。

zz 50 招猫递狗儿

例（四 709 11）：你也该找点正经事作，别老<u>招猫递狗儿</u>的给我添麻烦

注 – 招猫递狗儿（zhāo māor dì gǒur）：京俗语，指轻率、轻浮地招惹、挑逗别人；尤指男女之间的调情挑逗。

zz 51　招猫逗狗

例（四 861 07）：平日，你<u>招猫逗狗</u>，偏向着小老婆子

注 – 招猫逗狗（zhāo mao dòu gǒu）：义同上条，字、音略有异，"猫"字轻声。按：这一方面是因方言无定字，另一方面方言本来就没有什么太固定的说法，又因人而异，差不多就得合（京俗语，义谓"可以了"）。

zz 52　招谁惹谁了

例（骆 329 09）："我<u>招谁惹谁了</u>？"祥子带着哭音，说完又坐在床沿上

注 – 招谁惹谁了（zhāo shéi rě shei le）：京人习用说法，多在遭遇某种不利的事态时说。以此表白自己的无辜，抱怨自己的倒霉。后一"谁"字轻声。

zz 53　找补

例（四 138 26）：这块地将将的够三亩，祁老人由典租而后又<u>找补</u>了点钱，慢慢的把它买过来

注 – 找补（zháo be）："找"字变调阳平；"补"字读音介于 be、bu 之间。义详见《卷一·z51、z52》条。

zz 54　找别扭

例（四 21 10）：日本鬼子准是天生来的好<u>找别扭</u>

注 – 找别扭（zhǎo biè niu）：京俗语，谓无缘由的与他人起摩擦、存心制造不愉快。"扭"字轻声。

zz 55　找寻

例（离 344 06）：临完还成心<u>找寻</u>我，不许我弄张秀真

注 – 找寻（zhǎo xin）：找茬儿、成心过不去。说得快时"寻"字读 in，轻声。

zz 56　照顾主儿

例（四 295 13）：跑堂的不敢得罪<u>照顾主儿</u>

注 – 照顾主儿（zhào gu zhǔr）：此处指谓顾客。"主儿"一词，参见《卷一·z112、z113》条。

zz 57　照西湖景

例（四 284 11）：在稍远的地方甚

至有<u>照西湖景</u>和变戏法的
注－照西湖景（zhào xī hú jiě*r）：指照相时以绘有西湖风景的幕布作为背景。旧时摄影多有此类做法。

zz 58　照应
例（四156 18）：因为铺伙们今天都歇工，他不能不去<u>照应</u>着点
注－照应（zhào ying）：此处意为看管、负责。此词另有"呼应、配合"等用法。

zhe

zz 59　折回来
例（四884 12）：他走到街门，又<u>折了回来</u>
注－折回来（zhē hui lei）："折"字详见《卷一·z 54》条；"回"字轻声；"来"字读 lei，轻声。

zz 60　折溜子
例（牛96 21）："咱哥俩呀！"天赐<u>折溜子</u>，知道下大雨要没人背着是危险的
注－折溜子（zhě liū zi）：找辙（借口）打圆场，以掩饰自己的错误或窘态。也写作"遮溜子、遮西

子、扯溜子"等。是典型的京俗语。

zz 61　这怎说的
例（牛23 08）：<u>这怎说的</u>，又劳你的驾；来看看小孩吧
注－这怎说的（zhè zen shuo de）：也作"这怎话儿说的"，京人习用说法。对某事表示不安、意外，也有时表现了某种程度的不知所措。原著此处是在对方为自己提供了某种帮助时，言此以示不安及谢意。后三字轻声。

zhei

zz 62　这不是
例（四1118 07）："瞧，<u>这不是</u>，"白巡长惨笑了一下
注－这不是（zhèi búr）：用反诘句表示肯定之意，是京人常用修辞法。此处所注为京人口语读音，而现在电视节目中用这类方言词，读音却往往是自纂的。正式的影音资讯还是坚持普通话为好，别弄些半吊子。

zz 63　这程子
例（离179 11）：张大哥<u>这程子</u>精

神特别好

注－这程子（zhèi chéng zi）：京俗语，此处指谓"这一段时间"。另也可用以指谓某段路程。

zz 64　这就是咱们俩这么说

例（离 194 05）：看你大哥那么精明，其实全是——<u>这就是咱们姐儿俩这么说</u>——瞎掰

注－这就是咱们俩这么说（zhèi jiur zám liǎ zhem shuō）：京人习用说法，拉拢交情时的惯用语，表示"我只跟你这么说（因为咱们俩交情不一般）"。"就是"二字合读为 jiur，轻声；"咱们"二字合读为 zám（参见 yz 95 条）；"这么"二字合读为 zhem（参见 yz 95 条），轻声。

zz 65　这玩艺

例（骆 375 08）："老大哥，你拉去吧！<u>这玩艺</u>家里还有五个孩子呢！"

注－这玩艺（zhèi war）：此词在此处是特殊用法，即用在句首做发语词，对后面整句话定下一个感叹的基调。

zz 66　这怎会说的

例（离 186 18）：哟！<u>这怎会说的</u>！几儿拿去的？怎么拿去的？为什么拿去的

注－这怎会说的（zhèi zěn hue*r shuo de）：京俗语，也作"这怎话说的"，与 zz 61 条义同。此处"会"字是"话"的直音字，须儿化。句中后三字均轻声。

zz 67　这早晚

例（四 07 05）：<u>这早晚</u>的年轻夫妻都是那个样儿

注－这早晚（zhèi zè*r）：京人习惯说法，即指"现在、这个时候"。"早晚"二字连读为 ze*r，轻声。

zz 68　这咱晚

例（离 214 16）：孩子到<u>这咱晚</u>还没吃饭

注－这咱晚（zhèi ze*r）：音义同上，仅写法不同。

zhen

zz 69　真

例（骆 319 13）：空中浮着些灰沙……星星看不甚<u>真</u>

注－真（zhēn）：旧时京人习将对外界认知（看、听）清晰称为"真"，也有人说 zhēn zhou；表示非常清楚说"真真的"（zhēn zhē*r de）。现在只有老年人还这么说，年轻人嫌土，不说啦。

zz70 针头线脑

例（四1018 08）：刘太太一向时常到祁家来，帮助韵梅作些<u>针头线脑</u>什么的

注－针头线脑（zhēn tou xiàn nǎor）：京俗语，指针线活一类的家务事。

zz71 真真的

例（骆448 09）：我还记得<u>真真的</u>

注－真真的（zhēn zhē*r de）：京人习用说法，表示"非常清楚、清晰"。参见此前之 zz69 条。

zz72 镇压着

例（四858 01）：多亏李四爷<u>镇压着</u>他，他才忍着气没有发作

注－镇压着（zhèn ie zhe）：旧京习用说法，指一种规劝性的压制，或压制性的规劝。"压"字读 ie，是口型提示；"着"字读 zhe，轻声。此义现简说"镇着"。

zheng

zz73 争竞

例（四637 06）：人家给多少是多少，不要<u>争竞</u>

注－争竞（zhēng jing）：京俗语，辩论、批驳、口角，都可叫争竞。"竞"字轻声。

zz74 整天际

例（四363 22）：他是<u>整天际</u>在街面上的人

注－整天际（zhěng tiān jie）：也作"成天际"。此处并非从早到晚之意，而是指经常、不间断的（如何），为京人习用说法。"际"字也作"价"，读音介于 jie、ji 之间，说得快时读 ie，轻声。

zhi

zz75 支

例（四807 20）：我去<u>支</u>一个月的薪水

注－支（zhī）：此处是动词，意为领取。按：财务意义上的"支"字本义为供给、付出（称为支出）；后含义扩充，也包含了领取

之意。至于开支（发工资）一词中的"支"字，则从动词"领取"，演变为名词"工资"之义了。

zz 76　支炉

例（四 964 09）：把面好歹的弄成一块块的，摊在"**支炉**"上，干烙

注 - 支炉（zhī lúr）：烙饼用的专用炊具，圆形陶质，正面微凸遍布小孔，烙饼时表面不加油。

zz 77　直

例（四 412 24）：我还**直**快走呢

注 - 直（zhí）：京人常用语，此处表示在努力的（做何事）；另也可表示某种动作的持续性。

zz 78　直诚劲儿

例（骆 297 03）：高妈真想俏皮他一顿，可是一想他的**直诚劲儿**，又不大好意思了

注 - 直诚劲儿（zhí cheng jiè*r）：也说"实诚劲儿"。旧京俗语，谓老实憨厚状。"诚"字轻声。

zz 79　直入公堂

例（骆 305 18）：咱们就这么**直入公堂**的去说，还是不行

注 - 直入公堂（zhí ru gōng táng）：京俗语，此处意谓直截了当的（如何）。"入"字轻声。此词另可参见 zh 12 条。

zz 80　至不济

例（骆 455 02）：**至不济**的还可以在街旁看看热闹

注 - 至不济（zhì bú jì）：最坏的情况下、最低限度（也还能如何）。"不"字阳平。

zhou

zz 81　㤚

例（四 158 24）：他晓得她的技巧不怎么高明，而脾气又**㤚**——越输越不肯下来

注 - 㤚（zhòu）：偏下、执拗、顽固，不管实际情况一味坚持己见。对这类人京语还有个更生动的说法叫"一根儿筋"，还引申指关节不灵活或肌肉发紧等症状。此类说法亦见于元曲，见《元曲语汇 131》条。

zhu

zz 82　竹布

例（四 147 16）：天佑太太……

穿起新的**竹布**大衫

注－竹布（zhú bù）：旧时的一种直纹布。其色淡蓝而略显灰，是旧京春秋服装常用色。参阅《卷二·yx60》条。

zz 83 主意

例（离241 24）：和气，有**主意**，会拉主顾

注－主意（zhú yi）：京腔口语读音，"主"字阳平，"意"字轻声。

zz 84 主儿

例（骆232 01）：遇上交际多，饭局多的**主儿**

注－主儿（zhǔr）：京人习用说法，此处泛指某某人。参见《卷一·z112》条。

zhua

zz 85 抓工夫

例（四532 03）：请他千万**抓工夫**来一趟

注－抓工夫（zhuā gōng fe*r）：京人习用说法，谓抽出时间。此词多用于请人帮忙办某事时的客套话。"夫"字变读，儿化，轻声。

zz 86 抓了去

例（四635 02）：连祁大爷，那么老实的人，不是也教他们**抓了去**吗

注－抓了去（zhuā liǎo qù）：此种读音是强调语气时用，如不是为了强调语气则读为 zhuā le qi。

zz 87 抓弄

例（牛74 22）：笔，墨，红模子，多少有些可**抓弄**的

注－抓弄（zhuā nou）：京俗语，意谓抓住或抓到（某些东西）。原著此处是指小儿抓周时的乱抓。另也可引申指工作挣钱，如：干一天好歹也能抓弄俩钱儿来。"弄"字读 non，轻声。

zz 88 抓瞎

例（四64 23）：咱们要是不预备下点酒儿肉儿的，亲戚朋友们要是来了，咱们岂不**抓瞎**

注－抓瞎（zhuā xiā）：因事前无准备，事到临头而手足无措，无法应付。

zz 89　抓早儿

例（骆393　10）：孩子们**抓早儿**提着破筐去拾所能拾到的东西

注－抓早儿（zhuā zǎor）：京俗语，此处指一清早（即做某事）。另也可指提前（做某事）。现一般多说"趁早儿"。

zhuai

zz 90　转文

例（四405　06）：他的中国话说得非常的流利，而且时时地**转文**

注－转文（zhuǎi wén）：不必要地卖弄文采。详见《卷一·z118》条。

zhuan

zz 91　转圜

例（四726　12）：暂时冷静一点，说不定事情还有**转圜**

注－转圜（zhuǎn huan）：京俗语，意指（某事态）尚有改变、挽回的余地。此词最早似见于《汉书·列传第三十七　梅福》："昔高祖纳善若不及从谏若转圜。"颜师古注："转圜言其顺易也。"（详见弥松颐先生著《京味儿夜话》第162节）。京语的文化底蕴，往往体现于此等"文言入于俗语，俗语源自文言"之处；另外也足可见老舍先生用字的严谨——可惜现在没什么人会说这些，也罕有人对这些感兴趣了。"转"字上声，"圜"字轻声。

zz 92　转磨

例（牛80　01）：天赐自言自语的在书房里**转磨**了半天

注－转磨（zhuàn mò）：京俗语，也说"转磨磨儿"（zhuàn mō mor）。此处指在原地来回走遛儿（zóu liǔr），有些不知所措的意思。

zz 93　转磨

例（四721　04）：瑞丰**转**开了**磨**。……于是只好没话找话说的，和大嫂讨论办法

注－转磨（zhuàn mò）：此处指心中为难。

zz 94　转街

例（四90　23）：教他到后半天出去转一**转街**

注－转街（zhuàn jiē）：此处指沿

街叫卖、做生意。另外上街闲逛也称转街。

zhuang

zz 95　装

例（四 74　09）：我们再低着头**装窝囊废**，世界上恐怕就没一个人同情咱们

注－装（zhuāng）：因怯懦而忍气吞声。京俗语常说"装××"，多是作詈语用（详见《卷一·z121》条）；但装窝囊废、装蒜等说法，则有"因某种原因而假作不敢、不会、不懂、不知情"之意。

zz 96　装

例（四 81　08）：不能专仗着脸子白，**装他妈的小妖精**

注－装（zhuāng）：音同上条，但前为贬义而此则升级为詈语矣，斥女人专以狐媚诱人（此义最有名的说法，就是那两句"蛾眉不肯让人，狐媚偏能惑主"）；二者严重程度大有区别。

zz 97　装眉作样

例（牛 122　05）：不能叫野孩子这儿**装眉作样**的

注－装眉作样（zhuāng me zuo yà~r）：今写作"装模作样"。"眉"字读 me；"作"字轻声；"样"字儿化。

zz 98　装傻充愣

例（四 537　22）：我说你就会**装傻充愣**呀

注－装傻充愣（zhuāng shǎ chōng lèng）：京俗语，指人有目的的表现懵懂，使他人因对其看轻而导致误判，以达占住先机，最终得利之目的。

zz 99　撞丧

例（离 218　03）：街上车马是多的；汽车可霸道，**撞丧**哪

注－撞丧（zhuàng sāng）：对奔丧的贬称，形容奔丧的人那种直眉瞪眼、失魂落魄往前跑的样子。多用于咒骂某人（此处骂汽车）行动时不管不顾，妨害到了别人；有时引申用于表示突遇悖晦之事。也写作"闯丧"。此处"闯"字亦读为 zhuàng。

zi

zz100 刺毛

例（四98 18）：咱们要是都像人家钱二少，别说小日本，就是大日本也不敢跟咱们**刺毛**啊

注 – 刺毛（zī máor）：京俗语，现多写作"滋毛儿、髭毛儿"。此处意指冒犯、难为；此词还另有发怒、耍横、闹事等义。另也用于形容毛发竖立状，京人会说"跟个滋毛儿大头似的"（"滋毛儿大头"是京人对栗子的别称，指栗子包在其带刺的壳内的样子），也可直称"滋毛栗子"，形容头发太长该理发了。

zz101 自管

例（四1066 04）：战争**自管**战争，生娃娃到底还是生娃娃

注 – 自管（zí guǎn）："尽管、即或（如何）"之意。"自"字阳平，"管"字读上声，是为加重语气，否则可读轻声。

zz102 只管

例（牛145 02）：因为他也觉得有些东西早就该卖，堆着**只管**占地方

注 – 只管（zí guan）：此处意为"只起到（某种作用）"，此用法今不闻。此处"只"字读zí。

zz103 自要

例（骆239 14）：**自要**一上了便道，咱们就算有点底儿了

注 – 自要（zí yao）：只要。京人口语说法。"要"字轻声。

zz104 紫里蒿青

例（四299 10）：头上有个**紫里蒿青**的大包

注 – 紫里蒿青（zǐ lou hāo qīng）：也作"紫里毫青"，指皮肤上青一块紫一块的瘀伤。"里"字读lou，轻声。

zz105 紫里套青

例（离394 09）：我把她的脸撕得**紫里套青**

注 – 紫里套青（zǐ le tào qīng）：与上一条义同而说法略异。此处"里"字读le，与上一条有别，这是因为受其各自后面字音的影响所致，此处不详述。

zz 106　自东自伙

例（四62　08）：他的志愿是开这么一个小铺，<u>自东自伙</u>，能够装配一切零件

注 - 自东自伙（zì dōng zì huǒ）：京俗语，小铺不雇伙计，老板自己干活。

zz 107　字号

例（骆257　25）：跪上铁索，刘四并没皱一皱眉，没说一个饶命。官司教他硬挺了过来，这叫作"<u>字号</u>"

注 - 字号（zì hao）：本义指商店的招牌，也指商店本身；此处是引申义，指名气的大小程度。"号"字轻声。流氓刘四的"字号"，即作为流氓的知名度及支撑这种知名度的资本。刘四硬挺刑的经历叫响了他的字号，这是流氓界的规矩。按：据说早年间鼓楼前一伙流氓为了争地盘儿，当家老大选择了"坐饼铛"，即盘腿坐在大火烧得滚烫的饼铛中，对其家族帮派交代后事，至死谈笑自如，指挥若定。南派的流氓有所谓"三刀六洞"……这些都是流氓所谓"字号"的一种。

zz 108　字号

例（骆258　12）：大家若是有个急事急病，只须告诉他（刘四）一声，他不含糊，水里火里他都热心的帮忙，这叫作"<u>字号</u>"

注 - 字号（zì hao）：义见上条。这里所说是流氓规程的另一方面，即真正的流氓绝非一味争强斗狠，还得另有恩威并施、拿天缩地的手段。

zz 109　字号人物

例（牛186　08）：拿黑心赚钱，可是用真心交友，到外他是<u>字号人物</u>

注 - 字号人物（zì hao rén wu）：此处所谓"字号人物"，是指在社会上叫得响、吃得开的人物；这种人物即使不是流氓，也起码得具备点儿流氓手段。"号、物"二字轻声。

zz 110　自己往头上揽狗屎

例（四861　25）：万幸，报纸上没

提她的姓名；咱们<u>自己</u>可就别<u>往头上揽狗屎</u>

注－自己往头上揽狗屎（zì jí wǎn tóu reng lǎn góu shǐ）：京俗语，谓自找麻烦，自找倒霉，兜揽不光彩之事。"己"字阳平；"往"字读音介于 wǎn、wǎng 之间；"上"字读 reng，轻声；"狗"字阳平。

zz 111　自己找枷扛

例（离 225　26）：别<u>自己找枷扛</u>

注－自己找枷扛（zì jí zhǎo jiā kán）：京俗语，谓自找麻烦。"己"字阳平。

zz 112　自己

例（离 313　09）：什么李先生赵先生，官腔；小赵，老李，多么痛快，多么<u>自己</u>

注－自己（zì ji）：京俗语，此处意为亲近、不当外人。另外有的地方可作自在、无拘无束意。现不闻此说法。"己"字轻声。

zou

zz 113　走溜儿

例（四 359　07）：瑞宣无聊的，悲伤的，在院中<u>走溜儿</u>

注－走溜儿（zóu liǔr）：京俗语，与 zz 92、zz 93 条之"转磨"义近。"走"字阳平，"溜儿"上声。

zz 114　走走

例（骆 280　07）：我晚上出来<u>走走</u>

注－走走（zóu zou）：此处意指散步。前一"走"字阳平；后一"走"字轻声。

zz 115　走单

例（四 642　17）：多咱他<u>走单</u>了，我会给他个厉害

注－走单（zǒu dār）：指孤立无援，也叫"落（lào）单儿"。"单"字儿化。

zz 116　揍

例（四 595　18）：他会把他拉到个僻静的地方，饱打一顿。什么科长不科长的，<u>揍</u>！

注－揍（zòu）：京人口语常谓打为"揍"。此词含有感情色彩，说起来比打字更狠点儿，有一种解恨的味道。参见《满蒙语汇叁-32》。另：下层京人时有将

"肏"字做语尾助词的用法，但有时又略收敛，将其读为 zòu 音。此处亦可作如是观。

zz117　揍

例（骆428　16）：这么点药，那么个偏方，<u>揍</u>出他十几块钱去

注－揍（zòu）：原著此处意指敲诈、蒙骗。按：此处之"揍"字其实是粗口肏的转音（这样显得稍文雅一点）。若对所说之事厌恶，则此事虽与性交毫不相关，但习惯上多用"揍"字作为相应动词的替代。这是旧京下层人士的常用说法，好像能解点儿恨似的。

zu

zz118　足壮

例（骆228　18）：带着乡间小伙子的<u>足壮</u>与诚实

注－足壮（zú zhuang）：身体强壮。"壮"字读音介于 zhuang、zhong 之间，轻声。

zuan

zz119　钻天觅缝的

例（牛49　20）：外边老有些力量<u>钻天觅缝</u>的往下按

注－钻天觅缝的（zuān tiān mì fèng de）：京俗语，也作"钻头觅缝"，谓无所不在、千方百计的（如何）。

zui

zz120　嘴巴子

例（四823　27）：我要不看在你心眼还不错的话，马上给你两个<u>嘴巴子</u>

注－嘴巴子（zuǐ bà zi）：京人谓打耳光为打嘴巴（be）、打耳刮子，或如本例之"嘴巴子"。"巴"字去声。

zz121　嘴吃屎

例（四300　18）：我一个箭步蹿出去，那小子就玩了个<u>嘴吃屎</u>

注－嘴吃屎（zuǐ chī shǐ）：京俗语，谓正面向下摔倒。也说"狗吃屎"。

zz122　嘴上留德

例（四559　19）：就是真有这么回事，咱们的<u>嘴上</u>也得<u>留</u>点<u>德</u>哟

注－嘴上留德（zuǐ reng liú dé）：京人常用说法，旧时京人把背后议论人、说别人坏话提高到道德层面来看待。"上"字读 reng，轻声，"点"字儿化。

zz 123　罪孽

例（骆 299　26）：他们的<u>罪孽</u>也就是他的

注－罪孽（zuì nie）：此处意指所遭受的苦难，是此词的引申义。

zun

zz 124　尊家

例（四 89　02）：<u>尊家</u>的一对眼有点近视呀

注－尊家（zūn jia）：也作"尊驾、尊价"，是京语第二人称敬语。但此处却是正话反说，有点儿揶揄之意。"家"字读音介于 jia、jie 之间，轻声。

zuo

zz 125　嘬不住粪

例（四 354　01）：瑞丰<u>嘬不住粪</u>，开始说他得到科长职位的经过

注－嘬不住粪（zuō bú zhu fèn）：京俗语，谓人没有深沉，有点儿什么事儿都忍不住跟别人说。"不"字阳平，"住"字轻声。

zz 126　嘬不住劲儿

例（牛 188　10）：等了两天，王宝斋没露面。天赐<u>嘬不住劲儿</u>了

注－嘬不住劲儿（zuō bú zhu jiè*r）：京俗语，谓沉不住气、慌神儿了。"不"字阳平，"住"字轻声。

zz 127　作明火

例（四 587　26）：怎么知道不肯再见财起意，<u>作明火</u>呢

注－作明火（zuō míng huǒ）："作"字参见《卷一·z139～z142》及《附录壹-61》条。"明火"指砸明火，意为公然行抢。

zz 128　嘬腮帮

例（四 650　15）：他完全变了，变成个瘪太阳，<u>嘬腮帮</u>，而棱角分明的脸

注－嘬腮帮（zuō sai bā~r）：现多简说"嘬腮"，形容脸上没肉。"腮"字轻声，"帮"字儿化。

zz 129　坐

例（四 466　22）：她把水壶<u>坐</u>在火炉上

注－坐（zuò）：京语谓烧开水为"坐水"。详见《卷一·z150》条。

zz 130　坐窝

例（四907 16）：她知道东阳是至多只给女人买一个凉柿子或几粒花生米的人，所以**坐窝**就不敢希望他能请她吃顿饭或玩一玩

注－坐窝（zuò wōr）：此处意为"从一开始（就如何）"。此词还另有"就地（如何）"及"当时（就如何）"等意。还有一个说法叫"蒂根儿"，义与此略同。

zz 131　坐下

例（离182 20）："对不起，对不起！早来了吧？坐，**坐下**……"

注－坐下（zuò ye）：京腔读音，此处"下"字读 ye，轻声。

zz 132　座儿

例（骆231 14）：车把不动，使**座儿**觉到安全，舒服

注－座儿（zuòr）：这是旧时洋车夫之间对坐车乘客的称谓。

后期小说词条

后期小说作品包括：《无名高地有了名》（简称"无"）、《正红旗下》（简称"正"）。

A 部

an

ah 01 安顿

例（正 371 21）：大黄狗马上活跃起来……母亲说了声："大黄，**安顿**点！"

注－安顿（ān dun）：此处意为安宁、安稳。此词的适用范围在京语中现已大大缩窄，少有用于安宁、安稳之意，多指（对人或事物）进行适当安排，使之稳定下来。

B 部

ba

bh 01 吧嗒

例（无 278 20）：他本不吸烟，现在可是借来一枝"大前门"**吧嗒**着

注－吧嗒（bā de）：京俗语，谓有一搭没一搭地吸烟。京人口语音也说 biā de。"嗒"字读 de，轻声。

bh 02 拔尖子

例（无 281 14）：是处处**拔尖子**，看不起别人

注－拔尖子（bá jiān zi）：京俗语，此处指跋扈，现一般作"拔尖儿"。此词另也可用于形容人的表现出类拔萃。

bh 03 把……搞

例（无 281 21）：越来越松懈，**把**纪律完全**搞**光

注－把……搞（bǎ…gǎo）：现代京语常用句式，此处是表示"将某事物（如何）处置"。其宾语是后面及物动词"搞"的受事者。旧京口语此处之"把"字读 bǎi，但到二十世纪五十年代以后，许多京语特有的口语音在官方的引导下，向读书音即普通话的标准语音转化，遂逐渐从人们耳中淡出了，所以将此处的"把"字注为 bǎ 音，原著此篇 1955 年出版，

那时此种现象方兴未艾。

bh 04　把
例（正 319 11）：像王老掌柜与羊肉床子上的金四**把**叔叔，虽然是汉人与回族人

注 - 把（bǎr）：京中回民对长辈男性的尊称，即如汉人所称呼的"（某）大爷"。此处"把"字要读儿化音。也作"爸儿"。详见《卷一·b 13》条。

bai
bh 05　白云观
例（正 356 08）：在**白云观**，他用铜钱打了桥洞里坐着的老道

注 - 白云观（bái yún guàn）：北京的一座道观，是道教全真第一丛林，全真三大祖庭之一。"白"字旧读 bó。详见《附录叁 - 95》。

ban
bh 06　扳死杠
例（正 381 20）：算了，算了，我不跟你**扳死杠**

注 - 扳死杠（bān sǐ gàng）：京人谓无意义的交相辩驳为抬杠或扳杠，此处所谓扳死杠，是对扳杠一事严重程度的强调。京语中多有以"死"字作形容词，表示对某事严重程度之强调。

bh 07　半空儿多给
例（正 330 20）：我呀，连卖**半空儿多给**，都受不了啊

注 - 半空儿多给（bàn kū~r duō gěi）："半空儿"指一种劣质花生，名如其实，这种花生籽粒多不饱满。拉着长声吆喝："半空儿——多给"，是旧京售卖此物时的专有吆喝法儿。

bu
bh 08　不是闹着玩的事
例（无 272 09）：坐在"老秃山"前面学习文化，**不是闹着玩的事**

注 - 不是闹着玩的事（bú r nào r wár de sher）：京人习用说法，指某事难以进行或是有某种危险性。"不"字阳平；"是、着"二字读 r，是口型提示；"玩"字儿化；"事"字儿化，轻声。

C 部

cao
ch 01　槽子糕
例（正 323 01）：内装破边的桂花

"缸炉"与槽子糕

注－槽子糕（cáo-i gāo）：京人称一种置于不同形状的模子中烤制而成、形状各异的发面糕点为槽子糕。注意"子"字的读音，它是 zi 去掉了声母 z，而只读韵母 -i（真实读音是国际音标 [ɿ]）。

chang

ch02　厂甸

例（正356　10）：在<u>厂甸</u>，他买了风筝与大串的山里红

注－厂甸（chǎng diàr）：北京南城的地名，位于东、西琉璃厂之间，十字路口东北角，中国书店所在地；即1917年开放的海王邨公园旧址，现一般也泛指琉璃厂一带。详见《附录叁-96》。

che

ch03　扯扯皮

例（无262　05）：跟"老头儿"<u>扯扯皮</u>也不算犯错误

注－扯扯皮（ché che pí）：京语谓闲聊瞎扯为扯皮。此处叠加使用扯字，是对该动词时态的一种表述方式；套用英语说法，称现在进行时。京语因受到阿尔泰语的重大影响，对动词时态的表述方式上较古典汉语有了很大进步（参见本书之《绪论》）。此词另可指为屁大的一点儿小事儿争执不休，或为某事相互踢皮球、推诿责任。

cheng

ch04　×成八半

例（无261　06）：把我炸<u>成八半</u>也甘心

注－×成八半（× chéng bá bàr）：京语习用说法。× 为某几个特定的具有分散、割裂之义的动词，如掰、劈、砍、扯、分、剁等。"八"并非实数，仅形容碎的程度。此词多用于说物件，偶用以说人。按：此处之"炸"字，系老舍先生结合朝鲜战场的场面所补入，正是本卷《序言》所说"先生五六十年代的著作，一方面操炉火纯青的京语，堪称近代北京方言的典范；另一方面也在探索时代语汇的应用模式"的具体体现。

chi

ch05　吃教的

例（正390　17）：他只好去联合<u>吃教</u>的苦哥儿们

注－吃教的（chī jiào de）：早期

中国的基督教徒良莠不齐，其中不乏因家贫而找饭辙的人。此种行为被称为"吃教"；此种人称为"吃教的"。

ch 06　吃瓦片

例（正357 03）：因作官而发了点财的人呢，"**吃瓦片**"是最稳当可靠的

注－吃瓦片（chī wǎ piàr）：京人谓靠收取房租生活为"吃瓦片"。"片"字儿化。

chui

ch 07　吹嗙

例（正311 18）：尽管大姐婆婆仍然常常**吹嗙**她是子爵的女儿，佐领的太太

注－吹嗙（chuī pang）：京俗语，吹嘘。"嗙"字轻声。

D 部

da

dh 01　大八件

例（正316 02）：她的红漆盒子里老储存着"**大八件**"一级的点心

注－大八件（dà bá jiàr）：旧时京人对某几种质量较好的点心之称谓，具体则其说不一。如果送礼，则会将这几种点心按一定的方式搭配装在礼盒中。详见《附录叁－97》。

dh 02　大白话

例（无262 24）：你连**大白话**都听不懂

注－大白话（dà bái huar）：普通百姓口中之言。"话"字轻声，儿化。

dh 03　大概其

例（正310 05）：她把"大概"总说成"**大概其**"，有个"其"字，显着多些文采

注－大概其（dà gài qí）：原著此处是揶揄。两种说法其实一样，无关文采。

dh 04　大师傅

例（正379 12）：就是遇见永远不会照顾他的和尚，他也恭敬地叫声**大师傅**

注－大师傅（dà shī fu）：旧京对和尚的尊称。"师"字要读本音，"傅"字轻声。不能说 dà shi fu，

那是对厨子的称谓。

dh 05　大鹰

例（正 324　11）：养着鸽子，或架着**大鹰**

注－大鹰（dà yīng）：见《卷二·hx30》条。大鹰指的是体型较大用来抓"猫"的鹰（京人称野兔为猫，不说兔子。"兔子"是骂人话），不同于忽伯拉一类只能抓麻雀的小鹰。京中架鹰者多为旗人。关于捕捉、驯养与使用猎鹰，可参看王世襄所著《锦灰堆·贰卷·大鹰篇》。

dh 06　大钟寺

例（正 356　11）：在**大钟寺**，他喝了豆汁

注－大钟寺（dà zhōng sì）：大钟寺位于北京市海淀区北三环路联想桥北侧，正名为觉生寺，建于清雍正十一年（1733年），因寺内珍藏一口明代永乐年间铸造的大钟，习称之为大钟寺。该钟为我国最大铜钟，重达43.5吨。

dan

dh 07　但分

例（正 354　10）：咱们旗人，**但分**能够不学手艺，就不学

注－但分（dàn fēn）：京人习用说法，也说再分，表示"只要是能（如何）就不去（做某事）"。

deng

dh 08　灯节

例（正 308　13）：他就设计糊灯笼，好在**灯节**悬挂起来

注－灯节（dēng jié）：京俗，夏历正月十五夜晚要点起各种灯笼上街游逛庆贺，至正月十九摘灯，是为灯节。至此才算正式过完了大年。

dh 09　等等

例（无 263　09）：**等等**吧，他们还没来

注－等等（děng de~r）：京人口语音，前"等"字阳平；后"等"字儿化，轻声。

di

dh 10　第一手

例（正 296　04）：不可能不掌握些**第一手**的消息与资料

注－第一手（dì yī shǒu）：老舍先生此篇作品虽是写的陈年往事，但写作年代是二十世纪六十年代初，所以里面有大量诸如此类的新名词、新说法。《正红旗下》一文可惜未能完成，若完成将是纯粹京语与新生普通话词汇相结合的范文。

duo

dh11　多么好

例（正323　22）：我的儿子要能这样懂得规矩，有<u>多么好</u>啊

注－多么好（duó men hǎo）：旧时京腔口语音，"么"字的读音可能源自古老的幽燕语。

G 部

ge

gh01　鸽铃

例（正308　07）：他收藏的几件<u>鸽铃</u>都是名家制作

注－鸽铃（gē lié~r）：也叫鸽哨，绑在鸽子身上的一种哨子。当鸽子飞翔时，因气流的穿过而鸣响。详见《附录叁-98》。

gh02　格格

例（正366　03）：我们特有的名词，如牛录、甲喇、<u>格格</u>

注－格格（gē ge）：后金时期，只有国君和贝勒的女儿称格格；后来此封号的范围扩大，详见《附录叁-99》条。按：前一"格"字应读阴平，但现在人们受清装电视剧的影响，读为阳平。记得幼时我姥姥（祖居京师的正宗旗人）教给我的儿歌中有"……鸡蛋鸡蛋壳壳（读为 kē ke），里头坐着格格（读为 gē ge），格格出来买菜，里头坐着奶奶（旗人称母亲）"谓之"奶奶"……之说，可见笔者此说法的传承有序。另：牛录、甲拉等名称参见《附录叁-134》条。

gei

gh03　给我

例（无261　10）：小谭……一步跨到班长身旁："<u>给我</u>，班长！"

注－给我（guo）：京语说得快时，"给我"二字合读为 guo，轻声。

gou

gh04　够呛

例（无262　14）：连说了三声：

"够呛！够呛！够呛！"

注－够呛（gòu qiāng）：京俗语，谓（某事）势态严重，也常作为对某人或某事物之微词。此种说法产生于二十世纪五十年代。

gu

gh 05　姑奶奶、老姑奶奶、小姑奶奶

例（正307　11）：我们满人都尊敬**姑奶奶**。她自己是**老姑奶奶**，当然要同情**小姑奶奶**

注－姑奶奶、老姑奶奶、小姑奶奶（gū nǎi nei、lǎo gū nǎi nèi、xiǎo gū nǎi nei）：京人、尤其是旗人对已出嫁女子的称谓，参见本卷gz60、《卷一·g55、g56》条。"老、小"指其辈分。

guan

gh 06　关

例（正315　19）：母亲**关**到钱粮发愁，关不下来更发愁

注－关（guān）：领取薪（俸）。参见《卷二·gx38》条。

guo

gh 07　蝈蝈葫芦

例（正303　04）：在他的怀里，至少藏着三个**蝈蝈葫芦**

注－蝈蝈葫芦（guō gu hú lu）：旧京讲究冬蓄蝈蝈儿。数九严冬之际，听鸣虫啾啾，感受一种反季节之乐，欣然悠然，陶然超然。详见《附录叁－100》条。

gh 08　裹

例（正312　12）：放起几只鸽子，把那只从天而降的"元宝"**裹**了下来

注－裹（guǒ）：旧京养鸽子，见到别人家鸽子落单，放起自家的鸽群，将其裹挟其中，即指挥鸽群回巢，据为己有，行话谓之"裹"。由此引发冲突乃至群殴，屡见不鲜。此为京人尤其是旗人最常见也最无聊的打架起因。

gh 09　过阴天

例（正320　03）：**在过阴天**的时候，可以定买金四把的头号大羊肚子

注－过阴天（guò yīn tiār）：参见《卷一·g93》条。"天"字儿化。

H 部

hao

hh 01　耗财买脸,傲里夺尊

例（正 304　14）：去车马自备、清茶恭候地唱那么一天或一夜,<u>耗财买脸,傲里夺尊</u>

注 - 耗财买脸,傲里夺尊（hào cái mái liǎn, ào li duó zūn）：这是清末民初时北京的一句流行语,说的是京戏票友,为露脸不惜破费,只求能"唱响了"（走红）的心态。"傲里夺尊"应为"鳌里夺尊","鳌"是独占鳌头之意。此词在《骆驼祥子》第352页中亦见用。

he

hh 02　喝

例（正 335　02）：她不由地说出来："<u>喝</u>! 干冷!"

注 - 喝（hè）：京人习用说法,对某事表示惊愕时读去声；若读阴平,则用于当面表示对对方处理某事方式的不满,有点儿要找茬打架的意味。

hh 03　胡伯喇

例（正 308　04）：大姐丈不养靛颏儿,而是英雄气概的玩鹞子和<u>胡伯喇</u>

注 - 胡伯喇（hù be lǎ）：京人对伯劳的俗称。"胡"字去声；"伯"字读 be,轻声；也作"虎不拉"。详见《附录叁 - 101》。

huan

hh 04　唤头

例（正 339　19）：中间还夹杂着几声花炮响,和剃头师傅的"<u>唤头</u>"声

注 - 唤头（huàn tou）：旧京沿街理发者所持招揽生意专用的响器。详见《附录叁 - 102》条。

hui

hh 05　会子

例（无 280　19）：参加了<u>会子</u>,没打过仗,算怎么回事呢

注 - 会子（huǐ zi）：此处指"一段时间"。参见 hz 71、hz 72 条。"会"字上声。

huo

hh 06　火镰

例（正 345　02）：老王掌柜便用力

敲击自己的**火镰**

注－火镰（huǒ liár）：见《卷一·h81》条。"镰"字儿化。

hh 07 火判儿

例（正355 21）：并且到后门西边的城隍庙观赏五官往外冒火的**火判儿**

注－火判儿（huó pàr）：某些杂耍或戏剧的特技，口中可往外喷火（"五官冒火"是神乎其技之说）。"判儿"一词详见 pz 03 条。

J 部

ji

jh 01 饥荒

例（正413 20）：至于义和团，谁知道他们会闹出什么**饥荒**来呢

注－饥荒（jī huang）：此处指乱子。详见《卷一·j01》条。

jia

jh 02 夹七夹八

例（无342 25）：作什么就作什么，绝对不**夹七夹八**地乱扯

注－夹七夹八（jiá qī jiá bā）：做某事时（无必要的、不合逻辑的）拉入其他无关之事。

jiang

jh 03 讲究

例（正306 09）：大姐婆婆的气派是那么大，**讲究**是那么多

注－讲究（jiǎng jiu）：此处是指生活上不将就，近乎奢侈。另可参见《卷一·j23》、《卷二·jx20～jx22》等诸条。"究"字轻声。

jiao

jh 04 教案

例（正345 13）：及至他听到老家胶东闹了**教案**

注－教案（jiào àn）：指十九世纪末肇始于胶东地区的中国民众与西方教会的矛盾冲突。详见《附录叁－103》条。

jie

jh 05 结了

例（正381 16）：使馆不就**结了**，干吗说法国府

注－结了（jie le）：京人习用说法，谓"（以某种方式行某事）就行了、可以了"。参见《附录叁－104》。

jh 06 隔着数

例（正365 18）：恐怕是因为**隔着**

教吧

注－隔着教（jié zhi jiào）：京人对回民的一种说法；若单说隔教，则指回教。"着"字说得快时读 r，是口型提示。旧时隔壁之"隔"亦读 jié，参阅 jz 47 条。

jiu

jh 07　九城

例（正 309　26）：都觉得放炮的技巧**九城**第一

注－九城（jiǔ ché~r）：北京的内城有九个城门，京人习以九城来代表整个北京。"城"字儿化。

K 部

ke

kh 01　克

例（正 335　12）：婆婆必定点头，连声地说：**克**吧！**克**吧！（"克"者"去"也）

注－克（kè）：京中旗人的说法，原著已说明其义。参见《卷二·kx 16》条。

kua

kh 02　跨车沿儿

例（正 420　19）：没有跟班的坐里面，主人反倒**跨车沿儿**的

注－跨车沿儿（kuà chē yàr）：中国式马车赶车人坐在车沿上（车辕木的后部），那是仆役的位置。"沿"字去声，儿化。参阅《卷二·kx 25》条。

kh 03　胯骨上的亲戚

例（正 314　06）：她不能为减少赤字……不给**胯骨上的亲戚**吊丧或贺喜

注－胯骨上的亲戚（kuà gu shang de qīn qin）：关系极远、挨不着边儿的远亲。亲戚的"戚"字京人口语读音介于 qin、qi 之间，轻声。

L 部

la

lh 01　拉骆驼

例（正 319　03）：所谓**拉骆驼**者，就是年岁大的人用中指与食指夹一夹孩子的鼻子，表示亲热

注－拉骆驼（lā luò tou）：京俗语，原著已说明其义。"驼"读为 tou，轻声。

lao

lh 02 老米
例(正308 01):他们老爷儿俩到时候就领银子,终年都有**老米**吃

注 – 老米(láo mǐ):旧京旗人称大米为老米,盖因明清两代京中依仗南粮,南方大米通过漕运抵京存储。等吃到京人口中时,多为陈米,俗称老米。

lh 03 老
例(无283 15):平常,他不是**老**怪和气的吗

注 – 老(lǎo):经常、一向(如此)。此处"老"字是副词,是针对形容词"和气"而言,表示经常如此;同样,"怪"字也是副词,是表示形容词"和气"的程度。这种说法很新颖且有创意,显示了老舍先生独特的行文风格。它打破了中文传统的修辞方式,倒有点儿像英文了。

lh 04 老梆子
例(正337 17):一定又是那个大酸枣眼睛的**老梆子**不许她来

注 – 老梆子(lǎo bang zi):对老年妇女的蔑称。按:梆子一物,是某些戏剧伴奏用的一种打击乐器,有若干形制。有一种为长方形中空体,中间有一长方形音孔,左手执梆,右手执一木槌敲击。京人有将梆子比作女阴之说法,用以诋毁中老年妇女。

lh 05 姥姥
例(正340 24):大家都盼望"**姥姥**"快来

注 – 姥姥(lǎo lao):此处指接生婆,又称姥娘婆。详见《卷一·1 27》及《附录壹 – 21》条。

lh 06 老爷儿俩
例(正308 01):他们**老爷儿俩**到时候就领银子

注 – 老爷儿俩(lǎo yér liǎ):京人习用说法,指谓父子二人(儿子已成年)。"爷儿"的读音介于yér、yé*r之间。

li

lh 07 礼到人不到
例(正314 09):而且,**礼到人不到**还不行啊

注 – 礼到人不到(lǐ dào rén bu

dào）：京语常用说法。京人多繁文缛节，哪些场合仅凑份子送点儿礼即可，哪些场合必须到场，都是有讲究的，决不能差了。参见《卷一·l 47、148》及《附录壹-23》诸条。

lh 08　理门、白莲教

例（正327　21）："**理门**"确与**白莲教**有些关系

注-理门、白莲教（lǐ mén、bái lián jiào）："理门"为旧时的一种会道门，称为"理教"或"家理"，民间习称"理门"，入教者称"在理"（"理"字多读儿化音）。后世之青帮、洪门等庞大的民间组织均与其有关；至清末逐渐演变成了反清团体。另有白莲教者，原为佛教的一个异端旁支，与理门、青红帮等在组织渊源上本不相关，只是后来在"反清"这一点上相通了，所以原著此处说"有些关系"。详见《附录叁-105》条。

lian

lh 09　练把式的

例（正356　12）：各庙会中的**练把式的**、说相声的……都得到他的赏钱

注-练把式的（liàn bǎ shi de）：旧京习称在游乐场所（如旧时天桥）或庙会、或干脆找块空地方就地撂摊儿，献艺表演武艺、杂技一类，挣钱糊口者为练把式的。"式的"二字轻声。

luo

lh 10　逻辑

例（正319　22）：我觉得二姐的想法十分合乎**逻辑**

注-逻辑（luó ji）：英语 logic 的音译，初义指"词语"，引申为"思维"或"推理"。1902年严复译《穆勒名学》（原名 *a system of logic, ratiocinative and inductive*），将其意译为"名学"，音译为"逻辑"；日语则译为"論理学"［ロジック；論理（ろんり）］。传统上，逻辑被作为哲学的一个分支来研究。

M 部

ma

mh 01　马甲

例（正306　08）：你爸爸不过是三

两银子的马甲

注－马甲（má jiǎ）：指骑兵。句中"三两银子"是其每个月的俸禄，即所谓"钱粮"。详见《附录叁－106》条。

mh 02　麻雷子、二踢脚

例（正309　24）：儿子放单响的麻雷子，父亲放双响的二踢脚

注－麻雷子、二踢脚（má léi zi、èr tī jiǎo）：旧京年节时常见的两种炮仗。

mai

mh 03　买卖

例（无338　20）："我父亲在城里开着个小买卖①。""忘了作买卖②吧……"

注－买卖①（mǎi me*r）：此处指谓商店，因其小，故加以儿化。"卖"字读音介于me*r、mar之间。买卖②（mǎi mei）：此处泛指交易行为。"卖"字读音介于mei、mai之间。

mh 04　买卖地

例（正379　11）：他在北京住了几十年，又是个买卖地的人

注－买卖地（mǎi mei diè*r）：旧京习用说法，泛指商业界。"地"字儿化。

man

mh 05　满宫满调

例（正350　21）：每逢她骂到满宫满调的时候，父亲便过来

注－满宫满调（mǎn gōng mǎn diào）：京俗语，谓底气充沛，声调高亢。详见《附录叁－107》条。

mh 06　满洲饽饽

例（正368　10）：在满洲饽饽里，往往有奶油

注－满洲饽饽（mǎn zhou bō bo）：参见《卷一·b61》、《附录壹－05》及《满蒙语汇壹－08》等。"洲"及后一"饽"字轻声。

mei

mh 07　没摸着

例（无265　11）：只打了些小的出击，没摸着痛痛快快地打个大仗

注－没摸着（méi māo zháo）：新式的京腔口语。"摸"读māo。

mh 08　没皮没脸，没羞没臊

例（正305　03）：不过据他的夫人

说，这是<u>没皮没脸</u>，<u>没臊没臊</u>

注－没皮没脸，没臊没臊（méi pí méi liǎn、méi xiū méi sào）：京俗语，两词义同，分说合说均可。

mi

mh09　蜜供

例（正298 11）：关公面前摆着五碗小塔似的<u>蜜供</u>

注－蜜供（mì gòng）：一种满洲饽饽，为祭祀供品，亦可食。参见《附录叁－108》条。

mo

mh10　摸底

例（无276 24）：<u>摸</u>到干部们和战士们的<u>底</u>，才好指挥

注－摸底（mō dǐ）：新京语，谓了解实际详情。土点儿的说 māo dǐ。

N 部

nai

nh01　奶奶

例（正307 04）：我们管母亲叫作<u>奶奶</u>

注－奶奶（nǎi nei）：旗人称母亲为奶奶。参见《满蒙语汇叁－33》。后一"奶"字读 nei，轻声。

nan

nh02　男不拜月，女不祭灶

例（正305 07）：<u>男不拜月</u>，<u>女不祭灶</u>，自古为然

注－男不拜月，女不祭灶（nán bú bài yuè, nǚ bú jì zào）：京中旧俗。阴历八月十五拜月，腊月二十三祭灶。

nuan

nh03　暖洞子

例（正301 16）：到十冬腊月，她要买两条丰台<u>暖洞子</u>生产的……王瓜

注－暖洞子（nuǎn dòng zi）：京人对温室的旧称。旧时丰台黄土岗一带专门种花儿，冬季普遍使用温室；并捎带手儿种一些反季节蔬菜。另有"阳畦"一物，系一种原始形式的温室，是南方语音，此处不知为何这样写。

P 部

pi

ph01　劈面三刀

例（正380 18）：无论去作什么事，他的<u>劈面三刀</u>总是非常漂亮

注－劈面三刀（pī mian san dāo）：新到一个地方，为了给别人留下好印象而努力工作，争取一个好开端。早年间多说"前三抢儿"，后来多说成"前三脚踹开"。"面三"二字轻声。参阅《卷二·qx14》条。

piao

ph02 票友儿

例（正300 08）：他可能是位耗财买脸的京戏<u>票友儿</u>

注－票友儿（piào yǒur）：京人称有相当水平且时有登台演出的京戏爱好者为票友儿，他们的演出叫"玩儿票"。票友须为有钱、有闲阶层者，他们不拿报酬，经常还得倒贴钱，却乐此不疲，即所谓"耗财买脸"。

Q 部

qi

qh01 旗兵、白丁

例（正329 23）：连原来被称为海二哥和恩四爷的<u>旗兵</u>或<u>白丁</u>

注－旗兵、白丁（qí bīng、bái diē~r）：满洲崛起时，每一个适龄旗人男丁均为旗兵。但日后天下承平，没多少仗可打，所以旗兵的总量并未增加；而旗人繁衍生息，人口大增；这样就产生了大批不在军队编制内的旗籍男丁，旗人习称之为白丁。白丁一词原指无功名者（刘禹锡《陋室铭》："谈笑有鸿儒，往来无白丁"），又引申指文盲；后被旗人赋予此种新义。"丁"字儿化。

qh02 旗袍、两把头、旗髻、请蹲安

例（正306 01）：不管是穿上大红缎子的氅衣，还是蓝布<u>旗袍</u>，不管是梳着两把头，还是挽着<u>旗髻</u>，她总是那么俏皮利落……在<u>请蹲安</u>的时候，直起直落

注－旗袍、两把头、旗髻、请蹲安（qí páor、lián bè*r tóu、qí jì、qǐng duē~r ān）：旗袍为满族妇女所穿长袍，紧身直领，右襟，半长宽袖。后演变为中国妇女普遍穿用的服装，款式也日益多样化，现已在国际女装市场上占有一席之地。"袍"字儿化。两把头参见《卷一·157》条。旗髻为一般的满族妇女之发式，系将头发绾

到头顶心盘髻，中间插一根扁方（一种发簪），谓之"高粱头"。请蹲安也称半蹲儿，其仪：上身挺直，两腿并拢，右足略后引，两膝前屈，呈半蹲姿式；同时左手在下，右手在上，相搭叠置于膝上偏左处约一两秒，复原，礼成。"袍"字儿化；"两把"二字读 lián bè*r；"蹲"字儿化。

qu

qh 03　蛐蛐罐子

例（正312　18）：他们在<u>蛐蛐罐子</u>、鸽铃、干炸丸子……等等上提高了文化

注－蛐蛐罐子（qū quer guàn zi）：京人尤其是旗人，对斗、养蛐蛐儿（京人称蟋蟀为蛐蛐儿）多有酷爱成癖者。养蛐蛐儿所用之罐子极有讲究，几可成一专门学。此处限于篇幅不赘述，有兴趣者可参阅王世襄著《锦灰堆·二卷·秋虫篇》。

qh 04　曲艺

例（无263　25）：战士们满意他的伙食，也爱听他的<u>曲艺</u>

注－曲艺（qǔ yì）：对民间说唱形式的统称。此称谓始于二十世纪五十年代初，它是由民间口头文学和歌唱艺术经过长期发展演变形成的一种独特的艺术形式。据不完全统计，中国民间各族曲艺曲种在四百个左右。

quan

qh 05　全口人

例（正314　21）：不但寡妇没有这个资格，就是属虎的或行为有什么不检之处的"<u>全口人</u>"也没有资格

注－全口人（quán ke ré*r）：父母、配偶、子女均在者。"口"字读音介于 ke、he 之间，轻声；"人"字儿化。也作"全可人儿"。参见《卷一·q01》条。

S 部

san

sh 01　三河县的老妈子

例（正320　06）：你们要是那么干，还跟<u>三河县的老妈子</u>有什么分别呢

注－三河县的老妈子（sān hé xiàn de lǎo mā zi）：三河县位于京东约百里，旧时京中女仆（俗

称老妈子）多为此处人氏。旧京还有贬黜诋毁的歇后语：三河县小老妈儿——脱鞋带上炕。

sh 02　三星

例（正306 17）：醒了，她便轻轻地开开屋门，看看天上的<u>三星</u>

注－三星（sān xing）：猎户座中间斜着成一线的那三颗星，即参宿一、参宿二、参宿三；中国民间尊其为福、禄、寿三星。从三星的位置可以估算出时间。详见《附录叁－109》条。

shen

sh 03　什么东西

例（正298 17）：吃着我的……可不管我的事，<u>什么东西</u>

注－什么东西（shén me dōng xi）：此系京人习用说法，对某人表示不满时用，其强烈程度近于晋语。"西"字轻声。也有时做疑问句用于质疑某物，此时"东、西"二字均轻声，说得快时"西"字读 i，是口型提示。

shu

sh 04　树熟儿

例（正404 08）：二哥，您家里的<u>树熟儿</u>吧

注－树熟儿（shù shóur）：京人习用说法，指在树上熟透了的（果品）。这只能是自家树上的果实，市场上买不到，所以较为珍贵。

shua

sh 05　爽利

例（正420 08）：日光很暖，可小西北风又那么<u>爽利</u>

注－爽利（shuà li）：此词意指动作敏捷利落，或指天气的凉爽，或指人的性格痛快不拖泥带水。可参阅《卷一·s80、s81》条。

shuang

sh 06　双厚坪、恒永通

例（正406 13）：咱们爷儿俩听听书去吧！<u>双厚坪</u>（shuàng hou pīng），<u>恒永通</u>……双说"西游"

注：双厚坪（？～1926），评书艺人。艺名双文兴，又名双文星，满族。双厚坪是公认的一代评书宗师，由于他知识渊博，技艺精湛，清末民初在北京被誉为"评书大王"，与"戏界大王"谭鑫培和"鼓界大王"刘宝全并称"艺坛三绝"。

恒永通（生卒年不详），评书艺

人。活动于十九世纪末,专说《西游记》,自创一派。本身是为"永"字辈,下传"有、道、义"三辈,"有"字弟子李有源,再传"道"字奎道顺,三传"义"字邢义儒等,此门派即告断绝。

shun
sh 07　顺口开河

例(正309　19):别不三不四地<u>顺口开河</u>,瞎扯

注 - 顺口开河(shùn kǒu kāi hé):现作"信口开河"。

su
sh 08　苏式盒子

例(正320　03):她叫得起便宜坊的<u>苏式盒子</u>

注 - 苏式盒子(sū shi hé zi):指盒子菜,见《卷二·hx 14》条。所谓"苏式",是指盒子中有南味熟食,如腌腊肉类、叉烧、鱼虾等。

sui
sh 09　随心草儿

例(正331　27):鸽子是<u>随心草儿</u>,不爱,白给也不要;爱,十两八两也肯花

注 - 随心草儿(suí xīn cǎor):指其价值无客观标准,全凭人们好恶而定的物件,一般用来说玩物。

suo
sh 10　梭儿胡

例(正299　20):她爱玩<u>梭儿胡</u>

注 - 梭儿胡(suōr hú):一种用硬纸制成的博戏之具。印有各种点子、图案或文字,形式多样,用法各异。玩法与麻将牌可能有某种相通之处。

T 部

tang
th 01　糖瓜、关东糖

例(正297　08):大街上有多少卖<u>糖瓜</u>与<u>关东糖</u>的呀

注 - 糖瓜、关东糖(táng guār、guān dōng táng):腊月二十三祭灶用的供品,上完供即分吃。麦芽糖(饴糖)制成,二者其实是同质,仅形状不同:糖瓜椭圆状,长径约二寸许,中有不规则的空腔;关东糖条状,长约四寸,约手指粗细,形略扁。"瓜"字儿化。

tong
th 02　通天扯地

例(正371　05):王掌柜可讲规

矩,还穿着通天扯地的灰布大衫

注－通天扯地(tōng tiān chě dì):京俗语,此处形容布衫之长。参阅cz30条。今无此说法。

W 部

wan

wh 01　万

例(无286 03):去年他汇回四十万块钱去

注－万(wàn):此处是指1949~1954年间中国的币值单位。1955年进行了币制改革,原一万元作一元;而原著此篇写于1953~1954年,所以此处的"四十万块钱"即40元。当时这是不小的一笔钱,五六十年代北京市的最低生活费用标准为每人每月6~8元。

wu

wh 02　无风三尺土

例(正365 03):假若北京都属他管,就不至于无风三尺土了

注－无风三尺土(wú fēng sān chí tǔ):旧时京人形容北京市容曰:"无风三尺土,下雨一街泥"。"尺"字阳平。

X 部

xi

xh 01　西庙

例(正374 12):姑母带着"小力笨"从西庙回来

注－西庙(xī miào):旧京东西城两个主要庙会地点为隆福寺与护国寺,分别称为东庙、西庙。

xh 02　洗三

例(正333 01):明天洗三,七姥姥八姨的总得来十口八口儿的

注－洗三(xǐ sān):婴儿出生第三天,要为其洗澡并举行一种仪式,称为"洗三"。此民俗广泛存在于全国多地,而旧京旗人尤其重视。

xia

xh 03　瞎

例(无364 25):打仗是拼命的事,瞎商议什么

注－瞎(xiā):京俗语,此处意为"盲目、胡乱、无必要的"。动词之前多可加"瞎"字,如瞎说、瞎跑、瞎想、瞎掰(胡说,或指无意义的事儿)等,以示对此动

词的否定；某些名词或形容词之前也可加"瞎"字，如瞎话、瞎事儿（事不谐，或不靠谱的事儿）、瞎忙等，以示对此名词或形容词的否定。

xh04　吓唬事

例（正299　04）：我每一想起什么"虚张声势"、"吓唬事"等等，也就不期然而然地想起大姐的婆婆来

注－吓唬事（xiā huo shè*r）：也作"瞎虎事"。什么虚张声势、拿着鸡毛当令箭、一点儿事瞎诈庙、胡搅蛮缠、没理搅三分等，均在此词含义范围内。"吓"字阴平，"唬"字读 huo，轻声。

xian

xh05　先偏

例（正393　16）：炒麻豆腐……二锅头、乃至于酱鸡，对不起，全先偏过了

注－先偏（xiān piān）：将要、或已吃过饭者，对尚未吃饭的来客所说的客套话，京人习用说法，也简说为"偏了"。参见《卷一·p14》条。

xie

xh06　歇歇

例（无264　12）：都歇歇吧！要抽烟的可以到洞子里去

注－歇歇（xiē xier）：京人口语读音，后一"歇"字儿化，轻声。参见《卷一·x43～x45》条。

xin

xh07　信仰

例（正380　26）：多老二也并摸不清基督教的信仰是什么

注－信仰（xìn yǎng）：信仰是人类特有的心理现象，是人对自身之外的物质或者精神的绝对信任和依赖。详见《附录叁－110》条。

Y 部

ya

yh01　压得住台

例（正315　05）：必须格外出色，才能压得住台

注－压得住台（yā de zhù tái）：京俗语，指需在某些方面格外出众，才能使众人宾服（旧式京语，折服、心服口服），遂不致变生事端也。

yang

yh 02　杨村糕干

例（正368 23）：母亲只好去找些<u>杨村糕干</u>，糊住我的小嘴

注－杨村糕干（yáng cui gāo gen）：杨村位于京津之间，该地所产之糕干有名。糕干又称糕干粉，系旧时婴儿食品，以米粉加糖焙熟制成。

yh 03　洋粉（等）

例（正344 22）：香烛店也陈列着<u>洋粉</u>、<u>洋碱</u>，<u>与洋沤子</u>……"换<u>洋取灯儿</u>"

注－洋粉（等）（yáng fěn 等）：旧时舶来品名称前往往加一"洋"字，以示与国货有别。详见《附录叁－111》条。

yh 04　羊肉床子

例（正319 11）：像王老掌柜与<u>羊肉床子</u>上的金四把叔叔

注－羊肉床子（yáng ròu chuáng zi）：旧京称羊肉铺为"羊肉床子"。京中羊肉是挂起来卖，柜台两侧竖有立柱，顶一横梁，下悬铁钩，整片羊肉吊在钩上。从正面看，这一套东西有点像老式的有门围子的架子床，故名。

yh 05　羊肉酸菜热汤儿面

例（正333 03）：然后是<u>羊肉酸菜热汤儿面</u>，有味儿没味儿，吃个热乎劲儿

注－羊肉酸菜热汤儿面（yáng ròu suān cài rè tā~r miàn）："热汤儿面"参阅《卷一·r07》条；此处加上酸菜，就不是那个做法了。是将足量酸菜略加煸炒，加多量水煮熟后再以少量的羊肉"喂余儿"，调至够咸，以此为卤浇在面上。这是穷人家吃法，一碗面也不见得摊上一片儿肉。

yh 06　洋务、汉奸

例（正381 18）：李鸿章懂<u>洋务</u>，可是大伙儿管他叫<u>汉奸</u>

注－洋务、汉奸（yáng wu、hàn jiàn）：洋务是清后期"洋务运动"的简说。李鸿章是该运动之魁首，1901年因主持签订了《辛丑条约》而被斥为"汉奸"。详见《附录叁－112》条。

yh 07　洋绉

例（正356　19）：去欣赏燃放花盒，把<u>洋绉</u>马褂上烧了个窟窿

注－洋绉（yáng zhòu）：绉是一种带有皱纹的高档丝织品；此处"洋绉"指清末从英国进口的羽纱类纺织品，价格昂贵。当时以能穿这种面料的服装炫耀于人。以致有"洋绉眼"（势利眼）之说（参见《卷二·yx 12》条）。

yi
yh 08　义和团

例（正369　21）：我们听见了"义和拳"（后来改为<u>义和团</u>）这个名称

注－义和团（yì hé tuán）：义和团作为一个群众组织，最早于1898年在河北山东交界处的冠县起事。详见《附录叁－113》条。

yh 09　一死两拉倒

例（无362　10）：我们是要敌死我活，不是<u>一死两拉倒</u>

注－一死两拉倒（yì sí liǎng lā dǎo）：旧京下层常用词，表示自己敢玩儿命，流露出流氓无产者的心态。

yh 10　一眼不到就……

例（无323　07）：好像老师看着一群小学生似的，惟恐<u>一眼不到就</u>出毛病

注－一眼不到就……（yì yǎn bú dào jiù…）：京人常用说法，标榜有多操心劳神，一旦没照顾到就会出各种问题。"不"字阳平。

ying
yh 11　影响

例（无320　23）：教最好的，像功臣和模范，发挥出最好的<u>影响</u>

注－影响（yíng xiǎng）：这是二十世纪五六十年代最常用的新生词汇之一，那时大家要时时想到自己的言行有什么影响不好。此处句中"影响"一词为名词，是早期用法，后更多作动词用。"影"字阳平，"响"字轻声。

yong
yh 12　甬路

例（正420　10）：<u>甬路</u>很高，有的地方比便道高着三四尺

注－甬路（yǒng lu）：此词在《现代汉语规范词典》中注为"院落、公园、住宅小区中或其他场所用

砖石等砌成的道路",但原著此处是早期说法,指马路。详见《附录叁-114》条。

Z 部

za

zh 01　咂裹

例(正 370　20):我正在屋中半醒半睡、半饥半饱,躺着咂裹自己的手指头

注－咂裹(zā guo):京俗语,指婴儿小嘴吸吮奶头的动作。"裹"字之读音介于 guo、gu 之间,轻声。

zh 02　咂壶

例(无 367　20):在他身上,没有满装烧酒的咂壶

注－咂壶(zā hú):一种直接对嘴儿喝的小茶壶(参见《卷二·zx01》条)。此处是指一种扁长形的金属酒壶,螺旋瓶盖可密封。

zan

zh 03　咱们哥儿们

例(正 330　16):咱们哥儿们没作过一件过分的事

注－咱们哥儿们(zám gēr men):京人单数第一人称的一种常见说

法,这种说法暗含着几分自我夸耀之意。注意这里"咱们"一词实际是连读。

zhai

zh 04　债主子

例(正 302　02):对债主子们,她的眼瞪得特别圆,特别大

注－债主子(zhài zhǔ zi):"主子"是京人尤其是旗人对主人的习用尊称;另有"主儿"一词,既可以作为主子的同义词使用,也可泛指某个人。原著此处"债主子"的用法有点特别,一般是说"主儿",用"主子"一词是特意强调债权人的优势地位。

zhan

zh 05　站不住脚儿

例(正 419　06):这儿是教堂,站不住脚儿

注－站不住脚儿(zhàn bú zhù jiǎor):旧京之人说话讲究圆滑客气,尽量不得罪人;此说法即"别在这儿待着"之意。原著此处写的是一个狐假虎威的无赖,轰比他地位更低下的人。但那时地痞流氓说话也还懂得收敛,不若今之直白。

zhao

zh 06　招翻了

例（正316 22）：不论自己吃多大的苦，也比把大姑子**招翻了**强的多

注－招翻了（zhāo fān le）：（因某事而将某人）惹急翻脸了。"翻"字儿化。"翻了"一说出自满语，详见《卷一·f07》及《满蒙语汇壹－14》条。

zhei

zh 07　这路事

例（无311 10）：一辈子，能赶上几回**这路事**呢

注－这路事（zhèi lu shè*r）：现一般会说书面语意味更重的"这类事"。"路"字轻声。

zhen

zh 08　震心

例（正385 20）：见了他便牧师长，牧师短，叫得**震心**

注－震心（zhèn xin）：京俗语，谓所言令人激动不已。参见《卷一·z81》条。

zheng

zh 09　争口气

例（无280 01）：打仗不是为自己**争口气**，是为了祖国的光荣

注－争口气（zhēn kǒu qì）：褒义时是指努力做好某事，以取得相应的褒奖与荣誉；贬义时可指无谓的争强斗胜，非得压过别人一头不可。京谚有"不蒸馒头争口气"之说，其义在可褒可贬之间。

zhi

zh 10　知识分子习气

例（无327 19）：他已脱尽**知识分子**的**习气**，把自己锻炼成个爽爽朗朗，心口如一……的人

注－知识分子习气（zhī shi fēn zǐ xí qi）：自二十世纪五十年代起，对知识分子有些不全面的评价，认为知识分子都是心口不一。

zh 11　知识分子儿

例（无278 07）：省得他拿我当**知识分子儿**……你的话，他听着入耳

注－知识分子儿（zhī shi fēn zě*r）：京语儿化音用于细小轻薄之物，此处用儿化音表明对知识分子的鄙视。此种思潮在改革开放后逐渐消退。

zh 12　直入公堂

例（正327　02）：怪不得英法联军**直入公堂**地打进北京，烧了圆明园

注－直入公堂（zhí rù gōng táng）：此处意指大摇大摆、如入无人之境。此词另可参见zz 79条。

zuo

zh 13　坐坐

例（无262　11）：**坐坐**，班长！桥还没搭好呢

注－坐坐（zuò zuo）：京人邀路过的友人暂歇聊会儿天时多会这样说。后一"坐"字轻声，也可儿化读为zuor。

话剧剧本词条

话剧剧本收取自1950年至1959年较具代表性的作品,计有:《方珍珠》(1950年)、《龙须沟》(1951年)、《一家代表》(1951年)、《茶馆》(1957年)、《红大院》(1958年)、《女店员》(1959年)、《全家福》(1959年)共七篇;五十年代以前的剧作因现已鲜有人知,影响面较窄,故未予收录。

A 部

ai

剧 a01　挨一通儿雷

例(女07　16):我回家一说考上了女售货员……要不<u>挨一通儿雷</u>才怪

注－挨一通儿雷(āi tù~r léi):京俗语,谓劈头盖脑地挨一顿呲嗒(cī de 京俗语,斥责)。京语讲究轻灵流畅,在口语中当说得较快时,"挨一"两个字因前字的韵母 i 恰与后字同音,所以两个字连起来读成一个音了。"通"字去声,儿化。

B 部

ba

剧 b01　八宗艺

例(全104　15):真是一人学会了八宗艺呀

注－八宗艺(bā zōng yì):京俗语,多种技能。

剧 b02　拔尖

例(方31　11):方大哥老处处<u>拔尖</u>

注－拔尖(bá jiār):不愿与周围人平起平坐,处处老想高别人一等。"尖"字儿化。

剧 b03　霸道

例(全146　23):光是保甲长的<u>霸道</u>,就整我个半死

注－霸道(bà dou):见《卷一·b14、b15》条。"道"字读 dou,轻声。

bai

剧 b04　白瞪眼

例(一420　02):那我就该<u>白瞪</u>

眼，一声都不出

注－白瞪眼（bái dèng yǎr）：京人习用说法，此处谓对所发生的事态干看着，毫无举措。"眼"字儿化。

剧 b05　白活这么大

例（方19　14）：师爷爷来了，你都不过来行个礼，<u>白活这么大</u>

注－白活这么大（bái huó zhèm dà）：客人来家时，如果自家孩子对客人礼貌不周，家长往往这样斥责孩子。这类说法多出于京中下层人士。句中"这么"二字连读为 zhèm。

剧 b06　把火生上

例（红 625　23）：今儿一清早我就<u>把火生上</u>了

注－把火生上（bái huǒ shēng reng）：老舍先生的剧本，有时为了能让更多的人听懂台词，所以消减了北京方言的成分，此处即是这样的例子：京人口语都是说"燶火"（"燶"字也有写作"隆、笼"或"拢"的），此处说生火，普适性更强。"把"字读 bǎi，"上"

字读 reng，轻声。

剧 b07　白花蛇

例（方29　15）：我姓白，<u>白花蛇</u>，说相声的

注－白花蛇（bái huo shé）："白话舌"的谐音。京人谓只说空话不实干为白话（读 bái huo），加一舌字仍为此意；又用以指这样的人。此处是该相声演员用"白花蛇"作艺名。"花"字读 huo，轻声。参见《元曲语汇159》条。

剧 b08　白面

例（茶 543　03）：我改抽"<u>白面</u>"啦

注－白面（bái miàr）：毒品海洛因的俗称。"面"字儿化。

剧 b09　摆弄熟了

例（一 450　21）：那些文件都教他<u>摆弄熟了</u>

注－摆弄熟了（bǎi long shóu le）：京人习用说法，意谓将某物翻来覆去地反复摆弄，都快摆弄烂了。此处熟字不是熟悉之意，而是生熟的熟。"弄"字读 long，

轻声。参见《附录叁-115》条。

剧 b 10　摆设

例（一 428　20）：那些破洋书，没用**摆设**都应当拿开

注 - 摆设（bǎi she）：此处作名词用，指作为观赏的物品。此词还可以作动词用，意为陈设（物品）。

ban

剧 b 11　搬了走

例（方 48　08）：你看，人家张家黄家都**搬了走**，你就不打个主意

注 - 搬了走（bān liǎo zǒu）：京人口语说法，是对（已经）搬走的强调。

剧 b 12　板儿车

例（女 63　01）："大嫂，您的腿怎么啦？""练**板儿车**来着，碰了一下！"

注 - 板儿车（bǎr chē）：此处指人力货运三轮车。此物至二十世纪九十年代初仍是家庭及小型企事业单位的主力货运工具。

剧 b 13　半截儿

例（红 648　07）：大概行！没**半截儿**跑回来嘛

注 - 半截儿（bàn jiér）：京人习用说法，此处指（做某事的）中途。此词也可指谓（长条形）物体的一半儿。

剧 b 14　半瓶子醋

例（一 481　25）：**半瓶子醋**的人专会学新名词儿

注 - 半瓶子醋（bàn píng -i cù）：京俗语，形容底蕴不足而又好卖弄者。"子"字读 [ɿ]（国际音标）。

剧 b 15　办事处

例（红 623　24）：我得赶紧把昨儿开会的记录整理整理，好给**办事处**送去

注 - 办事处（bàn shi chù）：此处是指城镇区域范围内最低一级的政府机构，全称是"街道办事处"。"事"字轻声，说得快时读 r，是口型提示。

bang

剧 b16　帮帮

例（全109　10）："我帮帮你吧？"
"老奶奶坐着歇歇吧……"

注 – 帮帮（bāng be~r）：京人口语音，后一"帮"字读 be~r，轻声，儿化。

剧 b17　棒

例（龙144　17）：这太棒了

注 – 棒（bàng）：京语"棒"是从蒙语巴克什（bagši，bagš）转化而来，原意系指掌握某种技能者，义近于老师；在京语中汉化，转为指身体结实、或指某事物的状态好等肯定性含义。参见《满蒙语汇壹 –05》条。

bao

剧 b18　包圆儿

例（茶566　15）：我要组织一个"拖拉撕"。这是个美国字，也许你不懂，翻成北京话就是"包圆儿"

注 – 包圆儿（bāo yuár）：京俗语，谓全部买下（某种商品）；有时引申指全部承担（某种责任）。

剧 b19　保准

例（茶541　14）：我给你说说看，行不行可不保准

注 – 保准（báo zhǔn）：京俗语，谓保证、肯定（对某事有把握）。

剧 b20　抱脚儿

例（龙164　20）：您看，这双鞋还真抱脚儿

注 – 抱脚儿（bào jiǎor）：京俗语，谓鞋穿着合适。

bei

剧 b21　北衙门

例（茶523　18）：看样子他们是北衙门的办案的

注 – 北衙门（běi yá men）：指负责维持京城治安的步军统领衙门。衙门在帽儿胡同（位于京城北部），习称北衙门。

ben

剧 b22　本家赏钱

例（茶585　26）：四角儿的跟夫，本家赏钱一百二十吊

注 – 本家赏钱（běn jiār shǎng qián）：原著此处是"照老年间出殡的规矩喊"。"赏钱"一词的

"钱"字，一般情况下读轻声，强调的是"这一笔钱"但此处读本音"这件事"。另：关于赏钱的规矩与当时币值可参阅 bz02 及《附录叁-15》条。

剧 b23　奔奔

例（龙 121　01）：你该出去<u>奔奔</u>，午饭还没辙哪

注-奔奔（bèn ben）：此处意指出去找活干（好挣钱有饭吃）。后一"奔"字轻声。

beng

剧 b24　磅子儿没有

例（龙 116　23）：你一出去一天，回来<u>磅子儿没有</u>

注-磅子儿没有（bèng zě*r méi yǒu）：京俗语，谓一点钱也没有。"磅子儿"即后来所谓的钢镚儿。此词应产生于清末小面值金属辅币（圆形无孔）出现之后。过去有方孔的铜钱不在这种称呼范围内。"磅"字读 bèng。

bi

剧 b25　鼻子不是鼻子，眼睛不是眼睛

例（方 18　03）：你看她那个劲啦味啦的，<u>鼻子不是鼻子，眼睛不是眼睛</u>

注-鼻子不是鼻子，眼睛不是眼睛（bí zi búr bí zi, yǎn jing búr yǎn jing）：京人习用说法，指斥对方脸色不谦和恭顺。句中两个"不是"均连读 búr，两个"睛"字均轻声。

剧 b26　闭闭眼就过去了

例（茶 530　01）：我有不周到的地方去，都肯包涵，<u>闭闭眼就过去了</u>

注-闭闭眼就过去了（bì bì yǎn jiu guò qi le）：京人习用说法，意谓宽容、包涵，与"高抬贵手"义同，但更江湖气一些。"去"字读 qi，轻声。

biao

剧 b27　鳔上

例（方 51　09）：小红芬<u>鳔上</u>了一位大官上了上海，坐飞机走的

注-鳔上（biào）：京俗语，指谓紧紧黏贴住（某人），多用于贬义处。"鳔"字现多作"膘"。参见《附录叁-116》。

bie

剧 b28　憋得慌

例（茶563 20）：你出不来气，我还<u>憋得慌</u>呢

注 – 憋得慌（biē dou hong）：憋气。"得慌"详见《卷一·g13》条。

剧 b29　别提

例（全93 18）：母子俩呀寸步不离，<u>别提</u>多么亲热啦

注 – 别提（biē tí）：京语习用说法，一般与"多、多么"联用，用以强调其所形容的程度之甚。"别"字阴平。

剧 b30　憋在肚子里是块病

例（全146 15）："……我把憋在肚子里十多年的话都说出来吧！" "<u>憋在肚子里是块病</u>！"

注 – 憋在肚子里是块病（biē zei dù zi li shì kuái bìng）：京俗谚，谓有话不吐不快。"在"字读 zei 轻声，"里"字轻声。先贤俞敏先生总结出一条京语语音规律："双去声连读时，前一字变调阳平。"所以这里"块病"二字连读时，"块"字变调阳平。

bing

剧 b31　冰凉棒硬

例（红669 09）：咱们那个老月亮<u>冰凉棒硬</u>

注 – 冰凉棒硬（bīng liáng bàng yìng）：京俗语，形容物体冷硬。

bu

剧 b32　不大老好

例（龙146 02）：可是呀，他们也有<u>不大老好</u>的地方

注 – 不大老好（bú de láo hǎo）：京人习用说法，谓美中不足。"不"字阳平；"大"字读 de，轻声；"老"字阳平。

剧 b33　不是

例（龙118 25）：我说今儿个又得坐蜡<u>不是</u>

注 – 不是（bú r）：京人习用说法，此为反诘式肯定句，表示肯定意。详见《卷一·b76》条。"不"字阳平；"是"字读 r，是口型提示；说得快时连读为 búr。

剧 b34　不是……吗

例（茶575 10）：<u>不是</u>今天我另有差事<u>吗</u>

注－不是……吗（bú r … me）：京人习用说法，即所谓反诘式肯定句。详见《卷一·b76》条。那里的"不是"二字用于句尾，不用加"吗"字；此处用于句首，就要在句尾处以一个"吗"字相呼应。"不"字阳平；"是"字读 r，是口型提示。

剧 b35　不是您哪

例（龙 129　04）：**不是您哪**，黑旋风的命令

注－不是您哪（bú r nín na）：这是婉转地反驳对方所说时的一种说法，"您哪"二字冲淡了"不是"二字的突兀口吻。说得快时"不是"二字连读为 búr。

剧 b36　不是呀

例（龙 169　04）：**不是呀**！你们男人要是都会买东西，要我们女人干什么呢

注－不是呀（búr e）：不赞同对方所言时的应答，没有上例那么婉转。"不是"二字合读为 búr，阳平，儿化；"呀"字读音介于 e、a 之间，很轻的轻声。

剧 b37　不送

例（一 417　17）：咱们再见！**不送**

注－不送（bú sòng）：京俗，客人临走时主人要送至门口，客人要回身辞谢，口中说"请留步"，下层人士多是说更直白的"不送"。"不"字阳平。

剧 b38　不送您啦

例（女 78　02）："……志芳，快忙你的去吧！""好！就**不送您啦**，大妈！"

注－不送您啦（bú sòng nín le）：接着上条所说，客人儿番辞谢、主人儿番坚持送客，终须一别时，主人会说"不送您啦"，这才转身回去。"啦"字读 le。

剧 b39　不照面儿

例（龙 117　19）：可是你有钱没钱也应该回家呀，总**不照面儿**不是一句话啊

注－不照面儿（bú zhao miàr）：不露面，是该来而不来的意思，有轻微指责意。"不"字阳平。

剧 b40　不……把我……

例（龙169 18）：给我四万块钱！**不**赔五千，赶明儿你填老沟的时候，**把我**一块儿埋进去

注 - 不……把我……（bù……bái wǒ…）：京人赌咒发誓的一种说法，表示保证某事将一定会如何，是反诘式肯定句。"把"字读 bái，阳平。

剧 b41　不比你知道的多

例（龙109 16）：姑娘人家，少说话，四嫂**不比你知道的多**

注 - 不比你知道的多（bù pí nǐ zhī dou de duō）：反诘式肯定句，是"难道（我）不比你知道得多"的简说。"比"字读 pí，阳平，更土点儿读 píng（本应读上声，但因"上声连读"，变调阳平）；"道"字读 dou，轻声。

剧 d42　不搭调

例（茶542 19）：这个年月还值得感谢！听着有点**不搭调**

注 - 不搭调（bù dā diào）：京俗语，意谓（与目前所言或所行之事）不着边际、不相关。此词一般用于否定性意义句中。

剧 b43　不得烟儿抽

例（龙129 10）：好人抬头……**不大得烟儿抽**，是不是

注 - 不得烟儿抽（bù dé yār chou）：京俗谚，意谓失势。"抽"字轻声。

剧 b44　不拉人屎

例（方25 14）：也没想到李将军那么**不拉人屎**

注 - 不拉人屎（bù lā rén shǐ）：京俗谚，谓品行恶劣，狗彘不如，是"什么屎都拉，就是不拉人屎"的简说。

剧 b45　不理会

例（方27 07）：你**不理会**，我可看得清清楚楚

注 - 不理会（bù lǐ huì）：不觉察，不以为意。

剧 b46　不着家

例（一426 01）：自从一解放，您简直**不着家**啦

注－不着家（bù zhāo jiā）：京人习用说法，对该回家而老不愿回家者最常见的指责。

C 部

cao

剧 c 01　草花儿

例（红 613 09）：大嫂，带他们去买点便宜的<u>草花儿</u>

注－草花儿（cáo huār）：京人对低档草本观赏植物的统称。

cha

剧 c 02　茶座儿

例（茶 564 20）：小丁宝在门口歪着头那么一站，马上就进来二百多<u>茶座儿</u>

注－茶座儿（chá zuòr）："座儿"在此处指（进入茶馆喝茶的）顾客。

剧 c 03　差不离儿

例（龙 153 01）："您这儿预备的怎么样啦？""都<u>差不离儿</u>啦……"

注－差不离儿（chà be lié*r）：京人习用说法，有"差不多、接近尾声、就快好了"等义。"不"字读 be，轻声。

剧 c 04　差点事

例（一 476 18）：就是我老家伙<u>差点事</u>

注－差点事（chà diǎr shì）：京俗语，是"能力较差、有某种不足、跟不上劲"等义。"点"字儿化，"事"字也可儿化。

剧 c 05　岔话

例（茶 528 08）：我要不分心，他们还许找不到买主呢！（忙<u>岔话</u>）松二爷，（掏出个小时表来）您看这个

注－岔话（chà ho）：京俗语，转移话题。"话"字读音介于 ho、hu 之间，轻声。

chang

剧 c 06　长远

例（方 75 04）：他说：共产党<u>长远</u>不了，国民党就快打回来

注－长远（cháng yuan）：专用于形容时间长久，不用于空间。"远"字轻声。

剧 c07　厂甸

例（全91 13）：前些日子，不是逛<u>厂甸</u>把孩子丢了

注－厂甸（chǎng diàr）：北京地名，毗邻著名的琉璃厂。此处"厂"字指琉璃厂，"甸"字要儿化。"甸"字是地名常见附字，如：桦甸（在吉林）、中甸（在云南）等。另：北京西北郊有地名海甸，以之为中心，规划为海淀区，著名的中关村高新技术产业开发区即在该区。按：此处海淀之"淀"字，实系"甸"字之讹；现以讹传讹，似遂成定论矣。笔者此说绝非臆测，兹有老舍先生《骆驼祥子》一书第四节为证："祥子在海甸的一家小店里躺了三天。"甸字传承有序，辞义确凿，如《左传·襄公二十一年》："将逃罪罪重于郊甸。"杜预注："郭外曰郊，郊外曰甸。"而"淀"字意指"浅水湖泊"，《玉篇·水部》："淀，浅水也。"写为"海淀"倒也说得通（海甸地区过去多有浅水湖泊），但这是将传承有序的历史地名无端擅改了。甚至有人可能是有复古情结，或为显博学要写繁体字，将"淀"字写为繁体的"澱"（义为"液体中没有溶解的物质"，即所谓沉澱），令人观之哭笑不得。

chao

剧 c08　嘲嘈

例（方68 09）：他的事情够多的了，我不愿再<u>嘲嘈</u>他

注－嘲嘈（chào chou）：用话语干扰打搅。前"嘲"字读 chào，后"嘈"字读 chou。

che

剧 c09　车当当

例（茶570 09）：<u>车当当</u>敲着两块洋钱，进来

注－车当当（chē diāng ding）：旧时之有轨电车鸣笛示警，是由驾驶员脚下踩动一个踏板，带动车体内的一个铜铃，发出 diang diang 之声，故习称之为 diāng diāng 车。此处之"车当当"是原著剧作中的一个以贩卖现洋为业者之绰号，因其手中时时敲击两块现洋以招揽顾客，类似电车的当当声，故以得名。说得快时后"当"字读 ding，轻声。贩卖现洋一事

参见剧m05条。

chen

剧c10 抻

例(方84 11)：爸爸唯恐饿死个老不要脸的! **抻**

注 - 抻(chèn r d)："抻是的"之略写，此处表示不满之意。详见cz40、cz41条。

剧c11 抻

例(龙120 02)：不喝碗茶呀? **抻**，您办的是官事，不容易

注 - 抻(chèn r d)："抻是的"之略写，表示感慨之意。详见cz40、cz41条。

剧c12 抻是的

例(全93 03)：**抻是的**，谁见过当巡捕的给老街坊挑水呢

注 - 抻是的(chèn r d)：此处表示感慨之意，这是全写。参见cz40、cz41条。

cheng

剧c13 成天际

例(龙112 19)：就拿四嫂说，丁四**成天际**不照面

注 - 成天际(chěng tiān jin)：京俗语，谓"整天的(如何)"。"成"字读音介于chěng、zhěng之间，上声；"际"字读音介于jin、jie之间，轻声。

剧c14 惩治

例(一433 06)：咱们的政府保护好人，**惩治**恶人

注 - 惩治(chěng zhi)：京人口语读音。"惩"字读音介于chěng、zhěng之间，"治"字轻声。

chi

剧c15 吃不了兜着走

例(龙115 19)：多咱他们欺负到我头上来，我教他们**吃不了兜着走**

注 - 吃不了兜着走(chī be liǎo dōu r zǒu)：京俗谚，威胁用语，警告对方，表示要将其整得很惨。"不"字读be，"着"字读r，是口型提示。

剧c16 吃点喝点老三点

例(茶575 23)：活着还不为**吃点喝点老三点**吗

注 - 吃点喝点老三点(chī diar hē diar lǎo sān diǎr)：吃喝嫖赌，嫖

列第三位。此应系当时之俗语，重点在于隐含的"嫖"字上。三个"点"字均儿化，前两个轻声。

剧 c17　吃豆儿攒屁

例（方 18　20）：他呀，还不是进一个花一个，<u>吃豆儿攒屁</u>

注－吃豆儿攒屁（chī dòu zǎn pì）：京俗谚，谓人生活不节俭，攒不下钱。

剧 c18　吃小馆儿

例（一 464　25）：我请你们俩去<u>吃小馆儿</u>好不好

注－吃小馆儿（chī xiáo guǎr）：旧时京人请人吃饭的常用语，隐含有自谦之意，哪怕是上大饭庄也要说"小馆儿"，显得不张扬。

chong

剧 c19　冲

例（女 11　24）：想去试试，劲头儿就来的不<u>冲</u>

注－冲（chòng）：来势汹涌（此处"不冲"当然就是不汹涌）。京语中此字还另有"优秀、棒"等意，且在说到某人或某事"真冲"时，一般会含有羡慕之情。

chou

剧 c20　抽抽

例（女 31　09）：我要是把袜子弄脏了，弄<u>抽抽</u>了

注－抽抽（chōu chou）：京俗语，某物比原来体积变小了谓之"抽抽"，此处指纺织品的缩水。后一"抽"字轻声。详见《附录叁－117》条。

剧 c21　稠嘟嘟

例（龙 167　10）：不像先前沏出茶来<u>稠嘟嘟</u>的像面汤

注－稠嘟嘟（chóu dū dū）：京俗语，形容液体黏稠状。

chu

剧 c22　出把子力气

例（红 658　08）：就得<u>出把子力气</u>，找点重活儿干

注－出把子力气（chū bǎ zi lì qi）：京人习用说法，意指干活出实力，不取巧耍滑。"气"字轻声。

剧 c23　出毛病

例（一 416　09）：要不是遇上我呀，哼，非<u>出大毛病</u>不可

注－出毛病（chū máo bing）：京

俗语，指谓出纰漏、出问题。"病"字轻声。

剧 c24　出门没挑好日子

例（茶526　03）：我也得罪了他？我今天<u>出门没挑好日子</u>

注－出门没挑好日子（chū mé*r méi tiāo hǎo rì zi）：京俗谚，意谓诸事不顺遂，该着倒霉。"门"字儿化。

剧 c25　出脱

例（方63　14）：不是你，我早把那个小丫头片子<u>出脱</u>了

注－出脱（chū tuo）：出手、卖出。此词并非京语，但过去京人常有此说法，今已罕闻。"脱"字轻声。

剧 c26　出息

例（方19　19）：<u>出息</u>得多么好哇！来，我细看看你

注－出息（chū xi）：京俗语，多作为名词，指（将来能）前途显赫；此处是作为动词用，指女孩子成长发育（越来越漂亮）；也可作形容词用，褒扬某人（长得）漂亮。"息"字轻声。

chuan

剧 c27　穿章打扮

例（茶588　16）：有的说，有的唱，**穿章打扮**一人一个样

注－穿章打扮（chuān zhang dá ber）：京人习用说法，指衣着样式。"章"字轻声，"打"字阳平，"扮"字介于 ber、bar 之间，轻声，儿化。

剧 c28　串串

例（红602　14）：有钱没钱的，到百货大楼去**串串**，心里也痛快

注－串串（chuàn chun）：京人一般多说"逛逛"（"逛"指到繁华地带，如到人迹稀少的郊外则说"遛遛"）。后"串"字读 chun，轻声。

chuang

剧 c29　闯丧

例（龙150　01）：嗨！你又上哪儿<u>闯丧</u>去

注－闯丧（chuàng sāng）：也作"撞丧"，参阅 zz 99 条。

chui

剧 c30　吹灯

例（方13　11）：去年冬天差点<u>吹</u>

了灯

注 – 吹灯（chuī dēng）：京俗语，谓死了。参见《附录叁 – 118》条。

ci

剧 c 31　此处不留爷，自有留爷处

例（一 412　11）：连我都替他难受嘛！可是，<u>此处不留爷！自有留爷处</u>

注 – 此处不留爷，自有留爷处（cǐ chù bù liú yé, zì yǒu liú yé chù）：京俗谚，当对某事不再抱指望、决定离去时所说；但难免也有点儿"酸葡萄"心态。二十世纪三四十年代国统区还有"此处不留爷，自有留爷处；处处不留爷，大爷投八路"之说，反映出民众对当时政府的不满与失望。

剧 c 32　刺（扎）心窝子

例（方 74　04）：您的话才厉害呢！<u>刺（扎）心窝子</u>

注 – 刺（扎）心窝子［cì（zhā）xīn wō zi］：京俗语。京人说扎心窝子，意谓"使人感到痛心"。原著这里写为"刺（扎）"的形式，是为了向非京籍的读者注明"扎"即是刺"之意。

剧 c 33　伺候不着

例（红 603　07）：六嫂，<u>伺候不着</u>！你太老实了

注 – 伺候不着（cì ou be zháo）：京人习用说法，因对某人不满而表示"不管他的事情"。说得快时，"候"字失去声母，读 ou 轻声。

cuan

剧 c 34　氽子

例（龙 108　11）：我找<u>氽子</u>去

注 – 氽子（cuān zi）：习说"氽儿"，一种快速烧开水的炊具。详见《附录叁 – 119》条。

cun

剧 c 35　存在心里是块病

例（方 61　07）：今天咱们把事情说明白了倒好，<u>存在心里是块病</u>

注 – 存在心里是块病（cún zei xīn l shi kuai bìng）：京俗谚，谓不吐不快。"在"字读 zei，轻声；说得快时"里"字读 l，是口型提示；"是块"二字轻声。

cuo

剧 c 36　搓

例（方 17　14）：姑娘过了十四，

不**搓**出去就蘑菇

注－搓（cuō）：用簸箕收集（灰土一类的松散状物）。现一般写作"撮"。句中"搓出去"是嫁出去的贬义说法。"蘑菇"一词系京俗语，意谓麻烦。参见《卷二·mx26》条。

剧 c37　挫磨

例（方 59　21）：咱们**挫磨**她，掰开揉碎的挫磨她

注－挫磨（cuó me）：京俗语，凌辱、折磨。"磨"字读 me，轻声。

剧 c38　错了管打来回

例（方 08　16）："是二叔啊？""**错了管打来回**！喝，你们都长这么大啦……"

注－错了管打来回（cuò le guán dǎ lái hué*r）：旧京下层人士的俏皮话，应是源于车夫所说，意为"如果错了，我不要钱再给您拉回来"，以此保证绝对没有错。"管"字阳平，"回"字儿化。

D 部
da

剧 d01　搭拉

例（红 654　18）：可是再一听……他的脸就**搭拉**下来了

注－搭拉（dā la）：京俗语，谓长形物体下垂貌（主要用以形容柔性的物体），现一般写作"耷拉"。但也不一定非得是指长形的物体，如本条就是说"脸耷拉下来了"。"拉"字轻声，也读为 leng。见《满蒙语汇叁－34》。此词也见于元曲中，参见《元曲语汇 132》条。

剧 d02　搭情

例（红 602　09）：今儿个又扫地哪？谁**搭**你的**情**啊

注－搭情（dā qié*r）：现一般说"领情"。"情"字儿化。

剧 d03　打扮

例（茶 534　02）：好好地一**打扮**、调教，准保是又好看，又有规矩

注－打扮（dá ber）：京语口语音，"打"字阳平；"扮"字读 ber，轻

声，儿化。此处是为动词，但此词也可作名词用，如"瞧她那身打扮"，指服饰。

剧 d04　打哪儿

例（方 69　15）：太多了，多得教我不知**打哪儿**作好

注 - 打哪儿（dá nǎr）：京人习用说法，谓"从何处来、从何处开始（做某事）"。"打"字阳平。另有一说法"起（读为 qiě 或 jiě）哪儿"，与此义同。

剧 d05　打水漂儿

例（红 602　23）：有钱**打了水漂儿**，也不借给懒人

注 - 打水漂儿（dá shuǐ piāor）：原意是指用片状的小石头以接近于地平的角度向水面投出，看其在水面上能数次跳动的一种游戏；引申指投资失败，谓"钱打水漂了"。但此处用法略有不同，意指"把钱白扔掉（也不如何）"。

剧 d06　打

例（红 628　21）：我那个小胖胖**打**昨晚上就有点不舒服

注 - 打（dǎ）：此处意为"从（何时）开始"。详见《满蒙语汇叁 - 35》。

剧 d07　打蹦儿

例（一 458　16）：同学们都乐得**打蹦儿**呢

注 - 打蹦儿（dǎ bè~r）：现在都是说"撂蹦儿"。

剧 d08　打价儿

例（龙 169　09）：卖衣裳的一张嘴，就要四万五，**不打价儿**

注 - 打价儿（dǎ jiàr）：讨价还价。

剧 d09　打牙逗嘴

例（方 59　13）：跟我**打牙逗嘴**的，我受得了吗

注 - 打牙逗嘴（dǎ yá dòu zuǐ）：语言上不顺从，句句话都对着来。

剧 d10　打夜班

例（红 641　21）：今儿个夜里得**打夜班**

注 - 打夜班（dǎ ye bār）：即上夜班。但上白班不说打白班，"打"字在此属特殊用法。"夜"字轻声。

剧 d11　打杂儿跑腿

例（方 69 12）：您当校长，我来**打杂儿跑腿**

注 - 打杂儿跑腿（dǎ zár páo tuě*r）：此处是一种自谦说法，意为做助手。"跑"字阳平，"腿"字儿化。

剧 d12　打着鸭子上树

例（一 445 21）：唉，这不是**打着鸭子上树**吗

注 - 打着鸭子上树（dǎ r yā zi sháng shù）：现在说"赶着鸭子上架"。"着"字读 r，是口型提示；"上"字阳平。

剧 d13　大

例（一 412 14）：校长的薪水本来不很**大**

注 - 大（dà）：薪水大小是旧京的说法，现在说工资多少。

剧 d14　大估摸

例（龙 120 04）：**大估摸**一家得出多少钱呢

注 - 大估摸（dà gong me）：京俗语，谓大概其、约莫（多少）。"估摸"二字读 gong me，轻声；有人（可能是故意的）读为 gōng mǔr。另见《元曲语汇 133》条。

剧 d15　大姑娘

例（全 126 08）：怕这里光有老爷儿们。这里也有**大姑娘**

注 - 大姑娘（dà gū niang）：京人对年轻女子主要是未婚女子之泛称。

剧 d16　大姑娘

例（方 88 17）：你好哇，**大姑娘**

注 - 大姑娘（dà gu niang）：京人对别人家女子之称谓。详可参阅《卷一·d25》条。

剧 d17　大了去啦

例（方 69 12）：我的心愿**大了去啦**：我愿意办个曲艺学校

注 - 大了去啦（dà le qù le）：京人习用说法。这是极生动的说法：将简单的一个形容词"大"字化作动词，指谓其发展；却又将趋向动词"去"化为形容词，用以显示"大"，使其具有现在进行时

的性质。动词时态表现力差,是汉语被诟病的弱点;但从此例可见这个问题在京语某些句式中得到了较好解决。

剧 d18 大令

例(茶557 16):"**大令**"进来:二捧刀——刀缠红布——背枪者前导,手捧令箭的在中,四持黑红棍者在后。军官在最后押队

注 – 大令(dà lìng):二十世纪二十年代军阀混战时期,对军阀派出专人追杀逃兵者的一种习用称谓(具体情况原著已述明)。对抓住的逃兵,大令有权处决,一般是当场斩首。那是个无法无天的时代。

剧 d19 大碗茶

例(女19 07):玉娥的老爷爷是卖**大碗茶**的

注 – 大碗茶(dà wǎr chá):一种低档饮料,用劣等茶叶以大锅煮开后盛入大海碗,沿街摆开摊位叫卖。喝此茶者多为下层体力劳动者。冬天因天冷,此种方式不可行,就收摊不卖了。

剧 d20 大夏天的

例(龙169 14):我又一说:怎么**大夏天的**,上边晒得流油,下边踩着黑泥

注 – 大夏天的(dà xià tiār de):京人习用说法,"大"字是为了突出夏季之热;也可以说"大冬天的",那是为了突出冬日之寒;但不可以说"大春天的、大秋天的",因为春秋不冷不热。"夏"字也有人将尾音读成 xià in 两个音节,注意 in 不要按照读 yin 那样说完整音节,而是含混的轻轻带过;"天"字儿化。

剧 d21 大早起

例(方11 07):谁呀?**大早起**的就山喜鹊似的在这儿乱叫

注 – 大早起(dà zǎo r de):城里人一般照此标注读,"早"字含尾音 r,轻声含混带过;京郊有的地方读为 dà záo qiě*r,"早"字阳平,"起"字轻声儿化。

dɑi

剧 d22 呆不住

例(龙113 18):"…… 您坐这儿

歇歇吧！""不啦，我呆不住！"

注－呆不住（dāi bu zhù）：京人谢绝主人留客时的习用说法。"不"字轻声。

剧 d23　待会儿见

例（茶579 06）：好！待会儿见

注－待会儿见（dāi wur jian）："会儿"二字读为 wur，轻声；"见"字轻声。京人道别语的具体说法，参见本卷 gq01 条。

dan

剧 d24　担待

例（龙119 24）：巡长，您多担待，她小孩子，不懂事

注－担待（dàn dei）：客套话，义谓关照、包涵、宽容；另有担当、承受义。"待"字读 dei 轻声。此词元曲已有，参阅《元曲语汇134》条。

剧 d25　单牌楼

例（女81 10）：听说单牌楼要开个妇女粮店

注－单牌楼（dān pái lou）：原著写的是西城区之事，所以此处单牌楼指的应是西单牌楼。牌楼一词详见《附录叁-78》条。"楼"字轻声。

dang

剧 d26　当差的

例（茶525 04）：我说这位爷，您是营里当差的吧

注－当差的（dāng chāi de）：此处指旗籍军人。旗人适龄男子在清早期均为军人，至清末早不这样了。参见 dz44 条及《附录叁-134》条。

dao

剧 d27　倒霉蛋儿

例（全119 25）：我没怪你们，只怪我自己是个倒霉蛋儿

注－倒霉蛋儿（dào méi dàr）：京俗语，谓运气不佳，总是遇见倒霉事的人。

剧 d28　到而今

例（茶583 20）：我从二十多岁起，就主张实业救国。到而今……抢去我的工厂

注－到而今（dào ér jīn）：这是旧时口语说法，也说"现而今"；近年多用书面意味更重的"现在"一词。

de

剧 d29　得

例（茶533　19）：**得**！不管怎么说，我的铁杆庄稼又保住了

注－得（dé）：京人习用说法，是对某既成事实带有感叹性的认可（所以要附上感叹号），实际口语中多说为"得嘞"（dé lei）。

剧 d30　得啦

例（茶535　13）：**得啦**，一天云雾散，算我没白跑腿

注－得啦（dé lei）：旧时中下层京人常用说法，与上条义同。如写为"得嘞"，在语音上更准确些。

剧 d31　德胜门脸儿

例（龙 118　01）：打永定门一直转悠游到**德胜门脸儿**

注－德胜门脸儿（dé reng mén liǎr）："门脸儿"本指商店的门面，说到"城门脸儿"，是泛指城门内外一带。"胜"字说得快时读 reng，是口型提示。

剧 d32　德行

例（龙 120　06）：交不上捐你去坐监牢，**德行**

注－德行（dé xing）：京语常用词汇，现一般写作"德性"。用于指斥人品性不好、仪态不佳、作风败坏等。原著此处是对方所说的话（不愿上捐）表示鄙夷不屑。"行"字轻声。

deng

剧 d33　蹬三轮儿

例（茶577　02）：以后我倒许常来。我决定改行，去**蹬三轮儿**！

注－蹬三轮儿（dēng san lué*r）：京人将拉三轮车叫蹬三轮儿，三轮车夫叫蹬三轮的，叫车时直呼"三轮儿"。"三"字轻声。参见《附录叁－120》条。

剧 d34　等等

例（全114　07）：二叔！您稍**等等**说那个

注－等等（dé~r de~r）：京腔口语音。前"等"字阳平儿化；后"等"字轻声，儿化。

di

剧 d35　嘀咕

例（方 52　20）：你要是再来乱<u>嘀咕</u>，我会一头跟你碰死

注－嘀咕（dī gu）：本义是小声说悄悄话，原著此处是引申指胡言乱语伤人的话。"咕"字轻声。

剧 d36　底下人

例（茶 529　22）：哎哟！秦二爷……也没带个<u>底下人</u>

注－底下人（dǐ xie rén）：此处指仆役、跟包。"下"字读 xie，轻声；说得快时读 ie，是口型提示。

剧 d37　递包袱

例（茶 585　09）：该贿赂的，我就<u>递包袱</u>

注－递包袱（dì bāo fu）："袱"字轻声。"包袱"现在改说"红包"。

剧 d38　地道

例（茶 528　13）：您爱吗？就让给您……东西真<u>地道</u>

注－地道（dì dou）：原著此处指正宗。"道"字读音介于 dou、dao 之间，轻声。

剧 d39　地道

例（全 105　14）：他怎么知道咱们的事情？<u>地道</u>瞎扯

注－地道（dì dou）：此处意为完全、纯粹。与上条音同义异。

剧 d40　地面上咱们有人

例（方 10　07）：都有我呢！<u>地面上咱们有人</u>

注－地面上咱们有人（dì miàr r zám yǒu rén）：这是京人以之为荣，得（读为 děi）机会就愿向人炫耀的话。"地面"指自己势力范围所及的这一亩三分地儿；"有人"指官面儿上有人保护。如果再中有狐朋狗友协力，下有碎催听喝（hēr），那就是标准地头蛇啦。"面"字儿化；"上"字读 r，是口型提示；咱们连读为 zám。

dian

剧 d41　典故

例（方 82　09）：她又出了什么<u>典故</u>

注－典故（diǎn gu）：此处是揶揄口吻，是说出不着调的馊主意。也作"故典"。现已无此类说法。

京语另有推牌九的术语"（出）幺蛾子（或作幺娥儿）"一说儿，与此词意近。

剧 d42　靛颏、自自黑儿

例（方 13　04）：是靛颏，还是自自黑儿

注 – 靛颏、自自黑儿（diàn kér、zì zì hē*r）：京人所养的最常见的两种鸣禽。靛颏又分红靛颏、蓝靛颏两种。"颏"字儿化。

剧 d43　电门

例（女 35　25）：我心里就开了电门，亮了

注 – 电门（diàn mén）：旧时京人称电灯开关为电门。老年京人今尚有此说。

剧 d44　电影明星

例（方 08　17）：要在街上遇见，我要不说你们是一对电影明星才怪

注 – 电影明星（diàn yiě~r míng xīng）：对电影明星的崇拜，大概自打有电影那天起就开始了。"影"字儿化。

diao

剧 d45　屌

例（茶 541　24）：老总们，让我哪儿找现洋去呢。大兵：屌！揍他个小舅子

注 – 屌（diǎo）：男性生殖器的俗称。按：这不是京语（京语说鸡巴），应是奉系或鲁系军阀兵痞的声口。遗憾的是，那时兵痞的粗口今已赫然登大雅之堂，以"屌丝"的面貌出现。

剧 d46　吊膀子

例（方 62　06）：不雇车，好一边走，一边吊膀子呀

注 – 吊膀子（diào bàng zi）：也作"吊膀"（"膀"或作"棒"），指男女调情。详见本卷 dz78 条及《卷一·n10》条。

剧 d47　掉点儿

例（龙 118　05）：一看掉点儿了，我就往家里跑

注 – 掉点儿（diào diǎr）：京人称雨初下为掉点儿。

剧 d 48　掉下去

例（一 439 15）：他<u>掉下去</u>，家里老的老，小的小，可教我怎么办呢

注－掉下去（diào xie qi）：京人对"被逮捕"的一种说法，此说至今犹存。"下"字读 xie，轻声；"去"字读 qi，若说得快时读为一种很轻、很含糊的接近于韵母 -i 的音。

剧 d 49　掉眼泪

例（茶 570 02）：他把画儿交给我的时候，<u>直掉眼泪</u>

注－掉眼泪（diào yǎn lè*r）：京人习惯说法，谓潸然泪下状。"泪"字也可不儿化。

ding

剧 d 50　钉不住

例（方 92 18）：身体<u>钉不住</u>的，不去

注－钉不住（dīng bu zhù）：坚持不下来。"钉"字现一般写作"顶"，仍读为 dīng；"不"字说得快时读 be，轻声。

剧 d 51　钉得住

例（全 142 04）：您作运输工人还行吗？<u>钉得住</u>吗

注－钉得住（dīng de zhu）：坚持得下来。"钉"字现一般写作"顶"，仍读为 dīng；"得住"二字轻声。

dong

剧 d 52　东单西四鼓楼前

例（龙 150 22）：<u>东单</u>、<u>西四</u>、<u>鼓楼前</u>，哪儿不该修

注－东单西四鼓楼前（dōng dān xī sì gǔ lóu qián）：旧时常用说法，是为旧京最繁华处。

剧 d 53　懂交情

例（茶 570 07）：小事儿，别再提啦，再提就好像不大<u>懂交情</u>了

注－懂交情（dǒng jiāo qing）：这是所谓外场话，实际是指识好歹知进退；原著此处是说不懂交情，那当然就是不知好歹了。"情"字轻声。

dou

剧 d 54　都瞧我

例（茶 529 01）：哥儿们，<u>都瞧我</u>

啦！我请安了！都是自己弟兄，别伤了和气呀

注－都瞧我（dōu qiáo wǒ）：在为纠纷双方居间说合时的常用语。详见《卷二·dx77》条。

剧d55　兜着

例（龙143 08）：您说吧，有错儿**我兜着**

注－兜着（dōu zhe）：京人为表示豪爽常这么说。此处所谓"兜着"，就是出什么问题、有什么不是全由我一人承担之意。其实话是这么说，真出了事谁也不兜着。所以旧时京人有"京油子"之雅称。

剧d56　兜着底地

例（红628 12）：这一整风，人全**兜着底地**变了

注－兜着底地（dōu re diě*r de）：彻底的、无保留的。现罕有此说。"着"字读re，轻声。参见《附录叁－121》。

剧d57　抖

例（红609 26）：你们多么**抖**啊

注－抖（dǒu）：京俗语，谓因有所依仗而表现张扬，不可一世状。

剧d58　抖露

例（红618 04）：谁有什么就说什么，把陈谷子烂芝麻都**抖露**出来，心里也就不再存着疙瘩了

注－抖露（dǒu lou）：此处意谓坦露心声。参见《卷一·d101》条。

剧d59　逗气儿

例（茶581 11）：老梆子，你真**逗气儿**

注－逗气儿（dòu qiè*r）：京俗语，指在语言或行动上故意与对方相悖，成心惹对方冒火。另：句中"老梆子"一词系詈语，多用于骂老妇。

剧d60　斗争

例（方83 21）：你连自己的妈还不敢惹，说什么**斗争**别人的妈

注－斗争（dòu zhēng）：此类词汇参见本卷"时代性语汇"部。原著这里是写二十世纪五十年代初，当时一方面许多新名词刚问

世不久，其定义尚不十分明确；更加以群众普遍文化水平较低，又急于使用这些新名词，所以往往按照自己个人的理解来说，致词不达意。这是那时的普遍现象。

剧 d61　斗争

例（龙 129 17）：好人，我帮忙；坏人，我<u>斗争</u>

注 - 斗争（dòu zhēng）：此处（及上一条）"斗争"一词是谓语（动词），这是二十世纪五六十年代的用法。那时被斗争的具体对象数不过来，经常开各种大大小小的斗争会，所以此词是以其动词的本意被时刻使用着。而现在作宾语（名词）用，是因为年轻一代从未参加过什么斗争大会，他们对此词的理解只能是一种理论上的认知，所以"斗争"成了抽象的哲学概念，是为名词。此等处可一窥时局不同对语言发展的影响。

剧 d62　逗嘴皮子

例（茶 533 06）：凭这么个小财主也敢跟我<u>逗嘴皮子</u>，年头真是改了

注 - 逗嘴皮子（dòu zui pí ze）：比此前之剧 d59 条的"逗气儿"程度轻些，是指不恰当的逞口舌之利。"嘴"字轻声；"子"字读 ze，是加强语气。

du

剧 d63　独自个

例（一 412 25）：这几天哪，老先生简直有点象气疯了似的，能<u>独自个</u>呀，就叨唠唠叨唠唠的说

注 - 独自个（dū ji gě*r）：这是旧式下层京人的说法，有点儿京南方向（至保定以北）的腔调。"自"字读 ji，轻声；"个"字上声，儿化。

剧 d64　赌气子

例（龙 134 03）：嫌别扭，一<u>赌气子</u>拿起腿来走啦

注 - 赌气子（dǔ qì zi）：现代汉语双音节词汇大约占到词汇总量的七八成，有很多双音节词其实就是单音节词加上尾缀而成，如加子字的桌子、儿子、苗子等。在语言发展的长河中，这些词汇也并非一成不变，比如此例，现今

就没有"赌气子"的说法,而是直接说"赌气"了。

剧 d65　堵搡

例(龙 136　17):甭拿这话<u>堵搡</u>我,反正我不能出去办

注 - 堵搡(dǔ seng):用语言驳斥、顶撞。"搡"字读 seng,轻声。京语另有一词"干噎",与此意近。

duan

剧 d66　断了气儿

例(红 647　22):你就来吧!省得刚学了几天,又<u>断了气儿</u>

注 - 断了气儿(duàn le qiè*r):原著此处是指中断了某事,不是指死了。

dui

剧 d67　对劲儿

例(女 11　05):因为大哥常找我妈妈去说闲话儿,说得可投缘<u>对劲儿</u>啦

注 - 对劲儿(duì jiè*r):此处义同于投缘、说得来。

dun

剧 d68　蹲

例(一 427　13):现在要是硬教我<u>蹲</u>在家里,算计油盐酱醋,我怎么受得了呢

注 - 蹲(dūn):意指只在家中,不管外事。京语还有一说法叫"家蹲儿",是指"蹲在家里"这件事、或"蹲在家里"的人。

duo

剧 d69　多吃过几年窝窝头

例(龙 143　05):可那也许是先给咱们个甜头尝尝啊!我比你<u>多吃过几年窝窝头</u>,我知道

注 - 多吃过几年窝窝头(duō chīuo jǐ nián wō wo tóu):京人摆老资格的说法,更多是说"多吃过几年咸盐"。"过"字读音介于 uo、e 之间,是口型提示;后一"窝"字轻声。

剧 d70　多之呢

例(方 93　14):怎么走,往哪儿走,问题还<u>多之呢</u>

注 - 多之呢(duō zhou ne):旧时京腔口语音。现在"之"字作"着",读 zhi,轻声。

剧 d71　多么

例(龙 168　04):您瞧,二嘎子<u>多</u>

么聪明

注－多么（duó men）：旧京读音。"多"字阳平；"么"字读音介于men、me之间。此词现一般简说为"多"，阴平。

E 部
er

剧 e01　二乎

例（红655 04）：他一听都是家庭妇女，也有点发"二乎"

注－二乎（èr hu）：京俗语，谓对某事因无把握、不放心而致犹豫不决。"乎"字轻声。

剧 e02　二位爷

例（茶546 03）：（看清楚是他们，不由地上前请安）原来是你们二位爷

注－二位爷（èr wei yé）："爷"是京人对男性的尊称，姓什么称什么爷；对多位男子统称几位爷。"位"字轻声。

剧 e03　二性子

例（龙114 23）：也不太苦，二性子

注－二性子（èr xìng zi）：原著此处说的是井水水质介于苦与不苦之间。参见《附录叁－122》条。

F 部
fa

剧 f01　发动

例（红643 04）：我全拿出来；再**发动**大家伙儿凑凑，不就行啦

注－发动（fā dòng）：这是一个产生于二十世纪五十年代中期的新词儿，到"文革"时使用频率达于顶峰，"发动群众"一说每天能见到千百次。

剧 f02　发愣

例（女74 18）：这股子劲儿简直叫我**发愣**

注－发愣（fā lèng）：京人习用说法。此处指（因何事而）惊愕无语状，今多说"犯愣"。发愣、犯愣，二者义近，但还是有别：发愣更具有主动性，而犯愣更多用于对客观状态的描述。另：原著"叫我发愣"之"叫"字，是作为使动词或介词用；而老舍先生原来一直使用"教"字。二十世

纪五十年代中期顺应潮流,改用"叫"字。

fan

剧 f03　翻了

例(方 22　17):我才不管什么男的女的,说翻了都揍

注－翻了(fǎr le):京俗语,因所言不合翻脸。"翻"字儿化。详见《卷一·f07》条。

fang

剧 f04　纺棉花

例(茶 569　11):咱们哪,全叫流行歌曲跟《纺棉花》给顶垮喽

注－纺棉花(fǎng mián huo):旧时常演的一出有代表性的所谓"粉戏",即色情内容的戏剧。"花"字读音介于 huo、hua 之间,轻声。

fei

剧 f05　费牛劲

例(红 635　23):费了牛劲,临完还挣不到工夫钱呢

注－费牛劲(fèi niú jìn):京俗语,谓出了大力(做某事)。

剧 f06　废物点心

例(龙 166　12):好歹的大伙儿不再说他是废物点心

注－废物点心(fèi wu diǎn xin):京俗语,说人一无所能。"物、心"二字轻声。

fen

剧 f07　分心

例(龙 113　01):"刘巡长……您就多给分分心吧!"

注－分心(fēn xīn):是指留意设法促成(某事),现一般说"费心"。

剧 f08　份儿

例(方 83　04):金喜的份儿太小

注－份儿(fe*r):戏剧、曲艺界用语,指演员在每场演出后按一定比例所分得的报酬。

feng

剧 f09　缝补

例(一 475　13):棉衣有破烂的地方,我都给缝补上了

注－缝补(fēng be):京人口语读音,"补"字读 be,轻声。

fu

剧 f10　服软儿

例(龙 142　01):不瞒您说,这还是头一次服软儿

注 – 服软儿（fú ruǎr）：原著此处是说旧京的地痞流氓，他们在1949年新中国成立后不得不收敛了嚣张气焰。流氓就仗着一股子强横劲儿，自（读阳平，京俗语，意谓"只要是"）一服软儿，就什么都没啦。

剧 f11　服务态度
例（女31　05）：这算什么**服务态度**呢？出门不换
注 – 服务态度（fú wu tài du）：这是二十世纪五十年代产生的新词，"服务态度好"是对服务性行业提出的要求。"务、度"二字轻声。

G 部

ga
剧 g01　干吗
例（一421　24）：爸爸也不错，就是老一冲子性儿，要**干吗**就干吗
注 – 干吗（gà má）：京人习用说法，即"做什么"。"干"字读 gà，去声，更土点儿的读成 gài。

gai
剧 g02　改良
例（方24　18）：我们娶小老婆也得**改良**，不抢不劫，而要先交朋友
注 – 改良（gǎi liáng）：此词是舶来品。改良主义（reformism）原是十九世纪中叶在欧洲流行的一种社会思潮，后被引入中国，在清末成为了实行君主立宪制的代名词。至于在民间，那就按自己个人的理解，随便爱怎么用就怎么用啦。原著此处是写一个商界恶霸的无耻言行。

gan
剧 g03　赶
例（龙164　16）：我这儿给她**赶**件小褂
注 – 赶（gǎn）：此处意为赶工（加紧制作）。

剧 g04　赶
例（方83　11）：都仗着金喜一个人挣钱，所以金喜得**赶**三个园子
注 – 赶（gǎn）：此处指赶场，是旧时戏剧界用语；指掐好时间，一出戏唱完紧接着赶往另一戏园

子,唱下一出。

剧 g05　赶到

例(女17 02):<u>赶到</u>"五一"和国庆,我要沏出几大盆茶来

注－赶到(gǎn dou):此处意为等、等到(某个时候),也可简说"赶"。"到"字读音介于dou、dɑo之间,轻声。

剧 g06　赶碌

例(龙170 17):你就别<u>赶碌</u>她啦!越赶她越想不起来啦

注－赶碌(gǎn lou):京俗语,原意为"因时间紧迫而忙碌(处理某事)",此处意为催逼,使对方感到压力。

剧 g07　赶明儿

例(茶543 17):<u>赶明儿</u>我一总还给你,那一共才有几个钱呢

注－赶明儿(gǎn miár):此处意为等、等到(某个时候)。明儿并不一定准指明天,而是虚指(不太遥远的)将来。"赶"字读音介于gǎn、gǎi之间,轻声。

剧 g08　敢情

例(方18 12):那<u>敢情</u>好

注－敢情(gǎn jing):此处意为当然。此词用法及音、义详见《卷一·g14》条。

剧 g09　敢情是

例(一423 04):闹来闹去呀,他们<u>敢情是</u>逼我承认他们入股子

注－敢情是(gǎn ying r):此处意为"原来是(如何)"。此词用法及音、义详见《卷一·g14》条。另:本句中"情"字的读音之所以不同于上条,是因为其后面字音的影响所致。

剧 g10　赶趟

例(龙168 06):"别说啦,快来编词儿吧!""<u>赶趟</u>,等我说完最要紧的一段儿……"

注－赶趟(gǎn tà~r):"赶得上趟儿"之略说,意谓来得及。"趟"字儿化。

剧 g11　干

例(茶542 10):我<u>干</u>不过你!明

天见，明天还不定是风是雨呢

注－干（gàn）：此处指耍心眼儿斗心机。

剧 g12　干劲儿

例（一424 17）：壮生满有点<u>干劲儿</u>呢

注－干劲儿（gàn jiè*r）：详见本卷"时代语汇"部分。原著此篇作于1951年，是我所见到最早使用此词的文艺作品。

gao

剧 g13　高的

例（茶530 09）：李三，沏一碗<u>高的</u>来

注－高的（gāo de）：指"高末儿"，见本卷之gz27条。此处"高的"是当时在茶馆中有点江湖气息的习惯叫法，就如同后来京人在酒馆管啤酒叫"啤的"、管白酒叫"白的"一般。

剧 g14　高高手儿

例（龙141 13）：得啦，您也<u>高高手儿</u>吧

注－高高手儿（gāo gou shǒur）：京俗语，"高抬贵手"的江湖味儿说法。后一"高"字读gou，轻声。

剧 g15　高抬我

例（茶580 15）："哼！你就跟他们是一路货！""我？您太<u>高抬我</u>啦！"

注－高抬我（gāo tái wo）：京人习用说法，是"抬举"一词的自我调侃式，并暗含揶揄讥讽对方之意。"我"字轻声。

剧 g16　搞

例（女27 25）：你的爱人<u>搞</u>街道工作哪

注－搞（gǎo）：此词是二十世纪五十年代产生的新词汇，在京语乃至整个现代汉语中都有广泛用途。是为动词，与其后的宾语结合，表示处置此宾语的相应动作行为。"搞"字有做、办、设法（获得），以及整人（使吃苦头）等诸多义项，不胜枚举。

ge

剧 g17　胳臂钱

例（龙126 17）：我到天桥来下地，不肯给<u>胳臂钱</u>，又教恶霸打

个半死

注 – 胳臂钱（gē be qián）：旧时艺人"撂地儿"（在非正式场地露天摆地摊儿演出），须给当地的流氓帮会份子钱。因为地痞流氓就仗着"要胳膊根儿"以武力震慑，所以习将此种钱称为"胳臂（膊）钱"。京人口语音，在此处"臂"字因其后面字音的影响变读为be，轻声；但如单说"胳臂"时，"臂"字读bei，轻声。关于"臂"字读音，详见yz78条。

剧 g18　搁着你的，放着我的

例（龙 125　12）：<u>搁着你的，放着我的</u>，咱们走对了劲儿再瞧

注 – 搁着你的，放着我的（gē re nǐ dē, fàng re wǒ dē）：京俗语，意谓"先放着这档子事，日后再说"，是威胁要秋后算账之意。原著此处是写旧京流氓在局面不利、不得不退缩时，撂下这么句话，以维持颜面。说得快时两个"着"字读 r，是口型提示。

剧 g19　哥儿们

例（茶 525　12）：<u>哥儿们</u>，都是街面上的朋友，有话好说

注 – 哥儿们（gē*r men）：旧京相互熟悉的男子间之称谓，"哥儿"的读音介于 gē*r、gēr 之间，"们"字轻声。现今此词演变为"哥们儿"，读 gē me*r。

gei

剧 g20　给脸不要脸

例（龙 138　23）：你还没去呢，怎就知道会唱砸了？简直地<u>给脸不要脸</u>

注 – 给脸不要脸（géi liǎn bú yào liǎn）：京俗语，不识抬举之意，但更不客气，已经是直接开骂了。"给、不"两字阳平。

gen

剧 g21　跟……干上了

例（女16　24）：这个老爷爷，<u>跟</u>白菜豆腐<u>干上</u>不散<u>了</u>

注 – 跟……干上（gēn…gàn reng le）：京俗语，谓认准了一样死摽着不放。多用于有轻微贬义处，但原著此处是中性词汇。"上"字读 reng，是口型提示。

剧 g22　哏哏地

例（女14　14）：看着娃娃……<u>哏</u>

哏地乐

注－哏哏地（gē*r ge*r d）：京语特有拟声词，此处是形容儿童笑声；另也可用以形容一种收敛性的、有节制但又明显的笑声。前"哏"字阴平儿化；后"哏"字轻声儿化；"的"字读 d，是口型提示。

gong

剧 g23　公道

例（茶 577　13）：为教别人的孩子，叫自己的孩子挨饿，不是不**公道**吗

注－公道（gōng dou）：京腔口语音，"道"字读 dou，轻声。

gou

剧 g24　够多么好

例（茶 572　25）：兜儿里老带着那么几块当当响的洋钱，**够多么好**啊

注－够多么好（gòu duó men hǎo）：旧京习用语，表示某事物达到极致，现掐头去尾，简说为"多（如何）"。"多"字阳平（注意：此处为京人口语音，系约定俗成，统读阳平，而与其后字的音调无关）；"么"字读音旧时更近于 men，今更近于 me。

剧 g25　够呛

例（女 16　06）：糖果什么的就**够呛**，还卖白菜豆腐

注－够呛（gòu qiàng）：产生于二十世纪五十年代初的新生词汇，是谓某事的不良态势已很严重。此词只用于否定句，不用于肯定句，不说好的够呛。参见本卷之 gh04 条。

剧 g26　够瞧的

例（龙 146　24）：您的嘴可真严得**够瞧的**

注－够瞧的（gòu qiáo de）：形容某事态的程度，用于轻微否定处（比上一条程度轻）。现在不用于肯定性表述，但旧时有用于肯定处之例，参见《卷一·g49》条。

剧 g27　够一瞧

例（全 113　02）：您老人家也**够一瞧**啊

注－够一瞧（gòu yi qiáo）：意近于上一条（够瞧），但原著此处

是用一种诙谐调侃的语气说的，所以不含负面意义。"一"字轻声。

gu

剧 g28　姑娘人家的

例（一462　07）：新鞋上脚，不到一个月，就没了魂儿！<u>姑娘人家的</u>

注－姑娘人家的（gū niang ren jiār de）：京人习用说法，现在说"姑娘家家的"。这是指斥女孩子不文静，言行举止太粗放时的说法，表示"你一个女孩子怎么能这样"。"娘人"二字轻声，"家"字儿化。

剧 g29　鼓鼓囊囊

例（一415　25）：李保长的衣袋中<u>鼓鼓囊囊</u>的装着标语

注－鼓鼓囊囊（gú gu nāng nāng）：京腔口语读音。四个字都变调了。

剧 g30　故典

例（龙171　14）：妈，您可真会出<u>故典</u>

注－故典（gù din）：与本卷之剧 d41条之"典故"义同，是指生出各种匪夷所思的说辞来，有揶揄义。"典"字读 din，轻声。

gua

剧 g31　挂劲儿

例（女63　11）："您就挂上了劲儿？""<u>不挂劲儿</u>不行啊……"

注－挂劲儿（guà jiè*r）：因某种原因对某人或某事不能释怀，故而采取针锋相对的态度。现一般说"较劲儿"。

guai

剧 g32　怪声叫好

例（方81　15）：好不好把"不得<u>怪声叫好</u>"，改成"请勿怪声叫好"呢

注－怪声叫好（guài shē~r jiào hǎor）：旧京戏园子中，"叫好"堪称一景：有专为倒好拉着长声儿的叫法，有专为捧坤角儿的调情的叫法，有转为捧红某角儿的集体叫法，等等等等，不一而足。参见《附录叁－123》。

guan

剧 g33　棺材本

例（龙130　05）：先礼后兵，我给你送<u>棺材本</u>来了

注－棺材本（guān cei bě*r）：原著此处指一笔数额较大的钱。

"材"字读 cei，轻声；"本"字儿化。参见《附录叁-124》条。

剧 g34　官面上
例（茶 526 04）：他就是吃洋饭的。……要不怎么连<u>官面上</u>都不惹他呢
注-官面上（guān miàr sheng）：官方。"面"字儿化；"上"字读 sheng，说得快时读为 r，是口型提示。

剧 g35　关钱粮
例（茶 533 20）：还有那个康有为，不是说叫旗兵不<u>关钱粮</u>，去自谋生计吗
注-关钱粮（guān qián lian）：发放薪饷。详见《卷一·g71》条及《满蒙语汇壹-43》。"粮"字轻声。

剧 g36　官厅儿
例（茶 535 19）：<u>官厅儿</u>管不了的事，我管！官厅儿能管的事呀，我不便多嘴
注-官厅儿（guān tiē~r）：京俗语，谓官府、官家。但那时地痞流氓（如原著此处说此话的黄胖子）口中的官厅儿其实就是指专管社会治安的北衙门（步军统领衙门）；就如同前些年地痞流氓口中的政府就是指公安局一样。

gui

剧 g37　贵庚
例（茶 524 08）：今年是光绪二十四年，戊戌。您<u>贵庚</u>是……
注-贵庚（guì gēng）：旧时京人问询别人年龄用语。贵，敬语；庚，指年龄。

gun

剧 g38　棍打凤腿
例（茶 568 24）：前天我在会仙馆，开三侠四义五霸十雄十三杰九老十五小，大破凤凰山，百鸟朝凤，<u>棍打凤腿</u>，您猜上了多少座儿
注-棍打凤腿（gùn dǎ fēng tuǐ）：这是当时流行的评书名目。"棍打凤腿"是旧京俗谚"就棍打腿"在此处即景生情，稍加改变衍生出来的调侃说法。这一套说辞是所谓"顶针续麻儿"。原著此处意谓"本指望借开说《大破凤凰山》（这部书）赚俩钱儿"。"就棍打腿"一词见《卷二·jx40》条。

guo

剧 g39　裹乱

例（方 07 02）：要不然我坐在这儿擦铜痰盂，省得来回乱转，**裹乱**你

注－裹乱（guǒ luàn）：京俗语，意谓"捣乱、添乱"。此词现仍常用，但如此处用法却未见。此词现仅作动词用，而本例句中却是作为双宾句中的远宾语用；实际意为"给你裹乱"。

H 部

ha

剧 h01　蛤蟆垫桌腿儿，死挨

例（方 41 04）：也许有个闪展腾挪，不至于教你一个人**蛤蟆垫桌腿儿，死挨**

注－蛤蟆垫桌腿儿，死挨（há me diàn zhuō tuě*r, sǐ ái）：京俗谚，意指无回旋余地。"蟆"字读 me，轻声。

剧 h02　蛤蟆骨朵

例（方 80 21）：连**蛤蟆骨朵**（蝌蚪）都可以幌摇着小尾巴活着了

注－蛤蟆骨朵（há me gū du）：京语称蝌蚪为"蛤蟆骨朵"。注意后三个字的变读音。

hai

剧 h03　还许

例（茶 568 13）："王掌柜，拿报来看看！""……二年前的**还许**有几张！"

注－还许（hái xǔ）：京俗语，可能、没准儿。往往在对某事甚无把握时这么说。也简说成"许"。

han

剧 h04　寒碜

例（方 58 13）：作老妈子也不**寒碜**哪

注－寒碜（hán chen）：京俗语，此处意指丢脸。详见《卷二·hx05》条。

hang

剧 h05　行当

例（龙 118 17）：龙须沟这儿的人都讲究有个正经**行当**

注－行当（háng de~r）：京语口语音，"当"字变读为 de*r，轻声，儿化。

hao

剧 h06　好嘛

例（龙 145 16）：**好嘛**，政府出

钱，咱们还不多卖点力气，加点工

注 - 好嘛（háo me）：旧京下层人士口语音，因感慨而对某事发评论时的发语词。"好"字阳平；"嘛"字读 me，轻声。

剧 h07　好吗

例（方 25　15）：<u>好吗</u>……甚至于日本鬼子在这儿的时候，都没见过这样邪门的事

注 - 好吗（háo me）：音义同上，仅写法不同。

剧 h08　好

例（一 443　15）：现在，<u>好</u>，我找不到熟人，怎么张嘴说话呢

注 - 好（hǎo）："可倒是好了"的简说，实际意思是"很不好了"。

按：京人多有时为了加强语气而说反话，如此处即是。

剧 h09　好大半天

例（龙 149　25）：半筐子煤核儿，够烧<u>好大半天</u>的

注 - 好大半天（hǎo dà m tiar）：京人习用说法，谓相对较长的一段时间；若非得将其作量化考量，似可认为：好大半天 > 大半天 > 半天。但总之这里的"半天"只是虚指，并非 1／2 日之谓。"半"字读为 m，参见《卷一·y18》条。"天"字轻声，儿化。

剧 h10　好大半天了

例（茶 533　11）：喝，我的老爷子！您吉祥！我等了您<u>好大半天了</u>

注 - 好大半天了（hǎo de ben tiān lèi）：京语口语音。"大半"读 de ben；"天了"读为 tiān lèi。不儿化，轻声，是为加强语气，形容时间之长。原著这里是写无耻之徒（刘麻子）阿谀奉承腔调。

剧 h11　好……的话

例（一 416　18）："……日后我们总有份儿人心！"<u>好</u>王先生<u>的话</u>，什么人心不人心的，只要……别忘了我就得了！"

注 - 好……的话（hǎo … de huà）：旧时京人表示对对方所言"承受不起"时的一种客套说法。

剧 h12　好话好说
例（一486　11）：**好话好说**！我先回家，你给我劝劝她
注－好话好说（hǎo huà hǎo shuō）：当争论双方言辞话赶话、不由自主的趋于激烈时，有一方可能会这样说，以制止争论失控。另见《附录叁－125》条。

剧 h13　好家伙、好的
例（龙153　26）：**好家伙**，差点儿摔了两个**好的**。地上真他妈的滑
注－好家伙、好的（hǎo jiā huó、hǎo de）：京人于惊诧、错愕、后怕、慨叹之际常以（读本音，为加重语气）"好家伙"作为惊叹语，"伙"字阳平。此处之"好的"属于说反话，实意是表示为差点儿摔倒而后怕。另在叙述句中也有时用到此词，参见下条。

剧 h14　好家伙
例（茶552　26）：**好家伙**，一添就是两张嘴
注－好家伙（hǎo jie）：此处是表示感慨意，"家伙"二字合读为 jie，轻声。

剧 h15　好劲
例（方10　18）：**好劲**……闹出点笑话，那才合不着
注－好劲（hǎo jie）：与上一条音、义均同，"劲"在这里是"家伙"二字的连读，近似直音字。

剧 h16　好人没有出气儿的地方
例（一433　08）：在从前，**好人**可是简**直没有出气儿的地方**
注－好人没有出气儿的地方（hǎo rén méi yǒu chū qiè*r de dì fe*r）：京人习用说法，感慨善良人受欺压。此处"出气儿"是指呼吸，而非泄愤。"方"字轻声，儿化。

剧 h17　好在
例（全92　06）："……你看我多么马虎呀……会把小虎儿给丢了！""**好在**不会真丢了！"
注－好在（hǎo zei）：京俗语，义同"幸亏"。"在"字读 zei，轻声。

he
剧 h18　合不着
例（红606　09）：一着急就发脾

气，拌嘴，**合不着**哇

注－合不着（hé be zháo）：此说法今罕闻，现在说"犯不上"。"不"字读为 be，轻声。

剧 h19　何至于

例（方 63 14）：**何至于**留到现在，吃饱了气我

注－何至于（hé zhi yu）：京人习用说法，谓"哪儿能（如何）"，有感慨意。"至于"二字轻声。若为加强语气，则读为 hé zhì yú。

剧 h20　合作社

例（红 618 10）：这回你带头给**合作社**的售货员提了好些意见

注－合作社（hé zou shè）：二十世纪五十至八十年代普遍存在的一种商业组织形式，其主要任务之一即执行统购统销政策。"作"字读为 zou，轻声。

剧 h21　喝

例（茶 533 11）：**喝**，我的老爷子！您吉祥！我等了您好大半天了

注－喝（hè）：京人表示惊愕、感慨，或为引人注目等意时用的发语词。另在有些场合读为阴平 hē，是对目下事态表示不满的声调。

剧 h22　喝

例（茶 578 09）：起来，再打！

小二德子：（起来，捂着脸）**喝**！

喝！（往后退）喝！

注－喝（hè）：京腔，忍疼时所发之声。象声词，此处读音介于 hè、huò 之间；现也有写为"嚯"字的。另在表示感叹或惊诧时京人也常发出此声。

剧 h23　豁亮

例（红 631 25）：房里刷白浆，亮堂堂的，瞧着心里也**豁亮**

注－豁亮（hè ling）：京腔口语读音。"豁"字读 hè；"亮"字读音介于 ling、lian 之间，轻声。

hei

剧 h24　黑天白日

例（红 624 13）：整风整的**黑天白日**都不在家了

注－黑天白日（héi in bāi in）：京俗语，谓从早到晚。此处"天、

日"二字均读 in，是短滑而极轻的轻声。这是约定俗成的说法，似与语音学关系不大。

heng

剧 h25　横拦着竖挡着

例（龙 147　18）：您可以提意见，可千万别<u>横拦着竖挡着</u>

注－横拦着竖挡着（héng lán r shù dǎng r）：对阻拦的夸张说法。两个"着"字均读 r，是口型提示。

剧 h26　横是

例（龙 154　09）：我要是摔死了，你<u>横是</u>连哭都不哭一声

注－横是（héng r）：京人习用说法，此处为猜测语。意谓大概、可能（如何）。"是"字读 r，是口型提示。

剧 h27　横是

例（方 04　21）：十年倒<u>横是</u>住了五年旅馆

注－横是（héng ri）：此处为判断语，是对猜测语句做出的判断。"是"字读为 ri，轻声。与上一条略有别，这是因为其后面字语音的影响使然。

hong

剧 h28　红瓤白薯

例（女44　22）：我的心比<u>红瓤白薯</u>还更甜

注－红瓤白薯（hóng rá~r bái shǔ）：京人称甘薯为白薯，而绝不叫红薯，既或是红皮红瓤也坚持管它叫白薯——不嫌麻烦的在前面冠以"红瓤"二字。"瓤"字儿化。

hou

剧 h29　猴儿拿虱子，瞎掰

例（方 79　21）：光有嗓子，不入弦，还不是<u>猴儿拿虱子，瞎掰</u>

注－猴儿拿虱子，瞎掰（hóur ná shī zi, xiā bāi）：此为京中歇后语。此处"瞎掰"意指"做徒劳无益之事"。猴子身上虱子很多，拿也拿不尽，所以是徒劳无益。

剧 h30　厚道

例（茶582　16）：看吧！我办事永远<u>厚道</u>

注－厚道（hòu dou）：京人口语音，"道"字读音介于 dou、dɑo 之间，轻声。

剧 h31　候啦

例（茶525 22）：李三，这儿的茶钱我候啦

注－候啦（hòu la）：京人习用说法，用于公众消费场所，此处意指"（某客人的消费）由我结账"，是一种"外场"（见《卷二·wx01》条）的表现。

hu

剧 h32　胡同

例（红612 20）：先搞咱们的院子，然后发展到全胡同去

注－胡同（hú tòng）：小巷。详见《卷二·hx29》条。

hua

剧 h33　花哨

例（茶543 13）：你的嘴呀比我的还花哨

注－花哨（huā shou）：本指色彩（过分的）艳丽，含轻微贬义。此处为引申义，指过分的能说会道。

剧 h34　花生米

例（茶584 26）：我一事无成！七十多了，只落得卖花生米！

注－花生米（huā shēng mǐ）：炒熟的去壳花生。二十世纪六十年代前一般称花生仁儿，后来受外来说法影响开始叫花生米。另：炒熟的带壳花生旧称落花生（参见本卷 lz108 条），五十年代后简称花生，没人说落花生了。

huan

剧 h35　缓醒

例（龙126 17）：又教恶霸打个半死，把我扔在天坛根。我缓醒过来

注－缓醒（huán xing）：京腔口语音。"缓"字阳平；"醒"字轻声。

huang

剧 h36　幌摇

例（方80 21）：连蛤蟆骨朵（蝌蚪）都可以幌摇着小尾巴活着了

注－幌摇（huàng you）：京腔口语音。"摇"字读 you，轻声。

hui

剧 h37　回来

例（红653 05）："我们去看看食堂、托儿所，一会就回来①。""好，去吧！回来②说话儿"

注－回来①（huí lei）：此处意为返回，是其常用义。"来"字读 lei，轻声。

回来②（huí lou）：此处意为"过一会儿、等会儿"，是京语中的特有用法。"来"字读 lou，轻声。

剧 h38　回头

例（红 623　25）：<u>回头</u>我还有个事儿跟您说呢

注 – 回头（huí tóu）：义同上一条之②，一般是在先急于处理某事时向对方这样说，与对方约定"咱们回头再办（某事）"。此处"头"字读本音是郑重其事、加强语气，一般读轻声。

huo

剧 h39　活

例（方 90　01）：还是方经理去好。我们耳朵里没<u>活</u>，去了也是在那儿坐着

注 – 活（huó）：这是戏曲、曲艺人的说法，一般指谓他们所学的技艺；此处特指技艺之肯綮所在。

剧 h40　活计

例（全 110　18）：我的<u>活计</u>拿不出手去呀

注 – 活计（huó ji）：旧京称女红为"活计"。"计"字轻声。

剧 h41　活人妻

例（全 151　11）：改嫁了的<u>活人妻</u>，找从前的儿女

注 – 活人妻（huó ren qī）：京俗语，称前夫尚在而改嫁者。

剧 h42　火着心

例（红 654　09）：咱们不是都<u>火着心</u>办工厂吗

注 – 火着心（huǒ zhe xīn）：满腔热情地（做某事）。"着"字此处读 zhe，是强调语气；否则可能读口型提示音 r。

J 部

ji

剧 j01　犄里旮旯儿

例（龙 137　15）：我<u>犄里旮旯儿</u>都找到了

注 – 犄里旮旯儿（jī lou gā lár）：京俗语，隐蔽的角落。"里"字读 lou，轻声；"旯"字儿化。

剧 j02　鸡毛蒜皮

例（方 65　24）：共产党不象国民

党那么拍拍脑袋算一个，连**鸡毛蒜皮**都可以作党员

注－鸡毛蒜皮（jī máo suàn pí）：原著此处是指乱七八糟、不成体统的人。现不见此说法，此词今仅用于指谓不值一提的琐碎小事。

剧j03　吉祥

例（茶533　11）：我的老爷子！您**吉祥**

注－吉祥（jí xing）：京人尤其是京中旗人问候请安最常用的词儿。"祥"字读音介于 xing、xiang 之间，轻声。

剧j04　吉祥话儿

例（龙169　02）："就怕呀，一下水得抽一大块！""大妈！您专会说**吉祥话儿**！"

注－吉祥话儿（jí xing huàr）：此处是说的反话。读音参见上条。

剧j05　挤兑

例（龙133　06）：我一佩服您，就不免有点象**挤兑**您，是不是

注－挤兑（jǐ dui）：逼迫、难为。

"兑"字轻声，现也作"挤对"。"挤兑"一词另义，是指竞相到银行提现；多发生于货币信用危机或高通货膨胀率时期。

剧j06　挤趴下

例（一473　07）：还**挤趴下**咱们的许多工厂

注－挤趴下（jǐ pā xie）：京语对商业竞争中破产倒闭企业的一种形象化说法。"下"字轻声，说得快时读 in，是口型提示。

剧j07　几儿

例（龙133　03）：**几儿**呢？得快着呀

注－几儿（jiě*r）：京人习用说法，对未来某虚指时刻之询问，欲求其确切时刻。是"几儿个"的简说。

剧j08　几儿个

例（龙165　04）：臭沟**几儿个**跟他说话来着

注－几儿个（jiě*r ge）：对某虚指时刻之询问，欲求其确切时刻。说得快时"个"字读 e，轻声。

jia

剧j09　家伙

例（茶569　20）：满汉全席？我连**家伙**都卖喽

注－家伙（jiā huo）：此处指厨师自用的炊具。此词详见《卷一·j08》条。

剧j10　加盐儿

例（龙141　11）：这位大嫂，疯哥不说话，您干吗直给我**加盐儿**呢

注－加盐儿（jiā yár）：京俗语，谓附和某种否定性说法，起促使事态激化作用，但程度比火上浇油轻些。

剧j11　架不住

例（红601　20）：可是**架不住**她一个人管卫生，倒有十个人糟害

注－架不住（jià be zhù）：京人习用说法，谓无力抗拒（某种事态）。"不"字读 be，轻声。

jian

剧j12　检场

例（方85　11）：你要不作经理，我要不作**检场**的，才怪！

注－检场(jián chǎng)：戏剧用语，指演出过程中在台上摆设收拾道具的人。此人往往是剧团中地位最低下者。"检"字阳平。

剧j13　见新

例（红631　24）：咱们把屋里院里全**见见新**

注－见新（jiàn xiē*r）：京俗语，谓通过粉刷、打扫卫生等手段使得环境或物品显得焕然一新。"新"字儿化。

jiang

剧j14　讲究

例（方69　19）：说曹操，曹操就到，我们正**讲究**你呢

注－讲究（jiǎng jiur）：此处意指议论。详见《卷一·j20~j23》、《卷二·jx20~jx22》等条。"究"字儿化，轻声。

剧j15　浆子

例（红663　07）：把**浆子**碗摔了

注－浆子（jiàng zi）：现一般多写作"糨子"。京语谓糨糊为糨子。

jiao

剧j16　嚼谷

例（茶560　22）：我走，好让你们

省点嚼谷呀

注－嚼谷（jiáo gur）：此处指饮食。也作"浇裹"，详见《卷一·j29》条。

剧j17 叫我干吗，我干吗

例（龙159 21）：就凭您亲自把二嘎子背回来，您叫我干吗，我干吗

注－叫我干吗，我干吗（jiào wo gà má，wǒ gà má）：京人表示百依百顺的一种习用说法。京腔读音，前一"我"字轻声，两个"干"字读 gà，更土点儿的读 gài。

jie

剧j18 街灯

例（一460 05）：咱们门口还没有街灯

注－街灯（jiē dēng）：这是旧京老式的叫法，后来称为路灯。

剧j19 街坊

例（一416 11）：我理应把老先生带了走，交上去！可是，我没什么办！谁教咱们是老街坊呢

注－街坊（jiē fang）：邻居。此处写为"街坊"，是二十世纪四五十年代后统一起来的写法，再早先多写作"街房"。如1907年的《小额》一书中这样说（参见《卷二·jx26》条）；老舍先生1933年的作品《离婚》中也如是说（见本卷jz44条）。

剧j20 揭咯吱儿

例（方63 03）：教我永远忘不了过去的卑贱，痛苦！这是揭咯吱儿（痂）

注－揭咯吱儿（jiē gā zhe*r）：京人习用说法，谓重提不堪回首之往事。"咯吱儿"即痂，原著夹注中已写明。"咯"字读 gā，阴平；"吱"字儿化，轻声。

剧j21 街面上的朋友

例（茶525 12）：哥儿们，都是街面上的朋友，有话好说

注－街面上的朋友（jiē miàr sheng de péng you）：旧京地痞流氓的舞台就是"街面"。这一套话是两拨流氓有可能发生冲突时，调停者为缓和矛盾的常用说法。"面"字儿化；"上"字读 sheng，轻声，说得快时读 ren；"友"字

轻声。

剧 j22　结啦

例（龙 136　17）："……反正我不能出去办！""这不<u>结啦</u>……"

注－结啦（jié le）：京人习用说法，一般用于语尾，表示"就这样吧（不用再讨论了）"。"啦"字读得较轻柔，读音介于 le、la 之间，轻声。

剧 j23　借光

例（女 79　07）：您闪开，我来……借光咧，<u>借光</u>

注－借光（jiè guāng）：京人常用客气话。当别人妨碍到自己的行动时，口中言此，是请别人让开一点的谦辞。

剧 j24　借着……的光

例（方 51　12）：你全家借着珍珠小姐<u>的光</u>，我们再借着你的光

注－借着……的光（jiè zhi··de guā~r）：与上一条的"借光"义不同，此处义谓"托……之庇护"。"光"字儿化。

jin

剧 j25　今儿个

例（女 28　15）：<u>今儿个</u>饭晚啦！坐吧

注－今儿个（jiē*r ge）：今天。说得快时，"个"字声母消失，读为 e，轻声。京腔更浓的说成 zhēr e。

剧 j26　紧赶

例（红 635　06）：昨天拿来的活儿太费事了！我<u>紧赶</u>了一天多，作了还不到一半

注－紧赶（jǐn gǎn）："紧"字是动词"赶"的状语，"赶"指的是压缩做某事所用的时间。"紧赶"一词适用于多种表示要加紧工作的场合，口语中往往会说成"紧赶慢赶"，义同。"紧"字阳平。

剧 j27　紧自

例（龙 126　20）：别<u>紧自</u>伤心啦

注－紧自（jǐn zi）：只顾得。此说不仅限于京语，冀鲁豫许多地区都有此说法。"自"字轻声。

剧j28　劲儿

例（龙166　18）：吹胡子瞪眼睛的，瞧他那个<u>劲儿</u>

注－劲儿（jiè*r）：指神态表情。此说法一般用于贬义处。

剧j29　劲啦味拉

例（方18　03）：你看她那个<u>劲啦味啦</u>的，鼻子不是鼻子，眼睛不是眼睛

注－劲啦味啦（ji*èr le wè*r le）：义同上条，但否定意义更强烈。"鼻子不是鼻子，眼睛不是眼睛"往往与其同说。

jiu

剧j30　久在街面上混

例（茶543　11）：都是<u>久在街面上混</u>的人，谁能看不起谁呢

注－久在街面上混（jiǔ zei jiē miàr reng hùn）：旧时下层京人习用说法。"在"字读zei，轻声；"面"字儿化；"上"字读reng，轻声，说得快时读为r，是口型提示。"在街面上混"是旧京流氓阶层对自己行踪与行为的一种定义，整天在街面上混（不是做正经营生）的人中，大概地痞流氓居多。

juan

剧j31　圈

例（方81　03）：已经<u>圈</u>了三个多月

注－圈（juān）：京人对身陷囹圄的习用说法。

剧j32　圈起去

例（龙144　07）：我没看见黑旋风，他们把他<u>圈起去</u>啦

注－圈起去（juān qiǔ qi）：被羁押。旧京下层人士中常见的说法儿，"起去"二字变读，读音类似京东南方向。

jue

剧j33　撅

例（方30　18）：多年的朋友了，你成心<u>撅</u>我

注－撅（juē）：京俗语，成心为难人，给人难堪，使人下不来台。

剧j34　觉乎着

例（茶528　21）：我老<u>觉乎着</u>咱们的大缎子，川绸，更体面

注－觉乎着（jué wo zhi）：京人

口语常用说法，觉得。"觉"字早先读 jiǎo（jué 是读书音），是古老的幽燕语痕迹；"乎"字读音介于 wo、hu 之间，轻声。

剧 j35　觉悟

例（龙 131　12）：见狗子现在仍不**觉悟**

注－觉悟（jué wù）："觉悟"二字，京人旧时读为 jiǎo wu；自二十世纪五十年代初，此词作为政治性词汇刚流行时，京人仍按其旧习这样读，后来才逐渐扳过来说成 jué wù。参见《附录叁－126》条。

剧 j36　角儿

例（方 11　04）：放心，我决不拉你的**角儿**

注－角儿（juér）：戏剧界的说法，指成名的演员。

K 部

ka

剧 k01　磕喳

例（茶 564　09）：绑出去，就在马路中间，**磕喳**一刀

注－磕喳（kā chā）：京语专用象声词，此处是指用刀快速斩切物体的声音，并引申指此事（斩首）之本身（如："把他给'磕喳'了"，即是把某人斩首了）。另也用以表示某种脆性物体猛然折断的声音。"磕喳"两字，也作"磕叉、可叉、可擦"等等；复言之，则作"磕叉叉、乞抽扢叉"（读为 qī chi kā chā）等。元曲中常见此说法，参见《元曲语汇 135》条。

剧 k02　揩油

例（方 63　18）：老这么白**揩油**算怎么回事呢

注－揩油（kǎ yóur）：占便宜。这是二十世纪二三十年代从南方传入北京的词汇。"揩"字读 kǎ，上声；"油"字儿化。

kai

剧 k03　开火儿

例（一 470　15）：从前，他年轻火气大，动不动就跟人**开火儿**

注－开火儿（kāi huǒr）：这是二十世纪五十年代开始流行的新词儿，本指战争中交火，此处意指起争执。

剧 k04　开锣

例（方 40　12）：今天一定**开锣**呀

注 - 开锣（kāi luó）：戏剧界用语，谓开始新一轮的演出。

kan

剧 k05　看

例（方 09　05）：大姑娘，**看**开水去

注 - 看（kan）：此处意为照管。本应读阴平，因其后"开"字亦为阴平，故变读轻声。

剧 k06　看电视

例（全 119　15）：大大小小都到街坊家**看电视**去了

注 - 看电视（kàn dián shì）：北京开始有电视是在1956年，原著此篇写的是1958年初，那时谁家要有台电视可了不得了。电视在北京普通百姓家中开始普及，是在二十世纪八十年代中期。"电"字阳平，是因为"两个去声连读，前一个要变读阳平"。

kang

剧 k07　扛大个儿

例（女 81　10）：听说单牌楼要开个妇女粮店，我去**扛**"**大个儿**"

注 - 扛大个儿（káng da gè*r）：旧京称搬运大件沉重物体为"扛大个儿"，对从事此业的搬运工人称为"扛大个儿的"。原著中此处"大个儿"的引号用得不妥，那样会把整体的一个称谓分成两截（想来这里的引号并非老舍先生所加），"大"字读音介于 da、de 之间，轻声。

kao

剧 k08　靠

例（女 67　12）：我把爸爸妈妈的菜饭都**靠**在炉台上了

注 - 靠（kào）：将盛着饭菜的容器置于炉台上，用微火保持饭菜的温度，旧京俗语谓之靠。

ke

剧 k09　磕头碰脸的

例（红 618　14）：整天**磕头碰脸的**，我还真怕你得罪人呢

注 - 磕头碰脸的（kē tou pèng liǎn de）：京俗语，指每每常见面，老在一起混，"头"字轻声。类似意还有一说法，叫"低头不见抬头见"。

剧 k10　可巧

例（茶 560 02）：就是粮食店里**可巧**有面，谁知道咱们有钱没有呢

注 - 可巧（ké qiǎor）：京俗语，恰好、凑巧。"可"字阳平，"巧"字儿化。

剧 k11　可不

例（龙 153 11）：**可不**，这回事啊，也幸亏是大家伙儿出来自动地帮忙

注 - 可不（kě bur）："可不是吗"的简说，意为"难道不是吗"，即"就是（如何）"之意。"不"字儿化，轻声。另：老舍的作品中，"的、地、得"的区分使用，始于二十世纪五十年代初，这应是响应当时新定的规范。如此处之"自动地"即是。

剧 k12　可说的是呢

例（龙 112 21）：**可说的是呢**！我请您进来，就为问问您给二嘎子找个地方学徒的事，怎么样了呢

注 - 可说的是呢（kě shuō de shi ne）：京人习用说法，聚谈中附和他人所言时的发语词。"的是呢"三字轻声。

kou

剧 k13　抠门儿

例（方 33 16）：他假装穷，永远**抠门儿**

注 - 抠门儿（kōu mér）：京俗语，小气、俭省过分。参见《卷一·k29》条。

剧 k14　口蘑

例（红 624 06）：油盐酱醋一应俱全，粉条、**口蘑**任意挑选

注 - 口蘑（kǒu mó）：京人称张家口地区所产之蘑菇。参见《卷一·k30》条。

剧 k15　扣儿

例（全 98 20）：看，你还是没解**开扣儿**

注 - 扣儿（kòur）：指心中的情结。参阅《卷一·k32》条。

kuai

剧 k16　快着

例（茶 541 01）：走！滚！**快着**

注－快着（kuài zhou）：京人口语读音，用于不客气的催促之场合。"着"字读zhou，轻声。按：轻声是由其调值所决定，并不一定等同于声音小（如此处是警察呵斥人，声音不小）。其调值接近去声，约在52或41的范围内（详见《卷一·h06》条）。

剧k17　快着点

例（一471　20）：你先拿这五件去！可得**快着点**送回来

注－快着点（kuài zhou diǎr）：旧时说法，现在简化为"快点"。"着"字读zhou轻声，"点"字儿化。

L部

la

剧l01　拉不断扯不断

例（红609　05）：八号的人**拉不断扯不断**地跟我说话，我来晚了点

注－拉不断扯不断（lā be duàn chě be duàn）：京俗语，此处意为离离拉拉、没完没了地拖延着。"不"字读为be。

剧l02　拉不出屎来怨茅房

例（龙118　13）：甭**拉不出屎来怨茅房**！东交民巷、紫禁城倒不臭不脏，也得有尊驾的份儿呀

注－拉不出屎来怨茅房（lā be chū shǐ lei yuàn mao fáng）：京俗谚，谓总是归咎于客观原因。"不"字读be，"来"字读lei，均轻声；"茅"字轻声。

剧l03　拉倒

例（方84　14）：他要是有了进步，我就替您保出他来；没有进步呢，**拉倒**

注－拉倒（lā dǎo）：京俗语，此处意为"算了、终止进行"。旧京下层人士多带粗口，日常往往说成"拉鸡巴倒"。

剧l04　拉着扯着

例（一415　26）：程（善恒）还怒气冲冲，李（保长）**拉着扯着**的往里拉程

注－拉着扯着（là r chě r）：两个"着"字均读为r，是口型提示。

剧105 喇喇忽忽

例（全91 15）：林三嫂三十好几了，还象个孩子，**喇喇忽忽**的

注－喇喇忽忽（lá le hū hū）：京俗语，此处谓做事心思不细、马虎。按：此词源自满语 lahü，原意为"打猎没本事"，京语中汉化为"喇忽"（lǎ hu），也作"拉忽、喇和、拉胡、邋忽"，是为"不用心、办事不力、不抓紧"等意。另：《聊斋志异》中有"喇忽"一词（确曾见过，但忘了在哪一篇），意谓"没有准主意"；似与满语无涉，却不知源自何处。

lan
剧106 蓝旗营房

例（龙142 25）：咱们这儿原本是**蓝旗营房**啊

注－蓝旗营房（lán qí yíng fang）：清代将北京划分为八个区域，八旗分别驻屯。其中正蓝旗在天坛以东、法华寺以南设有营房；而龙须沟旧址在天桥以东、天坛北偏西方向，即今之公交车金鱼池站一带。那里虽为正蓝旗辖地，却离正蓝营房尚有一段距离。

剧107 烂肉面

例（茶522 22）：吃碗**烂肉面**（大茶馆特殊的食品，价钱便宜，作起来快当）

注－烂肉面（làn ròu min）：原著夹注已说明了此物之出处及特色。所谓烂肉面，系以廉价的碎肉（如剔骨肉等）为原料作浇卤的大众快餐食品。

lao
剧108 劳动光荣

例（红619 08）：是啊，**劳动**是**光荣**的

注－劳动光荣（láo dong guāng rong）：中国的传统文化是"官本位文化"，从来都没有"劳动光荣"的概念。二十世纪五十年代开始提倡"劳动光荣"的理念，无疑是一种进步；但两千余年的文化传统绝非一朝一夕所能改变，此观念至今也远未深入人心。"动、荣"二字轻声

剧109 劳驾、不劳驾

例（龙111 10）："**劳驾**！劳驾！""**不劳驾**！"

注－劳驾、不劳驾（láo jià、bù láo jià）：京人最常用的客气话之一。原著此处是说二春给赵老端来了一碗水，赵老说的劳驾，在此相当于"谢谢"之意；二春回答不劳驾，即是"不谢"。这种说法今已罕闻，都改说"谢谢、不谢"了。参见《附录叁－127》条。

剧1 10　劳你的驾

例（红604 17）："吴大爷，我给您收拾屋子吧。""就<u>劳你的驾</u>吧，六嫂！"

注－劳你的驾（láo ni de jià）：对"劳驾"一词明确称谓并加强语气的用法。"你的"二字轻声。

剧1 11　劳您驾

例（龙107 24）：<u>劳您驾</u>，也给我带个烧饼这么大

注－劳您驾（láo nín jià）：对"劳驾"一词明确称谓的实际应用法。

剧1 12　老女儿

例（一421 22）：说来说去呀，还是我的<u>老女儿</u>最好

注－老女儿（láo nüě*r）：京人对最小女儿的称呼。"老"字阳平；"女儿"二字读"女"字的儿化音nüě*r。

剧1 13　老八板儿

例（龙139 25）：大妈，别再<u>老八板儿</u>啦。这年月呀，女人尊贵啦

注－老八板儿（lǎo bā bǎr）：京俗语。此处之"板"字即戏曲中所谓"板眼"之板。八板是一种有声无词的调子。旧时学习戏曲必先从八板入手，各种曲工尺谱，也都列八板为第一，所以俗称为头八板。后来又发展出新式的八板，称为"花八板"，遂称原来的为"老八板"。引申指古板守旧、自我封闭之人为老八板儿。

剧1 14　老梆子

例（茶581 11）：<u>老梆子</u>，你真逗气儿！你跑到阴间去，我们也会把你抓回来

注－老梆子（lǎo bāng zèi）：京人习用詈语，意为老家伙、老东西；更多的是骂老妇（梆子是女阴的象征）。此处因是与被称呼者当面"叫横"（jiào hè*r，京俗语，

谓当面挑衅），"子"字读 zèi，（参见《卷一·x39》条）；如仅是表示蔑视意，则"子"字读 zi，轻声。也有说"老梆瓵（cèi）、老梆壳（ké）"的。

剧 115　老哥哥

例（茶 568　19）："哥儿们，对不起啊，茶钱先付！""没错儿，<u>老哥哥</u>！"

注－老哥哥（lǎo gē gèi）：此处之读音参见《卷一·125、g23》等条。

剧 116　姥姥

例（茶 582　01）：小花，教员罢课，你住<u>姥姥</u>家去呀

注－姥姥（lāo lou）：京语，外祖母。详见《卷一·127》条。

剧 117　老嚵

例（一 429　04）："您……还不高兴吗？""我 <u>老嚵</u>！我信教……我抬不起头来！"

注－老嚵（lǎo liū）：此处为"姥姥"的夸张性发音的直音字，"嚵"字读 liū，阴平。"姥姥"一词详见《卷一·127》条。

剧 118　老娘们事

例（茶 526　11）：盖碗多少钱？我赔！外场人不作<u>老娘们事</u>

注－老娘们事（lǎo niá mer shè*r）：京人习用说法，指办事儿不懂外场（参见《卷二·wx01》条、不局气（参见《卷一·j57》条）。"娘"字读 niá，"们、事"二字儿化。

剧 119　老实着点

例（女 75　15）：栓子，到那儿你可<u>老实着点</u>，别乱动东西

注－老实着点（lǎo shi zhou diǎr）：嘱咐小孩儿用语。"实"字轻声；"着"字读 zhou，轻声；"点"字儿化。

剧 120　老天爷饿不死瞎家雀儿

例（龙 121　05）：别着急，<u>老天爷饿不死瞎家雀儿</u>

注－老天爷饿不死瞎家雀儿（lǎo tiān yé è bu sǐ xiā jiā qiǎor）：京俗谚，劝人随遇而安，义近"车到山前必有路"。"不"字轻声；京语称

麻雀为"家雀儿","雀"字读qiǎor,上声,儿化。

剧1 21　老爷儿们

例(全126　08):你还不愿意进来,怕这里光有<u>老爷儿们</u>

注－老爷儿们(lǎo yér men):这种说法是女人与女人在说男人。此词音、义详见《附录壹－50》条。

剧1 22　老爷子

例(茶533　11):喝,我的<u>老爷子</u>!您吉祥!我等了您好大半天了

注－老爷子(lǎo yé zèi):原著此处是写刘麻子在拍庞太监的马屁。京人习称父辈男子为老爷子,此处加以"我的"二字、"子"字又加重语调,十足刻画出刘麻子谄媚状。

剧1 23　老爷子

例(方13　09):<u>老爷子</u>您还这么硬朗

注－老爷子(lǎo yé zi):京人对长辈男子的正常称呼,与上条语音有别。

剧1 24　落了价儿

例(一469　19):可是真有用的人,象我,倒<u>落了价儿</u>啦

注－落了价儿(lào le jiàr):京人习用说法,指人的社会地位降低了。

剧1 25　落子、坤角

例(茶549　13):要娶姨太太讲究要唱<u>落子</u>的<u>坤角</u>

注－落子、坤角(lào zi、kūn jué):落子原是莲花落(一种发源于安徽的说唱形式)的俗称,后将一些形式类似的说唱也泛称为落子。落子由坤角主唱,其色艺双全者,常成为权势者或地痞流氓的猎艳对象。

剧1 26　落子馆

例(方38　12):这是补习学校,还是<u>落子馆</u>

注－落子馆(lào zi guǎn):表演落子一类曲艺的所在,这一般也不是什么高尚场所。

le

剧 1 27　乐子

例（茶 583　08）：喝茶吃花生米，这可真是个**乐子**

注－乐子（lè zi）：京俗语。这是旧京旗人苦中作乐（酒都喝不起了，以茶代酒）时所言。旧京旗人性情温和，得过且过，不思进取，随遇而安。他们生活的意义，就是玩儿、找乐子。他们发展了京戏、曲艺，精研了琴棋书画，乃至将花鸟鱼虫、吃喝玩乐的技艺都扩充到了极致。最后终于玩儿丢了国家，居然还在找乐子。

lei

剧 1 28　累心

例（茶 570　04）：谁掉眼泪，谁吃炖肉，我都知道！要不怎么我**累心**呢

注－累心（lèi xīn）：京俗语，操心、劳心，精神感到疲倦。

leng

剧 1 29　愣

例（一 434　05）：城里往外开大炮，震得窗户哗啦啦的响，你**愣**不照面

注－愣（lèng）：京俗语，此处意为"硬是（如何）"。

剧 1 30　愣磕磕

例（方 25　03）：**愣磕磕**的送到门口

注－愣磕磕（lèng kē kē）：京俗语，此处形容心不在焉、魂不守舍的样子。

剧 1 31　愣头葱

例（女 72　19）：有她们管着我这个**愣头葱**，不会出事故

注－愣头葱（lèng tóu cōng）：京俗语，谓人不知利害，直杵着往前冲。也作"愣头青"或"愣葱"。"葱"字为俗写，实应作"愣㥄"。㥄，《集韵》注："急遽也。"合于此义。

li

剧 1 32　利落

例（一 436　07）：揉眼，醒**利落**，呆呆的坐着

注－利落（lì lou）：京俗语，谓行事干脆，不拖泥带水。此处用于形容脱离刚睡醒的那种懵懂状，是此词的延伸用法。"落"字读 lou，轻声。

lia

剧133 俩眼黑大糊

例（方70 01）：我们**俩眼黑大糊**，找不着人哪

注－俩眼黑大糊（liá yǎn hēi de hū）：京俗语，形容在新环境中因不熟悉情况而导致的茫然感。"俩"字阳平；"大"字读de，轻声。

lian

剧134 连根儿烂

例（茶569 14）：这年头就是邪年头，正经东西全得**连根儿烂**

注－连根儿烂（lián gē*r làn）：京俗语，形容某物彻底崩溃，无可挽救。

剧135 连窝头都混不上

例（龙119 04）：家家**连窝头都混不上**呢，还交得起他妈的捐

注－连窝头都混不上（lián wō tóu dou hùn be shàng）：京人常用说法谓穷困潦倒。"都"字轻声，"不"字读为be，轻声。

剧136 脸子

例（女50 01）：我没供给你念书，没给过你好**脸子**看

注－脸子（liǎn zi）：指脸色；但只用于负面意义（不好的脸色）。

liang

剧137 两搀着

例（方70 23）：难道旧东西里就没有一两段好的？为什么不**两搀着**

注－两搀着（liǎng chān zhe）：京人习用说法，谓混合。

liao

剧138 了不得

例（全105 01）：那么大的角儿还肯补衣裳，真**了不得**。

注－了不得（liǎo m de）：了不起。"不"字读音见《卷一·y18》条。

剧139 撂下

例（女28 24）：你就干脆**撂下**老太太，孩子们不管了吗

注－撂下（liào xie）：放下。此处指不照顾老人孩子。"下"字读xie，轻声。

lie

剧140 列宁帽

例（方63 25）：孟穿着短衣，戴**列宁帽**，进来

注－列宁帽（liè níng maor）：一种深色的鸭舌帽，可能是从列宁的某照片或某些苏联电影上见到此物，遂使其在二十世纪五十年代流行一时，且名之曰列宁帽。"帽"字儿化，轻声。

lin

剧141　临完

例（茶584　10）：办了几十年，**临完**他只由工厂的土堆里捡回来这么点小东西

注－临完（lín wán）：最后、最终（如何）。京人习用说法。

ling

剧142　零七八碎儿

例（红600　07）：就是一个小铺盖卷儿跟一点**零七八碎儿**

注－零七八碎儿（líng qi ba suè*r）：泛指细碎不值钱的琐物。"七八"西字轻声。

剧143　领家

例（方67　13）：她和窑子里的**领家**一样可恶

注－领家（lǐng jiār）：此处指妓院中安排妓女接客的女性管理人员，也指老鸨子。日语ママさん（妈妈桑）在中文里有时引申为此意。"家"字儿化。

liu

剧144　蹓跶

例（茶532　14）："您等等，我给您叫车去！""用不着，我愿意**蹓跶**蹓跶！"

注－蹓跶（liū de）：京人谓散步为蹓跶。"蹓跶"二字，《现代汉语规范词典》注："现在规范词形写作溜达。"但其实足字旁的"蹓跶"于字形字义上更合理。"跶"字读 de，轻声。

剧145　留点神

例（一425　03）：说话**留点神**

注－留点神（liú diǎr shén）：京俗语"留神"一词更口语化的说法，"点"字儿化。参见下条。

剧146　留神

例（女43　23）：他越那么叫，我越**留神**

注－留神（liú shén）：京俗语，意谓留心专注于某事，不懈怠。

剧 l 47　蹓、调

例（方 78　25）：你的嗓子还没<u>蹓</u>开；好好<u>调</u>一调啊

注 - 蹓、调（liù、diào）：戏剧界用语。"蹓"是指多次重复的唱某些音调，使嗓子逐渐适应；"调"也作"吊"，是指重复唱某些升调音阶，使嗓子逐渐拔高。

剧 l 48　蹓蹓

例（茶 563　19）：好吧，我出去<u>蹓蹓</u>，这里出不来气

注 - 蹓蹓（liù liu）：前"蹓"去声；后"蹓"轻声。

lou

剧 l 49　漏子

例（方 42　22）：只要有她去唱一场，我今天才不至于出<u>漏子</u>

注 - 漏子（lóu zi）：此处义为乱子、麻烦。此词还另有"是非、内情难测"义，如阻止别人参与不了解详情之事，说"这事没准有漏子"。"漏"字阳平。

剧 l 50　露了楦儿

例（方 49　21）：那我一天得去刨出三遍来，准<u>露了楦儿</u>

注 - 露了楦儿（lòu le xuàr）：暴露内幕实情。楦为制鞋工具。此为旧时说法，现演变为"露馅儿"。"露楦儿"的词义不够明了，不若"露馅儿"直白形象。

M 部

ma

剧 m 01　妈拉个臭的

例（方 22　07）：<u>妈拉个臭的</u>！什么玩意儿

注 - 妈拉个臭的（mā le ge chòu de）：旧京常用詈语，全说为"妈拉个臭屄的"。大概骂者也觉得口儿太糙，所以去掉脏字。"拉"字读 le，轻声；说得快时"个"字读为 e。

剧 m 02　马虎

例（全 92　06）：你看我多么<u>马虎</u>呀……会把小虎儿给丢了

注 - 马虎（mǎ hu）：做事大意，不细心。"马虎"一词，可能是由"模糊"演变而来。"虎"字轻声。参见《附录叁 - 128》条。

剧 m 03　马兰

例（女45　17）：小玩具都换了用马兰叶子编的小筐、小青蛙等

注 - 马兰（mǎ lin）：一种多年生草本植物，叶片状类韭菜，但细长坚韧，富纤维质；旧时以其晾干后作捆扎绳用。"兰"字读音介于 lin、lian 之间，轻声。另参见《附录叁 - 129》条。

剧 m 04　骂化了

例（全151　19）：我要是向前相认，他必定把我骂化了

注 - 骂化了（mà huà le）：京俗语，形容骂的程度严重。

mai

剧 m 05　买两块

例（茶570　09）：车当当敲着两块洋钱，进来。"谁买两块？买两块吧……"

注 - 买两块（mái ling kui）：此处之"两块"指洋钱（银圆）。"两"字读音介于 ling、liang 之间，轻声；"块"字读音介于 kui、kuai 之间，轻声。在这里是原著书面的写法，实际吆喝是"mái lia mai lia"。详见《附录叁 - 130》条。

剧 m 06　卖膀子力气

例（茶545　06）：铁杆庄稼没有啦，还不卖膀子力气吗？

注 - 卖膀子力气（mài bǎ zi lì qi）：京人习用说法，也作"卖把子力气"。"膀"字读 bǎ；"气"字轻声。

剧 m 07　慢慢来

例（方60　25）：慢慢来，十个手指头哪能一边齐呢

注 - 慢慢来（mài mār lái）：京腔口语读音。

man

剧 m 08　满有

例（一424　17）：壮生满有点干劲儿呢

注 - 满有（mán you）：这是京人口语读音，牵扯"上声连读"变调问题。普通话的变调规律，在前的"满"字变调阳平；而在后的"有"字应读其本音上声。但京人说话讲究轻灵流畅，故此处将

"有"字轻声化了；而在前的"满"字仍照读阳平不误。另：此字现普遍写为"蛮"，读为阳平，拾台湾人的牙慧（国人的文化自信心真是堪忧，连台湾也劳动我们亦步亦趋啦）。详见《卷四·m12》条。

剧 m 09 满脸花

例（方 79 07）：呸！得，准得给你个<u>满脸花</u>

注－满脸花（mán lin huā）：原著此处是指啐的满脸吐沫。此词另也形容被打得满脸是血，参见本卷 mz18 条。

mao

剧 m 10 摸不清

例（红 654 23）："什么包？""我也<u>摸不清</u>……"

注－摸不清（māo be qīng）：弄不明白。此为京中下层人士的口语音，"摸"字读为 māo，阴平；"不"字读 be，轻声。

剧 m 11 猫儿尿

例（龙 116 24）：把钱都喝了<u>猫儿尿</u>

注－猫儿尿（māor niào）：京俗语，对酒的贬称。

剧 m 12 铆足了劲儿

例（女 60 21）：咱们得<u>铆足了劲儿</u>，叫妇女商店一开幕就红

注－铆足了劲儿（mǎo zú le jièr）：这应是产生于二十世纪五十年代的说法。

剧 m 13 冒而咕咚

例（方 93 17）：方经理不会<u>冒而咕咚</u>的就走

注－冒而咕咚（mào er gu dong）：京俗语，谓突然的、没有前兆的（就如何）。"而咕咚"三字轻声。

mei

剧 m 14 没的说

例（全 105 01）：真了不得……我也<u>没的说</u>了

注－没的说（méi de shuō）：此处表示心悦诚服。

剧 m 15 煤核儿

例（龙 149 24）：二嘎子提着一筐子<u>煤核儿</u>，飞跑进来

注－煤核儿（méi húr）：旧京主

要是用煤球炉子烧煤球（参见本卷mz30条）。煤球有时不能完全烧透，核心黑色部分（即所谓的煤核儿，俗写作"煤榍儿"）仍可燃，于是捡煤核儿就成了穷人家孩子冬季的一项主要工作。

剧 m 16　没了魂儿

例（一462 07）：新鞋上脚，不到一个月，就<u>没了魂儿</u>

注－没了魂儿（méi le hué*r）：形容因磨损揉搓而失去强度，不骨力（gú lì，京俗语，谓物体硬挺、强韧）了。与此义近者还有一个更纯粹的京语词儿，叫"歇了"。详见《卷一·r18》条）。

剧 m 17　没您不圣明的

例（方72 06）：王先生，<u>没您不圣明的</u>，您给批评批评

注－没您不圣明的（méi nín bú shèng míng de）：当面恭维语，"圣明"一词见《卷一·s45》条。"不"字阳平，"明的"二字轻声。

剧 m 18　煤球儿

例（茶563 10）：茶叶、<u>煤球儿</u>都一会儿一个价钱

注－煤球儿（méi qiúr）：见本卷mz30条。

剧 m 19　没听说过

例（茶563 08）："……对不起，茶钱先付！"<u>"没听说过！"</u>

注－没听说过（méi ting shuō guo）：京人习用说法，对某事表示质疑，语气蕴含了强烈不满情绪。"说"字是重点，声调要加强；"听、过"二字轻声。

剧 m 20　没影儿的事

例（一429 07）：这都是<u>没影儿的事</u>

注－没影儿的事（méi yiě~r de shì）：驳斥对方所言时的说法。这是很不客气的话，甚至有点儿要上火的意味。

剧 m 21　没有的事

例（茶543 10）："你呀，看不起我，怕我给不了房租！"<u>"没有的事</u>……"

注－没有的事（méi yǒu de shì）：京人习用说法，用于断然否定（但

是又不失礼貌的)对方所言之事；与上一条义同，但不若那里口气严重。"事"字读本音，是强调语气；若儿化，则语气更缓和。

剧 m 22　没有辙

例（茶544 15）：我谢谢您！我这儿正**没有辙**呢

注－没有辙（méi you zhé）：京俗语，"辙"字本义为"车行印痕"；引申义指可资借鉴的经验，此处指办法。现一般简说为"没辙"。

剧 m 23　没有嘴的葫芦

例（一457 03）：学生们要是都成了**没有嘴的葫芦**

注－没有嘴的葫芦（méi zuě*r hú lu）：京俗语，谓沉默寡言。此类俗语还可参看《卷一·j59》条。"嘴"字儿化，"芦"字轻声，"有、的"二字不读出音。

剧 m 24　没辙

例（龙106 12）：晌午的饭还**没辙**呢

注－没辙（méi zhé）：与此前剧m22条义同，说法稍异。

mie

剧 m 25　灭良心

例（方15 04）：咱们就还按二八分账，我不多要，你自然也不会**灭着良心**办事

注－灭良心（miè liáng xīn）：现在说"昧良心"。

men

剧 m 26　门子

例（茶549 11）：以前，我走八旗老爷们、宫里太监的**门子**

注－门子（mén zi）：京俗语，指托人找关系（办事），今多说路子、门路。

meng

剧 m 27　猛不丁

例（全130 11）：我就**猛不丁**的叫了一声王大妈

注－猛不丁（měng be dīng）：也作"猛孤丁"。详见《卷二·mx23》条。

ming

剧 m 28　明天见

例（一468 08）：（把暖水瓶放在他跟前）**明天见**

注－明天见（míng tiān jiàn）：京人一般多说"明儿见"；但原著此

处写的是很有"洋味儿"的一家人,说此话的主妇王雅娴是教会大学毕业的基督徒。这样的家庭,虽同为京人,但他们的用语与市井间的京语,无论词汇还是发音,都会有些区别。老舍先生对词汇把握的准确性叹为观止矣。

剧 m 29　明儿见

例(女67　16):是啦!**明儿见**,奶奶

注-明儿见(miár jiàn):京人口语谓明天为明儿。"明"字儿化读 miár。

mo

剧 m 30　磨烦

例(方33　08):有就有,没有就没有,甭**磨烦**

注-磨烦(mò fen):延宕拖沓。参见本卷 mz 61 条。"烦"字读 fen,轻声。

N 部

na

剧 n 01　拿面子局

例(龙135　06):你跟他动软的,拿感情拢住他,我再**拿面子局**他

注-拿面子局(ná miàn zi jū):国人重面子,京人尤甚。为面子京人可以什么都不顾,所以用面子来约束京人,那是一拿一个准儿(这说的是旧时京人,不是现在)。"局"字在此是习惯写法,应为"拘",约束、限制之义。但此处写为"局"也有其深层道理:京人讲究局气,此处之"局"字,实际是指用"局气"这个紧箍咒来"拘"对方,使其就范。

剧 n 02　拿起腿来走啦

例(龙134　03):嫌别扭,一赌气子**拿起腿来走啦**

注-拿起腿来走啦(ná qi tuǐ lei zǒu la):京语习用说法,句中表露了对不负责任、一走了之者的不满。

剧 n 03　哪摸准儿去呢

例(一439　21):"那倒不能吧?""**哪摸准儿去呢**……"

注-哪摸准儿去呢(nǎr māo zhuě*r qi ne):对事态进展心里没底。"哪"字儿化;"摸"字读 māo;"去"字读 qi,轻声。

剧 n04　哪儿的话您哪

例（龙152　25）："刘大爷，您多辛苦啦！""<u>哪儿的话您哪</u>！"

注 - 哪儿的话您哪（nǎr de huà nín na）：京人习用说法，正如本例句所述，此话往往用于回复别人的道乏（京俗语，谓对别人的辛苦表示慰问），表示"没什么、不必客气"。

剧 n05　哪儿跟哪儿呀

例（全104　21）："我说您不会演戏！""这都是<u>哪儿跟哪儿呀</u>？"

注 - 哪儿跟哪儿呀（nǎr gen nǎr a）：京人习用说法，表示不明对方所言。这可能是表示对方所言不清，也可能是对对方所言不以为然。"呀"字读音介于 a、e 之间，轻声；实际口语中此处"跟"字多用"和"，读为 hàn。

剧 n06　那不能

例（茶582　11）："……你搬出去！我先跟你说好了，省得以后你麻烦我！""<u>那不能</u>！凑巧，我正想搬家呢。"

注 - 那不能（nà bu néng）：旧时京人习用说法，也有说"那不能够"的。"不"字轻声。今少有此说，多是说成书面语味儿更浓的"不会"。

剧 n07　那还能有错吗

例（方11　16）："……是我爸爸教给你的不是？""<u>那还能有错吗</u>？"

注 - 那还能有错吗（nà hái néng yǒu cuòr me）：本来一个"对"字即可，却用了六个字；虽能起点儿加强语气的作用，可也太不嫌麻烦啦。旧式京语就是这么极度啰唆。"错"字儿化；"吗"字读为 me，轻声。

nao

剧 n08　闹接收

例（龙143　10）：后来日本人走了，紧跟着就<u>闹接收</u>

注 - 闹接收（nào jiē shōu）：指1945年抗战胜利后，国民政府派官员到原敌占区接收日伪财产。参阅《附录叁-131》条。另："闹"字参见《卷一·n15、n16》条。

剧 n09　闹情绪
例（方 82　03）：我今儿个**闹情绪**
注 - 闹情绪（nào qíng xu）：这是二十世纪五十年代初开始流行的新生词汇。"绪"字轻声。

nei

剧 n10　那个
例（红 652　11）：人家**那个**干净啊！连小猪都天天洗澡
注 - 那个（nèi e）：京人口语读音。此词用于将要出现的形容词之前，有渲染该词的作用。"那"字读音详见《附录壹 - 29》条；"个"字读 e，轻声。

剧 n11　那口子
例（一 412　12）：你看我的**那口子**
注 - 那口子（nèi kǒu zi）：京妇对外人说到自己丈夫时所用的称谓。"那"字读音详见《附录壹 - 29》条。

剧 n12　内掌柜
例（一 440　01）：您来的真巧！小铺儿**内掌柜**在这儿呢
注 - 内掌柜（nèi zhǎng guì）：对商号老板之妻的称谓，也有时推而广之，用以冠于任何人之妻的头上，不过那就有点儿调侃味了。

neng

剧 n13　弄趴下
例（龙 113　23）：大小的买卖、工厂，全叫他们接收的给**弄趴下**啦
注 - 弄趴下（nèng pā xie）：整垮了。"下"读为 xie，轻声；说得快时读为 ie，是口型提示。

ni

剧 n14　你老人家
例（茶 570　13）：**你老人家**就细细看看吧！白看，不用买票！（往桌上扔钱）
注 - 你老人家（ní lǎo rén jie）：老人家是京人对长者之尊称。详见《附录叁 - 132》条。

剧 n15　你小子
例（茶 565　18）：**你小子**行，洋服穿的象那么一回事
注 - 你小子（ní xiǎo zi）：京人常用语，相互熟悉的男子间调侃式称呼，也用于尊长对晚辈的昵称。"你"字阳平。

剧 n16　你就说

例（龙 114　19）：有那群作官的，咱们永远得住在臭沟旁边。他妈的，**你就说**，全城到处有自来水，就是咱们这儿没有

注 - 你就说（nǐ jiu shuō）：京人习用说法，往往在述说一事后转述另一事时作发语词，起承上启下的作用，本身无实义。"就"字轻声，说得快时"说"字读 ruo 音，轻声。

niang
剧 n17　娘儿们

例（茶 573　20）：你知道那个<u>娘儿们</u>的出身吗

注 - 娘儿们（niá mè*r）：见《卷一·n39》条及本卷之 nz46 条。此处之写法（娘儿们）是后来形成的习惯性写法，按读音实应写为"娘们儿"。原著此篇作于 1957 年，自二十世纪五十年代后，老舍先生在某些常用词的写法上发生了一些变化，以符合当时的潮流，此处可能即是一例。

nin
剧 n18　您不说话，也没人把您当哑巴卖了

例（龙 138　25）：妈！<u>您不说话，也没人把您当哑巴卖了</u>

注 - 您不说话，也没人把您当哑巴卖了（nín bù ruo hua, ye méi ren bǎi nín dàng yǎ be mài lou）：京俗谚，对饶舌者常持此说，含有嫌弃感。"说、把、巴、了"等字变读；"话、也、人"等字轻声。

剧 n19　您哪

例（方 81　17）：马上改，谢谢<u>您哪</u>

注 - 您哪（nín na）：无实义的词缀。此处原著中说此话的人物虽系旧京下层人士（说书的），但在日常生活中与朋友交谈时此词读为 nín na，这样显得亲切自然；而在演艺场所招呼人时此词一般说成 nín nèi，是一种江湖气的腔调。

剧 n20　您哪

例（龙 124　03）：我姓程，<u>您哪</u>，有什么话您朝着我说吧

注－您哪（nín ne）：无实义的词缀，常用于京人口语停顿处。按：此处"哪"字读 ne，不同于上条；是因为原著这里说此话者（程疯子）是在与地痞流氓打交道，用的是一种较平和状态下的江湖腔调。

剧 n21　您哪

例（茶528 22）：戴着这么好的洋表，会叫人另眼看待！是不是这么说，<u>您哪</u>？

注－您哪（nín nèi）：无实义的词缀。"哪"字读 nèi，去声，是一种较夸张的江湖腔。此处"您哪"的说法及其相应的读音正符合剧中人物刘麻子的身份。此词读音参见《附录壹－10》条。按：以上三条"您哪"一词，虽同为无实义的词缀，却各音不同，用于表达不同人在不同场合下的不同意向，是为京语精微处。

剧 n22　您赏脸

例（茶536 02）："等吃喜酒吧！"<u>您赏脸</u>！<u>您赏脸</u>！"

注－您赏脸（nín sháng liǎn）：旧时京人身份地位低微者被尊长赏识、奖励时，表示自己受宠若惊的习用语。"赏"字阳平。

剧 n23　您说

例（红620 16）：<u>您说</u>我不能上赶着找她呀

注－您说（nín shuō）：两人谈话中，一人在说出自己的论点前先说"您说"二字，此时此词既是发语词，又有向对方示好（意为"您说是这样吧"），以求对方赞同之意，是京人口语中常施展的一点小狡黠。

剧 n24　您坐吧

例（一470 26）："这是我们老先生的好朋友，冯先生。这是李大嫂。"<u>您坐吧</u>，冯先生！"

注－您坐吧（nín zuò be）：京人待客的客套话。当客人已然落座，此时又来了其他客人，而两拨客人并不相识时，主人一般会相互介绍一下。客人先来者要起身让一让，而后来者则回应说"您坐吧，您坐"。

剧 n25　您坐着、您慢走

例（一471　21）：（接衣，往外走）"冯先生，<u>您坐着</u>！""<u>您慢走</u>！"

注－您坐着、您慢走（nín zuò zhe、nín màn zǒu）：原著中此处与上条是紧挨着的，说的是上一条中那两个客人其中一个先走时的程序与所言，这是旧京一般家庭都遵循的礼节规矩。

niu

剧 n26　妞妞

例（茶536　08）：不卖<u>妞妞</u>啦

注－妞妞（niū niu）：京人对小女孩儿的称谓，详见《卷一·n43》及《附录壹－30》条。后一"妞"字轻声。

剧 n27　扭秧歌

例（方74　14）：师姐！您好哇？也会<u>扭秧歌</u>啦吧

注－扭秧歌（niǔ yāng ge*r）：参见本卷之 yz15 条及《附录贰－32》条。

nuan

剧 n28　暖壶

例（一468　06）：<u>暖壶</u>里有水吗

注－暖壶（nan hú）：京人口语读音，"暖"字读 nan，轻声。现在北京人使用传统形式暖壶的日渐稀少，"暖壶"的称谓，也多趋于更书面化的"保温瓶"。

P 部

pai

剧 p 01　拍巴掌

例（龙164　24）：好事反正就得<u>拍巴掌</u>，拍巴掌反正不会有错儿

注－拍巴掌（pāi bā zhe~r）：指鼓掌。"掌"字变读，儿化，轻声。详见《附录叁－133》条。

剧 p 02　拍老腔

例（茶580　26）：甭跟我们<u>拍老腔</u>，说真的吧

注－拍老腔（pāi lǎo qiā~r）：也作"排老腔儿"。见《卷二·px05》条。"腔"字儿化。

pang

剧 p 03　榜大地

例（红610　04）：一个回家去<u>榜大地</u>的，全院子都送出去，邪门儿

注－榜大地（pǎng dá dì）：对务

农含蔑视意的一种说法。因为农村户口在诸多待遇方面明显低于城市，所以全民轻农的意识高涨。直至改革开放后多年才有所转变。"大"字变调阳平。

pao

剧 p 04　跑马占地

例（龙 142　22）：不是<u>跑马占地</u>吧

注－跑马占地（páo mǎ zhán dì）：清初入关时强占土地的政策，参阅《卷一·130》条。"占"字阳平。

剧 p 05　跑嚠

例（方 46　24）：她一定是跟那个姓王的<u>跑嚠</u>

注－跑嚠（pǎo liū）：旧京下层人士的一种说法，多少含一点儿京东南方面的口音（旧京下层人士中，京东南的占相当部分）。"嚠"字读 liū，阴平，是为感叹词，作为某些动词或形容词的后缀，有强调主词的作用。

剧 p 06　泡蘑菇

例（龙 107　03）：拉不着钱，他<u>泡蘑菇</u>

注－泡蘑菇（pào mó gu）：此为二十世纪中叶新产生的词汇，意指干活不出力，延宕时间。"蘑菇"本义参见《卷二·mx26》条。

剧 p 07　炮台、哈德门

例（方 35　15）：只有两根<u>炮台</u>的，专为敬您这样的贵人；这边，全是<u>哈德门</u>，我自己用

注－炮台、哈德门（pào tái、hǎ de mén）：旧时两种香烟的名字。"炮台"是三炮台牌香烟的习惯性简称，是为较高等的香烟；而哈德门是一种中等香烟的牌子，至今似尚存。

剧 p 08　爆竹筒子

例（全 94　04）：我就是个<u>爆竹筒子</u>

注－爆竹筒子（pào zhong tǒng zi）：脾气火暴。"爆"字读 pào；"竹"字读音介于 zhong、zheng、chong 之间（因所在区域及群体的不同，具体某个人的读音可能更偏重于某音），当读得快时，可能会读为 rong，轻声。

剧 p 09　泡着

例（红 600　14）：咱们哪能够老在城里游手好闲地泡着呀

注－泡着（pào zhe）：京俗语，此处谓无所事事闲待着。另有"故意延宕时间、长时间的沉溺于某事"等义的用法。"着"字说得快时读 r，是口型提示。

pei

剧 p 10　赔不是

例（龙 141　05）：我要真心改邪归正，得先来对程大哥赔"不是"

注－赔不是（péi bú shi）：赔礼道歉。"不是"指错误、不对之处。"是"字轻声，说得快时读为 r，是口型提示。

pi

剧 p 11　批评

例（方 72　06）：王先生，没您不圣明的，您给批评批评

注－批评（pī ping）：原著此处意为评论、评价。按："批评"一词，系日语外来词，意指"评论、评议"。原著此篇写于1950年，那时此词的用法更接近于日语的原义；但在后来的岁月中，"批评"一词的含义缩窄转变，逐渐演变为"对缺点错误的指责"意。"评"字轻声。

剧 p 12　屁

例（方 23　06）："……你怎么过河拆桥？"屁！……你们俩算什么东西？……"

注－屁（pì）：京俗语，用于句首，是劈头就断然否认对方所言一切时极不客气的说法。

pian

剧 p 13　偏向

例（一 442　03）：要是坑害了大家，老婆也不应当偏向着他

注－偏向（piān xiàng）：偏袒。此说法北方语系广大地区都有，不独京语。

piao

剧 p 14　瓢泼瓦灌

例（龙 160　26）：谁也没有想到这么早就能下瓢泼瓦灌的暴雨

注－瓢泼瓦灌（piáo po wa guan）：京俗语，形容大雨倾盆。"瓦"字指盆，旧时盆多为瓦制。"泼瓦灌"三字轻声。

剧 p 15　漂亮

例（龙 167　17）：你们这一对儿够多么<u>漂亮</u>啊

注－漂亮（piào ling）：原著此处是指做事漂亮而非指人。"亮"字读音介于 ling、liang 之间，轻声。

剧 p 16　漂亮手儿

例（全 132　18）："……敢情于壮在那儿呢。""于壮？他是<u>漂亮手儿</u>呀！"

注－漂亮手儿（piào ling shǒur）：意指（某方面的）一把好手，笔者不曾闻此说法。读音参见上条。

ping

剧 p 17　平地抠饼

例（方 09　21）：反正咱们作艺的是<u>平地抠饼</u>

注－平地抠饼（píng di kōu bǐng）：也作"平地掘饼"，参见本卷之 pq 03 条。

po

剧 p 18　破

例（女 75　04）：我今儿个<u>破</u>半天的工夫……教育教育她

注－破（pò）：京俗语有"破费"一词，指花费、消耗（资财）。但单说一个"破"字，语气比说破费严重，有"豁出去了，非得干到底，不计得失"意。

剧 p 19　破鞋，甭提啦

例（方 09　12）："发财？……也没饿死，就算不错！你呢，老二？"<u>"破鞋，甭提啦</u>！既在江湖内，都是苦命人……"

注－破鞋，甭提啦（pò xié béng tí le）：歇后语，用"鞋破"谐"不能提"之意。"甭"为"不用"二字的合音合写字，更土点的读 bíng；"啦"字读 le，轻声。

Q 部

qi

剧 q 01　七百五十个

例（龙 120　19）：疯大爷晃晃悠悠，要摔<u>七百五十个</u>跟头

注－七百五十个（qī bái wǔ shi e）：京语中常见有某些数字出现，这并非实指，而是泛言其多，就如李白说"白发三千丈"。"百"字阳平；说得快时"个"字读 e；说得再快时"十个"两字合读为

she，均轻声。

剧 q 02　七开八得
例（龙 158　21）：我找二嘎子去啦。找了**七开八得**，也找不着他

注－七开八得（qī kāi bá dào）：旧京俗语，多说"七开八到"（此处即按此注音），意谓到处、各处。"八"字阳平。注意京语中"一、七、八、不"四个字的变调规律，兹不赘述。

剧 q 03　起火
例（红 652　06）：你们都不自己**起火**啦

注－起火（qí huǒ）：此处意指生火做饭。旧时大家族成员住在一起，但往往虽同居而各爨，称各自起火。

剧 q 04　旗人
例（茶 535　07）：告诉你们，我可**是旗人**

注－旗人（qí ren）：在旗之人。旗人分满、蒙、汉三种，各有八旗，共计24旗。详见《附录叁－134》及《满蒙语汇叁－36》条。

剧 q 05　起哄
例（方 60　23）：从此不会有人**起哄**了

注－起哄（qǐ hòng）：此处指旧时戏园子等公共演出场合常有人因各种原因叫倒好起哄，令演员难堪。因缺乏公德教育，有人往往以在公共场合引人侧目为能事，不以为耻反以为荣。

剧 q 06　气个倒仰
例（方 17　12）：更别提啦！一提她，我就**气个倒仰**

注－气个倒仰（qì e dào yǎng）：京人习用说法。"个"字读 e，轻声。

剧 q 07　嘁
例（方 37　20）：（冷笑），**嘁**！以前，我当是只在园子里我不算人

注－嘁（q）：感叹词。仅读声母 q 的本音（国际音标 [tɕ']）。

剧 q 08　去
例（龙150　01）：嗨！你又上哪儿闯丧**去**

注 – 去(qi)：变读为 qi，轻声。京人口语中，当"去"字置于动词后，表示任凭此动词的延续或表示去的目的(去做什么)时这样读。

qiao

剧 q 09　敲着撩着

例(女27　05)：大家都那么<u>敲着撩着</u>地暗示我是个落后分子

注 – 敲着撩着(qiāo re liáo zhe)：京俗语，谓冷言冷语地说点子"片儿汤话"(京俗语，谓讥讽、指桑骂槐)，在言语乃至行动上间接表示对某人的不满。前"着"读 re，轻声。

qin

剧 q 10　亲眼得见

例(茶564　07)："不信，你问王掌柜。是吧，王掌柜？""我<u>亲眼得见</u>。"

注 – 亲眼得见(qīn yǎn dé jiàn)：旧时京人口语说法，今少有此说。

qing

剧 q 11　请安

例(茶546　07)：民国好几年了，怎么还<u>请安</u>？你们不会鞠躬吗

注 – 请安(qǐng ān)：见《卷一·q34》及《附录壹 – 35》条。

剧 q 12　请示

例(方93　15)：向领导机关<u>请示</u>

注 – 请示(qǐng shi)：这是古汉语中早已有之的词汇，意为"请(某某大人)下示"。原为官场用语，近代逐渐普及于全社会，至"文革"时期达于顶峰。

qiong

剧 q 13　穷逛

例(红651　21)：大伙有说有笑地干活儿，不比一个人<u>穷逛</u>百货大楼强吗

注 – 穷逛(qióng guàng)：漫无目的、长时间地流连于(某处)。此处"穷"字主要指时间的延续性，也暗含指"没有钱的逛"。

剧 q 14　穷混

例(一423　22)：困难不困难的，一块儿<u>穷混</u>去吧

注 – 穷混(qióng hùn)：此处意指不得不维持下去的某种现状(在穷困中混日子)，"穷"字也暗含了时间的延续性。与上一条略有别，表达的侧重点有所不同(前

者主要表示时间长，后者重点强调没钱），这是京语细微处。

剧 q 15　穷忙

例（龙 108　10）：只顾了<u>穷忙</u>，把他老人家忘了

注－穷忙（qióng máng）："穷"字使用实例，此处表示某种状态的持续。

按：从以上三条"穷"字使用实例看，有这样三条特征：①用于贬义或中性句；②作为状语界定其后的动词；③时间上具有延续性。

quan

剧 q 16　全头全尾

例（方 61　14）：以前，我不肯搀你，为是把你<u>全头全尾</u>的卖出去

注－全头全尾（quán tóu quán yiě*r）：多说"全须全尾"，详见本卷之 qz38 条。"尾巴"京语说 yǐ be，此处"尾"字读 yiě*r，是京腔"尾"（yǐ）字儿化。

que

剧 q 17　缺心眼儿

例（一 483　20）：她呀，既没有文化，又<u>缺</u>点<u>心眼儿</u>

注－缺心眼儿（quē xīn yǎr）：京俗语，此处意指人思维简单，心思不够使用。另也有时指谓某些轻度智障者。

R 部

rang

剧 r 01　让了让

例（茶 524　19）：茶沏好，松二爷、常四爷向邻近的茶座<u>让了让</u>。

注－让了让（ràng le rang）：旧京的虚礼儿，在茶馆儿喝茶，自己的茶沏好后，必先向茶馆的其他茶座（喝茶的客人）虚让一下。原著此处即是写此情景。后一"让"字读音介于 rang、reng 之间，轻声。

rao

剧 r 02　绕脖子

例（茶 575　06）：这么<u>绕脖子</u>的话，你怎么想出来的

注－绕脖子（rào bó zi）：京俗语，此处谓言语不爽快，拐弯抹角，话里有话。有个歇后语"王八打架——绕脖子"，是对这种说话法的嘲讽。也有时用以形容在某事上死磨硬泡、纠缠不休。

剧 r 03　绕绕得慌

例（一 446　18）：我知道，您心里是<u>绕绕得慌</u>

注 - 绕绕得慌（rào rou de hong）：京俗语，因（某事）想不开而烦闷。后一"绕"字读 rou，轻声；"得"字轻声；"慌"字读音介于 hong、heng 之间，轻声。有时女孩子为示娇嗔，在某些处特意将"得慌"的"慌"字突出读为 hèng 音。

re

剧 r 04　热汤面

例（茶 560　01）：晌午给我做点<u>热汤面</u>吧！好多天没吃过啦

注 - 热汤面（rè tā~r miàn）：一种京味面食，见《卷一·r07》及《附录壹 - 36》条。"汤"字儿化。

ren

剧 r 05　人家儿

例（龙 137　08）：说话哪象个还没有<u>人家儿</u>的大姑娘呀

注 - 人家儿（rén jiār）：京人习用说法，指婆家。"有人家儿"专指女子已聘定但尚待嫁；"没有人家儿"当然就是还没找着主啦。

剧 r 06　人家

例（方 87　26）：他们经<u>人家</u>一感化，都认了错儿，改邪归正

注 - 人家（rén jie）：此处意为别人、某人。"家"字读 jie，轻声。此词详见《卷一·r 09~r 11》条。

剧 r 07　人模狗样

例（一 420　06）：他们也<u>人模狗样</u>的摆出竞选人，吹吹打打的在街上演说"政策"

注 - 人模狗样（rén mo gǒu yà~r）：京俗语，是对人品十足的贬义词。"模"字轻声，"样"字儿化。

剧 r 08　人头儿

例（龙 118　04）：坐完车不给钱，您说是什么<u>人头儿</u>

注 - 人头儿（rén tóur）：京俗语，指谓人品，仅用于贬义处。

ri

剧 r 09　日崩

例（龙 134　24）：他蹬上车，<u>日崩</u>西直门了，日崩南苑了

注 - 日崩（rī bēng）：旧京俗语，

"日"字作为形容词是形容极迅速的样子；作为动词是说极迅速地（离去）。此处之"日"字实质是象声词，模拟快速移动时的风声。"崩"字为词尾后缀，无实意。详见《卷一·r13》条。

S 部

sa

剧 s 01　撒开了

例（龙 169 12）：我<u>撒开了</u>一吹

注 – 撒开了（sā kāi lou）：京人习用说法，漫无边际的、无节制的（如何）。"开"字儿化，阳平；"了"字读 lou，轻声。

剧 s 02　仨钱儿油俩钱儿醋

例（龙 149 12）：修沟不是<u>仨钱儿油俩钱儿醋</u>的事，那得画图，预备材料

注 – 仨钱儿油俩钱儿醋（sā qiár yōu liǎ qiár cù）：京俗语，谓所费无几的细微琐事。

san

剧 s 03　三点钟

例（一 451 26）：我连大学的<u>三点钟</u>课都没工夫准备，哪有工夫再念新书

注 – 三点钟（sān diǎr zhōng）：三个小时。"点"字儿化。早年间管几个小时叫"几点儿钟"或"几个点儿"。

剧 s 04　三轮

剧例 04（红 629 22）：雇<u>三轮</u>去

注 – 三轮（sān lué*r）：京人不说三轮车，而简称三轮儿，"轮"字须儿化。

剧 s 05　三天半

例（龙 143 12）：还没<u>三天半</u>，汉奸又作上官了

注 – 三天半（sān tiān bàn）：形容时日之短，系泛指而非实指。

剧 s 06　三头五块的

例（一 431 13）：两袋子面，一包米，和<u>三头五块</u>的钱，可买下老人家一条命啊

注 – 三头五块的（sān tóu wǔ kuài de）：京人习用说法，指少量的钱；有更生动的俗谚谓"仨瓜俩枣儿钱"。

剧 s 07　散遛

例（龙 172　15）：赶明儿个金鱼池改为公园，作完了活儿有个<u>散遛</u>散遛的地方

注－散遛（sā he）：这可能是由"撒和（合）"一词转化而来（见《卷一·s02、s03》及《满蒙语汇壹－44》条）；当然也可以纯按汉语语义理解为"散步、闲逛"，读 sàn guàng，但可没听北京人有那么说的。

shai

剧 s 08　晒得流油

例（龙 169　14）：怎么大夏天的，<u>上边晒得流油</u>

注－晒得流油（shài de liú yóur）：京俗语，形容日光炙烈。"油"字儿化。

shan

剧 s 09　煽惑

例（女43　25）：他怎么<u>煽惑</u>你的

注－煽惑（shān huo）：京俗语，谓煽动、蛊惑。"惑"字轻声。

剧 s 10　善扑营、库兵

例（茶 523　22）：因为被约的打手中包括着<u>善扑营</u>的哥儿们和<u>库兵</u>

注－善扑营、库兵（shàn pu yié-r、kù bīng）：善扑营参见《卷二·sx46》条，"扑"字轻声，"营"字儿化；"库兵"参见《卷二·kx24》条。

shang

剧 s 11　上赶着

例（红 620　16）：您说我不能<u>上赶着</u>找她呀

注－上赶着（shàng gǎn r）：京俗语，谓主动俯就。"着"字读 r，是口型提示。

剧 s 12　上哪儿疯去啦

例（方 27　18）："又<u>上哪儿疯去啦</u>？大凤儿呢？""她在后边呢……"

注－上哪儿疯去啦（shàng nǎr fēng qi le）：旧京下层人士习用说法，多用指责女孩子。她们若外出时间较长，事先又未向家长告知，回家后就可能遭到此责骂。"疯"字在此隐有性含义。

剧 s 13　上

例（红 638　25）：街道<u>上</u>同意批准呢

注－上（sheng）：此处为京语的一种特殊用法，意指"（某）方面"。但其应用范围较窄，仅适用于含有一定程度敬语性质之场合（如组织上、领导上、县上等），读 sheng，轻声；说得快时读为 r，是口型提示。

shao

剧 s 14　哨

例（茶 545 17）：还是黄鸟吧？**哨**的怎样

注－哨（shào）：京人谓所养鸣禽之鸣叫为"哨"。详见《附录叁－135》。

shei

剧 s 15　谁叫您是××呢

例（方 12 06）：我天不怕，地不怕，就怕您一个人！**谁叫您是师姐呢**

注－谁叫您是××呢（shéi jiào nín r × × ne）：京人习用说法，阐述不得不服从某人（句中"您"）的理由（××为理由）。"是"字说得快时读为 r，是口型提示。

剧 s 16　谁呀

例（红 649 04）："刚尽点义务，就叫人夸好啊？""**谁呀**！我这是征求征求意见……"

注－谁呀（shéi ya）：二人对话，甲对乙某事有指责、疑问意，乙赶紧否定撇清，表示"非己所为"或"并非如此"时所言。是京人常用说法。"呀"字读音介于 ya、ye 之间，轻声。

shen

剧 s 17　伸把手儿

例（女 29 02）：她老人家多**伸把手儿**，也就行啦

注－伸把手儿（shēn bá shǒu）：顺便帮忙。也说"搭把手儿"。"把"字阳平。

剧 s 18　身上痒痒

例（龙 125 04）：老梆子你管他妈的什么闲事，你**身上也痒痒**吗

注－身上痒痒（shēn reng yǎng ying）：京人常用说法，谓找挨打。"上"字读为 reng，轻声；后一"痒"字读 ying，轻声。

剧 s 19　伸手

例（女 60 18）：有了咱们自己的商店，咱们就非事事亲自**伸手**不

可

注－伸手（shēn shǒur）：此处意指自己动手（负起责任，事必躬亲）。现少见此种说法。"手"字儿化。

剧 s 20　身子骨

例（红 658 08）：**身子骨**都不错

注－身子骨（shēn ze gǔr）：京人习称身体、身体状况为"身子骨"。"子"字读若 ze，"骨"字儿化。

剧 s 21　什么的

例（女 28 19）：有了女售货员，就可以匀出男的去搞工业**什么的**

注－什么的（shén m de）：京俗语，表示对某一门类事物的总括。"么"字读 m，是口型提示。

剧 s 22　神神气气

例（龙 138 03）：这几天，他又**神神气气**的，不知道又犯什么毛病

注－神神气气（shén shén qì qì）：旧京俗语，此义现一般作"神神叨叨"，指某种轻度的精神病状态，多表现为神智迷惘、自言自语，进入某种虚幻状态。读本音是强调语气，口语中说得快时读为 shén shen qi qi，后三字均轻声。

sheng

剧 s 23　生意口

例（茶 524 10）：我送给你一碗茶喝，你就甭卖那套**生意口**啦

注－生意口（shēng yi kǒur）：京俗语，谓做某行生意所惯用之一套说辞。"意"字轻声，"口"字儿化。

剧 s 24　圣明

例（茶 542 08）：对！您**圣明**，我糊涂！可是，您搜我吧，真一个铜子儿也没有啦

注－圣明（shèng ming）：京人习用语。见《卷一·s45》条。"明"字轻声。另：比起"一个铜子儿也没有"一说，京语还有个更口语化的说法，叫"镚子儿没有"。

shi

剧 s 25　实业救国

例（茶 555 13）：他说**实业救国**，他救了谁？救了他自己，他越来越有钱了

注－实业救国（shí ye jiu guó）：

十九世纪末二十世纪初盛行的一种救国理论，认为中国只要努力发展工商实业就可改变积贫积弱之沉疴，臻于富强。这种理论以失败告终，理论的实践者们多铩羽而归。"业、救"二字轻声。

剧 s 26　试吧试吧

例（方 78　19）：你真会？来，**试吧试吧**，唱两句鼓词

注－试吧试吧（shì be shì be）：京人常用说法，邀人具体演示一下（某种技能）。"吧"字读 be，轻声。

剧 s 27　是了

例（一 436　09）："常妈你出去吧！"……"**是了**，大舅爷！"

注－是了（shì lèi）：京人应答时的常用说法，尤其服务性行业中更是如此。"了"字读去声 lèi，是加重语气的说法。

剧 s 28　……是孙子

例（茶 554　06）：说假话**是孙子**

注－……是孙子（…shì sūn zi）：这是京人保证某事真实性时最常用的赌咒发誓辞，意谓"（如果某事如何，我）就是孙子"。

剧 s 29　事由儿

例（龙 134　22）：您劝劝他，叫他找个正经**事由儿**干

注－事由儿（shì yóur）：京人习惯说法，即指"事情"。据说是京城之人因为身在首都，时常能听到见到公文用语，公事中常有"事由"一词，久而久之便在自己的生活中沿用下来，并按京语习惯加以儿化。

shou

剧 s 30　收了

例（龙 165　11）：娘子，怎这么早就**收了**

注－收了（shōu le）："收"是"收摊儿"的略说，原著此处是指摆的小烟摊儿收摊了。此词并不局限于小摊位，大商场打烊也可这么说；口语中甚或推而广之，一切事情结束，都可以说收了或收摊儿了。

剧 s 31　收摊儿

例（女 16　20）：我也马上**收摊儿**

注－收摊儿（shōu tār）：义同上

条。

剧 s 32　手绢儿

例（女30　24）：你没带着**手绢儿**吗

注 - 手绢儿（shōu juàr）：京人称手帕为手绢儿。

剧 s 33　手儿

例（茶569　18）：就凭您，办一、二百桌满汉全席的**手儿**，去给他们蒸窝窝头

注 - 手儿（shǒur）：专擅某事者。参见《卷一·s75》条。今偶有闻，如说："某某干活儿是把手儿"。

剧 s 34　受等

例（红609　05）：周二嫂，叫你**受等**

注 - 受等（shòu děng）：旧时京人约会，迟到者有此说，是表示歉意的客套话。

剧 s 35　受累

例（方84　26）：我知道我自己能办事，有经验，愿意多**受累**

注 - 受累（shòu lèi）：京俗语，此处意指出力。现无此种主动式的用法，仅用于对别人给予自己的帮助致谢。

剧 s 36　瘦溜

例（方36　09）：我以为司令喜欢**瘦溜**的呢

注 - 瘦溜（shòu liur）：指苗条的体型，但不是骨瘦如柴。"溜"字轻声，儿化。

剧 s 37　瘦死的骆驼比马大

例（龙130　02）：记住，**瘦死的骆驼总比马大**，别有眼不识泰山

注 - 瘦死的骆驼比马大（shòu si d luò tou pí mǎ dà）：京俗谚。"死"字轻声；"的"字读 d，是口型提示；"驼"字读 tou，轻声；"比"字读 pí，阳平。

剧 s 38　受听

例（龙143　11）：一上来说的也怪**受听**

注 - 受听（shòu tīng）：京人习用说法，谓所言顺耳。

shu

剧 s 39　舒坦
例（一 473　24）：我心里到底不能完全**舒坦**

注－舒坦（shū ten）：京腔读音。"坦"字读 ten，轻声。

剧 s 40　梳头擦粉的老娘们
例（方 22　16）：你还不如我这**梳头擦粉的老娘们**

注－梳头擦粉的老娘们（shū tóu cā fě*r de lǎo niá me*r）：旧京下层妇女踩乎（京俗语，谓蔑视、贬低）男人时的常用说法。"梳头擦粉"是为女人所专有，此处这样说是为加重语气，增强嘲讽效果。"粉"字儿化；"老娘们"读音详见《卷一·n39》条。

shua

剧 s 41　刷家伙洗碗
例（一 484　24）：你不过是给人家**刷家伙洗碗**的老妈子

注－刷家伙洗碗（shuā jiā uo xí wǎn）：饭后洗涤餐具。说得快时"伙"字读 uo，轻声；"洗"字阳平。

剧 s 42　耍老娘儿们脾气
例（龙 159　22）：不能一面理，**耍老娘儿们脾气**

注－耍老娘儿们脾气（shuá lǎo niá me*r pí qi）：京俗谚，谓非理性地、不合逻辑地、片面偏颇地看待问题，且胡搅蛮缠，无端争执。"耍"字阳平。此处"娘儿们"的写法不妥，应作"娘们儿"。参见《卷一·n39》条。

剧 s 43　耍刺儿
例（一 472　01）：他敢**耍刺儿**，咱们再告他去啊

注－耍刺儿（shuǎ cè*r）：此处之刺儿意谓刺儿头。参见本卷之 cz 100 条。

剧 s 44　耍厉害的
例（一 444　20）：日后李掌柜出来，还不跟咱们**耍厉害的**

注－耍厉害的（shuǎ lì hei de）：现多说"犯横"（去声）。"害"字读 hei，轻声。

剧 s 45　耍贫嘴

例（女61　26）：你呀，小陶，怎么老耍贫嘴

注－耍贫嘴（shuǎ pín zuǐ）：京俗语，谓不分场合、无限度地过分调侃，惹人厌烦。

剧 s 46　耍熊

例（方36　05）：上次我约他走堂会，这小子跟我耍熊

注－耍熊（shuǎ sóng）："熊"字应写为"尿"或"㞞"，详见《卷二·s56》及《附录贰－28》条。耍尿指不愿答应对方的要求，但又不正面硬顶，采取软磨装尿的办法来拒绝。

剧 s 47　耍无赖

例（茶532　12）：你的生意不错，你甭再耍无赖，不长房钱

注－耍无赖（shuǎ wu lài）：京俗语，指撒泼放刁、胡搅蛮缠不讲道理。"无"字轻声。

shuai

剧 s 48　甩闲话

例（茶525　01）：你这是对谁甩闲话呢

注－甩闲话（shuǎi xián huà）：京俗语，谓在公众场合并不明确对象，却故意语涉讥刺，针对在场的某人某事发出议论，使众人尽闻。

shui

剧 s 49　水大漫不过鸭子去

例（方36　02）：水大漫不过鸭子去；没有我，谁也不能作上这号生意

注－水大漫不过鸭子去（shuǐ dà màn be guò yā zi qi）：京俗谚。谓凡事都有一定之规，非主流势力再大也不能超过某一尺度。"不"字读 be，"去"字读 qi，轻声。

剧 s 50　水牛儿

例（红605　26）：小二，小二，瞧这个大水牛儿！好大个儿

注－水牛儿（shuǐ niūr）：京人称蜗牛为"水牛儿"，"牛"字轻声，儿化。参见本卷之 sz67 条。

shuo

剧 s 51　说惯了的嘴，跑惯了的腿

例（方 81　22）：**说惯了的嘴，跑惯了的腿**！没留神，我说走了嘴

注－说惯了的嘴，跑惯了的腿（shuō guàn le de zuǐ, pǎo guàn le de tuǐ）：京俗谚，意谓习惯成自然。原著此处是为自己的失言辩护。"嘴、腿"二字也可儿化。

剧 s 52　说和

例（茶 529　12）：您外边蹓蹓吧！后院里，人家正**说和**事呢

注－说和（shuō he）：居中调停，从中斡旋。"和"字轻声。与本卷之 sq 21 条音、义均同，写法相异。

剧 s 53　说话不留口德

例（方 53　02）：年轻轻的，别**说话不留口德**

注－说话不留口德（shuō huà bù liú kǒu dé）：旧时京人说话讲究含蓄温和，如果粗鲁激烈、伤人面子，会被斥为"说话不留口德"，乃失礼之事。

剧 s 54　说话搭理的

例（一 443　14）：我一请所长喝酒，**说话搭理的**，就把事情办了

注－说话搭理的（shuō huàr dā liě*r de）：指"闲聊说话儿的过程"。此处之"理"字是理睬之理，而非道理之理。"话、理"二字轻声。

剧 s 55　说句讨人嫌的话

例（龙 117　09）：我今儿个可得**说几句讨人嫌的话**

注－说句讨人嫌的话（shuō jù tǎo rén xián de huà）：京人习用语，往往用于在说自认为是逆耳的忠言之前，意在向对方表白"说这些虽招你讨厌（但可都是为你好）"。"句"字轻声。

剧 s 56　说说话儿

例（茶 582　24）：我正想找你这么一个人**说说话儿**呢

注－说说话儿（shuō shuo huàr）："说话儿"京人又谓之聊天儿，义同东北人之唠嗑、四川人之摆龙门。"说说话儿"是表示"说话

儿"的一种持续进行状态，是京语"动词及其时态的表现方式较丰富"（语见本书之《绪论》）的体现。

剧 s 57　说瞎话

例（方 06　15）：好姑娘，爸爸不说瞎话

注 - 说瞎话（shuō xiā huà）：京人谓说谎为说瞎话。

剧 s 58　说瞎话是小狗子

例（一 437　13）：说瞎话是小狗子，我那儿还有一小坛十五年的绍兴呢

注 - 说瞎话是小狗子（shuō xiā huà shi xiáo gǒu zi）：京人常用语，是为保证自己所言不虚设誓。说得快时"是"字读 r，是口型提示；"小"字阳平。

剧 s 59　说一声

例（红 609　20）：老太太出去啦？你替我说一声吧

注 - 说一声（shuō yi she~r）：京人习用说法，托别人替自己向第三者陈述某事时的说法，"声"字儿化，轻声。类似说法是"言语一声"（yán i she~r）。

si

剧 s 60　死摽着

例（一 442　06）：你要是死摽着你的爷们

注 - 死摽着（sǐ biāo zhi）：只认定某人，与其紧密无间联合。

剧 s 61　四爷

例（龙 120　10）：四爷，您是谁？我是谁？能跟上头说话

注 - 四爷（sì ye）：旧京对男子称呼，行（háng）几称几爷。"爷"字轻声。

sui

剧 s 62　碎

例（龙 140　19）：瞧你敢动他一下，我不把你碎在这儿

注 - 碎（suì）：京人虚声恫吓常用语，"碎"字意指碎尸万段。

sun

剧 s 63　孙子

例（方 24　02）：这俩，一个小特务，一个老混蛋，都是孙子

注 - 孙子（sūn zi）：京人常用詈语。详见本卷之 sz 98 条。

suo

剧 s 64　缩脖子

例（一 475　23）：你就是选我作人民代表，我一点也不**缩脖子**

注 - 缩脖子（suō bó zi）：京俗语，指畏葸不前。参见《满蒙语汇叁 - 37》。

T 部

ta

剧 t 01　踏拉

例（茶 524　03）：唐铁嘴**踏拉**着鞋，身穿一件极长极脏的大布衫

注 - 踏拉（tā le*r）：见《卷一·t08》条。"拉"字读 le*r，轻声，儿化。

剧 t 02　他妈的是你

例（茶 565　16）："哎哟，**他妈的**是你，小唐铁嘴！""哎哟，**他妈的**是你，小刘麻子！来，叫爷爷看看！"

注 - 他妈的是你（te ma de shi nǐ）："他"字读 te，除"你"字外均轻声。旧京下层某些人说话离不了"国骂"（他妈的）。原著此处二人对话时应是久别重逢，所言是示好之语；但这类人已将"他妈的"作为发语词，不先说它简直就说不出下文了。

tan

剧 t 03　贪长

例（女 71　07）：孩子们**贪长**，一眨眼衣裳就短半截

注 - 贪长（tān zhǎng）：京俗语，主要用于形容小孩子蹿个儿（长得快）。

剧 t 04　坛根儿

例（龙 129　03）：有话哪儿都能说，不必上**坛根儿**

注 - 坛根儿（tán gē*r）：原著此处是说地痞流氓威胁良善民众，要到僻静处去说话。根儿指墙根儿，此处谓僻静无人处。龙须沟在天坛北墙外，五十年代初那里很荒僻，此处"坛根儿"即指天坛北墙外僻静处。

tang

剧 t 05　躺躺

例（一 434　13）：大舅，**躺躺**去

注 - 躺躺（táng ta~r）：躺下（稍事休息）。京语中往往有将某一动词叠置（如此处之"躺躺"）的

说法，是表示此动词的进行时态。前"躺"字阳平；后"躺"字轻声，儿化。

剧 t 06　膛音儿

例（方 78　25）：你的嗓子……比珍珠的强。她有尖儿，可没<u>膛音儿</u>

注 - 膛音儿（táng yiē*r）：戏曲术语，指气发丹田的胸腔共鸣音。

ti

剧 t 07　体面

例（龙 108　18）：帮助人，真<u>体面</u>，甚么活儿我都干

注 - 体面（tǐ miàn）：此处指因工作得好而觉得露脸、有荣耀感。"面"字轻声。

剧 t 08　体面

例（茶 528　10）：好<u>体面</u>的小表！

注 - 体面（tǐ mian）：原著此处是形容物品之精美。"面"字轻声。

剧 t 09　体面

例（茶 560　19）：多<u>体面</u>哪！吃的不足啊，要不然还得更好看呢

注 - 体面（tǐ mian）：原著此处是形容女孩子漂亮且显得有气质。"面"字轻声。

剧 t 10　体面

例（龙 147　01）：她长得不寒伧——那时候我也怪<u>体面</u>

注 - 体面（tǐ mian）：原著此处是形容男人长得好看，京人不说漂亮说体面。"面"字轻声。见《元曲语汇 136》条。

tian

剧 t 11　天好

例（茶 570　01）：画的<u>天好</u>，当不了饭吃啊

注 - 天好（tiān hǎo）："天"字此处为副词，表示其后主词（好）的程度之甚。另如天大的"天"字也是副词，形容大的程度之甚；而不是形容词"像天那样大"。与上述不同，现代新产生的一些词汇，如"天价、天量"等，"天"字则是形容词，用以形容其后名词之巨大。

剧 t 12　添乱

例（方 06　17）：甭叫她，她光会给我<u>添乱</u>

注 - 添乱（tiān luàn）：京俗语。起副作用，越帮越乱。

剧 t 13　腆着脸

例（红 607　24）：她占了大家伙的便宜，还腆着脸装好人儿

注 - 腆着脸（tiǎn zhe liǎn）：京人习用说法，谓厚脸皮、恬不知耻。"腆"字也作"歁"，元曲中常见此词，见《元曲语汇 137》条。

tiao

剧 t 14　跳行

例（茶 569　06）：可谁叫你跳了行，改唱戏了呢

注 - 跳行（tiào háng）：改行。此说法流行于旧京下层人士中。另有一词叫跳槽，是说改换了工作单位，但与行业无关。

剧 t 15　跳起脚儿来

例（一 467　12）：我可是还不跳起脚儿来喜欢

注 - 跳起脚儿来（tiào qí jiǎor lei）：京俗语，此处形容欢呼雀跃状；但此词也可用于负面意义，如说"跳着脚儿骂"。"起"字阳平；"来"字读 lei，轻声。

tie

剧 t 16　铁杆庄稼

例（茶 533　19）：得！不管怎么说，我的铁杆庄稼又保住了

注 - 铁杆庄稼（tiě gǎr zhuāng jie）：说此言者应为旗人，铁杆庄稼指旗人的钱粮。参见《卷一·q12》条。"铁"字阳平；"杆"字儿化；"稼"字读 jie，轻声。

剧 t 17　铁筋洋灰

例（茶 574　20）：大栓哥，你摸摸，摸摸！（伸臂）铁筋洋灰的！

注 - 铁筋洋灰（tiě jīn yáng huī）：今称钢筋混凝土。此处形容臂膊肌肉坚实。

ting

剧 t 18　听蹭儿

例（茶 569　02）：才上了五个人，还有俩听蹭儿的

注 - 听蹭儿（tīng cè~r）：京俗语，"蹭儿"指（因某种缘故而）不花钱白享用（某事物）。除了听外，还可蹭"吃、喝、看"等感官。此处之"蹭"儿化，是为宾语（名词，指"不花钱白享用"一事）；但如说"蹭吃、蹭喝"等，则蹭字

不儿化，是为谓语（动词），其后的吃、喝等为宾语（名词）。

剧 t 19　挺脱

例（一470 23）：她比从前<u>挺脱</u>多了

注－挺脱（tǐng tuo）：京俗语，谓精神面貌状态好。"脱"字轻声。

tong

剧 t 20　捅漏子

例（红642 03）：哎！坏了！<u>捅了漏子啦</u>

注－捅漏子（tǒng lóu zi）：京俗语。"漏子"谓乱子、祸事；惹出漏子京语谓"捅漏子"。参见本卷之 lz99 条。

tou

剧 t 21　头里

例（红629 22）：我骑自行车<u>头里</u>走

注－头里（tóu lou）：前面。京人习用说法。"里"字读 lou，轻声。

剧 t 22　头号

例（红603 04）：你看，这个窟窿还真是<u>头号</u>的呢

注－头号（tóu hàor）：京俗语，谓最大的、最主要的。"号"字儿化。

剧 t 23　透亮

例（一440 03）：他说的话简直的比我们少先生还显着<u>透亮</u>

注－透亮（tòu liang）：色泽鲜亮。原著此处是引申义，指所言条缕晰，简洁明了。"亮"字轻声。若读 tòu lià~r，则是另义，指（某物）能被光线透过。

剧 t 24　透着

例（红624 08）：这<u>透着</u>新鲜哪

注－透着（tòu zhe）：京人习用说法，谓明显的、格外的（显得如何）。

tu

剧 t 25　兔崽子

例（方20 17）：就该给她个硬插杠儿，叫小<u>兔崽子</u>明白明白

注－兔崽子（tù zǎi ze）：京人詈语。参见《卷一·t59》条。

tuo

剧 t 26　托福

例（茶544 26）："……你好？太太好？少爷好？生意好？""好！

托福……"

注－托福（tuō fú）：当对方问候家人康泰、诸事顺遂时，京人惯用的客套回话，意谓"这一切都是仰仗您的福分才获得的"。

W部

wai

剧 w 01　外场人

例（茶525 05）：来，坐下喝一碗，我们也都是**外场人**

注－外场人（wài cheng ré*r）：原著此处写出外场人的某些特征（处变不惊，有里儿有面儿）。参见《卷二·wx01》条。"场"字变读，"人"字阳平，儿化。

剧 w 02　外场人

例（龙159 22）：咱们都是**外场人**，不能一面理

注－外场人（wà cheng ren）：原著此处写出外场人的另一些特征（能言善辩，以理服人）。"场"字变读，"人"字阳平，儿化。此词详见《卷二·wx01》条。

剧 w 03　外家

例（一440 24）：李大嫂，他是不是有**外家**呢

注－外家（wài jiā）：男人在家庭之外暗处另有一份家室。

wan

剧 w 04　玩艺儿

例（茶569 13）：顶伤心的是咱们这点**玩艺儿**，再过几年都得失传

注－玩艺儿（wán yiè*r）：此处指技艺、技能。此词另有多种用法，可参见本卷 wz11~wz17 及 wq05~wq06 诸条。

剧 w 05　宛平县的县太爷

例（茶526 05）：有事情可以一直地找**宛平县的县太爷**去，要不怎么连官面上都不惹他呢

注－宛平县的县太爷（wǎn ping xiàn de xiàn tei yé）：清代，北京城以中轴线为界，西部归宛平县管辖，东部归大兴县管辖。参见《附录叁－136》条。"平"字轻声，"太"字读 tei，轻声。

wang

剧 w 06　王法

例（茶 535　05）：你还想拒捕吗？我这儿可带着"**王法**"呢！（掏出腰中带着的铁链子）

注－王法（wáng fa）：此处指警械（镣铐），系旧京习用说法。"法"字轻声。

wei

剧 w 07　为仇作对

例（龙 130　07）：收下钱，老实点，别再跟我们**为仇作对**

注－为仇作对（wéi chóu zuo duì）：京人习用说法。"作"字轻声。

剧 w 08　唯恐其

例（龙 156　03）：政府跟警察呀，**唯恐其**砸死人，所以把咱们都领到这儿来

注－唯恐其（wéi kǒng qi）：现多只说"唯恐"，罕有说"唯恐其"的了。那有点咬文嚼字。

剧 w 09　为一只鸽子

例（茶 529　14）："……他们到底为了什么事，要这么拿刀动杖的？""听说是**为一只鸽子**。张宅的鸽子飞到了李宅去，李宅不肯归还……"

注－为一只鸽子（wèi yì zhi gē zi）：旧京之人喜养鸽，放眼鸽群于碧空（过去天气晴朗空气清新，没听说过什么叫雾霾），听鸽哨嘤嘤之悦耳，身心俱乐，宠辱皆忘。美中不足就是"张宅的鸽子飞到了李宅去"，由此而引发矛盾，在地痞流氓群体中就能发起一场恶战。是为旧时京人尤其是旗人最常见、也是最无聊的争斗。

wen

剧 w 10　文墨人

例（方 36　23）：能跟个**文墨人**谈谈，我心里透亮

注－文墨人（wén mo ré*r）：旧时对读书人、有文化者的称谓。"墨"字轻声，"人"字儿化。

剧 w 11　文武带打

例（茶 565　23）：……和这位小丁宝，才都这么才貌双全，**文武带打**

注－文武带打（wén wu dài dǎ）：京人喜好京戏，日常语中常见戏

剧术语，如此处即是。当然这里和戏剧没什么关系，不过是文武全才之意罢。

wo

剧 w 12　窝囊包

例（一 433 02）：李嫂儿是个<u>窝囊包</u>

注－窝囊包（wō neng bāor）：京俗语，谓人懦弱无主见，且任人欺凌逆来顺受。现多作"窝囊废"（也写作"窝囊肺"）。"囊"字读 neng，轻声；"包"字儿化。

剧 w 13　我的……

例（龙 113 10）：<u>我的</u>四奶奶！您可千万别瞎聊啊，您要我的脑袋搬家是怎着

注－我的……（wǒ n…）：京人习用说法，用于表示亲近，与对方拉近乎。"的"字读 n，是口型提示。

剧 w 14　我疯啦

例（茶 569 09）：挣不上三个杂合面饼子的钱，我干吗卖力气呢？<u>我疯啦</u>

注－我疯啦（wǒ fēng la）：京人常用说法，表示某事不值得做，绝不会去做此事（只有疯子才做此类事）。

剧 w 15　我说

例（茶 525 04）：<u>我说</u>这位爷，您是营里当差的吧

注－我说（wǒ shuo）：京人常有时将"我说"二字作为发语词用，"说"字轻声；说得快时"说"字读 ro 甚或是 r，轻声，是口型提示。

剧 w 16　我说……不是

例（龙 118 25）：<u>我说</u>今儿个又得坐蜡<u>不是</u>

注－我说……不是（wǒ shuō…bu r）：反诘式肯定句，当自己对某一事态之预判兑现（或行将兑现）时所说。"我说"用于句首（省略号即该事态），"不是"用于句尾。"不"字轻声，"是"字读 r，是口型提示。

剧 w 17　我要……我是儿子

例（方 72 07）："那，二位可别怪我直话直说呀。"……"您说，

我要多心，我是儿子！"

注－我要……我是儿子（wǒ yào…wǒ r ér zi）：下层京人常用说法，赌咒发誓地表示自己一定不会如何。"是"字读 r，是口型提示。

剧 w 18　我要是……我是个兔子

例（方 09　01）：<u>我要是没天天想你，我是个兔子</u>

注－我要是……我是个兔子（wǒ yào r…wǒ shi e tù zi）：同上一条用法。"兔子"一词，参见《卷一·t59》条。京语中"是个××"的说法，可采用多种否定性语汇自贬，常见语涉下流。

剧 w 19　握手

例（方 09　01）：我的白老二！十年了……（亲切的<u>握手</u>）

注－握手（wò shǒu）：旧京之握手，并非今天的礼仪性握手（那是西方的礼仪），而是旗下的礼节——拉手儿（参见《卷一·104》条）。原著此处所写是二十世纪四十年代之事，那时中国下层民间远未普及握手礼。此篇作品写于1950年，采用"握手"一词是迎合当时的新生事物。

wu

剧 w 20　五彩、颜色

例（红 609　25）："看早场电影去！""……<u>五彩</u>的吧？我就爱看带<u>颜色</u>的……"

注－五彩、颜色（w shǎi、yán she*r）：中国第一部彩色电影是华艺影片公司1948年摄于上海的戏曲片《生死恨》。当时为区别于传统的黑白片，冠之以"五彩"一词（"五"字系泛指，言色彩之绚丽）。"五"字阳平；"彩"字读 shǎi，是京腔口语音。"色"字有多种读音，参见《卷二·yx02》条。

剧 w 21　武大郎捉奸，有心无力

例（方 10　26）：可就怕我<u>武大郎捉奸，有心无力</u>

注－武大郎捉奸，有心无力（wǔ de lá~r zhuō jiàn, yǒu xīn wú lì）：京俗谚。"大"字读 de，轻声；"郎"字儿化。

剧 w 22　伍的

例（龙143　11）：一上来说的也怪受听，什么捉拿汉奸<u>伍的</u>

注－伍的（wǔ de）：京俗语，指谓（某类物品或人的、某种模式的）群体、集合体，多写作"兀的"。此说法五十年前颇盛，于今尚存，渐式微矣。按："兀的"这个说法，早在《水浒》及元曲诸多曲目中常有。见《元曲语汇138》条。

剧 w 23　五供儿

例（茶571　17）：我得到一堂景泰蓝的<u>五供儿</u>

注－五供儿（wǔ gù~r）：庙里供桌上用的供器，详见《卷一·w36》条。

剧 w 24　五行八作

例（龙118　17）：<u>五行八作</u>，就没您这一行

注－五行八作（wǔ háng bā zuō）：京俗语，谓各行各业。此处"作"字读阴平，是"作坊"之意。

剧 w 25　五十元

例（龙167　05）：我的水，美又甜，一挑儿才卖您<u>五十元</u>

注－五十元（wǔ shí yuán）：1955年币制改革前，最小的单位是一百元，相当于改制后的一分钱。此处所说的"五十元"即五厘钱。

X 部

xi

剧 x 01　稀稀落落

例（龙104　22）：从这里可以看见远处的房子，<u>稀稀落落</u>的电线杆子

注－稀稀落落（xī xi lā lēr）：后"稀"字轻声；前"落"读 lā；后"落"儿化，读 lēr。现写为"稀稀拉拉"，"拉"是直音字。

xia

剧 x 02　瞎扯

例（女62　12）：你就会<u>瞎扯</u>

注－瞎扯（xiā chě）：京人习用说法，谓随口乱说，故意拉扯不相关之事。

剧 x 03　下板子

例（茶562 05）：<u>下板子</u>去！什么时候了，还不开门

注－下板子（xià bǎn ze）：旧时商铺打烊，用木板遮蔽橱窗，谓上板子；开始营业将木板取下，谓下板子。

剧 x 04　下地

例（方47 07）：天桥去<u>下地</u>，也照样的吃饭

注－下地（xià diè*r）：也作"撂地"。"地"字儿化。详见本卷之 lz 75 条。

剧 x 05　下狠手

例（一482 11）：你一提妇联警察，他就更早<u>下狠手</u>啦

注－下狠手（xià hén shǒu）：京人习用说法，比"下手狠"的程度更甚，甚至包含了置人于死地。"狠"字阳平。

剧 x 06　吓唬着我玩

例（茶531 01）：您甭<u>吓唬着我玩</u>，我知道您多么照应我，心疼我

注－吓唬着我玩（xià hu zhi wǒ wár）：这段话（应参阅原则）是典型的下层京人透着江湖气的狡黠说法。首先将对方的实际威胁四两拨千斤式的定性为一个玩笑；继之以"自认小辈儿"（原著此处对话双方的年纪相仿）的口吻把对方"局"在那儿，使之不好意思将威胁付诸实施；最后再以甜言蜜语作结，巩固成果。这些招法是建立在京人极端要面子的基础上。后来人就只认得钱，这些招统不灵啦。"唬"字轻声。

剧 x 07　下力

例（龙113 01）：二嘎子呀可是个肯<u>下力</u>、肯吃苦的孩子

注－下力（xià lì）："下力"是旧时京语说法，现在说"出力"。

剧 x 08　下半天

例（茶573 15）："王掌柜，我晚上还来，听你的回话！""万一我<u>下半天</u>就死了呢？"

注－下半天（xià m tiār）："半"字读 m，原因见《卷一·y18》条。

此处与那里道理一样，差别仅在于此处 m 后面为 t（舌尖中送气清塞音），而那里为 d（舌尖中不送气清塞音），送气与否不影响"半"字发 m 音。"天"字儿化。

xian
剧 x 09　先后脚儿

例（茶 538　12）：这些大茶馆全<u>先后脚儿</u>关了门

注 – 先后脚儿（xiān hòu jiǎor）：京俗语，指时间上紧密衔接。也说"前后脚儿"。

剧 x 10　先生

例（女 76　09）：要遇上你中学的<u>先生</u>，你说什么

注 – 先生（xiān sheng）：旧时中学教员称为先生，后来认为这是资产阶级的称呼，二十世纪五十年代末变称为老师。老舍此篇著于1959年，那时才刚刚开始改称呼，多数人还是称中学教员为先生（笔者上初中时还有这样叫）。"生"字轻声。

剧 x 11　闲在

例（茶 529　22）：哎哟！秦二爷，您怎么这样<u>闲在</u>，会想起下茶馆来了

注 – 闲在（xián zei）：闲暇无事，悠闲自在。"在"字读 zei，轻声。参见《元曲语汇 139》条。

剧 x 12　现大洋

例（四 541　23）：谁要钞票？要<u>现大洋</u>

注 – 现大洋（xiàn de yáng）：即所谓洋钱，系银圆之习惯性统称。"大"字读 de，轻声。详见《附录叁 – 137》条。

剧 x 13　现而今

例（龙 137　01）：<u>现而今</u>，人人都一边儿高，拉车的儿子，才更应当念书

注 – 现而今（xiàn ér jīn）：旧时说法，现少有这么说的（笔者有时不知不觉中这样说，因为70岁啦），都是说现在。

剧 x 14　现下

例（红 618　16）：也许<u>现下</u>想不通，过后她们会明白的

注 – 现下（xiàn xia）：旧时说法，

现少有人这么说。都说现在。"下"字轻声。

xiang

剧 x 15　香香的，热热的

例（女17 02）：我要沏出几大盆茶来，<u>香香的，热热的</u>，叫大家白喝

注－香香的，热热的（xiāng xiā~r de, rè rēr de）：京腔口语读音。后"香"字儿化；后"热"字阴平，儿化。

剧 x 16　象什么话

例（茶565 04）：那<u>象什么话</u>呢

注－象什么话（xiàng shén me huà）：京人习用说法，指责某事不合规矩。此处之"象"字现规范为"像"。

xiao

剧 x 17　消停

例（方20 10）：她一天不走，我没法吃顿<u>消停</u>饭

注－消停（xiāo ting）：清净、安稳。也可用为重叠形式"消消停停"，或"消停消停"。"停"字轻声。此说法元曲中屡见，参阅《元曲语汇062》条。

剧 x 18　消炎片、玻璃袜子

例（茶570 26）：美国针、美国线、美国牙膏、美国<u>消炎片</u>。还有口红、雪花膏、<u>玻璃袜子</u>细毛线。箱子小，货物全，就是不卖原子弹

注－消炎片、玻璃袜子（xiāo yán piàn、bō lī wà zi）：原著此段唱这一出的老杨是个卖杂货的，从其兜售的货物中可看到抗战胜利后美国货充斥市场的局面。参阅《附录叁－138》条。

剧 x 19　小鼓

例（茶570 05）：你当是干我们这一行，专凭打打<u>小鼓</u>就行哪

注－小鼓（xiáo gǔr）：指旧时做小买卖的手持之小鼓，参见本卷dz07条。"小"字阳平；"鼓"字儿化。

剧 x 20　小米儿

例（方81 06）：您肯保他吗？省得他多费政府的<u>小米儿</u>

注－小米儿（xiáo miě*r）：京人对谷米的称谓，是二十世纪五十

年代初京人的口粮之一，也是当时发放薪水的计量单位，即：按照当时小米的市价来折算你的工资合多少斤小米儿。这种计法应源于原陕甘宁解放区。与北京不同，那里老百姓的口粮几乎全是小米儿；而北京的粗粮，更多的是玉米面，京人称"棒子面儿"。

剧 x 21　小不点儿

例（女62　09）：我就那么老实，都听你们俩**小不点儿**的

注 - 小不点儿（xiǎo be diǎr）：对小孩子亲切的戏称。"不"字读为 be。

剧 x 22　小胡同赶猪，直来直去

例（女29　06）：**小胡同赶猪，直来直去**，倒是简单

注 - 小胡同赶猪，直来直去（xiǎo hú tù~r gǎn zhū, zhí lái zhí qù）：此为旧京歇后语。"同"字儿化。

剧 x 23　小舅子

例（茶541　24）：老总们，让我哪儿找现洋去呢

大兵：屌！揍他个**小舅子**！

注 - 小舅子（xiǎo jiù ze）：京俗詈语，暗含"鲁你姐"之意。"子"字为强调语气读 ze，轻声。原著此处写出了那时兵痞横行的社会乱象。

剧 x 24　小力笨

例（女51　19）：当初我学徒在便宜坊，**小力笨**的苦处实在难当

注 - 小力笨（xiǎo lì be*r）：旧京对商铺学徒多以此称之。"力笨"一词参见本卷之 lz 59 条。

剧 x 25　小妞子

例（一441　23）：大男孩铁柱子十四，二的十一，**小妞子**九岁

注 - 小妞子（xiǎo niū zi）：小女儿习称小妞子。参见《卷一·n 43》条。

剧 x 26　小妞

例（茶531　08）：**小妞**（走到屋子中间，立住）妈，我饿！我饿

注 - 小妞（xiǎo niūr）：京语谓小女孩。参见《卷一·n 43》条。"妞"字儿化。

剧 x 27　小人儿

例（龙 147 04）：我要是有个女儿，要自己选个**小人儿**

注 – 小人儿（xiǎo ré*r）：京人长辈有时这样称呼晚辈。原著此处是指女婿。参阅《卷一·x35》条。

剧 x 28　小丫头儿

例（方 16 24）：你父亲每逢想买个**小丫头儿**呀……永远请我作参谋

注 – 小丫头儿（xiǎo yā tour）：旧时戏班子常从人贩子手中买小女孩儿，长大点令其学戏，日后唱戏挣钱，原著这里所说即此。"头"字儿化，轻声。

剧 x 29　小子

例（茶 563 16）：我要是过去说一声："来了？**小子**！"他们准给一块现大洋

注 – 小子（xiǎo zà）：此处"子"字读 zà。一般而言，当被称呼者是自己晚辈时才这样说（参见《卷一·x38》条）；但原著此处说此话者是 17 岁的漂亮女招待，所以就成了打情骂俏式的色诱。

剧 x 30　孝敬、人心

例（茶549 17）：得啦，今天我**孝敬**不了二位，改天我必有一份儿**人心**

注 – 孝敬、人心（xiào jing、rén xīn）：中国自古以来就警匪一家，原著此处写的是地痞流氓向警方交纳例钱。孝敬是动词，指谓交纳（例钱）；人心是名词，指谓（交纳的）例钱。

xie

剧 x 31　歇歇

例（龙 113 18）：您坐这儿**歇歇**吧

注 – 歇歇（xiē xier）：京腔口语，后一"歇"字轻声，儿化。详见《卷一·x44》条。

剧 x 32　歇歇腿

例（女45 22）：卫大妈，来，坐会儿**歇歇腿**

注 – 歇歇腿（xiē xie tuě*r）：京人习用说法。后一"歇"字轻声，"腿"字儿化。

剧 x 33　斜愣着

例（红 620　17）：她拿眼**斜愣着我**，理都不理，扭头就走了

注 - 斜愣着（xié leng zhi）：京俗语，意谓斜着看。"愣"字轻声。此处"愣"字为动词，是（用一种视若无睹、鄙夷不屑的眼神）看的意思。

xin

剧 x 34　心老在嗓子眼这溜儿

例（方 07　14）：我的**心老在嗓子眼这溜儿**

注 - 心老在嗓子眼这溜儿（xīn lǎo zei sǎng zi yǎr zhi liùr）：京人习用说法，表示很害怕，是比提心吊胆更形象化的说法。"在"字读 zei 轻声；"眼"字儿化；"这"字轻声。

剧 x 35　心里存着疙瘩

例（红 618　04）：把陈谷子烂芝麻都抖露出来，**心里也就不再存着疙瘩了**

注 - 心里存着疙瘩（xīn lou cún zhe gē de）：京俗语，谓心存芥蒂。"里、瘩"二字读 lou、de，轻声。

剧 x 36　心里打鼓

例（女70　12）：你刚一上工去的时候，我**心里**的确**打开了鼓**

注 - 心里打鼓（xīn lou dá gǔ）：京俗语，因担心或害怕而忐忑不安。"里"字读 lou（更土点的读 lei），"打"字阳平。

剧 x 37　心里揪成了个大疙瘩

例（一445　10）：这几天哪，我**心里揪成了个大疙瘩**

注 - 心里揪成了个大疙瘩（xīn lou jiū cheng e dà gē dei）：京俗语，谓"（因某事悬而未决）心中高度紧张纠结"。"里"字读 lou，轻声；"成"字轻声；"了个"二字此处读 e，是口型提示；"瘩"字读 dei，轻声，是旧时京腔口语音。

剧 x 38　心里就愁成了个大疙瘩

例（女39　23）：二俊子一说到边疆去，我的**心里就愁成了个大疙瘩**

注 - 心里就愁成了个大疙瘩（xīn lou jiù chóu cheng e dà gē dei）：京俗语，与上一条义近，谓（因

某事而）愁肠百结。读音参见前条。

剧 x 39　心里就堵上个大疙瘩
例（龙 107　15）：一阴天，我<u>心里就堵上个大疙瘩</u>
注－心里就堵上个大疙瘩（xīn lou jiù dǔ sheng e dà gē dei）：京俗语，谓（因某事）心中烦闷郁结。读音参见前两条。

剧 x 40　心里扎得慌
例（女38　23）：你那么说，我<u>心里就更扎得慌</u>了
注－心里扎得慌（xīn lou zhā dou hong）：京俗语，谓触及心中隐痛处。"里"字读 lou，轻声；"得"字读 dou；"慌"字读音介于 hong、heng 之间，轻声。

剧 x 41　心疼
例（茶531　01）：我知道您多么照应我，<u>心疼</u>我
注－心疼（xīn teng）：京人习用说法，意谓眷顾、怜惜。"疼"字轻声。

剧 x 42　新鞋不踩臭狗屎
例（龙 115　17）：<u>新鞋不踩臭狗屎</u>呀！您……可千万留点神，别乱说话
注－新鞋不踩臭狗屎（xīn xié bù cǎi chòu góu shǐ）：京俗谚，表示不屑于与某种人争执或参与某事，多少有点阿Q主义的味儿。"狗"字阳平。

剧 x 43　新新的、高高的
例（红 667　24）：就在这儿，把这房子都拆掉，盖<u>新新的</u>，<u>高高的</u>
注－新新的、高高的（xīn xiē*r de、gāo gāor de）：京腔口语音。

xu

剧 x 44　许
例（茶577　02）：以后我倒<u>许</u>常来。我决定改行，去蹬三轮儿
注－许（xǔ）："也许"的略说，京语习用说法。

Y 部

ya

剧 y 01　丫头片子
例（龙 147　15）：<u>丫头片子</u>，没皮

没脸

注 - 丫头片子（yā tou piàn zi）：此词据先贤齐如山先生讲，系指小女孩未缠之足，呈天然的平片状；而旧时国人病态的审美观是以缠裹过的粽子状的小脚儿为美，故此词为贬斥之词。"头"字轻声。

yan

剧 y 02　眼面前

例（红 673 09）：谁也不再计较个人**眼面前**的小事了

注 - 眼面前（yǎn me qiár）：京人习用说法。"面"字读 me，轻声；"前"字阳平，儿化，但海淀西北一带有人读上声，儿化。

剧 y 03　眼拙

例（茶 525 19）：马五爷，您在这儿哪？我可**眼拙**，没看见您

注 - 眼拙（yǎn zhuó）：此处意为"因疏忽而没看见"；也有时用于因虽看到某人而一时未认出或没想起是谁，言此以示自责。

yang

剧 y 04　洋教

例（一 467 25）：我觉得我是个中国基督徒了……我不再是信**洋教**的另一种人了

注 - 洋教（yáng jiào）：国人对基督系宗教（包括罗马天主教、新教、东正教）带有蔑视性的称呼。

yao

剧 y 05　咬牙劲儿

例（红 648 09）：别看敬莲单薄点，可有个**咬牙**的**劲儿**呢

注 - 咬牙劲儿（yǎo yá jie*r）：京俗语，指谓坚忍不拔、不肯服输的精神。

剧 y 06　要个嘴儿

例（方 36 10）：还有两个姑娘居然不听副官们的话，摸摸也不行，**要个嘴儿**也不行

注 - 要个嘴儿（yào ge zuěr）：旧京下层人士的说法，是站在男性立场上对接吻的索求。

剧 y 07　要我的好看

例（方 15 13）：您跟我算旧账，不是**要我的好看**吗

注 - 要我的好看（yào wǒ de hǎo kàr）：京俗语，指对方成心叫自己为难或下不来台。"看"字儿化。

ye

剧 y 08　×爷

例（茶 526　23）：刘<u>爷</u>！十五岁的大姑娘，就值十两银子吗

注－×爷（×yé）：场面上对成年男子的尊称，姓某就称"某爷"，就如同现在称呼"某先生"。"爷"字在非正式场合或说得快时可读轻声。

剧 y 09　爷们

例（一 442　08）：你反对你的<u>爷们</u>

注－爷们（yé men）：原著此处指丈夫。"爷们"一词在不同场合不同的音、义，详见《卷一·y19》条。

剧 y 10　爷爷

例（茶 565　17）：小刘麻子！来，叫<u>爷爷</u>看看！

注－爷爷（yé ye）：下层京人不知自重，在跟自己同辈说话时，相互之间常如此自称，含调侃意。

剧 y 11　也有你这么一说

例（方 79　12）：<u>也有你这么一说</u>……可是，你真会唱吗

注－也有你这么一说（yé yóu nǐ zhem yì shuōr）：京人习用说法，听完对方所陈述的理由，予以认可时这样说。"也有"二字阳平；"这么"二字连读为 zhem，"说"字儿化。

剧 y 12　也不怎么

例（茶 585　04）：咱们的政府回来了，工厂<u>也不怎么</u>又变成了逆产

注－也不怎么（yě bu zem）：京语常用说法，"也不知道是怎么了"之简说。此处是表示含着愤慨的莫名其妙。在不同的场合此说法可能表示惊诧、遗憾、感叹、质疑、调侃、愤慨等不同的情绪。"不"字轻声，"怎么"二字读为 mem，是口型提示。

剧 y 13　叶子

例（茶 563　07）：带着<u>叶子</u>哪？老大拿开水去

注－叶子（yè zi）：茶叶。旧京口语对话中通用说法，对品质较好的细茶叶称小叶儿。

yi

剧 y 14　一冲子性儿
例（一421　24）：爸爸也不错，就是老<u>一冲子性儿</u>，要干吗就干吗

注－一冲子性儿（yí chǒng ze xiè~r）：火暴性子。"冲"字也读去声，实应为火铳的"铳"。参见《卷一·y44》条。

剧 y 15　一大车
例（龙157　21）：您一问就问<u>一大车</u>事呀

注－一大车（yí de chē）：京俗语，形容数量之多。由"一大勒（或啰）车"简化而来，详见《卷二·yx26》条。"一"字阳平；"大"字读de，轻声。

剧 y 16　一大清早
例（红628　13）：<u>一大清早</u>连个人影也不见了

注－一大清早（yí de qīng zǎor）：京人习用说法，"一大清"三字用以界定"早"，意指很早很早。"大"字读de轻声；"早"字儿化。

剧 y 17　一大堆
例（龙149　12）：那得画图，准备材料，请工程师，<u>一大堆</u>事哪

注－一大堆（yí d zuī）：京人习用说法。"一"字阳平；"大"字读d，是口型提示；"堆"字读zuī。此词若说得较慢，就会按本音读。

剧 y 18　一个心眼儿
例（红672　11）：六哥，你真是<u>一个心眼儿</u>

注－一个心眼儿（yí e xīn yǎr）：思维方式僵化固定。说得快时"个"字读e，是口型提示。也说"死心眼儿"。

剧 y 19　一个炸弹炸不出屁
例（方85　05）：大伙儿一起哄，真推选出……<u>一个炸弹炸不出屁</u>的老孙

注－一个炸弹炸不出屁（yí e zhà dàn zhà be chu pì）：这是二十世纪五十年代初志愿军在朝鲜时流行的俏皮话儿。"一"字阳平；"个"字读e，是口型提示；"不"字读be轻声；"出"字轻声。

剧 y 20　一劲儿

例（一423　09）：不管我怎么赔钱，<u>一劲儿</u>教我长工资

注 – 一劲儿（yí jiè*r）："一个劲儿"的略写，此写法实际也反映了此前两条"说得快时，'个'字读 e，是口型提示"。正因其仅为口型提示，发不出明确的音来，说再快点就连口型提示都免了，所以此处"个"字省略不写。

剧 y 21　一句话抄百总

例（方73　18）：这<u>一句话超百总</u>，我不用再多说了

注 – 一句话抄百总（yí jú huà chāo bái zǔ~r）：京俗语，谓总而言之，归根结底（就是要如何）。"句"字阳平；"百"字阳平，"总"字儿化。参见《卷一·y57》条，此处说法与其略异而义同。

剧 y 22　尾巴

例（全89　09）：您受的那些气呀，我也赶上了个<u>尾巴</u>

注 – 尾巴（yǐ be）：京语"尾"字一般都读 yǐ；"巴"字读 be，轻声。

剧 y 23　一把手

例（全108　22）：食堂里正缺你这么<u>一把手</u>

注 – 一把手（yi bá shǒur）：此处意指能承担某项工作者，也有时用以指谓掌握某种技能者，不同于肇始于"文革"期间指谓某单位最高领导者的"一把手"（"一"字阴平）。"一"字轻声；"把"字阳平；"手"字儿化。

剧 y 24　一把儿死拿

例（方86　15）：眼下呀，年头儿大改良，就别再<u>一把儿死拿</u>

注 – 一把儿死拿（yì bár sǐ ná）：此处谓抱定某种宗旨绝不更改。"一"字去声；"把"字阳平，儿化。

剧 y 25　一膀子力气

例（龙158　04）：你年轻轻的还不出<u>一膀子力气</u>

注 – 一膀子力气（yì bǎ zi lì qi）：此处"一膀子"是作为形容词来界定主词力气，意指"实实在在的真力"。"一"字去声，"膀"字

读 bǎ，"气"字轻声。

剧 y 26　一边儿高

例（龙 137 01）：现而今，人人都**一边儿高**

注－一边儿高（yì bār gāo）：一边其实是一般的习惯性写法，义谓"同样的"，此处意指平等。"一"字去声；"边"字读 bār，阴平，儿化，是京腔口语音。

剧 y 27　一打

例（方 27 12）：马上就能买回**一打**来

注－一打（yì dá）：此处"打"为外来的数量单位。12个为一打，是英语 dozen 的音译。作为一个外来语词汇，此说法早已融入汉语；但在二十世纪五十年代后，随着中国与西方关系的断绝，此词逐渐淡出日常生活。

剧 y 28　一钉点

例（方 90 16）：**一钉点**的小事都值得想

注－一钉点（yì dīng diǎr）：京俗语，极言其小，现多作"一丁点"。

"点"字儿化。

剧 y 29　一股拢总

例（一 416 22）：以后您再得到东西，顶好**一股拢总**交给我

注－一股拢总（yì gu lōng zū~r）：京俗语，谓一次性全部（如何）。"一"字去声，"股"字轻声，"拢"字阴平，"总"字阴平，儿化。说得快时"股"字读 g，是口型提示。

剧 y 30　一晃儿

例（方 14 19）："你走了十年，是不是？""**一晃儿**！真快！"

注－一晃儿（yì huǎ~r）：京人常用说法，感慨逝者如斯。

ying

剧 y 31　硬棒

例（红 611 06）："……摸摸我的胳膊！""…都怪**硬棒**的！"

注－硬棒（yìng be~r）：原著此处是写两个小孩儿比胳膊肌肉，硬棒一词在此形容肌肉的坚实程度，与本卷之 yz 79 条词义略有别。"棒"字变读 be~r，轻声。

剧 y 32　硬插杠儿

例（方 20　17）：就该给她个<u>硬插杠儿</u>，叫小兔崽子明白明白

注 – 硬插杠儿（yìng chā gà~r）：京俗语，谓强制性的、不容分说的（如何）。

剧 y 33　硬硬朗朗

例（茶 576　20）：老掌柜，你<u>硬硬朗朗</u>的吧

注 – 硬硬朗朗（yìng ying lāng lā~r）：硬朗的重叠说法，是加重语气。后"硬"字轻声；"朗"字阴平，后"朗"字儿化。

剧 y 34　硬炸酱

例（方 25　06）：看样儿，姓李的是要<u>硬炸酱</u>呀

注 – 硬炸酱（yìng zhá jiàng）：侵吞所经手的他人财物，或用硬不承认曾借用他人钱财等半公开的手段谋取不义之财，京人谓之曰"炸酱"。此处说硬炸酱是突出其行为的蛮横性，有明抢的意思。

剧 y 35　硬正气儿

例（女33　01）：就凭你这么连点<u>硬正气儿</u>都没有啊，没有一个姑娘看得上你

注 – 硬正气儿（yìng zheng qiè*r）：京语有"硬气"一词，指的是因有所依仗而显得底气十足、无所畏惧的样子；至于"硬正气儿"，又多了一层正气，有点大义凛然的样子了。

you

剧 y 36　有我呢

例（茶571　11）：他坑不了你，都<u>有我呢</u>！

注 – 有我呢（yóu wǒ ne）：京俗语，表示我给你们"戳着"（京俗语，谓提供坚强后盾）。参阅《附录叁 –139》条。

剧 y 37　有份儿人心

例（一416　16）：我们心里都明白，都感谢您！日后我们总<u>有份儿人心</u>

注 – 有份儿人心（yǒu fe*r rén xīn）：原著此处"人心"一词实指贿赂；全句意谓"早晚一定会把

这个钱送到"。参见剧 x 30 条。

剧 y 38　有个抓弄
例（龙 134 23）：哪怕是作小工子活淘沟修道呢，我也好**有个抓弄**呀
注 - 有个抓弄（xhuā nou）：此处指工资收入。参见本卷 zz 87 条。

剧 y 39　有根
例（一 426 05）："这就是咱们的主席呀？""'咱们'的主席！'咱们'的！常妈，你**有根**！"
注 - 有根（yǒu gēn）：旧京俗语，谓有正气、见地、准则。此说法现无此义。

剧 y 40　有根
例（全 89 19）："……我也好好地揍了他（日本兵）一顿！""大叔，您**有根**！"
注 - 有根（yǒu gēn）：音义同上，不同场合的不同义项。

剧 y 41　有今儿个，没明儿个
例（一 437 06）：再喝它一顿！**有今儿个，没明儿个**，不醉干吗呢

注 - 有今儿个，没明儿个（yǒu zhē*r e, méi miár e）：京俗语，谓已穷途末路。今儿读 zhē*r，是纯粹京腔；两个"个"字读 e，是口型提示。现多简说为"有今儿没明儿"。

剧 y 42　有那么一说
例（女 31 09）：我要是把袜子弄脏了……也还**有**他们**那么一说**
注 - 有那么一说（yǒu nem yì shuōr）：参见本卷 yz 95 条，两者意思相同。"那么"合读为 nem，轻声；"说"字儿化。

剧 y 43　有人
例（方 10 06）：你先别害怕，都有我呢！地面上咱们**有人**
注 - 有人（yǒu rén）：指因为各种关系而能够为我所用之人。详见《附录叁 - 140》条。

剧 y 44　有仨有俩的
例（龙 112 19）：这院里谁也不是**有仨有俩的**
注 - 有仨有俩的（yǒu sā yóu liǎ de）：京俗语，指多多少少有俩小

钱儿。后一"有"字阳平。

yun

剧 y 45　匀

例（红 626　14）：把刚才打的酱油什么的，给徐四嫂**匀**过一半去

注－匀（yún）：旧京邻里之间，相互借用点儿油盐酱醋等类的日常生活用品，很古怪地使用"匀"这个词，是为了表示亲近感的一种客套说法。"匀"字意为平均，这类东西按说可以不还，但若经常如此，人家会觉得你们家"人头儿太次"（京俗语，指人品差。日伪统治时期京人有一句调侃语，叫"人头太次郎"，就捎带手把日本鬼子也骂上啦），所以还是得还。

Z 部

za

剧 z 01　咂摸

例（茶 528　16）：我这儿正**咂摸**这个味儿：咱们一个人身上有多少洋玩艺儿啊

注－咂摸（zā me）：此处意为仔细品味、体会。"摸"字读 me，轻声，说得快时读声母 m 的本音[m]。这其实就是"琢磨"一词在京人口语中的音变。

剧 z 02　咂摸

例（茶 547　20）："……只有学生有钱，能够按月交房租……""都叫你**咂摸**透了……"

注－咂摸（zā me）：此处意为琢磨、研究。音同上条。注意此条与上条在语境上有区别。京人口语中另有"作磨人"（读 zuó me rén）的说法，意谓算计人、害人、在别人身上牟利。

剧 z 03　砸了锅

例（全 116　21）：我总算有了进步，没把食堂办**砸了锅**

注－砸了锅（zá le guō）：京俗语，指某事办得彻底失败。

剧 z 04　杂合面

例（茶 579　16）：给她作点**杂合面**疙瘩汤吧

注－杂合面（zá o miàr）：京人对由多种粗粮（玉米、高粱等，更有含玉米核儿、谷糠之类者）磨制混合而成的一种低质面粉的称

谓。该物之构成无固定配比，因时因地而异。还有人将日伪统治时期的"混合面"（一种极粗劣、混有多种不堪食用成分的劣质粉）也称杂合面。后来多将棒子面（玉米粉）沿习称杂合面。旧时北方地区多处有此物，不独北京。"合"字读 o，是口型提示；"面"字儿化。

zai

剧 z 05　在行

例（茶569　01）："那点书现在除了您，没有人会说！""您说的<u>在行</u>……"

注－在行（zài háng）：原意指熟知并掌握某种行当的技能。当面夸赞某人在行多是客套恭维。

剧 z 06　再见

例（茶525　25）：我还有事，<u>再见</u>！

注－再见（zài jiàn）：旧时京人不说再见（详见本卷之 gq01 条）。原著此处这位马五爷这么说，因为他是"吃洋饭的"。马五爷"干撅"（京俗语，谓成心当面给人下不来台）常四爷，对重礼仪的旧京之人而言，这是严重失礼的行为。

剧 z 07　在心

例（龙113　01）："……您就多给分分心吧！""……我必定<u>在心</u>……"

注－在心（zài xīn）：（对某事）留心。现在一般是说"上心"。"在心"是对前句中"分心"的应答，表示一定会尽力办成某事。这是京人日常生活对话，但相互之间很谦恭有礼，含敬语成分。这是京人的规矩，也是京人斥外地人"怯"的资本。

zan

剧 z 08　咱们是谁跟谁

例（方 18　24）：早还点晚还点都没有关系。<u>咱们是谁跟谁</u>

注－咱们是谁跟谁（zán m r shéi gēn shei）：京人习用说法，表示两人关系亲密，没的说。但往往未必如此，京人自有一套"假科李"（北京土话，指谓口心不一的假谦让、假推辞）。注意"们是"二字的读音 m、r 都是口型提示；后一"谁"字轻声。

剧 z 09　咱们爷儿们

例（龙 117　07）：不过**咱们爷儿们**住街坊，也不是一年半年啦

注 - 咱们爷儿们（zán m yé me*r）：原著此处为长辈男性对晚辈男性所言，此类称谓方式详见《卷一·y19~y24》条。"咱们"之"们"字读 m，是口型提示。

剧 z 10　咱爷儿们

例（龙 124　18）：惹急了**咱爷儿们**，教你出不去大门

注 - 咱爷儿们（zán yér men）：此处用作第一人称，此类称谓方式详见《卷一·y19~y24》条。

zao

剧 z 11　糟害

例（红 601　20）：可是架不住她一个人管卫生，倒有十个人**糟害**

注 - 糟害（zāo e in）：做负面性的、破坏性的行为。注意京腔口语读音，此处的"害"字注为 e in，是口型提示。也有"糟践（读 jin）、糟蹋（读 ten）"等说法。参见《满蒙语汇叁-38》。

剧 z 12　早起

例（红 628　21）：今天**早起**，我给她买了抱龙丸，刚才吃下去又全吐了

注 - 早起（záo jin）："早"字阳平；"起"字读 jin，轻声。旧京下层人士多读此音。

剧 z 13　早班儿

例（茶 563　07）：二位**早班儿**！带着叶子哪？老大拿开水去

注 - 早班儿（zǎo bār）：此系京人习用说法，意指来得早，是头一份儿。一清早遇到熟人时常有这样招呼的。

剧 z 14　早着点

例（女 24　09）：明天见，凌云，**早着点**

注 - 早着点（zǎo zhou diǎr）：京腔口语音。"着"字是"早"的语缀，起强调作用，读 zhou，轻声；说得快时读为 r，是口型提示。"点"字儿化。

zen

剧 z 15　怎么搞的

例（女28 02）：你是<u>怎么搞的</u>

注 - 怎么搞的（zěn m gǎo de）："么"字读为 m，是口型提示；"搞"字参见 剧 g 16 条。二十世纪五十年代后引说法常见。"搞"字是从解放区传入北京的，该动词语义宽泛。"怎么搞的"是轻微指责他人时最常用的说法。

zha

剧 z 16　闸草

例（龙 123 02）：我到金鱼池，弄点<u>闸草</u>来

注 - 闸草（zhá cǎo）：京人将某些野生水草称闸草。"闸"字现规范作"苲"。

剧 z 17　炸了

例（红 623 16）：我今儿个不是有事吗？不能去啦！她就跟我<u>炸了</u>

注 - 炸了（zhà le）：此处谓勃然大怒，大发脾气。也可用作说某事态骤然失控，呈爆炸性局面。此词有时可延伸使用，如炎夏时节因天气太热长痱子，因瘙痒不断抓挠致使其红肿发作，谓之"痱子炸了"。

剧 z 18　炸腮

例（女14 22）：谁家的娃娃出疹子，还有哪家的孩子长<u>炸腮</u>

注 - 炸腮（zhà sei）：腮腺炎。此处"炸"字现规范为"痄"；"腮"字读 sei，轻声。

剧 z 19　炸烟

例（一 429 9）："……告诉我，我跟他讲理去！""别又<u>炸烟</u>……"

注 - 炸烟（zhà yār）：京俗语，谓遇事好出头显能，极不沉稳，时不时一惊一乍的。"烟"字儿化。参见《满蒙语汇叁 - 39》。京语另有"炸庙"一词，与此意近，亦为同源。

zhang

剧 z 20　张家口

例（全100 06）：爸爸上了<u>张家口</u>。从那以后，我就再也没看见爸爸

注 - 张家口（zhāng jie kǒu）：京腔读音，"家"字读 jie，轻声。按：京人对地名的读法有一定之

规，举凡三个字的地名，一般情况都是前后两字读本音（后一字可能儿化），中间字轻声。如：北新桥（běi xin qiáor）、西直门（xī zhi mén）、六郎庄（liù lang zhuāng）、北宫门（běi gong mén）等。现在已经没什么人能说这么（读 zhèn men）正宗的京腔啦。

剧 z 21　张天师教鬼给迷住了

例（方 17　23）：聪明一世，糊涂一时，张天师教鬼给迷住了

注－张天师教鬼给迷住了（zhāng tiān shī jiào guí gěi mí zhu le）：京俗谚，指精于某业者却被本行中的小问题困扰，与"阴沟里翻船"意近。"鬼"字阳平，"住"字轻声。参阅《附录叁－141》。

剧 z 22　掌柜的

例（茶 540　22）：掌柜的，行行好，可怜可怜吧

注－掌柜的（zhǎng guì de）：指负责商店经营的人；小型商铺一般都是自家经营，掌柜的（经营者）也就是老板（资产所有者）。

剧 z 23　掌柜的

例（一 439　10）：我们掌柜的今儿个一清早教公安局给带了走啦

注－掌柜的（zhǎng guì de）：原著此处是指自己的丈夫，与商业无关。旧京某些在下层社会中还算有点儿身份的妇女有此种说法。

zhao

剧 z 24　招呼

例（一 489　22）：告诉大家放心吧！我在这儿招呼着

注－招呼（zhāo hu）：原著此处意指（负责）照顾、照应。"呼"字读音介于 hu、huo 之间，轻声。

剧 z 25　招呼

例（女 80　02）：你比我内行，你招呼客人吧

注－招呼（zhāo hu）：此处意为接待、服侍。旧京服务性行业，如酒肆、饭庄、旅舍、澡堂等常用此语。"呼"字读音介于 hu、huo 之间，轻声。按：此词早已有之，延续使用至今，其沿革可参阅《卷一·z45、z46》、《卷二·zx25》、本卷之 zq 07、zq 08

及 zz 46、zz 47、zz 48 等诸条。

剧 z 26　着凉
例（龙 154 05）：找个盆，给孩子们烫烫脚，省得<u>着凉</u>生病
注 - 着凉（zhāo liáng）：京人谓受风寒为着凉，后来也将感冒统称着凉。

剧 z 27　找名问姓
例（女 14 21）：有<u>找名问姓</u>的，不必去问警察，问我就行了
注 - 找名问姓（zhǎo míng wèn xìng）：京俗语。指打听人，尤指打听某人之住所。

剧 z 28　照顾
例（茶 543 25）：先生，您<u>照顾照顾</u>
注 - 照顾（zhào gu）：京语习用说法，商家向顾客兜售商品时经常这样说。"顾"字轻声。

剧 z 29　照面
例（一 434 06）：你愣不<u>照面</u>
注 - 照面（zhào miàr）：京俗语，谓露面、出现（于某场合）。"面"字儿化。

剧 z 30　照应
例（茶 531 01）：我知道您多么<u>照应</u>我
注 - 照应（zhào ying）：此处为奖掖提携之意。"应"字轻声。

剧 z 31　照应
例（红 604 07）：你跟六爷、六嫂老<u>照应</u>着我
注 - 照应（zhào ying）：此处意为照顾、照看、帮助。"应"字轻声。

剧 z 32　照应
例（龙 170 06）：用不着您看家，待会儿有警察来<u>照应</u>着这条街
注 - 照应（zhào ying）：此处意为负责监管。"应"字轻声。

zhe

剧 z 33　嗻
例（茶 525 22）：<u>嗻</u>！您说的对
注 - 嗻（zhē）：满族应答语。详见《卷一·z55》条。

剧 z 34　折干儿

例（方 44　11）：干脆**折干儿**好了！你们作艺的比我们混官面的来项大的多

注 - 折干儿（zhe gār）：原义为"刨去多余水分，只记实际的数量"，后演变为"折合成钱（具体数额是多少）"之意。原著此处是说旧时社会各界的权势者（军警宪特地痞流氓）在向演员敲诈勒索，原来只是要免费票白看演出，现在干脆折干儿，直接要钱。

剧 z 35　这是怎么说的

例（茶 540　11）：你闹，闹！明天开得了张才怪！**这是怎么说的**

注 - 这是怎么说的（zhe*r zen shuo de）：京人的无可奈何语。此处是王利发的自言自语，京腔口语音，全用轻声，六个字合读为四个音。也说"这是怎么话儿说的"（zhèi zen huàr shuo de）。

zhei

剧 z 36　这不

例（一 419　10）：难道你花不着亲哥哥的钱吗……**这不**结了

注 - 这不（zhèi bu）：京人习用说法，用于动词或形容词之前，表示对主词（此处为"结了"）毫无疑义的肯定。"不"字轻声。

剧 z 37　这不

例（红 641　21）：今儿个夜里得打夜班，**这不**连菜都没有功夫炒吗

注 - 这不（zhèi búr）："这不"一词，是"这不是"的简说。用否定式反诘句表示肯定之意，是京人常用修辞法。京腔口语读 zhèi búr，是加强语气。本例句为京语常见说法，"这不"一词在某种程度上起发语词的作用，由此引出其所欲言之事（此处是表示工作很忙）。此种说法现在常听见播音员读为 zhè bu，这就完全没有北京方言的味儿了。正式的传媒节目最好不用方言，若用就按正宗的说，别弄得非驴非马，徒增语言乱象耳。

剧 z 38　这个

例（女 35　23）：那儿**这个**冷啊，就甭提了

注 – 这个（zhèi e）：京人习用说法，常用于形容词（偶用于动词）之前，表示对主词的强调与突出。

剧 z 39　这溜儿

例（龙 133　05）：咱们**这溜儿**就是您有本事

注 – 这溜儿（zhèi liùr）：京俗语，这块地方、此处。

剧 z 40　这路事儿

例（一 475　21）：就是**这路事儿**既教我感动，又教我难受

注 – 这路事儿（zhèi lu shè*r）：京人口语说法，指"这一类事儿"。"路"字轻声。

剧 z 41　这位爷

例（茶 525　04）：我说**这位爷**，您是营里当差的吧

注 – 这位爷（zhèi wei yé）：旧时京人向不相识的男性打招呼问话时之称谓，就如同今日称先生。"位"字轻声。

剧 z 42　今晚儿

例（方 58　13）：如**今晚儿**，人人得动手作活，人人平等

注 – 今晚儿（zhèi we~r）：京俗语，意谓"现在、当下"。"今"字变读 zhèi；"晚儿"读 we~r，轻声。

剧 z 43　这一程子

例（方 59　05）：你**这一程子**可长了脾气，时常顶撞我

注 – 这一程子（zhèi i chéng zi）：此处是指这一段时间；另外有时也可指"这一段路程"。"一"字读 i，是口型提示。

zhen

剧 z 44　真有她的

例（女 55　04）："先闻惯了腥味，以后好卖鱼呀！""**真有她的**！"

注 – 真有她的（zhēn yǒu te de）：京人习用说法。此说法系在二人对话中，对第三者的评价语，既可以是肯定性的（感叹怎么做得那么好），也可以是否定性的（抨击其行径为人所不齿）。

剧 z 45　真真的

例（茶 564　09）："……绑出去，就在马路中间，磕喳一刀！是吧，老掌柜？""听得**真真的**！"

注－真真的（zhēn zhē*r de）：京人习用说法，谓清清楚楚。参见本卷 zz69 条。

剧 z 46　震心

例（方 63　12）：大嫂长，大嫂短，叫得<u>震心</u>

注－震心（zhèn xīn）：谓所言有诱惑力，震撼人心。但原著此处为贬义，意谓"净说好听的，给人灌迷魂汤"。参阅《卷一·z81》条。按：出现此词的《儿女英雄传》一书，是十九世纪中叶的作品。从那时起，"震心"一词一直延续到本例句时，已有百年。此词在近几十年消失啦。

zheng

剧 z 47　政策

例（方 24　16）：那不文明！不是我的<u>政策</u>

注－政策（zhèng ce）：这是日语外来词，二十世纪初开始引入，至五十年代后大兴。原著此处所写是四十年代一个劣绅对此词的胡滥用。

剧 z 48　真个的

例（龙 155　06）：<u>真个的</u>，这儿的水够使吗

注－真个的（zhèng gé de）：京人习用说法，用于句中时大致义为"真的、确实的、不虚的"；用于句首时（如此例），在一定程度上有发语词的作用，对其后句中的含义发出或疑问、或感叹、或质询。"真"字读 zhèng，"个"字阳平。

zhi

剧 z 49　值得

例（方 07　16）：你还<u>值得</u>卖哟，看我，白送给人家，爸爸还得赔上点嫁妆

注－值得（zhí dàng）：京腔口语音。"得"字读 dàng。

剧 z 50　直勾勾

例（全 90　15）：您干吗<u>直勾勾</u>地发愣啊

注－直勾勾（zhí gōu gōu）：形容人（因有心事而）对周围事物心不在焉、两眼茫然的样子。

zhi

剧 z 51　纸糊的马，大嗓门

例（红 605　22）：这一院子都是<u>纸糊的马，大嗓门</u>

注－纸糊的马，大嗓门（zhǐ hú de mǎ, dà sǎng mé*r）：京俗谚，讥笑人只知大声说自己的那一套，其实是有口无心。现一般说"纸糊的驴，大嗓门"。纸糊的是指为殡葬用的"烧活"。

zhong

剧 z 52　中溜儿的

例（红 613　03）：好的五分、四分；<u>中溜儿的</u>三分；坏的两分、一分、没分

注－中溜儿的（zhōng liùr de）：中等水平的，多用于说成色、业绩、表现等。也说"中不溜儿的"（zhōng be liūr de）。

剧 z 53　种花儿

例（龙 140　01）：都白<u>种花儿</u>，白打药针，也都上了学

注－种花儿（zhòng huār）：此处指种牛痘。详见《附录叁－142》条。

zhu

剧 z 54　主心骨儿

例（方 18　16）：您二位要肯帮忙，我可就有了<u>主心骨儿</u>喽

注－主心骨儿（zhǔ xīn gǔr）：京人称有主意、有主见为"有主心骨"。此处是引申义，指可依靠的对象。"骨"字儿化。

剧 z 55　住脚

例（龙 163　13）：到家要是不能<u>住脚</u>，就搀她老人家到店里来

注－住脚（zhù jiǎor）：此处意为（因条件许可）能够住下来。另在某些地方此词还可指停留、暂歇，如：到了那里没住脚又往回赶。

zhua

剧 z 56　抓

例（龙 164　16）：我这儿给她赶件小褂，连穿上试试的功夫都<u>抓</u>不着她

注－抓（zhuā）：此处形容因某种原因见到某人很难。

剧 z 57　抓了瞎、瞪着眼等死

例（一 465　22）：我确是<u>抓了瞎</u>，以为我除了<u>瞪着眼等死</u>，别无办

法

注－抓了瞎、瞪着眼等死（zhuā le xiā、dèng r yǎr děng sǐ）：京俗语。前句指惊慌失措没了主意，后句意为无法可想唯有坐以待毙。"着"字读 r，是口型提示；"眼"字儿化。

剧 z 58　抓了走

例（茶 546 16）：叫您二位给<u>抓了走</u>，坐了一年多的牢

注－抓了走（zhuā liáo zǒu）：旧京习用语，"了"字阳平。在连续两个动词（抓、走）间的"了"字强调的是两个动作各自的时态，此类用法是京语对"汉语动词时态表现力弱"的一种弥补。但现在的京人多不能掌握这类说法，只会说"抓走"，真是汉语的一种退行性发展趋势。

剧 z 59　抓弄

例（红 635 21）：一不留神，就叫孩子给<u>抓弄</u>碎了

注－抓弄（zhuā nou）：此处意指小孩儿揉搓玩弄（某物）。参见本卷 zz 87 条。

剧 z 60　抓起去

例（一 439 14）：凭他素日的行为，还不该<u>抓起去</u>吗

注－抓起去（zhuā qiě*r qi）：旧京下层人士对某某人"被逮捕"的习用说法。"起"字儿化；"去"字读 qi，轻声，儿化。曾听闻郊区有人将此处之"起"字读 qiǔ，不知此音源于何处。

zhuan

剧 z 61　转游

例（龙 118 01）：打永定门一直<u>转游</u>到德胜门脸儿

注－转游（zhuàn you）：京俗语，指漫无目的地乱走。但此处并非此意，而是为了强调这一路的不易（原著此处说天下着大雨）。"游"字轻声。

zhun

剧 z 62　准话儿

例（方 81 10）：我先跟白老二说说，再给您个<u>准话儿</u>

注－准话儿（zhǔn huàr）：京人习用说法，谓"确切无疑的保证"。

zi

剧 z 63　自动的

例（方 23　21）：你敢再<u>自动的</u>欺负她，留神你的脑袋

注－自动的（zí dòng de）：此处意为自作主张（的如何）。现无此说法。"自"字阳平。

剧 z 64　自带茶叶

例（茶 524　18）：茶房李三赶紧过来，沏上盖碗茶。他们<u>自带茶叶</u>

注－自带茶叶（zì dai chá ye）：旧京茶馆茶客多有自带茶叶者。参阅《附录叁－143》条。"带、叶"二字轻声。

zou

剧 z 65　走对了劲儿再瞧

例（龙 125　12）：搁着你的，放着我的，咱们<u>走对了劲儿再瞧</u>

注－走对了劲儿再瞧（zǒu duì le jiè*r zài qiáo）：找到合适的机会再说。结合上半句"搁着你的，放着我的"，是威胁对方说"记下仇了，等有机会报复"。

剧 z 66　走着走着

例（全 90　21）：他<u>走着走着</u>直晃悠

注－走着走着（zǒu r zǒu r）：京人口语读音，两个"着"字读 r，轻声。

zu

剧 z 67　祖师爷

例（方 32　03）：他敢干，他不怕破坏了<u>祖师爷</u>定下的规矩

注－祖师爷（zǔ shi yé）：本行业的肇始者。各行业多有祖师爷，如：木匠→鲁班爷、戏曲→唐明皇、医师→神农氏（又说黄帝）等。

zui

剧 z 68　嘴上不饶人

例（红 620　23）：做点事总想让人家先夸两句，<u>嘴上</u>又<u>不饶人</u>

注－嘴上不饶人（zuǐ r bù ráo rén）：京俗语，谓说话刻薄尖利。"上"字读 r，是口型提示。

剧 z 69　嘴儿来嘴儿去

例（女 22　11）：我看你得意得出奇呀，敢跟我<u>嘴儿来嘴儿去</u>的

注－嘴儿来嘴儿去（zuě*r lái zuě*r qù）：谓振振有词、毫不畏缩地应对。尊长对晚辈不够谦恭

的回话表示不满时可能这样说。

zun

剧 z 70　尊驾

例（龙 118 13）：东交民巷、紫禁城倒不臭不脏，也得有<u>尊驾</u>的份儿呀

注－尊驾（zūn jià）：也作"尊家、尊价"，是京语第二人称敬语，"驾"字读本音显得郑重（此处是正话反说，讥讽调侃），说得快时读 jie，轻声。

zuo

剧 z 71　嘬抹

例（方 10 06）：大姑娘真把咱们<u>嘬抹</u>（琢磨）透了

注－嘬抹（zuó me）：原著括号中已注明即是"琢磨"，但京人有时为加强语气将其读为 zā me；此处写为"嘬抹"是京人口语加强音的直音字。

剧 z 72　左不是

例（龙 146 06）：她还能上哪儿，<u>左不是</u>到她姐姐家去诉诉委屈

注－左不是（zuǒ búr）：左有卑下之义，"左不是"意谓再差也不过如此。"不是"二字合读为 búr。

剧 z 73　作活

例（红 640 13）：你今儿怎么<u>作上活</u>了

注－作活（zuò huó）：原著此处指女红针黹，俗称针线活儿。此处"活"字不儿化，是具体指某一件"活"；而若笼统泛指某些活儿，则用儿化音。

剧 z 74　坐坐

例（女81 25）：您<u>坐坐</u>吧

注－坐坐（zuò zuor）：前"坐"字是动词；后"坐"字是该动词的补语，轻声，儿化，表示"一会儿"，是从受时态限制的动词转化而来的量词。

附录叁

说明：本附录之编制方式，参见《附录壹》之"说明"。

附录叁-01（jq20 净业湖）

北京积水潭的别名。净业湖之称据说源于明代，概因其北岸有古刹，名"净业寺"，湖以之名。该寺是明代某权势太监的家庙，整体早已无存；前些年尚余一主殿及方丈住的小二层楼，今也未知尚存否。可不要小看了这个湖：元代郭守敬整合北京的水系，引进京北白浮泉以提升水位，积水潭（净业湖）成为了京杭大运河的终点，使得元大都（北京）的漕运极为便利。元亡后因疏浚不力，至明清时通惠河一段淤积，不再能通航，运河终点截止在了通州张家湾。至清咸丰五年（1855年），黄河改道，运河浅梗，漕运日艰，清末曾短期改由海运。后随着商品经济的日渐发展，漕运已非必需，清政府遂于光绪二十七年（1901年）废止漕运。

附录叁-02（lq23 吕宋烟）

雪茄（英文 cigar，源于西班牙语 cigarro，据说最先源于玛雅语，因烟草原产地是美洲）是一种用烟叶卷成的烟，较一般的卷烟粗而长，端部呈尖形。中国早期所见的雪茄烟多产于菲律宾，因今马尼拉一带古有吕宋国，故其所在之岛屿（菲律宾最大的岛）称吕宋岛；其地所产之烟顺理成章也就叫吕宋烟了。

附录叁-03（mq08 没脏没玷儿）

此处之"玷儿"一词应为"䥇儿"，意指器物上的伤痕。䥇，读 zhǎi（儿化为 zhǎr），《集韵》："知骇切，上骇知。"《玉篇·缶部》："䥇，缺也。"另还有一词"齇儿"也读为 zhǎr，齇（zā）字本义谓酒糟鼻,《正字通·皮部》:"皶,红晕似疮,浮起着面鼻者,俗谓酒皶。"引申指水果上碰伤的斑痕,果贩子夸耀其货色时常说"没疤拉没皶儿的"。

附录叁-04（mq15 摩托自行车）

京语中自行车之"车"字儿化,而摩托车之"车"字不儿化;盖因京语儿化音只对小巧之物（自行车轻巧）,而不对粗蠢之物也（摩托车粗重）。

附录叁-05（mq17 木梳）

梳发用具分为两大类:一类齿稀疏,称为梳子,梳者,疏也,齿形疏朗,间隔大;一类齿细密,称为篦子,篦者,比（去声,并列、依附义）也,齿形细密,间隔极小（过去卫生条件差,人们很少洗头,就仗着"篦头"来去污解痒）;又统称拢子,拢者,收束使不分离也,突出其用途。

附录叁-06（nq11 捻捻转儿）

京中还有一种儿童玩具,即所谓"夶夶儿",有人管它也叫捻捻转儿。该物圆柱体,下部弧形收缩,顶端镶嵌一钢珠使其旋转轻快顺利,时时以鞭绳抽击促其转动。抗战时期名之曰"抽汉奸"。另:天津清真馆有一种新麦做的食品,叫捻馔儿（也作"捻捻转儿"）;山西也有一种食品叫"捻捻转",那是燕麦、荞麦做的。

附录叁-07（oq02 藕荷色）

京人口语习惯,当明确某物之颜色时,"色"字读为 shǎi,但多儿化为 shǎr;另外读为 shǎi（不加儿化）音有时是指女色,如好色会说成 hào shǎi(此说法流行于旧京下层人士);如果泛说某物的"颜色"

（不确定具体为何色），则读 yán she*r，儿化，轻声；而将画画儿用的颜料叫"颜色"，读 yán shai，"色"字轻声。

附录叁 –08（sq27 所）

"所"字的这类用法，在二十世纪初的《小额》一书中比比皆是；但在笔者所引用的老舍著作中仅发现此一处（1930年著《小坡的生日》），在二十世纪三十年代以后的其他京味文艺作品中亦未见（余也孤陋，所见未广），也想不起听谁这么说过。此说法在二十世纪二三十年代后就已趋于消亡了。

附录叁 –09（tq08 透亮杯儿）

此谚全句是说："机灵鬼儿，透亮碑儿，小精豆子不吃亏儿。"按：此系北京朝阳门外东岳庙的一些故典儿，多与庙中的石碑有关。"机灵鬼儿"是指该庙某块石碑上所刻的两道童，头梳双髻，栩栩如生；"透亮碑儿"系一顶部透雕两条盘龙的石碑，人立碑之前后，通过蟠龙彼此可见；"小精豆子"实系"小金豆子"之讹，是说在岱宗宝殿西侧走廊上有块方石，其表面上有如豆粒大小的多个发光小金点儿；"不吃亏儿"也是说的某块石碑，上面刻有一群小猴捅完马蜂窝之后抱头逃窜的场面，神态生动。

附录叁 –10（wq06 玩艺儿）

参阅《卷二·wx05、wx06》条。以本卷这两条与《卷二·wx05、wx06》条那两条比较一下，就会看到同一个词在内涵及用法上的进展；再用老舍先生的中期作品加以比对，如本卷之 wz11~wz17 等诸条，则清晰勾勒出同一词汇随着时代发展而拓宽语义范畴的轨迹——虽然是那么土的一个词儿。

附录叁-11（wq09 维新）

"维新"一词，语出《诗·大雅·文王》："周虽旧邦其命维新。"此词传入日本，被赋予全新的意义；在"明治维新"后，又回流中国（当然此时也已不是《诗经》中的语义了）。"维新"一事，对中国近代产生了深远影响。

附录叁-12（xq11 小小子、小妞儿）

"小妞儿"指十来岁以下的小女孩儿。妞儿、小妞儿都是对年幼女孩儿乃至年轻女子的昵称；但若如此论说并非关系亲近的青年女子，则多少有些语含轻佻之意了。参见《满蒙语汇叁-04》。

附录叁-13（yq12 胰子）

该物球形，色灰白，若高尔夫球略小，呈碱性，可去油污。此物现已绝迹多年，笔者早年间曾用之。老年京人（包括尚不太老的在下我）今仍习称肥皂为胰子。原著此处描绘的情节是在伦敦，那里大概并没有胰子；所以此处的"胰子"其实是习惯性称呼，指肥皂，并非真的是胰子。

附录叁-14（zq30 做水）

此例出自《二马》，是老舍先生的早期作品，有些方言用字写得随意些，所以此处写为"做水"；十几年后的《四世同堂》中就写为"坐水"了。参见《卷一·z150》条及本卷之 zz129 条。

附录叁-15（bz02 八十吊）

"吊"为旧式的货币单位，汉唐等大王朝，开国兴盛时期以银一两折合一千个制钱（即一千文，或相当于一千文的其他面值的铜币）

为一吊，这实际是以银、铜两种金属在当时的比价来确定的。后因通货膨胀，钱越来越毛，就自然出现了币值越来越高的铜币（一当十、当二十、当五十。这并非意味着银、铜比价的变化，而是因为铜钱已变为一种"标值货币"，即以其上面所标币值来定价，而并非以铜、银的实际比价计价），以利流通；再后来（南宋以后）出现了纸币，以纸代铜，就差不多可以随便印钞啦。在"银本位"的货币体系中，银价日高而钱愈毛。作为货币的单位，"吊"这一名称虽然保存了下来，但在民间的概念中早已将其调整为一百文／吊。时至民国，虽已不再使用成吊的铜钱，但在出殡时这种喊法仍沿袭下来，以一吊比为一元。照此理解，原著此处之"八十吊"即八元（但也可能就是一元六角钱，原因见下）。

在二十世纪三十年代中期，北平流通的货币分为三种：1.钞票（单位为"圆"）有中央、农工、中国、交通等银行所发，票面有一圆、五圆、十圆等。2.辅币（单位为"角"），有中央、农工、河北等银行所发，票面有一角、二角、五角等。3.铜圆与铜圆票，铜圆有当十文、当二十文两种（后仅有当二十文一种通用），彼时一元可换4600至5000文（俗呼五十吊），即当二十的铜圆250枚；另有河北银钱局及财政部农工银行所发行的铜圆票，有二十枚、三十枚、四十枚、五十枚、六十枚、百枚者，仍按250枚（二十文／枚）折合一元用。若按此比例计算（1元＝50吊），则原著此处之"八十吊"（实按80吊计）其实也就折合一元六角。另：老舍在《正红旗下》一书中，说道"北京是以十个大钱当作一吊的，一百钱实在是一个大钱"，是指1900年前后，那时的币值与此处所说尚有不同。懂得金融史的由此似可推算那三四十年间的通货膨胀率。此非余之所长，亦非本书之所欲求，兹不赘述。

附录叁-16（bz05 八大胡同）

对八大胡同的具体说法不一，比较公认的有：百顺胡同、胭脂胡同、韩家潭（现名韩家胡同）、陕西巷、石头胡同、王广福斜街（现名棕树斜街）、朱家胡同、李纱帽胡同（现名大力胡同、小力胡同）。其实"八"字在这里是个虚数，仅示其多。这若干条胡同位于前门外大栅栏以西，因妓馆密集，而成销魂铄金窟。

附录叁-17（bz12 白俄）

白俄混得一般都很惨，多因生活无着而靠变卖度日。他们卖的一种俄国羊毛毯质量甚好，京人多有买者；笔者家中至今尚有一条，倏忽已近百年矣。原著此处即是说这类人中的一员，已经混到以理发糊口度日，还看不起不会说洋话的中国人。"俄"字应读阳平，但京人习读去声。

附录叁-18（bz13 白房子）

白房子的坐标位置在今西直门外南街以南约200米、北礼士路以西约500米。这并非地名，而是因当时那几间房刷着白灰，故名。

附录叁-19（bz30 棒）

京语"棒"是从蒙语"巴克什"（bagši, bagš）转化而来，原意系指掌握某种技能者，义近于老师、师傅。在京语中汉化为某种肯定性含义，多用于指谓身体（结实），或某事物的状态（好）。参阅《满蒙语汇壹-05》。

附录叁-20（bz31 爆羊肉）

此菜之烹饪法如下：嫩羊肉切薄片，斜切大葱葱白备用；锅烧至极热，刷少量油，肉入锅，稍加煸炒数秒，葱丝置肉上，浇以调料汁翻搅，至葱稍塌秧即可。"爆"字须读阴平。

附录叁–21（bz48 便宜坊、挂炉烤鸭）

老舍先生此处可能有误，挂炉烤鸭是全聚德等烤鸭店的做法，而便宜坊是焖炉烤鸭。其法先以大火将炉子烧热，再将鸭子挂于炉中，不用明火而以炉子的余温将鸭子焖熟。另：烤鸭是现在的叫法，旧时京人称之为"烧鸭子"。老舍先生写此书时身在重庆，愚可能是为了便于更多的人理解而写为烤鸭。

附录叁–22（bz56 冰碗儿、八宝荷叶粥）

"冰碗儿"系一种应季小吃，以一大碗碎冰，上覆嫩荷叶，荷叶上托着切成小块儿的菱角、杏仁儿、桃仁儿、鲜藕、香瓜儿，讲究的是香、鲜、清、冷。而所谓荷叶粥系以糯米（京人习称"江米"）熬制，将近要熬好时用一片鲜荷叶当作锅盖扣在粥锅上，熬好后粥液呈淡绿色，有荷叶的清香，是谓荷叶粥；若粥中杂以豆类等共煮，煮成后再加以某些甜品调味(如青红丝、桂花酱等)，则称"八宝荷叶粥"。"宝"字儿化，"叶"字轻声。

附录叁–23（bz58 冰盏）

冰盏是两个直径三四寸的小铜碗，相互敲击，可发出清脆悦耳的铜声，以为招揽。敲打时以拇指、食指捏住上碗；中指、无名指托住下碗，以小指上下挑动下面碗的碗沿，使得两碗碰撞发声。

附录叁–24（bz61 驳回）

旧京人说话礼节甚重，此处虽是车夫拒绝还价，但仍注意身份的高下尊卑："驳回"一词是旧时上司对下属用语，车夫此语是将自己置于下属地位，以博乘客欢心。

附录叁-25（bz86 不招灾不惹祸）

这是旧时绝大多数京人的最高准则。京人有几分萎靡、几分慵懒、几分虚荣、几分敷衍，但又有几分通达、几分睿智、几分仪礼、几分颜面。这些加在一起的综合作用，使人懂得本分。旧时京人确不愧为首善之区的良民。

附录叁-26（cz03 擦山）

京西之山是太行山余脉，距城较近，旧时京中又罕有高大建筑，从城里较开阔处向西均可看见西山，所以能见到"夕阳擦山"的景象。旧时市中心的什刹海银锭桥有"银锭观山"（西山）一景，即此之反映。现如今银锭桥依旧，观西山则不见，唯高楼隐隐，雾霾漫漫。"山"字儿化。

附录叁-27（cz49 吃货）

此词现今在网络语中已转化为中性词汇，指谓懂得享用美食者，甚至有时更倾向于褒义。中国网络语深受日本动漫的影响，而在日本动漫中，"吃货"往往是一个很可爱的角色，有些痴迷、傻傻憨憨的感觉。

附录叁-28（cz59 吃洋教）

从十九世纪中期开始，西方的基督教（新教）开始加速向中国渗透（此前来华传教者多为天主教，即罗马教廷麾下的教会）；当时先后有美国公理会及英国伦敦会（1861年抵京）、英国圣公会（1862年）、美国北长老会（1863年）、美国美以美会（1870年），乃至晚些的德国圣言会（十九世纪九十年代）等相继来到北京传教。

附录叁-29（dz03 褡裢火烧）

面皮包肉馅儿，在上方捏合，两头不捏，这样可以保持制品不弯曲，并排靠紧放在平底铛中油煎至熟。

附录叁-30（dz09 打卤面）

将带皮的猪五花儿肉切成薄片，加好调味，置锅中煮，并加入口蘑、黄花、黑木耳等，勾浓芡，打上蛋花，起锅前"倒炝锅"（浇入炸好的花椒油），一锅浓香的卤即成；将"卤"浇在白面条上，即为打卤面。

附录叁-31（dz15 打开鼻子说亮话）

旧京俗语另有"横打鼻梁"一说（参见hz37条），是说指着自己的鼻梁表示自己有担待、愿负责（某事），这可能是那时常见的肢体动作，现在罕有这样的。这个说法在二十世纪初的京语小说中似亦不多见，而今天除了在某些传统相声中，也听不到有人这么说了。此均为京俗语。按："鼻"字在部首中属"自"部，为"自"的晚起形声字，亦可指"自己"之意。《说文》："鼻引气自畀，也从自畀。"邓散木《部首校释》："鼻从自，畀声，因自为语词所专，故别立此字。"一句北京俗话的背后有丰厚的文化内涵。另："亮话"一词本来两字均为去声，而先贤俞敏先生在《北京口语音位的出现频率》一文（载于《北师大校庆学术论文集》1982年）有云："两个'去'声连着说，头一个变'阳平'。"故尔此处"亮"字读为阳平。

附录叁-32（dz48 叨唠）

"叨"字的韵母（前响复合元音）ao，发音时a滑向后头的元音u，而并非是o。之所以不标作u而标作o，是为了字形清晰，避免手写体的 u 易和 n 混淆（这是制定《汉语拼音方案》时弄的事儿，实在也是利弊参半）。由上述可知，ao 其实就是 au；那么所谓 ao → ou，也就是 au → ou；或换句话说，以上所谓的"语音发音口型缩小化"其实也就是指的 a → o 这件事。a 为"舌面、央、低、不圆唇元音"；而 o 为"舌面、后、半高、圆唇元音"，前者口型的开度明显大于后者。京语讲究轻灵流畅，所以往往将口型开度大的音缩小口型，故而造成了 a → o 一类的现象。

附录叁 -33（dz50 倒了血霉）

这其实是旧京下层人士的粗口，原意是说新婚第一夜新娘子来了月经，又有另一说法叫"骑了红马"。后来在流传中这层意思逐渐淡化，大伙儿也就忘了，成了"倒霉"的加强版。

附录叁 -34（dz53 稻香村）

多种经营是稻香村的特色，如南味糕点、干鲜果品、干菜腌渍、山珍海味、熟肉腌腊等等，均有出售。老舍先生对这一点颇有微词，嫌这里太杂了；作为旗人，您更钟意于旧京传统的"饽饽铺"（参阅《卷二·bx21》条）。

附录叁 -35（dz59 德胜门关厢）

原著此处所述的事件背景，是"七七"事变后，趁日军还未顾上接管该监狱（河北第二监狱，位于德胜门外原功德林寺庙遗址）时，活动在西山一带的"国民抗日军"（其政治成分复杂，可能有东三省的流亡者）于1937年8月22日晚间对其发动了突袭，放走了在押的501人。

附录叁-36（dz73 靛颏、自自黑）

靛颏以颜色分有红靛颏与蓝靛颏，自自黑体型稍小于麻雀，也写作"吁吁黑儿"，呈黑褐色，叫起来发出"自自黑儿、自自黑儿"的声音，故得名，学名叫"大山雀"。此处之"颏"字京人儿化变读作 kér；"黑"字儿化。

附录叁-37（dz76 吊儿郎当）

"郎当"（也作"郎当"）是形容颓唐潦倒、不振作的样子，此词自唐宋起即有见用；但与"吊儿"组合，则始于近代。此说其实是粗口，"吊"字实为"屌"，男性生殖器之谓也。"吊儿郎当"本谓阴茎疲软状，转用以形容人的精神状态、行为作风。俗语中颇有些从粗口而来的词汇，因其仅从表面看不明显，故得以混迹于日常生活用语中，为民众所通用；遂逐渐失其本意，变身为正常词汇。但笔者认为最好还是不用此类出身龌龊的词汇。

附录叁-38（ez05 二五眼）

二五眼是源自京剧的词汇。京剧中的"板眼"有两板三眼、两板四眼、两板六眼，就是没有两板五眼，简称二五眼。所以京语中"两板五眼"（简称二五眼），即指不着调。另：京语有"半吊子"一词，是说技能不佳或指人靠不住，据说是源自指一吊钱（一千文）的一半；又有"二百五"一说，比半吊子还少一半儿，更差可知。

附录叁-39（fz17 放份儿）

"文革"时此词颇盛行，但含义与原著此处迥异。"文革"中期（1968~1971年），全社会呈严重流氓化趋势。强横者往往纠集多人，滋扰生事，横行无忌；彼时此类恶行称之为"有份儿"或"份儿大"。

但这些人也得遵循某些规则，他们若过分炫耀自己——即所谓"放份儿"，则可能令其他派系的流氓不快而招致干涉，其结果往往是两帮流氓火并。"文革"期间流氓火并血案屡见不鲜。

附录叁-40（fz34 蜂糕）

此物做法如下：用米粉发酵后置于小盆儿（直径10~15厘米）中，表面放少量的青红丝等，上屉蒸熟取出。因为面发得很充分，其内部多孔呈蜂窝状，故名之"蜂糕"，也叫碗儿糕。另有家中自制的类似面食，系用面粉与玉米面（京人称"棒子面儿"）混合发酵后整团地摊在笼屉上，蒸熟后（厚度约5厘米）切做菱形块儿，一般管它叫丝糕，也有人将其亦称蜂糕。

附录叁-41（gz24 杠箱官儿）

此类民间娱乐活动近年有所恢复，但"杠箱官儿"似成绝响。这是以丑角打扮的"官员"坐在前后有人扛着的箱子上，与其伴行的随员边走边耍戏的一种表演。

附录叁-42（gz50 狗碰头）

旧时乱葬岗子（见《卷一·115》条）多有野狗觅尸而食，这种薄皮棺材的封头被野狗几下就能拱开；封头一开狗头正好碰到人头，故得名"狗碰头"。

附录叁-43（gz68 瓜皮帽头儿、马褂）

马褂儿之形制，为圆领对襟短衣，下摆至脐，有开裾（"裾"字本音xiè，意为短袄；京人俗读为qiè*r，谓衣服下摆之开口），半袖，长仅及肘。马褂套于长袍之外，便于骑马，故称之为马褂儿。

附录叁 –44（gz77 关门子誓）

京中旧俗，要求对方必须做某事时，往往会采取这样一种说法："你要是不（如何如何），我就是（什么什么）"。这里的"（什么什么）"是针对自己很恶毒的说法，对方为了不能让这毒誓成真，就必须如你所说去做了。京语这叫"把人'局'（读 jū）到这儿了"。原著此处就是写金三爷叫李四爷回家去休息，说出了"你要是不走，我是狗日的"这样的毒誓，即所谓"关门子誓"，迫使李四爷不得不走了。

附录叁 –45（gz91 锅子）

锅子的水斗中水烧沸腾后，将薄羊肉片浸入滚水，约十数秒钟后夹出，蘸以调料食之。吃"涮羊肉"是现如今的叫法，早先说吃"涮锅子"，或简说吃"锅子"。

附录叁 –46（gz93 国联）

国际联盟（league ofnations）简称"国联"，成立于1920年1月10日，总部设在维也纳。中华民国是其创始会员国之一。国联总体而言运作得不成功，未能阻止第二次世界大战的爆发。1946年4月国联解散，所属财产和档案移交给了新成立的联合国。

附录叁 –47（gz95 国语）

北京话被正式冠以"国语"之名，是在1911年8月，清政府学部召开中央教育会议，通过《统一国语办法案》，开始进行"国语运动"，明确了北京话的国语地位（详见本书之《绪论》）；后来民国政府沿袭了此名称，继续推广国语；至1955年，中央政府在全国大力推行"普通话"至今。要说明的是，北京话≠普通话≠国语，这里面的差别不是三言两语说得清的，所以也就不说了。现如今普通话在全国得到了较好的推广，国语在台湾地区也沿着自己的道路得以发展，倒是这两种话的祖语——北京话，反而日渐式微，越来越面目皆非啦。

附录叁–48（hz16 好喔）

原著这里是描写冠晓荷无耻吹捧汉奸蓝东阳做的歪诗，却又在貌似真心严肃的奉承中夹带了揶揄。老舍先生不愧大家手笔。"好"字阳平。《汉语大字典》中无"喔"字，系京人自创俗字，读音介于 we、wo 之间。

附录叁–49（hz52 护犊子）

这本是东北方言，京语源于东北方言，故亦有此说。"犊"本意为小牛，东北话将其引申开来，指某些动物的幼仔。东北人最常用的骂人话有一句"鳖犊子"，相当于北京人所骂的"王八蛋"。

附录叁–50（hz61 坏嘎嘎）

"嘎嘎儿"也写作"夵夵儿"。"夵"为俗字（但字典中有收录），此字正好展现出夵夵儿的形状，是"六书"（汉字的造字法）中"会意"的典型体现。"夵夵儿"一词在京语中有多种扩展应用，如：夵夵儿汤——一种食物，用玉米面做成小块煮成的汤；夵夵儿天儿——早晚凉中午热的天气；夵夵儿枣——一种两头尖的枣……另：此词多年前在京语中还指鸡蛋，可能是因为两者外形有些像；而京语又忌粗口（避讳说"蛋"字），遂催生了此说。

附录叁–51（hz73 会馆）

各地方之会馆主要接待来京的本省籍人员（尤其是赴京赶考的举子），费用上会有某种优惠，同时也是一种同乡联谊会。会馆最著名者为湖广会馆（在虎坊桥），该会馆始建于嘉庆十二年（1807年）。

在此曾酝酿了近代史上的重要一章——公车上书，导致了戊戌变法、百日维新；更有孙中山在此主持了国民党成立大会。该处现辟为"北京戏曲博物馆"。

附录叁-52（jz19 家去）

这是在京语中很少用到的"宾语前置"句式。宾语前置为古汉语、尤其是先秦语的常见句型结构，而京语是汉语中年轻的一支，宾语前置句式很少出现。但从另一方面看，这也可能是京语受满语影响的一种表现，盖因满语句式的结构特点是谓语置于句尾。早期的北京话里，满语残留的痕迹比较多，如《红楼梦》第三回"……将来只怕比这更奇怪的笑话还有呢"即是；现代京语中亦有少量残留。笔者才疏学浅，对此二说无所适从；并列于此，就正于方家。

附录叁-53（jz40 轿车）

旧京有中、西两种厢式马车，此处应系中式马车，单轴二轮，车厢与车轴刚性连接，所以遇到路面不平，车子颠震，以致"把头碰出多少棱角与疙瘩来"。另有一种西式马车，双轴四轮，前轴与车体间由垂直轴销连接（这样车体才能转向），车厢与车轴间有减震弹簧，车辆行驶较平稳。直至二十世纪五十年代初，京中尚偶见此物。

附录叁-54（jz48 金刚）

京人将某些较大的虫蛹称为"金刚"。之所以叫金刚，可能是对佛教术语"金刚不坏之身"的调侃说法。语出《涅槃经·三·金刚身品》："如来身者是常住身不可坏身金刚之身。"

附录叁-55（jz59 净）

二十世纪九十年代北京高校流传有"清华女生十回头"之说："清

华女生一回头，吓死路边一头牛；清华女生二回头……"（小女彼时即清华女生，所幸虽丑而尚不至此）与原著此处所述有异曲同工之妙，可为一噱。

附录叁-56（lz26 老叉杆）
据先贤齐如山先生《北京土话》一书所云，盖因妓院这种地方常有骚扰者，需一有力土棍为其保障，支撑门户。京俗语谓捣乱为"耍叉"，故称此类对付耍叉者的人为"扛叉的"。另：陈刚先生的《北京方言词典》一书有"叉杆子"一词，释为"接受别人'拉帮套'的男人。原来是妓院用语"。一并列此供参阅。

附录叁-57（lz65 凉棚）
凉棚（也叫天棚）得是独门独院的才搭，穷人家住大杂院儿，没法儿搭，更搭不起。棚要高于屋檐，这样既遮阳又透气。夏天搭天棚是旧京殷实富户的标志，有说法叫作"天棚鱼缸石榴树，先生肥狗胖丫头"，说的是旧京有钱人家的特征。

附录叁-58（lz86 溜冰）
旧京的溜冰一事，出于清宫廷的"冰嬉"，系一种与现代滑冰很相似的冰上运动。乾隆皇帝曾写过一篇《冰嬉赋》，在其序中称溜冰为满洲的"国俗"；盖因满族来自高寒的东北地区，"冰嬉"古已有之。

附录叁-59（lz91 留声机、唱片子）
留声机系美国爱迪生1877年发明的使唱片发声的机器。其动力系以手摇动摇把，扭紧弹簧蓄能而来，后改由电力驱动，又称唱机。"唱片子"又称唱片儿，早期由黑胶木制成，二十世纪六十年代后多有硬质塑料的。至七十年代后逐渐被录音机所取代，留声机与唱片几成古董矣。

附录叁-60（lz102 路线）

1937年"七七"事变后，日伪于同年12月成立了伪"华北临时政府"，辖晋冀鲁豫四省及北平、天津、青岛三特别市。原著中此处写的就是这一时段之事。在日伪政权政府中做事者，身为汉奸又不愿担此骂名，故而想出各种说辞（如"曲线救国"）来给自己遮臊（zhě sào，京俗语）。

附录叁-61（lz106 乱了营）

下层京人将此说变成了一句歇后语：当兵的禽营长——乱了营。语涉下流，然而生动贴切，表现了京语的多面性。

附录叁-62（lz107 罗曼司）

romance 一词，原是指中世纪欧洲骑士文学中的一种以爱情为主要情节的长篇故事诗，后变为散文体。五四运动以后，欧美文学的译作在知识阶层中盛极一时，一些西语词汇的音译也悄然渗入汉语。但它们终究没有日语外来词的天生优势（以汉字书写，字面与汉语等义或近义），所以真正站稳脚跟、融入汉语的极少，大概也就有浪漫、幽默、模特儿、摩登、沙发、冰激凌、巧克力（朱古力）、沙拉、咖啡、马达、摩托车、卡车、卡片、乒乓球、派对（拍拖）、夹克等有数的若干个。

附录叁-63（mz02 潠涗）

此词源自满语 macimbi，义为"向外舒展"。原著此处是引申义，指安慰、安抚，有点儿"打一巴掌揉三揉"之意。这是京语特有的词汇，也写作"摩挲、攋挱、摩娑、摩撒、摀抄"等（均读 mā sou）。这都是按差不多的音，随机而写的（方言无定字）。唯此处之"濊汥"，语出《说文·弟十一·水部》：""濊拭灭皃从水篾声莫达切"、"汥濊汥也从水戍声读若椒椴之椴又火活切"（按《说文》所注之反切，现代语音大致读为 má shu），音义俱当。老舍先生这样写，源自满文，行于京语，据以典籍，成就精义，不愧大家手笔。另：《聊斋志异·宦娘》一篇中有"挼莎"一词，意指"（将纸）团皱揉搓"。挼字音 ruó，《说文》："推也一曰两手相切摩也"；又读为 suī，《玉篇·手部》："挼挐也"；还有京俗字"歃"（参见《卷一·r18》条），其本字亦为挼。《聊斋志异》作者蒲松龄系山东淄博人，"挼莎"一词当地作何读不详，亦不知此说与"濊汥"或"歃"有无关系？

附录叁-64（mz10 骂街）

骂街乃旧京颇具特色之众生相，这种事99%由妇女发动。下层人士之妇女缺乏教养，多有泼妇；若与他人产生矛盾，便站在人家门口，恶语相加，甚或祖宗奶奶的破口大骂。但这种骂法也有一定之规，即不能指名道姓，指名道姓就坏了骂街的规矩。对方如果忍了，骂者便胜利，得意扬扬，凯旋而归；对方若迎战回骂，则继之以全武行，俩老娘们儿在街上相互撕扯。街坊再不厚道点儿，就会在旁边添油加醋敲边鼓，乃至还有"拉便宜手儿"的（京俗语，指表面上是劝止互殴双方，实际上是帮助一方，限制住另一方的行动，使自己偏袒的一方占据主动）。最后各家男人出来，或参加战斗（这种事较少）；或把自家娘们儿薅回家去揍一顿完事（旧京男人多会这样做，这也是京人明白事理的表现之一）。骂街一事旧京下层社会时时发生，现如今文明程度在多方面有所提高，这类事儿近乎绝迹啦。

附录叁-65（mz30 煤黑子、摇煤球）

煤球制法如下：煤末加适量黄土及少量石灰混合，加水拌匀，呈黏稠泥浆状（加黄土就是为增加黏度的），平摊于地，厚约寸许，晾晒至稍硬，以一种专用平铲纵横均匀切成寸许见方小块，此后开始"摇煤球"。摇煤球的用具为一个用荆条编制的圆形浅筐（径近三尺深约半尺，不知行话叫什么），地上置一中型花盆，浅筐置花盆上，将适量切好的煤块放于筐中，工人坐于其前的板凳上，双手摇动浅筐，里面正方形煤泥块儿就开始滚动，逐渐将棱角滚圆，变成了京人所说的煤球儿。对摇煤球的工人京人习称煤黑子，此等人多为京南定兴一带人氏。按：京人说煤球儿，"球"字发儿化音；而定兴煤黑子则说"煤球 儿"，"球、儿"二字分开说，"球"字上声，"儿"字自成音节，声近于阴平。

附录叁-66（mz34 没说的）

《四世同堂》一书共分100段，自88段起至100段，因中文原稿无存，现刊行之版本这一部分系根据《四世同堂》之英语节译本 the yellow storm（Ida pruitt 译，1951年纽约出版）由马小弥再翻译为中文。此译文曾连载于1982年《十月》杂志上。本条例句摘自原著第92段，已不是老舍先生的直接手笔，也未必是准确的京语了（译者马小弥并非京人）。

附录叁-67（mz46 篾片儿）

《三侠五义》一书第三十二回"真名士初交白玉堂，美英雄三试颜查散"中，有写锦毛鼠白玉堂扮篾片会颜查散一段，文笔颇精彩。

附录叁-68（mz54 摩登）

此类源于西方语言的汉语音译词汇，自二十世纪二十年代初，最先流行于北京、上海等大城市的知识阶层中，且成为一种时尚标志。时至今日，仅有少量的因较贴近生活，保存下来融入汉语（如卡车、卡片、摩托车、马达、沙发、夹克、乒乓球等）；多因离老百姓生活较远，逐渐消失了［如哀的美敦书（ultimatum）、德律风（telephone）、德谟克拉西（democracy）、赛恩斯（science）、赛璐珞（celluloid）等］；另有些因社会环境不同，港台地区尚存，在大陆则鲜有人知［如杯葛（boycott）］。总之西语外来词汇在汉语中的地位，因语言模式的隔阂，除了在一些技术领域保存较多外，总体上无法与日语外来词的影响力相比。

附录叁–69（nz29 哪门子）

在卷一（十九世纪六七十年代）、卷二（二十世纪初）的时代，疑问代词"哪"字还未产生，作为询问意的"哪"，那时还通作"那"；而"哪"字当时的用法等同于现在的语尾助词"呢"。此处"哪门子"一词见于《离婚》一文，1933年出版；此时"哪"字作为疑问代词的地位已然确立。

附录叁–70（nz48 您）

"您"字早在元代的《中原音韵》一书中即已出现，但那时是否作为第二人称的敬语，却并不明确。元曲中有关材料另见《元曲语汇122》。

二十世纪初期的京语小说中，有的将其作敬语使用，如《小额》、《春阿氏》；有的仍无此用法，如《陈七奶奶》。而那时南方语系尚多未将此字作敬语，直至二十世纪二十年代，"您"字才在大范围内确定了其第二人称敬语的属性。如徐志摩在二十世纪二十年代初期的诗作（如《先生！先生！》篇）中亦见"您"字，足见那时此说法已遍及全国。

此词绝非京语专利，早年间曲阜有圣人遗风，对客人无分长幼一律尊称为"恁"，读nén，即第二人称敬语"您"的古典式说法（日前去了一趟曲阜，惜乎彼处如今也不闻这样说的啦）。

晚清刘鹗的《老残游记》著录为"佞"，亦读 nén（此处不同于佞立之"佞"字）。但虽则如此，余窃以为读为 nín 确是源于京腔，这是我的推测。原因极简单：北京人说话图省劲（京人废话太多，不省点劲儿太累啦），nén 的发音部位较靠后，舌头要费劲后缩，连带整个喉咙都为之一紧；比舌头顺溜儿地摆在自然位置的 nín 说起来费劲多啦。nin 淘汰 nen，顺理成章。

附录叁-71（qz32 青年会）

最早是1885年分别于福建福州和直隶通州（今北京通州区）所建立的两支青年会，当时互不知情，并无统属。后于1895年经教会各方诸多斡旋努力，由北美协会派遣来会里牧师在天津北洋医学堂、北洋大学堂等官立学校中建立起中国第一个学校基督教青年会。北京地区的基督教青年会成立于1909年，创建于通州潞河书院（现为"北京市通州区潞河中学"）。

附录叁-72（qz38 全须全尾）

旧京赌斗蛐蛐儿之风最盛，赌注乃至成千累万。围绕着这小虫形成了一个行业，虫具（盆、笼、罐等）价颇不菲。据王世襄考据，中国早在南宋时，养、斗蟋蟀即已盛行（见其所著《锦灰堆·秋虫篇》）。明清两季，此风尤盛，《聊斋·促织》篇中即可略窥一斑。时至清末，旗人多沉湎酒色，醉生梦死，唯精于各种娱乐，斗蛐蛐儿亦其长技之一也。

附录叁-73（rz08 热度）

"热度"一词，应系源于日语"温度"（源自意译英语 temperature）。因汉语中的"度"字原来没有明确量化的涵义，当然也就没有量化的用法，所以无法准确地说明"热"到何种程度。按："热度48或105"是说发高烧，48应是指摄氏度40.8℃（并非48℃，人不会烧那么高。此处应为老舍先生为省事的写法），105指华氏度105 ℉（40.8℃≈105 ℉）。摄氏度与华氏度之相互换算公式如下：t(℃) = 〔t(℉) – 32〕× 5 ÷ 9；或t(℉) = t(℃) × 9 ÷ 5 + 32。

附录叁–74（rz09 热手巾把）

将白毛巾在很热的水中"殺"（京语，"用水漂洗、搓洗、淘洗"等意）后拧干，趁热传递给要用的观众。对较远处的索要者，服务人员会将毛巾从空中旋转着准确抛至该处，倒也堪称一绝。原著此处是写李空山（日伪特务）在大赤包家中的丑态。

附录叁–75（sz05 三哥）

先贤齐如山先生在《北京土话》一书中释之曰："挑水夫之总称，或曰'水三'。因此辈皆为山东人，山东最忌呼老大，因避《水浒》之武大郎也。随连老二亦避之，因武二之兄仍系武大也，故对人皆以'老三'呼之。遇生人问路，亦须呼'三哥'。"

附录叁–76（sz06 三家村）

"三家村"后来成了一个专有名词。1965年下半年开始批判当时在北京身居高位的邓拓、吴晗、廖沫沙三人，冠以"三家村"之名，"文革"肇始于此矣。

附录叁–77（sz67 水牛）

此为京中儿童最常唱的童谣，小儿唱之，祈使小蜗牛从壳体中爬出。只要是二十世纪八十年代以前土生的北京儿童，就不可能不会这首歌。雨后斜阳下，"水牛儿"们纷纷爬出，小儿逮之，放在小手上，面如桃花之含苞，目若晨星之闪烁；娇柔的小嘴中，萦回着热切的天籁之音："水牛儿水牛儿，先出犄角后出头哦诶；你爹你妈，给你买了烧羊骨头烧羊肉哦诶；你要不吃，狗儿就来叼走嘞……"（有多种唱本，此其一也，曲谱从略）此情此景，会使人突然懂得了《圣经》上基督的教诲："你们若不回转，变成小孩子的样式，断不得进天国。"（《马太福音·18》）此情此景，使我们在地上见证了天国。

附录叁-78（sz87 四牌楼）

牌楼亦名牌坊，系一种古建形式，多用于桥梁、陵墓、寺观等建筑前，及重要街衢起点、主要街道的交汇处等。明清时期北京城内的东市和西市的十字路口处都建有四座牌楼（建于明永乐年间），地名就叫作"东四牌楼"与"西四牌楼"。而住在东（或西）四牌楼附近的居民因为心照不宣，所以很自然的就将自己就近的那个东（或西）四牌楼省掉了一个"东"（或"西"）字，简称"四牌楼"了。现在因为牌楼早已拆除，"四牌楼"之名自然也就消亡了，称为"东四、西四"。另：长安街与崇文门内大街与宣武门内大街之交汇处各建有一座牌楼，因只有一座，故称为"东单牌楼、西单牌楼"；同理，过去简称为"单牌楼"，现称为"东单、西单"。

附录叁-79（tz15 蹄髈）

这并非京语，而是南方许多地方的说法。原著此段是老舍先生1944~1945年在重庆时所写，那时先生已在重庆居住数年，受当地风土人情和现实环境的影响（抗战八年期间，全国的大知识分子有相当一部分都聚集在重庆，南腔北调比比皆是），作品有时不知不觉中渗入了少许其他方言，也在所难免。按："髈"字现一般均写作"膀"，但这其实是方言俗字。文学大家李劼人先生在其名著《大波》的第二部第六章中就有"……红肉、烧白、膀、笋子、海带汤之类的菜肴"

的用法。李先生是成都人，他的这个说法应能代表四川相当一部分地区的语言习惯。而老舍先生用了"髒"字，实在难能可贵；因为"髒"是本字，而"脏"不过是俗字，甚至可以说是别字（因"约定俗成"而合法化了）。《广韵·广韵》："髒髀吴人云髒。"由《广韵》也可知此字主要用于吴语系。"髒"字本音为上声，口语此处读轻声。

附录叁 –80（tz16 剃头挑子）

剃头挑子是旧时京中沿街提供理发服务者的家伙事儿，扁担一头挑着理发工具、铜盆（洗头用）等，另一边挑着一个小煤炉，是为给顾客坐热水（京语谓烧水为"坐水"）用。所以旧京俗语有"剃头挑子——一头热"之说，指谓一厢情愿，乃至单相思。

附录叁 –81（tz19 天津三不管）

旧津地名，位于旧津南马路之南约一里，是一个类似于北京天桥那样的集市场、卖艺及各种娱乐场所于一身的地方。"三不管"之称，据说是源于清末，当时这块地方市政当局不爱管（这一带多臭水坑子、垃圾堆），县署不管（那处地方属市政所辖），外国人不管（离外国租界虽近，但洋人无权管），故有此称。"津、不"二字轻声；此处之"管"字一般不儿化。

附录叁 –82（tz32 童子军）

童子军是英国军官贝登堡（robert stephenson smyth baden–powell，1857~1941）于1908年创设，不久即流行于多国；1910年贝登堡又创立女童子军。1912年，武昌文华书院首先成立童子军，很快在一些大中城市里得以发展。本例中所说的"满身是绳子棒子"系指童子军制服上的饰物。

附录叁-83（tz41 土城）

明初因城区南移，此一部分被遗存于城外。元大都的城墙为"版筑"，即用所谓"干打垒"的工艺建成，通体为土，表面无砖，故其遗迹称"土城"。1957年被公布为北京市第一批古建文物保护单位。

附录叁-84（wz09 豌豆黄、爱窝窝）

豌豆黄是用豌豆煮烂，碾碎为泥，混入糖及琼脂，再熬至黏稠，冷却凝固后切块即成。爱窝窝又称凉糕，是用蒸熟的糯米放凉后，包上豆沙或芝麻白糖馅儿，再粘上一层熟大米粉制成。

附录叁-85（wz45 五牌楼）

要注意，此处"五"字不是说有五座牌楼（如单牌楼、四牌楼，分别是说有单独一座或是有四座牌楼），这座牌楼是五间六柱式，故称五牌楼。该座牌楼1955年早已拆除，2001年修了一座不伦不类的东西：顶部是五牌楼的模样，但底下只在两端有两根柱子支撑着（为了不阻碍交通），怪模怪样，极不协调；后于2008年因重修前门大街（将其改为步行街）拆了那碍眼的东西，把它改回原样了。

附录叁-86（xz03 锡茶壶）

记得幼时我姥姥写出锡茶壶（yáng tú kǔn）三个字让我念，在下读为 xī chá hú，可为一噱。蒙您纠正，倏忽一甲子有余，念念不敢忘也。

附录叁-87（xz05 瞎掰）

有一种巧妙的细木工活儿，京人称为"瞎掰"。该物系由一整块长25~30厘米、宽12~15厘米、厚5~6厘米的硬质木料（榆、柞、榉等树种）经切割、镂刻（木工术语，用镂弓子镂空）等复杂工艺，最后制成的一个马扎。此物为一不可分离的整体，打开撑起成一个小马扎，合上仍如一块整板之形状。

附录叁-88（xz19 下坛）

二人同持一木架，架上有绳，下悬一小木棒作为笔；巫师作法，木架即开始晃动，木笔即在下置的沙盘上或写或画，以示神谕。此处所谓"下坛"，是指所请的某位神仙降临了，沙盘上的字句即此位神仙的谕令。

附录叁-89（xz43 小金鱼儿）

旧京的吆喝叫卖是一绝，尤以卖小金鱼儿的饶有特色：一手捂耳，气运丹田，昂首引吭，一波三折，韵味十足，余音袅袅，不绝如缕地唱出 māi——xiǎo——jīn yué*r lèi——！

附录叁-90（yz06 压轴）

旧时京中剧场演戏，一般都是每场演出数部。最先演的叫"帽儿戏"，多是《跳加官》一类没什么内容的，因此时看客未齐；然后是若干折子戏；倒第二即"压轴儿"（yā zhòur），也叫"压轴子"（yā zhòu zi）；最后一出叫"大轴儿"，即当晚的主戏，名角汇集，是为收场。今人多未正确理解"压轴儿"一词，以为这是指最后收场的那出戏。弥松颐先生所著《京味儿夜话》一书中对此词解释甚详，读之能长见识。

附录叁-91（yz17 洋车）

此车之形制如下：一长轴贯穿两车轮，车轴上置箱斗用以载客，箱斗前方延伸两根车把，车夫以此拖曳前行；箱斗上并有车棚等物，以绝外界日晒雨淋风寒之苦。此物最早是1874年由法国人米拉自日本引进上海，故早期多说东洋车。后来各地称呼不同，上海称黄包车（因均漆成黄色），北京称洋车，天津称胶皮，广州称车仔。至二十世纪四十年代，逐渐被新兴起的三轮车所取代。

附录叁-92（yz23 洋炉子）

此种炉子带有烟囱及可控风门，晚上能封火，至少24小时不灭，性能较中式煤球炉优越得多，也更安全得多（中式煤球炉极易中煤气）。但此种炉子不大适合作为炊灶。至二十世纪四十年代后，京中开始流行炊灶、采暖两用结合的蜂窝煤炉子，系从日本传入。

附录叁-93（yz37 也不是）

京人口语中，"是"（shì）、"着"（zhi）二字在说得快时会读成re甚至r（仅是口型提示）。这是因为在汉语拼音方案中，zhi、chi、shi（汉语注音字母此三个音是用声、韵母整合为一体的ㄓ、ㄔ、ㄕ来标注）三个音的韵母-i，其实是[ʅ]（国际音标）。[ʅ]的发音近似于r，所以当说得快时声母被省略，而韵母变成了r的口型提示。

附录叁-94（zz29 譇奲）

余不揣孤陋，斗胆以为老舍先生这样写恐有不妥。查《汉语大字典》上有此词条，但读音为zhā lo者，所举之例也恰是此条；或换句话说，譇奲读为zhā lo时，可能只有此处一个孤例。譇、奲二字，始见于《说文解字·弟三·言部》："譇奲也从言虘声侧加切。"《说文解字·弟十二·女部》："奲随从也从女录声力玉切。"其切音的现代语音近于jiē lù；而读为jiē lù时，《汉语大字典》注为"古语，义未详"。京城西北远郊地区形容尖声哭叫，有"zhu ár zhuǎr 的"或"zhuǎr lo zhuǎr le 的"等说法；用何字来充作此象声词似可研讨。此词还另有

"扎拉、札剌"等写法,似均较譇奴这么古僻的字为好。这不同于本卷mz02条之"濊泧",那两个字虽古僻,语义上却有确切不移的相关内涵。

附录叁-95(bh05 白云观)
　　白云观位于北京西便门外,其前身系唐代的天长观;金章宗泰和三年(1203年)重修,改名"太极宫";元初,丘处机(长春真人)自西域大雪山觐见成吉思汗,对其思想产生重大影响,丘氏后东归燕京,被赐居于太极宫(死后即葬于此)。元太祖二十二年(1227年),成吉思汗敕改太极宫为"长春观";明初重建宫观,并易名为"白云观",沿用至今;清初又进行了一次大规模的重修,基本奠定了今日白云观之规模。文中"用铜钱打桥洞里坐着的老道",是旧时白云观里的一种祈福方式,亦是从善男信女手中敛财的不二法门。"白"字原读为b6。另:说到丘处机,看过金庸小说《射雕英雄传》的必能想起他与"江南七怪"那场恶斗——当然那不过是小说而已。

附录叁-96(ch02 厂甸)
　　此处是为书籍、字画、古玩、文具等商店聚集处。每年旧历新年期间,厂甸都要举行规模盛大的庙会。在旧京城的众多庙会中,唯有厂甸庙会不以庙为名,且每年只在春节才有一次,却是规模最大,京味最浓,闻名遐迩,脍炙人口。二十世纪六十年代夭折,中断37年,至2001年始恢复。2010年,因妨碍交通太甚,移至其南的陶然亭公园举办。

附录叁-97(dh01 大八件)
　　大八件具体是哪八件,其说不一,一般说有福字饼(寓意福如东海)、太师饼(寓意高官厚禄)、寿桃饼(寓意长命百岁)、喜字饼(寓意双喜临门)、银锭饼(寓意财源广进)、卷酥饼(寓意诗书传家)、鸡油饼(谐音吉庆有余)、枣泥饼(寓意早生贵子)。

附录叁-98(gh01 鸽铃)

也叫鸽哨,当鸽子飞翔时,因气流的穿过而鸣响。京中玩鸽子都给鸽子戴上此物。空中群鸽,嘤嘤而来,嗡嗡而去,声来耳闻,音去目送,嘤嘤嗡嗡,乐在其中。鸽铃若为名家所制,价亦不菲。此物可参见王世襄所著《锦灰堆·贰卷·北京鸽哨》。

附录叁-99(gh02 格格)

据《清史稿》记载:"太祖初起,诸女但号格格。"至天聪年间,确定国君之女封号为公主,分固伦公主、和硕公主两等,需要进行特定的册封仪式。至顺治十七年(1660年),又规定贵族之女按下列封号:亲王女为和硕格格(汉名郡主);郡王、贝勒女为多罗格格(汉名县主);贝子女为固山格格(汉名县君)。前一"格"字本应读阴平,现多读阳平;后一"格"字轻声。

附录叁-100(gh07 蝈蝈葫芦)

旧京之人讲究玩鸣虫,严冬时节,听所蓄之蝈蝈儿鸣之嘤嘤。养这种蝈蝈儿,须有专用的容器。此种容器为一种专用的葫芦,有一定的形状,是用模子范出来的(称为"范瓠")。讲究的配以象牙圈口、盖子,做工精细;有些出自名家之手,甚或是古董,价值不菲。严冬之际,将蝈蝈儿葫芦揣在怀里,以体温暖之。冬蓄蝈蝈儿须饲以高营养的食物(如蛋黄等),可养至来年开春。记得幼时家祖即为此物之爱好者,您的葫芦就是配象牙口圈盖子的那类。详可参见王世襄著《锦灰堆·贰卷·冬虫篇》。后一"蝈"字及"芦"字轻声。

附录叁-101（hh03 胡伯喇）

学名伯劳。属雀形目伯劳科（passeriformes laniidae），是一种肉食性农业益鸟。成语劳燕分飞的"劳"字，即指伯劳。语出萧衍（464～549年，南朝梁武帝）的《玉台新咏》中的《东飞伯劳歌》："东飞伯劳西飞燕，黄姑织女时相见……"歌中"东飞伯劳西飞燕"原本只是表达迁徙的离愁，后人望文生义，才引申为"各奔东西"之意。

附录叁-102（hh04 唤头）

唤头为旧时挑着剃头挑子沿街理发者用以招揽顾客之物。剃头挑子必带有唤头，"唤头"一物，状如长尺许、宽寸许的大铁镊子，其两岔的尖头部位微有间隙，以一小棍由内向外擩挑一下，该物两尖端就会相互撞击，如音叉般震动鸣响一阵，是为行业标记。该物又有一俗称叫"嘚儿搂"（读为 dē*r lōu），是描绘其声音及动作，颇为传神。另：旧有磨刀匠所持响器称为"连儿铁"（liǎr tiě），亦可称唤头。彼物系多块长方形的小铁片所组成，铁片一端打眼，以小绳穿成一串，鳞次栉比，中有间隔；提在手中，随行走晃动，该物哗哗作响，亦为行业标记。

附录叁-103（jh04 教案）

早在明万历十年（1582年），意大利耶稣会传教士利玛窦（Matteo Ricci，1552～1610年）抵澳门，次年获准入居广东肇庆；蛰居广东17年后，终获机会进京，向明神宗进呈自鸣钟、《万国图志》等方物，获神宗赏识，敕居北京，直至1610年去世。利玛窦开近古时期中西文化融汇之先河，也是明末清初以来在中国传播基督教之鼻祖。利玛窦的传教方略，是走上层路线，企图通过上层以官方认可的形式，将基督教自上而下大规模普及推行。但实践证明此路线收效甚微，所以此后的传教者多采取了下基层,直接与老百姓面对面的传教方式。却发现这样问题仍无法解决,因为基督教与儒教两种文化体系的价值观有根本性的区别,二者无法沟通,遑论融合。早在乾隆五十八年(1793年),就因"礼仪之争",乾隆拒绝接见英使玛戈尔尼,切断了中英政府间的联系,实际上就是这两种文化理念的绝断。在宗教层面上,中国民众中流行各种落后的民间信仰,这些原始形式的宗教无论从教理还是实力上都无法与基督教相抗衡;唯其如此,更激发了民间宗教徒与基督教徒的矛盾。另外教会在扩展过程中,不可避免的会与原住民发生实际利益上的矛盾,主要是教会地产与民产的冲突等等。至十九世纪后期,法、意、德等国的天主教传教士,借助于当时频繁发生的中外战争,以及随之而来的众多不平等条约的签订,得到了越来越有利的传教条件。有些传教者确是为中西文化交流做出了贡献,但也有些传教者行为不端。这些人上靠飞扬跋扈的各国使团,下倚良莠不齐的教民,辖制政府,欺压良善,早已埋下了剧烈冲突的前因。地方士绅阶层作为儒教的代表,首先与教会发生矛盾。双方诉讼不断,乃至发生直接对抗,此即所谓"教案"。此时清廷孱弱,在洋人的压力下每每不能公断,士绅作为守法国民碰壁后只能退缩。但信仰、地产等民教矛盾更多地发生在社会下层民众中。这些人与士绅不同,正所谓"光脚的不怕穿鞋的",他们多从根本上就对动乱抱有一种潜意识上的渴求,所以一旦官府的判决不能如其所欲,便很可能诉诸直接对抗。直鲁交界一带从历史上看,从来就民风剽悍,向有习武之风。早在同治十二年(1873年)就发生过"梨园屯教案",起因就是"拆庙建堂"(拆掉玉皇庙建天主堂)。此案民、教双方"互相涉讼,屡结屡翻",直至光绪十八年(1892年)才告一段落,而最终结果仍是有利于教会方面。究其原因,笔者以为除了官府畏惧洋人,更因为民间信仰向为历代统治者所严格限制。民众会在民间宗教的旗帜下聚集起来,只要够了一定数量就一定会对政府构成威胁。

民间信仰从来就是"暴民政治"的渊薮，这已被中国从古至今两千多年的历史反复证明，从无例外。所以清政府对"民教争端"多采取偏袒教会的方针，有可能是觉得民间社团比教民更易失控，两害相权取其轻。当时各国教会中以德国"圣言会"最为强横，其山东主教安志泰辖制官府，甚至取得了二品顶戴。据《清史稿·志一百三十二》载："光绪二十三年十月（1897年11月1日）曹州府钜野县有暴徒杀德教士二人，德以兵舰入胶州湾，逼守将章高元退出炮台，占领之"，即是所谓"胶州湾教案事件"。德国借此逼迫朝廷撤换了他们不满意的山东巡抚及一些中下层官员，激起山东民愤，自此山东多处民、教冲突不断。第二年（1898年）"山东日照教案起德人进兵据城案结仍不退"（《清史稿·志一百三十二》）。此后教案日多，民、教冲突日趋激烈；加以1898年黄河水患（"二十四年六月决山东黑虎庙穿运东泄仍入正河又决历城杨史道口……分注徒骇小清二河入海"《清史稿·志一百一》）、1899年秋至1900年春的大旱（至"野无青草"），民不堪命矣，遂催生了义和团。

义和团原称义和拳，首先于1898年10月直鲁（河北、山东）交界的冠县蒋家庄起事，当时打出了"助清灭洋"（也有说是"扶清灭洋"或"顺清灭洋"）的旗号，首领是威县人赵三多（赵老祝）。该拳会的前身是直鲁交界一带冠县、威县的梅花拳，起事时则从名义上脱离了梅花拳；后又纠集了鲁西北茌平一带的神拳（据说能降神附体），及鲁西南曹州一带的大刀会（据说是刀枪不入）。1899年3月，在某种程度上庇护拳民的顽固派旗籍官吏毓贤接任山东巡抚。在其任内，因西太后要求办保甲团练，遂改对拳民取绥靖政策，出告示改义和拳为义和团，认可其为合法的民间团练组织，这样也便于羁縻。至12月，因洋人对毓贤的施政不满而对清廷施压，朝廷改以袁世凯任山东巡抚。袁对拳民大开杀戒，迫使拳民于庚子年（1900年）三四月间，开始向直鲁交界一带流窜集结，最后汇合于天津杨柳青一带。此时拳民首领为张德成、曹福田、李来中等。至6月13日，义和拳组织开始进京，并得到以慈禧太后为首的顽固守旧派的大力支持，遂被纳入后党阵营，更名为"义和团"，具备了官方认可的"团练"身份，于是喊出了"要杀一龙（光绪帝）二虎（李鸿章、庆亲王奕劻）百羊（洋人）头"的口号，矛头间接指向光绪帝。6月21日西太后对各国宣战，"庚子之乱"进入了高潮。

附录叁–104（jh05 结了）
原著句中"法国府"是当时国人对法国使馆的称谓，尊"馆"为"府"，是媚外的表现。后面还有"美国府、外国府"等说法，《四世同堂》一书中也有"英国府"之说。

附录叁–105（lh08 理门、白莲教）
按：理门之开山鼻祖，据说是明初浙江鄞县人金纯。金纯，字碧峰，自称"一清道人"，后蒙永乐帝赐号"金光道人"。之所以获帝眷宠赐号，可能主要是因其系金忠的族人。金忠本系北平（明初，燕王朱棣称帝前北京叫北平）军中一个普通小卒子，因会算卦（"卖卜北平市中，市人传以为神"，见《明史·卷一五〇·郁新等传》），被道衍和尚（即姚广孝，是助燕王朱棣称帝的最主要谋士）推荐到燕王帐下（"〔姚广孝〕乃进袁琪及卜者金忠"。见《明史·卷一四五·姚广孝等传》）。朱棣发起"靖难之役"前，曾召金忠问卜，"得铸印乘轩之卦曰此象贵不可言"（见《明史·卷一五〇·郁新等传》）。朱棣称帝后，金忠一度官至兵部尚书。而金纯在其庇佑下，也曾做过工部高官（据说做到侍郎），可能还参与过运河疏浚工程。自永乐帝定都北京，直至清末，因北京地区粮食不能自给，全倚仗南粮，"漕运"（通过运河，将长江下游一带所产的南粮北运至京）成为国之重事。金纯似应是（笔者未细查具体史料）管理过漕运，且督理有功，迭次升赏。

在这期间，金纯在漕运界必然会广结人脉，这就为日后建立以"漕帮"为主体的理门打下了深厚的基础。后可能是因为官高责重，心怀危惧，遂辞官还乡，隐居于杭州一带，潜心修道（不知是修的哪一宗派）。后来也不是怎么就弄出了个"理门"，说是"奉儒教之学，行释教之法，修道教之行"，信仰"三教归一"，崇拜天地君亲师（至民国时，改君字为国），以三才三皇五帝五伦为大纲，定曰"在家理"，其信徒主体为漕运工人。清人入关下江南时，理门之德字班第四代翁（德正）、钱（德慧）、潘（德林）三祖（每一代的主要继承人被后世会众尊称为"祖"）曾纠合江南七省义勇之士，率众抵抗。在"嘉定三屠"、"扬州十日屠"中伤亡惨烈，遂与满清结下深仇，乃为后世定下"灭清复明"宗旨。后因抵抗失败，至康熙年间永历（南明小朝廷的皇上）也死了，眼见得复明日益无望。又曾依附郑成功，在台湾为驱逐红毛（荷兰人）出过力。但后来在台湾似乎也没站住脚，仍只能以地下组织的形式存在。这可能是因此时的理门已成为一支有自己独立组织且游移于政府体系之外的武装力量（这仅是笔者的推测，我未见有人对这方面的史料做过梳理）；这是任何政府所无法容忍的。这样，理门不得不继续南下寻求生存空间，后在南洋群岛华侨群体中得到了一些发展。

翁祖（德正）一支，后称"洪门"。之所以称洪门，因当年翁、钱、潘三人各赴不同地区宣传教义；临别之际，定下了"三共、三合、三番"等名目，作为会众日后相见时的一种暗语。"三共"合之为"洪"，翁祖长房，分得"洪"字。据说在乾隆五十九年（1794年），因全国多地风雨不调，先旱后涝，政府忙于赈灾之际，洪门欲乘乱举事。此时来一少年，自称"名朱洪祝，乃崇祯帝之孙，李妃所生"；会众闻之大悦，尊之为主。起事盟誓之地选在红花亭，是日部众咸集，宰牲祭旗，各会员即以该日为生诞，称为"洪家大会"。据说"是夜天显瑞兆，光耀灿烂之星辰作'文廷国式'四字，东方复发红色星光，又现红花亭之红字。红音同洪,即朱洪祝之洪字"(这一支最是"怪力乱神")。是以"洪"字蕴含洪武(朱元璋年号)、洪祝名号在内;又同翁祖之"三共洪门会",后人俗呼为洪帮,此即后世"红帮"之起源。添弟会(后人口传心授,误为天地会)、哥弟会(后改称哥老会)皆其一脉也。

钱祖(德慧)一支,日后组有三合会等,亦属洪门一派,该派在海外华侨中势力最盛。著名者如致公堂(总部设于旧金山,后演化为致公党,为今日我国八个民主党派之一),三合会即其前身也。唯因其孤悬海外,为引奥援,后渐演变为保皇派。至十九世纪末国内汉人种族主义崛起,海外会党受其影响,蛰伏二百余年的反满基因凸显,一变而为种族主义基础上的排满急先锋,孙文革命党徒往往厕身其间,得益多多也。

潘祖(德林)一支,繁衍最广,后派生出三点、匕首、双刀、清水等会,俗呼为"青帮"者是也。潘祖为开展反清复明大业,据说是从南洋独自一人撑舟过海返国。隐姓埋名,云游各地,混杂于盐枭,隐忍于漕运,在河南、江西、广东、湖南、湖北、河北、福建等各地水旱码头建立组织,据称有一百二十八帮半之数。盖因豫亲王多铎南征,首克安庆,在安庆地区屠戮甚酷;当地有菱湖,水为之赤。潘祖为体现卧薪尝胆、念念不忘兹事意,总称其帮会为青帮(谐音"庆",即安庆帮)。康熙年间,清廷见帮会归附日众,遂取怀柔政策,为其筑庙赏银,种种亲善之举,不一而足。尤为要者,是清廷默认了青帮对漕运的垄断权,这从根本上瓦解了其"反清复明"的斗志,转而汲汲于漕运之利,消弭一股反清势力于无形,且带手儿基本保障了漕运两个多世纪的通畅。但即或如此,终其有清一代,这也还是政府的一块心病。至道光年间,桂省有三点会、天地会等组织,是为青、红帮一脉,洪秀全等人厕身其间。彼等远处西南一隅,地极穷僻,民极困苦;又无涉漕运之利,故尔反满思潮浓厚,动辄起事。至道光三十年(1850年)桂省大馑,局势动荡,洪秀全等遂乘机于咸丰元年

（1851年）于金田起事，打出"拜上帝会"的旗号，基本成员多有原青红帮会众。洪秀全、冯云山、石达开等被后世青帮子弟奉为"兴字班第十九代祖"。

太平天国之乱被镇压后，理门体系各支陷入低潮。至清末死灰复燃，与孙文合流，结成反满同盟。孙文在其《三民主义·民族之义·第三讲》中对洪门评价甚高："到了清朝中叶以后，会党中有民族思想的，只有洪门会党。"孙氏的革命理论有效地鼓动起汉族人心中沉郁了二百多年的民族仇恨（源自"嘉定三屠"、"扬州十日屠"等事，及二百余载的民族压迫），并很好地利用了这一点。同盟会等革命团体借助于洪门会党迅速发展起来，武昌起事的新军中，起主导作用的人员多为洪门会党。笔者以为辛亥革命相当程度上是借助会党势力而成就。

另有白莲教者，始源于摩尼教。摩尼教本是波斯人摩尼吸取了琐罗亚斯德教（中国称其为"祆教"）、基督教、佛教等诸家学说后自创的一种宗教。东传的摩尼教逐渐与佛教融合，形成了有中国特色的明教（金庸的武侠小说中屡屡言及），唐武则天时传入中土。摩尼教的理念与佛教净土宗的弥勒净土观念有相当程度的内在相似，其在中土传播时，正值净土宗大行其道；为便于传播，摩尼教遂攀附净土宗，以致摩尼、弥勒的角色合二为一了。武则天遂利用这点，公元690年建立周朝后，695年自称弥勒佛化身。南宋绍兴三年（1133年），江苏吴郡沙门（亦作"沙弥"，龟兹语 samair 的音译，意为"息恶行慈"，专指初出家但还没有正式受戒的小和尚）茅子元创立白莲宗，教义源于净土宗，崇奉阿弥陀佛（又称无量寿佛）。到了元代，逐渐转奉弥勒佛，改称白莲教，这个新教派有浓厚的摩尼教色彩。白莲教是下层民众的宗教，在佛教中应算是很不正统的异端教派；所奉之经卷，如《金锁洪阳大策》、《玄娘圣母经》、《镇国定世三阳历》、《弥勒颂》、《应劫经》等，其宗教来源颇多可疑，教义甚为含混。此后该教派发生分裂，正统派继承茅子元衣钵，勉强还能算是个教派；而另一派走上了反元斗争之路，纯是个政治性群体组织了。元至正十一年（1351年）白莲教起事，教徒以"弥勒下生，明王出世"相号召，规模迅速扩展至全国，揭开了元末民变的序幕。到至正二十八年（1368年）明军攻克大都（今北京），朱元璋顶着"大明王"的头衔登基称帝后，立即颁旨严厉取缔了自己当年赖以立身的白莲教。从此该教转入地下，有明一代，白莲教徒造反起事不断。清入主中原后，白莲教徒倡言"日月复来"，打起"反清复明"的旗号；遭到清廷的严厉镇压，直至乾隆朝始平，自此进入"死灰期"。清末死灰复燃，与孙文合流，结成反满同盟。近百余年来白莲教作为一种下层民众介于黑白之间的灰色组织，虽未再形成规模，但时不时总会有点儿躁动，是历代政府的心病，任何政府也不会容忍这类组织坐大。

附录叁–106（mh01 马甲）

有清一代，驻京八旗的士兵一般分配到亲军营、前锋营、护军营、骁骑营和步军营。老舍先生的父亲在护军营充任骑兵，即"马甲"。这并非老是骑着马，主要是地位和待遇较同等的步兵略高。

附录叁–107（mh05 满宫满调）

"宫调"本义是指中国传统声乐学中概括调高、律高、调式间的逻辑关系，用以表明调性的基本理论。传统的宫调理论主体是所谓"律、声命名系统"，但后来在戏曲家著作中，宫调诸术语常陷于概念上的混淆、互换，从而丧失了术语的作用。现实中，戏曲音乐采用曲笛上的民间工尺七调，及乐谱中的煞声字，来表明它的宫和调；而在民间传播中，则采用了小工调等调名。简而言之，是以宫、商、角、徵、羽五个正声，及变宫、变徵两个变声（又称偏音）为七声（宫、商、角、变徵、徵、羽、变宫等七音阶，相当于简谱的1、2、3、4、5、

6、7），七声的任一声为主音均可构成一种调式。以宫为主音的调式叫作"宫"，以其他六声为主音的调式叫作"调"，合称"宫调"。"宫"本身的音阶相当于简谱的"1"。

附录叁–108（mh09 蜜供）

蜜供的做法，与另一种满洲饽饽萨其玛类似，但较萨其玛粗糙；也不像萨其玛还要放在槽子中压平后切块，而是散堆成团即可。

附录叁–109（sh02 三星）

《诗·唐风·绸缪》中有"绸缪束薪，三星在天"之说，是描绘新婚燕尔的旖旎。而关于那里所说的三星，有不同的指认：毛诗认为指参宿三星（猎户座）；郑玄则认为指心宿三星（天蝎座）；近代天文学家朱文鑫经考证认为《诗经》原作三段中的三星分别指参宿三星、心宿三星、河鼓三星（天鹰座）。现代天文学家有人认为毛说是而郑说非也。

附录叁–110（xh07 信仰）

"信仰"一词，一般多用于指人们对某种宗教、理论、学说、主义的信服与尊崇，并绝不质疑，且将其奉为自己的行为准则和行动指南。但信仰面临逻辑的挑战。犹太系统文化中，信仰的表现最为突出。无论是一神论的犹太教、基督教、伊斯兰教，抑或是拉普拉斯（Pierre-simon.Laplace，1749~1827年）的"科学万能论"（démon de laplace，即所谓的"拉普拉斯妖"），以及其后的一些教派，都建立在强烈的信仰基础上。

附录叁–111（yh03 洋粉、洋碱、洋沤子、洋取灯儿）

洋粉是指进口的女人化妆所用之粉，"粉"字也可儿化；另有所谓"洋粉儿"者，则是指以食用琼脂所制的一种食品。洋碱指工业生产的碳酸钠（Na_2CO_3），以别于国人原来使用的土碱（如口碱、泡花碱）；沤子是旧时京人对润肤剂的称谓，半流质，用冰糖、蜂蜜、粉剂、油脂、香料合成；洋沤子指当时进口的润肤用品；取灯儿本指以火镰敲击火石取火的那一套东西，洋取灯儿即火柴，也称洋火儿，"取"字读 qǐ。

附录叁 -112（yh06 洋务、汉奸）

洋务运动是指晚清时，洋务派官员抱着"师夷长技以制夷"的目的，遵循着"中学为体，西学为用"的原则在全国展开的运动。该运动自1861年底（清咸丰十年）开始，至1895年大致告终，持续三十余年。在第二次鸦片战争、太平天国之乱后，清廷上层为应对内忧外患形成了"洋务派"与"守旧派"两阵营，以恭亲王奕䜣、庆亲王奕劻、李鸿章、张之洞等人为代表的洋务派官员主张摹习列强的工业技术和商业模式，利用官办、官督商办、官商合办等模式发展近代工业，以获得强大的军事装备，增加国库收入，增强国力，维护朝廷统治。至于指斥李鸿章为"汉奸"，是因为清末与列强所签订的一系列不平等条约有出于李鸿章之手。按原著的情节，此时是庚子国变之前，那时虽因甲午战败、马关之盟，李鸿章已饱受诟病；但因各种具体情况，当时还少有人指斥李鸿章为汉奸（这里不涉及对李鸿章的评价），获此恶名是在1901年《辛丑条约》签订之后。原著写于二十世纪六十年代初，那时"左"倾思潮严重，对历史采取虚无主义态度。除了所谓农民起义之外，对所有的人和事一概否定。

附录叁 -113（yh08 义和团）

义和团的前身是义和拳，它的主体是"拳会"，即群众性的武术协会，习练梅花拳。后借"教案"（地方群众与西洋教会间的纷争）

起事，提出"助清灭洋"的口号，并吸收了其他一些群众组织，在鲁西、冀东南一带与教会为敌。遭到山东巡抚袁世凯的镇压后，流窜至天津地区。后因得到满清保守派的支持，得以进京，并更名为义和团（这样就具备了政府认可的"团练"性质），被以西太后为首的后党利用来对付（光绪）帝党。在后党的唆使下，明确提出了"要杀一龙（光绪）二虎（李鸿章、庆亲王奕劻，二人被认为是洋务派）百羊头（洋人）"的口号。于1900年5月底开始进攻各国使馆及西什库教堂（时称北堂），遂酿成了"庚子之乱"，导致了八国联军的入侵。义和团运动从主观而言，是下层人民因不堪各方面沉重压迫，铤而走险；但客观而言，它确是被统治阶级利用来进行派系斗争，且站在保守势力（后党）一边，采用非理性的野蛮行动颠覆国家秩序，挑起国际冲突。最终结果，导致外国入侵，对中国的社会生产力造成极大破坏；终致签订《辛丑条约》，给中国人民带来更加深重的灾难。

附录叁-114（yh12 甬路）

现今的马路，那时也被称为甬路。甬路（马路）之所以高出两边的便道，是因为那时市政当局对马路的维修，仅限于不定期地将过深的车辙与水坑垫上点儿黄土罢了。所以甬路越垫越高，当然两边的便道相对就越来越低了。这里描绘了百年前旧京的路况之差。笔者记得幼时常能见到有的院落比便道还低很多（尤以南城为甚），进院门简直就像跳坑似的，一下雨可就遭殃了。南城本来地势就低洼，又多是穷人，无力整修房屋改变现状。老舍先生《龙须沟》一剧中所描写的即此种情况。

附录叁-115（剧b09 摆弄熟了）

以北京话为基础的北方语系汉语因受阿尔泰语系的影响，与中原古汉语的语音有很大区别（参见本书《绪论》）；而南方语系因较多保留了中原古汉语语音，多有将今天普通话语音 n、l 混淆的情况。这种现象在北京话中也偶有残存，如这里的"弄"读为 long，即是受安徽语音的影响。究其原因，一是明初安徽（还有山西、苏北）等地向北京大量移民，彼地语音总会在北京话中留有残余；二是漕运的影响，漕运水手以安徽人为主体，安徽语音（江淮官话）两百多年来通过运河小的溜儿的，但源源不断地影响着北京话。京语受南方语音影响，n、l 不分的说法还有如"脊梁"读为 jí niang，"宁肯"读为 lèng kěn 等均是。

附录叁 –116（剧 b27 鳔上）

"鳔"原指木工做家具用的胶（称为"鳔胶"），一般是用猪皮熬制而成，用时隔水加热，融化后使用。又特指用鱼的鳔（气囊）熬制而成的胶，专供做高档硬木家具用。

附录叁 –117（剧 c20 抽抽）

此处之"抽"字实为"瘳"（chōu）之俗写，义为减损、损失；语出《国语·晋语二》："君不度而贺大国之袭于己也何瘳。"韦昭注："瘳，犹损也。"这么俗的土话居然出身这么高雅。

附录叁 –118（剧 c30 吹灯）

关于死，另有一京味极浓的说法，叫"嗝儿屁着凉"，简说"嗝儿屁"。此意大约是指人将死时打嗝放屁罢。小孩儿们另有童谣中用此说，且加入调侃语气曰"嗝儿屁着凉大海棠"。下层人士另有粗口俗语曰"吹灯拔蜡完蛋禽"，指人死了，也用于说某事无果而终。

附录叁 –119（剧 c34 余子）

该物系马口铁制，系一直径约二寸、长约七寸的圆柱型容器，最上端有手柄。将其注满水，从炉子上部的炉口中整体置于炉内（仅其最上端及手柄部露在炉外），因其受热面积大，故而水很快即烧开。旧京人家多用煤球炉，该物的外形尺寸正好适合那种炉子（其实余儿就是根据煤球炉的尺寸来做的）。

附录叁–120（剧d33 蹬三轮儿）

洋车（人力车，上海称黄包车）自十九世纪末从日本引进，至三四十年代盛极；自四十年代中期逐渐被三轮车所取代。洋车、三轮都曾是京城民众之首选交通工具，后逐渐被汽车、有轨电车（即京人所谓的"当当车"）等公交设施所取代。至六十年代，为了杜绝"资产阶级压迫劳动人民"现象，客运三轮逐渐淡出市场，车夫们被分流到各种更苦更累、收入更低的工作岗位上去（如货运三轮）。改革开放后，为适应旅游业需求，在某些地段（如什刹海一带）三轮儿得以复出。

附录叁–121（剧d56 兜着底地）

原著此文写于1958年，注意老舍这里在修饰动词性或形容词性中心语的状语（"兜着底"）后面，用的是"地"字，而不是如其早、中期作品那样用"的"字。这是他与时俱进，紧跟相关部门颁布的有关语言文字规范化的表现。

附录叁–122（剧e03 二性子）

旧京饮用井水，但因北京地区水质甚硬，相当一部分水井水味苦涩。如现在西城区"福绥境"的地名，就是"苦水井"之音改的；此地原名即为苦水井。

附录叁-123（剧g32 怪声叫好）

那时还没有鼓掌一说，鼓掌真正在北京民众中普及开来，始自二十世纪五十年代初。怪声叫好加上满地吐瓜子皮、抽烟吐痰飞手巾板儿、瞎起哄乱吆喝，旧京戏园子有着全世界作风最差的观众团体——其中却也不乏真正的艺术鉴赏家。

附录叁-124（剧g33 棺材本）

在有些场合下，这是很恶毒、含侮辱性的说法。常见有的汽车司机对动作迟缓、几乎被其撞到的人撂下一句"找棺材本儿哪"。

附录叁-125（剧h12 好话好说）

旧时京语中还有"好说"一词，系旧时京人牙慧。该词作为反讥之词，曾被广泛使用。如甲詈乙，乙应之曰"好说"，则其意便已是将甲所骂之言辞回骂了。现今此种骂法失传，于是乎对骂时就事倍功半多费唾沫伤气劳神了。

附录叁-126（剧j35 觉悟）

"觉悟"一词，近几十年成了使用频率最高的词汇之一，尤其是"文革"期间达到顶峰。其实这是一个佛教词汇，本意是"因觉而悟"。"觉"是梵语"菩提"（bodhi）的意译，也译作"道"。《大乘义章·二十》："觉悟觉对其智障无明昏寝事等如睡圣慧一起翻然大悟如睡得寤故名为觉。"

附录叁-127（剧109 劳驾、不劳驾）

"劳驾"一词，在京语中广泛使用，几乎任何烦请对方之事，都要先说劳驾。使用最多的场合，是当别人所在位置阻挡了你，想请他挪动一下时所说。一般多是说"劳驾借光"，此时对方会给你让路，但不会说"不劳驾"。"不劳驾"只有本例这种场合（相当于"不谢"）才说。

附录叁-128（剧m02 马虎）
旧京有"妈虎子"一说，源自满语，是满洲先民们传说中的一种红鼻子大眼睛的怪物，往往用于吓唬不听话的小孩儿。用两手扒住外眼角和嘴角扮成的鬼脸也叫"妈虎"，也写作"马虎"。还有"马虎眼"（或"打马虎眼"）一说，源自商家做手脚蒙骗顾客；指骗局败露后还装糊涂，矢口抵赖推脱责任。

附录叁-129（剧m03 马兰）
此物除一般作捆扎品外，尚有两处特殊用途，列出以飨读者：一是捆扎粽子用（现在多用聚丙稀塑料绳捆，马兰一物，近乎绝迹啦）；二是作烧羊肉时捆扎羊肉用。京城第一美味烧羊肉是将羊肉预处理入味后，先煮再炸。煮前先要用马兰将肉紧紧捆扎，俾使肉紧束成块，不致松散。炸时用温油慢火，缓缓炸焦，外酥里嫩，美哉未可言状。不过现在卖的烧羊肉煮时不捆，活儿做得比原来糙多了。

附录叁-130（剧m05 买两块）
原著中此时是在抗战胜利后，彼时物价飞涨，票子（纸币）特别"毛"（贬值），所以出现了很多像车当当这样倒卖硬通货（如洋钱）的人，以从中渔利。因民间私自买卖金银是非法行为，当时虽尚未严令取缔，但终究不敢大张旗鼓公然叫卖。所以做此生意者多是在茶馆这一类虽然人多但终究不算太显眼的地方用一种较隐蔽的方式来兜售；即是手中敲着两块银圆，口中低声吆喝着"买俩买俩？买两块吧"。按：国民政府于1948年8月19日发行"金圆券"，开始严禁民间贵金属买卖；限定同年9月30日前民间要将所有的金银及外币全部兑换为金圆券，逾期没收。这样在短短六周内，政府即从人民手中榨取了价值2亿美元的贵金属及外币，使自己丧尽民心；而金圆券于1949年7月也伴随着蒋经国"打老虎"（惩治贪官污吏不法奸商）运动的失败而告破产，为国民党政权大厦的倾坍加上最后一个砝码。

附录叁–131（剧 n 08 闹接收）

1945年国民党接收日伪财产，弊端百出，贪墨肆行，诸般劣迹不胜枚举；当时对接收大员有"五子登科"（房子、车子、票子、金子、女子）之称，由此可见一斑。这也是国民政府迅速失去民心的重要原因。

附录叁–132（剧 n 14 你老人家）

"老人家"是京人对长者之尊称，但须说"您老人家"。此处说成"你老人家"，显得不伦不类，正是车当当（剧中倒卖硬通货的一个痞棍）的腔调。他明知王利发不买，也买不起现洋，却故意调侃揶揄（说"你老人家"）；更甚至用侮辱性的动作往桌上扔钱（旧京之人礼数重，给别人东西时若"扔"乃极大的失礼；尤其是扔钱，等于是当面扫脸），再加上说点子"片儿汤话"，都是只有车当当这类人才做得出来的。老舍先生用字极有讲究，不愧大家，此处以"你、扔"二字深层次地勾勒出了车当当的嘴脸。

附录叁–133（剧 p 01 拍巴掌）

鼓掌这种形式是二十世纪初从西方经日本传入的，首先在上海等西化程度较高的城市中流行，后被带入共产党解放区；北京这种旧文化较深的地方，其下层民众真正习惯了以鼓掌作为表示肯定意义的肢体语言，是在二十世纪五十年代，当时叫拍巴掌。原著此篇写的是

1950年夏天，此前没有什么领导讲话群众鼓掌这一套，即或有也只是在机关学校等处。至于戏园子演出中都是叫好，所以《方珍珠》一篇中才有"不得怪声叫好"一说。

附录叁－134（剧q 04 旗人）

1615年，努尔哈赤将自己控制的散居于白山黑水之间的女真部落分为四部，用黄、白、红、蓝四种旗色，每部都有自己特有的旗色，旗下所辖军民自然就成为旗人，即"在四种旗色统辖之下的人"，是为八旗制度之肇始。后归附渐众，生齿日繁，如再继续按四旗划分，会使组织庞冗，指挥不便。至1635年，皇太极建满洲，遂于各色旗之边缘镶以红或白边，衍生出镶黄、镶白、镶红、镶蓝四旗，是以扩为八旗。纯色旗称为"正×旗"（此处之"正"字是"整"的习惯写法，读上声），镶有红边或白边的是为"镶×旗"。始称"满洲八旗"。按：有清一代，旗分三类，计有：1.满洲八旗，其核心成员为早期的女真部落及久居于白山黑水间的其他族裔（包含早在辽金时期就已经归化的汉族人）。他们在天命、天聪（努尔哈赤、皇太极）时期就编入旗籍，被称为"佛（满语：老）满洲"，其地位最高；另有所谓"伊彻（满语：新）满洲"，是清入关前后归附的其他东北部落（赫哲、库雅喇、达斡尔、索伦、鄂伦春、锡伯等）族裔，地位较前低些。各旗的政治地位不同，经过一系列血腥的政治斗争后，确定了八旗的地位排序如下：镶黄、正黄、正白、正红、镶白、镶红、正蓝、镶蓝。前三种称上三旗，由皇帝直接统帅；后五种为下五旗，由其他王公统帅（至雍正年均归于皇帝统辖）。2.蒙古八旗，其地位低于满八旗，也分为新、老两部分。蒙古老旗人是早期的蒙族追随满洲者，如察哈尔部、科尔沁部等，尤以科尔沁部博尔济吉特氏（Боржигин，即所谓"黄金家族"——成吉思汗的直系后裔）最为显贵，该氏与爱新觉罗氏世代通婚，有清一代后妃多出此氏；蒙古新旗人则是在满清入主中原后归附的，如巴尔虎部、厄鲁特部等。3.汉军八旗，其地位又低于蒙八旗，亦分新、老二部。老者为皇太极时代就已归附的东北地区之汉族边民，或早期战争中的汉族战俘，新者则为征明战役中，及后来剿灭三藩之乱时的汉族降兵。上述三类，每类八旗，共计24旗，其构成人员统称"旗人"，每个旗人隶属于各自不同的旗。就如同汉人有不同的籍贯一样，旗人也有不同的旗籍。所谓旗籍，是指旗人具体所属之旗。旗的最高长官称固山额真，雍正元年（1723年）改称固山昂邦，即汉语所谓的都统（从一品官职，两名副都统正二品）。每旗下辖五甲喇（蒙八旗每旗下辖二甲喇），其长官称甲喇额真，后改称甲喇章京，即汉语所谓的参领（正三品）。每甲喇下辖数量不等的牛录，清中后期时，满洲八旗每甲喇下辖14～19个牛录、蒙古八旗11～15个、汉军八旗5～9个。其长官称牛录额真，天聪八年（1634年）改称牛录章京，即汉语所谓的佐领（正四品，另有一名正六品的骁骑校协助）。牛录是满族早期的生产、生活、军事合一的组织形式；早期努尔哈赤定三百人为一牛录，设一牛录额真（汉名：佐领）管理。每个佐领辖一定数量的旗兵，有人统计，清末时满八旗每个佐领约有250名旗兵、蒙八旗约100名、汉八旗约140名。当然每个牛录的人数除旗兵外还要加上其家眷及苏拉（闲散壮丁。此称谓还指某些不在职的散官及内廷中担任勤务的低级工作人员）。至清后期，闲散人员大量充斥，据说各牛录的旗兵人数约仅占本牛录总人数的十分之一。牛录是旗人最基本的社会单位，其成员的身份世袭相传；同样，除特殊原因或女人出嫁随夫改变旗籍外，旗人的旗籍更是世代固定。另：八旗制度中还有比汉军旗人地位更低者，是为"包衣"。包衣是满语包衣阿哈（booi aha）之略称，意为家奴、奴仆。这些人多是战争俘虏（另有少量获罪者），他们并非八旗制度中的一个独立成分，而是归属于其主人所在之旗，且世代为奴（其子女被称为家生儿，参见《卷一·w06》条）。这是有清一代始终存在的奴隶制残余。但这些人后来在某些方面也有掌握实权的时候，尤其是清中期以后，许多原来的宗室觉罗混的不济、穷困潦倒，反过头来跟自己的家奴借贷度日，倒也不算什么新鲜事儿（《红楼梦》中就有此类描写）。

附录叁 – 135（剧 s 14 哨）
京人谓鸣禽叫为"哨"。这种哨并非鸟儿自然的啼叫，而是经人工调教按照一定的程序所学得的固定乐谱。据说此类乐谱达十三套之多。京人幽默，有时将此词引申，用以指谓某人说话，含讽刺意（说的比唱的还好听）；也有时用于自我调侃，如说：哥儿几个，听我哨一段儿。

附录叁 – 136（剧 w 05 宛平县的县太爷）
有清一代，虽说大兴、宛平两县分管北京东、西二城，但这也只是理论上如此：内城住的是旗人，旗人归各旗的统领衙门管，外边的县太爷根本管不着，也管不起（各旗统领起码是正二品官，县官至高不过六品）；宛平、大兴两位县太爷也就限于管管西郊东郊罢了。但原著此处写的是清末，那时城里已经不是清一色的旗人天下，所以县太爷也还有的可管。"平"字轻声；"太"字读 tei，轻声。按：老舍先生因为是正红旗人，属于西城，所以您作品中自要是写北平的事儿，其地点一般多在西城（如《四世同堂》、《骆驼祥子》、《离婚》、《茶馆》等）。故而此处才有"找宛平县太爷"之说。

附录叁 – 137（剧 x 12 现大洋）
当时通行之银圆有英国站人帆船、墨西哥鹰洋等种类；也包括总理纪念币（孙中山头像）及北洋老人头（袁世凯头像，俗称袁大头）等国产银币。每枚洋钱之含银量不等，均在一英制金衡盎司（oz. tr ≈ 31.1g）以下（一般多在27克左右），国产银币重约七钱二（27

克，实际含银量约为24克）。按：此处所谓七钱二，是指二十世纪三四十年代我国许多地区所实行的度量衡制式；彼时之一市斤＝600克＝16两（台湾今仍按此沿用），七钱二等于600克÷16×0.72＝27克。

附录叁–138（剧 x 18 消炎片、玻璃袜子）

"消炎片"是磺胺药（氨基苯磺酰胺）在当时的商业名称，此名称至二十世纪八十年代末仍流行；"玻璃袜子"（后改称玻璃丝袜子）系尼龙（英语 nylou 的音译，中文名锦纶，是"聚乙内酰胺纤维"的商品名）制品，战后首从美国输入。

附录叁–139（剧 y 36 有我呢）

另：戳着的"戳"字在京语中还有"站立"义，但往往用于表示这种站法有点儿特别；如说："别人都坐着，就他一人戳在那儿。"据先贤俞敏先生在《李汝珍〈音鉴〉里的入声字》一文中考证，此字实应为"矗"（见《北师大学报》1983年第4期）。

附录叁–140（剧 y 43 有人）

中国人在社会各个可能与自己有关的方面，都得有自己的关系网，否则寸步难行。这种由相互利用或纯是由钱财买通的路子，是成事的基本保证，即是所谓"有人"。在许多国人的心目中，最重要的一点就是必须"有人"。这是中国社会千百年不变的铁律，也是中国社会发展的主要绊脚石之一。

附录叁–141（剧 z 21 张天师教鬼给迷住了）

张天师原指张道陵（34~156年），彼于东汉末年创立道派"正一盟威之道"（又称"五斗米道"），为道教定型化之始，被道教徒尊为

"天师"。其后裔承袭道法,居于龙虎山,世代亦均称张天师。民间迷信,说张天师能捉鬼。

附录叁–142(剧 z 53 种花儿)

未发明牛痘时,人们预防天花接种的疫苗,是直接使用天花患者身上患处所脱落的痂干后所磨成的粉,所以称为"种花儿"。

附录叁–143(剧 z 64 自带茶叶)

这些自带茶叶者,有的是为了省点儿钱,有的是因为只喝某种特定的茶叶,按说大可不必费劲巴力地带着茶叶来茶馆喝,自己在家喝不结了吗?茶客们偏不价,因为旧京茶馆其实主要是社交场所,喝茶只是陪衬,倒在其次了。像《小额》一书中,甚至有将"才出萌儿,浑天地黑"(刚出道,太稚嫩不懂事)的原因归结为"茶馆儿短喝两回大茶"。由此可知旧京茶馆在市民社交生活中的重要性了。

满蒙语汇叁

说明：老舍先生身为旗籍京语作家，其作品中当然会有满蒙语汇。其前期作品中这类语汇较常见，而后期作品中罕见，这反映了满蒙语汇因为各种原因，在京语中已逐渐淡出；另外在反映京人生活的话剧剧本中，较小说类的作品保留了相对较多的满蒙语汇，这说明在北京老百姓日常口语中这种语言仍有一定市场。

满蒙语汇叁–01（bq09 宝贝似的）

自从语体文（白话文）更替了文言文以来，直至二十世纪初，语体文书面与口语之间仍存有少量脱节处。如"似的"一词，京人说成"是的"即为一例，表示"两种物或事态之间具有某种内在相似性"。古汉语中尤此种说法，该说法首见于清雍正八年（1730年），北京出版的一本最早期的满语读本《清文启蒙》中。该书是为那时已日益习于汉语，逐渐忘却本民族语言的旗人编写的教材。这本书采取满汉语对照的形式，罗列出许多例句；这些例句的汉语部分忠实地反映了那时北京话的实况。书中有一汉语例句："自像认得阿哥，在那里会过是的"，开"是的"一词之先河。至今虽写为"似的"（"似"字是读书人扣着字义而采用的），但京人仍按照近三百年前那本教科书中的写法，读为"是的"。以致现代汉语又出了一个多音字，字典们也不得不将作为助词的"似"字加了一个在古汉语中没有的 shì 音。（《汉语大字典》为 shì 音罗列了两个例句；而在商务印书馆1937年版的《国语辞典》中，此字仅标注为 sì 音，未标注 shì 音。）

满蒙语汇叁–02（jq08 嚼争）

京语另有一词"掰扯"（读为 bé chi，也有人直接照字面读为 bāi chi）与此意近，是指人就一事反复辩驳、争执。该词出自满语词汇

becen，义为"争论、争辩、打嘴架"。

满蒙语汇叁–03（sq12 十二头儿）

满族是女真人之后，原多用女真语；十六世纪末，为适应日益蓬勃发展的政治局面，努尔哈赤于万历二十七年（1599年）命学士额尔德尼、噶盖等以蒙古字拼国语（满语），创制无圈点满文新字，也称老满文，颁行国中，从此满文取代了女真文。这种老满文字母比较简单，比女真文字易学，便于普及；缺点是不能很好地记录音素较多的女真语音，致使部分语音含混不分（如它搭、特德、扎蜇、呀耶等）。若平常语言，按其音韵，尚可易于通晓；至如人名地名，则必然多有错误。加上老满文属初创，字母尚不统一，变异较多，不大规范，故皇太极在天聪六年（1632年），命文士达海"可以原字头照旧书写，惟增加圈点，俾后学者视之，或有裨益于万一。如有错讹，仍能用旧字头证明"。于是，皇太极颁布了新满文十二字头（本词条中的"十二头儿"即指此），规范了字母形式，较准确地区别了原来不能区分开的语音，由于增加了圈点，使一些字音得以区别开来。还增加了一套拼写外来语（主要是拼写汉语借词）的字母。用这套字母写出的满文，称为新满文，或称有圈点满文。

满蒙语汇叁–04（附录叁–12）

"妞妞"一词是从满语 nionio 音译而来，意指小儿可爱状，本来不一定专指女孩儿，但后来演变成专指女孩儿了。

满蒙语汇叁–05（bz08 爸爸）

"爸爸"一词，系满语 ama 一词汉化音转而来。

满蒙语汇叁 –06（bz09 霸道）

京语另有"霸(也作'把',上声)哈"一词,谓"强行占有、攫取"等意,系源自满语词汇 bahambi,义为"取得、捞到"。

满蒙语汇叁 –07（bz40 笨狗、哈巴狗、板凳狗）

"哈巴狗"一词,源自满语 kabari– indahūn。

满蒙语汇叁 –08（cz17 敞开儿）

此词源自满语词汇 cangkai tuttu,意谓"不限、随便、任意、只管（如何）"。

满蒙语汇叁 –09（cz91 叱喝）

有满语词 hacihiyambi,为"勉强、催逼、紧促"等义；京语谓"苛责、勉强、督促"为"哈斥"（hā chi,也作呵斥）。

满蒙语汇叁 –10（dz49 倒动）

此词源自满语 tudenjeme halambi,义为"调换、挪来挪去"。

满蒙语汇叁 –11（fz05 翻波打滚）

京腔读音此处"波"字读 be,轻声。普通话中,声母 b p m f 不与韵母 e 相拼,但京语中却多处出现这类的语音,应是旗人满语语音与幽燕语残余的共同影响。

满蒙语汇叁 –12（gz01 夹肢窝）

满语 gejihe embi,义为"搔腋下"；京语将其汉化,取词干 ge ji,说成"胳肢"（读为 gé zhi）,义同。又加一"窝"字,既说明了此处之特征（易被搔痒），又描述了此处之形状（窝：凹陷），成功地造就出一个满汉合璧的新词"胳肢窝"。

满蒙语汇叁–13（gz61 骨力）
据说此词源自满语 guli，意指团结一致。

满蒙语汇叁–14（kz01 刮揸）
北京话谓"刮"为刮揸，源自满语 kūwacarambi，义为"将内部刮去"。

满蒙语汇叁–15（lz71 撒）
更纯粹的京语谓"用眼一看"为"一睗（sǎ）"，系出自满语 sabumbi，义为"看见"。在满语口语中，只有 sa 是这个词的重音音节，其余的音甚含混，所以才产生了早期北京话表示"用眼一看"义的"一 sǎ"的说法，用上声的 sǎ 来突出重音所在。

满蒙语汇叁–16（mz03 麻力）
按：此词源自满语 lalí，义为爽利。早年间京语谓爽快、直爽、迅捷为 lā li。后来发生音变，说 má li，口语中有时加以儿化，说成 má liẽ*r；其意也有改变，转指动作敏捷、行事利落、手疾眼快等意。

满蒙语汇叁–17（mz07 马褂）
最具特色的满族服装，满语称 olbu。此服对襟圆领，有开褉（xiè，京语习读为 qiè*r），冬季可做成棉或皮的，套在长袍外面。因身、袖较短，便于骑马射箭，故名"马褂儿"。

满蒙语汇叁–18（mz08 马虎）

京语另有与"马虎"意思相近的"拉忽"（读为 lǎ hu）一词，源自满语 lahū，原义谓"打猎没有本事"，但在满语中一般是指以恐吓、敲诈、勒索为生的地痞。在京语中演化为"办事不用心、不抓紧、老出纰漏"等意。另：元曲中有"哈答"一词，是为马虎、随便、漫不经心等意。是否与京语"马大哈"有渊源？待考。

满蒙语汇叁–19（mz59 磨蹭）

此词源于满语"拙钝"（moco），为"蠢笨、拖拉、不轻捷"等义。

满蒙语汇叁–20（nz50 您还没歇着哪）

京语受阿尔泰语系影响，对动词时态的表达能力较强。如此处的"着哪"，虽然是在问句中，但实质是动词现在完成时的形态。

满蒙语汇叁–21（pz23 破衣拉撒）

源自满语 lekde（邋遢、蓬头垢面）akda（衣破下垂），在京语中汉化为"勒脦邋遢"（"脦"字读音介于 de、te 之间），也可简化为"勒脦"，意指衣冠不整、不修边幅；并衍生出"勒脦兵、勒脦臭"等说法。"破衣拉撒"是一种满汉合璧的说法："破衣"二字是满语的本义；"拉撒"即是邋遢的音转。

满蒙语汇叁–22（rz01 攮）

旧时京人还有 sá sun（似可写为"撒散"）的说法，与此处之"攮"字（随便花销、浪费）义近，有"分散、撒出去、消耗殆尽"等意；系源自满语 šašun akū oho，义为"四分五裂"。

满蒙语汇叁–23（sz12 扫搭）

本条与前面的满蒙语汇叁–15条同源于满语 sabumbi，义为"看见"。

满蒙语汇叁–24（sz15 啬刻鬼）

旧时京语还另有一词，指谓刻薄、不厚道为克刻（读为 kěi ke），此系满语词汇 keike 以原状进入了京语，只在音调上依汉语做了调整（满语属阿尔泰语系，为无声调语）。

满蒙语汇叁–25（sz25 杓杓颠颠）

此词源自满语词汇 šodombi，义为"马颠行"。其本意是指劣马跑得不稳，上下颠簸；京语用其音，意思演变为指人语言颠三倒四，做事不着调，没点稳重劲儿。

满蒙语汇叁–26（wz25 榅桲）

此词源自满语 umpu，系原产在满洲地区的一种野生山楂。以榅桲果加糖熬煮，可制蜜饯。原著此处说的即是蜜饯。

满蒙语汇叁–27（wz30 我的请）

此为京语句式受满语语法结构影响的体现。满语句式，是将谓语（此句中为"请"）置于句尾。

满蒙语汇叁–28（xz06 瞎扯）

另有京味更浓的说法"瞎诌八咧"，"瞎诌"是汉语词汇，而"八咧"系源自满语词汇 balai，意为"狂、狂妄"。可见这是个满汉合璧的词汇，指斥人狂言妄语。

满蒙语汇叁 –29（xz07 瞎混）

此词源自满语词汇 yadahūn，意为"穷、贫困潦倒"；早期北京话有 xia da huè*r 之说，指谓穷困潦倒的无业游民、无正当职业而又四处钻营者，近代简说为"瞎混"，义仍相近也。

满蒙语汇叁 –30（xz30 饷）

旧京另有 bā sha（有音无字）一词，是为"工钱"之意，系源自满语词 baša，即"工钱、劳动报酬"义。直至二十世纪五六十年代，京西蓝靛厂迤西至香山一带（这一带为旗人聚居区，笔者姥姥家就在蓝靛厂火器营）仍有此说法。

满蒙语汇叁 –31（yz14 央告）

源自满语词汇 yangdumbi，为"请求、乞求、求情、恳请、缠磨"等意。另有"央给、央及"二词，读为 yān ge，与"央告"同源同义。

满蒙语汇叁 –32（zz116 揍）

纯正京语的"打"另有一词，读为 kēi（有音无字，陈刚先生的《北京方言词典》中写为"尅"），五六十年前几乎都这么说，其适用范围不仅限于"打、打架"，还扩展到"责备、斥责、批评"等意，甚或两国打仗也说 kēi 仗。此词源自满语 koikašambi，义为"彼此搅打"，即乱打。京语说"打"还有一词 guāi de（近似音写为"掴打"），是表示轻打、拍打；据说源自满语 goimbi，义为"打中"。但"掴"一词在唐、宋时代早已有之，笔者也闹不清其渊源究竟是如何了。另：京人谓打耳光为耳刮子，其中"光、刮"二字俱是"掴"字之音转，连带着字也变了。

满蒙语汇叁–33（nh01 奶奶）

旗人称母亲为奶奶。是为汉化满语，系从满语额娘（eniye）音转而来。

满蒙语汇叁–34（剧 d01 搭拉）

按：此词源自满语词 darang seme，原义指（长物）直挺、下垂貌。

满蒙语汇叁–35（剧 d06 打）

此词可能与满语词汇 da（头目、首领）有关，汉化说法的引申义指"本、始"。京语中还另有一专用于贬义的说法，叫"坏事儿嗒（dā）"，是指带头出主意、干坏事的人，源自同一满语词源。

满蒙语汇叁–36（剧 q04 旗人）

旗，满语 gūsa，是大清开国之君爱新觉罗·努尔哈赤创立的一种集军事、生产、生活于一体的组织制度的名称，也是这种制度的具体组织单位。旗的最高长官称固山额真（gūsa i ejen），雍正元年（1723年）改称固山昂邦（gūsa i amban），即汉语所谓的都统。每旗下辖五甲喇（jalan，蒙八旗每旗下辖二甲喇），其长官称甲喇额真（jalan i ejen），后改称甲喇章京（jalan i janggin），即汉语所谓的参领。每甲喇下辖数量不等的牛录（niru，满语原意为"箭"）。其长官称牛录额真（niru i ejen），天聪八年（1634年）改称牛录章京（niru i janggin），即汉语所谓的佐领。每个牛录的人数，除旗兵以外还要加上其家眷及苏拉（sula，所谓的"闲散壮丁"，即无军职人员），还包括某些不在职的散官及内廷中担任勤务的低级工作人员。

满蒙语汇叁 –37（剧 s 64 缩脖子）

京语有"缩缩儿"（suō suor）的说法，源自满语 sosorombi（义为"马倒退、懒惰退缩"），"缩脖子"一说即源于此，意指一到关键时刻就退缩。近年兴起了"掉链子"一说，与此义近（但与满语无关）。

满蒙语汇叁 –38（剧 z 11 糟害）

"糟害"读为 zāo e in，据说是从满语 gasihiyame kokirambi 而来。

满蒙语汇叁 –39（剧 z 19 炸烟）

满语泼妇（cahū）一词，在京语中汉化为"咋呼"，意指遇事沉不住气、大呼小叫；又引申指人无修养、不懂礼数。此处"炸烟"系从"咋呼"演变而来，究其本源，仍是来自满语 cahū。

《老舍小说全集》、《老舍剧作全集》外来语汇词条

说明：此类条目因总体数量较少，故不再为其单立索引目录，仅根据音序直接列出词条，且将小说与剧本两类词条混编。此类词条多系今所常用，其含义不言自明，故除有必要外一般不加注释，也不标注读音；词条来源仅标明出处，除有必要外不引述原文。但若某词条汉语语义主要义项与其外来语原语义不同，则酌加注释；另有些词条在汉语中可能已是其外来语原语义之引申、扩充或衍生义，亦酌加说明。词中的日语词汇，所用的是"和制汉语"，即日文汉字，其中某些字与我国现行的汉字在写法上不同。

A 部

an

a01 暗示：见（四23 26）。源自意译英语 hint, suggestiou；日语：暗示。

B 部

bao

b01 保险：见（四15 12）。源自意译英语 insurance；日语：保险。此词在日语中仅指"保险业"之意，而原著此处是引申义，指保证、一定（如何）之意。

b02 保障：见（四120 01）。源自意译英语 guarantee；日语：保障。

bei

b03 悲观：见（四330 12）。源自意译英语 pessimism；日语：悲観。

b04 悲剧：见（四63 14）。源自意译英语 tragedy；日语：悲劇。

b05 背景：见（四935 20）。源自意译英语 background；日语：背景。

ben

b06 本质：见（四47 08）。源自意译英语 essence；日语：本質。

bian

b07 编制：见（四606 24）。源自意译英语 formation, organization；日语：編制。此词日语指"工作单位中人员数量和职务的分配"；而原著此处是引申义，指"瞎编

胡造"之意（现已不见此种用法）。

b08 辩证法：见（四643 10）。源自意译英语dialectics；日语：弁証法。此词日语指的是哲学意义上的辩证法，而原著此处是引申义；虽也有点哲学上的"辩证"之内涵，却是一种调侃式的用法。

biao

b09 标语：见（四388 11）。源自意译英语slogan, motto；日语：標語。

b10 表决：见（方94 10）。源自意译英语decide, pass a vote；日语：表决。

bu

b11 不动产：见（四244 01）。源自意译英语immovables；日语：不動産。

C 部

can

c01 参观：见（四144 04）。日语：参観。日语义为"实地考察"，而原著此处仅指"各处走走看看"，是其派生义。

chang

c02 常识：见（离189 06）。源自意译英语common sense；日语：常識。

chen

c03 衬衣：见（四189 08）。日语襯衣读为shatsu，源自音译英语shirt，中式服装之形制决定了它无"衬衣"的概念。

cheng

c04 承认：见（四156 26）。源自意译英语recognition, admission；日语：承認。

chou

c05 抽象：见（四394 20）。源自意译英语abstraction；日语：抽象。

chu

c06 出版：见（四440 06）。源自意译英语publication；日语：出版。

c07 储蓄：见（四487 07）：源自意译英语saving；日语：儲蓄・貯蓄。

chuan

c08 传染病：见（四400 04）。源自意译英语contagious disease；

日语：伝染病。

chuang

c09 创作：见（四582 22）。源自意译英语 creation, production；日语：創作。日语本义是指文艺作品的创造及其作品，而原著此处是引申义，是指"首创、最先发明使用"，汉语作此意时现一般作"创造"。

c10 创作者：见（正325 04）：是日语"創作"的次生词汇。参见上条。

ci

c11 刺激：见（四447 18）。源自意译英语 stimulus；日语：刺激、刺戟二写法均有用到。日语原义有二：①现实物体和现象作用于感觉器官的过程；环境条件引起生物体活动或变化的作用。②使人激动。原著此处为②义。

cui

c12 催眠：见（四573 21）。源自意译英语 hypnotize；日语：催眠。采用某种技术手段引起睡眠状态，但这种睡眠状态只引起大脑皮层上不完全的抑制。

cun

c13 存在：见（四558 27）。源自意译英语 exist；be；日语：存在。日语本义是哲学意义范畴上的"存在"，而原著此处仅指现实意义上的客观存在。

D 部

da

d01 大本营：见（方93 13）。源自意译英语 headquarters；日语：大本営。日语意谓战时军队的最高统帅部，汉语将其含义及适用范围扩展，举凡某团体总部甚或策划某事件的中心场所均可以此称之。

dai

d02 代表：见（四157 25）。源自意译英语 representation；日语：代表。

dang

d03 党支部书记：见（红655 02）。此系汉、日语的混合词汇。"党、书记"为中国古已有之的词，而"支部"是日语外来词，原意为"分支机构"，用以指某些党派团体的基层组织。

deng

d04 登记：见（四501 06）。源自意译英语registration；日语：登记。古汉语亦有此词(张文嘉《齐家宝要》："其借人书物皆当及时取还每致遗失置簿登记")，其义与日语所指相近。

di

d05 抵抗：见（四25 25）。源自意译英语resistance；日语：抵抗。日语意为：①阻力，即妨碍物体运动之作用力；②电阻，即物体对电流通过的阻碍能力（单位为ω）。我们现在所用的"抵抗"一词是日语该词的引申义，是指"抵御抗拒，用行动反抗或制止对方的攻击"。

dian

d06 电波：见（四160 06）。源自意译英语electric；日语：電波。

d07 电车：见（四45 02）。源自意译英语tram car；日语：電車。

d08 电话：见（四63 06）。源自意译英语telephone；日语：電話。

d09 电流：见（四277 18）。源自意译英语electric current；日语：電流。

ding

d10 定义：见（四303 21）。源自意译英语definition；日语：定義。

dong

d11 动机：见（四804 14）。源自意译英语motive；日语：動機。

d12 动力：见（无394 24）。源自意译英语motive power；日语：動力。日语原意是指"使机械运转做功的作用力"，而原著此处是引申义，指的是推动人做出某种行为的力量。

dui

d13 对象：见（四156 01）。源自意译英语object；日语：対象。原指"行动或思考时作为目标的事物"，汉语引申义可指谓恋爱中的男女双方。

F部

fa

f01 发明：见（四452 06）。源自意译英语invention；日语：発明。

f02 法律：见（四188 27）。源自意译法语law；日语：法律。

fan

f03 反感：见（四17 18）。源自

意译英语 antipathy；日语：反感。

f04 反动：见（四894 23）。源自意译英语 reaction；日语：反動。日语中有二义：①思想或行为上维护旧制度，反对新制度；②相反的作用。现今汉语中一般多用①义，②义罕用。

fang

f05 方针：见（牛25 26）。源自日语，意为"引导事业前进的方向和目标"。

fen

f06 分配：见（四768 15）。源自意译英语 distribution；日语：分配。意谓"把社会产品分归社会或国家、社会集团和社会成员的活动"。但原著此处为衍生义，是"分派、划分"之义。

f07 分析：见（四243 05）。源自意译英语 analysis；日语：分析。

feng

f08 封建：见（四659 05）。此词中国古已有之。《左传·僖公二十四年》："昔周公吊二叔之不咸，故封建亲戚以蕃屏周。"但在清末，此词又从日本以"和制汉语"（日本汉字）的形式传入中国，并被赋予全新的意义。日语"封建"一词，源自意译英语 feudalism；追溯其源头，是来自大革命前夕的法国，法语为féodalisme。而今天我国对此词的使用，是按照马克思主义所定义。

f09 封锁：见（四20 22）。源自意译英语 blockade；日语：封鎖。意谓封闭边境、港口（使不能通行）；或谓采取某种经济措施，（使之）与外界断绝联系。汉语拓展了此词的语义，举凡"阻碍联系"意均可说成"封锁"。原著此处是说关闭了院门，禁止大家出入。

fou

f10 否认：见（四261 10）。源自意译英语 denial, disapproval；日语：否認。

fu

f11 服务：见（四15 24）。源自日语，原义有二：①为国家机关、企事业等履行职务；②以各种形式为他人提供某种特殊使用价值的非生产性活动。现今多用②义。若用①义时一般要加上主语（此时"服务"为动词），而②义可单独使用（此时"服务"为名词）。

f12 副食品：见（红624 06）；日语外来词"副食（物）"的派生词汇。另尚有"主食"一词，亦系日语外来词；源自意译英语 ataple food。

G 部

gan

g01 干部：见（红652 19）。源自音译法语 cadre；日语：幹部。这是个造得异常巧妙的日语词汇：日语读音 kanbu，近于法语读音 cadre，且符合法语语义；而所用的汉字字义（树的主干部分）又生动准确地体现了该词之内涵。日语"幹部"仅指较高层的组织领导者或公职人员；汉语将此词适用范围扩大，凡公职人员均称干部，老百姓更是将任何管点差事的人都尊为干部。

g02 干事：见（四275 22）。源自意译英语 manager, secretary；日语：幹事。指专门负责某专项事务的人员。

gang

g03 纲领：见（四1049 05）。源自意译英语 programme；日语：綱领。

ge

g04 歌剧：见（四36 07）。日语"歌劇"读为 kageki，源自意译英语 opera（opera 系音译意大利语 opera）。原著此处所说的"唱给宫廷听的歌剧"实际是指京剧。

g05 革命：见（四271 14）。源自意译英语 revolution；日语：革命。此词汉语古已有之，《易·革》："天地革而四时成汤武革命顺乎天而应乎人。"但日语将其赋予全新的内涵，今天此词是按日语语义在使用，故应归于日语外来词。

g06 革命精神：见（牛112 02）。日语"革命"与"精神"的组合词。

gong

g07 公立：见（四72 15）。"公立"一词源自日语，指"由政府或公共团体设立的（某种机构）"。

g08 公民：见（四03 12）。源自意译英语 citizen；日语：公民。

g09 工业：见（四25 12）。源自意译英语 industry；日语：工業。

g10 共产主义：见（红664 07）。源自意译英语communism；日语：共産主義。

g11 共和：见（赵272 08）。源自意译英语republic；日语：共和。

gu

g12 固定：见（四571 10）。源自意译英语fixed；日语：固定。

guan

g13 观点：见（四327 08）。源自意译英语viewpoint；日语：観点。

g14 观念：见（四130 25）。源自意译英语idea，concept；日语：観念。

guang

g15 广告：见（四247 07）。源自意译英语advertisement；日语：広告。

guo

g16 国际：见（四683 13）。源自意译英语international；日语：国際。

g17 国体：见（赵272 08）。源自意译英语national structure，state system；日语：国体。

g18 过渡：见（红664 08）。源自意译英语transition；日语：過渡。

H部

hao

h01 号外：见（四362 24）。源自意译英语an extra edition；日语：号外。

hua

h02 化妆品：见（四874 26）。源自意译英语cosmetics；日语：化粧品。

huan

h03 环境：见（四243 05）。源自意译英语environment，circumstance；日语：環境。

J部

ji

j01 基督教：见（四16 13）。由耶稣·基督（BC4~AD29年）所创立的一种脱胎于犹太教的一神论宗教，后主要分为天主教、东正教、新教三支（我国习将新教称为基督教）。基督教一词，日语读为Kirisuto-kyō；"基督"即kirisuto（直译音为"基利斯督"）之略说，源自葡萄牙语christo，意谓"膏沐者"（指"弥赛亚"即救世主，见《新约全书》）。日本人最先是从葡萄牙人那里接触的基督教，所以读音近于葡萄牙语，而与希腊语的读音 khristos 较远。早在唐朝贞观九年（635年）基督教的一个教派——聂斯托利教派（Nestoriaans，彼时称"景教"）即已传入中国（陕西省博物馆藏有"大秦景教流行中国碑"），但"基督教"一词是近代才从日本传入中国的。

j02　机关：见（四48　18）。日语：機關；源自意译英语 organ。此词中国古已有之，有"机密、计谋、心机、圈套"等义。参见《元曲语汇160》，是为计谋、圈套义。

j03　机关枪：见（四795　02）。此为日语派生词，日语称为"机关炮"。日语：機関砲，源自意译英语 machine gun。

j04　积极：见（四53　05）。源自意译英语 pcsitive；日语：積極。

j05　机械：见（四62　02）。日语：機械；源自意译英语 machine。

j06　集中：见（四197　17）。源自日语。日语：集中。

j07　计划：见（四172　23）。源自意译英语 plan；日语：計画。

j08　记录：见（四933　25）。源自意译英语 record；日语：記録。

j09　技师：见（四567　11）。源自意译英语 engineer（意为"工程师"）；日语：技師。日语该词与今天中国所通行的称谓（高级技术工人）其义有所不同。

jian

j10　坚持：见（牛125　25）。源自日语。日语：堅持。

j11　简单：见（四1022　22）。源自日语。日语：簡単。

j12　鉴定：见（四1033　08）。源自意译英语 legal advice, expert opinion；日语：鑑定。

j13　间接：见（四370　03）。源自意译英语 indirect；日语：間接。

j14　建筑：见（四1307　19）。源自意译英语 construction；日语：建築。

jiang

j15　讲演：见（四50　16）。源自意译英语 lecture；日语：講演。现一般说"演讲"。

jiao

j16　交际：见（四18 17）。源自意译英语 association; social intercourse；日语：交際。

j17　教科书：见（四303 20）。源自意译英语 textbook；日语：教科書。

j18　教授：见（四669 25）。源自意译英语 professor；日语：教授。此词中国虽古已有之，但现今所通用的是日语词义。

j19　教育理论：见（牛86 05）。"教育理论"系日语合成词，由日语"教育学"（源自意译英语 pedagogy）及"理論"（源自意译英语 theory）合成。

j20　教育原理：见（牛92 10）。"教育原理"系日语合成词，由日语"教育学"（源自意译英语 pedagogy）及"原理"（源自意译英语 theory, principle）合成。

jie

j21　阶级：见（四282 15）。源自意译英语 class；日语：階級。

j22　接吻：见（四560 23）。源自意译英语 kiss；日语：接吻。

j23　解放：见（四188 10）。源自意译英语 liberate; emancipate, 日语：解放。

j24　解剖：见（赵335 12）。源自意译英语 dissection；日语：解剖。

jin

j25　紧张：见（牛211 13）。源自意译英语 tension；日语：緊張。

j26　进化：见（四746 15）。源自意译英语 evolution；日语：進化。

jing

j27　经费：见（四378 26）。源自意译英语 expenses, expenditure；日语：経費。

j28　经济：见（四36 27）。源自意译英语 economy, economics；日语：経済。与古汉语中的"经济"一词不同义。

j29　经济：见（四257 15）。原著此处是诙谐说法，意指"（能捞到）便宜"。

j30　经济理论：见（牛27 15）。日语外来词，由经济与理论（theory）二词合成。

j31　经济学：见（离177 14）。日语：経済学。源自意译英语 economics; political economy。

j32　经济原理：见（牛217 09）。日语外来词，由经济与原理（意译英语 theory、prniciple）二词合成。

j33 精神：见（四08 14）。源自意译英语 mind, spirit；日语：精神。指人的意识、思维活动和一般心理状态，亦指事物的主要意义。

j34 精神：见（四37 14）。原著此处指身心状态好，是引申义，与日语相异。

j35 经验：见（四59 23）。源自意译英语 experience；日语：経験。

j36 警察：见（四58 04）。源自意译英语 police；日语：警察。

j37 警官：见（四37 21）。源自意译英语 police officer；日语：警官。

j38 景气：见（正308 20）。源自意译英语 boom; prosperity；日语：景気。

j39 竞赛：见（正313 08）。源自意译英语 a match, a game；是日语"竞技"的派生词。

ju

j40 具体：见（四235 01）。源自意译英语 concrete；日语：具体。

jue

j41 绝对：见（四359 19）。源自意译英语 absolute；日语：絶対。此词在日语中是哲学用语，与"相对"为对应词，指无条件的、永恒的、无限的。但在汉语中多作为日常生活用语，指某事之纯粹性、单向性、不可更动性等意。原著此处即是。

K 部

kan

k01 看护：见（离293 07）。源自意译英语 nurse；日语：看護婦。"看护"系看护妇的汉语次生词汇，但更合英语原意。

kang

k02 抗议：见（二203 03）。源自意译英语 protest；日语：抗議。

ke

k03 科学：见（牛33 25）。源自意译英语 science；日语：科学。

k04 克服：见（四443 09）。源自日语。日语：克服。

k05 客观：见（四95 09）。源自意译英语 object；日语：客観。

kuai

k06 会计：见（四1075 17）。源自意译英语 accounting, book-keeper；日语：会計。

L 部

lao

101 劳动：见（四154 03）。源自意译英语 labour；日语：労働。

102 劳动观点：见（方80 13）。这是二十世纪五十年代初开始流行的词汇，可视为日语衍生词，是日语的"労働"加上"观点"（viewpoint）的组合。

li

103 理想：见（四13 11）。源自意译英语 ideal；日语：理想。

104 理论：见（四77 10）。源自意译英语 theory；日语：理論。

105 理事：见（四458 18）。源自意译英语 director；日语：理事。

106 理性：见（四393 13）。源自意译英语 reason；日语：理性。

107 理智：见（四15 01）。源自意译英语 intellect；日语：理智・理知。

liao

108 了解：见（四189 19）。源自意译德语 verstehen；日语：了解。

ling

109 领导机关：见（方93 15）。是日语外来词"機関"（organ）的衍生词汇。

lun

110 伦理：见（四176 05）。源自意译英语 ethics；日语：倫理。

M 部

mei

m01 美感：见（牛48 19）。源自意译英语 sense of beauty；日语：美感。

m02 美化：见（四10 24）。源自意译英语 beautification；日语：美化。

m03 美术：见（二240 09）。源自意译英语 art；日语：美術。

min

m04 民主：见（方88 04）。源自意译英语 democracy；日语：民主。

mu

m05　目标：见（四81 06）。源自意译英语mark, target；日语：目標。

m06　目的：见（四281 05）。源自意译英语aim; goal; end；日语：目的。

N 部

nei

n01　内阁：见（赵258 01）。源自意译英语cabinet；日语：内閣。

n02　内容：见（四462 04）。源自意译英语content；日语：内容。

neng

n03　能力：见（四35 04）。源自意译英语ability；日语：能力。

O 部

ou

o01　偶然：见（四448 03）。源自意译德语zufall；日语：偶然。

P 部

pan

p01　判决：见（四407 15）。源自意译英语judgement；日语：判决。

pi

p02　批评：见（四59 21）。源自意译英语criticize；日语：批評。

Q 部

qin

q01　侵犯：见（四184 07）。源自意译英语invasion, violation；日语：侵犯。此词在日语中用于国家或大的社团之间，而在汉语中的适用范围较日语宽泛，人与人之间亦可用此词。

q02　侵略：见（四25 06）。源自意译英语agression, invasion；日语：侵略。

qing

q03　情报：见（四78 25）。源自意译英语information；日语：情報。

qu

q04　取缔：见（四51 25）。原著此处所写的情况，现一般用"取消"一词；而"取缔"一词则用于比较重大的事务之处。按：此词源自日语，但日语"取締"一词义为"管理、监督"；更常用的词是"取締役"，即"经理"。与汉语语义完全不同。

quan
q05 权威：见（四18 10）。源自意译英语 an authority；日语：権威。

R 部

ren
r01 人格：见（四45 23）。源自意译英语 personality；日语：人格。

S 部

shang
s01 商业：见（牛67 18）。源自意译英语 commerce, trade；日语：商業。

she
s02 社会：见（四50 16）。源自意译英语 society；日语：社会。
s03 社会学：见（牛212 13）。源自意译法语 sociologie；日语：社会学。
s04 社会主义：见（红621 16）。源自意译德语 sozialismus；日语：社会主义。
s05 社会现象：见（离188 26）。源自日语社会现象。

shen
s06 身分：见（四570 14）。源自意译英语 position. status；日语：身分。
s07 神经：见（四160 06）。源自意译英语 nerve；日语：神経。
s08 神经过敏：见（四68 09）。源自意译英语 hyperesthesia；日语：神経過敏。
s09 审美：见（四235 15）。源自意译英语 aesthelic appreciation；日语：審美。
s10 审判：见（四96 02）。源自意译英语 judge, adjudge；日语：審判。
s11 审问：见（四402 16）。源自意译英语 interrogate; question；日语：審問。

sheng
s12 生产：见（四850 23）。源自意译英语 production；日语：生産。

shi
s13 时间：见（四572 11）。源自意译英语 time；日语：时间。
s14 实业：见（茶555 13）。源自意译英语 industry, business；

日语：实业。

s15 市场：见（离242 14）。源自意译英语market；日语：市场。

s16 世纪：见（四746 16）。源自意译英语century；日语：世纪。

s17 事务所：见（牛158 19）。此系日语"事务员"的次生词汇。日语：事务员；源自意译英语clerk。

s18 市长：见（四97 03）。源自意译英语mayor；日语：市長。

shou

s19 手工业：见（四967 21）。源自意译英语manual industry；日语：手工業。

s20 手榴弹：见（四839 22）。源自意译英语grenade；日语：手榴弹。

s21 手续：见（四596 27）。源自日语。日语：手続。

shui

s22 水准：见（四1062 26）。源自意译英语level；日语：水準。

si

s23 思想：见（四33 12）。源自意译英语thought, ideology；日语：思想。日语此为名词，是专指哲学意义上的理性认识；而汉语适用范围较广，蕴含对多方面事物实质的思维与归纳之体系。多作名词，作为动词的"想"（思维）义也可用之。

T 部

tan

t01 探照灯：见（四45 09）。系源自音译英语search light；日语：探照燈，亦称"探海燈"，日语读音为sāchi-raito。

te

t02 特务：见（四608 17）。源自意译英语special service；日语：特務。

ti

t03 体操：见（牛138 23）。源自意译英语gymnastics；日语：体操。

t04 体育：见（四614 14）。源自意译英语physical culture；日语：体育。

tiao

t05 条件：见（四773 19）。源自意译英语condition；日语：条件。

tie

t06 铁血：见（四 284 19）。源自意译英语 blood and iron；日语：鉄血。

tong

t07 同情：见（四 514 10）。源自意译英语 sympathy；日语：同情。

tou

t08 投机：见（牛 170 15）：源自英语意译 speculation；日语：投機。

t09 投资：见（四 375 25）。源自意译英语 invest in, invested；日语：投資。

tu

t10 图书馆：见（四 76 10）。源自意译英语 lidrary；日语：図書館。

W 部

wei

w01 卫生：见（四 995 15）。源自意译英语 hygiene, sanitation；日语：衛生。

wen

w02 文化：见（四 95 07）。源自意译英语 culture；日语：文化。

w03 文明：见（四 1059 26）。源自意译英语 civilization；日语：文明。

w04 文学：见（牛 141 19）。源自意译英语 literature；日语：文学。

wu

w05 舞台：见（四 73 14）。源自意译英语 the stage；日语：舞台。

w06 物质：见（四 96 14）。源自意译英语 matter, sudstance；日语：物質。

X 部

xi

x01 系统：见（四 305 04）。源自意译英语 system；日语：系统。

xian

x02 宪兵：见（四 119 14）。源自意译英语 military policeman；日语：憲兵。

x03 现款：见（四 865 19）。源自意译英语 cash；系日语"現金"的派生词汇。

x04 现实：见（四 272 05）。源自意译英语 actuality, reality；日语：现实。

x05 现象：见（四 394 22）。源自意译英语 phenomenon；日语：现象。

xiang

x06 想象：见（四40 10）。源自意译英语 imagination；日语：想像。

x07 象征：见（四157 26）。源自意译法语 symbole；日语：象徵。

xiao

x08 消化：见（四568 25）。源自意译英语 digest；日语：消化。

x09 消极：见（四53 05）。源自意译英语 negative；日语：消極。

x10 效果：见（四257 18）。日语：效果；源自意译英语 effect。

xie

x11 协定：见（四653 26）。源自意译英语 agreement；日语：協定。

xin

x12 心理：见（四03 18）。源自意译英语 psychology；系日语"心理学"的衍生词汇。

x13 新闻：见（四721 09）。源自意译英语 newspaper；日语：新聞，是日语对报纸的称谓。

x14 新闻记者：见（四265 08）。源自意译英语 journalist；newspaperman；日语：新聞記者。

x15 新闻纸：见（四569 12）。我国二十世纪初至三四十年代对报纸的称谓，可以看作是对日语"新聞"一词的具象化；也可看作是对英语 newspaper 的直译。

x16 信用：见（四264 08）。源自意译英语 credi；日语：信用。日语主要指银行借贷或商业上的赊销、赊购；而汉语则广义地使用。

xing

x17 猩红热：见（牛180 19）。源自意译英语 scarlet fever；日语：猩紅熱，一种由溶血性链球菌感染而引起的急性传染病。

xuan

x18 宣传：见（四77 12）。源自意译英语 propaganda；日语：宣伝。

x19 选举：见（一413 04）。源自意译英语 election；日语：選挙。

x20 宣战：见（四862 06）。源自意译英语 declare war（on）；日语：宣戦。

xun

x21 巡警：见（四37 19）。是日语"警察"（源自意译英语 police）的次生词汇。

x22 训话：见（四468 08）。源自日语。日语：訓話。

x23 训令：见（四456 21）。源

自日语。日语：訓令。

Y 部

yan

y01 演说：见（赵293 20）。源自意译英语 public speech；address；日语：演説。

yao

y02 要素：见（赵254 11）。源自意译英语 factor；日语：要素。

ye

y03 业务：见（方94 15）。源自意译英语 business；日语：業務。

yi

y04 遗传：见（四659 07）。源自意译英语 heredity；日语：遺伝。

y05 议会：见（一460 23）。源自意译英语 parliament；日语：議会。

y06 艺术：见（四243 15）。源自意译英语 art；日语：芸術。

y07 义务：见（四176 05）。源自意译英语 duty，obligation；日语：義務。

y08 义务劳动：见（方87 03）。源自日语。日语"義務"与"労働"的组合词。

y09 意义：见（四170 23）。源自意译英语 significance；日语：意義。

y10 议员：见（四646 05）。源自意译英语 a member of parliament，a congressman；日语：議員。

yin

y11 银行：见（离177 14）。源自意译英语 bank；日语：銀行。

y12 印象：见（四769 11）。源自意译英语 impression；日语：印象。

ying

y13 营养：见（四977 18）。源自意译英语 nourishment；nutrition；日语：栄養・営養。

yu

y14 预算：见（方82 15）。源自意译英语 budget；日语：予算。

yuan

y15 原动力：见（赵391 08）。源自日语。日语：原動力（gendō-ryoku）。

y16 原理：见（四76 15）。源自意译英语 theory，principle；日语：原理。

y17 原则：见（牛61 15）。源自意译英语 principle；日语：原則。

y18 原子弹、原子能：见（四

1131 11）。日语"原子"（genshi）的次生词汇；"原子"一词源自意译英语 atom。

yun

y19 运动：见（四716 18）。源自意译英语 sports; athletics; games；日语：運動，是专指各种体育活动。原著此处是指其"体育活动"的原意。但此词在汉语中的语义较日语有大幅扩展，尤其是自二十世纪五十年代后至八十年代，指各种由政府当局发起的、具有各种政治诉求的、由群众广泛参与的大型社会活动。

Z 部

za

z01 杂志：见（四1063 02）。源自意译英语 magazine；日语：雜誌。

zhan

z02 展览会：见（四451 04）。源自意译英语 exhibition, show；日语：展覽会。

z03 展览室：见（牛23 13）。是日语"展覽会"的派生词汇。

zhe

z04 哲学：见（四578 08）。源自意译希腊语 philosophia；日语：哲学。

zheng

z05 政策：见（一420 08）。源自意译英语 policy；日语：政策。日语原义为"国家机关或政党为实现政治、经济、文化上的目的，根据历史条件和当前情况制定的措施和办法"。原著此处是用其本意，但在汉语中拓展了其使用范围。

z06 政党：见（四669 16）。源自意译英语 political party；日语：政党。

zhi

z07 支部：见（红655 02）：源自日语。日语："支部"（shibu），意为分支机构。

z08 支配：见（骆459 17）。源自日语。日语："支配"（shihai）。

z09 知识：见（四34 21）。源自意译英语 knowledge；日语：知識·智識。

z10 指导：见（四655 27）。源自意译英语 guidance；日语：指導。

z11 直接：见（四370 03）。源自意译英语 direct；日语：直接。

z12 直觉：见（四272 04）。源自意译英语 intuition；日语：真覚。

z13 指标：见（红650 26）。源自意译英语 1. index；2. characteristic；日语：指標。

zhu

z14 主观：见（四304 07）。源自意译英语 subject；日语：主観。

z15 主义：见（四58 19）。源自意译英语 principle；日语：主義。

zhuan

z16 专卖：见（四753 12）。源自意译英语 monopoly；日语：專売。

zi

z17 资本：见（四749 23）。源自意译英语 capital；日语：資本。

z18 资本家：见（四75 16）。源自意译英语 capitalist；日语：資本家。

z19 资本主义：见（牛152 21）。日语"資本主義"，源自意译英语 capitalism。

z20 资产阶级：见（牛191 06）。源自意译英语 the capitalist class，日语：資本家階級。

z21 自由：见（四33 18）。十九世纪末传入的日语词汇"自由"，源自意译英语 freedom, liberty。

zong

z22 宗教：见（四25 11）。十九世纪末传入的日语词汇（宗教），源自意译英语 religion。

zu

z23 组织：见（四653 05）。源自意译英语 organization；日语：組織。在日语中此词为名词，但也做动词用（是为"动名词"），如"組合を組織する"。

zuo

z24 作品：见（四247 09）。源自意译英语 a work, works；日语：作品。

卷四 二十世纪六十至九十年代初的北京方言

序言

本卷所选词条为二十世纪六七十年代至九十年代初的北京话，素材取自《王朔文集》。该文集所收作品，是1984~1991年间王朔的小说。

二十世纪五十年代中期至六十年代中期，北京话日益趋同于普通话，并产生了大量的时代性语汇。那一段历史时期北京话的发展趋势，在上一卷以老舍先生著作为素材所选词条中已初现端倪。先生一方面操炉火纯青的京语，另一方面也在探索新的语言模式，那是一种饱含政治性、去世俗化的新型时代语汇。随着这种时代语汇在推出数量和使用频率上的不断膨胀，北京方言逐渐被改造、重塑——当然不限于北京，全国的语言都在沿着同一方向发展。但虽则如此，直至六十年代中期，这种新的语言模式尚不足以对北京方言构成真正影响，因为这种时代语汇尚未全面渗透到百姓的日常生活中。

北京话真正的嬗变始于1966年阶级、阶级斗争、革命、大鸣大放大字报大辩论、破四旧立四新、革命歌曲、横扫一切牛鬼蛇神，革命不是请客吃饭、革命闯将、革命无罪造反有理……这一切冲击着北京人的眼耳鼻舌身意，使得北京人的思想行为、言辞做派在极短时间内发生了根本性改变。种种前所未有之事，导致思维在大脑中运作时所使用的语言模式，也都充斥着当时那种前所未有的、极短期内以大爆炸的速度扩展开来的语汇。那种操着虽略显庸俗但充满祥和之气的北京方言的京语时代戛然而止了。

流行语是一种社会现象，它能敏锐地反映时代特征和社会心态的变迁，可以从一个特定的角度表达人们的价值观和文化心理，是社会发展方向和运作轨迹的重要参照系。

细心的读者可能会发现，在本书的《绪论》中，对前三卷之内容（《儿女英雄传》、《小额》、《春阿氏》及老舍作品）使用的称谓是"北京方言",而对本卷则称为"北京话"。究其原因,即如上所述:"人们日常语言产生突变……京语时代戛然而止了。"特别时期,使得北京人不说北京方言了,"革命化"的普通话成了标准语。

这一时期的京语语音也发生了许多演变,这在相当程度上是因为每天疲劳轰炸式的电台广播(那时电视尚未普及)。播音员以高亢、激越的语调诵读通篇由时代语汇组成的各种政治论说,用的语音是所谓"书面语音",即字典上对该字词所标注之音。这是受过正规语音训练的播音员作为政府代言者掌控标准汉语即普通话能力的体现,本无可厚非。问题是"每天疲劳轰炸式的电台广播"超出了人的正常接收分辨力,确实起到了快速改变人们自己原有语言习惯的作用。听众潜移默化,不知不觉中自己的语汇、句式乃至语音与其日渐趋同。短短几年中,不但日常用语的说辞大变样,连京腔也全走了样。比如播音员为保证语音的正规性,对口语中许多字词因其前后语音的影响而发生的音变采取回避态度;这种"播音员式的读音"通过每天超时限的收听,在相当程度上为民众所接受,不知不觉就跟着说啦。另如因播音员使用的是普通话而并非京语,所以在其日复一日强大的冲击下,作为京语一大主要特色的轻声已日渐淡出,剩下的味儿也变啦。诸如此类的影响,使京人口中京腔日稀,普通话日盛,从语汇到语音,开始了"泛普通话化"。随着二十世纪八九十年代电视进入千家万户,操普通话、又日趋生活化的电视节目深入人心。京人作为观众,思想感情上接受了作品;作为听者,就在自己神经系统的听—说辨识能力上,日益巩固了普通话体系。

文革语曾经活跃在一个特殊历史时期,占据了当时的报刊媒体,更全面渗透到人们的日常生活中,成为老百姓日常生活用语不可或缺的重要组成部分。只不过它们中的多数存在历史较短,在社会环境发生重大变革后,其生命力衰竭,逐渐淡出了我们的生活。有些政治性词汇,今虽仍在沿用,但其内涵已较明确,语气也趋于平和切实,没有了"文革"时期那种宗教狂色彩。

王朔作品在一定程度上反映了"文革"语言，并较好地反映了七十年代中后期至八十年代中后期的语言。但因语言演变滞后于社会发展，所以他九十年代的作品间接反映了"文革"时期的北京话真正进入"现代北京话"时期，则始于二十世纪九十年代中后期。

王朔的语言并非纯粹的传统北京话。虽然他的作品中充满着市井俚语，但真正的老北京仍然一眼就能看出其京语的不纯粹处。他的语言，是在一段时间内，流行于大院子弟阶层的一种集团语。所谓大院，是指在京各部委及军兵种总部等所在地。此中家属子弟有根深蒂固的优越感，早期的红卫兵革命小将多出于此中人。而与之相对应的，是所谓胡同串子，即旧京贫寒子弟。这两类人所用的语言有相当区别。胡同串子口中所言，老式的北京方言成分较多；而大院子弟之父辈来自天南地北，他们口中所言，虽已不再有父辈的乡音，但也绝少京腔京韵，更没有老北京特有的一些说法。简而言之，就是"普通话"了，且其遣词构句自有其特点，渗透出浓郁的大院腔。现如今因各种原因，此种普通话日盛，胡同串子们的京腔京韵日稀，北京话确已与普通话全面契合了。

王朔的语言是北京语况的客观真实；更重要的，是他这种语言的某些成分后来成了现代大众汉语乃至网络语的重要组成部分。直至今天，许多网络语的构句方式与语法模式或多或少还有王朔的影子。

综上所述可以看出，之所以选择王朔作为这一段时期北京话的代表，是笔者认为以前瞻性的思维来看，二十世纪七十年代后，京语时代已经结束，北京话在向新的方向发展。那一时期的京语作家也不少，他们的北京话比王朔纯多了（如邓友梅——虽然他也并非土生北京人）；但他们所代表的是旧式的、逐渐逝去的、"过去时"的京语。所以笔者选择王朔，反而不选择那种更纯粹的京语作品。当然这也并非表示王朔就代表新京语，只是他的作品相对较多、较客观地反映了那一阶段的北京话,并对此后北京话的发展趋势具有一定的影响。

王朔作品所用的语言中,政治性语汇颇多,这是他那个时代客观真实的反映。但这时老百姓口中的政治性语汇已大大失去了自二十世纪五十年代初直至六七十年代的那种正统性,它只不过是一种"惯性语言",即:民众对一种已熟悉了的语体,即或其已与现实生活脱节,但因习惯使然,它依然会在社会上流传一个时段,以后逐渐淡化而日趋消亡。王朔契合这种趋势,加速了其消亡过程。他用调侃、揶揄的形式颠覆了大部分政治性语汇,尤其是文革语的性质;改造了去世俗化的北京话。在某种程度上,甚至是先知先觉地对日后的现代北京话的发展进程在某些方面奠定了基调。

本卷与前三卷之不同点在于,前三卷主要是以字典、辞典的形式来对相关词条进行语言学方面的诠释(仅在第三卷,即老舍作品那部分有较多的考据性词条);而本卷基本上是对词条本源的考据,即追溯其源出,回顾其沿革,罗列其现状,研讨其嬗变,归纳其属性,揣度其趋向。之所以这样做,盖因前三卷研讨的是"历史的语言",其中有些今已罕用或消失;大部分今虽沿用,但其历史的渊源已很难详考,故而主要在语言学层面上对其考据探索。而本卷基本上都是现今使用的语言,其词义对今人毋庸解释;但其出典及源流演化却也绝非人所周知,甚至有些根本就是误解。这种典有所出且在一段时期内成为全民语言的特殊语汇,正是语言发展演进的动力之一。对其进行归纳整理,是每一个对本民族语言有责任感者所应做的工作。这种工作今天如果没有人做,不用很久,再过几十年这种语言也要成为"历史的语言";到那时想要全面、客观、正确地理解它,就要很费一番周折,且难以做到全面客观正确了。但这种工作有才能者不屑为,求利益者不肯为,于是似乎就只能由笔者这种既无才能又不求利者勉为其难了。

至于王朔作品的本身,多被诟病"玩世不恭,语言粗鄙"。因拙著专注于语言方面，对文学性问题不拟评议。但笔者以为，平心而论，他的作品所反映的时代特征多是在粗俗外衣下掩盖着悲剧，揭示着丑恶，将美毁灭给人看，是客观的真实。在游戏人生的丑陋躯壳下，王朔作品有鲜明的时代意义，有向善的灵魂。

本卷词条之选取原则及处理方式如下：

一、二十世纪五十年代后所产生且沿用至今的某些词汇和说法。

二、二十世纪五十至七十年代盛行但今已罕用的某些词汇和说法。

三、二十世纪八十年代开始流行的某些词汇和说法。

四、虽为普通的传统词汇，今也仍在使用，但在某些特定时期被赋予特定含义者。

五、二十世纪六七十年代产生的一些词汇、句式或说法。

六、与传统北方方言相比有所演变的新式京语说法，此类词汇多产生于二十世纪六十年代后。在现代传媒条件下，迅即传播，不限于京城。

七、某些王朔式特有的说法，这些语汇对日后网络语言的发展模式具有某些影响。

八、前三卷未曾收入的少量传统北京方言。

九、对某些词条所做的说明、引申及阐述，在卷后以《附录》的名目列出。

十、同一卷中相同词汇如无必要不重复采录；另有些词条在前此卷中虽已收录，但有时为了显示出该词汇的传承有序，仍酌情予以采录。

十一、原著语言已基本趋同于普通话，故除必要者外，本卷不再对词条注音。

十二、本书中之例句，以能较完整体现词条之语义内涵为原则，并不一定采录完整的句子，句尾除引号外一般也不加注标点。但王朔的作品中，有许多"正话反说"之处，所以仅从本书所采录的例句中有时难以理解其本义如何。若欲进一步了解王朔的创作思想，需阅读其原著。

本卷所据原著版本，是为华艺出版社1992年版。

本卷所选词条相对应的原著篇目及简称如下（共计24篇）：

纯情卷

  《空中小姐》   空

  《永失我爱》   永

  《一半是火焰，一半是海水》   一

  《浮出海面》   浮

  《过把瘾就死》   过

  《动物凶猛》   动

挚情卷

  《橡皮人》   橡

  《许爷》   许

  《我是狼》   我

  《玩儿得就是心跳》   玩

  《给我顶住》   给

矫情卷

  《无人喝彩》   无

  《刘慧芳》   刘

  《我是你爸爸》   爸

  《人莫予毒》   人

  《懵然无知》   懵

谐谑卷

  《顽主》   顽

  《一点正经没有》   正

你痴千修谁
 痴 修 枉

《你不是一个俗人》
《痴人》
《千万别把我当人》
《修改后发表》
《谁比谁傻多少》
《枉然不供》

《王朔文集》词条

说明：本卷将某些虽为普通的传统词汇，今也仍在使用，但在某些特定时期被赋予特定含义者，称"特定语"。

将"文革"期间产生的一些常用词汇、句式或说法，称"文革语"。

将二十世纪五十年代后、尤其是在"文革"后期所产生的某些市井俚语，称"新俚语"。

将二十世纪五十年代后，尤其是在七八十年代所产生的与传统北京方言相比有所演变的新式京语说法，称"新京语"（其中多已融入普通话）。

将某些王朔式特有的诙谐说法，称"王朔语"。

至于第三卷所列出的"时代语汇"，到了"文革"时期，此类语汇多演变为文革语，深深地嵌入人们的日常生活中，故本卷不再将其单独列项，而是采取随机注解。上述各类语汇二十世纪七八十年代曾盛行一时，在九十年代后有某些日渐式微；但虽则如此，其中的某些成分（主要是语句构成方式上）还是进入了今天北京话的基本框架结构，对二十一世纪初蓬勃兴起的网络语言之发展模式亦具相当影响。

A 部

a

a01 阿姨

例（顽15　25）：一大群人乱七八糟地叫了通"**阿姨**"，老太太矜持得体地招呼年轻人坐下

注－阿姨："阿"字多用于人称词的词头。参见《附录肆－01》。

ai

a02 挨斥

例（刘125　14）：我不能让她一人旷课**挨斥**

注－挨斥：京语谓斥责为"呲嘚"（读为 cī de，也有写作"呲登、呲嗒、剌打、斥打"等），被斥责叫挨呲儿。方言无定字，所以原著此处写作挨斥亦可。"斥"字读 cē*r，儿化。旧京俗语还有"嗓磕（读为 sǎng he）、切磕（读为 qié he）"等说法，意谓讥讽嘲弄、拿话噎人。

a03 挨千刀的

例（枉583　10）：我女儿就是让任北海那个**挨千刀的**杀的

注－挨千刀的：旧京俗语，此处

为诅咒语。但旧京女子打情骂俏常以"挨刀儿的"称情人。此义再早还有冤家、俏冤家之说，屡见于元曲。参阅《元曲语汇140》条。

a04　挨宰
例(顽34 27)："宝康请咱们……""他怎么想起<u>挨</u>这份<u>宰</u>？"
注－挨宰：新京语，谓以某种手段勒取了钱财。但此说法含调侃诙谐意，一般不用于什么真的重大损失。

a05　挨揍打呼噜——假装不知道
例(一132 27)：<u>挨揍打呼噜——假装不知道</u>。你说你不在乎，现在你是不在乎，将来呢
注－挨揍打呼噜——假装不知道：旧京下层人士俗语，含粗口，"揍"即"肏"的谐音。旧时即或下层京人的粗口也讲点忌讳，太脏的话多要变通一下。

a06　爱护公物
例(柱584 13)：尊敬领导，团结同志，<u>爱护公物</u>，干起活来又麻利又仔细
注－爱护公物：1949年制定的《中国人民政治协商会议共同纲领》第42条提出了中国全体公民必须共同遵循的五种基本道德规范，即："爱祖国、爱人民、爱劳动、爱科学、爱护公共财物。"这是首次提出"爱护公物"说。另见《附录肆－02》。

a07　爱谁谁
例(爸425 07)：你要这么说，那我可真就乱判了——<u>爱谁谁</u>
注－爱谁谁：京人习用说法，表示对某事要坚持己见，不理会外界干扰。两个"谁"字均轻声。

a08　爱谁谁谁
例(玩215 11)：<u>爱谁谁谁</u>吧，甭搭理他完了
注－爱谁谁谁：与上条义同，语气更加重一些。"谁谁谁"读为shei shei shéi。

a09　碍着××什么了
例(刘116 08)：有些人就是爱没

事议论别人。我混得好坏**碍着**他们**什么了**

注－碍着××什么了：京人对干预他人事务者的习用斥责性说法。

a10 爱祖国爱人民

例（爸349 09）：哪个不是**爱祖国爱人民**怜贫惜老勤劳本分循规蹈矩遵纪守法

注－爱祖国爱人民：参见此前之a06条。

a11 欸

例（刘139 10）：脆生生地答了一声"**欸**"。

注－欸：此字在字典中一般注为 āi、ǎi 或 ei 音，但其实应读为舌面元音 ê（即注音字母的ㄝ，国际音标为 [ε]。普通话中一般不单独使用此声）。可是 ê 在《汉语拼音方案》中无正式位置，仅在其韵母表的附加说明第三条中说"韵母ㄝ单用的时候写成 ê"，这使得 ê 只能依附于注音字母而存在。字典们可能是为了避免这许多啰唆，所以不去标注 ê 音，

单独读此音之字甚少，我只知一个"欸"字读此音（如那句著名的唐诗"欸乃一声山水绿"）。详见本书之《附一》。

an

a12 暗无天日的旧社会

例（许105 09）：我仿佛作了次时间旅行，从**暗无天日的旧社会**又回到八十年代的社会主义新中国

注－暗无天日的旧社会：新京语。"文革"时期此说法极为盛行。

ao

a13 袄袖子

例（无32 21）：用**袄袖子**擦擦

注－袄袖子：京人习将长袖衣服称为"袄"，衣袖自然也就叫袄袖子了。

a14 奥斯特洛夫斯基的名言

例（谁553 02）：想起**奥斯特洛夫斯基的名言**，又觉得夸口和虚妄

注－奥斯特洛夫斯基的名言：前苏联著名作家奥斯特洛夫斯基（Островский 1904~1936年）在其著作《钢铁是怎样炼成的》一书中有这样一段话："人最宝贵的东西是生命。人只有一次生命，

人的一生应当这样度过：当他回忆往事的时候，他不致因虚度年华而悔恨，也不致因碌碌无为而羞愧；在临死时，他能够说：'我的整个生命和全部精力，都已经献给了世界上最壮丽的事业——为人类解放而斗争'。"此说法在二十世纪五六十年代确曾激励了我国的一代青年。

B 部

ba

b01　巴巴儿

例（一156　21）：合着你**巴巴儿**地把我请来，就为听你这些缺德事

注－巴巴儿：此处之"巴巴儿"是"眼巴巴"的简说，表示殷切企盼之意。

b02　八竿子打不着的亲戚

例（无20　13）："什么亲戚？表姐表妹？""**八竿子打不着的亲戚**。"

注－八竿子打不着的亲戚：京俗语，谓极远的远亲；有时隐指关系暧昧者。"八"字在此并不等于数量8，而是作为形容词，表示数量之多。

b03　巴结

例（正78　21）：咱不是得先作出点成绩人家才能给好脸么？要不怎么**巴结**得上

注－巴结：此处意指地位低下者为尊长做事。此词详见《卷一·b04~b07》条。

b04　疤瘌

例（修483　25）：你见过那种遭了雹子的茄子吗？看上去也是紫色儿，一摸上去净是**疤瘌**

注－疤瘌："瘌"字应为"癞"。京人口语，有时为突出语义读"癞"为lǐ，此处即是。

b05　八千人以上大会

例（千336　14）：人家过去全是**八千人以上大会**才开牙，说四、五个小时跟玩儿似的

注－八千人以上大会：王朔语。是调侃式的说法，源于"七千人大会"。参见《附录肆－03》。

b06　八三四一

例（玩263　24）：你爷爷要不是太监就是清朝的<u>八三四一</u>

注－八三四一："文革"中对一支军队的称谓，其正式番号为"中国人民解放军中共中央警卫团"，8341是代号。详见《附录肆－04》。

b07　八辈子

例（玩284　20）：乍不冷出来一个人问你<u>八辈子</u>前的事你哪能样样说清

注－八辈子：京俗语。"八"在此是形容词性质，形容时间长，不是实指数字8。参见b02条。

b08　把运动方向扭转到××上来

例（千342　09）：义和团里有我很多哥们儿……引导他们<u>把运动方向扭转到</u>"扶清灭洋"<u>上来</u>

注－把运动方向扭转到××上来：文革语。"文革"时期经常由主流媒体（即"两报一刊"，指《人民日报》、《解放军报》和《红旗》杂志）以社论的形式发表文章，指导运动的发展，不断地"扭转运动方向"。彼时此语极为常见。

b09　把自己的欢乐建筑在他人的痛苦之上

例（你168　26）：那无异于落井下石、谋财害命，<u>把自己的欢乐建筑在他人的痛苦之上</u>

注－把自己的欢乐建筑在他人的痛苦之上：出处不详。是大批判常用语，指责一切阶级敌人时所必说。与此后之b18条同，此处是书面叙述语，"把"字读其本音bǎ。

bai

b10　掰

例（我192　14）：说实话我真是看你面子跟他<u>掰</u>不合适，要没你在中间，我跟他不客气了

注－掰：京语谓（因何事而）闹翻乃至断交为掰面子、掰交情，简说为"掰"。

b11　掰扯

例（千306　02）：这道理头八百年

前我就跟这爷俩**掰扯**过了

注-掰扯：京俗语，指就某一件事翻来覆去反反复复地争辩，非得搞清个始末缘由为"掰扯"。旧时读 bó chi，现多读为 bāi chi。

b12　拜拜吧您呐

例（谁563 07）：说完翩然而去："**拜拜吧您呐**。"

注-拜拜吧您呐：京版新型洋泾浜，读 bái bái be mín nei，即英语"再见（bye 的重复说）"。

b13　摆活蛋

例（一156 19）：我这人，宁吃白煮蛋，不听**摆活蛋**

注-摆活蛋：京俗语谓空谈为"白话"（也写作"白乎、白货、白话舌"），读为 bái huo。加一"蛋"字更含贬义，指谓大言空谈者。

b14　把我当个屁——放了吧

例（爸271 23）：继续一副可怜巴巴的样子，软缠下去。"您就**把我当个屁——放了吧**……"

注-把我当个屁——放了吧：极尽卑琐之能事的京式俗语。此

条至 b18 条的"把"字，京语均读为 bǎi。

b15　把心窝子掏给××

例（修515 26）：林一洲恨不能**把心窝子掏给**这位慈祥的大妈

注-把心窝子掏给××：推心置腹表诚恳意。京语习用说法。

b16　把××砸手里

例（正96 25）：钱花不出去还一劲儿涨利息这不是逼着我**把人民币砸手里**么

注-把××砸手里：本为生意场用语，谓进的货滞销；原著此处是调侃说法。

b17　把帐记在帝修反身上

例（千399 05）：我会教他们**把帐记在帝修反身上**的

注-把帐记在帝修反身上：文革语。彼时一切坏事都要记在帝修反身上。

b18　把自己的欢乐建筑在别人的痛苦上

例（玩285 09）：你一贯**把自己的**

欢乐建筑在别人的痛苦上
注－把自己的欢乐建筑在别人的痛苦上：文革语，与此前之 b 09 条同。但此处是口语语音，"把"字读为 bǎi。

ban

b 19　搬
例（人 506　16）：如果刘志彬已经从您那儿<u>搬</u>了大款给了她
注－搬：京人习用说法，"搬"字专对某些事态做重大调整举措时作谓语用，如"搬救兵、搬出某某（大人物）吓唬人"等。

b 20　班集体
例（爸 343　21）：分得出哪些人是真能为<u>班集体</u>做好事
注－班集体：新京语。自二十世纪五十年代后强调集体主义，学生所在的班叫"班集体"，是当时的固定名称。

b 21　搬起石头砸自己的脚、任你风吹浪打，我自岿然不动
例（千 464　06）：在俗话上叫"<u>搬起石头砸自己的脚</u>"。<u>任你风吹浪打，我自岿然不动</u>。要不说中国人聪明呢，这损招儿希特勒也想不出来
注－搬起石头砸自己的脚、任你风吹浪打，我自岿然不动：前一句可能是出自美术家朱宣咸（1927~2002年）在1958年的一幅时政漫画《搬起石头砸自己的脚》，因其切合当时的政治形势需要而走红，此说法也随后流传开来，用以指谓美帝及一切反动派的所作所为。后一句的前半段出自毛泽东诗词《水调歌头·游泳》："不管风吹浪打，胜似闲庭信步"而加以改头换面；后半段出自《西江月·井冈山》："敌军围困万千重，我自岿然不动。""文革"时老百姓口中时不时冒出几句主席诗词是常事，但限于群众文化水平，往往词不达意乃至面目全非。

b 22　板板的
例（千 316　07）：怎么也得享受离休待遇了，<u>板板的</u>四九年以前参加革命工作的
注－板板的："板上钉钉"的变通说法，表示某事铁定再不会变，读为 bán bǎn de。此为新俚语，

旧式京语无此说法。

b23　板寸

例（刘135　23）：顺哥还真有点知识分子派头了——西服**板寸**

注－板寸：一种短款的男发式，自二十世纪八十年代开始流行。

b24　板上钉钉

例（谁565　14）：而且不具备此等品质偏偏又**板上钉钉**是人无疑的不在少数

注－板上钉钉：表示某事有保证，铁定不变。前一"钉"字读去声。

b25　板

例（顽30　01）：玩（牌）你还不**板**输

注－板："板上钉钉"的简说，读儿化音。旧式京语无此说法。

b26　板带

例（千304　16）：昨晚蹬车的小伙子光着板脊梁穿着灯笼裤扎着宽**板带**精精神神地出了屋

注－板带：一种由厚硬的牛皮所制的宽腰带，宽度约在10厘米。旧时练功（武术）者多有穿戴。"板"字须儿化。另见《附录肆－05》。

b27　板爷

例（你173　14）：我是一**板爷**，十年大刑上来的

注－板爷：新京语，产生于二十世纪八十年代初。指货运三轮车工人。"板"字须儿化，"爷"字轻声。

b28　拌嘴

例（刘104　01）：售票员和一个外地女人**拌嘴**

注－拌嘴：京人谓不太严重的吵嘴为拌嘴，有点儿"斗嘴"的意思，如果争吵激烈对骂起来就不能叫拌嘴了。

b29　半拉

例（正105　15）：别走别走，一块儿坐，一人**半拉**

注－半拉：京语谓一半为半拉。"半"字也可儿化。

bang

b30　帮狗吃屎

例（千447 15）：别缠她，让她自个说，用不着你在这儿**帮狗吃屎**

注 - 帮狗吃屎：这可能应归于王朔语，颇为生动，意指帮忙帮的不是地方、多余，甚或是帮倒忙。

b31　帮助

例（刘137 01）：过去我那么坏，你还一个劲接近我**帮助**我呢

注 - 帮助：原著此处写的是很长一段时期内（除了"文革"）中小学的实际情况，因男孩较调皮而女生听话，所以男孩多是"坏学生"而女孩多有好学生，老师的基本策略就是以女生来操控男生，控制的名称就叫作帮助。

b32　帮助

例（千453 24）："……但这儿还有一个顽固不化的。"……"咱们是不是再重点**帮助**帮助他转变一下。"

注 - 帮助：原著此处是写在一个有点儿类似于斗争会的群众集会上，此时"帮助"一词属特定语。

b33　绑

例（过313 13）：搬家那天，我们借了一辆卡车，**绑**来几个朋友当装卸工

注 - 绑：新京语，指有点儿强制性地要求"必须帮忙（做某事）"。这仅限于在关系不错的朋友间。

b34　绑大款

例（谁551 05）：不招谁不惹谁每天**绑**个**大款**吃喝玩乐

注 - 绑大款：新京语，此处指以各种手段拉上有钱人（大款）去吃喝玩乐，最后由其结账付款。另有"傍大款"一词，则指女子凭姿色色诱大款，以达最终获得其财产之目的。

b35　榜样

例（谁545 05）：我们缺什么？缺的是**榜样**，一个活着的雷锋什么的

注 - 榜样：此词的普及，始于学习雷锋运动，至"文革"期间达到顶峰。

b36　榜样的作用

例（爸332 22）：家教嘛，那就是指自己的<u>榜样的作用</u>

注－榜样的作用：在学雷锋运动中，曾有"榜样的力量是无穷的"（也有时说成"榜样的作用是无穷的"）之口号提出。参见《附录肆－06》。

b37　棒

例（无88 18）：我觉得我这人挺<u>棒</u>的

注－棒：好、强、健壮等意，是京人习用的汉化蒙语。

b38　磅尖

例（无42 01）：这妞儿是你"<u>磅尖</u>"

注－磅尖：新俚语，多作"傍尖儿"，出处待考。多用以指非正常关系的女友，含轻浮意。"尖"字儿化。

bao

b39　包庇

例（刘128 27）：明知道孩子们准备逃学，不但不与制止，还<u>包庇</u>她们

注－包庇：只用于负面意义的词，"文革"期间使用频率最高的词汇之一。京人习将"庇"字读作 pì。

b40　包圆

例（千286 23）：秘书处工作人员统统<u>包圆</u>才十余人

注－包圆：京俗语，谓全部买下（某种商品）；有时引申指全部承担（某种责任）。"圆"字儿化。参见《附录肆－07》。

b41　保不其

例（刘169 09）：尤其爱和姑娘接近，<u>保不其</u>将来会出什么风流韵事

注－保不其：有可能、没准儿。京人习用说法。

b42　保不齐

例（玩397 11）：十句话里有七八句是虚的。头一两句有时候是真的，有时候<u>也保不齐</u>

注－保不齐：音、义同上句，仅写法不同。

b43　保存革命的火种

例（千392 06）：就这样，本能地

决定分散突围，**保存革命的火种**
注－保存革命的火种：此说之确切出处待查，现在一般是将南昌起义失败后，朱德带领剩余的一支约800人的部队（林彪、陈毅、粟裕等均在此内）上井冈山与秋收起义的残部汇合，建立井冈山根据地之举称为"保存革命的火种"。

b44　暴风雨般的掌声
例（千453 18）：掌声，**暴风雨般的掌声**
注－暴风雨般的掌声："文革"期间报纸杂志报道各种大会上某些大人物讲话时，必在字里行间用括号夹注此说法，用以渲染会议的热烈气氛及深得人心。

b45　暴露思想深处真实观点
例（刘129 26）：说出来了吧，你终于暴露了你**思想深处真实观点**
注－暴露思想深处真实观点："文革"期间对被批判者的常用语。

bei

b46　背拧
例（千400 03）：树上又跳下一条大汉骑到他背上，被他一个**背拧**摔昏过去
注－背拧：摔跤的一个动作。中国式摔跤正式名称叫作"披"（背拧是民间俗称），类似动作柔道称"背负投"。

b47　背过气去
例（橡03 10）："真他妈腻！"……"能叫谁**背过气去**，你快过那边去，别把她招来，受不了。"
注－背过气去：新京语，用以渲染对某事或某人极端反感或气愤的程度。

b48　被糖弹打中
例（空09 07）：反正我当时就是**被糖弹打中**的感觉
注－被糖弹打中："糖衣炮弹"之说源于毛泽东《在中国共产党第七届中央委员会第二次全体会议上的报告》："可能有这样一些共产党人……经不起人们用糖衣裹着的炮弹的攻击，他们在糖弹面前要打败仗。"

b49　倍儿
例（许143 03）：邢肃宁使人使得

倍儿狠

注－倍儿：京俗语，表明（某事物）状况之甚，可以按字面直接的理解为"双倍"之意，是为该种状况（形容词）之状语。读为 bè*r。

ben

b 50　锛

例（玩228　24）：这刀劈甘蔗都**锛**刀

注－锛：（使）刀刃出现缺口。

b 51　锛

例（橡19　22）：我扑了她，在她宽阔的脸上乱"**锛**"一气

注－锛：锛子是一种木工工具，以其削砍平整木料叫作锛（动词）。原著此处是以此来形容粗野的亲吻。

b 52　本质还是好的

例（谁546　13）：这孩子**本质还是好的**，刚来的时候多朴实

注－本质还是好的：文革语。那时对某些犯了点小错误的同志批评一通之后有时找补上这么一句，以示并非要将其像对待阶级敌人那样，打翻在地再踏上一万只脚。

b 53　本儿上的

例（你175　27）：我也是顺道买**本儿上的**鸡蛋拐一趟

注－本儿上的：从1955年起，各类民生必需品在全国开始实行定量供应。城市居民吃粮得有粮票，其他生活必需品则用购货本限量购买。此处所说的"本儿"即指购货本。参见《附录肆－08》。

b 54　奔

例（正85　16）：那你先给我们把今儿的午饭**奔**出来吧

注－奔：此处读为去声，京人习用说法，意谓"为某种目的而努力去做"。

b 55　奔高枝儿

例（正77　18）：他们都**奔高枝儿**了

注－奔高枝儿：指另谋高就；但暗含有因为眼看着别人往高处走，自己却不能那样而产生的遗憾，有点儿"吃不着的葡萄是酸的"之心态。

b56 奔头儿

例（正106 15）：这我还觉得有点<u>奔头儿</u>

注－奔头儿：京人习用说法，指谓某种有现实可能性的生活目标。

beng

b57 绷不住

例（玩280 02）：她笑了，终于<u>绷不住</u>笑了

注－绷不住：京俗语，谓忍不住。

b58 绷块儿

例（痴226 22）：摆架子<u>绷块儿</u>谁不会？有真才实学的人从不表现自己

注－绷块儿：新京语。"块儿"指男子身上凸起的肌肉，"绷块儿"指用力使肌肉隆起（就像健美运动员那样）。另有"块儿足"一说，指身材魁梧健壮。

b59 甭

例（一112 08）：别说了，咱<u>甭</u>说了。你也别装傻了

注－甭：京俗语，"不用"的合音、合体字。读为 béng，更土点读 bíng。

bi

b60 比山高，比海深

例（给481 23）："……你爱我吗？"……"这么说吧，<u>比山高，比海深</u>。"

注－比山高，比海深：文革语，具体出处众说纷纭。"文革"中歌颂党和毛主席恩情的专用语。

b61 比学赶帮超

例（刘120 11）：你们怎么都一码齐的离了？这事儿别<u>比学赶帮超</u>呵

注－比学赶帮超：这个政治口号最早是1965年彭真领导下的北京市委提出的。当时北京市委做出了《扎扎实实地开展农业战线比学赶帮超运动》的决议，并于1965年11月6日将其上呈中央。

bian

b62 边、老、少、穷地区

例（爸315 03）：这样一旦鸡飞蛋尚可以保全，不致整个血本无归，就当舍给<u>边、老、少、穷地区</u>人民了

注－边、老、少、穷地区：正式提法应为老、少、边、穷。"七五"计划（1986~1990年）首次将对该类地区的扶持列入国家计划。详见《附录肆－09》。

b63　变不利因素为有利因素
例（橡92　14）：这叫发动群众，<u>变不利因素为有利因素</u>
注－变不利因素为有利因素：这是二十世纪六七十年代流行的说法，具体出处待考，可能是脱胎于毛主席《关于正确处理人民内部矛盾的问题》一书中"在一定的条件下，坏的东西可以引出好的结果，好的东西也可以引出坏的结果"一说；另外毛主席1957年在《文汇报的资产阶级方向应当批判》一文中也有"化消极因素为积极因素"之说。

b64　变着法
例（人474　24）：城里有个亲戚，就<u>变着法</u>地组织代表团来登门拜访
注－变着法：想方设法。"法"字阴平，儿化。

b65　辩证关系
例（玩417　12）：讲一讲大狗小狗之间的<u>辩证关系</u>
注－辩证关系：此词源于辩证法学说（"辩证法"见下条）。二十世纪六十年代至八十年代初，此词在普通老百姓中极流行，几乎成了市井俚语；至于其本义如何，似与人们无关。

b66　辩证法
例（刘140　04）：大妈，还是您懂<u>辩证法</u>
注－辩证法：辩证法（dialectics）是关于自然、社会和思维发展的最一般规律的科学。详见《附录肆－10》。

b67　辩证唯物主义
例（你180　26）：一个人怎么可能没优点呢？你这就不是<u>辩证唯物主义</u>看问题的态度了
注－辩证唯物主义：是马克思、恩格斯以黑格尔辩证法及费尔巴哈唯物论为基础，发展起来的一种总结自然科学、社会科学和思

维科学的逻辑理论思维模式。

以上三条（辩证关系、辩证法、辩证唯物主义）的说法今仍盛行，但全民的知识程度较之"文革"时期有提高，虽仍不求甚解，却不再以此当俚语了。

biao

b68　表现

例（爸242 04）：你可以到学校去问我们老师，我近来**表现**怎么样

注－表现：特定语。自二十世纪五十年代起，"表现"一词指政治方面。

b69　摽

例（顽59 06）：他干吗**摽**上咱们

注－摽：京俗语，此处指紧密相处（含贬义）。另有攀附、用手臂钩挂、捆附、依附、纠缠等意。

b70　摽着膀子干

例（正132 25）：打山顶洞人那会儿我们就知道得**摽着膀子干**

注－摽着膀子干：京人习用说法，谓与关系紧密者同心协力地做（某事）。

bie

b71　憋

例（橡53 27）：燕生笑说，你别**憋**着害人家小姑娘

注－憋：此处指暗中打坏主意。京语此词另有施压、酝酿（雨雪）、窥伺（机会）等意；灯泡不亮也说憋了。

b72　憋宝

例（橡90 09）：我就要你这句话，瞧，没多难嘛，**憋宝**似的

注－憋宝：一种迷信行为。谓生子百日不使其见光，则儿目中元神不散，可洞见地下藏宝。旧时南方某些地区尤为流行此说。

b73　憋坏

例（我183 27）：那还能瞒过哥们儿吗——你**憋**什么**坏**

注－憋坏：京人习用说法，打坏主意。

b74　憋屈

例（玩419 25）：他也像受了多大**憋屈**多大压抑现在要十倍地往回捞

注－憋屈：旧京俗语有"避屈"（读 bì qu）一词，意为受委屈（还可重叠说"避屈避屈"，是客套话，称道对方"受累、辛苦了"之意），若用于此处倒是甚妥；但那说法早已消失多年，所以笔者相信原著此处应是另一京人常用俗语"憋糗"（读为 biē qiu），意谓憋闷。另：京语中有"憋囚（或憋憋囚囚）"一词，指地方狭小，令人感到压抑憋闷。原著此处"憋屈"一词应即由此附会而来，这是不甚正宗的京语。

b75 别价

例（顽06 21）："**别价**。"少妇尖叫着扑过来按住他的手，"这个不能摔……"

注－别价：京俗语，不要这样。"价"字一般作"介"。详见《卷一·b59》条。

b76 别拉着我

例（千312 02）："**别拉着我**，别拉着我，你们谁都别拉着我。"黑子喊着，舍命一头撞进一个眼镜的怀中

注－别拉着我：这是典型的北京社会油子路数，越有人拉架，他越摆出一副要拼命的架势，以此昭显自己的勇武。

b77 别来这套

例（刘136 01）：夏顺开又装腔作势地去握慧芳的手。慧芳："咱们就**别来这套**了。"

注－别来这套：京人常用说法，用以表达对对方言行的反感、不耐烦。

b78 瘪子

例（爸213 16）：对社会起码的认识都没有，吃不得**瘪子**受不得委屈

注－瘪子：京俗语，指（遭到）困难、苦头。遭到挫败、陷入窘境叫"嘬瘪子"。可参阅《附录肆－11》。

bing

b79 病秧子

例（爸309 19）：你也不想后半辈子找个**病秧子**老伴负担吧

注－病秧子："秧子"一词原指旧京不谙世事的富家子弟，这种

人周围往往有一群痞棍与其"交友",实际上是变着法儿的骗他钱,谓之"架秧子"。所以京俗语有"起哄架秧子"之说。但"秧子"一词在本句中无此意,仅是京俗语中对病人的习惯性称呼罢了。

bo

b80　剥削阶级

例(谁535　26):"我算看出来了。"……"这人打骨子里都是**剥削阶级**,一遇机会一个比一个狠。"

注－剥削阶级:新京语,尤其在"文革"期间"大批判"时使用率极高。

bu

b81　拨拉

例(一112　15):我把她搂过来,她近在咫尺地看着我,**拨拉**掉我的胳膊

注－拨拉:京俗语,拨动。此处意为(以手)拨开;鱼摆尾也叫拨拉尾巴。也写为"捊拉、拨落"等,读为 bū la 或 bū leng。详见《卷三·bz63》条。

b82　拨浪鼓

例(爸277　13):马林生头摇得像**拨浪鼓**

注－拨浪鼓:旧时一种儿童玩具,系一小鼓,径5~8厘米,两端耳部各连有一小段线,线另一端缀有一小珠,鼓底部有一直立手柄;执柄转鼓,珠即甩动连续击鼓。读为 bū leng gǔr。

b83　不伺候、不尿你这壶

例(许122　11):不高兴任是谁给多少钱老子也**不伺候**——**不尿你这壶**

注－不伺候、不尿你这壶:京俗语,"不伺候"读为 bú cì hóur 表示不为某人服务,故意将"候"字读为"猴儿"以示揶揄;"不尿你这壶"则是暗含粗口的说法,充分表示鄙夷不屑的态度。

b84　不错眼珠

例(顽12　07):把**不错眼珠**地盯着刘美萍微笑的马青和刚拖过一把椅子坐下的于观介绍给刘美萍

注－不错眼珠:京俗语,全神贯

注地凝视。

b85　不待见
例（玩282　20）：她堪称美丽，只不过太善于保护自己，所以招人**不待见**

注－不待见：京俗语，意谓（对某人）反感、讨厌，读为 bú dài jin。此词元曲中屡见，参阅《元曲语汇141》条。

b86　不带
例（爸286　09）：孩子们对他终于忍无可忍，采取了一个名正言顺的借口**不带**他玩了

注－不带：京中儿童语，不让某人参加某项活动时说"不带××玩"，"玩"字常读阴平，儿化音。

b87　不带这样的
例（千302　13）：不是你怎么跟我学呀……**不带这样的**

注－不带这样的：京中儿童语，如若对游戏的某种玩法加以某种限制，就说"不带这样的"，"样"字往往读阴平，儿化音。

b88　不定……成什么样呢
例（懵532　10）：小朋友到时候**不定**高兴**成什么样呢**

注－不定……成什么样呢：京人习用说法，是对主词（动词或形容词）进行修饰的状语，表示其程度之甚。

b89　不忿
例（空26　13）：我跟阿眉讲："……可惜！现在这太平年月不出英雄。""你怎么知道不出？"她**不忿**地问

注－不忿：也有写作"不愤"的。"气不忿"的简说，表示不满意、不服气，是一种耿耿于怀的心态。"忿"字儿化。元曲中也有此说，见《元曲语汇142》条。

b90　不干人事但吃人饭
例（千345　20）：跟人也熟，跟鬼也熟，**不干人事但吃人饭**

注－不干人事但吃人饭：王朔语。将俗语"吃人饭不干人事"反着说，诙谐幽默，令人忍俊不禁。"文革"期间此类人比比皆是。

现在网络语中此类性质的说法颇多，王朔可谓开先河者。

牧、渔猎族群，而不会产生于南方的农耕族群。

b91　不够意思

例（刘137　12）：我还是一好人吧？你连这句话都不敢说，你太**不够意思**了

注－不够意思：京人习用说法，指对不起人，不讲义气。

b92　不过是那么一说

例（许122　05）：我也没说我就不是一开车的了，我**不过是那么一说**

注－不过是那么一说：京人在意识到刚才所说的话不妥，却又碍于面子不愿坦承时，往往找补这么一句遮臊（京俗语，指顾左右而言他，以掩饰自己的不是之处）。

b93　不见兔子不撒鹰

例（千294　13）："咱真不能再耽误了，请各位赶快拿主意。""我们还是**不见兔子不撒鹰**。"

注－不见兔子不撒鹰：北方语系常用俗谚。此说源于满、蒙等游

b94　不落好儿

例（爸376　15）：操了心受了累还净**不落好儿**

注－不落好儿：京人习用说法，谓得不到好评。往往在出了力又被人误解，抱屈时如是说。"落"字读 lào。

b95　不落忍

例（爸323　24）：我这不是为你么？你老一个人打光棍儿我也**不落忍**

注－不落忍：京俗语，谓于心不忍。"落"字读为 lào。

b96　不吝秧子

例（一137　13）：学生急了也**不吝秧子**

注－不吝秧子：京俗语，是"为干成某事什么也不顾了"之意，有点儿耍光棍的意思。"不吝"应写为"不论"，"吝"字在此是直音字。

b97　不破不立，破字当头，立也就在其中了

例（顽46 27）："<u>不破不立，破字当头，立也就在其中了</u>。"

注－不破不立，破字当头，立也就在其中了：1966年5月16日，中共中央出台了《五一六通知》，从此正式拉开了无产阶级文化大革命的序幕。此说法即出自该《通知》。详见《附录肆－12》。

b98　不是

例（刘122 14）："你现在也会开玩笑了。""什么叫现在也会？<u>不是</u>你说说，我过去怎么啦？叫你说的我过去好像都不是人了。"

注－不是：京人在对话中对对方所言不满，追究对方的说法时，常以"不是"作为发语词。要很急促的读为 bú r，声母 r 是口型提示。

b99　不是东西

例（痴238 07）：我不知道你过去都和什么家伙打交道，我想他们能把你逼疯就一定挺<u>不是东西</u>

注－不是东西：京人常用詈语，是轻度的骂法。

b100　不是人操的王八蛋

例（千451 10）：我撕了你们这些<u>不是人操的王八蛋</u>，要不用咱谁都甭想用

注－不是人操的王八蛋：京人常用詈语，是重度的咒骂语。

b101　不是事儿

例（刘121 01）：你现在就靠这个挣点小钱？……"这也<u>不是事儿</u>呵。"

注－不是事儿：京人习用说法，表示维持某事的现状并非长久之计。

b102　不齿于人类的狗屎堆

例（你169 19）：如果通过我们努力，能使全国人民充满尊严、充满骄傲，那么就是我们……成为<u>不齿于人类的狗屎堆</u>，也是值得的

注－不齿于人类的狗屎堆：文革语，对被批判者之所必用。此语出自毛主席1940年所写《新民主

主义的宪政》："顽固分子，实际上是顽而不固，顽到后来，就要变，变为不齿于人类的狗屎堆。"

b 103　不逮劲儿

例（千381 13）：糟了，我书都没拿——怪不得<u>不逮劲儿</u>

注－不逮劲儿：京语谓轻度的不舒服为"不得劲儿"，但"得"字常读为 děi，原著此处写为"逮"，是直音字（"逮"字本音读 dǎi 或 dài，但京人习读为 děi）。

b 104　不钉

例（顽47 19）：不要过早上床熬得<u>不钉</u>了再去睡

注－不钉：钉应作"顶"（读阴平），是"顶不住劲"的简说。京人习用说法。

b 105　部分人先富起来

例（你168 02）：随着生产力的发展，<u>部分人先富</u>起来，不必天天劳动了

注－部分人先富起来：邓公小平在1985年10月至1986年8月间，先后在不同场合，针对不同对象，多次强调一部分地区、一部分人可以先富起来，以带动和帮助其他地区的人民逐步达到共同富裕的目的。

b 106　不可避免带有旧社会的影响和烙印

例（你194 25）：我们捧人也是脱胎于骂人，因此<u>不可避免带有旧社会的影响和烙印</u>

注－不可避免带有旧社会的影响和烙印："文革"中在批判某人错误（或反动）思想时的常用说法。

b 107　不可调和的敌我矛盾

例（过328 11）：到底有多少是<u>不可调和的敌我矛盾</u>呢

注－不可调和的敌我矛盾：此说源于毛主席1957年发表的《关于正确处理人民内部矛盾的问题》一文，那里的正式说法是"敌我之间的矛盾是对抗性的矛盾"。

b 108　不吭不哈

例（修519 20）：平时<u>不吭不哈</u>的，瞅着别提多文静了

注－不吭不哈：京俗语，形容人

行为低调,沉默寡言。

b109　不劳而获的资产阶级行为

例(人473 02):明知这是<u>不劳而获的资产阶级行为</u>,可挡不住肉香啊

注-不劳而获的资产阶级行为:新京语,至"文革"时期用到极致。

b110　不良影响

例(刘132 02):孩子是单纯的,很容易就受到一些<u>不良影响</u>

注-不良影响:新京语,指"资产阶级的不良影响"。

b111　不留神打一平手

例(你178 26):那四位加起来,您<u>不留神</u>就跟他们<u>打一平手</u>

注-不留神打一平手:王朔语。王朔语的特点之一,就是将语言词汇的内涵进行荒唐组合。这一手法现在网络语言上比比皆是,大家全学会啦。

b112　不明真相的群众

例(永80 18):拉偏架也得有理有据天衣无缝,那才蒙骗得住<u>不明真相的群众</u>

注-不明真相的群众:文革语。对立面的组织相互用此说法指谓对方的群众。

b113　不傻不粘

例(正141 13):哥儿个<u>不傻不粘</u>的,非当作家干吗

注-不傻不粘:京人习用说法,指神智正常。"粘"字读 nié,实应为"茶",原义为疲倦、没精神。

b114　不……是孙子

例(玩375 13):"真干真干,这回长志气了。"……"<u>不干是孙子</u>。"

注-不……是孙子:京人常用说法,发誓赌咒地保证自己一定要(如何)。

b115　不听不听

例(永77 11):"<u>不听不听</u>,少跟我说话。"石静背对着我使劲摇头

注-不听不听:旧京儿童拌嘴,

欲制止对方说话时，常以双手堵耳，口中说："不听不听，王八念经！"

b116　不兴

例（刘123　10）："**不兴**拌嘴呵。"大妈叮嘱二人

注－不兴：旧京俗语，嘱咐他人"不要"（如何）时，习说为不兴。

b117　部优

例（给443　15）：遇见过一些**部优**产品，充其量也只是填补一下国内空白

注－部优：新京语。自二十世纪八十年代起，主管各种产业的各个部，推出了"评选部级优质产品"的举措，目的是为了促进本部下属企业提高产品质量。评选上的被称为"部优产品"。后因各企业为了挤进此中不择手段，弊端百出，取消此评。

b118　不怎么地

例（刘116　07）：你这样一看就是混得**不怎么地**，还用人说

注－不怎么地：京人习用说法。

可读本音，但日常口语中多说 bù zǎr dì。

b119　不着边儿

例（刘112　18）：远远地、**不着边儿**地迷个谁也就罢了

注－不着边儿：京俗语，谓（某事）不靠谱、荒谬、毫无成算。

b120　不着家

例（刘120　13）：我那工作流动性大，一年到头**不着家**

注－不着家：经常不在家。"着"字读 zhāo。

b121　不着四六

例（正136　15）：真坏了就让庆子小姐帮忙跟厂家联系修理一下，别**不着四六**，胡骂一通

注－不着四六：京俗语，谓行为不靠谱。出处待考。

b122　不真着

例（玩284　22）：其实我倒记得有这么一位侧福晋，就是脸有点模糊名儿记**不真着**

注－不真着：不清楚。旧京俗语，

用于记、看、听、说等动词后，作为否定性的补语。"着"字读为 zhou，轻声。

b 123　不正眼眨的

例（枉593　16）：你这是用着我了，用不着，迎头撞上我，你也把我当老帮脆还<u>不正眼眨的</u>

注－不正眼眨的：京俗语，表示对某人鄙夷不屑。"眨"字读 jiā。

b 124　不知北在哪边

例（空21　18）：一个钻在纯属子虚乌有的科研项目中、<u>不知北在哪边</u>的所谓科学家

注－不知北在哪：旧京俗语有"不认的北"一说，形容人懵而不知方向；今所谓"不知北在哪"系从彼而来。

b 125　不值当

例（玩424　15）：也别为我难过，都是过去的事了，<u>不值当</u>

注－不值当：不值得。"当"字去声。

C 部

cai

c 01　踩电门似地

例（千331　25）：李大妈<u>踩电门似地</u>抖着一腮帮子肉悄没声地问旁边的元豹妈

注－踩电门似地：新京语，形容人机械的快速重复某种动作。

c 02　踩乎

例（一117　10）：得了吧，这会儿又<u>踩乎</u>起自己了

注－踩乎：藐视贬低，乃至诋毁中伤他人。"乎"字读 huo，很轻的轻声。

c 03　踩和

例（永77　24）：<u>踩和</u>完人又给人扑粉，里挑外撅，好人歹人全让你一人做了

注－踩和：应作"踩乎"，音义同上条。

c 04　菜刀、军刺

例（动472　09）：那时我们已经习惯于携带<u>菜刀</u>和<u>军刺</u>了

注－菜刀、军刺：军刺即军用刺刀，这是"文革"期间大院子弟的标准配备；而胡同串子们没有军刺，就只有菜刀了。这样的两拨人如有宿怨，碰上就是一场刀光剑影的死揸（揸字见c19条）。

can

c05 参加革命

例（空22 27）：大道理我懂的还少吗？**参加革命**第一天起

注－参加革命：为我党工作被称为"参加革命"，后来老百姓推而广之，把进入国家企事业工作也叫"参加革命"。

cao

c06 操碎了心

例（千440 07）：您废寝忘食，日理万机，戎马倥偬，马不停蹄，使尽了力，**操碎了心**

注－操碎了心：京人形容操劳，尤其是费心的惯用说法。

c07 操行

例（一116 08）："瞧你那**操行**！"方方也辱骂陈伟玲

注－操行："操"字实为"肏"的谐音变通写法。京人虽则粗俗也不愿显得太过分，对粗口往往以近音字代之。"操"字去声，"行"字轻声。

ceng

c08 蹭

例（橡03 03）：坐到常见面的几个朋友桌旁……**蹭**他们的啤酒喝

注－蹭：京人谓不花钱而白白消费别人的物品（主要是指吃喝等小事）为"蹭"，有鄙夷不屑意。

cha

c09 叉、刹

例（动421 22）：大家聊起近日在全城各处发生的斗殴，谁被**叉**了，谁被**刹**了

注－叉、刹："文革"后期常有流氓持械互殴事态发生，所用刀具主要有军刺（大院子弟所常用，可算他们身份的标识，也称"叉子"）、三棱刮刀（多是在工厂中以三角锉改磨制成）、匕首及菜刀。前三种用于刺，时谓之曰"叉"；菜刀劈砍，时谓之曰"刹"。

c10 插队

例（许114 15）：他只能回老家**插**

队

注－插队：1966年"文革"爆发，中国的社会陷入停顿，就业机会大幅降低，社会上无业青年逐年增加。在这种情况下，"插队"这一新生事物应运而生。详见《附录肆－13》。

c11 插一杠子

例（无77 08）：什么事你都要干涉，什么事你都要**插一杠子**

注－插一杠子：京俗语，谓插手与其无关之事，有不满之意。

c12 插一腿

例（谁560 08）：人还是一人一份，别人不能**插一腿**

注－插一腿：此处与上条意近，另也有时可作为同义语混用；但其实还是有别：京俗语谓男女之间有暧昧关系为"有一腿"（此为粗口，"腿"指男性生殖器），而"插一腿"多指第三者想加入此中来。

c13 叉子

例（玩322 05）：什么时候警察也都带**叉子**了

注－叉子：指刺刀、匕首一类的短小杀伤性刀具。

c14 茶根儿

例（玩409 11）：我对沏你的**茶根儿**没兴趣

注－茶根儿：新俚语，此为"文革"后期各类流氓的说法，指别人玩剩下的女人。

c15 揸架

例（玩307 01）：瘸×坐着蹭胳膊挽袖子："怎么着**揸架**呀？"

注－揸架：新俚语，谓打架，此处为"找茬打架"之意。详见《附录肆－14》。

c16 查文件

例（谁560 11）：我**查**一下**文件**

注－查文件：新京语。在法律不健全的前提下，各个部门的行为准则要靠政策指导，而政策的实施模式就在各个文件（又称红头文件，因其标题均以红色大字印出）上，所以单位领导要经常"查文件"，以确定该干什么不该干什么。这种情况直至九十年代后期才逐渐改变。

c17　差不点
例（刘113 06）：你不知道他单位的那些老太太，**差不点**说他是流氓了
注－差不点："差不多、差一点"之意，京人有这样说的。

c18　差劲
例（空44 16）：或者骂两句民航人员太**差劲**
注－差劲:京俗语。"劲"字读其本音jìn，一般不儿化。

chai

c19　拆白党
例（空29 22）：薛苹竟独出心裁地认为我是个"**拆白党**"
注－拆白党："拆白"一词源于旧时上海，后流行全国，指流氓痞棍人等设局诱骗（多以女色为饵），讹夺他人钱财。此等流氓团伙称"拆白党"。

c20　柴禾妞儿
例（玩262 27）：其实全世界的女的除了中国的**柴禾妞儿**和非洲的土著妇女外没人想和你结婚
注－柴禾妞儿:新俚语，对农村姑娘的蔑称，始见于"文革"期间。

chan

c21　掺和
例（玩251 17）：许迅轰他媳妇。"一边呆着去，别这儿瞎**掺和**。"
注－掺和:京俗语，含有贬义的"参与"意。"和"字读音介于huo、he之间，说得快时更会读wo音，轻声。

c22　铲仇
例（许127 20）：他认识的一帮朋友如何心狠手辣，专门替人**铲仇**
注－铲仇:新俚语，"铲除仇人"意。盛行于"文革"后期。

chang

c23　敞开儿
例（玩244 25）：就在我家住吧！不管饭，打滚可以**敞开儿**打
注－敞开儿:京俗语，谓自由的、无限制的（如何）。

c24　尝尝无产阶级铁拳的滋味

例（橡73　21）：你最好赶紧溜回你的帝国主义主子那儿去，小心我叫你<u>尝尝无产阶级铁拳的滋味</u>！

注－尝尝无产阶级铁拳的滋味：批斗会时常用于被批斗者的身上。

chao

c25　抄

例（橡33　22）：昨晚警察来<u>抄</u>了

注－抄：文革常用语，当时"打砸抢抄抓"是连在一起说的套话。此处为"查抄"的简说，包括抓捕人。

c26　抄

例（千301　19）：流氓打架有什么可看的？没准是流氓的调虎离山计，要<u>抄</u>咱瓜摊

注－抄：此处指抢劫。

c27　抄菜刀、拎酒瓶

例（许127　19）：又<u>抄菜刀</u>又<u>拎酒瓶</u>往外冲，恨骂连声地对我侃了一下午他将如何活劈了许立宇

注－抄菜刀、拎酒瓶：菜刀、酒瓶是"文革"后期"牖架"（见前此之c19条）的常用武器。攥住酒瓶瓶嘴部分，将瓶体磕碎，就似一把多刃攮子（京语：匕首）。

c28　抄家

例（千307　03）：你们刀光剑影杀气腾腾的敢是来<u>抄家</u>的

注－抄家："文革"期间最盛行的词汇之一就是"抄"，源于1966年8月红卫兵的"抄家"行动，即冲入一切他们想要冲入的人家里，痛殴人（往往致死）、砸毁物、抢劫财，并名之曰"革命行动好得很"。

c29　超前

例（谁533　07）：知道就我国目前的消费水平而言，南希，是<u>超前</u>了点儿

注－超前：新京语，指（某种事物）超越目前阶段的现实水平（但将来一定会盛行）。

c30　潮得乎地

例（永59　11）：大庭广众之下洗

着鸳鸯澡，回头再**潮得乎地**对上道梅花枪

注－潮得乎地：京人习用说法，指一种使人舒适的温润感，不用于贬义处。

c31 炒疙瘩

例（正88 07）：一人一斤**炒疙瘩**够不够

注－炒疙瘩：一种京式的面食，将小块（径小于1厘米）的面粒煮至七成熟后再行炒制。一般多在回民饭馆中有售。

che

c32 扯淡

例（永68 11）：一桌人开始边吃边**扯淡**，主要是拿我和石静开心

注－扯淡：京俗语，没事瞎胡说。含粗口（扯蛋。但写"扯淡"稍显得文点儿）。

c33 扯臊

例（橡91 27）：**扯**她的**臊**，说这话我都不信

注－扯臊：意同"扯淡"，但程度可能还稍有过之。

c34 彻底的唯物主义者是无所畏惧的

例（你190 24）：要舍得自己，**彻底的唯物主义者是无所畏惧的**。人死灯灭嘛

注－彻底的唯物主义者是无所畏惧的：出自毛泽东《在中国共产党全国宣传工作会议上的讲话》（1957年3月12日）。有些人往往以此自诩，"文革"期间此说法达于极盛。

c35 彻底坦白交代

例（枉597 07）：要求得政府的宽大处理，就要**彻底坦白交代**

注－彻底坦白交代：文革语。"坦白从宽抗拒从严"本是自建国以来司法部门的口号，但经过"文革"密集的各式各样批斗会的洗礼，变成了一种深入民心的说辞，人人耳熟能详、运用自如了。

chen

c36 抻

例（顽32 07）：从大往小**抻**牌，扛着，不让他们垫小牌

注－抻（chēn）："抻"字原义为

拉、拉之（使长）；此处是"抽出来"之意。但京语有时将其引申使用，指"有意地拖延某事不办（以观察事态的发展）"。此时一般使用"进行时"的形式，说"抻着"。

c37　沉着

例（修484 16）：林一洲"**沉着**"半日，已然按捺不住，终于丢了矜持

注－沉着:此处亦即上条所谓"抻着"之引申意。"沉"字阴平。

c38　趁

例（浮206 24）：你们别以为是个体户就**趁**钱

注－趁:京人谓拥有（某种财富）为"趁"。

c39　趁

例（爸392 19）：咱们小老百姓除了孩子还**趁**什么？又不让多生

注－趁:"趁"字义同上条，但此处之"趁"说的是孩子，是扩展范围的用法。

c40　趁热打铁见缝下蛆

例（给457 12）：挤过公共汽车吧？拿出点那劲儿来，**趁热打铁见缝下蛆**

注－趁热打铁见缝下蛆:这本是两个互不相联的俗语，但在某种特殊语境中王朔将其巧妙地连用，形成了独特的语言效果，此即为"王朔语"的魅力所在。

cheng

c41　承包

例（顽10 03）：你每回都把临时帮工变成全面**承包**

注－承包:是"承包经营管理"之简说。参见《附录肆－15》。

c42　城根儿

例（玩394 08）：上学那会儿在朝阳门**城根儿**和院外的胡同串子揸架

注－城根儿:京人谓墙角下为"墙根儿"，城墙脚下当然就是"城根"了。要注意:此种说法一般只用于院墙、城墙内，墙外不这么说。

c43　成精了

例（千296 12）：你还以为你读了这破拳谱就立刻**成精了**

注－成精了：全通、无所不能。含揶揄意，用于否定性说法。

c44　成了

例（玩439 13）：没钱咱过的也不比有钱的差，也不看这是在哪儿，谁的天下？资本主义**成了**

注－成了：京人口语习用说法，意谓"（除非是怎样）才能（如何）"。多用于句尾处。

c45　承认错误

例（刘128 23）：两个孩子一回来就向我**承认了错误**

注－承认错误：党内生活提倡批评与自我批评，勇于承认错误。但在"文革"期间，这一优良作风被严重歪曲了。

c46　成天价

例（爸393 01）：我这么小心注意着**成天价**，就因为实在不是个圣人，她还对我老大不满呢

注－成天价：整天。此处之"成天价"是状语，用以修饰宾语（动词）"小心注意"。这是京语中经常出现的现象，起因可能是（至少部分是）京语讲究轻灵流畅，语速较快；但这就难免有时会产生说了半句却又觉得没说清楚的感觉，言者就可能后找补上某个词，用以弥补此前的不足（如本例即是）。此现象在京人口语中比比皆是。"价"字详见《卷一·b59》条。

c47　成心恶心我

例（无76 25）：你这不是**成心恶心我**么

注－成心恶心我：京人习用说法，指责对方对自己非善意的言行。

chi

c48　吃饱了撑的

例（无76 20）：谁会这么无聊？谁会这么**吃饱了撑的**扯这份臊

注－吃饱了撑的：京俗语，谓无事生非。

c49 吃饱了混天黑闷蜜蓄窝子炕上整点俗人乐

例（给466 20）：你见哪个小市民像你说的那样？不全是<u>吃饱了混天黑闷蜜蓄窝子炕上整点俗人乐</u>

注－吃饱了混天黑闷蜜蓄窝子炕上整点俗人乐：这是将数个俗语有机地结合在一起，叙述某种事态的一种笔法，可谓是典型的王朔语；较此前此之c44（趁热打铁见缝下蛆）条更精彩。句中之"闷蜜"即京俗语"闷得儿蜜"，此处意指一种闲适自得的状态；"蓄窝子"不知所云，可能应为"怵窝子"，原意指怯懦、怯懦者，此处转指"钻入被窝（京人谓被子为被货或被卧，铺叠成筒状可以钻入的棉被为被窝）"；"整"字是东北方言，指"做（某事）"；"俗人乐"指房事。

c50 吃不住

例（顽09 10）：不行，我<u>吃不住</u>，我体质弱

注－吃不住：一般作"顶（读阴平）不住"，京人习用说法，谓难以坚持，行将崩溃。

c51 吃货

例（一190 02）：你他妈怎么不动呀，<u>吃货</u>，还得我喂你

注－吃货：新京语，指谓无能者，除了吃饭一无所能。但在网络语中此词被赋予新的含义。

c52 吃了吗

例（玩270 02）："噢，是你呀。"……"<u>吃了吗</u>？"

注－吃了吗：这是旧时下层京人最常用的见面问候语，从侧面体现了旧京百姓生活的艰辛，整天就为奔点儿吃食活着；此说今已日见其少，是人民生活水平提高的具体反映。

c53 吃葡萄不吐籽假装一兜水

例（玩303 16）：别<u>吃葡萄不吐籽假装一兜水</u>了

注－吃葡萄不吐籽假装一兜水：现有"扮嫩"一说，指女人故作少女纯真状，此歇后语恰为扮嫩的注脚。笔者以为，这亦应视为王朔语，只要是通过他的作品为大

众所广泛知晓即应视为王朔语，并不一定非得是他本人首创。

c54　吃铁丝尿笊篱——瞎逼编

例（千468 07）：别**吃铁丝尿笊篱——瞎逼编**勒！就你们这搂性打得过谁呀

注－吃铁丝尿笊篱——瞎逼编：王朔语。旧京俗谚原有"吃铁丝下笊篱——肚里编"的歇后语，谓人现编瞎话；王朔此语即从那里脱胎而来，但更加恶俗化。按："笊篱"一词，元代已有，参见《元曲语汇143》条。

c55　吃香

例（浮220 22）：他还能找不着女朋友，现在个体户很**吃香**

注－吃香：京俗语，谓某事因恰逢其时，赶到点儿上而能得利。

c56　吃一顿奔一顿

例（千293 06）：问题是这么**吃一顿奔一顿**不是事儿

注－吃一顿奔一顿：京语俗说，谓生活困窘，全无保障。

c57　赤裸裸

例（枉585 18）：我认为英美法系的思维逻辑是公正的，而我们的习惯想法带有**赤裸裸**的偏见

注－赤裸裸：此词在各类批判文章中很常见，用于形容阶级敌人狗急跳墙，不加掩饰的赤膊上阵。但在"文革"初期，有些基层单位的群众文化水平很低，字读半边，将此说成"赤果果"，且甚为流行，几成定式矣。

chong

c58　充其量

例（刘138 01）：**充其量**我算一健康带菌者

注－充其量：意谓"说到头顶多也就是（如何）"。这是较文言化的说法，京人更通俗、使用更广的说法是"撑死了（如何）"。"了"字读lou。

c59　冲劲儿

例（刘115 07）：他的活力和**冲劲儿**感染了慧芳

注－冲劲儿：京俗语，指一种蓬勃向上、一往无前、精神振奋、

劲头十足的样子。"冲"字读去声。

chou

c60　抽
例（爸402 07）：滚一边去！急了我连你一起**抽**

注－抽："抽嘴巴"的简说，也笼统的指打（人）。

c61　抽"立"了
例（玩214 20）：牌桌上出了偏牌型，铁牌也被破得稀哩哗啦，到早晨我第一个被**抽"立"了**

注－抽"立"了：新京语，也作"打立了"，指打牌输光了。

c62　抽丫的
例（动451 20）："真该**抽丫的**，为他的事儿……"高洋愤愤地说

注－抽丫的："抽"指打；"丫的"见本卷之y01条。

c63　瞅瞅
例（枉574 12）：我进去**瞅瞅**就出来

注－瞅瞅：京人谓"看"为瞧，"瞅"是更土的说法。

c64　瞅你丫那操性
例（千348 15）：元豹被细麻绳勒得受不了，破口大骂，"**瞅你丫那操性**……"

注－瞅你丫那操性：下层京人习用的粗口。"你丫"见本卷n36条；"操性"也作"操行"，见本卷c07条。这是当面骂对方时的说法。

c65　瞅丫那操行
例（玩425 20）：**瞅丫那操行**，三分之二的身子三分之一的腿，一肚子民脂民膏还拷着妞儿

注－瞅丫那操行：义同上。这是背后议论别人时的说法。

c66　臭、土鳖
例（橡28 10）：你**臭**了，你**土鳖**了，我们家是大财团，每次回国都是人大副委员长以上的"角儿"接见

注－臭、土鳖：臭是"臭大粪"的简说，指谓对方的技艺低劣。此词自"文革"后期开始盛行，可视为新俚语；土鳖本为一种昆虫，京俗语谓人不开眼、没见过世面、

乡下老土为"土鳖"。

c67 臭大粪
例（一126 09）：中国队一个著名中锋在中场拔脚怒射，球飞向观众台，"<u>臭大粪</u>。"我们齐声骂
注－臭大粪：新俚语，参见上条。

c68 臭德性
例（动432 10）：<u>臭德性</u>，还涂口红呢
注－臭德性：京俗语，对他人的贬斥语。"德性"一词见d79条。

c69 臭美
例（过317 27）：别<u>臭美</u>了，我要在就没你什么事了
注－臭美：原著此处是调侃对方的自以为是；此词另也用于讥讽女人过分爱打扮。

c70 臭撰
例（永78 18）：一个老粗，<u>臭撰</u>什么
注－臭撰："撰"指"转文"（"转"字读为 zhuǎi），即不合时宜地卖弄文采，不必要的引经据典等；

加一臭字更显其招人厌恶。

c71 臭拽
例（爸297 08）：少跟我<u>臭拽</u>你会的那几个词
注－臭拽：音义同上条，写法不同。"撰、拽"一般均写为"转"。

chu

c72 出工不出力
例（谁562 01）：诸位，以后我要<u>出工不出力</u>偷奸耍滑，你们千万别吃惊
注－出工不出力：这是从二十世纪长期困扰我国的老问题。参见《附录肆－17》。

c73 出来混
例（憎562 03）：回去好好学学吧，学好了再<u>出来混</u>
注－出来混：对"走入社会"的江湖气说法。

c74 出身
例（人436 23）：我并没有暗示你的<u>出身</u>的意思
注－出身：新中国成立后，按建

国前不同人等所属的阶级，划分"出身"。详见《附录肆–17》。元曲中有此词，见《元曲语汇144》条。

c75　出身

例（刘126　16）：夏小雨嘻嘻笑："就知道你是这么个<u>出身</u>。"

注–出身：原著此处是对出身（参见上条）一词的扩展用法，指其早年间的表现（欠佳）。当然此处是调侃性的说法（女儿在说爸爸），但总之这是在负面上的用法。京人还有个说法叫"底儿潮"，那可严重多了，是指有前科之类的问题。

c76　出息

例（刘143　11）：谁是不堪造就的谁是有<u>出息</u>的，我一眼就能看准

注–出息：此处意指发展前途、上进心。

c77　雏儿

例（动451　18）：汪若海我算是知道他了，忒<u>雏儿</u>，一进去就全抵了

注–雏儿：本义是幼鸟，此处作形容词用，指不成熟、无经验、懦弱胆怯。

c78　杵

例（玩271　13）：头都不回的，直接<u>杵</u>进大饭店

注–杵:本义一种舂米的工具（杵臼），作动词是指"以长形物体戳刺"，此处是引申义，指不打弯的直接进入（某处）。

c79　怵

例（一190　02）：不是嫌我对你不好吗，这回我对你好了，怎么又<u>怵</u>了

注–怵：畏惧，旧时京人常说成"憷头"（也作"怵头"），后简说成"憷"（或"怵"）。

c80　憷、猖、铲

例（动473　14）：多有名，传得越厉害的人我都不<u>憷</u>，再<u>猖</u>我也敢<u>铲</u>他

注–憷、猖、铲：新俚语，在"文革"后期形成。憷：见上条；猖：嚣张狂妄;铲:削平。这是"文革"

中新形成的流氓阶层的说法，下层民众也间有此说。

chuan

c81 传单
例（千330 22）：有些人还掏出<u>传单</u>撒起来
注－传单：新京语。"文革"期间成天价传单泛滥，遂成为京语常用词汇，乃至全民日常用语。这原是日语外来词，十九世纪末传入中国。

c82 喘口气儿
例（玩216 07）：如果回家的话到家<u>喘口气儿</u>就得往回整
注－喘口气儿：京人习用说法，指稍事休息。"气"字须儿化。

c83 传统道德
例（一123 08）：如今是<u>传统道德</u>受到普遍蔑视的年代
注－传统道德：原著此处指中华民族的传统美德，即孔孟之道所界定的道德范畴。

c84 传统观念
例（刘155 01）：只不过是有些习惯认识和<u>传统观念</u>妨碍了你
注－传统观念：指建立在传统道德理念基础上的观念，改革开放后有时以其指谓毛泽东时代的某些观念。

c85 传统价值观
例（过316 25）：但她既然已经激进在先，我不妨多表现出一些<u>传统价值观</u>
注－传统价值观：由传统观念所界定的价值观，改革开放后有时以其指谓毛泽东时代的某些价值观念。

c86 传统美德
例（玩293 13）：我还不知道你是个具有<u>传统美德</u>的人
注－传统美德：符合传统道德理念的某些品德。这些在"文革"中被打倒的传统美德，近年来被官方重新肯定。

c87 串门
例（刘127 27）：谁这么晚还来<u>串门</u>
注－串门:京语谓做客、拜访（别

人家）为串门。"门"字儿化。

chuo

c88 戳后脊梁

例（爸389 02）：做人做事要光明磊落，千万别让人**戳后脊梁**

注－戳后脊梁：北方语系地区多有此说，指（因行为不端）遭人背后非议。

c89 戳着

例（爸376 25）：那无法无天四处闯祸的孩子哪个不是因为有个**戳着**仗着的

注－戳着：旧京下层俗语，流氓阶层常用，指某人（多为小混混儿）背后有人撑腰。"戳"字应作"蠢"，读 chuō（见《北师大学报》1983年第4期 俞敏：《李汝珍〈音鉴〉里的入声字》）。

ci

c90 呲嗷的

例（橡25 15）："联合国**呲嗷的**。"我在背后愤世嫉俗地骂

注－呲嗷的：这是所谓"拆音字"，又称"切口语"，即采取"反切"法（将前字声母与后字韵母相拼合），来隐晦地说某字或词。此处所说的"呲嗷（前字声母与后字韵母为 c、ao）"相拼即是"俏"字。详见《附录肆－19》。

c91 斥挞

例（爸224 11）：小孩嘛无所谓，不管大人怎么**斥挞**，二皮脸一挂嘻嘻一笑就过去了

注－斥挞：京语谓斥责、数落为"呲嘚"（也有写作"呲登、呲嗒、刺打、斥打"等），方言无定字，原著这里写作"斥挞"也可，但均须读为 cī de。参见《满蒙语汇肆－01》。

c92 叱

例（玩271 09）："你懂个屁！"矮汉子**叱**他妈

注－叱：即"呲嘚"的简说。注意此处"呲"（本条写作"叱"）字单独使用，就一定要儿化，读 cē*r。

c93 斥

例（永87 23）：就让你这么看不上眼，一说话就**斥**我

注－斥：音义均同上条，仅写法

不同。原著在俗语用字上很随意，不讲究。

c94　瓷器

例（空27 27）：我没见过这个人，猜是她的"**瓷器姐姐**"薛苹

注－瓷器："文革"后期产生的新京语。详见《附录肆－20》。

c95　刺头儿

例（千415 02）：办法是人想的，皇帝我们都改造过来了，他唐元豹总不会比皇帝还**刺头儿**吧

注－刺头儿：京俗语，谓暴躁且不宽容，又好找茬儿挑剔；也指这样的人。原著此处写法有误，应为"刺儿头"。

cong

c96　从胜利走向胜利

例（正112 17）：我们是怎么取得一个个成就**从胜利走向胜利**的

注－从胜利走向胜利：新京语。1949年建国后常用的宣传口号，用来描述我党的历程。

c97　从现在做起，从我做起

例（你161 18）：不能任其下去，要管……**从现在做起，从我做起**

注－从现在做起，从我做起：二十世纪七十年代末，清华大学化学工程系七二班团支部提出了"从我做起，从现在做起"的口号；随即风靡全国，成为积极向上、奋发进取的时代标志和一种精神感召。

c98　从严对象

例（爸207 10）：而把这个过分猖狂的**从严对象**一直扣着等到他父亲来再会商惩罚措施

注－从严对象：语出"坦白从宽，抗拒从严"，指"抗拒者"。

cu

c99　粗粗壮壮

例（顽05 03）："活着没劲。"一个**粗粗壮壮**的汉子坐在于观办公桌对面沮丧地说

注－粗粗壮壮：身材壮硕。京腔读为 cū cū zhuáng zhuǎng。

cuan

c100　蹿稀

例（千344 12）：你这孩子胃不好，小时候老感冒，还爱**蹿稀**

注－窜稀：京语是汉语里较年轻的一支，其语言特点（也是优点）之一就是动词细致多样，生动贴切。如此处的"窜"（读 cuān，实应为"蹿"）字，是"喷射"义，对拉稀泻肚就描述得很准。参见《附录肆－21》。

c101　揣儿了

例（枉603　27）："你们不能不让人睡觉。"李建平<u>揣儿了</u>

注－揣儿了：京俗语，谓（因某事而当即）勃然大怒。

c102　篡党夺权

例（玩259　16）：我根本想不起当时的事了。就是有人说我<u>篡党夺权</u>我也只好认了

注－篡党夺权：出处不详，但"文革"期间此词时时处处喧嚣于耳。

cuo

c103　搓

例（橡81　22）：你们一开始……光惦记着<u>搓</u>老蒋

注－搓：新京语。此说始于打牌（京人管打麻将叫"搓麻"），原著此处是说几个人合计起来算计一个人，要将其钱款骗光。

c104　撮

例（许118　05）：再说我老不出车哪来钱供哥儿几个<u>撮</u>呀

注－撮：京人谐谑说法，谓大吃。一般用于与友共食。《儿女英雄传》中已见此说法，可见此词的产生不晚于十九世纪中期。详见《卷一·c51》条。

c105　搓板

例（过330　01）：快去磕头请罪吧。要不要<u>搓板</u>

注－搓板：新京语，指"跪搓板"，谓在家中被老婆罚跪。惧内的谑说。

c106　矬地炮

例（人508　16）：这个<u>矬地炮</u>怎么配有这样的艳福

注－矬地炮：京俗语，谓矮胖之人。京人谓矮为矬。详见《附录肆－21》。

c107　错误

例（枉598　02）：你的<u>错误</u>并不是

对你弟弟教育不周

注－错误：新京语。自二十世纪五十年代后开始在全民中流行，指人做了不符合党的要求之事。对此词的使用，"文革"期间臻于顶峰。

D 部

da

d01　搭把手

例（爸179　14）：不过这爹现在透着老了……有点打不动，得招呼老哥几个都<u>搭把手</u>

注－搭把手：京俗语，求人帮忙（多为某项简单的体力活）的常用说法。

d02　打倒国民党、共产党万岁

例（你188　23）：口号我们都审查过了，没有问题，都是"<u>打倒国民党</u>""<u>共产党万岁</u>"之类的

注－打倒国民党、共产党万岁：建国后各类文艺作品中常见的口号，两代人耳熟能详焉。

d03　打小报告

例（谁566　15）：谁<u>打小报告</u>我跟他急

注－打小报告：新京语，谓将周围人的情况向领导汇报。此事老百姓痛深恶绝，所以各类矛盾往往因此而加剧。

d04　打眼

例（修498　19）：这一男一女能撞上而且有戏，不在他们多出众多有钱，走在街上是否<u>打眼</u>

注－打眼：判断、鉴定某物或人时发生重大失误，谓"打了眼"。但原著此处是指显眼、醒目，这并非通用说法。

d 05　打

例（刘119　09）：<u>打</u>搬到这楼房，老街坊们就难得一见喽

注－打：京人口语中常将从何而来或从何时起说为"打哪儿来、打什么时候起"。按：京语"打"字的此种用法应系源于满语。满语词汇 da，有"本、始、头目、首领"等义。

d06　打岔

例（一194　08）：得嘞，哥儿们，

别这儿**打岔**了

注－打岔：此处指故意捣乱，别有用心地瞎搅和。"岔"字上声，参见《卷一·d12》条的第3项。

d07　打的

例（橡129 24）：出租车已经在京城里成了灾，"<u>打的</u>"不再是奢侈的壮举

注－打的：新京语。"打"字在现代汉语中有多意，此处指雇佣（出租车）。"的"是英语 taxi（出租车）的汉化简说。

d08　打棍子

例（正77 24）：照死了<u>打棍子</u>，拿出那势不两立深恶痛绝劲儿

注－打棍子：此词出自"三不主义"，"不抓辫子、不扣帽子、不打棍子"。

d09　打鸡血

例（千397 06）：凡夫俗子也就是过过电，<u>打打鸡血</u>

注－打鸡血：二十世纪六十年代末，曾兴起过一股"打鸡血"之风，即抽取大公鸡翅下之血直接注入人体，据说可祛除百病、延年益寿云云。这类伪科学其实是民间"怪力乱神"思维模式的现代翻版。

d10　打立杆的

例（正72 15）：天这么亮，<u>打立杆的</u>都还没到位呢

注－打立杆的：这并非北京话（也不知哪儿来的粗口），即四川球迷在足球赛时喊的那个"雄起"；"打立杆"义同后来从港台传过来的"打飞机"一说。

d11　打瘫为止

例（千292 08）：由我们的武士轮番上阵，跟他玩车轮战，直到<u>打瘫为止</u>

注－打瘫为止：京人习用说法。"瘫"字阳平。

d12　打一照面

例（修487 05）：与正转过身来的陈主编冷丁<u>打一照面</u>

注－打一照面：京人习用说法，谓两人面对面相遇。

d13　打招呼

例（懵532 24）：何必迎上去，恭敬地**打招呼**

注－打招呼："招呼"一词，在传统京语中是作为动词使用，为见面时相互致意等义；后逐渐转化，说成"打招呼"，"招呼"作为宾语成了名词。

d14　打着喊

例（千311 04）：元豹他爸……扬脖**打着喊**："元豹，过来……"

注－打着喊：原著此处是指大声喊。此词似未见于京人口语，不知其来历。

d15　大背挎

例（千291 19）：有个机灵的黄汉子攥住白汉子的一只手腕，拱背蹲身，意欲来个**大背挎**

注－大背挎："背挎"一词见b46条。"大"字是对"背挎"的渲染，京人习用说法。

d16　大辩论

例（玩417 22）：**大辩论**时，口若悬河引经据典

注－大辩论：始于二十世纪五十年代中期，终结于八十年代初的一种运动群众方式。详见《附录肆－22》。

d17　大茶壶

例（正78 19）：如果上边答应好好养你……你当**大茶壶**我也不管

注－大茶壶：旧时妓院中的男性杂役。详见《附录肆－23》。

d18　大道理

例（空22 27）：你不该给我讲**大道理**

注－大道理：新京语，专指马列主义、毛泽东思想的革命大道理。

d19　大耳刮子

例（你169 18）：一个恨不得让人用**大耳刮子**抽的白痴

注－大耳刮子：京俗语，也简说为"耳刮子"。指打耳光。

d20　大耳刮子抡你

例（爸256 14）：就冲你和我说话

这口气，早**大耳刮子抡你了**

注 - 大耳刮子抡你：京人习用说法。"抡"是"抡圆了（打）"的简说，读为 līn，是对"打"的大力渲染。

d21　大哥大

例（无32 19）：他……直扑桌上的"**大哥大**"

注 - 大哥大：二十世纪八十年代对移动电话的称谓。详见《附录肆 - 24》。

d22　大好局面

例（千360 06）：我们今天的**大好局面**来之不易，一定要珍惜

注 - 大好局面：特定语，"文革"中"大好局面"一说见于1968年10月。详见《附录肆 - 25》。

d23　大件儿

例（永69 08）：那一分钱都得掰着齿花，要不怎么置**大件儿**

注 - 大件儿：新京语，专指结婚时所需制备的大件家具。详见《附录肆 - 26》。

d24　大街上磕的

例（爸320 24）：谁给你们撮合的？你的介绍人是谁？不是**大街上磕的**吧

注 - 大街上磕的：新京语。在"文革"期间专指"以性为目的、强与素不相识女子交往的行为"。参见《附录肆 - 28》。

d25　大款

例（橡10 15）：名副其实的"大哥"——**大款**哥

注 - 大款：新京语。自二十世纪八十年代起，随着"部分人先富起来"而开始流行的新生词汇。

d26　大老美

例（浮222 15）：满街都是吃过晚饭，穿着裤衩背心为中国女排击败**大老美**兴高采烈的人群

注 - 大老美：京人对外国人，统称其为大老外，一个"大"字透漏出国人内心深处的崇洋媚外思想。唯对美国人又单独称大老美，详见《附录肆 - 27》。

d27　大老外

例（正116 21）：一个金发碧眼穿中式对襟衫黑布鞋足有一米九的<u>大老外</u>

注－大老外：参见上条。

d28　大喇喇

例（无88 10）：钱康仰身靠在软椅背上，<u>大喇喇</u>痴笑地问

注－大喇喇：现一般写为"大咧咧"。京语谓粗豪、满不在乎的样子。

d29　大龄女青年

例（无23 24）：别坑人家学中文的<u>大龄女青年</u>了

注－大龄女青年：新京语。原指25岁以上女性，现在大概得指35岁以上了。因各种原因嫁不出去的城市女子越来越多，以致产生了"剩女"一词。

d30　大妈

例（刘119 02）：夏顺开笑道："<u>大妈</u>，又给您添堵来了……"

注－大妈：京人称伯母为大妈，也以此统称年龄相当之长辈女性。

d31　大马趴

例（过301 02）：这就像一个人当街摔了个<u>大马趴</u>

注－大马趴：京俗语。指谓全身向前、毫无补救动作的摔倒；此动作亦被谑称为"狗吃屎"。

d32　大面上

例（谁545 16）：心里怎么想的不管，<u>大面上</u>还是能做到对自己严格要求

注－大面上：京俗语，指公开场合、表面，或总体范围。

d33　大拿

例（谁542 02）：我们需要的是既勤勤恳恳、任劳任怨，又精明能干、政策水平高的<u>大拿</u>

注－大拿：京俗语，原指在某处或某行业中能起主导作用或精通本行业者，后也用以调侃单位领导。京俗谚有云"砂锅安把儿——大拿"。

d34 大撒把

例（爸331 10）：这回可好，<u>大撒把</u>没人管了

注－大撒把：新京语，谓放任自流。语出1992年葛优主演的电影《大撒把》。

d35 大是大非

例（爸185 03）：从<u>大是大非</u>的立场才决定跟上他的

注－大是大非：新京语，出处待考。区分大是大非的标准，看是否听党的话。

d36 大松心

例（刘136 12）：操心！不比你们小芳可以<u>大松心</u>

注－大松心：京人习用说法，谓（某些事）绝无问题，可完全不予过问。

d37 大爷

例（无06 16）：你成天在家玩，<u>大爷</u>似的

注－大爷：京人习用称谓，"爷"字阳平。详见《卷一·d35》条之①；但也可如上述之第②条所列读为 dè yé，是加重挪揄调侃语气。

d38 大爷

例（正125 10）：别跟我来这套，<u>大爷</u>心里明镜似的

注－大爷：此处是自称，就如同蜀人自称老子。读音参见上条。

d39 大爷

例（给446 25）：<u>大爷</u>，您甭费劲了

注－大爷：京人习用称谓，"爷"字轻声。详见《卷一·d35》条之③。

d40 大尾巴狼

例（玩324 19）：总而言之装的像个<u>大尾巴狼</u>

注－大尾巴狼：京俗谚，指故意做出某种高于自己实际情况的状态。

d41 大众菜肴、食堂、开票、端菜、排队、等坐

例（爸249 02）：当年这只是卖<u>大</u>

<u>众菜肴</u>的<u>食堂</u>式的下等饭馆……
<u>开票</u>、<u>端菜</u>都要自己去<u>排队</u>……
你吃的同时身后还站着一圈<u>等坐</u>的人盯着你

注－大众菜肴、食堂、开票、端菜、排队、等坐：这是改革开放前北京普通饭馆的真实写照。参阅《附录肆－28》。

d42 大字报

例（爸223 03）：哪个老师稍微说错句话做错件事，<u>大字报</u>立刻贴到她办公室去

注－大字报：一种兴起于1957年，鼎盛于"文革"时期，终结于八十年代初的舆论形式。参见本卷d16条。

dai

d43 逮哪儿逮谁都××

例（爸315 17）：我就不待见那<u>逮哪儿逮谁都</u>胡说一气的人

注－逮哪儿逮谁都××：京人习用说法，谓不分场合（地做某事）。此处之"逮"字读为dēi。

d44 带

例（动422 01）：说完好汉说侠女，谁最近又转入谁的手中"<u>带</u>"着

注－带：新俚语。"文革"时期兴起的说法，指谓男人领有某女人（保持性关系）。

d45 代表组织

例（爸297 15）：找我谈话呐？您这是<u>代表组织</u>呵还是代表个人

注－代表组织：新京语。此种说法自二十世纪五十年代后开始出现，使用频率至"文革"时期达于顶峰。

d46 带搭不理

例（爸186 05）：瞧他跟父亲说话时那样儿，<u>带搭不理</u>的

注－带搭不理：京俗语。谓洋洋不睬状。

d47 带得出去

例（爸322 08）：长得又<u>带得出去</u>，人也能干

注－带得出去：新京语。是男女双方对对方形象的认知，形象好坏决定着能否"带得出去"（见人）。也有时说"拿得出手去"，

但后一说更多用于评价馈赠品。

d48　大夫
例（刘137　18）：您是一**大夫**是吧？我一进门闻见您身上的来苏水味儿就猜出来了

注－大夫：京语称医生为 dài fu。

d49　带好儿
例（你176　27）：瞧见她可就得缠着你托你给观音女士**带好**儿，还非得带到

注－带好儿：京语谓"代为问候"，是京人习用说法。"好"字儿化。

d50　戴红袖章的老头儿
例（给446　23）：见一个**戴红袖章的老头儿**在他们身旁停下

注－戴红袖章的老头儿：此类老头儿（还有老太太）是在进行某种重大政治活动期间的义务治安服务人员，现仍时有所见，"文革"期间于斯为盛矣。

d51　待见
例（浮213　08）：浑浑噩噩小三十年，身无一技之长，再没钱，将来谁**待见**

注－待见：京俗语，（被人所）喜欢、喜爱（常用于否定句中，如本条）。"见"字读 jin，轻声。

d52　带头作用
例（爸205　24）：班干部软弱、涣散，起不到**带头作用**

注－带头作用：新京语，也说"模范带头作用"。主要是说党员应做到此点，此词今仍常用。

d53　戴羊剪绒皮帽、穿黄呢大氅、每天晚上用冰刀互相往脸上剁
例（浮242　10）：我见过那些**戴羊剪绒皮帽、穿黄呢大氅，每天晚上用冰刀互相往脸上剁**的野小子轮番拉着她在什刹海冰场滑冰

注－戴羊剪绒皮帽、穿黄呢大氅、每天晚上用冰刀互相往脸上剁：原著这里准确地描绘出二十世纪六十年代末至七十年代初某些大院子弟的典型形象。

d54　待遇
例（爸219　11）：她诉说着现如

今作为一个低级教师的苦恼与不幸，<u>待遇</u>啦、房子啦、全社会的尊重啦

注－待遇：指按有关规定，某一级别的人所享有的相应权利。

d55　戴罪立功，反戈一击

例（千460 08）：<u>戴罪立功</u>，<u>反戈一击</u>，咬出几个黑后台

注－戴罪立功，反戈一击："文革"中被整者受刑不过，于是胡乱咬出几个以自保；整人者据以再开展下一轮的扩大整人。严重时挨整者会以几何级数增长。参阅《附录肆－29》。

dan

d56　单钵儿

例（顽21 21）：那个<u>单钵儿</u>坐在台上烤的就是

注－单钵儿：京俗语，指不成双或不在人群中，也有时指人不合群。多写为"单绷儿"或"单弸儿"，读 dān bē~r。

d57　单拨儿

例（玩253 26）：我记得很清楚我<u>单拨儿</u>一个在路边游戏摊上打汽枪

注－单拨儿：音义同上，唯写法异。

d58　单车

例（空10 16）：张欣和刘为为骑着<u>单车</u>来了

注－单车：南方多称自行车为单车。

d59　蛋

例（玩231 10）："……咱哥们儿好事净想着你吧？""<u>蛋</u>……"

注－蛋：当对方说起某事，己方对此予以轻蔑否定时，下层京人往往会回以"别操蛋了"，此处即其简说。参阅《附录肆－30》。

dang

d60　党和国家的机密

例（动433 03）：看来以后真是不能打听太多<u>党和国家的机密</u>，否则被谁抓了去跑不了要当叛徒

注－党和国家的机密：新京语，尤以"文革"时期大批判常用，指控某某领导干部是"叛徒"，出卖了多少"党和国家的机密"云云。

d61 挡横儿

例（爸346 20）：人家爸爸教育孩子你挡什么横儿

注－挡横儿：京俗语，指对（与己无关的）某事横加干预。

d62 党培养

例（你177 02）：一个普通人，爹妈生党培养

注－党培养："文革"时期一些青年向往古希腊斯巴达式的成长历程，本词条即是此种思维模式的体现。

d63 党团骨干、学生会干部

例（千421 01）：教务处主任正在给全校的党团骨干和学生会干部开会

注－党团骨干、学生会干部：党组织在学校里依靠其管理一般学生。

dao

d64 捣鼓

例（动489 13）：我捣鼓半天，终于把她捣鼓得睡不成了

注－捣鼓：京俗语，也说"鼓捣"。此处意指来回来去地摆弄。另有时也用于指（买进卖出的）做点小买卖。

d65 倒买倒卖

例（橡109 23）：关押半年，旋获释放。后退职，继续从事倒买倒卖活动

注－倒买倒卖：新京语，指"低价买进高价卖出"的商业活动。见《附录肆－31》。

d66 倒血霉

例（枉587 16）：他就背后骂我老帮子，说跟我住街坊"算倒血霉了"

注－倒血霉：京俗语，谓倒了大霉、倒霉透了。

d67 倒

例（刘140 27）：国强，你还倒什么劲呀

注－倒：此为"倒买倒卖"的简说。按：此时已是改革开放后了，但人们囿于原有习惯，还是习将一般个体生意的商业行为称为"倒"。

d68 倒卧儿

例（懵550 02）：这也就解放了，搁过去也就是个**倒卧儿**

注－倒卧儿：旧京俗语，指谓不堪饥寒交迫、瘐死街头者。京腔"卧"字应读轻声，但不可儿化（儿化音显得轻浮，对死者不敬）。原著作者此等细微处显出了在京腔京韵上的瑕疵。

d69 倒爷

例（浮261 20）：黑市价跌得很惨，每天都可以看到一些票子砸在手里的"**倒爷**"焦急地在剧场前徘徊

注－倒爷：新京语，指谓倒买倒卖各种物资者。此处指票贩子。详见《附录肆－32》。

d70 道

例（你177 13）：这先生**道**深了，任咱们怎么捧，岿然不动

注－道：京俗语，"道行"（"行"字读 heng，轻声）的简说。本是道教用语，指修炼的程度；借指人的修养、能为、本领等。

d71 到了

例（懵549 04）：什么也不问就掰了，**到了**也没弄清这事是真是假

注－到了：京人习用说法，意指"到最后（也如何）"，用于否定句式居多。"了"字儿化，读 liǎor。

d72 倒贴、卖

例（一130 16）：你让她**倒贴**她都干，可叫她**卖**，打死她也不干

注－倒贴、卖：京人习用说法，倒贴指女人死心塌地爱上某男人，不但献身还提供钱财；卖则指女人卖身。

d73 道德败坏，资产阶级思想严重

例（橡159 19）：做妓女并不特别下贱，只是运气不好，更谈不上**道德败坏，资产阶级思想严重**

注－道德败坏，资产阶级思想严重：新京语。参见《附录肆－33》条。

de

d74 得巴得巴

例（无20 18）：一个妈**得巴得巴**

地跟肖科平唠叨

注－得巴得巴：京俗语，形容喋喋不休。"巴"字读bē，"得巴"一般写作"嘚啵"。

d75　得得

例（玩373 20）：这么说倒是你疼我了？**得得**，我就当这死者，谁让这头儿是我挑的呢

注－得得：京人习用说法，表示不得不认可某事。两个"得"字均读本音。

d76　得词

例（无62 14）："你们家怎么什么药都没有……""可让你**得词**了……"

注－得词：京俗语。谓被对方抓住了话把儿。

d77　德国红军

例（正120 08）：生晚了，没赶上你们中国红军革命的时候，只好就近入**德国红军**了

注－德国红军：指德国的恐怖组织Rote Armee Fraktion，亦称"赤军旅"。详见《附录肆－34》。

d78　得嘞

例（玩245 03）："**得嘞**。"我挣脱出身子对那二位说

注－得嘞：京人在某事态告一段落时的说法。此处作为叹词用，有如释重负意。"嘞"字读lèi，去声。

d79　德行

例（一172 08）：中国人怎么都那么**德行**，假深沉，假博大

注－德行：京俗语，贬斥、讥讽人时所说，指令人难以容忍的仪态举止、言语做派等。"德行"一词，本指道德品行（高尚）；最早似见于《诗经·邶风·雄雉》："百尔君子，不知德行。"本来是褒义词，在京人口语中一来二去的就成了其反义词（没德行）。这种"词义反向转换"现象在汉语各方言中都时有出现，此处并非孤例（因其超出本书范围，不赘述）。

d80　德行

例（爸276 10）："**德行**！"……

马林生骂了一声

注－德行：词义同上。此词可以单独使用，显得言简意赅。

d81 德性

例（给453 11）："德性！"周瑾一甩手站起来。"越说你还越来劲了。"

注－德性：音义同上两条，仅写法异。

d82 德性、揍性

例（谁563 08）："瞧她那德性，瞧她那揍性。"牛大姐气得浑身哆嗦

注－德性、揍性："德性"音义同上；"揍性"之"揍"是"禽"的转音，参见此前之a05条。原著此处写的牛大姐是个"文革"时曾积极参与整人，但平时马列主义常挂嘴边者；此时失态，口中从俗语转为粗口秽语。

d83 德行样儿

例（爸317 27）：一屋人都笑了。夏太太撇着嘴，"都能想象出你什么德行样儿。"

注－德行样儿：京俗语，限于贬义，指德行之外在表现。

d84 ××得过

例（玩426 12）：高洋说："这也按得过。"

注－××得过：京人习用说法，是其前面动词的补语。"得过"读为 de guòr。原著此处的"按"字指捉奸。

d85 ××得什么似的

例（爸370 01）：全国人民高兴得什么似的

注－××得什么似的：京人习用说法，与上一条用法类似，区别在于此词是其前面形容词的补语。

dei

d86 逮谁给谁……

例（玩215 05）：你自己一出门就瞎套瓷，逮谁给谁留地址

注－逮谁给谁……：京人习用说法，意指不分对象、一视同仁给予他人某种物品。其后衔接名词或动宾词组。

deng

d87 蹬

例（空30 05）：我也要劝王眉把胖子<u>蹬</u>了

注 - 蹬：京俗语，指将某人出局。多用于搞对象的男女之间。

d88 蹬

例（爸173 26）：<u>蹬</u>上条内外通用裤衩

注 - 蹬：京语对（快速）穿裤子的形象说法。此处可看出京语在动词使用上的精彩和灵活性。原著作者此处"内外通用的裤衩"一说，是其语言精妙处，细思之令人忍俊不住。

d89 蹬鼻子上脸

例（爸283 05）：真他妈<u>蹬鼻子上脸</u>，得寸进尺

注 - 蹬鼻子上脸：京俗谚，即得寸进尺的形象说法。

d90 灯儿

例（玩303 23）：从小到大没刷过牙没洗过<u>灯儿</u>

注 - 灯儿：陈刚先生《北京方言词典》将此词写作"嘚儿"，读dē*r。京俗语，指男性生殖器。

di

d91 低级趣味

例（动410 07）：我觉得我后来的<u>低级趣味</u>之所以一发不可收拾

注 - 低级趣味：此语早期见于毛泽东《纪念白求恩》："一个人能力有大小，但只要有这点精神，就是一个高尚的人……一个脱离了低级趣味的人。"

d92 提拎

例（千370 21）：象我们那个时候，随便<u>提拎</u>出一个作家都会讲几句洋话

注 - 提拎：京俗语，现一般写作"提溜"，读为 dī liu。参见《卷一·d83》、《卷二·dx59》、《卷三·dz63》等条；可见此词在京语中传承有序。

d93 堤外损失堤内补

例（永59 22）：一股洪水席卷了路边的一个瓜摊，浩荡水中飘游着一个个翠皮大西瓜……"什么叫<u>堤外损失堤内补</u>？抱两个

吧！"

注－堤外损失堤内补：文革语，意指千方百计地减少损失。此词出于样板戏《龙江颂》中江水英的一句台词，后来在"文革"中被不断引用，成了流行语。

d94　敌进你退，敌退你进，敌驻你扰，敌疲你打

例（给457　17）："**敌进你退，敌退你进，敌驻你扰，敌疲你打**。"……"这不是我说的，《诱妞大全》上就这么写的。"

注－敌进你退，敌退你进，敌驻你扰，敌疲你打：毛泽东在《红军第四军前委给中央的信》(《毛泽东选集》第一卷，人民出版社1999年8月版，第56页）有"敌进我退，敌驻我扰，敌疲我打，敌退我追"之说。原著此处是调侃。

d95　的确良

例（枉574　01）：老是一身**的确良**蓝便装，一年四季不换。

注－的确良：英语Dacron的音译，是涤纶（Terylene，即合成聚酯纤维）纺织品的商业名称。参见《附录肆－35》。

d96　抵

例（一129　27）：你说，亚红会不会把咱们**抵**出去。

注－抵：本为旧京下层俚语，"文革"期间开始广泛流行于全社会，指被局子（公安局）抓走者因受刑不过而交代问题，以致牵连他人。

d97　地道战、地雷战

例（动461　23）：虽然我当时就怀疑**地道战**和**地雷战**能否在现代条件下仍和打鬼子时一样行之有效

注－地道战、地雷战：抗日战争期间，华北、山东一带的民间抗日组织与日寇作斗争的战术。二十世纪六十年代曾拍过《地道战》、《地雷战》两部影片，以故事的形式描述了这两种战法。但这两部影片受到当时过分强调"革命乐观主义"的影响，将残酷的民族战争以一种嘉年华会（Carnival, Saint）的方式阐述，未免太过儿戏了。

d98　底根

例（无41　02）：打庚子年八国联军洋枪洋炮轰了这么些年，<u>底根</u>没变

注 - 底根：京俗语，谓"从根本上、从来就（如何）"。"底"字去声，"根"字儿化。

d99　帝国主义及其一切反动派都是纸老虎

例（千330　20）：接着又喊："打倒帝国主义！<u>帝国主义及其一切反动派都是纸老虎！</u>"

注：帝国主义及其一切反动派都是纸老虎：毛泽东1946年8月在《和美国记者安娜·路易斯·斯特朗的谈话》中首次提出"一切反动派都是纸老虎"一说；1958年12月《在中共中央政治局武昌会议上的讲话》中又指出"必须如实地把帝国主义和一切反动派，都看成纸老虎"。这两者在"文革"中合成了本口号。

d100　帝国主义主子

例（橡73　21）：老杂种，你最好赶紧溜回你的<u>帝国主义主子</u>那儿去

注 - 帝国主义主子：二十世纪五十至七十年代的流行语，指斥被认为是与西方国家有联系的人。

d101　地界

例（千300　13）：别害怕……还是咱北京城的<u>地界</u>

注 - 地界：地区范围。"界"字轻声，儿化。

d102　第三者

例（修500　25）：批判批判那些不道德的<u>第三者</u>

注 - 第三者：随着对性道德采取日益宽容的态度，插足别人婚姻的"第三者"现象也日益泛滥；此词现在似也可列入新京语的范围了。

d103　帝王将相、批倒批臭

例（千441　17）："……历史是由谁创造的？"……"<u>帝王将</u>

相！""瞎——掰，这种说法早就**批倒批臭**了。"
注－帝王将相、批倒批臭：参见《附录肆－36》。

d104 地主恶霸
例（爸349 07）：没一个共青团员嘛，都是**地主恶霸**
注－地主恶霸：参见《附录肆－37》。

dia

d105 嗲
例（橡06 01）：我温柔地哄了哄她，她继续**嗲**了一阵
注－嗲：这是在改革开放后从广东传入的港台说法，谓女子故作娇媚，甚或是淫声浪气地纠缠男人。

dian

d106 颠了
例（给496 08）：我辞职了，不干了，**颠了**
注－颠了：旧京俗语，意谓走了、跑了。

d107 典型
例（刘134 02）：我就是个一切都明白实在做不到的**典型**
注－典型：新京语，尤以"文革"期间使用频率最高。褒、贬义均可用。

d108 点心匣子
例（无94 13）：顺道就给你装俩**点心匣子**拎过来
注－点心匣子：旧京习俗，对人进行礼节性拜访时最常带的见面礼。

d109 电影、组织观看、样板戏、彩色印染、西哈努克在哪里
例（爸250 13）：那时**电影**也没什么好看的，都是**组织观看**，**样板戏**、**彩色印染**、**西哈努克在哪里**
注－电影、组织观看、样板戏、彩色印染、西哈努克在哪里：这是"文革"期间电影的实际情况。详见《附录肆－38》。

d110 垫砖
例（无58 26）：别光听他说，有些事该了解清楚的都打听一下。我这不是给他**垫砖**
注－垫砖：此处意指说别人坏话。

d111 垫砖

例（你212 26）：我们不给他**垫砖**他也得揪着自己鸡巴往半空中跳

注－垫砖：此处意指给人"帮忙"，但这种帮忙有点儿故意引人走瞎道的意思。"垫砖"之说法旧京语中未见。

diao

d112 叼食

例（玩282 27）：饭桌上已经摆了五颜六色油亮鲜嫩的一片冷盘，齐声喝了个彩，分头洗手搬椅**叼食**

注－叼食：此处是"吃"的调侃说法。"食"字要儿化。

d113 吊儿郎当

例（刘131 20）：他能纵容自己孩子逃学，自己也一定是个**吊儿郎当**，把工作视为儿戏的人

注－吊儿郎当：不认真，敷衍率意，松垮慵懒。详见《附录叁－37》条。

d114 吊膀子

例（玩279 27）：我说我不赞成分三六九等，为什么名流就不能主动**吊**百姓的**膀子**

注－吊膀子：也简说为"吊膀"。此处之"膀"字本为江浙一带的土语，指女人乳房，吊膀是说男人勾引女人；后来传到各地，含义扩展了，男女互勾均可称为吊膀。参见《卷一·n10》条。

d115 吊嗓

例（刘114 09）：**有吊嗓**者的高腔颤悠悠、飘袅袅地从树林中传出

注－吊嗓：戏曲演员每天进行嗓音练习，称吊嗓子，简说吊嗓。"吊"也作"调"。

d116 吊死在一棵树上

例（千287 02）：我们并没准备**吊死在**大梦拳**一棵树上**

注－吊死在一棵树上：京俗谚。谓死心眼儿，只做单一的打算。

die

d117 跌份

例（枉573 13）：可韩健仍然是有

点**跌份**地恐惧和筛糠

注－跌份：新俚语，（因某种行为而导致）损伤自己的名望和形象。此处"份"字不儿化，多用于叙述句中。"份"字参见《卷一·f15》条。那里写作"分儿"。

d118　跌份儿

例（玩439　10）：咱不能**跌**那**份儿**。那是人干的吗

注－跌份儿：义同上，但"份"字儿化，多用于口语中。

ding

d119　顶

例（浮232　13）：明摆着，公家也**顶**不住了

注－顶：此处"顶"字读阴平，意为担当、支持；此词还另有"相当于（某种性质）、直到（什么时候）"等义。也有人写作"丁"或"钉"。

d120　丁点

例（懵562　10）：**丁点**办法都没有

注－丁点：一点儿、微量、少许。"点"字儿化。

d121　顶嘴

例（刘112　11）：就是变得爱和大人**顶嘴**

注－顶嘴：京俗语，指与尊长反唇相讥，也说犟嘴。旧京之人重礼数，决不允许这种事情。此处"顶"字阳平（因与其后的嘴字"上声连读"）。

d122　顶个屁、管个蛋

例（玩438　21）："千金**顶个屁**！好几百**管个蛋**！你那几年当兵领的赏钱还不够一顿吃的……"

注－顶个屁、管个蛋："顶个屁"可谓旧京俚语，用于当面否定对方的某种努力或价值，含蔑视意；而"管个蛋"可谓新俚语，语涉下流，即或是旧京的下层人士也不在谈话中这样说。并非"管个蛋"一类粗话前所未有，而是这类话从前只在互詈继之互殴时才用，正常谈话时要是这样说很容易引起口角。现在这种粗鄙之语扩展用途，进入正常谈话范围；或换句话说，新俚语较旧俚语更粗鄙。

d123　顶着雷

例（玩252 07）：别人给我过话全<u>顶着雷</u>……传出去就卖了一批人

注－顶着雷：京俗语，为某事而承担着极大风险。

diu

d124　丢份

例（玩263 26）：国家特生气，嫌你给国家<u>丢份</u>，全世界也没这么下作的倒爷

注－丢份：与此前d117、d118条之"跌份"意近，区别在于前者指"因某种行为"而导致的丢份（损伤自己名望和形象）；而此条仅是述说"丢份"一事本身，不涉及原因。"份"字不儿化。

dong

d125　东西

例（谁560 09）：我是机器人，得算<u>东西</u>吧

注－东西：是京语（及众多北方语系地区）对物品的泛称。此词产生的年代较晚，应是在十九世纪后期，二十世纪初才开始普及。"西"字轻声；当说得快时读为i。

d126　动不动

例（刘105 24）：我记得你原来总是梳着两把刷子，一脸严肃，<u>动不动</u>就上我们家告状

注－动不动：京腔口语读dòng be du~r。"不"字读be，后一"动"字轻声，儿化。

d127　动弹

例（刘104 05）：身体左右已被其他乘客紧紧夹住，<u>动弹</u>不得

注－动弹：京人习用说法，指小幅度轻微的活动（身体）。"弹"字读音介于ten、den之间，轻声。

d128　动机

例（你209 10）：我认为您这个<u>动机</u>有问题

注－动机：推动人从事某种活动，并朝着某种既定目标前进的根本内因。此词出自毛泽东1939年的《纪念白求恩》一文："一个外国人，毫无利己的动机，把中国人民的解放事业当作他自己的事业……"参见《附录肆－39》。

d129 动乱

例（永77 09）：我说一句，你说十句，成心使矛盾升级。怎么着？非弄成**动乱**你才舒坦

注－动乱：新京语，特指1989年6月发生在北京的骚乱。

dou

d130 抖

例（人474 25）：他现在**抖**起来了，上了大学，分了个挺不错的单位

注－抖：京俗语，指因突然得势或发财而得意，含调侃讥讽意味；另还可用于表示显派（故意显露自己某方面以骄人）、炫耀意。此处读阳平。

d131 抖奋

例（顽34 14）：长城当时不也是劳民伤财么，现在怎么样？全指着它**抖奋**了

注－抖奋：此处"抖"字意为炫耀；"奋"字应为"份"，与此前所注"跌份、丢份"之"份"字义同。

d132 抖机灵

例（玩255 20）：别跟我们这儿**抖机灵**，论撒谎在座的全是你老师

注－抖机灵：京俗语，炫示机智，"灵"字轻声。"机灵"一词，还另指（在全无准备的情况下受惊而如打寒噤般的）突然抖动，或用以形容人临死前的回光返照，此时"灵"字阴平。参阅《附录肆－40》。

d133 抖落

例（玩230 17）：院里有些早起的老头在跑步打太极拳围着树转原地摇头摆尾瞎**抖落**

注－抖落：京俗语，谓振动物体，使其上的附着物脱落。此处是调侃那些晨起锻炼的老头儿们千奇百怪的动作。此词在京语中还另有揭示（某人之隐私）、挥霍（钱财）、掀动被子或衣服（使冷气袭入）等意。也写作"抖露、抖搂"。"落"字读lou，轻声。

d134 抖骚

例（动477 08）：浪声浪气，像那

种抽烟嗜酒的卖笑妇人的**抖骚**

注－抖骚：京俗语。此处"抖"字意为炫耀；"骚"指风骚乃至淫荡之相。

d135　逗

例（顽63　23）："是么？"林蓓笑弯了腰，"你说得真<u>逗</u>。"

注－逗：京俗语，"逗哏儿"的简说，也有时说"哏儿"，谓风趣、引人发笑。天津人亦操此说，但"哏"字阴平，儿化，不同于北京话读阳平。

d136　斗法

例（人506　16）：如果刘志彬已经从您那儿搬了大款给了她，我凭区区三百元可没招和她<u>斗法</u>

注－斗法：京俗语，谓双方各使招数费心机，力图（在某事上）克制住对方。"法"字去声。

d137　逗哏

例（爸313　22）：他把他和警察们之间的对话都变成了一种情绪完全受他控制的相声式的<u>逗哏</u>

注－逗哏：对口相声一人主说，称为"逗哏"；另一人为辅，衬托逗哏，称为"捧哏"。此处"哏"字不儿化。

d138　逗咳嗽

例（玩372　19）：跟他们逗<u>逗咳嗽</u>。活得怪没劲的，咱死个悬念出来

注－逗咳嗽：京俗语，谓故意搭讪，引对方说些不靠谱的话以取乐。此说可能产生于二十世纪五六十年代。

d139　逗闷子

例（刘119　20）：你不工作了？净陪我老婆子<u>逗闷子</u>了

注－逗闷子：京俗语，开玩笑。

d140　逗贫

例（玩239　01）：什么时候去找你什么时候看见你和收款台的一个女孩儿<u>逗贫</u>——后来搞上手没有

注－逗贫：京俗语，与上条"逗闷子"意近，但更多的是用于指男女相互搭讪，没话找话儿。

d141　斗私批修

例（谁566 09）：咱们这次既不是生活检讨也不是<u>斗私批修</u>

注－斗私批修：这是"文革"中最主要的口号之一。详见《附录肆－41》。

du

d142　毒害

例（刘125 23）：这话也就是咱们关起门来讲，出去还得一本正经的，否则别人该说我<u>毒害</u>你了

注－毒害：那时将除马列主义毛泽东思想外一切皆视为毒害，故此词使用率极高，每日报刊上目不暇接。

d143　毒汁四溅

例（你161 07）："怎么就非得胡撕乱咬？互相说点好话怎么啦？""……一张嘴就<u>毒汁四溅</u>……"

注－毒汁四溅：形容反动分子的文章或言论。参见《附录肆－42》。

d144　度尽劫波兄弟在相逢一笑泯恩仇

例（正75 15）：咱虽身为下贱，但得心比天高出污泥而不染居茅厕不知臭<u>度尽劫波兄弟在相逢一笑泯恩仇</u>

注－度尽劫波兄弟在相逢一笑泯恩仇：语出鲁迅《题三义塔》（1933年）："奔霆飞焰歼人子，败井残垣剩饿鸠。偶值大心离火宅，终遗高塔念瀛洲。精禽梦觉仍衔石，斗士诚坚共抗流。度尽劫波兄弟在，相逢一笑泯恩仇。"诗中体现了一种"忠、恕"的精神。但这两句诗在"文革"结束后却被"文革"中某些整人者拿来做挡箭牌，谢绝清算，要被迫害者及被迫害致死者的遗属与他们"相逢一笑泯恩仇"。

d145　肚歪

例（无41 21）：主要是给国家挣点洋钱，自己也就弄<u>一肚歪</u>

注－肚歪：新京语，形容酒足饭饱，撑得无以复加状。"肚"字儿化。

dui

d146　对不起组织，对不起生养我的人民

例（你213　24）："我<u>对不起组织，对不起生我养我的人民</u>。"马青先哭

注 - 对不起组织，对不起生养我的人民：做检查时必说的套话。

d147　对同志春天般的温暖，对敌人严冬一样残酷无情

例（千350　16）：你要学习岳元帅，<u>对同志春天般的温暖，对敌人严冬一样残酷无情</u>

注 - 对同志春天般的温暖，对敌人严冬一样残酷无情：此语据说源于《雷锋日记》。其排比工整，文笔优雅，语法通畅（除第三句略有瑕疵），兹恭录之如下："对待同志要像春天般的温暖，对待工作要像夏天一样火热，对待个人主义要像秋风扫落叶一样，对待敌人要像严冬一样残酷无情。"

d148　对我们的鞭策

例（修490　05）：我们应该把这作为读者<u>对我们的鞭策</u>

注 - 对我们的鞭策：新京语，兴起于"文革"时期，出处待考。

d149　对越自卫反击战

例（空03　15）：风云突变，<u>对越自卫反击战爆发</u>

注 - 对越自卫反击战：对越自卫反击战又称中越战争。参见《附录肆 - 43》。

d150　对自己要求严格

例（爸255　25）：我只不过是<u>对自己要求严格</u>点罢了

注 - 对自己要求严格：也说"严格要求自己"。新京语，兴起于二十世纪五十年代。

duo

d151　多吃多占

例（玩335　01）：就像一块蛋糕，一人一块还有很多轮不上的，吃了还去切那就算<u>多吃多占</u>了

注 - 多吃多占：新京语，指凭权势或用不正当手段侵占国家或集体利益，捞取额外收入。此词始见于二十世纪五十年代合作化时期，指社队干部侵占社员利益；但真正开始流行，是始于"四清

运动"（1963~1966年）。

d152　多为人民做些有益的事

例（顽56　14）：你也老大不小了……该想想怎么能多<u>为人民做些有益的事</u>

注 - 多为人民做些有益的事：文革语，用于教育青年。出处待考。

d153　多暂晚

例（修514　26）：数这丫头坏……林一洲狠毒地想，<u>多暂晚</u>卖窑子里去

注 - 多暂晚：京人习用说法，是不定时态的疑问式说法。读 duō ze*r，一般写作"多早晚"或"多早晚儿"（见《儿女英雄传》、《小额》），也有写作"多咱"或"多喒"的（见《四世同堂》。"喒"为"咱"的异体字）。

d154　多爱搭理你似的

例（过319　14）："我才没吃醋呢。"她抖着一条腿撇着嘴说，"<u>多爱搭理你似的。</u>"

注 - 多爱搭理你似的：京人习用说法，表示对对方鄙夷不屑。此处"多"字读阳平。

d155　多爱你

例（玩267　22）："……找对象我就找你了，可天下也找不出第二个比你好的……""我<u>多爱你</u>。"

注 - 多爱你：是"你以为我有多爱你吗"的简说，即以反诘的方式来否定句中的主词（此处为"爱你"）。是京语常用修辞方式。句中"多"字阳平。

E 部

er

e01　二百五

例（空31　12）："我不怕你。"……"你还别跟我耍<u>二百五</u>。"

注 - 二百五：京俗语，其语源据说是出自铜钱。一千文为一吊，京语有"半吊子"之说，是指某人不可靠，行为没准谱，所以是"半吊"，意谓"不够一个整人"。至于"二百五"是半吊子的一半，就更不靠谱了。

e02　二等

例（千441　07）："您就坐'<u>二等</u>'

吧。"一个保安队员指着自行车说

注-二等：流行于二十世纪六七十年代的说法，是指自行车后座。随着近年有车（汽车）族的迅速普及，自行车大大减少，此说法也渐销声匿迹了。

e03 二杆子

例（玩328 18）：这非得有点不屈不挠明知山有虎偏向虎山行的<u>二杆子</u>作风

注-二杆子：这并非京语，而是川陕一带的土语。川人对不务正业游手好闲甚或是二流子一类的男人有此称；而陕人则将性格鲁莽、脾气暴躁，做事不顾后果者称此。详见《附录肆-44》。

e04 二流子

例（无66 07）：接着发现李缅宁穿着那件花衬衫，像个<u>二流子</u>

注-二流子：出处待考。北方语系普遍应用的词汇，有"游手好闲、不务正业、痞棍无赖、混吃等死"等诸般含义。各地虽小有不同，但均为负面含义，贬义词。

"流"字阴平，"子"字轻声。

e05 二傻子

例（空07 21）：我会象个<u>二傻子</u>

注-二傻子：也就是傻子的意思，为何加个"二"字待考。另：京南一带有"二傻不茶（读nié）"的说法，是为"缺心眼、没眼力价儿"等意。

e06 二尾子

例（一124 09）："……你想要个男孩还是女孩？"……"<u>二尾子</u>。"

注-二尾子：京语对"双性人"的俗称。"尾"字读yǐ。

F部
fa

f01 发动群众

例（橡92 12）："这不是当密探了……""别说的那么难听，咱们国家没密探。这叫发动群众……"

注-发动群众：这本是我党行之有效的工作方法，但在"文革"期间，群众深受野心家的"发动"之害。参见《附录肆-45》。

f02　发牢骚说怪话

例（爸207 24）：挑动同学间的对立同学和老师的对立，**发牢骚说怪话**

注－发牢骚说怪话：新京语，自二十世纪五十年代后开始流行，泛指一切有悖于领导要求的言行。

f03　发扬风格

例（爸267 22）：你甭蒙我，我听见夏叔叔给你送票了。你是不是该**发扬风格**

注－发扬风格：此词产生于1958年"大跃进"时期，当时提倡一种完全违背最起码的经济规律之运作模式。参见《附录肆－46》。

f04　法律面前人人平等

例（人438 23）：再说我们也是**法律面前人人平等**

注－法律面前人人平等：这是法律得以实行的最根本基础。详见《附录肆－47》。

f05　法制不健全

例（过343 23）：接着便是发牢骚，怨分配不公，怨**法制不健全**

注－法制不健全：这是近年老百姓抱怨最多的问题之一。参阅《附录肆－48》。

fan

f06　反动

例（浮213 14）："……我不共人家的产，也不喜欢别人和我共产。""你真**反动**。"

注－反动：新京语，其使用频率"文革"时期达于顶峰。此词虽还有反复、反对、反抗、相反作用等义，但近几十年仅作反动派、反革命之义用。

f07　反动黄色

例（谁533 01）："咱们使使劲儿能挣出来吗？"李东宝摇头："没戏，除非印一期**反动黄色**的。"

注－反动黄色：新京语。改革开放后，新闻管制较前宽松了一些，于是就有些刊物在政治与色情方面越轨，即所谓"反动黄色"；这样每隔一段时间政府就会发起一场清除"反动黄色"的运动，以把握新闻导向。参阅《附录肆-49》。

f08　反动会道门

例（玩310 20）：我可没参加过你的**反动会道门**

注-反动会道门：所谓"会道门"者，是对某些旧式民间帮会团体的统称；"反动"是对该会道门性质的确定。参阅《附录肆-50》。

f09　反革命

例（过312 26）：从日本军队枪毙的犯人到我们枪毙的**反革命**，什么身份、年龄的都有

注-反革命：指"反革命罪"的主体，即犯有该罪行的人。"反革命罪"详见下条。

f10　反革命罪

例（玩418 24）：同时带来的还有一纸判决书以**反革命罪**判处他枪决

注-反革命罪：中国刑法上最严重的罪名，指犯有"以推翻现政权为目的行为之罪行"。

f11　反面榜样，一有需要，就揪出来

例（千470 12）：留着做个**反面榜样，一有需要，就揪出来**，不至于国家困难需要树敌时找不着敌手

注-反面榜样，一有需要，就揪出来：文革语。此语原著诠释甚详。

f12　反面典型、有组织的批判与声讨

例（爸218 26）：马锐作为**反面典型**在全校范围点了名……受到了一些同学**有组织的批判与声讨**

注-反面典型、有组织的批判与声讨："文革"期间这是将一个人搞臭整垮的标准操作程序，而最后的结局要看领导的意愿与"革命的需要"。

f13　反面教材

例（人516 26）：如果他们想把你的事例当做**反面教材**警诫世人我是不会有所顾忌而加以阻拦的

注-反面教材：新京语，"文革"

期间使用最频。

f14 反修前哨，一手拿镐一手拿枪

例（无98 01）：我们那儿是<u>反修前哨，一手拿镐一手拿枪</u>

注－反修前哨，一手拿镐一手拿枪：文革语，是在"上山下乡"运动中对被发往东北建设兵团的知识青年提出的口号。"修"指"苏联修正主义集团"。

f15 犯错误

例（懵548 07）：你别招我<u>犯错误</u>，回头打坏你算谁的

注－犯错误：新京语。自二十世纪五十年代后，盛行了一代人的时间。那时"错误"一词的范畴之下限似可界定为"非政治性质的、尚未达到触犯刑律的"；上限可就没准儿了。

f16 犯错误不怕，重要的是认识错误

例（刘125 19）："对对。"夏顺开笑道，"<u>犯错误不怕，重要的是认识错误</u>。"

注－犯错误不怕，重要的是认识错误：是对所谓"犯错误"而愿意积极改正、求得群众宽恕者的激励。

f17 饭店

例（无40 06）：人钱先生是瞧不上咱们这旮旯，净泡大<u>饭店</u>了

注－饭店：京人所说的饭店，港台习称酒店。参阅《附录肆－51》。

f18 犯急

例（玩261 10）：我们开你几句玩笑你时不时<u>犯急</u>

注－犯急：京人习用说法，谓（因某种不值得的小事）与人翻脸。

f19 饭局

例（顽34 24）：中午别回公司了，有<u>饭局</u>

注－饭局：京俗语，指团体的聚餐，这种聚餐往往有某种目的性。

f20 犯愣

例（谁551 07）：那些天我是真空虚干完活就<u>犯愣</u>

注－犯愣：京俗语，指一种若有所思的沉默状态。

f21　犯懵

例（正117 08）："路多远？"老外看着曲里拐弯的小胡同**犯懵**

注－犯懵：京俗语，指一种临时性的迷惑状态。也说"懵住了"。按：原著此处之"懵"字现规范为"蒙"（"矇"的简体），"懵"字只用于"懵懂"一词中，读上声。

f22　犯晕

例（正117 15）：大老外也看着我们**犯晕**

注－犯晕：京俗语，与上条意近，但"犯懵"指暂时性的迷惑；而"犯晕"就有点儿被更深的迷惑了之意。

f23　犯照

例（正124 23）：老头子跟我上下**犯照**

注－犯照："照"为旧京下层俚语，指观看；但原著此处"犯照"是二十世纪六七十年代流氓阶层常用语，是指一种不怀好意、居心叵测地对对方直视，往往是"揸架"的前奏。综合以上"犯急、犯愣、犯懵、犯晕、犯照"等诸条看，在京俗语中"犯"字作为某些动词（多为不及物动词）的状语出现时，往往昭示着负面的意义。

f24　范儿

例（玩374 07）：万一丫起"**范儿**"，把活儿接过去自个耍

注－范儿：原为戏剧用语，指演员唱念做打的技巧要领和做派。在做某项技巧动作及演唱前的准备状态，叫作"起范儿"。参见《附录肆－52》。

fang

f25　妨

例（千310 20）：刚才说好好的，这会儿**妨**起我爸来了

注－妨：此处"妨"字读阴平，京俗语，现多写作"方"。旧时迷信，认为某人带有戾气或其语言不祥会给别人带来厄运，称为"方人"。

fen

f26　分清敌友

例（刘133　05）：怪我怪我，没<u>分清敌友</u>

注－分清敌友：文革语，源自《毛泽东选集·第一卷·中国社会各阶级的分析》："谁是我们的的人？谁是我们的朋友？这个问题是革命的首要问题。"

f27　忿忿地

例（一177　26）：我<u>忿忿地</u>继续看电视

注－忿忿地：京俗语，指气愤难抑状。两个"忿"字均儿化。

f28　愤怒青年、垮掉的一代、结构现实主义、后现代主义

例（千374　12）："这是我的最新作品，"……"提提意见，哪儿咸了哪儿淡了？""脸有点<u>愤怒青年</u>。""不对，倒不如说是<u>垮掉的一代</u>。""腿长得有点<u>结构现实主义</u>。""衣裳穿的挺<u>后现代</u>的。"

注－愤怒青年、垮掉的一代、结构现实主义、后现代主义：这些都是二十世纪八十年代中期在北京部分青年中流行的时髦名词，大家不管真懂假懂整天价挂在嘴上。详见《附录肆－53》。

fo

f29　佛爷、花贼

例（你173　16）：我既不是<u>佛爷</u>，也不是<u>花贼</u>，那两样我都不行，就好打架

注－佛爷、花贼："佛爷"可算是新俚语，指小偷，贼们大概觉得既然大家供养着我，当然我就是佛爷了。花贼应是"采花淫贼"的简说（这是原著作者按旧小说的词儿臆造了，其实那时并不是这样叫法）。按：早年间小偷民间俗称小绺（xiǎo li），更江湖化的"春点"（江湖黑话）叫老荣，偷东西称"荣"。

fu

f30　俯首甘为孺子牛的精神

例（千408　20）：那种忠厚老实<u>俯首甘为孺子牛的精神</u>

注－俯首甘为孺子牛的精神：新京语，"文革"时期着力提倡此说。语出鲁迅诗："横眉冷对千夫指，俯首甘为孺子牛。"

f31　腐化

例（爸384　23）：明铺暗盖的，**腐化**得不像个样子。到底打不打算结婚

注－腐化：原著此处指未婚同居；现在其内涵与时俱进，不贪污几亿、姘上七八个明星不配称腐化啦。

f32　腐蚀

例（玩229　23）：要是你们怕我下毒或**腐蚀**你们那就算了

注－腐蚀：认为资产阶级一类的阶级敌人老惦记着腐化革命者。

f33　妇女解放

例（柱582　08）：尽管我是支持**妇女解放**的

注－妇女解放：北京自二十世纪二三十年代起，开始有所谓女权运动，始闻"妇女解放"之说。

f34　赴汤蹈火在所不辞

例（千410　27）：他并不是因有了崇高的信念而**赴汤蹈火在所不辞**

注－赴汤蹈火在所不辞：这是一句说评书的常用语，"文革"时期曾风行一时。以前中国人的文化和历史知识主要来自戏曲与听书。

f35　负有不可推卸的责任

例（动409　24）：我仅对世界人民的解放**负有不可推卸的责任**

注－负有不可推卸的责任："文革"语。此说法在"文革"中用于负面含义，指对造成某种负面现状的事态难辞其咎；不像本条这样用于正面意义。

G 部

ga

g 01　嘎巴

例（永64　27）：你嘴上都是什么？鼻涕**嘎巴**还是饭嘎巴

注－嘎巴：京俗语，指某种黏稠物质干燥后形成的的凝固物。"巴"字轻声，儿化。

g 02　嘎嘣豆

例（正145　16）：嚼**嘎嘣豆**呢

注－嘎嘣豆：一种京味儿小零食，蚕豆干炒熟，极硬，也叫铁蚕豆。

g03　旮旯

例（许142　21）：我们跑遍了全城黑暗的<u>旮旯</u>

注－旮旯：京俗语，角落。

g04　尲

例（顽59　04）：那么大岁数我们也不好意思轰他，才<u>尲</u>呢

注－尲：京俗语，一般写作"干"，意指冷落乃至故意当面抢白，令其尴尬。原著这里写作"尲"其实倒也合理。

　　　　　gɑi

g05　改搂

例（玩302　17）：我现在也忌油腻，随便<u>改搂</u>素净就得

注－改搂：京俗语，原著此处指胡乱吃。京语中此词原义为"攫取、搜刮"，含有（对物不论好歹一概）收揽、（事无巨细一概）包揽等意。参见《满蒙语汇肆－02》。

g06　改革开放

例（过313　22）：从<u>改革开放</u>以来就没干过这么笨重的力气活

注－改革开放：新京语，指的是自1978年底中共十一届三中全会召开，确定今后要以经济工作为中心而相应的施政纲领。

g07　赶明儿

例（爸254　27）：<u>赶明儿</u>你还敢再喝么

注－赶明儿：京人习用说法，"明儿"可指明天，但更多的是指（不远的）将来。旧时京腔读为 gǎi miár e，e 为口型提示。

g08　改造

例（爸219　16）：对<u>改造</u>他们成为社会的栋梁之材充满希望

注－改造：新京语，主要指对人民进行思想改造，进入二十一世纪以来此词逐渐淡出，对人民不再用"改造"之说。

g09　概念

例（刘140　13）：这是个什么<u>概念</u>

注－概念：此为日语外来词词汇。日语"概念"，源自意译英语 conception。

gan

g10　干吧

例（玩403 12）：虽然是<u>干吧</u>聊了一晚上什么也没沾上

注－干吧：京俗语，一般写作"干白儿"，指仅仅单一的（如何），读 gān bár。按：此处之"吧"字实应为"白"字，系汉化了的满语 baibi，意为平白的、白白的（如何）。参阅《满蒙语汇壹－07》条。

g11　干噦

例（橡13 10）：吐了又吐，最后终于吐干净，我<u>干噦</u>着把马桶冲了

注－干噦：想吐而吐不出来。"噦"读为 yue，轻声，实应写作"干哕"。

g12　肝颤

例（过348 12）：她一哭，我也<u>肝颤</u>

注－肝颤：新俚语，形容心惊胆战。"肝"字儿化。

g13　敢！

例（动451 22）："你进去挨打了么？"卫宁问。"<u>敢！</u>"高晋一瞪眼

注－敢！：京人习用反诘式否定说法，是"也得敢吗"的简说，强调对方不敢（做某事）。

g14　敢不是

例（刘120 01）：顺子，干什么工作呢？瞅你这黑，<u>敢不是</u>送煤的

注－敢不是：京人习用说法，此处之"敢"是"敢情"的略说，参见 g16 条。说得快时读为 gǎn i búr，i 是口型提示。

g15　敢跟您放这大话

例（你172 15）：搁我们这儿，这没办不到的事，我还<u>敢跟您放这大话</u>

注－敢跟您放这大话："放话"是京语常用说法，此处是京人在对别人打保票时的常用说法，既体现了自信满满又表示了某种谦逊，是京语油滑处。此词另也有时用于在一种不十分友好的气氛

中，是给对方撂下的一句有某种威慑力的话。

g16　敢情
例（顽19 05）：**敢情**咱们都是坏蛋

注－敢情：京俗语，放在句首，用以确认某事，或表示对某事恍然大悟。说得快时"情"字读ying，说得再快时读i，是口型提示。

g17　杆儿犯
例（动451 13）：我们那号里关的净是打架的，就一个倒粮票的一个**杆儿犯**

注－杆儿犯：新俚语，指犯强奸、猥亵一类罪行的犯人。此词可能产生于二十世纪五六十年代。

g18　干革命
例（过335 02）：我不知道你干嘛去了，也许是**干革命**去了吧

注－干革命：那时一切工作都要以革命的名义，老百姓的嘴里每天也要无数遍地念叨此词。

g19　干劲
例（你189 21）：在这次工作中表现出了很大的**干劲**和创新精神

注－干劲：新京语，源于1958年提出的总路线："鼓足干劲，力争上游，多快好省地建设社会主义。"

g20　干什么吃的
例（谁563 10）：你们是**干什么吃的**

注－干什么吃的：京人习用说法。口语中一般是说"干嘛吃的"，"干"字读为gà，更土点儿的读为gài。

g21　干四化
例（柱586 24）：**干**了一天"**四化**"，累了

注－干四化：是此前g18条"干革命"一词在改革开放后的延续，原著此处是调侃的说法。

gang
g22　钢镚儿
例（浮225 20）：做了一连串的梦，前几个还不错，净是捡**钢镚**

儿之类的

注－钢镚儿：京人对分值硬币的俗称。

g23　钢精锅

例（无32　04）：颤巍巍端出一个滚烫的**钢精锅**

注－钢精锅：京人对铝锅的习惯叫法。"精"字读为 zhǒng。

g24　港台片

例（爸284　21）：**港台片**自然是左右逢源

注－港台片：改革开放后，开始引进香港电影，后来又引进台湾电影；其中的"港台腔"使青年们趋之若鹜，对传统的京腔京韵造成了很大冲击。

gɑo

g25　高

例（橡107　04）：还是你有办法，我怎么就没想到呢……**高**，你丫太高了

注－高：新京语，用于当面称颂对方所言之见解、办法、主张。

g26　高标准、严要求

例（谁543　07）：没了工作上的**高标准**、**严要求**，南希自然而然地开始生活上的堕落

注－高标准、严要求：新京语。出处待考，约产生于二十世纪六十年代初，盛于"文革"，今似式微矣。

g27　高大

例（空18　21）：这些信在她的想象中修补和恢复了我的形象，我也不想找麻烦，就随他"**高大**"去

注－高大：作家浩然（1932~2008年，本名梁金广），在1964~1970年间创作的多卷长篇小说《金光大道》中的男主角（共产党员）名叫高大泉，寓意"高大全"，即指党的形象"崇高、伟大、全能"。

g28　高干

例（橡92　08）：我们**高干**的那几个工资很有数

注－高干："高级干部"的简称。改革开放前，行政13级（含）以上干部为高级干部；改革开放以

后，高级干部指副省、部级以上干部。

g29 高了
例（无49 10）：肖科平……柳眉倒竖："你照照镜子去。"李缅宁脸红了："说<u>高了</u>。"
注－高了：新俚语，酒喝过量了。原著此处是变通应用，指说大话。

g30 高麻
例（无69 13）：电视里播着一个"<u>高麻</u>"家属似怨似嗔的婆娑泪眼
注－高麻：此说义未详，待考。

g31 高末儿
例（无40 09）：掌柜……一迭声喊："一壶<u>高末儿</u>。"
注－高末儿：较好的茶叶基本卖完时茶叶桶底剩下的细碎茶叶末子。这种茶虽很细碎，又有点尘土，但有香气，且价格低廉。直至二十世纪七八十年代，此种茶叶为中下层京人所能喝得起的上限。

g32 高尚的人、有道德的人、脱离了低级趣味毫不利己专门利人的人
例（爸345 09）：从小就要让他们向三种人靠拢，一个是<u>高尚的人</u>一个是<u>有道德的人</u>还有一个是<u>脱离了低级趣味毫不利己专门利人的人</u>
注－高尚的人、有道德的人、脱离了低级趣味毫不利己专门利人的人：语出毛泽东《纪念白求恩》（1939年）一文，与原文顺序略有颠倒。

g33 高知家庭
例（修496 14）：<u>高知家庭</u>和干部家庭又不一样
注－高知家庭："高知"指高级知识分子；"文革"期间这些人本来是重点打击对象，至原著的时代（二十世纪八九十年代），他们已经成为团结对象了，所以才能与干部家庭相提并论。

g34 搞
例（刘116 01）：怎么<u>搞</u>的……

你这些年怎么过得这么惨？不该呀

注－搞：新京语，这应是从解放区带过来的说法，应用范围很广，主要有做（什么）、设法获得（什么）、整治（某人）等义，也常见其与宾语组成动宾词组，如搞革命、搞对象、搞工作等。

g35　搞

例（刘120　07）：刘大妈："怎么没把你媳妇带来？"……"还没<u>搞</u>上？"

注－搞：原著此处指搞对象。

g36　搞

例（千283　21）：为了打消股东们的顾虑……我们特意<u>搞</u>到了一盘札幌大赛的录像带

注－搞：原著此处指想方设法才获得。

ge

g37　搁

例（刘136　15）：我们小芳……不比谁寒碜。<u>搁</u>古代，没准还先一步被抢进宫里呢

注－搁：京人习用说法，此处指

"（将某种事态）置于（某处或某事）"，带有一定程度的假设性。此词还另有"禁受、忍耐"义，如"搁不住"可表示"（对某事）的忍受度已达极限"。

g38　歌功颂德

例（千460　11）：我还能<u>歌功颂德</u>指鹿为马瞪着眼睛说瞎话

注－歌功颂德：文革语，仅用于负面义，专指为阶级敌人"歌功颂德"。

g39　哥们儿

例（许116　27）：这有什么不好意思的？<u>哥们儿</u>！丫有钱就吃他

注－哥们儿：关系不错的同辈男性间的称呼，参阅《卷二·gx21》条。

g40　哥们儿们

例（千392　04）：<u>哥们儿们</u>，撒丫子吧，想活命的就快跑

注－哥们儿们："哥们儿"一词单复数皆可用，没有说"哥们儿们"的。

g41　哥们儿义气

例（人505 04）：<u>哥们儿义气</u>真是害死人

注－哥们儿义气：京俗语，多流行于下层市民中。流氓阶层更将"讲哥们儿义气"作为一种行为准则，客观上起到维护乃至包庇团伙的作用。

g42　鸽哨

例（爸193 11）：嘹亮的<u>鸽哨</u>响彻一望无垠自由自在的碧空

注－鸽哨：也叫鸽铃，绑在鸽子身上的一种哨子，当鸽子飞翔时，因气流穿过而鸣响。京中玩鸽子都给鸽子戴上此物。详见《卷三·gh 01》条。原著此句有语病。

g43　哥儿们

例（橡33 01）：我们来找过你这事不要跟你那些<u>哥儿们</u>讲

注－哥儿们：旧京相互熟悉的男子间之称谓，"哥儿"的读音介于 gē*r、gēr 之间；"们"字轻声；此词今说 gē me*r，应写为"哥们儿"。原著是现代作品，还是应写为"哥们儿"，能更准确地表示出现今的实际读音。今天可能没人分辨这些细节啦。

g44　革命的成就

例（浮244 19）：小时候我多为我们<u>革命的成就</u>自豪

注－革命的成就：新京语，产生于二十世纪五六十年代。

g45　革命的站出来……

例（千452 04）：<u>革命的站出来</u>，不革命滚下去！打打打！滚滚滚

注－革命的站出来……：文革语。二十世纪五十年代初以前所生的北京人都会清晰记得那个恐怖血腥的"红八月"，和伴随着这种叫嚣的血肉横飞。

g46　革命的、反革命的

例（我173 06）：很多人自认为是<u>革命的</u>但其实是<u>反革命的</u>

注－革命的、反革命的：文革语，参见本卷f09、f10条。

g47　革命浪漫主义

例（动419 25）：但我最初的<u>革命</u>

浪漫主义和对危险、动荡生涯的向往，确是因他们而激发

注－革命浪漫主义：1958年3月，在某次中央工作会议上，毛主席对中国新诗的发展道路表示说"（新诗的）内容应是现实主义和浪漫主义的对立统一"；郭沫若心领神会，4月即在《文艺报》第7期上发表答该刊编者对毛主席诗词《蝶恋花·答李淑一》的提问，盛赞毛主席的这首词是"革命的浪漫主义与革命的现实主义的典型的结合"；5月18日在中共中央八大二中全会上毛正式提出了"无产阶级的文学艺术应采用革命的现实主义与革命的浪漫主义相结合的创作方法"一说；随即在6月1日的《红旗》杂志创刊号上，周扬发表了题为《新民歌开拓了诗歌的新道路》一文，首次传达了毛主席的上述讲话，从此将其作为文艺创作既定方针确认下来。

g48　革命委员会

例（玩429 14）：那这城市咱们就军管了，直接冲进市府改公社了，咱们成立一个**革命委员会**，轮流执政

注－革命委员会：革命委员会是期间中国各级政权的组织形式，简称"革委会"。

g49　革命先烈抛头颅洒热血

例（懵543 10）：多想想今天的幸福生活来之不易，那是多少**革命先烈抛头颅洒热血**换来的

注－革命先烈抛头颅洒热血：此说法二十世纪六十年代初开始流行，"文革"期间达于鼎盛。

g50　革命行动大长××的威风，大灭了××的志气

例（千452 23）：我们今天的**革命行动大长妇女的威风，大灭了一小撮男人的志气**

注－革命行动大长××的威风，大灭了××的志气：典型的"文革"语，大字报、批判会必用的魔咒；被"灭"者一般还要冠以定语"一小撮"。

g51　革命意志衰退

例（柱575 14）：心想这位老先生

真是典型的**革命意志衰退**，不让他退休留着干吗
注－革命意志衰退：新京语，"文革"时达于鼎盛，专用于批判党员干部。

g52 革命友谊
例（空11 05）：你是不是因为**革命友谊**蜕化成儿女私情，有点转不过弯来
注－革命友谊：文革语，友谊不能脱离阶级观念，必须建立在革命基础上。

g53 革命者
例（动419 20）：书中讲述的一个资产阶级少女成为**革命者**的故事
注－革命者：此词产生于辛亥革命时期，指谓与满清政府作斗争者；后转而指谓与国民党政府作斗争者。

g54 咯涩
例（人497 18）：您甭这么看我，不是我这人**咯涩**
注－咯涩：京俗语，"咯"字阳平或去声，一般写为"各色"。指人表现另类，与众不同，乃至孤僻乖张。参见《满蒙语汇肆－03》。

g55 胳肢
例（玩285 11）：吴胖子**胳肢**我
注－胳肢：京俗语，搔人痒处使人笑；引申义指难为、使之为难。也写为"隔肢、格肢、格支"等。参见《满蒙语汇壹－18》。

g56 胳肢窝
例（爸174 13）："脖子！**胳肢窝**……"马林生站在一边指点着，回屋拿出块香皂叫马锐往头上、身上打
注－胳肢窝：京人称腋窝为胳肢窝，"胳"字读gā。参见《满蒙语汇叁－12》。

g57 割了鸡巴敬神
例（谁507 15）：真是**割了鸡巴敬神**，神也得罪了，自己也疼死了
注－割了鸡巴敬神：笔者从未闻此说法，怀疑是王朔语。虽是粗口但很生动。

g58　割资本主义尾巴

例（千339 07）："……我**割资本主义尾巴**时最坚决。"……"没饭吃还可以讨，没了主义有吃也吃不香。"

注－割资本主义尾巴：在1955~1956年完成了社会主义改造之后，从理论上说，小农经济还是产生资本主义的温床，仍处于需要继续改造的阶段，所以提出还要割"资本主义尾巴"。农民养几只鸡、种一些菜到市场卖，因为是资本主义的体现，必须得割，所以给予没收并处罚。这种政策一直延续到改革开放后，才有根本性改变。

g59　咯硬

例（爸319 23）：你怕是让人虐待惯了，对你好你倒**咯硬**了

注－咯硬：京俗语，此处意为感到别扭、不自在。此词还另有"厌恶、使人厌恶、对某事或某种说法觉得不吉利感到不安"等义。一般写为"硌硬、忔快、格应、隔膺、各应"等，均读 gè ying。

g60　各国反动派

例（正117 13）：台湾人今儿来不了啦，改**各国反动派**了

注－各国反动派：文革语。期间最常喊的口号之一就是"打倒美帝！打倒苏修！打倒各国反动派"，高潮时，除了中国自己和阿尔巴尼亚之外都被视为"各国反动派"。原著此处是指来了一个外国人。

g61　……个屁

例（橡72 24）："……怎么样，还满意吗？""满**个屁**意。"……你跟我说好的是什么价？"

注－……个屁：京人习用说法，用于否定对方所肯定的某个事物，表示自己的看法观点与其完全相反。有浓厚的感情色彩。

g62　个人崇拜

例（你179 12）：你怎么能够，对我，一个平生最恨**个人崇拜**的公民，说出这等不知羞耻的话

注－个人崇拜："文革"后已将个人崇拜作为贬义词，个人崇拜

是唯心史观极端化和粗俗化的表现。

g63　个人犯错误事小，党的威信受到损害事大

例（人443 12）：我不得不依法办事，不偏不倚，否则，<u>个人犯错误事小，党的威信受到损害事大</u>

注 - 个人犯错误事小，党的威信受到损害事大：这类说法在"文革"期间层出不穷，这是为了使自己站上更高的道德层面。参见《附录肆 - 54》。

g64　个人生活

例（千458 02）：因为我根本就没<u>有个人生活</u>

注 - 个人生活：此说法始于二十世纪五十年代，指性生活。那时人们讳言性。

g65　个人问题

例（顽39 04）：她岁数也不小喽，<u>个人问题</u>大概到现在也没解决

注 - 个人问题：此说法始于二十世纪五十年代，指婚姻问题。

g66　个人主义

例（正132 24）：我对洋人说，"我们顶瞧不上的就是你们的<u>个人主义</u>……"

注 - 个人主义：个人主义（Individualism）是西方文明的核心价值，是西方文明与其他文明相遇时最主要的价值冲突。参见《附录肆 - 55》。

g67　个体户

例（浮206 22）："那么你算<u>个体户</u>了？"一个女孩说，"一定很有钱了。"

注 - 个体户：改革开放后产生的新名词。详见《附录肆 - 56》。

g68　硌窝蛋

例（修485 07）：老婆本来想炒盘<u>硌窝蛋</u>以表祝贺

注 - 硌窝蛋：京俗语，因硌伤而有裂口、凹陷的鸡蛋，价格较便宜。

gei

g69　给出路

例（懵573 21）：凭什么不原谅咱

们？罪犯还**给出路**呢

注－给出路："文革"时期曾宣布要对"五类分子"（地富反坏右）之"可教育好的子女"实行"给出路"政策，使他们看到一线生机，得到了此等人感激涕零的支持。

g70　给群众留下什么印象

例（刘120 05）：慧芳也笑："可知道自己**给群众留下什么印象**了吧？"

注－给群众留下什么印象：文革语。因为当时一切举措都是打着"群众"旗号来进行的，所以"群众印象"便如达摩克利斯之剑般随时悬在群众自己头上。

g71　"给他一大哄——""——啊哄！啊哄！"

例（千363 02）：群众这时已经在黑子的带领下，整齐、有节奏地起着哄。"**给他一大哄——""——啊哄！啊哄！**"

注－"给他一大哄——""——啊哄！啊哄！"："文革"后期至后"文革"时期，在北京的年轻人（主要是学生）中流行着一种起哄方式，由领头者带头喊："给他一大哄噢（噢字拉长读 ò，去声）"，众人应之曰："ǒu hòu！ǒu hòu！"

g72　给我的教训是很沉痛的

例（枉597 04）：这都是由于我不懂法、不学法造成的后果，**给我的教训是很沉痛的**

注－给我的教训是很沉痛的：文革语，每个做检查者时所必言的套话。

g73　给政策

例（正75 03）：国家也是没法办……**给政策**吧

注－给政策：新京语。指在社会发展至某种"瓶颈"时，国家适当推出某种政策以促进发展。参见《附录肆－57》。

gen

g74　根红苗壮

例（你191 16）：总觉得自己**根红苗壮**，又是个苦孩子。不会有什么私心

注－根红苗壮：指出身好（工人、

贫下中农、革命干部家庭出身）。一般是说"根红苗正"。

g75　跟你没完

例（千461　17）："孙子，我<u>跟你没完</u>。"主持人临走时低声给元豹撂下一句

注－跟你没完：京人习用说法，表示结了怨，不会善罢甘休；但远没到"君子报仇，十年不晚"的程度，一般仅是一种威胁，更有时只是戏言。

g76　跟您学

例（刘119　19）：以后凡我听到什么新鲜事儿都来<u>跟您学</u>

注－跟您学：京俗语，此处"学"是"学说"的简化说法，意谓"将所见所闻（对某人）述说"。按：京人口语俗读"学"字为xiáo，这是古老的幽燕语语音之遗痕。

g77　跟屁虫、踪着

例（正116　22）：<u>跟屁虫</u>似地<u>踪着</u>她

注－跟屁虫、踪着：京俗语。跟屁虫指老跟在某人后（招人厌烦）。"踪"字旧京作"夒"（系俗字，字典不收），意指苍蝇爬过；此处引申为（众人）聚集、紧跟不放之意。

g78　跟上形势

例（懵538　14）：我也得<u>跟上形势</u>，有多大劲使多大劲吧

注－跟上形势：文革语。当时政治形势几天一变，跟上形势不容易。

g79　跟我这儿装大个的

例（正115　07）：谁他妈也别想<u>跟我这儿装大个的</u>——我是流氓我怕谁呀

注－跟我这儿装大个的：京人习用说法。"装"字参见《卷一·z121》条，"大个儿的"是粗口（指阴茎）。

g80　跟着感觉走

例（给476　09）：什么怎么样？当然是<u>跟着感觉走</u>

注－跟着感觉走：语出台湾歌手苏芮1988年原唱的国语歌曲《跟着感觉走》（陈家丽填词，陈志

远谱曲），该歌曲曾风靡一时；而其中的歌词"跟着感觉走，紧抓住梦的手"几乎成了那时年轻人的行为准则，这种准则致社会运行模式严重失衡，传统美德几付诸流水矣。

g81　跟你急

例（玩407 18）：千万别去，你要去我**跟你急**

注－跟你急：京人习用说法，用于劝阻乃至要挟对方勿做某事；此处"急"是指"（因某事而）翻脸"。

geng

g82　梗着

例（橡03 12）：另一个朋友**梗着**脖子问我

注－梗着：京人口语说"梗梗"，读为 géng geng，意为挺直、僵挺着。这种姿势是一种肢体语言，表示心态高傲或某种程度的不悦之意。参见《满蒙语汇肆－04》。

gong

g83　公母俩

例（正79 01）："你们小**公母俩**也别吵了。"吴胖子拉架

注－公母俩：京俗语，指夫妻二人。"公"字读音介于 gōng、gū 之间；"母"字读 me，轻声。

g84　巩固政权

例（玩430 07）：要用铁腕，**巩固政权**就得这样。焚书坑儒算什么

注－巩固政权：原著此处表达了"文革"的思维模式。

g85　共事

例（千298 16）：真孙子，没法和他们丫的**共事**

注－共事：京人习用说法，口语中"事"字可儿化。

gou

g86　够喝一壶的

例（橡34 01）："……了不起把咱们当成皮条客了。""你别大意，当成皮条客也**够**咱们**喝一壶的**。"

注－够喝一壶的：京人习用说法，义同"够呛"，见此后之 g89 条。

g87　够溜的

例（顽17 05）：您抽烟**够溜的**

注－够溜的：新京语，谓对某事

掌握得很纯熟。

g88　够呛
例（玩239 11）：你始终无赖得**够呛**

注－够呛：京俗语。谓情况严重，令人难以承受。这可能是原来流行于解放区的词汇，二十世纪五十年代初开始传入北京。

g89　购货本、粉丝芝麻酱碱面
例（浮228 04）：我索性带上**购货本**，把**粉丝芝麻酱碱面**都买了来

注－购货本、粉丝芝麻酱碱面：自1955年起，国家实行统购统销，首先是粮食开始要粮票，随后推出了形形色色的各类票证，像北京就有粮票（又分为粗、细粮）、油票、肉票、点心票、布票……另有购货本，凭本限量购买鱼、鸡蛋、豆制品、肥皂、食用碱、棉花、火柴、粉丝、麻酱、淀粉、糖……还有工业券，购买锅碗瓢盆、针头线脑、人造棉、铝制品、家具、工业品等。这些票证直到二十世纪八十年代中期才彻底取消。现在这些东西有些已经成为了收藏品，给收藏者带来了乐趣，却不知这里面蕴含着我们这一代人多少心酸。

g90　够意思
例（许126 08）：他自己不行，咱喂他。立宇，哥们儿**够意思**吧

注－够意思：京俗语，谓对人好，真诚而无保留。

gu

g91　孤拐脾气
例（爸320 06）：我就是这么个**孤拐脾气**

注－孤拐脾气：《卷一·g69》条有"拐棒子"一说，与此义同，是说不合群，不听人言，油盐儿不进；乃至性情执拗，行为悖谬。"孤拐"本义是指颧骨，也指脚内侧靠近大拇趾根部处的骨骼变形凸起。

g92　鼓捣
例（玩315 12）：要说你们几个有人在暗地**鼓捣**什么我看也只有高晋了

注－鼓捣：京俗语，指做某事，但多在含有某种轻微贬义的场合

用,常说成"瞎鼓捣"。

g93　故事

例(顽35 05):"这哥儿们正跟我们说他们要搞的万人大餐厅的事呢。""万人大餐厅?"……"又是**故事**。"

注-故事:新俚语,开始流行此说法。其义与传统意义上的"故事"(用来作为讲述对象的事情)有所不同。此词仅指谓当时在社会上流行且又完全不靠谱的某些说法。

gua

g94　寡妇抱着夜壶哭——我不如你

例(一172 03):"**寡妇抱着夜壶哭——**"我对警惕地望着我的胡亦说,"**我不如你**。"

注-寡妇抱着夜壶哭——我不如你:笔者可算得资深下层人士,却未闻此说。此恐系王朔语,粗俗而生动。

g95　挂血

例(顽31 02):一圈人开始洗牌摸牌,对方一个小伙子问:"咱玩光记分的还是**挂点血**?"

注-挂血:新俚语,指打牌时带赌输赢钱的。

guai

g96　拐着

例(千297 16):看来咱今儿得**拐着回家了**

注-拐着:京俗语,"拐"应作"扗",读kuǎi,意谓走着(去何处)。此词往往在不得不步行走某段路时说,含轻微诙谐调侃意。"扗"字又另有"搔抓、(用胳膊)挎着、舀起"等义。参见《满蒙语汇肆-05》。

guan

g97　关

例(你157 23):我觉得在演技上您**关**不比他们差

注-关:新俚语,有"肯定、一定、必须、毫无疑问、无可更改的一定之规"等义。一般应写为"官"。如下棋时有所谓"官招儿",即指该着法为棋谱上的固定招法,无可更改,不如此必然要吃亏。

g98　棺材瓤子

例(正126 01):您也是一把岁数

土埋脖梗子按老话儿讲**棺材瓢子**了

注－棺材瓢子：京俗语，对老年人不敬的称呼法，也有时只是一种调侃罢。

g99　观点

例（刘133 07）：其实有些<u>观点</u>是正确的，只是不能过早灌输给孩子

注－观点：这是源于日语的词汇。日语：観点，从英语 viewpoint 意译而来。

g100　官服

例（给448 21）：真正穿<u>官服</u>的咱也不敢说什么

注－官服：新俚语，指警察服装。日常实际是说"官衣儿"，"衣"字儿化。

g101　关键时刻

例（刘133 02）：藐视一切敌人并不被一切敌人所压制——一到**关键时刻**就本能而出

注－关键时刻：一般是说"关键时刻挺身而出"。

g102　官派儿

例（人431 08）：但他脸上的神态却是……很难模仿得惟妙惟肖的"<u>官派儿</u>"

注－官派儿：官与民不仅仅是社会地位不同，举止做派表情都不同，这就是所谓的"官派儿"。

g103　官商作风

例（正96 22）：这<u>官商作风</u>是霸道，一点儿价儿不肯还

注－官商作风：工商业者如果仅为固定雇员，没有自主经营权与营业利润，就易失去服务热情，形成"官商作风"。尤其当物资匮乏时，售货员因职能所在，一定程度上掌控了物资分配权，于是小小的售货员平添了几分霸气。

g104　关心国家大事

例（过344 26）：就显得你多<u>关心国家大事</u>似的

注－关心国家大事：中最重要的口号之一。

g105 管

例（我192 07）：他就那样，也老**管**我借钱

注－管：京俗语，介词，引进动作行为的对象，意为"向（谁如何）"。许多北方语系的地区也有此说法。此处之"管"字因"上声连读"而变调阳平。

g106 管丫的

例（正116 15）："怎么台湾人瞧上咱们了？不是发展咱们当特务吧？""**管丫的**，统吃！"

注－管丫的：下层京人俗语，意谓"不管他丫挺的那一套（我行我素）"。"丫"字参阅本卷y01条，读音介于ya、yan之间，轻声；"的"字轻声。

g107 管着么

例（浮263 02）："**管着么**，"我说，"又不是给你看的。"

注－管着么：京人习用说法，意谓"管不着"。读guǎn zháo me。

g108 灌米汤

例（爸185 26）：一旦谁万分诚恳地向你**灌米汤**，手一定要捂紧口袋

注－灌米汤：京俗语，怀有于对方不利的目的而故意向其说好话。转（zhuǎi）一句文，就是"币重而言甘诱我也"。

g109 惯用伎俩

例（刘130 09）：这正是很多人借此攻击我们党的**惯用伎俩**

注－惯用伎俩：贬义词，专用于蔑称阶级敌人对我党的手段。

guang

g110 广交会

例（空26 02）：春季**广交会**期间飞机加班很多

注－广交会："广州交易会"的简称，正式名称为"中国进出口商品交易会"（Canton fair）。详见《附录肆－58》。

gui

g111 归了包堆儿

例（无80 17）：**归了包堆儿**一总卖掉，我只能给您这数儿

注–归了包堆儿:京俗语,谓"拢共、一总、满打满算"等意。京腔口语读为 guī lou bāo zuī。"堆"字变读,不应儿化。此处儿化可能是因为原著作者对此句京语读法不甚了然。

g112　归置

例（千317　14）:勤<u>归置</u>着点,别让它们招灰

注–归置:此处意指打扫卫生,读 guī zhou。此词还另有其他多种用法,详见《卷一·g80~g83》条。

g113　归堆儿

例（玩256　18）:你帮我想想,哪个追我追的最厉害,扛着铺盖卷要跟我<u>归堆儿</u>

注–归堆儿:京俗语,原意为（将物品）按类别分置;原著此处指同居。"堆儿"也可读为 zuē*r。

g114　鬼画符

例（橡66　27）:我诅咒起驱使我跑到这个无法无天城市的那些<u>鬼画符</u>——那些钱

注–鬼画符:京俗谚,指谓狡诈多变的花招,卑劣的手段。此词另有时形容写得太难看的字,有调侃意。原著此处指谓钱,是特殊用法。

g115　鬼子

例（顽35　11）:每年也得七百多万外国<u>鬼子</u>

注–鬼子:"洋鬼子"的简说,体现国人对外国人既怕又恨的通用称谓。

guo

g116　国拨价

例（谁531　20）:一吨铝锭的<u>国拨价</u>是多少

注–国拨价:改革开放初期出现的新词汇。详见《附录肆–59》。

g117　国际共运

例（动414　24）:那年<u>国际共运</u>在全球、首先在东南亚取得了令人瞩目的胜利

注–国际共运:"国际共产主义运动"的简称。原著此处是指1975年北越在苏、中的支持下,发动"春季攻势",进攻南越,占

领西贡，推翻了阮文绍政权。

g118　国际主义义务

例（玩391 09）：又挣钱又尽**国际主义义务**多合适

注－国际主义义务：二十世纪六十年代，中国以大量物资金钱无偿支援亚非拉国家，谓之"国际主义义务"。

g119　国家的主人

例（玩333 26）：我们一群朋友从部队刚复员……没不想干的事，没不敢干的事，那才叫**国家的主人**呢

注－国家的主人：对新中国人民的称谓。此观点源自《中华人民共和国宪法》："中华人民共和国是工人阶级领导的、以工农联盟为基础的人民民主专政的社会主义国家。"

g120　过

例（橡05 24）：你看我跟大马路上的人这么说话吗？压根不！……跟他们不**过**这个

注－过：京人习用说法，指建立在双方互信基础上的某种交往方式。

g121　过去没家都

例（刘115 18）：这房子也是我们单位刚分的我，**过去没家都**

注－过去没家都：京语讲究轻灵流畅，语速较快；有时会出现话说完了却发现意思表达得不够准确或不够完全。这时京人会在已说完的某句话后找补上一个词汇（此句中为副词"都"）以补充语义。此句中"过去没家都"即等于"过去都没有家"。王朔作品口语化的程度，恐无出其右者。

g122　过事

例（动451 21）："算了，一个院的。"高晋宽容地说，"以后不跟他**过事**完了"

注－过事：参阅此前之g121条。

g123　过硬

例（人508 02）：你的手段并没你说的那么**过硬**奏效嘛

注－过硬：新京语，二十世纪六十年代初可能是首先在军队开

始流行的，具体出处待考。

g124　过这村可没这店了

例（谁563　05）：强扭的瓜不甜，我等你想通了——<u>过这村可没这店了</u>

注－过这村可没这店了：京俗语，催促人当机立断抓住机会。

H部

hai

h01　还得说

例（你173　22）：<u>还得说</u>咱们政府会教育人

注－还得说：京人习用说法，用于句首，是总结、归纳句式的发语词。

h02　还是的

例（刘123　21）："对对，我也假，我见什么人说什么话。""<u>还是的</u>。"

注－还是的：京人习用说法，在双方辩驳性的对话中，当对方的论点与己方逐渐接近时往往这样说，隐含一种胜辩的喜悦。

h03　海峡两岸的中国人

例（正131　14）："真是，咱们<u>海峡两岸的中国人</u>快握握手吧。"吴胖子和台湾女士握手

注－海峡两岸的中国人：语出1972年的《中美联合公报》："台湾海峡两岸的中国人都认为只有一个中国。"这是时任美国国务卿的亨利·基辛格博士（Henry Alfred Kissinger）灵光一现想出的奇思妙语，是唯一能为中美双方都接受的说法。

h04　骇人听闻

例（刘129　15）：倒不是你们这件事有多严重，而是他这种做法<u>骇人听闻</u>

注－骇人听闻：文革语，对被批判者一般都要用此词形容其罪行。

han

h05　寒碜

例（玩350　04）：这不是<u>寒碜</u>我吗

注－寒碜：此处作动词用，意谓"（故意令某人）难堪"。另有"磕碜"一词与此意近。

h 06　寒碜

例（无 64 09）：这色儿我能穿么？**寒碜**不**寒碜**

注－寒碜：此处作形容词用，意谓"（穿着打扮的）土气、难看"另有"磕碜"一词与此意近。以上两条均参见》卷一·k 11~k 13》及《卷二·hx 05》条。

h 07　喊口号

例（动 416 10）：手挥纸旗跟着老师**喊**了一路**口号**

注－喊口号：此举自二十世纪五十年代后屡见，至"文革"期间鼎盛。

h 08　焊

例（橡 20 07）："你发什么疯？"我挣开老蒋伸过来抓我的手，"哪儿**焊**哪儿呀，谁跟你说的？"

注－焊：这是极具典型性的北京方言语音，其实就是"和"字，读为 hàn 是旧时下层京人的语音，现在台湾人也这么说。关于"和"字的读音，详见《卷一·h 07、h 08、h 72》及《附录壹－14》诸条。

hao

h 09　薅

例（无 27 21）：李缅宁想撤，心里刚动念头，就被韩丽婷一把**薅**住

注－薅："薅"字本意为"拔除杂草"；京俗语用其引申义"抓住、揪住"。

h 10　好鸟

例（谁 563 15）：李东宝……对戈玲发牢骚，"其实我也不是什么**好鸟**……"

注－好鸟：新俚语诙谐说法。"鸟"字在此指"某人"，只用于否定句，说"不是好鸟"。此处"好"字阳平。

h 11　好好学习，天天向上

例（柾 584 15）：人穷志不短，不是自己的东西给也不要，要**好好学习，天天向上**

注－好好学习，天天向上：此为毛主席 1951 年为苏州市金阊小学 8 岁的小学生陈永康题的词。据说那孩子抓了一个国民党特务。

h12　好看么倒是

例（无67　21）：怎么都不说话？**好看么倒是**

注－好看么倒是：此句句式结构参见本卷之 g122 条。

h13　好像你多革命似的

例（橡26　25）：瞧你对我这副模样儿，就**好像你多革命似的**

注－好像你多革命似的：文革语，常用于讥讽对方。

h14　耗

例（给497　14）：坚决不跟你离婚，**耗**也耗你一辈子

注－耗：拖沓无为，延宕时日。是京语常用词汇。

he

h15　和工农相结合

例（人476　12）：用不着再和农民睡觉来标榜自己真正做到"**和工农相结合**"了吧

注－和工农相结合：1939年"五四"运动20周年前夕，毛主席发表了《五四运动》一文，其中有"革命的或不革命的或反革命的知识分子的最后的分界，看其是否愿意并且实行和工农民众相结合"之说，自此"知识分子必须与工农群众相结合"遂成为我党的一条重要原则，是中共党史上的80句口号之一。

h16　和平演变

例（枉583　22）：咱们可千万不能让他得逞呵！咱们老辈人打下的江山可不能在他们手里**和平演变**

注－和平演变：这是二十世纪五十年代冷战期间，美国国会议员杜勒斯（John Foster Dulles 后曾任国务卿）提出的针对社会主义阵营国家的政策。详见《附录肆－60》。

h17　合着

例（爸425　04）：你小子还挺鬼，**合着**这得罪人的事全推给我们了

注－合着：京人习用说法，作为对对方此前所言进行归纳总结时的发语词。"着"字读 r，是口型提示。

hei

h18　黑不提白不提

例（刘138　13）：我看这件事就过去了好不好？<u>黑不提白不提</u>，老说也没意思了

注－黑不提白不提：京俗语，指对某些事情出于某种考虑（多是因为可能有某种利害关系在内）而故意隐忍不说。原著此处对此词的运用把握欠准确。

h19　黑狗子

例（千318　27）：形形色色的男女挥舞着手里的各种证件和站岗的<u>黑狗子</u>们激烈争吵

注－黑狗子：某些京人称警察为黑狗子，是学着过去许多反映革命斗争的电影中革命群众对旧警察的称谓，盖因彼时警察着黑色警服。按：现在中国警察的制服，是为"九九式警服"，于2000年10月1日开始着装，其色藏蓝；而原著成书约在二十世纪八十年代中期，彼时警察着"八三式警服"，略近于军绿色。

h20　黑上了

例（玩257　19）：我知道公安局的法力无边，要叫他们<u>黑上了</u>，那就是天罗地网

注－黑上了：京俗语，指自己被人别有用心的暗中审视（寻机下手）。

h21　黑着

例（人497　20）：要是谁家来过什么人，我们都给人家记下来，汇报上去，<u>黑着</u>人家，那谁还敢在这儿住

注－黑着：此处与上条意近，均为"暗中审视"意。

h22　黑着

例（顽55　13）："你还是回趟家吧。"马青说，"要不你爸还不定认为我们怎么<u>黑着</u>你呢。"

注－黑着：此处意指隐藏、藏匿。

`hen

h23　含着

例（无12　06）：李缅宁<u>含着</u>一嘴饭菜

注－含着："含"字作为"容纳于

口中"义时,京腔口语读为 hén。

h24 狠

例（无45 04）：要办,就照最<u>狠</u>的来。音乐厅怎么样？包几场你说

注－狠：新京语,表示某事物程度之甚,与"凶狠"无涉。

h25 恨不得

例（你169 18）：一个<u>恨不得</u>让人用大耳刮子抽的白痴

注－恨不得：说得快时读 hèn m d,一带而过。"不"字读 m,是口型提示,参见《卷一·y18》条；"得"字读 d,轻声。

hong

h26 红箍

例（给448 01）"可逮着你啦！"随着一声喝,那个戴<u>红箍</u>的老头儿从树后跳出

注－红箍：新京语,指红色臂章,上面印着某某组织的字号,"文革"期间臻于鼎盛。"箍"字本是"紧紧围绕"义。

h27 红旗、横幅标语

例（无51 14）：到处都是打着<u>红旗</u>,举着<u>横幅标语</u>……口口声声为过往群众做好事的三教九流,各色人等

注－红旗、横幅标语：新京语,此类东西"文革"期间往往铺天盖地。

h28 红彤彤

例（千337 07）：电炉子把两人的脸映得<u>红彤彤</u>的

注－红彤彤：特定语。这本来是很普通的形容词,但在"文革"期间此词具有强烈的革命专属性,如：挥动着红彤彤的《毛主席语录》、支援亚非拉革命打出一片红彤彤的新世界、革命者有着一颗红彤彤的心等。更多的是将毛主席比作太阳,歌颂太阳红彤彤（如有一首红歌的歌词是：天上太阳红呀红彤彤哎,心中的太阳是毛泽东哎……）。"文革"初始,有很多低文化的基层群众字读半边,将"彤彤"念成 dān dān,可为一噱。

hou

h 29 齁

例（过318 05）："吃糖吃糖。"……"不吃，太**齁**。"

注－齁：京俗语，指谓某种味道（主要的指咸或甜，也有时兼及酸、辣、苦等味）太过，致使口腔感到过分刺激，不好受。"齁"字儿化。

h 30 猴

例（过320 06）：那些天她几乎是没日没夜地**猴**在我身上

注－猴：此处指依偎、纠缠。另也有的地方用以形容儿童顽皮，如说"这孩子怎么这么闹啊，猴了吧唧的"。

h 31 后脖颈冒凉气

例（修513 13）：当场就有点误闯法场的感觉，双腿发软**后脖颈冒凉气**

注－后脖颈冒凉气：京人习用说法，表示心中感到高度恐惧。

hu

h 32 呼

例（无36 10）：BB机又叫，李缅宁……扭脸对肖科平说："**呼**你呐。"

注－呼：新京语，随着使用BB（实际应为BP）机时代结束，此说法也就自然消亡了。

h 33 和

例（正91 24）：刘会元打出张牌看着上下家说，"你们**和**去吧……"

注－和：此处读为hú，打麻将牌术语。

h34 胡打胡有理

例（玩249 24）：我们开始玩牌……只有我有命……**胡打胡有理**

注－胡打胡有理：京人打牌时的习用说法，当手风顺的时候，牌怎么出都赢，谓之"胡打胡有理"。

h35 胡大

例（顽09 22）："**胡大**，咱们干的这是什么倒霉差事。"……马青……大声说

注－胡大：波斯语 Khudai 的音译，

意为"自在者",中国西北某些地区穆斯林对"真主"的称呼。原著此处说此话者(马青)是回民。详见《附录肆-61》。

h36 胡搅
例(爸424 01):审判员……边笑边瞅着马锐:"你还挺能<u>胡搅</u>。"
注-胡搅:京俗语,谓人强辩,没理找理,再严重点说胡搅蛮缠。

h37 胡撸
例(过350 26):我<u>胡撸</u>了棋盘重新摆子
注-胡撸:京俗语,现在常用的有拂动、抚摸、揽取、推倒、搅乱、张罗、快速地向口中拨拉(饭菜)等语义。

h38 胡同
例(谁544 13):哪有点机器人的样子,快赶上我们<u>胡同</u>那些脏妞儿了
注-胡同:参见《卷二·hx29》及《满蒙语汇贰-07》条。

h39 胡同串子
例(玩303 22):收推(拾)得娘娘似的,其实是个<u>胡同串子</u>
注-胡同串子:新俚语,贬义,指居于胡同里的下层市民家庭之青年。这些人有的无固定职业,亦无一技之长,经常游走于合法与非法之间,多有"问题青年"。
按:原著此句中"收推"一词恐有误,似应为"收拾"。

h40 互帮互学
例(千450 25):我和另一个苦人儿一起生活,相敬相爱,<u>互帮互学</u>
注-互帮互学:文革语。"文革"中为加强政治学习所推行的方法之一,军队更进一步推出了"一帮一,一对红"活动,以使政治思想教育渗透到每人每时每处。

h41 互相吹捧
例(你161 19):从现在做起,从我做起,让<u>互相吹捧</u>蔚然成风
注-互相吹捧:兴起于"文革"时期的新京语,多用于批判"资

产阶级反动学术权威"。

h 42 互相揭发
例（谁566 23）：既然都不说，难以开口，那就**互相揭发**，这样准能搞到材料

注－互相揭发："文革"中"清理阶级队伍运动"（时在1968年）中臻于极致。详见《附录肆－62》。

hua

h 43 花插着
例（空07 12）：她**花插着**往这儿带人，有时一两个，有时三五个

注－花插着：京俗语，此处谓对同类事物的处理方式上不单调，有意变化。

h 44 花插着
例（糟539 16）：依次下去倒车回来中间**花插着**主持人的抒情解说词

注－花插着：京俗语，此处是用于表述帮衬式的插言。

h 45 花搭着
例（修501 05）：有那么三五个**花搭着**爱到一筐里，那才难分难解，撕捋不开

注－花搭着：京俗语，与"花插着"义近，意谓不同的事物混杂在一起。

h 46 花瓜似的
例（橡22 15）："……装束也换了。""……**花瓜似的**，分外妖娆……"

注－花瓜似的：京俗语，形容人穿得花哨而不得体，或脸上脂粉涂得不成样子，含贬义；也有时指衣服或脸上沾染脏污，或头破血流的样子。另：句中的"分外妖娆"一词，系出毛主席1936年的一首词《沁园春·雪》："须晴日，看红装素裹，分外妖娆。"

h 47 花蝴蝶
例（爸187 25）：我看你爸你妈一早就出去了，你妈打扮得跟**花蝴蝶**似的

注－花蝴蝶：与上条意近（衣服花哨），更多是调侃意。"蝴蝶"京语读为 hù tiěr。

h48　花活儿

例（千474 13）：他蹬车仍不忘<u>花活儿</u>，只求腿脚姿式好看，节奏仍是芭蕾的节奏

注－花活儿：原指木器上镂花等类的加工手法；也泛指一切多余的乃至画蛇添足的表现；还用于指斥耍花招、欺骗手段等。京语中此词不儿化。

h49　花舌哨马

例（刘139 02）：刘大妈笑道："别<u>花舌哨马</u>的，谁是为你呀？算你赶上了……"

注－花舌哨马：京俗语，谓耍贫嘴、花言巧语。"舌"字读为r，是口型提示。

h50　花式

例（正114 23）：骂人谁不会？我要骂起来比你们可<u>花式</u>多了

注－花式：京俗语，各种花样翻新。多写为"花哨"，读 huā shou。

h51　话把儿

例（过310 03）：我不想留下<u>话把儿</u>，好象我逼着你结婚似的

注－话把儿：京俗语，谓话柄。

huai

h52　怀着对帝国主义的刻骨仇恨

例（千327 22）：从地上站起来揩干净身上的血迹，<u>怀着对帝国主义的刻骨仇恨</u>，重新又开始战斗啦

注－怀着对帝国主义的刻骨仇恨：新京语，流行于二十世纪五六十年代，出处不详待考。

h53　坏水儿

例（爸184 21）：但他坚持认为他当时要比马锐现在质朴，肚子里没那么多<u>坏水儿</u>

注－坏水儿：京俗语，一般是指坏主意。按：此词实际是旧京下层人士的粗口，暗指精液；谓某人肚子里的坏水儿（坏主意）经常要向外放出。

huan

h54　欢歌笑语绕着彩云飞

例（正79　23）：到时候咱们不玩麻将了，举杯赞英雄，<u>欢歌笑语绕着彩云飞</u>

注－欢歌笑语绕着彩云飞：此为二十世纪八十年代初流行歌曲《年轻的朋友来相会》（张枚同填词，谷建芬谱曲）中的一句歌词。

huang

h55　黄了

例（橡106　18）：他们把咱们电视机的事搅<u>黄了</u>

注－黄了：京俗语，原为打麻将牌的术语，指已将额定要抓的牌抓完，仍无人能凑成一副，未能和（hú）牌；引申义指目的不能实现或中途失败。

h56　黄皮寡瘦

例（千450　10）：一个<u>黄皮寡瘦</u>的妇女垂着眼皮儿喃喃地说

注－黄皮寡瘦：京俗语，形容人消瘦，气色很差。

h57　黄鼠狼专咬病鸭子

例（爸260　17）：你没听说过那句俗话么：<u>黄鼠狼专咬病鸭子</u>

注－黄鼠狼专咬病鸭子：京俗谚，谓祸不单行。

h58　谎言重复千遍就是事实

例（无51　12）："言不由衷说得好听又有什么用？""<u>谎言重复千遍就是事实</u>！"

注－谎言重复千遍就是事实：此说脱胎于希特勒德国的纳粹宣传部长约瑟夫·戈培尔（Paul Joseph Goebbels　1897~1945年）的名言"谎言重复千遍就是真理"。那人是做反动宣传的天才。详见《附录肆－63》。

h59　幌儿

例（玩255　18）：得，这<u>幌儿</u>也戳穿了……撒个谎都撒不圆了

注－幌儿：幌子，即旧时店铺门前所悬挂的条幅，上书该店的字号、经营特色等。此处可能是引申指谓谎言，这种说法似乎并未见于京语。另可参阅《元曲语汇145》条。

h 60　晃

例（一135 04）：你其实和街头歪着膀子遛来遛去的"小晃"没什么太大的高低之分

注 - 晃：读 huà~r，旧京俗语，对行为常涉及法律边缘，且往往无正当职业者之称谓，这类人也可定义为准流氓。句中的"小晃"是指初级流氓。"晃"字去声，儿化。参见《元曲语汇 146》。

hui

h 61　回城

例（无98 09）：男人是有，我也跟他们睡过觉，从连里睡到团里，为了回城

注 - 回城：原著此条所述是当年回城大潮中的事例。参见《附录肆 - 13》。

h 62　回见

例（许218 03）：不跟我走了？不走算了，回见

注 - 回见：京人习将再见说为"回见"。

h 63　回头

例（无27 22）：你先把韭黄摘了，回头再把土豆洗了削皮

注 - 回头：京人习用说法，意为"然后、稍待片刻"。"头"字轻声，此处也可读为 lou。

h 64　毁我

例（顽13 13）："……我能请美萍吃顿饭么？""可以，不过得你自个掏腰包。""毁我？……"

注 - 毁我：京人习用说法，指对方之所为是在故意伤害自己的利益。

h 65　汇报、找组织

例（谁563 19）："我要汇报我要汇报。"牛大姐在一旁嘟哝："找组织。"

注 - 汇报、找组织：新京语。"组织"指党组织；经常向组织汇报情况是每个共产党员应尽的责任。

h 66　汇报思想

例（刘106 01）：你那会儿可了不

得呀，团支书，老师的小帮手，我们要想进步都得找你<u>汇报思想</u>呢

注－汇报思想：新京语。参见上条，不但要汇报事情，更要随时向组织汇报自己的思想。

h67　会说话

例（正119 19）：还是你<u>会说话</u>

注－会说话：京人习用说法，指与人交流时语言得体。"话"字多读儿化音。

hun

h68　荤

例（玩315 09）：没心没肺，嚷嚷的凶嘴比谁都<u>荤</u>，可真也没见他们干了什么

注－荤：京俗语，此处指语涉下流。

h69　混吃等死

例（空44 24）：有很多<u>混吃等死</u>的废物在愉快地活着

注－混吃等死：新京语，流行于二十世纪六七十年代，是那时民心的真实写照。改革开放后人民获得了新生，<u>此说法也就逐渐销</u>声匿迹了。

h70　混出个人样儿

例（你206 06）：那你<u>混出个人样儿</u>了么

注－混出个人样儿：京人习用说法，指事业有成，身份提高。

h71　混出来了

例（无41 23）：这贡献还小么？这就算<u>混出来了</u>

注－混出来了：京人习用说法，与上一条义同。

h72　混饭吃

例（正130 17）：<u>混饭吃</u>再也没比中国更好的地方了

注－混饭吃：京人习用说法，指消极被动（应付工作），过一天算一天。

h73　混混儿

例（懵550 02）："说艺人都抬举他。"于德利喝了口水说，"十足的<u>混混儿</u>……"

注－混混儿：京俗语，指游手好闲不务正业，成天价在街上混，

坑蒙拐骗，间或小偷小摸一类的痞棍无赖之辈。

h74　混进了××队伍
例（爸257 07）：基本上就是刚扫了盲的也不知怎么就<u>混进了</u>教师<u>队伍</u>

注－混进了××队伍：文革语，把被批斗者的职业或工作性质填入空格（××），就可以适用于任何人啦。

h75　混淆两种不同性质矛盾
例（你191 19）：你的问题这次不谈……不要<u>混淆两种不同性质矛盾</u>

注－混淆两种不同性质矛盾：新京语。此说发轫于毛主席1937年的《矛盾论》，完善于20年之后的《关于正确处理人民内部矛盾的问题》。

huo

h76　活宝
例（刘139 13）：顺哥，记得你过去不这样儿，现在怎么改<u>活宝</u>了

注－活宝：京俗语，谓某人表现诙谐且活跃，是众人的开心果；有意这样做则称为"耍活宝"。

h77　活到老学到老
例（橡89 01）："你还什么都知道。""<u>活到老学到老</u>嘛。"

注－活到老学到老：特定语。本为俗谚，"文革"时期作为特定语，专用于指谓学《毛选》。

h78　活活一个
例（玩293 24）：这点苦水儿我不倒给你倒给谁？我，唉，<u>活活一个</u>苦儿流浪记中国版

注－活活一个：京人习用说法，对某人要发某种感慨时的发语词，兼有强调所述人或事物主体之作用。

h79　活络
例（爸232 25）：又送了一个儿子去日本打工，手头<u>活络</u>了

注－活络：有了一定钱财，生活不捉襟见肘为"手头活泛"，传统京语中似未见"手头活络"一说。

h80　活劈了
例（许127 20）：恨骂连声地对我

侃了一下午他将如何**活劈了**许立宇

注－活劈了：将人抓住两腿，一撕两半。这是源于评书的说法，记得好像《隋唐演义》中有李元霸"活劈某某"的说法。"劈"字上声。

h81　活脱

例（你176　25）：您就是**活脱**一神仙呵！搁我文盲那会儿，见了您我得磕头

注－活脱：京俗语，谓绝对像（什么）。详见《卷一·h79》条。

h82　活学活用

例（动478　12）：任我随心所欲，**活学活用**装配成致人死命的利器

注－活学活用：语出林彪1966年为《毛主席语录》所写的《再版前言》中那段著名论述："学习毛主席语录，要带着问题学，活学活用，学用结合，急用先学，立竿见影，在'用'字上狠下功夫。"

h83　活儿

例（玩304　24）："刘炎**活儿**还是不错。"瘸子淫亵地眨眨眼

注－活儿：京人习用说法，指（某种）工作，或某种物品，亦指物品质量。原著此处是流氓评价女人的性技巧。

h84　祸害

例（许119　09）：吴建新对他如果算不上欺侮也是有点成心**祸害**

注－祸害：此词旧时多写为"祸祸"，后一"祸"字读音介于huo、wo之间，指"有意的糟蹋（某物或人）"。另也有时专指奸污。

J部
ji

j01　鸡

例（过320　25）：你怎么打扮得跟只"**鸡**"似的

注－鸡：指妓女。旧京称自行拉客的私娼为野鸡；粤人统称妓女为鸡婆。

j02　鸡巴

例（正123　25）：对个**鸡巴**作家就这份儿德行，将来真见着敌人还不得当场跪下

注－鸡巴：京人在说起自己极端藐视之人（或物）前所加的贬义冠词。

j03　基层组织建设

例（过314　27）：枪杆子掌握在谁手里固然重要，但也不能忽视<u>基层组织建设</u>

注－基层组织建设：新京语。我党非常重视基层的组织建设，使得党的控制能力一直达到最底层。早在1928年，毛主席在《井冈山的斗争》一文中就已提出"红军所以艰难奋战而不溃散，'支部建在连上'是一个重要原因"。

j04　鸡插

例（玩304　20）：我早知道不过叫法不同：你们叫音乐，我们叫<u>鸡插</u>

注－鸡插：此处语义不详，待考。

j05　饥荒

例（爸184　16）：尽管没遇到过<u>饥荒</u>，他还是越长越丑了

注－饥荒：此处指年景不好，歉收而引发缺粮饥馑。参见《卷一·j01》条。

j06　机会主义者

例（人506　22）：您分析得对，这种姑娘都是<u>机会主义者</u>

注－机会主义者："文革"语言泛政治化，群众惯于胡乱用各种莫名其义的政治名词。此词详见《附录肆－64》。

j07　积极

例（刘113　21）：别没精打采的，我看见好的会给你留心的，你也该<u>积极</u>点才是

注－积极：这本是源自日语的外来词汇，指"正面的、肯定的"，可应用于各个领域；但近几十年此词主要用于评价一个人是否紧跟党走。

j08　积极分子

例（一172　13）：爸爸妈妈哥哥，老师团干部里弄<u>积极分子</u>，谁都管我

注－积极分子：新京语，基本限于用在政治方面。

j09　唧唧咕咕

例（橡25　03）：她只勉强敷衍我几句……同张燕生**唧唧咕咕**

注 - 唧唧咕咕：京语"唧咕"一词，本为"少量的挤出（某物）"意；但现在多指两人小声的说话，隐含有"不愿被他人听到"之意。

j10　激烈的思想斗争

例（你193　14）：我知道你今天能当面向我指出我的缺点是经过多么**激烈的思想斗争**

注 - 激烈的思想斗争：新京语。出处未详。

j11　机灵

例（正143　23）："骂我什么？"大胖子**机灵**一下，立刻正襟危坐，沉下脸来

注 - 机灵：此处之"机灵"现多写为"激灵"，京俗语，形容突然一惊的样子。详见《卷三·jq01》条。

j12　机灵鬼

例（玩270　05）：屋里一个小巧玲珑的老太太**机灵鬼**似地看着我

注 - 机灵鬼：王朔语。该词一般只用于形容小孩儿；王朔将其错位使用，这有些像毕加索的立体派风格绘画，以理性和抽象将物体重新组合，多维的形象给人以更新颖、深刻的体会。"鬼"字儿化。

j13　机灵劲儿

例（刘111　08）：走了个燕子，又补上个你，怎么**机灵劲儿**都给了你们这些小的了呢

注 - 机灵劲儿：机灵的样子。京人习将"××的样子、程度"（××为形容词）说成"××劲儿"。

j14　鸡屎拌面——假卤（鲁）

例（一132　03）：你呀，也是**鸡屎拌面——假卤（鲁）**

注 - 鸡屎拌面——假卤（鲁）：京人常用的歇后语，用以形容某人的色厉内荏。此词约产生于二十世纪五六十年代。此处"鲁"字指一种随时敢玩儿命的浑不论（读 lin）劲儿。

j15　鸡一句，鸭一句

例（无62　12）：二人……继续争吵，高一声，低一声，**鸡一句，鸭一句**

注－鸡一句，鸭一句：京语形容众人在一起无秩序乱说，有"鸡一嘴鸭一嘴"的说法，语带贬义。原著此处这种用法似与京语习用说法不同。

j16　急扯白脸

例（永90　11）："真的，我骗你们干吗？"董延平**急扯白脸**地说

注－急扯白脸：京俗语，谓面色焦急而不悦。也作"急扯瓣脸、急赤白脸"。"扯"字读音介于 chi、che 之间。

j17　急猴猴的

例（正100　14）："别**急猴猴的**。"吴胖子说，"咱们先说点正经的。"

注－急猴猴的：京俗语。猴子行动毛躁欠沉稳，以之形容这样的人是"猴急"（"猴"字阴平，儿化）；更口语化的说法就是"急猴的"，读为 jí hōu hour de。

j18　集体主义精神

例（动418　19）：食堂里的其他战士没有表现出**集体主义精神**和对荣誉的珍惜

注－集体主义精神：集体主义的概念是斯大林在1934年7月，同英国作家威尔斯的谈话中明确提出来的。集体主义是主张个人从属于社会，个人利益应当服从集团、民族、阶级和国家利益的一种思想理论，是无产阶级世界观的内容之一。毛主席1944年在《为人民服务》一文中所说："我们都是来自五湖四海，为了一个共同的革命目标，走到一起来了。……我们的干部要关心每一个战士，一切革命队伍的人都要互相关心，互相爱护，互相帮助。"为集体主义精神加了通俗化的新注脚。

j19　极左分子

例（人511　09）：他也不喜欢美国，我们不是**极左分子**，但我们都觉得还是生活在祖国好

注－极左分子：新京语。指极端激进左派分子。详见《附录肆－65》。

j20　挤兑

例（一116　10）："走走，咱走。"我推方方："甭跟她废话，<u>挤兑</u>起咱们来了。"

注－挤兑：京俗语，逼迫、为难。也写作"挤对"。

j21　挤兑活人

例（顽32　12）：于观……拉开架势，"您二位要不怕弄伤了自个就来。""真<u>挤兑活人</u>。"杨重边说边凑过去

注－挤兑活人：是上一条发展了的说法，二十世纪七八十年代常有此说。强调"挤兑"的严重程度。

j22　计划生育

例（过330　08）：年轻轻的可别叫家务缠住。<u>要计划生育</u>

注－计划生育：一段时期以来中国的国策。详见《附录肆－66》。

j23　唧鸟猴

例（橡17　01）：你吃过我们北方的<u>唧鸟猴</u>吗

注－唧鸟猴：京俗语，指蝉的幼虫。详见《附录肆－67》。

jia

j24　家吃

例（千293　21）：你们先对付着，<u>家吃</u>两天

注－家吃：京人习用说法，"在家吃饭"的简说。这类说法京语中时有所见，似可认为是满语"动词置后"在京语中的一种变形体现。

j25　家访

例（玩271　06）：当了领导，回来探亲总要顺便搞点<u>家访</u>，报个平安

注－家访：新京语，指基层领导到下属家中去做思想工作；现在除了骗子没什么人跑到你家里给你谆谆告诫啦。

j26 家雀

例（橡71 02）：那纯粹是老鹰和<u>家雀</u>的关系

注－家雀：京俗语，城里人称麻雀为"家雀"，"雀"字读 qiǎor，上声，儿化；南郊大兴一带称"老家"（"家"字读本音，不得轻声儿化）；西北海淀一带叫"老家贼"（"贼"字读本音，不得轻声儿化）；北部远郊区则多说"老家子"（"子"字读 ze）。

j27 家雀变的

例（无42 04）：也是咱这一带的<u>家雀变的</u>

注－家雀变的：新京语，戏谑某人虽然现在得志了，但原来出身不高。

j28 加塞儿

例（千373 17）：人家的坏人抢银行都规规矩矩排队，轮到他再动手，决不<u>加塞儿</u>，这才叫文明呐

注－加塞儿：新俚语，谓不按顺序排队（也说插队）。"加"字应作"夹"。参见《附录肆－68》。

j29 夹枪带棒

例（你168 23）：表面上把人家夸得天花乱坠，心里对人家一百个瞧不上，<u>夹枪带棒</u>，把对象当傻瓜耍

注－夹枪带棒：京俗语，谓语言中含有讥讽诋毁他人之意。注意是"含有"而不是"暗含"，表示不怕甚至是故意要对方听得出来。

j30 假活儿

例（懵549 27）：李东宝说："老于认出那江导是个<u>假活儿</u>，整个一个流浪艺人。"

注－假活儿：新俚语，此处谓（某人是）冒牌货；也可用于指某事物的不实。此处"活"字不应儿化

j31 假模三道

例（刘122 18）：你过去还真是……<u>假模三道</u>的，跟墙上贴那三好学生宣传画似的

注－假模三道：京俗语，还有"假门假事、假模假式、假模善道"

等说法，都是说人故作某种高姿态以掩饰卑劣实质。

j32　假摸山道

例（顽42　15）："我真不喜欢和你一起来的那个人。"……"**假摸山道**的。"

注－假摸山道：参见上条。虽说是方言无定字，但还是写作"假模三道"较好。

j33　假招子

例（浮240　10）："嘀嘀，"晶晶笑起来，"别**假招子**了，我都要起鸡皮疙瘩了。"

注－假招子：京俗语，也作"假着子"。此处指故作某种姿态，详见《卷二·jx11、jx12》条。

j34　架式

例（刘124　05）：老一个人呆着也拿不准人前该是个什么**架式**了

注－架式：京俗语，此处指摆出的样子。

j35　价值观

例（刘130　21）：和学校奉行推崇的那套**价值观**相违，并不意味着将来长大就一定会成为社会的敌对者

注－价值观：新京语，改革开放后开始流行，是指一种判断事物的正谬、做选择时取舍的标准。价值观也可以说是一种深藏于内心的准绳，在面临抉择时的一项依据。价值观会指引人做出某些行为而抵制另一些行为。

jian

j36　夹菜

例（刘143　24）："吃菜吃菜。"亚茹忙给他二人**夹菜**

注－夹菜：京语"夹"字此处读为jiān，若说成"jiā菜"，会被旧派京人认为是缺乏家教的表现。

j37　检举信

例（玩418　17）：第二天就揭发了我，一封**检举信**写到了团政治部

注－检举信：时期常有为陷害与己交恶者而写匿名揭发信的人。参见《附录肆－69》。

j38　检讨

例（许129　04）：并**检讨**了自己生

活不检点,恋爱观不正确的错误
注－检讨:新京语,也说"检查",此词至"文革"时期达到鼎盛。

j39 检讨的深刻程度,对错误的认识程度

例(爸208 18):处分轻重要看马锐同学**检讨的深刻程度,对错误的认识程度**

注－检讨的深刻程度,对错误的认识程度:新京语,至"文革"时期达到鼎盛。比之上一条更加细化了。参见《附录肆－70》。

j40 拣到篮里就当菜

例(刘124 21):"妈,我在家碍着您什么了?您也不能**拣到篮里就当菜**。"

注－拣到篮里就当菜:京俗谚,意谓不论青红皂白的一律等同对待。

j41 搇直

例(顽28 24):"停不停?"司机问。"不停,**搇直**开。"杨重说

注－搇直:一直的、不转弯的。这并非纯粹京语,而是京东地区

之人的说法。旧京下层人士多为京畿之人,故常有持此类说法者。

j42 拣直

例(谁559 15):**拣直**走,一条道走到尾便到了

注－拣直:与上条音、义皆同,仅写法有异。

j43 见荣誉就让,见困难就上

例(你177 26):那是您**见荣誉就让,见困难就上**

注－见荣誉就让,见困难就上:"见困难就上,见荣誉就让,见先进就学,见后进就帮",这是1959年荣获"全国先进工作者"称号的马学礼提出的口号。详见《附录肆－71》。

j44 见天

例(玩267 23):没听报上**见天**叹息,老同志死一个少一个

注－见天:京人习用说法,每天、经常的(如何)。"天"字儿化。

j45 见着松人压不住火

例（千392 11）：见着松人压不住火，见着能人直不起腿

注－见着松人压不住火：京俗谚，描述了欺软怕硬的人性弱点。"松"字应作"尣"，参见《卷二·sx 56》及《附录贰－28》条。

jiang

j46 江姐

例（给480 16）：她一言不发……眼里流露出毫不掩饰的轻蔑如同江姐面对中美合作所的刽子手

注－江姐：指江竹筠（1920～1949），原名江竹君，四川省自贡市人，中国共产党烈士。参见《附录肆－72》。

j47 讲究

例（爸214 26）：你还哪那么多穷讲究

注－讲究：原著此处意指"不必要的、多余的要求和想法"。

j48 讲究

例（千334 11）：胖经理……为嘉宾们介绍着每道菜的名堂和讲究

注－讲究：原著此处意指不易为外人所知的内涵。此词在京语中有多种解释和用途，详见《卷二·jx 20～jx 22》条。

j49 讲用

例（千447 01）：由各界妇女代表讲用她们当女人的心得和体会

注－讲用：文革语，是"文革"时期兴起的一种活学活用毛主席著作、落实最高指示、加强斗私批修的形式。见《附录肆－73》。

jiao

j50 交代

例（你192 20）："你说！你交代……"马青、刘美萍围攻杨重，指指戳戳

注－交代：特定语。此词本有嘱咐、说明、移交、完结（指死了）等义，但在二十世纪五六十年代，尤其是"文革"时期，此词最多的是用于勒令被认为的犯罪分子老实交代自己的问题，如原著此处即是。

j51 嚼

例（顽08 11）：你和这个酸奶瓶要**嚼**起亲来没准还有点血缘关系呢

注－嚼：京俗语，此处指"仔细的探究"，也说"细嚼"。

j52 搅屎棍子

例（修495 14）：要没秀姑这么一**搅屎棍子**，那八方豪杰从始至终都是哥们儿，哪来的热闹

注－搅屎棍子：京俗谚，谓惯生是非、制造麻烦者。一般说"搅屎棍"。

j53 脚丫子

例（无34 10）：接着低头用力搓**脚丫子**

注－脚丫子：京人对脚的俗称，也写作"脚鸭子"。

j54 叫份儿

例（顽30 16）：几个小伙子一进门就笑着说："听说这儿有人**叫份儿**？"

注－叫份儿：新俚语。"份儿"一词早已有之，参见《卷一f14、f15》条；"叫份儿"一词盛行于"文革"时期至二十世纪八九十年代。此词多为下层人士乃至流氓阶层所常用，意指有意挑衅。

j55 较劲

例（刘144 25）："行了你顺子。"慧芳拉夏顺开胳膊。"跟我妈**较**什么**劲**？"

注－较劲：京俗语，指对某人有意的苛待，处处与其针锋相对，毫不宽容。在对话中"劲"字一般不儿化，显得语气凝重。

j56 叫劲儿

例（空29 19）：阿眉开始和我**叫**上了**劲儿**。我说什么，她总跟我饯着

注－叫劲儿：与上条义同，唯写法相异（还是应写为"较劲"）。"较劲"一词在叙述句中多儿化。

j57 叫您说的

例（刘120 01）："顺子……不是大刑刚上来吧？""**叫您说的**大妈，我有那么坏么？"

注-叫您说的:也作"瞧您说的",京人在对话中表示不同意对方所说时的一种委婉申辩说法。

j58 教唆犯

例（刘129 08）:不客气地讲,说你是**教唆犯**也不为过

注-教唆犯:《中华人民共和国刑法》第二十九条规定:"教唆他人犯罪的,应当按照他在共同犯罪中所起的作用处罚。"这使得此罪名法有所依;但在"文革"时期这顶帽子却常莫须有地落在人头上。

j59 浇头

例（千315 22）:元豹元凤和他妈及众邻居端着**浇头**各异的大碗凉面

注-浇头:这是南方的叫法,北京称"卤",西北称"臊子"。

j60 教养

例（玩263 05）:听说公安局早想收拾她找不着茬儿,逮着一件小事把她**教养**了

注-教养:此处是"劳动教养"的简称,详见114条。

j61 教育从娃娃抓起

例（谁551 01）:看来这个**教育**啊还真得**从娃娃抓起**

注-教育从娃娃抓起:新京语。"教育要从娃娃抓起"是邓小平1977年在谈教育问题时所提出的,1984年又提出了"计算机普及要从娃娃抓起",有力地促进了我国的教育事业尤其是计算机行业的发展。

j62 较真儿

例（懵563 27）:只怕《大众生活》不听咱这理,死活跟咱们**较真儿**

注-较真儿:京俗语。死板地、一丝不苟毫无变通地（对待某事）。

jie

j63 街道厂

例（无47 22）:哪那么容易一下就找着理想的工作？先是分到**街道厂**,后来四处托人

注-街道厂:一种城市中最低等的工厂。参见《附录肆-74》。

j64 揭发、控诉、上挂下勾内引外连贴标语造谣言

例（千460 10）：**揭发、控诉、上挂下勾内引外连贴标语造谣言**我全拿手

注－揭发、控诉、上挂下勾内引外连贴标语造谣言：均为"文革"时期盛行一时的词语，也是"文革"时期最常见的事态。参见《附录肆－75》。

j65 阶级敌人

例（橡12 13）：数他坏，整个一个**阶级敌人**

注－阶级敌人：新京语。这是一个涵盖了一代人的历史概念，流行于强调阶级斗争的时代，尤其是"文化大革命"时期，改革开放后此说逐渐淡出。

j66 阶级感情

例（无61 16）：你怎么连起码的同情心都没有还别说**阶级感情**了

注－阶级感情：指处于同一阶级的人群相互之间的友爱，表现为具有肯为同阶级之人付出自己某些甚或全部利益的愿望。参见《附录肆－76》。

j67 阶级观点

例（刘136 26）：孩子有缺点，批评、教育，都行，别早早地就用**阶级观点**划分开

注－阶级观点：新京语，"文革"期间达于极盛。这是一个内涵十分模糊的政治概念，大致上可以理解为"对一切事物的认知须在某种特定的框架内，按某种特定的思维模式（即所谓'阶级观点'）来进行"。

j68 阶级斗争

例（千338 24）：今天我要给工友们讲的是为什么要在中国进行**阶级斗争**

注－阶级斗争：阶级斗争指对抗阶级之间的对立和斗争，是根本利益对立的阶级之间相互冲突的表现，是解决对立阶级之间矛盾的基本手段。参见《附录肆－77》。

j69　接下茬儿

例（谁545 14）：我说你怎么老<u>接下茬儿</u>

注－接下茬儿：京人习用说法，指谓不合时宜、不受欢迎，甚至是喧宾夺主的插话，语含贬义。

j70　解

例（谁558 18）：南希站在楼上窗口朝他招手："<u>解</u>楼梯上来，我不怨你。"

注－解：京俗语，是"自、从（何而起）"，或"经由（何处）"之意。陈刚先生的《北京方言词典》中写作"接"。口语中多读为阴平，也有时读上声（但此时要注意若有上声连读，变调阳平）。

j71　解放、粮票

例（正129 09）："你们台湾有什么呀？你们香港有什么呀？"……"……就欠<u>解放</u>你们，让你们吃饭也用<u>粮票</u>。"

注－解放：1949年建国被称为"解放"，是"解放了人民"的简说，是为动宾词组，可视为名词。原著此词此处是作为动词用。

粮票：我国从1955年开始实行统购统销政策，粮票一物随之而生；至1993年正式取消，历时38年。参见《附录肆－78》。

j72　解放区的天

例（无63 18）：又是一个像<u>解放区的天</u>一样晴朗的日子

注－解放区的天：此词出于二十世纪四十年代中期流行在解放区的一首歌，歌名叫作《解放区的天》，刘西林根据河北民歌曲调填词。其词曰："解放区的天是明朗的天，解放区的人民好喜欢，民主政府爱人民呀，共产党的恩情说不完呀，呀呼嗨嗨咿呼呀嗨，呀呼嗨嗨一个呀呼嗨……"

j73　解放区，没有压迫，没有剥削

例（千443 27）：到<u>解放区</u>去……那儿天是蓝的，水是绿的……<u>没有压迫，没有剥削</u>，想怎样就怎样，自由自在

注－解放区，没有压迫，没有剥削："解放区"作为一个与"国统

区"相对立的历史概念，曾留给许多人的印象正如原著此处所描绘的那样，是一个没有压迫、没有剥削，天是晴朗的天，人民欢天喜地的世外桃源。

j74 间壁

例（柾597 14）：后来我见劝阻无效，就采取了消极的作法，把间壁门堵了起来

注－间壁：京俗语，即"隔壁"，变读为 jiè biě*r。原著此处是想写直音字，所选的"间壁"二字，虽在字义上还算相符，但字音上不大对。

j75 价别

例（刘119 15）：我不是搬到你价别住了么

注－价别：音、义均同上条，唯写法相异。这种写法也太勉为其难了，上一条的写法比这条总还强点儿。

j76 借你俩胆儿

例（无06 06）：借你俩胆儿——敢动我就跟你离婚

注－借你俩胆儿：京俗语，用于强调某人不敢做某事。

jin

j77 金钱诱惑

例（修501 15）：我不想用什么第三者呀、门第差别呀、**金钱诱惑**呀……之类的所有属于外部原因造成两个人的关系破裂

注－金钱诱惑：新京语，"文革"时尤盛。

j78 今儿

例（修483 22）：今儿还见吗

注－今儿：京语习用说法，即今天。此处"儿"字不仅表示读儿化音，其实还是"天"的语素变体。

j79 进步

例（刘106 01）：我们要想**进步**都得找你汇报思想呢

注－进步：新京语，谓紧跟共产党的一切要求前进。

jing

j80 经风雨见世面

例（爸260 18）：你得相信家畜回到自然中会恢复增强抗御灾害的

能力。所谓经风雨见世面，优胜劣汰

注－经风雨见世面：语出毛主席1943年11月29日在中共中央举行的招待陕甘宁边区劳动英雄大会上的讲话《组织起来》："我们共产党员应该经风雨，见世面；这个风雨，就是群众斗争的大风雨，这个世面，就是群众斗争的大世面。"

j81　经过残酷斗争考验的

例（顽15　26）：老太太是受过教育的，经过残酷斗争考验的

注－经过残酷斗争考验的：对经历过与日本鬼子、国民党斗争者的褒扬说法。

j82　经济犯罪分子

例（浮233　24）：他愤愤地抱怨领导诬陷他是经济犯罪分子

注－经济犯罪分子：新京语，产生于二十世纪八十年代初期，改革开放以来，有些人通过非法手段致富；若事发被法办，则称"经济犯罪分子"。

j83　经久不息的掌声

例（千451　04）：掌声，经久不息的掌声

注－经久不息的掌声：特定语。"文革"时期报纸报道党的某某代表大会某某发言时，为了渲染是多么获得与会者一致的支持，一定要在字里行间如同古书中的"夹注"那样，用括号加上"掌声、经久不息的掌声、暴风雨般的掌声"等一类的说辞。

j84　京片子

例（玩269　16）：我几乎已经思想起住这院里的刘小力是个多么可爱的姑娘，一嘴京片子，穿着小花袄

注－京片子：对"纯粹京语"的俗称。

j85　精神贵族

例（玩439　19）：装他妈什么精神贵族

注－精神贵族：新京语，流行于改革开放后。一些自以为有学识有教养有抱负但因各种缘故混得

不济者，常以此说自嘲兼自慰。

j86　精神面貌
例（空20　22）：使她觉得自己是国家在**精神面貌**和风范方面的一个代表

注 - 精神面貌：这本是不含褒贬义的中性词，但实际只限于我方使用，故亦应归于特定语。

j87　精神文明
例（慴560　12）：我们是真把这事当事办的，真办了，不也利国利民**精神文明**

注 - 精神文明：此概念在二十世纪七十年代末形成，详见《附录肆 - 79》。

j88　精神原子弹
例（痴247　06）：你知道我不管怎么说也是唯物主义者，**精神原子弹**那号玩艺儿十年前就是陈词滥调了

注 - 精神原子弹：马克思在《〈黑格尔法哲学批判〉导言》一文中有云："批判的武器当然不能代替武器的批判，物质力量只能用物质力量来摧毁，但是理论一经掌握群众，也会变成物质力量。"据此，林彪于1966年12月16日在《毛主席语录·再版前言》中将其发挥为："毛泽东思想为广大群众所掌握，就会变成无穷无尽的力量，变成威力无比的精神原子弹。"

jiu

j89　揪
例（爸223　02）：斗老师批老师那是经常的，校长教导主任都**揪**到台上去了

注 - 揪：特定语，在"文革"期间此词是指"（将某人）'揪'出人民的范畴（并对其施以专政）"；具体到某一次批斗会则指将该人"揪"到台上去批斗。

j90　揪心
例（刘120　02）：大妈那些年可没少替你**揪心**

注 - 揪心：京人对担心（某事）的一种生动形象的说法。

j91　揪着自个鸡巴往半空中跳
例（你212　26）：我们不给他垫砖

他也得揪着自个鸡巴往半空中跳

注－揪着自个鸡巴往半空中跳：王朔语。虽涉粗口，但颇生动，可博一噱。

j92　旧的传统观念

例（爸246 23）：**旧的传统观念**是多么束缚人呵

注－旧的传统观念："文革"期间，包括了除毛泽东思想外几乎一切原来被肯定的东西。

j93　就地摆摊

例（无51 14）：到处都是打着红旗，举着横幅标语，**就地摆摊**，口口声声为过往群众做好事的三教九流

注－就地摆摊：京俗语，旧时艺人卖艺，水平较高有名气者，会包下一定的场地，有一些基本的设施（如为观众坐的凳子等），这需要较高的场租等费用；等而下之者就只能因陋就简，用最低的场地费找块地方（甚至找不用交场地费的野地），也没有任何设施，观众围一圈凑合看就得啦，谓之就地摆摊。"摊"字儿化。

j94　救命稻草

例（永62 03）：我可知道人抓住**救命稻草**是什么手劲儿了

注－救命稻草：据说人快淹死时，手拼命向空中抓挠，哪怕是抓住一根稻草也决不放手，意指绝望中的徒劳挣扎。"文革"中用以形容阶级敌人行将灭亡时，哪怕抓住任何一点微不足道的东西，也要垂死挣扎；另也用于讥讽投机派挖空心思捞取政治资本为"捞稻草"。

j95　就那么回事

例（修483 16）："写得好吗？"于德利随便一问……"**就那么回事**……"

注－就那么回事：京人习用说法，表示某事不好不坏，很一般。"事"字儿化。

j96　就那么一说

例（刘119 19）："……往后凡我听到什么新鲜事儿都来跟您学。""**就那么一说**吧？你不工作了……"

注－就那么一说：京人习用说法，表示对所言事并未认真，只随便一说罢。

j97　就坡下驴

例（顽22　27）：于观……立刻作出满面春风的样子，<u>就坡下驴</u>地轻轻鼓着掌迎着满场哄声亮了相

注－就坡下驴：处境尴尬时，借着某事作为台阶收场。此词本是动宾词组，而此处作形容词用了。

j98　旧社会

例（浮223　12）：过去我也挨过饿，从没象这次饿得这么狠，象个真正<u>旧社会</u>的穷人

注－旧社会：产生于二十世纪五十年代初的新京语，指中华民国时期。

j99　旧社会把人变成鬼，新社会把鬼变成人

例（千447　06）：我很激动，<u>旧社会把人变成鬼，新社会把鬼变成人</u>

注－旧社会把人变成鬼，新社会把鬼变成人：此说出自1950年田华主演的电影《白毛女》中讲述的故事，其中心思想就是"旧社会把人变成鬼，新社会把鬼变成人"。

j100　就算交代了

例（玩335　03）：你的意思我这辈子这么着<u>就算交代了</u>？再活也是瞎活

注－就算交代了：京人习用说法，表示某事已进行到接近终极点，离彻底结束仅一步之隔。也常用于指谓快活到头了，如本例所示。

j101　救死扶伤的革命人道主义

例（你168　25）：如果你不是以<u>救死扶伤的革命人道主义</u>去对待他，那无异于落井下石

注－救死扶伤的革命人道主义：语出毛泽东在1941年7月15日为中国医科大学的毕业生书写的题词："救死扶伤，实行革命的人道主义。"这一题词标志着我国有别于古希腊"希波克拉底誓言"医德观的"革命人道主义医德观"的提出。

j102　旧秩序

例（给478　07）：除了她本人的心理障碍还因为有个旧秩序束缚着她拉扯着她

注－旧秩序：文革语。"文革"中将"文革"前的一切规矩都斥为旧秩序。

ju

j103　跼蹐

例（千302　15）：你也成不跼蹐，现场偷招儿

注－跼蹐：原著这句话有两个错误，一是"成"字应是"忒"字之误，这可能是录入时的误录；二是"跼蹐"应为"局气"（参见《卷一·j57》条），这可能是原著作者误写。虽说方言无定字，但对一些早有固定写法的方言词也终究不能随意改写；何况"跼蹐"一词有其本意（局促不安，谨慎小心），写法上现在也规范为"局蹐"。

j104　聚齐

例（正107　05）：让全市的人渣子今儿晚上到这儿聚齐

注－聚齐：京人习用说法。"齐"字儿化。

j105　具体情况

例（懵573　16）：打官司也不怕，法院他也得考虑咱这具体情况

注－具体情况：新京语，是"具体情况具体分析"的简说。兴起于二十世纪五十年代，现仍流行。语出毛泽东1944年的《学习和时局》："列宁说，对于具体情况作具体的分析，是'马克思主义的最本质的东西，马克思主义的活的灵魂'。"

jue

j106　觉悟

例（玩271　09）："你懂个屁！"矮汉子叱他妈，"人团长觉悟象你？……"

注－觉悟："觉悟"二字，京人旧时读为 jiǎo wu。二十世纪五十年代初，此词作为政治性词汇刚流行时，京人仍按其旧习这样读，后来逐渐扳过来说成 jué wù。此词近几十年成了使用频率最高的词汇之一，尤其是"文革"期间达到顶峰。详见《卷三·剧 j35》

及《附录叁-126》条。

j107 角儿
例(橡28 10):我们家是大财团,每次回国都是人大副委员长以上的"**角儿**"接见

注-角儿:读为juér。京人称有名望的大牌戏曲演员为"角儿",有时引申开来,泛指五行八作各个领域里的出类拔萃者。

jun

j108 军蜜
例(橡62 15):比你那个小"**军蜜**"棒多了

注-军蜜:"蜜",也称"小蜜",是二十世纪九十年代初产生的新流行语,指和男性有暧昧关系的女性朋友,尤其多指身为女秘书一类的人,盖因此种人与其男性上司间发生暧昧关系的几率颇高。"军蜜"当然就是指有这种关系的女军人了。

j109 军民共建
例(爸187 18):他们院外头的胡同里有两张水泥砌的乒乓球台,那是和他们胡同搞"**军民共建**"的驻军某连修的

注-军民共建:"军民共建社会主义精神文明"的简称。中国人民解放军各部队同驻地人民群众共同开展的社会主义思想建设和文化建设活动。1982年初由河北省保定地区驻军同当地群众所首创。

j110 军上衣、懒汉鞋
例(动417 01):他们十几个人都穿着**军上衣**,**懒汉鞋**

注-军上衣、懒汉鞋:特定语。懒汉鞋指一种松紧口的黑色布鞋。这是"文革"初期杀向社会的红卫兵小将们的标准服饰。

K 部
kai

k 01 开
例(橡26 09):我忍着火跟她兑换港币,换完便翻脸**开**骂

注-开:新京语,产生于二十世纪七八十年代。有"开始"的含义,但更多的是对其后的动词起渲染、修饰的作用;以此观之,似应将其视为副词。

k 02 开

例（许137 21）：许立宇本人也觉得这近乎<u>开</u>涮

注－开：参见上条，是"开"字与不同的动词之组合运用。

k 03 开

例（玩217 19）：这就直接<u>开</u>诱了。谭丽你小心点这人比较坏

注－开：参见前两条，是"开"字与不同的动词之组合运用。另：社会上某些阶层在此处将"诱"字读为 xiù（字读半边，念白字儿），参阅《附录肆－80》。

k 04 开放

例（正132 08）：大陆现在很<u>开放</u>，年轻人要不说点过头话就不时髦

注－开放：新京语，语出1978年12月十一届三中全会后，中国开始实行的对内改革、对外开放的政策。原著此处"开放"一词，是指政治空气相对宽松，这是二十世纪八十年代初期中国人普遍的感受，也是那时对此词的普遍用法。

k 05 开放的社会主义国家

例（浮220 10）：在一个<u>开放的社会主义国家</u>……那儿的共青团差点把她们拉到自然岛的裸体浴场

注－开放的社会主义国家：原著此处所说的裸体浴场指"天体营"，可能在东德。德国是现代"天体文化"（nudism）——即在某些特定场合男女裸裎相向，但并不涉及淫秽——思潮的启蒙地。

k 06 开展……运动

例（千439 21）：关于在"全总"内部<u>开展</u>反对一切消极、有害、不求上进的资产阶级思想和行为，清除这些思想和行为的影响的<u>运动</u>

注－开展……运动：二十世纪中期，常开展各种运动，常是一个运动未完，又开展了下一个运动。此两个词遂成为搭配使用率极高的新京语。

kan

k07　看瓜

例（永58　21）："**看瓜**呀。"小齐一声喊，一帮人蜂拥而上，把董延平七手八脚按在地上

注－看瓜：京俗谚。旧京下层青年的一种恶作剧：几个人一起行动，将某人摁翻在地，褪下其裤至膝弯处，将头塞入裤裆，使臀部及阴部裸露在外。

k08　侃

例（一179　21）：他们的话题渐渐大起来，已经**侃**出了国界

注－侃：新京语，指"长时间没完没了地说一些琐碎、不恰当或无效的话，不着边际地胡说、瞎吹"。旧京有句歇后语正是此词的写照：海子（在今北京南郊，原为皇家狩猎场）城门骆驼象——什么大说什么。弥松颐先生在《京味儿夜话》一书中考证，"侃"字应为"砍"，论述翔实，所言甚是。

k09　侃

例（千289　08）："中赛委这名字不是可以么？"……"听着挺'**侃**'的。"

注－侃："侃"字在其流行的早期，尚有其他意，如原著此处（成书于二十世纪八十年代中后期）即有"时髦、前卫"等意（源于英语cool，表示帅气的，时髦的，令人羡慕的等意）；但后来此意被另一个流行词"酷"（亦源于英语cool，只是用了不同的汉字）所取代，于是乎"侃"字仅有如上条的"不着边际胡说八道"之意了。

k10　砍

例（顽06　04）：你这个不要脸的还回来干吗？接着和你那帮哥儿们"**砍**"呀

注－砍：见k08条，此处写为砍，甚妥。

k11　砍大山

例（浮232　23）：人家都说我是当代活"愚公"，用嘴**砍大山**，每天不止

注－砍大山：参见前条。砍大山是"砍"的详说。

k12 侃爷

例（刘141 13）：按你们的说法，他得算**侃爷**了吧

注－侃爷：新京语，指特别能砍者。

k13 坎儿

例（刘139 06）：这可是一**坎儿**。小芳，以后多留点神，法律可不重点保护你了

注－坎儿：京俗语，虚指某种关口、肯綮之处。

k14 看报学习

例（爸259 22）：后来经过**看报学习**，仿佛有了撑腰的

注－看报学习：新京语，应是"读报学习"：一人读众人听。始于二十世纪五六十年代，盛行于"文革"时期，是任何单位必修之课。

k15 看人不能看表面

例（刘131 23）："……他看上去不是你说的那种人。还是挺诚实的。""**看人不能看表面**。"

注－看人不能看表面：新京语，自二十世纪五十年代后开始盛行的说法。要求看一个人必须看其阶级本质。

k16 看人下菜碟儿

例（千447 11）：在工作中我学会了**看人下菜碟儿**，见什么人说什么话

注－看人下菜碟儿：京俗语，指人势利眼，谄上欺下。

k17 看态度

例（你181 08）：你的情况我们都掌握，现在主要是**看**你的**态度**

注－看态度：新京语，"文革"时期对每一个揪出来的人，都这样说；司法制度也遵循此说，用的是更有威慑力的语言"坦白从宽抗拒从严"。

k18 看问题总是从自我出发

例（你171 17）：你心里总有个小小的自我在作怪，这就使你**看问题总是从自我出发**

注－看问题总是从自我出发：文革语。被指斥为"小资产阶级"

的表现。

kang

k19　扛不住

例（许117　20）：时间长了，他也就<u>扛不住</u>了

注－扛不住：京俗语，"扛"字此处意指坚持；扛不住即坚持不下去了。

k20　扛大个

例（浮225　05）：去丰台火车站货场<u>扛大个</u>

注－扛大个：旧京称搬运工为"扛大个儿的"，搬运工干的活儿当然就叫"扛大个"了。"个"字须儿化。

k21　抗着

例（正79　03）：剩下总共五顿饭，我们俩就得抢，谁动作慢点，有一顿就得<u>抗着</u>

注－抗着：此处"抗"字应为"扛"，如k19条所述，坚持之意。

k22　抗议

例（你191　23）："没有，我没有。"杨重<u>抗议</u>

注－抗议：可视为新京语，至"文革"时期达于鼎盛。当时各个群众组织之间老是发表各种"严正声明"，这些声明中往往第一句话就是"强烈抗议"（向对立面组织提出的抗议），这在那时已经形成了一种八股文式的定式。此词原为日语外来词，和制汉语（日本汉字）"抗議"，源自意译英语protest。

kao

k23　考验

例（爸363　18）：你可以生场大病，<u>考验</u>考验我

注－考验：新京语，常用于党组织对党员或要求入党者，影视作品中则多用于落入敌手的革命者身上。

ke

k24　磕

例（痴235　26）：每天晚上睡觉前我都下决心早上起来跟他们<u>磕</u>

注－磕：新京语，意谓"坚决斗争、决不妥协"。更强烈的说法是"死磕"。

1233

k25 磕出脑浆子来

例（正84 04）：今儿你要不答应我，我就把我这头在这地上<u>磕出脑浆子来</u>

注－磕出脑浆子来：强要对方答应某事，意谓对方若不答应自己的要求就下跪磕头相求，直至把脑袋磕烂。此为下层京人习用说法，有点耍无赖、要挟之意。

k26 磕死

例（千310 03）：中国眼下就瞧您了，您要不答应，我们全体<u>磕死</u>在你面前

注－磕死：与上一条意同。

k27 嗑儿

例（永87 26）：你说你还会说别的么？这套<u>嗑儿</u>简直成你永远立于不败之地法宝了

注－嗑儿：此为东北话的说法，指所说的那套话。近年来随着某些东北地方文艺节目在全国走红，东北话的影响在扩大。

k28 可

例（正97 05）：<u>可</u>北京就没有价钱合理的地方么

注－可：这是一个很典型的京语词汇，有"满、全部的、正好合适的"等意。此处读为阳平（因其后面的"北"字为上声）。详见《附录肆－81》。

k29 可不

例（橡56 23）："就一个人呆着？""<u>可不</u>一个人呆着，吃吃东西，看看杂志。"

注－可不：此处之"可"字与上一条不同义，是为副词，与"不"字结合，构成疑问句，意谓难道不是（就如何）。"不"字阳平，儿化。

k30 可钉可铆

例（谁545 06）：<u>可钉可铆</u>搞出这么个玩艺儿，跟咱们没两样

注－可钉可铆：京俗语，谓不留余地、正好合适。"可"字义见此前之k28条，"铆"字儿化。

k31　可劲儿造

例（谁562　19）：如果我不管你们那么许多，唱歌的**可劲儿造**

注－可劲儿造：京俗语，谓"毫不吝惜、肆无忌惮地糟蹋（某种物品）"。"可"字义见此前之k28条，此处"造"字为京俗语，意谓破坏性地使用、毁坏。

k32　可人疼、招人烦

例（刘119　25）：这顺子现在也会说**可人疼**的话了，小时候可净**招人烦**了

注－可人疼、招人烦：京俗语，两者正好是反义词。前一"人"字须儿化，后一"人"字不可儿化。

k33　可心

例（空18　01）：你会碰见成千上万歪戴着帽子、晒得黢黑的小伙子，**可心挑吧**

注－可心：京人常用说法，意谓"随心所欲的"。原著此处含有"不用着急，慢慢来"之意。"心"字也可儿化。

k34　客观上起了……的作用

例（柱597　03）：同意他把盗窃来的录像设备临时放在我的房间，**客观上起了**窝藏赃物、包庇坏人**的作用**

注－客观上起了……的作用：新京语，流行于二十世纪六七十年代。

k35　客观世界、客观标准

例（爸421　23）：照你这么说就没有一个**客观世界**和**客观标准**了

注－客观世界、客观标准：新京语。

k36　客观原因

例（永88　17）：从来不认错，千载难逢检讨一回还得找出各种**客观原因**

注－客观原因：新京语。按：k34~k36条相关词汇均源自日语。"客观"一词的和制汉语"客観"，源自意译英语object；这里是为日语的派生词汇。

ken

k37 啃

例（爸317 23）："肯定你前边鼓励人家了。"夏经平也笑，"没点暗示女的也不敢上来就**啃**呀。"

注 - 啃：京人对接吻的粗俗说法。此说实际上是源于英语kiss，二十世纪五六十年代某些京人（多为不太土、有点儿不务正业、好广交女友者；时人称之为"阿飞"）中有"咬kiss"的说法，一来二去就汉化演变成了"啃"。土洋结合，音义咸宜。

kong

k38 空手套白狼

例（正85 14）：这就叫光棍闯天下，**空手套白狼**

注 - 空手套白狼：北方语系中常见说法，谓在一无所有的前提下，用坑蒙拐骗一类的非法手段攫取他人财物。

k39 恐怖

例（一179 20）：一个热情的文学青年撞上一个或者两个热情的作家真是件令人**恐怖**的事

注 - 恐怖：新京语。此词今天除其本义外，更多的是一种夸张性的用法，即形容某事物程度之过甚，令人侧目。此处即是这样。这种用法今天已在全社会通行，尤其是在网络语中应用频率最高。

kou

k40 抠鼻缩眼

例（橡15 09）：瞧他那**抠鼻缩眼**样儿，打他的钱比从肠子打蛔虫都难

注 - 抠鼻缩眼：旧京俚语，贬斥人守财奴、小气。按：这是下流粗口，释义从略。原著这里并未照着粗口来写。

k41 抠门

例（浮255 25）：我们一边挥手欢送，一边小声嘀咕："小日本真**抠门**。"

注 - 抠门：京俗语，谓小气、吝啬。"门"字须儿化。

ku

k42 哭着喊着

例（无10 10）：当年**哭着喊着**到处买买不着，现在又都不要了

注 - 哭着喊着：京俗语，形容对

某种事物欲求的追切程度。两个"着"字均读 r，是口型提示。

k43　苦主儿
例（玩403　18）：你知道……得到你给的机会重新作人的**苦主儿**现在在哪儿吗

注 - 苦主儿：京俗语，指谓某种不幸事态的当事人。

k44　苦哈哈
例（正141　14）：这玩艺儿有什么好？劳心伤神**苦哈哈**

注 - 苦哈哈：京俗语，两个"哈"字均读本音，是为"苦"字的补语，指贫苦而又命运多舛；但此词若后一"哈"字轻声，儿化，则变为名词，指谓贫苦之人，旧时下层京人中有以此自称，并兼及同侪者。

k45　裤裆里拉胡琴——扯蛋
例（一115　02）：我才不听这**裤裆里拉胡琴**的**扯蛋**呢，听他们的还不如听我的

注 - 裤裆里拉胡琴——扯蛋：旧京下层人士的粗口俗谚，指斥人胡说八道。

kuai

k46　快出去吧你
例（无28　05）：**快出去吧你**，帮不上忙还净添乱

注 - 快出去吧你：京语常用修辞法，在句后补充某词汇（此处为代词）以完善语义。参见本卷g122条。

k47　块儿
例（刘135　15）：他小时候净揍我，我练足了**块儿**准备收拾他

注 - 块儿：京俗语，指健壮男子的体魄，尤指其身上突起的肌肉。

kuan

k48　宽大处理
例（枉597　07）：要求得政府的**宽大处理**，就要彻底坦白交代

注 - 宽大处理：此等语汇是党在某一历史阶段实施某种政策诉求之体现。

k49　宽严大会
例（千361　09）：在坛子胡同"**宽严大会**"会场上，孙国仁大声喝令

注－宽严大会："坦白从宽，抗拒从严"一词因使用频率极高而缩写为"宽严"。所谓"宽严大会"。

k50 款式

例（过305 19）：我又认识了一个什么**款式**的姑娘

注－款式：旧京俗语此词用于指合乎（高标准）样式、漂亮；而原著此处指类型、模样，是现在的常见用法，异于传统京语。

k51 款爷

例（无29 17）：是个**款爷**吧

注－款爷：新京语，产生于二十世纪八十年代前期，"爷"字轻声。"爷"是京人对男子的尊称，款爷即阔佬。关于"爷"字的读音，参阅《卷一·d35》条。

kuang

k52 狂

例（给462 06）：你现在是越来越**狂**了

注－狂：特定语。"文革"期间及其后的一段时间内，此词是指有本事、戳得住份（"文革"期间流行语，意指因有很强实力而在某一领域内站得住脚、有辖制力），而非传统意义上的"疯狂、猖獗"等意。

kui

k53 岿然不动、山下旌旗在望

例（正107 26）：不准备变，**岿然不动**认死理儿不管**山下旌旗**是否**在望**

注－岿然不动、山下旌旗在望："文革"期间老百姓都能随口说上几句主席诗词，这两句是出自毛泽东1928年的词《西江月·井冈山》。用法上有调侃意。

kuo

k54 拷

例（无29 09）：肖科平看了眼BB机，"给我这玩艺儿干嘛？""联络方便，有事我'**拷**'你……"

注－拷：英语call（此处意指"呼叫"）的汉语说法，指用Bp机（传呼机）呼叫人。1983年Bp（英语Beeper的缩写）机在上海开通，从此开始在我国流行；至2001年退出市场。按：句中BB机系习用叫法，应为Bp机。

k55　阔小姐开窑子 …… 不为钱

例（橡22　01）：李白玲是**阔小姐开窑子**，看见三条腿的就打晃，**不为钱**

注－阔小姐开窑子 …… 不为钱：旧京俗谚。中间插入的"看见三条腿的就打晃"，是实在太有点恶俗的。

L 部

la

101　拉帮结派煽风点火

例（爸207　24）：在班里**拉帮结派**，**煽风点火**，挑动同学间的对立同学和老师的对立

注－拉帮结派煽风点火："煽风点火"一词更多的是说"扇阴风点鬼火"。

102　拉边套

例（千450　17）：偏我闲着想**拉边套**都没人要

注－拉边套：京俗语，应为"拉帮套"。京人称某女的情夫为"拉帮套的"（本夫驾辕，情夫自然就是拉帮套了）。拉帮套者指男方，而原著此处是说女人"想拉边套"，与传统京俗语不符。

103　拉口子

例（浮222　11）：剧组出外景**拉**了个**大口子**

注－拉口子：京俗语，本义指"用锐器割开"，原著此处指欠下外债，"拉"字阳平。但海淀西北方向至香山一带，多将其读上声。此乃旧时，现随人口大量流动，京人语音已无区域之别，都变成普通话+南腔北调了。

104　喇

例（橡03　12）：你干吗找这个加农炮打不到底的"**喇**"

注－喇："文革"后期及其后一段时间内，流行于京中某些人的下流话。此处指阴道。

105　喇

例（玩227　10）：我带回来的一些衣服曾放在他们哪儿卖，后来全让他们送"**喇**"了

注－喇：在"文革"后期及其后一段时间内，流行于京中某些人

的下流话。此处指妓女或此一类的女人。

106 喇

例（顽46 25）：现在的人怎么都这样男的不干活女的不让**喇**

注－喇：在"文革"后期及其后一段时间内，流行于京中某些人的下流话。此处指性交。句中"男的不干活"亦指性交。以上三条中的"喇"字均读lǎ。

lai

107 来劲

例（过326 09）：警告她："别**来劲**呵，给你脸了是不是？"

注－来劲：此处谓对方（在某事上）得寸进尺，不知收敛。"劲"字读jìn。

108 来劲

例（许143 15）：小日子过得还挺**来劲**

注－来劲：此处谓红火、顺畅、欣欣向荣。叙述句中"劲"字一般不儿化，但在口语中有时儿化。

lan

109 烂仔

例（橡18 27）：我看着穿衣镜里的自己，就象一个地道的本地**烂仔**

注－烂仔：此为粤语说法，指下等流氓，即京语所说的"小混混儿"。

lang

110 浪人

例（许136 27）：她来了，成了个混迹中国街头的外籍**浪人**

注－浪人：系日语外来词，指日本明治维新时代，原幕府失去家主、无所归属的流浪武士，后来也泛指各类无业游民。这些人在十九世纪后期有些来到中国，其行为多有不端，国人遂以流氓视之。原著此处是借用此词。

lao

111 捞稻草

例（刘154 25）：你就拼命**捞稻草**吧。何必呢？我的态度已经向你表明了

注－捞稻草：指不择手段地捞取政治资本。参见本卷j94条。

113 劳动成果

例（爸214 26）：马林生十分不快，更多的是出于自己的**劳动成果**没受到应有的尊重和赞赏

注－劳动成果：新京语，产生于二十世纪五十年代。

114 劳动教养

例（浮242 02）：不日将解回内地**劳动教养**

注－劳动教养：我国特有的一种准刑律，指将违法但尚不够触犯刑律的人员，送交劳动教养管理所（场）进行强制性劳动教育的一种行政措施。详见《附录肆－82》。

115 劳动人民

例（玩424 06）：好容易麻着爪儿玩回心跳，又赶上个香港**劳动人民**

注－劳动人民：新京语，产生于二十世纪五十年代初期。指依靠出卖劳动力为生者。

116 劳动人民的劳动成果

例（你192 10）：你这是不尊重**劳动人民的劳动成果**

注－劳动人民的劳动成果：新京语。

117 劳改农场

例（人516 02）：我们的监狱和**劳改农场**近年来有了很大改观

注－劳改农场：中国司法体制的中国特色。是以劳动为主要形式对犯人进行惩戒和改造的处所，其劳动所创价值又可反馈于司法体系。

118 老虎屁股摸不得

例（谁567 06）：我觉得老刘这个人心眼儿太小，**老虎屁股摸不得**，一摸就跳

注－老虎屁股摸不得：语出毛泽东1962年1月30日《在扩大的中央工作会议上的讲话》："不负责任，怕负责任，不许人讲话，老虎屁股摸不得………"

119 劳驾

例（橡51 06）：于是喊着**劳驾**，用力在人群中开路挤出去

注－劳驾：京人最常用的客套语，在有人挡碍了自己的行动、请对方稍微让开点时，往往说"劳驾借光"。参见《卷二·lx 17》条。

120 老

例（你212 11）：**老**小瞧我了

注－老：这是东北方言的用法。"老"字作为副词"很"使用（表示程度之高），详见《卷一·119》条。

121 老久

例（你209 23）：哟，宝康来了，**老久**没见，怎么一进门就笑嘻嘻的

注－老久：这是东北话说法，京人不这样说。"老"字作为副词"很"使用（表示程度之高），详见《卷一·119》条。

122 老帮脆

例（枉593 17）：你也把我当**老帮脆**还不正眼眨的

注－老帮脆：京俗詈语，一般是对老年妇女的蔑称。原著此处将其用在了老头子身上。此处"脆"字读 cèi，应作"甊"。也有"老帮壳（ké）、老帮（梆）子"等说法；详见《卷三·lh 04》条。

123 老帮子

例（枉587 16）：我揪了他窗台上两头蒜，他就背后骂我**老帮子**

注－老帮子：义同上条，说法略有别。

124 老棺材瓤子

例（橡26 14）：我问你，你是不是跟那个**老棺材瓤子**住在一起

注－老棺材瓤子：京俗语，对老者的恶意贬称。

125 姥姥

例（刘109 13）：玩一下午了，我**姥姥**该等着急了

注－姥姥：京人对外祖母的称谓。参见《卷一·127》条。

126　姥姥

例（一136 02）：……看足球赛……说哄一齐起哄，跺脚吹哨扔瓶子……还冠冕堂皇地爱国。换个地儿，**姥姥**也不成呵

注－姥姥：京人习用说法，表示强烈的否定性。详见《附录壹－21》条。

127　老帽儿

例（正87 24）：一个呆头呆脑肩上挂着褡裢的**老帽儿**

注－老帽儿：新俚语。此处指乡下人（含贬义）。"老帽儿"原意指老流氓一类的人，参见《附录壹－09》条。

128　老娘们儿

例（正70 19）：那帮人的头儿是**老娘们儿**

注－老娘们儿：娘们儿是京人对妇女的贬称，此处老娘们儿一说，实际就是泛指"某女人"，而并非直指其年龄老。"娘儿们"一词详见《卷一·n39》条。

129　老泡、顽主

例（动471 14）：那是一个著名的属于"**老泡**"一级的"**顽主**"

注－老泡：京俗语，指资深流氓。"泡"字其实应为"炮"，详见本卷之p10条。

顽主：也写作"玩主"。产生于"文革"中后期的新俚语，流行了约有十余年；指经常参与某些社会事件、有一定势力和影响的流氓一类的人物。

130　老枪

例（一112 18）：知道我外号叫什么吗？**老枪**

注－老枪：产生于"文革"中后期的新俚语，流行了约有十余年；流氓阶层常用语，指男性性能力强且乐此不疲者。

131　老三篇

例（你188 08）：刘美萍便捧着一摞《祝词贺语词典》和**老三篇**小册子逐份发给大家

注－老三篇：文革语，毛主席所著《为人民服务》、《纪念白求

恩》、《愚公移山》三篇文章被林彪钦定为"老三篇"。参见《附录肆-83》。

132　老山前线英模团
例（顽56　21）：前两天我听了一个报告，老山前线英模团讲他们的英雄事迹
注－老山前线英模团：1979年初，"中越战争"爆发，其后进入了近10年的僵持期。其间在1984年4月2日到27日，中方开始对越方固守的老山等地展开进攻，4月下旬到5月中旬，攻克了老山、者阴山两个要地。对战斗有功者，中央军委颁布命令，授予参战的陆军第一集团军的多个单位、个人荣誉称号。后来从中抽调了一些人，组成"老山前线英模团"等讲演队，各处大力演讲宣传。

133　老实点
例（正142　19）：老实点！看你们现在还老实不老实
注－老实点：文革语。是"专政对象"每时每刻被吆喝的话。

134　老师
例（懵542　10）：牛老师，回头有些合同、通知什么的你们还得给盖个章
注－老师：新京语。好像是从二十世纪九十年代中期起，此称谓变成了对任何一个好歹也算是从事某种什么文化工作、年又稍长于自己者的官称。现在相比自己小的亦称老师。

135　老太太
例（刘105　08）：老太太笑得脸上的皱纹更密更碎了
注－老太太：京人习用说法，指老年女性长辈。如论及对方母亲会说"你们家老太太（如何如何）"。

136　老太太一辈子都是处女——抗日到底（等）
例（千384　15）："老太太一辈子都是处女——抗日到底。"……"老太太一辈子都是处女——何必呢。"……"……好吃不如饺子，好玩不如雀子……"

注－老太太一辈子都是处女——抗日到底（等）：这一类恶俗的歇后语、俏皮话，可能是产生于"文革"后期，也有的可能是王朔语。早期京语虽也有恶俗语句，但那会儿即或是下层人士，随时口吐污言秽语者也极少，更不会付诸文字。

137 老头儿

例（无41 23）："……你爸怎么样？……""打你们搬家走，我就没见过**老头儿**……"

注－老头儿：京人习用说法，一般情况下是指老年男性长辈。如论及对方父亲可说"你们家老头儿（如何）"；但更表示尊重的说法是称"老爷子"。

138 老外

例（我203 04）：这本事一般的**老外**都不具备

注－老外：新京语，指外国人。此说兴起于改革开放后。

139 老丫的

例（玩271 10）：甭理**老丫的**，咱们走咱们的

注－老丫的：京俗语，对年长者的蔑称。"丫的"一词，参见本卷y01条。

140 老爷们

例（无30 25）：李缅宁给**老爷们**敬烟

注－老爷们：此处指男人们，"们"字儿化。按：这不是京腔的说法，旧时"爷们"一词的音、义划分很细，详见《卷一·y19》条。

141 老爷们儿

例（过311 09）：我们这儿一帮糙**老爷们儿**等着和她们认识认识呢

注－老爷们儿：与上条写法不同，详见《卷一·y19》条。

142 老一辈无产阶级革命家

例（浮267 09）：连**老一辈无产阶级革命家**的突然去世都没能使生活停顿

注－老一辈无产阶级革命家：特定语，指开国元勋们。

143 老油条

例（刘110 05）：你说这话就像个**老油条**

注－老油条：京俗语，指阅世甚深，八面玲珑，纵横捭阖，得心应手者。

144 老丈杆子

例（过312 08）：看看我那丈母娘和**老丈杆子**的照片也可以知道她是什么鸟变的

注－老丈杆子：京俗语，女婿在背后论及岳父时的常用称谓。此非敬称亦非蔑称，是为中性语汇。

145 落

例（玩250 02）：牌上不**落**其他地方总要落

注－落：指背运。参见《卷一·134》条。

146 唠嗑儿

例（玩334 10）：咱这儿**唠**着**嗑儿**动弹着哪儿都不闲着

注－唠嗑儿：此为东北方言，参见《卷一·137》条。

147 落埋怨

例（爸425 10）：我就是不愿意**落埋怨**

注－落埋怨：京人习用说法，（因处事不当）致他人不满，颇有微词。

le

148 乐儿

例（刘139 14）：总得有一两个当小丑的，给大家找点**乐儿**

注－乐儿：京俗语，谓生活中可博人一粲之事。

lei

149 雷锋

例（谁545 05）：我们缺什么？缺的是榜样，一个活着的**雷锋**什么的

注－雷锋：雷锋（1940~1962年）湖南省长沙市望城县人，中国人民解放军战士，是全心全意为人民服务的楷模。参阅《附录肆－84》。

150 累

例（正133 12）：真他妈**累**

注－累：新京语。原著此处之

"累"并非指劳累，而是两个人在交流不顺畅、思想相互难以沟通时常说的感叹语。此说法似始于二十世纪七十年代初，今仍流行。

leng

151 冷脸

例（刘143 03）：夏顺开立刻**冷了脸**，手点着慧芳鼻子说："我最不爱听人说这种话……"

注－冷脸：京俗语，指因某种原因而面现不悦；另有"拉脸"一词意近。

152 冷不丁

例（橡62 11）：老邱咂磨了一会儿，**冷不丁**放声大笑起来

注－冷不丁：京俗语，谓突然的、无先兆的（如何）。

153 冷丁

例（橡72 18）：说完我**冷丁**起身冲上阁楼

注－冷丁：与上条义同。

154 愣

例（空09 06）：还觉悟很低，**愣**不承认

注－愣：京人习用说法，此处意指"罔顾事实的坚持（如何）"。

155 愣

例（玩439 05）：这么好的地方**愣**没咱们什么事

注－愣：京人习用说法，此处意为"居然（如何）"。

li

156 哩格愣

例（正130 03）：别跟我们历史唯物主义者面前玩**哩格愣**

注－哩格愣：京俗谚，是指责对方"当面耍花招，以虚妄不实的态度应付"等意。详见《附录肆－85》。

157 理解万岁

例（谁562 03）：喊了这么些年**理解万岁**，我们已经习惯理解任何奇怪的事情了

注－理解万岁：新京语，产生于二十世纪八十年代初期。原著此处这样写实际是暗含揶揄之意。参见《附录肆－86》。

158 理想

例（痴267 26）：你怎么一点**理想**都没有

注 - 理想：特定语，专指符合主流意识形态的共产主义理想。

159 离休干部

例（爸193 21）：作着手势加强自己的语气表情严厉如同一个爱发牢骚的**离休干部**

注 - 离休干部：离休也叫离职休养，是我国的一种特殊的退休形式，1978年正式作为一项制度建立。详见《附录肆 - 87》。

160 理论修养

例（爸333 19）：**理论修养**太差，书到用时方恨少

注 - 理论修养：特定语，专指对马列主义毛泽东思想的掌握程度。刘少奇于1939年7月在延安马列学院作公开演讲，题目为《论共产党员的修养》，自此"理论修养"一词开始流行。详见《附录肆 - 88》。

161 立场

例（爸185 02）：他不认为儿子……从大是大非的**立场**才决定跟上他的

注 - 立场：特定语，是"政治立场"的简说，被定义为一种"非我即敌"的的政治态度。毛主席1942年《在延安文艺座谈会上的讲话》一文中对此做了淋漓尽致的阐述。

162 立场坚定

例（浮243 12）：我并不认为他这样就是**立场坚定**

注 - 立场坚定：特定语，专指无产阶级立场。此词在《雷锋之歌》中一咏而三叹之："学习雷锋好榜样，忠于革命忠于党，爱憎分明不忘本，立场坚定斗志强，立场坚定斗志强！……"全国人民耳熟能详，至"文革"时期更是唱遍了全国。

163 立马

例（橡48 06）：你可以**立马**到我这儿来

注－立马："立刻、马上"的混合物，似于二十世纪八十年代始见于天津，而后传入北京。"马"字儿化。此词有点儿叠床架屋的意味。

164 历史地看问题

例（千459 15）：看来不学会**历史地看问题**真是要吃苦头

注－历史地看问题：此观点在毛主席的早期著作，如1919年写的《民众的大联合》（1967年2月1日《文汇报》转载）一文中已明确提出。

165 历史唯物主义者

例（正130 03）：别跟我们**历史唯物主义者**面前玩哩格愣

注－历史唯物主义者：历史唯物主义（historical materialism）是马克思主义哲学的重要组成部分，是其社会历史观和认识、改造社会的一般方法论，亦称唯物史观。参见《附录肆－89》。

166 历史问题

例（千365 04）：你就抓紧时间交代你的**历史问题**吧

注－历史问题：此词虽产生于二十世纪五十年代初，但真正大规模泛滥还是在"文革"时期，故应归于文革语。

lia

167 俩

例（刘107 22）：当官的，做生意的，有**俩**发了财的

注－俩：京人习用说法。"俩"可能是2，但多数情况下不仅指2；而是表示不止一个，却又不是很多的复数。

lian

168 联防队员

例（给464 04）："你干嘛？"两个**联防队员**过来，指着我手

注－联防队员：是"治安联防队员"的简称。详见《附录肆－90》。

169 连红绿灯都是反着的

例（正119 13）：一概反着，**连红绿灯都是反着的**。上街您看见红灯就往前走，见着绿灯就赶紧停下来

注－连红绿灯都是反着的："文革"期间崇尚红色，所以红卫兵

们规定，交通规则要改为"红灯行，绿灯停"。但司机们不熟悉这一革命措施，此招祭出后交通事故猛增，所以在周总理的亲自过问下，不几天儿只好又改回啦。原著此处即是调侃此事。

170 连检查都不会写

例（爸213 14）："抱大的一代"，**连检查都不会写**长大怎么走向社会呀

注－连检查都不会写：二十世纪六七十年代，"写检查"是几乎人人都得掌握的一门技巧，尤以"文革"期间为甚。参阅《附录肆－91》。

171 练

例（千310 10）：你敢开**练**，只管往死打

注－练：京俗语，有多重含义，原著此处意指打架。

172 练

例（顽30 19）：**练**吧，人家找上门来了

注－练：京俗语，有多重含义，原著此处意指打牌。

173 练

例（玩403 15）：我特满足，比真**练**了她还满足

注－练：京俗语，有多重含义，原著此处意指性交（男性对女性而言）。

174 炼油渣

例（橡91 16）：可就算她有其他打算，不**炼**这帮老家伙的**油渣**

注－炼油渣：新俚语，指从经手的事中捞取好处。"渣"字儿化。旧京还有一种说法叫"骑驴"，与此义近。按：对动物脂肪、肥肉等进行高温熬制以提取油脂的过程京人称炼油（或耗油）；不可融为油脂的渣滓称油渣儿。

liang

175 粮店

例（修508 10）：到**粮店**排队买切面去了

注－粮店：自1955年实行国家垄断的统购统销起，粮食就属于统销物资，由国家在指定的粮店内销售；一直延续了一代人的时间，

直至二十世纪八十年代中后期才逐步取消。"粮店"一物，也就逐渐销声匿迹了。

176　良民证
例（谁559 20）：我不是怕遇见坏人，是怕遇见警察说不清，天一黑就要查**良民证**

注－良民证：新京语。原是日伪时期为控制沦陷区民众所发的身份证明；1984年，中国第一代居民身份证发行，被京人戏称该名。

177　两报一刊
例（动414 15）：而书刊，谁都了然，其时只有"**两报一刊**"

注－两报一刊：文革语，两报指《人民日报》、《解放军报》，一刊指《红旗》杂志（由中国共产党中央委员会主办，创刊于1958年6月1日，1988年7月1日改称《求是》）。这些是党的喉舌，"文革"期间最具权威性的刊物。

178　两个凡是
例（玩323 01）：想装作特内行，又不知道黑话该怎么说……迟疑地说："**两个凡是**三棵树！"

注－两个凡是：此说源于1977年2月7日的两报一刊社论《学好文件抓住纲》，表述为："凡是毛主席作出的决策，我们都必须拥护，凡是毛主席的指示，我们要始终不渝地遵循。"参见《附录肆－92》。

179　两面派
例（爸257 27）：我发觉你们这些大人，都是**两面派**

注－两面派：新京语，自二十世纪五十年代后开始流行，"文革"期间达于鼎盛。参见《附录肆－93》。

180　两下子
例（千371 22）：共产党也不易，换了别的党，还没这**两下子**呢

注－两下子：京俗语，表示某种技艺的水平、程度。此虽为中性名词，但用于调侃、揶揄句中时居多。

181　聊　liao
例（刘107 20）：见了许多多年不

见的同学,<u>聊</u>得挺开心

注 - 聊:京人习用说法,无事闲谈,也说"聊天",冀晋鲁豫一带人多也这么说。而东北人谓之"唠嗑",四川人谓之"摆龙门"。

182　聊天

例(顽30　02):你们<u>聊天</u>吧,我爱听你们聊天

注 - 聊天:见上条。"天"字儿化。

183　了解思想

例(爸242　02):<u>了解</u>一下你近来<u>的思想</u>

注 - 了解思想:新京语。二十世纪五十年代初即开始流行,是党组织随时所要做的事。

184　尥蹶子

例(橡43　13):"别<u>尥蹶子</u>呀,跟你说句知心话听吗?""去你妈的吧!"

注 - 尥蹶子:京俗谚,本义指驴马等牲畜向后跳起踢腿,引申指对方在某事上不配合,表现出非理性的对抗态度。

ling

185　领导

例(懵575　20):这件事就不要再议论了,<u>领导</u>会妥善解决的

注 - 领导:新京语,产生于二十世纪五十年代,是职员对自己上级的敬称,亦是群众对政府工作人员的敬语。

186　领导班子

例(千360　15):"全总"主任团认为有必要改组唐元豹工作小组的<u>领导班子</u>

注 - 领导班子:我党实行"集体领导",遂衍生出"领导班子"一词。

187　领导批条

例(橡106　18):拿着不知怎么搞来的<u>领导批条</u>,给老邱买了辆又好又便宜的车

注 - 领导批条:特定语,流行于改革开放前期。见《附录肆 - 94》。

188　灵魂深处私心一闪念

例(爸292　04):想到这里马林生

灵魂深处私心一闪念

注 – 灵魂深处私心一闪念："灵魂深处闹革命"、"狠斗私心一闪念"都是"文革"时期最流行的说法，此处是将这两个说法合并——不过那时没有这么说的，这是王朔式的调侃。

liu

189　溜墙根儿

例（柱587 07）：不是我<u>溜人墙根儿</u>，爱听人家夫妻吵架

注 – 溜墙根儿：京俗语，指好打听街坊家的事儿，甚或钻到邻居窗下去偷听；有时专指偷听邻房事。

190　流窜

例（动449 22）：于北蓓也在事发的当晚<u>流窜</u>到别处去了

注 – 流窜：新京语，指不甚守法者游走于各地，做些不甚守法之事。一般习指轻度违法者，有别于重大刑事案件的畏罪潜逃，见《附录肆－95》。另可参阅《卷一·p07》条。"流窜"一说类于彼处所云之"跑海"。

191　流氓团伙

例（爸219 26）：学校居然在高年级学生中挖出了几个<u>流氓团伙</u>

注 – 流氓团伙：1983年7月，在全国范围内展开了"严打"（严厉打击刑事犯罪）。在这样的背景下，"挖出了几个流氓团伙"是那时常事。

192　流行歌曲

例（顽19 09）：这些歌曲也是<u>流行歌曲</u>

注 – 流行歌曲：新京语（英文：Popular Music 或 POP music），亦称流行音乐、现代流行音乐，是指一段时期内广泛被大众所接受和喜爱的音乐。参阅《附录肆－96》。

193　刘英俊

例（顽47 20）：意念刚开始飘忽就去想河马想<u>刘英俊</u>

注 – 刘英俊：1945年4月8日生于吉林省长春市郊区，1962年8月入伍，1966年3月15日，刘英俊为保护群众的生命安全牺牲，

时年21岁。参阅《附录肆-97》。

194　六

例(空08　20)：她问我是否会武，我随口说了句会"<u>六</u>"

注-六：这是很纯粹的京语，原著此处之所以说"六"，是以之调侃对方所说的"武"(指武术，谐音"五")字。京俗语中，"六"有时可替代名词、动词、形容词，或某些词素，表示"什么也不是、没有"等意。说此词时，表示某种蔑视态度。另外此字还可以单独使用，表示对对方所言的强烈否定。也说"六齁(读hóu)"，与"六"义同。另见《附录肆-98》。

195　六〇年

例(千451　08)：<u>六〇年</u>苦吧，我逃荒要饭还能搞点观音土榆树叶什么的

注-六〇年：指二十世纪六十年代初的大饥馑时期。

196　六〇年饿跑的乡下佬

例(橡39　17)：我也不是不了解你，不就是<u>六〇年饿跑的乡下佬</u>吗

注-六〇年饿跑的乡下佬：指二十世纪六十年代初大饥馑时期的农村灾民。参见《附录肆-99》。

197　溜儿

例(玩304　08)：咱就跟她对说看谁说的<u>溜儿</u>

注-溜儿：新京语，指(对某种技能)掌握得纯熟。"溜"字一般不儿化。

long

198　拢共包圆

例(千299　22)：我们俩身上<u>拢共包圆</u>也不过十来块钱

注-拢共包圆：拢共指"总的、凑在一起才有的"；"包圆"为旧京俗语，谓全部买下(某种商品)，引申指全部承担(某种责任)。"圆"字儿化。此处的说法与传统京语不符。

lou

199　搂

例(修496　09)：我这篇幅已经很长了，再写过去，只怕一个长篇

也搂不住

注－搂：京俗语，本义为"把物品向自己跟前聚拢"，此处意为节制、（使）不过分；此词另也可用于表示聚敛财物（或其他物品）。"搂"字阴平。

1100　瞜瞜

例（爸396 01）：兜里有什么呀？都掏出来叫我们瞜瞜

注－瞜瞜："瞜"字为京中土语，即"看视"之意，口语对话时常常重叠使用；也说"瞜希"，或重叠为"瞜希瞜希"（"希"字轻声）。原著此处表示想要观赏对方之某物。按：此字源自《玉篇·目部》："瞜，视也。"又有说此词产生于二十世纪三十代，源自英语的看（look）。不知孰是，并列于此，以飨读者诸君。

1101　漏子

例（正140 11）：谁惹漏子谁顶着

注－漏子：京俗语，应写为"娄子"，此处指祸事、乱子。"漏"读阳平。

1102　漏子

例（一130 12）：合伙干那么长时间，一点漏子没出

注－漏子：音、义同上条。但此处也可指漏洞、破绽，则"漏"读去声。

1103　露怯

例（动475 18）：这种仰式蛙泳我掌握得还算好，不致太露怯

注－露怯：京人好面子，最怕就是"露怯"。"怯"字详见《卷一·q23》条。

lu

1104　鲁

例（玩258 24）：你不具备那种素质，我是指杀伐果断豁得出去不计后果的鲁劲儿

注－鲁：京人所说的"鲁"，包括从动作粗率、做事欠考虑（鲁莽）到亡命之徒，原著此处所指近于后者。

1105　路子

例（橡107 05）：高，你丫太高了，真他妈对路子

注－路子：新京语。原著此处说"对路子"是指抓住了事情的关键之处。但"路子"一词，在今天主要是指谓有广泛的关系网，办事时动用这些关系，事情就好办得多。依靠人际关系，而不依法按章程办事，是中国社会自古以来的痼疾，这种情况源于中国传统儒教文化深层底蕴中的先天缺陷。

1106　路子野

例（橡16 08）：怪不得你**路子野**，大家都求你

注－路子野：新京语，谓路子广阔。

lü

1107　绿化祖国

例（千450 01）：**绿化祖国**——让男人们都戴上绿帽子

注－绿化祖国：我党对绿化祖国一事，从来就给予高度关切。参见《附录肆－100》。

luan

1108　乱搞男女关系

例（谁543 19）：最后，她不可避免地走上**乱搞男女关系**这条路

注－乱搞男女关系：二十世纪自五十年代至八十年代中期，此为重罪。参见《附录肆－101》。

lun

1109　抡圆了

例（许144 03）：我以为许立宇今晚要跟我大谈人生，**抡圆了**感慨一番

注－抡圆了：京俗语。此处"抡"字多变读为 līn（参阅《卷一·177》条），原义指"挥动"；现代京语扩展了此词的适用范围，此处是形容高谈阔论。

luo

1110　落后群众

例（谁539 09）：特别要注意靠拢**落后群众**，落后群众往往在单位挺有势力

注－落后群众：新京语，二十世纪五十至七十年代盛行，指不靠近党组织者。

1111　落后同学

例（爸205 24）：班干部软弱、涣散、起不到带头作用。甚至有时还对**落后同学**随声附和

注－落后同学：是上一条的细化，

"文革"期间对小孩子也要进行阶级分析。

M 部

ma

m 01 妈的

例（修506 26）：妈的要是没人管我，我还了不得了

注 - 妈的：下层京人的习用说法，常作为发语词使用（如此处）；更甚有以"鸡巴"一词作为发语词及定、状、补语通用者。此种情况多见于北方乡间，京人这样说的还不多。

m 02 马仔

例（过400 11）：只是还没想好是先当马仔还是自己直接空手套狼

注 - 马仔："马仔"一词，是改革开放后，从香港经广东地区引用到全国各地的一句时髦名词。"仔"字读 zǎi。参见《附录肆 - 102》。

m 03 麻爪儿

例（玩424 06）：好容易麻着爪儿玩回心跳，又赶上个香港劳动人民

注 - 麻爪儿：胆虚惊慌、手足无措状。好像华北地区许多地方都有这么说的，这并非京语。

m 04 马大哈、二百五

例（爸335 08）：我看我们家马锐才没准儿呢，整个一个马大哈、二百五，让人当枪使

注 - 马大哈、二百五：北方语系多个地区均有此说法。"马大哈"出处待考，也可能与"马虎"一词有语源学上的渊源（参见《卷三·mz08》条）；"二百五"一词，据说是源自钱数：古以千文钱为一吊，故以"半吊子"谓人浅薄，喻不够分量也；二百五是半吊子的一半，就更不够分量了。

m 05 马恩列斯

例（玩416 05）：我的小本上的名人名言总是要超过其他同学。他们往往只能找到一些马恩列斯和苏联名人的话

注 - 马恩列斯：新京语，产生于二十世纪五十年代。"文革"时期演变为"马恩列斯毛"。

m06　马克思主义

例（痴251 04）：他说得那么煞有介事，我明知道这是反**马克思主义**，反现代物理的因为不懂也只能干瞪眼

注－马克思主义：新京语，流行于二十世纪五十年代，但解放区则早在三十年代初就已产生了。

m07　骂街

例（千381 03）：我还听出点**骂街**的味道

注－骂街：旧京下层妇女在与街坊四邻有某些矛盾时，常采取的一种宣泄对策。详见《卷三·mz10》条。

mai

m08　买大白菜

例（修524 12）：想起要**买大白菜**，匆匆走了

注－买大白菜：改革开放前，每年冬至前后大白菜收获上市期间，北京大街小巷满是排队凭购货本按人口数买大白菜者。此时所购的大白菜须好生储藏，精心养护，毋使冻烂霉坏，京人一冬绝大部分菜蔬在于斯矣。

m09　卖

例（一130 16）：你让她倒贴她都干，可叫她**卖**，打死她也不干

注－卖：此处为"卖淫"的简说。

m10　卖块儿

例（无28 16）：嗑着瓜子看李缅宁**卖块儿**

注－卖块儿：新京语，指出大力。"块儿"一词见本卷k47条。

man

m11　蛮

例（玩217 27）：谭丽笑得什么似的，既不答应也不拒绝，**蛮**有兴致地跟我逗

注－蛮：应为"满"字。按：近年报纸杂志上多将作为副词的"满"字写为"蛮"，究其原因，系受台湾的影响。详见《附录肆－185》。

m12　满脑子资产阶级思想

例（枉583 14）：**满脑子资产阶级思想**，只钻在他的专业里，从不学毛主席著作，不用毛泽东思想武装头脑的人怎么能不变坏

注－满脑子资产阶级思想：此说法自二十世纪六十年代至改革开放前盛行，"文革"期间臻于顶峰。

m13 满拧

例（修514 15）：你这思路不对，**满拧**

注－满拧：京俗语，用以指斥对方言行谬误，颇有一些不客气的意思在内。京中俗谚有"猴吃麻花儿——满拧"一说，是诙谐说法。

m14 满世界

例（你217 17）：凡是在您手下工作过的同志，调走后都**满世界**宣传您的事迹

注－满世界：京俗语，各处、到处；隐含有"无限制的"之意。"界"字读 jin，说得快时读若 in，是口型提示。

m15 慢慢

例（给444 03）：再见了二位，**慢慢聊着**

注－慢慢：京语读 màn mǎr；更老式点儿的京语读为 mài mār。

m16 曼娜回忆录

例（动414 16）：后来，当我真的阅读那本著名的手抄本《**曼娜回忆录**》，也是出于人们谈虎色变所激发的不可遏制的好奇心和自然的需要

注－曼娜回忆录：又名《少女之心》，约1974年前后以手抄本的形式出现，主要是在青年学生间流行，有多种版本。

mang

m17 忙活

例（玩221 04）："你别**忙活**了。"……"我们不是来作客的。"

注－忙活：京俗语，指为某事而抓紧张罗。"活"字轻声；说得快时读 uo。

mao

m18 猫尿

例（刘148 25）：你别灌了**猫尿**来了兴致，想借着酒劲儿调戏妇女

注－猫尿：对酒的贬称，多用以呵斥酒喝多了者。

m19 猫腻

例（懵547 06）：这事儿肯定有<u>猫腻</u>

注－猫腻：指某种仅在少数相关人等中筹措，而不愿被外人所知之事。隐指此类事有不可见人的一面。此词可能源自京中回民。据陈刚先生的《北京方言词典》，谓源于波斯语maʼni（意谓"含义"）；另据弥松颐先生援引阿拉伯语专家纳训（《一千零一夜》译者）说，谓阿拉伯语的"阴谋"一词，汉语音译（姆窝买勒突）也与"猫儿腻"有相近处。按：此词写为"猫儿腻"较好，能较正确地反映出此词读音 māor nì，许多播音员读作 māo niè*r，则大谬矣。笔者以为方言不宜用于公共节目，非要用最好也说对了，别让外地人听的一团迷雾，本地人听了哭笑不得。

m20 猫儿匿

例（橡21 22）：我一向瞧不惯他这种<u>猫儿匿</u>，都是哥儿们，说实话

注－猫儿匿：与前一条音义均同，仅写法稍异。"猫儿腻"这种写法源于清末，更具传统性。

m21 毛病出在……根子还在……

例（谁545 04）：<u>毛病出在</u>南希身上，<u>根子还在</u>上边

注－毛病出在……根子还在……：文革语，当时流行"挖根子"，揪出一个某某人还嫌不够，往往要挖根子，找出他上边的人（更大的各种阶级敌人）。

m22 矛盾

例（修500 04）：感情依旧，生活习惯产生<u>矛盾</u>……只好分手

注－矛盾：新京语。这本是文言词，通过全民学习毛主席的《矛盾论》，成为大众词汇。

m23 茅房

例（谁519 23）：我得去趟<u>茅房</u>

注－茅房：北方语系许多地方对厕所的称谓。

m24　毛选

例（玩247　07）：你肯定看过他写的书，除了《毛选》中国数他的书印得多

注－毛选：《毛泽东选集》的简称，属特定语。

m25　毛泽东思想宣传队

例（无56　01）：七五年长笛独奏《万泉河边》得过三省一市中学**毛泽东思想宣传队**调演奖

注－毛泽东思想宣传队：文革语，"文革"期间所有的单位——包括笔者当时所在的那么小的一个厂子——都有"毛泽东思想宣传队"。当时为宣传毛泽东思想唱歌跳舞，比干活重要多了。

m26　猫着腰

例（我177　12）：她象个白糊糊的影子，**猫着腰**进来，在我前几排坐下

注－猫着腰：京俗语，谓弯着腰（做某事）。

m27　毛主席保证

例（给456　09）：**毛主席保证**，你这种自我安慰特没劲

注－毛主席保证：文革语，"向毛主席保证"的简说，说得很快时读为 máo ru xī bǎo reng。此说法是一种赌咒发誓用语，郑重担保自己所言真实无误。源自"老三届"（1966~1968届初、高中毕业）的学生，自二十世纪六十年代末至七十年代中后期流行。

m28　毛主席他老人家

例（玩284　23）：**毛主席他老人家**跟咱们熟吧

注－毛主席他老人家：文革语，此说法彰显人们对领袖的崇敬。

m29　帽子

例（千371　08）："多余的人"这顶**帽子**应该给我们戴上才对

注－帽子：特定语，指"对做出不利于党所领导事业的行为人所加的罪名"。"文革"中盛行"反革命"帽子。

m30 帽

例（玩401 23）："她惨？你管她惨不惨呢。"朋友们大笑。"你可真**帽**。"

注－帽："帽"字作为粗口新俚语，其义见《卷一·g08》条。此处是"土老帽、傻帽"之意。盖因京人自大，觉得土（指乡下人，乃至扩展到一切非京籍者）则必傻。"帽"字儿化。

m31 帽儿

例（玩413 08）："高洋也真行。"……"真有那么多话拴住这帮**帽儿**。"

注－帽儿：此为"傻帽儿"的简说。原著此处是说流氓们花言巧语地在蒙骗一帮港客，视之为傻帽儿。参见《卷一·g08》条。

mei

m32 没边没沿儿

例（痴259 08）：他动不动都胡插嘴，有的话简直**没边没沿儿**。

注－没边没沿儿：京俗语，专用以形容不靠谱的言行。

m33 没吃过猪肉也见过猪跑

例（爸260 07）：你说吧，我**没吃过猪肉也见过猪跑**。

注－没吃过猪肉也见过猪跑：京俗谚，谓："虽未深知（某事）但也略知一二。"是对自己能力一种较婉转的肯定说法。

m34 没词儿

例（刘124 05）：你听我说呢么？一动真的就**没词儿**了。

注－没词儿：京人习用说法，意为"没的说了"，指理屈词穷。

m35 没大没小

例（刘110 25）："这孩子，现在学着喧大人了。"刘大妈念叨，"**没大没小**。"

注－没大没小：京人习用说法，指责晚辈无教养，不懂得长幼尊卑之道。

m36 没的

例（玩226 10）：我想我这人律己精神特差，**没的**给警察队伍抹黑

注－没的：京人习用说法，谓无

来由的、白白的（如何）。

m37 没个说话的
例（修524 14）：只留下戈玲一个人独生，也没个说话的
注 – 没个说话的：京语对"孤独感"的形象化说法。"话"字儿化。

m38 没劲
例（橡50 07）：不爱跟老头老太太在一起，没劲
注 – 没劲：此处意为没意思、无聊，京人习用说法。"劲"字不可儿化，儿化了的"没劲儿"是无力之意。

m39 没你这样儿的
例（刘132 20）："还真生气了？至于么？""没你这样儿的。"慧芳白他一眼
注 – 没你这样儿的：京人习用说法，表示对对方所为之不满。旧京儿童说此语时，会将"样"字读为 yā~r。

m40 美女蛇
例（玩418 18）：我被作为混在知青队伍中的美女蛇，拉到全团职工知青大会上批判
注 – 美女蛇：文革语。毛主席1961年的一首诗《七律·和郭沫若同志》，中有"一从大地起风雷，便有精生白骨堆"句，说的是郭氏所观戏剧《孙悟空三打白骨精》中以美女形象出现的白骨精。

m41 没跑
例（我183 23）：他要说你干了什么那准是你没跑了吧
注 – 没跑：京人习用说法，表示将某事肯定无异议地锁定在某人身上。"跑"字儿化。

m42 没什么好果子
例（谁551 15）：我也看出来了，我将来没什么好果子
注 – 没什么好果子:没有好结果。也说"没好果子吃"。

m43 没事
例（爸229 18）：马林生问他伤口是否还疼，他的回答既清脆又满不在乎，"没事。"

注－没事：京人习用说法。无所谓、没关系、不值一提。"事"字儿化。

m44　没事下蛆
例（永58　14）："你没戏。"我诚恳地对董延平说，"别没事就下蛆，哥哥这儿所有的缝儿都抹死了"
注－没事下蛆：京俗谚，谓找一切机会说坏话、使坏招。

m45　没事咂事
例（过327　01）：你别不识好歹，自己没事咂事还有理了
注－没事咂事：平白无故地自找不自在。"咂"字在此恐系误用，可写为"喌"字，实际应是自作自受的"作"字（读阴平）；参见《卷一·z139》及《附录壹－61》条。

m46　没听说过
例（爸233　18）："不过她们的条件都是希望对方有一个大一点的男孩儿。""没听说过……"
注－没听说过：京人习用说法，表示对对方所言较强烈的否定。

m47　没完
例（刘132　21）："没你这样儿的。"慧芳白他一眼，"这事没完……"
注－没完：京人习用说法，表示了一种"决不善罢甘休"的意思。

m48　没戏、有戏
例（橡62　16）："你没戏。"我挺瞧不惯老邱那种好象跟谁都有戏的张狂样
注－没戏、有戏：新京语，二十世纪五六十年代开始流行，指谓某事态的发展趋势，有无成功的可能性。

m49　没有迈不过去的坎儿
例（正134　02）：只要你不把自个当人就没人拿你当人找你的麻烦你也就痛快了没有迈不过去的坎儿
注－没有迈不过去的坎儿：京俗谚，劝慰别人遇事要想得开时所常说。

m50　没有皮鞋我们穿草鞋

例（千451 02）：<u>没有皮鞋我们穿草鞋</u>，没有洋布我们穿土布

注－没有皮鞋我们穿草鞋：这是苏联电影《列宁在十月》中那位老"富农"的台词。参见《附录肆－103》。

m51　没着没落

例（爸323 02）：她也不愿意看到你现在这副痛苦<u>没着没落</u>的样子

注－没着没落：京俗语，此处是指精神状态，但也可用于指生活无所依托。"着"字读 zhāo，"落"字读 làor。

m52　没治了

例（痴243 25）：司徒聪得意地把手里的牌给我看，"手气<u>没治了</u>，老是这么好，谁跟谁都挨着。"

注－没治了：一般用于表示某种事态已恶化到无可救治，但此处正相反，表示"(牌)好得不得了"。京语常有将某词反其意而用之的修辞方式。

m53　没嘴葫芦

例（刘111 09）：<u>没嘴葫芦</u>似的成天不吭一声

注－没嘴葫芦：此词实为京中歇后语"锯了嘴的葫芦——两片儿瓢"变异了的说法，此处指人不发表意见。参见《卷一·j59》条。

m54　美颠颠地

例（你176 12）：齐大妈<u>美颠颠地</u>拎了篮子颤巍巍地往外走

注－美颠颠地：京俗语，是"美得屁颠屁颠的"之简说。详见本卷之 p18、p19 条及《满蒙语汇肆－06》条。

m55　美子、日子、港子

例（正85 24）：有男女老少走过来，这帮人就各选对象迎上去，诡秘地小声问："有<u>美子</u>么？""有<u>日子</u>么？""有<u>港子</u>么？"

注－美子、日子、港子：改革开放初期，外汇管制较严格，人民币与主要外币（美元、日元、港币等）官方兑换值过高，导致了

旺盛的黑市换汇交易（称为"切汇"）。原著此处就是写的此等事。美子是此中人当时对美元的叫法，但日子、港子的叫法并不盛行。

men

m 56　闷

例（正83　20）：好呵，把我讧去关禁闭，你们几个倒悄悄**闷**这儿乐上了

注－闷：京俗语，指"不动声色地躲在某处（如何）"。"闷"字阴平，儿化。按：京味儿更浓的说法是"闷得儿蜜"，多是指几个暗中得便宜者聚在僻处偷着乐；此词另有时指（为不让人有所闻而）默不作声或很小声的悄悄说话；亦指偷空睡一小觉。在更广的范围内、不同的语境中，"闷得儿蜜"还可能引申出更多的含义与用法。另：原著句中"讧"字系误用，应为"哄"字。

m57　闷得慌

例（刘111　09）："你妈小时候可不像你……我说一百句也应不出个一句半句的。""那您多**闷得慌**呵姥姥。"

注－闷得慌：烦闷无聊。读为 mèn dou hong。

meng

m58　蒙混过关

例（你181　19）：不要存侥幸心理，以为可以**蒙混过关**

注－蒙混过关："文革"时期的特定语，多用于指责被批斗者所做的检查不深刻。

mi

m59　眯一会儿

例（玩214　21）：我走开想**眯一会儿**，可脑子乱哄哄的既清醒又麻木

注－眯一会儿：京人习用说法，指小睡片刻。"一"字融于其前面"眯"字的韵母，合读为 mī huě*r。

m60　迷迷怔怔

例（我177　27）：我们**迷迷怔怔**地走着，象是一对闯到别个城市里来的不速之客

注－迷迷怔怔：京俗语，表示一种迷惘状，读为 mí mi dēng dēng。

m61　迷惘的一代

例（空17　27）：多么典型的"**迷惘的一代**"

注－迷惘的一代：二十世纪八十年代初，北京青年以说一些似是而非、似懂非懂的外来词语为时髦。"迷惘的一代"（The Lost Generation）是第一次世界大战后美国的一个文学流派。参见《附录肆－104》。

mian

m62　面不改色心不跳

例（无67　10）：我们穷，穷得光荣，听见警车叫，**面不改色心不跳**

注－面不改色心不跳：新京语，用于形容革命者临危不惧的形象。

miao

m63　藐视一切敌人

例（刘133　02）：我一向具有这种气概，**藐视一切敌人**并不被一切敌人所压制

注－藐视一切敌人：此说源于1957年11月18日毛主席在莫斯科共产党和工人党代表会议上的发言。详见《附录肆－118》。

mie

m64　灭

例（爸395　13）：他们尤其喜欢欺负被他"**灭**"过一道的主儿

注－灭：新俚语，此处意谓"以震慑威压而使之服从"。

m65　灭

例（人522　25）：我还没留下个种儿，却冷不防让你给**灭**了

注－灭：此处意指"整死了"。

min

m66　民兵

例（动431　15）：那儿是**民兵**小分队的据点

注－民兵：自二十世纪五十年代开始大建"民兵师"。至1958年底，据说全国民兵人数发展到2.2亿（占全国人口总数的35％）。

m67　民愤

例（槽573　18）：咱这社会主义比资本主义不同在哪儿了？就是人情味儿浓……判刑还有**民愤**这一条呢

注－民愤：文革语。那时不但大批判中老用此词，法院判决书中也多有"民愤极大"一说。这正好是法理观念极端匮乏的具体表现。

m68　民主党派

例（空38　06）：这周，好像有几个**民主党派**在开全国代表大会

注－民主党派：是有中国特色的、组成"中国人民政治协商会议"的参政党。详见《附录肆－106》。

ming

m69　名片

例（懵529　23）：中年男子说着从上衣口袋掏出一张**名片**递过去

注－名片：此物古已有之，称之为"刺"；至十九世纪末，现代意义上的名片开始在我国使用。1949年后此物基本绝迹，改革开放后复苏，可列入新京语。

m70　明戏

例（橡05　26）：犯不上，没意思，你怎么就不**明戏**呢

注－明戏：京俗语，谓确知就里。

m71　明知山有虎偏向虎山行

例（玩328　18）：这非得有点不屈不挠**明知山有虎偏向虎山行**的二杆子作风

注－明知山有虎偏向虎山行：这本是一句俗谚，指谓勇往直前的精神；但随着革命样板戏《智取威虎山》中的一句可作为其注脚的唱词"明知征途有艰险，越是艰险越向前"之普及，此俗谚之身价似也提高了。

mo

m72　磨牙

例（刘149　24）：你们闲得没事，拿我闲**磨牙**

注－磨牙：京俗语，对"说无意义的闲话、废话"之蔑称。

m73　抹稀泥

例（我200　20）：我坚决不同意这种**抹稀泥**的作法

注－抹稀泥：京俗谚，也说"和稀泥"，谓无原则、和事佬式的调和矛盾。"文革"期间讲究无情斗争，坚决反对"抹稀泥"。老舍在小说《我这一辈子》中曾用此词。

m74 默诵语录

例（许151 02）：许立宇第一次去背死尸……他**默诵**什么**语录**支撑着自己走完那数百级楼阶……

注 - 默诵语录："文革"时期，什么场合诵哪段语录有一定之规。原著此处的情况，应是默诵"下定决心，不怕牺牲，排除万难，去争取胜利"。参见《附录肆 - 107》。

mu

m75 毋佬佬

例（浮266 24）：几个老演员办了个交际舞辅导站，钱赚得"**毋佬佬**"。

注 - 毋佬佬：也有写"木牢牢、木佬佬"，意为"很多、非常多"。此为吴语系方言，读音近于ḿ lā lou。

m76 母亲只生了我的身书的光辉照我心

例（千380 16）：双手捧书脸贴上——**母亲只生了我的身书的光辉照我心**。

注 - 母亲只生了我的身书的光辉照我心：这是革命歌曲《唱支山歌给党听》中那句著名歌词"母亲只生了我的身，党的光辉照我心"的调侃式说法。该歌曲是1963年"向雷锋同志学习运动"中产生的红色歌曲，歌词为姚筱舟（笔名焦萍）的诗作，曲作者为朱践耳。朱在《雷锋日记》中读到雷锋摘抄该诗的前两段，谱成曲子。

N 部

na

n01 哪里有压迫，哪里就有反抗

例（千354 18）："**哪里有压迫，哪里就有反抗**。"……"下面请看第一部分：震惊世界的惊雷……"

注 - 哪里有压迫，哪里就有反抗：此说法据说最早出自恩格斯（未查到确切出处），毛主席1939年在《中国革命和中国共产党》一文中说道："地主阶级对于农民的残酷的经济剥削和政治压迫，迫使农民多次地举行起义，以反抗地主阶级的统治……"此说法为"文革"中所最常闻。

n02 拿堂

例（许118 07）：人许立宇专门来清了，你就别**拿堂**了

注-拿堂：京俗语，假推脱实为刁难。一般写为"拿搪"，参见《卷一·n04》条。

n03 拿下来

例（你183 23）：累，真累，这么一天**拿下来**比治理一个小国还累

注-拿下来：京人习用说法，谓完成某事。京腔一般读为 ná xie lei；加重语气时读为 ná xia lái。

n04 拿着劲儿

例（爸372 01）："你就别**拿着那劲儿**了，我都撕下脸了，你可还装什么

注-拿着劲儿：京俗语，谓保持矜持，不好意思显露本来面目。

n05 拿自己不当外人

例（爸294 02）：这样既不逾礼又显得亲热，**拿自己不当外人**

注-拿自己不当外人：京人习用说法，是对本来关系并非很熟稔，但过分显露亲热者的调侃。

n06 哪么

例（过348 20）：你一不理我，我就心里急……**哪么**你骂我呢

注-哪么：京人习用说法，哪怕（如何）。"哪"字读音介于 něn、nǎn 之间。

n07 哪儿的

例（玩347 01）："叫你过来呢，你害什么怕？"小伙子问我："你**哪儿的**？"

注-哪儿的：这是流氓的调（diào）侃儿。旧京流氓，一般以所居地界儿划分帮派。参见《附录肆-108》。

n08 哪跟哪儿

例（正139 15）："……全怪我妈，给我起的这名象女名……""敢情是一爷们儿，这是**哪跟哪儿**呵？"

注-哪跟哪儿：京人习用说法，对对方的说法表示不认同，或指

摘其逻辑混乱、言之无据。两个"哪"字都儿化。

n09　哪儿和哪儿

例（无34　24）：说什么呢？这都**哪儿和哪儿**呵

注－哪儿和哪儿：义同上条，京语读为 nǎr hàn nǎr。详见《附录肆－109》。

n10　哪儿凉快哪呆着去

例（谁562　27）：牛老太太，你**哪儿凉快哪呆着去**，再多嘴留神我拂（抽）你

注－哪儿凉快哪呆着去：京人斥责他人、令其闭嘴时的常用说法。两个"哪"字均儿化。另：句中的"拂"字应是"抽"字之误。

n11　哪说哪了

例（过331　09）：回去别吵了，**哪说哪了**

注－哪说哪了：京人劝架时的常用说法，意谓就事论事，大事化小，小事化了，避免激化矛盾。读 nǎr shuō nǎr liǎo。

n12　那

例（刘123　17）：刚才你还假呢。明明吵嘴哭了，大妈一进来，又装没事人……**那**熟练那专业

注－那：新俚语，是"那叫"的简说，参见下条。

n13　那叫

例（爸241　03）：玩得**那叫**有滋有味儿，那叫热闹忽喜忽惊忽嗔忽叹

注－那叫：新俚语，强调其所指的主词（一般为形容词，偶为动词）。

n14　那叫一个

例（枉593　06）：这电话，是人就来打……都瞅着这儿不收费了，打起来**那叫一个**玩命

注－那叫一个：新俚语，是"那叫"的加强版说法，参见上条。

n15　纳闷

例（橡04　23）：我刚才吃的时候还**纳闷**，以为你认识服务员

注－纳闷：京俗语，谓对某事百

思不得其解。"闷"字儿化。

n16 那是
例（玩302 10）："瞧咱，玩妞儿讲究的是使别人银子，自个一个大子儿不掏。"**那是**，谁能跟咱王爷比。"
注－那是：重音在"那"字上。附和他人所言时京人的习惯性说法，有点儿巴结奉承之意。

nan

n17 男同志、女同志
例（正98 17）：**男同志**脑袋往**女同志**那儿靠靠
注－男同志、女同志："同志"一词是革命化的新京语，自二十世纪五十年代初至八十年代，时兴了三十余年；后被师傅、先生、女士（小姐、太太）所取代；现已不幸沦为同性恋者代称。

nao

n18 脑袋瓜儿
例（懵534 11）：只要咱们咬住牙一分钱不拿……什么套儿也套不到咱们**脑袋瓜儿**上
注－脑袋瓜儿：京人对"头"的俗称。

n19 脑浆子
例（玩216 14）：餐具和食物也还大致干净……起码不恶心不熏**脑浆子**
注－脑浆子：京人对"脑子"的俗称。

n20 闹
例（刘139 12）：我们小雨下月生日，一起过了吧，省得还得**闹**你们
注－闹：京语中适用范围极广的词汇。详见《卷一·n15、n16》条。

n21 闹得慌
例（谁551 22）：哪怕找个情人，也别一天三换看着**闹得慌**
注－闹得慌："×得慌"的说法，详见《卷一·n17》条。

n22 闹革命
例（正120 21）：**闹革命**玩恐怖在外国都是有钱人的娱乐，时髦着呢
注－闹革命：这是一个很有意思的词，"闹"字多用于贬义，但

"革命"可是褒义，此两者的结合有点怪。盖因此词产生于共产党掌权以前，当时确是将革命视为"闹"，这个说法也就延续下来了。

nei

n23 哪庙的和尚

例（刘121 25）："咱们是老同学，我不管谁管？"慧芳逗乐了："你算<u>哪庙的和尚</u>？"

注－哪庙的和尚：京俗语，当某人想参与某事，却遭别人否定、且对其鄙夷不屑时的常用说法。"哪"字读 něi。

n24 内部掌握

例（谁537 18）：这都是我们人和人念的经，<u>内部掌握</u>，不是跟谁都这样

注－内部掌握：文革语，那时往往故作神秘，一点儿什么不值当的东西都要"内部掌握"，拿着鸡毛当令箭，唬老百姓。

n25 那孙子也够孙子的

例（顽36 06）：<u>那孙子也够孙子的</u>，穿过的衣服拿来让咱们退

注－那孙子也够孙子的："那"字读 nèi；前一"孙子"是名词，系京人对男性的蔑称；后一"孙子"是形容词，形容该人有多么不地道。

n26 那什么

例（爸259 13）：父子俩一个比一个猛地投入到<u>那什么</u>之中去

注－那什么：京人习用说法，其用途有二：一是因京语语速快，有时在说的过程中可能话到嘴边却一下子想不起怎么说，这时往往用"那什么"（或简说为"什么"）当一张百搭牌充一下数；另外也有时是在谈到有所顾忌、不愿说出口的某些话时用"那什么"替代。"那"字读 nèi。

n27 那天天也是这么黑

例（千321 18）：<u>那天天也是这么黑</u>，也是这么冷，我刚把一家老小处理完

注－那天天也是这么黑：革命样板戏《红灯记》中的台词，"文革"时期人人皆知。"那"字读 nèi。

nen

n28 哪么

例（过303 09）："你这么大岁数还没女朋友？"……"我<u>哪么</u>大岁数了？"

注－哪么：京腔读音，此处"哪"字读 něn，是疑问句的说法。按：关于"那、哪"的读音，详见《卷一·n31》条。

ni

n29 你减三十——二百二

例（永63 08）：我举着胳膊在给自己搽红药水……"别乱上药。""怎么叫乱上药？正经的<u>你减三十——二百二</u>。"

注－你减三十——二百二："二百二"是红药水（即红汞，早年间的一种外伤用涂剂，后因含汞被禁用）的别称；此处是指他人为二百五（"二百五"一词见本卷e01条）。可算是王朔语。

n30 你讲话

例（橡88 03）：我们要治你是很容易的。<u>你讲话</u>，法律是可以解释的

注－你讲话：京人习用说法。二人对话时，引用对方此前所言时的发语词。

n31 你小子

例（爸255 02）：我没想到<u>你小子</u>还挺能喝

注－你小子：京人长辈对晚辈男性的昵称。

n32 你大爷

例（玩252 18）：别<u>你大爷</u>了。我不知道你

注－你大爷：新俚语，"肏你大爷"的简说，也说成"大爷的"，这样嘴里显得多少干净点儿。

n33 你算干嘛的

例（无06 18）：白天回家想轻松一下你还不让。还得受你管——<u>你算干嘛的</u>

注－你算干嘛的：踩乎（京俗语：贬低）对方时的常见说法。"干"字读 gà，更土点儿的读 gāi；"的"字读 dì。

n34 你算干嘛地的

例（许145 04）：<u>你算干嘛地的</u>？

也配跟着国宾车队走

注－你算干嘛地的:"地"字是直音字(参见上条),后面再加一个"的"字纯属多余,纯正京语无此说法。

n35　我他妈、你他妈、真他妈

例(橡48　06):<u>我他妈</u>当然有……<u>你他妈</u>信那种人不信我,<u>真他妈没意思</u>

注－我他妈、我他妈、真他妈:"他妈"一词在某些下层人士口中近乎词汇后缀或发语词,不说此词就联不成句了。我他妈、你他妈即"我、你";而"真他妈"一词之"他妈"可视为对"真"字程度之甚的强调。"他妈"二字均连读为 tem,轻声。

n36　你丫

例(动480　18):<u>你丫</u>给我离开这儿——滚!

注－你丫:"丫"字为"丫挺的"(见 y01 条)之略说,"你丫"与上条的"他妈"词性类似,也近乎发语词。

n37　你丫那×

例(玩270　21):在学校时<u>你丫那×</u>,女的都敢抽你

注－你丫那×:此处×替代的是"操象"二字,指无能、猥琐、怯懦状。"操"字去声,实际是"㞞"的替代字;"象"字读 xing,轻声,有时直音写作"行"。

n38　你丫牛×什么

例(玩271　14):我心说<u>你丫牛×什么</u>呀

注－你丫牛×什么:下层京人指责对方吹牛时的说法。此处×替代"屄"字。

n39　你丫这操行

例(玩270　20):我还一直担心说<u>你丫这操行</u>的人能干什么

注－你丫这操行:参见此前之 n37 条,"行"字是直音字,应为"象"。

n40　匿

例(玩231　24):人家警察明戏,还不知道这<u>匿</u>

注－匿：此处之匿是"猫儿腻"的简说。详见本卷之 m20、m21 条。

n41　腻

例（橡03　10）："真他妈**腻**！"…"……你快过那边去，别把她招来，受不了。"

注－腻：此处为京俗语"腻歪"（也作"腻味、腻胃、腻外、腻偎"等）的简说。意谓烦躁，或（因被纠缠）使人烦躁。

n42　腻味

例（一156　21）：片警十分**腻味**地说："合着你巴巴儿地把我请来，就为听你这些缺德事？……"

注－腻味：见上条，一般多写为"腻歪"。读为 nì wei。

n43　腻歪

例（玩311　07）：汪若海**腻歪**地瞧着我，"我看你是有病。"

注－腻歪：见前两条。义同而写法有别。读为 nì wei。

nian

n44　蔫人出豹子

例（玩433　23）：跟我一样，**蔫人出豹子**

注－蔫人出豹子：京俗语，谓越是沉默寡语者越可能突然爆发。参见《元曲语汇147》。

n45　蔫有准儿

例（爸335　06）：谁说什么他也不听，算**蔫有准儿**吧

注－蔫有准儿：京俗语，谓人不多说但心有成算。

n46　蔫狗咬人

例（枉587　18）：老话说：**蔫狗咬人**

注－蔫狗咬人：谓要提防不动声色者，这类人往往有出人意料之举。"蔫"字儿化。

n47　蔫坏

例（人511　14）：人老实是最重要的，只要这种老实不属于**蔫坏**

注－蔫坏：京俗语，谓外表老实而实质坏。"蔫"字儿化。

n48 念想

例（爸375 17）：能常来看看你，说几句闲话，是个寂寞中的**念想**

注－念想：此处指盼头、希望；另也指故人遗物，或远隔天涯，永无相见之日的至亲好友之物品，可参见《卷一·n38》条。"想"字读音介于 xiɑ~r、xie*r 之间，轻声。

niang

n49 娘们儿

例（许142 20）：车后座挤了一群吱吱喳喳的**娘们儿**

注－娘们儿：读为 niá me*r。详见《卷一·n39》条。

n50 娘儿们

例（顽40 10）：什么男子汉不男子汉……其实那都是**娘儿们**素急了哄的

注－娘儿们：参见《卷一·n39》条，可知此处亦应写作"娘们儿"。

niao

n51 鸟

例（橡05 06）：我饿了，这**鸟**雪人不顶饭

注－鸟：新俚语，此词本是《水浒传》等一类旧小说中对人或事物的蔑称，实为"屌"（diǎo）字，即男性生殖器。二十世纪七八十年代，此说流传开来；但因不知此字的音、义而念白字，读为 niǎo。此后遂约定俗成，故将其定性为新俚语。读为 niǎo 虽削减了其粗俗性，但于语义上失据；鸟（飞禽）怎么也和现在此处的用法不着边儿。这类新生语汇，按文理则不通，弃仪礼于不顾，还是不说为好。

n52 鸟人

例（无75 02）：钱康正在房间里的台灯下非常认真地看一本不知什么**鸟人**的著作

注－鸟人：参见上条，"鸟"字实应为"屌"。

n53 尿

例（谁562 26）：只要公安局不建我，我**尿**你们谁呀

注－尿：京俗语，意谓惧怕，但只用于否定句式中（此处为反诘

句），或直接说不尿，表示不怕，含轻蔑意。

n54 尿盆子扣脑袋上

例（正130 03）：国民党也就是幸亏及时跑了，要不<u>尿盆子</u>也得<u>扣他们脑袋上</u>

注－尿盆子扣脑袋上：京俗谚，谓（无端地）将罪名强加于（某人）头上。"尿盆子"也作"屎盆子"。

nin

n55 您老

例（刘119 02）："大妈……<u>您老</u>身子骨可好？"

注－您老：京人习用说法，对长者的第二人称敬语。"老"字轻声。

n56 您忙您的

例（刘123 09）：夏顺开也说："没吵，开玩笑呢，大妈<u>您忙您的</u>。"

注－您忙您的：京人习用说法，一般是客人对主人所说的客气话，表示"不要因我而扰乱、耽搁了您的事"。

n57 您就请好吧

例（千461 01）："……你可千万不能出岔子。""<u>您就请好吧</u>，没错。"

注－您就请好吧：京人习用说法，表示"一切我都会给办好，您只需坐享其成"。"请"字应为"赗"，义为承受。

ning

n58 拧了

例（千298 20）："不对呀，师傅，你这是奔通县了，可我们住八宝山。"……"<u>拧了</u>。"

注－拧了：京俗语，谓正相反。一般用于口语。

n59 宁啜茶根儿，不饮白水

例（橡88 23）：难道你会放弃这种……千载难逢的机会……换我也要忍了这口恶气。<u>宁啜茶根儿，不饮白水</u>

注－宁啜茶根儿，不饮白水："宁为鸡口，不为牛后"的反义词。笔者未曾闻此说，不知是否系王朔自纂的？

niu

n60　妞妞

例（玩314　14）：我去那屋哄**妞妞**睡觉

注－妞妞：京人对家中女孩儿之昵称。妞妞不一定是小女孩儿，长辈对自家较大的女孩也可能这样叫。此词源自满语，详见《卷一·n43》及《满蒙语汇壹-41》条。

n61　妞儿

例（橡62　04）：又上哪个垃圾堆后面捡**妞儿**去了

注－妞儿：此处指"鸡婆"（妓女）。

n62　牛

例（许144　19）：大家看着那些车里坐着的外国人和陪伴他们的中国人就骂："**牛**什么呀？不就是一百多鬼子……"

注－牛：新俚语，"牛屄"的简说。参见《附录肆-110》。

n63　牛×

例（玩232　01）：你就**牛×**吧，大枪顶脑门你丫也忘不了牛×

注－牛×：此处×替代"屄"字。详见上条。

n64　牛逼

例（许117　25）：你**牛逼**什么呀你！你丫不就是个开车的样子么

注－牛逼：见前两条。

n65　牛逼蛋侃

例（千376　08）：你以为那些**牛逼蛋侃**的主儿是他们自个的本事么

注－牛逼蛋侃：粗口新俚语，指无限吹牛。另有"牛逼哄哄"一说亦为此意。

nong

n66　弄出你尿来

例（橡15　16）："去你的王八蛋，不答应**弄出你尿来**。"

注－弄出你尿来：新生代的恶俗粗口。详见《附录肆-111》。

n67　弄莠了

例（永68　07）：干吗了？给我们哥们儿**弄莠了**

注－弄莠了：此处"莠"字是俗写白字，实应为"糗"（读qiǔ）。

"糗"字本意是指因火力弱而不得不慢慢做熟饭,引申指粘连成糊状的食品,再引申指压皱揉乱的衣物。此词还另有踾蹐、依偎(在某处或某人旁)等意。而原著此处是进一步引申,意指(因房事过甚而致)精神萎靡不振状。

nuo

n 68 挪动

例(刘103 24):因为她发现那个男人的身体在向她<u>挪动</u>

注-挪动:京人谓移动多说为挪动,"动"字读音介于 teng、dong 之间,轻声。

O 部

ou

o 01 沤

例(刘119 17):一句话把大妈<u>沤</u>笑了

注-沤:"沤"字应为"怄"或"呕",意谓烦恼郁积、招惹(使之恼怒)。"沤、怄、呕"均读去声。京语中尚有"沤烟儿"("沤"字上声,"烟"字也可不儿化)一说,是指将湿柴火压住火苗,火焰无法速燃而引发浓烟。

P 部

p 01 pp 机

例(玩238 11):高晋腰间悬挂的"<u>pp 机</u>"响了起来

注-pp 机:也作 BB 机,实应作 BP 机,即寻呼机,BP 是英语 Beeper 的缩写。

pai

p 02 拍

例(动422 07):十北蓓笑着说你要看上她,你自己去<u>拍</u>呀

注-拍:新俚语,时兴于"文革"时期,是"拍婆子"的简说。"拍"指主动搭讪、勾引妇女,且含有一定的强制意;"婆子"指女人,尤指某些作风不正派的女人。

p 03 拍花了

例(动435 01):<u>拍</u>了几砖头,差点给"<u>花</u>"了

注-拍花了:新俚语,指用砖头将人打得头破血流。"文革"时法制荡然无存,大街上斗殴乃家常便饭。若非蓄意携械斗殴,最方便的武器便是随手捡来的砖头,所以产生了此说法。此词往往简

说为"花了"，义同。

pan

p04 攀道

例（正121 07）：领导也没闲着呵，刚跟德国红军**攀**了回**道**

注－攀道：京俗语，谓聚在一起就某一方面问题展开研讨，含有试探对方深浅的意思。此处"攀"读阳平，一般写为"盘（道）"。

p05 盘儿靓

例（动487 20）：我再也不能用觉得她"**盘儿不靓**"、"**没兴趣**"来搪塞了

注－盘儿靓：指女子面容姣好，也作"盘儿亮"。此词源自满语 kuwariyang，意为"美、漂亮"；语音上将 kuwar 转音为"盘儿"。另有春点（江湖术语）"盘儿嗫"（意指俊品人物），则未见流行。

p06 叛徒、内奸

例（千342 15）：就凭这条，定你个**叛徒**、**内奸**有富裕

注－叛徒、内奸：文革语。这是对被打倒的党政干部最方便扣上的罪名，刘少奇就曾被冠以"叛徒、内奸、工贼"之恶名。

pao

p07 跑马

例（千352 17）：没长过疮没长过癣没尿过炕没**跑**过**马**……

注－跑马：京俗语，指梦遗。

p08 跑

例（刘143 07）：工作我再帮你**跑**一下，看有没有合适的文秘、资料员什么的

注－跑：新俚语，指为某事而托人送礼、四处活动。

p09 泡

例（无40 06）：人钱先生是瞧不上咱这旮旯儿，净**泡**大饭店了

注－泡：京俗语，指"沉溺于某处"。

p10 炮局

例（玩263 04）：我最后一次听见她声儿是在"**炮局**"，她在隔壁预审室里嚷

注－炮局：指北京市东城区炮局胡同21号。详见《附录肆－112》。

p 11　赔本赚吆喝、狗咬尿泡空欢喜

例（橡23 27）：燕生告诉了他徐光涛没车想骗他钱，叫他**赔本赚吆喝、狗咬尿泡空欢喜**

注 - 赔本赚吆喝、狗咬尿泡空欢喜：均为京俗语，谓空劳而无所得，大失所望。"尿泡"读 suī pou。

p 12　培养革命后代

例（顽58 03）：人民把钱发给你**让你培养革命后代**

注 - 培养革命后代：文革语。1964年春，《工人日报》、《光明日报》相继发表文章，就怎样教育子女的问题展开讨论，强调重点是培养革命接班人。宋庆龄还为此发表了《把培养革命后代的责任担当起来》的署名文章。参见《附录肆－113》。

p 13　批判

例（玩418 18）：我被作为混在知青队伍中的美女蛇，拉到全团职工知青大会上**批判**

注 - 批判：新京语，"文革"期间臻于顶峰。

p 14　批评

例（许164 26）：该**批评**该劝导的就全由他代劳了

注 - 批评：新京语，其严重程度较"批判"略逊一筹。

p 15　屁

例（橡12 11）："看上去他挺老实的。"……"老实**屁**！"……"全是装的。"

注 - 屁：京俗语，表示轻蔑的否定态度。一般用作形容词或动词的补语，表示对主词的否定；也可作为发语词单独放在句首，一开口就先奠定了反驳的基调。

p 16　屁颠颠地

例（无99 07）：又有这两个男人一天到晚**屁颠颠地**追踪着你

注 - 屁颠颠地：是"屁颠屁颠的"之简说，详见下条。

p 17　屁颠屁颠的

例（爸268 22）："跟孩子似的。"

马锐望着空荡荡的门口，嘟哝"美得屁颠屁颠的。"
注－屁颠屁颠的：京俗语，指人的一种兴奋雀跃状。参见《满蒙语汇肆－06》。

piao

p 18 飘
例（动426 19）：接着我问她老在外边"飘"，她爸爸不生气么
注－飘：新京语，尤以"文革"时期常见，指因各种原因离家出走。

p 19 飘
例（动453 19）：你没见过平时她的样儿，那才飘呢——否则我哪会拍她
注－飘：指女人特有的一种韵味，包含了美丽、帅气、性感、诱惑等等。此词见于二十世纪七八十年代，但好像没流传多久，现已不见有人用。

pin

p 20 贫
例（过312 04）：倒是她的表妹和她有说有笑的，跟我贫了几句
注－贫：京俗语，原著此处是指男女间的调笑。另也指说话繁絮冗长，或格调低下，惹人生厌。"贫"字在京语中还有小气、不大方义。旧时此字还指说话土音重，但现已无人用此义。

p 21 贫嘴
例（刘111 05）：慧芳白女儿一眼："除了贫嘴还会什么？"
注－贫嘴：京俗语，指"低俗无理强说、逞口舌之能事"。

ping

p22 平反昭雪
例（千470 10）：人头不是韭菜，割了就长不出来了，将来再要平反昭雪也晚了
注－平反昭雪：新京语。"文革"结束，尤其是党的十一届三中、六中全会后，对冤假错案进行了平反工作，为大量受迫害者（包括1957年反右斗争扩大化的受害者）平反昭雪。

po

p23 破坏原则
例（刘113 18）：我从来不给人走后门，你这不是让我破坏原则么
注－破坏原则：新京语。多指所谓"不符合政策"之事。此处"原

则"一词在不同时间、不同场合、根据不同需要会有不同解释。

p24 破尿盆——端起来了

例（修507 14）：本来是客气……他倒破尿盆——端起来了，昂着脸不理人

注-破尿盆——端起来了：旧京歇后语，踩乎摆架子的人。

P25 破鞋

例（枉587 09）：我听到他们吵的起因好像是丽珠说小任在外面找了个……破鞋

注-破鞋：京俗语，意为"什么人都随时可以穿脱的鞋（以致都穿破了）"。指谓性生活不检点之女性（与专职妓女有别）。

pu

p26 扑

例（玩215 01）：你在外地诱完妞儿，全留我的地址，你塌实了人家有事全扑我来了

注-扑：新俚语，此处为投奔、依靠义。

p27 扑

例（爸401 23）：这么小就会扑爷们儿了

注-扑：新京语，此处用于男女关系上，指女子投靠、委身于（某男性）之意。

p28 扑落

例（爸173 18）：毛巾所到之处总像犁地似地耕出一卷卷新泥……最后只好扑落，用毛巾鸡毛掸子似的掸

注-扑落：原著正文已说明词义。按：原著作者并非土著京人，有些京语词汇可能就掌握得不是那么确切。如此处，京语不用"扑落"之说。

p29 扑腾

例（正128 12）：咱们都还在苦洼子里扑腾呢

注-扑腾：在水中翻腾扑打状，此处形容苦苦挣扎。

Q 部

qi

q01 曲里拐弯

例（正117 08）:"路多远？"老外看着**曲里拐弯**的小胡同犯憷

注－曲里拐弯:京俗语，形容小路曲折。读为 qī lou guǎi wār。元曲中此说甚为常见，参阅《元曲语汇048》、《卷一·q39》条。

q02 齐活

例（爸247 20）:你就把我当你的一个小哥们儿对待就**齐活**了

注－齐活:京俗语，此处意谓"可以了"；另有时费劲巴力的终于干完某件活儿时，会如释重负般说"齐活了"。"活"字读本音，不要儿化。

q03 起开

例（顽61 17）:他们……高傲地仰起头，面无表情地变线**起开**

注－起开:京人习用说法，谓让开、躲开、离去。但此说法一般仅用于对话，不用于叙述句。这是原著对京语掌握得不够准确

处。

q04 起腻

例（一156 23）:黑更半夜**起**什么**腻**呀

注－起腻:京俗语，此处意指无端的不断生事纠缠（京语叫磨烦）。"起腻"一词另外还有"心中抑郁、烦闷难耐"义；指谓男女调情有时也会用到此词。

q05 起子

例（许143 16）:连忙又对我说:"噢，我不是说你，你和他们不一样。""一样，都没什么大**起子**。"

注－起子:京俗语，"起色"的直音字，是"有出息、上进心"之意；一般只用于否定句中（没起子）。

q06 气功

例（刘114 08）:不少老人、妇女在树林内打拳、练**气功**

注－气功:气功是通过对呼吸、动作和意识的调整（调息、调形、调心）为锻炼方法，务求达到强身健体、健康身心、抗病延年、

开发潜能等目的。

q07 气功大师
例（许132 09）：在那儿你可以遇见形形色色的社会名流：**气功大师**、沙漠旅行家、颓废画家、摇滚歌手

注－气功大师：气功虽是中华文化瑰宝，但所谓"气功师"却良莠不齐。

q08 气焰极为嚣张
例（爸333 11）：儿子总摆出一副据理力争的样子，侃侃而谈……**气焰极为嚣张**

注－气焰极为嚣张：文革语，批判阶级敌人时之必用词汇。

qia

q09 掐
例（玩270 14）：打他们越南丫的，我看报纸跟他们**掐**起来心里这高兴

注－掐：京俗语，谓"因矛盾而起冲突"。参见《附录肆－114》。

qian

q10 千秋大业
例（谁546 01）：为这种**千秋大业**花些外汇我认为值

注－千秋大业：文革语，指谓"反修防修，确保无产阶级江山永不变色"。

q11 千秋功罪任人评说
例（千356 18）：是真是假咱们**千秋功罪任人评说**

注－千秋功罪任人评说：语出毛主席诗词《念奴娇·昆仑》："千秋功罪，谁人曾与评说？"

qiang

q12 枪杆子
例（过314 27）：**枪杆子**掌握在谁手里固然重要，但也不能忽视基层组织建设

注－枪杆子：文革语。"枪杆子里面出政权"是毛主席在1927年"八七会议"上提出的著名观点，枪杆子是我党的命根子。

q13 强努
例（刘116 13）："你了解我什么？""**强努**！甭管怎么着非强撑着……"

注－强努：京语习惯说法，谓硬拼着做自己力所不能及之事。

q 14　强有力的战斗集体
例（痴273　11）：这种时刻我需要的是一个**强有力的战斗集体**而不是一盘散沙
注－强有力的战斗集体：文革语。出处待考。

q 15　敊
例（一126　03）：方方……说，"放心，我不**敊**你。"……我笑着说，"你也没戏……"
注－敊：此处"敊"字去声，"敊行"的简说。详见下条。

q 16　敊行
例（正143　12）：这不是**敊行**么
注－敊行：原写为"抢行"（"抢"字去声），现多写作"敊行"。指同行间发生利害冲突，使用恶意竞争的手段；并引申指为了自己的利益而损害他人的做法。

qiao

q 17　侨眷
例（爸232　26）：家里的吃穿摆用、行为举止也有点**侨眷**的劲儿了

注－侨眷：新京语，指华侨、归侨在国内的眷属。详见《附录肆－115》。

q 18　瞧好儿吧
例（正77　16）："行呵。"吴胖子笑呵呵地说，"现代派加性文学——**瞧好儿吧**。"
注－瞧好儿吧：京人向他人保证自己一定能做好某件事时的习用说法。也有时在此后加上"您哪"二字。

n 19　瞧你那操行
例（玩394　27）：**瞧你那操行**逼着我把你扔猴山里是不是
注－瞧你那操行：京俚语，二人当面说话时最贬低性的语言——但这往往不过是踩乎（京语，着意贬斥）人，并非就要翻脸打架。有些下层市民嘴里不干不净惯了，相互之间什么都说得出口，不以为忤。

q 20　瞧你能的
例（刘141　05）："大妈，鱼我做，您别做坏了。"**瞧你能的**，大妈

鱼都不会做了？"

注 - 瞧你能的：京人习用说法，轻微指斥对方在某事上过分炫耀。

qie

q 21　且

例（玩 370 19）：如果我当时决计不允你拿走，只怕你还<u>且</u>糊涂呢

注 - 且：此为纯粹京语。作为副词，表示其所修饰的动词或形容词（此处为"糊涂"）之时间上的延续。一般在句尾要加上"呢"字。纯粹京语还有"且着呢"一说，是表示某事远未完结。

q 22　怯场

例（玩 298 19）：在人多的场合从<u>不怯场</u>总能落落大方应付自如

注 - 怯场：在公众场合主持某事时，因人多而感到窘迫。"怯"字详见《卷一·q 23、q 24》条。

qing

q 23　青春之歌

例（动 419 19）：我躺在床上看一本已经翻得很破的《<u>青春之歌</u>》

注 - 青春之歌：1958年出版的一本小说，著者杨沫。参见《附录肆 - 116》。

q 24　青颗愣

例（玩 225 11）：她也的确怪可怜儿的，在松涛呼啸的林中站了两小时早被冻成了<u>青颗愣</u>

注 - 青颗愣：京俗语，指未成熟的水果。"颗"字一般作"格"。

q 25　轻于鸿毛

例（柱 610 04）：我很苦恼，想到了死，又一想为这事死岂不是<u>轻于鸿毛</u>

注 - 轻于鸿毛：此语本出于司马迁《报任安书》，自毛主席在《为人民服务》一文中引用此说后，遂被频繁引用，成大众语汇了。

q 26　轻装前进

例（千 470 21）：把所有新账旧账都记在他身上，让他背负起罪恶的包袱，我们<u>轻装前进</u>

注 - 轻装前进：此语源自毛主席《学习和时局》："为了争取新的胜利，要在党的干部中间提倡放下包袱和开动机器。"

qiong

q27 擎好
例（千311 06）：您就擎好吧……连您当年的仇我也一块给您报喽
注－擎好：京俗语，意谓"不用参与出力，静候着收取某种利益"。"擎"字一般多作"赗"，作"承受"解。京语另有"擎打"一词，意为自从（某时开始）；还有"赗等"一词，意谓白白的干等（最后也不会有结果）。

q28 情儿
例（永99 25）：你胡说什么？你哪有什么"情儿"
注－情儿：新俚语，情人。

q29 请罪
例（许118 10）：我请罪还不成
注－请罪：文革语。此词虽已产生千年，但真正全民普及还是在"文革"时期。那时成千上万的被批斗者天天都要站在（有的单位还要求跪在）毛主席像前，"向毛主席请罪"。

q30 穷
例（浮252 17）：我还是穷笑，喝了酒越发笑个不停
注－穷：京俗语，此处意指过分频繁的、不合时宜的、没有道理的（如何）。

q31 穷欢乐
例（正134 16）：这回让你说对了，就是穷欢乐。穷且志坚，自个给自个找台阶儿下
注－穷欢乐：京俗语，用于指谓穷人的苦中作乐。常听下层京人说一恶俗歇后语：花子奤戾——穷欢乐，是恰如其分的注脚。

q32 穷聊
例（修483 17）：就那么回事，比"穷聊"的略强那么一点
注－穷聊：京人习用说法，指内容贫乏但又没完没了的瞎扯淡。

qiu

q33 秋后算账
例（正144 04）："姑且给你记上。"大胖子正色道，"秋后算账……"

注－秋后算账：出处待考。"文革"时期常听到的一种说法，意指"让你们造反派先瞎折腾，我们先给你们都记下来，到时候一块儿跟你们算账"。这往往是当时一些所谓"保皇党（保守派）"的心态，他们所记的材料被所谓的"造反派"称为"黑材料"。

qu

q34　去机场欢迎贵宾

例（爸234 21）：就像要<u>去夏令营</u>或<u>机场欢迎贵宾</u>

注－去机场欢迎贵宾：二十世纪七十至九十年代中小学生的常见政治任务——当然还是得挑家庭出身好的（工农及干部子弟）。

quan

q35　圈子

例（动452 05）：明儿我给你们约了个"<u>圈子</u>"，刚在西单商场拍的

注－圈子：新俚语，指作风不端的女人乃至所谓女流氓。此词"文革"期间盛行，后渐式微，今已不闻。

q36　全场响起暴风雨般的掌声

例（千446 04）：<u>全场响起暴风雨</u>般的掌声和欢呼声，歌声更加嘹亮了

注－全场响起暴风雨般的掌声：文革语。这是那时传媒报道党的重要会议时之必用语，一般是以"夹注"的形式点缀于报纸杂志中。

q37　全国文明日、载歌载舞、文明专业户

例（你175 20）：后天是咱<u>全国文明日</u>，街道布置下任务了，各单位都要上街<u>载歌载舞</u>，你们这<u>文明专业户</u>更不能落后

注－全国文明日、载歌载舞、文明专业户：自二十世纪八十年代起，常有时搞各种名目的"全国文明日"，届时要求各个单位做出各种形式，彩旗飘扬，载歌载舞，以迎合该项运动；以致做得好的单位被称为"文明专业户"。虽属调侃，亦是实事。此类形式主义的东西现已逐渐淡出。

q38　全活儿

例（你173 03）：就不知道你们有没有、能不能接<u>全活儿</u>

注－全活儿：京语习用说法，指全套程序的（某项工作或服务）。

q39　全活儿人
例（千413　25）：他是目前我国的脸中唯一的**全活儿人**了

注－全活儿人：京俗语，一般写为"全可人儿"，指双亲、配偶、子女俱全者。原著此处对此词之用法与传统京语有出入。

q40　全民皆兵
例（痴253　24）：我知道这种勾当已发展到五花八门、**全民皆兵**的程度

注－全民皆兵：二十世纪五十年代，中国根据毛主席的"人民战争"思想，提出全民皆兵，大办民兵师。1959年时，全国据说有2.2亿民兵，占人口35%。

q41　全盘西化
例（正135　05）：你们就是鼓吹"**全盘西化**"那帮吧

注－全盘西化：中国近代史上出现过主张中国走欧美资本主义道路、全盘西化的政治思潮。参见《附录肆－117》。

q42　权威
例（爸224　18）：当**权威**仍然是权威时……你尽可以腹谤但一定不要千万不可当面指出

注－权威：文革语，作为否定性的词汇，专门用以批判各个学术领域内的领衔人物，谓之"资产阶级反动学术权威"。

q43　全无敌
例（爸258　25）：了不起是肯定的，是**全无敌**呢还是并列一流

注－全无敌：文革语，出自毛主席诗词《满江红·和郭沫若同志》："……四海翻腾云水怒，五洲震荡风雷激。要扫除一切害人虫，全无敌。"

q44　全心全意为××服务
例（你172　10）：一夜夜失眠，都影响我**全心全意**为外国游客**服务**了

注－全心全意为××服务：文革语，毛主席1944年为纪念牺牲的八路军战士张思德写了著名的

《为人民服务》一文（后被林彪奉为"老三篇"之一），明确提出了"为人民服务"的指导思想；1945年在《论联合政府》一文中又进一步提高为"全心全意为人民服务"。"文革"中此说成了公式，宾语（××）可以随机替换。

que

q45　缺德

例（爸361　17）：这是谁这么**缺德**

注 - 缺德：京俗语，斥人缺乏公德。但京语常有"正话反说"例，故此语亦常见于旧京女子与人打情骂俏时说，而不含恶意。

qun

q46　群众

例（爸313　19）：为了不使自己的聪明凌驾于众人之上以至使**群众**产生异类感

注 - 群众：新京语，二十世纪五十年代开始流行。此处此词是站在领导者的立场上对被领导者的称谓。

q47　群众

例（懵557　01）：还不如一个**群众**呢

注 - 群众：此处指"政治面目"非共产党员或共青团员，而又非阶级敌人者。原著此处是指责某位共产党员的阶级觉悟和政治表现太差，不配做党员。

q48　群众的创造力是无限的

例（玩381　08）：**群众的创造力是无限的**，我们要做的是齐心协力把这种创造力吸引到我们身上

注 - 群众的创造力是无限的：此语源自毛主席1955年为《多余劳动力找到了出路》一文所写的按语："人民群众有无限的创造力。他们可以组织起来，向一切可以发挥自己力量的地方和部门进军……"

q49　群众的眼睛是贼亮的

例（浮231　15）：看来，**群众的眼睛是贼亮的**

注 - 群众的眼睛是贼亮的：由文革语演化而来，在揪出某人批斗时必说"群众的眼睛是雪亮的"。原著此处调侃为"贼亮"。

q50　群众中蕴藏着巨大的热情

例（千330　27）：我早说过，**群众中蕴藏着巨大的热情**

注－群众中蕴藏着巨大的热情：文革语。此说源于1955年毛主席为一批关于中国农村社会主义高潮的材料所写的《编者按》："群众中蕴藏了一种极大的社会主义的积极性。"

R 部

rang

r01　让列宁同志先走

例（千435　12）：不要管我，**让列宁同志先走**

注－让列宁同志先走：苏联1937年的电影《列宁在1918》中的一句台词，"文革"后期此片曾大规模复映。那时影视作品极少，所以片中台词许多人都耳熟能详了。

r02　让你爸甩墙上了

例（玩301　14）：你什么时候蹦出个姐姐？你姐姐早**让你爸甩墙上了**

注－让你爸甩墙上了：旧时下层京人侮辱性的猥亵语。

r03　让你说着了

例（无06　23）：对，没错，**全让你说着了**

注－让你说着了：京人习用说法，表示肯定对方判断正确。

r04　让人铆了

例（橡07　19）：他还没动身，就原地**让人铆了**

注－让人铆了：京俗语，隐指性交。原著此处是引申其义，指几个流氓痞棍作局，把某国营企业采购人员的公款给坑骗到手了。

r05　让生活充满阳光

例（千405　20）：要掀起一个学元豹赶元豹的热潮，**让生活充满阳光**

注－让生活充满阳光：二十世纪七十年代末的流行语，出自喜剧片《甜蜜的事业》中的插曲《我们的生活充满阳光》。创作于1978年，吕远、唐诃作曲。

ren

r 06　人

例（千293　25）：赵主任咱得快点了，<u>人</u>剧场经理催了

注－人：此处是"人家"（读 rén jie）在口语中的简说，第三人称泛指。

r 07　人不学习要落后

例（千325　07）：<u>人不学习要落后</u>，连这句话都没听说过么

注－人不学习要落后：文革语，当时要求天天学《毛选》。有许多群众自编的顺口溜，强调学习的重要性，如："一天不学问题多，两天不学走下坡，三天不学没法活"等。

r 08　人多力量大、敢叫日月换新天

例（正99　09）：<u>人多力量大、敢叫日月换新天</u>。人心齐泰山移"蚂蚱还有四两肉"一个萝卜一个坑咱们怎么就不能从无到有从小到大由弱变强呢

注－人多力量大：这是当初决定成立人民公社时的基本出发点。详见《附录肆－118》。

敢叫日月换新天：语出毛主席1956年9月所作的《七律·到韶山》。

r 09　人家

例（浮264　06）：你放开我吧，<u>人家</u>要赶不上车了

注－人家：京俗语，此处是京中女孩子自称，含娇嗔意味。详见《卷一·r11》条。"家"字读 jie，轻声。

r 10　人家

例（过317　01）：<u>人家</u>说了，有孩子夫妻感情就淡了

注－人家：京俗语，第三人称泛指。详见《卷一·r 09》条。"家"字读 jie，轻声。

r 11　人家老先生

例（过335　15）：昨晚上我一气之下跑了出去，你猜怎么着？<u>人家老先生</u>一点没着急

注－人家老先生：京人习用说法。在向某甲叙述对某乙的不满时，叙述者对某乙的称谓，含有揶揄意。说得快时"家"字读 ie，是口

型提示。

r12　人精
例（无88　20）：你可以算个**人精**了
注－人精：京俗语，谓过分精明的人。

r13　人民的哺育，组织上的关心
例（顽20　26）：谈自个的同时也谈谈**人民的哺育，组织上的关心**
注－人民的哺育，组织上的关心：新京语，"文革"期间告诫人时时不可忘记党和人民，个人是渺小的。其出处待考。

r14　人民民主专政
例（你173　22）："还得说咱们政府会教育人。""是是，至今我感激不尽，那**人民民主专政**……嘿！……"
注－人民民主专政：是对我国政体性质的定义。参见《附录肆－119》。

r15　人民内部矛盾
例（刘137　24）：我觉得我这得算**人民内部矛盾**吧？不能说我是在演变小芳吧
注－人民内部矛盾：此说出自毛主席《关于正确处理人民内部矛盾的问题》一文。详见《附录肆－120》。

r16　人民生活水平提高了
例（顽47　11）：**人民生活水平是提高了**，过去您没觉着肉贵那是因为过去您压根不怎么吃肉
注－人民生活水平提高了：新京语，产生于二十世纪五十年代初；而真正有了提高，是从改革开放后。

r17　人民万岁
例（千469　17）：往往越是假的就越说自己是真的，越是精神病就越不承认自己是精神病，越是伟大的人就越爱喊**人民万岁**
注－人民万岁：据说毛主席曾在开国大典上喊过此口号，但无实证；笔者倒是清楚记得，"文革"

期间（具体时间记不清了）曾在新闻纪录片上见到伟大领袖在天安门城楼上对着下面欢呼的群众喊"人民万岁"的场景。

r18　人民战争
例（动461 22）：当然我的思路怎么也脱不开毛泽东同志的**人民战争**思想
注－人民战争："人民战争"是毛泽东军事思想的核心。参见《附录肆－121》。

r19　人模狗样
例（玩239 14）：看你**人模狗样**颐指气使的样子我的心跳都快了
注－人模狗样：京俗语，评论人的贬语。不仅指外貌，也包括对人品的抨击。

r20　人权
例（正134 26）：我们想趁政府正乱的时候跟他们多要点**人权**
注－人权：人权（基本人权或自然权利）是指"人，因其为人而应享有的权利"。参见《附录肆－122》。

r21　人人过关
例（你191 18）：你先不要急于检讨，我们不是要搞**人人过关**
注－人人过关：文革语，那时在很多阶段性运动中（"文革"不同阶段有不同的任务，于是在"文革"这个大运动中又分出了无数的小运动），每个人都经常要检查自己，不断斗私批修，检讨交代自己一切不符合伟大领袖教导的地方，被称为"人人过关"。

r22　人生能得几回搏
例（给457 14）：**人生能得几回搏**？机不可失，时不再来
注－人生能得几回搏："人生能有几回搏，此时不搏更待何时！"这是我国首位乒乓球世界冠军容国团的名言。详见《附录肆－123》。

r23　人五人六
例（柱583 13）：别看那小子装得五讲四美、**人五人六**的样儿，其实一肚子男盗女娼
注－人五人六：京俗语，人品猥

琐而故作正经，装模作样。

r24 人妖不分

例（千325 12）：你向谁看齐？谁是你心目中的榜样？是非颠倒，**人妖不分**。

注 – 人妖不分：语出郭沫若1961年的七律《看〈孙悟空三打白骨精〉》："人妖颠倒是非淆……"毛主席为其和了一首，其中有"一从大地起风雷，便有精生白骨堆……今日欢呼孙大圣，只缘妖雾又重来"等句。后来"人妖不分、白骨精、孙大圣"等成了有政治内涵的特定语，至"文革"时期尤甚。

r25 任嘛

例（你209 14）：这孩子长大能干什么呀？除了嘴甜**任嘛**不懂。

注 – 任嘛：所有的、一切（如何）。注意此说法只用于否定意义句中。这其实是天津的说法，北京从二十世纪五十年代也开始流行此说。

r26 认识你们是谁呀

例（许122 13）:"就是！"我推波助澜地给他垫砖，"**认识你们是谁呀**——你怕谁呀！"

注 – 认识你们是谁呀：京人习用说法，意指对方的无足轻重，而并不见得真的不认识。

r27 认识人

例（橡40 02）：但要搞我，也没那么容易，我也是**认识**一些**人**的。

注 – 认识人：此处所说认识的"人"，是指关系网中的成员，这些人的作用就是通过关系网打通关节，将非法之事变为合法。此三个字概括出中国文化中的非法治特色，自古至今皆然。

r28 认识问题

例（你219 19）：你们能这么**认识问题**就好。

注 – 认识问题：新京语。不同时期、不同情况下，语义不很确切。

r29 认栽

例（正126 21）：我**认栽**。赔礼

道歉，赔偿损失。你还有什么要求吧？我全答应

注－认栽：京俗语，表示输得口服心服，毫无异议。

ri

r30　日

例（橡70 19）："活<u>日</u>你大爷！"老邱破口大骂

注－日：此处"日"义同"肏"，这是北方语系一些地方（如山西等）的说法，不是纯北京方言。

rou

r31　肉头

例（正143 20）：我怎碰上这么一<u>肉头</u>

注－肉头：新京语，指做事不痛快、不干脆利落的人。近年此意有一更流行的说法叫"面瓜"。

ru

r32　入党提干

例（动418 21）：大概又有<u>入党提干</u>诸问题萦绕于心

注－入党提干：新京语。二者是紧密联系在一起的。

S 部

sa

s01　撒欢儿

例（玩433 07）：已经把这儿折腾得天翻地覆，再加上你，咱们更可<u>撒欢儿</u>了

注－撒欢儿：京俗语，原意是指牲畜、动物的欢腾跳跃、奔跑状；此处引申指人无节制的闹腾。

s02　撒丫子

例（千307 17）：趁人不注意，溜出院门贴墙根儿慢慢走了几步，<u>撒丫子</u>跑起来

注－撒丫子：京俗语，也作"撒鸭子"，指疾行。常用于某种有些逃跑性质的场合。

s03　发癔症

例（千382 07）：说他<u>发癔症</u>也有人信

注－发癔症：京俗语，一般是说"撒吆挣"（或"怔"）。原指睡梦中的动作或呓语，引申用于形容人言行不靠谱、不着调。

san

s 04　洒
例（玩227　24）：听说那儿的少数民族……比咱汉族聚居区洒多了
注－洒：新京语，"潇洒"的简说。"洒"字去声。详见《附录肆－124》。

s 05　洒蜜
例（懵528　21）：旁边还带一"洒蜜"
注－洒蜜：此处之"洒"字义同上条（但此处读去声），"洒蜜"即"漂亮小蜜"。

s 06　飒
例（爸276　06）：飒极了，都跟模特儿似的
注－飒：此处意指飒爽。"飒爽"一词，源自毛主席的《七绝·为女民兵题照》一诗中"飒爽英姿五尺枪，曙光初照演兵场"；而毛诗此句脱胎于杜甫的《七古·丹青行赠曹将军霸》："褒公鄂公毛发动，英姿飒爽来酣战"。

s 07　三好学生
例（刘122　19）：假模三道的，跟墙上贴那三好学生宣传画似的
注－三好学生：共青团对学生提出的要求。详见《附录肆－125》。

s 08　三棵
例（许118　20）：足足宰了他"三棵"
注－三棵：新京语，自二十世纪七十年代后期下层京人中开始流行的一种说法，谓10元钱为一张、100元为一棵、1000元为一吨、10000元为一方（彼时人民币最大面额为10元，1000张10元钞票分成两叠并排捆在一起，正好是长、宽、高基本相等的正方体）。

s 09　三孙子
例（永77　26）：得饶人且饶人，你就别非逼着我当三孙子了
注－三孙子：京俗语。下层京人说话时往往愿"占便宜"，即"充大辈儿"（长辈）；故而"孙子"一词成了京语中使用频率颇高的

贬义称谓（第二人称）。至于"三孙子"就更低至不堪了。

s10　三中全会
例（浮207　20）：大意是<u>三中全会</u>后，政策放宽
注－三中全会：指1978年12月18~22日在北京召开的中国共产党第十一届三中全会。这次会议正式定下从"以阶级斗争为纲"转向生产建设的基调，使中国历史发生重大转折，人民生活开始有了基本保障。

s11　三种人、纪律委员会、检举
例（浮233　22）：他怀疑他们单位领导是隐藏很深的"<u>三种人</u>"，准备向上级<u>纪律委员会检举</u>
注－三种人："文革"后被清算的三种有严重问题的人。详见《附录肆－126》。
纪律委员会：正式名称为"纪律检查委员会"，简称"纪委"，是我党的纪律监察机关。
检举：新京语，"文革"时期使用频率最高的词汇之一，那时颇不乏大义灭亲、父子夫妇之间相互检举者。

s12　三座大山
例（正124　17）：我们看着老头儿肃然起敬，"敢情<u>三座大山</u>是你推翻的。"
注－三座大山：指帝国主义、封建主义、官僚资本主义。详见《附录肆－127》。

sang
s13　丧失原则
例（爸350　14）：不该说的我也说了，包括那些<u>丧失原则</u>的话
注－丧失原则：新京语，至"文革"时期应用最盛。

sao
s14　扫黄
例（千300　18）：你一个大姑娘深更半夜赖在男人车上不下来，传出去也不好听，正<u>扫着黄</u>呢
注－扫黄：新京语，黄指色情业或与色情有关的人或物。此词最早出现于二十世纪八十年代初的"严打"运动中。

s15　臊
例（刘138　09）：您这句话真把我

说臊了

注 – 臊：京人习用说法，此处为形容词。

s16 臊

例（你177 11）：我跟您说了实话，你就拿这话来臊我

注 – 臊：京人习用说法，此处为动词。

s17 臊眉搭眼

例（无16 17）：李缅宁臊眉搭眼地走到小树林边缘灌木丛旁

注 – 臊眉搭眼：京俗语，也作"臊眉耷眼"。不愿为人所知的隐私忽然被暴露于大庭广众之下时的表情。

s18 扫帚不到，灰尘不会自己跑掉

例（给478 06）：正如毛主席所说，**扫帚不到，灰尘不会自己跑掉**

注 – 扫帚不到，灰尘不会自己跑掉：文革语。详见《附录肆-128》。

sha

s19 傻逼、老帽

例（许118 19）：那傻逼、老帽一个，计价器都不会看

注 – 傻逼、老帽：新俚语。"傻逼（屄）"是粗口，自不待言；"老帽"一词，相当于旧时所说的"怯勺、怯八义"，详见《附录壹-34》条；但其实也是粗口，详见《附录壹-09》条。

s20 傻×

例（我195 21）：崇拜那傻×干吗

注 – 傻×："傻屄"的隐晦写法。

s21 傻波依

例（动474 01）：可我说："傻波依似的。""你就不会说句好话？"她笑着白我一眼

注 – 傻波依："傻屄"的隐晦说法，是所谓的拆音字，详见本卷c94条。

s22 傻了

例（刘169 03）：傻了吧？告诉你，不管你怎么想，反正我是牤

上你了

注－傻了：京人习用说法，意谓没辙了、无法可想了。

s23　傻帽

例（一112 01）：是你的**傻帽**同学吧

注－傻帽：新俚语，粗口。详见《附录壹-09》条。

shai

s24　色儿

例（无64 09）：这**色儿**我能穿么？寒碜不寒碜

注－色儿：京人口语中，颜色读为 yán sher，"色"字轻声；单说时（如本条）则读 shǎr，上声，儿化。

s25　晒

例（玩233 06）：咱们什么关系？她什么关系？能为娘们**晒**哥们儿么

注－晒：京俗语，此处谓怠慢人，使人干等，也有时将此义延伸为办某事时故意使对方陷入尴尬境地。

s26　晒干儿

例（玩244 08）：说我昨天去接他们的路上忽然晕倒了被好心人送到医院急救。……所以很抱歉**晒**了他们**干儿**

注－晒干儿：京俗语，义同上条，是更生动的说法。

shan

s27　扇

例（动480 21）：你他妈滚不滚？再不滚我**扇**你

注－扇：京俗语，谓以掌掴击，打耳光。

s28　煽动

例（你181 12）：从不在外面乱搞和进行**煽动**

注－煽动：新京语，盛行于二十世纪八十年代之后。

S29　扇起来

例（无41 17）：一宣布改革我第一个想到你，完了，这小子要**扇起来**

注－扇起来：新京语，此处意指（事业）发达起来、飞黄腾达；另也可用以指人的神色态度嚣张跋扈。

shang

s30　上板

例（玩331 22）：路口的店铺都<u>上了板</u>

注－上板：京人习用说法，指商铺打烊。详见《卷三·sz22》条。

s31　上蹿下跳

例（玩256 16）：就象要拴住一条狗光用链子它还老叫<u>上蹿下跳</u>

注－上蹿下跳：文革语，用于贬斥与自己对立派别的活动。

s32　上房揭瓦

例（爸331 10）：大撒把没人管了，那他还不<u>上房揭瓦</u>

注－上房揭瓦：京俗语，多用于指斥顽劣儿童，谓之"三天不打，上房揭瓦"。

s33　上访

例（谁563 21）：一级组织管不了就找上一级，层层<u>上访</u>

注－上访：新京语，基层群众遭受（或自认为遭受）了不公正待遇，本地党政机关不能（或被认为不能）公正解决时，采取的向更上一级政府申诉的行动。各级政府多对此层层堵截阻挠。

s34　上纲上线

例（刘137 27）：谁也没把你说成那样，你自己也别<u>上纲上线</u>

注－上纲上线：文革语。把一般问题、非原则问题，也当作原则问题看待处理，使其显现出特别的严重性。详见《附录肆－129》。

s35　上级机关

例（人438 26）：你动手打坏了他也是错误的。这不是因为他是我的<u>上级机关</u>来的人

注－上级机关：新京语。按："机关"一词系日语外来词汇。日语"機関"，源自意译英语 organ。

s36　上来

例（刘120 02）：不是大刑刚<u>上来</u>吧

注－上来：新京语，指刑满释放。

s37　上山下乡

例（痴241 17）：没赶上"文化大

革命"、"上山下乡"

注－上山下乡：指的是二十世纪六七十年代，尤其是在"文化大革命"运动期间，大量城市知识青年离开城市，到农村劳动定居的政治运动。

shao

s38　烧包

例（玩427　20）：有那钱多了烧包的想拯救一下自个灵魂

注－烧包：京俗语，系对暴发户的讥讽。另有"穷人有钱活受罪"一说，与此意近。

s39　烧菜

例（我199　09）：你也会烧菜

注－烧菜：京人只说做菜，绝不会说烧菜，那是南方语系的说法。

s40　烧饭

例（爸183　02）：谁能控制一座火山的爆发使其造福人类譬如取暖烧饭什么的

注－烧饭：非京语。参见上条。

s41　少管所

例（爸219　14）：倏忽间，又变得像那种最有爱心的少管所干部

注－少管所："少年犯管教所"的简称，是对已满14周岁未满18周岁的少年犯进行教育、挽救、改造的场所。它是我国劳动改造机关之一，由各省、市、自治区司法机关直接管辖。

s42　哨

例（玩324　22）：满口的北京土话连我都听着不明白，没两下子就被他哨晕了

注－哨：京俗语，是"说"的调侃说法。旧京之人喜养鸟，谓其所养的鸣禽之鸣叫为哨。调侃某人所说的为哨，含讥讽之意，是谓"说得比唱得还好听"。

she

s43　奢

例（玩438　17）："瞧你们几个那乡下佬样儿。"……"你们也配在这儿奢？"

注－奢："奢侈豪华"的简说，但作为动词用，指享受（奢华）。

此说法在二十世纪八十年代曾流行过几年。

s44 折、捞

例（玩391 27）：你要<u>折</u>肉孜可没<u>法捞</u>

注－折、捞：新京语，此处"折"（shé）专指犯案被抓；"捞"专指通过走后门、托人情乃至行贿等手段使已"折"之人获释。

s45 社会复杂

例（过316 20）：怪我没有早点认识你，把你一个人孤单单地扔在社会上，<u>社会多复杂</u>呀

注－社会复杂：新京语，尤以"文革"后期对青少年学生施教时常如此说，要求学生尽量不要去接触社会，以免受到影响。

s46 社会上的种种错误思潮和不良影响

例（爸343 02）：社会是复杂的，<u>社会上的种种错误思潮和不良影响</u>有多少算多少都会反映到我们学校来

注－社会上的种种错误思潮和不良影响：文革语；后"文革"时期学校常以这种论调解释校内不良风气的存在。

s47 社会责任感

例（正69 20）：可<u>社会责任感</u>呢？哪里去了

注－社会责任感：新京语，产生于"文革"后。

s48 社会主义大道

例（千371 14）：当年我们也不是一出家门就走上了<u>社会主义大道</u>

注－社会主义大道：新京语，产生于二十世纪五十年代中期。

s49 社会主义建设

例（空19 25）：他比我早一年从海军退役……属于"直接参加<u>社会主义建设</u>"。

注－社会主义建设：社会主义建设是指社会主义制度确立以后的建设。1956年底三大改造（对农业、手工业和资本主义工商业的改造）完成，标志着社会主义制度在中国的确立。

s50　社会主义精神文明

例（懵577 05）：今年，《人间指南》编辑部在弘扬<u>社会主义精神文明</u>和民族优秀文化方面作出了突出成绩

注－社会主义精神文明：原著产生的年代正开始提倡"建设社会主义精神文明"，作为不同于"文革"语言的这种新提法，当时还是很深入人心的，日常生活中此词也常被老百姓挂在嘴边。参见《附录肆－130》。

s51　社会主义中国

例（枉583 24）：谢天谢地，咱们生活在<u>社会主义中国</u>

注－社会主义中国："社会主义"一词，不同人等有不同的定义和认知方式。今天我国实行的是"有中国特色的社会主义"。

s52　奢了一炮

例（玩259 20）："我只记得咱们当时在吃在喝在搞女人……""是这样。"……"咱们当时也就是<u>奢了一炮</u>……"

注－奢了一炮：新俚语，二十世纪六七十年代北京某些人称性交为"打炮儿"，此处之"奢了一炮"亦为此意，"奢"字实为"射"。

s53　涉外、公关

例（刘142 17）：他们提供的工作多数是<u>涉外</u>和<u>公关</u>性质的

注－涉外、公关：新京语，产生于改革开放之后。

shei

s54　谁裤裆破了把你漏出来了

例（懵548 04）："这是谁呀？"……"<u>谁裤裆破了把你漏出来了</u>？"

注－谁裤裆破了把你漏出来了：下层京人之俗语，是与对方寻衅时所说的侮辱性语言（指谓对方是鸡巴）。

s55　谁……谁孙子

例（无42 12）：我真打算给你办个独奏会，<u>谁骗人谁孙子</u>

注－谁……谁孙子：京人为保证自己所言确凿无疑、绝无虚妄时赌咒发誓的说法，意谓"若骗

人我是孙子"。

shen

s 56　伸把手
例（正69 26）：得跟人民讲清楚，现在当务之急是让政府把日子过下去……大家**伸把手**
注－伸把手：京人在请人襄助（某事）施以援手时的说法，也说"搭把手儿"。

s 57　深刻
例（修502 17）：时间使爱人分离，永不相聚。绝吧？**深刻**吧
注－深刻：文革语，主要用于衡量所写的检查中对错误认识的程度。

s 58　身子骨
例（刘119 02）：您老**身子骨**可好
注－身子骨：京人对"身体"的俗称。"骨"字儿化。

s 59　神叨叨
例（枉600 24）：多数女青年说李是个"**神叨叨**"的人
注－神叨叨：京俗语，言语絮叨而不靠谱，有点儿脑筋不十分清楚的意思。

s 60　神聊
例（人430 27）：刚刚认识的出差人员互相敬烟**神聊**
注－神聊：不着边际、云山雾罩的瞎聊。现在多说"神侃"。

s 61　什么的
例（修516 11）：《聊斋》呀，《水浒》呀，《三国演义》**什么的**，都是民间传说，没什么章法
注－什么的：京人习用说法，表示对此前所说事物的一种分类性概括。

s 62　什么似的
例（爸193 02）：明明说错了露了怯，死不认错，还就按错的往下讲，嘴硬得**什么似的**
注－什么似的：京人习用说法，是"像什么似的"之简说。至于究竟"像什么"，则是虚拟性的，一般不具体说；此说法只是约定俗成地表示某事态程度之甚。按："似"字读 shi 而不读 si。自二十世纪初，在书面上以语体文（白

话文)代替文言文以来,书面的语体文仍与口语有脱节之处。"似的"是文人按其辞义采取的写法,而京人仍按几百年来的幽燕语读法说"是的"。

s63 什么揍的

例(永77 17):说狠就狠,翻脸不认人,**什么揍的**

注－什么揍的:京人习用说法,即"不是人"之意。"揍"是"㞞"字的近似音,是为了在粗口中多少显得斯文点儿。

s64 什么呀

例(千423 07):"**什么呀**?一点都不帅。""牛仔裤穿他身上跟套鸡腿上似的。"

注－什么呀:京人习用说法,在对对方所言或某种事态表示否定时,作为发语词放在句首用。按:京人口语中,"什么"读为 shén me;但在二十世纪六十年代末,上山下乡的知青中产生了 shén mò 这种读音。此说法沿用了十余年,至八十年代中期才逐渐淡出。这种语调更突出了语气的否定性。

s65 神头鬼脸

例(浮214 25):遇到我那些**神头鬼脸**的朋友就呼啸成群,做成一处

注－神头鬼脸:京俗语,也作"神头鬼脑",形容人面貌粗陋,神态猥琐。

s66 审查、反动

例(正134 05):"你这个小说一定通不过**审查**。"洋人斜着眼儿看我,"**反动**。"

注－审查、反动:新京语。二十世纪五十年代后用于控制、指斥异己分子。

s67 瘆得慌

例(爸277 14):我一个人逛有什么意思?怪**瘆得慌**的

注－瘆得慌:京俗语中有"瘆人、瘆得慌"的说法,是表示有某种莫名的恐惧。此用法在元曲中多见。参阅《元曲语汇054》、《卷一·s42》条。

s68 慎着

例（刘150 11）：都奔四张了还慎着呢

注－慎着：此处之"慎"字一般作"渗"，京俗语，有隐忍、延宕、拖拉、小憩等义项的用法。原著此处是说快四十岁了，婚姻问题不能再拖了，是此词的引申用法。

sheng

s69 生产搞上去，人口降下来

例（你179 06）："生产搞上去，人口降下来"。妇孺皆知吧？你不能管发明这句话的人叫文豪

注－生产搞上去，人口降下来："文革"后期计划生育工作部门提出的宣传口号。

s70 生根发芽

例（浮198 17）：又像播种机一样把七个兄姊撒到祖国各地，生根发芽

注－生根发芽：特定语，语出毛主席1945年的《关于重庆谈判》："我们共产党人好比种子，人民好比土地。我们到了一个地方，就要同那里的人民结合起来，在人民中间生根、开花。"

s71 生瓜蛋子

例（动473 14）：就怕那十六、七的生瓜蛋子

注－生瓜蛋子：京俗语，原指未成熟的瓜果，原著此处引申指愣头愣脑、不要命的半大小子。

s72 生活作风

例（修486 21）：生活作风是个大问题

注－生活作风：新京语，自二十世纪五十年代后流行近四十年，专指男女关系。

s73 生命不息，战斗不止（等）

例（千428 05）：咱们革命者还是得生命不息，战斗不止，人类解放的小车不倒就只管推。三分之二水深火热的人民，咱们不救就没人救了

注－生命不息，战斗不止（等）：均为"文革"常用语。详见《附录肆－131》。

s74 声讨、示威、游行队伍

例（动416 09）：好像不是庆祝而是**声讨**、**示威**。我随着……**游行队伍**在城里游行了一天

注 - 声讨、示威、游行队伍："文革"期间，这类事约占正常工作时间的近一半。

s75 生在红旗下，长在蜜罐里

例（浮232 07）：我是土生土长的中国人……就像俗话说的：**生在红旗下，长在蜜罐里**

注 - 生在红旗下，长在蜜罐里：新京语。自二十世纪五十年起常说。

s76 圣明

例（玩289 21）：就算警察**圣明**，最后能搞个水落石出

注 - 圣明：旧京俗语，恭维对方聪明睿智。参阅《卷一·s45》条。

s77 师傅

例（浮201 15）：你是哪个族的，**师傅**？那么善饮

注 - 师傅：新京语。自二十世纪五十年代初起，人们开始互称"同志"，"文革"后期开始流行"师傅"这个不伦不类的称谓，改革开放后逐渐有了"先生、小姐"一类的称呼，但师傅一词至今仍在低层市民口中流行。

s78 实诚

例（给474 11）：咱中国人**实诚**全在心里，就不会个花言巧语

注 - 实诚：京俗语，谓诚恳实在，表里如一。

s79 实践

例（爸213 09）：不给他**实践**机会他就永远进步不了

注 - 实践：新京语，真正流行开来是在二十世纪六十年代中期。在林彪的提倡下先从军队、继而扩展至全国的学《毛选》热潮，使得全国老百姓都知道了有一篇叫《实践论》的文章，于是乎"实践"一词从此便朗朗上口了。

s80 实事求是

例（谁547 25）："**实事求是**。"牛大姐说，"有一说一，有二说

二……"

注－实事求是：此语出自《汉书·河间献王刘德传》："修学好古，实事求是。"湖南岳麓书院即以此为院训，大书于匾额之上。主席青年时期曾寓居岳麓书院，对此印象颇深；于是在1943年，在延安为当时的中央党校亲笔题写了"实事求是"的校训。自此这个古奥的词汇传播开来，成了大众流行语。

s81　使坏

例（正116　04）：他们都叫你学好，好自个**使坏**

注－使坏：京俗语，暗中做对他人不利之事。有个更生动说法叫"下家伙"。

s82　使唤

例（正78　18）：问题是养狗还得管饭呢，没有白**使唤**人家

注－使唤：京俗语，"支配、指使"义，但含有不尊重、轻视之意。

s83　史无前例

例（千450　23）：总要有人搞一次**史无前例**，随之而来的人才会觉得习以为常

注－史无前例：文革语，"文革"初期出现的对"文革"的赞美褒扬，结果是带来了一场民族的浩劫。

s84　市场调查

例（谁533　07）：我们推出南希前就做过**市场调查**

注－市场调查：新京语，出现于改革开放初期，那时形成了几乎人人都打算下海从商的大潮，于是乎"市场调查"一类的词汇大流行，几乎人人都会念叨几句这类东西。

s85　是非观念模糊

例（你190　13）：我们有些同志就是**是非观念模糊**

注－是非观念模糊：此说始于二十世纪五十年代，"文革"时期"于斯惟盛"矣。

s86　是公是母掰开瞧瞧

例（一194　26）："谁的也甭信。"我说，"**是公是母掰开瞧瞧**。"

注－是公是母掰开瞧瞧：京俗语常说"是骡子是马拉出来遛遛"，意谓不要靠嘴说，实际比试一下即见分晓；偶有说"是公是母拉出来遛遛"的。原著此处说法语涉下流，是为王朔语，并非传统的旧京俗语。

s 87　事迹

例（你 217　17）：凡是在您手下工作过的同志，调走后都满世界宣传您的**事迹**

注－事迹：特定语，只用于正面事态，"文革"中一般用于学《毛选》积极分子，他们身上有许多光辉事迹供群众学习。

s 88　是可忍孰不可忍

例（千 475　05）：种种罪行不一而足，**是可忍孰不可忍**

注－是可忍孰不可忍："文革"期间特别盛行的语汇，几乎人人都会说，专门用以指斥对毛泽东思想之不敬。语出《论语·八佾》："八佾舞于庭，是可忍也，孰不可忍也。""文革"中不知怎么就变成流行语了。

s 89　是哪庙的

例（我 173　08）：你**是哪庙的**质量检查员

注－是哪庙的：京人习用说法，"哪庙的和尚"之简说，用以指斥对方无资格、无能力（主持某事）。"哪"字读 něi。

s 90　是人就

例（枉 593　06）：这电话，**是人就**来打

注－是人就：京人习用说法，意指（不相关的人却）每个人都（如何）。

s 91　是什么鸟变的

例（过 312　08）：看看我那丈母娘和老丈杆子的照片也可以知道她**是什么鸟变的**

注－是什么鸟变的：新俚语，其词源参见本卷之 n 52、n 53 条。

s 92　是这么个理儿

例（爸 365　12）：**是这么个理儿**，看来我还真没法跟你计较

注－是这么个理儿：京人习用说

法，表示对对方所言从内心信服了（虽然有时不太情愿）。

s93 示众
例（人516 27）：我要把你和孕育你这种畸形儿的家庭推出去**示众**
注 - 示众："文革"期间经常可以看到各色人等被游街示众：从脖子上挂着一堆破鞋的风流女子，到脖子上用细铁丝拴着铁哑铃、顺着脖子潺潺流血的"黑帮分子"，一应俱全。

s94 事儿×篓子
例（玩313 04）：这些年我简直成了个**事儿×篓子**
注 - 事儿×篓子：京俗语，指斥爱多管闲事乃至无事生非者。×替代"屄"字。

s95 事儿事儿的
例（修497 13）：干嘛人人都弄得好像挺有身份，**事儿事儿的**
注 - 事儿事儿的：新京语，指自以为是的样子，其实也不过是拿着鸡毛当令箭而已。

shou

s96 收汇
例（浮241 18）：入夜，那些**收汇**的餐厅酒吧灯红酒绿
注 - 收汇：新京语。"汇"指外汇券。详见《附录肆-132》。

s97 收破烂的
例（无10 08）：卖给**收破烂的**
注 - 收破烂的：旧京俗语，后改称"收废品的"。

s98 熟张儿
例（正106 09）：你们怎么净弄**熟张儿**
注 - 熟张儿：本指做了记号的牌，原著此处指"过去与之打过交道者"。

s99 首长
例（浮221 22）：她的几个保留节目常去给**首长**外宾跳堂会
注 - 首长：新京语，从共产党解放区带到北京来，对上级官员的敬称。但"堂会"一词是典型的旧时代语汇。

s100　手够黑的

例（动437 08）：别人都撤了你还在那儿打，**手够黑的**

注－手够黑的：此处指打架时下狠手，恨不得致对方于死地。

s101　手里拿着小旗，冲人哆嗦

例（千331 25）："我怎么记得早年间也这么上过一回街。"……"**手里拿着小旗，冲人哆嗦**。"

注－手里拿着小旗，冲人哆嗦：对官方组织的欢迎外宾模式的调侃。原著此处所说的"早年间"，是指"七七"事变日本鬼子进北京时的景象。

s102　手拿把掐

例（痴236 14）："你已经把那个美人勾搭上了？"……"**手拿把掐**。"

注－手拿把掐：京俗语，谓把握十足。一般多说"手拿把攥"。"把"字儿化。

s103　瘦死的骆驼比马大

例（千350 24）：**瘦死的骆驼比马大**，您腿上拔根汗毛比我们的腰都粗

注－瘦死的骆驼比马大：京俗谚，对现在已走下坡路但曾是昔日强者的一种恭维。

s104　受治

例（过347 27）：他妈的我也真是贱，放着福不享偏来**受**你的**治**

注－受治：京俗语，指（无形中）被对方所辖制。

shu

s105　树立远大理想、人生目标、做革命事业的可靠接班人

例（动461 05）：他告诫我……要**树立远大理想**，要有自己的**人生目标**，当然这目标不是别的什么，而是当时唯一的：**做革命事业的可靠接班人**

注－树立远大理想、人生目标、做革命事业的可靠接班人：新京语，二十世纪五十年代开始流行，"文革"期间最盛。

shua

s106　刷夜

例（动449 17）：许逊和方方跑到外面**刷夜**去了

注-刷夜：新俚语，指与异性在外过夜。此说法主要流行于"文革"期间。

s107 刷子

例（动419 09）：只是那两把长及肩头的"**刷子**"具有与众不同的含义

注-刷子：新京语，二十世纪六七十年代流行的一种女孩子的发式，只在发根处束一发绳或皮筋，不编辫子。

s108 耍把权的

例（浮221 19）："我不也是搞文艺的。"我说。"你？"姐姐轻蔑地瞧我一眼，"你是**耍把权的**。"

注-耍把权的：京土语，谓捣乱、耍骨头为"耍叉"；旧时又有痞棍为妓院提供保护者称为"扛叉的"。原著此处语义未详，笔者也未闻有"耍把权的"之说法。参见《卷三·sz 58》条。

s109 耍猴的

例（人501 07）：而现在您象个**耍猴的**惹来众目睽睽

注-耍猴的：旧京常见的娱乐项目，一人一猴一面锣即可开耍，好点的还有只羊，可以演个猴骑羊什么的。

shuai

s110 摔打

例（爸424 12）：也是生活**摔打**出来的

注-摔打：京俗语，指生活的磨炼。"打"字读de，轻声。

s111 摔跤

例（动435 22）：几个赤膊少年正在砂堆上练**摔跤**

注-摔跤：旧称撂跤，即"中国式摔跤"，旧京最流行的体育项目，极具观赏性，比什么柔道、跆拳道、及欧式摔跤都好看多啦。可惜这个国粹的好东西现在离失传不远了。参见本卷之t31条及《附录肆-157》。

s112 摔脸子

例（爸259 23）：就等售货员稍有慢怠便**摔脸子**当场质问批评她

注-摔脸子：京俗语，谓故意拿出令对方尴尬的神态。"摔"字一般作"甩",此处读阳平(因"上声连读")。

s 113　甩
例(刘120　15):现在都兴女的甩男的了
注－甩:京俗语,此处意为抛弃。甩字还另有用法,如"甩闲话"之甩字,是为"(恶意地)使用"之意。

s 114　帅
例(橡15　26):"别把头睡扁了,""……那就不帅了。"
注－帅:京俗语,也作"率",此处指人(尤其是年轻男女)的一种集潇洒、俊美、活力、阳光于一体的气质。此词另也可形容某种工作、活计完成得漂亮(如字写得帅)。参见《满蒙语汇肆－07》。

shuan
s 115　涮
例(动452　26):陪我在门口等的卫宁也嘲笑我被涮了
注－涮:要弄、有意诳骗。此处指对人失约。

s 116　涮羊肉
例(给456　24):涮羊肉爱吃吧
注－涮羊肉:京味美食。精细切薄的嫩羊肉片,放入锅子(一种专用铜质炊具)里的沸水中,稍涮约十余秒即捞起,蘸作料吃。按:旧京不说涮羊肉,直接就叫"涮锅子"。

shui
s 117　水
例(动455　06):比这可棒多了,特水
注－水:新俚语,原著此处指女人漂亮。此词原为旧京俚语,有探测(深度)、套问(实话)、回避(某人)、(质量或技能)低劣、生活拮据、洗过(几次)、顺畅等用法,现均罕闻。

s 118　水分
例(柱578　04):水分太大……这么广的面,我们怎么能有效地抓住重点
注－水分:新京语,虚夸不实的成分。

s119 水货

例（橡75 24）：我走了这么多趟水货我不知道

注 - 水货：改革开放初期，彩电等物资（还有二手汽车）多有自香港等地走私进口者，习称为"水货"。

s120 水平

例（谁539 17）：你听听这话，多有水平

注 - 水平：系日语外来词汇，此处意指（某事物）所达到的程度。

s121 睡在我们身边的美女蛇

例（千418 11）：一直没发现这个睡在我们身边的美女蛇

注 - 睡在我们身边的美女蛇："文革"语中批斗年轻女人时常用语。详见本卷之m42条。

shun

s122 顺茬儿

例（正77 11）：他那语无伦次的劲儿不如改现代派顺茬儿

注 - 顺茬儿：京俗语，指顺其自然，因势利导。原著此处对此词的用法与传统京语不甚相符。

shuo

s123 说搭说搭

例（无13 16）：你到底憋着什么坏？咱们得好好说搭说搭

注 - 说搭说搭：京人习用说法，表示要与对方（就某事态）展开严肃认真的对话，实际是隐含着对对方处理某事有所不满，欲与其辩驳一番。两个"搭"字均轻声。

s124 说得比唱得还好听

例（爸323 25）：说得比唱得还好听，我看你是没人管着勒着难受

注 - 说得比唱得还好听：京俗谚，贬斥性的说法，往往在对对方所言不满，乃至完全否定时说。

s125 说话儿

例（爸188 09）：两个孩子仍在窗外的阳光中说话儿

注 - 说话儿：京人谓闲谈为"说话儿"。

s126 说教

例（千373 02）：你比如好莱坞的

影片，**说教**比我们还厉害

注－说教：新京语，指用一些老生常谈的大道理对人宣教，含厌恶意。

s127　说你呐小子

例（爸395　22）："**说你呐小子**，装没听见呵！"

注－说你呐小子：这是准备打架时挑衅性的声口。"说你呐"应稍停顿一下，这样起震慑作用；"呐"读为 nèi 或 na，"子"字读为 zèi。

s128　说你胖你就喘

例（刘133　15）：**说你胖你就喘**。跟谁学的，一刹那就把错误变成吹牛的资本

注－说你胖你就喘：京俗谚，谓顺着对方所言就地借题发挥。类似的说法（虽然意思不尽相同）还有"顺杆儿爬、就坡下驴"等。

s129　说汕

例（爸265　11）：下回轮我求你办什么事时也老拿这事**说汕**

注－说汕：新京语，"汕"应为"山"。此处汕（山）意指大而无当，"说汕（山）"意指"用不着边际的话搪塞"。

si

s130　撕捋

例（修501　05）：有那么三五个花搭着爱到一筐里，那才难分难解，**撕捋**不开

注－撕捋：京俗语，分辨、整理归纳。

s131　思想肮脏

例（谁567　23）：看似道貌岸然，**思想肮脏**得很

注－思想肮脏：文革语，认为除无产阶级外皆然。

s132　思想斗争、思想防线

例（谁562　15）：我这儿正跟自己激烈**思想斗争**呢，你这口子一开，我这**思想防线**可就全崩溃了

注－思想斗争、思想防线：新京语，"文革"期间应用频率达于顶峰。

s133　思想工作

例（爸371　13）：你这个小鬼还挺

会做**思想工作**

注－思想工作：全称应为"思想政治工作"。详见此后之s138条。

s134　思想倾向

例（千363　27）：坛子胡同居民思想很混乱，有些**思想倾向**很危险

注－思想倾向：二十世纪五十年代中期开始流行的特定语，仅用于否定意义句中，指谓一切不符合主导思维模式的思想方法。

s135　思想问题的根子

例（你171　16）：这就是你**思想问题的根子**，终于自己暴露出来了

注－思想问题的根子：新京语。"文革"时期对其深入挖掘、批判。

s136　思想一贯反动

例（千475　01）：该犯**思想一贯反动**，语多放肆

注－思想一贯反动：文革语，对被揪出来者一般都要这样说。

s137　思想政治工作

例（动489　21）：那真是我上过的最生动的一堂**思想政治工作**课

注－思想政治工作：此概念的形成源于共产主义运动。详见《附录肆－133》。

s138　死得过儿了

例（一121　24）：你不是已经体验了一百多个，还没够？**死得过儿了**

注－死得过儿了：京人习用说法，原著此处意指够本、死了也不亏了。此词另有时也指某事的负面因素太多，已近于无可挽救了。

s139　死磕

例（懵554　21）：说什么也没用了，跟你们——**死磕**

注－死磕："磕"字参见本卷之k24条，加一"死"字表示程度更甚。

s140　四大××

例（千356　07）：我们爷们儿什么没见过呀……什么**四大**悬四大胆四大恶心四大嫩

注－四大××：旧京有一种俏皮话，即所谓"四大××"。四

谓四种，大指程度之甚，××指物品；而所列四种物品中，一般至少有一种语涉淫秽。这种形式的说法现在死灰复燃，大有春风吹又生之势。网上不但有陈年旧货，还流传着五花八门新出炉的货色，林林总总，不一而足，真令笔者无语。

s141 四化

例（一178 21）："他是学考古的。"……"属于**四化**人材呀。"

注－四化："四个现代化"的简说。参见《附录肆－134》。

s142 四清

例（爸177 17）：这个地方我"**四清**"的时候去过

注－四清：是"四清运动"的简称。详见《附录肆－135》。

s143 四人帮

例（正132 02）："**四人帮**"回来也难不住我们

注－四人帮："文化大革命"时期（1966~1976年）形成的一个政治集团的名称。详见《附录肆－136》。

s144 四张

例（无16 09）：这妇女……问："多大了？""小**四张**了。"李缅宁回答

注－四张：新京语，所谓"几张了"就是指（年龄）几十岁了。此说源于改革开放初期，那时人民币最大面额为10元，又值进入"一切向钱看"的时代，故尔用"几张"（10元人民币）来指代年龄。

song

s145 熊

例（千399 10）："不许**熊**！"孙国仁在一旁厉声喊

注－熊：此处指怯懦、退缩。"熊"读sóng，应为"尿"字，详见《卷二·sx56》条。

s146 松货

例（一149 27）：从不叫我名字，一口一个"流氓"、"**松货**"

注－松货：京俗语，义近吴语所说的"孱头"，即怯懦者；也有时用于暗指男人性能力不强。"松

字应为"尿",详见《卷二·sx 56》条。

s147 松蔫坏
例（橡21 09）：你要松蔫坏，跟我玩轮子，我叫你后悔生出来
注－松蔫坏：京俗语，谓表面老实骨子里坏。"松"字应为"尿",详见《卷二·sx 56》条。

s148 松头日脑
例（玩433 26）：看着松头日脑，那叫真人不露相
注－松头日脑：旧京俚语，形容人怯懦的样子。语含粗口，"松"字应为"尿",详见《卷二·sx 56》条；"日"是北方语系很多地区对性交的称谓；此处之"头、脑"是指阴茎龟头。

s149 松样儿
例（动433 05）：就你这松样儿还打算在我们王府井一带称王称霸呢
注－松样儿：京俗语，指怯懦状。"松"字应为"尿",详见《卷二·sx 56》条。

sou

s150 馊主意
例（爸236 01）：以表明这一想法……并非心血来潮灵机一动想出的馊主意
注－馊主意：京俗语，此处"馊"字指不好的、拙劣的、适得其反的。旧京有一歇后语"丈母娘当家——净出点子母主意"，则贬义比"馊主意"更甚。

su

s151 诉苦会
例（永88 22）：诉苦会改天再开吧
注－诉苦会：这是对群众实施深度教育的一种方法，是国共战争共产党制胜的法宝之一。"文革"期间全国各地普遍开展了此项运动。详见《附录肆－137》。

sui

s152 随大流
例（你182 09）：就喜欢加入人数最多的那一群混迹，其中你管我叫随大流赶时髦都可以
注－随大流：文革语，是那时绝大多数老百姓的生活哲学。

s153　碎催

例（刘108 02）：咱又不是想当经理，当个"碎催"有什么张不了口的

注 - 碎催：京俗语，干勤杂活儿的下等用人。有贬义。参见《卷二·sx63》条。

sun

s154　孙子

例（正80 08）：双膝突然被人从后用力顶了一下……勃然大怒举拳转身四处张望："孙子……"

注 - 孙子：京语常见称谓，此处是用于争吵、寻衅打架的场合，"子"字读 zèi。此词另也可在表示行为怯懦、令人反感及背后贬低某人时使用，当此类情况时，"子"字轻声。

s155　损点儿吧

例（修491 06）：损点儿吧老张？也别忒赶尽杀绝

注 - 损点儿吧：京人习用说辞，当面质疑对方某种行为或话由儿，但还留着几分客气，不想撕破脸时的说法。

T 部

ta

t01　他大妈

例（千474 16）："他大妈，甭难过。"李大妈见状安慰元豹妈

注 - 他大妈："他××"是一种京人常用的"指着孩子叫"的说法，详见《卷一·t04》及《附录壹-39》条。

t02　趿拉

例（玩231 07）：吴胖子刚起床……趿拉着鞋来给我开门

注 - 趿拉：京俗语，把鞋后帮踩在脚后跟下（行走）；"拉"字变读为 le*r，轻声。此词在元曲中屡见，参阅《元曲语汇148》。

t03　他妈

例（橡32 20）：你们他妈就不能编得象样点

注 - 他妈：此为下层京人说话时不自觉地带在人称代词后的语缀（我、你、他后面都可能加），是一种相对较固定的用法，不一定含恶意。读为 te me，轻声。

t04 他妈的

例（橡05 15）："……你想挣笔外快吗？""当然**他妈的**想……"

注－他妈的：下层京人说话时不自觉带出的语缀，较上一条用法灵活，搁在哪儿的都有，并非恶意。

t05 她丫

例（爸317 08）："**她丫**凭什么！"马林生冲着夏经平劈面便嚷

注－她丫：下层京人说话时不自觉地带在人称代词后的语缀。用于你、他（她）后面，并不一定含恶意。也偶有说"我丫"者。

tai

t06 抬杠

例（修499 01）：你这不是**抬杠**吗

注－抬杠：京人习用说法，指无谓的拌嘴、争辩。详见《卷二·tx02》条。

t07 态度

例（爸207 09）：她们从轻发落、放走了那个**态度**好的男孩儿

注－态度：新京语。自建国后的几十年，中国司法界一直以"态度"为量刑的重要考量标准，"文革"期间甚至会根据当时实际需要作为定刑主要依据；"坦白从宽抗拒从严"是此政策的直接体现。直至近年加强法治建设，此现象才有所改观；取消了"坦白从宽抗拒从严"之类与法治背道而驰的政策。

t08 态度问题

例（你184 19）：这不是你需要不需要的问题，而是一个工作**态度问题**

注－态度问题：文革语。"文革"期间将"态度"推广至一切方面，作为"上纲上线"的主要依据。

tan

t09 谈恋爱也要向党组织汇报

例（顽42 08）：我们年轻的时候和你们现在不一样……**谈恋爱也要向党组织汇报**

注－谈恋爱也要向党组织汇报：自二十世纪五十年代初，党团员尤其是某些国家重要机关工作人员婚恋必须向组织汇报，其对象

t10 弹指一挥间

例（憎529 05）："也快，"戈玲认真地说，"三十五年也就是**弹指一挥间**。"

注 - 弹指一挥间：语出毛主席诗词《水调歌头·重上井冈山》："三十八年过去，弹指一挥间。"

t11 坛子胡同

例（千315 15）：看**坛子胡同**新出土宝贝

注 - 坛子胡同：旧京俗语，指谓闭塞愚昧、懵懂无知者（或处所）。

t12 坦白从宽，抗拒从严

例（橡88 02）：我知道不必对你讲什么"**坦白从宽，抗拒从严**"这一套

注 - 坦白从宽，抗拒从严：这是中国司法界恪守了半个多世纪的一条原则。详见《附录肆 - 138》。

tang

t13 堂会

例（浮221 22）：她的几个保留节目常去给首长外宾跳**堂会**

注 - 堂会：旧时官僚显贵富豪大户举办喜庆宴会时，常请艺人来演出助兴，以为体面荣光。以此招待亲友，谓之"堂会"。1949年后，一般不再有公开的堂会。

tao

t14 掏

例（千302 23）：……就叫警察去**掏**我

注 - 掏：京俗语，此处指警察到（某人）栖身处去捕捉；也有时指直接到（因某种关系而不愿露面的）某人栖身处硬将其找出来。

t15 掏坏

例（憎547 10）：外面打听打听去，我往外**掏坏**时还没你呢

注 - 掏坏：京俗语。原发性主动出坏主意、做坏事。详见《卷三·tz11》条。

t16 掏心窝子

例（给450 04）：你这么着特别妨碍我跟你**掏心窝子**

注－掏心窝子：京俗语，表白自己极端真诚的时候常这样说。

t 17 淘

例（刘119 04）：我们家房都叫你踩塌过，现在不那么**淘**了吧

注－淘："淘气"的简说，京人口语说法。

t18 逃台

例（爸232 25）：老太太和当年**逃台**的一个小叔子接上了头

注－逃台：新京语，指1949年随国民党政权溃逃至台湾者。

t19 套瓷

例（一111 07）："这就叫'**套瓷**'吧。"女孩说："下边你该说自己是哪个学校的……"

注－套瓷：新京语，指拉近乎。本来并不熟悉，可是故意说些话好像关系很近似的。套瓷都必有某种目的性。

t20 套汇

例（玩408 01）：他说要找我**套汇**，帮人换点港币

注－套汇：改革开放初期，因为官方规定的人民币与外币（主要是美元、港币、日元）的兑换率偏高，导致外汇黑市猖獗，老百姓都跑到黑市去换汇。"套汇"即指此事，称从事此行业为"切汇"。

te

t 21 特

例（橡03 21）："我不爱搭理他们，俗不可耐。""可是他们**特**仰慕你。"

注－特：京人习用说法，作为副词用，指"特别的、极端的（如何）"。按：此词源于满语、传承有序至今。可参见《满蒙语汇壹－46》、《满蒙语汇贰－13》、《满蒙语汇肆－10》等诸条。

t22 特别能战斗的光荣传统

例（过337 24）：像开滦煤矿工人有**特别能战斗的光荣传统**一样，她也特别能哭

注－特别能战斗的光荣传统：语出毛泽东1925年在《中国社会各阶级的分析》一文中对开滦矿工的评价，赞扬"他们特别能战斗"。

t23　特务

例（正116　15）：怎么台湾人瞧上咱们了？不是发展咱们当**特务**吧

注－特务：此为日语外来词汇。日语：特務，源自意译英语 special service。

ti

t24　踢里吐噜

例（玩229　26）：我们围坐一团**踢里吐噜**吃面条时气氛相当融洽

注－踢里吐噜：京人习用说法，一般写作"踢里秃噜"，是形容衣着不利落；或指走路时抬脚不高，趿拉着地走。此处是模拟吃面条所发出的声音，京语应为"忒儿喽忒儿喽"（参见《卷一·t 21》条）。此处用"踢里吐噜"，与京语说法不符。

t25　踢腾

例（玩230　08）：我们那点复员费"不够三天**踢腾**的。"

注－踢腾：京俗语，意谓挥霍、败坏。元曲中常见此说法，见《元曲语汇149》条。

t26　提篮小卖（等）

例（千445　21）："**提篮小卖**……"东边看台唱着戏，西边看台也唱着戏，而且唱得更火爆。"**霹雳一声天地响**……""**摆开八仙桌**……""……"**家处安源**……"

注－提篮小卖（等）："文革"期间，全国人民只有看革命样板戏，所以人人都能哼几句。这里的四句唱词分别出自《红灯记》、《平原作战》、《沙家浜》、《杜鹃山》。

tian

t27　添堵

例（刘119　02）：夏顺开笑道："大妈，又给您**添堵**来了……"

注－添堵：京俗语，谓给人增添烦恼。"堵"是"堵心"的简说。

t28　天福号

例（浮225　09）：我买了一些"**天福号**"的酱猪肘

注－天福号：北京著名的老字号

熟肉铺。详见《附录肆-139》。

t29 添乱

例（无28 05）：快出去吧你，帮不上忙还净添乱

注-添乱：京俗语，谓帮倒忙。

t30 天桥玩跤儿的

例（爸364 20）：你爷爷的拳头可硬，当年是天桥玩跤儿的

注-天桥玩跤儿的：此处之"跤"指"摔跤"，也叫掼跤，现在一般说摔跤，正式名称为"中国式摔跤"。详见《附录肆-140》。

t31 天源酱园

例（爸339 08）：想吃点"天源酱园"的咸菜

注-天源酱园：京城的百年老字号。详见《附录肆-141》。

t32 天主教、基督教、神父、牧师、忏悔

例（爸244 26）：他这才明白天主教和基督教信徒为什么要向神父或牧师忏悔

注-天主教、基督教、神父、牧师、忏悔：基督教（希腊语：Χριστιανισμός；拉丁语：Religio Christiana；英语：Christianity）是信仰三位一体（圣父、圣子、圣灵）的神、即上帝（天主）的宗教。

t33 恬着脸

例（正128 06）：大言不惭的尽管普遍，落落大方的也比比皆是——如果你不恶毒地管这叫"恬着脸"的话

注-恬着脸：京俗语，指厚着脸皮、不知羞耻地（如何）。"恬"字现规范作"腆"。

t34 腆着脸

例（橡94 07）：坐好坐好，我就不爱看你这种歪着脖子腆着脸的相儿

注-腆着脸：本义见上条所释；此处是指斥对方在本应严肃的谈话中极不端庄，一副涎皮赖脸的样子。"腆"繁体字"觍"。

tie

t35 铁瓷

例（玩391 12）：咱们别客气客气铁瓷归铁瓷该宰也得宰

注－铁瓷：参阅本卷之 c98"瓷器"条，此处说"铁瓷"，意谓"比瓷器更瓷器"。

t36 铁肩担道义

例（正75 19）：我从小那么有理想有志气，梦里都想着<u>铁肩担道义</u>长空万里行

注－铁肩担道义：语出明嘉靖南京兵部员外郎杨继盛的"铁肩担道义，辣手著文章"句，革命先烈李大钊也曾书"铁肩担道义，妙手著文章"联。

t37 铁牌

例（玩214 20）：牌桌上出了偏牌型，<u>铁牌</u>也被破得稀哩哗啦

注－铁牌：此处之"铁牌"中之"铁"字为"铁定"之简说，"铁牌"指"铁定能赢的牌"。

t38 铁拳

例（动409 22）：我毫不怀疑人民解放军的<u>铁拳</u>会把苏美两国的战争机器砸得粉碎

注－铁拳：特定语，专指我国的强力机构，此说法尤以"文革"期间盛行。

t39 铁腕

例（玩430 07）：要用<u>铁腕</u>，巩固政权就得这样

注－铁腕：特定语，尤以"文革"期间盛行，专指强力机构对异己势力的镇压。

ting

t40 听蹭

例（你176 10）：留点好话文明日街上说去，大妈这已经没少<u>听蹭</u>了

注－听蹭：旧京俗语，原指不花钱白听"玩意儿"（指戏剧曲艺一类）。

t41 听党的话，做毛主席的好孩子

例（刘112 23）：咱们上学那时候多纯呀，就知道<u>听党的话，做毛主席的好孩子</u>

注－听党的话，做毛主席的好孩子：文革语。此说源于雷锋自勉："读毛主席的书，听毛主席的话，照毛主席的指示办事，做毛主席的好战士。"参见《附录

肆-142》。

t42 听喝
例（谁541 26）：作为一个机器人，光会**听喝**，在我们这种单位，你可太不实用了
注-听喝：京俗语，谓听人指使、调遣。"喝"字儿化。

t43 听墙根儿扒窗户
例（爸335 23）：马林生**听**了几回**墙根儿扒**了几回**窗户**，所获甚微
注-听墙根儿扒窗户：京人习用说法，对"窥视癖"（Voyeurism）患者行为之概括描述。此种行径多为偷窥他人房事。此种癖好就本质而言，与"窥阴癖"（scopophilia）有必然联系。

t44 听响
例（人482 03）：你那五千块钱就**听响吧**
注-听响：京人习用说法，指"打了水漂儿"，即扔到水里，喻白白损失了。

tong

t45 同一阵营中射来的冷箭
例（正128 16）：特别受不了同一阵营中射来的冷箭
注-同一阵营中射来的冷箭：语出鲁迅在1934年写的杂文集《花边文学》之《序言》。详见《附录肆-143》。

t46 同意、划圈儿
例（痴276 24）：她每天只是用笔在纸上不停地写着字，全是"**同意**""**同意**"，后来字也不写了，只是无休止地**划圈儿**
注-同意、划圈儿：高层领导干部对文件的处理方式。详见《附录肆-144》。

t47 同志
例（过303 23）：她转身拦住一个过路人问："**同志**，有笔么？"
注-同志：新京语，早在二十世纪初，同盟会（国民党的前身）会员之间即开始使用此称呼，后来国民党沿用之；二十世纪三十年代，共产党解放区从苏联学得俄语товарищи，其义类此，遂亦

沿用之。自二十世纪五十年代初起，此词成为新社会人与人之间的称谓；近些年有称同性恋者为"同志"。

t48 捅漏子

例（橡36 04）：谁**捅**的**漏子**？你们办事怎么这么不牢靠

注－捅漏子：京人习用说法。体会"捅"字的生动性，此是京语对动词的精细用法；"娄子"谓祸事、乱子。

t49 筒子河

例（枉572 14）：韩健……和他的哥儿们、姐儿们一起去**筒子河**滑野冰

注－筒子河：筒子河是京城百姓对紫禁城护城河的俗称，因为其河道笔直呈长条状，像个筒子，故得此称。详见《附录肆－145》。

t50 痛说家史

例（玩290 27）：慢慢地给我**痛说家史**

注－痛说家史：此语源自革命样板戏《红灯记》的第五场"痛说革命家史"。

tou

t51 头八百年

例（千306 02）：这道理**头八百年**前我就跟这爷儿俩掰扯过了

注－头八百年：京俗语，也说"早八百年"。与实际的年数无关，仅指"很早以前"。

t52 头脚……后脚

例（正127 12）：快了，我爸没儿天了，他**头脚**咽气，**后脚**我就让你们搬正房

注－头脚……后脚：京人习用说法，谓连续的、不停顿的（如何），强调在时间上的延续性。也作"前脚……后脚"。

t53 头可断，血可流

例（千328 27）：除了组织我就没别的亲人了。**头可断，血可流**……

注－头可断，血可流：此语源自1923年2月京汉铁路工人举行大罢工的领导人共产党员林祥谦之口。林被捕后，面对北洋政府军警血淋淋的屠刀和"复不复工"

的逼问，斩钉截铁地说："我头可断，血可流，工不可复！"英勇就义。

t54　头里……后手……

例（千302　23）：我**头里**告诉你，你**后手**就叫警察去掏我

注－头里……后手……：京人习用说法，"里"字变读为 lou，轻声；"手"字轻声。

t55　透透的

例（懵573　21）：回头我就去找律师，把咱这理儿说得**透透的**

注－透透的：京俗语，形容某种事态的程度之甚。后一"透"字读 tōur，阴平，儿化。

t56　透着

例（玩266　04）：**透着**中国人民生活水平高了，集体肾虚

注－透着：新京语，产生于二十世纪六七十年代，意谓"明显的表现出（什么）"。

tu

t57　吐噜

例（玩270　15）：矮汉子端了碗面条站在地当间三下五除二**吐噜**了

注－吐噜：京语有"秃鲁"一词，指谓毛羽脱落、拖曳、脱口失言、消耗殆尽、开水烫（用以褪毛）、编织物从边缘开始松散等意。参阅《卷一·t56》条。而吃面条的声音应为"忒儿喽"，见《卷一·t21》条。原著此处这种说法与京语不符。

t58　土鳖

例（人474　27）：甭管他怎么改头换面，叫我看来，还是过去那个小**土鳖**

注－土鳖：即地鳖（一种昆虫）。京人嘲讽人土气、没见过世面谓"土鳖"。

t59　土坷垃

例（橡11　03）：道越发窄了。地上还净是**土坷垃**碎砖头

注－土坷垃：土疙瘩。京俗语，"坷垃"读为 kē le。

tuan

t60　团结得像一个人一样

例（爸258　23）：虽不能说**团结得像一个人一样**，有些小分歧

注－团结得像一个人一样：据说语出列宁所言："只要千百万劳动者团结得像一个人一样，跟随本阶级的优秀人物前进，胜利也就有了保证。"

tui

t61 忒

例（人526 02）：那些伪善的旧道德和跛足的法统观念在您身上的影响也<u>忒</u>大了

注－忒：读为tuī。京俗语，意谓程度太甚，是突出语气的强调说法。参见《满蒙语汇肆－08》。

tuo

t62 脱离组织

例（动418 01）：我感到了一种<u>脱离组织</u>的孤单和落伍于潮流的悲哀

注－脱离组织：特定语，专指脱离了共产党。但原著此处是泛指。

t63 托派分子

例（千359 25）：事先我也不知道这是些<u>托派分子</u>、"四人帮"余党

注－托派分子：即"托洛斯基派分子"的简称，指苏联工人运动中以托洛斯基为首的政治派别。详见《附录肆－146》。

t64 拖鞋

例（刘107 16）：慧芳进了门，在门口换<u>拖鞋</u>，地上铺的白地板革，纤尘不染

注－拖鞋：旧京俗语称"跂拉鞋"，"拉"字读le*r，轻声。

t65 托儿

例（玩251 23）：这不是个"<u>托儿</u>"吗

注－托儿：新京语，指扮作买主，实为卖家同伙，协助促销者；推而广之，也指帮助行骗者引诱他人入彀者。旧时京语有"贴靴、贴靴避粘子"（参见《卷二·tc07、tx13》等条）之说，意近于此。

W 部

wa

w01 挖防空洞

例（爸235 21）：那是在学校操场<u>挖防空洞</u>

注－挖防空洞："文革"期间全国曾大规模挖防空洞。详见《附录肆－147》。

w02　挖思想根子

例（你213 19）：深刻认识自己错在哪儿，为什么错，**挖一挖思想根子**

注－挖思想根子：文革语。那时做检讨，如果企图就事论事蒙混过关不行；必须"挖思想根子"，检讨你的错误思想如何形成，要联系祖上三代反动影响。

wai

w03　歪风邪气

例（爸205 25）：不敢挺身而出同不良倾向作斗争，造成**歪风邪气**占上风

注－歪风邪气：新京语，指谓一切不符合党的方针政策的行为方式。

w04　外汇券

例（玩233 22）：几个司机是拉包月的，唯一拉散座的说他要收**外汇券**

注－外汇券：1980年4月1日，中国开始发行外汇券。1995年1月1日，外汇券退出市场。见《附录肆－148》。

wan

w05　玩艺儿

例（玩271 14）：不定怎么卖屁股挣点钱，倒觉着自己成了**玩艺儿**

注－玩艺儿：京俗语，是虚指代词，可以指代多种事物，但有约定俗成的前提。可参阅《卷二·wx05、wx06》、《卷三·wz11~wz17、wq05、剧w04》等条。原著此处所说"成了玩艺儿"意谓"自以为成了人物"，含贬义。

w06　玩艺儿

例（玩341 22）：他是个面首，仗着小白脸在女人中厮混的那类**玩艺儿**

注－玩艺儿：原著此处"玩艺儿"指某种人，此种用法含贬义。

w07　玩艺儿

例（爸277 13）：街上你说的那些**玩艺儿**倒都有，可就是没人

注－玩艺儿：原著此处指各种游艺项目，中性词汇。

w 08　玩意儿

例（顽 60　18）：因为我们知道没有完美无缺的**玩意儿**

注 - 玩意儿：原著此处泛指各种生活状态，中性词汇。

w 09　玩意儿

例（痴 244　19）：不打算结婚两个人搞到一起那叫什么**玩意儿**

注 - 玩意儿：此条指某种事态，含贬义。

w 10　玩

例（动 471　16）：此人在北京以好勇斗狠声闻九城……"**玩**"了近十年

注 - 玩：新俚语，二十世纪五十年代开始流行于京城下层边缘化青年（那时被贬称为"流氓阿飞"）中的常用词汇，指谓在他们那个圈子里混。"玩"字儿化。参见《附录肆 - 149》。

w 11　玩轮子

例（橡 21　09）：你要松焉坏，跟我**玩轮子**，我叫你后悔生出来

注 - 玩轮子：此说法吾未闻。另："春点"（旧时江湖黑话）谓车为"轮子"，旧京有称司机为"玩轮儿的"之说。"玩"字儿化。

w 12　玩命

例（浮 222　01）：卖方交了货收不上款，直要跟我**玩命**

注 - 玩命：京人习用说法，指为某事要不计后果的拼死一搏。但一般也不至于真到玩命的程度，只是对一种不依不饶态度的渲染。"玩"字儿化。

w 13　玩去

例（永 58　15）："……用样板戏的话说就是：风吹雨打全不怕——是不是石静？""没错，"石静笑着说，"全都**玩去**。"

注 - 玩去：新京语，对对方所言表示鄙夷不屑、一概否定的态度。"玩"字儿化，"去"字读本音，不读轻声。

w 14　玩勺子去

例（千 377　15）：一个广告十万，有钱拿来，没钱**玩勺子去**

注－玩勺子去：义同上条，但程度更甚。"勺子"指粪勺子，示意奇臭无比。"玩"字儿化，"去"字读本音，不读轻声。

w15　玩剩下的、狗剩儿

例（正128 27）：什么现代新潮先锋都是咱们**玩剩下的**……写什么咱都告他"**狗剩儿**"
注－玩剩下的、狗剩儿：京俗语。此处是写京人踩乎（京俗语，意谓贬低）别人之所言或所行无新意，都是自己早已超越、废弃不用的陈腐老套。此时往往说"（是我）玩剩下的"；进一步踩乎，再加个贬义词"狗"，就叫"狗剩儿"了。"玩"字儿化。

w16　玩剩下了

例（千356 16）：这一套我们懂，打小就天天过这关，早**玩剩下了**
注－玩剩下了：义见前条（玩剩下的），与前者的区别，在于前者作名词用，而本条是作为含有动态助词的形容词用。"玩"字儿化。

w17　玩心跳

例（玩424 06）：好容易麻着爪儿**玩回心跳**
注－玩心跳：标准的王朔语，指颠覆传统观念的思维模式及言行。原著此篇的题目就是《玩儿得就是心跳》，此说法由此普及，成为社会流行语，至今长盛不衰。"玩"字儿化。

w18　玩玄

例（橡40 20）：我这是**玩玄**呢
注－玩玄：京俗语，谓冒险行（某事）。"玩"字儿化；"玄"一般写作"悬"。

w19　万恶的旧社会

例（千354 07）：在那**万恶的旧社会**，穷人头上三把刀
注－万恶的旧社会：新京语，自二十世纪五十年代起就有此说法。参阅《附录肆－150》。

w20　腕儿

例（过345 26）："今晚总政来院里慰问伤病员，在礼堂演歌

舞。"……"'腕儿'全来了,我想去。"

注－腕儿:新京语,产生于二十世纪八十年代,指某一方面的(主要是演艺界)的大牌演员、知名人士。按:此称谓似应从"万儿"而来,"万儿"是春点(江湖术语),指"名称字号"。

wang

w21　王八蛋

例(修506　12):这帮瞎了眼的<u>王八蛋</u>

注－王八蛋:京人常用詈语。"王八"一词详见《卷一·d86》条及《附录壹－07》;"王八蛋"则詈之尤甚。

w22　王八羔子

例(爸349　14):我们这些孩子怎么……一不留神就成<u>王八羔子</u>了

注－王八羔子:"文革"初期红卫兵对所谓"家庭出身不好"者的蔑称。

w23　王八拳

例(过326　08):她披头散发张牙舞爪抡着<u>王八拳</u>跪着扑上来

注－王八拳:京俗语,谓不谙拳脚者的胡抡乱打。

w24　王道

例(玩305　15):你们那会儿成<u>王道</u>了;骗吃骗喝骗姑娘打黑棍仙人跳

注－王道:本义指儒家以仁义礼法治理天下的政治主张,与"霸道"相对;但在京俗语中演变为蛮不讲理、专横霸道之意。"道"字读为 dou,轻声。

w25　王道

例(千299　04):"你这车也够<u>王道</u>的。"……"还带自转的。"

注－王道:意近上条,但原著此处是指某种物体的性能超强。传统京语没有这么说的。

w26　多数婚姻都没爱情呢——还

例(修499　13):李东宝:"往往<u>多数婚姻都没爱情呢——还</u>!"

注－多数婚姻都没爱情呢——还:京语的一种修辞法:在句尾

对句子进行某种程度的修饰。此处是以副词为修饰语，另也有以其他各类词汇做修饰语者。其实这也说不上是什么修辞法，倒往往是句尾处对未能完整表达的意思之补充。

w27　往人前一戳、拿得出手
例（刘126　20）："……我是说<u>往人前一戳</u>。""嗯，"夏小雨点头评论道，"<u>拿得出手</u>。"
注 - 往人前一戳、拿得出手：京人习用说法，指某人的形象颇佳。参见《满蒙语汇肆 - 09》。

wei
w28　违章建筑
例（橡09　10）：特别是近十年来人们自己用碎砖、木板、油毡为新婚夫妇搭起的<u>违章建筑</u>
注 - 违章建筑：新京语，原著特为强调"为新婚夫妇搭起的"，突出这是不得已而为之的产物。笔者四十年前也曾一家三口住8.5平方米的蜗居，不得已也曾搭建了2.2平方米的违章建筑（厨房）。

w29　伟大领袖
例（动412　20）：墙上没有挂<u>伟大领袖</u>的画像
注 - 伟大领袖：文革语，专指毛泽东主席。

w30　伟大领袖毛主席和他最亲密的战友们
例（动413　18）：除了<u>伟大领袖毛主席和他最亲密的战友们</u>，那是我有生以来第一次见到的具有逼真效果的彩色照片
注 - 伟大领袖毛主席和他最亲密的战友们：文革语，但不是这样说法，句中不能包含"们"字，这个"最亲密的战友"仅指林副统帅（林彪）一人；其他人只能叫"亲密战友"。

w31　喂不熟的白眼狼
例（千427　14）：对他再好也没用，都是<u>喂不熟的白眼狼</u>
注 - 喂不熟的白眼狼：京俗谚，"白眼狼"指无论你对他多好也不知感恩的人；再加上定语"喂不熟的"，则更进一步指没准儿还

要害你。

w32　为了一个共同的目的走到一起来的

例（过314 17）：咱们是<u>为了一个什么共同的目的走到一起来的</u>

注－为了一个共同的目的走到一起来的：语出毛主席《为人民服务》一文："我们都是来自五湖四海，为了一个共同的革命目标，走到一起来了……"

w33　为人民服务

例（你209 20）：好好学习，先学一身<u>为人民服务</u>的本领再说其它

注－为人民服务：毛泽东继《为人民服务》之后，又推出了一系列文章，进一步阐述"为人民服务"的理念，计有《两个中国之命运》、《论联合政府》、《一九四五年的任务》、《关于正确处理人民内部矛盾的问题》等等。

w34　为什么人的问题

例（你162 10）：这牵涉到一个<u>为什么人的问题</u>

注－为什么人的问题：特定语，"文革"期间要求做每一件事都要考虑是"为什么人（'人'是有阶级性的）的问题"，每时每刻都要想到自己是在为哪个阶级服务。

w35　为"四化"做贡献

例（橡40 12）：你也别心疼那几个罚金，就当<u>为"四化"做贡献</u>吧

注－为"四化"做贡献：新京语。二十世纪八十年代初开始流行。

w36　畏罪自杀

例（千285 22）：这个巡铺已经在文化大革命中<u>畏罪自杀</u>了

注－畏罪自杀：特定语，"文革"中所有不堪迫害而自杀者均是畏罪自杀，自绝于党、自绝于人民，死有余辜。

wen

w37　文明用语

例（爸262 13）：颁布给咱们市民的<u>文明用语</u>中对遇到这种情况是怎么规定的

注－文明用语："十年"文革后，全国人民的语言粗鄙、行为野蛮，文明程度降至历史最低，最起码

的礼仪也荡然无存。有鉴于此，政府不得不为促进全民文明经常推出各种运动，所谓"文明用语"即其一也。指的是二十世纪九十年代初，对全民的语汇从"请、谢谢、对不起"等幼稚园水平教起。参见《附录肆－151》。

w38 文明月

例（无51 25）：**文明月**你们俩大街上这么吵合适么

注－文明月：政府经常推出的各类文明运动之一。

w39 文学为工农兵服务

例（正111 23）：我是主张**文学为工农兵服务**的

注－文学为工农兵服务：语出毛主席1942年《在延安文艺座谈会上的讲话》。包括5月2日所作"引言"和5月23日所作"结论"两部分，于1943年10月19日在延安《解放日报》上正式发表，1953年编入《毛泽东选集》第二卷。

w40 问题

例（你189 16）：今天这个会主要是谈你的**问题**

注－问题：特定语，"文革"时期谁都可能摊上无妄之灾，被指为有"问题"。

wo

w41 窝

例（刘124 04）：我觉得我这样可能跟我这么些年不上班老**窝**在家里有关系

注－窝：京俗语，指蛰伏于某处而不活动。现在时兴的词叫作"宅"。

w42 窝火

例（人487 01）：省得这么着急这么**窝火**再憋出病来

注－窝火：京俗语，谓对某事非常生气，却因某种原因而无法发泄出来。

w43 窝头翻个儿

例（一149 16）：我真成感情冲动的傻瓜了，真**窝头翻个儿**

注－窝头翻个儿：京俗谚，歇后

语"窝头翻个儿——现眼"的简说。

w44 我买

例（无10 12）：外面楼下传来吆喝声："有废书旧报纸——<u>我买</u>！"

注 - 我买：旧京收购废品的（旧称"喝破烂儿的"）吆喝法，是将其要收购之物先行唱出，句尾处拖曳着长声儿唱出"我买"二字。按：旧京售卖各类物品，整句吆喝都是以乐音唱出，不同行当有不同的吆喝（唱）法，都有一定之规。

w45 我跟你急

例（无57 12）：李缅宁顺着自己刚才的思路说："<u>我跟你急</u>！"言罢勃然变色

注 - 我跟你急：京人习用说法，警告对方不要就某事再坚持下去了，否则我就和你翻脸。

w46 我还告你

例（过347 12）：你这辈子也就这样了<u>我还告你</u>

注 - 我还告你：京人习用说法，用于强调自己所说的内容。此例句是用于句尾，也可用于句他处。"告"是"告诉"的简写，京腔口语在说得快时，"告诉"一词连读为 gà~r，旧京俗写为"譯儿"（"譯"是"誇"的异体字，在此处变读为 gàng 的儿化音）。

w47 我还真不信这个

例（正125 01）："你六指儿一个给我看看。""<u>我还真不信这个</u>。"

注 - 我还真不信这个：京人习用说法，对对方所言含有挑衅意味的否定。"这个"多变调读为 zhèi gē，这样更能加强语气。

w48 群众给了我们多大的荣誉呵

例（你221 18）：我们就做了这么一点该做的，<u>群众给了我们多大的荣誉呵</u>

注 - 群众给了我们多大的荣誉呵：文革语，讲演时为激发听众的认同感常用。

w49 我×了你× 你信不信

例（许117 25）：你丫不就是个开车的祥子么？……我砸了你那车你信不信

注－我×了你×你信不信：两人拌嘴时带有威胁性的说法。前一×代表某种侵犯性的行为，后一×为侵犯行为的受体，以此对对方进行威胁。

w50 我们爷们儿什么没见过呀

例（千356 06）：这位说了，别吹牛了，我们爷们儿什么没见过呀

注－我们爷们儿什么没见过呀：旧时京人常用说法，标榜自己见多识广，向对方表示你唬不了我。"爷们儿"应作"爷儿们"，参见《卷一·y19~y24》诸条。

w51 我说两句呵

例（你202 22）："我说两句呵，最近咱们活儿多，天又热大家一定要注意休息……"

注－我说两句呵：特定语。"文革"期间开会学习时，各个领导按官职大小顺序讲话；除了一把手外，其他次要领导多以此为发语词。

w52 我要…… 我不是人

例（橡48 06）：我要不让你见着车我不是人

注－我要…… 我不是人：京人习用的赌咒发誓，省略之处依具体而定。

w53 我要…… 我是孙子

例（爸285 22）：从今后往后我要再跟你们玩我是孙子

注－我要…… 我是孙子：京人习用的赌咒发誓，省略之处依具体而定。

w54 我要…… 我是王八蛋

例（千356 19）：我要管你们要钱我是王八蛋

注－我要…… 我是王八蛋：京人习用的赌咒发誓，省略之处依具体而定。以上三种赌咒发誓按其严重程度，是顺序递进的。

w55 我操

例（永60 07）："你 无 聊 不 无

聊?"……"**我操**,兴奋一下多不容易。"

注－我操:下层京人说话时常用的发语词,是中性词汇,不含恶意,只是一种很坏的习惯;就像今天有些美国下层人士时不时冒出一句 fuck you 一样,不带脏字说不出来话。此处"我"字去声,"操"字读音根据快慢不同介于 cou、cao 之间,轻声。

wu

w56　乌啦

例(千331　20):"**乌啦**——!"刘顺明冲动地伸出双臂做陶醉状

注－乌啦:欢呼用语,从俄语 ypa 而来的外来词汇,于二十世纪五十年代盛行。

w57　乌眼鸡

例(刘119　17):瞧你说的,大妈是那**乌眼鸡**么

注－乌眼鸡:京俗语,喻凶相外露。

w58　无产者失去的只是锁链,获得的却是整个世界

例(千414　05):"有所失必有所得。""**无产者失去的只是锁链,获得的却是整个世界**。"

注－无产者失去的只是锁链,得到的却是整个世界:语出马克思的《共产党宣言》,结尾处说:"(共产党人)他们的目的只有用暴力推翻全部现存的社会制度才能达到……无产阶级在这个革命中失去的只是锁链,他们获得的将是整个世界。"

w59　五讲四美

例(一144　01):"……我们不能在大庭广众之下接吻呀。"……"别别,**五讲四美**。"

注－五讲四美:1981年2月15日,由全国学联等九个单位联合作出《关于开展文明礼貌活动的倡议》,在全国开展了"五讲四美"运动。详见《附录肆－152》。

w60　武警

例(空04　10):我的几个战友也干了**武警**,他们劝我也去

注－武警:是"中国人民武装警察部队"的简称。详见《附录肆－153》。

w61　无神论者

例（给471　25）：人有什么特别的……就像无神论者眼里的神

注－无神论者：此词源于希腊语，早期意思仅是"不信神的"，后逐渐转化成为"与神断绝关系"或"否认神的存在"之义。参见《附录肆－154》。

w62　无私奉献艰苦奋斗情操高尚

例（正125　23）：……教咱们的人民充满理想，无私奉献艰苦奋斗情操高尚，做个完人，甚至不惜编一个完人在作品里叫大家学

注－无私奉献艰苦奋斗情操高尚：此类词汇均为"文革"日常用语。

w63　无私援助和兄弟般的友谊

例（爸265　01）："我说你怎么像苏联人似的，"……"老要人家把对你的无私援助和兄弟般的友谊的感谢挂在嘴边

注－无私援助和兄弟般的友谊：特定语，在与苏联闹掰了之前，这是整天挂在嘴边赞誉苏联老大哥的专用说法。

w64　无原则的一团和气

例（刘125　18）：可这是错误的对不对爸爸？是无原则的一团和气

注－无原则的一团和气：语出毛主席《反对自由主义》一文中所指责的自由主义第一种表现："……明知不对，也不同他们作原则上的争论，任其下去，求得和平和亲热……保持一团和气……"

w65　无组织无纪律

例（痴273　08）：无组织无纪律，左顾右盼怎么行

注－无组织无纪律：新京语，最常见的批评用语。

w66　伍的

例（刘119　10）：在一块堆儿呢，短不了吵个架生个气伍的

注－伍的：京人特有的说法，在句中表示与此前所言同类、或有某种相关性的事物。一般写作"兀的"。

w67　武斗

例（玩417 22）：大辩论时，口若悬河引经据典，**武斗**时冲锋在前手擎大旗

注－武斗：文革语。此词在"文革"的不同阶段，有不同的概念。

w68　五迷三道

例（无90 23）：李缅宁也喝得**五迷三道**，晕头转向

注－五迷三道：京俗语，此处是说酒喝多了，另外也可用于形容人因某种原因而对事物失去判断能力。

w69　五四三

例（橡106 25）：你们又不是"**五四三**"主义者

注－五四三："五讲四美三热爱"的简说。"五讲四美"见此前之w60条；"三热爱"指"热爱祖国、热爱社会主义、热爱中国共产党"。这是由青年团中央委员会于1981年提出并在全国青少年中开展的思想教育运动。

w70　勿谓言之不预

例（正141 06）：……丑话说在头里**勿谓言之不预**

注－勿谓言之不预：出处不详，据说载于《清通鉴》中，乾隆帝致英国国王乔治三世的信函内有此语。"文革"中此说法极频繁出现，是因为那时有某篇重要社论（具体记不清了待考）曾这样写过（用以警告"帝修反"，即帝国主义、修正主义及各国反动派）。在当时那种特定环境下，政治语汇对全民语言的影响由此可窥一斑。

w71　物质不灭

例（正126 04）：我不怕，什么都不怕！人死灯灭，**物质不灭**

注－物质不灭：在无神论哲学基础上的科学观，是唯物主义的基石。此说法可使人们坚信唯物论，不怕"干坏事要下地狱"之类的迷信邪说。

X 部

xi

x01　吸溜

例（刘112 08）：亚茹喝着一杯滚

烫的茶，嘴里发出轻微的**吸溜**声
注-吸溜：京俗语，作为动词时是指因喝的液体烫而小口吸啜，此处是作为象声词，模拟吸啜声。"溜"字轻声。

xia

x02 瞎、挺
例（浮202 14）："**瞎**跳，你觉得怎么样？""**挺**好，挺不错的。"
注-瞎、挺：京俗语。"瞎"作为形容词用，指斥某事水平低劣；原著此处是自谦，说自己跳舞的水平低。此处"挺"字是为"很、非常、极其"（如何）之义。
按：此词源于满语，传承有序至今。可参见《满蒙语汇壹-46》、《满蒙语汇贰-13》、《满蒙语汇肆-10》等诸条。

x03 瞎掰
例（玩393 10）：反正那会儿是"四人帮"时期，随你们怎么**瞎掰**都成
注-瞎掰：京俗语，此处谓胡说八道；另有（某事）"无论如何也没用处"之意。"瞎"字见上条；"掰"是"掰扯"（原写作"白

扯"，现习作"掰扯"，读 bāi chi）的简说，意指徒费口舌或无用之事。另：此词也指谓一种巧妙的细木工活儿，详见卷三的《附录叁-87》。

x04 瞎耽误工夫
例（玩257 19）：我知道我有点**瞎耽误工夫**
注-瞎耽误工夫：京俗语，谓徒劳无功。

x05 吓死他，我信哪个
例（正130 12）：不服就让国民党来试试——**吓死他，我信哪个**
注-吓死他，我信哪个：京人虚声恫喝用语，表示对对方的藐视。"哪"字应为"那"，读为 nèi。京语"那"字的音、义详见《卷一·n31》条。

x06 下套
例（玩219 11）：随你带她到哪个柜台旮旯儿去，怎么**下套**怎么钻
注-下套：京俗语，谓设圈套（引人去钻）。

x07　下作

例（爸278 18）：他还没有堕落到那种……下作地步

注－下作：京俗语，谓人的品德恶劣，"作"字轻声。"下作"另有读为 xià zong 者，是指人吃饭时吃相不好，显饕餮状。与此处字同而音、义皆异。

　　　　　xian
x08　仙鹤

例（你203 23）：瞧这两根小腿多长仙鹤似的

注－仙鹤：京人口语音，"鹤"字读 háo。

x09　先烈们的血

例（千437 21）：那样，先烈们的血才算是白流了呢

注－先烈们的血：新京语，一般是说"先烈们的血不会白流"，以此激励少年儿童紧跟党走，做共产主义接班人。

x10　先胖不算胖，后胖压塌炕

例（玩407 13）：先胖不算胖，后胖压塌炕。你打你的（牌），我打我的

注－先胖不算胖，后胖压塌炕：京俗语，表示不服对方，有"走着瞧"之意。

x11　掀起一个学××赶××的热潮

例（千405 20）：要掀起一个学元豹赶元豹的热潮，让生活充满阳光

注－掀起一个学××赶××的热潮：文革语，"文革"中经常掀起此类运动，所学、赶者可能是某人或某团体。

x12　弦绷得太紧

例（枉610 18）：弦已经绷得太紧的人会骤然因一点小小的不如意大发作的

注－弦绷得太紧：新京语，出自"文革"中"绷紧阶级斗争这根弦"一语。

x13　显配

例（许122 01）：你跟我们显配什么

注－显配：京俗语，自炫、炫耀

义。"配"字读音介于 pei、pai 之间。也写作"显白、显摆、显派、显排"等。

x14 现

例(爸282 12):赖都没赖赢,真**现**

注-现:京俗语,"现眼"的简说。

x15 现而今

例(刘112 16):**现而今**红的那些歌星、诗人都让她崇拜遍了

注-现而今:现在、如今。此系旧式京人口语说法,现用者不多。

x16 现在世界上谁也不怕谁

例(给462 13):"你威胁谁呀?谁怕你呀?""没错,**现在世界上谁也不怕谁**……"

注-现在世界上谁也不怕谁:源自毛主席的"五二〇"声明,但此处是调侃式说法。详见《附录肆-155》。

xiang

x17 镶嵌体

例(一119 22):那臭丫挺的简直不是女人,**镶嵌体**

注-镶嵌体:由单一核子衍生的、含有两种以上不同基因型或染色体核型的个体,又称"同源嵌合体"(compact land;chimera)。笔者除此以外未闻该词有他义,原著此处何义不详。另:现在电视中常见某些画面作马赛克处理;马赛克(mosaic)的本义为镶嵌、镶嵌图案,不知与此处说法有关否?

x18 相儿

例(橡94 07):我就不爱看你这种歪着脖子腆着脸的**相儿**

注-相儿:(某种)样子。京人习用说法。

xiao

x19 削坍了

例(顽31 12):别闯牌……**削坍了**吧?谁闯削谁

注-削坍了:新俚语,某种扑克牌游戏(敲三家)中所用语,指拦截对方连续出牌,直至将其大牌歼灭殆尽,再也得不到出牌权了。另也有时将其语义适用范围延伸,扩展到指谓其他事务方面。"坍"字阳平。

x20 **小痞子**

例（爸385 22）：您甭跟街上那些**小痞子**学

注－小痞子：京人对街头上混的小流氓之称谓，"文革"期间京津地区还流行"小玩闹"一说，亦是此意。

x21 **小脚侦缉队**

例（刘111 01）：您替我姥姥去当**小脚侦缉队**吧

注－小脚侦缉队：自二十世纪五十年代起，政府就调动街道妇女上街，每人发一个红袖章（京人谓之"红箍儿"），协助治安。时人调侃为"小脚侦缉队"，盖因彼时（二十世纪五六十年代）此等人几乎全为"解放脚"（早年缠足，后放开）。

x22 **小白菜**

例（爸323 22）：人家**小白菜**是哭后娘怕后娘

注－小白菜：旧时京冀地区广为流行的民间小调，声甚凄苦。参阅《附录肆－156》。

x23 **小菜儿**

例（千392 17）：糊弄你们还不是**小菜儿**

注－小菜儿：新京语，谓某事极易，或某人无足轻重。也说"小菜儿一碟儿"。

x24 **小的溜的**

例（浮232 14）："噢，这么说，你也算开拓型干部了。"……"不敢当，**小的溜的**吧。"

注－小的溜的：新京语，形容无足轻重。两个"的"字轻声，"溜"字儿化。

x25 **小皇帝**

例（懵550 11）：你想一万多心肝宝贝**小皇帝**集合在一间大屋里

注－小皇帝：新京语，自二十世纪八十年代起，对独生子女的谑称。但这也反映出了独生子女在家庭中的地位。

x26 **小将**

例（正110 11）："**小将**们小将们。"于观闻讯跑来，对学生们

说

注－小将：特定语，肇始于"文革"初期，是"红卫兵革命小将"一词之简称，后来就随便滥用啦。

x27 小康水平

例（刘140 22）：我们的国民经济……本世纪末下世纪初稳稳达到**小康水平**

注－小康水平：1979年12月，邓公小平提出了我国现代化建设的"小康"目标。1982年9月，党的十二大提出，从1981年到本世纪末的20年，力争使全国工农业的年总产值翻两番，使人民生活达到小康水平。1987年4月，邓小平又对这个目标作了进一步阐述，指出：我们的奋斗目标更重要的是在达到小康水平的基础上，再花50年时间，再翻两番，达到人均4000美元。

x28 小力笨儿

例（懵576 01）：何必算什么东西！还不是看胡老眼色行事的**小力笨儿**

注－小力笨儿：京俗语。"力笨儿"也写作"力巴儿"，指生手，旧时也称学徒工为小力笨儿；如写作"力巴头儿"（此处"巴"字轻声，但不儿化）或"力巴"，则是指外行、或外行的人。

x29 小铃铛、变形金刚

例（懵538 16）：要说孩子也怪可怜的，打**小铃铛**之后就只认识**变形金刚**了

注－小铃铛、变形金刚：《小铃铛》是1964年由北京电影制片厂摄制的儿童片；1987年，上海电视台译制的美国动画片《变形金刚》正式在中国播放。一时间，一股金刚浪潮席卷全国，成为街头巷尾男女老少的热门话题。其魅力超过当时任何一部动画作品，在全国造成轰动。

x30 小毛头

例（一112 04）：你这种只被爸爸妈妈吻过的**小毛头**也配说他

注－小毛头：这是吴语系地区对婴幼儿的称谓，相应的京人称"小毛孩儿"。

x31　小姐

例（懵572 09）：你就等着瞧吧——<u>小姐</u>

注－小姐：京语有"妞妞"（后一"妞"字轻声，不得儿化）一词，是从满语nionio音译而来，意指小儿可爱状，并不专指女孩儿；但后来就演变成专指女孩儿了，且主要指十岁以下的小女孩儿。妞儿、小妞儿（"妞"字须儿化）都是对年幼女孩儿乃至年轻女子的昵称；但若并非关系极亲近者，这样说别人家青年女子则多少有些语含轻佻之意。

x32　小玩闹

例（动438 13）：我觉得自己已经是个取得资格承认的小"<u>玩闹</u>"

注－小玩闹："文革"期间产生的新俚语，流行于京津地区，即小痞子、小流氓、小混混儿。"玩闹"二字读本音wán nào，不轻声儿化。

x33　小汽车

例（橡45 16）：你能不能帮我搞辆<u>小汽车</u>

注－小汽车：京人对小型轿车的习称。

x34　小小不言的

例（枉587 26）：不要因为某些<u>小小不言的</u>难堪，就置自己于更大的被动

注－小小不言的：新京语，微末的、不值一提的。

x35　小心我跟你急

例（修506 02）：甭招我啊，我这儿正烦着呢，<u>小心我跟你急</u>

注－小心我跟你急：京人习用说法，警告他人不要招惹自己。

x36　小样儿

例（修509 22）：想去探个虚实，又怕人家笑自己<u>小样儿</u>

注－小样儿：此处指"不开眼、没见过世面、沉不住气"等意，近年此词由东北艺人推至全国。但旧时京语中，此词仅用于大人赞叹婴幼儿的可爱状，说："瞧这孩子那（nèi）小样儿，够多么（duó men）爱人儿（京语谓可

爱）！"

x37 小油子
例（动440 19）：看你就像<u>小油子</u>

注 - 小油子："油子"指油滑机巧、八面玲珑者。"子"字轻声，此处为突出语气，可读为 zě*r。

x38 小诸葛亮脱裤衩——装明"灯儿"
例（正135 06）：<u>小诸葛亮脱裤衩——装明"灯儿"</u>！都想试巴着给中国指道儿

注 - 小诸葛亮脱裤衩——装明"灯儿"：有"孔明灯"一物，系以热气球原理制成，可以飞升的一种灯笼。此歇后语即是以"灯儿"谐音"嘚儿"（此写法见诸陈刚先生的《北京方言词典》。旧京下层俗语，指阴茎，读为 dē*r），以此来踩乎（京俗语，意为贬低、攻讦）他人。

x39 小资产阶级情调
例（过346 22）：心情寂寞，思绪惆怅，感时伤怀，<u>小资产阶级情调浓郁</u>

注 - 小资产阶级情调：自二十世纪五十年代以来备受批判的一种心境，近几年却备受吹捧，大紫大红。简化为"小资"一词，成流行热语，极为盛行。

x40 笑的咯咯的
例（橡37 15）：两个姑娘<u>笑的咯咯的</u>

注 - 笑的咯咯的：京人习用说法，"咯咯的"读 gē*r ge*r de。

xie

x41 写检查
例（爸213 10）：谁又是生下来就<u>会写检查</u>的？当年咱们还不是一次又一次地写，通不过就重写

注 - 写检查：新京语，"文革"期间大家都要掌握的一门功课，以备不时之需。

x42 邪了性
例（你203 08）：一个本该涂脂抹粉的年龄成日哭天抹泪，眼瞅着<u>就邪了性</u>

注 - 邪了性：京俗语，此处"性"字轻声。一般说"邪性"，有"反常、奇怪、出乎意料"等意。

x43 斜楞着

例（橡77 08）：老邱**斜楞着**眼睛望着我，"你小子涮我玩呢吧？"

注－斜楞着：京俗语，谓以一种不友好的眼神乜斜着看。

x44 血乎

例（千370 25）：我们年轻的时候比你们玩得**血乎**

注－血乎：一般写作"邪乎"，有时为了强调语气，"邪"字变调上声；本条"血"字实为直音字。

xin

x45 心里明镜似的

例（玩376 19）：别以为哥们儿糊涂，哥们儿**心里明镜似的**

注－心里明镜似的：京俗谚，谓（对某事态）心知肚明（但口中不多说）。

x46 心灵美

例（浮262 18）：其实，**心灵美**也就行了

注－心灵美：新京语。源自"五讲四美"一说，见本卷之w60条。日常生活中，"心灵美"一说往往用于给长得丑的人遮臊。

x47 新潮

例（爸336 09）："要说我爸那人，人倒不坏。"马锐说，"也挺**新潮**的。"

注－新潮：新京语，此处意指时髦，跟得上潮流。

x48 心理平衡

例（千442 22）：他们是对你们感到畏惧，才想出这些招儿来谋求**心理平衡**

注－心理平衡：新京语，自二十世纪八十年代初期开始流行。盖因改革开放以来，贫富差距加大，社会各阶层对立加剧，下等阶层者在现实中无法解脱，遂求诸"心理平衡"，于是乎此词相应出现，很有点儿阿Q主义的味儿。

x49 心里永远装着别人唯独没有他自己

例（你221 04）："他就是这样，"……"**心里永远装着别人唯独没有他自己**。"

注－心里永远装着别人唯独没有

他自己：文革语，称赞掌握毛泽东思想者的思想境界时专用。

x50 新生事物

例（谁533 23）：机器人也是个<u>新生事物</u>

注－新生事物：新京语，但在"文革"期间为特定语，专用于吹捧那时产生的诸多后来都被否定的违背常理之事。

x51 心说

例（玩271 14）：我<u>心说</u>你丫牛×什么呀

注－心说：京人习用说法，指"心想、在心里盘算"。

x52 新痰盂——端起来了

例（爸318 23）：人家看上了他，他还没看上人家……<u>新痰盂——端起来了</u>

注－新痰盂——端起来了：歇后语，讽刺人端架子。

x53 新鲜

例（过347 23）：找怎么啦？不<u>新鲜</u>，明儿我就给你领一打回来

注－新鲜：此处与食品无关，是"司空见惯"之意，详见《卷一·x55》条。

x54 新帐老帐一起算

例（正136 09）：我们也就是现在还不够强大，真到强大那一天，咱们<u>新帐老帐一起算</u>

注－新帐老帐一起算：文革语，多用以威胁"对立面"（"文革"期间指持不同观点的派别）。另有一词"秋后算账"，义近于此。

x55 寻

例（正131 09）：要不说没根呢，<u>寻</u>都没地儿寻去

注－寻：此处京腔口语音为 xín。

x56 寻思

例（玩237 20）：我<u>寻思</u>着警察大概把我当成凶手了

注－寻思：京俗语，猜想、揣度。京腔口语音为 xín si。

x57 信仰共产主义、贯彻党的路线方针

例（刘130 07）：这和我<u>信仰共产</u>

主义，**贯彻党的路线方针**毫不冲突

注－信仰共产主义、贯彻党的路线方针：新京语，前半句产生于二十世纪五十年代初；后半句盛行于"文革"期间。

xing

x58　星星之火，可以燎原

例（千355　12）：**星星之火，可以燎原**。中国人民是杀不完，吓不倒的

注－星星之火，可以燎原：语出毛主席1930年《星星之火，可以燎原》一文。

x59　形势大好，不是小好

例（千344　06）：**形势大好，不是小好**……又是一年过去了

注－形势大好，不是小好：1967年夏秋之际，毛主席在多处视察后得出的结论。参见《附录肆－157》。

x60　行头

例（无36　22）：大概是想给你置**行头**吧

注－行头：京俗语，本义是指戏装，用于说普通服装时有调侃意。

x61　性感

例（动438　10）：她的确天生具有一种妖娆的气质，那时还没有"**性感**"这个词

注－性感：改革开放后产生的新语汇。

xiu

x62　诱

例（玩215　01）：你在外地**诱**完妞儿，全留我的地址

注－诱：新俚语，二十世纪九十年代开始流行于某些群体中的新说法。此处"诱"字读 xiù，但字义不变。这其实是字读半边念白字儿。详见《附录肆－88》。

x63　嗅

例（顽27　14）：宝康对林蓓说，"你的气质很好，很有诗人的风度。""瞧，开始**嗅**了。"杨重伏在前座小声对马青说

注－嗅：音义同上条，但将"诱"字写为"嗅"，是直音字。

xu

x64 虚心接受

例（你180 13）：别人给你指出来，就该<u>虚心接受</u>，怎么能这么自以为是呢

注－虚心接受：新京语，产生于二十世纪五十年代，是对受批评者的要求。

x65 许

例（正138 27）：用博大的心慢慢温暖——<u>许</u>还能焐过来

注－许：京人习用说法，是"也许"的简说。按：此用法来源甚早，参见《卷一·x64》条。此词在元曲中亦屡见，可见这是从汉代一直流传至今、传承有序、从未间断过的古老说法。参阅《元曲语汇150》条。

xuan

x66 暄

例（空21 01）：又白又<u>暄</u>的那种胖子

注－暄：京俗语，膨松、柔软。

x67 宣传队

例（动431 05）：正是我在学校常倾慕的校<u>宣传队</u>跳舞的那型女孩儿

注－宣传队：文革语，"毛泽东思想宣传队"的简说。文革期间每个单位都有毛泽东思想宣传队。

x68 宣传画

例（刘122 19）：假模三道的，跟墙上贴那三好学生<u>宣传画</u>似的

注－宣传画：新京语。二十世纪六七十年代卖的画儿除了伟人像就是宣传画儿，便以直观地宣传贯彻党的方针政策。

x69 宣传人民教育人民鼓舞人民

例（正70 27）：我是铁了心要<u>宣传人民教育人民鼓舞人民</u>

注－宣传人民教育人民鼓舞人民：文革语，出处待考。

x70 玄

例（空24 15）：旁人听着太<u>玄</u>，不禁怀疑

注－玄：京俗语，也作"悬"。此处意指说话不靠谱。

x 71　悬

例（玩391　27）：你去肉孜悬不悬

注－悬：京俗语。此处意指危险。

xue

x72　学工

例（许113　08）：记得初二时我们去金笔厂学工劳动

注－学工：1966年5月7日，毛主席发表了著名的《五七指示》，指示："学生也是这样，以学为主，兼学别样，即不但学文，也要学工、学农、学军。"这成为"文化大革命"中的办学方针，于是乎学生们上课成了点缀，净干别的啦——文工农军都没学，成天价在社会上混，批量产生文盲加流氓。

x73　学雷锋服务日

例（爸231　17）：街上正进行"学雷锋服务日"的活动

注－学雷锋服务日：正式名称为"青年志愿者服务日"。共青团中央规定，从2000年开始，把每年3月5日作为"中国青年志愿者服务日"，组织青年集中开展内容丰富、形式多样的志愿服务活动。

x74　学毛主席著作、用毛泽东思想武装头脑

例（枉583　14）：只钻在他的专业里，从不学毛主席著作，不用毛泽东思想武装头脑的人怎么能不变坏

注－学毛主席著作、用毛泽东思想武装头脑：新京语，尤以"文革"期间盛行。

x75　寻摸

例（无59　27）：当初谁在小树林里胡乱寻摸来着

注－寻摸：京俗语，现多写作"踅摸"，此处意指（来回反复的）搜寻、踏勘。但原著此处仅是借用此说法，实际是指男人对女人动手动脚。京腔读音，此处"寻"字读 xué，"摸"字轻声。

x76　踅摸

例（爸238　07）：过长没话光互相踅摸就容易讪讪的了

注－踅摸：此处意指心中（反复的）琢磨。音同上条。

x77 学习

例（顽32 25）：权当今儿全公司**学习**

注－学习：特定语，"文革"期间专指政治学习。

x78 学习班

例（刘143 06）：这几天你到我家集训一下，然后我帮你联系个**学习班**

注－学习班：此处指传授某种技能的学习班。另见《附录肆－158》。

x79 学习材料

例（你188 07）：发**学习材料**了呵

注－学习材料：新京语。名目繁多的运动，会配发名目繁多的各种学习材料。

x80 学习体会

例（你188 10）：都认真学习呵，回头我要一一检查你们的**学习体会**

注－学习体会：新京语。各种运动有各种不同的"精神"，都要讲自己的学习体会。

x81 学运

例（玩328 16）：谈**学运**谈流放谈写作，虽不失云山雾沼却也有板有眼

注－学运：新京语，产生于二十世纪八十年代末。

Y 部

ya

y01 丫的、丫

例（我192 12）：你说我要抽**丫的**对不对？**丫**忒不象话了

注－丫的、丫：都是"丫头养的"（读为 yā ting de）之简说，也作"丫挺的"，是下层京人最常用的粗口，一般作为第二、第三人称用（你丫的、他丫的）。这时倒不一定准含恶意（甚至有时说顺了嘴，冒出一句"我丫的"），往往是作为习惯性的口头语，以"人称代词后缀"的形式出现。"丫的"读 yā n de，n 为口型提示。详见《卷三·yz02》条。

y02　丫傻×

例（玩393　03）：卓越还愣在甲板上想接导弹。丫傻×呀

注－丫傻×：下层京人常用粗口，"丫"字读音介于yā、yān之间，为第二人称代词；×代"屄"字。

y03　丫他妈的

例（我192　03）：丫他妈的老跟我借钱，借了又不还

注－丫他妈的：此处之"丫"字为第三人称代词，"他妈的"是代词后缀，此种说法含有贬义，不同于简说"丫的"。

y04　丫挺的

例（一119　22）：那臭丫挺的简直不是女人

注－丫挺的：见此前之y01条，加一个"臭"字使得"丫挺的"含有贬义。

y05　丫头

例（刘150　06）：这丫头，现在还不许妈说话了

注－丫头：京人习用语，长辈对晚辈年幼（也可延展至年轻）女性的昵称。

y06　压根

例（顽47　11）：过去您没觉着肉贵那是因为过去您压根不怎么吃肉

注－压根：京俗语，谓"从根本、初始即（如何）"。"根"字儿化。

y07　轧马路

例（修483　19）：既然是轧马路，当然得找那感觉

注－轧马路：新京语，产生于二十世纪中期，专指搞对象的青年男女并肩边走边交谈。因彼时缺乏社交场所，只能沿着马路遛，被谑称为轧（读为yà，也作压）马路。

yan

y08　严打

例（许128　25）：仅仅过了两个月，"严打"便开始了

注－严打：是"严厉打击刑事犯罪活动"的简称。原著此处是指1983年的那次。详见此后之y10条。

y09　严格要求自己

例（爸366 03）：跟你一般见识，这就有点不能**严格要求自己**了

注－严格要求自己：新京语，"文革"期间达于极盛。

y10　严厉打击刑事犯罪

例（橡109 18）：张燕生于一九八三年在"**严厉打击刑事犯罪**"期间被……判处有期徒刑三年

注－严厉打击刑事犯罪：简称"严打运动"。参阅《附录肆－159》。

y11　颜色

例（痴265 07）：看看佛身上油漆倍儿亮的**颜色**

注－颜色：京人口语读音，"色"字此处轻声，儿化，读音介于 shar、she*r 之间，详见《卷二·yx02》条。

y12　严肃

例（刘105 24）：我记得你原来总是梳着两把刷子，一脸**严肃**，动不动就上我们家告状

注－严肃：特定语，专指正面人物的道貌岸然状。

y13　沿途高呼口号，视死如归

例（你173 08）：先烧再枪毙还要**沿途高呼口号**……**视死如归**

注－沿途高呼口号，视死如归：建国以来影视作品中正面人物的典型形象。

y14　严正声明

例（槽566 20）：这是我正在起草的**严正声明**

注－严正声明：原为中国官方驳斥别国所作所为，自我正面肯定的特定语；"文革"期间此说法成了各对立组织间相互攻讦对方时，作自我肯定的套话。

y15　演变

例（刘137 24）：我觉得我这得算人民内部矛盾吧？不能说我是在**演变小芳**吧

注－演变："和平演变"（Peaceful Evolution）之简说。这个词汇出现于"二战"后的冷战时期，由美国国会议员杜勒斯在二十世纪五十年代初提出。详见《附录

肆-65》。

y16 眼力价儿

例（永78 09）：挑出这么块料还真得有点**眼力价儿**

注－眼力价儿：京人习用说法，义如粤语所说的"醒目"。"有眼力价儿"指人很精明，与他人协作，尤其是在为尊长做事时很能揣摩对方的意图，恰如其分地做好当做之事。

y17 眼前花儿

例（爸375 25）：咱不充人家的**眼前花儿**

注－眼前花儿：京俗谚，谓专捡人前露脸的事做，以图买好。含轻微贬义。

y18 眼珠子差点掉下来

例（爸246 08）：要没神经、血管连着，马锐**眼珠子差点掉下来**

注－眼珠子差点掉下来：此处指惊愕之状。整句的构词法应属王朔语，为后来网络语的夸张方式说法开先河。

y19 眼儿都不带眨的

例（千288 05）：要不相信你们敢把血汗钱交给你去使，**眼儿都不带眨的**

注－眼儿都不带眨的：京俗谚，意谓毫不犹豫。

y20 眼儿热

例（正131 05）：这会儿瞅着外国人**眼儿热**了？自个本身就是外国人全忘了

注－眼儿热：京俗语，艳羡、乃至嫉妒。

y21 艳羡

例（爸292 08）：从没轻自自贱过的人这会儿也**艳羡**那些虚衔浮名家底殷实的人了

注－艳羡：新京语。此词古已有之，鲁迅杂文中也出现过，但在大陆一直未流行起来；直至改革开放后才从港台文学中接收过来，故列为新京语。

yang

y22 央求

例（你179 23）：哭、**央求**，全没

用，我就是不改口
注－央求：京俗语，"求"字一般读 ji，轻声。

y23　阳光雨露
例（正128　17）：咱都是苗苗，都需要**阳光雨露**
注－阳光雨露：特定语，出自"文革"歌曲《大海航行靠舵手》："大海航行靠舵手，万物生长靠太阳，雨露滋润禾苗壮，干革命靠的是毛泽东思想。"参见《附录肆－160》。

y24　样板戏
例（永58　15）：用**样板戏**的话说就是：风吹雨打全不怕
注－样板戏：特定语，"革命样板戏"的简称。详见《附录肆－161》。另："风吹雨打全不怕"之说，并非出自样板戏，而是源自歌剧《星星之火》中的唱段，李劫夫作曲。

yao

y25　幺蛾子
例（爸231　24）：马林生预感到这两个女人要出**幺蛾子**

注－幺蛾子：京俗语，意谓鬼点子、馊主意、歪门邪道；天津人所说的"各（gé）色"与此义近。"幺"字见于《日知录》："骰子之谓一为幺是也。"

y26　窑姐儿
例（无84　18）：几个妖冶似**窑姐儿**的女郎
注－窑姐儿：京俗语，妓女。

y27　要不
例（无81　20）：别乱上肥**要不**招腻虫
注－要不：京人习用说法，"要不然（就会如何）"的简说。"不"字读 m，是口型提示。参见《卷一·y18》条。

y28　要奋斗就会有牺牲
例（你195　25）：我也只能如此回答你：**要奋斗就会有牺牲**
注－要奋斗就会有牺牲：语出毛主席《为人民服务》一文："要奋斗就会有牺牲，死人的事是经常发生的……"

ye

y29 噎

例(刘110 25)：这孩子，现在学着<u>噎</u>大人了

注－噎：京人习用说法。以语言顶撞对方，使其难堪又难以回答，干生气。

y30 爷们儿

例(刘120 15)：慧芳也是先离的她<u>爷们儿</u>，现在都兴女的甩男的了

注－爷们儿：此词在各种场合的读音详见《卷一·y19～y24》诸条。

y31 也不看是谁的××

例(玩302 18)："……咱这车地道吧……北京独一辆。"<u>也不看是谁的</u>车？"

注－也不看是谁的××：京人习用说法，随声附和赞誉对方所言，××指对方的物品，有点儿拍马屁的意思。"是"字读本音(去声)，"谁"字轻声。

y32 野

例(橡53 03)：我没想到你有那么<u>野</u>的路子

注－野：新俚语，用作"路子"的定语，表示门路广阔，手眼通天、关系过硬。

y33 野鸡项目

例(顽35 16)：中国银行从来不为这种<u>野鸡项目</u>担保

注－野鸡项目：改革开放后，许多骗子用一些莫须有的所谓"项目"来进行圈钱活动，这些项目被明眼人讥为"野鸡项目"。

y34 野模儿

例(谁544 03)：十足一副"<u>野模儿</u>"的腔调

注－野模儿：改革开放后，模特儿一行刚兴起时，许多女孩子想入行；但苦于自身条件达不到，所以往往流连于此行业的边缘，就有了业余模特。作为正式模特儿的候补，被时人称为"野模儿"。后来有些野模儿渐涉色情业。

yi

y35　一不怕苦，二不怕死

例（空38　16）：像过去口号里总说的那样：<u>一不怕苦；二不怕死</u>

注－一不怕苦，二不怕死：此口号最先流行于国共战争期间，后于1962年中印边界战争期间又被提出，毛主席对此予以肯定。参见《附录肆－162》。

y36　一不打棍子二不揪辫子

例（谁566　13）：不管大家说什么……<u>一不打棍子二不揪辫子</u>三不记黑账

注－一不打棍子二不揪辫子："不戴帽子，不打棍子，不抓辫子，不装袋子"，这是胡耀邦身体力行的名言。

y37　一分为二

例（无49　25）：评价一个人总该<u>一分为二</u>

注－一分为二：本属特定语，现在纯是流行语了。

y38　一肚子坏水儿

例（玩433　15）：咱们这几个哥们儿都<u>一肚子坏水儿</u>

注－一肚子坏水儿：京俗语，谓坏主意多。

y39　一个

例（无73　23）：格外憔悴格外单薄十足<u>一个</u>脆弱的女人

注－一个：新京语习惯说法，并非是指数量上的"1"，而是作为语气助词，起到强调、突出句中相应的形容词（偶有动词）之作用；更常见的用法是说"那叫一个（怎样、如何）"。语音要加重，读为 nà jiào yí gè。

y40　一个高尚的人一个有道德的人

例（玩398　25）：你凭什么要求我得是<u>一个高尚的人一个有道德的人</u>

注－一个高尚的人一个有道德的人：语出毛主席1939年《纪念白求恩》一文："一个人能力有大小，但只要有这点精神，就是一个高尚的人，一个纯粹的人，一个有道德的人，一个脱离了低级趣味的人，一个有益于人民的人。"

y41　一个高尚的人；一个脱离了低级趣味的人；一个有益于人民的人

例（给451 06）：现在我已成了毛主席说的那三种人：<u>一个高尚的人；一个脱离了低级趣味的人；一个有益于人民的人</u>

注－一个高尚的人；一个脱离了低级趣味的人；一个有益于人民的人：语出毛主席1939年《纪念白求恩》一文，详见上条。

y42　一个人做点好事并不难，难的是一辈子做好事

例（爸350 05）：<u>一个人做点好事并不难，难的是一辈子做好事</u>——关键在于平时夹起尾巴做人

注－一个人做点好事并不难，难的是一辈子做好事：语出毛主席1940年在为吴玉章补办六十寿辰庆祝会上的讲话："一个人做点好事并不难，难的是一辈子做好事，不做坏事，一贯的有益于广大群众，一贯的有益于青年，一贯的

有益于革命，艰苦奋斗几十年如一日，这才是最难最难的啊！"

y43　一个外国人，为了中国人民的解放事业

例（正131 11）：<u>一个外国人，为了中国人民的解放事业</u>，老家有石油都不回去钻去，生陪着中国人混

注－一个外国人，为了中国人民的解放事业：语出毛主席1939年的《纪念白求恩》一文："一个外国人，毫无利己的动机，把中国人民的解放事业当做他自己的事业……"

y44　一个中心两个基本点

例（谁531 19）：她还知道党的总书记是谁，<u>一个中心两个基本点</u>指什么

注－一个中心两个基本点："一个中心，两个基本点"，党的基本路线的核心内容。一个中心，指以经济建设为中心；两个基本点，指坚持四项基本原则，坚持改革开放。1987年党的第十三次全国代表大会作出这一概括。

y45　一棍子打死

例（千460 07）：我决不给你这机会，偏要把你一棍子打死

注－一棍子打死：文革语，指不给被整者以任何出路。参见《附录肆－163》。

y46　一晃就……

例（刘119 09）：真快，一晃就都老了

注－一晃就……：京人习用说法，感慨于时间流逝之快。"晃"字上声，儿化。

y47　一块堆儿

例（刘119 10）：在一块堆儿呢，短不了吵个架生个气伍的

注－一块堆儿：（在）一起。京人口语说法，"堆儿"读为 zuē*r。

y48　一势的

例（无30 23）：看看其他人，问李缅宁："这都是你们一势的？"

注－一势的：京俗语，意指"一伙的、一起来的（人）"；偶也有时指"同一范畴内的"（事）。

y49　以实际行动迎接××

例（你164 22）：咱们要对用户负责，保质保量，以实际行动迎接品种、效益、质量年

注－以实际行动迎接××：新京语，每当又发动一个什么运动时，各个单位领导都会以此说来发动群众，要求大家积极响应。

y50　一般群众

例（谁544 21）：结果连一般群众都不如

注－一般群众：对未表现出积极靠拢党组织群众的称谓。

y51　一边去

例（爸283 26）："去去，一边去，我现在不想看见你。"

注－一边去：京腔读为 biār qi，"一"字消失。当因厌烦而驱赶对方时这样说。

y52　一打三反

例（玩439 12）：让他们丫挣去，挣足了咱给他们来个一打三反全没收喽

注－一打三反：1970年初发起的一场运动。详见《附录肆－164》。

y53　一逮一准

例（玩290 10）：但老朋友家都不能去，太明，警察<u>一逮一准</u>没跑一样

注－一逮一准：京人习用说法，意谓极有把握、百分之百没错。注意：此词有广泛的适用性，可应用于多方面，并非仅适用于"逮捕"之义。京人"逮"字读dēi，"准"字儿化。

y54　一点没闲着

例（正105 03）：这期间，雹子<u>一点没闲着</u>愈下愈密

注－一点没闲着：京人习用说法，谓不停顿。

y55　一丁点儿

例（爸185 27）：从妻子离去，马锐单独跟着爸爸过日子那天起，他就一直没有过哪怕是<u>一丁点儿</u>小鸟依人的惹人疼样儿

注－一丁点儿：京俗语，形容极小、微末。早先多写作"一钉点

儿"。

y56　一分钱都得掰着齿花

例（永69 08）：将来自个过日子了，那<u>一分钱都得掰着齿花</u>

注－一分钱都得掰着齿花：有"一分钱掰成八瓣花"之说，"掰着齿花"是王朔式的调侃说法，开后世网络语诸多调侃方式之先河。

y57　一根筋

例（爸256 09）："……不过这就叫：执着呀——"……"您这叫<u>一根筋</u>。"

注－一根筋：京俗语，谓死心眼儿，不会换个思考方式。"一"字去声。

y58　一间屋半间炕

例（玩244 22）：那人家里地方很小<u>一间屋半间炕</u>

注－一间屋半间炕：京俗谚，指房间小。

y59　一惊一咋的

例（浮238 19）：连邮递员也神气得像将军，<u>一惊一咋的</u>

注－一惊一咋的：原著此处是说邮递员因穿着制服，就有点儿"拿着鸡毛当令箭"，屁大点儿事就穷咋呼。此词另可用于形容人因受到惊吓，精神呈不稳定状态。

y60　一颗红心两手老茧

例（千402 18）：他就是凭着<u>一颗红心两手老茧</u>闯过来的

注－一颗红心两手老茧："一颗红心，两手准备"是"文革"前对应届中、高考学生提出的口号，实质是对上山下乡的动员。至于"一颗红心两手老茧"一说，是当年广大青年学生为响应党的号召所提的口号。

y61　一码齐

例（刘120 11）：刘大妈跌足叹道，"你们怎么都<u>一码齐</u>的离了……"

注－一码齐：京俗语，指同样的模式、方法、程度。"码"字儿化。

y62　一亩三分地

例（痴267 25）：别人呼风唤雨，你只管侍弄你的<u>一亩三分地</u>

注－一亩三分地：京俗谚，指自己的势力范围。详见《卷一·y47》条。

y63　一瓶子不满半瓶子晃荡

例（爸204 17）：不要<u>一瓶子不满半瓶子晃荡</u>，瞅着谁都不如你

注－一瓶子不满半瓶子晃荡：京俗谚，谓浅薄而自负。

y64　一穷二白

例（给450 15）：刚懂事我就怀有特别强烈的想要迅速改变自己<u>一穷二白</u>面貌的愿望

注－一穷二白：语出《论十大关系》，是1956年4月25日毛主席在中共中央政治局扩大会议上的讲话。参见《附录肆－165》。

y65　一身知识分子毛病

例（你192 03）：不是知识分子，<u>一身知识分子毛病</u>更要不得的

注－一身知识分子毛病：自二十世纪五十年代初至1978年党的十一届三中全会前，知识分子被认为是缺点最多的阶层；直至1981年十一届六中全会之后，才

真正扭转了这种错误认识。

y66 一水的
例（玩439 19）：装他妈的什么精神贵族！中国有什么贵族？<u>一水的</u>是三十年前的放牛娃翻的身
注－一水的：新京语，一律、全都（如何）。"水"字儿化。

y67 一条道走到黑
例（给497 14）：你有千条计我反正<u>一条道走到黑</u>
注－一条道走到黑：京俗语，指人死心眼儿，不知变通。

y68 义务劳动
例（顽05 20）：你要空闲时间太多，可以练练书法，欣赏欣赏音乐或者<u>义务劳动</u>
注－义务劳动：出于自己的自由意志而进行的、不要报酬的劳动。参见《附录肆－166》。

y69 一网不捞鱼，二网不捞鱼，三网就捞小尾巴尾巴鱼
例（橡76 01）：不妨去看看，万一是真的呢？<u>一网不捞鱼，二网不捞鱼，三网就捞小尾巴尾巴鱼</u>
注－一网不捞鱼，二网不捞鱼，三网就捞小尾巴尾巴鱼：旧时京中幼儿在一种游戏时所唱的童谣。"尾巴"读为 yǐ be*r。

y70 一想到祖国的重托，人民的期盼
例（千457 13）：<u>一想到祖国的重托，人民的期盼</u>，我脑子里就没个人的地方了
注－一想到祖国的重托，人民的期盼：文革语，是被激励出革命热情的革命群众所应说的标准语汇。出处待考。

y71 一言堂
例（修503 23）："怎么，你还想搞<u>一言堂</u>？"刘书友瞪眼
注－一言堂：新京语，据说是源自艾芜的《漫谈科学和文学》一文："要设法制止'一言堂'、'个人说了算'的不民主现象。"

y72 意志薄弱
例（谁562 16）：我这么<u>意志薄弱</u>

的人你考验我干嘛

注－意志薄弱:"意志薄弱"（infirm；feebleminded；frail）指人的意志力缺乏自觉性、原则性和抑制性，表现出不能自制、不坚定、不果断、顽固、执拗和易受暗示等特征。参阅《附录肆－167》。

y73　一种现象掩盖着另一种现象

例（爸342 23）：对我不敢不尊重，但一种现象掩盖着另一种现象

注－一种现象掩盖着另一种现象：文革语。句中"现象"一词应为"倾向"。

yin

y74　阴沟不叫阴沟叫地道

例（正100 24）：管阴沟不叫阴沟叫地道——当然是干事业了

注－阴沟不叫阴沟叫地道：京式俏皮话。此处"地道"不是句中字面的"地下通道"之意，而是纯正、正宗、符合标准义。"道"字轻声。

y75　隐藏很深的不可告人的秘密

例（玩419 19）：也许正因为什么也没发现他反而更坚信我有什么隐藏很深的不可告人的秘密

注－隐藏很深的不可告人的秘密：文革语，每个被整的对象都会被说成有"隐藏很深的不可告人的秘密"。

ying

y76　英雄模范

例（爸393 21）：除了父母老师榜上有名的英雄模范他们哪见过其他大人

注－英雄模范：新京语，产生于二十世纪五十年代初期。那时常树立此类形象供群众景仰学习。

y77　英雄事迹

例（爸349 08）：应该多看一些描写英雄事迹的书，学学人家怎么做人的

注－英雄事迹：新京语，参见上条，是上一条的具体注脚。

y78 影响

例（刘135 10）：怕你受不好的**影响**

注 - 影响：新京语，可用于正反两方的中性词汇，但主要用于政治方面。

y79 影响进步

例（爸391 11）：甭管男孩女孩从小有了这么个风流名声，也**影响进步**呵

注 - 影响进步：新京语，是对要求进步者的一种告诫，提醒其不要参与某种活动或时刻注意把握自己的行为，以免影响到自己"进步"，即对党的紧跟。

y80 硬骨头

例（人513 16）：我原以为你是个正视现实眼睛眨也不眨的**硬骨头**

注 - 硬骨头：此语出自1964年1月国防部授予南京某步兵团6连以"硬骨头六连"的称号，以表彰该连的卓著功勋。参见《附录肆 - 168》。

you

y81 优良传统

例（你161 15）：人家将来要查的，到底这**优良传统**是从哪朝哪代失传的

注 - 优良传统：特定语，专指共产党从红军时代开始就具备的那些优秀品质。

y82 悠着

例（玩438 21）：你那几年当兵领的赏钱还不够一顿吃的……**悠着**花，悠着花三天之后也只吃炒粉了

注 - 悠着：京俗语，意谓有节制的、适度的（如何）。

y83 有反必肃

例（爸184 27）：他的刚烈、正直、勇猛以及有错必纠**有反必肃**的严格劲儿

注 - 有反必肃：语出毛泽东1957年《关于正确处理人民内部矛盾的问题》："我们的方针是：'有反必肃，有错必纠'。"

y84　有缓

例（橡36　19）：只要他没报官，事情还**有缓**

注－有缓：京俗语，谓事情尚有挽回的余地，未至绝境。"缓"字也可儿化。

y85　有讲

例（过351　13）：我为什么这么跳马？这都是**有讲**的

注－有讲：京俗语。"讲"是"讲究"的简说（参阅《卷一·j23》条）。表示有来历、有依据、传承有序、有深刻道理。"讲"字儿化。

y86　有色心没色胆

例（枉590　10）：犯罪的事咱不干，咱没那能耐，咱这是**有色心没色胆**

注－有色心没色胆：京俗语，旧时京人口语中此处"色"字多读为 shǎi。

y87　有损国格

例（橡26　17）：这是**有损国格**的行为

注－有损国格：此说法始见于二十世纪八十年代初期，当时某中国女子与外国人未婚同居，被认为是"有损国格"的行为，"国格"一词就此诞生；后来在商务印书馆2000年版的《应用汉语词典》、语文出版社与外研社2004版的《现代汉语规范词典》中均开始收入此词（此前各字典中均无此词）。由此似可一窥某种社会事件对催生一个词汇的作用。

y88　游行队伍

例（动416　09）：我随着全校由鼓号队作先导的**游行队伍**在城里游行了一天

注－游行队伍：新京语，尤其盛行于"文革"期间。那时隔（京人习读为 jié）三岔两以各种名目游行。

y89　有眼不识金镶玉

例（无88　23）：你得容许有人**有眼不识金镶玉**

注－有眼不识金镶玉：对人恭维语，意指原来对某人的敬重不足，此刻要重新认识。但旧京下层人士有时会将此变为拐着弯的骂人话，即在此后加上另半句"错把茶壶当夜壶"。

y90　有组织

例（懵534　27）：他们能跑哪儿去？不会的不会的，都是**有组织**的人

注－有组织：特定语，多数情况下是指在党团组织，或至少也是在机关。

y91　有高的

例（你183　09）：还是冯先生**有高的**，一下就解决了问题

注－有高的：新京语，当面恭维人时用；意近于旧京语所说的"您圣明"。

y92　有劲、没劲

例（爸241　15）：问儿子："你觉得**有劲**么？"……"**没劲**。"儿子说

注－有劲、没劲：京人习用说法，"劲"字读为jin，有"乐趣、兴致、使人感兴趣动心（之处）"等意。

y93　有匿

例（无70　02）："怎么老是你们俩'和'……""他们俩老互相喂'张儿'，里头肯定**有匿**。"

注－有匿：此处之"匿"字是"猫儿腻（匿）"的简说；"有匿"指打牌时两人串通作弊。

y94　有钱的帮个钱场，没钱的帮个人场

例（千356　01）：主持人……冲袖着手围成一圈看热闹的人一抱拳："**有钱的帮个钱场，没钱的帮个人场**……"

注－有钱的帮个钱场，没钱的帮个人场：旧京撂地卖艺者敛钱时说的套话。

y95　有时有晌

例（谁536　17）：也不能干起来不让停，也得**有时有晌**

注－有时有晌：指做事要张弛有度，该歇就歇。

y96　有人

例（正102　09）：申领营业执照能

批下来么……你们工商局<u>有人</u>么

注－有人：新京语，指有自己关系网中之人。在中国自古以来"关系"就是重中之重，超过一切。

y97　有人群的地方就有左中右

例（顽20　23）：没办法，<u>有人群的地方就有左中右</u>

注－有人群的地方就有左中右：语出毛主席1957年的《事情正在起变化》一文："除了沙漠，凡有人群的地方，都有左、中、右，一万年以后还会是这样。"

y98　有事一句话

例（玩245　02）：我很乐意交你这个朋友……以后我们那边<u>有事一句话</u>

注－有事一句话：京人习用说法，是向对方示好，表示"如有事找我，一定鼎力相助"。

y99　有××我买——

例（正87　24）："<u>有</u>作家画家记者导演<u>我买——</u>"随着一声悠长地吆喝，一个呆头呆脑……的老帽儿……走过来

注：有××我买——：旧京走街串巷收破烂儿的所用之吆喝法；××一般应为"破烂儿"。注意这都是用乐音唱出的，"破烂儿"也要拉着长声唱。原著此处是作者王朔的调侃。

y100　有一搭没一搭、没盐没醋

例（痴244　13）：倚在别人的办公桌旁和朱秀芬们<u>有一搭没一搭</u>地说些<u>没盐没醋</u>的话儿

注－有一搭没一搭、没盐没醋：京俗语，指无关紧要的、想起什么说什么、无实质意义的（对话）。

y101　有一腿

例（玩284　10）：怎么，你们原先就<u>有一腿</u>子

注－有一腿：京俚语，指男女间有不正当的性关系。按：原著此处例句中的"子"字疑是"了"字之误，没有说"有一腿子"的。

y102　友谊商店

例（你211 21）：经常冒充外国人进出**友谊商店**从来没人敢拦过

注 - 友谊商店：是中国大陆的国营特供商店，最初只服务于外国人和政府官员。参见《附录肆 - 169》。

y103　有意义的生活

例（浮213 26）：我妈妈……总觉得她有义务指导我像她那样过"**有意义的**"生活

注 - 有意义的生活：特定语，指紧跟党走、改造思想、建设祖国、支援世界革命等等。

y104　有预谋有组织的

例（爸325 12）：是不是你想出来的损招儿？从一开始就是**有预谋有组织的**

注 - 有预谋有组织的：文革语，在批判被整者的套话中常见此说法。

y105　有则改之，无则加勉

例（千345 11）：没做亏心事不怕鬼叫门，**有则改之，无则加勉**

注 - 有则改之，无则加勉：新京语，语出毛主席1945年的《论联合政府》一文："对于我们，经常地检讨工作，在检讨中推广民主作风，不惧怕批评和自我批评，实行'知无不言，言无不尽'，'言者无罪，闻者足戒'，'有则改之，无则加勉'这些中国人民的有益的格言……"

y106　有中国特色的

例（千450 27）：但我们把这些困难都一一克服了，摸索出一条**有中国特色的**新路子新方法

注 - 有中国特色的：1982年，在中国共产党第十二次全国代表大会上，邓公小平明确指出：我们的现代化建设，必须从中国的实际出发。"把马克思主义的普遍真理同我国的具体实际结合起来，建设有中国特色的社会主义。"

y107　右派

例（刘135 19）：就是电影上那种恢复了地位的**右派**的模样

注－右派：这是一个政治概念，是指各种持有保守政治立场的人，在不同国家与不同时期有着不同的意义。详见《附录肆－170》。

y108　右派凑不齐

例（千460 13）：**右派凑不齐**，我也算一个，反正我是交给你们了

注－右派凑不齐：反右运动时，因毛主席有95％都是好人的说法，所以就按5％的指标来揪右派；有的地方甚至采取自愿报名或抓阄决定。此说法即对上述史实之调侃。

yu

y109　鱼儿离不开水

例（玩256 10）：方言倒总是和群众在一起，像**鱼儿离不开水**

注－鱼儿离不开水：特定语，专指党群关系。"文革"期间最为流行的一支红色歌曲《大海航行靠舵手》中即有此说："鱼儿离不开水呀，瓜儿离不开秧，革命群众离不开共产党。"

y110　舆论工具

例（人516 24）：我们的**舆论工具**正面临着一个扶正祛邪、净化社会气氛的艰巨任务

注－舆论工具：特定语，意指所有形式的传媒都负有导向舆论、宣传群众之责任，要做党的驯服工具。

y111　语录

例（你167 24）：这你从圣人们流传下来的**语录**中可以看到

注－语录：特定语，原意是指对某人言论的记录或摘录，最早的语录当属孔夫子的《论语》；但从二十世纪六十年代《毛主席语录》问世，此词便成为专属名词了。

y112　语重心长

例（千342 08）：接下来王爷又**语重心长**地对我说……团结他们为大清效力

注－语重心长：特定语，专用于描述革命老前辈谆谆告诫革命接班人。

y113　遇上外宾影响多坏

例（懵568　22）：真要**遇上个外宾**什么的那**影响多坏**，给人家什么观感

注－遇上外宾影响多坏：中国的外交原则是"外交无小事"（周恩来总理语），所以一切丑都不能暴露给外宾。此为全民所共识，直至改革开放后开始有了一些变化。

y114　御用挂

例（玩294　02）：告诉她，家里给她新设了一位"**御用挂**"

注－御用挂：日语名词。参阅《附录肆－171》。

yuan

y115　冤假错案

例（谁562　23）：就按你们人制造**冤假错案**那个标准，我这点毛病也不够捕的吧

注－冤假错案：新京语，狭义是指"文革"中所发生的对人民之无端迫害；广义则包含任何时期的类似问题。

y116　原谅……还是不原谅

例（千475　07）：这个人很坏，**原谅……还是不原谅**

注－原谅……还是不原谅：王朔式的调侃，有意模仿《哈姆雷特》句式。

y117　原则

例（刘117　22）：我这么干是很没**原则**的，应该受到谴责的

注－原则：特定语，专指党的原则。

y118　原则问题

例（懵577　02）：牛大姐、刘书友坚决不同意："这是**原则问题**！"

注－原则问题：新京语，专指关乎马列主义基本理论的问题。

y119　原装

例（刘121　13）：我们单位有不少离了婚的优秀人才，**原装**的也有

注－原装：新京语，原意是指（某种产品为）正式厂家所生产而非杂牌货；此处是调侃说法，指未婚者。

y120　原装爷

例(玩246 21)：您留神自个，甭一个礼拜，就没你们那位**原装爷**什么事了

注－原装：新京语，参看上条。此处"原装爷"是调侃说法，指正式的丈夫。

yue

y121　月白色

例(千303 27)：唐大妈穿着件**月白色**斜襟布褂

注－月白色：旧时京人春秋季常穿的服色，是一种极淡、接近于白的蓝灰色。详见《卷二·yx60》条。

y122　越×越欢

例(枉587 05)：先是为鸡毛蒜皮的事拌嘴，接着**越闹越欢**

注－越×越欢：京人习用说法，指某事态(即×所代)在进行中，且程度愈甚。

y123　越是艰验(险)越向前

例(给451 11)：一个民愤极大的几乎丧尽天良的人尚且不忘追求**越是艰验(险)越向前**那是一种什么精神

注－越是艰验(险)越向前：源自革命样板戏《智取威虎山》的唱词："明知前途有艰险，越是艰险越向前。"此说法在"文革"时期极为普遍，已经成为日常口语。按：句中"验"字是"险"字之讹。

y124　越说你还越来劲了

例(给453 11)："德性！"周瑾一甩手站起来。"**越说你还越来劲了。**"

注－越说你还越来劲了：京人习用说法，谓对方不听劝阻，反变本加厉(如何)。旧式京语有"越劝越央"(参阅《卷二·yc23》条)一说，与此义同。

yun

y125　晕菜

例(无99 04)：你哭起来一定特别楚楚动人……这两个男人先得**晕菜**

注－晕菜：新京语，始于二十世纪八十年代末，指(因某种原因而)不能正常思维与判断。

y126　云山雾沼

例（玩328　16）：谈学运谈流放谈写作，虽不失云山雾沼却也有板有眼

注－云山雾沼：又作"云山雾罩"，形容所言虚妄，不着边际。

y127　运动

例（顽02　10）：我不是让你们去为我运动

注－运动：日语外来词"運動"（源自意译英语 sports; athletics; games），是专指各种体育活动；而原著此处是在汉语中常见的引申义，意谓"暗中进行幕后交易，以谋求达成某种目的"。

Z 部

za

z01　扎板带穿灯笼裤的胡同串子

例（千311　27）：只见黑子领着一帮扎板带穿灯笼裤的胡同串子舞刀弄棍一路……奔来

注－扎板带穿灯笼裤的胡同串子：这是那时"胡同串子"中某些人的标准服饰，板带、灯笼裤是练功服。直至二十世纪七八十年代，某些"胡同串子"还在练拳脚、摔跤等功夫。

z02　唑磨

例（橡62　11）：老邱唑磨了一会儿，冷不丁放声大笑起来

注－唑磨：一般写作"咂摸"。本指品尝味道；此处引申指寻思、琢磨、体味。

z03　扎着脖儿过

例（玩253　07）：生是一顿饭吃出了毛病，早知道我就扎着脖儿过

注－扎着脖儿过：京俗语，此处是指不吃饭；但此说法一般是指穷得吃不上饭（所以只好把脖子扎上）。

z04　砸场子

例（千357　07）：快开始吧……再不开始观众就砸场子了

注－砸场子：为发泄对节目或演员的不满而在演艺现场捣乱甚或大打出手，这是旧京之人——尤其是旗人的陋习；"文革"期间倒

基本上少有此事（较有影响者是1967年解放军队总政治部两派间的所谓"5.13事件"），那时舞台上只有毛泽东思想宣传队在歌颂伟大领袖，不容捣乱。

z05　砸手里

例（正96　25）：钱花不出去还一劲儿涨利息这不是逼着我把人民币**砸手里**么

注－砸手里：本为商业用语，指所进的货滞销；引申到其他方面，泛指某种事物之进程在自己这里因故而迟滞。原著此处是王朔式调侃。

z06　杂种

例（人480　11）：他想甩了我，去外国找个洋老婆，生个**杂种**

注－杂种：对混血儿的贬称。另：此词在下层京人相互对骂时常用，在那里"种"字的京腔口语音读 zong，轻声。

zai

z07　栽面子

例（爸311　20）：你说我是管你不管你？又怕当着你的哥们儿让你

栽面子

注－栽面子：此处"栽"字，是指遭到屈辱性挫败；栽面子则是因失败而脸面全失。另有"丢份"一词，与此意略同。

z08　宰

例（玩391　13）：铁瓷归铁瓷，该**宰**也得宰

注－宰：新京语，多用于商业，指（无规则限制的、无道义的、近乎讹诈的）从对方身上榨取高额利润。

z09　在档案上注明、不服从分配

例（千421　12）：但凡发现类似苗头，一律勒令退学，或**在档案上注明**：该生**不服从分配**

注－在档案上注明、不服从分配：自建国起，大学毕业生包分配工作，但学生本人要签一份文件，保证"服从国家分配"；若你不签或虽签了却不服从，就都要给你记入档案，作为一个政治污点伴随你终生。参见《附录肆－172》。

1379

z10 在理儿

例（千299 16）：这话<u>在理儿</u>

注 - 在理儿：京人在赞同、附和他人所言时的常用说法。

z11 在南边混的东北妓女

例（无83 01）：像个<u>在南边混的东北妓女</u>

注 - 在南边混的东北妓女：二十世纪九十年代初，东三省有大量妇女到深圳等早期改革开放的城市做色情行业。参见《附录肆 - 173》。

z12 在这道儿上混

例（正126 19）：要想还<u>在这道儿上混</u>，就得懂规矩

注 - 在这道儿上混：旧京俚语。此处之"道"字多指黑道，即非法的行业。

z13 在群众中树立威信

例（给455 06）：本来说帮你<u>在群众中树立点威信</u>你还不识趣

注 - 在群众中树立威信：新京语，"文革"期间使用频率很高的词汇。

z14 再踏上一万只脚，叫他们永世不得翻身

例（千452 24）：我们就是把这第四座大山打倒在地，<u>再踏上一万只脚，叫他们永世不得翻身</u>

注 - 再踏上一万只脚，叫他们永世不得翻身：语出毛主席1927年《湖南农民运动考察报告》："这等于将地主打翻在地，再踏上一只脚。""文革"中革命群众又将其增改成现状，成为使用频率最高的语汇之一。

zang

z15 脏喇

例（人508 09）：这么说刘志彬还没把钱给这个"<u>脏喇</u>"，你还来得及阻止他

注 - 脏喇：新俚语，指下等妓女。"喇"字见本卷之104~106条。

z16 脏妞儿

例（谁544 12）：什么东西……快赶上我们胡同那些<u>脏妞儿</u>了

注 - 脏妞儿：新俚语，义近上条；但并非专指职业妓女，还包括了

生活作风不良之女性。

z17　脏字
例（一172 09）："小姑娘说话别带脏字。"我提醒她

注－脏字：京人习用说法，"脏字"首指对方言语中有辱及自己先人处。旧时正派京人，尤其是旗人最忌说话带脏字儿；现在人好像不太在乎了。

zao

z18　糟泔事儿
例（你203 05）：我那点糟泔事儿哪敢麻烦您们

注－糟泔事儿：京郊之人可能有此类说法。"泔"字轻声。

z19　糟贱
例（许117 15）：得养成糟贱东西的习惯，那才是真正有钱人的派头

注－糟贱：京俗语，也作"糟践"。此处指有意的毁坏、糟蹋。"贱"字读jin，轻声。

z20　糟践
例（玩411 23）：人死了嘛，东西别糟践

注－糟践：京俗语，也作"糟贱"。此处指浪费、不爱惜。"践"字读jin，轻声。

ze

z21　责任感
例（你181 12）：对家庭和社会有责任感

注－责任感：新京语，约产生于二十世纪六十年代。

zei

z22　贼亮
例（爸258 09）：把马路擦得贼亮一尘不染

注－贼亮：京俗语，形容（某物件）异乎寻常的亮。可属中性词汇，但也常有时用于贬义处。

zen

z23　怎么着吧
例（无05 21）："……你再动一下电视试试？"……"我关了，你怎么着吧……"

注－怎么着吧：京人习用说法。是含有挑衅性的问话，"着"字读zhāo。

zha

z24 扎

例（懵547 12）：这主儿就是个混混儿……上这儿**扎**来了

注－扎：新俚语，产生于二十世纪五六十年代，意指"跑海走黑道的"（见《卷一·p07》条）到一个地方打算根据自己特长（或偷或抢、或坑蒙拐骗崩）捞一票。

z25 扎

例（刘107 18）：刘大妈从厨房**扎**着手出来

注－扎：京俗语，此处意指伸张开。此词还另有（毛发）竖立、钻入、躲藏、奔赴（何处）、（向一起）聚凑等用法。

z26 扎翅儿

例（爸408 08）：我们警告这帮小子了，都老实点，别**扎翅儿**

注－扎翅儿：此处"扎"读去声，一般写为"奓翅儿"，京俗语，原指鸡互斗时张开翅膀的样子，转指不知天高地厚，过分张狂。

z27 诈唬

例（谁545 13）：比谁都**诈唬**得凶

注－诈唬：京俗语，指高声叫嚷或其他显眼之事，含有故意引人注目或炫耀自己之意。

z28 炸窝

例（人455 17）：我怕他们**炸了窝**，我控制不住局面

注－炸窝：京俗语，本义为鸟类受惊从巢中飞散；引申指群体因某种突然降临的变故导致失控，也可形容团体内部爆发纷争吵斗。

z29 乍尸

例（千301 25）：你不老实挨打，还敢**乍尸**

注－乍尸：现一般写作"诈尸"，原指尸体因某种缘故而忽然自己动了起来；此处指某种激烈的非理性行为。含有骂人的成分。

zhai

z30 乍不冷

例（玩284 20）：**乍不冷**出来一个人问你八辈子前的事你哪能样样

说清

注－乍不冷：一般写成"侧巴棱"（读 zhāi be lēng），本义指倾仄、向侧面（几乎跌倒）。原著此处是突然、冷不丁儿的（如何）之意，与京语原义有别。参见《满蒙语汇肆－11》。

z31 摘

例（修501 05）：有那么三五个花搭着爱到一筐里……把谁**摘**外边都是伤心事

注－摘：京俗语，应作"择"（zhái），有"拔除（零星的短毛）、剔除（无用或有害的成分，如鱼刺、烂菜叶等）、分离摆脱（某事）"等义。

zhan

z32 沾包

例（橡37 07）：谁叫你和那个坏女人一块混的，**沾包**了吧

注－沾包：一般写作"粘包儿"，指（某件坏事）虽与己无关却受人牵连，有点儿瓜田李下的意味。"包"字儿化。

z33 战线

例（无61 23）：你这是侮辱了我们全体医疗**战线**的同志

注－战线：新京语，即××方面、××界。此词是在把什么都看成斗争的年代应运而生的，"文革"期间使用频率极高。虽早在二十多年前就有人呼吁改变此说法，但至今仍多有沿袭用之者。

z34 战友

例（懵544 10）：都是文艺界**战友**

注－战友：新京语，"文革"期间使用频率最高，今仍有人沿袭用之。此词在把什么都看成斗争的年代应运而生，既是斗争，顺理成章就得有战友。

z35 战友、总政

例（动457 05）："干吗不考'**战友**'呢？""我还考**总政**呢。"

注－战友、总政：这是两个军队文工团的名称。"战友文工团"属北京军区；"总政"即"解放军总政治部文工团"，是军内规格最高的文工团。

z36 占着茅坑不拉屎

例（枉601 17）：我相信您不是尸位素餐，<u>占着茅坑不拉屎</u>，终日只知吃干饭的人

注－占着茅坑不拉屎：京俗谚，是"尸位素餐"的通俗版。

z37 占座

例39（过301 06）：我们说好了要去吃的地方，潘佑军带着他那个女友先去<u>占座</u>

注－占座：新京语。"文革"期间，百业萧条，饭馆数量极其有限，供不应求。想去吃顿饭，就得早早占座；去晚了就得跟站岗的似的站在就餐者身后，待其吃完才能就坐。随着改革开放百业俱兴，饭庄林立，此词也就逐渐淡出今天的语汇。

zhang

z38 张罗

例（许127 16）：接着便<u>张罗</u>请饭

注－张罗：京俗语。见《卷一·z41~z43》条。

z39 掌

例（爸305 07）：街坊没少把一些有<u>掌</u>的女同志发给他

注－掌：京语中有"皵儿"（读 zhǎr）一词，指水果上碰伤的瘢痕，引申指误会芥蒂（此引申说法现已罕有人用）；又有"钑儿"（亦读为 zhǎr）一词，系指器物上的伤痕。京俗语说人行止有亏欠甚或有前科也说"有钑儿"或"有皵儿"。原著此处写为"掌"不妥。详见《卷三·mq08》及《附录叁－03》条。

z40 帐全记在"四人帮"头上

例（玩297 19）：过去的事就让它过去。说句官话，<u>帐全记在"四人帮"头上</u>

注－帐全记在"四人帮"头上："文革"后为了消弭群众中相互间的仇怨提出的口号。

z41 仗义

例（橡72 17）：我觉得他言而无信，太不<u>仗义</u>了

注－仗义：京俗语，词性很难定

义，举凡有担待、坚守盟约、维护正统、为朋友两肋插刀、相互包庇、肯资助他人、遇事敢出头、大包大揽等，都可能被认为是"仗义"，相反当然就是不仗义了。

zhao

z42 招

例（刘168 26）：我才没那么好骗呢。你**招**了我，我就赖上你了

注－招：京俗语，此处意指"因某事致使两人之间产生了某种联系"。京语中此词还另有挑逗、冒犯、（使得别人）感到、传染上（某种病）等用法。

z43 招工

例（刘106 15）：西北石油管理局在我们插队那个地方**招工**，我就去了

注－招工：特定语。二十世纪七十年代初，全国总算恢复了一点起码的秩序，有些工矿企业开始进行有限的招工。参见《附录肆－174》。

z44 招呼

例（憎533 25）：那边还有些人需要我去**招呼**，失陪了

注－招呼：京俗语，此处意为照应、接待。此词详见《卷一·z45、z46》条。

z45 招你们惹你们了

例（正110 02）：我**招你们惹你们了**，连话都不能说了么

注－招你们惹你们了：京人习用说法，多为争执时弱势一方所言，意谓"我没招惹你们（干吗要这样欺负我）"。

z46 招人待见

例（刘108 23）：美国就那么**招人待见**

注－招人待见：京人常用说法，被别人（所如何）多说成招人（如何）；待见意为（被人所）喜欢、喜爱。

z47 招人嫌

例（刘111 03）：女孩子，别学得那么伶牙俐齿的，**招人嫌**

注－招人嫌：此意通常是说讨人嫌，或招人不待见。

z48　招谁惹谁了

例（玩253 06）：你说咱们这么正派的人**招谁惹谁了**

注－招谁惹谁了：参见此前之z47条，二者区别在于前条是争执中势弱一方所言；而此条多是自说自话。

z49　找巴

例（爸377 21）：你也别**找巴**了……你也用不着虚伪

注－找巴：京俗语，应为"找补"，"找"字阳平；"补"字读音介于be、bo之间。

z50　找不自在

例（正126 19）：别**找不自在**。要想还在这道上混，就得懂规矩

注－找不自在：京俗语，常在争执中用以威胁对方。

z51　找台阶，打后场

例（爸303 27）：马林生也觉得这么言过其实地编下去有些无聊，便给自己**找台阶，打后场**

注－找台阶，打后场：京俗语。找台阶谓争执中处于下风一方借着某种因由退缩；另也用于指为某件不甚圆满之事找些说辞，以图面子上好看些。后一种意思有个更纯粹京味儿说法"撧溜子"（读 zhě liū zi）。打后场应为打圆场，指为争执双方从中说和。

z52　照

例（正102 11）：三T公司原来有**照**，现在成立新组织不用另起新照

注－照：新京语，指在工商局注册的营业执照。

zhe

z53　蜇

例（玩216 07）：如果回家的话到家喘口气儿就得往回**蜇**

注－蜇：京俗语，折返。见《卷一·z54》条。

z54　折

例（空24 09）：有一次飞机起飞，一箱开水**折**在她脑袋上

注－折：京俗语，"折个儿"的

简说，此处意指翻转容器（致使其中物体倾出）。

z55　折进去
例（人497 04）：这么说他又要**折进去**了，这回是什么事
注－折进去：京俗语，某人因某种不法之事败露，触犯刑律身陷囹圄。此处之"折"为"折个儿"的引申义。

z56　这不结了
例（千323 14）："**这不结了**，一个顶俩。"主管大夫对众人说
注－这不结了（zhè bù jié le）：京人习用说法。在双方讨论过程中出现有利于自己论点的内容时，用"这不结了"指出此点，以彰显自己所言之正确。"这"字轻声，"结"字阳平。

zhei
z57　这不是
例（爸311 22）：**这不是**偶尔，来了客人，才抽一口
注－这不是：京人习用说法，无明确语义的发语词，多用于将要罗列某种现象的句子前，读为

zhèi búr。参阅《附录肆－175》。

z58　这二年
例（你172 08）：**这二年**岁数大了
注－这二年：京人习用说法，也说"这两年儿"。注意：1. 这里"二（或两）"并非指实际意义的2，而仅是复数"若干"（一般习惯指五以下）之意；2. 若说"这二年"，则"年"字不可儿化；如说"这两年"，则"年"字可儿化。

z59　这年头
例（懵533 17）："可这事也太好了，好得都悬了。"……"**这年头**有这种好事么……"
注－这年头：京俗语，即指眼下、此时。此说法含有某种对时局感叹之意。

z60　这人
例（谁535 26）："我算看出来了。"……"**这人**打骨子里都是剥削阶级，一遇机会一个比一个狠。"
注－这人：京人习用说法，此处读为 zhei rén，"这"字轻声，而

"人"字读本音，表示广义的、所有的人；但若读为 zhèi ren，则是专指"这一个"具体的人。

z61　这丫

例（无41 19）：当时我就看出**这丫**大了不会闲着——果然！好呵，好！

注－这丫：这个人。下层京人议论不在场的第三者时的习用说法，可能含贬义，也可能不含。"丫"字见 y01 条。

zhen
z62　真善美、假恶丑

例（修491 18）：我认为我们现在社会非常需要**真善美**，因为人人**假恶丑**又不太甘心

注－真善美、假恶丑：近几十年以来的一种常见说法。此说法实际是站在机械唯物论立场上的一种设定，真实的真、善、美之间并无必然的实质性关联；同理，假、恶、丑之间亦然。

z63　镇、戳

例（动433 05）：就你这松样儿还打算在我们王府井一带称王称霸呢？告诉你，什么**镇**灯市口，**戳**南池子，公安局全镇

注－镇、戳：下层京人俚语。"镇"字源远流长，就是《水浒传》中"鲁提辖拳打镇关西"的那个镇字，意谓"在某地区可以称王称霸"；"戳"字是指"（在某一地区）有实力、站得住脚"，一般是说"戳得住、戳得起个儿"。"戳"字详见本卷之 c93 条。原著此处对"戳"字的使用与那时的实际用法有出入。

zheng
z64　这么着

例（爸319 13）：人家**这么着**没错

注－这么着：京腔口语说 zhèn m zhāo，"么"字读 m，是口型提示；"着"字读 zhāo，是为加重语气。

z65　争取一个好的态度

例（刘128 10）：事情已经这样，重要的是**争取一个好的态度**

注－争取一个好的态度："文革"中劝诱被整者"交代问题"时的常用语，即是坦白从宽。

z 66 整

例（过354 18）：当时最整我的连指导员也被炮弹炸死了

注－整：新京语，"文革"时期"整"字的应用达于顶峰。上自国家主席，下至"一切牛鬼蛇神"，都成了"整"的对象，整法五花八门，惨不忍睹。

z 67 整个一个

例（橡70 09）：你他妈办的这叫什么事？整个一个谁都不认识谁

注－整个一个：新京语习用说法，用于句首，是对"这一个"（人或事物）的强调。前一"个"字须儿化；后一"个"字不可儿化。

z 68 政策

例（爸207 09）：作为政策的一种体现，她们……放走了那个态度好的男孩儿

注－政策：此词可说是近六十年来使用频率最高的政治词汇。参见《附录肆－176》。

z 69 政策水平

例（千359 12）：我们有些同志政策水平不高

注－政策水平：新京语，参见上条。

z 70 政策性

例（人455 16）：这是个涉及面很广，政策性很强的工作

注－政策性：新京语，参见z70条。

z 71 政府

例（千310 08）：别我把洋人打坏了政府跟我不干

注－政府：新俚语。京中流氓阶层口中的"政府"一词专指公检法等专政机构。此类人下狱时，在那里他们把狱警也叫"政府"（此为早前之事，现在据说不这样叫了）。

z 72 真格的

例（千293 08）：说真格的……出多少钱我倒不在乎

注－真格的：真的。京人习用说

法,"真"字读 zhèng。

z73 正经是
例(刘139 25):您以为谁坐在你面前呢?<u>正经是</u>咱们国家著名的灭火专家
注-正经是:二十世纪八十年代后兴起的说法,为郑重地肯定某事而使用的发语词。"经"字上声。

z74 正面教育
例(刘132 02):孩子是单纯的……还是要以<u>正面教育</u>为主
注-正面教育:特定语,专指按马列主义、毛泽东思想的原则施教。

z75 正统
例(橡48 19):李白玲可不能算"<u>正统</u>",说邪魔还差不多
注-正统:原义指王朝的嫡系传承。近几十年演变为特定语,专指对马列主义毛泽东思想的全面继承,原义已不再重要。

z76 政委
例(空17 10):我像个半瓶子醋,<u>政委</u>热心地对着话筒说,"什么问题搞不通?"
注-政委:"政治委员"的简称,是中国人民解放军对负责党的工作和政治工作的领导干部的称谓。详见《附录肆-177》。

z77 正眼眨
例(柩593 17):你也把我当老帮脆还不<u>正眼眨</u>的
注-正眼眨:正眼看,表示重视。此词一般用于否定句(如本例),意谓"不当回事儿"。"眨"字读为 jiā,多写为"夹"。

z78 政治犯
例(千411 13):把我和强奸犯盗窃犯们关在一起,我不愿意当<u>政治犯</u>
注-政治犯:政治犯指的应是政治性犯罪,它主要是指直接侵害国家现行政治权力和制度的犯罪。我国刑法现将其表述为"危害国家安全罪"。

z79 政治空气
例(玩248 27):为了活跃党内<u>政</u>

治空气

注－政治空气：新京语。指某一特定范围内的政治气氛。

z80　政治面目

例（懵555 20）：这不好，不是您这种**政治面目**的人应有的品质

注－政治面目：也作"政治面貌"，指的是一个人所属的政治派别，代表了一个人的政治身份。现在分为共产党员、共青团员、群众、其他党派人士四类。这些需要你在相关文件上填写，是纳入你的档案、一生与你相伴、以便组织上随时掌控的东西。

z81　政治思想

例（浮206 08）：她们开始议论班里男生谁**政治思想**好，但动作别扭

注－政治思想：政治思想是指反映某一特定社会阶级、阶层或集团利益的主导思维模式。参见《附录肆－178》。

zhi

z82　知不知道人间还有羞耻二字

例（你218 27）：你们**知不知道人间还有羞耻二字**？你们父母的脸都让你们丢尽了

注－知不知道人间还有羞耻二字：文革语。"文革"期间对被批判者一般都会加一句"不知人间还有羞耻二字"。原著此处是写的"文革"后，科长在当面批评指责科员时习惯性地套用此说法；语气已不如"文革"期间的肯定，所以加"知不知道"。

z83　支棱

例（爸175 03）：马锐……头发乱糟糟**支棱**着走进屋

注－支棱：也作"支楞"，京俗语，直竖、竖起。

z84　知青队伍

例（玩418 18）：我被作为混在**知青队伍**中的美女蛇，拉到全团职工知青大会上批判

注－知青队伍：主要指从1966年至1968年这三届上山下乡的初、

高中学生（专用名词称"老三届"），另也包括后来几届的中学生，但数量不及老三届多。参阅《附录肆－179》。

z85　知识分子习气

例（爸320　03）：你虽不是知识分子，却染了一身<u>知识分子习气</u>

注－知识分子习气：新京语。自二十世纪五十年代起，"知识分子习气"成为贬义词，可以包含一切坏习气。此理念直至党的十一届三中全会后才逐步得以纠正。

z86　指使

例（正74　07）：也是劳动人民出身，别养成<u>指使</u>人的毛病

注－指使：京俗语，指令他人为己服务。京腔读为 zhī shi。

z87　值当么

例（人436　15）：干吗呀，<u>值当么</u>……中国的事不必太认真

注－值当么：是为"不值得"之意。京腔读为 zhí dàng me。

z88　直杵

例（枉577　10）：曲强奔出大楼，开上警车<u>直杵</u>老单家

注－直杵：京人习用说法，意谓直接的、目无旁骛的（向何处去），含急迫意。"杵"字可儿化。

z89　置

例（过396　20）：你又何必再花钱<u>置</u>

注－置：此处意指"添置"。原著此处指添置大件家具。

z90　治病救人

例（你191　06）：当然我们这样做的目的，还是为了<u>治病救人</u>

注－治病救人：1942年2月延安整风开始时，毛主席在《整顿党的作风》的报告中首次提出"惩前毖后，治病救人"。1944年4月，他在《学习与时局》的报告中对这一方针又做了进一步阐述："实行惩前毖后、治病救人的方针……好像医生治病一样，完全是为了救人，而不是为了把人整死。"

z91 治气

例（给448 17）："你治什么气呀？"……"这点气就受不了，还是中国人么？"

注 - 治气：一般写为"置气"，意指（与某人）生气，有点儿成心较劲的意思。

z92 执气

例（一150 07）：我真是从不跟吴迪执气

注 - 执气：音义同上条。一般多写作"置气"。

z93 至于么

例（刘132 20）：还真生气了？至于么

注 - 至于么："于"字轻声，但有时为了加重语气读其本音 yú。

zhong

z94 中段

例（玩245 07）：他们围着"中段"喷出种种龌龊想头

注 - 中段：新京语，指与"性"有关的事。此说法在"文革"期间曾流行过几年。

z95 中国老百姓真是世界上最好的老百姓

例（顽26 07）：**中国老百姓真是世界上最好的老百姓**。……他们其实并没有什么过奢的要求

注 - 中国老百姓真是世界上最好的老百姓：好像周恩来总理说过此话，但未查到确切出处。

z96 中国人民是杀不完的

例（千329 21）：我倒听说过这句话：中国人民是杀不完的

注 - 中国人民是杀不完的："文革"期间许多文章里都用过此说法，用以渲染中国人民不怕牺牲的精神。出处待考。

z97 中山装

例（动415 08）：她的父亲很瘦小，总是穿着一身半旧的中山装

注 - 中山装：此种服装因孙中山首先在正式场合穿着而获此称。详见《附录肆 - 180》。

z98 中苏谈判

例（顽06 11）：早知道有这特长，

中苏谈判请你去得了

注－中苏谈判："中苏边境谈判"的简称，原著此处应是指第三次谈判。详见《附录肆－181》。

z99　中央首长

例（顽41　20）：我说赵老师哪能想见就见，人家特忙，又要接见**中央首长**又要写文章

注－中央首长：新京语，产生于二十世纪五十年代初期，泛指高级领导干部。

zhu

z100　猪不吃狗不理

例（枉590　24）：挺大的人啦，别老干这**猪不吃狗不理**的缺德事

注－猪不吃狗不理的：京俗语。也作"猪不吃狗不啃"，是对某人或事物极度贬斥的说法。

z101　竹筒倒豆子

例（你181　18）：要说痛痛快快的，**竹筒倒豆子**

注－竹筒倒豆子：京俗谚，谓毫无保留。

z102　主观唯心主义、辩证唯物法

例（谁567　03）：老牛这个人从来都是**主观唯心主义**对人，**辩证唯物法**对己……光看到别人黑

注－主观唯心主义、辩证唯物法：此处这两个政治术语均非其学术上的本义，不过是那个时代（后"文革"期）老百姓多年以来浑说惯了的说法罢。"辩证唯物法"一般作"唯物辩证法"。

z103　主人翁精神

例（人431　16）：她们是刚强自豪的充满**主人翁精神**的一代

注－主人翁精神：新京语，始见于二十世纪五十年代初的口号，意谓社会主义国家人民当家作主，大家就要像给自己家干活一样，有多大劲使多大劲。

z104　主儿

例（爸292　04）：这是个无牵无挂没**主儿**的姑娘

注－主儿：京俗语，此词有多意：姑娘嫁人了叫有主儿了（如本条

是指没婆家）；旗人奴婢称自己主人为主儿；强调某人专于××事则称为××的主儿，如：老饕称为吃主儿、花钱无度称为攮钱的主儿、好色称为色（shǎi）迷瞪眼的主儿等。

z105 主儿

例（爸395 13）：他们尤其喜欢欺负被他"灭"过一道的<u>主儿</u>

注－主儿：此条归类于上一条最后一项，用了很长的定语（被他"灭"过一道的）。

z106 蛀虫

例（千469 22）：我们的声誉、同人民群众的关系就是被你们这些<u>蛀虫</u>败坏了

注－蛀虫：新京语，"文革"时期用于攻击"走资派"，改革开放后用于界定贪官。

z107 注意影响

例（谁552 13）：还要<u>注意影响</u>，我们这儿毕竟是个文化单位

注－注意影响：新京语。原著此处意谓"要摆出最正面的形象给别人看"；另也可用于提醒某个表现得不够革命化的人，要求他别流露出不好的一面。

zhua

z108 髽鬏

例（爸320 25）：夏青就笑，晃着两个<u>髽鬏</u>看马林生

注－髽鬏：读为 zhuā jiu。梳在头顶两旁的发髻，"鬏"字轻声，儿化。也作"抓鬏"。

z109 抓挠

例（玩412 06）：我爷爷被鹿钟麟的兵赶出来了。好在我爷爷这么些年没少<u>抓挠</u>皇上一时用不着的东西，衣食是不愁

注－抓挠：此处意为攫取财物，实指偷窃。此词另有抓、（紧张的）操作、办法、博取（财务）、动手（打架）、心中不安等用法。此处"挠"字轻声，但不可儿化，若读为阴平儿化"抓挠儿"，则是指在大人指令下，幼儿表演手指一伸一屈的动作。可参阅《卷一·z116》条。

z110 抓瞎

例（玩252 02）：我**抓瞎**时你还不知道在哪儿乐呢

注－抓瞎：京俗语，此处意为无法应付。也可形容"因无准备而显得慌乱"。

zhuai

z111 转词

例（浮260 27）：他说，"玄都观里桃千树，尽是刘郎去后栽。""少跟我**转词**。"

注－转词：无必要的引经据典，卖弄文采，读为 zhuǎi cé*r。也说"转文"，参见《卷一·z118》条。

z112 拽

例（刘104 07）：小挎包被后面的乘客夹在门里，用力一扯才**拽**出来

注－拽：京语习用说法，指（用力）拉扯，此动作更纯正的京语说"扽"（也写作"抌"），读为 dèn。

zhuan

z113 专案、揪人

例（谁565 07）：牛大姐，你"文革"期间搞过**专案**，**揪人**是你强项

注－专案、揪人：文革语。"文革"期间，革命群众认为××有问题了，就要将其"揪出来"。一个"揪"字形象地描绘出了那时的无政府状态：可以完全不经过任何法定程序、用任何莫须有的罪名、揪出"革命群众"想揪之人。揪出之后批斗，要整材料，于是"专案组"应运而生：专门负责整理被揪出者的档案材料，以便罗织罪名，将其打翻在地，再踏上一万只脚，叫他们永世不得翻身。

z114 专职团干部

例（一117 17）：到底成了**专职团干部**，有志者，事竟成

注－专职团干部：新京语，产生于二十世纪五十年代初期。从那时起，在大学中开始注重特别培养热心于政治进步的学生，吸收他们入党，毕业后作为政治干部留校，专门负责本校的共青团工作。另有一些较大的机关单位也设有此职务。

z 115　转圜

例（橡 39　26）：老东西虽说嘴没软，话里已经透出**转圜**的意思

注－转圜：京俗语，读为 zhuǎn huan，有改变（现状）、挽回、斡旋（某事）等意。详可参见弥松颐先生著《京味儿夜话》第 162 节。

z 116　转铃

例（动 435　12）：我们骑上自行车……一路摇着**转铃**在夜幕下浩浩荡荡出了院门

注－转铃："文革"中、后期，最时髦的就是穿着父辈的黄军装（当时对解放军 1955 年授衔制式的将校服之称谓。穿着它就表示你出身高贵），骑着凤凰－18 型锰钢车（当时最好的国产自行车），"一路摇着转铃"（一种应用"超越式离合器"原理制成的自行车铃）招摇过市。

z 117　转腰子

例（千 463　18）："这是我哥么？"……"刚才**转**了半天**腰子**我还以为是个唱戏的娘们儿。"

注－转腰子：京俗语，此处意指"转来转去"；但在旧京俗语中此词多用以形容为难、不知所措时的形态。

zhuang

z 118　装

例（无 94　13）：顺道就给你**装**俩点心匣子拎过来

注－装：京人习用说法。旧时去看望人，提着"点心匣子"（装有糕点的专用食盒）就是较高档的礼物了。买这个物件儿时，用"装"字作为专用动词，显得正式。

z 119　装

例（刘 126　02）：你在我面前就别**装**了

注－装：此处之"装"字并非"假装"之意，而是京中一种习惯性骂人法"装××"的简说。详见下条。

z 120　装得够匀实的

例（一 154　10）："当年，我真叫你给蒙了。"……"你那孙子**装**

得可够匀实的。"

注 - 装得够匀实的：装孙子指假装不懂、不会、不敢、不知情，与詈语（如装丫挺的、装王八蛋）中的"装"字义不同（见《卷一·z121》、《卷三·zz95》条）。本条为此种说法的灵活运用，所骂之语（孙子）以宾语前置式出现。

z121　装裹

例（许146 17）：他的哥们儿一见他就起哄："行呵，许爷，这就<u>装裹</u>上了。"

注 - 装裹：京中称寿衣为装裹。此处为调侃语。

z122　装花尾巴狗

例（玩267 18）：得了，你也不用<u>装花尾巴狗</u>

注 - 装花尾巴狗：出处未详。义同装蒜。

z123　装孙子

例（玩402 01）：丫一贯<u>装孙子</u>装的特不俗，比咱们有情趣

注 - 装孙子：此处指假装不懂、不会、不敢、不知情。

z124　装他妈什么

例（玩439 19）：<u>装他妈什么</u>精神贵族！中国有什么贵族

注 - 装他妈什么：否定对方所言之某事项时常用的发语词。

z125　装丫的

例（橡05 20）：爱说不说，少来这套，<u>装什么丫的</u>呀

注 - 装丫的："装"字见《卷一·z121》条；"丫的"即"丫头养的"。参见《卷三·yz02》条。

z126　装丫挺、抽丫挺

例（玩391 01）：刘炎答应来答应来迟迟不来涮爷们儿<u>装丫挺</u>冯兄应该<u>抽丫挺</u>

注 - 装丫挺、抽丫挺："丫挺"义同"丫头养的"，参见《卷三·yz02》条。此上两条"丫挺（的）"读 yan d，轻声。

z127　壮

例（橡62 06）：哥哥虽说<u>壮</u>点，也是宁吃鲜桃一口，不吃烂梨一

筐

注－壮：读上声，应写作"奘"。京俗语，谓身体壮实，另也指生活富裕。原著此处是说虽然身体好（身体顶得住），但也不会去乱嫖娼。

z128　壮汉

例（玩331　20）：看到夏红、新郎新娘、糙汉**壮汉**、认识的和不认识的形形色色男女人等

注－壮汉：此处之"壮"字音、义均同上条。

zhun

z129　准谱

例（刘108　13）：那应该有点**准谱**，我就放心了

注－准谱：京俗语，一定的规则、惯例、规律。

zi

z130　资本

例（刘133　15）：说你胖你就喘……一刹那就把错误变成吹牛的**资本**

注－资本：系日语外来词。日语"资本"源自意译英语 capital。

z131　资产阶级观点

例（你196　02）：忘掉人生本是平等的这一**资产阶级观点**吧

注－资产阶级观点：新京语，建国以来此词开始流行，在不同的历史阶段有很不相同的定义。此词系日语外来词："资本家阶级"（意译英语 the capitalist class），"观点"（意译英语 viewpoint）。

z132　资产阶级思想

例（给466　16）：我说你这个同志呵，怎么一脑袋**资产阶级思想**

注－资产阶级思想：新京语，建国以来此词开始流行，泛指一切有悖于当时政治思想主流的思潮与言行。

z133　资产阶级知识分子

例（许136　20）：这位**资产阶级知识分子**在本世纪六十年代就对自己的女儿讲了这番话

注－资产阶级知识分子：新京语，尤以"文革"期间最为盛行。参见《附录肆－182》。

z134　资产阶级自由化

例（懵533 20）：这几年**资产阶级自由化**把人的思想都搞乱了

注－资产阶级自由化：新京语，指反对由中国共产党领导的社会主义制度，主张实行类似资本主义国家民主制度的思想或行为的一种政治思潮，最终目的是推翻共产党的领导。这种"自由化"多体现在因受西方"自由平等博爱"一类论调影响而对无产阶级专政不满者的言行上。

z135　自己动手，丰衣足食

例（千353 15）：尽快投入到重建家园的工作中去，**自己动手，丰衣足食**

注－自己动手，丰衣足食：1943年，八路军总政治部电影团拍摄了电影纪录片《南泥湾》。在电影即将拍完时，时任摄影队长的吴印咸到延安中共中央所在地枣园，请求毛泽东主席为电影题词。毛主席欣然同意，他在两张白色的凸版纸上分别题写了"自己动手"、"丰衣足食"八个字，并签上自己的名字。自此这种观念就成为国策的重要组成部分，与日后的"自力更生"政策有直接的传承关系。

z136　自己是吃儿碗干饭的

例（我172 21）：我从小胆小……想忘也不敢忘**自己是吃儿碗干饭的**

注－自己是吃儿碗干饭的：京俗谚，谓自知之明。

z137　自己跳出来了

例（你190 05）：既然你**自己跳出来了**。我们不妨就公开指名道姓地说

注－自己跳出来了："文革"常用语，两派互相攻讦时指谓对方的所作所为。

z138　自己严格要求自己

例（修488 09）：没人逼我，属于我**自己严格要求自己**

注－自己严格要求自己：新京语，产生于二十世纪五十年代中期。

z139　自觉

例（爸351　21）：我本来是想看你是否<u>自觉</u>

注－自觉：二十世纪五十年代开始流行此说，指谓"觉悟趋于高境界时的状态"。近代以来，国民党在此意义上使用此词；而在共产党解放区同样也有此说。但追根溯源，其实是一个佛教词汇，梵语"菩提"（bodhi），意译为"觉"或"道"；指谓"无上道"，即彻悟的智慧、途径与境界。"自觉"是悟道的一个过程，是相对于"觉他"而言。参见《附录叁－126》条。

z140　自绝于人民

例（过336　20）：那你也不该跑呀，这不是<u>自绝于人民</u>么

注－自绝于人民：新京语，"文革"期间达于极盛。那时凡有不堪严刑迫害而自戕者，均被谥以"自绝于党自绝于人民"之名号。

z141　自来熟

例（人503　02）：所以你就当仁不让了，你倒是<u>自来熟</u>

注－自来熟：京俗语，指那种性格外向、易于与人打交道者。

z142　自立于世界民族之林

例（千437　17）：也许这正是我们这个民族生生不息绵延不已<u>自立于世界民族之林</u>的重要原因

注－自立于世界民族之林：语出毛主席1935年的《论反对日本帝国主义的策略》："我们中华民族有同自己的敌人血战到底的气概，有在自力更生的基础上光复旧物的决心，有自立于世界民族之林的能力。"

z143　自取灭亡

例（爸224　21）：所有努力都将是螳臂挡车，结果只能是<u>自取灭亡</u>

注－自取灭亡：特定语，只用于敌人。"文革"期间达于极盛。

z144　自我感觉良好

例（过319　26）：得了吧，你别<u>自我感觉良好</u>了

注－自我感觉良好：新京语，自二十世纪八十年代中开始流行。

z145　自我批评

例（谁547　21）："你们这儿的风俗是不是自己必须糟蹋自己？""胡说。"……"我们那叫**自我批评**。"

注 - 自我批评："批评和自我批评"是我党重要的治党方针。参见《附录肆 - 183》。

z146　自由化

例（谁561　21）：你也太**自由化**了吧

注 - 自由化：新京语，二十世纪五十年代初期概念还比较模糊，至"资产阶级自由化"一词出炉后就具专指性质了。

z147　恣

例（千448　10）：当女的多**恣**呵

注 - 恣：京俗语，意谓惬意、自在。旧京语中，此处之"恣"字去声儿化读为 zè*r；而在"文革"后期至后"文革"期，某些人读其本音 zī。

zong

z148　总结工作

例（你189　10）：我们认为有必要在大规模开展业务以前**总结**一下前一段的**工作**

注 - 总结工作：新京语，各单位领导常以此名目召开大会，由他作主题发言。

zou

z149　走单

例（爸376　25）：那无法无天四处闯祸的孩子……一**走单**不比谁都胆小

注 - 走单：京俗语，也说"落单"（lào dār），指独自出行，身边没有自己一伙的人。"单"字儿化。多数人"集团观念"较重，自己必须从属于某个集团才踏实，否则老惴惴不安，有种莫名的恐惧。

z150　走后门

例（橡54　21）：其实我从来不爱帮人**走后门**

注 - 走后门：新京语，意指并非按法定程序，而是凭借自己的关系网络去办别人难以办成之事。此事古已有之，国人多对此不以为耻，反以为能。

zu

z151　祖国的花朵

例（懵531　03）：孩子嘛，是<u>祖国的花朵</u>，民族的希望

注－祖国的花朵：新京语，此词源于长春电影制片厂1955年摄制完成的新中国第一部儿童影片——《祖国的花朵》，《让我们荡起双桨》即该片的插曲。

z152　祖国医学宝库

例（无63　05）：<u>祖国医学宝库</u>大着呢——你无知才说这种话

注－祖国医学宝库：1949年新中国成立后对中医实施扶助政策，自1958年"大跃进"以来，更是提倡中西医结合，展开了轰轰烈烈的继承发扬祖国医学遗产的群众运动。在这一段时期，有关领导部门提出了"祖国医学是一个伟大的宝库"之说。

z153　组织

例（爸349　01）：有问题为什么不找<u>组织</u>

注－组织：特定语，专指共产党。

按：此系日语外来词。日语"組織"，源自意译英语 organization。

z154　组织纪律性

例（过323　02）：你也是当过兵的人，<u>组织纪律性</u>哪儿去了

注－组织纪律性：特定语，专指恪守党或集体组织相关规则。

z155　组织决定

例（玩243　17）：我服从<u>组织决定</u>

注－组织决定：特定语，"服从组织决定"是我党对党员最基本也是最严格的要求。

z156　组织上

例（正133　23）：<u>组织上</u>做了工作

注－组织上：特定语，专指共产党。按："组织上"一词多用为主语，而"组织"一词多为宾语。

z157　组织原则

例（千439　27）：你们眼里还有没有<u>组织原则</u>

注－组织原则：特定语，我党的组织原则，即"民主集中制"，要求个人服从组织、少数服从多数、

下级服从上级、全党服从中央。

zuan

z158　钻在套儿里褪不出身

例（爸375　27）：以后您常来开导开导我，省得我钻在套儿里褪不出身

注－钻在套儿里褪不出身：原著此处意指钻牛角尖儿；另也可用于形容陷于某种事物中难以自拔。

zui

z159　最损也得是……

例（动461　27）：但决不穿的确良的国防绿，最损也得是一身马裤呢

注－最损也得是……：京人习用说法，意谓"至不济也得是……"，即指最低标准（是什么）。

zuo

z160　嘬着牙花子

例（橡53　13）：老邱满意了，嘬着牙花子左顾右盼看餐厅女招待裹着旗袍的屁股

注－嘬着牙花子：原著此处是描述人酒足饭饱后的蹒跚自得状。另外京语中此词还用于形容人被要求做某种困难之事时，口中啧啧有声，作为难状。

z161　左

例（一135　07）：过去我总不大信，总认为有些书里描写过份，左了

注－左：京俗语，有错谬、怪癖、过甚等意，唱歌跑调叫"左嗓"。原著此处意近"过火、偏激"。

z162　坐穿牢底

例（人518　07）：你已经人财两空了，又面临着身败名裂、坐穿牢底的迫在眉睫的威胁

注－坐穿牢底：此语源自一首现代诗《把牢底坐穿》，是何敬平烈士1948年在国民党中美合作所渣滓洞集中营写下的。作者在诗中抒发了革命的壮志豪情，表达了与敌人斗争到底的决心。

z163　作风

例（正91　11）：要狠狠批评，什么作风？下回可得改了

注－作风：新京语，原是指在思想、工作和生活等方面表现出来

的比较稳定的态度或行为风格；也指文艺家及其作品的风格。后因个人生活作风的问题比较能够抓住人们眼球，是茶余饭后的好话题；于是"作风"这个词的概念也就被"个人生活作风"所专有，将现实生活中男女间的关系暧昧归于"作风有问题"的罪名。"文革"时这是搞臭一个人的利器。

z164　做革命事业的可靠接班人

例（动461 06）：要有自己的人生目标……<u>做革命事业的可靠接班人</u>

注－做革命事业的可靠接班人：此类说法首见周郁辉作词、寄明作曲的少先队队歌《我们是共产主义接班人》（原为1961年公映的电影《英雄小八路》主题曲）：我们是共产主义接班人，继承革命先辈的光荣传统……"文革"时期共青团与少先队被指为"全民团、全民队"而停止活动，但"接班人"的说法被进一步扩充，逐渐演变成现在这样。

z165　做工作

例（爸251 26）：你不是你妈派来<u>做我工作</u>的吧

注－做工作：特定语，专指"做思想工作"，即"通过批评教育使人转变思想"。

z166　作贡献

例（爸258 11）：车前挤满想试运气同时<u>作点贡献</u>的人们

注－作贡献：新京语，经常特指当个人利益与国家或集体利益起冲突时所应采取的态度。

z167　坐蜡

例（橡15 12）：不过一周内你们一定要把车款汇来，免得我<u>坐蜡</u>

注－坐蜡：京俗语，谓左右为难、处境尴尬。见《附录肆－184》。

z168　作面对面的斗争

例（千360 03）：当场就和他们<u>作了面对面的斗争</u>

注－作面对面的斗争：新京语，尤盛行于"文革"期间。描绘革命者的大义凛然。

z169　坐在椅沿儿上

例（修488 06）：林一洲紧张地在椅子上挪了挪腚，<u>坐在椅沿儿上</u>

注－坐在椅沿儿上：此种坐法表示谦恭状，京语谓之"斜签着坐"。详解可参阅弥松颐先生著《京味儿夜话》第142节。

z170　作……状

例（过306 15）：为难半天，斟吟半天，最后<u>作</u>体贴开明<u>状</u>鬼鬼祟祟地批准我

注－作……状：新京语习用说法，以调侃口气述说某种矫揉作态，始见于二十世纪八十年代。

附录肆

说明：本附录之编制方式，参见《附录壹》之"说明"。

附录肆-01（a 01 阿姨）

"阿"字冠于其他词之前，用作发语词，是很古老的俗语习惯。亦常用于名称词的词头，如汉武帝金屋所藏之"阿娇"、《木兰诗》"阿爷无大男"之"阿爷"等即是。自晋代以后此说更加流行，至今我国南方尤其是两广地区尤甚。但在普通话中，可能也就剩"阿姨"一词硕果仅存了。原著此处"阿姨"用以称呼朋友家中的长辈女性，也可泛称其他长辈女性；此词亦用于称呼家庭保姆，幼儿则以之称年轻女性。"阿"字旧读去声，现读阴平。

附录肆-02（a 06 爱护公物）

在1982年的《中华人民共和国宪法》第24条中，将中国社会主义道德建设的基本要求改为"爱祖国、爱人民、爱劳动、爱科学、爱社会主义"。

附录肆-03（b 05 八千人以上大会）

1962年1月11日至2月7日，中共中央召开全国县委书记以上（包括部分大型厂矿的党委书记）干部参加的扩大的中央工作会议，史称"七千人大会"。该会议对此后的中国政局产生了重大影响。此处"八千人大会"为调侃说法。

附录肆-04（b 06 八三四一）

此代号自1964年起使用，后曾改用57001、57003，2000年10月改用61889代号，番号也从警卫团改为警卫师。8341部队在"文革"

期间因"支左"而声名卓著,人所周知。

附录肆-05(b 26 板带)

"文革"期间此名称更主要是指红卫兵标准装束(一身旧军装、腰束军用皮带、脚蹬白色"回力"篮球鞋)中的军用皮带。

附录肆-06(b 36 榜样的作用)

此句据说是出自列宁所言。但我未能查到列宁有此说,只在其《苏维埃政权的当前任务》一文中见到"在政权转归无产阶级掌握以后……榜样的力量……第一次有可能表现自己的广大影响"一说,义近乎此。

附录肆-07(b 40 包圆)

原著此句的说法与京语习惯不符,如说成"秘书处工作人员归里包堆(读为 guī le bāo zuī)才十余人"更妥。

附录肆-08(b 53 本儿上的)

原著此处应是以二十世纪八十年代初为时代背景,而限量供应是在八十年代中期才逐渐消失的。

附录肆-09(b 62 边、老、少、穷地区)

据本世纪初的统计,全国计有革命老区241个区县;少数民族县、旗、市639个;边境区县134个;穷(欠发达地区)约400个(均不包括西藏)。他们占国土面积的77%;人口的37%;耕地面积的40%,而经济产值只占全国的25%。

附录肆 – 10（b 66 辩证法）

此词源于古希腊文 δναλεχειχ。原意是指在辩论中揭露对方议论中的矛盾，以及克服这些矛盾的方法，是一种逻辑论证的模式。此术语在不同时期和不同哲学家那里有不同的含义。而广大国人真正听说此词，是从毛主席的《矛盾论》一文中。在那里毛主席引用了列宁在《黑格尔〈哲学史讲演录〉一书摘要》中的说法："就本来的意义讲，辩证法是研究对象的本质自身中的矛盾。"

附录肆 – 11（b 78 瘪子）

二十世纪七十年代，京中少年有时对其同伴做某事（多为嬉戏之事）未果起哄，大家一起说："得！得！噘一大瘪颏！"是为此词灵活使用之例。

附录肆 – 12（b 97 不破不立，破字当头，立也就在其中了）

《五一六通知》中，这一段为毛主席亲自撰写："不破不立。破，就是批判，就是革命。破，就要讲道理，讲道理就是立，破字当头，立也就在其中了。"

附录肆 – 13（c 10 插队）

1968年12月，毛主席发出最高指示："知识青年到农村去，接受贫下中农的再教育，很有必要。要说服城里干部和其他人，把自己初中、高中、大学毕业的子女，送到乡下去，来一个动员。各地农村的同志应当欢迎他们去。"1966年"文革"爆发后的高、初中共六届中学生，有个专有名词称之为"老三届"。从1969年起，近两千万16~20岁的老三届都市青年"上山下乡"到农村，"向贫下中农学习"。其中大部分是所谓"插队"，即直接到农村落户。

1978年3月，邓小平指出："要研究如何使城镇吸纳更多劳动力的问题。现在搞上山下乡，这种办法不是长期办法，农民不欢迎……城市人下去，实际上形成同农民抢饭吃的局面。我们的第一步应做到城市青年不下乡，然后再解决从农村吸收人的问题。"1978年12月，全国知青上山下乡工作会议结束，所通过的《会议纪要》和《国务院关于知识青年上山下乡若干问题的试行规定》被中央批转；这次会议及其形成的文件成为知青上山下乡的历史转折。会议提出：还要坚持上山下乡，是为了条件成熟时不再上山下乡；要逐步缩小范围、有条件安置的城市不再动员下乡；尚需动员下乡的不再插队，要因地制宜举办知青场、队，国家给以优惠政策；已在农村插队的知青，要逐步给予解决，其中老知青要限期解决；城镇要积极开辟新领域、新行业，扩大就业门路。此后几年，下乡的人员大幅缩小，回城的人数开始激增；到1981年底，国务院知青办并入国家劳动总局，各省、市、自治区也仿照办理。至此，历时二十余年的上山下乡运动终告结束。

附录肆–14（c15 揸架）

　　"揸"字本音读zhā，意谓"抓取"或"伸开手指"；另也读chá，此时用同"搽（意为涂抹）"。"揸架"是"文革"中期产生的词汇，笔者难以考察其具体出处和语义学的渊源，权当作"有音无字"的俗语吧。至于此处用了"揸"字，恐怕也是字读半边的产物，但歪打正着，此字恰好也有chá音，就也不算读白字了（只是字意对不上）。另：陈刚先生的《北京方言词典》中有"牐"字，标注其有"殴斗"义，并注明这是新生词汇。"牐"字本音zhá，原指城门洞上的悬门（即俗称的"千斤闸"）；在此变读为chá，旧京俗语是拦截、穿插（以致互相卡住）等意，另还有语言冲突意（如：俩人说牐chǎ了）。至"文革"期间此词又衍生出了"斗殴"意，打架称为"牐架"，带着凶器打架当然就是"死牐"了。

附录肆–15（c 41 承包）

1978年，安徽凤阳下辖的小岗村，18位村民以"托孤"的决绝立下生死状，搞起了家庭联产承包，就此拉开了中国改革开放的序幕。

附录肆–16（c 76 出工不出力）

自二十世纪八十年代初，改革开放的政策在各个领域真正展开以来，开始把解决劳动者几十年来的"出工不出力"现象提到议事日程上，经济刺激逐步全面取代了精神奖励政策。自1982年初开始，中央颁布了关于"三农"问题的"一号文件"，首次明确包产到户、包干到户等大包干的形式"都是社会主义集体经济的生产责任制"，这极大地刺激了农民积极性，生产热情空前高涨，出工不出力现象得到了根本性的解决。

附录肆–17（c 74 出身）

这本是个历史名词，科举时代指为考中录选者所规定的身份、资格。唐代举子中礼部试称及第，中吏部试称出身；宋代中殿试称及第出身，明清两代经科举考试选录的，称正途出身。在共产党时代，自解放区时期起，就开始以"阶级观点"来定义出身，指本人取得独立经济地位或参加革命工作前的家庭阶级成分。1949年建国后，把人分别按建国前的阶级层次划分，它们分别是：民族资本家、资本家、城市小业主、工人、恶霸地主、地主、富农、上中农、中农、下中农、贫农、雇农等若干阶级或阶层，在不同时期根据形势的需要把不同等级列为打击对象。党的十一届三中全会以来，我国逐步淡化了对家庭出身的重视程度；但许多人还是延续了过去的习惯，在填写相关表格时填写以上的各类家庭出身。自九十年代末，许多地方已经把这种旧的划分方式取消，根据各自前辈的行业分别填写干部、工人、农民、军人、商人、知识分子等。

附录肆-18（c 90 呲嗷的）

这类东西古已有之，清末夏仁虎所著《旧京琐事》中即有"又有所谓……切口语者，市井及倡优往往用之"的记载，此处即属其所述范围。原著这里是旧京下层人士的粗口歇后语"爹多娘少——八国联军龛的"之翻新版。

附录肆-19（c 94 瓷器）

此词先是写作"磁气"，词义较含混，解释也各有不同。陈刚先生的《北京方言词典》（1985年版）释为"路子广，吃得开"；高艾军、傅民的《北京话词语》（2001年版）释为"彼此信赖，相互扶助，荣辱与共，讲义气"；而董树人的《新编北京方言词典》（2010年版）释为："1.实实在在的，不是虚假的。2.门路广，吃得开。"统而观之，看得出董文是综二家之所述。现在"瓷器"的写法已相对固定，而词义基本上也定格于指谓朋友之间的良好关系，或有良好关系的朋友。由此例可对一个新词汇的产生过程窥豹一斑。

附录肆-20（c 100 窜稀）

笔者识得一位江苏吴县人氏，彼云其乡间对排泄屎、尿、屁等皆曰"拉"（拉屎、拉尿、拉屁、拉稀）；较京人所云（拉屎、撒尿、放屁、蹿稀），在动词的使用上就粗放多了。语虽近亵，然则"话糙理不糙"也。

附录肆-21（c 106 矬地炮）

这虽是土话，却源于古语。《通鉴音义》："矬七禾切"；而据《新唐书·列传第九十三》所载，公元805年"二王八司马改革"的"二王"之一王伾，其貌不扬："伾本阘茸儿㾔陋"；这个"㾔"字今写作"矬"，身材短矮之意也。

附录肆–22（d 16 大辩论）

1957年9月20日的中共八届十中全会上，毛主席针对当年早些时候开展的"反右运动"说："今年这一年，群众创造了一种革命形式，群众斗争的形式，就是大鸣大放大辩论大字报。抓住这种形式，今后的事情就好办得多。"1970年毛主席提出召开四届人大和修改宪法的意见，于1975年修宪时把"四大"写入宪法，列入"总纲"部分的第13条；"文革"结束后，1978年再次修宪虽有所改变，但仍将"四大"保留下来，列入第45条；1979年五届人大二次会议提议取消宪法中含"四大"内容的第45条；1980年1月16日邓公小平在"目前的形势和任务的讲话"中对"四大"进一步否定；1980年4月全国人大通过了取消1978年宪法第45条的议案，最终在1982年修订的宪法中清除了"四大"（大鸣大放大辩论大字报）这一祸害国家多年的东西。

附录肆–23（d 17 大茶壶）

先贤齐如山先生《北京土话》一书释云："此名词来自天津，与'捞毛的'性质无异。因天津嫖客极能饮茶，打杂的须时时提大茶壶伺候，故名。"另："捞毛的"一词，仍引齐释："凡在妓馆中伺候人及打杂的等等，人皆以此呼之。"

附录肆–24（d 21 大哥大）

二十世纪八十年代，移动电话尚属稀罕之物。人们从香港片中看到的黑帮大佬手中抓着此物（体积重量接近于一块砖头），而此等人物被称为"大哥"，其手中的移动电话也不知怎么就叫成"大哥大"了。

附录肆-25（d 22 大好局面）

1968年7、8、9三个月，全国各地武斗最猖獗，许多地区军队参与两派武斗，甚或是真枪真炮对轰。对此毛主席明确表态："全国的无产阶级文化大革命形势大好，不是小好，整个形势比以往任何时候都好。形势大好的重要标志，是人民群众充分发动起来了。从来的群众运动都没有像这次发动得这么广泛，这么深入。"自此"形势大好、大好局面"之类说法伴随着"文革"，直至"四人帮"倒台。

附录肆-26（d 23 大件儿）

北京二十世纪七八十年代的青年人结婚，需置备双人床、大衣柜、缝纫机、自行车等"大件儿"；还有所谓"48条腿"之说（指床、柜、橱、桌椅等各若干，共12件，具体种类说法略异），是为当时最豪华摆设。

附录肆-27（d 26 大老美）

这种称呼在下层百姓中最为流行，透露出国人心灵深处的崇洋媚外思想，越是低文化阶层越是这样。但在某种特殊条件下，这些人会突然之间来个180°大转弯，变成了极端仇外排外主义者。这是一种复杂的社会心理学现象，此处不拟多说，简而言之，这和此类人文化水平低下，既不知自己的民族文化也不懂外来文化有关，前后迥异的表现是同一思维模式的镜像。

附录肆-28（d 41 大众菜肴、食堂、开票、端菜、排队、等坐）

1980年9月30日，位于北京东城翠花胡同43号的悦宾饭馆作为中国改革开放后的第一家个体餐厅开业，开启了个体餐饮业发展之先河。从此个体餐厅唱起了主角，彻底改变了本词条所说的状况。

附录肆-29（d55 戴罪立功，反戈一击）

二十世纪六七十年代内蒙古所谓的"内人党"案件就是这种方式的典型代表：整死万余人，伤残近十万人，牵连数十万人。

附录肆-30（d59 蛋）

旧时京人对粗口有相当的抵制，有许多的言辞忌讳，比如此处的"蛋"字，旧京有点儿起码教养的家庭不说，更不许孩子学说。鸡蛋得说"鸡子儿"，西红柿鸡蛋汤叫"甩果汤"，摊鸡蛋叫"摊黄菜"。

附录肆-31（d65 倒买倒卖）

计划经济时期，各种物资多属"统购统销"，只准国营商业经营，私人不得经营。谁搞了这事儿，即"倒买倒卖"，甚至会受到法律的惩处。

附录肆-32（d69 倒爷）

"×爷"本是旧京称谓，彼时多是在"爷"字前加以姓氏或排行，而仅有少数加以职业特征〔如军爷、差爷（指衙役一类的官差）〕；但改革开放后兴起的"×爷"称呼，却主要是在"爷"字前加以其职业特征（如倒爷、板儿爷）或形态特征（如款爷）。另有"佛爷"（小偷）一词，自二十世纪五六十年代开始流行，今似已不用了。

附录肆-33（d73 道德败坏、资产阶级思想严重）

二十世纪五十年代后，道德败坏的内因统归于资产阶级思想严重；于是得出逆定理：资产阶级道德败坏；逆反定理：无产阶级道德优秀。一段时期内，这种"形而上"的思维模式占统治地位。

附录肆–34（d77 德国红军）

二十世纪六十年代后期起，在中国无产阶级"文化大革命"和毛泽东思想的感召下，一些国家先后成立了模仿中国红卫兵的组织，著名者如意大利的"红色旅"、德国的"红军"、日本的"赤军"、法国的"直接行动"、秘鲁的"光辉道路"、巴勒斯坦的"人阵"、爱尔兰的"共和军"等。这些组织成员多为家境富裕、社会地位中上的青年知识分子，他们声称信仰马列主义、毛泽东思想，怀着崇高目的，要发动群众起来革命，用阶级斗争推翻资产阶级的反动统治，建立无产阶级专政的人民民主共和国。他们崇尚武装斗争，崇尚游击战；不怕苦，不怕死，为了革命理想具有献身精神。但不知为什么，他们最后全都走入了恐怖主义深渊，给世界人民带来巨大灾难。据不完全统计，仅1968~1980年间，这类组织就制造了恐怖活动六千余起，杀死近四千人（包括意大利前总理莫罗），劫机百余次。

附录肆–35（d95 的确良）

二十世纪七十年代，中国从日本引进技术，在北京、兰州、福建、广西、山西等多地建了维尼纶厂，缓解了中国人"穿衣难"的问题。按：维尼纶纤维经缩醛化后纤维的耐热能力、收缩性均有改善，与棉花混纺，制成各种衣料，即为市场上的"涤棉"（亦称"维棉"），与的确良同类。原著此处所说的"的确良蓝便装"其实是指涤棉服装，"的确良"一词仅限于指夏季穿的薄型涤纶服装。

附录肆–36（d103 帝王将相、批倒批臭）

"文革"最先就是从批判《海瑞罢官》等戏剧开始的，毛泽东将此剧指认作"为彭德怀罢官翻案"，由此而引发把帝王将相彻底批倒批臭的狂潮。

附录肆-37（d104 地主恶霸）

之所以将此词列为文革语，是因为原来"地主"与"恶霸"两词之间并无直接必然联系；1962年林彪在全军开始狠抓阶级斗争后合二为一，将一切地主均定义为恶霸，成为镇压对象了。这一类事情，其实就是在为后来的"文革"逐步奠定思想理论和社会氛围基础。

附录肆-38（d109 电影［等］）

二十世纪六七十年代，能放映的电影首推"革命样板戏"，有《红灯记》、《沙家浜》、《杜鹃山》、《奇袭白虎团》、《海港》、《智取威虎山》等；然后是《新闻简报》，简报除了反映国内"形势大好，不是小好"、"到处莺歌燕舞"之外，就是报道当时被波尔布特的"红色革命"逼得没处去、不得不寄北京篱下的原柬埔寨国王西哈努克东西南北各处游；再不就是科教电影制片厂拍的科教片，如本例所说的《彩色印染》等。当时因为精神生活极度贫乏，所以连科教片大家也看得津津有味。

附录肆-39（d128 动机）

二十世纪六七十年代，此词高频率使用。那时你若被人指责犯了什么错误，且是"动机有问题"，那你小子就悬啦，快被"揪出来示众"了，所以可认为是文革语。

附录肆-40（d132 抖机灵）

齐如山先生《北京土话》云："凡人聪明，遇事感觉快、应付的快者，名曰'机灵'或曰'疾伶'。……按疾伶或积伶乃'精'字之切音……并见宋俞文豹《唾玉集》，彼时名曰切脚字。又:《宋景文公笔记》作'鲫令'。"

附录肆 –41（d141 斗私批修）

1967年9月25日，《人民日报》报道说，毛主席提出"要斗私，批修"，这是该口号首次面世。1967年10月6日的《人民日报》发表了题为《"斗私，批修"是无产阶级文化大革命的根本方针》的社论，指出"斗私，即是用马克思列宁主义、毛泽东思想和自己头脑中的私心作斗争；批修，是利用马克思列宁主义、毛泽东思想去反对修正主义，去与共产党内一小撮走资本主义道路的当权派作斗争"。由于社论指"斗私批修"是毛主席向全国人民发出的号召，使中国大陆掀起了一场斗私批修，清洗思想的热潮。那时往往采取当众承认自己的错误思想并进行自我批判，甚至提高到"狠斗私字一闪念"。

附录肆 –42（d143 毒汁四溅）

此语出处待考，但其在"文革"中应用范围甚广。记得北京外语学院（现在叫"北京外国语大学"）于1971年开始编纂、1978年出版的一本官修《汉英词典》中（先父也曾为之略尽绵薄），有"这是一篇毒汁四溅的反党文章"这类的中英文对照例句，可窥其一斑。

附录肆 –43（d149 对越自卫反击战）

这场战争，狭义上是指1979年2月17日至1979年3月16日中国越南两国在边境爆发的战争；广义的则指从1979年到1989年近十年间的中越边境军事冲突。其中包括1979年中越边境战争，1981年中国攻克扣林山、法卡山之战，1984年中国攻克老山、者阴山、八里河东山之战，中国对越拔点作战、两山轮战、对越坚守防御作战等等。

附录肆 –44（e03 二杆子）

此词据说是出于唐朝，彼时京兆尹出巡配有庞大的仪仗队伍，在最前开路的小吏称为"喝道伍佰",手持长竿赶驱路人。后来,喝道伍佰增为二员,但长安群众并没有以两个伍佰称他们,反而说他们是共称伍佰,于是每人就被称为"二百五";又因其手持长竿故又称其二杆子,遂成莽撞、无礼、粗鲁之人的代名词。

附录肆–45(f01 发动群众)

此词作为一个有明确政治目的的术语,应属《红旗》杂志1966年第九期社论《信任群众,依靠群众》中所提出的:"在无产阶级文化大革命中,必须组织、发展无产阶级左派队伍,并且依靠他们发动群众,团结群众,教育群众。"但作为毛泽东思想的一个重要组成部分,"发动群众"的理念早在1927年的《湖南农民运动考察报告》中就已经明确提出"要站在他们(农民)的前头领导他们";1945年抗战后期,针对当时的政治形势,又在《论联合政府》一文中强调"去启发和提高群众的觉悟";1955年在《关于农业合作化问题》一文中积极提倡合作化运动,要求各级党组织"我们应当积极地热情地有计划地去领导这个运动";终至在1966年发动群众,开展了"文化大革命"运动。

附录肆–46(f03 发扬风格)

1958年提出了"跑步进入共产主义"的口号,在经济问题上提倡"发扬风格",即实行"一平二调"(平均分配和无偿调拨的简称)。"一平"是指在人民公社范围内把贫富拉平,搞平均分配;"二调"是指对生产队的生产资料、劳动力、产品以及其他财产无代价地上调。"一平二调"是特殊社会背景下出现的一种特殊分配方式,虽然真正实行的时间很短暂,但造成的危害却很大,影响尤其深远。

附录肆–47(f04 法律面前人人平等)

此观点早在古希腊荷马时期就有所体现;罗马帝国在公元前451

年颁布的《十二铜表法》(Law of the Twelve Tables)已经具有了"法律平等"的完整形式("平等"不包括奴隶，因奴隶不被视为人)；但作为法制的一个基本原则，则是在资产阶级革命时期由资产阶级启蒙思想家洛克（John Locke）、卢梭（Jean-Jacques Rousseau）等人提出来的。1776年7月4日美国的《独立宣言》和1789年8月27日法国的《人权宣言》，都提及了这一原则。我国在建国初期，1954年宪法中是承认这一理念的；但自二十世纪50年代中期起，人们给这一原则戴了两顶帽子：一是认为这是资本主义的法制原则，我们不能用；二是认为这一原则没有阶级性，是主张"革命与反革命讲平等"。所以这一原则在一个相当长的时间里成了批判的对象，1975年宪法和1978年宪法均取消了这一原则。直到1982年，"法律平等"的原则才重新写入宪法。但要真正实施这个原则，却是任重而道远，因为中国自古以来就没有"法权"的概念。普适性的成文法，直至民国时期才出现，距今仅百年。其上距古巴比伦的《汉谟拉比法典》(The Code of Hammurabi)37个世纪，距古罗马《十二铜表法》24个世纪；踞英国的《自由大宪章》(The Great Charter)7个世纪。所以"法律平等"真正成为全民意识，尚须待以时日。

附录肆－48（f05 法制不健全）

中国有史以来就从未有过普适性（universal value）的成文法，不仅统治者排斥法治，民众亦不诉求法权：在儒教的官本位专制主义社会中，人民向往的是圣君与清官，根本就没有最基本的法权诉求。所以问题绝非仅仅是制定几部法律、变更政治制度那样简单，而是要从文化体系的更新开始做起，创造一种新文化。中国的民主与法治，任重而道远。

附录肆–49（f07 反动黄色）

1997年3月，修订后的《中华人民共和国刑法》取消了反革命罪，改成危害国家安全罪；相应的，"反动"一词显得不合时宜了，周期性的运动也就改名叫作"扫黄打黑"。

附录肆–50（f08 反动会道门）

中国历朝历代的统治者从来都对任何民间团体抱着极为猜疑的态度，时不时的对其实行剿灭镇压乃是常态；新中国成立之初，很快就对各种帮会展开镇压，铲除了一贯道、九宫道、先佛道、安清道、先天道等各种名目的帮会组织。这其中有些组织如一贯道，确属作恶多端，抗战时期在有些地方简直就是汉奸组织。

附录肆–51（f17 饭店）

北京最早、最著名的饭店，当属"六国饭店"。六国饭店由英国人于1905年在原来太仆寺的位置上建造，当初是英、法、美、德、日、俄六国合资，所以取名为六国饭店。

附录肆–52（f24 范儿）

近年来"范儿"一词在京语中的使用范围有所扩大，泛指（某种）派头、气质。范儿也用于衣着打扮方面，比如欧范儿，指穿着简捷而具风范，给人留下深刻印象；又如潮范儿，指穿着比较"嘻哈"，有街头感觉。现在还流行中国范儿、日范儿、韩范儿等说法。

附录肆–53（f28 愤怒青年、垮掉的一代、结构现实主义、后现代主义）

"愤怒的青年"（Angry Young Men）是指英国二十世纪五十年代

的一股文化潮流。他们的作品主要写小人物，其"反文化、反英雄"的理念实质上是无政府主义的。这个词后来在流行的过程中简化为"愤青"。"垮掉的一代"（Beat Generation）是"二战"后美国的一批年轻诗人、作家的松散集合体，他们的作品表现了叛逆、颓废、反传统，反映的多是酗酒、吸毒、滥交等；后来有些国家将此名词不同程度地延伸引用，泛指某时段那些叛逆、反传统的青年群体（现在也有人说我们的80后、90后是"垮掉的一代"，笔者倒不这样认为）。"结构现实主义"（Structural Realism）也称新现实主义（Neorealism），是国际关系理论的主要流派之一，于二十世纪七十年代末在美国兴起，后成为美国国际关系研究的主流，对当代国际政治研究和政策分析的影响极为深远。"后现代主义"（Postmodemism）难以从理论上精确定义，它是二十世纪六十年代以来在西方出现的具有反西方近现代哲学体系倾向的思潮。不同时期具有这种反传统理论倾向的哲学理论流派都可归于后现代主义，它们各自就当下的后现代境况，提出了自成体系的论述；都反对以特定方式来继承固有或者既定的理念。

附录肆–54（g 63 个人犯错误事小，党的威信受到损害事大）

这类说法的共性，就正如鲁迅所言，是"拉大旗作虎皮，包着自己去吓唬别人"。但如深入到文化层面，就会发现这种思维模式其实古已有之，如《左传·僖公二十六年》，展喜那一段著名的"恃先王之命"；及《左传·宣公三年》，王孙满"在德不在鼎"的高论，均为其典范。

附录肆–55（g 66 个人主义）

西方文化认为，独立的个人是社会的本源或基础，个人是社会的终极价值，由此则必然的会推导出平等、自由、民主等西方文化的基本概念。个人主义与利己主义有所不同：个人主义强调对自己的行为负责，强调自治自律，注重自组织行为，且服从于抽象意义的公共权威。就其本质的文化意义而言，个人主义是（基督教）新教文化的体现，因而与中国传统的儒教文化基本不可兼容。

附录肆-56（g 67 个体户）
一般老百姓把自己个人谋生、做点儿什么小买卖的都叫个体户；若从法律定义而言，正式名称为"个体工商户"，是指有经营能力并依照《个体工商户条例》的规定，经工商行政管理部门登记，从事工商业经营的个人（自然人）、或以家庭为单位从事工商业的经营者。《个体工商户条例》第2条第1款规定："有经营能力的公民，依照本条例规定经工商行政管理部门登记，从事工商业经营的，为个体工商户。"

附录肆-57（g 73 给政策）
几十年来我国一直是以不同时期实施不同政策作为施政手段，结果导致了法制萎缩。政策是说"要如何"，而法律是说"不得如何"；政策靠不同之人执行，发展变幻莫测；法律以固定条文裁决，结局终属可控。

附录肆-58（g 110 广交会）
该会创办于1957年春，每年春秋两季在广州举行，是我国迄今历史最久、规模最大、规格最高的综合性国际贸易盛会。尤其在改革开放初期，广交会几乎是外贸的唯一通道，社会影响力很大。现今因各种通商渠道日趋多样化，广交会日渐式微矣。

附录肆-59（g 116 国拨价）
改革开放初期，许多主要物资仍由国家操控，国营大企业可以获得比市场价位低许多的所谓"国拨价"的货源,以保证其在市场经济中占据有利地位。某些有特殊关系的人正是通过这种物资上的"双轨制",依仗着自己在官场上的人脉关系淘到了第一桶金,为其日后发迹奠定了基础。

附录肆-60(h16 和平演变)

这种政策所预期进行的过程中并不以战争为手段,所以叫"和平演变"。这是一种由西方国家以贷款、贸易、科技等各种手段诱压东欧国家,促使它们向西方靠拢,向资本主义"和平演变"(Peaceful Evolution)的进程。对这个战略,当时美国总统艾森豪威尔表示支持,又得到美国国会通过,遂成为美国对社会主义国家的基本国策。演变的途径:一是进行以资产阶级意识形态为核心的思想渗透;二是对社会主义国家实施分化瓦解、诱压兼施的手段,煽动民族情绪,支持社会主义国家内部的反对派,并且运用经济手段来诱压社会主义国家接受西方条件。按照美国前总统理查德·尼克松的解释,"和平演变"战略的基本思路是"寻找一种办法越过、潜入和绕过铁幕",在两种制度之间进行"和平竞赛……这种竞赛将会促进他们的制度发生和平演变",使共产党体制从内部解体。这个"和平演变"确是厉害的一招,根据这类理论,尼克松1988年出版了著名的《1999 不战而胜》(*1999 victory without war*)一书,书中他精准地分析了苏联帝国崩溃之必然;后来的事实证明了他的前瞻性,苏联早于他所预言8年灭亡了。

附录肆-61(h35 胡大)

"真主"(All α h,也称"安拉")一词,汉语版本见《古兰经》(中国社会科学出版社1981年版,马坚译)第一一二章忠诚(以赫拉斯)麦加的章节:①你说:他是真主,是独一的主;②真主是万物所依赖的;

③他没有生产，也没有被生产；④没有任何物可以做他的匹敌。

安拉（Allαh，即真主）的字源，是阿拉伯文的定冠词αl（相当于英语的the）与阿拉伯文的ilαh（意思为神明）所组成；阿拉伯文的ilαh则是源自于西北闪语的ēl（אֵל），与阿卡德语的ilum、希伯来文的elōcah (אֱלוֹהַּ, 上帝) 同义。

附录肆-62（h 42 互相揭发）

"文革"中广大群众陷入这样一种怪圈：生存的本能促使双方都以打倒对方为目的进行互相揭发，不如此就可能要被对方打倒，被打倒的结果甚至可能意味着死亡；于是乎双方就互相攻讦，上纲上线，调门越来越高，斗争也日益残酷血腥。

附录肆-63（h 58 谎言重复千遍就是事实）

戈培尔的宣传理念主要如下：

1. 我们信仰什么并不重要，重要的是我们有信仰；

2. 人民大多数比我们想象的要蒙昧得多，所以宣传的本质就是坚持简单和重复；

3. 报纸是教育人民的工具，必须使其为国家而服务；

4. 报纸上的言论，应当服从于共同目标，不能被出版自由的邪说所迷惑；

5. 报纸的任务就是把统治者的意志传递给被统治者，使他们视地狱为天堂；

6. 谎言重复千遍就是真理。

附录肆-64（j 06 机会主义者）

"机会主义"（Opportunism）一词本义是指在工人运动或无产阶级政党内部出现的违背马克思主义根本原则的思潮、路线，它被认为是资产阶级、小资产阶级思想的反映。机会主义者为了达到目标不择手段，不按规则办事，视规则为迂腐之论，其最高追求是实现自己的目的，以结果来衡量一切。此词之定义在我国不同历史时期往往会有迥异的解释。

附录肆-65（j 19 极左分子）

此词真正产生的时间是在"文革"结束后。"文革"中的极端激进左派分子从二十世纪八十年代初才逐渐地被冠以"极左分子"之名，"文革"中用的是一个莫名其妙的称号："形左实右"。这是因为几十年以来，一直在标榜左派，贬抑右派，不承认极左有什么错；觉得再怎么极左，也总比右好。

附录肆-66（j 22 计划生育）

中国第一个提出计划生育的人是邵力子，他在二十世纪二十年代提出此种构想。1954年9月17日，邵力子在第一届全国人大第一次会议上正式提出计划生育政策。1955年，当时的北大校长、经济学家马寅初鉴于中国人口快速增长，在人大会议上提出他的观点，认为我国应当推行计划生育。但鉴于苏联老大哥当时鼓励人口增长，会议将其议题压下。到1957年初，政府对人口问题逐渐清醒，认识到中国与苏联有所不同，计划生育的呼声渐高。在这样的前提下，马寅初得以在1957年3月31日中华医学会节育技术指导委员会成立会上谈了控制人口问题，4月末接受《文汇报》采访再次谈了人口问题，同时在北京大学对师生也曾就此问题发表讲话。1957年5月的一届人大四次会议上，马寅初发表了他的人口论，并在5月9日《大公报》发表《我国人口问题与发展生产力的关系》。1957年7月5日，《人民日报》刊发马寅初讲话《新人口论》。1957年10月26日，中共中央发表了《1956到1967年全国农业发展纲要（修正草案）》，纲领

第二十九条第三项规定:"除了少数民族的地区以外,在一切人口稠密的地方,宣传和推广节制生育,提倡有计划地生育子女。"一时之间,计划生育工作似乎就要开展了。但随着1958年"大跃进","众人拾柴火焰高、人多力量大"的观点甚嚣尘上,所以就转而批判《新人口论》。康生跑到北大,攻击马寅初为"马尔萨斯主义";马寅初也于1960年初被迫辞去了北大校长一职。到1979年,当时的中央高层领导评价马寅初,说"错批一个人,多生三亿人"(1959年的总人口是6.7207亿,1979年的总人口是9.7542亿;就是指这20年里所增长的3亿人);98岁高龄的马寅初终于在垂暮之际等到了中共中央组织部登门拜访,向他传达党中央对他的平反决定。

附录肆-67(j23 唧鸟猴)

蝉的幼虫潜伏在树下的土中,尚未成虫爬到树上交配时,京人此物称为"唧鸟猴"。京中顽童将其挖出,以火烧燎而食。这不是京人的常规食品,而是顽童瞒着大人偷偷干的事。"唧鸟"是京中对蝉的俗称;而"猴"字源于旧京的一种工艺品,即以蝉蜕(蝉爬到树上成虫后所蜕下的外皮)制成的群猴形体,高寸许,形态逼真,惟妙惟肖。

附录肆-68(j28 加塞儿)

此词常见于二十世纪五六十年代,盖因彼时物资匮乏,按量供应的物品也得排队购买,于是不守公德者插队夹塞儿的现象时有出现。

附录肆-69(j37 检举信)

那时几分钱(本市邮资四分,外埠八分)就能折腾你半年:革委会正愁没事干,乐得审查你呢。为了各种莫须有之事,没准儿能从黑龙江跑到海南岛去搞外调(文革语,"外部调查"的简说),这样就印证了革委会存在的必要性。

附录肆-70（j39 检讨的深刻程度，对错误的认识程度）
原著此处是写学校逼迫学生写检查，甚至反复写也通不过。这是对青少年的严重摧残，反映了当时我国教育制度中的某些根本性缺陷。

附录肆-71（j43 见荣誉就让，见困难就上）
马学礼是车工出身的工人发明家，号称"刀具大王"，因工作优异，先后受到毛泽东、朱德、刘少奇、周恩来的接见。

附录肆-72（j46 江姐）
江竹筠1939年加入中国共产党，1945年与彭咏梧结婚，婚后负责中共重庆市委地下刊物《挺进报》的组织发行工作。1948年6月14日在万县被捕，被关押于重庆军统渣滓洞监狱，1949年11月14日被杀。是小说《红岩》所描写的主要人物之一。

附录肆-73（j49 讲用）
所谓"讲用"，就是要在各种大小会议上讲学了毛主席著作后，如何运用主席的教导提高阶级斗争和路线斗争觉悟、如何"狠斗私字一闪念"、如何战胜阶级敌人的猖狂反扑、如何在各个方面取得巨大成就等等。讲用得好的，就可能戴上"活学活用毛主席著作积极分子"的桂冠，得到某种好处了。

附录肆-74（j63 街道厂）
改革开放前，正规工厂是国营的；另也有一些集体所有制经济性质的厂子，被称为"大集体"；而再下一等才是街道工厂，称为"小集体"。这种厂子的前身，是1958年"大跃进"时一帮街道家庭妇女响应党的号召妇女解放，组织起来搞生产，是与大炼钢铁同步滋生的产物。大炼钢铁结束后，已经组织起来的家庭妇女不好再轰回家去，只得保留下来，变成了街道厂。此类厂多是生产简单粗糙产品，无正式厂房，设备破烂，资金匮乏，工资低下，人员除了文盲妇女，就是所谓"有历史问题"者，再不就是有各种前科的人，还有就是家庭出身不好者。按：别小看这种破厂子，那可是藏龙卧虎之地，在那里你有可能碰上一些最意想不到的人：从硕学儒、皇亲国戚，到流氓妓女、军官镖客。有某厂的看门老大爷（名李子良），就是著名的京西"贯市李家"镖师。1900年庚子国变两宫西狩（闹义和团，西太后和光绪被八国联军赶到西安去啦），途中曾在他家住宿，据说李家镖局曾派出数名镖师护驾。一年后御驾回銮，因该镖局护驾有功，赏赐有加。该老爷子身高约1.85米，肩宽二尺，雪白长髯，飘垂胸前。1966年（时年约85岁）被红卫兵革命小将打断一条腿，打出一只眼珠子，遍体鳞伤，结果当时还愣活过来啦。可见中国武术确有强身健体之作用。

附录肆–75（j 64 揭发、控诉，上挂下勾内引外连贴标语造谣言）

"上挂下勾"是说做批判时需要向上追溯到刘少奇、邓小平；向下包含了一切地富反坏右。而"内引外连"（连也作联）定义相对含混，总之是要你拉扯上别人，且越多越好。但此词现今已有其他含义了（经济发展方面）。至于"贴标语造谣言"则更是"文革"期间每天的家常便饭。

附录肆–76（j 66 阶级感情）

"文革"时期又有"朴素的阶级感情"一说，从本来的意义而言，是指在无产阶级发展的初期阶段产生的一种自发的阶级意识。这种阶级意识表现在行动上，就是工人之间的团结友爱。

附录肆-77（j68 阶级斗争）

不同阶级的经济地位和物质利益的对立引发了阶级斗争，一切阶级斗争都是围绕着物质利益而进行的，这是马克思列宁主义的主要观点。在我国，毛主席1926年在《中国社会各阶级的分析》一文中最明确地引入了"阶级斗争"的概念，使之成为我党的信条，延续至"文革"时期达于顶峰。

附录肆-78（j71 解放、粮票）

粮票自身是无价票证，但凭粮票可买到国家牌价粮食，使之成为一种有价证券。其面值等于国家牌价与市场价之差。在取消使用粮票后，粮票很快进入了收藏品的行列。粮票是特殊经济条件下的历史产物，作为中国的"第二货币"，在中国历时近40年，它反映了中国各个历史时期的社会经济状况。票面题材广泛，印制精细，具有时间性、地域性的特点。岁月的侵蚀，使这种不可复制的票证文物日渐稀少，为海内外收藏爱好者瞩目，有一定的研究和收藏价值。

附录肆-79（j87 精神文明）

此概念首见于叶剑英委员长1979年在《庆祝中华人民共和国成立三十周年大会上的讲话》；1980年底召开的中央工作会议上，邓小平提出"要有高度的精神文明"。1981年6月中共十一届六中全会第一次把党在新的历史时期的奋斗目标概括为建设"现代化的、高度民主的、高度文明的社会主义强国"。1982年4月，邓小平在中央政治局会议上，第一次提出建设社会主义精神文明是坚持社会主义道路的"四项必要保证"之一。同年9月，胡耀邦在党的十二大上的报告中，对社会主义精神文明作了全面论述。1986年9月28日召开了党的十二届六中全会，会上通过了《中共中央关于社会主义精神文明建设指导方针的决议》。1996年10月，中共十四届六中全会审议并通过了《中共中央关于加强社会主义精神文明建设若干重要问题的决议》。1997年4月21日，中共中央发出《关于成立中央精神文明建设指导委员会的通知》。至此，精神文明建设的框架已初步建成。

附录肆–80（k03 开）

将"诱"字读为 xiù 者，是一些低文化层次中人。这并不是说所有这些人全都不知诱字的正音，而是普遍的趋同意识：你身在某团体中，就必须与团体趋同，团体不认同"花虎不拉"（京俗谚，指各色、与众不同者）。比如社会上有这样一类群体，他们在不同领域内开展一些奇怪的、某种程度上类似于传销的活动。有些人在进行一项所谓的"解冻民族遗产工作"，说是"某某原军政大员有多少万亿美元的资产在某某银行（不外乎是花旗、渣打、汇丰等）冻结，现在已经得到其继承人授权，只要有一定的资金即可启动兑付"云云，且故意弄得神神秘秘，以此来诱使更多人投资参与（电视的法制节目曾见此类报道）。从这一阶层人士口中可听到"诱款"一词（说白了就是骗钱），都是将"诱"字读为 xiù（字读半边，念白字儿）。

附录肆–81（k28 可）

清末民初，夏仁虎所著《旧京琐记》卷二有云："京语有最雅者，如曰可一街、可一院，即满街、满院之义也。唐人诗'一方明月可中庭'、'山可一窗青'，皆与此义同。"此词读加重音时，是表示"终于如愿了"的语气词。当翘首以待的人终于出现时，等人者会说一声："你可来了！"

附录肆–82（114 劳动教养）

与劳动改造不同，劳动教养并非《中华人民共和国刑法》规定的刑罚，而是依据国务院劳动教养相关法规的一种行政处罚；公安机关无须经法庭审讯定罪，即可将疑犯投入劳教场所实行最高期限为四年的限制人身自由、强迫劳动、思想教育等措施。因为此种制度与法治理念有根本的不相容性，2013年11月15日，《中共中央关于全面深化改革若干重大问题的决定》提出废止劳动教养制度。当年12月28日，全国人大常委会通过了关于废止有关劳动教养规定的决定，劳教制度被依法废止。

附录肆-83（131 老三篇）

此提法是林彪在"文革"初期所发明。林彪对此有专门论述："'老三篇'不但战士要学，干部也要学。'老三篇'最容易读，真正做到就不容易了。要把'老三篇'作为座右铭来学，哪一级都要学，学了就要用，搞好思想革命化。"

附录肆-84（149 雷锋）

1960年11月雷锋被树为沈阳军区学毛著的标兵，随即在1961年2月解放军各部队掀起了学习雷锋的高潮，1962年因公殉职。雷锋在短暂的一生中助人无数，《雷锋日记》中体现了"我为人人，人人为我"的精神。毛泽东1963年3月5日亲笔题词"向雷锋同志学习"，把3月5日定为学雷锋纪念日。此词应属于特定语，表述着"共产主义精神、全心全意为人民服务"等理念。

附录肆-85（156 哩格楞）

此词源于京戏，是戏曲"过门"的曲调开头几个音，以此来形容被指责者如演戏般的虚与委蛇。另："过门"是戏曲术语，指贯串连接曲首、曲尾和句读之间唱腔中断处的器乐伴奏。过门分起调、句间和曲尾过门。古老剧种（如昆曲）不用过门，自明末清初"时尚小令"

用于戏曲以及梆子、皮黄等板式变化体剧种出现后，才有伴奏过门的运用，并成为戏曲音乐的一个重要组成部分。

附录肆-86（157 理解万岁）

此词源于1986年一篇题为《理解万岁》的演讲稿，作者是昆明军区政治部宣传部的蔡朝东，演讲的内容是关于老山轮战那一时期军队和社会、前方和后方等五个方面的相互理解。此处"理解"一词义为"在某种特定背景下，某方利益虽受到损害，但用一种包容的心态去感受对方，从而使两者本可能发生的矛盾弱化"。将此种精神冠以"万岁"，则代表了对此的期盼及一种感情的升华。但原著此处这样写实际是暗含揶揄之意。

附录肆-87（159 离休干部）

离休的对象主要是老干部，具体为新中国建立前，即1949年9月30日以前，参加中国共产党所领导的革命军队者，在解放区参加革命工作并脱产享受供给制待遇者，在敌占区从事地下革命工作者；1948年底以前在解放区享受当地人民政府制度的薪金制的干部；中国人民政治协商会议第一届会议召开之前加入各民主党派，一直拥护共产党和坚持革命工作者（参加革命时间从1949年9月21日算起）。国家对离休干部实行基本政治待遇不变，生活待遇略为从优的原则，除工资照发外，还按一定条件和标准发给不同标准的生活补贴。具体规定为：1937年7月6日以前参加革命工作的每年增发一个半月工资；此后至1945年9月2日以前参加革命工作的每年增发一个月工资。

附录肆-88（160 理论修养）

刘少奇的《论共产党员的修养》一书1939年8月开始在延安《解放》周刊上连载，曾列为中国共产党1942年整风运动的学习文件。

1949年和1962年经作者修订后由人民出版社再版，收入《刘少奇选集》上卷。在"文革"时期被批判为"黑修养"，1967年《红旗》杂志第五期援引权威的结论："千万不要再上《修养》那本书的当。《修养》这本书，是欺人之谈……"自此"修养"一词销声匿迹，直至"文革"结束、刘少奇平反后，此词才重见天日。

附录肆-89（165 历史唯物主义者）

"历史唯物主义"表述这样一种社会历史观："一切重要历史事件的终极推动力是社会的经济发展、生产方式和交换方式的改变，是由此产生的社会之划分为不同的阶级，以及这些阶级彼此之间的斗争。"历史唯物主义者指用历史唯物主义理论看待分析历史人物、历史事件者。

附录肆-90（168 联防队员）

此类人的工作，是在公安干警的组织、带领下，开展巡逻执勤、堵卡、守候等预防和制止违法犯罪活动，配合、协助公安机关维护治安秩序。他们没有侦查权、审讯权、处罚权，更没有限制人身自由权。这些人来自各单位（多是本单位排不上用场的非骨干人员甚或问题人物）及社会闲杂人员，"联防队员"似可认为是现如今"城管"的前身。近年来，因为城管暴力执法常常见诸报端、网络，因此该群体常常被调侃、批评。"城管"的汉语拼音写法（cheng guan）甚至进入了英语新词汇的行列，成为了"暴力"的代名词。考其所以至此，一是因其成员的普遍低素质状态始终不能根本改善；但更主要的问题则是该机构作为事实上的执法者，却缺乏作为执法机关的充分法理依据。

附录肆-91（170 连检查都不会写）

写检查也有技术含量，有一定的说辞和套路，"文革"期间臻于顶峰。若再坚持些年，可能发展出新的起承转合规范，孕育出破题、起讲之类的新八股。

附录肆-92（178 两个凡是）

两报一刊社论《学好文件抓住纲》是汪东兴提议写的，具有特定的指向，目的是"强调高举毛主席的旗帜，稳定局势"。此种论点迎合了毛泽东的政治遗产继承者华国锋稳定形势的诉求，故而成为当时的政治主流派别。"两个凡是"一提出，尚未恢复职务的邓小平就旗帜鲜明地提出了反对意见。1977年4月10日，他致信党中央，郑重提出："我们必须世世代代地用准确的完整的毛泽东思想来指导我们全党、全军和全国人民。"1978年5月24日他又进一步提出："'两个凡是'不行……毛泽东思想是个思想体系……（实事求是）是个重要的理论问题，是个是否坚持历史唯物主义的问题。"1978年5月10日，经胡耀邦批准，在中央党校内部刊物《理论动态》上登出了名为《实践是检验真理的唯一标准》的文章，5月11日《光明日报》以特约评论员名义公开发表此文。文章的中心思想，是将真理的审判权从权威交到了社会实践手中，从此真正打开了思想解放的大门。

附录肆-93（179 两面派）

此词据说有个来历：元朝末年，朝廷与朱元璋的军队在豫北展开拉锯战；百姓苦不堪言，谁来了都要贴标语表示欢迎：官军来了写"保境安民"，义军来了写"杀鞑子"。为了节俭又省事，当地百姓用一块薄木板两面写上不同的标语，挂在墙上，谁来了就翻出欢迎他们的那一面。某日，常遇春的兵来了，本来已经翻出"杀鞑子"那面，但忽然一阵大风，把许多标语牌都吹翻了个，变成了欢迎官军的内容。常遇春大怒，命将挂"两面牌"者满门抄斩。此即"两面派（牌）"之来历。

附录肆-94（187 领导批条）

改革开放初期，各类物资均短缺，经济上又实行的是"双轨制"（国有企业可以得到价低质优的物资），这就使得"领导批条"大行其道。所谓"领导批条"者，即权势人士写条子，持此条可得到国企价的物资。"领导批条"使有上层关系者捞到了第一桶金，为此后的贪腐盛行开了先河。

附录肆-95（190 流窜）

流窜一词，流行于改革开放后。从1955年实行统购统销起，"粮票"一物极大地限制了国人的行动，迁徙成了奢望（除非是因公调动工作），所以那时基本上也没有什么"流窜"，流窜没粮票，没的吃。

附录肆-96（192 流行歌曲）

现代流行音乐因多进行商业化运作，故又称商业音乐；和流行音乐形成对比的音乐形式是古典音乐和民族音乐。二十世纪八十年代初期，流行歌曲开始在大陆流行，开始时主要是日本的影视插曲、台湾的校园歌曲及某些源自香港的粤语歌曲等，很快本土的流行歌曲也纷纷亮相。流行歌曲的特点，表现为大众性、时尚性、娱乐性、快速更替性、商品性、参与性、即兴性、传播手段的科学性等。

附录肆-97（193 刘英俊）

刘英俊牺牲后，所在部队党委追认刘英俊为中国共产党党员，中国人民解放军总政治部号召全军官兵向其学习，要像他那样无限热爱毛主席，像他那样活学活用毛主席著作，做毛主席的好战士、好学生。他所在部队为其追记一等功。当年7月28日，《人民日报》发表题为《人民的好儿子》的社论，在全国掀起了学习刘英俊的高潮。1967年

3月15日邮电部向全国发行《刘英俊》纪念邮票；佳木斯市人民政府在刘英俊牺牲处修建烈士陵园；长春市人民政府将刘英俊出生地命名为"英俊公社"（后更名为"英俊乡"），并修建"刘英俊纪念馆"。

附录肆–98（194 六）

另有"六猴"一词，是指掷骰子时所得之六点朝上；并由此引申出"仰面朝天跌倒"意，盖因仰跌是腰着地，以"腰"字谐音"幺"（六点向上时与其相对的"幺"向下）。

附录肆–99（196 六〇年饿跑的乡下佬）

当时许多地方干部受"浮夸风"的影响，为了邀功买好，无限夸大自己管辖范围内的粮食产量（有报亩产高至20万斤的）。按此比例给国家纳粮后，使全国多数地方陷入饥馑。这些地方官员为了掩盖事实真相，令民兵守住本地区所有出口，严禁本地农民外出逃荒，任其自生自灭。这种情况下，仍有许多农民冲破了封锁线，逃出生天。

附录肆–100（1107 绿化祖国）

早在1932年，当时的中华苏维埃共和国（1930~1937年，首都江西瑞金）就设立了"山林委员会"，负责指导苏维埃国的绿化工作；1934年毛泽东在《我们的经济政策》、1944年在《对陕甘宁边区合作社会议的讲话》中多次论述造林的重要性；建国以后，1954~1962年间又在各种场合多次强调此问题，并最终形成了"要实行农、林、牧、副、渔五业并举的方针"。

附录肆–101（1108 乱搞男女关系）

二十世纪五十年代以来，中国在几种不同思维模式的混合作用下，"乱搞男女关系"成了最高能够杀头的重罪，直至1983年的"严打运动"中仍多有为此获死刑者。六七十年代中此罪名更是现成的帽子,给谁扣上谁都够呛,不死也脱层皮。但近年来,事物似乎又走向另一个极端,性开放快超过西方啦。

附录肆 – 102（m 02 马仔）

"马仔"一词主要指黑恶势力中头面人物手下所豢养的爪牙帮凶;近年来随着贪腐官吏的大量涌出,这些权势者的手下人也被老百姓称为马仔,虽然他们是政府工作人员。

附录肆 – 103（m 50 没有皮鞋我们穿草鞋）

《列宁在十月》及《列宁在1918》二片,为斯大林1937年下令摄制,是两部严重歪曲、伪造史实之作。二十世纪五十年代初曾在我国上映,"文革"后期又曾集中复映。后因其歪曲、伪造历史的错误内容而被禁映。按:从历史上看,沙俄有完全不同于我国的社会构成模式,那里没有我们中国经济概念上的"富农",列宁当时对这类人所使用的俄语是кулак,此为俄国民间俚语,字面意是"攥紧拳头",指"吝啬鬼、舍命不舍财的家伙"等义。列宁当时使用这个词汇,也并未将其赋予阶级或阶层的内涵,而只是统指这类人。这个说法与列宁当时在苏联实行的经济政策有关,因与语言学无关,此处不赘述。

附录肆 – 104（m 61 迷惘的一代）

二十世纪二十年代初,侨居巴黎的美国作家格·斯泰因对海明威说:"你们都是迷惘的一代。"海明威把这句话作为他第一部长篇小说《太阳照常升起》的题词,"迷惘的一代"从此成为这批虽无纲领和组织但有相同的创作倾向的作家的称谓。

附录肆－105（m 63 藐视一切敌人）

此讲话收于《毛泽东选集》第五卷："为了同敌人作斗争，我们在一个长时间内形成了一个概念，就是说，在战略上我们要藐视一切敌人，在战术上我们要重视一切敌人。也就是说在整体上我们一定要藐视它，在一个一个的具体问题上我们一定要重视它。"

附录肆－106（m 68 民主党派）

中国现有八个合法存在的民主党派，是为：中国国民党革命委员会（民革）、中国民主同盟（民盟）、中国民主建国会（民建）、中国民主促进会（民进）、中国农工民主党（农工党）、中国致公党（致公党）、九三学社、台湾民主自治同盟（台盟）。在中国的政治体制中，共产党是居于领导地位的政党，是执政党；各民主党派是接受共产党领导的参政党，是中国共产党领导的中国人民政治协商会议的组成单位。通过政治协商参与商讨国家方针、政策、法律、法规的制定和执行。

附录肆－107（m 74 默诵语录）

"下定决心，不怕牺牲，排除万难，去争取胜利"，是中共党史上的80句口号之一。1945年6月11日，毛主席在"七大"所做的闭幕词中说："我们宣传大会的路线，就是要使全党和全国人民建立起一个信心，即革命一定要胜利。首先要使先锋队觉悟，下定决心，不怕牺牲，排除万难，去争取胜利。"

附录肆－108（n 07 哪儿的）

见面先问"哪儿的"，就是为了界定帮派家数，分清敌我友。中国人有极其强烈的"归属欲"，容不得不属任何帮派的孤胆英雄。从政要结派，经商要拉帮，流氓更得进山门拜老大。

附录肆－109（n 09 哪儿和哪儿）

"和"字读为 hàn 音，在京语中并非普遍。这种读音一般在下层人士中居多，另一方面它又是受着其前后字语音的制约。如本条"和"hàn 字后是"哪儿"nǎr，对照两字的汉语拼音，我们可以清楚地看到，前字（hàn）的韵尾 n，正好是后字（nǎr）的声母，这两个音极其自然流畅的就连接在一起了，与京语轻灵流畅的原则高度契合。反观之若读为和哪儿（hé nǎr），则轻灵流畅的程度明显的不如前者。像本例这种情况，京人很自然而然的就会读"和"为 hàn 了。台湾人将作为连词的"和"字读为ㄏㄢ（hàn），因为他们所学的国语读音是拜中华书局1937年版的《国语辞典》之所赐，并遵循台湾国语运动的先驱者齐铁恨先生之所言。但他们那里"国语运动"是政策产物，缺乏历史与群体基础，所以绝大多数台湾人弄不清这些深层的原因，只能僵化的、亦步亦趋的照本宣科。参阅《卷一·h07、h08、h72》等条。

附录肆－110（n 62 牛）

此词的原型是"吹牛皮"，意指无限的扩大事实，简说为"吹牛"；又恶俗化为"吹牛屄"，简说为"牛屄"。一般以"逼"字替代"屄"，以为能略显斯文，其实也半斤八两。

附录肆－111（n 66 弄出你尿来）

指"女性射精"（Female Ejaculation，日文称作"潮吹"），即有些女性在达到或者接近性高潮时，尿道可能排出清澈液体。女性射精通常可以通过刺激阴道前庭的 G 点（在尿道海绵体之表层，由格雷芬贝格（Dr.Grafenberg 博士命名）达到；少数情况下，单独通过刺激阴蒂也可以实现女性射精。按：女性射精并不是一个新概念，古希腊哲学家亚里士多德已经注意到了它的存在；至公元2世纪时，古希腊的伽林描述了女性前列腺；意大利解剖学家Renaldus Columbus在解释阴蒂功能的时候提到了女性射精；17世纪时的德国解剖学家Regnier de Graaf曾写了一本关于女性解剖学的著作，并提及了在性兴奋过程中，女性液体喷涌而出的现象；中国情色小说《绣榻野史》中有对此现象的色情描写；二十世纪二十年代，中国性学先驱张竞生先生在其性学专著《第三种水》中亦曾对此进行了专题研讨。关于此问题，至今学术界尚无定论，相当部分学者认可此现象，但也有人认为那不过是尿失禁罢了。

附录肆-112（p 10 炮局）

该处于清乾隆时辟为铸炮场，后因进口洋炮而废弃，清末改为监狱；从此历朝延续下来，日伪时期是日本陆军监狱，1949年后是为北京市公安局拘留所，现为北京市公安局公共交通安全保卫分局。炮局是北京地痞流氓们的炼狱，但又是他们身份的象征：进过炮局者就比没进过的"份儿"（京城痞棍语，谓其在圈中的地位、声望与能力）大。多次进过炮局的被称为老炮儿，另外也有时将专注于女色的痞棍称为老炮儿。"炮"字儿化。"老炮儿"后来有时讹写作"老泡儿"。

附录肆-113（p 12 培养革命后代）

二十世纪六七十年代连幼儿园的孩子也要进行政治学习，以致小孩儿们回家问"宋江为什么能住在水壶里"（1975年批水浒、批宋江、批周公，当时进行的批判实际上是针对周恩来总理的）。

附录肆-114（q 09 掐）

原著此处是说1979年与越南开战，这里很真实地描绘出了当时多数国人的心态。转眼之间与昔日的"同志加兄弟"开战，却令绝大多数中国人高兴，这也是很可惊异之事，有其深层原因。

附录肆－115（q 17 侨眷）

侨眷包括：华侨、归侨的配偶，父母、子女及其配偶，兄弟姐妹，祖父母、外祖父母，孙子女、外孙子女，以及同华侨、归侨有长期扶养关系的其他亲属。另：二十世纪五十至八十年代有些京人称华侨（尤指短期回国者）为侨巴尔（qiáo be*r）。

附录肆－116（q 23 青春之歌）

该书是中国当代文学史上第一部描写学生运动、塑造革命知识分子形象的长篇小说。《青春之歌》以"九一八"到"一二·九"这一历史时期为背景，以学生运动为主线，成功地塑造了林道静这一在三十年代觉醒、成长的革命青年的典型形象。此书在"文革"时期被打成"黑书"遭禁。

附录肆－117（q 41 全盘西化）

此种思潮始现于戊戌变法时期，形成于二十世纪三十年代。主要代表有胡适、陈序经等人。二十世纪八十年代初改革开放后，中国又有人提出了类似观点，他们不了解中西文化本质的不同，持有与清末"十年新政"（1901~1911年）时期类似的思维模式，抱定了"制度决定论"的幼稚观点。

附录肆－118（r 08 人多力量大，敢叫日月换新天）

1958年3月召开的中央政治局扩大会议上，毛主席对此前一些地方在大搞农田水利基本建设时进行的超越社、乡甚至县界的生产协作表示赞赏，认为小社并大社，人多力量大，并通过了《关于把小型的农业社适当地合并为大社的意见》。会后各地在"人多力量大"的思维模式基础上出现了小社并大社的热潮，并由此而最终催生了人民公社。

附录肆－119（r 14 人民民主专政）

此说源自1949年6月30日毛主席为纪念中国共产党成立二十八周年而写的一篇论文《论人民民主专政》。根据马克思主义国家学说，结合中国实际，论述了即将成立的中华人民共和国的国家性质即"人民民主专政"，各阶级在国家中的地位及其相互关系，国家对内、对外政策等等。

附录肆－120（r 15 人民内部矛盾）

该文是由1957年2月27日毛主席在最高国务会议第十一次（扩大）会议上讲话修改和补充而成，同年6月19日在《人民日报》上发表。全文阐述了12个问题，贯穿全文的基本思想是：把正确区分和处理人民内部矛盾，作为社会主义国家政治生活的主要内容。但讲话公开发表前，反右斗争已经开始，由于当时对右派的问题做了过分严重的估计，在讲话稿的整理过程中加进了强调阶级斗争很激烈、社会主义和资本主义之间谁胜谁负的问题还没有真正解决等一些同原讲话精神不协调的论述。

附录肆－121（r 18 人民战争）

关于"打一场人民战争"的思想，毛主席早在1934年的《关心群众生活，注意工作方法》、1936年的《中国革命战争的战略问题》、1938年的《论持久战》、《抗日游击战的战略问题》，到解放战争时期1947年的《目前形势和我们的任务》等一系列文章中，对此问题有系统的阐述。

附录肆-122（r 20 人权）

一般认为，人权主要指每个人都应该受到合乎人权的对待。人权的这种普适性和道义性，是它的两种基本特征。在当今的国际社会，维护和保障人权是一项基本道义原则。是否合乎保障人权的要求已成为评判一个集体（无论是政治上的还是经济上的）优劣的重要标准。但是，在具体实践的层面上，对于人权的具体定义，以及保障人权的具体方式都存在着相当大的争议。人权在抽象理解方面的共识和在具体实践中的分歧，形成了强烈的反差。我国对人权的基本关注面在于生存权，而以基督教文化为基础的国家更关注的是自由、平等之类权利。

附录肆-123（r 22 人生能得几回搏）

容国团（1937年8月10日~1968年6月20日），中国男子乒乓球运动员，生于香港。他所研究出来的快速抽击，打破了当时主导欧洲和日本的花巧打法，在1959年的第25届世界乒乓球锦标赛上为中国夺得了第一个世界冠军。"文革"期间遭到批判，不堪受辱自杀身亡（也有许多人认为是被谋杀，这成为永远的悬案），是为中国体育史上的悲情人物。

附录肆-124（s 04 洒）

此处之"潇洒"一词，语出台湾歌手叶倩文1991年唱红的一首通俗歌曲《潇洒走一回》（作词：陈乐融、王蕙玲，作曲：陈大力、陈秀男）。此歌因其半文半白歌词所呈现的一种人生哲理，以及通俗流畅的旋律，成为唱遍街头巷尾的流行金曲。而折射一种人生态度的歌名，更因为与当时经济大潮下的民众思维契合，逐渐变成了一句口头禅和流行语。二十世纪九十年代初的中国，改革开放渐入佳境，尤其是商业领域的蓬勃发展，更是最大限度地促生了繁荣景象。但是在计划经济走向市场经济的过程中，因为相应的文化缺失，导致了追求纯粹商业化，而使得整个社会显得非常浮躁，精神、文化领域在很多方面陷入迷惘。在这种时代背景下，拜金主义等不良思潮滋长蔓延。《潇洒走一回》歌词无疑写的是情，但其歌词中的某些句子，如"我拿青春赌明天、何不潇洒走一回"等，在当时中国人的潜意识里，其实代表着"今朝有酒今朝醉"、"得过且过"、"能捞多少是多少"这些词句的意思，反映了一种人生态度与哲理。所以在一定程度上，"潇洒走一回"一说成为许多只追求利益、不计较人文文化的商人在那个时代的一种哲学护身符，甚至在一定程度上代表了全民的价值取向；也是那个时代商业风潮中，不计后果、只看眼前的一种时代特征的如实反映。这种思维模式严重地侵蚀了新一代国人的思想，贻害深远。

附录肆－125（s 07 三好学生）

1953年6月30日，毛主席在接见共青团第二届代表大会主席团时，祝贺青年们"身体好，学习好，工作好"。这些青年其实是指在全国各行各业中工作的青年，并非专指青年学生。不过，"三好"一经毛泽东提出，很快就被套用进教育方针。"三好学生"的评选自1954年开始，以固定的评选比例、基本相同的衡量标准，在全国所有大、中、小学校普遍推行。"文化大革命"中此制度被废止，至1982年，教育部、共青团中央联合发出通知，公布《关于在中学生中评选三好学生的试行办法》，规定"三好学生"的标准是：思想品德好，学习好，身体好。

附录肆－126（s 11 三种人、纪律委员会、检举）

"三种人"指：①党内追随林彪、江青反革命集团造反起家的人，他们造反夺权，升了官，干了坏事，情节严重；②帮派思想严重的人，指竭力宣扬林彪、江青反革命集团的反动思想，拉帮结派干坏事，粉碎"四人帮"以后，明里暗里进行帮派活动的人；③打砸抢分子，指诬陷迫害干部、群众，刑讯逼供、摧残人身、情节严重者，砸机关、抢档案、破坏公私财物的主要分子和幕后策划者，策划、组织、指挥武斗造成严重后果的分子。《邓小平文选》第3卷第37页说明："最危险的是'三种人'。……说他们最危险，是因为：一、他们坚持原来的帮派思想，有一套煽惑性和颠覆性的政治主张；二、他们有狡猾的政治手腕，不利时会伪装自己，骗取信任，时机到来，又会煽风点火，制造新的动乱；三、他们转移、散布和隐蔽在全国许多地方，秘密的派性联系还没有完全消灭；四、他们比较年轻，也比较有文化。他们当中有些人早就扬言十年、二十年后见。总之，他们是一股有野心的政治势力，不可小看，如果不在整党中解决，就会留下祸根，成为定时炸弹。"

附录肆-127（s 12 三座大山）

毛泽东1953年在《关于党在过渡时期的任务》的讲话中说："中华人民共和国的成立，标志了中国在工人阶级领导下以工农联盟为基础的反对帝国主义、封建主义和官僚资本主义的资产阶级革命的彻底胜利。"此即为"三座大山"说法的来历；而此前（1945年）在《愚公移山》一文中是说"两座大山"，即帝国主义、封建主义。

附录肆-128（s 18 扫帚不到，灰尘不会自己跑掉）

语出毛泽东1945年8月13日《抗日战争胜利后的时局和我们的方针》："凡是反动的东西，你不打，他就不倒。这也和扫地一样，扫帚不到，灰尘照例不会自己跑掉。"这是最标准的"文革"用语之一，每次批斗会时都念。

附录肆-129（s34 上纲上线）

作为思想方法、话语方式，它并非始于"文化大革命"，却在"文革"中得到了集中表现。用这种简单化（没有例外的一刀切）、绝对化（非此即彼）的思想方法、工作方法对人对事，不是个人品质、个人行为的特征，而是整整一个"以阶级斗争为纲"的时代的特点。在当时的情势下，越是敢于上纲上线，越是敢于突破"纲"和"线"的限制的人，就越是被认为勇敢，政治觉悟水平高，政治前途越远大，越能得到重用。这已经成为一种时髦、一种流行文化。在此背景下，人们的言行充满了无事生非的特点，表现出极强的攻击性，造成强烈的不安定的气氛，弄得人人自危。生怕偶有疏忽就会被人抓住把柄，不敢说话，不敢做事。造成了人们只能随大流，彻底放弃认识、行为的主观能动性，把自己的命运和团体组织捆绑在一起，推脱了个人责任，使自己处于安全境地，也省事省力。在这种惯性支配下，人们不但在认识外部世界时使用这种思想方法，在反省自己的检讨或总结里，也给自己上纲上线，以求得"认识深刻"的评语，成为屈膝邀赏的诀窍，卑琐等同于忠诚。被迫认罪时，上纲上线、自我贬损就成了"态度端正"的过关技巧。

附录肆-130（s50 社会主义精神文明）

1979年叶剑英委员长在《庆祝中华人民共和国成立三十周年大会上的讲话》中做出了"我们要在建设高度物质文明的同时……建设高度的社会主义精神文明"的论断，首次提出并使用了"社会主义精神文明"的概念；同年10月邓小平在《中国文学艺术工作者第四次代表大会上的祝词》中重申了上述论断，并要求大家为建设高度发展的社会主义精神文明做出积极贡献。1980年底召开的中央工作会议上，"建设社会主义精神文明"成为了重要议题。

附录肆–131［s 73 生命不息，战斗不止（等）］

"生命不息，战斗不止"语出《红旗》杂志1971年第三期的一篇文章，标题为《学习鲁迅，深入批修》，其中有"鲁迅生命不息，战斗不止"之说；"小车不倒只管推"语出1969年7月13日《人民日报》的文章《一不怕苦、二不怕死的共产主义战士——记共产党员杨水才同志的光辉事迹》，记述了杨水才的事迹，他的"小车不倒只管推，一直推到共产主义"成了名言；至于"人类解放、三分之二"等说法，是自二十世纪五十年代中期开始流行的宣传，谆谆告诫我们：全世界还有三分之二的人民生活在水深火热之中，等待我们去解放。这些说法在"文革"其间尤为盛行。

附录肆–132（s 96 收汇）

从统购统销开始，各种物资匮乏，外汇更是稀缺。改革开放后，为了鼓励外汇回流，于1980年4月1日特发行一种"外汇券"；凡有从国外汇回外币者，即按照一定比例发给外汇券，持此可到"侨汇商店"购物，那里有市面上见不到的各色货物（也不过就是今天最普通的衣食住行之类）。后来有以此做生意者，按一定比价倒卖。至1995年1月1日此物取消，倒外汇券者也就"秃子改和尚"，带手儿做起了倒腾外汇（称为"切汇"）的买卖。

附录肆–133（s 137 思想政治工作）

1920年，列宁在《在全俄省、县国民教育厅政治教育委员会工作会议上的讲话》一文中提出"政治教育、政治教育工作"两个概念。1934年斯大林在联共（布）第十七次代表大会的总结报告中，提出了"政治思想工作、思想工作"两个概念。中国共产党诞生后，长期使用"政治工作"这个概念。1945年毛泽东在《论联合政府》中提出了

"思想教育"的概念。中华人民共和国建立后,刘少奇于1951年在《党在宣传战线上的任务》一文中第一次提出了"思想政治工作"的概念。1957年毛泽东在《关于正确处理人民内部矛盾的问题》一文中,对"思想政治工作"作了进一步的阐述。此后一直沿用"思想政治工作"这个概念,"文革"时期一切工作都让位于思想政治工作,至今这仍是我党的核心工作之一。

附录肆-134（s 141 四化）

四个现代化,即工业现代化、农业现代化、国防现代化、科学技术现代化,1954年召开的第一届全国人民代表大会,第一次明确地提出要实现工业、农业、交通运输业和国防的四个现代化的任务,1956年又一次把这一任务列入党的八大所通过的党章中。1964年12月第三届全国人民代表大会第一次会议上,周总理在政府工作报告中提出"要在不太长的历史时期内,把我国建设成为一个具有现代农业、现代工业、现代国防和现代科学技术的社会主义强国"。1982年9月召开的党的"十二大",对四个现代化和党在新的历史时期的总任务进行了更为全面而科学的概括,在四个现代化的顺序上,恢复了最初关于四个现代化提法的顺序,把"工业"放在"农业"的前头。

附录肆-134（s 142 四清）

1963~1966年,中共中央在全国城乡开展的社会主义教育运动。四清运动最初是"清工分,清账目,清财物,清仓库";后来急剧政治化,扩大为"大四清",即"清政治,清经济,清组织,清思想"。运动期间中央领导亲自挂帅,数百万干部下乡下厂,开展运动。农村的"四清"运动与城市里的"五反"运动合称社会主义教育运动。这次运动的前因后果众说纷纭,极为复杂,此不赘述。

附录肆－136（s 143 四人帮）

一般认为"四人帮"形成于中国共产党第十次全国代表大会之后。其成员为江青、张春桥、姚文元和王洪文四人。江青为毛泽东之妻，张春桥、姚文元和王洪文均由毛泽东从上海提拔到中央并委以重任，四人在后期皆为中共中央政治局委员。

附录肆－137（s 151 诉苦会）

国共战争初期，国共双方实力悬殊。睿智的中共领导人认识到：较之飞机大炮，数百万普通士兵的信仰皈依是更具决定性的要素，于是开展了以"诉苦会"为主要思想教育方式的整军运动。大批解放军战士获得共产主义信仰的重要途径，也就是这种以诉苦会为中心的新式整军运动。在改造数百万国军俘虏的信仰问题的过程中，这种形式的效果非常显著，以致成为决定性的要素。诉苦会这种形式在当时和以后、乃至到"文革"期间都得到中共各级军政领导的大力推崇，彭德怀就曾说过"诉苦与'三查运动'是我军有史以来第一次伟大的群众运动"，使得"部队中的气象焕然一新，部队战斗力、共产党在部队的威信大大提高"。假如没有强大的精神动力和自我牺牲精神，长期、大规模的维持严密组织和铁的纪律是不可能的。在"文革"期间，笔者经历过若干次"诉苦会"，其基本形式是请某位与旧社会苦大仇深者来演讲，听众时呼革命口号，然后分组讨论，最后是以吃一顿掺糠的窝头（名之曰"忆苦饭"）作结。

附录肆－138（t 12 坦白从宽抗拒从严）

这个口号与法权理念及现行法律规定不相符。按照刑法确立的"罪刑法定原则"，一个人因犯罪所受的处罚，只能与其犯罪事实相适应，面对侦查、审判人员调查时的坦白或抗拒态度，并非犯罪事实，也不当然构成从宽或从严处罚的理由。现代法治理念承认包括犯罪嫌疑人和被告人在内的所有人的基本人权，其中一个重要理念就是"不得强迫人们自证其罪"，我国于1998年签署了联合国《公民权利和政治权利国际公约》，其中规定："任何人不受强迫自证其罪。"人具有保护自己的心理趋势，即便犯了罪，也会自觉或不自觉地隐瞒或者抗拒不说。这是人类自保的天性，司法应当尊重这种天赋的人权。著名的"米兰达权利"（miranda rights）之核心内容，即侦查人员必须告知嫌疑人"有权保持沉默"。自2003年起，中国的公检法系统终于开始将悬挂了半个多世纪的"坦白从宽抗拒从严"横幅大标语撤下，标志着我国的司法进步。

附录肆-139（t28 天福号）

该店酱肘子制法系由山东掖县人刘凤翔于清乾隆三年（1738年）首创。2008年，其制作技艺纳入国家级非物质文化遗产保护名录。

附录肆-140（t30 天桥玩跤儿的）

摔跤是老北京天桥绝技之一，具有极高的技巧性，又有极强观赏性。此项活动在汉代就有文字记载，称为"相扑"，日本的国技"大相扑"名称即源于此。历经两千多年发展，至清代，清宫立"善扑营"，融合各族跤手之长，选拔训练优秀跤手。是专门服务于皇室的表演团体，又有拱卫大内之意。清亡后，善扑营布库（满语buku，意谓掼跤、跤手）流落民间，开设跤馆或街头卖艺，聊以度日。天桥市场是摔跤卖艺最为集中的地方。现在中国式摔跤这样的国粹在中国几近绝迹啦，据说反倒流行于西欧一些国家。

附录肆-141（t31 天源酱园）

开业于清同治八年（1869）年，坐落在西单十字路口东南角，创建人刘湛轩。当时为了行销于上层社会,所以设法引进清宫御膳房技术。天源酱园前店后厂,自产自销,尤以甜面酱和各种甜酱菜闻名。

附录肆-142(t41 听党的话,做毛主席的好孩子)

1964年1月,解放军报社遵照总政指示,编印了《毛主席语录》的第一个供内部学习用的版本。《解放军报》领导提请林彪题词,并建议题词内容用雷锋自勉。

附录肆-143(t45 同一阵营中射来的冷箭)

鲁迅此文中说:"这一个名称是和我同一营垒里的青年战友,换掉姓名挂在暗箭上射给我的。"指廖沫沙撰写的杂文《论"花边文学"》。廖沫沙认为鲁迅的文章在为西洋人辩护,是"买办";还认为这种花边文学"往往渗有毒汁,散布了妖言"。1936年5月25日鲁迅给时玳的信中说:"冷箭是上海'作家'的特产……"

附录肆-144(t46 同意、划圈儿)

我党实行集体领导,一份文件,领导班子成员要传阅,每个人都要在上面签署自己意见。一般情况下,多是写"同意"二字;更简单就是画个圈,表示自己"已阅,没意见"。

附录肆-145(t49 筒子河)

筒子河全长约3.5公里,水面宽52米,深约4米,在西华门和神武门路面下由涵洞连通,与北京六海相连通。筒子河从积水潭引水,最后与金水河相交,汇入菖蒲河。外筒子河的水流入紫禁城内形成了内筒子河。内筒子河的水源来自神武门西靠近西北角楼城墙根下面的进水闸,由一条南北直长的地道穿过城墙转道紫禁城里改为明沟。筒子河除了防卫之外,还可用于防火和为故宫提供用水。近年由于上游补水不足,下游不敢放水,二十世纪九十年代末以来,筒子河基本成了一潭死水,河水污染日趋严重。游客乱扔垃圾,筒子河快成垃圾河啦。

附录肆-146(t63 托派分子)

托洛斯基(Лев Давидович Троцкий,1879~1940年。托洛斯基是其早期在流亡中的假名,后遂以此闻名于世),苏联早期领导人,苏联红军的实际创建者。1897年组织南俄工人同盟,1917年加入布尔什维克党并当选中央委员和彼得格勒苏维埃主席,后负责军事革命委员会工作。十月革命后,历任外交人民委员、陆海军人民委员、革命军事委员会主席等职。列宁逝世后,在与斯大林的权力斗争中失势,1925年被解职,1927年被开除出党,1929年被驱逐出境。1936年起定居墨西哥。1938年在巴黎组织"第四国际"(又称"世界社会主义革命党")。1940年在墨西哥居住地被苏联特工暗杀。著有《不断革命》、《俄国革命史》等。原著此处使用"托派分子"一词,并非有何理论依据,只是客观地反映了那时群众口中整天充斥着各种莫名其妙、其实谁也不知是什么意思的政治词汇罢了。

附录肆-147(w01 挖防空洞)

"文革"中期,由于形势日益失控,需要寻求新的视角,探索其他出路。这时开始强调备战问题,要准备粮食和布匹,要挖防空洞修工事。根据这些精神,1969年8月,中共中央正式决定成立全国性的人民防空领导小组,各省、市、自治区也纷纷成立各级人防领导小组,在全国广泛地开展了群众性的挖防空洞和防空壕的活动。当时投入了大量人力物力,使人防工程规模在已有的基础上迅速扩大。1972年12月10日,中共中央在转发国务院11月24日《关于粮食问题的报告》时,又传达了毛主席"深挖洞、广积粮、不称霸"的指示。按:此说源自《明史·列传第二十四·陶安等传》。谋士朱升向朱元璋献策"高筑墙、广积粮、缓称王",被朱元璋采纳,终于取得了对张士诚、陈友谅的胜利,建立了大明王朝。

附录肆–148(w 04 外汇券)

1980~1995年这15年间,中国实行了非常独特的双货币制度——人民币和外汇券同时在市场上流通。在改革开放初期,来华访问的外国人、归国的华侨和港澳台同胞日益增多,而中国的市场供应还非常紧张,国内居民的日常用品(如粮、油、肉、布等)还实行定量供应。为满足来华的外国人及归侨的需要,中国兴建了一批宾馆和商店。然而,当时国内是禁止外币流通的。为了便于他们在这些场所购买物品和支付费用,同时又使他们区别于国内居民,国务院于1980年4月1日授权中国银行发行外汇兑换券。外籍人士须将所持外币在中国银行或指定的外汇代兑点兑换成外汇券,并在指定范围内与人民币等值使用。离开中国大陆时,他们可以选择将外汇券换回硬通货或留着以备下次来华时使用。很多外国人当时都管外汇券叫"旅游货币"。有了外汇券,人们在中国就可以买到进口商品,可以在特殊的地方消费,还可以换美元,这些都是人民币所没有的功能。外汇券只能在特定的地方使用,如宾馆、友谊商店、免税店等等;也只有在这些地方,人们才能买到当时被视为奢侈品的高档货——洋酒、洋烟、彩电、瑞士手表等等。改革开放前虽也有所谓"侨汇券",即将国外汇回的外币折算为等值人民币的代金券,但那时此物数量极少,影响甚微。

附录肆–149(w 10 玩)

北京早期的所谓"流氓阿飞"多有在二十世纪六十年代初被清理出北京、遣送到农村落户去的;也有些在1966年"红八月"时被红卫兵打死打残、作鸟兽散。原著此处所说"玩了近十年"的某人，是在"文革"中新起的流氓（新俚语称"顽主"），因其资历相对较老，"老炮"（"炮"字儿化。参见 p10 条）一词在他们身上沿用了下来。

附录肆–150（w 19 万恶的旧社会）

二十世纪六十年代，产生了一首歌曲，叫《不忘阶级苦》，其中有这样的歌词："生产队里开大会，诉苦把冤伸。万恶的旧社会，穷人的血泪仇……" 1964年，歌手曾春芳在第五届"上海之春"音乐会上独唱《不忘阶级苦》，获优秀奖。此歌曲调悲凉，凄凄惨惨，歌词煽情，感染力极强。在适宜的政治气候条件下，从此唱遍全国。各单位作为政治任务学唱，远非今日什么歌星的流行歌曲所能望其项背。当时此类的文艺作品大量存在，他们为日后开展的"文革"运动做了充分的舆论准备。

附录肆–151（w 37 文明用语）

全民的文明用语要从幼稚园的水平学起，这种现状令我们这个远在26个世纪以前就以礼仪著称（有《周礼》、《仪礼》、《礼记》为证）的礼仪之邦倍感唏嘘。一个国家、一个民族，道德水准需要政府与民间两个方面的共同不断努力始能维系。这其中强势的一方，即国家之价值取向尤为关键。人学坏容易，可谓一日千里；而学好很难，如同逆水行舟。

附录肆–152（w 59 五讲四美）

1981年2月15日，由全国学联等九个单位联合作出《关于开展文明礼貌活动的倡议》，在全国人民、特别是青少年中开展"文明礼貌月"活动，大力推广思想教育宣传，大兴"五讲四美"之风。中宣部、教育部、文化部、卫生部、公安部等发出通知支持开展这一活动。

附录肆-153（w60 武警）

该部队组建于1982年6月19日，1983年4月5日在北京成立。由内卫部队和黄金、森林、水电、交通部队组成；列入武警序列的还有公安边防、消防、警卫部队。内卫部队由各总队和机动师组成。武警部队根据人民解放军的建军思想、宗旨、原则，按照其条令、条例和有关规章制度，结合武警部队特点进行建设，执行《中华人民共和国兵役法》，享受人民解放军的同等待遇。

附录肆-154（w61 无神论者）

人们普遍认为，科学研究应当以实际数据说话，避免宗教的影响。世界上绝大多数国家的教育体系中，基于政教分离的原则，对神的概念采取中立态度，既不承认，也不否认神的存在。我国的教育体系，教授无神论，否定神的存在；另有少数政教合一国家采用有神论教育，朝鲜也正在向着有神论（白头山血统）教育发展。

附录肆-155（x16 现在世界上谁也不怕谁）

1970年5月20日上午，首都各界群众五十万人在天安门广场隆重集会，支持世界人民反对美帝国主义的斗争，毛泽东等领导人参加了集会，林彪宣读了由毛主席亲自审阅定稿的题为《全世界人民团结起来，打败美国侵略者及其一切走狗》的"五二〇"声明。随后，在全国很多城市都举行了集会游行，热烈支持伟大领袖的"声明"。该声明中有"现在世界上究竟谁怕谁？不是人民怕美帝，而是美帝怕人民"之说。原著此处是调侃说法。

附录肆-156（x22 小白菜）

其词曰："小白菜呀　地里黄呀　三两岁啊　没了娘呀　跟着爹

爹　还好过呀　就怕爹爹　娶后娘呀　娶了后娘　三年半呀　生个弟弟　比我强呀　弟弟吃面　我喝汤呀　端起碗来　泪汪汪啊……亲娘想我　谁知晓啊　我想亲娘　在梦中啊……"有数种不同版本，词、曲大同小异。

附录肆-157（x 59　形势大好，不是小好）

1967年夏秋之际，多地爆发了大规模武装暴力冲突（如武汉事件、温州事件、南京事件、常州事件等等），全国形势非常混乱。毛泽东于八九月份视察了华北、中南和华东等地后，认为"形势大好，不是小好。形势大好的标志，是群众真正发动起来了"。

附录肆-158（x 78　学习班）

此词在"文革"期间特指"留宿学习班"，即将被整的人集中关押起来，逼其"交代问题"，其实就是非法拘禁的代名词。具体做法是学《毛选》加重体力劳动加严刑逼供，令许多"学员"进学习班就是踏上了不归路。

附录肆-159（y 10　严厉打击刑事犯罪）

这次运动自1983年7月开始席卷中国大陆，其后又于1996、2001与2010年相继展开数次。后几次对政策性的掌握较1983年那次严格，冤假错案较少。原来严打主要是针对偷抢以及"流氓罪"，近年来变成"扫黄打非"运动。按："黄"指淫秽色情；"非"指破坏社会安定、危害国家安全、煽动民族分裂的出版物，侵权盗版出版物及其他非法出版物。

附录肆-160（y 23　阳光雨露）

此歌原名《干革命靠的是毛泽东思想》，创作于1964年春天，李郁文作词，王双印作曲，曾在周总理的指导下稍作曲子上的修改。该曲是一首歌颂毛泽东思想的歌曲，反映了当时中国工农兵群众学习毛泽东著作的热潮，故而在"文革"期间流行度极高；并在第三世界相当风行（据说曾在上百个国家传唱）。

附录肆 –161（y 24 样板戏）

所谓样板戏（有一个英语专用词汇：model drama）是"文化大革命"中一个特殊的词语，是江青等人把当时一批文艺作品视为开无产阶级文艺新纪元之先河的代表所赐的封号。"样板戏"一词源于《人民日报》1967年5月31日的评论《革命文艺的优秀样板》，而被确定为样板戏的文艺作品只有8个，它们是 京剧《红灯记》、《沙家浜》、《智取威虎山》、《海港》、《奇袭白虎团》芭蕾舞剧《红色娘子军》、《白毛女》，交响音乐《沙家浜》。后来陆续出现的京剧《平原作战》、《龙江颂》等9部作品，不在"样板戏"之列，而被称为"样板作品"。

附录肆 –162（y 35 一不怕苦，二不怕死）

1969年，毛主席在中共九届一中全会上的讲话中说："我赞成这样的口号，叫做'一不怕苦，二不怕死'。"此说从此便以"毛主席的教导"名义在全国流行了。

附录肆 –163（y 45 一棍子打死）

"文革"进行到中期，因被整者数量庞大，且其中大多数也真没什么问题，群众从"文革"初期那种"瞧好戏"的亢奋中产生审美疲劳，日趋淡漠下来。1968年10月，在中共八届十二中全会上，毛主席在讲话中说："不给出路的政策不是无产阶级的政策。"所以到1969年初，提出了"给出路"的政策，说"不要把人一棍子打死"。

附录肆-164（y 52 一打三反）

1970年1月31日，中共中央发出《关于打击反革命破坏活动的指示》，随即又在2月5日发出《关于反对贪污盗窃、投机倒把的指示》和《关于反对铺张浪费的通知》，统称"一打三反"。此中之《关于打击反革命破坏活动的指示》第五款是将死刑判决权交与地方，造成大量冤假错案。

附录肆-165（y 64 一穷二白）

对于"穷"与"白"的辩证关系，该文阐述道："我们一为'穷'，二为'白'。'穷'，就是没有多少工业，农业也不发达。'白'，就是一张白纸，文化水平、科学水平都不高。从发展的观点看，这并不坏。穷就要革命，富的革命就困难。科学技术水平高的国家，就骄傲得很。我们是一张白纸，正好写字。"

附录肆-166（y 68 义务劳动）

早期苏联曾大规模地开展此项运动，列宁将十月革命胜利后的"共产主义星期六义务劳动"称之为"伟大的创举"，认为"是共产主义思想觉悟的具体表现"。又称为公益劳动（voluntary labour），即出自自己的自由意志而进行的劳动。

附录肆-167（y 72 意志薄弱）

意志薄弱者易受别人影响，为别人言行所左右。他们缺乏坚定的信心和决心，决策时常常犹豫不决；在执行决定时，又常出现动摇、延宕、怀疑，但又有时可能表现出某种狂热性。他们任性、怯懦，不能约束自己的行动；行动时又畏缩不前，惊慌失措。"文革"期间为特定语，专指人的革命意志不坚定，在文艺作品中这类人最后往往是叛徒，属贬义词。

附录肆－168（y 80 硬骨头）

该连以当尖刀、打硬仗著称，先后涌现出刘四虎、尹玉芬、李恩龙、高家凯等15名战斗英雄，荣获"英勇善战、杀敌先锋"等奖旗和"战斗模范连"称号。从此"硬骨头、硬骨头精神"就成了走红词汇，被作为某种标准而时时引用着。"硬骨头"还另有一义，是指工作中的某个难点，攻克此等难点，被称为"啃硬骨头"。

附录肆－169（y 102 友谊商店）

北京友谊商店始建于1964年，坐落于繁华的建国门外大街，毗邻使馆区，交通极为便利。在二十世纪七十年代后期，当中国最初对外开放的时候，国营的友谊商店开设在主要城市里，作为友谊的象征。商店售卖从西方进口的物品，以及中国的工艺品。价格要比产地的市价高很多，但由于友谊商店垄断售卖进出口货物，顾客别无选择。从前的友谊商店只接受外汇兑换券为货币，货品包括未被审查的西方读物，守卫阻止中国人进入商店。改革开放后引入市场机制，外币也基本上自由兑换了，友谊商店开始对所有人开放。但因其高服务差，竞争乏力，多数现已关闭。

附录肆－170（y 107 右派）

最初，在法国大革命时期（1789~1893年），来自第三阶级的自由派参议员坐在主席的左侧，而贵族阶级、第二阶级的成员则坐在右侧，这是自1789年三级会议以来的习惯，之后立法会议（Legislative assembly）将坐在右侧，支持旧制度（Ancien Régime）的君主主义者称为右派。今日则是用来指强调民族主义、传统和宗教，且反对社会主义、共产主义和国际主义的政治保守党派，更有时被引申扩大至指一切支持资本主义的人。所谓左派、右派之分是历史产物，分别代表不同的阶级利益，而这个资产阶级革命中所诞生的名词，又被马克思主义做了进一步的引申。

附录肆 – 171（y114 御用挂）

此词在中国的出现，始于日本关东军设在伪满洲国皇帝溥仪身边的"帝室御用挂"（ていしつようがかり）吉冈安直（よしおか やすなお）。御用是"事情"的敬语，指皇帝的事情；"挂"是从事办理的意思，帝室御用挂就是从事办理满洲国帝室和皇帝的事情。这个官衔即皇帝秘书或皇室顾问的意思。后来也引申到指谓一般的经理人员。原著此处是写一男子被安排到陌生女子家去住，是调侃说法。

附录肆 – 172（z 09 在档案上注明、不服从分配）

从1996年起，有的大学开始停止包分配，1998年在全国大规模铺开，到2000年全面停止了包分配制度。教育部要求从2000年起停止使用《全国普通高等学校毕业生就业派遣报到证》和《全国毕业研究生就业派遣报到证》，启用《全国普通高等学校本专科毕业生就业报到证》和《全国毕业研究生就业报到证》。

附录肆 – 173（z 11 在南边混的东北妓女）

彼时东北作为老工业基地，一时未能适应改革开放的形式，有大量的老企业破产倒闭。职工生计无着，许多妇女便自然而然的从事了这人类最古老的行业（最早见于《圣经·旧约·士师记》中的大利拉）。东北妓女因其身高且皮肤白皙（与广东人比），在深圳最受欢迎。

附录肆 – 174（z 43 招工）

此时全国有约两千万的知青在农村，招工成了他们心目中的一线希望。可想而知,今天看似平常的"招工"二字,那时围绕着它产生了多少可歌可泣、可赞可叹、可悲可悯、可鄙可憎、可杀可诛、可入史可成书之事,今天的年轻人无法想象。

附录肆–175(z 57 这不是)

常听见电视播音员将此读为 zhè bu,就完全失去了京腔,不成其为京语了。笔者以为,公共节目中最好不要用方言;而如果用,就要按方言的读音,以免在通用语(普通话)中产生内涵不明确的语汇;但用方言音,又不利于推行普通话。所以说来说去,还是坚持普通话,不用方言为好。

附录肆–176(z 68 政策)

政策是法律不健全的产物,它与法律的根本区别在于:法律只说"不得如何(则此外均合法)",而政策是说"应当如何(则此外不知应如何)";法律是白纸黑字的刚性文件,其内涵指向具有相对唯一性;而政策是指导性的纲领文件,其确切内涵有待制定者的阐述和执行者的操控,这就难免给种种不公不法之事留下无法杜绝的巨大空间。

附录肆–177(z 76 政委)

政委与同级军事指挥员同为部队首长,通常是同级党的委员会日常工作的主持者。根据需要,在独立执行任务的营和相当于营的单位,也设立政治委员。政治委员隶属于直属上级部队首长,在同级党委领导下进行工作。在政治工作上,服从上级政治委员、政治机关;在军事工作上,服从上级军事指挥员、政治委员和军事机关。中国人民解放军的政治委员制度始于1929年古田会议,是"党指挥枪"的切实保障。

附录肆–178（z83 政治思想）
现阶段对国人政治思想的要求，就是热爱社会主义，热爱中国共产党，认真学习马列主义、毛泽东思想和邓小平建设有中国特色的社会主义理论，认真学习贯彻最近一届党的全国代表大会精神。

附录肆–179（z84 知青队伍）
广义而言，下乡知青始于1955年，当时河南省郏县大李庄乡有一批中学和高中毕业生回乡参加农业合作化运动，报上发表了《在一个乡里进行合作化规划的经验》，报道了这个乡的事。毛主席读后亲笔写了按语："一切可以到农村中去工作的这样的知识分子，应当高兴的到那里去。农村是一个广阔的天地，在那里是可以大有作为的。"之后，共青团中央在全国多个省市组织了远征垦荒队，动员城市青年奔赴农村。董加耕、邢燕子、侯隽等就是当年被《中国青年》、《中国青年报》强势宣传报道而出名的。知青队伍人数约在1500万人以上；另外"文革"期间成立的生产建设兵团也还有数百万人，这样其总数约在两千万人。

附录肆–180（z97 中山装）
中山装源自中国十九世纪末赴日留学生所带回的日本校服及陆军士官服式样。孙中山及其革命党在日活动时间不短，曾留日者甚众。此种样式据说系孙中山委托日本华侨张方诚设计，后来都是在此基础上改进、制作。中山装由于孙中山的提倡，也由于它的简便、实用，自辛亥革命起便和西服一起流行。1912年民国政府通令将中山装定为礼服，修改中山装造型，并赋于了新的含义。其形制为：立翻领，对襟，前襟五粒扣，四个贴袋，袖口三粒扣。后片不破缝。这些形制被赋予了如下含义：1. 前身四个口袋表示国之四维（礼、义、廉、耻），袋盖为倒笔架，寓意为以文治国。2.门襟五粒纽扣表示五权分立（行政、立法、司法、考试、监察）；以示区别于西方的三权分立（行政、立法、司法）。3.左右袖口的三个纽扣则分别表示三民主义（民族、民权、民生）和共和的理念（平等、自由、博爱）。4.后背不破缝，表示国家和平统一之大义。5.衣领定为翻领封闭式，显示严谨治国的理念。

在民国十八年制定宪法时，曾规定一定等级的文官宣誓就职时一律穿中山装，以表示遵奉先总理之法。

附录肆–181（z98 中苏谈判）

中苏（俄）之间共进行了三轮边界谈判，首轮是自1964年2月至8月，因苏方蛮横地拒不承认中俄间有不平等条约存在，而中方的实质意图也并非在于解决实际的边界问题，而更多地偏重于意识形态方面的斗争，致此轮谈判无果而终；第二轮谈判是在1969年3月中苏珍宝岛冲突后，中苏双方的总理于9月11日会晤，就缓和两国边界地区的紧张关系达成了一些共识，并签署了维持边界现状防止武装冲突的临时措施协议。据此中苏双方于1969年10月20日恢复边界会谈。这一谈就谈到了1978年7月，又无果而终，但总算是消弭了双方的火药味儿；第三轮谈判开始于1978年2月，又是旷日持久，1989年5月16日戈尔巴乔夫访华，中苏达成了关系正常化，1991年5月16日中苏两国外长签署了中苏边界东段协定（《中华人民共和国和苏维埃社会主义共和国联盟关于国界东段的协定》）。随着苏联1991年解体，中苏会谈变成了"两方五国"（中、苏、哈、吉、塔）的形式，其后分别与哈萨克斯坦、塔吉克斯坦、吉尔吉斯斯坦签订划界协定，并于2004年10月14日与俄罗斯签署了《关于中俄国界东段补充协议》，最终从法律上确定了由历史原因所形成的现在的局面。

附录肆－182（z133 资产阶级知识分子）

这是毛主席对知识分子的一种分类，在不同时期的不同文章中提出了不同的标准（见《在中国共产党全国宣传工作会议上的讲话》、《关于正确处理人民内部矛盾的问题》等篇的有关章节）。"文革"期间基本上把绝大多数知识分子划在资产阶级范畴内。

附录肆－183（z145 自我批评）

在毛主席的早期著作中（如1929年的《关于纠正党内的错误思想》），尚未见到对"自我批评"的倡导；自我批评实际是在1942年延安"整风运动"中开始普遍要求的，当时人人都要自我检讨，遂流行起"自我批评"之说（另可参见1943年《组织起来》一文），并在其后也成为党的重要政治思想工作方法之一（见《论联合政府》、《在中国共产党第七届中央委员会第二次全体会议上的报告》等文）。

附录肆－184（z167 坐蜡）

此系粗口，语涉下流。是指一种女上位跨骑式性交体位，民间俗称"倒抹蜡"，即所谓"坐蜡"。另也指男同性恋的上坐肛交位。今人鲜有知此义者，似可不算粗口，但仍无改其出处之龌龊。对这类民间俗语，语言工作者负有消弭改造之责。

附录肆－185（m11 蛮）

近年报刊杂志上多将作为副词的"满"字写为蛮，究其原因，系受台湾的影响。台湾的出版物上往往这样写，因为他们那里的"国语"，是上世纪六十年代人为地在全境强力推行开来的，而台湾社会是五湖四海的人群组合而成；或换句话说，他们可没有北京人这么好的语言环境：标准语（普通话）基本上就是自己的母语。台湾国语的语音依据，是商务印书馆1937年版的《国语辞典》（黎锦熙、钱玄同主编）；是以那时的北平话为基础，由祖居京西香山的旗人齐铁恨先贤1945年在台湾开始推行的，其读音与今天的北京话不尽相同。更因台湾人群组成复杂，语音受其各自母语语系的影响，所以我们听台湾人说国语总有那么一股怪味儿。惟其如此，他们开始说国语时，不可能像北京人说北京话那样，丝毫不用脑子想、上下嘴皮子一碰出来的必然就是北京话（普通话的源头）；而是经常需要某种提示，尤其是在上世纪六十年代国语开始强化普及阶段更是如此。而这里的满→蛮转化，应就是这种"对读音提示"的一种体现。满（上声）字常有在某种场合（上声连读时）读为蛮（阳平）的现象，这里实际上"蛮"是满的直音字。早期台湾的出版物上有这样写的，可能是为了用直音字来进行国语语音提示，久而久之习惯成自然，约定俗成的就这么写了，甚至觉得天经地义就该是这样了。但就语义而言，满、蛮二字风马牛不相及，"满（怎样）"写为"蛮（怎样）"是极为荒谬的。在北方语系中，作为副词的"满"字，意谓"完全的、充分的、无保留的（怎样、如何）"；最常见用法是与形容词"好"字组成"满好"一词。因此词系双上声连读，所以上声字满变调阳平，读若蛮音，这可能就是"满→蛮"最初的来源。北京话日常生活中，以满字为首组成的上声连读词汇相对较多，如满好、满有、满碗、满拧、满手、满脚、满脸、满脑袋、满喜欢、满打满算、满脑门子官司、满语……等等，这里的"满"字读阳平；而以满字为首、却并非上声连读者相对较少，如满多、满硬、满高兴、满肚子坏水儿……等等，"满"字应读上声，但在台湾也一律变读阳平了。"满读若蛮"原本只是用在上声连读中，但字还应写作满；而现在随着"满读若蛮"，连字也写为蛮；甚或不管是否为上声连读，一律写为蛮了。像这种"以直音字取代本字"的作法，极不可取，应予取缔。它混淆了汉语语义，将组成词汇的各个字间的逻辑性切断，使得原本有明确内涵的词语向着不可知的方向转变。

汉字与拼音文字的本质区别，就在于汉字是"表意文字"，它有能够脱离开语音的独立性内涵，笔者以为这是先民留给我们极睿智、极珍贵、全世界独一无二的遗产；而拼音文字不过是"语音的符号"，除此以外就什么也不是了。现在"以蛮代满"现象，就本质而言，是将汉字退化为语音符号，金玉沦为糠秕矣。至于浩浩汤汤之大陆，为何非得拾蕞尔弹丸的牙慧，真乃匪夷所思也。近日发现电视里有些政府机构的发言人在代表国家做某些重要的表态发言时，可能因为他（她）们是南方人吧，所以普通话中偶见南方语音的痕迹；主要表现在读舌音尾韵母的字时，将舌面后鼻音"n"，读成舌尖鼻音"n"。这是某个人普通话的缺陷，也倒不算什么大问题。怪的是现在影视明星们也开始鹦鹉学舌；甚至偶见一般平头百姓（祖宗八辈儿也不是南方人）也开始这么说，又一档子匪夷所思之事。

满蒙语汇肆

说明：旧京的民族主体，是满、汉、蒙三族；通用语言虽为汉语，但此种汉语中夹杂着相当数量由满蒙语（主要是满语）转化而来的说法。时至今日，虽然这种说法已大大减少，但仍有少量残存，即或在王朔这样并非土生京人的青年作家的作品中，仍隐约可见。本卷亦将其列之如下，昭示这即将逝去的余韵，以飨读者诸君。

满蒙语汇肆－01（c 91 斥挞）
京语另有一词"诓嗻"（读为 hēn de），与"呲嗻"意近，但更多强调了语气的粗暴与严厉。该词源自满语词汇 hendumbi，原义为"说、讲、谈话"。京语还有一词"喝斥"，意谓"不近情理的催逼、苛责"，系源自满语 hacihiyambi，原义为"勉强、催逼、强劝"。

满蒙语汇肆－02（g 05 改搂）
此词源自满语 gaimbi，义为取、索要。取满语词干 gai 的读音，加上汉语的"搂"（此处意为攫取）字，是个满汉合璧的词汇。

满蒙语汇肆－03（g 54 咯涩）
源自满语 encu gese，义指特殊、另外的样子。

满蒙语汇肆－04（g 82 梗着）
此说法源于满语 gen，即为"后脖颈"义。

满蒙语汇肆－05（g 96 拐着）
此说法源自满语 kūwaici，本义为"撇脚"，指走起路来脚向外一甩一甩的，是一种残疾现象；在京语中汉化为步行之意。

满蒙语汇肆–06（p 17 屁颠屁颠的）

此词源自满语 dahan，义为"小马、马驹"。旧时京语谓走路左右摇摆为"dā hān dā hān 的"，是沿袭了满语说法，形容人走路不稳，身子颠晃，有如小马驹行走的步态。后来 dā hān 连读，转为"颠"字的儿化音 diār，于是出现了"颠颠的"（读为 diār diar de）一词，指颠簸奔跑；又引申其意，指人在兴奋时的雀跃状，并加上"屁"字调侃谐谑，于是乎一个满汉合璧、生动活泼的新词汇诞生了。

满蒙语汇肆–07（s 114 帅）

此词源自满语词汇 šuwai，原义为"身材细高"，指一种亭亭玉立、秀气的形象。

满蒙语汇肆–08（t 61 忒）

源自满语 ten，意谓很、极、非常（如何）。

满蒙语汇肆–09（w 27 往人前一戳、拿得出手）

此说法源自满语 cokcohon，义为直竖、竖立；旧时京语谓人身材高矮为"身量儿戳个儿（读为 chuǒ ker 或 ger）"，并由此逐渐演化为"在人前站立"之意，实质是指别人对该人形象的评价；说法也从 chuǒ ker 简化为戳（chuō）。

满蒙语汇肆–10（x 02 瞎、挺）

"挺"字源于满语 ten，义为"很、甚、非常、极其"；京语中此词与满语音近义同，指"（某种事物的）程度之甚"，是为副词。

满蒙语汇肆-11（z 30 乍不冷）

该词系源自满语词汇 jailambi，义为"躲避、躲闪"。按：京语还有"侧歪"（读为 zhāi wai）一词，与"侧巴棱"意近；另有"侧棱"之说，那就直接是满语的汉化音译了。

附一　元曲语汇

说明：各卷语汇分别标注。词条标注序号分为前后两段：前段为该词条在《元曲语汇》内的编号，后段为其在相应卷中的序号及具体词条，中间以短波折号分开。如：卷一项内的"001-b21 白瞪白瞪"，前段的001表示该词条是《元曲语汇》中第一条，后段表示该词条在相应卷中序号为b21，"白瞪白瞪"是具体词条。

卷一

001-b21 白瞪白瞪

元曲此词作"白鄧鄧"，形容翻白眼的样子，"鄧鄧"系"瞪瞪"的借音。如《玉鏡臺》四〔水仙子〕："這一個眼灌的白鄧鄧，那一個臉抹的黑突突。"

002-b44 悖晦

元曲中悖晦或写作"背晦、背會、背悔"。如《哭存孝》二〔牧羊關〕："常好背晦也蕭丞相"；《拜月亭》三〔滚繡球〕："俺這個背會爺"；《凍蘇秦》二〔滚繡球〕："俺爹娘他須是老背悔。"等等。正写应作"悖晦"，其他写法均系同音误用。

003-b50 坌臭

"坌"字在元曲中是"笨"的假借字，如《剪髮待賓》一〔那吒令〕："與人家做生活，打些坌活"；又作粗劣解，如《桃花女》一折："俺穿的是坌絹的這粗綢。"

004-b59 别价

"介"字为元代戏曲术语，是关于剧中演员的动作、表情，以及舞台效果等的舞台提示（元杂剧中也作"科"，据说是书坊为刻字省事，將"科"字作"介",字雖異而義同也)。如:关汉卿《望江亭》第一折:"做走介";孔尚任《桃花扇》試一齣"內問介"等即是。京人俗语中往往有不俗之处,蕴含了近古汉语成分。

005-c07 颤儿哆嗦

元曲中常见"戰篤速"(也作"戰都速、顫篤簌、戰撲速")等说法,如《東堂老》三〔蔓青菜〕:"諱得他手兒脚兒戰篤速";即"颤儿哆嗦"之濫觴也。

006-c29 稠咕嘟

原著此处是说茶过酽。"酽"字也作"艷",意谓浓烈,如《東坡夢》三〔滿庭芳〕:"是處裏嬌歌妙舞,酒釅花醲";《救孝子》二〔三煞〕:"則合將艷醋兒潑得来均匀的潤",均是。

007-c37 雏儿

如元曲《曲江池》一〔那吒令〕白:"妹子也,他還是個弟子,還是個雛兒?"即是"年轻未经历练"之义;晚些的《西游记》中也有,如第三十二回:"那魔是幾年之魔?那怪是幾年之怪?還是個把勢,還是個雛兒?"等等。

008-c45 跐

"跐"是个古老的动词,有踏、蹈、蹑、履等义。远有《莊子·秋水篇》:"彼方跐黄泉而登大黄";左思《蜀都賦》:"將抗足以跐之";近如《紅樓夢》第三十六回:"跐着那角門的門檻子。"等。元曲中如《雙赴夢》一〔天下樂〕:"緊跐定葵花鐙";《玉鏡臺》二〔牧羊關〕:"幾時得使性氣由他跐,悪心煩自在鐙。"等等均是。今此词除"踩踏"义(俗读为 cǎi)外,其他义似未见用。

009-c51 撮

元曲中常见与此处"撮"字义近的"囐"字,如《小尉遲》二白:"好酒好肉囐一頓";《蔣神靈應》一〔尾聲〕:"白米悶飯喫二十椀,硬麵燒餅囐九十。"等等。另:京人把不加节制的快速吃东西叫"揣巴",或简称"揣"(也作"擩")。元曲中亦常见此词,如《燕青博魚》一〔大石調六國朝〕:"我揣巴些殘湯剩水。"但"擩"字另有他义,见《廣韵》:"擩,以拳加物也。"京人将用力和面(面较硬)称为"擩面",是很古老的语汇。

010-d09 打点

作收拾整理、安排准备义时,如《陳州糶米》四白:"外郎,你與我將各項文卷打點停當。"

011-d10 打点

作打通关节、托人关照义时,如《灰闌記》一〔賺煞〕白:"你可去衙門打點,把官司上下,布置停當。"又:元曲中有"打迭"(也作"打揲、打疊")一词,与打点义近,如《㑳梅香》三〔青山口〕:"教你收拾書箱,打迭行裝,便赴科場。"

012-d48 倒断

了结、决断义,见《任風子》三〔滿庭芳〕白:"與我個倒斷,你休了我者。"现已无此说法。此词元曲中另有表示休止、间断之意;但多与否定词连用,表示没完没了、无尽无休之意。如《西廂記》四本楔子〔仙侶端正好〕:"因姐姐玉精神,花模樣,無倒斷曉夜思量。"

013-d83 滴溜

元曲中即有此写法，如《三奪槊》二〔牧羊關〕："他滴溜着虎眼鞭髟。"此词另有担心、提心吊胆义，如《後庭花》一〔混江龍〕："常懷着心驚胆戰，滴溜着脚踢拳墩。"

014-d108 断头香

见《救孝子》四〔駐馬聽〕："可着我半路裏孤孀……莫不是我前生燒着什麽斷頭香？"

015-d109 对合子

如《東堂老》一〔蔓青菜〕白："如今我要做買賣，無本錢，我各扎邦便覓合子錢。"

016-d112 多嫌

元曲中"多應"是为推测之词，意谓多半、大约、大概。如《董西廂》卷一〔般涉調·耍孩兒〕："浩然何處凍騎驢？多應在霸陵西路。"

017-d113 多早晚

如《牆頭馬上》二〔梁州第七〕白："梅香，這早晚多早晚。"句中"這早晚"指现在、此刻，全句意为"现在是什么时候了"。也有写为"多嗜"者，音义均同，如《伍員吹簫》楔白："主公呼唤，多嗜爲這事來。"

018-f03 发送

元曲中已有发送之说，如《昊天塔》一〔後庭花〕："則待將紙錢兒發送。"

019-f11 肥猪拱门

"拱"字元曲中作"齻"，意谓"以头往里钻"。见关汉卿《調風月》第三折："我便似齻牆賊，蝎蜇嚗聲。"

020-f15 分儿

①项之用法，如《三戰吕布》一白："足生一瘤，有五霸之分。"
②项之用法，如《玉粲登樓》一〔賺煞〕白："看學士分上，我辭他一辭。"

021-g02 旮旯子

"旮旯"在元曲中作"閣落"，如《薦福碑》〔鵲踏枝〕："則索閣落裏鞭匳藏諸。"

022-g10 干着

如《張天師》二〔黃鐘尾〕："只等得佛出世，可不的乾着你這相思無盡極"；《灰闌記》一〔賺煞〕白："若到官呵，他每不向我，可不乾着了這一番。"

023-g12 赶趁

十三世纪后期（元初），周密所著的《武林舊事》卷六中，即见"趕趁"一词："又有吹簫、彈阮、息氣、鑼板、歌唱、雜耍等人，謂之趕趁"；《水滸》第四回有"小人趕趁些生意，不及相陪"之说；元曲中也有此说法，如《金線池》一〔賺煞〕白："好運好運，皁田院裏趕趁！"

024-g14 敢则

见《桃花女》一〔油葫蘆〕:"你可也敢则是飽諳世事慵開口。"

025-g39 跟寻

唐、五代时期的《敦煌變文·降魔變文》"妄説地獄天堂,根尋無人的見"中的"根尋"一词,可能是此词的早期形式,当初主要是"究根问底"之意;后来演变,在元曲中作为"寻找"义,如《瀟湘雨》一白:"待到了江州,再遣人慢慢跟尋。"

026-g51 咕嘟

如《漁樵記》三白:"那骨朵銜仗、水礶銀盆、茶褐羅傘下五明馬上,端然坐着個相公。"

027-g66 括搭

如《救風塵》三〔幺篇〕白:"把媳婦休了呵,妳妳你把肉弔窗兒放下來可不嫁我,做的個尖擔兩頭脱。"

028-g67 刮刮浆子

元曲中"铺陈"一词作"鋪持"或"鋪尺"。如《調風月》二〔上小樓〕:"剪了鞋簦,染了鞋面做鋪持";《任風子》三〔普天樂〕:"这手帕做布撚,好做鋪尺。"等等。

029-h09 汗塌儿

元曲中也作"汗替"。如《村樂堂》二〔烏夜啼〕:"夫人爲甚麼汗塌淫殘妝";《詞林摘艷》卷一〔醉太平·走蘇卿〕:"舊汗替絞了雜毛套。"

030-h47 葫芦提

此词元曲中也作"葫芦题、葫芦啼、葫芦蹄"等等。如《竇娥冤》三〔快活林〕："念竇娥葫蘆提當罪愆，念竇娥身首不完全"；《西廂記》五本四折〔喬木查〕白："和你也葫蘆題了也。"另有如《太平樂府》卷七散套〔鬭鵪鶉·自悟〕："問甚鹿道做馬，鳳唤做鷄？葫蘆今後大家提，別辨是和非。"則是此词的调侃诙谐说法。

031-h56 话靶

元曲中"靶"字也作"欛、巴、罷"等，方言无定字。如《酷寒亭》一〔賺煞尾〕："但見的都將你做話靶"；《金錢記》一〔醉中天〕："我則怕人瞧見做風流話欛。"

032-j13 见不得

《殺狗勸夫》楔白："雖然是我的親兄弟，爭奈我眼裏偏生見不得他。"

033-j24 强嘴

此说元曲中屡见，如《後庭花》一〔油葫蘆〕白："你看這糟頭則是强嘴"；《岳陽樓》四〔沉醉東風〕："你不要强，和你告官去來。"

034-j29 浇裹

此词指生活资费，早期写为"结果"，如《水滸》第二十一回"我再取十兩銀子與你結果"等即是。元曲中虽尚未发现此写法，但施耐庵也是元代人，故将该词纳入此项目。

035-j60 决撒

如元曲《連環計》二〔四塊玉〕白:"決撒了,老爺都聽見了也";《西游記》五本十七齣〔尾〕:"決撒了帽兒光光,恨韋郎,不做周方。"等等均是。现久已无此类说法。

036-k07 看看的

元曲中意谓"即将、将要"(如何)。如《鐵拐李》三〔梅花酒〕:"看看的過百日,官事又縻羈";《魯齋郎》楔白:"小人害急心疼,看看至死。哥哥可憐見,救小人一命咱!"

037-k11 砢磣

元曲《岳陽樓》二〔梧桐樹〕:"可磣殺我也。"此处可磣谓羞辱,此说犹云"寒磣死我了"。另有时作丑陋、难看义,如《藍采和》二〔鬬蝦蟆〕:"畫的十分可磣,怎覷那般行徑?"

038-k21 可怜见儿的

如《救風塵》三〔滚繡毬〕:"第一來我則是可憐見無主娘親";《牆頭馬上》二〔隔尾〕白:"妳妳可憐見,你放我兩個私走了罷!"

039-l23 老的儿

此说源于宋元人俗语,如元曲《竇娥冤》一白:"若不是遇着老的和哥哥呵,那得老身性命來。"即是对老年人的尊称,现仍有此说法。

040-l40 扐揹

元曲中此词多见,尚有"勒揹、累甃、揹勒"等写法,是为勒索敲诈义。如《魯齋郎》一〔混江龍〕:"休想肯與人方便,衘一片害人死，勒揹了些養家緣。"另有强迫挟制义，如《漁樵記》四〔落梅風〕白："官人，則被你勒揹煞我也。"

041-l76 劣蹶

元曲中还有"劣缺、劣角"等写法，是为乖戾、狠毒、顽劣等义，如《哭存孝》三〔十二月〕："可端的憑着他劣缺，端的是今古皆絶。"又谓勇猛，如《破天陣》三〔柳青娘〕："一隊隊衝開陣角，人劣蹶，馬咆哮。"

042-l84 碌碡

此等较原始的农具古已有之，元曲中此词亦多见。如《董西廂》卷七〔中呂調·牧羊關〕："早是轆軸來粗細腰"；《西游記》二本六齣〔七弟兄〕："滾將一箇碌碡在根底。"等等。

043-m40 闷葫芦

《合同文字》三〔堯民歌〕："他把俺合同文字賺來無盡場兒，揣與俺個悶葫蘆。"

044-m41 眯瞙

也作"迷西、迷奚、迷稀"。如《後庭花》四〔乾荷葉〕："好教我不解其中意！起初道眼迷奚。"《誤入桃園》三〔五煞〕："眼迷希細看春風玉一圍。"

045-m47 魔它子

元曲中多作"磨陀、磨砣、磨佗、摩酡"等写法，悠然闲适、自在逍遥之意。如《魯齋郎》四〔梅花酒〕："我這裏自磨陀，飲香醪，醉顔酡"；《藍采和》三〔滾繡毬〕："遇飲酒時須飲酒，得磨跎處且磨跎";《樂府羣珠》卷四〔迎仙客·十二月〕："得磨陀，且快活，世事從他。"这三条中"磨陀（磨跎）"主要是指一种延宕、无为状态，与原著本义（慵惰、拖沓）有关联，但不尽相同。

046-p16 骗马

元杂剧《西廂記》三本三折〔得勝令〕："不想去跳龍門，學騙馬。"此中"骗马"一词，即指勾引妇女。

047-q33 擎现成

元曲中有"乾請"一词，如《漢宫秋》二〔牧羊關〕："你們乾請了皇家俸，着甚的分破帝王憂。"此处"乾"指有名无实、白白的（如何）；"請"（读 qíng）为"賭"的假借字，"乾請"（现写作"干赌"）谓无功受禄。

048-q40 屈戌

元曲中常见"曲律"一词，如《遇上皇》二白："曲律竿頭懸草稕"；《魔合羅》一〔油葫蘆〕："你看他吸留忽剌乞留曲律路。"在京俗语中，演变为"曲律拐弯"（qī liu guǎi wār），形容某种物体的多重曲折貌；又有"拘挛"之说，是谓肌肉不自主收缩，或因低温而致肢体僵硬。元曲中多作"拳孪、拳联"，如《五侯宴》三〔滾繡毬〕："凍的我拏不的繩索拳攣着手"；《黄粱夢》三〔雁過南樓〕："這一個骨聳着肩，那一個拳聯着脚，正揚風攪雪天道。"等等即是。

049-r06 热厮呼啦

元曲中常见"熱忽剌"一说，如《調風月》三〔紫花兒序〕"好輕乞列薄命，熱忽剌姻緣"等，是形容如火如荼的热烈感情。

050-r09 人家

元曲中此词多为上述之②义，即第三人称，指谓别人、他人。如《救孝子》楔〔幺篇〕："常拐人家婦，冷鋪裏做夫妻。"另：元曲中"家"字有时就做"人"讲，如《李逵負荊》三〔浪裏來煞〕："使不的三家來便廝靠，則這三寸舌是俺斬身刀。"此处之"三家"是指宋江、王林、李逵三人。

051-r11 人家

此种用法元曲中常见，如《西廂記》三本二折〔四邊静〕："怕人家調犯，早共晚夫人見些破綻，你我何安？"按：此处"人家"一词，是鶯鶯口中指張生，而并非如前所说为示娇媚意的"京中女孩自称"；但这是女子口中的情郎，同样是满含情感的称谓法，亦有娇嗔意。不过现在好像没有这样的用法了。

052-r19 歘

元曲中常见"軟兀剌"一说，意指软瘫无力貌。如《西廂記》二本三折〔鴈兒落〕："軟兀剌難存坐"；《梧桐雨》四〔倘秀才〕："悶打頦和衣卧倒，軟兀剌方纔睡着。"等等。"歘"字即从"軟兀剌"一词连读音转演化而来，义亦近之。

053-s11 臊脸礼儿

从元曲《附金錠》三〔般涉調·耍孩兒〕："我將這繡球兒抛下，準備着齊整的陪房。"一句中，可知"陪房"一说古已有之。

054-s42 渗

元曲中多见"渗人"一词，如《柳毅傳書》二 詩云："滿目霞光籠宇宙，潑天波浪滲人魂";《博望燒屯》一〔金盞兒〕:"這將軍內藏着君子氣，外顯出滲人威。"另有"磣磕磕"（或作"磣可可"，意謂瘆得慌）之說，如《梧桐雨》三〔殿前歡〕:"怎下的磣磕磕馬蹄兒臉上踏";《黃粱夢》二〔幺篇〕"覷孩兒瘦更駸，便怎生教磣可可血泊裏倘着屍骸"等均是。

055-t27 嘖嘖

"嘖嘖"一詞，元曲中已有，如《調風月》一〔後庭花〕:"打取一千個好嘖嘖。"

056-t33 填還

《合汗衫》一〔天下樂〕白:"今生已過，那生那世，做驢做馬，填還你的恩債也。"

057-t46 投

元曲中如《曹彬下江南》二〔醉春風〕白:"若是害酒時，我有箇好方兒，着熱酒投一投便好了。"

058-t48 頭口

早在元代，此說便頻頻見於元雜劇。如《誶范叔》四〔太平令〕白:"丞相，這箇是頭口吃的草料，怎生與我吃?"《魔合羅》二 白:"鎖了門戶，借個頭口，去看李德昌走一遭去來。"等等。

059-w17 猥獕

元曲中尚未發現有猥獕一詞，但有"念合"之說，即黏糊。如《對玉梳》二〔倘秀才〕:"佯問候熱刺刺念合。"

060-w39 沤

如《硃砂擔》三白："溼是溼的，熱身子焐乾了。"

061-x19 献勤儿

在元曲中即有"獻勤"一说，如《盛世新聲》〔南呂一枝花·絲絲楊柳風〕："覷不的獻勤的僕，勢情的奴。"但那时勤字似应尚未儿化。

062-x22 消停

元曲中常见有如下解：

安静义，如《捉彭寵》一〔尾聲〕："我和你背路裏倒消停，大路上人烟閙。"

停留义，如《倩女離魂》二〔幺篇〕："快先把雲帆高挂，月明直下，便東風刮，莫消停疾進發。"

休息义，如《牡丹亭·驚夢》："先生不在，且自消停。"

063-x29 小大姐儿裁裤子——闲时置下忙时用

如《東堂老》一〔天下樂〕："你曾出的胎也波胞，你娘將你那繃藉包"；《水滸》中有"倒繃孩兒"之说，即是给小孩儿把衣服穿反了之义。

064-x50 斜签着坐

元曲中如《西廂記》四本三折〔脱布衫〕"酒席上斜簽着坐的，蹙愁眉死臨侵地"即是；旧小说《綠野仙踪》中更形象地写成"用屁股尖兒斜簽着坐在椅子上"。

065-x63 行动

在元曲中,"行动"一词是"快点走"之意,如《竇娥冤》三 白:"行動些!行動些!監斬官去法場上多時了。"

066-y13 央及

元曲中此词屡见,如《西廂記》一本四折〔得勝令〕白:"央及帶一分齋,追薦父母";《救風塵》一〔幺篇〕白:"我便有那該死的罪,我也不来央告你。"

067-y15 仰爬脚子

元曲中有将此写为"仰別交子"者,又作"仰不剌叉",如《伊尹耕莘》二 白:"把我仰不剌叉跌下馬來。"

068-y30 夜里个

如《西廂記》一本二折〔迎仙客〕:"夜來老僧不在,有失迎迓";《董西廂》卷四〔中呂調·古輪臺〕:"俺姐姐夜來簡聞得琴中挑鬪。"等等即是。

069-y32 咦嚕哇喇

举凡象声字,多无定字。此词另有"伊哩烏蘆、一溜兀剌、剔溜禿魯"等种种不同写法,均形容各种嘈杂声音。元曲中此类写法不胜枚举,兹列一二如下:《凍蘇秦》楔 白:"省的在我耳朵根邊,終日子曰子曰,伊哩烏蘆的這般鬧吵";《李逵負荊》二〔叨叨令〕:"他這般壹留兀淥的睡。"

070-y43 一壁厢……一壁厢

"壁厢"（或作"邊廂"）作为方位词，元曲中常见。如《哭存孝》一〔混江龍〕白："你見兩邊廂扶持着呵"；《灰闌記》二〔後庭花〕"則聽的耳邊廂大呼小叫"等等，均是。

071-z43 张罗

此词在元曲中屡见，循义分述如下：

营求义，如《陽春白雪》前集三〔大德歌〕："快活休張羅，想人生能幾何？"

布置义，如《蔣神靈應》二〔尾聲〕白："初間布置張羅，次後往來規措。"

招待义，如《貨郎旦》一〔柳葉兒〕："你道他爲甚來眉峰暗鎖，則要我慶新親茶飯張羅。"

072-z82 争竞

元曲中此词有不同义，如《薛仁貴》一〔油葫蘆〕白："您二將争兢，未知是誰的功勞也。"此中"争兢"实为复义词，就是争的意思；另如《曲江池》三〔二煞〕："任憑你惡叉白賴尋争兢。"此处之"争兢"则是吵闹、寻衅义。

073-z115 抓髻

如《翫江亭》二白："頭挽雙髽髻，身穿着粗布袍。"

074-z125 则声

元曲中此词常见，如《硃砂擔》一〔梁州第七〕白："你但則聲，我就殺了你。"

卷二

075-ax 02 **安顿**

元曲中有"安存"一词,与"安顿"义基本相同,可视为其前身。如《後庭花》一〔青哥兒〕:"放你私奔,則要你好好安存";《西廂記》二本一折〔後庭花〕:"第三來諸僧無事得安存。"等等均是。

076-bx 05 **白花蛇**

元曲中有"劈劃、百劃"等说法,意谓分辩、辩说,即是"白话"的另样写法。如《謝金吾》一〔青哥兒〕:"倒把着大言大言圖頼,教我便有口渾身怎劈劃?"《東窗事犯》四〔後庭花〕:"想秦檜無百劃,送微臣大理寺問罪責。"等等,均是。

077-bx 18 **别加**

"别"字作为否定语,元曲中常见。如《太平樂府》卷七散套〔鬭鵪鶉·自悟〕:"葫蘆今後大家提,別辨是和非";《哭存孝》一〔尾聲〕:"別近謗俺夫妻每甚的。"等等即是。

078-cx 09 **抄了去**

"抄没"一词,元曲中已见。如《盆兒鬼》四〔朝天子〕白:"張千,你與俺將盆罐趙的家私盡數抄没。"

079-cx 34 **攒**

如《謝金吾》二白:"廝琅琅弓上箭,撲剌剌馬攢蹄。"

080-dx 39 **到了儿**

如《單刀會》一〔金盞兒〕白:"到了出不的關雲長之手。"

081-dx 57 登时

如《神奴儿》三〔迎仙客〕詩云："纔聽上司来刷卷，登時唬的肚中疼。"也作"登時間"，如《小尉遲》一〔村裏迓鼓〕："你便要一衝一撞，登時間早將你七擒七縱。"

082-dx 62 地宫里

元曲中作"底根儿"，如《岳陽樓》一〔賺煞〕："我底根兒把你来看生見長。"

083-dx 75 动不了窝儿

"窝儿"在元曲中原意谓缺额、空缺、空位，如《灰闌記》一〔天下樂〕白："兑换些銀兩，買個窩兒，做开封府公人去。"后来在京语中逐渐演变为泛指某处所。

084-dx 78 豆蹲儿

如《賺蒯通》三〔紫花序兒〕："這厮推我一個敦坐。"句中"敦坐"一词，与京人所说"豆蹲儿"义同。

085-fx 01 发

元曲中如《射柳捶丸》三 白："大小番將，聽我發放"；另有清孔尚任的《桃花扇·賺將》副净白："本當軍法從事，斥罵幾聲，也算從輕發放了。"

086-fx 06 翻饼

"急留骨碌"一说可能源自"胡旋舞"（据说当年安禄山以近三百斤的体重却善跳此舞），即在一小块毯子上急速旋转的一种西域舞蹈

（唐代由康居传入，此舞新疆今尚存。白居易《胡旋女》一诗有"胡旋女，出康居"之说）。又名"骨鹿舞"，骨鹿即骨碌，写法不同而已。元曲中亦多见此词，如《燕青博鱼》二〔油葫芦〕："更和一箇字兒急留骨碌滚。"

087-fx 11　犯不体面

"体面"一词，在元曲中多指礼貌、规矩、体统等义，与今义略有别，如《董西厢》卷三〔仙吕调·赏花时〕："軆面都輸富貴家。"另有情面义，为今所无，如《金錢記》四《水仙子》："小官欲要不成這門親事，則怕破了丈人軆面。"

088-fx 16　犯牛脖子

元曲中常见"犯由"一词，即指罪状。如《西厢记》四本二折《金蕉葉》："你便索與他箇知情的犯由。"词条 fx 11～fx 16（不含 fx 14）中的"犯"字即"犯由"的简说，但已将名词的"犯由"转化为动词"犯"了。此类说法今已全简化为"犯"，如犯糊涂、犯混蛋、犯忌讳等。这种说法仅限用于负面语义，应是对其原始语义出处的表白与注脚。

089-gx 30　勾兵

元曲中有"勾军"一说，即此词之源出也。如《救孝子》一〔天下樂〕："老夫親自勾軍，來到此開封府西軍莊。"

090-gx 38　关

旧时谓支领财物为关支，简称为关。如《風雲會》二〔牧羊關〕："疾忙教各部關糧米，對名兒支料草。"

091-hx 28 胡吃海塞

元曲中常见此词,如《蔣神靈應》一〔尾聲〕白:"白米悶飯喫二十碗,硬麵燒餅嚼九十。"

092-hx 45 活局子

元曲中有"局段、局斷、局騙"等说法,后均简说为局(或局子);谓设圈套以阴谋手段诱人上钩,陷害人或诈取钱财。如《風光好》二〔三煞〕:"被我着個小局斷兒,早打入天羅網",此谓陷害;又如《曲江池》三白:"俺二人爲帮閑,局騙了人錢物",是为诈取钱财。

093-jx 08 家伙

元曲中此词多见,也写作"家火、家活"。如《硃砂擔》一〔青哥兒〕白:"小二哥,你起來,收拾家火,我去了也";《劉弘嫁婢》一〔醉中天〕白:"你有甚麽家活搬不了,先把那破床擡出去!"

094-jx 20 讲究

此词元曲中多作议论、谈论义,与今有别。如《詞林摘艷》卷四無名氏散套〔點絳唇·楊柳絲柔〕:"也是自家心順,怕甚外人講究。"

095-kx 06 坎肩儿

此种无袖短衣元曲中称为背褡(或被搭、搭背)。如《趙禮讓肥》一〔後庭花〕:"我則見他番穿着綿納甲,斜披着一片破背褡";《西游記》二本六齣〔喬牌兒〕:"一箇箇手執白木植,身穿着紫搭背。"

096-lx 16 劳动您那

"劳动"一词元曲中常见,如《灰阑记》一〔天下乐〕:"姐姐,你先回来了,劳动着姐姐哩。"意谓有劳、麻烦、辛苦、多谢。

097-lx 52 临完了

元曲中作"临了",如《金凤钗》四〔雁儿落〕:"临了也说我图财致命,着我犯法遭刑也。"

098-ox 01 殴气

元曲中一般作"呕气",也作"殴气"。意谓惹气、斗气、因××而生气;如《老生儿》二〔幺篇〕白:"他见了我呵,必然要受他一场呕气";《隔江斗智》三诗云:"周公瑾枉施三计,反受我一场呕气。"此词在元曲中的用法与今小有区别。

099-sx 51 说的这块儿

元曲中此种用法之"的"字作"地",读 de,表示"(某种动作)在进行着"之义,即该动词的进行时,是古汉语中对动词时态的一种补充表达方式(这种补充后来被阿尔泰语系的满语进一步加强)。如《调风月》一〔寄生草〕:"卧地观经史,坐地对圣人。"两个"地"字分别表示躺着、坐着。

100-wx 15 乌秃

元曲中此词有时重写作"兀兀秃秃",如《生金阁》三〔牧羊关〕白:"我如今酾下些不冷不热,兀兀秃秃的酒与他吃。"

101-zx16 择干净儿

宋、金人口中（幽燕语），有"摘离"的说法，犹云脱离、离开，与本例中择字义近。但摘字训离，不见于典，应为幽燕语之约定俗成。京人谓给幼婴断母奶为"摘奶"，是为幽燕语之余韵也。"摘离"一词，元曲中亦屡见。如《玉壺春》四〔得勝令〕："得遂了于飛，同心結，莫摘離。"

102-zx67 转文

南方人说"掉书袋"，元曲中作"调书袋"，如《單鞭奪槊》一〔鵲踏枝〕："說話處，調書袋，施禮數，傲吾儕。"

103-tc05 填箱

元曲中此词一般作"添妆"。如《金錢記》四〔得勝令〕白："加授翰林學士，別賜黃金五十斤，與夫人柳眉兒添粧。"另：新婚时为新娘化妆亦称添妆，此义如《梧桐葉》三〔紅繡鞋〕："既然如此，就勞你和金哥妹妹添粧則箇。"

104-xc17 学说

"学"字应按幽燕语音读为 xiáo。元曲中如《魔合羅》二〔這刺古〕"身軀被病執縛，難走難逃；咽喉被藥把捉，難訴難學"一句中的"學"字须读 xiáo，否则不能押韵，可证。直至笔者幼时仍有童谣云："跟人走，变黄狗，跟人学，变狗毛。""学"字读 xiáo，亦同理也。

卷三

105-dq03 打把式

在元、明戏曲中，"把势"一词也做装装样子、故作姿态讲，如汤显祖《牡丹亭·訣謁》："牽弓射弩做人兒，把勢。"

106-gq06 嘚嘟

元曲中谓噘着嘴、鼓着腮为"嘴碌都",又有"嘴盧都、嘴盧突、嘴骨都"等诸多写法,义同。如《緋衣夢》二〔梁州〕:"閃的我嘴碌都似跌了彈的斑鳩。"

107-hq09 忽悠

元曲中有"鬼胡由"之说,指鬼魂;"胡由"狀其飄忽不定也。如《黑旋風》四〔滿庭芳〕:"只落得盡場兒都做了鬼胡由";明代汤显祖《牡丹亭·冥誓》:"俺三光不滅,鬼胡由,還動迸,一靈未歇";清代洪昇《长生殿·情悔》:"苦變做了鬼胡由。"皆其例也。"胡由"与"忽悠"音同义近,笔者揣测其有承袭关系。

108-hq14 灰咕噜嘟

"咕噜嘟"的来历滥觞于元曲。元曲中有"骨碌碌、骨都都、古突突"之类的说法,分别表示滚转貌、鸣响声或(某种)形象。其本身无实意,仅是对其主词的强调。如《單鞭奪槊》四〔刮地風〕:"忽地將鋼鞭疾轉,骨碌碌怪眼圓睜";《黑旋風》一〔哨篇〕:"我喝一喝骨都都海波騰,撼一撼赤力力山嶽崩";《柳毅傳書》二〔越調·鬭鵪鶉〕:"卒律律電影重,古突突霧氣濃。"等等。这类说法组合成"咕噜嘟"一词,缀于"灰"字之后,成为一个界定某种灰色的专用说法。

109-mq10 迷离迷糊

元曲中有"迷丢没鄧、迷彪模登"等写法,应系迷迷瞪瞪之源也。如《虎頭牌》一〔油葫蘆〕:"爲甚麼叨叨絮絮占着是迷丢没鄧的混。"

110-xq17 血丝糊拉

元曲中有"血糊淋剌、血忽淋剌"等说法,与此义同。如《青衫泪》四〔上小楼〕："倒噎的俺老虔婆血糊淋刺。"等等。

111-yq18 一星星

"一星星"之说屡见于元曲,如《魔合罗》二〔尾〕："所有金珠共财寳,一星星不剩分毫。"

112-bz63 拨落

在元曲中屡见"不剌"一词,其中有与本词条义同者,如《劉弘嫁婢》一〔寄生草〕白："掏火棒兒短,強似手不剌。"也有意思与此不同者,如《竹葉舟》楔 白："你穿着這破不剌的舊衣";《舉案齊眉》三〔紫花兒序〕："呷了些淡不剌的白粥。"等,是起加强语气的作用,无实义。另:京俗语中还有"必溜不剌、劈溜扑剌"等多种写法的拟声词,书无定字,是为民间口语的特色。此类说法在元曲中亦常见。如《救孝子》二〔滚繡毬〕："老弟子說詞因,兩片嘴必溜不剌瀉馬屁眼兒似的";《陳州糶米》三 白："又不曾吃個,怎麽兩片口裏劈溜撲剌的。"

113-dz59 德胜门关厢

元曲中"关厢"一词常见,如《裴度還帶》楔 白："城裏關廂市户鄉民,憐其父清女孝。"

114-gz79 官样

元曲中有"宫样"之说,亦作宫妆、宫扮,指宫廷中高端的装饰规范。就实质意义而言,与官样义近。如《漢宫秋》一〔醉中天〕："將兩葉賽宮樣眉兒畫。"可視為官樣的源出。

115-hz65 灰不噜

將"不噜"作為詞尾後綴，強調主詞程度之甚的說法在元曲中常見，寫作"×不剌"。如《竹葉舟》楔白："你穿着這破不剌的舊衣"；《舉案齊眉》三〔紫花兒序〕："呷了些淡不剌的白粥。"

116-kz26 哭主

"苦主"一詞，原只謂命案被害人的家屬，後來有時延伸至他義，如遭災受禍、殴伤盗抢等场合，受害者也称苦主。元曲中"苦主"一词屡见，如《魔合羅》三〔幺篇〕白："這十錠銀，可是官收了？苦主收了"；《延安府》一 白："誰想俺小舅子打死兩箇人的命，那苦主要行詞告狀。"

117-lz19 劳动

此词元曲中屡见。如《灰闌記》一〔天下樂〕白："姐姐，你先回來了，勞動着姐姐哩！"

118-lz94 瞜

元曲中有"溜刀刀"一说，如《陽春白雪》後集〔八聲甘州·六幺遍〕："溜刀刀渌老。"（句中"渌老"是指眼睛），是形容美女秀目流盼状。

119-mz02 摸捼

此词元曲中作"摩挲"，谓用手抚摸。如《燕青博魚》一〔六國朝〕："我把手摩挲揪住馬。"按：此词最早似见于《後漢書·方術傳》："……與一老翁共摩挲銅人。"另如北朝樂府《瑯琊王歌》："新買五尺刀，懸著中梁柱。一日三摩挲，劇於十五女。"唐白居易《寄皇甫賓客》："食飽摩挲腹，心頭無一事。"明湯顯祖《牡丹亭·移鎮》："你摩挲老劍評今古。"等等，显示出此词的传承有序。

120-mz05 马桶

便溺器，元曲中称为"馬子"，如《黃花峪》三白："我與你一箇馬子。"

121-mz39 闷弓

元曲中此词喻难于理解、无从揣测之事，与今义有异。如《倩女離魂》四〔側磚兒〕："不甫能盼得音書至，倒揣與我箇悶弓兒。"

122-nz48 您

元曲中"您"字屡见，如马致远的《黃粱夢》第一折中东华帝君道白："您睡着了，貧道自赴蟠桃會去也"；《陳搏高臥》四汝南王白"您每好生在意者"等等。但"您"字在元曲中实际多作"恁"，如《金錢記》二〔滾繡毬〕："恁兄弟願隨鞭鐙"；《牆頭馬上》四〔上小樓〕"恁母親從來狠毒"等等，均是。王实甫《西廂記》、马致远《漢宮秋》等著作中均可见"恁"字。

123-pz09 劈面

元曲中此词多谓当面（如何），如《兒女團圓》二〔梁州第七〕："倒將我劈面搶白，欺負喒軟弱囊揣。"即是此义。

124-qz01 欺

"欺"字一词，时见于元曲，如《博望燒屯》一白："此人才欺管樂，智壓孫吳。"

125-sz06 三家村

此词宋代已见,如陆游《村飲示隣曲》:"偶失萬户侯,遂老三家村。"元曲中亦常见,如《蕭淑蘭》一〔寄生草〕:"想你也夢不到翔龍飛鳳五雲樓,心則在鳴鷄吠犬三家店。"

126-sz20 晌午

元曲中常见此说,如《西厢记》三本二煞〔煞尾〕白:"呀!纔晌午也,再等一等。"《西厢记》一本一折〔天下樂〕白:"琴童料持下晌午飯。"等。

127-tz01 他妈的

国骂源远流长,早在宋元,人们也有此类说法,曰"娘"。元曲中如《燕青博魚》一〔六國朝〕:"你有甚娘忙公事";《貨郎担》二〔太平令〕:"住了雨也,曬甚娘褐袖?"等等即是。

128-xz04 西嘟哗嘟

此词在元曲中多作"希留合刺、稀里豁剌",如《殺狗勸夫》二〔叨叨令〕:"將這領希留合剌的布衫兒,扯得來亂紛碎。"《雍熙樂府》卷三散套〔端正好〕:"打爛他稀里豁剌的肉。"

129-yz78 影壁

此种建筑形式,元代以前早已有之。元曲中如《望江亭》二〔中吕·粉蝶兒〕:"轉過這影壁偷窺";《魯齋郎》二〔黃鐘尾〕:"轉過照壁,出的宅門。"

130-zz36 窄别

此说法元曲中屡见，多写作"窄窄别别"。如《調風月》一〔鵲踏枝〕："入得房門，怎回身？廳獨臥房兒窄窄別別。"

131-zz81 惄

"惄"字元曲中多作"傷"，如《西廂記》四本二折〔越調·鬭鵪鶉〕："老夫人心數多，情性傷。"按："惄"字实为"执拗"的合音。元曲中又有"村胄（纣）"一词，是说又粗野又执拗，"胄"或"纣"即"惄"的异写。如《楚金仙月夜杜鵑啼》〔後庭花〕："女孩兒家村胄。"

132-剧d01 搭拉

元曲中此词有写为"答剌、搭剌"者，更有倒作"剌搭、剌达"者，义同。如《黃粱夢》三〔六國朝〕："那一個又答剌了手脚"；《盛世新聲》〔大石調〕："我則見剌達了手脚。"又有说此词源于满语 dɑrɑng seme，原义指（长物）直挺、下垂貌。笔者年高学浅，不知元曲中的这类说法与满语有关否。

133-剧d14 大估摸

元曲中有"大古"（也作"大故、待古"等）一词，是为大概、多半、总之等义。如《梧桐雨》三〔胡十八〕："更問甚陛下，大古是知重俺帝王家。"此等说法似为京语"大估摸"一词之滥觞也。

134-剧d24 担待

元曲中此词为关照、承受等义，与今义相近；有"耽待"或"觥待、擔帶"等写法。如《薛仁貴》二〔浪裏來煞〕："着誰來把孩兒觥待"，此为"照看孩子"之意；另如《董西廂》卷五〔大石調·感皇恩〕："張君瑞病懨懨擔帶不去"，是谓"（病情）承受不住了"。

135-剧 k01 磕喳

此说法元曲中常见，多写作"磕擦"，如《黑旋風》四〔堯民歌〕白："早磕擦的一板斧一個，砍下頭來。"也有写作"可叉"，如康之进的《梁山泊李逵負荊》第二折："舉起我那板斧來，覷着脖子上，可叉！"

136-剧 t10 体面

元曲中"体面"一词常见，词义与今略有别，多指派势、体统、规矩、礼数等。如《董西廂》卷三〔仙呂調·賞花時〕："體面都輸富貴家"；《生金閣》一〔金盞兒〕白："你過去把體面拜謝大人者！"另也有时指情面，如《金錢記》四〔水仙子〕："小官欲要不成這門親事，則怕破了丈人體面。"

137-剧 t13 腆着脸

如《陳母教子》二〔牧羊關〕："你則好合着眼無人處串，誰着你覥着臉去街上走。"

138-剧 w22 伍的

此词在元曲中有时作为指示代词，如《董西廂》卷六〔越調·蠻牌兒〕："這的般愁，兀的般悶。"此中"兀的"犹言这、这样，此义与今所用之意最近。另有用于反问句中者，如《董西廂》卷一〔中呂調·牧羊關〕："更打着黃昏也，兀的不愁殺人。"也有时作发语词，并无实义，如《陳搏高臥》一〔仙侶·點絳唇〕："兀的那壁有個賣卦先生。"即是。

139-剧 x 11 闲在

此处之"在"字，系一种特殊用法，它不是作为动词或介词，而是作为时态助词存在；相当于"着"字，用在形容词后，表示某种状态（此处为"闲"）的延续性。此类词汇现有如"闲在、健在、自在、好在"等等；而元曲中另有多种其他说法，今已不用了。如《四春園》二〔尾聲〕："大人，所知的新官下馬，你慢在"；《盛世新聲》亥集小令〔水仙子〕："便有那俊麠兒憔悴死，想當日曾陪在"；《金鳳釵》三〔鬭蝦蟆〕："店家不下單客，我做保人知在。"等等均是。仔细观察，发现今已不用者多是在动词之后，表示该动作之延续性者。笔者以为这是因为近代北京话通过对满语的吸收，已具备了更完善的动词时态表达方式；所以那种更古老的、以动词之后附加"在"字的组词结构，就逐渐淡出了。

卷四

140-a 03 挨千刀的

此类说法在元曲中作"冤家"，如《太平樂府》卷五關漢卿小令〔一半兒〕："罵你個俏冤家，一半兒難當一半兒耍。"

141-b 85 不待见

元曲中有"不待见"之说，但其主体是"不待"，意谓不愿、不喜欢、懒得（如何）。如《燕青博魚》三 白："我心中不待與他吃酒。"与"见"字组合为"不待见"，意谓"不想见到（某人）"，如《魯齋郎》一 白："如今兩個眼裏不待見他。"后来此说法在京语中固定下来，引申义指谓（对某人）反感、厌烦。

142-b 89 不忿

"不忿"是个古老的词汇，《禮記·坊記》有云："從命不忿，微諫不倦，勞而不怨，可謂孝矣。"但此处的"不忿"是"不違"之义。元曲中此说法谓不服气，如《單戰呂布》一白："有孫堅不忿，和他弟兄鬪氣";《兒女團圓》一白："我聽得這句说話，一向有些不忿。"等等均是。

143-c 54 吃铁丝尿笊篱——瞎逼编

"笊篱"一物，自打吃面条的那天起，大概就有啦。此词见于元曲，如《來生債》三〔聖藥王〕白："我會編笊籬……我一日編十把笊籬。"

144-c 74 出身

此词元曲中屡见，如《氣英布》一白："俺漢王自亭長出身，只重武士";《灰闌記》二〔山坡羊〕白："原來是個娼妓出身，便也不是好的了。"等等。

145-h 59 幌儿

此意义之幌子，元曲中讹为"謊子"，一般与"粧"字联用，称伪装骗人为"粧謊子"。如《風光好》四〔三煞〕："你那些假古憋，原來是粧謊子"。另在《水滸》（第45回）、《西游记》（第73回）、《警世通言·白娘子永鎮雷峯塔》、《醒世恒言·灌園叟晚逢仙女》等明清小说中，粧謊子意谓出丑。

146-h 60 晃

旧京俗语"晃儿"的祖宗，可上溯元代。元曲中有"謊子"（亦作"謊廝"）一词，指谓浮浪子弟乃至流氓。如《黑旋風》一白："泰安神州謊子極多";《鐵拐李》二〔叨叨令〕白："有那等謊廝上門來。"看来这类准流氓也算传承有序啦，七百年前即已名垂野史；同时也可看出旧京俗语的文化内涵——虽然是语涉流氓。

147-n 44　蔫人出豹子

"豹子"一词，在元、明戏曲中颇常见，其原始出处及确义待考，或疑为"豹直"之误书。早在唐代，有封演所著《封氏闻见记》一书，对此有注云："御史……節假直日，謂之伏豹，亦謂豹直……如藏伏之豹伺候待搏，故云伏豹。"元曲《舉案齊眉》一〔幺篇〕："哎！兀的是豹子峨冠士大夫，何必更稱譽。"

148-t 02　跶拉

元曲中"跶"字作"靸"，读为 tā。如《趙禮讓肥》一〔後庭花〕："麤棍子手內拿，破麻鞋脚下靸。"

149-t 25　踢腾

元曲中作"剔腾"，如《東堂老》一〔仙吕·點絳唇〕："原是祖父的窠巢，誰承望子孫不肖，剔腾了。"

150-x 65　许

此词在元曲中可用作或然、估量之词，表示"不能十分确定"之意。如《西廂記》五本二折〔迎仙客〕白："自音容去後，不覺許時，仰敬之心，未嘗少怠。"元曲中此词还另有某些其他用法，今已不再用，姑从略。

补遗

151-附录壹-03　巴图鲁

元曲中有"把都兒"（baatur）一词，系蒙语"勇士"，与满语"巴图鲁"（baturu）义同音近（满蒙语同源）。如《射柳搥丸》三白："把都兒與我擺開陣勢！"

152 - 满蒙语汇壹 -22 哈喇

元曲中亦有此词，但那是蒙语，意谓杀死。如《謝金吾》三白："將他只一刀哈喇了"；《射柳搥丸》三白："趁早下馬受降，但道箇不字，我都哈喇兒了。"

153 - 满蒙语汇壹 -27 合漏

元曲中亦常见此词，有"合酪、餄餎、合落兒"等不同写法。如《勘頭巾》三〔掛金索〕："我可便買與個合酪吃"；《西游記》〔收江南〕："秈子面合落兒帶葱虀。"

154 - 卷一·r16 肉燎

京语有"燎漿泡"一词，是指皮肤被开水烫或火燎而起的亮泡。元曲中亦有此说，如《生金閣》三〔牧羊關〕："把我的嘴唇都盪（燙）起燎漿泡來。"另如元代的文学作品《水滸》第八回："林冲看時，脚上滿面都是燎漿泡。"云云。"燎漿泡"亦称"燎泡"，但京人口语读音有别：燎漿泡之"燎"字读上声；而燎泡之"燎"字读阳平。

155 - 满蒙语汇壹 -44 撒和

此词在元曲中有时作调停解，如汤显祖《牡丹亭·回駕》："便閻羅包老，除取旨前来撒和。"又有时作"以饲料喂饲牲口"讲，或代指牲口饲料。如郑光祖的《迷青瑣倩女離魂》第四折〔刮地風〕："行了些這没撒和的長途有十數程，越恁的骨瘦蹄輕。"

156 - 满蒙语汇壹 -47 挖单

元曲中常见此词，如《陳摶高卧》四〔七弟兄〕："則我這鐵卧單有甚風流况。"（铁字形容被单坚硬冰冷）

157- 卷一·j46 今日

"今日个"的说法,元曲中常见,如《黄粱梦》二〔雙雁兒〕:"今日個福氣衰,看何時冤業解。"

158- 卷一·z117 踹落踹落

京语中"囊揣"一说,在元曲中已有。如《黄粱梦》二〔高過浪裏來〕:"俺如今鬢发苍白,身體囊揣。"

159- 剧b07 白花蛇

元曲中有"擺劃"一词,如《黄粱梦》二〔後庭花〕:"痛哀哉,身遭殘害。他如何敢挣扎,我其實無擺劃。"此处"擺劃"一词,为"办法"之意;与京语今"白话"(光说不练)之说,义虽有别,但仍明显有某种程度的内在联系。

160- 卷三·外来语汇j02 机关

元曲中有"機關"一词,如《老君堂》一[鵲踏枝]:"把門人緊牢擐,切莫漏機關",是为机密义;《倩梅香》。二[怨別離]:"將一個小小的機關兒,把你來完備了",是计谋,圈套义。

附二 关于京语轻声、变读及儿化音之说明

轻声是京语最常见的语音修饰方式。京语一大特点就是语音轻灵流畅，这起码有部分应归功于京语对轻声的频繁使用。轻声的规律性不明显，除了受语音学的一般规律支配外，它往往随言者所在地域、阶层、群体乃至个人习惯，以及具体句式、相邻语音、词汇含义或语境场合不同而变，呈现出多姿多彩的风貌，在相当程度上是由"约定俗成"所决定。所以笔者不界定轻声的规律性，而是留待正文中具体标注。现在普通话和所谓的"北京话"，已经在相当大程度上改变了传统京语轻声的说法，作为京语特点之一的轻声日趋不明显，在年青一代北京人口中甚至已基本消失。他们不用京人口中的排骨 gu、西瓜 guo 等语音，而说排骨 gǔ、西瓜 guā。那种抑扬顿挫、张弛有度的京腔没啦。

至于变读则牵涉多方面问题。某一语音在其前后语音的影响下，或因语速快慢的不同、或有某种目的之驱使，及在某种习惯的影响下，都有可能产生音变。这种音变既可能是音调的变化（本书中称为变调），也可能是语音的改变（本书中称为变读）。这个问题较复杂，涉及面广，专业性强，也并非本书所欲探究之重点，仅在正文中就事论事的具体阐述。

儿化音是为京语另一大特色。语音儿化，是汉语多种方言常用的一种语音修饰方式，它可以起到增加感情色彩、界定词汇属性等作用。北方方言儿化音的读法是将欲儿化的字后加上"儿"字，"儿"读成卷舌元音 [ər]，南方一些方言的儿化音读法虽各个有别（如吴语系有将"儿"读 [ŋ]、[ŋ̍] 者），但其本质意义与北方语系也是相同的。在京语中，儿化音使用范围广泛，发音区分细致且词义明确。它有时起到区分词性 [如：画（动词）——画儿（名词）]，或区别词义 [如：

眼（目）——眼儿（小孔）]的作用，有时可透射感情色彩（如：红嘴唇儿，表示了喜爱；小崽子儿，表示轻视），有时专表物之细小（如：小不点儿），有时甚或是某语素之变体（如："明儿、那儿"两个词里的"儿"字实际分别是"天、里"的语素变体）。

北京的儿化音还另有一点应注意，就是儿化音与单独成音节的"儿"字之区别。含有"儿"字且"儿"字单独自成音节的说法，在幽燕语中古已有之；时至今日，河北省的许多地方仍有例如"板凳－儿、钉锔－儿、水坑－儿"之类的说法，其中的"儿"字都是单独自成音节，似可认为是幽燕语之遗韵也。满洲人入主北京时所说的汉语（幽燕语是其重要来源）中，儿化音尚属罕见（满语不用卷舌音。京语的儿化音可能是在乾隆朝后才开始出现）；后来可能是因为追求语调的轻灵流畅，语速较快，所以往往将"儿"字与之前的字连读，这样很自然单独成音节的"儿"字就转化成儿化音。在京郊一些地方，甚至有将动词加以儿化的，如说"跑儿来、熬儿吃"（但这并非真的儿化音，这里的"儿"字其实是"着"字轻声快读造成音变，产生的近似儿化音）。这一转化进程大约集中发生于十九世纪后期至二十世纪三四十年代，北京方言中单独自成音节的"儿"字已消失殆尽。

儿化音的适用范围虽有约定俗成的因素，但其读法是有规律可循的，属于语音学内容。在探讨儿化音的具体发音规律之前，有必要先说明一下汉语拼音中某些可能与儿话音有关的问题。

《汉语拼音方案》于1957年由国务院全体会议通过，1958年获全国人大批准。该方案有21个声母，35个韵母。但普通话实际有39个韵母，《汉语拼音方案》所缺4个韵母如下：

1. 用于z、c、s后的舌尖前元音 –i[ɿ]，《汉语拼音方案》以 –i 替代表示。

2. 用于 zh、ch、sh、r 后的舌尖后元音 –i[ʅ]，《汉语拼音方案》以 –i

替代表示。

3. 舌面元音 ê[ɛ] 在《汉语拼音方案》中无正式位置，仅在其韵母表的附加说明第三条中说"韵母ㄝ单用的时候写成 ê"，这使得 ê 只能依附于注音字母而存在。汉语拼音在写法上不易分辨 ê[ɛ]、e[ɣ] 和 e[ə]。在普通话中，单独读 ê 音常见的只有"欸"一个字（现在的字典都注为 ai 或 ei 音，可能是为了避免使用 ê 这个符号吧）；另外就是在复元音 ie、üe 中使用，这其实应是 iê、üê，但汉语拼音字母表中又没有 ê 的正式位置，同时也为了简便，所以写为 ie、üe。

4. 卷舌单元音 er[ɐr]、er[ɚ] 的情况较以上三个又复杂，它实际是带有卷舌色彩的央元音 e[ə]（发音时开口度较 ê[ɛ] 略小，舌位居中，舌稍后缩，唇形不圆，在发 e[ə] 音的同时，舌尖向硬腭卷起）。但《汉语拼音方案》未将 er 作为一个单独元音收入其内，只是规定在 e[ə] 之后加上 r 作为卷舌动作的符号，写作 er。在韵母表的附加说明第二条中说："韵母儿写成 er，用作韵尾的时候写成 r。"这样 er 也只能依附注音字母存在。r 在此并非独立音节，甚至也不是音素，而只是一个表示卷舌动作的符号，用于拼写某些需要儿化的词汇之韵尾处。但这种对儿化音标示法的规定其实是一种"虚设定"，即：该设定的前提是假设你已经知道这个音该怎么读，只是在这里明确或提示一下罢了。但你如果本来并不知道怎么读，于是真照着书面上标示的发音法实际来读，就会发现很多情况下与其所要表示的语音差别较大。除音节末尾是 a、o、e、u、ê（包括 ao、iao 中的 o[u]）等几个字母，可直接卷舌变为儿化音外，其他一些韵母儿化时有可能在韵尾产生不同的音变。尤其是鼻音韵母，如 en、ang、iong，及舌尖元音 -i 等，加 r 后（enr、angr、iongr、zhir、zir）若直接照书面所标来读，就会发现与其所要表达的语音明显有别。

方言注音有一定困难，因汉语拼音记音符号（字母）较少，有时不能真实、准确地表达某些语音（尤其是儿化音）；国际音标虽较精确，但大多数读者可能不熟悉（国际音标更适用于印欧语系语音，对汉藏语系并不太适合；本书中就不得不在国际音标中附加了《中国通用音标符号集》(GF3007-2006)的一些符号）。经反复权衡，最后采取的是"汉语拼音+附加符号+说明"的办法。即当不得不采用点儿自创的、不太规范的注音方式时，辅以适当的文字说明；而为了较准确地描述京语的儿化音，采取了一种特殊的儿化音音变标注法，即对汉语拼音的拼写法在某些必要处做些许改变，或增添附加符号，使所标注能较精准真实地反映京语儿化音。声明一下：此标注法纯系自创，仅适用于本书，绝无什么修改《汉语拼音方案》之企图。其组构方式及读音见《附二》，也仅在彼处以国际音标作语音标注；正文中除非不得已，尽量避免使用国际音标。

京语儿化音的分类，理论上说应分成26个儿化音。如：《北京话儿化词典》（贾采珠编，语文出版社，1990年）及《语音学教程》（林涛、王理嘉著，北京大学出版社，1994年）中均如此。但余以为若按北京人的口语实际读音，分成11类即可概括。有些语音（如家儿[tɕiAr]、圈儿[tɕ'yɐr]等）的儿化尾音，虽音位不同，但在北京普通老百姓口中差别甚微，一般人也辨别不出，本书即将此类情况者归为一类。上述两书将京语儿化韵分26类是学者的科学归纳，它列举了普通话在理论上所可能具有的儿化音（普通话儿化程度没有北京话那么严重，因而在实际使用时可能没有所列出的那么多）。而本书中土音居多，繁冗庞杂；又因人而异，千差万别，与科学分类的读音未必完全一致，是为我等百姓口中实际所言。将京人土语儿化韵分11类，在理论上有缺陷；但相对简捷方便，也算有得有失罢。本书中儿化音的具体分类，见附二《京语儿化音之分类》。

上述做法绝非否定时贤大作，更非要对《汉语拼音方案》做何修改，只是为在本书范围内较简捷准确地反映京人口语读音所采取的权宜性变通，仅此而已。

附三 京语儿化音之分类

本书将京语儿化音的尾音分为十一类，每类中所有字的儿化音尾音相同或相近。具体如下：

1. 儿化音的尾音为 [Ar]、[iAr]、[uAr]、[ɐr]、[uɐr]、[iɐr]、[iɐr]、[yɐr] 者，汉语拼音之尾音统标为 ɑr；

2. 儿化音的尾音为 [or]、[uor] 者，汉语拼音之尾音统标为 or；

3. 儿化音的尾音为 [ɣr]、[i ɛ r]、[y ɛ r] 者，汉语拼音之尾音统标为 er；

4. 儿化音的尾音为 [ur] 者，汉语拼音之尾音标为 ur；

5. 儿化音的尾音为 [ɑur]、[iɑur] 者，汉语拼音之尾音统标为 ɑor；

6. 儿化音的尾音为 [our]、[iour] 者，汉语拼音之尾音统标为 our(ur)；

7. 儿化音的尾音为 [ər]、[uər]、[iər]、[yər]、[ɭ] [ɭ] 者，在汉语拼音尾音 er 中间夹带星号 *，统写为 e*r，表示这里的 e 是 [ə] 而不是 [ɛ] 或 [ɣ]，并将其调值标于 e 上；

8. 儿化音的尾音为 [ãr]、[iãr]、[uãr] 者，采用在汉语拼音之尾音 ɑr 中间夹带波浪号 ~，写为 ɑ~r，表示这里的 ɑ 为鼻化音；

9. 儿化音尾音为 [ə̃r]、[iə̃r]、[uə̃r] 者，采用在汉语拼音之尾音 er 中间夹带波浪号 ~，写为 e~r，表示这里的 e 为鼻化音。但实际这里的 e 是 [ə] 而不是 [ɛ] 或 [ɣ]，照上述第7条之规定，应写为 e*~r。为简单起见略去星号，而仅留波浪号，并将其调值标于 e 上；

10. 儿化音尾为 [ũr] 者，采用在汉语拼音之尾音 ur 中夹带波浪号 ~，写为 u~r，表示这里的 u 为鼻化音，并将其调值标于 u 上；

11. 儿化音尾为 [yə̃r] 者，采用在汉语拼音之尾音 ü r 中夹带波浪号 ~，写为 ü ~r，表示这里的 ü 为鼻化音，并将其调值标于 ü 上。

上述情况为清晰表述，可见下附之"京语儿化音分类表"。

京语儿化音分类表

序号	例字	汉语拼音	国际音标	汉语拼音韵母	国际音标韵母	儿化音汉语拼音的标注方式	儿化音国际音标的标注方式	儿化音韵尾国际音标在本书中的汉语拼音标注方式
1	渣	zha	[tʂᴀ]	a	[ᴀ]	zhar	[tʂᴀr]	[ᴀr] [iᴀr] [uᴀr] [ɐr] [uɐr] [iɐr] [yɐr] 一律标为 ar
1	家	jia	[tɕiᴀ]	ia	[iᴀ]	jiar	[tɕiᴀr]	
1	花	hua	[xuᴀ]	ua	[uᴀ]	huar	[xuᴀr]	
1	塞	sai	[sai]	ai	[ai]	sar	[sɐr]	
1	乖	guai	[kuai]	uai	[uai]	guar	[kuɐr]	
1	竿	gan	[kan]	an	[an]	gar	[kɐr]	
1	天	tian	[tʻiɛn]	ian	[iɛn]	tiar	[tʻiɐr]	
1	弯	wan	[uan]	uan	[uan]	war	[uɐr]	
1	圈	quan	[tɕʻyæn]	uan	[yan]	quar	[tɕʻyɐr]	
2	坡	po	[bʻo]	o	[o]	por	[bʻor]	[or] or
2	豁	huo	[xuo]	uo	[uo]	huor	[xuor]	[uor] or
3	歌	ge	[kɤ]	e	[ɤ]	ger	[kɤr]	[ɤr] er
3	歇	xie	[ɕiɛ]	ie	[iɛ]	xier	[ɕiɛr]	[iɛr] er
3	缺	que	[tɕʻyɛ]	üe	[yɛ]	quer	[tɕʻyɛr]	[yɛr] er
4	珠	zhu	[tʂu]	u	[u]	zhur	[tʂur]	[ur] ur
5	包	bao	[pau]	ao	[au]	baor	[paur]	[aur] aor
5	漂	piao	[bʻiau]	iao	[iau]	biaor	[bʻiaur]	[iaur] aor
6	兜	dou	[tou]	ou	[ou]	dour	[tour]	[our] our
6	阄	jiu	[tɕiou]	iu	[iou]	jiur	[tɕiour]	[iour] iur

续表

7	黑	hei	[xei]	ei	[ei]	he*r	[xər]	[ər] [uər] [iər] [yər] [ɿ] [ʅ] 一律标为 e*r
	堆	dui	[tuei]	uei	[uei]	du*r	[tuər]	
	根	gen	[kən]	en	[ən]	ge*r	[kər]	
	轮	lun	[luən]	uen	[uən]	lu*r	[luər]	
	今	jin	[tɕin]	in	[in]	jie*r	[tɕiər]	
	裙	qun	[tɕ'yn]	ün	[yn]	que*r	[tɕ'yər]	
	鸡	ji	[tɕi]	i	[i]	jie*r	[tɕiər]	
	鱼	yu	[y]	ü	[y]	yue*r	[yər]	
	丝	si	[sɿ]	-i	[ɿ]	se*r	[sər]	
	枝	zhi	[tʂʅ]	-i	[ʅ]	zhe*r	[tʂər]	
8	方	fang	[faŋ]	ang	[aŋ]	fa~r	[fãr]	[r] a~r
	腔	qiang	[tɕ'iaŋ]	iang	[iaŋ]	qia~r	[tɕ'iãr]	[iãr] a~r
	筐	kuang	[k'uaŋ]	uang	[uaŋ]	kua~r	[k'uãr]	[uãr] a~r
9	声	sheng	[ʂ'əŋ]	eng	[əŋ]	she~r	[ʂ'ə̃r]	[ə̃r] eã~r
	钉	ding	[tiŋ]	ing	[iŋ]	die~r	[tiə̃r]	[iə̃r] e~r
	嗡	weng	[uəŋ]	ueng	[uəŋ]	we~r	[uə̃r]	[uə̃r] e~r
10	虫	chong	[tʂ'uŋ]	ong	[uŋ]	chu~r	[tʂ'ũr]	[ũr] u~r
11	熊	xi ong	[ɕyŋ]	iong	[yŋ]	xü~r	[ɕyə̃r]	[yə̃r] ü~r

附四　北京话的"泛普通话化及网络化"趋势

自改革开放以来，大量外来人口涌入北京，加以现代高科技资讯视听手段的普及，致使北京话日益淡出口语，今天的北京话已与普通话全面契合。

我国自上世纪九十年代中期起，个人电脑开始较普遍应用；随着个人电子终端（如计算机、手机）的普及、网络生活的便捷化，诞生了一种有别于传统汉语的新兴表述方式——网络语。经过二十年的飞速发展，现在网络应用已大有超过衣食住行之势，尤其是在年轻人中，简直成为人生第一需要。于是乎网络语就几乎成为现代青年的第一语言：他们不但在网络上使用，日常生活用语中也掺杂着日益增多的网络语汇。

对此，老派语言学者视为洪水猛兽，而年轻人却在其中如鱼得水。网络语这个"科技母亲"腹中孕育出的怪胎，对今后汉语的发展方向有何影响？在下才疏学浅，无言以答；所以在这里只探讨网络语的现状与渊源，不能妄下结论。

现今流行的网络语，笔者以为大可不必在语言学层面上探究，那样做似无实际意义：它已经超脱了任何传统语言学的范畴，是在应用技术层面、团体约定俗成及各种不可能厘清其确切定义的杂说基础上形成的混成物。

首先对网络语下一定义（仅限于本书）：网络语属于某种"集团语"，是一种在电脑、手机等个人电子终端进行输入与接收，利用电子网络平台进行传播，且广泛流行于网络、现在甚至有延伸至日常生活趋势的语言模式。它除了正常的语汇外，更有些说法延伸乃至颠覆了汉语的传统字面意义，在约定俗成的基础上，在相对广泛认知度的前提下，在相当广泛的人群范围内得以持续传播。

网络语汇从诞生到流行、再到消逝，因其实用性、趣味性、流传广度以及脍炙人口的程度不同，其存活时间不尽相同。仅有极少数网络语汇自网络诞生以来便已出现，并流传至今；有些刚一出现，因机缘巧合迅速流传开来；而大多数因各种原因，在很短的时间内即从人们的视线中淡出。若非特别留心，网民往往注意不到此类现象。那些来去匆匆、转瞬即逝的网络语过客如流星飞掠，其使命虽已终结，但它们在网络语发展的夜空中终归也划出了一道若明若暗的光痕。无数网络语汇随时应运而生，其生命虽或久或暂，但它们共同绘出了随时变幻着的漫天光痕，织就了一张气象万千的网络，此即现实中的网络语也。

笔者以为有理由将上述之动态过程描述、保留下来，以彰显于后人。这并非是由于它们有什么语言学的学术价值，而仅仅是出于本书的宗旨，即：站在"方言发展史"的高度上，客观地展现某一阶段语言模式的史实。

网络语的具体表现形式变化多端：或以颠覆了语义的汉字，或以特殊的语汇或构句方式、或为某种外语（多为英语、日语）的缩写、变写及音译，或是汉字、数字与符号等相组合，甚至是以某种图形的模式出现。

网络语的来历渊源各不相同，有谐音、外语音译、缩减写法乃至由输入错误而形成的写法，另有不少网络语言与时政事件密切相关，还有相当数量出自日本动漫。网络语言多以或调侃、或诙谐、或反讽、或攻击的形式表达出来。

个人电脑的普及是网络语言形成的基本要素，大面积覆盖的互联网是网络语言得以流行的载体，而新型个人电子终端——智能手机的推出，无疑极大加快了网络语言的扩展速度。苹果公司2007年的营销策略对推广中国网络语言的流行起到了关键的作用：在那个手机越来越轻薄小巧的年代，该公司横空出世般的推出了高像素、大屏幕手机。它那方方正正的造型,一改其他品牌手机的推崇轻薄小巧之势,以此迅速抓住了众多年轻消费者的心。无论是登陆QQ抑或浏览任何网站,屏幕肯定是大的更清晰,在这之后,手机屏幕就朝着越来越大的方向发展了。而随着经济的日渐宽裕,个人电子终端的普及化更是市场的大趋势,越来越多的软件应用于手机之上,手机逐渐代替了部分电脑的功能;甚至延伸到其他领域(如照相、录像、录音,乃至网络银行、GPS等功能)。

虽然网络语是一种经过改编的集团语,但其语音、语义的主体仍在普通话范围内;即或是以非普通话语音输入所产生的语汇,也都是有意调侃的体现,所以说网络语的核心仍是以普通话为基础。笔者有一位苏州籍朋友,虽在北京工作生活已三十年,但乡音未改,普通话说得一塌糊涂;而近年笔者到苏州旅游,却意外发现下学回家路上的初中生们用普通话谈笑风生。这其中的差别,当然首先应归功于多年来对普通话教学的大力强化;另一方面,上网聊天的流行却也功不可没。盖因上网聊天几无例外都是用汉语拼音输入,而汉语拼音在网络时代诞生之前,除了小学一二年级的孩子以外,几乎无人经常使用。自打"网聊"这个事儿一出,全社会对汉语拼音的使用频率增长了亿万倍(这绝非形容词,而是确切的数量级);而汉语拼音所呈现相应字符的读音就是普通话语音。为了上网而频繁应用汉语拼音输入,其客观结果,是使非普通话地区(尤其是南方方言地区)的年轻一代在频繁的敲键中,潜移默化地熟悉并习惯了普通话语音的拼写法(哪怕还不能读得很正确)。也就是说,网络的流行使得普通话读音深入到各个不同的方言区,这是它最重要的功绩之一。在无形中,普通话因网络化而推广;而网络也正是因为有"普通话"这个基准音系才能在各个方言区得以流行。因果关系互为助长,使得地区性语音差异至少是在网络中越来越趋于无形。

但这只是问题的一个侧面。网络是一把双刃剑,它在不同语音的地区,因为使用者各自不同的母语语音的影响,在拼写过程中不可避免的会产生诸多错误拼写,由此必然会催生各种不规范写法;而这种不规范写法在网络中却逐渐被更多的人所偏爱,选择了接受。这样久而久之,对汉语的规范性、纯洁性将造成现在难以预测的伤害。

网络语以普通话为核心,通过与某些特定语汇的不同组合方式,演变为形形色色的网络语说法。笔者曾对现在流行的网络语做过一些粗略的统计,发现其来历大致为如下几个方面:

1. 主要源于日本动漫、游戏等"次生文化"的大举入侵而渗透进来的日语词汇(此类词条约占网络语总数的10%);

2. 由汉语拼音输入的错误而产生的一些特殊写法,后因约定俗成为众多网民所接受;

3. 使用谐音字或别字,这往往与上一条有关联;

4. 特殊的简化说法(此上三项词条共约占本书所选网络语总数的近20%);

5. 香港式说法,多系从电影、电视剧中得来。其中有些属粤语(约5%强);

6. 仿效台湾影视作品中演员台湾国语的说法(与普通话略有区别),另又有些属闽南语(近5%);

7. 英语缩写、音译、洋泾浜英语及中英文混搭等各种形式(约10%);

8. 缩减写法、连读及由输入法错误而形成的写法(约10%);

9. 网民自行编纂的词汇(约10%);

10. 涉政治倾向问题或色情淫秽的某些词汇,为逃避网络监控而采取变通或变形的写法(约12%);

11. 源于某些社会事件的语汇(约7%);

12. 其他(约10%)。

在这其中,日语的影响不容小觑。本书的<卷二·序言>中提到:

"……因日文的特殊性（许多专用词汇使用汉字，且词义与汉语相同或相近），所以这些外来词汇得以毫无滞碍地直接进入汉语，水乳交融，沿用至今，且令我们完全不觉得这是外来语"。我国自19世纪末开始引入日语词汇，至上世纪二三十年代，这些日语外来词汇构成了现代汉语不可或缺的成分，在相当领域内甚至成了主导词汇。那一段时期所引入的日语，弥补了传统汉语在近代社会项目（如：政治、军事、经济、法律。哲学、工商业、科技、艺术……等等）诸多方面之不足，对丰富近代汉语做出了很大贡献。但在上世纪八九十年代开始新引入汉语的日语，主要是所谓日本"次文化"（subculture）及其相关词汇，笔者以为基本上不值得肯定。上世纪九十年代初，大陆引进了日本漫画《圣斗士星矢》一类的书，开了现代日本次文化进军中国大陆地区之先河。此后又陆续有大批各种各样的东洋次文化涌入，使得上世纪七、八十年代以后生人不可避免地受到巨大影响。那其中的日语词汇在无形之中水乳交融般的深入到某些特定人群的语言中，使其语言在不知不觉中潜移默化，而现在使用网络语言的主体正是这一批人。细考其日常的语言词汇、语法结构，便会发现他们不仅在网络语上"日语化"，就连日常用语有时也难免带上某些东洋范儿（但不是上世纪五六十年代电影里那种"大大的、米西米西"之类）。而其他年龄段也多有亦步亦趋、鹦鹉学舌者。现在国人口中须臾不离的这批日语词汇，就其思想意识而言多属糟粕，有些简直就是污言秽语；就其语言学意义而言，非但未与现代汉语契合，有的地方还违背汉语结构，混淆语义。

现在虽有多种电脑录入法（如五笔字型等），但因汉语拼音输入法是直接将语音转化为固定位置，且又有许多简捷方法，一旦熟练掌握，使用起来十分方便快捷；所以在汉语拼音已经非常普及的中国大陆，经由拼音输入汉字便成为绝大多数人的首选。此类输入法，常容易出现一些错误（如选字过程中误选的同音字、非京籍者下意识按家乡音拼写等），而网民们发现，这类错误不但能被网友接受，甚或往往大受欢迎。在这种心态驱使下，许多人有时故意选择一些错误的输入。其中有些是为取得谐音效果故意错拼，也有些是选用了同音的别字，这便形成了网络语言的另一大类别。这一类网络语汇在使用频率上，甚至可能居于各类之首。

属于类似性质的还有某些简化说法，这些说法与以往汉语中出现的简说有很大的不同。以往的简说一般只用于简化某一较长、较复杂的语汇（多为某个专用词汇、或简单的动宾结构短语等）；而网络语中的简化说法却涵盖了更广泛的语义范围，或者说它往往是对某个句子、某种事态的简化说法。这种简化法毫不顾及汉语固有的表述方式，而仅依仗于网民们所共同熟知的某种事态。他们将该事态用简单的几个字表示，而这些字按其汉语本义连缀起来毫无意义，不熟悉网络语者只能瞠目结舌。即或经常网聊，几天不上网也会发现一些自己不知所云的东西。

港台影视作品及港台腔的影响，始于上世纪八九十年代。这类语汇基本上是以谐趣、搞笑为主，笔者以为真正有害者不多，但有益者似也未见。

而源于英语的语汇，则是近年来、尤其是新世纪开始后，因国民中掌握英语的人数大幅增加而开始广泛流行。这其中除了缩写、音译者外，尚有各种不规范的写法和用法（如中英文混搭、洋泾浜英语等）。从思想意识而言，这些词汇多属无益亦无害；但对汉语的健康发展则绝然是有弊无利。

网民自行编纂者，却多有触犯监管制度处。相当部分语涉淫秽，有些在政治倾向上与社会主流意识形态相抵触、被认为是有害言论。所以这一部分语汇有着很大的不固定性，常被监察机构屏蔽。但以汉语的语言属性（孤立语）而言，禁止某些语汇在网络上流行恐属徒劳，网民通过各种方式（谐音、假借、空位、外来语……）可毫无滞碍地避开哪怕是最严格的检查制度。以致现行监管制度不仅管不住不良言论，从语言学的技术层面而言，反而直接催生了大量为逃避网络监控而变通的词汇或变形的写法。就语言学意义而言，这对现代汉语的健康发展极为有害。

近年来主流媒体为了显示深入民众，也开始使用网络语言，并利用网络语言朗朗上口、便于记忆、一针见血及传播速度快等特性，用以传达政府部门的思想理念与方针政策，为正统的舆论导向服务。官方每年都会提出一些词语，如倡导民众外出用餐不浪费食物的"光盘"，表示与人民群众和睦相处的"接地气"、赋予特定含义的"正能量"等等。这类词汇以口号形式推出，有些因具备流行因素得以生存，而不具备流行因素者会很快趋于消失。这也从一个侧面反映出，网络语纯粹是一种"市场化"（比喻性说法）的语言，它完全以自己的可流通性来争得自己的生存基础。

网络上甚至出现了以图形来表达某种含义或事物的现象，如将本义为"光明"的"囧"字视为人面部窘迫表情的图形，用以取代"窘"字；以♂、♀代表男、女性，以♈♉♊♋♌♍♎♏♐♑♒♓来代表白羊、金牛……处女等十二星座（现在我国青少年中甚为盛行西洋占星学的邪说），等等。

网络语还有一大特色，即在相当大的层面上颠覆了汉语的语法规律，创构了全新的语言模式。这主要表现在网络语自有其一套奇特的语法逻辑，行文中不断地出现各种各样的概念偷换、词性转化、语义混淆；而这一切可能是因为"约定俗成"之故，却并不妨碍它在网民中的相互默契理解，且呈日益广泛流通之势。笔者以为，如果任由其影响日益扩大，未来会对我们民族造成很大危害。盖因语言是逻辑思维的基础，将逻辑混乱、仅依仗"相互默契理解"为依托的网络语纳入思维体系，等于是将病毒植入我们的大脑。这将祸延子孙后代，势必会使得他们的逻辑思维能力趋于退化。近年官方对网络语有所警觉，也加了一些限制；惜乎学术界似反应迟钝（也可能是笔者孤陋寡闻），未见谁真正从学术角度（如语法学、语义学方面）对网络语展开研究探讨。

在这个自媒体扩大化的时代，人人都能够参与到网络语言的变化走势中。但因缺乏统一模式，没有强制性约束，使网络语言不可能逻辑严格、表述规范。语义模糊、变化多端是其最大特征。正因如此，绝大多数网络语汇的寿命多则三两年、少则几个月、甚或转瞬即逝，极少长期存在者。由此看来，网络语言现在、乃至可见的将来也不大可能应用于正式场合，它更多的是一种流行于网络的娱乐性文字。便捷、生动是其最主要的特点，但似乎无法留下不朽之作。

网络语是语言发展史上空前的大景观，它主要是由技术因素催生，打破了古往今来一切关于语言发展模式的现成理论，是语言学上一个全新的研究课题。

参考书目

参考书名称	编著者	出版社	出版年代
北平旅行指南	马芷庠	北平经济新闻社	1935年
节本康熙字典	张元济节选	商务印书馆	1949年
北京话轻声词汇	张洵如、陈刚	中华书局	1957年
汉语讲义	北京师范大学中文系	高等教育出版社	1958年
北京话词汇	金受申	商务印书馆	1961年
中国历史地图集	谭其骧主编	中国地图出版社	1982年
元曲释词	顾学颉、王学奇	中国社会科学出版社	1983年
汉语外来词词典	刘正埮、高名凯等	上海辞书出版社	1984年
集韵	丁度（宋）	上海古籍出版社	1985年
北京方言词典	陈刚	商务印书馆	1985年
旧京琐记	夏仁虎（清）	北京古籍出版社	1986年
北京音系解析	薛凤生（美）	北京语言学院出版社	1986年
俞敏语言学论文集	俞敏	黑龙江人民出版社	1989年
北京话儿化词典	贾采珠	语文出版社	1990年
北京土语辞典	徐世荣	北京出版社	1990年
音韵学辞典	曹述敬主编	湖南出版社	1991年
汉语史通考	太田辰夫（日）	重庆出版社	1991年
俞敏语言学论文二集	俞敏	北京师范大学出版社	1992年
汉语语音史	黄典诚	安徽教育出版社	1993年
北京土话	齐如山	北京燕山出版社	1993年
北京土话中的满语	爱新觉罗·瀛生	北京燕山出版社	1993年
儿女英雄传虚词例汇	龚千炎主编	语文出版社	1994年
音韵学教程	唐作藩	北京大学出版社	1994年
北京地图集	北京市测绘院编制	测绘出版社	1994年
语音学教程	林涛、王里嘉	北京大学出版社	1994年
国语辞典	蔡宗阳（台湾）主编	（台湾）登福出版社	1995年
汉语大字典	汉语大字典编辑委员会	四川辞书出版社 湖北辞书出版社	1996年
当代中国音韵学	李葆嘉	广东教育出版社	1998年
辞海	辞海编辑委员会	上海辞书出版社	1999年

续表

京味儿夜话	弥松颐	人民文学出版社	1999年
俞敏语言学论文集	俞敏	商务印书馆	1999年
明清官话音系	叶宝奎	厦门大学出版社	2001年
中国大百科全书（精华本）	中国大百科全书编辑部	中国大百科全书出版社	2002年
东北方言词典	马思周、姜光辉	吉林文史出版社	2005年
现代汉语（增订四版）	黄伯荣、廖序东等	高等教育出版社	2007年
语言文字规范GF3007-2006 中国通用音标符号集	中华人民共和国教育部 国家语言文字工作委员会	语文出版社	2007年
北京十三辙及词语汇编	张善曾编	中国文史出版社	2008年
国语辞典（影印本）	中国大词典编纂处	商务印书馆国际有限公司	2011年
六十种曲	毛晋（明）编	中华书局	2013年

索引

A 部

a
词条	页码
阿哥	5
阿哥的嬷嬷——库忒累的娘	5
阿玛	326
阿姨	1105

ai
词条	页码
挨一通儿雷	896
挨千刀的	1105
挨斥	1105
挨说	480
挨宰	1106
挨揍打呼噜——假装不知道	1106
挨磨	5
爱人儿	5
爱护公物	1106
爱亲儿做亲儿	480
爱信不信	631
爱祖国爱人民	1107
爱谁谁	1106
爱谁谁谁	1106
欸	1107
碍事	631
碍着××什么了	1106
碍着谁筋疼	480

an
词条	页码
安顿	326、871
暗昧	326
按葫芦掮子儿——犯死凿儿	480
暗门子	631
暗无天日的旧社会	1107

ao
词条	页码
抝	631
袄袖子	1107
奥斯特洛夫斯基的名言	1107
傲忾儿	6

B 部

ba
词条	页码
八十吊	632
八三四一	1109
八千人以上大会	1108
八大胡同	632
八宗艺	896
八宗事	632
八竿子打不着的亲戚	1108
八倍儿五	326
八辈子	1109
巴	6
巴巴	6
巴巴儿	1108
巴图鲁	7
巴结	6、7、632、1108
巴着	7
巴棍子	6
吧嗒	871
把	872
把……卖了还……	480
把……搞	871
把儿	633
把口	575
把式	633
把自己的欢乐建筑在他人的痛苦之上	1109
把运动方向扭转到××上来	1109
把稳	7
抱（把）	8
拔创	632
拔尖	896
拔尖子	871
拔犄子	327
爸	8
爸爸	633
疤痢	1108
剥一层皮	326
罢卜	7
霸道	8、9、633、896

bai
词条	页码
白	9
白云观	872
白毛汗	634
白吃猴	575
白条子	327
白花蛇	327、897
白净子儿	327
白房子	634
白招子	634
白俄	634
白活这么大	897

白眉赤眼儿	10	
白费蜡	575	
白面	897	
白饶	575	
白饶一面儿	634	
白煮肉	10	
白薯	634	
白瞪白瞪	10	
白瞪眼	575、896	
百吗儿	12	
百忙里	12	
把	11	
把××砸手里	1110	
把……卖了还……	480	
把人×得胡说八道的	635	
把心窝子掏给××	1110	
把火生上	897	
把他乐的	11	
把自己的欢乐建筑在别人的痛苦上	1110	
把那	11	
把那个	11	
把帐记在帝修反身上	1110	
把我当个屁——放了吧	1110	
把这一页揭过去	636	
把谁的××咬下来	635	
把馒头往外推	635	
拜拜吧您呐	1110	
掰	1109	
掰开揉碎	327、633	
掰文儿	9	
掰扯	1109	
湃	10	
摆台	636	
摆设	898	
摆弄熟了	635、897	
摆饭	575	
摆活蛋	1110	
摆斜	327	
摆搭	11	
ban		
办事	636	
办事处	898	
半天	12	
半天晌午	481	
半拉	12、1112	
半空儿多给	872	
半疯儿	481	
半语子话	481	
半瓶子醋	898	
半截儿	898	
扳死杠	872	
拌蒜	637	
拌嘴	576、1112	
拌嘴闹口舌	637	
板	636、1112	
板儿车	898	
板上钉钉	1112	
板子车	636	
板寸	1112	
板爷	1112	
板板的	1111	
板带	1112	
班集体	1111	
搬	1111	
搬了走	636、898	
搬指儿	328	
搬起石头砸自己的脚、任你风吹浪打,我自岿然不动	1111	
bang		
帮助	1113	
帮狗吃屎	1113	
帮帮	899	
帮箱	12	
绑	1113	
绑大款	1113	
棒	637、1114、899	
榜样	1113	
榜样的作用	1114	
磅尖	1114	
bao		
包庇	1114	
包圆	1114	
包圆儿	899	
包涵	481	
报子	328	
报表	637	
宝贝似的	576	
宝局	328	
抱	13	

抱脚儿	899	
保不齐	1114	
保不其	1114	
保存革命的火种	1115	
保饭锅	481	
保准	899	
保得齐	12	
保管	12	
暴风雨般的掌声	1115	
暴露思想深处真实观点	1115	
薄儿脆	576	
爆羊肉	637	

be

不唧儿	637

bei

北衙门	899
闭过气去	638
吧咧	576
背了气	14
背弓	13
背旮旯子	13
背过气去	1115
背住扣子	14
背拉	638
背挎	1115
背静	13
倍儿	1115
悖晦	14
被窝	14
被糖弹打中	1115
啵	13、576

ben

本儿上的	1116
本主儿	14
本可是的	14
本地风光	15、638
本质还是好的	1116
本家赏钱	899
奔	328、638、1116
奔头儿	1117
奔驰	638
奔奔	900
奔高枝儿	1116
笨狗、哈巴狗、板凳狗	639
锛	1116

be*r

埲臭	15
逼清	15

beng

不用	15、328
不用澄了，连汤儿吃罢	16
不用、有您在头里、冲着、二忽	639
迸脆	16
绷不住	328
绷着	639
甭	639、1117
甭提多么……	639
蹦打蹦打	640
蹦儿	640
绷不住	1117

绷块儿	1117	
磅子儿没有	900	

bi

比山高，比海深	1117
比学赶帮超	1117
闭了眼	329
闭闭眼就过去了	900
笔管条直	576
逼扣	16
鼻子不是鼻子，眼睛不是眼睛	900
鼻烟儿	329
避猫鼠	640

bia

吧嗒	16

bian

边、老、少、穷地区	1118
便衣	640
便宜坊、挂炉烤鸭	640
便家	16
变不利因素为有利因素	1118
变着法	1118
变着法子	329
辩证关系	1118
辩证法	1118
辩证唯物主义	1119

biao

表现	1119
摽	1119
摽着	577

摽着膀子干		1119
鳔上		900
鳔胶		577

bie

别计		481
别价	17、	1120
别扭		641
别来这套		1120
别这么着了		641
别拉着我		1120
别加		329
别拘		329
别提		901
别提啦	330、	641
憋		1119
憋在肚子里是块病		901
憋坏		1119
憋宝	17、	1119
憋屈		1119
憋得慌	641、	901
瘪子	641、	1120

bing

冰凉棒硬		901
冰核		641
冰盏		642
冰桶		482
冰碗		482
冰碗儿、八宝荷叶粥		
		642
冰箱		642
冰镩		17
病病歪歪		642

病秧子		1121

bo

饽饽	17、330、	642
饽饽菜		17
饽饽铺		577
啵		18
驳回	330、	642
剥削阶级		1121

bou

啵		330

bu

……不算外，还带管……		21
卜哒卜哒		642
不……才怪		577
不	18、	24
不……把我……		903
不……还不行吗		644
不……是孙子		1127
不大吃劲		643
不大老好		901
不大很		330
不干人事但吃人饭		
		1122
不开眼	332、	646
不比你知道的多		903
不见兔子不撒鹰		1123
不可调和的敌我矛盾		
		1125
不可避免带有旧社会的影响和烙印		1125
不对眼		20

不正眼眨的		1128
不犯上		577
不犯着		20
不兴	24、	1127
不则		23
不则一声		26
不吃这一套		645
不在那个		22
不当家		19
不当家花拉的		19
不成件事		22
不死也得脱一层皮		333
不论		331
不论秧子		644
不过是那么一说		1123
不过是这么一说		643
不防头		22
不伺候		577
不伺候、不尿你这壶		
		1121
不劳而获的资产阶级行为		1126
不吝秧子		1124
不听不听		1126
不听老人言，祸事在眼前		646
不吭不哈的		1126
不时闲儿		23
不良影响		1126
不言不语	24、	647
不言语		24
不识闲儿		578

不钉	1125	不是价	21	不敢必	483
不周不备	26	不是呀	644、902	不敢劳动	332
不定……成什么样呢	1122	不是岔儿	331	不理会	903
		不是事儿	1124	不着四六	1128
不忿	1122	不是味儿	644	不着边儿	1127
不拉人屎	903	不是玩儿的	578	不着要	25
不拉车	333	不是闹着玩的事	872	不着家	903、1127
不招灾不惹祸	647	不是您哪	902	不逮劲儿	1125
不明真相的群众	1126	不看	482	不搁当儿	23
不的当	19	不看一个也当看一个	482	不搭调	903
不的时候儿	22			不短	645
不知北在哪边	1128	不耐烦	20	不答应	645
不齿于人类的狗屎堆	1124	不要	21	不答应他	578
		不送	331、645、902	不答应去	332
不受听	644	不送您啦	902	不落好儿	1123
不咧	24	不值当	1128	不落忍	1123
不咱	23	不值的	25	不傻不粘	1126
不差什么的	578	不值得	26	不傻装傻	646
不差甚么	22	不哼不哈	483	不摸底	333
不差甚么的	331	不留神打一平手	1126	不照面儿	902
不带	1122	不真	578	不碍	643
不带这样的	1122	不真着	1128	不碍的	330
不待见	1122	不破不立，破字当头，立也就在其中了	1124	不禁不由	23
不怎么地	1127			不错耳轮儿	18
不怎的	25	不离	646	不错眼珠	643、1122
不是	20、25、331、577、644、1124、901	不够喝凉水的	331	不错眼珠儿	19
		不够意思	1123	不零不搭	23
不是……不是	21	不得	19	不瞪儿不瞪儿	18
不是……吗	901	不得劲	645	布尔乔亚、普罗	646
不是人操的王八蛋	1124	不得劲儿	332、578	拨弄	18
		不得哥儿们	645	拨拉	1121
不是东西	1124	不得烟儿抽	903	拨浪鼓	1121

拨落	643	操碎了心	1129	插圈儿弄套儿	334
部分人先富起来	1125	操行	1129	揸架	1130
部优	1127	槽子糕	872	*chai*	
		草花儿	904	拆白	579
C 部		*ceng*		拆白党	1131
ca		噌楞呛啷	26	柴禾妞儿	1131
揸黑儿	333	蹭	1129	*chan*	
擦把脸	647	*cha*		颤儿哆嗦	27
擦山	647	叉、剁	1129	颤悠颤悠的	649
扯烂污	647	叉子	1130	搀合	649
cai		叉烧肉	579	缠磨	649
才出萌儿	333	岔	334	掺和	1131
才怪	647	岔儿	27、334	铲仇	1131
财主	333	岔批儿	649	*chang*	
采访	483	岔话	904	场面	27
彩子	648	岔糊	648	场面、走走场、行头	
彩牌坊	648	差一事	649		28
菜刀、军刺	1129	差不点	1131	常会儿	334
菜货	483	差不离儿	904	唱吧了会子	334
踩乎	1128	差劲	1131	敞开儿	649
踩电门似地	1128	差点事	904	厂甸	873、905
踩访	483	查文件	1130	敞开儿	1132
踩和	1129	查寻	484	尝尝无产阶级铁拳的	
can		茶房	648	滋味	1132
参加革命	1129	茶座儿	904	长远	904
cang		茶根儿	1130	*chao*	
仓库两面儿	484	插	27	吵子	335
藏猫儿	26	插一杠子	1130	吵吵	28、29、650
藏闷儿	648	插一腿	1130	吵啦	335
藏起去	648	插队	1129	吵嚷	650
cao		插打	27	抄	650、1132
操持	648	插关儿	26	抄了去	334

1529

抄家	1132
抄着根儿	650
抄菜刀、拎酒瓶	1132
炒肝儿	335
炒疙瘩	1133
炒菜面	650
绰总儿	29
朝天杵	579
超人	650
超前	1132
嘈嘈	28、905
潮得乎地	1132

che

车口	651
车份儿	650
车船店脚牙	29
车豁子儿	29
车当当	905
彻底的唯物主义者是无所畏惧的	1133
彻底坦白交代	1133
扯	651
扯天扯地	651、652
扯天柱地	652
扯扯皮	873
扯闲话儿	652
扯闲盘儿	652
扯闲篇儿	652
扯淡	651、1133
扯着脸	652
扯谎	651
扯嘴巴子	653

扯臊	651、1133
撤差	653
澈底澄清	29

chen

×成八半	873
沉重	30
沉着	1134
陈人	653
陈人儿	335
抻	1133
真	653、906
真是的	654、906
趁	30、1134
趁热打铁见缝下蛆	1134
嗔着	30

cheng

成了	1135
成了词	484
成三破二	654
成天价	1135
成天际	654、906
成心恶心我	1135
成果	30
成群打伙	654
成精了	1135
成裹	30
承认错误	1135
承包	1134
诚心找骂	654
城根	654
城根儿	335、1134

惩治	655、906

chi

吃	30、336
吃一顿奔一顿	1137
吃了不会由脊梁骨下去	655
吃了吗	1136
吃了横人肉	655
吃儿	31
吃口得味的	655
吃小哥儿	337
吃小馆儿	907
吃不了兜着走	484、906
吃不住	1136
吃心	656
吃瓦片	874
吃生米的	336、656
吃豆儿攒屁	907
吃里爬外	656
吃事	336、337
吃货	655、1136
吃饱了混天黑闷蜜蓄窝子炕上整点俗人乐	1136
吃饱了撑的	1135
吃洋教	656
吃点喝点老三点	906
吃食	31、656
吃香	656、1137
吃铁丝尿笊篱——瞎逼编	1137

吃得开	655	臭拽	1139	出脱	908
吃教的	873	臭美	1139	出虚恭	338
吃累	657	臭骂	579	出窝儿老	580
吃葡萄不吐籽假装一兜水	1136	臭德性	1139	出溜	659
		臭撰	1139	出殡	33、660
吃蹩子	336	愁成个大疙瘩	658	处窝子	660
赤包儿	657	愁眉苦眼	658	初一	660
赤裸裸	1137	稠咕嘟	31	怵	1140
翅儿	657	稠嘟嘟	907	怵岔儿	338
眵目糊	656	瞅丫那操行	1138	怵着	33
痴抹糊	579	瞅你丫那操性	1138	杵	660、1140
chong		瞅瞅	1138	雏儿	33、660、1140
虫儿	31	chu		憷、犑、铲	1140
冲	31、907	出了口	337	戳打	660
充其量	1137	出工不出力	1139	chuai	
冲劲儿	1137	出门没挑好日子	908	踹	33
chou		出马	338	揣着一肚子坏	580
丑八怪	658	出毛病	907	揣着明白说糊涂	660
丑巴怪	32	出号	659	chuan	
抽	1138	出份资	658	传单	1141
抽"立"了	1138	出色	32、580	传统价值观	1141
抽丫的	1138	出过花儿没出过花儿都乐忘了	32	传统观念	1141
抽达	579			传统美德	1141
抽冷子	337、657	出把子力气	907	传统道德	1141
抽纵	657	出来进去	32、659	串门	1141
抽抽	907	出来混	1139	串门子	661
抽抽疤疤	657	出花儿	337	串串	908
抽答	657	出身	1139、1140	串秧儿	661
臭	658	出点子力	32	穿不出好来	661
臭、土鳖	1138	出息	33、1140、908	穿衣戴帽	33
臭大粪	1139	出息得……似的	659	穿张	661
臭油	658	出彩	658	穿房过屋的交情	484

穿章儿打扮儿	338	呲嗽的	1142	cui	
穿章打扮	908	疵溜	34	碎呀	35
喘口气	1141	瓷器	1143	催把儿	339
chuang		疵诋	485	催水	340
创	34	跐	34	cun	
闯练	661	辞了一辞	34	蹲	36
闯丧	908	辞活	580	村话	663
chui		磁实	662	存在心里是块病	909
吹出风来	338	磁墩	662	cuo	
吹台	338	cong		撮	36、1144
吹下子牛下子	484	从来	338	挫	663
吹了	662	从先	339	挫骨扬灰	36
吹嗙	874	从胜利走向胜利	1143	挫磨	910
吹灯	908	从现在做起，从我做起	1143	搓	909、1144
叱喝	661	从严对象	1143	搓板	1144
捶巴	662	聪明鬼道	580	矬	36
chuo		错过	581	矬地炮	1144
戳后脊梁	1142	cu		错了管打来回	910
戳着	1142	粗枝大叶	35、663	错非	485
ci		粗粗壮壮	1144	错非是	485
呲	1142	cuan		错误	1144
斥	1142	攒儿	35	错敬	36
斥挞	1142	攒	339	错翻了眼皮	340
此处不留爷，自有留爷处	662、909	攒人	339	错过	581
伺候不着	663、909	攒馅儿包子——晚出屉	485	**D 部**	
刺（扎）心窝子	909	窜稀	1143	da	
刺儿头	663	撺儿了	1144	×大爷	344
刺头儿	1143	篡党夺权	1144	大	668、912
刺刺着	580	氽子	909	大了去啦	912
刺闹	580			大八件	874
刺闹得慌	663			大大	342

大大的	41、668	
大门	43	
大门不出，二门不迈	669	
大马金刀儿	42	
大马趴	1149	
大气	343	
大令	913	
大发	41、342、668	
大台	486	
大外	343	
大奶奶	343	
大白话	874	
大节下的	668	
大件儿	1148	
大众菜肴、食堂、开票、端菜、排队、等坐	1150	
大后日可就是	42	
大好	582	
大好局面	1148	
大妈	486、1149	
大妈妈	42	
大字报	1151	
大安	342	
大师傅	44、874	
大早起	913	
大早晨的	582	
大爷	44、344、670、1150	
大老外	1149	
大老美	1148	

大耳刮子	1147	
大耳刮子抢你	1147	
大估摸	912	
大妞儿	669	
大尾巴狼	1150	
大忒晚	487	
大妹妹	343	
大姑娘	41、343、912	
大拇脚趾头	582	
大松心	1150	
大刺刺	42	
大是大非	1150	
大栅栏	670	
大疮	342	
大背挎	1147	
大茶壶	1147	
大钟寺	875	
大面儿上	43	
大面上	1149	
大骂陈友谅	343	
大哥	670	
大哥大	1148	
大夏天的	913	
大娘们	669	
大家伙子	42	
大拿	1149	
大酒缸	669	
大掖巴鱼鳞鞋	44	
大清早起	43	
大睁白眼	583、670	
大喇喇	1149	

大握大盖，连拍带咬	344	
大敞辕门	41	
大款	1148	
大街上磕的	1148	
大道理	1148	
大嘟噜小挂的	582	
大概齐	342	
大概其	41、874	
大碗茶	913	
大龄女青年	1149	
大馒头堵嘴	486	
大撒巴掌	670	
大撒手	670	
大撒把	1150	
大辩论	1147	
大鹰	875	
打	911、1145	
打一巴掌揉三揉	667	
打一照面	1146	
打了水漂儿	667	
打了对面	666	
打小报告	1145	
打马虎眼	665	
打开鼻子说亮话	666	
打水漂儿	911	
打牙把骨	40	
打牙逗嘴	911	
打他	341	
打四的、打头的	341	
打头	342	
打立杆的	1146	

1533

打饥荒	40	打倒国民党、共产党		答了	37
打价儿	911	万岁	1145	答岔儿	340
打冰出溜	666	打晃儿	39	答报	38
打印子	667	打狼也似价的	40	答言	37、485
打地摊儿	39	打眼	665、1145	答言儿	485
打扫	39	打着鸭子上树	582、	答得上茬儿	581
打杂儿跑腿	912		912	答碴儿	664
打自得儿	41	打着喊	1147	褡裢火烧	664
打卤面	665	打棍子	1146	鞑子	665
打吵子	486	打游飞	40	鞑子拔烟袋,不傻假	
打坐坡	668	打联联	667	充傻	666
打坑	666	打鼓	581	*dai*	
打坠咕碌儿	40	打鼓儿的	665	大夫	1152
打岔	39、1146	打鼓担儿	486	歹人	671
打快勺子	341、666	打鼓挑子	486	代表组织	1151
打扮	38、664、910	打嘀溜转	581	呆不住	913
打把式	38、581	打横儿	341	带	1151
打连连	667	打瘫为止	1146	带手儿	583
打里打外	665	打蹦儿	911	带头作用	1152
打鸡血	1146	搭讪	664	带好儿	1152
打夜班	911	搭岔儿	37	带得出去	1151
打底儿	664	搭把手	1145	带搭不理	1151
打拉拢	667	搭拉	910	待	44
打招呼	1147	搭背	340	待见	1152
打明白了你们	667	搭茬儿	581	待会儿见	914
打枪	486	搭班儿	664	待好	45
打油飞	668	搭情	910	待待儿	487
打的	1146	搭着	340	待遇	1152
打转儿	668	搭窝	340	得苦子	344
打哈哈	341、581	搭窝憋坏	340	逮哪儿逮谁都××	
打哪儿	911	搭撒	37		1151
打点	38、341	答……情	37		

戴红袖章的老头儿		挡横儿	1154	倒倒子脚	345
	1152	党团骨干、学生会干		倒座	48
戴羊剪绒皮帽、穿黄		部	1154	倒得	47
呢大氅、每天晚上用		党和国家的机密	1153	倒断	46
冰刀互相往脸上剁		党培养	1154	倒霉蛋儿	914
	1152	**dao**		捣荡	487
戴罪立功,反戈一击		叨	46	捣鼓	1154
	1153	刀	671	盗洞	345
dan		叨哩叨唠	583	道	1155
但	45	叨唠	671	道上	48
但凡	45	到了	1155	道乏	47
但分	875	到了儿	346	道字号	346
但是	45	到不去	47	道德败坏,资产阶级	
单车	1153	到不到的	47	思想严重	1155
单拨儿	1153	到乏	346	稻香村	672
单钵儿	1153	到去倒得	48	**de**	
单牌楼	914	到地	47	××得什么似的	1157
单腿儿安	45	到而今	914	××得过	1157
担待	914	到家	346	×得过儿	673
耽待	45	拨气儿	46	……的货	584
淡话	344、345	倒	345、1154	的个	50
蛋	1153	倒了血霉	672	嘚啵	48
dang		倒不过窘	47	得	48、583、915
当刀架子	345	倒打一瓦	672	得、得了	673
当王八的吃俩炒肉	671	倒买倒卖	1154	得×就×	673
当头人	345	倒动	672	得……且……	49
当戗	45	倒好儿	672	得了	49、347
当哑叭卖了	46	倒爷	1155	得了美	347
当差使的	345	倒血霉	1154	得了意	347、673
当差的	671、914	倒卧儿	1155	得人	348
当是	671	倒是怎么着	346	得儿	346
当家子	46	倒贴、卖	1155	得巴得巴	1155

得劲儿	49	
得词	1156	
得便	672	
得活	347	
得济	49	
得啦	347、915	
得得	1156	
得意	674	
得辞	48	
得嘞	1156	
德行	348、1156、915	
德行样儿	1157	
德国红军	1156	
德性	1157	
德性、揍性	1157	
德胜门外关里头	348	
德胜门关厢	673	
德胜门脸儿	915	
德呀	49	
德漠克拉西、布耳扎维克	583	

dei

得会子	50	
得	50、51	
得着方法儿	52	
得……不得	51	
得亏	51、348	
得样儿	51	
得样的	674	
得得乱颤	487	
得着	348	
逮谁给谁……	1157	

den

顿	52

deng

灯儿	1158
灯节	875
登时	349、584
登梯爬高	674
登登	348
等一等儿	349
等着	52
等等	875、915
等等儿	349
蹬	1158
蹬三轮儿	915
蹬鼻子上脸	1158

di

地土	53、675
地主恶霸	1161
地步	53
地宫里	350
地界	1160
地面上咱们有人	916
地道	674、916
地道火车	584
地道战、地雷战	1159
低级趣味	1158
低咕低咕	349
底下	53
底下人	350、916
底根	1160
抵	1159
的确良	1159
帝王将相、批倒批臭	1160
帝国主义	584
帝国主义及其一切反动派都是纸老虎	1160
帝国主义主子	1160
敌进你退，敌退你进，敌驻你扰，敌疲你打	1159
递个和气	675
递包袱	674、916
递嘻和	675
递嘻和儿	350
第一手	875
第三者	1160
第老的	53、350
堤外损失堤内补	1158
提了	52
提拎	1158
提搂	52
提着	674
提溜	349、674
嘀咕	916
滴溜	53

dia

嗲	1161

dian

电门	917
电棒儿	675
电影、组织观看、样板戏、彩色印染、西哈努克在哪里	1161

电影明星	917	
典型	1161	
典故	916	
垫一垫	675	
垫戏	676	
垫补	585	
垫砖	1161、1162	
垫腰	676	
垫箱底儿	54	
点儿低	675	
点子	350	
点心匣子	1161	
点手	487	
点头哑嘴	584	
点补	53	
点景	350	
掂着	488	
靛颏、自自黑儿	917	
靛颏、自自黑	676	
颠了	1161	
颠儿核桃	350	
颠倒儿颠	487	

diao

刁	351	
叼食	1162	
吊	676	
吊儿	488	
吊儿郎当	1162	
吊儿啷当	676	
吊死在一棵树上	1162	
吊棒	676	
吊猴	54	
吊嗓	1162	
吊膀子	1162、917	
倒个过儿	54	
调查、各界人士	488	
调嗓子	677	
掉了个过儿	54	
掉下去	918	
掉在地下砸个坑儿	55	
掉点儿	917	
掉眼泪	918	
掉楚	351	
屌	917	

die

跌份	1162	
跌份儿	1163	

ding

丁点	1163	
钉	55、677	
钉不住	55、918	
钉得住	918	
钉着坑儿使	677	
定规	55、351	
顶	55、351、677、1163	
顶个屁、管个蛋	1163	
顶牛儿	585	
顶香	351	
顶着雷	1164	
顶嘴	1163	

diu

丢份	1164	

dong

东一把西一把	678	
东边这八桌是人家家的	55	
东西	678、1164	
东西两庙	677	
东单西四鼓楼前	677、918	
东胡搂西抓弄	585	
冬夏常青	678	
动不了窝儿	352	
动不动	1165	
动机	1165	
动乱	1165	
动真章儿	352	
动弹	1164	
咚咚嚓	677	
懂交情	918	
懂行	678	
懂里懂面儿	351	
懂的	352	

dou

斗争	919、920	
斗私批修	1167	
斗法	1165	
抖	679、1165、919	
抖机灵	1166	
抖奋	1165	
抖积伶儿	56	
抖起来	679	
抖搂	56、679	
抖落	1165	

抖骚	1165	
抖露	919	
豆汁	679	
豆汁儿摊子	679	
豆蹲儿	352	
逗	56、1166	
逗气儿	919	
逗闷子	1166	
逗贫	1166	
逗咳嗽	1166	
逗哏	1166	
逗嘴皮子	920	
都看我吧、瞧我啦	678	
都瞧我	352、918	
兜的	56	
兜着	919	
兜着底地	919	

du

杜撰儿	585
肚子里的蛔虫	57
肚歪	1167
拖露	56
度尽劫波兄弟在相逢一笑泯恩仇	1167
毒汁四溅	1167
毒害	1167
独自个	920
独自个儿	680
堵个倒仰	680
堵得慌	680
堵窝掏	680
堵搡	921

赌气子	585、920
嘟噜	56、585

duan

断了气儿	921
断了顿儿	57
断头香	57
短	352、585
短一个我赔你俩	680
短礼	488
端相	57

dui

对不过	488
对不起组织，对不起生我养我的人民	1168
对合子	57
对同志春天般的温暖，对敌人严冬一样残酷无情	1168
对自己要求严格	1168
对劲儿	921
对我们的鞭策	1168
对越自卫反击战	1168

dun

屯门	58
盹	681
墩箱（等）	58
蹲	921
蹲儿安	353

duo

多儿钱	353
多么	681、921
多么好	876

多大能耐	59
多为人民做些有益的事	1169
多之呢	921
多少	682
多们	489
多去了	681
多吃多占	1168
多吃过几年窝窝头	921
多早晚	58
多早晚儿	353
多远儿呀	59
多咱	681
多饶一面	681
多爱你	1169
多爱搭理你似的	1169
多着的	59
多累	353、489
多嗻	681
多暂晚	1169
多嫌	58
掇弄	59
跺子蹄儿	489
跺指儿	59

E 部

e

恶歹子	59
俄罗斯打官司，一点儿照应没有	353
恶恶实实	59、354
饿	354

词条	页码
饿膈	354
额啦大	353

ei

词条	页码
阿阿	60

er

词条	页码
二人凳	355
二五眼	682
二反	354
二毛子	682
二乎	922
二半破子	489
二头	60
二百五	1169
二两五挑护军——假不指着	489
二位爷	922
二尾子	1170
二把刀	682
二杆子	1170
二性子	922
二的	682
二屋里	60
二荤铺、大碗居	586
二流子	1170
二等	1169
二傻子	1170
耳瓜子	354

F 部

fa

词条	页码
乏	60、355、683
发	355
发小儿	355
发长	683
发头卖项	355
发生	60
发动	922
发动群众	1170
发扬风格	1171
发达	586
发牢骚说怪话	1171
发明	586
发现	355
发送	61、683
发愣	922
发整	683
法人资格	490
法儿	61
法制不健全	1171
法律面前人人平等	1171

fan

词条	页码
反	356
反正	356、490、684
反动	1171
反动会道门	1172
反动黄色	1171
反劲儿	684
反修前哨,一手拿镐一手拿枪	1173
反叛儿	356
反面典型、有组织的批判与声讨	1172
反面教材	1172
反面榜样,一有需要,就揪出来	1172
反革命	1172
反革命罪	1172
犯不体面	356
犯不着	684
犯心	490、587
犯牛脖子	357、684
犯死凿儿	490
犯讲究	356
犯拧儿	357
犯急	1173
犯晕	1174
犯酒糟儿	357
犯愣	1173
犯想	357
犯照	1174
犯错误	1173
犯错误不怕,重要的是认识错误	1173
犯懵	1174
纺车	61
饭主	61
饭主子	685
饭局	357、684、1173
饭店	1173
饭座儿	587
范儿	1174
烦	684
翻了	61、490、683、923
翻了狗脸	683

翻天捣洞	587	飞签子	358	fo	
翻开	61	飞熟	687	佛爷、花贼	1175
翻过来掉后去	586	废物点心	923	fu	
翻过来掉过去	586	沸吓沸吓的	587	夫人儿	358
翻波打滚	683	肥猪拱门	62、358、	父一辈子一辈	688
翻饼	356		687	伏地儿	359
翻梢	61	非……不可	686	伏地扣子	63
翻滚不落架儿	356	非……坏了不可	587	妇女解放	1176
fang		费心	491	负有不可推卸的责任	
方才	490	费牛劲	923		1176
方向	357	fen		附逆	688
方砖墁地	685	分儿	63、358	咈哧	63
仿上仿下	685	分三别两	687	府上	359
访员	491	分大小儿	62	服务态度	924
妨	1174	分子	358	服软儿	923
纺棉花	923	分心	358、923	赴汤蹈火在所不辞	
放开桄儿	685	分斤掰两	63		1176
放风筝	491	分点心	687	俯给	64
放份儿	685	分清敌友	1175	俯首甘为孺子牛的精	
放光	357	分解	491	神	1175
放屁崩坑儿	686	份儿	687、923	浮摘	359
放秃尾巴鹰	686	忿忿地	1175	富泰	688
放青	686	粉戏	687	腐化	1176
放炮	686	愤怒青年、垮掉的一		腐蚀	1176
放饷	686	代、结构现实主义、			
放啊？还留着祭灶呢		后现代主义	1175	**G 部**	
	62	feng		ga	
放着他的，搁着我的		疯着心	587	干吗	689、924
	686	缝穷	688	戈什哈	64
放鹰	685	缝补	923	夹肢窝	688
fei		蜂糕	687	旮旯	1177
飞眼	687			旮旯子	64

尴	1177	干劲儿	926	敢是	67、68
嘎七马八	689	干吧	1178	敢情	360、691、1179、
嘎巴	1176	干甚吗	361		925
嘎杂子	689	干革命	1179	敢情是	925
嘎嘣豆	1176	干脆嘹亮	690	敢跟您放这大话	1178
嘎噔价钱	688	干着	66	港台片	1180
噶	64	干铲儿	690	gang	
噶牛	65	干嗽（咳）	65	刚才	692
噶拉	64	干撂	690	刚然	492
噶点儿	64	干噎	1178	岗尖	68
gai		甘甜	491	杠箱官儿	692
改天	690	杆儿犯	1179	缸里的酱萝卜——没	
改天见	588	肝疯	359	了缨儿了	68
改良	689、924	肝颤	1178	缸炉	692
改组脚	689	赶	66、491、924	钢精锅	1188
改革开放	1177	赶大车的	359	钢镚儿	1179
改造	1177	赶到	691、925	港台片	1180
改造脚	690	赶到点儿上	691	gao	
改搂	1177	赶明儿	925	告	361
该着	65	赶明儿个	360	告诉你	694
赶明儿	1177	赶罗	360	告诉你一声	694
盖尔不论	359	赶情	691	告诉我	694
概了	65	赶粥厂	691	告诉明白了她	693
概念	1177	赶趁	66	告诉明白了你	68
gan		赶碌	925	告帮	361、693
干	360、361、925	赶碌的慌	66	告饶	693
干了	68	赶趟	925	告饶儿	362
干干儿着	690	敢	1178	高	361、692、1180
干什么去	692	敢……才怪	691	高了	1181
干什么吃的	1179	敢不是	1178	高大	1180
干四化	1179	敢则	67	高干	1180
干劲	1179	敢保	690	高末儿	693、1181

高庄儿 361	咯硬 1186	搁 1182
高丽棒子 692	革命友谊 1185	搁下 362
高尚的人、有道德的	革命先烈抛头颅洒热	搁不住 69
人、脱离了低级趣味	血 1184	搁车 694
毫不利己专门利人的	革命行动大长××的	搁当儿、得样儿、是
人 1182	威风,大灭了××的	劲儿 69
高抬我 926	志气 1184	搁着他们的,放着我
高的 926	革命委员会 1184	的 362
高知家庭 1181	革命的、反革命的	搁着你的,放着我的
高挑儿 68	1183	694、927
高标准、严要求 1180	革命的成就 1183	搁着你就是了 69
高高手儿 926	革命的站出来……	搁着这个碴儿 695
高麻 1181	1183	歌功颂德 1182
高摊、地摊、果店 693	革命者 1185	膈肢、膈肢洼 70
搞 1181、1182、926	革命浪漫主义 1183	gei
ge	革命意志衰退 1184	"给他一大哄——"
……个屁 1186	哥儿 362	"——啊哄!啊哄!"
个人主义 1187	哥儿们 362、695、	1188
个人犯错误事小,党	927、1183	给 695
的威信受到损害事大	哥们儿 1182	给……作了饭 363
1187	哥们儿义气 1183	给一个知县都不换 363
个人生活 1187	哥们儿们 1182	给了他两句 695
个人问题 1187	哥哥 69、70、362	给个冷肩膀扛着 588
个人崇拜 1186	格格 876	给出路 1187
个小 71	胳肢 1185	给你告诉去 695
个体户 1187	胳肢窝 1185	给我 71、876
各人 70	胳臂钱 926	给我的教训是很沉痛
各人是各人的 70	硌窝蛋 1187	的 1188
各自 71	鸽哨 1183	给政策 1188
各国反动派 1186	鸽铃 876	给脸不要脸 927
各亲儿各论儿 70	割了鸡巴敬神 1185	给群众留下什么印象
咯涩 1185	割资本主义尾巴 1186	1188

gen	
哏哏地	927、696
根儿里	72
根生土长	71
根红苗壮	1188
跟……干上了	927
跟人	363
跟上形势	1189
跟不上劲	588
跟他说跟他的	363
跟寻	72
跟你没完	1189
跟你急	1190
跟屁虫、踪着	1189
跟我这儿装大个的	1189
跟前	71、363
跟前有	696
跟钱有仇似的	696
跟您学	1189
跟着感觉走	1189
跟脚	71
跟嫖看赌白吃猴	363
geng	
梗梗	72、588
梗着	1190
gong	
工友	697
公中	72
公母俩	1190
公议儿	696
公事房	696
公理	492
公道	928
共事	1190
共和国体	588
共总	72
巩固政权	1190
恭本	364
gou	
勾	697
勾兵	364
沟满壕平	73
狗事	697
狗党羊群	364
狗拿耗子	73
狗着	698
狗碰头	697
狗腿子	364
苟事	492、697
苟着	697
苟简	73
购货本、粉丝芝麻酱	
碱面	1191
钩儿套圈	697
钩杆子	73
够……的	365
够一瞧	928
够多么好	698、928
够呛	876、1191、928
够味儿	698
够奔	364
够喝一壶的	1190
够意思	1191
够溜的	1190
够瞧的	74、698、928
gu	
公们俩	74
公母俩	74、492
古记儿、灯虎儿	76
估衣	77
呱咕	74
咕咕咙咙	492
咕唧	698
咕嘟	74
固山	365
姑太太	75
姑奶奶	74、75、699
姑奶奶、老姑奶奶、小姑奶奶	877
姑爷	75
姑娘、姑奶奶	492
姑娘人家的	929
姑娘儿	75
孤拐脾气	1191
孤哀子	698
故事	1192
故事儿	365
故典	699、700、929
故典儿	589
故故典儿	365
骨力	699
骨力硬棒	699
骨朵儿	589
骨血儿	76
顾过命来	700

唔嘟	589	
滑稽、倒流儿	76	
雇来回车	77	
鼓捣	76、1191	
鼓逗	699	
鼓鼓囊囊	929	
瞽儿词	699	

gua
瓜皮帽头儿、马褂	700
刮刮浆子	77
括搭	77
挂了气	700
挂血	1192
挂劲儿	929
挂拉枣儿——有限	78
挂误官司	701
罣误官司	700
寡妇失倚	493
寡妇抱着夜壶哭——我不如你	1192
寡寡落落	700

guai
乖乖的	701
乖的也疼，呆的也疼	78
怪	701
怪声叫好	929
怪爱人儿的	589
拐着	1192
拐棒子	78

guan
关	78、365、877、1192
关门子誓	701
关心国家大事	1193
关防衙门的内造饽饽	79
关钉儿	701
关钱粮	930
关键时刻	1193
观点	1193
官人	365
官厅儿	930
官服	1193
官派	702
官派儿	1193
官面上	930
官样	702
官称儿	78、79
官商作风	1193
惯用伎俩	1194
棺材本	929
棺材本儿	701
棺材瓤子	1192
管	1194
管丫的	1194
管取	79
管保	702
管情	79
管着么	1194
管装管卸	79
灌米汤	1194

guang
广交会	1194
广梁大门	80
光出溜的	589、702
光梳头净洗脸儿	79
光眼子	589
光着袜底儿	702
光脚的还怕穿鞋的	702
光景	493
光棍	366

gui
归了包堆	703
归了包堆儿	1194
归了我去	703
归齐	80、366、703
归堆儿	1195
归着	80
归期	493
归置	1195
规矩	703
诡病	703
贵庚	930
鬼子	1195
鬼头魔儿眼	590
鬼画符	1195
鬼病	703
鬼脸神头	81
鬼道	590
棍打凤腿	930
跪铁索	704

gun
滚了马	81

滚了马的强盗	493	国货、国术、国医、		孩子爪子	83
滚车辙	366	国语	704	骇人听闻	1197
棍打凤腿	930	国家主义	590	害	494
guo		国家观念	590	害不着	367
过	366、1196	国家社会	494	害点怕	706
过了手	82	国家的主人	1196	海里奔	83
过了后儿	82	国家费用	494	海里摸锅	706
过儿	590	国联	704	海峡两岸的中国人	
过于	493	果局子	705		1197
过不着	705	锅子	704	han	
过日	494	蝈蝈葫芦	877	合	83、84
过去了	705	裹	877	汉仗	84
过去没家都	1196	裹乱	704、931	汗毛眼	707
过节	705			汗塌儿	84
过节儿	81	**H 部**		含忽	707
过多少过儿了	81	ha		焊	1198
过阴天	877	哈	82	喊口号	1198
过阴天儿	82	哈什房	83	喊高儿	707
过这村可没这店了		哈欠	590	寒	367
	1197	哈扒巴	83	寒伧	706
过事	1196	哈哈	367	寒碜	931、1197、1198
过话	705	哈喇	82	憨蠢	367
过哈哈	367	哈德门	705	hang	
过钱	367	蛤蟆垫桌腿儿,死挨		行子	84
过得多	705		931	行市	707
过硬	1196	蛤蟆骨朵	931	行当	931
过逾	81	hai		hao	
国文	704	还用	706	号	495、591
国会	493	还许	367、931	好喹	708
国际主义义务	1196	还是	706	好	591、708、932
国际共运	1195	还是的	1197	好……的话	932
国拨价	1195	还得说	1197	好……话	494

好人没有出气儿的地方	胡伯喇 878	hei
933	唤头 878	黑了 370
好大半天 708、932	耗 86、369、1199	黑人儿 710
好大半天了 932	耗财买脸，傲里夺尊	黑上了 1200
好歹好歹 84、85	878	黑不提白不提 370、
好歹的 707	耗着 709	1200
好气儿 708	喝 878	黑天白日 710、934
好鸟 1198	豪着 85	黑发 370
好吗 494、707、932	豪横 707	黑母鸡一窝儿，白母
好在 933	薅 1198	鸡一窝儿 87
好好儿的 85	嚎丧 708	黑早 370、710
好好歹歹 85	he	黑灯下火 710
好好学习，天天向上	合 495	黑间半夜 591
1198	合了盖儿 86、369	黑咕咙 591
好死不如癞活 708	合不着 369、933	黑杵 710
好劲 368、933	合作社 934	黑狗子 1200
好吧歹吧 708	合折儿 87	黑着 1200
好些个 368	合该 495	黑翠儿 87
好话好说 933	合着 1199	黑糖 710
好孩子核儿 368	合漏 86	hen
好看 85	合辙 709	含着 1200
好看儿 86	何至于 87、934	恨不得 1201
好看么倒是 1199	和工农相结合 1199	狠 1201
好说好散 709	和平演变 1199	heng
好家伙 495、708、933	河落海干 86	哼儿哈儿的 711
好家伙、好的 933	盒子 87	哼唧 711
好容易 369	盒子菜 369	混着 88
好像你多革命似的	喝 370、495、709、	横 370、371、495
1199	878、934	横反 591
好嘛 931	喝了蜜 370	横打鼻梁 496、711
好鞋不沾臭狗屎 369	喝过去了 86	横劲 88
好鞋不踩臭狗屎 709	豁亮 934	横拦着竖挡着 935

横虎子	712	子	89	胡掳	91
横是	711、935	猴儿拿虱子,瞎掰 935		胡掳忙乱	91
横竖	88、371	齁	1202	胡搅	1203
横绝	88	**hu**		胡塞	713
横草不动,竖草不拿		互帮互学	1203	胡撸	1203
	711	互相吹捧	1203	湖广会馆	592
hong		互相揭发	1204	唬得一愣一愣的	713
红彤彤	1201	划搂	713	葫芦提	91
红纸二房	89	护身皮儿	372	糊里巴涂	496
红花碗	591	护犊子	372、714	糊涂蛮缠骚搅	91
红姑娘儿	89	呼	1202	**hua**	
红黄带子	371	呼吓	712	划拉	92、93
红旗、横幅标语	1201	呼吸气儿	712	花牛、招子	715
红箍	1201	和	1202	花瓜	714
红瓤白薯	935	忽伯拉	372	花瓜似的	1204
忽悠	592	忽悠	592	花生米	936
忽悠忽悠	592	忽悠忽悠	592	花式	1205
胡同	592	拂落	90	花舌哨马	1205
hou		虎皮石下剪	92	花活儿	1205
后手	90、371	虎拉车	713	花说柳说	372
后半天	90、712	胡、混	371	花哨	592、936
后半天儿	371	胡大	1202	花狸狐哨	714
后成	496	胡反	712	花插着	1204
后脑海	712	胡伯喇	878	花搭着	1204
后脖颈冒凉气	1202	胡打胡有理	1203	花棵	714
后脚儿	89	胡吃海塞	372	花棵儿	92
厚实人儿	90	胡同 592、372、936、		花蝴蝶	1204
厚道	935		1203	花糕	92、714
候一候儿	90	胡同串子	1203	画了来了	94
候啦	936	胡吹乱嗙	712	话白儿	93
猴	1202	胡闹八光	713	话匣子	373、715
猴儿拉稀——坏了肠		胡逛八扯	713	话岔儿	93

话把儿	1205	黄净子脸人	95	hun	
话拉拉儿	93	黄啦	373	昏头打脑	717
话挤话	93	黄雀儿的母子，很算		浑头浑脑	96
话靶	93	不了麻儿	373	浑实着的哪	96
哗啦	714	黄鼠狼专咬病鸭子		荤	1208
擗拉	92		1206	混	374、593
huai		慌神	94	混出个人样儿	1208
坏了醋了	94	慌着忙着	95、592	混出来了	1208
坏水儿	1205	幌儿	1206	混吃等死	1208
坏嘎嘎	715	幌摇	936	混作	96
怀	715	hui		混抖搂酸	97
怀着对帝国主义的刻		汇报、找组织	1207	混进了××队伍	1209
骨仇恨	1205	汇报思想	1207	混饭吃	1208
huan		会	96	混淆两种不同性质矛	
欢炽	715	会子	374、717、878	盾	1209
欢迸乱跳	94	会说话	1208	混混	375
欢歌笑语绕着彩云飞		会馆	717	混混儿	496、1208
	1206	回……的话	716	huo	
换季	94	回见	716、1207	火车、汽笛	496
换帖	373	回头	374、717、1207、	火判儿	879
换换	373		937	火纸捻儿比号筒——	
缓醒	936	回头见	593	你差的粗呢	375
唤头	878	回来	95、96、593、	火势	98
huang			936	火着心	937
晃	1206	回事	374、717	火镰	878
谎皮流儿	374	回话儿	716	火镰儿	98
谎言重复千遍就是事		回城	1207	活	97、937
实	1207	灰不噜	716	活人妻	937
谎速	716	灰咕嘟	592	活儿	375、593、1210
黄了	1206	灰咕喋嘟	592	活王八	718
黄皮寡瘦	1206	毁我	1207	活计	718、937
黄净子脸	716			活动着	717

活局子 375	机灵鬼 1212	唧唧咕咕 1212
活到老学到老 1209	机械 497	积伶 99
活学活用 1210	极左分子 1213	积极 1211
活宝 1209	鸡 1210	积极分子 1211
活活一个 1209	鸡一句，鸭一句 1213	脊梁背儿 594
活络 1209	鸡一嘴，鸭一嘴 719	脊梁盖儿 594
活眼活现 98	鸡一嘴鸭一嘴 376	基层组织建设 1211
活脱 1210	鸡子 719	就根儿 720
活脱儿 97	鸡子儿 99、719	戟刺 718
活腻了 375	鸡巴 1210	犄里旮旯 937
活跳跳 97	鸡毛蒜皮 937	集体主义精神 1213
活劈了 1209	鸡头 719	激 718
祸害 1210	鸡头鱼刺 376	激烈的思想斗争 1212
祸害星 718	鸡皮疙瘩 99	**jia**
	鸡屎拌面——假卤（鲁） 1212	加盐儿 939
J 部	鸡屎派 376	加塞儿 1215
ji	鸡插 1211	价值 497
几儿 377、720、938	急扯白脸 719、1213	价值观 1216
几儿个 720、938	急猴猴的 1213	夹 720
几几乎没把 376	挤 719	夹七夹八 879
几口子 376	挤对 376	夹枪带棒 1215
几呀 99	挤巧 497	夹脚 377
几家人家 家家 99	挤住 100	夹缠 721
计划生育 1214	挤兑 594、1214、938	架不住 721、939
记性有多好 720	挤兑活人 1214	架式 1216
饥荒 98、719、879、1211	挤咕 594	架弄 378
吉祥 938	挤趴下 938	家去 721
吉祥话儿 938	挤热羊 594	家伙 100、377、720、939
机会主义者 1211	挤箍 594	家伙铺 721
机灵 593、1212	唧鸟猴 1214	家吃 1214
机灵劲儿 1212	唧咕 497、718	家访 1214

家雀	721、1215
家雀变的	1215
假局子	100
假招子	378、1216
假活儿	1215
假着子	378
假棵子	377
假摸山道	1216
假模三道	1215

jian

…见儿的	101
见个真章儿	101
见小	378
见不得	101
见天	378、1217
见过阵式	722
见荣誉就让，见困难就上	1217
见着松人压不住火	1218
见新	939
夹菜	1216
尖站	100
拣穷	100
拣到篮里就当菜	1217
拣直	1217
肩膀一边齐	722
肩膀齐为兄弟	721
捡直	1217
捡煤核儿	722
剪直	101
检讨	1216
检讨的深刻程度，对错误的认识程度	1217
检场	939
检举信	1216
渐渐儿的	101
简直的	378

jiang

江姐	1218
江湖坎儿	379
讲用	1218
讲究	102、379、723、879、939、1218
讲究（讲儿）	103
将	102、379、722
将一比十	723
将将	722
将然	102
浆子	939
强嘴	103
掌子	723
僵不吃	722
僵棒儿	379
蹡蹡	102

jiao

叫了来	105
叫人可疼	106
叫儿	106
叫份儿	1219
叫字号	725
叫劲	595
叫劲儿	1219
叫我干吗，我干吗	940
叫条子	725
叫真儿	595
叫起儿	105、498
叫您说的	1219
叫短了	105
叫横	380、595
交代	103、1218
交过我	379
交差	723
交派	497
娇娜娜	103
浇头	1220
浇裹	104
觉悟	724
胶皮团	723
轿车	724
较正	104
较劲	1219
较真儿	1220
教	724
教育从娃娃抓起	1220
教养	1220
教唆犯	1220
教案	879
矫情	498
脚丫子	1219
脚打脑勺子	497
脚行	724
脚鸭儿朝天	595
搅	104
搅局	105
搅屎棍子	1219

缴了几线	105	
嚼	1219	
嚼牙	104	
嚼争	594	
嚼谷	724、939	
嚼嚼吃了	724	

jie

从今日起	107
从心根儿上	595
且	381
且这儿	381
价别	1223
阶级斗争	1221
阶级观点	1221
阶级敌人	1221
阶级感情	1221
芥末蹲儿	596
间壁	1223
际	498
结了	106、595、725、879
结啦	381、498、941
借光	107、498、596、941
借你俩胆儿	1223
借着……的光	941
起根发脚	106
接下茬儿	1222
接不住	380
接骨眼儿	725
接着	380
揭发、控诉，上挂下勾内引外连贴标语造谣言	1221
揭过去啦	380
揭咯吱儿	940
街灯	940
街坊	940
街房	380、725
街面儿上	380
街面上的朋友	940
街道厂	1220
隔着教	879
隔壁	726
隔壁儿	381
解	1222
解和	106、498
解放、粮票	1222
解放区、没有压迫，没有剥削	1222
解放区的天	1222
解剖	595

jin

今儿	1223
今儿个	381、941
今儿个就是今儿个了	596
今个	726
今天就是今天了	726
今日	107
尽（侭）	107
劲儿	108、727、942
劲儿味儿的	727
劲啦味拉	942
进去	727
进来喝口茶	727
进步	1223
进身	727
进点儿贡溮点儿水	382
金刚	726
金钱诱惑	1223
紧	726
紧毛	381
紧自	726、941
紧赶	941
竟指着一棵树	382
筋节	107

jing

京片子	1224
京报、报房	108
京油子	596
净	727
净业湖	596
净街	728
经久不息的掌声	1224
经风雨见世面	1223
经过残酷斗争考验的	1224
经济犯罪分子	1224
精气命脉神	108
精神文明	1225
精神贵族	1224
精神面貌	1225
精神原子弹	1225
静静的	108

jiu		
久在街面上混	942	
……就不是你了	499	
九城	880	
旧社会	1227	
旧社会把人变成鬼，新社会把鬼变成人		1227
旧的传统观念	1226	
旧秩序	1228	
究根儿	728	
究竟	109	
酒是酒，菜是菜	728	
救死扶伤的革命人道主义		1227
救命稻草	1226	
就中	109	
就手儿	729	
就让……也不能	109	
就地摆摊	1226	
就有向灯的，就有向火的		382
就那么一说	1226	
就那么回事	1226	
就势儿	729	
就坡下驴	1227	
就是了	729	
就是这么着了	382	
就热打铁	729	
就着	109	
就棍打腿	382、728	
就算交代了	1227	

揪	1225
揪心	728、1225
揪心扒肝	728
揪着自个鸡巴往半空中跳	1225
舅母	109

ju	
局面	110
具体情况	1228
据	499
锯	597
锯了嘴的葫芦——两片儿瓢	110
锯磨人	729
聚齐	1228
踽踽	1228

juan	
卷	729
捐	729
圈	942
圈起去	942

jue	
决撒	110
角儿	943、1229
绝户主意	730
绝对真理	597
觉乎着	383、730、942
觉悟	943、1228
撅	942
撅了	730

jun	
军上衣、懒汉鞋	1229

军民共建	1229
军蜜	1229
俊	110

K 部

ka	
刮揸	730
揩油	943
磕碜	943

kai	
开	730、1229
开了腿	383
开下去	383
开门炮儿	111
开开	730
开火儿	943
开言吐语	499
开放	1230
开放的社会主义国家	1230
开展……运动	1230
开锅儿烂	383
开嗙	499
开锣	944

kan	
坎儿	1232
坎肩儿	384
侃	1231
侃爷	1232
看	111、944
看人下菜碟儿	1232
看人不能看表面	1232

看个牌儿	111	ke		用	1235
看不真	731	口划	113	客观世界、客观标准	1235
看瓜	1231	可	1234		1235
看电视	944	可了儿	385	客观原因	1235
看在我面上	731	可了不的了	114	砢碜	112、113
看过眼去	499	可了不得了	114	颏拉嗉	384
看问题总是从自我出发	1232	可人疼、招人烦	1235	嗑儿	1234
		可不	1234、945	磕	1233
看坟的打抽丰	111	可不可惜	113	磕出脑浆子来	1234
看报学习	1232	可不是	597、732	磕头碰脸的	944
看态度	1232	可不是吗	385	磕死	1234
看哈哈笑	731	可不是……来着么	115	磕报丧头	732
看看	111、112	可心	1235	磕泥饽饽	732
看看的	112	可气	733	磕膝	732
看香	731	可以的	385、732	磕膝盖	112、732
看家	383	可可儿的	114	ken	
看破着	112	可巧	385、945	肯切	499
砍	1231	可劲儿造	1235	啃	733、1236
砍大山	1231	可钉可铆	1234	掯子	116
砍头疮	384	可怜不大见儿的	115	keng	
尥儿	384	可怜见儿的	115	坑	116
kang		可是这话	115	坑崩拐骗	386
扛大个	1233	可是说的	115	kong	
扛大个儿	944	可说的是呢	945	空口说白话	386
扛不住	1233	可惜了的	116	空心酒	733
扛起来	384	可桶儿	114	空手抓饼	733
抗议	1233	可着	385、733	空手套白狼	1236
抗着	1233	克	385、880	空落落	116
kao		克扣	384	恐怖	1236
考验	1333	克食	113	kou	
靠	944	克膝盖儿	112	口	117
靠常	731	客观上起了……的作		口儿	387

1553

口子	386	侉、怯	118	**L 部**	
口外	734	侉一声爪一声	118	la	
口舌	500	刮擦	117	拉了走啦	389
口直心快	386	胯骨上的远亲	735	拉口子	1239
口敞、耍嘴皮子	500	胯骨上的亲戚	880	拉口子要见血	120
口蘑	734、945	跨车沿	387	拉不出屎来怨茅房	946
扣	117	跨车沿儿	880	拉不断扯不断	736、946
扣儿	117、945	kuai		拉手儿	119
扣子	387	块儿	1237	拉边套	1239
抠门	1237	快出去吧你	1237	拉舌头扯簸箕	736
抠门儿	945	快当	387	拉岔	120
抠钱	733	快快的	118	拉扯	119、500、736
抠搜	116、734	快啦	387	拉官司纤	389
抠鼻缩眼	1236	快着	735、945	拉官纤	388
ku		快着点	946	拉拉	737
库兵	387、735	kuan		拉青屎的根儿	119
库图圾	117	宽大处理	1237	拉差（错）	119
苦子	735	宽严大会	1237	拉帮结派煽风点火	1239
苦子、乐子	500	款儿	118	拉荡儿	389
苦水井	734	款式	735、736、1238	拉骆驼	880
苦主儿	1237	款爷	1238	拉骆驼的	736
苦哈哈	1237	kuang		拉倒	119、736、946
苦情	387	狂	1238	拉晚儿	737
苦腻	734	kui		拉翅儿	388
哭天喊地	734	岿然不动、山下旌旗在望	1238	拉胳膊扯腿的	388
哭主	734	奎第老的	388	拉着何仙姑叫舅母	597
哭得红眼妈似的	597	kuo		拉着扯着	946
哭着喊着	1237	拷	1238	啦	389
裤裆里拉胡琴——扯蛋	1237	阔小姐开窗子……不为钱	1239	喇	1240
kua					
夸兰达	500				

喇喇忽忽	947	啷当	738	老仙爷	392
落	120	lao		老外	1245
落下	120	老	392、881、1242	老头儿	501、598、1245
落不下	737	老一辈无产阶级革命家	1245	老多	740
落后	737	老了不打卖馄饨的	124	老妈子	741
落场	500	老了老了的	741	老妈妈论	741
辣蒿蒿	737	老人家	125	老妈妈例儿	501
lai		老儿子	741	老师	1244
来乂得	121	老八板儿	501、740、948	老爷	125
来不及	121	老丈杆子	1246	老爷儿们	950
来不来的	121	老三篇	1243	老爷儿俩	393、881
来劲	1240	老丫的	1245	老爷子	950
来劲儿	390	老久	1242	老爷们	1245
来岔儿	390	老叉杆	740	老爷们儿	1245
来的	737	老大	743	老米	881
来的邪	390	老大爷	740	老米嘴、梆儿头	739
来派	121、390、737	老女儿	948	老老不疼、舅舅不爱	392
lan		老山东儿	742	老老实实	122
乱葬岗子	121	老山前线英模团	1244	老老实实的	739
烂仔	1240	老不言语	123	老西儿	392
烂死岗子	738	老天爷饿不死瞎家雀	598	老豆腐	740
烂肉面	947	老天爷饿不死瞎家雀儿	949	老实八焦	598
烂响	390	老太太	392、598、742、1244	老实点	1244
蓝旗营房	947			老实着点	949
懒不唧的	738			老枪	1243
懒驴上磨屎尿多	121	老太太一辈子都是处女——抗日到底（等）	1244	老油条	1246
lang				老泡、顽主	1243
浪人	1240			老的儿	123
浪漫	738			老者	740
浪漫史	738	老太爷	742	老英国	598
狼吃狼,冷不防	390				
狼狈	390				

词条	页码
老虎屁股摸不得	1242
老帮子	1243
老帮脆	1242
老祖儿	391
老哥哥	124、949
老娘儿们	598
老娘们	597
老娘们儿	1243
老娘们事	949
老娘娘	124
老家儿	124、501
老斋	393
老梆子	881、948
老圈地	125
老塔	123
老帽儿	1243
老棺材瓢子	1242
老道	123
老满儿	122、391
老嘹	949
老颠蒜	740
劳心淘神	739
劳动	739
劳动人民	1241
劳动人民的劳动成果	1241
劳动光荣	947
劳动成果	1241
劳动您哪	391
劳动教养	1241
劳你的驾	948
劳改农场	1241
劳驾	122、391、739、1242
劳驾、不劳驾	947
劳您驾	948
牢笼	122
姥姥	124、741、881、949、1243
姥姥不疼舅舅不爱	741
唠嗑儿	1246
捞稠的	391
捞稻草	1240
痨病腔子	739
落	125、1246
落了	742
落了价儿	950
落下	742
落子	393
落子、坤角	950
落子馆	950
落平	126
落场	125
落作	126
落埋怨	1246
落座	743
落座儿	742
落得起嘴	126
落着	599
落程	126
le	
乐儿	1246
乐子	743、951
乐他一觉	393
乐得	393、743
扐挦	126
lei	
来	127
来着	127
累	1247
累心	951
累恳	394、501
累赘	127
雷锋	1246
leng	
冷丁	1247
冷不丁	1247
冷脸	1247
愣	951、1247
愣头葱	951
愣里愣怔	127
愣眼瓜哒	599
愣磕磕	951
棱刺	743
棱棱	744
棱棱眼	744
棱缝	743
楞	394
楞入	127
楞头磕脑	744
楞眼巴睁	744
楞着	744
楞葱	744
楞磕磕	744
li	
力巴	128

力巴儿杓子	394	理想	1248	liang	
力笨	745	理解万岁	1247	两、俩个	395
历史地看问题	1249	瞭然	502	两天	130
历史问题	1249	lia		两只眼睛离鸡似的	396
历史唯物主义者	1249	两眼溜球着	599	两头儿麻	396
礼从何来	128	俩	129、745、1249	两地知根儿	130
礼到人不到	881	俩来的月	129	两便	395
礼到话不到	128	俩肩膀扛张嘴	129	两造	502、396
礼拜	599	俩眼黑大糊	952	亮	130
立马	1248	lian		亮钟	130
立场	1248	两把儿头	129、395	两下子	1251
立场坚定	1248	连片子嘴	599	两个	746
劣把	129	连红绿灯都是反着的		两个凡是	1251
劣把头	129		1249	两不找	600
两造	502	连拍带咬	395	两天	746
利落	951	连哈带喘	599	两报一刊	1251
利飕	745	连根儿烂	952	两面派	1251
里儿、面儿	745	连推带踹	130	两揝着	952
里儿表儿	128	连检查都不会写	1250	良民证	1251
里三层外三层	745	连窝头都混不上	952	亮儿	747
里头	394	连嚼带糊	746	亮飕	747
里面	128	练	1250	凉渗渗	600
练把式的	882	练家子	746	凉棚	746
哩格愣	1247	练把式的	882	晾凉了	747
离见阎王爷就剩了一层纸儿了	127	炼油渣	1250	粮店	1250
		莲蓬篓儿	746	liao	
离休干部	1248	敛吧敛吧	395	了	396、397、747
离离光光	745	脸子	952	了了	130、130
理门、白莲教	882	脸像小帘子似的撂下来	600	了了事了罢咧	133
理会	394			了不了	131、397
理论	501	联防队员	1249	了不的了	131
理论修养	1248			了不得	952

了不得了	131	临完了	398	留点神	953
了不得啦	747	**ling**		留神	750、953
了手	131	另起炉灶	749	琉璃球儿	750
了成全	131	灵应	134、749	瞜	751
了局	132	灵魂深处私心一闪念		溜	750
了进去	397		1252	溜儿	1254
了事	397	领导	1252	溜边儿	398
了的了	132	领导批条	1252	溜冰	749
了啦	397	领导班子	1252	溜达	398
了得了	132	领杠	749	溜势的	134
了断	132	领家	953	溜肩膀儿，不吃劲儿	
了解思想	1251	领催	502		398
尥蹶子	748、1252	零七八碎儿	953	溜嗓子	600
料其	398	零吃	749	溜溜	749、750
聊	1252	零削	749	溜溜儿的	399
聊天	1252	零星	133	溜溜达达	398
撂下	748、952	**liu**		溜蒿子	502
撂地摊	748	六	1254	溜墙根儿	1253
撩	747	六扔多远	399	碌碡	134
瞭	747	六〇年	1254	遛弯儿	751
瞭然	502	六〇年饿跑的乡下佬		蹓、调	954
lie			1254	蹓跶	953
列宁帽	952	六哇	134	蹓蹓	954
列席、研究	502	六扇门儿	399	**long**	
劣蹶	133	刘英俊	1254	龙睛鱼	399
裂了锅	600	利嗖	601	拢共包圆	1254
lin		柳泉居、莲花白	600	笼共	399
论	748	流行歌曲	1253	**lou**	
论法	133	流氓团伙	1253	里	135
论堆儿	748	流窜	1253	搂	135
抡	133	留了朋友	134	搂	135、400、1254
临完	748、953	留声机、唱片子	750	搂住便宜就好	751

搂览	400	罗曼司	753	马家堡	504
搂钱	751	落儿	753	马恩列斯	1257
搂着	503	落花生	753	马钱	504
搂搂	400	**lun**		马桶	754
楼子	400、751	论儿	137	马蜂儿子	754
漏了兜	135	抡荤的	136	马褂	754
漏子	954、1255	抡圆了	601、1256	吗儿……吗儿	138
露了楦儿	954	抡圆里	136	妈妈	503
露怯	751、1255	**luo**		妈拉个臭的	954
露着	135	罗汉椅子	137	妈的	1257
露精细	601	撸	137	妈的狗日的	753
睩睩	1255	撸汗	137	抹骨牌、抢状元等	138
lu		逻辑	882	码	138
乱了营	401	落后	138	骂化了	955
乱烘	400	落后同学	1256	骂档子	754
卤虾油	752	落后群众	1256	骂街	755、1258
炉食饽饽	135、400	摞	137	娿	401
鲁	1255			麻	503
路子	752、1255	**M 部**		麻了花儿了	138
路子野	1256	**ma**		麻力	754
路线	752	（某）妈	601	麻爪儿	1257
路数	136	擤娿	401	麻犯	138
lü		马力	504	麻利，脆!	754
扒	136	马力脆	504	麻雷子、二踢脚	883
吕宋烟	601	马大哈，二百五	1257	瀎泧	753
驴脸子瓜搭	503	马子	139	**mai**	
驴脸瓜搭	752	马仔	1257	买了来	139
绿化祖国	1256	马兰	955	买大白菜	1258
luan		马甲	503、882	买好儿	755
乱了营	753	马克思主义	1258	买两块	955
乱打一锅粥	752	马虎	754、954	买卖	883
乱搞男女关系	1256	马是得	401	买卖儿	139

买卖地	883	
买卖地上的话	755	
买金的遇见了卖金的		
	755	
卖	1258	
卖什么吆喝什么	601	
卖吧卖吧	755	
卖块儿	1258	
卖盆的自寻的	139	
卖面子	755	
卖缺	401	
卖像儿	756	
卖膀子力气	955	
卖嚷儿	139	
卖嚷嚷	756	
慢慢儿的	139、401	
慢慢来	955	

man

曼娜回忆录	1259	
蛮	1258	
满世界	402、602、1259	
满汉饽饽、进贡细点		
	756	
满汉饽饽铺	756	
满有	955	
满身箭眼	504	
满到是处	140	
满拧	1259	
满服快了	140	
满话	140	
满宫满调	883	

满是……的劲儿	504	
满洲饽饽	883	
满破着	141	
满脑子资产阶级思想		
	1258	
满盘子满碗	402	
满脸花	756、956	
满道四处	140	
满满的	141	
满算着	141	
慢慢	1259	
慢慢的	756	
馒头、饽饽	402	
瞒怨	504	

mang

忙叨叨	141	
忙和	505	
忙活	1259	

mao

毛	402、757	
毛儿跟头	602	
毛毛腾腾	402	
毛主席他老人家	1261	
毛主席保证	1261	
毛咕	757	
毛泽东思想宣传队		
	1261	
毛选	1261	
毛病出在……根子还在……	1260	
毛蛋蛋子	142	
毛朝下	602	

毛腰	142	
卯笋儿	142	
矛盾	1260	
茅房	757、1260	
冒而咕咚	757、956	
冒坏	757	
冒冒的	142	
铆足了劲儿	956	
猫儿尿	956	
猫儿匿	1260	
猫儿溺	505	
猫尿	1259	
猫闹	141、142	
猫着腰	1261	
猫溺	142	
猫腻	1260	
帽	1262	
帽儿	1262	
帽子	1261	
摸不清	956	
摸不着	757	

mei

灭良心	958	
没了魂儿	957	
没上没下	403	
没个说话的	1263	
没大没小	1262	
没什么好果子	1263	
没对儿	143	
没皮没脸，没羞没臊		
	883	
没边没沿儿	1262	

没吃过猪肉也见过猪跑 1262	没得 402	门脸儿 404
没戏、有戏 1264	没您不圣明的 957	门插管儿 145
没有皮鞋我们穿草鞋 1265	没着没落 1265	们 404
没有迈不过去的坎儿 1264	没落儿 143	扪着 144
没有那们着的 403	没跑 1263	闷 144、1266
没有的事 602、957	没黑间带白日 505	闷过去 603
没有的话 144	没摸着 883	闷沌沌 144
没有嘴的葫芦 958	没溜儿 143	闷的荒 404
没有辙 958	没影儿的事 957	闷葫芦 146、505
没那们大功夫理他 403	没嘴葫芦 1265	闷弓 759
没你这样儿的 1263	没辙 958	闷在罐儿里 759
没劲 1263	没心没肺 758	闷得慌 759、1266
没听说过 957、1264	没有好人走的路 759	meng
没完 1264	没事一大堆 758	蒙着锅儿来 760
没把 143	没法办 757	猛孤丁 405、760
没男代女 403	没说的 758	猛不丁 958
没男没女 403	没落过后 758	蒙混过关 1266
没词儿 1262	没影儿 759	朦 404
没事 1264	美女蛇 1263	朦背啦 405
没事一大堆 144	美子、日子、港子 1265	mi
没事下蛆 1264	美颠颠地 1265	咪嘻咪嘻 760
没事吮事 1264	妹妹的 759	迷头 760
没治了 1265	煤黑子、摇煤球 758	迷迷怔怔 1266
没的 1262	煤核儿 956	迷离迷糊 603
没的事情 402	煤球儿 957	迷惘的一代 1267
没的说 956	嬷嬷爹嬷嬷妈 143	秘密 405
没结没完 602	men	眯瞙 146
没脏没玷儿 602	门（等） 144	眯 146
没起色 505、758	门子 958	眯一会儿 1266
	门里出身 147	蜜供 884
	门脉 404	miao
		藐视一切敌人 1267

索引

1561

mian		
勉强勉掖	506	
面子	146、603	
面不改色心不跳	1267	
棉袄改被窝——两头苦不过来	146	
mie		
篾片儿	760	
min		
抿	761	
抿耳受死	761	
民主党派	1268	
民兵	1267	
民愤	1268	
ming		
名片	1268	
明儿个	405、761	
明儿个见	761	
明儿见	761、959	
明天见	603、958	
明戏	1268	
明知山有虎偏向虎山行	1268	
明镜儿似的	147	
冥衣铺	603	
miu		
谬	506	
mie		
灭	1267	
mo		
末尾儿	148	
抹子脚	406	
抹不开脸	762	
抹头	148	
抹回头来	763	
抹稀泥	1268	
抹腻	604	
麻麻糊糊	604	
摸头把儿	147	
摸屁股哑手指头	761	
摸底	884	
摸摸脑袋算一个	761	
摩托自行车	604	
摩登	762	
磨不开	147、762	
磨牙	1268	
磨头	763	
磨兑	147	
磨豆腐	763	
磨烦	406、506、763、959	
磨蹭	762	
默诵语录	1269	
蘑菇	405、762	
魔它子	147	
mu		
木头眼镜儿——瞧不透你	506	
木梳	604	
毋佬佬	1269	
母亲只生了我的身书的光辉照我心	1269	

N 部

na		
那	1271	
那儿那么	149	
那儿呀（等）	149	
那儿说那儿了	506	
那不能	960	
那叫	1271	
那叫一个	1271	
那有准儿	407	
那没错	765	
那还能有错吗	960	
那里、那儿	407	
那里有这们着的呢	407	
那里这么巧事呢	149	
那是	605、765、1272	
那是呀	408	
纳闷	507、765、1271	
纳闷儿	150	
纳着气	765	
哪儿和哪儿	1271	
哪儿的	1270	
哪儿的话您哪	960	
哪儿凉快哪呆着去	1271	
哪儿跟哪儿呀	960	
哪么	1270	
哪有这么办的、这是怎会说的，真是	605	
哪有的事	605	
哪里有压迫，哪里就		

有反抗	1269	
哪说哪了	1271	
哪摸准儿去	765	
哪摸准儿去呢	959	
哪跟哪儿	1271	
拿	148、406、604、763	
拿了走	764	
拿人	764	
拿下来	1270	
拿大顶	604	
拿不出手	764	
拿手	148	
拿约会	764	
拿自己不当外人	1270	
拿住	765	
拿面子局	959	
拿捏	406、764	
拿秧子	407	
拿起腿来走啦	959	
拿堂	1270	
拿着劲儿	1270	
拿着时候	764	
拿腿	604	
拿糖作醋	148	

nai
乃一时、乃时	507	
奶奶	151、408、507、884	
奶妈子	605	
奶膀子	151	
那门子	150	

耐心法儿	766	
耐着烦儿	151	

nan
男不拜月，女不祭灶		884
男同志、女同志	1272	
难道……来着不成	152	

nang
攮	408	
囔鼻	766	

nao
闹	151、152、408、409、766、1272	
闹了归齐	767	
闹个	766	
闹口舌	507	
闹手	409	
闹头	410	
闹生分	507	
闹吵子	409	
闹闲排儿	507	
闹丧	409、767	
闹刺儿	766	
闹油	767	
闹狗油	767	
闹的慌	409	
闹闹吵吵	152	
闹哄	766、767	
闹革命	1272	
闹得慌	152、766、1272	
闹情绪	961	

闹接收	960	
闹慌	767	
闹瞎事	410	
恼撞	507	
挠头	408	
脑油	410	
脑浆子	1272	
脑袋瓜儿	1272	

nei
内部掌握	1273	
内掌柜	961	
内款器皿、内造精细糕点		154
那	154	
那一个	154	
那一头	153	
那个	153、768、961	
那个事	411	
那口子	961	
那什么	768、1273	
那天	153	
那天天也是这么黑		1273
那会儿	410	
那在	411	
那孙子也够孙子的		1273
那当儿	411	
那把子东西	605	
那拨子	768	
那葫芦里的药	410	
那溜儿	768	

哪门子	768	
哪庙的和尚	1273	

nen

那么	154
那么回事	769
那么着	155
那们	154、411
那们我	411
那回事	769
那里	155
哪么	1274
嫩绰绰	154

neng

弄趴下	961
能为、能耐	411
能事	769
脓包	769

ni

你丫	1275
你丫牛×什么	1275
你丫那×	1275
你丫这操行	1275
你大爷	1274
你小子	961、1274
你老	155、769
你老人家	961
你讲话	1274
你我他三	412
你的	770
你姥姥	606
你给我	155
你起	155

你减三十——二百二	1274
你就说	962
你算干嘛地的	1274
你算干嘛的	1274
我他妈、你他妈、真他妈	1275
泥人也有个土性儿	769
逆事	412、508
匿	1276
腻	412、1276
腻味	1276
腻抹	155
腻歪	1276

nian

年下	770
年兄	156
年时个	156
念信儿	156
念想	1277
捻子	412
捻捻转儿	606
粘赘	770
鲇溜	770
蔫人出豹子	1276
蔫有准儿	1276
蔫坏	1276
蔫狗咬人	1276
撵了走	770
鲇出溜	606

niang

娘儿们	157、508、962、1277
娘们	606、770
娘们儿	1277
您不说话，也没人把您当哑巴卖了	962
您坐吧	963
您坐着、您慢走	964
您哪	962、963
您说	963
您赏脸	963

niao

鸟	1277
鸟人	1277
鸟枪换炮	157
尿	1277
尿盆子扣脑袋上	1278
尿窝儿	771
尿遁	413

nie

捏着鼻子	413
孽障	157

nin

您	771
您孙子孙女儿们	413
您忙您的	1278
您老	1278
您坐着	772
您还没歇着哪	771
您的	771
您哪	508、771

您请您的	413	奴才亲戚混巴高枝儿	159	**pai**	
您猜怎么着	508	努	414	拍	415、1280
您就请好吧	1278			拍巴掌	964
ning		**nü**		拍网子	415
拧	413、414	女生外向	159	拍老腔	964
拧了杓子	508	女光棍	773	拍花了	1280
拧咕	772	女权会	607	拍花的	415
拧股	772	女孩儿	159	拍闷啦	415
拧葱	606	女界	606	派儿	773
niu		**nuan**		排大侄儿	160
牛	1279	暖洞子	884	排训	509
牛×	1279	暖壶	964	排老腔儿	415
牛心	158			排揎	160
牛脖子	772	**nuo**		**pan**	
牛逼	1279	挪动	1280	判儿	773
牛逼蛋侃	1279	搦	159	叛徒、内奸	1281
牛蜂	772			盘儿	160
宁啜茶根儿，不饮白水	1278	**O 部**		盘儿靓	1281
妞儿	1279	**ou**		攀道	1281
妞妞	158、1279、964	怄腻	160	**pang**	
扭	158	沤	1280	镑	161
扭咕	772	欧战	607	镑张	161
扭秧歌	964	殴气	414	耪大地	964
拧了	1278	藕荷色	607	**pao**	
钮儿	414	**P 部**		屁	1282
nong		**pa**		屁颠屁颠的	1282
弄上来了	158	pp 机	1280	屁颠颠地	1282
弄出你尿来	1279	扒搂	773	批判	1282
弄荽了	1279	怕不带去了	160	批评	1282
nu		怕怕儿的	414	泡	1281
奴才	158	怕是	414	泡乏了	773
				泡着	966

泡蘑菇	965	劈面	774	平地掘饼	607
炮台、哈德门	965	劈面三刀	884	平等	509
炮局	1281	霹雷立闪	416	平鼓注爹	164
培养革命后代	1282	**pian**		评话	164
赔本赚吆喝、狗咬尿		片	163	**po**	
泡空欢喜	1282	偏	416、775	坡脚	776
跑	1281	偏了	162	泼脚	164
跑马	1281	偏向	966	破	608、967
跑马占地	965	偏劳	775	破出	776
跑外	773	骗马	163	破衣拉撒	776
跑海走黑道儿	161	**piao**		破坏原则	1283
跑堂儿的	607	票友儿	885	破尿盆——端起来了	
跑嚓	965	漂亮	967		1284
爆竹筒子	965	漂亮手儿	967	破闷	509
沛	161	飘	1283	破货	776
pei		飘轻飘轻的	775	破种地的乡下脑壳	776
陪送	161	瓢把子	775	破鞋	1284
赔不是	966	瓢泼瓦灌	966	破鞋，甭提啦	967
pen		**pie**		婆婆慢慢	776
盆儿朝天碗儿朝地	774	瞥瞥	163	**pu**	
peng		撇闲盘儿	775	扑	1284
捧戏子	774	撇酥	163	扑郎	777
捧臭脚	415	**pin**		扑落	1284
碰在痒痒筋上	774	贫	163、607、1283	扑满	777
pi		贫嘴	1283	扑腾	1284
皮	774	贫嘴恶舌	775	普罗	777
皮子	162	**ping**		铺户	777
皮松肉紧	162	比	775	铺设贴落	164
皮赖歪派	162	平	416	铺垫	416
皮磕儿	161	平反昭雪	1283	蒲包	777
屁	966	平则门	608	蒲包子	164
批评	966	平地抠饼	967	蒲篓	777

谱儿	777	起火	968	前脸	608
		起打	416	钱狠子	780
Q 部		起会、请会	779	钱穿在肋条骨上	780
qi		起早	165	钱粮	167、418
七开八得	778、968	起色	509、779	钱粮包儿	418
七百五十个	967	起来	166	钱粮头儿上	418
七姑姑八老姨	778	起哄	968	签子	418
七盘八碗	779	起病	417	qiang	
气儿长	780	起猛了	779	呛着	781
气儿啦	418	起腻	417、1285	戗	1287
气个倒仰	968	欺	778	戗行	1287
气功	1285	欺负我	509	戗着	781
气功大师	1286	喊	968	枪杆子	1286
气死抬杠的，不让车		旗人	968	强有力的战斗集体	
豁子	417	旗兵、白丁	885		1287
气运	167	旗袍、两把头、旗髻、		强努	1286
气焰极为嚣张	1286	请蹲安	885	腔子	167
气横横的	779	qia		qiao	
去	166、968	掐	1286	巧当儿	419
去罢	166	qian		巧的儿	168
企扈	778	千十来	608	侨眷	1287
曲里拐弯	1285	千头百子	167	俏	781
齐下虎牢关	165	千秋大业	1286	俏皮	609、781
齐不齐，一把泥	608	千秋功罪任人评说		俏式	782
齐全	779		1286	俏事	419
齐全人	165	欠打	780	悄默声儿的	168
齐活	1285	迁都	780	敲人	781
齐整	165	前儿	167	敲打	167、781
起	165、166、416	前三门	167、419	敲着撩着	781、969
起了黑票	417	前三抢儿	419	撬猪	168
起子	1285	前后脚	780	瞧	419
起开	1285	前者	608	瞧好儿吧	1287

1567

瞧你那操行 1287	青颗愣 1288	取 171
瞧你能的 1287	亲家 171	秋后算账 1289
瞧我了 509	轻于鸿毛 1288	球球蛋蛋 171
瞧我给你告诉不给你告诉 168	轻重过节儿 170	qu
	轻装前进 1288	去 422
qie	请了一路安 420	去机场欢迎贵宾 1290
切糕 782	请示 969	曲艺 886
且 169、420、1288	请安 420、969	取灯儿 172
伽南香 420	请单腿儿安 171	屈心 422、609、784
怯 169	请罗圈儿安 421	屈戍 172
怯头怯脑 782	请请儿 421	蛐蛐罐子 886
怯场 1288	请着 421	漆抹乌黑 609
怯货 782	请罪 1289	漆黑 172、783
怯排场 169	情儿 1289	quan
客 169	擎好 1289	全口人 886
客（怯）木匠——一锯（句） 782	擎现成 170	全心全意为××服务 1291
	qiong	
qin	穷 1289	全无敌 1291
亲香 170	穷汉子吃药，富汉子还钱 421	全头全尾 970
亲戚礼道 169		全可 172
亲眼得见 969	穷忙 970	全民皆兵 1291
勤行 170	穷忙一锅粥 609	全场响起暴风雨般的掌声 1290
勤俭 783	穷欢乐 1289	
勤紧 783	穷逛 969	全国文明日、载歌载舞。文明专业户 1290
勤谨 170	穷混 969	
	穷聊 1289	全活儿 1290
qing	穷酸 609	全活儿人 1291
青皮、耍青皮 420	穷嚼 783	全须全尾 784
青字儿 420	qiu	全盘西化 1291
青年会 783	囚攮的 171	权威 1291
青春之歌 1288	求爷爷告奶奶 421、783	圈 173
青筋蹦跳 783		圈子 1290
青腿牙疳 170		

圈弄 784	绕世界 784	人权 1296
que	绕在里边 785	人阵 787
缺心眼儿 970	绕绕得慌 971	人妖不分 1297
缺底 422	绕搭 785	人性 510
缺德 1292	饶这么样 785	人家 175、423、786、1294、971
qun	饶是……还是 173	
群众 1292	饶着 785	人家×家 786
群众中蕴藏着巨大的热情 1293	**re**	人家儿 175、510、971
	热手巾把 785	人家老先生 1294
群众的创造力是无限的 1292	热汤儿面 174	人家给了去 423
	热汤面 971	人道 510
群众的眼睛是贼亮的 1292	热度 785	人道主义 510
	热热闹闹 174	人模狗样 971、1296
	热窝 174	人精 1295
R 部	热厮呼喇 174	人影壁 786
ran	**ren**	仁义 786
然也没然 422	人 786、1294	认头 787
rang	人人过关 1296	认识人 1297
让 173、510	人不学习要落后 1294	认识问题 1297
让了让 970	人五人六 1296	认识你们是谁呀 1297
让人铆了 1293	人头儿 971	认栽 1297
让生活充满阳光 1293	人民万岁 1295	任话没说 424
让列宁同志先走 1293	人民内部矛盾 1295	任怎么个儿没怎么个儿 175
让你爸甩墙上了 1293	人民民主专政 1295	
让你说着了 1293	人民生活水平提高了 1295	任麽也没还出来 424
让我 422		任落子没有 424
嚷了这半天 173	人民的哺育，组织上的关心 1295	任嘛 1297
攘 784		忍 423、787
rao	人民战争 1296	忍一忍儿 423
绕脖子 970	人生能得几回搏 1296	忍吨儿 787
绕不过花儿来 785	人多力量大，敢叫日月换新天 1294	忍着 609
绕手 174		

ri		
呗喇	175	
日	1298	
日头旸儿、三星儿	176	
日平西	176	
日崩	971	
rou		
肉包子打狗，一去不回头	787	
肉头	1298	
肉燎	176	
揉搓熟了	609	
ru		
入了辙	787	
入党提干	1298	
如在	176	
如其	510	
rua		
欻	177	
ruan		
软白子	424	
软须子	511	
r		
也似价	177	
也价	177	

S 部

sa		
仨瓜俩枣	787	
仨钱儿油俩钱儿醋	972	
发癔症	1298	
洒	1299	
洒熏香	425	
洒蜜	1299	
飒	1299	
撒了	425	
撒丫子	1298	
撒土攘烟儿	788	
撒大躺线儿	178	
撒开了	178、424、511、972	
撒开往饱了	425	
撒无赖	788	
撒合	178	
撒欢	788	
撒欢儿	1298	
撒和	178	
撒鸭子	178	
sai		
赛雪期霜	179	
san		
三中全会	1300	
三天半	972	
三毛七孔	179	
三四该着	179	
三头五百	179	
三头五块的	788、972	
三好学生	1299	
三孙子	1299	
三爷	789	
三河县的老妈子	886	
三轮	972	
三青子	425	
三星	887	
三点钟	972	
三种人、纪律委员会、检举	1300	
三哥	788	
三家儿半、三节两寿	425	
三家村	788	
三座大山	1300	
三棵	1299	
散	425	
散了	789	
散闷	511	
散逛	973	
sang		
丧失原则	1300	
丧胆游魂	789	
嗓	789	
sao		
扫地出门	179	
扫听	790	
扫帚不到，灰尘不会自己跑掉	1301	
扫亮子	789	
扫黄	1300	
扫搭	789	
臊	1300、1301	
臊眉搭眼	1301	
臊脸礼儿	179	
se		
啬刻鬼	790	

sha					
傓	180	扇起来	1302	少管所	1304
杀腰	790	善扑营、库兵	973	朽朽颠颠	792
傻×	1301	煽动	1302	哨	1304、974
傻了	1301	煽惑	973	捎着撩着	610
傻冲打	180	shang		烧开水	791
傻拉光鸡	610	上	791、973	烧包	1304
傻波依	1301	上上	182、183、427	烧饭	1304
傻哥儿	180	上山下乡	1303	烧鸭子	610
傻啦	426	上头	511	烧菜	1304
傻帽	1302	上交	427	烧焰儿	183
傻逼、老帽	1301	上级机关	1303	she	
煞	180	上访	1303	舌头底下压死人	512
煞上	180	上岗儿	426	折	183
煞水	180	上来	1303	折、捞	1305
shai		上来了	182	折脖子	610
色	790	上纲上线	1303	社会上的种种错误思潮和不良影响	1305
色儿	1302	上房揭瓦	1303		
晒	1302	上板	1303	社会主义大道	1305
晒干儿	1302	上板子	791	社会主义中国	1306
晒得流油	973	上哪儿疯去啦	973	社会主义建设	1305
shan		上顺	183	社会主义家	610
山东二哥	790	上样	427	社会主义精神文明	1306
山东儿	426	上紧	182		
山叫	180	上赶着	426、791、973	社会责任感	1305
山响	181、610	上蹿下跳	1303	社会复杂	1305
山跳动	426	尚武的精神	511	舍不得	183
讪不搭	181	晌午	181、791	舍本儿	792
讪脸	790	晌午歪	182、426	舍哥儿	512
闪	181	shao		舍脸	792
闪下	181	少大爷	427	涉外、公关	1306
扇	1302	少少儿的	183	奢	1304
		少停	183	奢了一炮	1306

shei

词条	页码
谁……谁孙子	1306
谁……谁是孙子	792
谁叫您是××呢	974
谁呀	974
谁还敢……是怎么着	428
谁说不是呢	512
谁裤裆破了把你漏出来了	1306
谁跟谁	427

shen

词条	页码
什么东西	887
什么似的	793、1307
什么呀	1308
什么玩艺	793
什么的	611、1307、975
什么屎都拉，就是不拉人屎	793
什么揍的	1308
伸手	974
伸把手	1307
伸把手儿	974
身上痒痒	974
身子骨	975、1307
身子落在井里，耳朵还能挂得住	792
身里切近	512
身临切近	512
审查、反动	1308
甚么	428
甚么儿	185
甚么似的	185
神叨叨	1307
神头鬼脸	793、1308
神神气气	975
神偷一枝梅	428
神聊	1307
神谋魔道	184
神棍儿	184
神道	184
神像儿	428
神煞	184
神魔鬼道儿	611
深了不是，浅了不是	611
深儿里	513
深儿福头	512
深分	184
深刻	1307
渗	185
慎着	1309
瘆得慌	1308

sheng

词条	页码
升火	793
圣明	186、975
生生的	185
生活程度	611
生疼	185
生意口	975
眚榜	513

shi

词条	页码
……是孙子	976
x是x，y是y	795
十七的养了十八的、烧火的养了当家的	187
十二头儿	611
十八子儿	429
十个头儿的不弱……听说着呢	188
十分十沿儿	186
十头八块	794
什刹海	794
什样杂耍	796
世兄	795
世故	188
世界	514
史无前例	1311
圣明	1310
失闪	793
失照	429
市场调查	1311
生瓜蛋子	1309
生产搞上去，人口降下来	1309
生在红旗下，长在蜜罐里	1310
生命不息，战斗不止…	1309
生活作风	1309
生根发芽	1309
示众	1313
师老爷	428
师傅	1310
声讨、示威、游行队	

伍	1310	是……里的虫儿	795	哆嗦	1314
时气儿	429	是……的	429	手拿把掐	1314
时代	513	是……的劲儿	513	手绢儿	977
时兴	612	是……闹的	612	手够黑的	1314
时行	794	是了	795、976	手彩儿	430
时派	187	是了也就是了	514	手脚不识闲	796
时样	794	是了味	794	手镯	514
事儿×篓子	1313	是了就是了	430	守	191
事儿事儿的	1313	是人就	1312	守着钱粮儿过	191
事不有余	188	是不是	188、794	收了	976
事由儿	190、430、976	是什么鸟变的	1312	收汇	1313
事体	795	是什么揍的	795	收拾家伙	612
事故	513	是公是母掰开瞧瞧		收破烂的	1313
事迹	1312		1311	收锅	796
事款则圆	188	是可忍孰不可忍	1312	收摊儿	976
事缓则圆	430	是把手	612	受乏、道乏	191
使坏	1311	是这么个理儿	1312	受听	612、977
使唤	187、429、1311	是这么着	190	受治	1314
始末原由	187	是话不说	188	受窄	192
实业救国	975	是非观念模糊	1311	受累	431、977
实打实	186	是哪庙的	1312	受等	514、977
实事求是	1310	是虽如此	189	首长	1313
实诚	794、1310	是虽说是	190	瘦死的骆驼比马大	
实践	1310	是说是	189		977、1314
试吧试吧	976	是真的	430	瘦溜	977
试着步儿	796	shou		熟化	190
试着步儿来	190	手	191	熟张儿	1313
拾	186	手儿	796、977	熟脸儿	430
拾头撞脑	187	手巾	191	shu	
拾掇	186、513	手把灯	190	叔公	514
是	429	手里有活	191	叔叔	192
是……上的虫儿	189	手里拿着小旗，冲人		树立远大理想、人生	

目标、做革命事业的		耍猴的	1315	水米无交	193
可靠接班人	1314	耍熊	979	水货	1317
树熟儿	887	耍飘儿	797	水音儿	193、798
恕我眼拙	432	爽利	192、612、887、	水臌、噎膈	433
秫秸棍	796		193	税局子	194
秫稭库儿	431	shuai		睡在我们身边的美女	
梳头擦粉的老娘们	978	帅	1316	蛇	1317
属狗的，打胜不打败		甩	1316	shun	
	431	甩闲话	979	顺	194、433
舒坦	978	率料子	432	顺口开河	888
数凤凰的，无宝不落		摔打	1315	顺口答音	798
	431	摔私跤	432、798	顺序	799
数唠	796	摔脸子	1315	顺治门	514
数落	431	摔跤	1315	顺竿儿爬	194
数数落落	431	shuan		顺茬儿	1317
shua		汕	192、193	顺斋	194
刷	432	涮	1316	shuo	
刷子	1315	涮羊肉	1316	说一声	981
刷夜	1314	shuang		说一是一，说二是二	
刷家伙洗碗	797、978	双关儿透	193		195
耍叉	797	双伴儿	193	说出油漆来	515
耍手艺	797	双身子	193	说句讨人嫌的话	980
耍无赖	979	双厚坪、恒永通	887	说句怎么的话	515
耍厉害的	978	爽性	798	说叨	799
耍老娘儿们脾气	978	爽得	433、612	说讪	1318
耍把权的	1315	shui		说则	195
耍刺儿	797、978	水	1316	说合	613
耍玩艺儿	798	水大漫不过鸭子去	979	说西山煤是白的，他	
耍货	192	水分	1316	不肯说是灰色的	195
耍贫嘴	979	水牛	798	说你呐小子	1318
耍俏	798	水牛儿	979	说你胖你就喘	1318
耍骨头	432、797	水平	1317	说岔了	433

说闲话儿	800	四清	1320	松头日脑	801、1321
说到家了	799	四牌楼	801	松货	1320
说和	980	四鬓刀裁	196	松样儿	1321
说的这块儿	433	死了的骆驼比驴大	801	松蔫坏	1321
说话儿	799、1317	死气白赖	801	送佛归殿	435
说话不留口德	980	死呆呆	613	悚	434
说话呀小子	194	死扯活掖	800	悚女人	434
说话的这功夫	434	死求白赖	196	悚疙瘩	434
说话搭理的	980	死啃	800、801	熊	1320
说话答礼儿的	799	死得过儿了	1319		su
说说话儿	980	死腻	801	苏式盒子	888
说得比唱得还好听	1317	死摽着	981	诉苦会	1321
		死磕	1319	俗啦	435
说惯了的嘴，跑惯了的腿	980	似披虮袄，如坐针毡	434	素长素往	515
		思想一贯反动	1319	素常	435
说教	1317	思想工作	1318		suan
说着玩儿的呢	613	思想斗争、思想防线	1318	蒜大的孩子	802
说章	800	思想问题的根子	1319	算底	802
说搭说搭	1317	思想肮脏	1318	算哪道玩艺儿	802
说道	613、799	思想政治工作	1319	算啦	802
说瞎话	800、981	思想倾向	1319	算算	435
说瞎话是小狗子	981	撕拉	800	酸梅汤	802
	si	撕捋	800、1318		sui
丝丝拉拉	196	撕掳	195、196	岁数了	803
四人帮	1320		sou	随大流	1321
四大××	1319	搜寻	197	随心草儿	888
四五六儿	196	搜根儿	196	随手儿	802
四化	1320	傻主意	1321	随溜儿	197
四爷	981	飕	802	随墙门	197
四围	434		song	碎	981
四张	1320			碎发	516
四间	434			碎烦	515

碎催	435、803、1322	塔灰	804	堂会	1324
碎嘴子	516、613	靸拉	199	堂客	438
sun		塌拉塌拉	804	搪	614、804
孙子	1322、981	搨	198	搪布、线披儿	804
孙子、孙泥	803	溻	198	搪住了	201
损	436、803	遢邋	199	搪灾	200
损点儿吧	1322	踏拉	982	膛音儿	805、983
suo		踱拉踱拉、踱拉	199	躺躺	982
所	436、516、614	**tai**		糖瓜、关东糖	888
所以的	614	太太	437	糖豆酸枣儿	805
索兴	198	太狮少狮	804	糖稀	805
索性	197	态度	1323	**tao**	
梭儿胡	888	态度问题	1323	讨人嫌	201、438
缩子老米——差着廒		抬亦不抬	517	讨交情	805
哪	516	抬杠	437、614、1323	讨虎脸	438
缩脖子	982	抬埋	804	讨换	805
缩脖坛子	613	胎里坏	614	逃台	1325
		泰山不下土	614	套头裹脑	201
T 部		**tan**		套汇	1325
ta		他	200、437	套瓷	1325
他	516	坛子胡同	1324	掏	1324
他二叔	199	坛根儿	982	掏心窝子	1325
他大妈	1322	坦白从宽抗拒从严		掏坏	805、1324
他吃	198		1324	淘	1325
他妈	1322	贪长	982	**te**	
他妈的	803、1323	谈恋爱也要向党组织		他打听打听,我们爷	
他妈的是你	982	汇报	1323	儿们是干甚么的	438
他老先生	436	弹在痒痒筋儿上	200	忒儿喽	202
她丫	1323	弹指一挥间	1324	忒楞楞	201
坦坦实实	517	**tang**		特	1325
跶拉	1322	挡寒	200	特务	1326
脱	200	荡	200、201、438	特别能战斗的光荣传	

统	1325	添乱	983、1327	铁腕	1328
teng		添堵	1326	**ting**	
疼的宝贝儿似的	202	添箱	203	听不过眼去	439
ti		甜甘	203、806	听见说	440
体己	806	腆着脸	1327、984	听头儿	205
体面	983	填还	204	听戏	440
剃头挑子	806	填馅	204	听信	440
提补	202	填箱	517	听响	1329
提起魂儿来	203	**tiao**		听差	615
提篮小卖（等）	1326	挑	204	听党的话，做毛主席	
踢级	202	挑三窝四	517	的好孩子	1328
踢里吐噜	1326	挑眼	439、807	听着摸不着	205
踢腾	1326	挑幌子	807	听喝	1329
蹄	806	调停	204	听墙根儿扒窗户	1329
蹄膀	806	笤帚疙疸	807	听蹭	1328
嚏吩	439	跳行	984	挺	440
嚏喷	203	跳咯噔儿	205	挺脱	985
tian		跳起脚儿来	984	停匀	808
天	203、439	跳着脚儿	807	**tong**	
天气	203、203	**tie**		同一阵营中射来的冷	
天主教、基督教、神父、		听蹭儿	984	箭	1329
牧师、忏悔	1327	贴靴	518	同志	1329
天好	806、983	贴靴并粘子	439	同喜	808
天津三不管	806	铁	205、807	同意、划圈儿	1329
天桥玩跤儿的	1327	铁杆庄稼	984	统	206
天然律	615	铁肩担道义	1328	捅漏子	1330、985
天牌压地牌	517	铁准	439	通	206
天塌砸众人	806	铁拳	1328	通天扯地	808、888
天源酱园	1327	铁瓷	1327	通红	206
天福号	1326	铁蚕豆	807	通精儿	205
恬着脸	1327	铁牌	1328	铜活	808
添火	806	铁筋洋灰	984	铜旋子	205

痛快的	808	
痛说家史	1330	
痛痛快快儿的	440	
痛痛快快的	808	
童子军	808	
筒子河	1330	

tou

头	615
头八百年	1330
头口	207
头可断，血可流	1330
头号	985
头把儿	206
头里	207、441、985
头里……后手	1331
头顶头的	809
头晌午	207
头啦	441
头脚……后脚	1330
头路角儿	809
头蹄下水	207
投	206
透底的	615
透亮	208、809、985
透亮杯儿	615
透透的	1331
透啦	441
透着	441、1331、985
透像儿	441
透鲜	208
偷油儿	808

tu

唿噜串儿	208
土平	616
土坷垃	1331
土城	809
土混混	810
土猴	810
土鳖	1331
吐口	208
吐噜	1331
秃眉红眼	615
秃眉烂眼	809
秃碴碴	809
兔儿爷	209、810
兔子	810
兔子养的	810
兔蛋	810
兔崽子	810、985
图贱买老牛	442
脱落	208

tuan

团弄	209
团和	209
团结得像一个人一样	1331

tui

忒	209、518、1332
忒好咧	209

tun

褪	209

tuo

托人弄枪	518
托儿	1332
托戏	811
托派分子	1332
托腔	811
托福	985
拖鞋	1332
脱岔露空	210
脱离组织	1332
脱落	810

W 部

wa

瓦片	811
挖防空洞	1332
挖单	210
挖思想根子	1333

wai

外手	616
外手里的内造人儿	211
外务	212
外外	211
外外姐姐	212
外汇券	1333
外边	210
外场	442
外场人	812、986
外场光棍	812
外场劲儿	812
外话	210、442
外带着	442、616
外家	986
外钱儿	616

外婆	812
外厨房里的灶王爷——独坐儿	210
歪不楞	210
歪毛淘气儿	812
歪风邪气	1333
歪脖子胡	811
歪脖横狼	811
歪愣	616

wan

万	889
万牲园	814
万恶的旧社会	1335
完了	212、442
完了着	212
完儿鹞鹰	443
完事	813
宛平县的县太爷	986
玩	1334
玩勺子去	1334
玩心跳	1335
玩艺	813
玩艺儿	443、616、813、814、1333、986
玩去	1334
玩玄	1335
玩完	814
玩命	1334
玩轮子	1334
玩票	814
玩剩下了	1335

玩剩下的、狗剩儿	1335
玩意儿	1334
弯转	212
晚上见	617
晚半天	814
顽固	518
腕儿	1335
豌豆黄、爱窝窝	813

wang

亡道	443
王八大缩头	815
王八拳	1336
王八羔子	1336
王八蛋	1336
王法	987
王道	1336
多数婚姻都没爱情呢——还	1336
忘死了	617
往人前一戳、拿得出手	1337
往回	213
望	213

wei

卫生衣	815
卫顾	214
为"四化"做贡献	1338
为一只鸽子	987
为了一个共同的目的走到一起来的	1338

为人民服务	1338
为什么人的问题	1338
为什么许的	518
为仇作对	987
未从	214
伟大领袖	1337
伟大领袖毛主席和他最亲密的战友们	1337
位置	214
违章建筑	1337
味儿事	443、518
威权	815
畏罪自杀	1338
偎	213
唯恐其	987
维新	617
喂不熟的白眼狼	1337
猥獕	213

wen

文学为工农兵服务	1339
文明月	1339
文明用语	1338
文武带打	987
文墨人	987
文墨人儿	215
问他问	215
问题	1339
抆泪	519
纹溜	815
温和	215
榅桲	815

稳风不动	214	我要是……我是个兔子	989	乌眼鸡	1342
wo				五十元	990
冱	216	我要是……我是小狗子	817	五四三	1344
我×了你×你信不信	1341	我说	818、988	五众儿	819
我一个人的大叔	817	我说……不是	988	五色	818
我们	216	我说什么……不是	519	五行八作	990
我们爷们儿什么没见过呀	1341	我说什么来着	816	五讲四美	1342
我买	1340	我说两句呵	1341	五鸡子六兽	818
我还告你	1340	我跟你急	1340	五供儿	217、990
我还真不信这个	1340	我操	1341	五哇	217
我弥陀佛	443	卧底	519	五迷三道	1344
我的	617	握手	519、989	五脊子六兽	818
我的……	988	窝	1339	五彩、颜色	989
我的请	816	窝心	215、444、816	五牌楼	819
我疯啦	988	窝心脚	216	勿谓言之不预	1344
我要……我不是人	1341	窝火	1339	无二鬼	520
我要……我不算是我妈妈养的	817	窝头翻个儿	1339	无风三尺土	889
		窝作	444	无可儿无不可儿	445
我要……我把×字儿倒过来	444	窝里发炮	216	无可不可	217
		窝着	216	无平不颇	217
我要……我是儿子	988	窝脖儿的	815	无产者失去的只是锁链,获得的却是整个世界	1342
我要……我是王八蛋	1341	窝窝头	617		
		窝窝头脑袋	816	无因白故	819
我要……我是孙子	1341	窝囊包	988	无私奉献艰苦奋斗情操高尚	1343
		群众给了我们多大的荣誉呵	1340		
我要不……才怪呢	816	**wu**		无私援助和兄弟般的友谊	1343
我要不……我不姓×	817	(机)机凳儿	445	无事忙	617
		乌秃	444	无所不可	819
我要不……我是个	444	乌拉盖儿鞋	445	无组织无纪律	1343
		乌啦	1342	无非是	445

无神论者 1343	细条条儿 220	下套 1345
无原则的一团和气	细针密缕 220	下得去 822
1343	细细儿的想想 220	下混水 520
无着无靠 618	细高挑儿 618	下溜子货 822
无赖子 818	洗三 219、889	吓人不喇的 221
伍的 990、1343	洗洗汕汕 219	吓死他，我信哪个
迕 218	唏嚕 219	1345
污涂 519	席头儿盖上，都有一	吓唬事 890
呜呐呜呐 217	个了 446	吓唬着我玩 991
杌子 218	席篾儿 220	辖 220
杌凳 217	稀稀落落 990	瞎 889
武大郎捉奸，有心无	歇里歇松 618	瞎、挺 1345
力 989	歇松 618	瞎扯 820、990
武斗 1344	歇歇松松 618	瞎事 446
武把子 818	锡茶壶 820	瞎虎事 820
武警 1342	锡镴 219	瞎炸烟 821
物质不灭 1344	**xia**	瞎耽误工夫 1345
物质文明 618	下 821	瞎情 520
屋里 216	下人 822	瞎混 820
捂了辫顶儿 445	下力 991	瞎掰 820、1345
握热 819	下三滥 520	瞎搅和 821
	下马面 221	瞎摸合眼 821
X 部	下巴颏儿 618	瞎摸海 520
xi	下半天 991	瞎嘈嘈 821
西北上好些树那里 218	下市 822	**xian**
西单 819	下地 991	仙鹤 1346
西单牌楼 819	下作 822、1346	仙鹤腿 447
西庙 889	下坛 822	先出犄角后出头 619
西啦 446	下宝是报的 446	先头里 447
西嘟哗嘟 820	下板子 821、991	先头啦 447
吸溜 1344	下狠手 991	先生 992
希不要紧 218	下面 221	先后脚儿 619、992

先胖不算胖，后胖压塌炕	1346	乡下脑颏	824	小小子儿	223
		响尺	824	小小不言的	1349
先烈们的血	1346	响晴	619	小不点儿	994
先偏	890	响晴白日	824	小心我跟你急	1350
闲在	521、992	响器	824	小毛头	1350
闲来	221	巷子	824	小车子不拉，推好了	620
闲盘儿	823	相儿	1347		
闲篇儿	823	相好的	447	小东西子	620
弦绷得太紧	1346	饷	824	小市	826
现	1347	香尺	522	小白菜	1348
现下	992	香头	447	小买卖	825
现大洋	992	香香的，热热的	993	小尽	224
现在世界上谁也不怕谁	1347	象什么话	993	小米儿	993
		像匣子	619	小米子	826
现而今	823、1347、992	想过滋味儿	222	小老妈	825
		想是……再不……	222	小妖精	827
现花	521	镶黄满	521	小妞	994、1350
显应	221	镶嵌体	1347	小妞子	994
显怀	221	xiao		小汽车	1350
显配	1346	小人儿	225、826、995	小建	224
显排	823	小人儿家	225	小性	522
显鼻子显眼	521	小力笨	994	小押儿	448
掀起一个学××赶××的热潮	1346	小力笨儿	1349	小油子	1351
		小丫头儿	995	小玩闹	1350
嫌疑人犯	521	小丫头子	225	小的溜的	1348
献勤儿	222	小丫头片子	827	小金鱼儿	826
鲜红的粉冻儿、面包糟子	619	小大姐儿裁裤衩——闲时置下忙时用	223	小孩子	224
				小将	1348
鲜伶伶	822	小子	225、226、827、995	小皇帝	1348
xiang				小胡同赶猪，直来直去	994
乡下老儿	823	小小子	223		
乡下脑壳	823	小小子、小妞儿	620	小娘们	826

小样儿 1350	血乎 1352	心里没病不怕冷年糕
小诸葛亮脱裤衩——	邪了性 1351	828
装明"灯儿" 1351	邪门 828	心里明镜似的 621、
小资产阶级情调 1351	邪行 448、828	1352
小铃铛、变形金刚	邪道 227	心里说 450、829
1349	些些 226	心里堵的荒 449
小康水平 1349	斜半签 227	心里就堵上个大疙瘩
小绺 448、825	斜岔儿 227	997
小脚侦缉队 1348	斜愣 621	心里就愁成了个大疙
小菜儿 1348	斜愣着 996、1352	瘩 996
小菜碟 826	斜签着坐 227	心里揪成了个大疙瘩
小蛋蛋子 224	谢步 449	996
小帽头儿 224	歇一歇儿 227	心说 1353
小痞子 1348	歇着吧 827	心疼 997
小傻子儿 223	歇歇 890、995	心理平衡 1352
小舅子 994	歇歇儿 226、448	心揪成一团儿 828
小鼓 993	歇歇腿 995	心程 828
小嘴儿叭哒叭哒小梆	蝎子爬 621	心路 829
子似的 620	鞋脚 227、828	寻 1353
孝敬、人心 995	xin	寻死 229
削坍了 1347	心工儿 449	寻声救苦 229
消炎片、玻璃袜子 993	心气 621	寻思 229、1353
消消的 223	心在嗓子眼里堵着呢	寻钱、告帮 450
消消停停 522、825	829	寻宿儿 229
消停 222、447、825、	心老在嗓子眼这溜儿	寻着 229
993	996	希希罕儿 228
消停消停 222	心灵美 1352	辛苦您哪 449
笑不唧的 827	心里扎得慌 997	信 230
笑的咯咯的 1351	心里打鼓 996	信仰 890
xie	心里永远装着别人唯	信仰共产主义、贯彻
写检查 1351	独没有他自己 1352	党的路线方针 1353
血丝糊拉 621	心里存着疙瘩 996	信着意儿 830

信意		830
新生事物		1353
新年下		228
新异		829
新色		229
新帐老帐一起算		1353
新政		450
新样儿		228
新新		829
新新儿的		228
新新的、高高的		997
新痰盂——端起来了		1353
新鲜		1353
新潮		1352
新鞋不踩臭狗屎		997
薪水		228

xing
兴		450
行动		230
行好行到了儿		450
姓×的没受过这个		450
形势大好，不是小好		1354
性感		1354
星星之火，可以燎原		1354
行头		1354

xu
叙叙		230

xiong
雄黄年间、有井那年		522

xiu
诱		1354
嗅		1354

xu
吁吁带喘		621
许	230、522、997、	1355
许是		451
虚心接受		1355

xuan
玄		1355
宣传人民教育人民鼓舞人民		1355
宣传队		1355
宣传画		1355
宣腾		230
悬		1356
悬揣		523
喧传		523
喧阗		231
喧		1355

xue
寻觅		830
寻摸		1356
学习		1357
学习体会		1357
学习材料		1357
学习班		1357
学工		1356

学毛主席著作、用毛泽东思想武装头脑		1356
学舌		451
学运		1357
学说	523、830
学雷锋服务日		1356
踅摸		1356

xun
巡警		621
逊		231
熏鱼儿		523
薰		451

Y 部

ya
丫他妈的		1358
丫头		1358
丫头片子		997
丫头养的		831
丫的、丫		1357
丫挺的		1358
丫傻×		1358
牙白口清		231
牙碜		831
轧马路		1358
亚赛		451
压	231、830
压力		523
压轴		831
压根		1358
压根儿		831
压得住台		890

压路的汽辗子 831	眼前 232	洋炉子 834
哑谜儿 231	眼前欢 832	洋绉 453、892
哑默悄静 231	眼前花儿 1360	洋绉眼 454
yan	眼面前 232、998	洋鬼子 833
严厉打击刑事犯罪 1359	眼晕 832	洋粉（等） 891
严打 1358	眼珠子差点掉下来 1360	洋教 998
严正声明 1359	眼离 232	洋焦三仙 622
严肃 1359	焰口 453	洋蜡 834
严格要求自己 1359	演变 1359	样儿 524
严紧 232、832	颜色 1359	样板戏 1361
言语 232、452、622	颜色儿 452	秧 453
言语一声 832	yang	秧歌 833
言语一声儿 452	央及 233	痒痒肉 834、835
沿途高呼口号，视死如归 1359	央告 453、833	yao
研究 523	央求 833、1360	幺蛾子 1361
烟不进火不出 832	仰爬脚子 233	咬牙 454、835
盐从那么咸，醋打那么酸 232	羊灯 833	咬牙劲儿 998
艳羡 1360	羊肉包子打狗，永不回头 453	要（要）个嘴儿 622
眼儿热 1360	羊肉床子 891	要个嘴儿 998
眼儿都不带眨的 1360	羊肉热汤儿面 834	要不 234、1361
眼力见儿 524	羊肉酸菜热汤儿面 891	要不……你把咱 835
眼力价儿 1360	阳光雨露 1361	要不的了 234
眼头里 233	杨村糕干 891	要让 455
眼皮子杂 832	养活 233、454	要好看 836
眼皮子薄 233	养济 454	要劲儿 836
眼光着儿 452	洋气儿 834	要我的好看 998
眼时 452	洋火 834	要奋斗就会有牺牲 1362
眼里不揉沙子 832	洋车 833	要领 524
眼拙 998	洋务、汉奸 891	要搁着我 836
	洋沟 833	要漏啦 455
		窑子 835

窑子窝儿	835	野岔儿	236	道德的人	1363
窑姐儿	1361	野鸡项目	1362	一大	838
窑姐儿、暗门子	835	野鸡溜子	237	一大车	1000
摇动	622	野孩子	837	一大啰车	456
腰房	233	野娘们	837	一大堆	1000
腰柜	454	野调	524	一大清早	1000
邀	454	野调无腔	837	一不打棍子二不揪辫	
ye		野模儿	1362	子	1363
×爷	999	噎	1362	一不怕苦,二不怕死	
也不怎么	836、999	yi			1363
也不是	836	一丁点	624	一分为二	1363
也不是吃饱啦没有	455	一丁点儿	1366	一分钱都得掰着齿花	
也不是那一个	455	一上手	839		1366
也不看是谁的××		一个	456、1363	一天一现在	458
	1362	一个人做点好事并不		一手托两家,当面鼓	
也有……才	236	难,难的是一辈子做		对面锣	241
也有……还不	236	好事	1364	一手托两家,担迟不	
也有你这么一说	999	一个中心两个基本点		担错	241
也别说	836		1364	一气	839
叶子	837、999	一个心眼儿	1000	一水的	1368
爷儿	235	一个月头里	238	一半个	838
爷儿们	236	一个外国人,为了中		一半天	456
爷儿两个	623	国人民的解放事业		一半天见	456、623
爷儿俩	236		1364	一句话抄百总	1001
爷们	235、236、455、	一个劲儿	838	一市八街的	839
	999	一个炸弹炸不出屁		一扑纳心	842
爷们儿	524、1362		1000	一打	1002
爷爷	999	一个高尚的人;一个		一打三反	1365
夜里个	237	脱离了低级趣味的人;		一生日	842
夜游子	237	一个有益于人民的人		一边儿	840
野	1362		1364	一边儿……一边儿	458
野丫头	837	一个高尚的人一个有		一边儿高	1002

一边去 841、1365	一股拢总 841、1002	一就手儿 238
一会儿比一会儿 624	一轰 238	一棍子打死 1365
一会儿价 240	一星星 624	一程子 841
一冲子性儿 1000	一点没闲着 1366	一葫芦醋 525
一早起 242	一盆火儿似的 458	一辈子没有不见秃子
一早晨、一准 459	一眨巴眼儿 624	的 525
一死儿 458	一种现象掩盖着另一	一道号 525
一死儿的 525	种现象 1369	一道味儿 838
一死两拉倒 892	一面儿官司 457	一想红,二想黑 242
一网不捞鱼,二网不	一面儿黑 839	一想到祖国的重托,
捞鱼,三网就捞小尾	一面生,两面熟 839	人民的期盼 1368
巴尾巴鱼 1368	一顺儿 241、840	一概不论 623
一亩三分地 240、1367	一晃儿 1002	一溜 239
一劲儿 1001	一晃就…… 1365	一溜儿 457
一块堆儿 1365	一根筋 1366	一溜儿胡同 457
一声不言语 624	一档子事 623	一溜歪斜 623
一把儿 840	一瓶子不满半瓶子晃	一溜跟头 623
一把儿死拿 1001	荡 1367	一路货 839
一把子 458	一脑门子官司 841	一膀子力气 1001
一把手 1001	一脑门子的气 458	一颗红心两手老茧
一把死拿 840	一脑门子的困 240	1367
一条道走到黑 1368	一脑门子酒 240	一趟八趟 840
一穷二白 1367	一般儿 239	一壁厢……一壁厢 239
一肚子坏水儿 1363	一般群众 1365	义务 624
一言抄百总 242	一起子 241	义务劳动 1368
一言堂 1368	一起起 241	义地 525、841
一身知识分子毛病	一通连 241	义和团 892
1367	一都的 240	已早 242
一钉点 1002	一惊一咋的 1366	已竟已竟 457
一间屋半间炕 1366	一眼不到就…… 892	已然 457
一势的 1365	一逮一准 1366	以好换好 838
一码齐 1367	一铳子性儿 239	

以实际行动迎接××		应当应分	842	右派	1374
	1365	迎时当令	843	右派凑不齐	1375
以资	458	英雄事迹	1369	幼工	847
衣服	238	英雄模范	1369	由根儿	460
衣裳	838	硬打软熟和	460	由着性儿作践	845
尾巴	1001	硬正	844	优良传统	1370
依了实	837	硬正气儿	1003	有××我买——	1373
依实	238、838	硬炸酱	1003	有……才怪	845
依傍	237	硬面饽饽	844	有……在头里	461
依模照样	238	硬骨头	1370	有……兜着	846
咦嚼哇喇	238	硬掐鹅脖	526	有一搭无一搭	846
咿嘟嘟唔嘟嘟	456	硬掐额脖	625	有一搭没一搭、没盐没醋	1373
胰子	239、623	硬强强	243		
胰皂	840	硬插杠儿	1003	有一搭没一搭儿	244
意志薄弱	1368	硬棒	844、1002	有一腿	526、1373
意意思思	242	硬硬朗朗	1003	有人	1004、1372
疑相	239	影响	892、1370	有人心	461
疑惑	457	影响不知	242	有人群的地方就有左中右	1373
yin		影响进步	1370		
印刷	526	影影抄抄	625	有个抓弄	1004
因话题话	525	影影响响	459	有中国特色的	1374
阴阳瓦	459	影壁	843	有什么蹦儿	846
阴沟不叫阴沟叫地道		yong		有今儿个，没明儿个	1004
	1369	永辈子	460		
阴透啦	459	用开了	243	有公的治公，有事的治事	461
饮场	842	用的当啦	460		
荫凉	842	用话差过去	526	有反必肃	1370
隐藏很深的不可告人的秘密		用着	243	有仨有俩的	1004
	1369	甬路	892	有份儿人心	1003
ying		you		有则改之，无则加勉	1374
应下一档儿活来	842	又	847		
应卯	844	友谊商店	1374	有在里头	244

有色心没色胆	1371	油脂模糊	244	原谅……还是不原谅	
有讲	1371	悠停着来	844		1376
有那么一说	1004	悠着	1370	原装	1376
有劲、没劲	1372	悠着来	243	原装爷	1377
有我呢	1003	悠着点儿	243	圆上脸	527
有时有晌	1372	游行队伍	1371	圆全	462、625
有这么一说	846	游游磨磨	844	圆合	527
有这么一想	846	游街	845	圆和	245
有事一句话	1373	yu		圆和爽利	245
有事么——不搭棚	526	鱼儿离不开水	1375	yue	
有些个	461、845	语录	1375	匀着空	625
有抽有长	244	语重心长	1375	月令中的一点小磕绊	
有枣一竿子,没枣一竿子	244	淤磨	847		848
有组织	1372	御用挂	1376	月白	462
有盼望	846	遇上外宾影响多坏		月白色	1377
有匿	1372		1376	月光马儿	246
有损国格	1371	舆论	526	月里头	463
有根	1004	舆论工具	1375	月事	463
有起色	625	yuan		月事说合了盖儿啦	463
有钱的帮个钱场,没钱的帮个人场	1372	远了去啦	848	月亮爷	848
		远远的	245	月亮爷照着嗓膈眼子呢	246
有预谋有组织的	1374	远限	462		
有高的	1372	怨得	527	约	848
有眼不识金镶玉	1371	冤	462、847	约摸着	848
有缓	1371	冤的大头蚊子似的	462	越×越欢	1377
有意义的生活	1374	冤假错案	1376	越劝越央	527
有鼻子	625	原则	1376	越是艰验(险)越向前	1377
邮差	845	原则问题	1376	越说你还越来劲了	
油汤挂水的	845	原因结果	462		1377
油纸	460	原汤化原食	847	yun	
油炸果	243、461	原故	245	云山雾沼	1378
		原故儿	245		

1589

匀 1005	砸巴 849	咱们爷儿们过的多 850
匀出 246	砸手里 1379	咱们两个谁是谁 249
运动 1378	砸场子 1378	咱们是谁跟谁 1006
晕菜 1377	砸壶儿 463	咱们哥儿们 893
	砸铜卖铁 464	咱爷儿们 1007
Z 部	zai	趱 249
za	再分 850	zang
扎上口袋嘴儿 247	再见 1006	臧臧 249
扎板带穿灯笼裤的胡同串子 1378	再再的 464	脏字 1381
	再好没有啦 850	脏妞儿 1380
扎着脖儿过 1378	再说 248	脏病 850
扎筏子 247	再踏上一万只脚,叫他们永世不得翻身 1380	脏喇 1380
扎裹 247		嘈嘈 249
杂合面 527、1005	在 464	zao
杂宗 849	在心 1006	早上 250
杂拌儿 849	在行 1006	早半天 851
杂种 1379	在这道儿上混 1380	早半天儿 465
杂碎掏出来,狗都不吃 463	在南边混的东北妓女 1380	早早的 851
		早晚 250
咂儿 247	在党 849	早晚儿见 464
咂咂 247	在档案上注明、不服从分配 1379	早班儿 465、1007
咂壶 893		早起 250、1007
咂滋味儿 247	在理儿 1380	早着点 1007
咂摸 848、1005	在群众中树立威信 1380	早着得呢 465
咂摸滋味 849		招呼 468
咂裹 893	宰 1379	招的着谁 467
咂磨 1378	栽面子 1379	招说 468
咱儿着,他依了?真的吗? 248	栽培 464	造 251
	zan	凿四方眼儿 250
咱的了 247	咱们 248	噪嘈 249
砸了饭锅 849	咱们爷儿们 1007	糙践 528
砸了锅 1005		燥雨 528

糟心	250、464、625、851	怎办怎好	852	zhai	
		怎吗儿	251	乍不冷	1382
糟扰	249	怎回事	852	宅门	854
糟泔事儿	1381	怎说怎好	626	择干净儿	466
糟害	1007	zeng		债主子	893
糟蛋	850	锃亮	852	窄别	854
糟践	851、1381	镜亮	252	窄憋	854
糟糕一马司	850	zha		摘	1383
糟蹋	851	扎	1382	摘不开	253
ze		扎在尿窝子里死啦	853	zhan	
责任	528	扎耳朵	252	占住嘴	855
责任感	1381	扎花	853	占座	1384
啧	251	扎空枪	853	占着茅坑不拉屎	1384
zei		扎空枪卖癣疮药	252	沾包	1383
贼尾子	465	扎翅儿	1382	沾补	854
贼亮	1381	扎煞	252、253	沾眼抹泪	253
贼星发旺	465	乍尸	1382	战友	1383
贼鬼溜滑	851	诈关儿	253	战友、总政	1383
贼滑	851	诈唬	1382	战线	1383
zen		闸草	1008	砧儿	855
咱儿说咱儿好	252	炸	466	站不住脚儿	893
怎个碴儿	852	炸了	1008	站住	254
怎么	528	炸了窝	626	站的	466
怎么、甚么	465	炸三角儿	626	站着	254
怎么札	852	炸烟	1008	搌	854
怎么好,怎么好	251	炸窝	1382	zhang	
怎么好怎么好	251	炸腮	1008	长行市	626
怎么来怎么走	852	炸酱	853	仗义	1384
怎么的话	528	炸酱面	853	帐全记在"四人帮"头上	1384
怎么说怎好	252	眨巴	854		
怎么着吧	1381	蹅蹅蹅蹅	253	张天师教鬼给迷住了	1009
怎么搞的	1008	譂嫭	853		

张不长李不短 466	招骂 856	这怎说的 858
张心 529、856	招家伙 255	这是那里呀 258
张罗 254、467、626、	招谁惹谁了 857、1386	这是咱们俩人说 469
855、1384	招猫递狗儿 856	这是怎么说 469
张家口 1008	招猫逗狗 857	这是怎么说呢 258、
张道 855	招翻了 894	259
张嘴就横着来 856	着己 256	这是怎么说的 1011
掌 1384	着哇 256	啫 469
掌柜的 1009	着急掰脸 255	嗻 257、1010
彰仪门 254	着凉 1010	嗻儿、喳儿 257
章程 467	着着 256	蔗 256、1386
zhao	照 1386	瀺 257
找……不答应 627	照不销 468	zhei
找××不答应去 468	照方儿抓 468	今晚儿 1012
找了去 529	照影子 468	这一番 261
找不自在 1386	照西湖景 857	这一程子 1012
找巴 1386	照应 858、1010	这二年 1387
找台阶,打后场 1386	照面 1010	这人 1387
找名问姓 1010	照顾 1010	这几日 260
找寻 529、857	照顾主儿 857	这个 259、1011
找别扭 857	zhe	这个当儿 259
找找 529	折 1386	这个岔儿就揭过去啦
找补 256、627、857	折干儿 1011	470
找揍的货 627	折回来 858	这丫 1388
招 1385	折进去 1387	这不 1011
招人待见 1385	折溜子 858	这不是 259、858、
招人嫌 1385	折腾 469	1387
招工 1385	折跟头 627	这手活儿 471
招你们惹你们了 1385	这儿来 470	这节 260
招护 255	这不结了 1387	这会子 259
招呼 255、468、626、	这早晚 257	这年头 1387
627、856、1385、1009	这里 258	这当儿 470

这早晚	261、859	侦探	529	政治面目	1391
这早晚儿	472	振心	530	政策	1389、1013
这那里还是	260	振地价响	262	政策水平	1389
这位爷	1012	真	261、472、529、859	政策性	1389
这块	471			真个的	264、473、1013
这块儿	471	真叫	628		
这块料	471	真有她的	1012	真话的	263
这把子	470	真有你们的	472	真格的	1389
这里	259	真真的	860、1012	惩治	473
这玩艺	859	真能够把谁……死	472	整	263、530、1389
这咱晚	859	真得儿	472	整个一个	1389
这怎会说的	859	真章儿	262	整个儿是	628
这是作吗呀	260	真善美、假恶丑	1388	整天际	860
这是怎话说的	627	镇、戳	1388	整着个脸儿	263
这点儿起色	470	镇压着	860	整着脸	628
这项好	472	震心	262、894、1013	整跟……一样	628
这样	260		zheng	整颤儿	263
这档儿	470	正经	265		zhi
这起子	260	正经是	1390	支	628、860
这就是咱们俩这么说	859	正统	1390	支个嘴儿	265
		正面教育	1390	支应	473
这程子	858	正眼眨	1390	支炉	861
这溜儿	471、1012	争口气	894	支着儿	265
这路	627	争取一个好的态度	1388	支棱	1391
这路事	894			执气	1393
这路事儿	1012	争竞	262、860	至于么	1393
	zhen	挣	264	至不济	861
这么	262	政委	1390	吱喽喽	265
这么样罢	262	政府	1389	纸糊的马，大嗓门	1014
这么着	1388	政治犯	1390		
这们	473、529	政治空气	1390	治气	1393
针头线脑	860	政治思想	1391	治病救人	1392

1593

治饿	530	值的	266	竹筒倒豆子	1394
直	861	值得	1013	住对月	269
直入公堂	861、895	置	1392	住脚	1014
直不棱	628	zhong		注意影响	1395
直勾勾	1013	中山装	1393	猪不吃狗不理	1394
直头……直脚……	266	中央公园	629	蛀虫	1395
直彷佛	474	中央首长	1394	煮饽饽	268、475、629
直杵	1392	中苏谈判	1393	煮熟了的鸭子闹飞了	
直诚劲儿	861	中国人民是杀不完的	1393		268
直是	530	中国老百姓真是世界		zhua	
直柳柳	266	上最好的老百姓	1393	抓	475、1014
直点儿	474	中段	1393	抓了去	862、1015
直点儿央给	530	中溜儿的	1014	抓了走	1015
直眉瞪眼	266	终天际	530	抓了瞎、瞪着眼等死	
直捷痛快	266	种花儿	1014		1014
直溜溜	628	重换重儿	267	抓工夫	862
知不知道人间还有羞		钟	474	抓尖儿卖快	530
耻二字	1391	zhou		抓早儿	863
知识分子儿	894	周儿	268	抓弄	862、1015
知识分子习气	894、1392	周规折矩	267	抓挠	269、1395
知青队伍	1391	搋	267	抓起去	1015
知点疼儿着点热儿	265	怞	861	抓瞎	862、1396
知道××呢	473	zhu		抓髻	269
指东杀西	266	主人翁精神	1394	鬏鬏	1395
指名为姓	474	主儿	268、862、1394、1395	zhuai	
指使	265、1392			转文	475、863
指着	474	主心骨儿	1014	转文儿	270
指着孩子叫	267	主观唯心主义、辩证唯物法	1394	转词	1396
指着脸子	629			拽	1396
值不得	473	主意	268、475、862	踹落踹落	270
值当么	1392	竹布	475、861	zhuan	
				专是	629

专案、揪人	1396	zi		自带茶叶	1016
专职团干部	1396	只当	476	自绝于人民	1401
转不过磨盘来	270	只管	271、865	自要	531、865
转转	270	则声	271、531	自觉	1401
转铃	1397	字号	476、866	自管	476、865
转游	1015	字号人儿	272	作声	271
转街	863	字号人物	866	刺毛	865
转想	475	字号朋友	476	恣	1402
转腰子	1397	自己	867	资本	1399
转圜	863、1397	自己动手,丰衣足食	1400	资产阶级自由化	1400
转磨	531、863、863	自己爷儿们	531	资产阶级观点	1399
转磨绕圈作文章	629	自己严格要求自己	1400	资产阶级知识分子	1399
zhuang		自己找枷扛	867	资产阶级思想	1399
壮	271、1398	自己往头上揽狗屎	866	滋润	630
壮大黑粗	271	自己是吃几碗干饭的	1400	滞碾	272
壮汉	1399	自己跳出来了	1400	紫不溜儿的	630
装	864、1397	自且	476	紫里套青	865
装丫的	1398	自东自伙	866	紫里蒿青	865
装丫挺、抽丫挺	1398	自由	476	zen	
装他妈什么	1398	自由化	1402	怎吗	272
装孙子	1398	自立于世界民族之林		zong	
装杂种	271		1401	宗室	477
装花尾巴狗	1398	自动的	1016	总结工作	1402
装眉作样	864	自在腔儿	477	zou	
装得够匀实的	1397	自好	476	坐坐	895
装傻充愣	864	自我批评	1402	走方步	273
装裹	1398	自我感觉良好	1401	走外场	477
撞丧	864	自来熟	1401	走对了劲儿再瞧	1016
zhun		自取灭亡	1401	走动	273
准话儿	1015			走后门	1402
准保	629			走字儿	477
准谱	1399				

走走	867	嘴吃屎	868	坐水	532
走单	867、1402	嘴划	273	坐在椅沿儿上	1406
走扇	273	嘴里	478	坐红椅子	276
走罢！我的大叔！	272	嘴碎	274	坐坐	895、1017
走着	477	**zun**		坐坐儿	277
走着走着	1016	尊驾	1017	坐坡	277
走溜儿	867	尊家	869	坐的	478
做水	630	撙	274	坐穿牢底	1404
揍	867、868	撙节	274	坐着	479
zu		**zuo**		坐窝	870
足壮	868	左	275、1404	坐蜡	1405
足的受不得	478	左一和右一和	275	昨日	275
组织	1403	左不是	1017	座儿	870
组织上	1403	左右	276、532	做工作	1405
组织决定	1403	左丢一鼻子，右扯一眼	275	做革命事业的可靠接班人	1405
组织纪律性	1403	作	274	嘬不住劲儿	869
组织原则	1403	作……状	1406	嘬不住粪	869
祖师爷	1016	作风	1404	嘬抹	1017
祖国医学宝库	1403	作那门子仇	478	嘬着牙花子	1404
祖国的花朵	1403	作贡献	1405	嘬腮帮	869
zuan		作明火	869		
钻天觅缝的	868	作养	274		
钻在套儿里褪不出身	1404	作活	1017		
zui		作派	478		
最损也得是……	1404	作面对面的斗争	1405		
罪孽	869	作冤	274、275		
嘴儿来嘴儿去	1016	作情	531		
嘴上不饶人	1016	作脸	277、478		
嘴上留德	868	作罪	531		
嘴不跟腿	531	坐	276、869		
嘴巴子	868	坐下	870		

跋·老舍作品与北京话

俞冲先生所著《京腔儿的前生今世——150年来的北京话》一书的第三卷研究的是二十世纪中叶的北京话。所选词条全部出自老舍先生的作品，共3200个词条。这一卷是四卷里词条最多的一卷。俞先生重点选择老舍先生的作品来研究那一时期的北京话有两个显著的原因。

首先，老舍先生是以用北京话写作著称的现代文学家。他是地道的老北京，满族正红旗人，出身贫苦。他熟悉老北京三教九流的生活百态。因此老舍作品中的北京话十分纯正而且贴近生活。用今天的话来说就是不仅地道而且非常接地气。

其次，老舍作品中的北京话词汇非常丰富，可以说包罗万象。老舍先生一生创作了九百多万字的作品，创造了几百个人物。仅仅《正红旗下》这部未完成的作品，里面就涉及吃穿用住各种词汇。日本学者特意为《正红旗下》出了注释本。其中有注释近两千条。

所以说老舍先生的作品的确是研究二十世纪中叶北京话的很好的资料库。

除了地道和丰富，老舍作品中的北京话还有以下几个特点：

一、大俗近雅

老舍先生作品中的北京话虽然多出自底层市民之口，但相比现今流行的脏字连篇的"北京话"，显得十分干净。这些北京话不仅体现了语言的纯正，而且能让读者体会到市井语言的通俗的美，体会到百年前真正老北京人的"范儿"：多礼好面儿，绝不是骂不离口。

二、独具匠心

老舍先生写作的时代正值五四新文化运动方兴未艾。如何用白话文写作尚是当时作家们研讨的题目，何况用方言写作。用北京话写作实则是一种挑战。老舍先生早年写作时常为北京话有音无字而苦恼。或是原有古字，但在北京话中已经变了音，难以再用此字；或是按音寻字，可写出来后连作者自己都看不明白。那时他常和他的同学兼好友，后来成为我国著名的语言学家的罗常培及白涤洲两位先生讨论如何用文字表达北京话。他一生致力于将北京话提炼成精练、干净、通俗的文学语言，力求用最常用、最普通的字和词地道而准确地表达作品的思想和内容。从语言学研究的角度，老舍先生作品中的北京话可以说是他的研究成果。他晚年将自己在文学语言探索中得到的经验和教训写成了讲稿和短文，收录在他的文学语言论文集《出口成章》中。

三、承前启后

老舍先生作品里的北京话不是一成不变的。他创作的时间跨度有四十年，作品所刻画的时代从清末，经历民国直到六十年代。其作品中的北京话随着时代的变迁和写作经验的积累也在逐渐演变。仅仅研究老舍作品中的北京话就可以一探京味儿语言在二十世纪上半叶的传承和发展脉络。老舍作品中的语言积累为研究北京话发展起到了承前启后的作用。

在老舍作品研究中，语言学的研究尚有很大的空间，音韵学的研究基本就是空白。俞先生经过多年潜心钻研，通过上万条词的系统梳理，不仅缕清了北京话的传承与发展脉络，对北京方言的整理做出了一定贡献，而且也为老舍研究开拓了新的领域，填补了老舍研究中的一项空白。在此，我对俞先生表示衷心的感谢，并衷心祝贺此书出版成功。

舒济

2016年6月6日

后　记

　　拙著《京腔儿的前世今生——150年来的北京话》一书，经六载拼凑，终敷衍成篇。要说明的是，笔者乃"草根阶层"，绝非专业学者，故尔书中悖谬之论在所难免。但虽则如此，下笔时绝不敢信口雌黄，一字一句，无不多方考证，殚精竭虑，力求翔实。但因多有前人未刊之论，恐终难免言多语失。这可能就是"无知者无畏"罢，敬希读者诸君不吝赐教，则幸莫大焉，至于成败利钝，悉听读者诸君裁决。

　　拙著成书过程中，得到诸多时贤提携指正，笔者无任感铭。人民文学出版社原编审弥松颐先生多次耳提面命，并将集聚了他三十年研究考证成果的《儿女英雄传》一书赠我，使我受益匪浅，又不吝墨宝，为拙著题写了封面书名；首都师范大学冯蒸教授、中国现代文学馆于润琦研究员二位为本书做出了精当的评价与推介，冯蒸教授还在百忙中撰写了序言；北京外国语大学金满生教授审阅了本书注释中涉及的日语，并对书中的某些地方提出了中肯的意见与建议；女真语、满语研究者完颜亚平女士为完全不懂满语的我讲解了相关的满语基本常识，并对拙著中所涉满语进行了把关；而北京燕山出版社原编审方彪先生则在整体结构方面为我提供了纲领性建议，对本书基本模式的形成有所启迪。拙著今天得以付梓，与上述诸位是密不可分的。

　　北京燕山出版社在拙著这类有点儿学术味儿的书现在几乎注定不可能畅销、甚或面临赔钱的局面下，仍能以社会责任为重，披沙现金，选定了多部这一类的书作为近期的出版重点，这正所谓"君子不以利为利，以义为利也"。特此感谢社长陈果先生，及编辑部的其他参与人员俞伽、刘朝霞、程丹女士。

　　最后还特别要感谢老舍先生的哲嗣舒济先生，悠不顾年高体衰，热情地为本书的第三卷（老舍著作部分）撰写了序言。其中对拙著多有谬赞，笔者观之汗颜，实乃愧而不敢当也。